westermann

P.A.U.L. D. Oberstufe

12 /13 Bayern

Herausgegeben von:
Johannes Diekhans

Die Ausgabe für Bayern wurde erarbeitet von:
Thomas Epple, Mareike Hümmer-Fuhr,
Nicole Reed, Gerda Richter, Thomas Rudel

Mit Beiträgen von:
Markus Apel, Thomas Bartoldus, Dirk Bauer, Johannes Diekhans,
Michael Fuchs, Dietrich Herrmann, Nadja Lamberty-Freckmann,
Jürgen Möller, Martin Pohl, Melanie Prenting, Siegfried G. Rojahn,
Luzia Schünemann, Judith Schütte, Timotheus Schwake,
Achim Sigge, Alexandra Wölke, Martin Zurwehme

© 2023 Westermann Bildungsmedien Verlag GmbH, Georg-Westermann-Allee 66, 38104 Braunschweig
www.westermann.de

Druck A^1 / Jahr 2023
Alle Drucke der Serie A sind inhaltlich unverändert.

Umschlaggestaltung: LIO Design GmbH, Braunschweig;
Druck und Bindung: Westermann Druck GmbH, Georg-Westermann-Allee 66, 38104 Braunschweig

ISBN 978-3-14-**127877**-4

Inhaltsverzeichnis

„Kannst du mich verstehen?" – Im Labyrinth der Kommunikation   70

Theater – Texte, Theorie und Praxis 94

„Widerspiegelung allen wirklichen Lebens" – Zentrale Strömungen realistischer Literatur im 19. Jahrhundert xxx

• Idealismuskritik und schriftstellerisches Selbstverständnis mithilfe von literarischen und poetologischen Texten erarbeiten
• Den „Poetischen Realismus" als zentralen Begriff erarbeiten
• Das Textverständnis mithilfe von Visualisierungen vertiefen

• Zeitkritik anhand von literarischen Texten erarbeiten
• Vormärz und „Junges Deutschland" als literarische Strömung realistischer Literatur im 19. Jahrhundert kennenlernen
• Einen Dramenauszug interpretieren und eine Strichfassung dazu erstellen
• Eine Karikatur analysieren
• Die satirische Darstellungsweise in Gedichten untersuchen

• Biedermeier als literarische Strömung realistischer Literatur im 19. Jahrhundert kennenlernen
• Die Kunst der Zeit kennenlernen
• Das Naturmotiv in zeitgenössischen Gedichten erarbeiten

• Den Realitätsbegriff anhand von Bildimpulsen und einem Gedicht erarbeiten

• Die Darstellung von Wirklichkeit in einem zentralen zeitgenössischen Text erarbeiten
• Literaturverfilmung und literarische Vorlage vergleichen

• Naturalismus als literarische Strömung realistischer Literatur im 19. Jahrhundert kennenlernen
• Karikaturen erschließen
• Eine Dramenszene unter Berücksichtigung von Kontextwissen interpretieren
• Den Sekundenstil als zentrales sprachliches Gestaltungsmittel des Naturalismus untersuchen

• Über die Lage der Frauen im 19. Jahrhundert nachdenken
• Eine zeitgenössische Schriftstellerin und ihr Hauptwerk kennenlernen

Sprechen und Zuhören im öffentlichen Raum – Streitgespräche, Debatten und Reden

Von klein auf bestimmen unterschiedliche Gesprächssituationen unseren Alltag und prägen unsere Sicht auf unser Umfeld und auf uns selbst. In diesem Kapitel geht es um die Entwicklung von Kompetenzen, die man für unterschiedliche Redesituationen in der Öffentlichkeit braucht, unabhängig davon, ob man zuhört oder selbst spricht.

In diesem Kapitel geht es zunächst einmal um die Künstliche Intelligenz (kurz „KI" genannt). KI ist ein kontroverses Thema, das in vielen Bereichen des Lebens eine immer größere Rolle spielt und im gesellschaftlichen Diskurs auf allen Ebenen breiten Raum einnimmt. Dabei spielen die Mechanismen der Meinungsbildung eine wichtige Rolle, denn sie beeinflussen, wie wir über bestimmte Themen denken und welche Entscheidungen wir treffen. Sie erarbeiten Risiken und Chancen der KI im Zusammenhang mit ihrem Einsatz in der Schule und führen abschließend ein dreiminütiges Streitgespräch zum Thema.

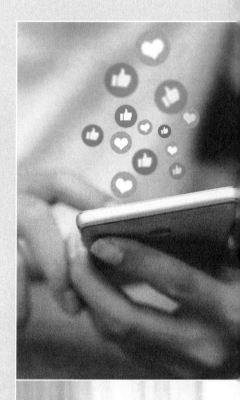

Das Sprechen und Zuhören in der digitalen Welt ist eng verknüpft mit unserer digitalen Identität. Dabei stellt sich die Frage, wie viel wir von uns preisgeben wollen und müssen. Ein Thema, das rund um digitale Identitäten immer wieder diskutiert wird, ist die Einführung einer Klarnamenpflicht. Eine Klarnamenpflicht beschreibt grundsätzlich die Verpflichtung von Kommunikationsteilnehmern, auf bestimmten Plattformen ihre Identität in Form ihres wirklichen Namens preiszugeben. Somit bedarf es zu Anmeldungen bei bestimmten Plattformen den bürgerlichen Namen einer natürlichen Person, um so an der dort stattfindenden Kommunikation teilzunehmen. Im zweiten Teilkapitel beschäftigen Sie sich mit dieser Frage und bereiten eine Podiumsdiskussion vor. Abschließend lernen Sie die Rhetorik als historische und wissenschaftliche Disziplin kennen und analysieren Reden bzw. werden angeleitet, eine eigene Rede zu verfassen.

1. Sehen Sie sich die Bilder auf dieser Doppelseite an und charakterisieren Sie die unterschiedlichen Gesprächssituationen im öffentlichen Raum. Bestimmen Sie jeweils zentrale Funktionen.

2. Tauschen Sie sich darüber hinaus, welche Formate Sie selbst als Sprecher/-in oder Zuhörer/-in nutzen und zu welchem Zweck.

3. Formulieren Sie ein kurzes Statement, inwiefern öffentliche Diskussionen Ihre Meinung beeinflussen.

4. Wichtige Mechanismen der Meinungsbildung in der digitalen Welt sind Filterblasen und Chat-Bots. Wiederholen Sie, was man darunter versteht. Berichten Sie sich gegenseitig über Ihre Erfahrungen mit diesen Mechanismen.

Gert Ueding (geb. 1942)
Anstatt einer Einleitung: Was ist Rhetorik? (Teil 1)

In der modernen berufsbürgerlichen Gesellschaft sind Diskussion, Debatte, Gespräch die wichtigsten Instrumente und Medien zugleich, unvereinbare Standpunkte zu vermitteln, kontroverse Fragen zu klären und im Streit der Meinungen dennoch Entscheidungen herbei- 5 zuführen. [...] Drei Redegattungen haben die antiken Rhetoriker unterschieden: die Gerichtsrede (genus iudiviale), die politische Rede (genus deliberativum) und die Fest- oder Prunkrede (genus demonstrativum). Jede Rede ist entscheidungs- und handlungsbezogen; [...] je- 10 desmal bemüht sich der Redner, im Sinne seiner eingestandendermaßen parteilichen Einsicht, den Streitfall zur Entscheidung zu bringen. Das gilt, wenn auch abgeschwächt, selbst für die dritte Redegattung, die als Lob- oder Tadelrede sich zwar auf einen allgemeinen Kon- 15 sens oder Dissens bezieht, aber ebenfalls verstärkend, abschwächend und relativierend wirken kann, sodass sich das Publikum zur Einstellungsveränderung oder zur Bestätigung seiner Meinung geführt sieht.

(2000)

5. Nennen Sie öffentliche und private Anlässe, zu denen heute üblicherweise Reden gehalten werden. Beschreiben Sie Ihre eigenen Erfahrungen mit Reden.

6. Ermitteln Sie aus dem Text die Redeformen, die die antike Rhetorik unterscheidet.

„Meine Zukunft wird KI!?" – über den Einsatz von KI im Bildungsbereich diskutieren

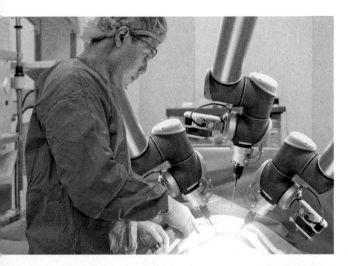

1. Besprechen Sie, wo Ihnen im Alltag Künstliche Intelligenz (KI) begegnet. Sie können das Fotomaterial oben nutzen.

2. Formulieren Sie ein erstes Statement zur zunehmenden Einflussnahme von KI in unserem Alltag.

3. Vergleichen und diskutieren Sie die folgenden Aussagen. Besprechen Sie, welche Schlussfolgerungen aus ihnen gezogen werden könnten.

   „Verglichen mit der Wasserstoffbombe ist KI mehr als harmlos." (KI-Pionier Jürgen Schmidhuber)

   Sam Altman zur Bedrohung durch KI: Künstliche Intelligenz sei ein „Auslöschungsrisiko" für die Menschheit.

4. Recherchieren Sie zu den Urhebern der Zitate und bestimmen Sie die Absicht, die sie mit den Aussagen verfolgen könnten.

5. Lesen Sie die nachfolgenden Mechanismen der Meinungsbildung und formulieren Sie daraus Tipps zum Umgang mit öffentlich dargestellter Meinung.

Mechanismen der Meinungsbildung

- **Medien** wie Zeitungen, Fernsehen und Social Media sind wichtige Quellen für Informationen. Die Art und Weise, wie ein Thema in den Medien dargestellt wird, beeinflusst unsere Wahrnehmung und Meinung.
- **Filterblasen** sind ein Phänomen, bei dem wir uns nur mit Menschen und Informationen umgeben, die unsere Meinungen und Überzeugungen teilen. Dies führt dazu, dass wir uns in unserer Meinung bestätigt fühlen und andere Perspektiven nicht wahrnehmen.
- **Expertenmeinungen** spielen eine wichtige Rolle bei der Meinungsbildung. Dabei ist zu berücksichtigen, dass Expertinnen und Experten auch unterschiedlicher Meinung zu einem Thema sein können. Im Idealfall berücksichtigt man verschiedene Expertenmeinungen.
- **Persönliche Erfahrungen** beeinflussen unsere Meinungen und Überzeugungen sehr stark. Weil persönliche Erfahrungen nicht immer repräsentativ für die Gesellschaft sind, sollte man sie kritisch hinterfragen und mit anderen Quellen ergänzen.
- **Manipulation** und **Falschinformationen** spielen bei der Meinungsbildung eine große Rolle und werden bewusst eingesetzt, um unsere Meinungen und Überzeugungen zu beeinflussen. Quellen sind daher kritisch zu hinterfragen und Fakten zu überprüfen.

1. Diskutieren Sie darüber, wo und wie KI in der Schule genutzt werden sollte. Sie können dazu folgendes Gedankenexperiment machen:

   Wir befinden uns im Jahr 2050. Schülerinnen und Schüler schreiben seit Jahren keine Texte mehr – digitale Tools sind inzwischen viel besser als sie beim Verfassen von Texten. Da sie ja nicht mehr schreiben müssen, lesen sie auch keine Bücher mehr. Welche Kenntnisse und Fähigkeiten fehlen diesen Schülerinnen und Schülern?

2. Führen Sie eine Recherche zum Thema „KI als Hilfsmittel im Bildungsbereich " in verschiedenen Quellen durch. Beantworten Sie dabei folgende Fragen:
   - Wer ist der Autor / die Autorin?
   - Welche Absicht verfolgt die der Verfasser / die Verfasserin / die Quelle?
   - Wie wird das Thema dargestellt?
   - Sind die Informationen glaubwürdig? Stellen Sie sich Ihre Ergebnisse vor.

3. Stellen Sie in Partnerarbeit Chancen und Risiken von KI im Bildungsbereich gegenüber und tragen Sie diese in eine Tabelle ein.

Gregor Schmalzried (geb. 1995)
Nie mehr pauken? Wie KI die Schule verändert

Programme wie ChatGPT beantworten in Sekundenschnelle Fragen, für die man früher lange recherchiert hätte. Sollte man künstliche Intelligenz an Schulen deshalb verbieten? Oder die Schüler lieber bewusst auf eine Welt voller KI vorbereiten?

Wie rechne ich die Oxidationszahlen von Wasserstoffperoxid? In welchen Punkten waren die amerikanischen Gründerväter Jefferson und Washington sich uneinig? Und was ist das Prädikat im Satz „Er ist nach Hause gegangen"?

Fragen wie diese beschäftigen Schülerinnen und Schüler jeden Tag – doch die Suche nach Antworten war noch nie so leicht. Dank Künstlicher Intelligenz. Denn Tools wie ChatGPT können sie in Sekundenschnelle beantworten und direkt noch mehr Informationen liefern.

Dass Tools mit künstlicher Intelligenz frei verfügbar sind, droht die Schulbildung massiv zu beeinflussen.

Essays und Hausarbeiten lassen sich nun einfach am Computer erstellen und ausformulieren – ganz ohne Eigenleistung der Schüler. Sogar Rechnungen und Computercode kann die Maschine generieren.

Und auch Plagiate werden durch die Maschine schwerer erkennbar. Wer einen Quellentext abschreiben möchte, ohne dabei entdeckt zu werden, kann ihn einfach in das KI-Tool einfügen und umschreiben lassen – kostenlos und von überall.

Und das sind nur die Fähigkeiten, die heute zur Verfügung stehen. Was, wenn die künstliche Intelligenz noch besser wird?

Vereinzelt werden deshalb in der Pädagogik schon KI-Verbote diskutiert – oder sogar umgesetzt. In New York City ist ChatGPT etwa seit Kurzem nicht mehr an Schulrechnern verfügbar, die Website steht auf der verbotenen Liste.

Findige Schüler lassen sich davon aber nicht abhalten,

ChatGPT trotzdem zu verwenden. Sie nutzen einfach ihr mobiles Internet am Smartphone oder steuern andere Websites mit KI-Tools an. Solange die Technologie
40 existiert, werden Schülerinnen und Schüler wohl auch Möglichkeiten finden, auf sie zuzugreifen.

Das Problem dabei: Die KI ist nicht perfekt. Im Gegenteil, Tools wie ChatGPT liegen mit ihren Informationen oft daneben, präsentieren diese Fehler aber mit genau-
45 so viel Selbstbewusstsein wie tatsächliche Fakten.

Da die KI keine Quellen angibt, ist es zudem oft schwer, ihre Informationen zu überprüfen. In einigen Fällen, in denen ChatGPT eine falsche Behauptung nicht untermauern konnte, griff die KI schließlich zum wohl un-
50 wissenschaftlichsten aller Tricks: Sie erfand einfach eine Quelle, die nicht wirklich existierte.

Immer mehr Experten glauben: Generative KI-Programme wie ChatGPT werden die Bildung für immer verändern – ähnlich wie Suchmaschinen wie Google es
55 getan haben. Möglicherweise wird in Schulen und Universitäten bald mehr Wert auf mündliche Leistungen gelegt werden, um sicherzugehen, dass Sachverhalte wirklich verstanden, und nicht von der Maschine erklärt wurden.
60 Doch gleichzeitig könnte die KI auch eine Chance darstellen. Schüler, welche die KI als Werkzeug betrachten, könnten sie nutzen, um sich schwierige Themen besser erklären zu lassen oder neue ungewöhnliche Perspektiven zu entdecken. Außerdem könnte der Umgang mit der KI bald genauso zur Medienkompetenz gehören wie 65 jede andere Website. KI-Texte auf Fehler zu untersuchen wird in der Zukunft vielleicht Alltag sein – nicht zuletzt, weil KI-generierte Texte in absehbarer Zukunft große Teile des Internets prägen werden.

Kinder und Jugendliche, die heute zur Schule gehen, 70 könnten nach ihrem Abschluss schon bald in einer Welt leben, in der künstliche Intelligenz zum Alltag dazugehört. Manche Experten, wie der Journalist Ben Thompson, fordern deshalb ganz bewusst: Schüler sollten lernen, mit diesen Tools umzugehen. 75

Zumindest in Europa ist jedoch fraglich, ob das rechtlich möglich sein wird. Denn bei der Nutzung von Tools wie ChatGPT werden Daten auf die Server der Hersteller gesendet – und die sitzen in der Regel in den Vereinigten Staaten und unterliegen damit nicht den stren- 80 gen Datenschutzvorgaben in der EU. In der Welt der KI könnte bald das passieren, was schon bei Microsoft-Produkten Alltag ist: Ein anhaltender Streit darüber, ob deren Nutzung an Schulen erlaubt sein sollte oder nicht. 85

BR24 *(2023)*

4. Lesen Sie den Text und gliedern Sie ihn in Sinnabschnitte. Geben Sie den Abschnitten eine Überschrift.

5. Erweitern Sie Ihre Tabelle zu den Chancen und Risiken von KI im Zusammenhang mit ihrem Einsatz im Bildungsbereich. Weitere Informationen zum Thema KI finden Sie ab S. 424.

6. Bilden Sie Dreiergruppen. Zwei Schüler/-innen, A (Optimist) und B (Pessimist), führen ein dreiminütiges Streitgespräch zum Thema „KI als Hilfsmittel im Bildungsbereich". Der/Die Dritte, C, übernimmt die Rolle des Beobachters / der Beobachterin und schreibt mit, worin sich die A und B einig sind und welche Punkte sie unterschiedlich sehen. Dazu verwendet C folgende Tabelle:

Optimist	Pessimist
Gemeinsamkeiten	

Nach Ende der Redezeit erhält C eine kurze Bedenkzeit für seine Zusammenfassung. Anschließend können die Rollen wechseln.

7. Besprechen und analysieren Sie das Zustandekommen Ihrer Urteile.

„Mein virtuelles Ich und Ich sind anders!" – eine Podiumsdebatte durchführen

Ernst Jandl (1925 – 2000)
my own song

ich will nicht sein
so wie ihr mich wollt
ich will nicht ihr sein
so wie ihr mich wollt
5 ich will nicht sein wie ihr
so wie ihr mich wollt
ich will nicht sein wie ihr seid
so wie ihr mich wollt
ich will nicht sein wie ihr sein
10 wollt so wie ihr mich wollt

nicht wie ihr mich wollt
wie ich sein will will ich sein
nicht wie ihr mich wollt
wie ich bin will ich sein
15 nicht wie ihr mich wollt
wie ich *will* ich sein
nicht wie ihr mich wollt
ich will *ich* sein
nicht wie ihr mich wollt will ich sein
20 ich will *sein*.

(1966)

1. Lesen Sie das Gedicht und besprechen Sie mögliche Aussagen.

2. Setzen Sie sich mit Ihrer eigenen Persönlichkeit auseinander und notieren Sie sich Stichworte zu Ihrem Persönlichkeitsprofil. Sie können dafür z. B. den Umriss Ihrer Hand nutzen. Berücksichtigen Sie dabei wesentliche Charaktereigenschaften, äußere Merkmale, aber auch Hobbys, Gewohnheiten etc.

3. Analysieren Sie Ihren medialen Auftritt, z. B. in einem sozialen Netzwerk, im Hinblick auf seine Struktur, seine Zielrichtung und seine Wirkungsabsicht. Notieren Sie sich, welche Rückschlüsse Ihr Netzprofil auf die Person dahinter zulässt. Wer keine sozialen Netzwerke nutzt, kann mithilfe des Computers eines erstellen, das nicht im Internet veröffentlicht wird.

4. Vergleichen Sie Ihre Ergebnisse aus 2 und 3 dahingehend, ob sie zueinander passen oder wo es Abweichungen gibt.

5. Diskutieren Sie in der Klasse, ob und inwieweit diese beiden Profile zueinander passen müssen und in welchen Fällen ein anonymes Profil sinnvoll sein kann.

© Fernandez / Distr. Bulls   0492

1. Recherchieren Sie, was man unter einem Klarnamen versteht.

2. Besprechen Sie die Aussage der Karikatur und diskutieren Sie, in welchen Situationen Klarnamen unverzichtbar sind.

Twitter-Kommentare zum Thema „Klarnamenpflicht"

Daniel Mack @danielmack

Wird Zeit für eine gesetzliche Klarnamenpflicht auf Facebook, Twitter, Instagram und Co.
Wer sich durch das Postident-Verfahren legitimiert, ist dabei. Wer nicht, bleibt draußen. Easy.

Torsten Beeck @TorstenBeeck

1. Klarnamen haben Diskussionen kaum verbessert (s. Facebook).
2. In totalitären/unterdrückenden Systemen wird Arbeit für Kritiker unmöglich.
3. Gigantisches Missbrauchspotenzial → Profiling
4. Trans-Personen müssen „alte" Identität nutzen
5. Satire/Kunstfiguren unmöglich

3. Lesen Sie die Kommentare und klären Sie unbekannte Begriffe. Besprechen Sie Ihre eigenen Erfahrungen.

Karolin Schwarz @raeuberhose

Mit Klarnamen unterwegs sein, muss man sich leisten können. Bei mir hat das zu diversen sehr persönlichen Drohungen geführt. Zu Aufrufen, mich zu Hause zu besuchen. Zu Anrufen bei alten Arbeitgebern.
Es gibt justiziable Kommentare auch unter Klarnamen. Das ist nicht die Lösung.

4. Notieren Sie erste Argumente pro und kontra Klarnamenpflicht aus den Kommentaren.

Lernaufgabe

Nachdem es an Ihrer Schule immer wieder zu Mobbingfällen kam, veranstaltet die SMV eine Podiumsdebatte. Bereiten Sie diese Debatte mithilfe der folgenden Arbeitsanweisungen und Materialien vor. Die Fragestellung lautet: Soll man bei der Anmeldung bei sozialen Netzwerken seinen Ausweis hinterlegen müssen?

Argumente sammeln

1. Stimmen Sie zunächst ab und notieren Sie das Ergebnis.

2. Zerlegen Sie die Frage in Teilfragen und klären Sie mithilfe der Materialien die Schlüsselbegriffe. Notieren Sie sich wichtige Informationen.
   - Was heißt „Anmeldung"?
   - Was heißt „soziales Netzwerk"? (Material 1)
   - Was heißt „Ausweis"? (Material 2)
   - Was heißt „hinterlegen"? (Material 3)

3. Legen Sie ein Pro- und Kontra-Tabelle an und notieren Sie erste Argumente.

4. Lesen Sie das Interview mit Daniel Mack (Material 4) und schreiben Sie die Pro- und Kontra-Argumente zur Klarnamenpflicht heraus. Ergänzen Sie die Tabelle.

5. Bestimmen Sie mithilfe der nachfolgenden Informationen, um welche Art von Interview es sich handelt.

6. Beschreiben Sie, wie die Interviewerin ihre Fragetechnik gestaltet. Finden Sie für die verschiedenen Fragetypen Beispiele aus dem Text.

Wissen und Können

Interviewformen und Fragetypen

Man kann bei Interviews zwischen verschiedenen Formen unterscheiden:
- Das **Sachinterview** oder **Sachverhaltsinterview:** Hier vermittelt eine Expertin / ein Experte Informationen und Fakten zu einem Sachverhalt.
- Das **Meinungsinterview:** Eine meist prominente Person wird nach ihrem Urteil über ein Ereignis oder einen Sachverhalt befragt. Das Meinungsinterview bietet Argumente für oder gegen eine bestimmte Position.
- Das **Personeninterview:** Es liefert ein **Porträt der befragten Person** auf der Basis ihrer Antworten.

Zielgerichtete Fragen sind wichtig für ein professionelles Interview. Gleichzeitig muss der Interviewer / die Interviewerin dem Gesprächspartner Raum geben, was eine hohe Anforderung an die Gesprächsführung und kluge Fragestrategien stellt. Es gibt verschiedene Frageformen, die helfen können, die Fragerichtung zu bestimmen.
- **Einschätzungsfragen:** Sie zielen auf eine Meinung oder Beurteilung eines bestimmten Sachverhalts.
- **Provokationsfragen:** Die Gesprächspartnerin / Der Gesprächspartner wird bewusst herausgefordert.
- **Konkretisierungsfragen:** Sie dienen dazu, einen Sachverhalt zu hinterfragen und zu präzisieren.

Der wechselnde Einsatz verschiedener Frageformen macht das Interview dynamisch und lebendig.

7. Lesen Sie den Artikel von Ronen Steinke (Material 5) und bestimmen Sie die Textsorte.

8. Schreiben Sie die Argumente heraus, mit denen er sich gegen den Vorschlag der Klarnamenpflicht wendet. Ergänzen Sie Ihre Tabelle.

Vorbereitung der Debatte

9. Bereiten Sie die Podiumsdebatte vor. Gehen Sie dabei wie folgt vor:
- Teilen Sie sich in Gruppen ein und weisen Sie jeder Gruppe einen Standpunkt zu. Es geht jetzt nicht um die eigene Meinung, sondern um überzeugendes Argumentieren.
- Erarbeiten Sie in der Gruppe vollständige Argumente, die mit Begründungen und Beispielen untermauert werden. Berücksichtigen Sie dabei auch mögliche Argumente der gegnerischen Partei und überlegen Sie, wie sie widerlegt werden können.
- Bestimmen Sie zwei bis drei Gruppensprecher.

Durchführung der Debatte

10. Führen Sie die Debatte durch:
- Die Gruppensprecher der beiden Parteien sitzen sich gegenüber.
- Zwei zuvor bestimmte Gesprächsleiter/Gesprächsleiterinnen sitzen vorne. Die übrigen Schülerinnen und Schüler beobachten die Debatte.
- Die Gruppensprecher/Gruppensprecherinnen geben jeweils ein kurzes Eingangsstatement ab. Anschließend erfolgt in Rede und Gegenrede der Austausch der Argumente und Gegenargumente.

Auswertung der Debatte

11. Werten Sie die Debatte aus
- Die Gesprächsleiter/Gesprächsleiterinnen fordern die Beobachter und Beobachterinnen auf, mitzuteilen, welche Positionen überzeugend waren und welche nicht.
- Die Beobachter und Beobachterinnen benennen, was Ihnen gut gefallen hat und was nicht.
- Zum Abschluss wird die Abstimmung über die Ausgangsfrage wiederholt und mit der ersten Abstimmung verglichen.

Material 1

Was heißt „soziales Netzwerk"?

Soziale Netzwerke sind Gemeinschaften von Internet-Nutzern, die der Unterhaltung, dem Informationsaustausch oder der Pflege von alten und neuen (beruflichen) Kontakten dienen. Die Nutzer/-innen erstellen i.d.R. ein Profil, in dem sie ihre Person möglichst ausführlich selbst darstellen – wirklichkeitsgetreu oder aber auch abweichend von der Realität. Themen sind z.B. Hobbys, Urlaub, Familie, aber auch die Schule bzw. Arbeit. [...] Der einfachen Möglichkeit der Kontaktpflege steht die ebenso einfache und stark kritisierte Möglichkeit des Datensammelns durch die Anbieter z.B. zu Werbezwecken gegenüber.

Bundeszentrale für politische Bildung

Material 2

Was heißt „Ausweis"?

Jeder Bundesbürger muss ab Vollendung des 16. Lebensjahres einen amtlichen Identitätsnachweis besitzen. In Deutschland erfüllen der Personalausweis sowie der Reisepass diese Funktion. Bei einem Grenzübertritt muss jede Person – unabhängig von ihrem Alter – ebenfalls einen Identitätsnachweis mit sich führen. Innerhalb des Schengenraums genügt hierfür in der Regel der Personalausweis.
Bei Reisen außerhalb des Schengenraums ist meist ein Reisepass notwendig. Darüber hinaus können Sie sich mit der Online-Ausweisfunktion des Personalausweises auch im Internet oder an Automaten und Bürgerterminals eindeutig ausweisen.

Bundesministerium des Innern und für Heimat

Material 3

Was heißt „hinterlegen"?

Digitale Ident-Verfahren
Bei Ident-Verfahren überprüft das Postunternehmen die Identität von Verbrauchern/Verbraucherinnen.
Ihre Identität müssen Sie zum Beispiel nachweisen, wenn Sie im Internet ein Bankkonto eröffnen oder einen Zugang zu einem nicht jugendfreien Portal abschließen.
Das Verfahren ist für Verbraucher/Verbraucherinnen in der Regel kostenlos. Je nach Versandunternehmen können jedoch Versandkosten entstehen.
Bei der Identifizierung durch Videochat erhalten Kunden/Kundinnen von ihrem Vertragspartner einen Link,

oder werden von diesem direkt auf das Postident-Portal geleitet. Hier werden die Ausweisdaten mittels Webcam durch Mitarbeiter/Mitarbeiterinnen der Deutschen Post überprüft und Fotos angefertigt. Die Video-Legitimation kann von überall aus vom PC oder per App durchgeführt werden, allerdings ist beim Smartphone die Postident-App notwendig. Das erspart Wege und Papier, da alles digital weitergeleitet wird. Die große Flexibilität macht diese Verfahren immer beliebter.

Verbraucherzentrale NRW e. V.

Material 4

„Vermummung macht im Netz genauso wenig Sinn wie auf der Straße"

Daniel Mack fordert eine gesetzliche Klarnamenpflicht für soziale Medien.
Interview von Johanna Roth

jetzt: Du forderst eine gesetzliche Klarnamenpflicht für Facebook, Instagram, Twitter und andere soziale Netzwerke. Was erhoffst du dir davon?

Daniel Mack: Eine größere Hemmschwelle für Trolle und Hasskommentare. Die sozialen Medien haben sich durch den AfD-Rechtsruck stark verändert. Was dort innerhalb von Minuten an Hass, Hetze und Beleidigungen ausgeschüttet wird, bis hin zum Aufruf zu Straftaten, das ist hart. Und es hat System: Wenn man sich mal die Profile von Cem Özdemir oder Dunja Hayali anguckt, sind es vor allem anonymisierte User, die Drohungen und Hasskommentare posten. Politisch aktiv bin ich seit über zehn Jahren, die Wut im Netz hat massiv zugenommen: Direkte Beleidigungen, Antisemitismus, rechte Hetze. Das geht nicht spurlos an einem vorüber. Was bedeutet das für unsere Demokratie, für eine Gesellschaft, die die Digitalisierung für sich als Chance nutzen will, wenn Menschen mit ihrem Engagement derartig unter Druck geraten?

Aber eine entsprechende Strafverfolgung gibt es ja jetzt schon. Und viele User posten auch unter Klarnamen rechte Hetze.
Schon, aber der Weg dorthin ist sehr einfach. Es reicht eine Mailadresse, um sich anzumelden. Wer mit Personalausweis registriert ist, überlegt sich drei Mal, was er ins Netz schreibt. Klar gibt es Leute, die das auch unter ihrem richtigen Namen machen, aber ich finde, wir sollten unsere Regeln nicht an denen ausrichten, die sich daneben benehmen. Wir sollten uns vielmehr fra-

gen: Wie schaffen wir es, dass sich auch die vielen anderen zeigen und im digitalen Raum für ihre Überzeugungen einstehen? Von denen brauchen wir mehr und nicht weniger. Vermummung macht im Netz genauso
35 wenig Sinn wie auf der Straße.

Wie soll das in der Praxis funktionieren?
Mit einer Mehr-Faktor-Authentifizierung für die Nutzung sozialer Netzwerke, also die Angabe von Name, Mailadresse, Personalausweis, Telefonnummer. [...]
40 Oder, als unabhängigere Alternative: Eine Legitimierung per Post-Ident bei der Deutschen Post, ebenfalls mittels Personalausweis. Das war früher sehr aufwendig, heute geht es auch ohne Weg zur Filiale, über einen Videochat.

45 **Freiheit und Anonymität gelten mit als größte Errungenschaften, die das Netz mit sich gebracht hat. Ist eine Klarnamenpflicht nicht das genaue Gegenteil?**
Der Diskurs braucht mehr Freiheit, nicht mehr Anony-
50 mität. Wer sich aus Überzeugung einsetzen will, sollte allein aus Gründen der Fairness offen für seine Position werben. Es geht auch darum, ein neues Miteinander zu etablieren. Dafür braucht es klare Regeln. Klarnamenpflicht heißt deshalb nicht, dass ich unter dem Klarna-
55 men im Netz auftreten muss, sondern mich einmalig namentlich registriere. Es geht darum, dass soziale Plattformen wissen, wer da als Nutzer tätig ist. Ob der Klarname sichtbar ist, soll der Nutzer individuell entscheiden. Die Plattformen müssen den Namen aber
60 kennen und verifizieren können. Ob ich mich dann Daniel86 nenne oder Daniel Mack, das bleibt mir selbst überlassen. Ich persönlich halte es allerdings so: Wenn ich jemanden nicht sehen kann, dann traue ich ihm nicht. Netzkultur lebt vom offenen Austausch. Wer den
65 nicht will, hat weder Demokratie verstanden noch eine Antwort verdient.

Anonymität im Netz ist ja nicht nur für politisch Verfolgte wichtig, sondern auch für den Austausch über Depressionen, Diskriminierungser-
70 **fahrungen, Mobbing bei der Arbeit und vieles andere. Auch für davon betroffene Menschen wäre die Hemmschwelle, ihren Personalausweis irgendwo hochzuladen, womöglich zu hoch. Das stünde deinem Ziel einer breiteren und offeneren**
75 **Debatte doch direkt entgegen.**

Über IP-Adressen kann ich schon jetzt nachverfolgbar sein. Es geht darum, dass es keine komplette Regellosigkeit geben darf, denn die schadet unserer demokratischen Debattenkultur. Demokratie braucht Freiheit zum Streiten, aber um die zu gewährleisten, braucht sie 80 auch Regeln. Trotzdem: Die Freiheit, sich anonym zu äußern, ist gerade in Fällen von politischer Verfolgung sehr wichtig. Plattformen müssen weiter Vertrauen darin aufbauen, Daten auch gegen Autokraten zu schützen. [...]   85

Was ist mit dem Thema Datenschutz? So würden Konzerne wie Facebook persönliche Daten direkt von uns Nutzern selbst serviert bekommen. Das klingt nicht sehr verlockend.
Bei der Mehr-Faktor-Authentifizierung wären die Da- 90 ten einzig zur Registrierung zu benutzen, für nichts anderes. Auch das müsste dann gesetzlich vorgeschrieben sein. Datenschutzerklärungen müssen nicht nur sichtbar hinterlegt, sie müssen vor allem verständlich formuliert sein. Eine Registrierung per Post-Ident hätte 95 den Vorteil, dass die Daten nicht direkt an das Netzwerk gelangen, dann würde ja jemand anderes – also die Post – bescheinigen, dass diese Person X wirklich Person X ist. Und: Diese Daten sollten auf richterliche Anordnung schnell herausgegeben werden können.   100

Trolle können so vielleicht schneller zur Strecke gebracht werden. Aber ein vereinfachter Datenzugriff für Behörden könnte auch leicht nach hinten losgehen, oder? Neulich erst ermittelte die Polizei gegen einen Studenten, weil er einen Bei- 105 **trag des _Bayerischen Rundfunks_ mit einer YPG-Fahne auf seiner Facebook-Seite geteilt hatte.**
Nein, im Gegenteil. Wenn man erst eine richterliche Anordnung braucht, ist das ja keine Willkür. Dafür gibt es im Rechtsstaat klare Regeln. Beim Netzwerkdurch- 110 setzungsgesetz, das wir jetzt schon haben, gibt es aus meiner Sicht zu viele Unklarheiten. Teile des Strafrechts werden an die Konzerne delegiert. Wir sollten dieses Recht bei den entsprechenden Organen lassen, sollten über Überprüfungsmechanismen zwischen 115 Plattformen und Justiz nachdenken, es ihnen aber umgekehrt vereinfachen, im Falle von Straftaten auf die Daten schnell zugreifen zu können. Mit einer Mehr-Faktor-Authentifizierung wäre das leichter als bisher. [...]   120

Ronen Steinke

Wer Klarnamen im Netz fordert, hat Bürgerrechte nicht verstanden

Ob die Unionspolitiker, die Pseudonyme im Netz verbieten wollen, wissen, wovon sie reden? Aus der Forderung spricht eine Verachtung der Bürger und eine Unkenntnis des Rechts.

CDU und CSU haben eine Botschaft für alle Menschen, die sich im Internet unter erfundenen Namen zu Politik oder anderen Themen äußern wollen, etwa als Diddlmaus27, Jupp_aus_Kölle oder FrankTheTank. Die Bot-
5 schaft lautet: Ihr werdet geoutet; niemand von euch hat das Recht, sich hinter Pseudonymen zu verbergen. Annegret Kramp-Karrenbauer, die Parteivorsitzende, hat sich gerade in einem Interview mit der *Bild am Sonntag* entsprechend geäußert, sie hat sich für die sogenannte
10 Klarnamenpflicht in sozialen Netzwerken ausgesprochen. Der Bundestagspräsident Wolfgang Schäuble hat das kürzlich auch schon getan, der gemeinsame Europa-Spitzenkandidat von CDU und CSU, Manfred Weber, ebenfalls.
15 Zugunsten der Genannten sei angenommen, dass sie nicht wissen, wovon sie reden. Zu ihren Gunsten sei angenommen, dass sie zum Beispiel nicht gedacht haben an einen schwulen Menschen, der sich noch nicht outen will, sondern sich erst einmal nur tastend in der
20 regenbogenbunten Welt einer Online-Community umsehen will, in der niemand mehr über sich verraten muss, als er möchte. Die Botschaft der CDU: Er wird zwangsweise geoutet. Oder Paare, die sich seit Jahren erfolglos Kinder wünschen, dies nicht jedem auf die
25 Nase binden wollen – und in dieser belastenden Lage Trost darin finden, sich mit anderen Betroffenen anonym im Netz auszutauschen. Die Botschaft der CDU: Sie werden geoutet. Zugunsten der genannten Politiker sei angenommen, dass sie beim Thema soziale Medien

nur an die Rassisten und Mobber gedacht haben, die 30
ihren Dreck dort manchmal, aber durchaus nicht immer unter dem Deckmantel der Anonymität verbreiten. Und schließlich sei zu ihren Gunsten unterstellt, dass die genannten Politiker gar nicht wirklich meinen, dass Anonymität prinzipiell etwas ist, das Bürgern nicht zu- 35
steht. Man müsste sonst erschaudern über so viel Bürgerverachtung und übrigens auch über so viel Unkenntnis des Rechts. Da wäre etwa der parlamentarische Geschäftsführer der CSU im Bundestag, Stefan Müller (ein Mann, der dank seines Allerweltsnamens auch bei 40
einer Klarnamenpflicht einigermaßen anonym bleiben könnte). Er twittert: "Auf Demonstrationen gilt ein Vermummungsverbot, warum nicht auch im Netz?" Dieser Vergleich ist unsinnig. Jeder Mensch darf selbstverständlich anonym an Demonstrationen teilnehmen. 45
Natürlich muss dort niemand ein Namensschild tragen oder sich gar irgendwo mit seinen persönlichen Daten vorab registrieren. Es wäre albtraumhaft, wenn der Staat mit wenigen Klicks recherchieren könnte, wo jemand – legal – demonstriert oder sich an politischen 50
Diskussionsrunden beteiligt hat. Und es stimmt auch gar nicht, dass Anonymität in der analogen Welt per se etwas Ungewöhnliches wäre. Der kluge Strafrechtsprofessor Henning Ernst Müller aus Regensburg schreibt: „Wegen des großen Gefahrenpotenzials im Straßenver- 55
kehr bin ich übrigens für Klarnamenpflicht: Der Name des Fahrers ist gut sichtbar im oberen Drittel der Heckscheibe anzubringen. Ähnliches sollte aus Gleichheitsgesichtspunkten auch für Fahrräder und Fußgänger gelten" Das ist natürlich beißender Spott, im Alltag in 60
Deutschland sind die Menschen nicht gläsern. [...]

Süddeutsche Zeitung

(2019)

Rhetorik – die Kunst der Rede

Gert Ueding (geb. 1942)
Anstatt einer Einleitung: Was ist Rhetorik? (Teil 2)

Das System der Rhetorik insgesamt ist in allen wesentlichen Zügen bereits in der Antike besonders von Aristoteles, Cicero und Quntilian entwickelt worden und in dieser Form bis beute mehr oder weniger bewusst
5 Grundlage der Allgemeinen und Angewandten Rhetorik. Die Produktionsstadien der Rede bilden das wichtigste Einteilungsprinzip. Am Anfang steht die Erkenntnis des Themas. Aus der Fülle der Ereignisse und Situationen *(materia)* muss zunächst die Hypothese ge-
10 wonnen werden, die den Einzelfall konturiert (z. B. einen Grundwiderspruch), sodann muss der Redner den einzelnen Streitstand (status) ermitteln, [...]. Der Arbeitsprozess selber umfasst erstens das Auffinden aller zur wirkungsvollen Behandlung des Gegenstandes nötigen
15 Argumente und Materialien *(inventio)*, wobei der Autor deren Stichhaltigkeit und jeweilige Tauglichkeit für die verschiedenen Redeteile schon jetzt überprüft. [...] Das zweite Arbeitsstadium regelt nach bestimmten Mustern die Gliederung des Stoffes und der Argumente *(disposi-*
20 *tio)* unter den leitenden Aspekten der Sachangemessenheit, der Überzeugung der Adressaten und der Redeteile. [...] Das dritte Arbeitsstadium umfasst die sprachlich-stilistische Produktion der Rede gemäß der Theorie des rednerischen Ausdrucks (elocutio), die das differenzier-
25 teste Teilgebiet ausmacht. [...] Um allen Wirkungsintentionen zu entsprechen, hat die Rhetorik zum Teil sehr komplizierte Stillehren entwickelt, ihrer Überzeugung gemäß, dass allein die Fähigkeit, fehlerfrei und deutlich zu reden [...] noch nicht die eigentliche und wirkungs-
30 vollste Kunst des sprachlichen Ausdrucks ausmacht. Beweisen allen genügt in den seltensten Fällen, den Adressaten zu überzeugen, und in allen Bereichen des öffentlichen Lebens, in Politik und Kultur, kann immer nur ein Konsens über das Wahrscheinliche erreicht, nie
35 eine Wahrheit ermittelt werden. Die Rhetorik lehrt also nicht primär die Kunst des spezialistischen Ausdrucks und einer Schreibweise, die sich allein an ein wissenschaftlich gebildetes Publikum wendet. Der Normalfall ist das Laienpublikum, das zwar auch nicht ungebildet
40 ist, dem aber auf jeden Fall die genaueren Fachkenntnisse fehlen. Die Ausgangslage des antiken Redners unterschiedet sich – zumindest in diesem Punkt – nicht we-

sentlich von den Grundbedingungen, die ein Journalist in den modernen Massenmedien, ein Autor von Sachbüchern, aber auch ein Politiker oder ein Lehrer in der Er-
45 wachsenenbildung vorfindet. Die Aufgabe besteht jedes Mal darin, besondere Fachkenntnisse aus den verschiedensten Gebieten oder auch ein spezielles Erfahrungswissen in einer sprachlichen Form mitzuteilen, die sowohl sachangemessen als auch allgemeinverständlich
50 und gegebenenfalls unterhaltsam und wirkungsvoll ist. Es geht dabei nicht um eine Popularisierung im landläufigen Sinne des Wortes, durch die der Gegenstand zwar vereinfacht, aber ebenso trivialisiert wird, so dass er nicht mehr in sachangemessener Weise zum Ausdruck
55 kommt. Vielmehr fällt der Sprache hier die Aufgabe zu, auch schwierige Tatbestände derart einleuchtend zu formulieren, dass sie sogar an ein ganz unterschiedlich zusammengesetztes Publikum mit uneinheitlichen Voraussetzungen vermittelt werden können. Im vierten Stadium
60 konzentriert sich der Redner auf das Einprägen der Rede ins Gedächtnis *(memoria)* [...]. Womit wir das fünfte und letzte Produktionsstadium erreicht haben. Es besteht in der Verwirklichung der Rede durch Vortrag *(pronuntia-tio)*, Mimik, Gestik und sogar Handlungen *(actio)*. [...] In
65 neuerer Zeit hat sich mit der „Rhetorik der Präsentation" eine Spielart der *actio* herausgebildet, deren besondere Aufgabe die wirkungsbezogenen Vorführung von Gegenständen und die Gestaltung des gesamten Ambientes der Rede ist. In Dekoration, Design und moderner Ver-
70 kaufsrhetorik hat die Rhetorik der Präsentation heute ihre wichtigsten Anwendungsbereiche, da es sich dabei ebenfalls um die wirkungsorientierte Vermittlung bestimmter Inhalte handelt, [...].

1. Lesen Sie den Text und strukturieren Sie die inhaltlichen Aspekte (z. B. Arbeitsschritte, Aufbau einer Rede, Zweck und Funktion einer Rede, Geschichte der Rhetorik, Adressatenorientierung ...) mithilfe einer Mind-Map oder Tabelle.

2. Besprechen Sie die Veränderungen, die Ueding am Ende des Textes erwähnt, und nennen Sie dafür Beispiele.

Frank-Walter Steinmeier (geb. 1956)

Rede am 23. Januar 2020 in Jerusalem aus Anlass des 75. Jahrestages der Befreiung des KZ Auschwitz

Bundespräsident Frank-Walter Steinmeier hielt am 23. Januar 2020 in Jerusalem aus Anlass des 75. Jahrestages der Befreiung des KZ Auschwitz die folgende Rede beim 5. World Holocaust Forum „Remembering the Holocaust: Fighting Antisemitism" in Yad Vashem. Steinmeier war der erste Bundespräsident, dem dies ermöglicht wurde. Im Publikum saßen Staatsgäste aus über 50 Ländern. Die Rede fand in den Medien ein weltweites Echo.

1. Diskutieren Sie darüber, welche Erwartungen möglicherweise aufgrund der Redesituation an den Bundespräsidenten gestellt werden.

בָּרוּךְ אַתָּה יְיָ אֱלֹהֵינוּ מֶלֶךְ הָעוֹלָם שֶׁהֶחֱיָנוּ וְקִיְּמָנוּ וְהִגִּיעָנוּ לַזְּמַן הַזֶּה:

„Gepriesen sei der Herr, [...] dass er mich heute hier sein lässt."

Welche Gnade, welches Geschenk, dass ich heute hier in Yad Vashem zu Ihnen sprechen darf. Hier in Yad Va-
5 shem brennt die ewige Flamme der Erinnerung an die Toten der Shoah[2]. Dieser Ort erinnert an ihr millionenfaches Leid. Und er erinnert an ihr Leben – an jedes einzelne Schicksal.

Dieser Ort erinnert an Samuel Tytelman, ein begeister-
10 ter Schwimmer, der bei Makkabi Warschau Wettkämpfe gewann, und an seine kleine Schwester Rega, die ihrer Mutter beim Kochen für den Schabbat[3] half.
Dieser Ort erinnert an Ida Goldiş und ihren dreijährigen Sohn Vili. Im Oktober wurden sie aus dem Ghetto
15 Chişinău[4] deportiert, und im Januar, in bitterster Kälte, schrieb Ida ein letztes Mal an ihre Eltern: „Ich bedaure aus tiefster Seele, dass ich beim Abschied die Bedeutung des Augenblicks nicht erfasste, [...] dass ich dich nicht fest umarmt habe, ohne loszulassen."
20 Deutsche haben sie verschleppt. Deutsche haben ihnen Nummern auf die Unterarme tätowiert. Deutsche haben versucht, diese Menschen zu entmenschlichen, zu Num-

mern zu machen, im Vernichtungslager jede Erinnerung an sie auszulöschen. Es ist ihnen nicht gelungen.

Samuel und Rega, Ida und Vili waren Menschen. Und 25 Menschen bleiben sie in unserer Erinnerung. Hier in Yad Vashem wird ihnen – wie es im Buch des Propheten Jesaja heißt – „ein Denkmal und ein Name" gegeben.
Vor diesem Denkmal stehe auch ich als Mensch – und als Deutscher. Ich stehe vor ihrem Denkmal. Ich lese 30 ihre Namen. Ich höre ihre Geschichten. Und ich verneige mich in tiefer Trauer. Samuel und Rega, Ida und Vili waren Menschen.

Und auch das muss ich hier und heute aussprechen: Die Täter waren Menschen. Sie waren Deutsche. Die Mör- 35 der, die Wachleute, die Helfershelfer, die Mitläufer: Sie waren Deutsche.
Der industrielle Massenmord an sechs Millionen Jüdinnen und Juden, das größte Verbrechen der Menschheitsgeschichte –, es wurde von meinen Landsleuten 40 begangen. Der grausame Krieg, der weit mehr als fünfzig Millionen Menschenleben kosten sollte, er ging von meinem Lande aus.

Fünfundsiebzig Jahre nach der Befreiung von Auschwitz stehe ich als deutscher Präsident vor Ihnen allen, 45 beladen mit großer historischer Schuld. Doch zugleich bin ich erfüllt von Dankbarkeit: für die ausgestreckte Hand der Überlebenden, für das neue Vertrauen von Menschen in Israel und der ganzen Welt, für das wieder erblühte jüdische Leben in Deutschland. Ich bin beseelt 50 vom Geist der Versöhnung, der Deutschland und Israel, der Deutschland, Europa und den Staaten der Welt einen neuen, einen friedlichen Weg gewiesen hat.

Die Flamme von Yad Vashem erlischt nicht. Und unsere deutsche Verantwortung vergeht nicht. Ihr wollen wir 55 gerecht werden. An ihr, liebe Freunde, sollt ihr uns messen.
Weil ich dankbar bin für das Wunder der Versöhnung, stehe ich vor Ihnen und wünschte, sagen zu können: Unser Erinnern hat uns gegen das Böse immun ge- 60 macht.

Ja, wir Deutsche erinnern uns. Aber manchmal scheint es mir, als verstünden wir die Vergangenheit besser als die Gegenwart. Die bösen Geister zeigen sich heute in neuem Gewand. Mehr noch: Sie präsentieren ihr antise- 65 mitisches, ihr völkisches, ihr autoritäres Denken als

---

[1] ein seit über 1500 Jahren rezitierter jüdischer Segensspruch – [2] **Shoah:** Begriff aus dem Hebräischen, mit dem der Völkermord an den Juden bezeichnet wird – [3] **Schabbat:** jüdischer Feiertag (Samstag, der 7. Tag der Woche) –
[4] **Chişinău:** Ort in der osteuropäischen Republik Moldawien

Antwort für die Zukunft, als neue Lösung für die Probleme unserer Zeit. Ich wünschte, sagen zu können: Wir Deutsche haben für immer aus der Geschichte gelernt.

70 Aber das kann ich nicht sagen, wenn Hass und Hetze sich ausbreiten. Das kann ich nicht sagen, wenn jüdische Kinder auf dem Schulhof bespuckt werden. Das kann ich nicht sagen, wenn unter dem Deckmantel angeblicher Kritik an israelischer Politik kruder[1] Antise-
75 mitismus hervorbricht. Das kann ich nicht sagen, wenn nur eine schwere Holztür verhindert, dass ein Rechtsterrorist an Jom Kippur in einer Synagoge in Halle ein Massaker, ein Blutbad anrichtet.[2]

Natürlich: Unsere Zeit ist nicht dieselbe Zeit. Es sind
80 nicht dieselben Worte. Es sind nicht dieselben Täter. Aber es ist dasselbe Böse. Und es bleibt die eine Antwort: Nie wieder!

Deshalb darf es keinen Schlussstrich unter das Erinnern geben. Diese Verantwortung ist der Bundesrepub-
85 lik Deutschland vom ersten Tage eingeschrieben. Aber sie prüft uns – hier und heute!

Dieses Deutschland wird sich selbst nur dann gerecht, wenn es seiner historischen Verantwortung gerecht wird: Wir bekämpfen den Antisemitismus! Wir trotzen
90 dem Gift des Nationalismus! Wir schützen jüdisches Leben! Wir stehen an der Seite Israels!

Dieses Versprechen erneuere ich hier in Yad Vashem vor den Augen der Welt. Und ich weiß, ich bin nicht allein. Hier in Yad Vashem sagen wir heute gemeinsam:
95 Nein zu Judenhass! Nein zu Menschenhass!

Im Erschrecken vor Auschwitz hat die Welt schon einmal Lehren gezogen und eine Friedensordnung errichtet, erbaut auf Menschenrechten und Völkerrecht. Wir Deutsche stehen zu dieser Ordnung und wir wollen sie,
100 mit Ihnen allen, verteidigen. Denn wir wissen: Jeder Friede bleibt zerbrechlich. Und als Menschen bleiben wir verführbar.

Verehrte Staats- und Regierungschefs, ich bin dankbar, dass wir heute gemeinsam bekennen: A world that re-
105 members the Holocaust. A world without genocide.

„Wer weiß, ob wir noch einmal den zauberhaften Klang des Lebens werden hören können? Wer weiß, ob wir uns in die Ewigkeit werden einweben können – wer weiß."

Salmen Gradowski[3] schrieb diese Zeilen als Häftling in Auschwitz, und er vergrub sie in einer Blechbüchse un-
110 ter einem Krematorium. Hier in Yad Vashem sind sie eingewoben in die Ewigkeit: Salmen Gradowski, die Geschwister Tytelman, Ida und Vili Goldiş und so viele andere. Sie alle sind ermordet worden. Ihr Leben ging im entfesselten Hass verloren. Aber unsere Erinnerung
115 an sie besiegt das Nichts. Und unser Handeln besiegt den Hass.

Dafür stehe ich. Darauf hoffe ich.

Gepriesen sei der Herr, dass er mich heute hier sein lässt.

2. Tauschen Sie sich über Ihre Eindrücke von der Rede des Bundespräsidenten aus. Äußern Sie sich dazu, ob und in welcher Weise die Rede den von Ihnen formulierten Erwartungen entspricht.

3. Versuchen Sie, den inhaltlichen Aufbau des Redetextes in einem Schaubild zu verdeutlichen. Gliedern Sie zu diesem Zweck zunächst den Text und zeigen Sie in Ihrem Schaubild, wie die einzelnen Abschnitte verklammert sind und welche inhaltlichen Schwerpunkte die Rede dominieren.

4. Leiten Sie daraus die mögliche Rednerintention ab.

5. Arbeiten Sie die rhetorischen Mittel heraus und beschreiben Sie jeweils ihre Wirkung. Achten Sie dabei u. a. auf die Pronomenverwendung, die Bedeutung der verwendeten Zitate, auf bildhafte Ausdrücke, die Anaphorik und auf die Antithetik.
➜ Rhetorische Figuren, S. 490 ff.

6. Arbeiten Sie die verwendeten Redestrategien heraus. Nutzen Sie dazu die Informationen auf der nächsten Seite.

7. Fassen Sie Ihre Untersuchungsergebnisse zusammen. Erstellen Sie dazu eine Tabelle mit folgenden Spalten: Ort, Zeit/Zeitumstände, Publikum, Anlass, Redestrategie, Absicht/Intention.

8. Tauschen Sie sich darüber aus, wie Sie die Rede bewerten.

 Weitere Reden zur Analyse finden Sie unter: WES-127877-001

---

[1] **krude:** roh – [2] Am 9. Oktober 2019 versuchte ein Rechtsterrorist an Jom Kippur, dem höchsten jüdischen Feiertag, vergeblich, in die Synagoge in Halle (Saale) einzudringen und die dort versammelten Personen zu ermorden. Nachdem ihm dies wegen der stabilen Eingangstür auch mit Waffengewalt nicht gelungen war, erschoss er vor dem Gebäude eine Passantin und kurz darauf den Gast eines Döner-Imbisses. – [3] **Salmen Gradowski** oder **Chaim Zalman Gradowski**: Salmen Gradowski war als polnischer Jude Häftling im Konzentrationslager Auschwitz-Birkenau, wo er am 7. Oktober 1944 starb. Er wurde den Sonderkommandos zugeteilt, die die Häftlinge bei der Ermordung in den Gaskammern begleiten mussten. Seine Erfahrungen schrieb er mithilfe anderer Insassen in geheimen Tagebüchern nieder.

Wissen und Können

Redestrategien

Ein wichtiges Instrumentarium für die Analyse von Reden bilden die rhetorischen Strategien der **Aufwertung, Abwertung** und **Beschwichtigung**.

Aufwertung:
- günstige Seite hervorheben, ungünstige abschwächen oder verschweigen
- positive Attribute für Wir-Gruppe; Einladung der Zuhörer zur Identifikation mit Wir-Gruppe
- Koppelung mit positiven Werten (Freiheit, Gerechtigkeit, Demokratie etc.)
- eigennützige Ziele als uneigennützig ausgeben („Gemeinwohl")
- Übersteigerung eigener Verdienste: einziger Garant für Sicherheit und Freiheit; unverfängliche Zeugen aufrufen

Abwertung:
- ungünstige Seite hervorheben, günstige abschwächen oder verschweigen
- Häufung negativer Attribute
- Koppelung des Gegners mit negativen Werten (Unfreiheit, Unrecht, Tyrannei)

- Fehler des Gegners ins Maßlose vergrößern: „Untergang des Abendlandes"
- Deformation und Verzerrung gegnerischer Argumente zwecks Widerlegung: z. B. ins Absurde übersteigern
- Gegner verrät eigene Grundsätze; Gegner ist von Geschichte längst widerlegt
- gegnerische Forderungen halb anerkennen, doch: sie wurden längst von Wir-Gruppe erfüllt bzw. vor dem Gegner von Wir-Gruppe aufgestellt
- Neudefinition gegnerischer Schlagworte
- innenpolitischen Gegner mit außenpolitischem Feind koppeln

Beschwichtigung:
- Verständnis bekunden
- auf Gemeinschaft hinweisen: „Wir sind alle eine Familie"
- Vermittlerrolle; alle Interessen als berechtigt anerkennen, Widersprüche verschweigen: sowohl – als auch, auf „unabwendbares Schicksal" hinweisen
- allgemeine Weisheiten: „Irren ist menschlich."
- wenn eine Interessengruppe belastet wird: „Alle müssen Lasten tragen", „Dienst am Allgemeinwohl"; Tabuisierung von Problemen, sodass deren Erörterung unmöglich wird

---

1. Sie stehen kurz vor dem Abitur und werden bald selbst eine Rede hören oder sogar verfassen und halten. Notieren Sie Ihre Erwartungen an eine gelungene Abirede.

Rede zur Abiturentlassung von Oliver Mahr (Ulrich-von Hutten-Gymnasium in Schlüchtern), gehalten 2007

Sehr geehrte Damen und Herren, anwesende Lehrkräfte, liebe Abigenten[1] und Eltern.

151 Schülerinnen und Schüler haben als die Kleinsten die Baustelle betreten, 88 haben es geschafft als die
5 Größten und Ältesten, neun Stockwerke zu errichten, und sind nun drauf und dran, das Richtfest zu feiern. Doch was kommt danach? Kaum ein Bauherr hat eine klare Vorstellung davon, wie sein Haus einmal aussehen wird. Träume erfüllen sich zu selten. In Zukunft
10 gilt, das Haus mit Leben zu erfüllen. Wir müssen die Inneneinrichtung finden, die am besten zu uns passt. Wir müssen lernen, mit dem in neun langen Jahren erworbenen Wissen umzugehen. Wir müssen ernten, was

wir gesät haben, lernen, die Bildung, die wir erfuhren, bestmöglich ein- und umzusetzen. Es liegt in unserer 15 Hand, die Welt zu unseren Gunsten zu verändern. Positiv zu verändern, auf Basis des uns hier gelehrten Wissens. Ganz nach dem Wahlspruch des Namensgebers unserer Schule „Ich hab's gewagt" müssen wir den großen Sprung nach vorne wagen. 20

Vor fast genau einem Jahr hat sich der Jahrgang 13 des Ulrich-von-Hutten-Gymnasiums in Schlüchtern in einer spektakulären Aktion den Namen „Abigent 007" gegeben. Das Motto des Jahrgangs lautet seither „Sag niemals nie", nach dem gleichnamigen Bond-Klassiker 25 mit Sean Connery. Es hat sich seitdem viel verändert.

[1] Das Motto des Abiturjahrgangs lautete: „Abigent 007 – Sag niemals nie."

Nicht nur, dass wir aufgrund unserer legendären Schuldiscos mittlerweile eine angesehene Institution in der hiesigen Partyszene darstellen, nein, wir haben es auch
30 geschafft, in dem letzten Jahr unserer Schullaufbahn zu einer wahren Gemeinschaft heranzuwachsen. Nun gilt es, sich zu verabschieden, besonders nachdem in den letzten neun Jahren innige Freundschaften geschlossen und alte gefestigt wurden oder zerbrachen. Wir haben
35 trotzdem immer zusammengehalten, als eingeschworene Gemeinschaft niemals „nie" gesagt und gemeinsam den harten und langen Weg hin zur ersten großen Prüfung unseres Lebens begangen und gemeistert.

Die altehrwürdigen Mauern des Klosters haben schon
40 vieles gesehen. Neun lange Jahre war dieses Gemäuer unser Zuhause, wir haben die von Herrn Paetzold erwähnte „Gastfreundlichkeit" kennen- und schätzen gelernt. Dort haben wir geschwitzt und gestöhnt, bedauert und geflucht, doch nie aufgegeben. Es war ein
45 ständiges Auf und Ab der Gefühle, das uns geformt hat, uns noch härter gemacht und uns vorbereitet hat auf die kommenden Aufgaben, die das Leben für uns bereithalten wird.

Liebe Mitschülerinnen und Mitschüler. Niemand weiß,
50 was kommt und welche Überraschungen auf uns warten, doch sind wir es gewohnt, niemals „nie" zu sagen und auch unbekannten, vielleicht etwas beängstigenden Dingen mutig und selbstbewusst entgegenzutreten. Eines haben wir nach den neun Jahren Ausbildung an
55 dieser einzigartigen Institution gelernt: Wenn man etwas erreichen will, dann kann man dies nicht allein, sondern nur mithilfe von anderen. Nur im Team gelingt mir das, was ich allein zu tun gar nicht imstande wäre! Niemand kann allein eine Schuldisco oder einen
60 Abiball organisieren! Nur im Team gelangen uns Dinge und Events, an die wir uns noch lange voll Freude und Stolz erinnern werden. Im Film „James Bond – Der Morgen stirbt nie" sagt 007: „Der Unterschied zwischen Wahnsinn und Genie definiert sich lediglich
65 aus dem Erfolg." Hier stimme ich leider nicht mit Mister Bond überein, da wir bei ausnahmslos allen unserer Aktionen großen Erfolg zu verbuchen hatten. Von genialen Schuldiscos bis hin zu wahnsinnigen Ideen, wie die „Offizielle Abigenten-Vertretung" als Weih-
70 nachtsabigenten, am letzten Weihnachtsmarkt hier im Klosterhof.

Wir gaben uns den Namen „James Bond – Sag niemals nie", ein Synonym, das für Selbstbewusstsein, Ausdauer und Ausstrahlung steht. Schon bei der Vorstellung
75 unseres Abitur-Mottos vor ungefähr einem Jahr haben wir unsere Zuschauer spüren lassen, dass wir es ernst meinen. Mit einer großen Show, an der wir alle mit anpackten, haben wir unseren Gemeinschaftssinn beschworen und gezeigt, dass wir anders sind, dass wir etwas Besonderes sind.
80

Nicht zuletzt haben wir dieses Gefühl der Gemeinschaft auch den Kursfahrten zu verdanken, die uns nach Antibes, London, Rom und in die Toskana führten. Ich hoffe, dass die Freundschaften, die in den letzten beiden Jahren der Qualifikationsphase geschlossen 85 wurden, noch lange halten.

Ich möchte diese Gelegenheit zudem nutzen, um mich, stellvertretend für den Abiturjahrgang 2007, den Abigenten, bei allen Lehrern zu bedanken. Schließlich waren sie es, die uns in den letzten Jahren der Selbstfin- 90 dungsphase begleiteten. Auch wenn wir nicht für die Schule, sondern fürs Leben lernen, so waren sie es, die uns jeden unsterblichen Morgen ertragen mussten, wobei der Jahrgang über die Frage, wer hier manchmal wen ertragen musste, sicherlich geteilter Meinung ist. 95

Ich wünsche uns für die Zukunft alles Gute. Wir sollten nie unsere Wurzeln und unsere alten Wirkungsstätten vergessen, stets an diese wunderschönen neun Jahre an dieser tollen Schule zurückdenken und uns an der Schönheit unseres Hauses erfreuen. Und deshalb, Abi- 100 genten, im Sinne eurer Mission: Sagt niemals nie!
Vielen Dank für die Aufmerksamkeit.

2. Beschreiben Sie die Wirkung, die diese Abiturrede auf Sie hat. Inwiefern erfüllt sie Ihre Erwartungen an eine gelungene Abiturrede?

3. Nennen Sie die Stationen der Schullaufbahn, die dem Redner besonders wichtig sind. Benennen Sie Bereiche, die ausgeblendet werden, und bewerten Sie dies.

4. Beschreiben Sie, mit welchen Mitteln der Redner versucht, seiner Rede eine Struktur zu geben und seine Ziele zu erreichen.

5. Verfassen Sie eine schriftliche Analyse. Nutzen Sie als Schreibplan die Tabelle von S. 30.
➔ Eine Rede analysieren, s. S. 467 ff.

6. Besprechen Sie, ob und inwiefern sich aus den Analyseergebnisse Rückschlüsse für das Verfassen einer Rede ziehen lassen. Welche Kriterien erscheinen Ihnen im Hinblick auf die Produktion einer eigenen Abiturrede besonders wichtig, um diese zu einem Erfolg werden zu lassen? Notieren Sie diese Kriterien.

Lernaufgabe

Im Rahmen der Abiturzeugnisübergabe wird an vielen Schulen eine Rede von einem Absolventen oder einer Absolventin gehalten. Oft werden darin Erfahrungen und Erkenntnisse der Schulzeit reflektiert und Ratschläge für die Zukunft gegeben. In diesem Jahr wurden Sie ausgewählt, diese Rede zu schreiben.

1. Schreiben Sie diese Rede für die Abschlussfeier Ihres Abiturjahrgangs. Berücksichtigen Sie dabei die IDEMA Methode.

2. Halten Sie die Rede vor Publikum und lassen Sie sich Feedback geben.

Wissen und Können

Die IDEMA-Methode zum Verfassen einer Rede

- **Inventio: Ideen und Gedanken zum Thema der Rede**
Es ist empfehlenswert, Ideen zu sammeln und Gedanken sowie sachdienliche Argumente zum Thema zu notieren. Dabei sollten die Interessenlage des Publikums und die Wirkung, die die Inhalte auf das Publikum haben, berücksichtigt werden.

- **Dispositio: Die Gliederung des gesammelten Materials**
Wie viele Texte werden Reden in Einleitung – Hauptteil – Schluss eingeteilt. Auch wenn der Hauptteil den größten Raum einnimmt, ist es wichtig, die Einleitung publikumswirksam zu planen. Ebenso wichtig ist ein markanter Schlusssatz. Die Redeteile des Hauptteils werden gezielt angeordnet, z. B. in WAR-Stand (Entwicklung), IST-Stand (Gegenwart, Beispiel), SOLL-Stand (Zukunft, Weiterentwicklung).

- **Elocutio: Die sprachliche Gestaltung der Rede**
Die sprachliche Gestaltung von Reden ist geprägt von ihrer Ausschmückung und dem Gebrauch von rhetorischen Mitteln. Dabei ist klar, dass Wortwahl, Satzbau und Stil unter Berücksichtigung der Adressatenorientierung gewählt werden müssen. Reden müssen für das Publikum anschaulich und verständlich bleiben.

- **Memoria: Das Einprägen der Rede**
Reden sollten möglichst frei vorgetragen werden. Das heißt, man muss die Rede mehr oder weniger im Kopf haben. Stichwortzettel oder Karteikarten sind aber erlaubt. Auf ihnen kann man sich besonders Wichtiges hervorheben.

- **Actio: Der Redevortrag und seine Gestaltung**
Bei der Gestaltung einer Rede müssen paraverbale und nonverbale Handlungen geplant werden. Sprechtempo, Lautstärke, Pausen oder schnelles Reden sind Mittel, die gezielt eingesetzt werden können, um eine bestimmte Wirkung zu unterstützen. Gestik, Mimik und Körperhaltung sollten möglichst vor dem Spiegel oder einem Probepublikum geübt werden. Auch der zeitliche Rahmen sollte nicht dem Zufall überlassen werden.

Geschichten für das ganze Leben – Vom Lesen, Schreiben und Erzählen

Das Erzählen, mündlich wie schriftlich, gehört zu unserem Leben und zur menschlichen Gesellschaft dazu. Die Erfahrungen, die wir damit machen, können sehr unterschiedlich sein. Viele Menschen empfinden das Lesen und Erzählen als eine große persönliche Bereicherung und fast jeder hat eine eigene Lesebiografie. Darüber hinaus wird die eigene Schreiberfahrung oft als produktives Feld genutzt, sich mit sich und der Welt auseinanderzusetzen, und manche verdienen damit sogar ihren Lebensunterhalten und werden Autorinnen oder Autoren von Erzählungen, Romanen etc. Der Literaturbetrieb bringt Schreibende und Lesende zusammen und bietet Möglichkeiten für alle, sich zu orientieren.

In diesem Kapitel geht es darum, die eigene Leseerfahrung zu reflektieren und mit den Erfahrungen, die andere Menschen beim Lesen und Schreiben gemacht haben, zu vergleichen. Weiterhin wird genauer untersucht, mit welchen Mitteln literarische Texte, auch Graphic Novels, erzählen. Anschließend werden Techniken und Arbeitsweisen vorgestellt, mit denen der eigene kreative Schreibprozess von der Planung bis zur Präsentation initiiert wird. Zum Abschluss werden die verschiedenen Akteure des Literaturbetriebs vorgestellt und eine Rezension verfasst.

Pierre Bonnard (1867 – 1947): Schreibende Frau (1900)

„[…] durchs Lesen erfährt einer von anderen Möglichkeiten, Mensch zu sein, von Erlebnissen und Gedankengängen, die zwar nicht die seinen, die aber auch in ihm angelegt sind – lesender Weise übersteigt er seinen
5 individuellen Erfahrungsbereich, der notgedrungen limitiert ist."

(Hugo Loetscher, Schweizer Schriftsteller und Journalist)

„Mal ehrlich, Bücher sind besser als alles andere. Wenn man Bücher über fünfzehn Runden gegen das Beste in den Ring schickt, was andere
5 Kunstformen zu bieten haben, gewinnen die Bücher eigentlich immer."

(Nick Hornby, britischer Schriftsteller und Drehbuchautor)

„Lesen gehört zu meinem Leben, lesend kann ich dieses Leben besser verstehen."

(Alfred A. Häsler, Schweizer Schriftsteller und Journalist)

Gerard ter Borch: Lesender junger Mann (um 1680)

Winslow Homer:
The New Novel (1877)

„Jeder Leser, der eine gute Geschichte liest, schreibt sich im Grunde eine neue hinzu: Je mehr er in die fremde Geschichte hineingeht, desto näher kommt er seiner eigenen."

(Ulla Hahn, deutsche Schritstellerin)

„Was bedeutet Schreiben heute für Sie?"
„Eine Freiheit, die sich mir aufzwingt, und ich lasse den Zwang geschehen."

(Aus einem Interview mit Herta Müller, deutsche Schriftstellerin)

nst Barlach: Lesender Klosterschüler
olzplastik, 1930)

1. Tauschen Sie sich darüber aus, welche Bilder oder Zitate Sie besonders ansprechen.

2. Beschreiben Sie, welche Bedeutung des Lesens bzw. Schreibens in den Bildern bzw. Zitaten deutlich wird.

3. Erstellen Sie ein Placemat zur Frage: Wie sieht meine Lesebiografie aus?
   - Think: Erinnern Sie sich an Ihre Erfahrungen mit dem Erzählen. Wurde Ihnen im Kindergarten oder in der Familie vorgelesen? Haben Sie als Kind gelesen, wenn ja, was? Erinnern Sie sich an Ihren bevorzugten Leseort?
   - Write: Notieren Sie Erzählungen, Romane etc., die zu Ihrer Lesebiografie gehören.
   - Share: Berichten Sie sich in Gruppen gegenseitig von Ihren Erfahrungen. Besprechen Sie Gemeinsamkeiten und Unterschiede.

Bücher für das ganze Leben

Niklas Kamp (geb. 1992)

Mit einem „Lustigen Taschenbuch" fing alles an

Das erste Buch, das ich in meinem Leben gelesen habe, war das Lustige Taschenbuch[1] Nr. 248 „Gefangen im Fürchtelforst". Meine Eltern hatten es mir im Jahre 1999 auf dem Weg zu Freunden gekauft, um mich mit den
5 Bildern des Comics abzulenken und ruhigzustellen. Ich kam im selben Jahr in die erste Klasse und konnte mir mithilfe dieses Comics das Lesen auf eine sehr lustige Art und Weise selbst beibringen. Bei diesem einen Comic ist es bis heute natürlich nicht geblieben – es sind
10 inzwischen 148 Lustige Taschenbücher. Ich kann mich auch nicht daran erinnern, dass ich während meiner Grundschulzeit etwas anderes gelesen hätte, da mir viele Dinge einfach noch zu langweilig erschienen und man in den Comics mit seinen ersten Helden, also ei-
15 nem tapferen Micky oder einem tollpatschigen Donald, mitfiebern konnte.

Dies änderte sich einige Jahre später mit meinem aufkommenden Interesse für Fantasy-Literatur. Als ich ungefähr elf Jahre alt war, begann ich damit, die „Der Herr
20 der Ringe"-Trilogie[2] zu lesen, und war schlichtweg nur begeistert. Es war im Gegensatz zu meinen Comics eine völlig neue Art zu lesen. Zwar gab es keine Bilder mehr, um die Handlung des Romans besser zu verstehen, aber meine Neugier half mir, diese Aufgabe zu bewältigen.
25 Die drei Romane waren sicherlich sehr viel ernsthafter als meine Comicgeschichten, und so weckte das Lesen meine ganz persönliche Fantasie und Kreativität. Ich fing an, eigene kleine Geschichten zu den Figuren zu schreiben, malte Bilder und Landkarten zu den Erlebnis-
30 sen der Hobbits im „Herr der Ringe" oder versuchte, die Hintergründe, vielleicht sogar die „Moral" zu verstehen. Beim „Herr der Ringe" gelang es mir allerdings erst später, einen aus meiner Sicht tieferen Sinn zu finden. Denn was wahre Freundschaft bedeutete, wie sie zwischen
35 Frodo und Sam, ohne den Frodo seine Reise wahrscheinlich niemals vollendet hätte, existierte, verstand ich beim ersten Lesen des Buches noch nicht. Es war und ist auf jeden Fall faszinierend zu erkennen, dass solch eine

„Moral" einer Geschichte auch auf das eigene Leben übertragbar ist. Ohne diesen Lese-Anfang im Alter von
40 sechs bzw. elf Jahren wäre ich wohl heute nicht der, der ich bin. Am liebsten lese ich übrigens immer noch abends im Bett vor dem Schlafen. Wenn ich aus heutiger Sicht über die Frage, was Lesen für mich bedeutet, nachdenke, so bin ich schnell bei der Art von Literatur, die ich
45 bevorzugt lese: Biografien oder politische bzw. geschichtliche Sachbücher, die definitiv meiner eigenen Weiterbildung zugutekommen. Zum einen bin ich generell an geschichtlichen Ereignissen interessiert, und zum anderen ist es bemerkenswert, was Menschen vor Jahr-
50 hunderten gedacht oder mit welchen Problemen sie sich beschäftigt haben. Bildung ist für mich das Leitmotiv, weshalb Lesen eine meiner wichtigsten Freizeitbeschäftigungen, neben Fußball und Filmen, geworden ist. Es heißt, man lerne im ganzen Leben immer noch dazu, und
55 dieser Lernprozess, der meiner Meinung nach einen wesentlichen Anteil an der menschlichen Charakterbildung hat, ist sehr vom Lesen abhängig.   (2012)

1. Der Autor hat diesen Text als Schüler geschrieben. Beschreiben Sie, was das Lesen in den einzelnen Lesephasen für ihn bedeutet hat und noch bedeutet.

2. Vergleichen Sie die Entwicklung des Autors mit Ihrer eigenen Lesebiografie (vgl. S. 35) oder mit den folgenden Ergebnissen der Leseforschung.

Ergebnisse der Leseforschung: Das Leseverhalten verändert sich im Laufe der Entwicklung eines Menschen. Während es in der Kindheit häufig suchthaften Charakter hat, erleben viele Jugendliche eine Lesekrise.
Wenn aber gelesen wird, so hat die Leseforschung herausgefunden, ist die emotionale Beteiligung beim Lesen besonders intensiv. Wer in dieser Lebensphase regelmäßig zum Buch greift, kann das Lesen als Strategie für die Bewältigung von Entwicklungsaufgaben nutzen. Im jungen Erwachsenenalter wird Lesen zur Erweiterung der eigenen Existenz. In dieser Phase werden zunehmend Sachbuch und Roman nebeneinander gelesen.

---

[1] **Lustiges Taschenbuch:** deutschsprachige Comic-Publikation, erscheint seit 1967, mit Geschichten rund um die Figuren Micky Maus sowie Donald und Dagobert Duck – [2] **„Der Herr der Ringe":** Klassiker der Fantasy-Literatur von J. R. R. Tolkien, auf Englisch 1954/55, auf Deutsch 1969/70 zuerst erschienen, zwei der Hauptfiguren heißen Frodo und Sam.

Alan Bennett (geb. 1934)
Die souveräne Leserin

In seiner Erzählung „Die souveräne Leserin" schildert der englische Autor, Schauspieler und Regisseur Alan Bennett die fiktive Entwicklung der englischen Königin Elisabeth II. zur begeisterten Leserin und Buchliebhaberin. Nachdem die Königin auf der Suche nach ihren Hunden entdeckt hat, dass hinter ihrem Palast regelmäßig ein Büchereibus hält, beginnt sie, dort Bücher auszuleihen, und sie verwendet immer mehr Zeit auf das Bücherlesen. Dem Küchenjungen Norman, den sie in dem Büchereibus getroffen hat, gibt sie die Aufgabe, ihr Bücher für ihre Lektüre vorzuschlagen und diese zu besorgen.

Wo schon vom Herzog[1] die Rede ist – wie kam die Familie mit all dem zurecht? Wie sehr schränkte sie das Leseverhalten der Queen ein?

Hätte es zu den Pflichten der Queen gehört, Essen zu
5 kochen, einzukaufen oder, unvorstellbar, das Haus beziehungsweise die Häuser staubfrei zu halten, so wäre der sinkende Standard sofort aufgefallen. Doch sie musste natürlich nichts dergleichen tun. Zwar erledigte sie ihre Aufgaben weniger sorgfältig, doch das betraf
10 weder ihren Gatten noch ihre Kinder. Es betraf allerdings (oder „hatte negative Auswirkungen auf", wie Sir Kevin[2] sich ausdrückte) die Öffentlichkeit, denn sie kam ihren offiziellen Verpflichtungen mit sichtbarem Unwillen nach: Grundsteine wurden weniger schwung-
15 voll gelegt, die wenigen Schiffe, die noch zu taufen waren, sandte sie mit kaum mehr Zeremoniell auf hohe See hinaus, als man ein Spielzeugboot auf den Teich setzt, denn immer wartete ein Buch auf sie.

Das bereitete vielleicht ihrem Hofstaat Sorge, ihre Fa-
20 milie jedoch war eher erleichtert. Sie hatte immer alle auf Trab gehalten, und das Alter hatte sie nicht nachsichtiger gemacht; das Lesen wohl. Sie ließ die Familienmitglieder in Frieden, wies sie kaum noch zurecht, und alle waren entspannter. Ein Hoch auf die Bücher, so
25 war die allgemeine Familienstimmung, es sei denn, man sollte welche lesen, oder Großmutter bestand darauf, über sie zu sprechen, fragte die Enkel über ihre Lesegewohnheiten aus oder, das war am schlimmsten, drückte ihnen Bücher in die Hand und prüfte später
30 nach, ob sie auch gelesen worden waren.

Derzeit stieß man oft in seltsamen und selten betretenen Winkeln ihrer verschiedenen Wohnsitze auf sie, die Brille auf der Nasenspitze, Notizbuch und Bleistift neben sich. Sie schaute dann kurz hoch und hob vage grü-
35 ßend die Hand. „Schön, wenn immerhin eine glücklich

ist", grummelte der Herzog und schlurfte weiter durch den Korridor. Und das stimmte: Sie war glücklich. Das Lesen machte ihr mehr Freude als alles andere, und sie verschlang in erstaunlichem Tempo Bücher. Auch wenn, abgesehen von Norman, niemand staunte. 40
Und anfänglich sprach sie auch mit niemandem über ihre Lektüre, auf gar keinen Fall in der Öffentlichkeit, denn sie wusste, eine derart spät erblühte Begeisterung, so löblich sie auch sein mochte, konnte sie der Lächerlichkeit preisgeben. Es wäre kaum anders, dach- 45
te sie, wenn sie eine Leidenschaft für Gott oder Dahlien entwickelt hätte. Warum, dachten die Leute dann, fing sie in ihrem Alter noch damit an? Sie selbst jedoch konnte sich keine ernsthaftere Beschäftigung vorstellen, und sie dachte vom Lesen das Gleiche wie manche 50
Schriftsteller vom Schreiben, dass man es nämlich unmöglich nicht tun konnte und dass sie in ihrem fortgeschrittenen Alter zum Lesen berufen war, so wie andere zum Schreiben.

Zugegeben, sie hatte eher furchtsam und mit Unbeha- 55
gen zu lesen begonnen. Die schiere Unendlichkeit der Literatur hatte sie eingeschüchtert, sie wusste nicht, wie sie die Sache angehen sollte; ihre Lektüre folgte keinem System, ein Buch führte zum anderen, oft las sie zwei oder drei gleichzeitig. In der nächsten Phase hatte 60
sie angefangen, sich Notizen zu machen, und bald schon las sie nie mehr ohne Bleistift. Sie fasste das Gelesene nicht etwa zusammen, sondern schrieb einfach Stellen ab, die sie ansprangen. Erst nach einem Jahr Lesen und Notieren versuchte sie gelegentlich vorsichtig, 65
eigene Gedanken zu formulieren. „Für mich", so schrieb sie, „ist Literatur ein riesiges Land, zu dessen fernen Grenzen ich mich aufgemacht habe, die ich aber unmöglich erreichen kann. Und ich bin viel zu spät aufgebrochen. Ich werde meinen Rückstand niemals aufho- 70

---

[1] **Herzog:** Gemeint ist der Mann der Königin, Prinz Philipp, Herzog von Edinburgh. – [2] **Sir Kevin:** der fiktive Privatsekretär der Königin

len." Und dann (ein damit nicht zusammenhängender Gedanke): „Etikette mag schlimm sein, aber Peinlichkeit ist schlimmer." Auch eine gewisse Traurigkeit lag im Lesen – zum ersten Mal in ihrem Leben hatte sie das Gefühl, etwas verpasst zu haben. Sie hatte eine der zahlreichen Lebensgeschichten Sylvia Plaths[1] gelesen und war ehrlich gesagt recht froh darüber, Derartiges größtenteils versäumt zu haben, doch als sie Lauren Bacalls[2] Memoiren las, musste sie sich eingestehen, dass Ms. Bacall sich doch einen viel größeren Bissen gegönnt hatte und dass sie die Schauspielerin zu ihrer leichten Überraschung darum beneidete.

Dass die Queen so unbeschwert von der Autobiografie einer Leinwandgröße zu den letzten Tagen einer selbstmörderischen Dichterin wechseln konnte, mag unpassend und achtlos wirken, doch besonders in den Anfangstagen ihrer Lesebegeisterung waren für sie alle Bücher gleich, und sie fühlte sich verpflichtet, ihnen ebenso wie ihren Untertanen vorurteilsfrei gegenüberzutreten. So etwas wie pädagogisch wertvolle Bücher gab es für sie nicht. Bücher waren unkartiertes Gebiet, jedenfalls zu Beginn ihrer Reise, und sie machte keine Unterschiede. Mit der Zeit wuchs ihre Urteilskraft, doch abgesehen von gelegentlichen Bemerkungen Normans sagte ihr niemand, was sie lesen sollte und was nicht. Lauren Bacall, Winifred Holtby[3], Sylvia Plath – wer waren sie? Nur durch Lesen konnte sie es herausfinden.   *(2007, Dt. 2008)*

1. Wählen Sie ein Zitat aus, das die Einstellung der Königin zum Lesen Ihres Erachtens besonders deutlich macht, und erläutern Sie es.

2. Beschreiben Sie die Wirkung, die die Darstellung der Königin auf Sie hat.

3. Stellen Sie dar, welche Rolle die Königin im Staat, am Hof und in ihrer Familie einnimmt und welche Folgen ihre Lesebegeisterung für ihre Position hat.

4. Erläutern Sie den im Text vorgenommenen Vergleich des Leseprozesses mit der Tätigkeit der Schriftsteller (vgl. Z. 50 – 54).

5. Diskutieren Sie, wie angesichts der „Unendlichkeit der Literatur" (Z. 56 f.) schulische oder private Lektüre ausgewählt werden kann.

Nick Hornby (geb. 1957)
Mein Leben als Leser

Der britische Schriftsteller und Bestsellerautor Nick Hornby (z. B. „About a Boy") schrieb regelmäßig in einer Kolumne für die amerikanische Literaturzeitschrift „The Believer" über Bücher, die er gekauft und/oder gelesen hatte. Der vorliegende Textauszug stammt aus einer Folge seiner Kolumne, in der er sich mit dem Roman „No Name" (1862) des englischen Schriftstellers Wilkie Collins (1824 – 1889) beschäftigt, dessen literarische Tätigkeit in die Herrschaftszeit der britischen Königin Viktoria fällt.

Vorweg eine Entschuldigung. Letzten Monat könnte ich den Eindruck vermittelt haben, *No Name* von Wilkie Collins sei ein zu Unrecht vergessener Klassiker der viktorianischen Ära (ein Missverständnis, das durch meine unbedachte Formulierung „verschollener Klassiker" zustande gekommen sein mag), und jeder solle alles stehen und liegen lassen, um sich ein Exemplar zu sichern. Nach der Lektüre von zweihundert Seiten hatte ich mein Urteil guten Glaubens abgegeben. Leider hätten mich die folgenden vierhundertundachtzehn

[1] **Sylvia Plath:** deutsch-amerikanische Schriftstellerin (1932 – 1963), führte ein sehr unglückliches Leben und starb durch Suizid – [2] **Lauren Bacall:** amerikanische Schauspielerin (geb. 1924) – [3] **Winifred Holtby:** britische Schriftstellerin und Feministin (1898 – 1935)

Seiten beinahe umgebracht, und das meine ich fast wörtlich. Wir haben miteinander gerungen, Wilkie Collins und ich. Drei Wochen lieferten wir uns einen erbitterten Kampf, in Zügen und Flugzeugen und an Hotel-Swimmingpools. Manchmal – gewöhnlich spätabends im Bett – hat er mich mit einem einzigen Absatz auf die Bretter geschickt. Wenn ich zwanzig oder dreißig Seiten geschafft hatte, meinte ich, ich hätte es ihm gezeigt, aber es kostete mich sehr viel Kraft und ich musste jedes Mal zurück in meine Ecke, um mir Blut und Schweiß von der Lesebrille zu wischen. Und trotzdem kam er immer wieder auf die Beine. Erst auf den letzten fünfzig Seiten, nachdem ich mehrere schwere Treffer gelandet hatte, zeigte der alte Collins erste Zeichen von Schwäche. Hut ab, für einen Mann von fast hundertachtzig Jahren war er ein ziemlich harter Knochen. Jedenfalls tut mir die Fehleinschätzung leid, und Leser dieser Kolumne, die so verrückt waren, aufgrund meiner Empfehlung zur nächsten Buchhandlung zu laufen, sollten an *The Believer* schreiben und ihre Buchquittung beilegen. Wir erstatten dann die 14 Pfund. Es muss aber schon *No Name* auf der Quittung stehen, wir sind ja nicht so dumm, für Ihre Patricia-Cromwell-Romane[1] aufzukommen. Die bezahlen Sie mal schön selbst.

Im Vorwort zu meiner Penguin[2]-Ausgabe führt Mark Ford aus, dass Collins die letzten Kapitel des Romans „unter starken Schmerzen und in verzweifelter Sorge wegen der Abgabetermine" verfasste. (Tatsächlich hat Dickens[3], der Herausgeber von *All The Year Round*, dem Magazin, in dem *No Name* erstmals abgedruckt wurde, ihm sogar angeboten, kurz in London vorbeizuschauen, um das Buch für ihn zu Ende zu bringen: „Ich kann das jederzeit übernehmen ... ganz in Ihrem Stil, sodass niemand einen Unterschied bemerkt." So viel zu großer Literatur.) Sich nun zu fragen, warum Collins diese Qual überhaupt auf sich nahm, wäre ungerecht: *No Name* hat durchaus seine Qualitäten, zum Beispiel eine getriebene, vielschichtige und moralisch ambivalente weibliche Hauptfigur und tolle erste zweihundert Seiten. Aber man darf sich sicherlich fragen, was einen kranken Mann bewogen hat, ein relativ schlankes Melodram zu einem Umfang aufzublasen, dass man ihn dafür prügeln möchte. *No Name* handelt von einer jungen Frau, die gegen grausame und herzlose Verwandte um ihr rechtmäßiges Erbe kämpft.

Das Buch hat mich unter anderem deswegen nicht gefesselt, weil es vom Leser anhaltende Empörung verlangt bei der Vorstellung, das arme Mädchen könnte etwa für seinen Lebensunterhalt arbeiten müssen, als Gouvernante oder etwas ähnlich Erniedrigendes. Vielleicht ist das Buch auch nur deshalb so aufgebläht, weil Collins bei Fortsetzungsromanen einfach nicht so geschickt war wie Dickens. Gut möglich, dass weite Teile des Romans, der in 44 Episoden abgedruckt wurde, nur geschrieben wurden, damit zwischen dem Ende und dem Anfang auch schön viele Seiten liegen. Ich kann nur mutmaßen, aber ich könnte mir vorstellen, dass viele Abonnenten von *All The Year Round* zwischen Mai 1862 und Januar 1863 ähnlich empfanden. Ich vermute sogar, dass einige Abos gekündigt wurden und dass *No Name* der Hauptgrund ist, warum man *All The Year Round* heute nicht mehr neben *Believer* am nächsten Kiosk findet.

(2005)

---

1. Tauschen Sie sich über den Inhalt des Textes aus und ergänzen Sie eigene Erfahrungen.

2. Finden Sie Gründe dafür bzw. dagegen, den Roman von Wilkie Collins nach der Lektüre dieser Kolumne zu lesen.

3. Nennen Sie die Kriterien, die der Autor für die Beurteilung des Romans verwendet hat. Zitieren Sie Textstellen, die diese Kriterien deutlich machen.

4. Beschreiben Sie, wie der Autor seinen Leseprozess charakterisiert und wie er ihn sprachlich darstellt. Achten Sie dabei z. B. auf die Stilebene und auf die sprachlichen Bilder, die er verwendet.

5. Vergleichen Sie die Darstellung des Leseprozesses bei Nick Hornby und bei Alan Bennett.

---

[1] **Patricia Cromwell:** vermutlich Anspielung auf die amerikanische Krimiautorin Patricia Cornwell (geb. 1956) – [2] **Penguin:** bekannter englischer Taschenbuchverlag – [3] **Charles Dickens:** englischer Schriftsteller (1812 – 1870), schrieb unter anderem den Roman „Oliver Twist"

Ulrich Greiner (geb. 1945)
Bücher für das ganze Leben

Im Jahr 1997 führte die Wochenzeitung „DIE ZEIT" eine Umfrage unter ausgewählten Persönlichkeiten durch, welche literarischen Werke ihrer Meinung nach zu einem Literaturkanon, einem Bestand von als erinnerungswürdig bezeichneten Werken, gehören sollten. In einem Artikel für „DIE ZEIT" äußerte sich der Journalist und Literaturkritiker Ulrich Greiner anlässlich dieses Projekts zur Frage des Literaturkanons.

In Peter Handkes jüngstem Drama „Zurüstungen für die Unsterblichkeit" tritt der Dichter in Gestalt einer spöttischen Erzählerin auf die Bühne und herrscht das Volk an, also uns alle: „Du sollst mich anschauen, Volk,
5 wenn ich noch zu dir spreche – oder weißt du nicht einmal mehr, was schön ist?"
Gute Frage. Und was wäre es, das Schöne? Bei Rilke, in den „Duineser Elegien"[1], ist das Schöne „nichts als des Schrecklichen Anfang, den wir noch grade ertragen,/
10 und wir bewundern es so, weil es gelassen verschmäht,/ uns zu zerstören".
Reden wir mal zur Abwechslung über Literatur. Sie ist der Ort des Schönen, wenn damit nicht das Gefällige und das Geläufige gemeint sein soll, sondern der He-
15 reinbruch des erschreckend Anderen. Dieses Andere kann das Verdrängte sein und das Vergessene, die nachtschwarze Fantasie ebenso wie das helle Entzücken, das Abenteuer der Seele ebenso wie der heldenhafte Konflikt des Individuums mit der Gesellschaft.
20 Wissen wir das noch? Oder sind wir, wie Hölderlin klagte, nur noch Handwerker und keine Menschen, nur noch blind beschäftigt mit den Kleinlichkeiten und Widrigkeiten des schieren Augenblicks? Es ist wahr: Hölderlins „Brod und Wein" helfen nicht gegen die Ar-
25 beitslosigkeit, und Goethes Mondlied ist kein Beitrag zur Lösung der Rentenkrise. Wer sich heutzutage beruflich behaupten will, tut besser daran, Englisch zu lernen, Computertechnik und Mathematik. Belesenheit ist eine Zier, doch weiter kommt man ohne ihr. Die
30 Schüler lesen im Deutschunterricht eher BILD als „Faust", und sie diskutieren lieber „Liebe Sünde"[2] als „Kabale und Liebe"[3]. Das ist ein Fehler.
Die weiland untergegangene DDR hatte sich die Pflege und Aneignung des „kulturellen Erbes" zum Ziel ge-
35 setzt. Dies geschah bekanntlich mit dem Vorsatz der Parteilichkeit und mit dem Zusatz der Zensur. Aber es entsprang auch dem Willen, die Überlieferung nicht abreißen zu lassen. Geschichte ist nicht nur die Geschichte der Könige und der Generäle und nicht nur die
40 der Bauern und der Arbeiter, sie ist auch die Geschichte der Dichter und der Philosophen, die Geschichte von Büchern, von Dramen, von Gedichten. Darin sind die Träume aufbewahrt, die Ängste und die Hoffnungen der Menschen.
45 Wer diese Geschichte nicht kennt, der kennt die Kultur nicht, der er angehört, der kennt sich selber nicht. „Besinn dich. Entsinn dich. Lass dir erzählen", sagt Handkes Erzähler. Aber hört noch jemand zu? Wen kümmert das kulturelle Erbe?
50 [...] Wir brauchen einen neuen Kanon. Allein schon deshalb, damit man über ihn streiten und das Gespräch über Literatur wieder beginnen kann. Wo kein gemeinsamer Gegenstand mehr ist, gibt es keine Diskussion. [...] Nun aber, da es schon lange keine Verbindlichkeit
55 mehr gibt und da ein Zeugnis der Reife auch jenen erteilt wird, die weder „Faust" noch „Effi Briest", noch „Mutter Courage" je gelesen haben, scheint die Lektüre dem Privatvergnügen neugieriger Schüler und der Privatinitiative gebildeter Deutschlehrer überlassen. Ja, es
60 wird noch gelesen, vielleicht nicht weniger als früher, aber die Geschichte der Literatur als Geschichte des Geistes und seiner Höhepunkte hat kaum mehr einen festen Ort im Deutschunterricht. Dort müsste doch die Liebe zu Poesie und Sprache, die den Anfang wirklicher
65 Sprach- und Denkfähigkeit begründet, gepflegt werden. Stattdessen studiert man die Sprache der Werbung. Das ist Betrug an einer ganzen Generation. Unter dem Anschein von Modernität und Liberalität wird den Schülern Beliebigkeit vorgetäuscht, und nur jene, die
70 aus einem gebildeten Haushalt mit Büchern kommen, wissen Bescheid. Aber literarische Maßstäbe gelten auch dann, wenn sie nicht mehr gewusst werden. [...] Der Höhenkamm der großen Werke besteht auch dann, wenn er zeitweise im Nebel modischer Relativierung
75 unsichtbar geworden ist. [...]

(1997)

---

[1] **Duineser Elegien:** Sammlung von zehn Elegien (= Klagegedichten) des Schriftstellers Rainer Maria Rilke – [2] **„Liebe Sünde":** 1997 von einem privaten Fernsehsender gezeigte Talkshow – [3] **„Kabale und Liebe":** Drama von Friedrich Schiller, in welchem es um die leidenschaftliche und durch höfische Intrige zerstörte Liebe zwischen einem Adligen und einer Bürgerlichen geht.

1. Erläutern Sie, worin der Autor die Aufgabe der Literatur sieht.

2. Fassen Sie zusammen, welche Forderung der Autor vertritt und mit welchen Argumenten er sie begründet. Wie bewerten Sie seine Haltung?

3. Informieren Sie sich über die Reaktionen, die Greiners Artikel 1997 auslöste. Ordnen Sie die Stellungnahmen nach zustimmenden und ablehnenden und stellen Sie die jeweils genannten Argumente zusammen.

    Leserbriefe zu dem Artikel finden Sie unter WES-127877-002 .

4. Erörtern Sie die von Greiner vertretene Forderung. Nutzen Sie die bei Aufgabe 3 gesammelten Argumente für Ihre Erörterung. Schlagen Sie ggf. im Methodenteil im Kapitel „Textgebundene Erörterung" nach.

   ➔ Analyse eines pragmatischen Textes mit anschließendem Erörterungsauftrag, S. 442

   ➔ Einen weiteren Text zum Thema „Literaturkanon" finden Sie auf S. 465 f. (Ulrich Greiner: Die ZEIT-Schülerbibliothek).

5. **Was Sie noch machen können:**
   Bereiten Sie die Ergebnisse zu Ihrer Lesebiografie (vgl. S. 35) in angemessener Weise für eine Präsentation vor, z. B. in Form eines Erfahrungsberichts, eines Erzähltextes, eines Plakats (evtl. mit einem Zeitstrahl, der Ihre individuelle Lesebiografie deutlich macht), eines Büchertisches oder einer PowerPoint-Präsentation. Präsentieren Sie anschließend im Kurs Ihre Lesebiografien und vergleichen Sie Ihre Eindrücke und Erfahrungen.

   ➔ Arbeitsergebnisse präsentieren, S. 494 ff.

Literarisches Erzählen als Kommunikationssituation

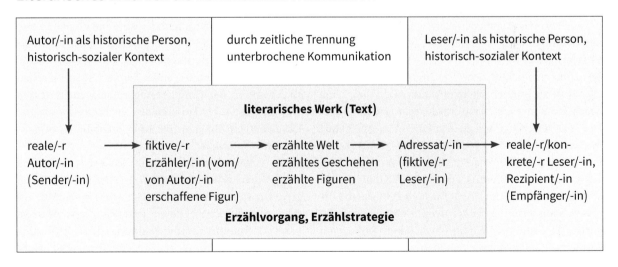

1. Beschreiben Sie das Schaubild.

2. Erläutern Sie das Schaubild am Beispiel des Textes von Alan Bennett (S. 38 f.).

3. Vergleichen Sie dieses Modell literarischen Erzählens mit Ihnen bekannten Kommunikationsmodellen (vgl. S. 72 ff.).

Sheila Heti (geb. 1976)
Eine Schattenform

Bei dem nachfolgenden Text der kanadischen Schriftstellerin Sheila Heti handelt es sich um das Vorwort zu dem Essay „Wie sollte man ein Buch lesen" der bekannten britischen Schriftstellerin und Verlegerin Virginia Woolf (1882 – 1942).

Nachdem wir ein Buch beendet und es zur Seite gelegt haben, wenn sich der Staub gesetzt hat und wir viele Nächte geschlafen, häufig zu Abend gegessen, viele Spaziergänge gemacht und unsere Verpflichtungen er-
5 ledigt haben, dann kommt das Buch als eine Schattenform zu uns zurück, wie Virginia Woolf es ausdrückt, als eine visionäre Form: „Dort hängen sie, im Geist, die Formen der Bücher, die wir gelesen haben." Warum wählt sie den Begriff der Form, um über das zu spre-
10 chen, was von den Büchern bleibt, die wir gelesen haben? Meiner Erfahrung nach sind es meistens Schriftsteller*innen, die über die Form von Büchern sprechen – nicht nur der Bücher, die sie gelesen haben, sondern auch der Bücher, die sie schreiben. Denn eine
15 Schriftstellerin braucht nicht nur eine Stimmung oder eine Handlung, nicht nur Figuren oder Ideen, sondern sie braucht etwas Plastischeres, eine Gestalt, ähnlich der Gestalt einer Skulptur. Ein Roman ist eine wässrige Skulptur, die im Geist weiter existiert, wenn das Lesen
20 beendet ist. Wenn ich an die Bücher zurückdenke, die ich geliebt habe, erinnere ich mich selten an die Namen der Figuren, an den Plot oder an viele Szenen. Nicht einmal der Tonfall oder die Stimmung sind es, woran ich mich erinnere, und doch bleibt – und hier ist dieses
25 merkwürdige Wort angebracht – der Abdruck einer einzigartigen Form.
Manchmal verdichtet sich die Form eines ganzen Buches in einer Erinnerung an eine einzelne Szene – ein Zimmer, das im Geist heraufbeschworen wurde, in dem
30 zwei Figuren saßen und sich unterhielten. Manchmal ist die Form eher metaphysischer Natur: ein neues Lebensverständnis am Ende des Buches. Wie aber wird aus einem Verständnis eine Form? Vielleicht indem Bücher uns an Orte versetzen; in Büchern geht es um Kör-
35 per im Raum oder um die geistige Entwicklung von Figuren. Es ist, als würden sich eine Reihe von Formen – Räume, Körper, Schilderungen, Offenbarungen – übereinanderlegen, während man die Buchseiten umblättert, bis schließlich der Eindruck entsteht, man
40 würde durch einen Stapel durchsichtiger, gefärbter Plastikfolien schauen, die eine ultimative Form ergeben.
Wie sollen wir, die Leser*innen, die Form des einen Bu-

ches gegenüber der Form eines anderen Buches beur-
45 teilen – wenn die Form das ist, was bleibt? [...] Die wässrige Form eines Buches ergibt sich durch seine Bewegung – den Verlauf, den seine Figuren oder die Erzählung nehmen, und den wir während des Lesens durchleben, ehe er sich zu einer einzigen, fortdauern-
50 den Episode verfestigt, unabhängig davon, wie oft wir das Buch lesen. Diese geistige Episode schließt alles aus, was wir zwischen den Momenten erleben, in denen wir das Buch in die Hand nehmen. Und doch enthält die endgültige, schattenhafte Form etwas von jenem
55 Leben, das sich ereignete, während wir die Seiten umblätterten – nicht nur vom Leben in unserer Vorstellung, in Form von szenischen Bildern, sondern auch etwas von dem Raum, in dem wir saßen, den Geschehnissen unseres Lebens, dem Geruch der Tage, von unse-
60 rer Jugend und der allgemeinen politischen Lage. Die Form des Buches ist letztendlich eine Alchemie der Form, die die Autorin schuf, und der Form, die unser Leben hat, während wir es lesen. [...]
Das macht Literatur zu einer so lebendigen Kunstform.
65 Die Bücher, die wir gelesen haben, verändern sich mit der Zeit, vielleicht lieben wir die Veränderung mehr als wir ein Gemälde lieben, denn während Gemälde und Theaterstücke und Filme in unserem Gedächtnis vorkommen als etwas, dessen Zeuge wir geworden sind,
70 erlebt man ein Buch wie einen Traum. Die spezifischen Bilder, die in der Fantasie aufgerufen werden, lassen sich am besten als Traumbilder beschreiben – also ist das eigentliche Buch nicht das physische Buch, sondern die Schattenform, die es hinterlässt.
75 Noch geheimnisvoller ist die Tatsache, dass eine Schriftstellerin beim Schreiben eine Form für das Buch zu erschaffen versucht. Wie aber kann sie sich sicher sein, dass die Form, die sie anstrebt, diese wässrige geistige Skulptur in ihrer Phantasie, dieselbe geistige
80 Skulptur ist, die im Geist der Leser*innen erscheint? Darüber gibt es keine Sicherheit, und ebenso wenig kann man wissen, ob die Form, die das Buch bei den Leser*innen hinterlässt, auch nur irgendeine Ähnlichkeit mit dem hat, was der Autorin vor Augen stand,
85 als sie es schrieb. Aber das ist nicht so wichtig. Einer Autorin bleibt nichts anderes übrig, als mit dem Buch,

das sie schreibt, eine Form zu erschaffen, die sie in ihrer eigenen geistigen Höhle als zufriedenstellend empfindet; etwas, das in ihren Augen eine bestimmte Bewegung und Harmonie und die richtigen Ausmaße ⁹⁰ besitzt.

(2022)

1. Lesen Sie den Text mithilfe der Fünf-Schritt-Lesemethode.

2. Beschreiben Sie, was Sheila Heti mein, wenn sie von der „Schattenform" (Z. 3) eines Buches spricht.

3. Veranschaulichen Sie die Thesen der Autorin mithilfe des Schaubilds auf S. 41.

4. Im weiteren Verlauf des Vorworts schreibt Heti über Eigenschaften, von denen Virgina Woolf „... glaubte, dass verantwortliche Leser/-innen sie besitzen müssten: Geschmack, Einfühlungsvermögen, Geduld, Sympathie, Neugier, eine umfassende Lektürebiografie und ein Verständnis von Literatur, das aus Erfahrungen mit dem eigenen Schreiben resultiert."
Besprechen Sie, warum diese Eigenschaften wichtig sind, über welche Sie persönlich bereits verfügen und wo Sie für sich Entwicklungsmöglichkeiten sehen.

Wissen und Können

Die Fünf-Schritt-Lesemethode

Wenn Sie den Inhalt eines Sachtextes erschließen möchten, kann Ihnen die folgende Schrittfolge helfen:

1. **Überfliegen** Sie den Text und verschaffen Sie sich einen **Überblick** über den Inhalt. Achten Sie dabei z. B. auf Überschriften bzw. Zwischenüberschriften, hervorgehobene Textstellen und Bilder. Formulieren Sie Fragen, auf die der Text eine Antwort geben könnte.

2. Lesen Sie den Text nun genau **Satz für Satz** durch und versuchen Sie, die **Bedeutung unbekannter Wörter** aus dem Textzusammenhang zu erschließen. Schlagen Sie in einem Wörterbuch nach, wenn Ihnen das nicht gelingt.

3. Markieren Sie im Text **wichtige Aussagen** und **zentrale Begriffe**.

4. Gliedern Sie den Text in **Sinnabschnitte** und geben Sie jedem Abschnitt eine passende Überschrift.

5. Formulieren Sie in eigenen Worten die **zentralen Aussagen des Textes**.

Der Erzähler und die von ihm erzählte Welt

Marc-Uwe Kling (geb. 1982)
Perspektivische Verzerrungen

Marc-Uwe Kling ist ein deutscher Autor, Kabarettist und Liedermacher. Er trat u. a. bei Poetry Slams auf. Ab 2008 wurde sein Programm „Neues vom Känguru", in dem er von einem fiktiven Känguru erzählt, das als Klings Mitbewohner auftritt, im Radio ausgestrahlt. In insgesamt vier Bänden erschienen im Zeitraum 2009 – 2018 die Texte auch in Buchform. Am 5. März 2020 hatte eine Verfilmung Premiere.

„Kannst du heute mal bezahlen?", fragt das Känguru nach dem Essen. „Heute?", frage ich. „Mal?", frage ich. „Ich muss immer bezahlen, weil du nie Geld mitnimmst."

5 „Tja", sagt das Känguru lächelnd. „So ist das in der Welt. Der eine hat den Beutel, der andere hat das Geld."

„Ja, aber vielleicht hat der andere irgendwann keine Lust mehr, den einen durchzufüttern." „Welcher andere?", fragt das Känguru.

10 „Na ich!", sage ich.

„Ach du immer mit deinem ich. Ich, ich, ich, ich ich. Wie in deinen Geschichten: Ich wache auf. Ich gehe ans Telefon. Ich fahre Bahn. Ich sage, ich frage, ich denke, ich will."

15 „Willst du damit kritisieren, dass ich nur Ich-Erzähler-Geschichten schreibe?"

„Nein, nein", sagt das Känguru. „Jeder wie er's kann. Das ist halt am einfachsten."

„Ich könnte auch die Erzählperspektive wechseln", sagte Marc-Uwe aufgebracht. „Jetzt bist du der Erzähler."
20 Ich schüttelte den Kopf, steckte heimlich den Aschenbecher des Restaurants in meinen Beutel und sagte: „Das ändert doch nichts. Immer noch schreibst du als Ich-Erzähler."

25 Marc-Uwe stutzte.

„Kein Problem. Kein Problem", sagte er dann. „Allwissender Erzähler."

Die Kritik an seinem Werk hatte die Aufmerksamkeit des braunhaarigen, mittelgroßen jungen Mannes so in
30 Beschlag genommen, dass ihm darüber entging, dass das Känguru, welches in naher Zukunft eine böse Überraschung erleben würde, einmal mehr geschickt das Thema gewechselt hatte, um von seinen eigenen – finanziellen – Unzulänglichkeiten abzulenken. „Moment
35 mal!", rufe ich. „Du willst doch hier bloß ablenken."
Aber das Känguru hatte das Restaurant schon längst unauffällig verlassen.

Lange noch saß Marc-Uwe an seinem Tisch, dachte über das Geschehene nach und verfluchte seinen Kompagnon. Er konnte ja nicht wissen, dass das Kän- 40 guru in diesem Moment auf der Straße von einem Bus, nein, einem Truck, einem 40-Tonner, dessen übermüdeter Fahrer immer wieder in Sekundenschlaf verfiel …

„Untersteh dich!", rief das Känguru, welches plötzlich 45 wieder zur Tür reinstürmte und zehn Euro auf den Tisch knallte.

„Hier! Und jetzt lass diesen ‚allwissend, allmächtig'-Scheiß."

„‚Okay', sage ich", schrieb Marc-Uwe. Aber in Wahrheit 50 hatte er Blut geleckt. Die nächste Geschichte würde er aus der Perspektive eines Aschenbechers schreiben. Eines heldenhaften Aschenbechers in Gefangenschaft eines heimtückischen Beuteltiers.

---

[3] Das war alles ganz anders! (Anm. d. Kängurus)   55

(2009)

1. Fertigen Sie eine Skizze der in der Erzählung beschriebenen Situation an.

2. Beschreiben Sie das Besondere an der Erzählweise dieses Textes. Welche Wirkung hat sie auf Sie?

3. Nennen Sie die Fachbegriffe des Erzählens, die der Erzähler verwendet, und erläutern sie, wie er sie versteht.

4. Teilen Sie den Text in Abschnitte ein. Richten Sie sich dabei jeweils danach, wo sich die Art und Weise des Erzählens ändert. Erklären Sie in diesem Zusammenhang auch die Bedeutung des Titels.

5. Erzählen Sie, so wie am Ende des Textes vorgeschlagen, die Handlung aus der Sicht des Aschenbechers.

Jens Sparschuh (geb. 1955)
Der Zimmerspringbrunnen (Romanauszug)

Jens Sparschuh wurde 1955 in Karl-Marx-Stadt (heute Chemnitz) geboren und studierte in Leningrad (Russland; heute St. Petersburg). Sein Roman „Der Zimmerspringbrunnen" spielt zu Beginn der 1990er-Jahre in (Ost-)Berlin, wo der Ich-Erzähler, Hinrich Lobek, mit seiner Frau Julia lebt. Da er arbeitslos ist, bewirbt er sich bei der Firma PANTA RHEIn[1], die Zimmerspringbrunnen vertreibt, als Vertreter. Seiner Frau misstraut er, da er glaubt, sie habe ein Verhältnis mit ihrem Abteilungsleiter Hugelmann.

– Soll ich oder soll ich nicht? Antworten über Antworten –

Als ich ungefähr einen Monat später den Antwortbrief der PANTA RHEIn auf mein Bewerbungsschreiben er-
5 hielt, zuckte ich innerlich zusammen. Eigentlich hatte ich fest damit gerechnet, nichts mehr von der Firma zu hören, bestenfalls vielleicht eine Absage. Und nun das! Eine Einladung, und zwar nach Bad Sülz, in den Hochschwarzwald, zur alljährlichen Vertreterkonferenz, „ei-
10 ne gute Gelegenheit, einander in aufgeschlossener Atmosphäre kennenzulernen" und zu überprüfen, ob nicht auch ich „ein neues Mitglied unserer großen, überaus erfolgreichen PANTA RHEIn-Familie" werden könnte. Vom Direktor persönlich unterschrieben: Ihr
15 Alois Boldinger. *Mein* Alois Boldinger.
Ich wankte zum Fahrstuhl.
In der Wohnung angekommen, ging ich ins Wohnzimmer, zog die Gardinen vor und legte die Neunte[2], meine Lieblingssinfonie, auf den Plattenteller. Mich selbst leg-
20 te ich aufs Sofa. Die Platte drehte sich. Alles drehte sich. Alles drehte sich um mich. Ich schloss die Augen und besah mich von innen. Die letzten Wochen und Monate, die ganzen Jahre (und die kaputten) zogen an mir vorüber. Sie verschwanden auf Nimmerwiedersehen im
25 Dunkel der Vergangenheit, im Licht einer neuen Zukunft ... Zum Schlusschor stand ich auf, stellte mich vor die Schrankwand und dirigierte, innerlich bewegt, bis zum Ende durch.
Danach, gegen alle Gewohnheit, wählte ich Julias Büro-
30 nummer an, hatte aber, als sie sich meldete, plötzlich das Gefühl, sie sei nicht allein im Zimmer; Hugelmann ist bei ihr, dachte ich und legte sofort wieder auf. (Am Abend würde sie mir wieder sagen: Irgend so ein Idiot hat angerufen und gleich aufgelegt.)
35 Am nächsten Tag fuhr ich in die Innenstadt. Zu dem entscheidenden Treffen wollte ich nicht unbedingt in meinen ausgebeulten Jeans oder in Freizeitkleidung

fahren (seit der Wende hatten sich pinkfarbene Blousons, giftgrüne Jogginghosen und andere Sonderange-
40 bote bedrohlich und wie von selbst in den Fächern meines Kleiderschranks vermehrt). Direkt gegenüber von Julias Bürogebäude gab es die Boutique „Avantgarde". Ich wollte mich dort postieren, auf Julia warten und auf diese Weise das Unangenehme (Kauf einer Herrenhose) mit dem Nützlichen (Recherchen in Sa-
45 chen Julia/Hugelmann) verbinden. Einige Kundinnen durchstreiften die unübersichtliche Verkaufsetage. Lustlos, aber mit Kennerblick durchblätterten sie die ausgehängten Kleider und Blusen. Diskomusik. Ein Spiegelkabinett und der herumirrende Affe im Spie-
50 gel: ich.
Endlich hatte ich entdeckt, was ich suchte. Ein verchromtes Hosenkarussell: Von diesem Standort aus hatte ich, ohne selbst gesehen werden zu können, optimale Einblickmöglichkeiten in die Straße und vor allem
55 auf den Gebäudekomplex, aus dem Julia ungefähr gegen halb fünf kommen musste. Ich tauchte probehalber unter ...
„Kann ich Ihnen helfen?", fragte mich von oben herab eine Verkäuferin. Ich richtete mich rasch auf und sah
60 sie unschlüssig an. Ich schüttelte den Kopf.
„Suchen Sie vielleicht eine Bundfaltenhose?", half sie mir weiter. „Nein, das weniger", raunte ich zurück, und ich fügte leise hinzu: „Ich suche die Wahrheit."
Die Verkäuferin nickte freundlich und wiederholte ihr
65 Angebot, mir bei der Auswahl zu helfen. Sie taxierte mich noch mit einem kurzen Blick und wies mich dann auf die besonders preisgünstigen Modelle im Nebenständer hin. Ich aber hielt mich an meinem Hosenkarussell fest und murmelte etwas von „Preis-Leistungs-
70 Verhältnis". Blindlings griff ich mir ein paar Hosen heraus und hielt sie mir an.
„Sie müssen sie aber schon mal anprobieren", riet mir die Verkäuferin, und da sie selbst jetzt anderweitig zu

---

[1] **panta rhei** (griech.): alles fließt – [2] **die Neunte:** Beethovens Neunte Sinfonie, enthält im letzten Satz den Schlusschor „An die Freude"

75 tun hatte, rief sie durch den Laden: „Frau Schröder, kommst du bitte mal rüber, der Herr hier sucht eine preisgünstige Hose." Mich trafen, kurz und vernichtend, die Blicke der Kundinnen, am liebsten wäre ich gleich wieder abgetaucht ... Schließlich hatte ich mich 80 mit Frau Schröder – sie war schon etwas älter und im Umgang mit mir wohltuend mütterlich – auf ein brombeerfarbenes Modell geeinigt. *(1995)*

1. Notieren Sie die Zeilenangaben von Textstellen, die Sie für besonders wichtig halten. Tauschen Sie sich darüber anschließend mit einem/einer Lernpartner/-in darüber aus.

2. Formulieren Sie zum Text eine Deutungshypothese.

3. Beschreiben Sie, wie der Ich-Erzähler auf Sie wirkt.

4. Charakterisieren Sie den Ich-Erzähler und seine Situation. Berücksichtigen Sie dabei auch die Erzählhaltung, die der Erzähler einnimmt.

5. Schreiben Sie die Passage in der Boutique (Z. 41 – 82) um und verändern Sie dabei die Erzählhaltung, die der Erzähler einnimmt. Wie verändert sich die Wirkung des Textes?

6. Zeigen Sie an Beispielen aus dem Text auf, welche Darbietungsformen genutzt werden und welche Wirkung und Funktion diese jeweils haben.

Wissen und Können

Erzählhaltung

Der/Die Erzähler/-in kann dem von ihm/ihr erzählten Geschehen und den von ihm/ihr dargestellten Figuren neutral gegenüberstehen, er/sie kann aber auch eine wertende Einstellung einnehmen und zeigen (**Erzählhaltung**). Dies ist auch abhängig davon, ob der/die Erzähler/-in an der Handlung beteiligt ist (vgl. die Informationen auf S. 39). Die wertende Einstellung kann z. B. zustimmend oder ablehnend, ironisierend, satirisch, kritisch oder humorvoll sein.

Wissen und Können

Darbietungsformen (Arten der Darbietung)

Der/Die Erzähler/-in kann das Geschehen auf verschiedene Weise darbieten; grundlegend ist hier zu unterscheiden zwischen dem **Erzählerbericht** und der **Figuren-/Personenrede**.

- **Erzählerbericht:** Diese Passagen sind als **Äußerungen des Erzählers / der Erzählerin** erkennbar (z. B. Beschreibungen, Berichte, Kommentare).
- **Figuren-/Personenrede:** Diese Äußerungen sind erkennbar **einer Figur der Handlung zuzuordnen**; dies kann auf unterschiedliche Art geschehen (vgl. hierzu den Info-Kasten auf S. 33).

Wilhelm Genazino (1943 – 2018)
Ein Regenschirm für diesen Tag (Romanauszug)

Der Ich-Erzähler in Wilhelm Genazinos Roman „Ein Regenschirm für diesen Tag" arbeitet seit Kurzem als freier Mitarbeiter für eine lokale Zeitung, deren Chefredakteur, Messerschmidt, ihm den Auftrag gegeben hat, einen „luftigen" Artikel über das Sommerfest in der Innenstadt zu schreiben. Der Ich-Erzähler wird bei seinem Besuch des Sommerfestes von seiner Freundin Susanne begleitet.

Der honigfarbene Himmel ändert bis zum Abend nicht seine Farbe. Susanne trägt ein einfach geschnittenes, hellgraues Kleid aus Chintz[1] mit freien Schultern und halb freiem Rücken. Um den Hals weht ein schwarzro-5 tes Tuch. Kein Schmuck, keine Ohrringe, nicht einmal ein Armreif. Sie ist zurückhaltend geschminkt und gut gelaunt. Auf dem Marktplatz wird es als Höhepunkt des Sommerfestes eine Laser-Show geben. Susanne hat noch nie eine Laser-Show gesehen. Ich auch nicht, was 10 ich Susanne nicht sage. Ich behalte außerdem für mich, dass ich nie eine Laser-Show habe sehen wollen. Ich nehme an, meine lebhaft empfundene Zwiespältigkeit macht mich moderner als die meisten anderen Sommerfestbesucher. Die gewaltige Lichtanlage, die auf der Mitte des Marktplatzes auf der Ladepritsche eines Sat-15 telschleppers aufmontiert ist, macht Susanne und mich eine Weile stumm. Von hier aus werden in ein oder zwei Stunden bunte Lichtkegel in den Himmel geschickt. Rund um den Marktplatz stehen Sektbuden, Grillstände und Brezelhäuschen. An der linken Seite ist 20

[1] **Chintz:** bunt bedrucktes Baumwoll-, Polyester- oder Mischgarngewebe, einseitig mit einer Wachsschicht überzogen

ein Open-Air-Kino aufgebaut. Die GANZE NACHT werden hier LUSTIGE ZEICHENTRICKFILME gezeigt. Am gegenüberliegenden Ende steht eine LIVE-BÜHNE, auf der später die WAVES spielen werden. Ein Organi-
25 sator ergreift ein Mikrofon und nennt das ganze Gelände die PARTYMEILE. Mehr und mehr Menschen kommen aus den Seitenstraßen und verteilen sich auf dem Platz. Es sind vermutlich die Leute, die Frau Balkhausen das Erlebnisproletariat genannt hat. Ich schaue mir die
30 Menschen an und schaue sie nicht an. Ich kenne sie und ich kenne sie nicht. Sie interessieren mich und sie interessieren mich nicht. Ich weiß schon zu viel von ihnen und ich weiß immer noch nicht genug. Susanne betrachtet braun gebrannte Kellner. Sie sehen aus, als hät-
35 ten sie alle eine Yacht am Mittelmeer, die sie im Augenblick gerade vermietet haben. Sie gehen vorsichtig, damit ihre weißen, fast bis auf den Boden reichenden Schürzen nicht beschmutzt werden. Junge Leute lachen mit dem Gesicht, ältere mit dem Körper. Wenn die Welt
40 noch kritisiert werden könnte, müsste ich jetzt wahrscheinlich herausfinden, wer wen betrügt, benützt, täuscht, ausbeutet. Aber Messerschmidt will nur einen luftigen Artikel. Ein anderer Organisator nennt den Marktplatz die SPASSZONE. Zwei tätowierte Männer
45 in Unterhemden und zerlumpten Hosen leeren gemeinsam eine Flasche Orangensaft. Die Männer tragen Ohrringe und Nasenringe und haben glatt rasierte Schädel. Ihre Arme sind so dick wie die Plastikflasche, aus der sie Orangensaft trinken. Das Umherschweifen mit halb
50 vollen Gläsern scheint ein einschneidendes Erlebnis zu sein. Es ist mit Händen zu greifen, dass die meisten Besucher das künstliche Leben für das wirkliche halten wollen. Eine an Susanne und mir vorüberziehende Frau schreit ihrem Begleiter ins Ohr: Ich mag es nicht, wenn
55 sich mein Leben in eine Untersuchung meines Lebens verwandelt. Eine andere Frau sagt: Ich hatte überhaupt keine Jugend, weißt du das nicht? Ein Mann bezeichnet sich als monogamen[1] Fantasten und beißt dann in eine Bratwurst. Ein anderer Mann sagt milde zu seiner Be-
60 gleiterin: Du hast Glück, dass du mich kennst. Susanne schaut mich an und zuckt mit den Schultern. Langsam senkt sich die Abenddämmerung herab. Die WAVES besteigen die Bühne und stimmen ihre Instrumente. Im Open-Air-Kino läuft ein Tom-und-Jerry-Film[2]. Ich ma-
65 che zahllose Beobachtungen und sortiere die aus, die nicht luftig sind. Vermutlich trete ich heute Abend in den großen Stab der Weltfriseure ein. Die Ermahnung folgt sogleich: Meine Güte, du wolltest doch von diesen

bombastischen Empfindungen loskommen. Jeder will nur denken, was er für alarmierend hält, weiter nichts.
70 Alle arbeiten an der Erfindung des Glücks, zur Welt zu gehören. Susanne bringt zwei Gläser Sekt. Wir lehnen uns, um Schutz zu finden vor dem Gedröhn der WAVES, gegen die Rückwand einer Steakhütte. Susanne und ich plaudern über unsere Verwunderung, dass die zeitge-
75 nössischen Vergnügungen und die zeitgenössischen Menschen immer so gut zusammenpassen.   *(2001)*

1. „Alle arbeiten an der Erfindung des Glücks, zur Welt zu gehören." (Z. 71 ff.). Erläutern Sie diese These, indem Sie die darin genannten Begriffe konkretisieren.

2. Erläutern Sie, inwiefern sich diese These beim Ich-Erzähler zeigt.

3. Beschreiben Sie die Rolle des Erzählers, indem Sie die Erzählhaltung und die Erzählebene bestimmen. Nutzen Sie die Informationen auf dieser und der nächsten Seite.

Wissen und Können

Erzählhaltung und Erzählebene

In der Narratologie unterscheidet man folgende Erzählhaltungen sowie Erzählebenen:

Erzählform	Er-Erzähler/-in – Ich-Erzähler/-in
Erzählhaltungen (Beteiligung des Erzählers / der Erzählerin), vgl. auch S. 41	
homodiegetisch	Der/Die Erzähler/-in ist an der Handlung beteiligt; der/die Erzähler/-in und die Geschichte gehören zur selben Welt.
heterodiegetisch	Der/Die Erzähler/-in ist unbeteiligt; der/die Erzähler/-in und die Geschichte gehören nicht zur selben Welt.
Erzählebenen (Ort des Erzählers / der Erzählerin)	
extradiegetisch	Der/Die Erzähler/-in steht außerhalb der Handlung. Diese Position kann durch eine Rahmenerzählung oder die sog. Herausgeberfiktion gestaltet sein.
intradiegetisch	Der/Die Erzähler/-in ist Teil der erzählten Welt.

[1] **monogam:** nur an einen einzigen Partner gebunden – [2] **Tom und Jerry:** US-amerikanische Comic-Serie; Handlung der Serie sind fortlaufende Verfolgungsjagden zwischen dem Kater Tom und der Maus Jerry.

Wissen und Können

Fokalisierung

- **Null-Fokalisierung:** Der/Die Erzähler/-in weiß mehr, als die Figuren wissen, und kennt die Innensicht aller Figuren.
- **Interne Fokalisierung:** Der/Die Erzähler/-in weiß genau, was eine Figur weiß, und kennt ihre Gedanken, wobei innerhalb einer Erzählung der Blickwinkel auch wechseln kann.
- **Externe Fokalisierung:** Der/Die Erzähler/-in sagt weniger, als die Figuren wissen. Er/Sie schildert das Geschehen von außen und kennt z. B. die Gedanken der Figuren nicht.

Ulrich Plenzdorf (1934 – 2007)
kein runter kein fern (Erzählung, Auszug)

Der Schriftsteller und Drehbuchautor Ulrich Plenzdorf wurde in Berlin geboren, wo er auch aufwuchs. Er studierte und arbeitete in der damaligen DDR. Bekannt geworden ist Ulrich Plenzdorf durch seinen Roman „Die neuen Leiden des jungen W." (1972), der auch erfolgreich verfilmt wurde.

Die Erzählung „kein runter kein fern" spielt im Jahr 1969, als im Osten des geteilten Berlins die Militärfeiern zum zwanzigsten Jahrestag der Gründung der DDR stattfinden und im Westteil der Stadt – in der Nähe der Berliner Mauer – angeblich ein Konzert der Rockband „Rolling Stones" vorbereitet wird; hierbei handelt es sich allerdings nur um ein Gerücht.

Der Ich-Erzähler Abl Fleischmann ist ein 10-jähriger Junge, der aufgrund seiner Lernschwäche eine sogenannte „Hilfsschule" besucht. Seine Mutter hat „Republikflucht" begangen, d. h., sie ist nach Westdeutschland geflohen. Der Vater ist staatstreu und von seinem Sohn wegen dessen Lernschwäche enttäuscht. Er erzieht ihn sehr streng („kein runter": er darf nicht zum Spielen auf die Straße; „kein fern": er darf nicht fernsehen). Der Bruder Manfred ist Polizist bei der Volkspolizei.

sie sagn, dass es nich stimmt, dass MICK[1] kommt (und die Schdons[2]) rocho aber ICH weiß, dass es stimmt rochorepocho ICH hab MICK geschribn und er kommt rochorepochopipoar ICH könnte alln sagen, dass MICK
5 kommt, weil ICH ihm geschribn hab aber ICH machs nicht ICH sags keim ICH geh hin ICH kenn die stelle man kommt ganz dicht ran an die mauer[3] und DRÜBEN ist das Springerhaus[4] wenn man ganz nah rangeht, springt es über die mauer Springerhaus Ringerhaus
10 Fingerhaus Singerhaus Mick hat sich die stelle gut ausgesucht wenn er da aufm dach steht, kann ihn ganz berlin sehn und die andern Jonn und Bill und die und hörn mit ihre anlage die wern sich ärgern aber es ist ihre schuld, wenn sie MICK nicht rüberlassn ich hab ihm geschribn aber sie habn ihn nicht rübergelassn 15 aber MICK kommt trotzdem so nah ran wies geht auf MICK ist verlass sie sagn, die DRÜBEN sind unser feind wer so singt, kann nicht unser feind sein wie Mick und Jonn und Bill und die aber MICK ist doch der stärkste EIKENNGETTOSETTISFEKSCHIN[5]! ICH geh hin da- 20 darauf kann sich MICK verlassn ich geh hin Mfred[6] muss inner kaserne bleibn und DER hat dienst ICH seh mir die parade an KEIN FERN und dann zapfenstreich[7] KEIN RUNTER und dann das feuerwerk und dann MICK parade ist immer schau die ganzen panzer und 25 das ICH seh mir die parade an KEIN FERN dann zapfenstreich KEIN RUNTER dann feuerwerk KEIN RUNTER dann MICK KEIN RUNTER arschkackpiss ICH

---

[1] **MICK:** Mick Jagger (geb. 1943), britischer Rockmusiker, Gründungsmitglied der Rockband „Rolling Stones" – [2] **Schdons:** Gemeint ist die Rockgruppe „Rolling Stones", ursprünglich bestehend aus den Musikern Mick Jagger, Keith Richards, Bill Wyman, Charlie Watts und Brian Jones. – [3] **mauer:** Gemeint ist die Berliner Mauer, die Ost- und Westberlin von 1961 – 1989 trennte. – [4] **Springerhaus:** Zentrale des Axel Springer-Verlages in Berlin – [5] **EIKENNGETTOSETTISFEKSCHIN:** „I Can't Get No Satisfaction", bekannter Titel der „Rolling Stones" – [6] **Mfred:** Manfred, der Bruder des Ich-Erzählers – [7] **Zapfenstreich:** militär-musikalische Zeremonie zu besonderen Anlässen

fahr bis schlewskistraße vorne raus zapfenstreich strat-
30 zenweich samariter grün frankfurter rot strausberger
blau schlewski grau vorne raus zapfenstreich stratzen-
weich mit klingendem spiel und festem tritt an der spitze der junge major mit seim stab der junge haupttam-
bourmajor fritz scholz, der unter der haupttribüne den
35 takt angegeben hat mit sein offnes symp warte mal
symp gesicht und seim durchschnitt von einskomma-
drei einer der besten er wird an leunas komputern und
für den friedlichn sozialistischen deutschen staat ar-
beitn denn er hat ein festes ziel vor den augen dann
40 feurwerk dann MICK ICH weiß wo die stelle ist ubahn
bis spittlmarkt ICH lauf bis alex dann linje a kloster
grau märk mus weiß spittlmarkt vorne raus Springerhaus MICK und Jonn und Bill und die aufm dach EI-
KENNGETTOSETTISFEKSCHIN rochorepochopipoar!
45 *Schweigen. Sonne. Rote Fahnen. Die Glockenschläge der*
neunten Stunde klingen über der Breiten Straße auf. Und
da beginnt mit hellem Marschrhythmus unter strahlend
blauem Himmel der Marsch auf unserer Straße durch die
zwanzig guten und kräftigen Jahre unserer Republik, un-
50 *seres Arbeiter-und-Bauernstaates, die großartige Gratu-*
lationscour unserer Hauptstadt zum zwanzigsten Ge-
burtstag der DDR auf dem traditionellen Marx-und-En-
gels-Platz in Berlin. Auf der Ehrentribüne die, die uns
diese Straße immer gut und klug vorangegangen sind, die
55 *Repräsentanten der Partei und Regierung unseres Staates,*
an der Spitze Walter Ul[1] *jetzt komm sie aber bloß fuß-*
truppn panzer noch nicht NVA[2] *mit ausgezeichneter*
Kampftechnik, die unsere gute Straße hart an der Grenze
des imperialistischen Lagers sicher flankiert, bildet den
60 *Auftakt der Kampfdemonstration. Die Fußtruppen der*
Land- und Luftstreitkräfte sowie der Volksmarine, in je
drei Marschblöcken, ausgerichtet wie straffe Perlenschnü-
re, paradieren mit hellem Marschtritt unter winkenden
Blumengrüßen der Ehrengäste an der Haupttribüne vor-
65 *bei* Mfred wird sich in arsch beißn, dass er da nicht bei
ist er ist bloß BULLE BULLN marschiern nicht – Aber
Junge, dein Bruder ist kein Bulle, er ist Polizist wie viele
andere – MAMA – Wenn er nochmal Bulle zu seinem,
dann weiß ich nicht, was ich! Den Bullen kriegst du
70 noch wieder! – Mfred der B! B marschiern nicht Mfred
rocho ist rochorepocho B rochorepochopipoar! wenn
ICH dran bin mit armee und dem, geh ICH als panzer-
mann, wenn sie mich nehm das ist die einzige scheiße,
wenn man gestört ist sie nehm ein nicht zur armee aber
75 wenn man sich freiwillig meldet, müssen sie ein nehm
[...]   *(1984)*

1. Versuchen Sie, den Text (oder Teile davon) anschaulich vorzutragen. Was ist das Ungewöhnliche an der
Darstellungsweise?

2. Sammeln Sie die Informationen, die der/die
Leser/-in über den Ich-Erzähler und dessen Familie
erhält.

3. Beschreiben Sie, wie die Innensicht des Ich-Erzählers wiedergegeben wird. Nutzen Sie dafür die
nachfolgenden Informationen. Berücksichtigen Sie
in diesem Zusammenhang auch die Satzzeichen
und die verschiedenen Drucktypen.

Wissen und Können

Formen der Figurenrede in Erzähltexten

Neben dem Erzählerbericht kann der Erzähler die ausgesprochenen und unausgesprochenen Äußerungen seiner
Figuren auf verschiedene Art und Weise darstellen:

- **direkte Rede** (mit einleitendem Verb): Er dachte: „Das
Konzert beginnt bald, die Stones werden auf dem Dach
des Springerhochhauses auftreten."
- **indirekte Rede** (Konjunktiv): Er dachte, dass das Konzert bald beginne und die Stones auf dem Dach des
Springerhochhauses auftreten würden.
- **erlebte Rede** (3. Person, Präteritum, zwischen direkter
und indirekter Rede, Gedanken einer Figur, die aber
nicht in der 1. Person und nicht in direkter Rede wiedergegeben werden): Er wusste es. Die Stones würden
kommen. Er kannte den Ort. Das Springerhochhaus.
Ganz nahe bei der Mauer würde es sein.
- **innerer Monolog** (1. Person, Präsens, ohne einleiten-
des Verb): Ich weiß, die Stones kommen. Ich kenne den
Ort. Auf'm Springerhochhaus. Ganz nahe bei der Mauer. (Im sog. **Bewusstseinsstrom** wird der innere Monolog in extremer Form bis hin zur Auflösung sprachlicher
Zusammenhänge weitergeführt.)

4. Erklären Sie, welche Funktion diese Art der Darstellung hat und wie sie auf Sie wirkt.

5. Vergleichen Sie den Ich-Erzähler in Plenzdorfs Text
mit denen in den anderen Texten dieses Unterkapitels.

6. **Was Sie noch machen können:**
Verfassen Sie eine eigene kurze Erzählung zu einem
Thema Ihrer Wahl und spielen Sie dabei mit dem
Erzählverhalten, z. B. indem Sie dieses innerhalb der
Erzählung wechseln.

---

[1] **Walter Ul:** Gemeint ist Walter Ulbricht, der damalige Staatsratsvorsitzende der DDR. – [2] **NVA:** Nationale Volksarmee der DDR

Thomas Coraghessan Boyle (geb. 1948)
Das wilde Kind (Erzählung, Auszug)

Die Hauptfigur in T. C. Boyles Erzählung „Das wilde Kind", die in Frankreich im 18. Jahrhundert spielt, ist ein später Victor genannter Junge, der als Fünfjähriger von seiner Familie im Wald ausgesetzt wird und erst mehrere Jahre später – 1797 – von Holzfällern im Wald eingefangen wird, wo er bis dahin allein gelebt hat. Die Erzählung beruht auf einer wahren Begebenheit.

Im ersten heftigen Herbstregen, als die Blätter wie Münzen zu Füßen der Bäume lagen und die Zweige schwarz vor einem tief hängenden Himmel glänzten, kehrten einige Männer aus dem Dorf Lacaune in der
5 Languedoc[1] frierend und nass und ohne Beute von der Jagd zurück, als sie vor sich im trüben Licht eine menschliche Gestalt erblickten. Es schien sich um ein Kind zu handeln, um einen vollkommen nackten Jungen, dem Kälte und Regen offenbar nichts ausmach-
10 ten. Er war mit etwas beschäftigt – wie sich herausstellte, hatte er Eicheln zwischen zwei Steinen geknackt – und bemerkte die Männer zunächst nicht. Doch dann trat einer – Messier, der Dorfschmied, dessen Hände und Unterarme durch die harte Arbeit so
15 dunkel geworden waren wie die eines Indianers – in ein Loch, verlor das Gleichgewicht und stolperte ins Blickfeld des Jungen. Die plötzliche Bewegung schreckte ihn auf. Eben war er noch da und hockte über seinem kleinen Vorrat an rohen Eicheln, und im
20 nächsten Augenblick war er mit der Gewandtheit eines Marders oder Wiesels im Unterholz verschwunden. Nachher war sich keiner der Männer ganz sicher – die Begegnung hatte nur Sekunden gedauert –, doch stimmten alle überein, dass die Gestalt auf allen vieren
25 geflohen war.
Eine Woche darauf wurde der Junge abermals gesehen, diesmal am Rand eines Feldes, wo er Kartoffeln ausgrub und, ohne sie zu kochen oder auch nur abzuspülen, an Ort und Stelle hinunterschlang. Der erste Impuls des
30 Bauern war, ihn zu verscheuchen, aber er hielt inne, denn er hatte Gerüchte von einem wilden Kind gehört, einem Kind des Waldes, *un enfant sauvage*[2], und schlich dann näher, um dieses Phänomen besser in Augenschein nehmen zu können. Er sah, dass der Junge tat-
35 sächlich noch klein war, höchstens acht oder neun Jahre alt, und mit bloßen Händen und abgebrochenen Nägeln in der Erde wühlte wie ein Hund.

Äußerlich schien er normal zu sein, er konnte seine Glieder und Hände gebrauchen und war zu geschmei-
40 digen, selbstständigen Bewegungen imstande, dabei aber erschreckend mager. Als der Bauer auf etwa zwanzig Meter herangekommen war, hob der Junge den Kopf und sah ihn an. Wegen des wilden Haarschopfs, der ihm ins Gesicht hing, waren seine Züge nur schwer zu erkennen. Nichts regte sich, nicht die Schafe auf dem
45 Hügel und nicht die Wolken am Himmel. Eine unnatürliche Stille lag über dem Land: Die Vögel in den Hecken hielten den Atem an, der Wind erstarb, ja selbst die Insekten verstummten. Dieser unverwandte Blick – die Augen, so schwarz wie frisch gebrühter Kaffee, das
50 Fletschen bräunlich verfärbter Zähne – war der Blick eines Wesens aus dem *Spiritus Mundi*[3]: fremd, gestört, hassenswert. Es war der Bauer, der sich abwenden musste.
So begann es. Eine Legende entstand; sie dampfte und
55 köchelte im Herbst des Jahres 1797, des fünften Jahres der neuen Republik, und bis ins Frühjahr des darauffolgenden Jahres in jedem Topf des Distrikts. Der Terror war vorüber, der König war tot, und das Leben kehrte – insbesondere in der Provinz – zur Normalität zurück.
60 Die Menschen brauchten ein Geheimnis in ihrem Leben, den Glauben an etwas Unerklärliches, Wunderbares, und viele von ihnen – Pilzsammler und Trüffelsucher, Eichhörnchenjäger und Bauern, gebeugt unter der Last von Reisigbündeln oder Körben voller Zwiebeln
65 und Rüben – hielten im Wald die Augen offen, doch erst im nächsten Frühjahr wurde der Junge erneut gesehen, diesmal von drei Holzfällern, angeführt von dem Schmied Messier, und diesmal verfolgten sie ihn. Sie jagten ihn, ohne nachzudenken, ohne einen Grund, sie
70 jagten ihn, weil er vor ihnen davonrannte. Sie hätten ebenso gut etwas anderes jagen können, eine Katze, eine Hirschkuh, ein Wildschwein. Schließlich kletterte er auf einen Baum, wo er fauchend an den Ästen rüttelte

---

[1] **Languedoc:** Region in Südfrankreich – [2] **un enfant sauvage** (franz.): ein wildes Kind, d. h. ein Kind, das ohne menschlichen Kontakt in der Natur aufgewachsen ist – [3] **Spiritus Mundi** (lat.): wörtlich übersetzt: der Geist der Welt, vermutlich Anspielung auf das Gedicht „The Second Coming" von W. B. Yeats (1865 – 1939)

75 und die Männer mit Zweigen bewarf. Jedes Mal, wenn einer von ihnen versuchte, den Baum zu erklettern und den schwieligen Fuß des Jungen zu packen, wurde er getreten und gebissen, bis sie beschlossen, ihn auszuräuchern. Unter dem Baum wurde ein Feuer entzündet,
80 und aus dem tiefen Schlupfwinkel seiner Augen heraus beobachtete der Junge die drei Zweibeiner, diese zottigen, gewalttätigen, seltsam bepelzten, plappernden Tiere. Man stelle sich ihn vor, wie er auf den höchsten Ästen saß, die Haut so zerkratzt und zerschunden, dass sie wie ein schlecht gegerbtes Stück Leder wirkte, die 85 Narbe an der Kehle wie ein gebleichter Riss, sichtbar sogar vom Boden aus, mit baumelnden Beinen und schlaff herabhängenden Armen, während rings um ihn der Rauch aufstieg.

Man stelle ihn sich vor, denn er selbst war dazu nicht in 90 der Lage. Er kannte nur das Unmittelbare, spürte nur, was seine Sinne ihm mitteilten. *(2010)*

1. Fassen Sie den Inhalt des Textes in eigenen Worten zusammen.

2. Benennen Sie weitere Geschichten von Menschen, die in der Wildnis aufgewachsen sind, entweder historisch oder literarisch.

3. Beschreiben Sie, wie die Menschen im Text das Auftauchen des „wilden Kindes" reagieren. Formulieren Sie anschließend eine Deutungshypothese.

4. Suchen Sie Textstellen, in denen der Erzähler von außen erzählt, und solche, wo er die Perspektive einer der Figuren einnimmt. Notieren Sie die entsprechenden Zeilenangaben.

5. Bestimmen Sie mithilfe der Informationen auf der Seite 41 die Fokalisierung.

6. Beschreiben Sie die Wirkung des analysierten Erzählverhaltens.

7. Vergleichen Sie das Erzählverhalten in diesem Text mit einer anderen Erzählung in diesem Teilkapitel. Benennen Sie anschließend die Möglichkeiten, die die jeweilige Erzählform bietet.

8. Schreiben Sie den Auszug aus der Erzählung um, indem Sie die Passage ab Z. 66 aus der Sicht des Schmieds Messier in der Ich-Form erzählen. Vergleichen Sie Ihre Version mit dem Original.

9. Beurteilen Sie, inwiefern das Verfassen eines Perspektivwechsels Ihr Textverständnis erweitern kann.

10. Wählen Sie eine Erzählung aus diesem Teilkapitel aus und interpretieren Sie diese in einem zusammenhängenden Text.
➔ Einen Erzähltext interpretieren, S. 454 ff.

11. Schauen Sie sich die Informationskästen in diesem Kapitel noch einmal genau an und verschaffen Sie sich einen Überblick zu den Möglichkeiten des Erzählens, indem Sie auf einem DIN-A4-Blatt eine Mindmap erstellen, in deren Mittelpunkt „Die Technik des Erzählens" steht.

 Hilfen zur Erstellung der Mindmap finden Sie unter WES-127877-003 .

Erzählen als Erinnern – Literatur und Zeit

„Es waren nur zwölf Jahre. Eine kurze Spanne in der langen Geschichte der Menschheit. Und doch fallen diese wenigen Jahre zwischen 1933 und 1945 aus dem Strom der Zeit heraus wie kein anderer Abschnitt." (Christian Nürnberger: Mutige Menschen. Widerstand im Dritten Reich).

In welcher Form man sich auch an Geschehnisse des sogenannten Dritten Reiches erinnert, es ist immer eine besondere Herausforderung. Im Folgenden lernen Sie zwei literarische Beispiele kennen, die diesen Versuch wagen.

Susanne Kerckhoff (1918 – 1954)
Berliner Briefe

1948 erschien der Briefroman „Berliner Briefe" erstmals, 2020 wurde er wiederveröffentlicht und zu einem Kritiker und Publikumserfolg. In diesem Roman richtet Helene, eine junge Frau im zerstörten Berlin, nach Kriegsende 13 Briefe an ihren jüdischen, nach Paris emigrierten Jugendfreund Hans.

Möglicherweise glaubst Du, die Schreckensjahre hätten mich soweit gewandelt, dass ich den Kosmos und meine Rolle in der Welt jetzt anders begriffe? Das ist nicht so. Unter Hitlers Herrschaft haben sich meine Träume von
5 Freiheit, Gleichheit, Brüderlichkeit konserviert, sie haben sich gehalten, ohne sich in positiver oder in negativer Richtung sich zu entwickeln. Ich konnte mit dem Pfund, das ich in mir trug, nicht arbeiten. Ich musste es vergraben – es blieb ein Pfund. Politische Naivität blieb
10 politische Naivität. Schwarz waren die Totenkopfmachthaber für mich, die sich die Menge dienstbar machten, indem sie ihre niedrigsten und dumpfsten Triebe glorifizierten. Nein – die Märtyrer ließen es nicht zu, dass ich mich in eine höhere Gelassenheit finden
15 den konnte! Wie ich Deinen Vater auf dem Kurfürstendamm traf. Er versuchte, grußlos an mir vorüberzugehen, um mich nicht in den vergifteten Kreis seines gelben Sterns zu ziehen. Ich ließ mir diese Rücksichtnahme nicht gefallen. Da blieb er stehen und hielt den
20 Hut vor seinen Stern. Ich wollte sprechen, dazu hatte ich mich ihm ja in den Weg gestellt, und nun konnte ich es kaum. Ich fühlte die mechanische Zermalmung des flutenden Verkehrs um uns, die tödliche Gleichgültigkeit des Asphalts, auf dem wir standen. Sein Blick kam
25 auf mich zu mit der grauen Größe eines Schmerzes, der

ihm noch bevorstand, und den er bereits überwunden hatte. Plötzlich merkte ich, dass i c h ihm leid tat. Was soll ich daran noch schildern? Am nächsten Tag wollte ich ihn aufsuchen, aber er war nicht mehr in der Uhlandstraße. Eure Wohnung war mit der Plombe der Ge-30 stapo[1] versiegelt. Deinen Bruder fand ich in seinem möblierten Zimmer in der Wittelsbacher Straße. Er musste Kisten auf dem Schlesischen Bahnhof schleppen. Wir haben uns auch oft gesehen, bis er auch fort war. Seine Wirtin endlich – Du kennst sie doch noch? 35 – hatte ich bewogen, zu mir zu ziehen. Sie konnte schneidern. Wir hatten beschlossen, sie als Hausschneiderin herumzureichen, damit sie ihren Wohnort öfter wechseln könnte. Bei mir sollte ihr festes Domizil sein. Eines Tages holte sie mich dann im Geschäft ab, mit 40 einem kleinen Köfferchen. Schon wollte ich mit ihr zum Stadtbahnhof gehen, da fiel mir ein, dass mein Brot nicht reiche. Ich ging in einen Bäckerladen. Als ich wieder herauskam, war sie verschwunden. Ich habe sie gesucht und nicht finden können. Ich hörte später – dar-45 auf war ich nicht gekommen –, dass sie plötzlich in ihre Wohnung zurückgelaufen war, den Häschern[2] gerade in die Arme. Es ist ja Wahnsinn, verzeih mir, dass ich Dir diese Dinge schreibe! Es gab andere, lautere, noch grauenhaftere Geschehnisse! Die Erschütterungen 50 aber, die zum Abgrund der seelischen Existenz hinschwingen, halten uns fest. *(1948)*

1. Lesen Sie den Romanauszug und besprechen Sie die historischen Zusammenhänge.

2 Beschreiben Sie die Begegnung zwischen der Erzählerin und Hans' Vater und erläutern Sie den Satz :„Plötzlich merkte ich, dass i c h ihm leid tat." (Z. 27)

---

[1] **Gestapo:** Kurzform für Geheime Staatspolizei, die politische Polizei des deutschen NS-Regimes von 1933 bis 1945 –
[2] **Häscher:** eine Person, die beauftragt ist, jemanden zu ergreifen

3. Stellen Sie Vermutungen darüber an, warum die Erzählerin von ihren Begegnungen erzählt.

4. Beschreiben Sie mithilfe der nachfolgenden Informationen die Gestaltung und Funktion der dargestellten Erinnerungen.

Wissen und Können

Zeitstruktur

Viele erzählende Texte sind gekennzeichnet von einer **chronologischen Abfolge** der Handlungsschritte. Die chronologische Ordnung des Geschehens kann der Erzähler aber durch **Rückblenden** bzw. **Rückwendungen** und **Vorausdeutungen** durchbrechen. Die Zeitspanne, die man braucht, um einen Text zu lesen, bezeichnet man als **Erzählzeit**; die **erzählte Zeit** dagegen ist die Zeitspanne, über die sich das erzählte Geschehen erstreckt. Man spricht von **zeitraffendem Erzählen**, wenn die erzählte Zeit größer ist als die Erzählzeit (z.B. durch Aussparungen und Zeitsprünge); es kann aber auch **zeitdeckend** (Erzählzeit und erzählte Zeit sind ungefähr gleich, z.B. bei der szenischen Darstellung von Dialogen) oder **zeitdehnend** (erzählte Zeit ist kleiner als Erzählzeit) erzählt werden.

Bei Graphic Novels oder Comics handelt es sich um sequenzielle Kunst. Darin finden sich zu räumlichen Sequenzen angeordnete, bildliche Zeichen, die Informationen vermitteln und/oder eine ästhetische Wirkung beim Betrachter erzeugen sollen.

1. Lesen Sie den folgenden Auszug aus einer Graphic Novel und notieren Sie Fragen, die sich ergeben.

2. Beschreiben Sie Panel 6 mithilfe der untenstehenden Begriffe zur Grundstruktur eine Graphic Novel. Gehen Sie dabei auch auf die Wirkung der Zeichnung ein.

3. Vergleichen Sie Panel 16 mit Panel 6 und nennen Sie Gemeinsamkeiten und Unterschiede in der Gestaltung. Beschreiben Sie auch die Veränderungen, die sich dadurch in der Wirkung ergeben.

4. Besprechen Sie die Situation, in der der Ausschnitt beginnt und die Situation, an die sich Emmi Abel erinnert.

5. Ordnen Sie die einzelnen Panels den verschiedenen Zeitebenen zu.

6. Beschreiben Sie die Besonderheiten der visuellen Gestaltung der Zeitebenen und analysieren Sie, wie die Rückblende eingeleitet wird.

7. Beantworten Sie Ihre Fragen aus Aufgabe 1.

Wissen und Können

Zentrale Begriffe zur Grundstruktur einer Graphic Novel / eines Comics

- **Panel** = Einzelbild
- **Sequenz** = Bilderfolge
- **Gutter** (dt.: Rinnstein) = „Leerstelle" zwischen zwei Panels
- **Wortpanel, Bildpanel, Wort-Bild-Panel** = Geschichte wird nur durch Worte bzw. Bilder oder durch eine Kombination von beidem erzählt.
- **Text** = Sprech- (hörbare Sprache) und Denkblasen oder Blocktext (Erzähltes, führt oft durch die Geschichte)
- **Wort-Bild-Kombinationen:** Dopplung (Bild und Texte erzählen dieselbe Geschichte), Überschneidung (Text und Bild übermitteln unterschiedliche Informationen zur glei-

chen Geschichte. Beide fügen für sich entscheidende Details hinzu.), Verschränkung (Bild und Text erschaffen zusammen eine Bedeutung, die einzeln nicht erreicht werden kann. Sie ergänzen sich.)
- **Perspektive:** Normalsicht (gleiche Höhe mit dem Dargestellten), Vogel- oder Froschperspektive
- **Einstellungsgrößen:** Totale (Blick aus der Ferne, der Mensch ist Teil des Raumes), Halbtotale (Ausschnitt aus einer Szenerie), Nahsicht (ein oder mehrere Elemente aus der Nähe), Zoom/Detail (Ein oder mehrere Details werden herausgehoben.)

Barbara Yelin (geb. 1977)
Aber ich lebe

Emmi Arbel überlebte als kleines Mädchen die Konzentrationslager Ravensbrück und Bergen-Belsen. Zusammen mit der Überlebenden hat die Zeichnerin Barbara Yelin ihre Geschichte in einer Graphic Novel erzählt.

Literarisches Schreiben

In der Literatur wird immer wieder der Zufall zum künstlerischen Prinzip erhoben, so wie bei den Dadaisten während des Ersten Weltkriegs, die mit Schere und Zeitungspapier experimentierten (vgl. S. 269). Bereits vorhandene Texte werden dekonstruiert und neu zusammengesetzt, ähnlich wie dem Sampling in der zeitgenössischen Musik, nur das die Sprache das Material ist. Der Zufall spielt auch beim Landsberger Poesieautomat von Hans Magnus Enzensberger eine Rolle. Dieser dichtet aus vorhandenen Textbausteinen auf Knopfdruck. Auch die in diesem Kapitel verwendete Methode des Cutups lässt aus bereits vorhandenen Texten etwas Neues entstehen, indem einzelne Wörter, Satzteile oder auch ganze Sätze zu neuen Texten zusammengesetzt werden.

Nora Bossong (geb. 1982)
Seitenstreifen

An der letzten Brücke vor der Ausfahrt,
dort haben wir uns nie getraut,
mit Kieseln nach Kabrios zu werfen.
Im Zaun war eine Tür, dort kamen wir
5 Von unserm Grundstück auf den Wiesenrand,
brüchig, braun, wie Schorf
jenes Motorenlärms. Ein Nachmittag,
so grundlos leer, war hier gestellt
an einen Seitenstreifen. Halbstündig
10 sahen wir auf jener Brücke
das neuste Zugmodell, ein weißer Schweif,
der zwischen Baumreihen verschwand.
Die Shelltankstelle roch so herrlich
nach Benzin und drinnen gab es
15 jenes Eis zu kaufen, das wir uns
an die Wange strichen. Das war,
als wir noch Züge Sensationen nannten.
So schlecht war's nicht und an den Bäumen
wuchsen Birnen.

Mascha Kaléko (1907 – 1975)
In dieser Zeit

Wir haben keine andre Zeit als diese,
Die sich uns neigt mit karg gefüllter Schale.
Wir müssen trinken. Denn zum zweiten Male
Blüht sie uns nicht. Schon droht von fern ein Riese:
5 Vergänglichkeit. Wir sind nur flüchtige Wesen
Und hinter allem Leuchten mahnt das Fahle.
Schon strömt uns Frösteln zu aus spätem Strahle
Und wir sind alt, noch eh wir jung gewesen.
Einst kamen wir mit Kindes Gläubigkeit
10 In ein vom Sturm verwüstetes Jahrhundert.
Wir hofften noch. Nun schweigt's in uns verwundert.
Ihr aber könnt nur helfen dem, der schreit.
Zuweilen träumen wir vom Paradies
Und tief beschämt uns jene Gier nach Glück.
15 Verhungernd greifen wir nach unserm Stück.
Wir haben keine andre Zeit als diese ...

(2009)

Sylvia Plath (1932 – 1963)

Schaf im Nebel

Die Hügel steigen fort ins Weiße.
Leute oder Sterne
Sehen mich traurig an, ich enttäusche sie.
Der Zug hinterlässt eine Strecke von Hauch.
5 O träges
Rostfarbenes Pferd,
Hufe, klagende Glocken –
Den ganzen Morgen lang
Ist der Morgen schwärzer geworden,
10 Eine übriggelassene Blume.
Meine Knochen enthalten eine Stille,
die fernen Federn schmelzen mein Herz.
Sie drohen
Mich durchzulassen zu einem Himmel
15 Sternlos und vaterlos, ein dunkles Wasser.

(1962/1963)

Karl Krolow (1915 – 1999)

Zwei Menschen

Zwei Menschen, die in einer Pappelallee
Aufeinander zukommen:
Begegnung von zwei Tigern.
Und der Wind bauscht teilnahmslos die 5-Uhr-Jacke
5 des einen,
Die rot gewürfelt ist,
Und streift zufällig die 5-Uhr-Jacke des anderen,
Die blau gewürfelt ist.
Ihre Herzen schlagen wütend gegeneinander,
10 Aber listig auf den undeutlichen Gesichtern
Steht ein Lächeln wie Suppe, die kühl wird.
Ehe sie einander grüßen,
Fiel der eine im Innern
Über den anderen her: Großkatzensprung
15 Aus brutalem Gebüsch.
Beide waren zerfleischt, eher der Blätterschatten
Vom Nachmittag zerstört war.
Doch der Teufel war inzwischen
Schon ausgewandert
20 Und schrie als Häher aus der Luft. –
Da verbeugten sie sich tief
Und waren einander vorüber.

(1965)

1. Lesen Sie sich die Gedichte durch und schreiben Sie mindestens sieben Verse aus mindestens drei verschiedenen Gedichten auf Papierstreifen. Stellen Sie die Verse zu einem neuen Gedicht zusammen und tragen Sie Ihre Gedichte laut vor.

Bald roch er nicht mehr bloß Holz, sondern Holzsorten, Ahornholz, Eichenholz, Kiefernholz, Ulmenholz, Birnbaumholz, altes, junges, morsches, modriges, moosiges Holz, ja sogar einzelne Holzscheite, Holzsplitter und Holzbrösel – roch sie als so deutlich unterschiedliche Gegenstände, wie andere Leute sie nicht mit Augen hätten
5 unterscheiden können.
(aus: Patrick Süskind: Das Parfum)

2. Beschreiben Sie in enger Anlehnung an den Romanausschnitt aus „Das Parfum" den Geschmack eines Hamburgers oder einer Falafel.

3. Tragen Sie sich die Texte gegenseitig vor und besprechen, welche Imitationen erkennbar sind.

4. Tauschen Sie sich darüber aus, wie Sie beim Schreiben der Texte vorgegangen sind.

1. Lesen Sie sich die Informationen zur POWER-Strategie durch und vergleichen Sie sie mit Ihrer Vorgehensweise bei den Aufgaben auf S. 59.

Wissen und Können

Die POWER-Strategie zum Verfassen von Texten nutzen

Die POWER-Strategie ist ein textsortenübergreifendes Strategiebündel, mit dem die unterschiedlichsten Texte geschrieben werden können.

P **P**ick an idea   Sammeln Sie Ideen für Ihren Text.

O **O**rganize   Gruppieren Sie Ihre Ideen und legen Sie eine Reihenfolge für Ihre Ideen fest.

W **W**rite and say more   Schreiben Sie Ihren Text auf und schreiben Sie dabei mehr, als Sie geplant hatten.

E **E**dit   Überwachen Sie sich selbst: Ist alles sinnvoll? Habe ich meine Pläne umgesetzt?

R **R**evise   Überarbeiten Sie Ihren Text.

2. Wählen Sie ein Bild auf der vorherigen Seite aus und schreiben Sie dazu eine Geschichte. Gehen Sie dabei nach der POWER-Strategie vor. Nutzen Sie auch folgende Hinweise:
   - Notieren Sie sich Stichworte zu den Ereignissen aus unterschiedlichen Perspektiven. Schreiben Sie auch Stichworte dazu, was vor und nach der Aufnahme geschehen ist.
   - Erfinden Sie eine Figur, die nicht auf dem Bild zu sehen ist, aber damit zu tun hat.
   - Zoomen Sie sich aus dem Bild heraus und beschreiben Sie, was außerhalb geschieht.
   - Konzentrieren Sie sich auf ein Detail im Bild und beschreiben Sie dessen Rolle im Geschehen.
   - Verfassen Sie nun auf der Basis Ihrer Notizen die Geschichte.

3. Prüfen, diskutieren und überarbeiten Sie Ihre Geschichten mithilfe der folgenden Hinweise in Tandems. Die Autorenrolle hat der, um dessen Text es geht, der Redakteur begutachtet den fremden Text. Anschließend wechseln die Rollen.

Wissen und Können

Einen Text in Tandems überarbeiten

- **Schritt 1:** Der/Die Autor/-in liest vor, der/die Redakteur/-in hört sorgfältig zu.
- **Schritt 2:** Der/die Redakteur/-in sagt dem/der Autor/-in, was ihm/ihr am besten gefallen hat.
- **Schritt 3:** Der/die Redakteur/-in liest den Text still für sich.
- **Schritt 4:** Der/die Redakteur/-in prüft für sich den Text anhand der folgenden Fragen und markiert problematische Textstellen: Gibt es eine schlüssige Handlung? Ist die Reihenfolge der im Text genannten Ideen logisch? Können irgendwo im Text noch Details ergänzt werden? Gibt es Textabschnitte, die schwer verständlich sind?
- **Schritt 5:** Autor/-in und Redakteur/-in diskutieren die Vorschläge des Redakteurs / der Redakteurin.
- **Schritt 6:** Der/Die Autor/-in überarbeitet den Entwurf.
- **Schritt 7:** Autor/-in und Redakteur/-in diskutieren bei beiden Texten über die Veränderungen.
- **Schritt 8:** Autor/-in und Redakteur/-in diskutieren die Vorschläge des Redakteurs / der Redakteurin.
- **Schritt 9:** Der/die Redakteur/-in überprüft den Ausdruck auf Korrektheit bei der Rechtschreibung und Zeichensetzung.

4. Setzen Sie sich in Vierergruppen zusammen und lesen Sie sich Ihre Geschichten vor. Wählen Sie die gelungensten Geschichten aus.

5. Lesen Sie die Geschichten im Plenum vor.

6. Besprechen Sie die Vor- und Nachteile der POWER-Strategie.

Literaturbetrieb und literarische Öffentlichkeit

Veranstaltung bei der Frankfurter Buchmesse 2019

Literaturgespräch zwischen Literaturchef Volker Weidermann (r), Moderatorin und Autorin Christine Westermann und Kolumnist Maxim Biller 2015 in Berlin

Autorenlesung in Linienbussen der Bielefelder Verkehrsbetriebe: Feridun Zaimoglu liest aus seinem Werk „Der Mietmaler".

Preisverleihung des Übersetzer-Preises im Literaturhaus München: Übersetzerin (Ungarisch) Agnes Rell (re.) und Schriftstellerin Noemi Kiss

Ein junger Leser bei der 12. Münchner Bücherschau junior im Stadtmuseum

1. Auf dieser Doppelseite sehen Sie verschiedene Akteure/Akteurinnen des Literaturbetriebs. Erstellen Sie eine grafische Übersicht aller Beteiligten und setzen Sie diese mit Verbindungslinien in Beziehung zueinander. Charakterisieren Sie die Beziehungen jeweils mit einem Begriff.

2. Besprechen Sie, welchen Akteuren/Akteurinnen schon begegnet sind und wie diese Begegnungen Ihr Leseverhalten beeinflusst haben.

3. Tauschen Sie sich darüber aus, welche Wünsche, Erwartungen und Bedürfnisse Sie an Bücher stellen, die Sie gerne lesen. Sammeln Sie diese Wünsche, Erwartungen und Bedürfnisse und halten Sie sie schriftlich fest.

4. Berichten Sie sich gegenseitig davon, wie Sie in der Regel zu Ihren Lektüren finden, an welchen Orten Sie sich informieren und mit welchen Medien Sie nach ihnen suchen.

5. Besprechen Sie, was Sie von einer Buchbesprechung erwarten, damit sie Ihnen bei der Entscheidung, ein Buch zu lesen, hilft.

6. Ergänzen Sie Ihre Grafik mithilfe der folgenden Informationen um weitere Akteuren/Akteurinnen.

Wissen und Können

Der Literaturbetrieb

Mit Literaturbetrieb meint man alle Personen, Organisationen und Institutionen, die bei der **Veröffentlichung** und der **Verbreitung von Büchern** eine Rolle spielen. Dazu gehören neben Autorinnen/Autoren und Verlegerinnen/Verlegern auch Literaturagenturen, Jurorinnen/Juroren von Preisen und die verschiedenen Medien wie Zeitungen, Fernsehen und Internet.

Susanne Romanowski (geb. 1995)

Der Tod ist friedlich, alles davor nicht

Es gehört sich nicht, in Literaturkritiken über das Aussehen der Autoren zu sprechen, über das von Autorinnen schon gleich gar nicht. Trotzdem kommt, wenn man ein Buch von Karina Sainz Borgo liest, eine Frage
5 auf: Wie sehen wohl ihre Fingernägel aus? Denn wer einen ihrer Romane öffnet, blickt in Gräber. [...] Ihr neues Buch beginnt so: „Ich kam nach Mezquite auf der Suche nach Visitación Salazar, der Frau, die meine Kinder begraben hat und mir dann zeigte, wie man die anderen
10 begräbt." Es wäre keine Überraschung, wenn sie solche Einstiege mit tiefschwarzer Friedhofserde an den Fingern tippen würde. Man liest also weiter und steigt ab in die düsteren Erzählungen, durch die das Gespenst ihres Heimatlandes Venezuela spukt. [...] Nun erscheint Sainz
15 Borgos zweiter Roman „Das dritte Land" auf Deutsch. Darin geht es um die, die gehen. Die jungen Eltern Angustias und Salveiro machen sich mit ihren sieben Monate alten Zwillingen auf den Weg, von einem nicht näher benannten Land in ein anderes. Ein Grund ist ei-
20 ne mysteriöse Krankheit, die in ihrer Heimat vor allem Männer befällt, sie apathisch macht und deren Gedächtnis zersetzt. Die Tage sind heiß, die Nächte kalt. Und schon der erste Satz macht deutlich: Es geht nicht gut. Die Kinder sterben bald und mit ihnen die Hoff-
25 nung auf ein besseres Leben. Derweil ist in der Grenzregion alles knapp: Essen, Wasser. Auch ein würdevoller Abschied von den Toten ist kaum möglich. Den aber bietet Visitación Salazar an: Sie ist Totengräberin auf ihrem eigenen, illegalen Friedhof. Er liegt außerhalb des
30 Örtchens Mezquite. Sie hat ihn „das dritte Land" genannt. Gegen eine kleine oder gar keine Spende begräbt sie all jene, die auf der Flucht sterben. Auch die Kinder von Angustias liegen jetzt auf dem dritten Land. Also bleibt Angustias, geht Visitación zur Hand, holt Leichen
35 und Benzin. Ihr Mann Salveiro ist da längst verschwunden. Aber das ist nicht der Beginn einer Frauenfreundschaft. Visitación feiert, raucht und tanzt, doch wirklich nah sind ihr nur die Toten. Weil sie ihr nicht widersprechen, denkt Angustias. Liest man weiter über das Dorf
40 und die Gewalt, die dort herrscht, möchte man korrigieren: Weil man sich nur vor ihnen nicht fürchten muss. Wie Borgo davon erzählt, wie die beiden Frauen eines von Angustias' Kindern in einem Taufkleid für die Bestattung herrichten: Das wirkt zärtlicher als die meisten
45 Passagen zwischen Lebenden in dieser Geschichte. „Das dritte Land" ist in dieser Hinsicht ein Antihorror: Der Tod ist friedlich, alles davor ist es nicht. Sainz Borgo hält Figuren und Leser gleichermaßen auf Distanz. [...] Ob in improvisierten Flüchtlingsunterkünften, im Ortskern oder unterwegs im Pick-up: Überall drohen Über-
50 fälle, wenn nicht Schlimmeres. Selbst einen Schuhkarton, in dem Angustias' Zwillinge ruhen, versucht eine Frau zu stehlen. Schon Jugendliche prostituieren sich bei den Lkw-Fahrern, die am Ort Station machen, darunter die fünfzehnjährige Consuelo. Ihre und Angusti-
55 as' Wege kreuzen sich immer wieder, doch erneut bleiben sie auf Abstand. So wenig Wasser und Essen es auch gibt in Mezquite: Vertrauen ist dort die knappste Ressource. Anderen Menschen nicht zu nahe zu kommen ist nicht nur die beste Chance auf körperliche Unver-
60 sehrtheit, sondern auch auf emotionale. Angustias schuftet stoisch auf dem Friedhof, rührt Mörtel an, pflegt die Ruhestätten. Die meisten Kapitel in diesem Roman werden aus ihrer Ich-Perspektive erzählt. Einblick in ihre Gefühlswelt gibt das aber nur begrenzt, wie
65 ferngesteuert arbeitet Angustias um ihr Trauma herum: „Wir suchten kein Heim und kehrten in keines zurück, wir befanden uns nur auf dem Weg zu einem Grab." Stark inspiriert wurde Sainz Borgos neuer Roman von Juan Rulfos „Pedro Páramo". Der mexikanische
70 Klassiker des magischen Realismus handelt von der Geisterstadt Comala, in der die Verstorbenen vom Großgrundbesitzer Pedro Páramo erzählen. Mezquite ist wie Comala staubig und trostlos, auch bei Sainz Borgo stürzt ein habgieriger Unternehmer die Bevölkerung ins Un-
75 glück. Wie der Viehknecht bei Rulfo heißt er Abundio. Er lässt Guerilleros morden und marodieren, er kontrolliert den feigen Bürgermeister. Aus dessen Sicht werden die anderen Kapitel in Sainz Borgos Roman geschildert. Sie erzählen davon, wie Politik versagt, von Resignati-
80 on. Ein weiterer Einfluss ist der Antigone-Mythos, der dem Roman nicht nur ein zentrales Motiv leiht – das Recht darauf, seine geliebten Toten zu begraben –, sondern auch sein tragisches Schicksal. Der illegale Friedhof entzieht sich der Kontrolle von Abundio und seinen
85 Schergen, seine Auflösung ist nur eine Frage der Zeit. Bis dahin warten, arbeiten, beerdigen die Frauen. [...] In der lähmenden Hitze schleicht der Plot dem unausweichlichen Ende entgegen. Er hat durchaus seine Längen, die Figuren verändern sich kaum, und wenn, dann
90 finden sie meist eine Parzelle bei Visitación. Dynamik bringt Sainz Borgo durch kurze Kapitel ein – und durch ihre Sprache. So verkümmert die Emotionen ihrer Figuren sind, so sinnlich ist die Welt um sie herum: sandige

95 Dürre, prasselnder Regen, also eine Witterung, die auf den Gräbern höchstens Plastikblumen erlaubt. Man möchte sich bei der Lektüre im tiefsten mitteleuropäischen Winter den Staub aus den Haaren waschen. Selbst der Mond steht „rund wie ein Schussloch am Himmel".
100 Überhaupt scheint es, als wollte selbst die Natur die Geflüchteten loswerden. Doch etwas ist anders als in Rulfos Klassiker und anders als bei zahlreichen lateinamerikanischen Autorinnen wie Mariana Enríquez oder Samanta Schweblin, die in den vergangenen Jahren mit
105 Büchern voll Gewalt und Horror auf sich aufmerksam gemacht haben. Auch „Das dritte Land" ist brutal, das Elend teilweise unvorstellbar, aber es bleibt in der Realität verhaftet. Hier schweigen die Toten, nichts Übernatürliches schwingt mit. [...] Trotzdem wirkt er manch-
110 mal surreal, Raum und Zeit enthoben. Technologie ist rar, popkulturelle Referenzen fehlen. Anders als in „Nacht in Caracas" sind die Orte fiktiv, die Länder und Grenzen nicht näher benannt. Das ist ein kluger Weg, um zu veranschaulichen, wie sehr eine Flucht desorien-
115 tiert, wie stark die Erfahrung von Tod und Verlust einzelne Momente hervorhebt und komplette Wochen inei-

nander verschwimmen lässt. [...]Die spanischsprachigen Bezeichnungen und die beschriebenen Landschaften passen zum Norden Südamerikas. Das, was im Roman geschildert wird, geschieht überall auf der Welt, aber 120 eben auch in Venezuela. Knapp 31 Millionen Menschen leben derzeit im Land, rund sieben Millionen sollen es laut dem Hohen Flüchtlingskommissar der Vereinten Nationen verlassen haben. Damit zählt die Krise in Venezuela zu denen, die international zuletzt die größten 125 Fluchtbewegungen ausgelöst haben. Karina Sainz Borgo verdichtet internationale Zusammenhänge auf wenigen, entscheidenden Quadratkilometern an der Grenze: das Versagen der Politik, der Vorrang wirtschaftlicher Interessen, das Leid der Heimat- und Hoffnungslosen, 130 von Armut gleichgemacht. „Das dritte Land" ist ein bitteres Buch voll komplexer Figuren, das die Unmenschlichkeit der Flucht nie relativiert. Und doch: Am Ende gibt es Hoffnung. Wenn auch nicht für alle. Karina Sainz Borgo, „Das dritte Land". Roman. Aus dem Spanischen 135 übersetzt von Angelica Ammar. Verlag S. Fischer, 320 Seiten *(2023)*

1. Lesen Sie die Rezension und gliedern Sie sie in Sinnabschnitte. Geben Sie jedem Abschnitt eine Überschrift.

2. Untersuchen Sie, ob diese Rezension die vier Grundfunktionen erfüllt und darüber hinaus einen subjektiven Eindruck der Autorin vermittelt. Nutzen Sie die folgenden Informationen. Belegen Sie Ihre Ergebnisse am Text.

3. Besprechen Sie, ob solche Rezensionen Ihre Erwartungen, Wünsche und Bedürfnisse aus Aufgabe 2 oben erfüllen und was Ihnen noch fehlt.

Wissen und Können

Rezensionen

In erster Linie sind Rezensionen zu Literatur **subjektive Texte**, die das individuelle Empfinden der Rezensentin / des Rezensenten äußern und begründen. Sie erscheinen sowohl in Radio- und Zeitungsfeuilletons, aber auch in Onlineforen. Neben der individuellen Beurteilung der Autorin / des Autors sollten sie vier objektivierbare Funktionen erfüllen.

- **Orientierungsfunktion:** Aus den zahlreichen literarischen Neuerscheinungen der Verlage wird für die Leserin oder den Leser eine Vorauswahl getroffen. Dabei wird häufig der gesellschaftliche, politische oder literarische Kontext, in dem das Buch entstanden ist, mit einbezogen.
- **Informationsfunktion:** Rezensionen informieren über den Inhalt, das Thema oder die Gestaltung eines Buches.
- **Kritikfunktion:** Sie gibt Antwort auf die Frage, ob und für wen sich die Lektüre eines Buches lohnt. Diese kritische Würdigung verzichtet meist auf pauschale Urteile, sondern hebt Besonderheiten und gelungene Aspekte genauso hervor wie entdeckte Schwachstellen.
- **Unterhaltungsfunktion:** Damit sich Leserinnen und Leser auf Rezensionen einlassen und sie bis zum Ende lesen, sollten sie anregend und nachvollziehbar geschrieben sein.

Kulturdebatten abseits der Feuilletons: Popkritik auf TikTok

Elitär und abgehoben – so nehmen viele das klassische Feuilleton wahr. Kulturkritik auf der Plattform TikTok erscheint im Vergleich als inklusiv, divers und interaktiv. Dort geäußerte Einschätzungen zu Kunst und Kultur lobt Medienjournalist Marcus Bösch als „komprimiert und sehr dicht".

Die klassische feuilletonistische Kritik stellt man sich vielleicht so vor: In einem Elfenbeinturm sitzt in einem kleinen Büro ein Mann. Auf dem Boden, den Regalen und dem Schreibtisch stapeln sich Bücher. Der Mann
5 runzelt die Stirn, blickt aus dem Fenster über die tosende Stadt, rückt die Brille gerade und formuliert dann einen Satz. Der ist lang, verschachtelt und er klingt sehr gelehrig. Er handelt wahrscheinlich vom Theater, von der Oper, einem klassischen Konzert oder dem bevor-
10 stehenden Geburtstag eines bedeutenden Schriftstellers.

Inklusiv, divers und interaktiv

„Klingt elitär und abgehoben? Vielleicht ist das klassische Feuilleton manchmal so", findet Popjournalist Ra-
15 phael Smarzoch.
Richten wir also den Blick auf mögliche Alternativen für Kulturkritik. Die gibt es beispielsweise auch auf der vergleichsweise jungen Plattform TikTok. Im Vergleich zum klassischen Feuilleton scheint sie inklusiv, divers,
20 interaktiv und nicht ausladend. Denn dafür ist hier gar keine Zeit.

Neue Kulturtechniken

Der Medienjournalisten Marcus Bösch beschäftigt sich intensiv mit Phänomenen auf der Plattform. Er macht
25 bei TikTok in erster Linie einen „erweiterter Kulturbegriff" aus. Für Marcus Bösch gibt es „klassische Feuilleton-Themen: Bücher, Ballet. Aber eben auch das Brokkoli Kasserolle Drama." Der Hauptunterschied von TikTok seien also nicht in erster Linie die Themen, son-
30 dern ein anderes Publikum, das mitmache, statt lediglich zu beobachten, ein anderes Umfeld ohne Gatekeeper und andere Kulturtechniken, die hier zum Einsatz kämen. „Statt mäanderndem sprachverliebtem Vorsich-hin-Textens gibt es hier komprimiert und sehr
35 dicht Einschätzungen zu allem Möglichen", so Marcus Bösch.

„Inside the Songs"

Als Positivbeispiel führt er Blake Robin aka Luxxury an. Eigentlich Musiker, bei TikTok aber auch Musik-
40 Erklärer. Seine lose Reihe „Inside the song" nimmt alte und neue Popsongs auseinander. Robin klärt die Herkunft von Samples, Inspirationsquellen, liefert umfassendes Hintergrundwissen auf sehr spielerische Art.

Gemäß der journalistischen Grundregel „Show don't tell" montiere er historische Fotos, Videos, Texttafeln 45 und Internetfundstücke zu kleinen Gesamtkunstwerken, erklärt Bösch.
Ein Beispiel: „Blue Monday" von New Order, eine der erfolgreichsten Maxi-Singles der jüngeren Gesichte. Schätzungsweise 10 Millionen mal verkauft. „Dank Ro- 50 bin habe ich erfahren, warum es überhaupt zu diesem Song kam. New Order hatten nämlich keine Lust auf Zugaben und schrieben daher 1983 einen sich selbst spielenden Song, für den sie gar nicht mehr auf die Bühne mussten." „Blue Monday" ist beeinflusst von 55 Donna Summer, man erfährt in Blakes Analyse, welche Elemente der Song noch so aufweist, von Ennio Morricones Gitarrenriff aus „Für eine Handvoll Dollar", über Sylvester James „Mighty Real" bis hin zum Kraftwerk-Sample – Das Video weise für Bösch alles auf, was das 60 Feuilleton leisten sollte: Zu informieren, zu unterhalten und im besten Fall zum Weiterrecherchieren verleiten und das in einem hohen Tempo.

#BookTok

Für Raphael Smarzoch funktioniere so eine Vermitt- 65 lung, „die Menschen einschließt, statt sie außen vor zu lassen. „Etwa im Bezug auf die klassischen Feuilleton-Themen Ballet und Literatur. TikTok sei, so Bösch, eine im Moment eher junge Plattform mit den meisten Nutzer/-innen unter 25. „Dementsprechend sind viele 70 der Bücher die im Bereich der App, den man BookTok, nennt auf diese Zielgruppe zugeschnitten."
Die Abteilung ist übrigens alles andere als klein. Das hashtag #BookTok hat derzeit mehr als 4.4 Milliarden Views. Die bisweilen sehr dichten Videos würden häu- 75 figer auch von derselben Person angeklickt und thematisieren vor allem die Genres Young Adult Fiction, romantische Romane und dystopische Fantasiebücher. „Dinge", so Markus Bösch, „die man im klassischen Feuilleton so nicht unbedingt täglich findet." 80
Im Vordergrund stehe auch hier eine Community, die sich austauscht, diskutiert und bisweilen im so genannten „IRL", also im realen Leben, zu Lesezirkeln trifft, einmal die Woche über Zoom diskutiert oder sich gegenseitig Bücher schickt. 85

Algorhythmus statt Gatekeeper

Junge Autorinnen und Autoren sind auch selbst auf TikTok. „Ein eher angenehmer Ort", findet Marcus Bösch, „Auf Augenhöhe. Ohne Gatekeeper." Hier ent-
90 scheide nicht akademische Bildung, Kontakte, Zugänge und Karriereglück, sondern lediglich der Algorithmus und das Interesse der Peer Group. Jedes einzelne Video könne ein viraler Hit werden. Followerzahlen seien sekundär. [...]
95 **Brauchen wir dann überhaupt noch das klassische Feuilleton? Oder gehen wir alle einfach zu TikTok?**
Trotz seiner Begeisterung für TikTok misst Marcus Bösch auch dem klassischen Feuilleton einen großen Wert zu: „Ohne die tägliche Lektüre des Feuilletons wä- 100 re mein Leben zumindest ärmer."

Dennoch, das eine tun heiße ja nicht, das andere zu lassen. „Es wäre schön, wenn im klassischen Feuilleton eine größere digital literacy vorherrschen würde, wenn hier Akteurinnen und Akteure mit diverseren Hinter- 105 gründen schreiben würden und dies eben auch über Themen, die nicht einer imaginierten Hochkultur angehören", formuliert der Medienjournalist einen Wunsch an seine Kolleginnen und Kollegen. „Mehr Alltagskultur, mehr Diversität, mehr vielgestaltige Stim- 110 men und ein Verhandeln von internetspezifischen Kulturthemen auf Augenhöhe." *(2021)*

1. Lesen Sie den Text und beschreiben Sie die Form, die Funktion und die Absicht einer Rezension auf einer Social-Media-Plattform.

2. Tauschen Sie sich über Ihre Erfahrungen mit Rezensionen auf Social-Media-Plattformen aus und diskutieren Sie, inwiefern sie helfen, sich für eine bestimmte Lektüre zu entscheiden.

3. Stellen Sie Vor- und Nachteile einer klassischen Kritik im Feuilleton einer Zeitung der Kritik über eine Social-Media-Plattform tabellarisch gegenüber.

4. Lesen Sie den Text und besprechen Sie, welche Haltung zu einem literarischen Werk aus diesem Romanauszug hervorgeht.

   „Über einen gewissen Zeitraum hinweg begleitet die Kritik das Werk, ehe sie entschwindet und die Leser seine Begleiter werden. Die Reise kann von sehr langer oder sehr kurzer Dauer sein. Danach sterben die Leser einer nach dem anderen, und das Werk setzt einsam seinen Weg fort, obwohl sich immer wieder neue Kritiken, neue
   5 *Leser seiner Reise anschließen. Dann stirbt die Kritik ein weiteres Mal, es sterben die Leser, und auf dieser nach und nach mit von Gebeinen bedeckten Straße setzt das Werk seine Reise in die Einsamkeit fort. Sich ihm zu nähern, in seinem Kielwasser zu schwimmen bedeutet den sicheren Tod, und dennoch nähern sich ihm unermüdlich andere Kritiken, andere Lese, die allesamt von Zeit und Geschwindigkeit verschlun-*
   10 *gen werden. Am Ende reist das Werk in absoluter Einsamkeit durch die unendlichen Weiten. Und eines Tages stirbt es, so wie alle Dinge sterben so wie die Sonne vergeht, die Erde, das Sonnensystem und die Galaxien und noch die geheimste Erinnerung der Menschen."*
   (aus: Roberto Bolaño: Die wilden Detektive)

5. Erstellen Sie eine weitere grafische Übersicht (vgl. Aufgabe 1, S. 63), in der Sie das Werk ergänzen und Ihr Schaubild so verändern, dass es die gefundene Haltung widerspiegelt.

 Hilfen zur Erstellung des Schaubilds finden Sie unter:
WES-127877-004 .

6. Reflektieren Sie mithilfe der Grafiken das Verhältnis zwischen Autor, Kritiker, Werk und Leser.

Lernaufgabe

Sie haben sich mit dem Literaturbetrieb und seinen Akteurinnen und Akteuren beschäftigt. Ebenso haben Sie sich mit den Anforderungen an eine Buchvorstellung oder Rezension in den verschiedenen Medien auseinandergesetzt. Nun ist es Ihre Aufgabe, eine eigene Rezension zu verfassen.

Vorbereitung

1. Informieren Sie sich an verschiedenen Orten und in unterschiedlichen Medien über aktuelle Literatur.

2. Suchen Sie sich einen Text / ein Buch aus, zu dem Sie eine eigene Rezension verfassen möchten.

Lesen

3. Halten Sie vor Beginn der Lektüre erste Erwartungen an den Text / an das Buch fest.

4. Machen Sie sich während des Lesens Notizen zum Inhalt, Ihren Leseeindrücken, ersten Bewertungen und vorläufigen Deutungshypothesen, die Sie über zentrale Textstellen belegen.

5. Fassen Sie nach dem Lesen den Plot zusammen, skizzieren Sie die Figurenkonstellation und untersuchen Sie Sprache und Form. Sie können auch Hintergründe zum Autor oder zur Autorin recherchieren sowie bereits veröffentlichte Rezensionen zum Werk lesen.

Verfassen der Rezension

6. Verfassen Sie eine schriftliche Rezension mithilfe der POWER-Strategie (vgl. S. 61).

7. Oder Sie erstellen ein Video zu Ihrer Buchempfehlung im Umfang von ca. 5 Minuten.
   - Schauen Sie sich dazu Beispielvideos an und analysieren Sie deren Aufbau und Inhalt.

    Ein Beispielvideo finden Sie unter: WES-127877-005 .

   - Überlegen Sie, wie Sie Ihr Video gestalten möchten und fertigen Sie anschließend ein Skript für Ihr eigenes Video nach Vorlage der folgenden Tabelle an.
   - Drehen Sie das Video mit Ihrem Smartphone, Notebook o. Ä. nach Vorlage des Skripts.

Audio	Video
Heute ist mal wieder einer dieser Tage, wo ich richtig Lust auf Spannung habe … Hoppla, was haben wir denn da?	Fenster mit Regen, Schwenk aufs Sofa, auf dem ein paar Bücher liegen. Eine Hand greift nach …

Überarbeiten der Rezension

8. Überarbeiten Sie Ihre Rezension mithilfe der folgenden Anregungen.

Erfüllt der Text die Schreibaufgabe?
- Worüber sollte der/die Autor/-in schreiben, worüber hat er/sie geschrieben?
- Welche Schreibhandlung sollte der/die Autor/-in wählen, welche hat er/sie gewählt?
- Wer sind die Adressaten des Textes?

Sind die Formulierungen angemessen und verständlich?
- Ist die Wortwahl präzise?
- Wird das notwendige Fachvokabular verwendet?
- Ist der Satzbau verständlich?
- Nehmen die einzelnen Sätze aufeinander Bezug?
- Gibt es unnötige Wiederholungen?
- Werden Füllwörter gebraucht?

Texte überarbeiten

Ist der Text sprachlich und formal korrekt?
- Sind Rechtschreib-, Grammatik- und Zeichensetzungsfehler korrigiert?
- Ist korrekt mit Zitaten und Textbelegen gearbeitet worden?
- Ist der Text vollständig bzw. sind alle Elemente vorhanden (z. B. Quellenangaben)?
- Stimmt das Layout (z. B. Seitenränder, Schriftgröße, Blocksatz mit Silbentrennung etc.)?

Ist der Text vollständig, klar strukturiert und aufgebaut?
- Ist ein roter Faden erkennbar?
- Ist die Argumentation schlüssig?
- Stimmen die Überleitungen zwischen den einzelnen Abschnitten?
- Sind die Abschnitte sinnvoll gesetzt?
- Nehmen die einzelnen Aussagen aufeinander Bezug?
- Enthält jeder Abschnitt eine zentrale Aussage?

9. Lesen Sie sich die Rezensionen gegenseitig vor oder zeigen Sie sich die erstellten Videos.

10. Geben Sie untereinander Feedback, inwiefern die vorgestellten Rezensionen Ihr Interesse an der Lektüre geweckt haben.

11. Besprechen Sie, auf welche Weise die Bücher, über die Sie gesprochen haben, Ihre Wünsche, Erwartungen und Bedürfnisse, die Sie an die Literatur richten, erfüllen.

„Kannst du mich verstehen?" –
Im Labyrinth
der Kommunikation

Miteinander zu sprechen gehört zu den Selbstverständlichkeiten des alltäglichen Lebens. Dennoch kann man in den unterschiedlichsten Situationen immer wieder die Erfahrung machen, wie schwierig der Austausch mithilfe der Sprache sein kann.

Ganz systematisch werden in diesem Kapitel verschiedene Kommunikationsmodelle und -theorien vorgestellt, die anhand alltäglicher Gesprächssituationen überprüft werden können.

In einem zweiten Schritt wird gefragt, wie diese Modelle helfen können, literarische Texte noch intensiver zu beschreiben und zu deuten.

Anschließend wird der Frage nachgegangen, inwieweit die elektronischen Medien das Kommunikationsverhalten beeinflussen.

1. Schauen Sie sich das Bild oben genau an. Erläutern Sie den Zusammenhang mit dem Thema „Kommunikation".

2. Erläutern Sie, in welcher Weise man bei dem Thema „Kommunikation" von einem „Labyrinth" sprechen kann.

3. Haben Sie in der Sekundarstufe I bereits Kommunikationsmodelle kennengelernt? Berichten Sie davon.

4. Hören Sie den Gedichtvortrag von Hilde Dormins Gedicht „Unaufhaltsam" an. Notieren Sie sich alles, was Hilde Dormin über das „Wort" sagt. Stimmen Sie ihr zu?

5. Erläutern Sie, welchen Wert Hilde Dormin dem gesprochenen Wort zumisst.

6. Erklären Sie, worauf das lyrische Ich aufmerksam macht und nehmen Sie Stellung dazu.

WES-127877-006

Hilde Domin (1909 – 2006)
Unaufhaltsam

Das eigene Wort,
wer holt es zurück,
das lebendige,
eben noch ungesprochene
Wort?

Wo das Wort vorbeifliegt,
verdorren die Gräser,
werden die Blätter gelb,
fällt Schnee.

Ein Vogel käme dir wieder.
Nicht dein Wort,
das eben noch ungesagte,
in deinen Mund.

Du schickst andere Worte
hinterdrein.
Worte mit bunten, weichen Federn.
Das Wort ist schneller,
das schwarze Wort.

Es kommt immer an,
es hört nicht auf
anzukommen.

Besser ein Messer als ein Wort.
Ein Messer kann stumpf sein.
Ein Messer trifft oft
am Herzen vorbei.
Nicht das Wort.

Am Ende ist das Wort,
immer
am Ende
das Wort.

(1962)

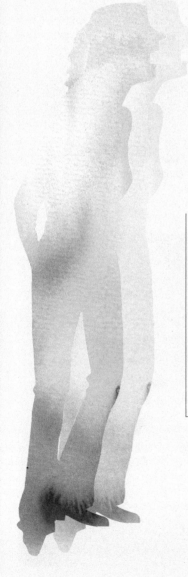

Kann ich dich verstehen? Kommunikationsmodelle kennen und anwenden

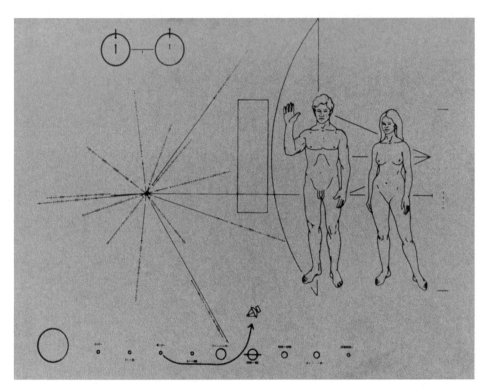

„Gruß von der Erde" – Pioneer-Plakette der NASA

Gregor Delvaux de Fenffe
Botschaft ins All

1972 schickte die NASA eine Pioneer-10-Sonde (s. Foto) ins Weltall mit einer Nachricht an Außerirdische, die eines fernen Tages die Sonde einfangen könnten. Eine Goldplatte, die sogenannte Pioneer-Plakette, soll einer ersten Verständigung zwischen Erdenmenschen und Außerirdischen dienen.

Goldene Grußbotschaft

Die Platte ist 15 mal 23 Zentimeter groß und symbolisiert eine kosmische Grußbotschaft der Erdenbewohner. Der US-Astronom Carl Sagan entwarf diese Bot-
5 schaft Anfang der 1970er-Jahre.
Am 2. März 1972 startete die Pioneer-10-Sonde ihren Flug ins All. Sie erforschte die äußeren Planeten unseres Sonnensystems, bevor sie im Jahr 1997 mit einer Fluggeschwindigkeit von 54000 Kilometern pro Stunde
10 endgültig unser Sonnensystem verließ.

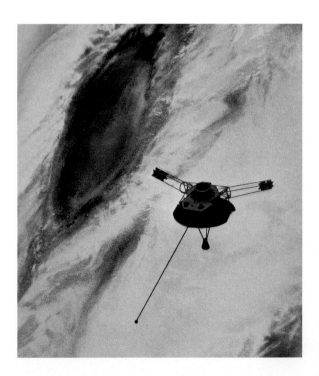

Vielleicht wird die Sonde jetzt noch Jahrmillionen, wenn nicht sogar Milliarden von Jahren im Weltall umherirren. Und sie trägt diese vergoldete Platte mit einer Botschaft der Erdenbewohner spazieren.

15 **Schreiben ohne Schrift**

Carl Sagan und die NASA mussten sich überlegen, wie sie mit fernen, außerirdischen Zivilisationen kommunizieren könnten, ohne gemeinsame Kultur und gemeinsame Schrift. Deswegen gleicht diese Zeichnung der 20 Bildsymbolik früher Bildschriften.

Etwaige außerirdische Finder sollten die grundlegenden Dinge über uns Menschen erfahren, auch ohne die Basis einer gemeinsamen Schrift oder Sprache. Zum Beispiel: Wie sehen wir Menschen aus? Wie groß sind 25 wir? Wo im Universum befindet sich der Planet, auf dem wir leben?

Zunächst überlegte Sagan, dass auch an den entferntesten Punkten im All die gleichen physikalischen Gesetze herrschen müssen, wie wir sie in unserem Sonnensys- 30 tem erleben. Deswegen benutzte er die Strahlung des Wasserstoffatoms – links oben im Bild dargestellt – als eine universelle Einheit für Zeit und Länge. Das spinnenartige Netz auf der linken Seite ist eine Art kosmische Landkarte, auf der sich ablesen lassen soll, wo genau sich unser Sonnensystem befindet. Sagan 35 lokalisierte unser Sonnensystem im Schnittpunkt von 14 sogenannten „Pulsaren", stark und immer gleichmäßig strahlenden Neutronensternen. Daneben befinden sich die Abbildungen von einem Mann und einer Frau, dahinter die Sonde Pioneer 10. 40

So könnten intelligente Finder der Botschaft ermessen, wie groß die Gattung Mensch im Verhältnis zur Sonde ist. Am unteren Rand der Plakette befindet sich außerdem die schematische Zeichnung unseres Sonnensystems: links die Sonne, dann die Planeten und dann noch 45 einmal eine Zeichnung des Aufbruchs der Sonde von der Erde aus.

Das Bild ist also eine Art interstellare Flaschenpost. Sie wurde verfasst, um mit anderen intelligenten Lebewesen zu kommunizieren, ohne dass die Brücke einer ge- 50 meinsamen Schrift besteht.   *(2019)*

1. Betrachten Sie das Bild „Gruß von der Erde" auf der vorherigen Seite. Das Bild wird als eine Art interstellare (Bezeichnung in der Astronomie, die wörtlich „zwischen den Sternen befindlich" meint) Flaschenpost bezeichnet: Man kommuniziert mit anderen intelligenten Lebewesen, ohne dass die Brücke einer gemeinsamen Schrift besteht. Erläutern Sie, welche Botschaft intelligente Außerirdische ihm entnehmen könnten.

2. Erklären Sie das im letzten Absatz des Textes erläuterte Phänomen.

3. Überlegen Sie gemeinsam, ob und – wenn ja – wie Menschen mit intelligenten Außerirdischen kommunizieren könnten.

4. Sammeln Sie Situationen, in denen wir kommunizieren. Unterscheiden Sie nach Personenkreis, Anlass und Mittel. Tauschen Sie sich anschließend darüber aus, was für Sie „kommunizieren" bedeutet.

Sie haben bereites das Kommunikationsquadrat von Friedemann Schulz von Thun kennengelernt.

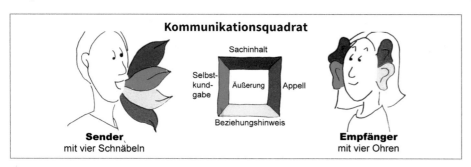

5. Erläutern Sie das Kommunikationsmodell in eigenen Worten und wenden Sie es bei einem möglichen ersten Kontakt mit Außerirdischen an.

Paul Watzlawick (1921 – 2007)
Menschliche Kommunikation

Paul Watzlawick (geb. 1921) war ein aus Österreich stammender Psychotherapeut, Soziologe und Kommunikationswissenschafter. In seiner Forschung befasste er sich u. a.mit der Bedeutung der Kommunikation für zwischenmenschliche Beziehungen und psychische Erkrankungen. Er hatte mit seinen Arbeiten maßgeblichen Einfluss auf die Entwicklung der Psychotherapie, insbesondere der Paar- und Familientherapie. Watzlawick starb 2007 in Kalifornien, wo er seit den 1960er-Jahren gelebt und gearbeitet hatte.

Sie haben bereits Watzlawicks Überlegungen zur menschlichen Kommunikation kennengelernt. Diese basieren auf mehreren Grundsätzen, die er als „pragmatische Axiome" bezeichnet. Er meint damit bestimmte Grundannahmen, mit denen menschliche Kommunikation erfasst werden kann.

„Man kann nicht nicht kommunizieren, denn jede Kommunikation (nicht nur mit Worten) ist Verhalten und genauso wie man sich nicht nicht verhalten kann, kann man nicht nicht kommunizieren." (Watzlawicks
5 erster Axiom)

2. Axiom: „Jede Kommunikation hat einen Inhalts- und einen Beziehungsaspekt, wobei letzterer den ersten bestimmt."

3. Axiom: „Die Natur einer Beziehung ist durch die In-
10 terpunktion der Kommunikationsabläufe seitens der Partner bedingt."

4. Axiom: „Menschliche Kommunikation bedient sich analoger und digitaler Modalitäten."

5. Axiom: „Zwischenmenschliche Kommunikationsab-
15 läufe sind entweder symmetrisch oder komplementär, je nachdem ob die Beziehung zwischen den Partnern auf Gleichgewicht oder Unterschiedlichkeit beruht."

1. Erläutern Sie die Axiome Watzlawicks anhand selbst gewählter Beispiele.

2. Diskutieren Sie die folgenden beiden Aussagen. Begründen Sie Ihre Einschätzung, indem Sie konkrete Beispiele anführen.

Empathie, also Einfühlungsvermögen, hilft, Missverständnisse zu vermeiden oder auszuräumen.
Neben den Kommunikationsmitteln wirken sich auch die Rahmenbedingungen der jeweiligen Situation auf den Kommunikationsprozess aus.

3. Analysieren Sie die im nachfolgenden Bild dargestellte Situation mithilfe des Kommunikationsquadrats oder der fünf Axiome Watzlawicks.

„Sind das echte Perlen?" …

Karl Bühler (1879 – 1963)
Das Organonmodell der Sprache

Karl Bühler arbeitete als Mediziner, Philosoph und Psychologe. In seinem umfangreichen Werk befasste er sich sowohl mit Studien zur Denk-, Wahrnehmungs- und Entwicklungspsychologie als auch mit Fragen der Sprachtheorie. Bühler lehrte als Professor für Philosophie und Psychologie u. a. in Dresden und Wien, bevor er 1938 gemeinsam mit seiner Frau, der Kinder- und Jugendpsychologin Charlotte Bühler, nach Norwegen und anschließend 1940 in die USA emigrierte, um der Verfolgung durch die Nationalsozialisten zu entgehen. Dort arbeitete er bis 1955 als Professor für Psychiatrie. Bühler starb 1963 in Los Angeles.

Karl Bühler gilt als einer der wichtigsten Sprachtheoretiker des 20. Jahrhunderts. In Anlehnung an Platons Auffassung der Sprache als ein „Werkzeug" (griech. organon) entwickelt er in seiner „Sprachtheorie" (1934) ein einfaches Modell der Kommunikation:

1. Informieren Sie sich mithilfe des Textes über Karl Bühlers Organonmodell der Sprache. Übernehmen Sie die Grafik und versehen Sie sie mit Notizen.

Ich denke, es war ein guter Griff Platons, wenn er […] angibt, die Sprache sei ein organum (lat. Werkzeug), um *einer dem andern etwas mitzuteilen über die Dinge.* […] Die Aufzählung – einer dem andern – über die Dinge nennt nicht weniger als die Relationsfundamente. Man zeichne ein Schema auf ein Blatt Papier, drei Punkte wie zu einem Dreieck gruppiert, einen vierten in der Mitte und fange an darüber nachzudenken, was dies Schema zu symbolisieren imstande ist.

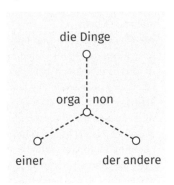

die Dinge

orga non

einer   der andere

2. Greifen Sie Bühlers Aufforderung auf und diskutieren Sie darüber, was dieses Schema leisten kann.

3. Erläutern Sie, inwieweit sich Sprache als ein „organon" charakterisieren lässt.

Bühler entwickelt dieses einfache Schema zu einem komplexen Modell der Kommunikation weiter, bei dem unterschiedliche Funktionen der Sprache berücksichtigt werden. Im Mittelpunkt seines Organon-Modells befindet sich das (Sprach-)Zeichen (Z). Es steht in Relation zu drei Elementen: Sender, Empfänger und Gegenstände bzw. Sachverhalte.

Bühler erläutert sein Organon-Modell (s. die nachfolgende Grafik) folgendermaßen:

Der Kreis in der Mitte symbolisiert das konkrete Schallphänomen. Drei variable Momente an ihm sind berufen, es dreimal verschieden zum Rang eines Zeichens zu erheben. Die Seiten des eingezeichneten Dreiecks symbolisieren diese drei Momente. Das Dreieck umschließt in einer Hinsicht weniger als der Kreis (*Prinzip der abstraktiven Relevanz*[1]). In anderer Richtung wieder greift es über den Kreis hinaus, um anzudeuten, dass das sinnlich Gegebene stets eine *apperzeptive Ergänzung*[2] erfährt.

Die Linienscharen symbolisieren die semantischen Funktionen[3] des (komplexen) Sprachzeichens. Es ist *Symbol* kraft seiner Zuordnung zu Gegenständen und Sachverhalten, *Symptom* (Anzeichen, Indicium) kraft seiner Abhängigkeit vom Sender, dessen Innerlichkeit es ausdrückt, und *Signal* kraft seines Appells an den Hörer, dessen äußeres oder inneres Verhalten es steuert […].

---

[1] Unter dem Ausdruck **„abstraktive Relevanz"** versteht Bühler die Fähigkeit des Empfängers, nur das Relevante einer Äußerung zu berücksichtigen und irrelevante Teile, z. B. die individuelle Aussprache eines Wortes, unbeachtet zu lassen. Das Prinzip der abstraktiven Relevanz ist ein Prinzip, das für alles Zeichenhafte, also auch für nicht sprachliche Zeichen, gültig ist. So ist etwa bei einer Verkehrsampel die Unterscheidung zwischen Rot und Grün relevant; Größe und Materialbeschaffenheit des Zeichens sind in diesem Fall irrelevant. – [2] Unter dem Begriff **„apperzeptive Ergänzung"** versteht Bühler die Fähigkeit des Empfängers, fehlende Teile einer Nachricht, wenn z. B. einzelne Silben verschluckt werden oder undeutlich übermittelt werden, zu komplettieren, sodass die Nachricht dennoch verstanden wird. – [3] **semantische Funktionen:** Gemeint ist die *Bedeutung* eines sprachlichen Zeichens.

Dieses Organon-Modell mit seinen drei weitgehend unabhängigen variablen Sinnbezügen steht vollständig, wie es ausgeführt werden muss, zum ersten Mal in meiner Arbeit über den Satz (1918), die mit den Worten beginnt: „Dreifach ist die Leistung der menschlichen Sprache, Kundgabe, Auslösung und Darstellung". Heute bevorzuge ich die Termini: *Ausdruck, Appell* und *Darstellung*, weil „Ausdruck" im Kreis der Sprachtheoretiker mehr und mehr die hier geforderte präzise Bedeutung gewinnt und weil das lateinische Wort „appellare" (englisch: appeal, deutsch etwa: ansprechen) treffend ist für das zweite.

(1934)

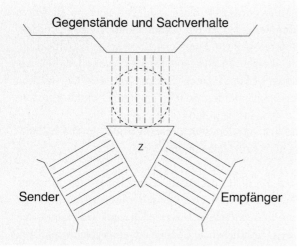

4. Beschriften Sie mithilfe des Textes die oben stehende Abbildung mithilfe einer Folie, indem Sie die im letzten Teil kursiv gedruckten Begriffe in das Schaubild integrieren.

5. Erklären Sie die einzelnen Elemente des Organon-Modells.

6. Verfassen Sie drei kurze Spielszenen (z. B. unterschiedliche Paare am Frühstückstisch), in denen der Satz „Ein Kaninchen sitzt im Garten und frisst Salat" gesprochen wird. Rücken Sie dabei jeweils die Darstellungsfunktion, die Appellfunktion und die Ausdrucksfunktion in den Vordergrund.

7. Ordnen Sie den Sprachfunktionen des Organon-Modells verschiedene Ihnen bekannte Textsorten zu, z. B.: Nachricht, Kommentar, Referat, Tagebucheintrag, Wahlkampfrede, Einkaufszettel, Heiratsanzeige, Gebrauchsanweisung usw. Erläutern Sie, welche Sprachfunktion jeweils dominant ist. In welcher Weise spielen auch die anderen beiden Funktionen jeweils eine Rolle?

8. Bühlers Modell wird vielfach auch zur Klassifizierung von Reden herangezogen. In diesem Sinne spricht man von Reden mit darstellendem, appellativem oder expressivem Charakter (Ausdruckscharakter). Sammeln Sie Beispiele.

9. Diskutieren Sie, ob die von Bühler festgestellten Sprachfunktionen auch auf die Tierwelt übertragbar sind.

Information

Kommunikationsmodelle

Unter **Kommunikation** versteht man den Austausch von Informationen über einen Sachverhalt und über die Gesprächspartner selbst. Daran sind mindestens zwei Personen beteiligt. Neben den **verbalen Aussagen** (Äußerungen) werden auch **nonverbal** Informationen weitergegeben. Die nonverbalen Informationen werden in Form von Mimik, Gestik und Tonfall vermittelt. Dadurch offenbart der Gesprächspartner einen Teil seiner **Gefühle**. Kommunikation geht also über die bloß gesprochenen Worte und den reinen Austausch von Sachinformationen hinaus.

Wie ein Gesprächspartner Information versteht, ist abhängig von den **Rahmenbedingungen**, in dem sich die Gesprächsteilnehmer befinden. Auch die persönliche Verfassung oder Stimmung sowie die Einstellung gegenüber dem Gesprächspartner tragen zum Verständnis bei. Wenn Aussagen und Botschaften falsch verstanden werden, führt das zu **Missverständnissen** und **Konflikten**. **Kommunikationsmodelle** (auch Kommunikationstheorien) versuchen, kommunikative Prozesse zu verstehen und greifbar zu machen. Das Ziel der einzelnen Modelle und Theorien ist es, die verschiedenen **Zusammenhänge**, **Ebenen und Vorgänge** während des Kommunikationsprozesses möglichst einfach darzustellen. Zu den bekannten Kommunikationsmodellen gehören:

- Kommunikationsmodell von Friedemann Schulz von Thun (Vier-Ohren-Modell),
- das Eisbergmodell,
- das Organonmodell,
- die fünf Axiome der Kommunikation nach Paul Watzlawick.

10. Was Sie noch machen können:

Recherchieren Sie, was man unter dem Eisbergmodell versteht. Erstellen Sie eine digitale Karteikarten zu diesem Kommunikationsmodell.

1. Legen Sie die beiden folgenden Dialoge jeweils unter die „kommunikationsanalytische Lupe":

Dialog im Lehrerzimmer

Müller: „Ich bin ganz fertig mit den Nerven, die 8 b ist immer so chaotisch und laut."

Meier: „Komisch, bei mir sind sie ruhig."

Bertolt Brecht (1898 – 1956)

Das Wiedersehen

Ein Mann, der Herrn K. lange nicht gesehen hatte, begrüßte ihn mit den Worten: „Sie haben sich gar nicht verändert." „Oh!" sagte Herr K. und erbleichte.

(1930)

(Aus lizenzrechtlichen Gründen ist dieser Text nicht in reformierter Rechtschreibung abgedruckt.)

2. Die Gesprächssituation rechts oben auf der Seite beinhaltet einen Konflikt. Erläutern Sie, wodurch er zustande kommt. Setzen Sie den Dialog so fort, dass die Situation sich entspannt.

Auf dem Schulhof

Junge: „Du trägst einen Rock?"

Mädchen: „Bin ich etwa zu dick dafür? Du bist einfach unmöglich!"

3. Schreiben Sie aus der Sicht einer Freundin dem Mädchen eine E-Mail, in der Sie ihm einen Rat geben, wie sie sich in einer solchen Situation verhalten sollte.

4. Überlegen Sie, wie es zu Konflikten in Gesprächssituationen kommen kann. Diskutieren Sie mögliche Lösungsstrategien, um Konflikte dieser Art zu vermeiden oder zu entlasten.

5. Schulz von Thun spricht in seinen frühen Arbeiten von den vier Seiten einer Nachricht. Später spricht er davon, dass jede „Äußerung" vier „Typen von Botschaften" enthält. Erklären Sie den Unterschied der Begriffe „Nachricht" und „Botschaft".

6. Vergleichen Sie abschließend die Kommunikationsmodelle Bühlers, Watzlawicks und Schulz von Thuns. Worin ähneln sie sich, worin unterscheiden sie sich? Zeichnen Sie das Kommunikationsquadrat (Vier-Schnäbel/Vier-Ohren-Modell) und versuchen Sie, zentrale Begriffe Bühlers und Watzlawicks darin zu integrieren.
Alternativ können Sie mithilfe der Materialien einen informierenden Sachtext schreiben. Stellen Sie sich dabei einen Parallelkurs vor, der sich mit dem Thema „Kommunikation" noch nicht beschäftigt hat.
➜ Einen informierenden Text mithilfe von Materialien verfassen, S. 472 ff.

Dieter E. Zimmer (1934 – 2020)
Körpersprache

Auch wenn wir den Mund halten, spricht der Körper weiter. Er ist niemals stumm; zum Mindesten teilt er mit den Signalen der Selbstversunkenheit, der Abschirmung mit, dass uns zurzeit Kontakte unerwünscht sind.
5 Der Eindruck, den die Körpersprache macht, ist mächtig: Worte haben es schwer, ihn zu dementieren. Da die Körpersprache auch schwerer bewusst zu beherrschen ist als die verbale, sind die Botschaften der Körpersprache oft wahrer. Und eben weil sie sich dem Willen weit-
10 gehend entzieht, und zwar das Aussenden wie der Empfang der Signale gleichermaßen, erscheint sie uns selbstverständlicher, irrationaler, wird sie einfach bewusst weit weniger bemerkt als die Sprache der Wörter. Sie regelt aufs Feinste unseren Verkehr untereinander.
15 Erving Goffman meinte geradezu: „Die Beherrschung und das Verständnis einer gemeinsamen Körpersprache ist ein Grund dafür, eine Ansammlung von Individuen als Gesellschaft zu bezeichnen."
So viel steht fest: Wo wir die Körpersprache nicht mehr
20 selbstverständlich verstehen, fühlen wir uns verwirrt und fremd. Von ein paar Haustieren abgesehen, verstehen Tiere unsere Körpersprache überhaupt nicht. Es nützt uns nichts, uns vor einer Schlange zu verbeugen oder ein Krokodil versöhnlich anzulächeln. *(1978)*

1. Erläutern Sie mithilfe des Textes, inwieweit man von einer Sprache des Körpers sprechen kann und was alles dazugehört.

2. Schauen Sie sich die Fotos an. Erklären Sie, welche Signale jeweils durch den Körper und seine Sprache vermittelt werden.

3. „Da die Körpersprache auch schwerer bewusst zu beherrschen ist als die verbale, sind die Botschaften der Körpersprache oft wahrer." (Z. 6 ff.) Erläutern Sie dieses Zitat und veranschaulichen Sie es mit Beispielen.

4. Setzen Sie die Aussagen Zimmers zur Körpersprache in Beziehung zu den Axiomen Watzlawicks und zum Modell von Schulz von Thun.

5. Suchen Sie eigene Fotos aus und erläutern Sie, welche körpersprachlichen Signale dort deutlich werden.

Kommunikation in literarischen Texten untersuchen

1. Lesen Sie den Klappentext zu „Das Labyrinth der Wörter" und nennen Sie Voraussetzungen, damit eine Annäherung zwischen zwei so unterschiedlichen Menschen gelingen kann.

2. Berichten Sie von eigenen Erfahrungen, wie die Annäherung von Menschen gelingen kann.

3. Hören Sie den Textvortrag an und beschreiben Sie Ihren Eindruck von den beiden Protagonisten.

  WES-127877-007

Marie Sabine Roger (geb. 1957)
Das Labyrinth der Wörter

Germain ist ein Bär von Mann und nicht der Schlaueste. Außer für seinen Gemüsegarten und das Schnitzen von Holzfiguren interessiert er sich nur für die Tauben im Park. Als er dort eine reizende alte Dame kennenlernt, wird sein Leben auf den Kopf gestellt. Denn die feinsinnige Margueritte beschließt, den ungebildeten Hünen für die Welt der Bücher zu gewinnen. (Klappentext)

Aber an diesem Montag, wo ich Margueritte kennengelernt habe, da dachte ich nicht an das Gefallenendenkmal, da hatte ich andere Sachen im Kopf. Ich hatte beschlossen, Blumensamen zu kaufen und auf dem
5 Rückweg dann im Park vorbeizugehen, um die Tauben zu zählen. Das ist viel schwieriger, als es aussieht: Auch wenn man sich ganz vorsichtig nähert und sich kein bisschen rührt, während man sie zählt, flattern sie ständig rum, alle durcheinander. Dagegen kann man
10 nichts machen. Ein bisschen nerven sie, diese Tauben. Wenn das so weitergeht, werde ich nur noch die Schwäne zählen. Erstens bewegen die sich weniger, und außerdem ist es einfacher: Es sind nur drei. Margueritte saß also auf dieser Bank unter der Linde,
15 vor der Rasenfläche. Als ich die kleine Alte gesehen habe, die so aussah, als wäre sie eine von denen, die den Tauben Brot zuwerfen, um sie anzulocken, ist mir fast die Lust vergangen. Wieder ein Tag im Eimer, habe ich gedacht. Meine Vogelzählung kann ich auf morgen ver-
20 schieben. Oder auf jeden anderen Tag, der dem Herrn in Seiner Gnade recht sein wird.

Um die Tauben zu zählen, braucht man Ruhe. Wenn da jemand kommt und sie stört, kann man es gleich vergessen. Sie reagieren sehr empfindlich auf Blicke, diese Vögel. Es ist unglaublich, wie sie darauf anspringen! 25 Eingebildet sogar, könnte man sagen. Kaum interessiert sich jemand für sie, fangen sie an rumzuhüpfen, rumzuflattern, den Kropf aufzublasen ...
Aber dann war es gar nicht so. So kann man sich täuschen. Über die Leute, den Herrn im Himmel, alte Frau- 30 en und die Tauben.
Sie haben ihr nicht ihr Theater vorgespielt. Sie sind alle schön zusammengeblieben, ganz brav. Sie hat ihnen keine Zwiebackkrümel hingeworfen und nicht mit zittriger Stimme *putt-putt-putt* gerufen. 35
Sie hat mich nicht aus dem Augenwinkel gemustert, wie es die Leute sonst immer tun, wenn ich zähle.
Sie ist ganz still sitzen geblieben. Erst in dem Moment, wo ich gerade wieder gehen wollte, hat sie gesagt: „Neunzehn." 40
Da ich nur ein paar Meter entfernt war, habe ich sie genau gehört. „Reden Sie mit mir?"
„Ich sagte, es sind neunzehn. Die Kleine da, mit der schwarzen Feder an der Flügelspitze, sehen Sie die? Das ist eine Neue, stellen Sie sich vor. Sie ist erst seit Sams- 45 tag da."
Das fand ich ziemlich stark: Ich war auf die gleiche Zahl gekommen wie sie.
„Sie zählen die Tauben also auch?"
Sie hat die Hand an ihr Ohr gehalten und gefragt: „Wie 50 meinen?"
Ich habe gebrüllt: „Sie-zäh-len-die-Tau-ben-al-so-auch?"
„Natürlich zähle ich sie, junger Mann. Aber Sie brauchen nicht so zu schreien, wissen Sie? Es genügt, wenn 55 Sie langsam mit mir reden und deutlich artikulieren ... nun ja, aber doch laut genug, wenn es Ihnen nichts ausmacht!"
Ich musste lachen, weil sie mich „junger Mann" nannte. Obwohl es eigentlich gar nicht so daneben war, wenn 60 ich es mir richtig überlege. Man kann mich jung oder alt finden, je nachdem. Es hängt alles davon ab, wer spricht. […]
Als ich mich neben sie gesetzt habe, ist mir aufgefallen, dass sie wirklich eine ganz kleine Oma war. Man be- 65 nutzt manchmal Ausdrücke wie „Winzling" oder „Zwerg", ohne darüber nachzudenken. Aber in ihrem

Fall war das nicht übertrieben: Ihre Füße reichten nicht mal bis auf den Boden. Während ich meine langen Kno-
70 chen immer weit vor mir ausstrecken muss.

Ich habe sie höflich gefragt: „Kommen Sie oft hierher?" Sie hat gelächelt. „Fast jeden Tag, den der liebe Gott werden lässt."

„Sind Sie Nonne?"

75 Sie hat erstaunt den Kopf geschüttelt: „Ordensschwester, meinen Sie? Himmel, nein! Wie kommen Sie denn darauf?"

„Ich weiß nicht. Sie haben vom lieben Gott geredet, deshalb … Ist mir nur so eingefallen."

80 Ich bin mir ein bisschen dumm vorgekommen. Aber Nonne ist ja kein Schimpfwort. Jedenfalls nicht für jemanden, der so alt ist, meine ich. Aber sie sah auch nicht beleidigt aus. Da habe ich gesagt: „Komisch, ich habe Sie hier noch nie gesehen."

85 „Gewöhnlich komme ich etwas früher. Aber, wenn ich mir erlauben darf, ich habe Sie meinerseits schon ein paar Mal bemerkt."

„Ach!" Ich wusste nicht, was ich sonst hätte sagen sollen.

90 „Sie haben die Tauben also gern?"

„Ja. Vor allem zähle ich sie gern."

„Ja, ja … Das ist eine fesselnde Beschäftigung. Man muss unablässig wieder von vorn beginnen."

Sie redete kompliziert, umständlich und irgendwie ver-
95 schroben, so wie feine Leute. Aber die Alten sind ja sowieso viel höflicher und drücken sich viel geschliffener aus als die Jungen.

Ulkig: Während ich das sage, denke ich an Bachkiesel, die auch ganz *geschliffen* sind, und zwar genau deshalb,
100 weil sie *alt* sind. Manchmal meinen die gleichen Wörter verschiedene Sachen, die aber doch irgendwie gleich sind, wenn man lange genug darüber nachdenkt.

Sie verstehen schon, was ich meine.

Um ihr zu zeigen, dass ich kein Volltrottel bin, habe ich
105 gesagt: „Ich hatte sie auch bemerkt, die Kleine da mit ihrer schwarzen Feder. Deshalb habe ich sie auch Schwarze Feder genannt. Die anderen lassen sie beim Fressen nicht so ran, haben Sie gesehen?"

„Das stimmt. Sie geben Ihnen also Namen?"

110 Sie schien interessiert.

Ob Sie es glauben oder nicht, in dem Moment habe ich entdeckt, was es für ein Gefühl ist, wenn sich jemand für einen interessiert.   *(2010)*

4. Untersuchen Sie das Gesprächsverhalten der Figuren.

5. Erläutern Sie, inwieweit dieses Gesprächsverhalten im Sinne Watzlawicks zu einer positiven Gestaltung der Beziehungsebene beiträgt.

6. Wählen Sie eine konkrete Situation aus dem Romanauszug aus und stellen Sie diese mithilfe eines Standbildes dar. Achten Sie dabei sowohl bei der Gestaltung als auch bei der Besprechung der Standbilder auf körpersprachliche Nuancen.

7. „Natürlich zähle ich sie […] wenn es Ihnen nichts ausmacht!" (Z. 54 – 58) Untersuchen Sie diese Aussage der alten Dame mithilfe des Kommunikationsmodells von Schulz von Thun.

8. Beurteilen Sie die Reaktion Germains auf diese Äußerung Marguerittes (vgl. Z. 59 ff.).

9. Erläutern Sie, inwieweit dieser Gesprächsausschnitt exemplarisch für das gesamte Gesprächsverhalten der beiden Figuren ist.

10. Was Sie noch machen können:
Schreiben Sie diese Szene aus der Perspektive Marguerittes neu auf. So können Sie beginnen: „Aber an diesem Montag, als ich Germain kennengelernt habe …"

  WES-127877-008

Nils Mohl (geb. 1971)
Tanzen gehen

Nils Mohl, ein deutscher Schriftsteller, belegte beim 11. MDR-Literaturwettbewerb 2006 mit der Kurzgeschichte „Tanzen gehen" einen vorderen Platz.

Er steht im Badezimmer vor dem Spiegel, öffnet die oberen vier Knöpfe seines Hemdes, schiebt den Kragen des T-Shirts zur Seite und betrachtet die streichholzlange, strichartige Stelle zwischen Schlüsselbein und Brustwarze. Er berührt die Narbe und streicht sanft mit 5 den Fingern darüber hinweg. Die Narbe fühlt sich glatt an, ein bisschen wie Plastik. Wenn er dagegendrückt, verfärbt sie sich. In ein paar Monaten wird er sie vermutlich kaum noch wahrnehmen. Er hat eine ganz ähnliche Narbe am Kinn, seit über fünfzig Jahren schon, 10 und eine viel größere am Unterschenkel. Überhaupt ist sein Körper voll von Narben. Die meisten sind für ihn inzwischen unsichtbar.

Er beugt sich vor, betrachtet seine Augen im Spiegel. Die Pupillen weiten sich ein Stück, dann ziehen sie sich wieder zusammen. Er streicht den Kragen seines T-Shirts glatt, knöpft das Hemd zu, betätigt die Klospülung. Er hat die Toilette nicht benutzt. Die Klospülung betätigt er, weil er nicht möchte, dass seine Frau Verdacht schöpft.

Gus Bloch schaltet das Licht aus und verlässt das Bad. Er weiß an diesem Samstag wenig mit sich anzufangen. Er könnte im Garten arbeiten, aber es nieselt draußen. Er könnte die Steuererklärung machen, er hat sich extra ein entsprechendes PC-Programm bestellt, und der Rechner läuft auch, doch er ist mit den Gedanken irgendwie gerade woanders und biegt deshalb auch vom Flur nicht in Richtung Arbeitszimmer ab, sondern landet im Wohnzimmer.

Ob er wieder vor dem Spiegel gestanden habe? Das ist die Frage, die Gus von Ella, seiner Frau, eigentlich erwartet, aber Ella sagt bloß: „Hier, Gus, der Sportteil."

Ella sitzt am Wohnzimmertisch, vor ihr ausgebreitet liegt der Lokalteil der Tageszeitung. Hochzeitsanzeigen, Geburtsanzeigen, Todesanzeigen. Gus fragt sich stumm und wie immer ratlos, was seine Frau an dieser Art Bekanntmachungen wohl findet. Was ist der Reiz? Wie kann man bloß so ausdauernd Namen, Daten und standardisierte Formeln studieren.

„Eine Liza mit Zett", murmelt Ella vor sich hin, „seltsam sieht das geschrieben aus, ganz ungewohnt." Gus nimmt den Sportteil zur Hand, setzt sich Ella gegenüber in den Sessel, liest aber nicht. Er blickt, die Zeitungsseiten auf den Knien, zu Ella und beobachtet, wie diese mit wachen Augen die Spalten mit den Hochzeits- und Geburtsanzeigen abfährt. Sie lacht des Öfteren leise auf oder quittiert hier und da einen ihrer Meinung nach allzu extravaganten Namen mit einem halb verblüfften, halb ironischen „Wie kann man das seinem Kind nur antun?". Um dann nach kurzer Pause meist auch noch ein „Also wirklich!" oder „Ist das zu glauben?" hinzuzufügen.

Gus räuspert sich. Er sagt aber nichts. Ella blättert die Seite um. Das Zeitungspapier knistert. Gus fragt: „Warum schaust du dir das eigentlich immer an?" Ella ist bei der Seite mit den Todesanzeigen angekommen. „Was meinst du? Die Todesanzeigen?" „Ja, überhaupt", sagt Gus, „diese Anzeigen eben."

„Kann ich nicht erklären, ich gucke, wie alt diese Leute geworden sind, ob man vielleicht jemanden davon gekannt hat ..."

Ella macht eine Pause, dann sagt sie: „... aber warum?" Sie schaut Gus an, zuckt mit den Schultern. Gus schaut zurück. „Schon gut, nicht so wichtig", sagt er und blickt in Richtung Fenster. Er sagt: „Eigentlich wollte ich ja noch in den Garten, aber ..."

Gus beendet den Satz nicht. Ella sagt: „Morgen." Sie sagt: „Vielleicht ist das Wetter morgen besser." Dann blickt sie wieder auf die Zeitungsseite, auf die vielen, unterschiedlich großen, schwarz umrandeten Kästchen. Gus erhebt sich vom Sessel. Er geht in Richtung Fenster, macht aber nach ein paar Schritten vor dem Regal halt. Ella hat kürzlich die gerahmten Fotos, die dort stehen, neu arrangiert. Gus betrachtet ein Porträt von sich, das er seit Jahren nicht mehr betrachtet hat. Es zeigt ihn als Mann von knapp dreißig Jahren.

„Hier, diese Anzeige zum Beispiel", sagt Ella, „da ist eine Frau ums Leben gekommen bei einem Unfall, mit 57."

Gus starrt auf das Glas des Bilderrahmens, das Glas spiegelt die Silhouette seines Kopfes. Gus lehnt sich mit dem Oberkörper ein Stück zurück, neigt den Kopf, versucht den Umriss der Silhouette mit dem Umriss des Porträts in Übereinstimmung zu bringen. Ella liest: „Es war ein Leben, ausgefüllt mit viel Arbeit, Freude und Erfüllung in 27 wunderbaren Ehejahren. Sie war ein wunderbarer Mensch. Sie war mein Leben.'"

Gus nimmt den Bilderrahmen vom Regal, dreht sich zu seiner Frau um. Ella schaut auf, sagt: „Ist das nicht schön?"

Gus antwortet nicht. Dann, nachdem er den Rahmen zurück ins Regal gestellt hat, sagt er: „Lass uns tanzen gehen."

Er hat die Hände in den Hosentaschen vergraben. Er steht mit dem Rücken zum Regal, hat den Kopf geneigt, betrachtet die Armlehne des Sessels, das Teppichmuster, wirft dann einen Blick in Richtung Ella. Sie sitzt wie zuvor auf dem Sofa, schaut ihn an. Gus meint etwas wie Traurigkeit oder vielleicht auch Mitleid in ihren Augen zu lesen. Er wendet seinen Blick ab.

„Tanzen gehen?" Ella macht eine kurze Pause. „Vor oder nach dem Essen?", fragt sie dann.

Gus tritt einen Schritt zur Seite, stockt in der Bewegung, verlagert das Gewicht zurück auf das Standbein. „Ach, vergiss es", sagt er und ist über die Schärfe des Tons selbst ein wenig überrascht. Ruhiger setzt er deshalb noch hinzu: „War ja nur ein Gedanke."

Ella seufzt. „Gus ...", sagt sie.

„Ist schon in Ordnung." Gus zieht die Mundwinkel gequält nach oben, geht zum Wohnzimmerfenster. Er sagt: „Ich wüsste auch gar nicht, keine Ahnung ... Disco, Seniorentanz?", Gus lacht kurz auf, „mal ehrlich, wo geht man denn heute hin? Wo könnte man denn hingehen? Leute wie wir, meine ich."

Ella faltet die Zeitung zusammen. Gus hört das Knistern
115 der Seiten. Ella sagt: „Aber die Idee ist schön, Gus."

Gus steht dicht vor dem Fensterglas. Er starrt hinaus, auf die Bewegung der Nieselregenschleier. „Quark", sagt er leise, „es ist eine alberne Idee gewesen." Gus schiebt seine Lippen vor, haucht einen kräftigen Stoß
120 Atem gegen die Scheibe. Sie beschlägt. Er fragt: „Soll ich Kartoffeln schälen?"

„Du könntest Musik auflegen", sagt Ella.

Gus beobachtet das Verschwinden des Hauchflecks. Er fragt: „Kartoffelschälmusik?"
125 Aber er weiß natürlich, was Ella meint. Er hat sich zu ihr umgedreht. Sie sitzt nach wie vor auf dem Sofa, hat sich aber jetzt gegen die Rückenpolster zurückgelehnt und die Hände im Schoß liegen. Gus sagt: „Komm her." Ella lächelt.
130 „Na, komm schon." Gus macht eine auffordernde Bewegung mit dem Kopf. Ella erhebt sich vom Sofa.

Gus kommt ihr entgegen. Er winkelt seinen rechten Arm an, streckt seinen linken zur Seite hin aus. Ella steht vor ihm und amüsiert sich. Gus sieht die Grüb-
135 chen in ihren Wangen tiefer werden, aber sie legt die eine Hand auf seine Schulter und greift mit der anderen nach seiner Linken. So stehen sie da, in Tanzhaltung, und dann führt Gus Ella rechtsherum und immer weiter im Eins-zwei-drei eines unhörbaren Walzertakts,
140 und weder er noch Ella sagen irgendetwas. Schließlich streifen sie mit den Ellbogen leicht die Stehlampe, die bedenklich kippelt, aber nicht fällt, und Gus ruft ein „Ups!" und Ella ein „Oh!", und dann lachen beide, drehen sich ein letztes Mal und bleiben stehen.
145 Gus spürt seinen Puls schlagen. Ella wischt sich eine Strähne Haar aus dem Gesicht. Beide atmen sie flach.

„Puh, ich bin richtig aus der Puste", sagt Ella und lacht. Gus sieht die kleinen Schweißperlen auf ihrer Oberlippe.
150 „Ja", sagt er. Er küsst Ella auf die Stirn. Sie streichelt ihm über die Wange. Gus hat in diesem Moment das Gefühl, etwas Wichtiges loswerden zu müssen. Er sagt: „Ella?!" Seine Frau guckt ihn an. Aber Gus weiß plötzlich gar nicht mehr, was genau er hat sagen wollen, weshalb er
155 seine Frau einfach noch einmal küsst, diesmal auf die Lippen. Erst als Ella dann längst in der Küche ist, da

fallen Gus doch ein paar Dinge ein, die er gerne gesagt hätte. Nichts Großartiges, aber er formuliert sie sogar in seinem Kopf. Er steht im Flur vor dem Garderoben-
160 spiegel, hört aus der Küche das Geräusch des Wasserhahns, hört, wie Ella Wasser in einen Kochtopf fließen lässt und hinterher den Wasserhahn wieder zudreht. Gus berührt einmal kurz durch Pullover und T-Shirt hindurch die Stelle zwischen Brust und Schlüsselbein. Anschließend lässt er die Hand sinken und betrachtet
165 sich im Spiegel, sein Gesicht, schaut sich in die Augen. Er beugt sich vor, bis seine Nase fast das Glas des Spiegels berührt. Seine Pupillen weiten sich ein Stück, dann ziehen sie sich wieder zusammen. *(2006)*

---

1. Untersuchen Sie den Abschnitt Z. 74–99. Berücksichtigen Sie dabei im Einzelnen:
   • Worüber sprechen die beiden?
   • Worüber sprechen sie nicht?
   • Welche körpersprachlichen Signale tauschen sie aus und welche Bedeutung haben diese Signale?
   • Was ist auffällig an ihrer Sprechweise und welche Beziehung zwischen den beiden wird dadurch deutlich?
   • Wie beurteilen Sie das Gesprächsverhalten?

2. Analysieren und interpretieren Sie detailliert die folgenden drei Aussagen. Sie können dabei z. B. auf das Modell von Schulz von Thun zurückgreifen.
   • „Er sagt: ‚Eigentlich wollte ich ja noch in den Garten, aber …'" (Z. 65 f.)
   • „Ella sagt: ‚Morgen.'" (Z. 67)
   • „Tanzen gehen?'" (Z. 100)

3. Erläutern Sie die Bedeutung des Tanzens für die beiden Protagonisten.

4. Beschreiben Sie detailliert den Prozess von der ersten Idee zu tanzen bis zu dem Zeitpunkt, zu dem sie tatsächlich tanzen. Stellen Sie dabei vor allem das Gesprächsverhalten in den Mittelpunkt.

5. Als die Frau in der Küche ist, „da fallen Gus doch ein paar Dinge ein, die er gerne gesagt hätte" (Z. 156 ff.). Schreiben Sie diese möglichen Gedanken des Mannes auf und erläutern Sie, warum er sie möglicherweise nicht ausspricht.

Lernaufgabe

Sie haben sich ausführlich mit verschiedenen Kommunikationsmodellen beschäftigt. Diese erworbenen Kenntnisse und Fähigkeiten können Sie nun auf literarische Texte anwenden.

Die Kommunikation in literarischen Texten untersuchen

1. Entwerfen Sie ein Schaubild, mit dem sich Watzlawicks Kommunikationstheorie veranschaulichen lässt.

2. Vergleichen Sie Ihr Schaubild mit denen von Schulz von Thun (S. 73) und Bühler (S. 75). Nennen Sie Gemeinsamkeiten und Unterschiede. Diskutieren Sie, inwieweit alle drei Modelle für eine Kommunikationsanalyse von Bedeutung sind.

3. Lesen Sie die Kurzgeschichte „Ein netter Kerl" von Gabriele Wohmann (S. 84) und achten Sie besonders auf die wörtliche Rede der Figuren (Rita, deren Schwestern Nanni und Milene, Vater und Mutter).

4. Fassen Sie den Text kurz zusammen und ermitteln Sie die „Wende" in der Geschichte.

5. Untersuchen Sie das Sprachverhalten (z. B. Tonfall, Geschwindigkeit, Lautstärke) und die nichtsprachlichen Lautäußerungen (z. B. lachen, räuspern …) der Familienmitglieder vor und nach dem Wendepunkt.

6. Untersuchen Sie die Körpersprache (z. B. Mimik, Gestik, Körperhaltung, Berührungsverhalten) der Figuren vor und nach dem Wendepunkt.

7. Untersuchen Sie die verbale Kommunikation der Familienmitglieder vor und nach dem Wendepunkt, indem Sie die Funktion der sprachlichen Äußerungen aller Familienmitglieder (im Kontext) bestimmen (Sprechakte).

Information

Sprechakt und Sprechakttheorie

Unter **Sprechakt** versteht man die kommunikative Handlung, mit der Sprecherinnen/Sprecher und Hörerinnen/Hörer sich verständigen und Handlungen koordinieren. Im Prinzip versteht man darunter also jede Handlung, die mit dem Hervorbringen eines sprachlichen Zeichens verbunden ist. Die **Sprechakttheorie** geht davon aus, dass jeder Sprechakt nicht nur eine sprachliche Handlung vollzieht, sondern auch eine Handlungsanweisung bereitstellt. Damit sind z. B. Befehle oder Versprechen Änderungen der Realität.

8. Untersuchen Sie die verbale Kommunikation der Familienmitglieder, indem Sie deren Wortwahl und Gebrauch von sprachlichen Mitteln (z. B. Vergleiche und Metaphern) deuten.

9. Fassen Sie Ihre Ergebnisse der Aufgaben 5 bis 8 für jedes Familienmitglied zusammen.

10. Untersuchen Sie unter Berücksichtigung des Vier-Ohren-Modells von Friedemann Schulz von Thun die Aussagen der Familienmitglieder. Welche Seiten einer Nachricht stehen bei diesem Gespräch im Vordergrund? Begründen Sie Ihre Meinung.

11. In diesen Lehrwerk finden Sie Auszüge aus den Dramen „Woyzeck" (S. 223 f.), „Iphigenie auf Tauris" (S. 173 f.), „Antigone" (S. 107 f.). Wählen Sie einen Auszug aus und überprüfen Sie, inwieweit Sie diesen Auszug mithilfe kommunikationstheoretischer Modelle erschließen können.

Gabriele Wohmann (1932 – 2015)

Ein netter Kerl

Gabriele Wohmann wurde 1932 in Darmstadt geboren. In ihrem umfangreichen Werk, das Kurzgeschichten, Romane, Gedichte, Hörspiele und Essays umfasst, thematisierte sie immer wieder die Problematik der herkömmlichen Paarbeziehung und traditioneller Familienstrukturen mit den daraus resultierenden Kommunikationsproblemen.

Ich habe ja so wahnsinnig gelacht, rief Nanni in einer Atempause. Genau wie du ihn beschrieben hast, entsetzlich.

Furchtbar fett für sein Alter, sagte die Mutter. Er sollte
5 vielleicht Diät essen. Übrigens, Rita, weißt du, ob er ganz gesund ist?

Rita setzte sich gerade und hielt sich mit den Händen am Sitz fest. Sie sagte: Ach, ich glaub schon, daß er gesund ist. Genau wie du es erzählt hast, weich wie ein
10 Molch, wie Schlamm, rief Nanni. Und auch die Hand, so weich.

Aber er hat dann doch auch wieder was Liebes, sagte Milene, doch, Rita, ich finde, er hat was Liebes, wirklich. Na ja, sagte die Mutter, beschämt fing auch sie wieder
15 an zu lachen; recht lieb, aber doch gräßlich komisch. Du hast nicht zuviel versprochen, Rita, wahrhaftig nicht. Jetzt lachte sie laut heraus. Auch hinten im Nacken hat er schon Wammen[1], wie ein alter Mann, rief Nanni. Er ist ja so fett, so weich, so weich! Sie schnaub-
20 te aus der kurzen Nase, ihr kleines Gesicht sah verquollen aus vom Lachen.

Rita hielt sich am Sitz fest. Sie drückte die Fingerkuppen fest ans Holz.

Er hat so was Insichruhendes, sagte Milene. Ich find ihn
25 so ganz nett, Rita, wirklich, komischerweise.

Nanni stieß einen winzigen Schrei aus und warf die Hände auf den Tisch; die Messer und Gabeln auf den Tellern klirrten.

Ich auch, wirklich, ich find ihn auch nett, rief sie. Könnt
30 ihn immer ansehn und mich ekeln.

Der Vater kam zurück, schloß die Eßzimmertür, brachte kühle nasse Luft mit herein. Er war ja so ängstlich, daß er seine letzte Bahn noch kriegt, sagte er. So was von ängstlich.
35 Er lebt mit seiner Mutter zusammen, sagte Rita. Sie platzten alle heraus, jetzt auch Milene.

Das Holz unter Ritas Fingerkuppen wurde klebrig. Sie sagte: Seine Mutter ist nicht ganz gesund, soviel ich weiß.

Das Lachen schwoll an, türmte sich vor ihr auf, wartete 40 und stürzte sich dann herab, es spülte über sie weg und verbarg sie: lang genug für einen kleinen schwachen Frieden. Als erste brachte die Mutter es fertig, sich wieder zu fassen.

Nun aber Schluß, sagte sie, ihre Stimme zitterte, sie 45 wischte mit einem Taschentuchklümpchen über die Augen und die Lippen. Wir können ja endlich mal von was anderem reden.

Ach, sagte Nanni, sie seufzte und rieb sich den kleinen Bauch, ach ich bin erledigt, du liebe Zeit. Wann kommt 50 die große fette Qualle denn wieder, sag, Rita, wann denn? Sie warteten alle ab.

Er kommt von jetzt an oft, sagte Rita. Sie hielt den Kopf aufrecht.

Ich habe mich verlobt mit ihm. 55

Am Tisch bewegte sich keiner. Rita lachte versuchsweise, und dann konnte sie es mit großer Anstrengung lauter als die anderen, und sie rief: Stellt euch das doch bloß mal vor: mit ihm verlobt! Ist das nicht zum Lachen! 60

Sie saßen gesittet und ernst und bewegten vorsichtig Messer und Gabeln.

He, Nanni, bist du mir denn nicht dankbar, mit der Qualle hab ich mich verlobt, stell dir das doch mal vor! Er ist ja ein netter Kerl, sagte der Vater. Also höflich ist 65 er, das muß man ihm lassen.

Ich könnte mir denken, sagte die Mutter ernst, daß er menschlich angenehm ist, ich meine, als Hausgenosse oder so, als Familienmitglied.

Er hat keinen üblen Eindruck auf mich gemacht, sagte 70 der Vater.

Rita sah sie alle behutsam dasitzen, sie sah gezähmte Lippen. Die roten Flecken in den Gesichtern blieben noch eine Weile. Sie senkten die Köpfe und aßen den Nachtisch. 75

(Aus lizenzrechtlichen Gründen ist dieser Text nicht in reformierter Rechtschreibung abgedruckt.)

(1978)

[1] **Wammen:** Hautfalten

Kommunikation in einer elektronisch gesteuerten Welt

Daniel Glattauer (geb. 1960)
Gut gegen Nordwind

Der folgende Auszug stammt aus dem fiktiven E-Mail-Verkehr zwischen Emmi Rothner und Leo Leike.
Die beiden treffen durch Zufall im Internet aufeinander und führen über einen längeren Zeitraum einen intensiven E-Mail-Austausch, ohne sich jedoch jemals persönlich zu begegnen, obwohl der Wunsch, sich zu treffen, immer wieder angesprochen wird.
Leo geht aus beruflichen Gründen für längere Zeit nach Boston und möchte diese Gelegenheit nutzen, um den E-Mail-Verkehr zu beenden. Es kommt zu folgendem Dialog:

1. Lesen Sie den E-Mail-Verkehr mit verteilten Rollen.

Fünf Stunden später
AW:
Liebe Emmi, und abschließend schlage ich Ihnen vor, dass wir uns treffen!

5 *Fünf Minuten später*
RE:
Aber nicht im Ernst.

Eine Minute später
AW:
10 Doch. Damit würde ich nicht spaßen, Emmi.

Zwei Minuten später
RE:
Was soll ich davon halten, Leo? Ist das eine Laune? Hatte ich Ihnen ein gutes Stichwort geliefert? Habe
15 ich Sie mit meinen Worten vom Melodramatiker zum Realsatiriker bekehrt?

Drei Minuten später
AW:
Nein, Emmi, das ist keine Laune, das ist gut überleg-
20 te Absicht. Sie sind mir einfach nur zuvorgekommen. Also noch einmal: Emmi, ich würde unsere E-Mail-Beziehung gerne mit einem Treffen ausklingen lassen. Es soll eine einmalige Begegnung sein, bevor ich nach Boston übersiedle.

25 *50 Sekunden später*
RE:
Einmalig treffen? Was versprechen Sie sich davon?

Drei Minuten später
AW:
Erkenntnis. Erleichterung. Entspannung. Klarheit. 30
Freundschaft. Auflösung eines herbeigeschriebenen, aber doch unbeschreiblich überdimensionierten Persönlichkeitsrätsels. Beseitigung von Blockaden. Ein gutes Gefühl danach. Das beste Rezept gegen Nordwind. Einen würdigen Abschluss einer aufregenden 35
Lebensphase. Die simple Antwort auf tausend komplizierte, noch offene Fragen. Oder, wie Sie selbst es gesagt haben: „Wenigstens ein witziges Ende."

Fünf Minuten später
RE: 40
Vielleicht wird es aber gar nicht witzig.

45 Sekunden später
AW:
Das hängt von uns beiden ab.

Zwei Minuten später 45
RE:
Von uns beiden? Im Moment sind Sie da sehr alleine, Leo. Ich habe noch keineswegs „Ja" zur Last-Minute-Begegnung gesagt und bin, ehrlich gestanden, derzeit auch ziemlich weit davon entfernt. Ich möchte 50
erst einmal mehr über dieses skurrile „The-first-date-must-be-the-last-date"-Treffen wissen. Wo wollen Sie mich treffen?

55 Sekunden später
AW: 55
Wo Sie wollen, Emmi.

45 Sekunden später
RE:
Und was machen wir?

60 *40 Sekunden später*
AW:
Was wir wollen.

35 Sekunden später
RE:
65 Was wollen wir?

30 Sekunden später
AW:
Das wird sich zeigen.

Drei Minuten später
70 **RE:**
Ich glaube, ich will lieber E-Mails aus Boston. Da muss sich nicht erst zeigen, ob wer von uns beiden was will. Da weiß zumindest ich schon, dass ich was will und was ich will: eben E-Mails aus Boston.

Eine Minute später   75
AW:
Emmi, ich schreibe Ihnen keine E-Mails aus Boston. Ich möchte das abschließen, ehrlich. Ich bin überzeugt davon, dass es gut für uns beide sein wird.

50 Sekunden später   80
RE:
Und wie lange gedenken Sie mir noch zu mailen?

Zwei Minuten später
AW:
Bis zu unserem Treffen. Außer Sie sagen, Sie wollen   85
sich definitiv nicht mit mir treffen. Dann wäre das quasi so eine Art Schlusssatz.

(2006)

2. Fassen Sie den Inhalt des Gesprächs zusammen.

3. Erläutern Sie , was sich Leo von so einem Treffen verspricht, und erklären Sie, warum Emmi möglicherweise so zurückhaltend reagiert.

4. Erklären Sie, worin sich ein Dialog dieser Art von einem Gespräch einerseits und von einem traditionellen Briefaustausch andererseits unterscheidet.

5. Diskutieren Sie in Kleingruppen Vor- und Nachteile dieser drei unterschiedlichen Kommunikationsformen.

6. Erörtern Sie ausgehend vom Textauszug, ob sich eine Liebesbeziehung rein virtuell, auf einem „schmalen Grat zwischen totaler Fremdheit und unverbindlicher Intimität" (aus dem Klappentext) entwickeln und Bestand haben kann.
➲ Argumentieren/Erörtern, S. 439

7. Was Sie noch machen können:
Zu den modernen Kommunikationsformen gehören z. B. das Chatten, Twittern, Mailen, der Austausch über Messengerdienste und Skypen sowie der Informationsaustausch in sozialen Netzwerken.
  a) Überprüfen Sie, ob und in welcher Weise die erarbeiteten Modelle diesen Formen der modernen Kommunikation gerecht werden.
  b) Welche Erfahrungen haben Sie selbst damit gesammelt? Tauschen Sie sich aus.
  c) Nennen Sie Chancen und Nachteile der einzelnen Kommunikationsformen.
  d) Nennen Sie Möglichkeiten, wie Beziehungsbotschaften in den einzelnen Kommunikationsformen ausgetauscht werden können und inwieweit Stimmung zum Ausdruck gebracht werden kann.

Die Kultur der Digitalität

Martin Lätzel, der die Leitung der Schleswig-Holsteinischen Landesbibliothek in Kiel inne hat, die zukünftig um ein Zentrum für Digitalisierung und Kultur und das digitale Haus der Landesgeschichte erweitert werden soll, interviewte Felix Stalder Professor für Digitale Kultur und Theorien der Vernetzung zur Kultur der Digitalität und der daraus resultierenden Kulturpolitik.

Martin Lätzel: Welchen Stellenwert messen Sie der Digitalisierung in unserem Zeitalter bei?

Felix Stalder: Durch die Digitalisierung ist eine neue Infrastruktur der Wahrnehmung, der Kommunikation
5 und der Koordination entstanden. Weil diese Tätigkeit so grundlegend für fast alle individuellen und kollektiven Tätigkeiten sind, bleibt kaum ein Aspekt unserer Existenz davon unberührt. Das reicht von der Veränderung der Art- und Weise, wie jeder Einzelne sich selbst
10 erfährt, bis hin zu Fragen, wie wir unsere Demokratie und das Verhältnis zu Natur neu gestalten wollen.

ML: Welchen Kulturbegriff legen Sie Ihren Thesen zugrunde?

Kultur hat für mich eine „soziale Bedeutung", sie ist ein
15 partieller und fragiler Konsens über Wertefragen. Überall da, wo wir uns entscheiden können und müssen, da kommen kulturelle Fragen auf. Was ist die richtige Ernährungsweise? Welche Eingriffe sollen der pränatalen[1] Medizin erlaubt werden? In Summe stellt und ver
20 sucht Kultur die Frage zu beantworten: Wie sollen wir leben? Solche Fragen sind immer umstritten, deshalb ist Kultur ein Prozess, der sich in dauernder Veränderung befindet. Das Besondere an Kultur unter den Bedingungen der Digitalität ist, dass sich mehr Menschen,
25 auf mehr Feldern denn je in diese Auseinandersetzungen einmischen. Damit das funktionieren kann, brauchen sie immer komplexere Technologien, die es möglich machen, die enormen Informationsmengen, die dabei entstehen, zu verarbeiten. [...]

30 **ML: Was ist für Sie der Kern dessen, was Sie eine „Kultur der Digitalität" nennen?**

Die veränderten Bedingungen der Verhandlung kultureller Fragen – mehr Menschen, mehr Felder, mehr Technologie – haben zu neuen Formen der Orientie
35 rung hervorgebracht. Dabei stehen für mich drei neue Formen im Zentrum. Erstens, Referentialität. Das heißt, das Auswählen, Zusammenführen und Verändern von bestehenden Informationen zu neuen Sinn- und Handlungszusammenhängen ist eine grundlegende Tätigkeit für alle geworden. Die sozialen Medien mit ihren 40 Möglichkeiten des „likens" und des „sharens" sind genau darauf optimiert. Sie erlauben, Dinge auszuwählen und diese Auswahl mit anderen zu teilen. Dieses Teilen ist zentral, denn Bedeutung kann niemand alleine herstellen, dazu braucht es immer andere, die die eigene 45 Auswahl validieren[2] und erweitern. Deshalb ist der zweite Aspekt jener der Gemeinschaftlichkeit. Es sind Gemeinschaften, wenn auch oft temporär und partiell, die das eigentliche Subjekt der Kultur der Digitalität darstellen. In ihnen werden die Fragen in einem andau 50 ernden Gespräch verhandelt und weniger von jedem einzelnen im Rückzug in seine Innerlichkeit. In diesem Sinne ist das bürgerliche Individuum eine Subjektform, dessen historischer Höhepunkt wohl überschritten ist. Der dritte Aspekt ist Algorithmizität. Das heißt, unser 55 Angewiesensein auf intelligente, dynamische Maschinen, die uns ermöglichen, die Welt wahrzunehmen und in ihr zu handeln. Ohne Google oder andere Suchmaschinen (oder im Hintergrund ablaufende Filter, wie bei Facebook) könnten wir die enormen Informationsmen 60 gen, in denen wir uns täglich bewegen, nicht bewältigen. Wir wären in einem ganz direkten Sinn blind und handlungsunfähig. Damit kommen aber neue Fragen auf, denn diese Technologien, die uns wahrnehmen, denken und handeln helfen, sind nicht neutral, sondern 65 immer mit gewissen Annahmen, Werturteilen und Zielvorstellungen behaftet. [...]

ML: Wird die „Kultur der Digitalität" eine Art akzelerationistische[3] Rolle in der Gesellschaft übernehmen oder führt diese Idee sich insofern ad ab 70 surdum, da die technische Entwicklung die Gesellschaft so verändert, dass eine Gemeinwohlorientierung, immaterielle und kulturelle Werte nicht mehr möglich sind?

Die Kultur der Digitalität ist zunächst eine Feststellung 75 der bereits stattgefundenen Veränderungen und der neuen Bedingungen, unter denen weitere Veränderungen ablaufen werden. Das hat mit Akzelerationismus,

---

[1] **pränatal:** vor der Geburt
[2] **validieren:** überprüfen, ob etw. zuverlässig funktioniert und für den beabsichtigten Zweck angemessen ist; überprüfen, ob etw. die (vorgegebenen) Anforderungen, Standards oder bestimmte Kriterien erfüllt
[3] **Akzelerationismus:** neue politische Philosophie, die sich mit den globalen Katastrophen unserer Zeit beschäftigt. Sie will mit Mitteln des Kapitalismus den Kapitalismus stürzen.

also mit der Forderung, die Geschwindigkeit der Verän-
80 derung soweit zu erhöhen, dass das System in eine Krise gerät und damit grundsätzlich verändert werden
kann, nichts zu tun. Dass durch die Digitalisierung die
Gemeinwohlorientierung, die in den alten sozialstaatli-
chen Institutionen organisiert war, in die Krise geraten
85 ist, ist weniger einer Folge des technologischen Wandels als des politischen Wandels und der zunehmenden
Dominanz neoliberaler Institutionen, die auf Individualität und Konkurrenz setzen. Die Digitalität ermöglicht auch neue Formen der Solidarität und des hori-
90 zontalen Miteinanders. Denken sie etwa an die
Wikipedia, oder an die Möglichkeiten von Bürgerkraft-
werken und Nachhaltiger Energieversorgung, die neue
intelligente Stromnetze und Speichertechnologien eröffnen. Durch die Digitalisierung ist der politische
95 Raum nicht kleiner, sondern größer geworden. Alterna-
tivlosigkeit gibt es nicht mehr!

**ML: Welche Aufgaben haben die Kulturpolitik
und die Kulturelle Infrastruktur in der „Kultur
der Digitalität"?**

100 Wenn Kultur als Verhandlung sozialer, also geteilter, Bedeutung verstanden wird, dann ist es die Aufgabe der
Kulturpolitik, diese Prozesse zu organisieren. Sie sollte
Räume, Strukturen und Mittel zu Verfügung stellen, um
soziale Bedeutung erfahrbar zu machen, sie zu erneuern
105 und zu verhandeln. Das reicht von traditioneller Reprä-
sentationskultur bis hin zu neuen Formen der kulturellen Teilhabe. Eine wichtige Aufgabe darüber hinaus
wird sein, Begegnungsräume zu organisieren, in denen
unterschiedliche kulturelle Gemeinschaften mit ihren
110 sich immer weiter ausdifferenzierenden Horizonten
und Orientierungen treffen können, um das Gemeinsame in ihrer Unterschiedlichkeit neu zu bestimmen.

**ML: Welche Tools, welche Instrumente sind not-
wendig?**

Von den Grundformen der Digitalität – Referentialität, 115
Gemeinschaftlichkeit und Algorithmizität – sind die
Bedingungen und praktischen der Realitäten der Referentialität am direktesten von kulturellen Institutionen
beinflussbar. Sie hängen etwa davon ab, ob und wie die
Institutionen ihre (digitalisierten) Materialien zu Verfü- 120
gung stellen. Der traditionelle Bildungsauftrag zu erfüllen reicht nicht mehr. Das Publikum will Dinge, etwa
in Museen, nicht mehr nun anschauen, sondern als
(Roh)Material für eigene kulturelle Arbeit nutzen können. Hier stellt sich die Frage nach digitalen Archiven 125
und nach dem Zugang dazu. Ein sehr interessantes Beispiel sind etwa die „Studios" des Reichsmuseums in
Amsterdam, dass hochauflössliche Scan seiner Samm-
lungsstücke zur freien Nutzung bereitstellt, ohne zu
unterscheiden, ob dies eine professionelle/kommerziel- 130
le Nutzung ist oder nicht. [...]

---

1. Notieren Sie erläuternde Stichworte zu den in den Interviewfragen hervorgehobenen Begriffen und
erstellen Sie auf dieser Basis eine Mindmap zum Text.

   Hilfe zur Erstellung der Mindmap finden Sie unter: WES-127877-009 .

2. Erklären Sie, was Stalder unter einer „neue[n] Infrastruktur der Wahrnehmung, der Kommunikation
und der Koordination" (Z. 6 ff.) versteht.

3. Erläutern Sie in eigenen Worten was Stalder unter der „Kultur der Digitalität" (Z. 31) versteht.

4. Formulieren Sie mögliche Folgen durch die neue Kultur der Digitalität, wie Individuum und Gesellschaft miteinander agieren: Wie lösen wir Probleme, wie führen wir Beziehungen, wie verschieben sich
unsere Bedürfnisse und wie verändern wir unser Selbst? Nenne Sie zu jedem Bereich drei Aspekte.

5. Diskutieren Sie die Rolle von Individuum und Gesellschaft in der neuen Kultur der Digitalität. Nehmen
Sie hierzu konkrete Beispiele bzw. Lebensbereiche (Politik, Schule, Kultur ...) in den Blick.

Folgen der Online-Kommunikation

Online-Kommunikation: Das neue Normal Permanent online, permanent verbunden – für viele ist Handyabstinenz schon heute die Ausnahme. Welche Folgen das für unseren sozialen Umgang miteinander hat, erforschen Peter Vorderer und Christoph Klimmt vom Institut für Medien- und Kommunikationswissenschaft an der Universität Mannheim.

I. Wie wir künftig Probleme lösen
- Wissenszugang ersetzt Wissen
- Crowd-Befragung ersetzt Kreativität
- Big Data ersetzt Intuition
5 - Selbstverständlichkeit verdrängt Freude

II. Wie wir bald Beziehungen führen
- Erreichbarkeit ersetzt räumliche Nähe
- Konversationsfäden ersetzen Gespräche: Zunehmend verschwimmen die Grenzen zwischen
10 Kontakt und Nichtkontakt. Herkömmliche Gespräche und Telefonate haben Anfang und Ende. Nun verlaufen Konversationen im latenten Dauerzustand: immer wieder unterbrochen, immer wieder fortsetzbar. So entsteht das Gefühl, einen
15 Kontakt jederzeit und überall (wieder)herstellen zu können. Das geht wohl auf Kosten von Geschlossenheit, Kohärenz und Effizienz – könnte aber ebenso das Gefühl von Verbundenheit und dauerhafter Gemeinsamkeit im Alltag stärken.
20 - Unverbindlichkeit ersetzt Zuverlässigkeit

III. Wie sich unser Selbst verändert
- Soziale Kontrolle ersetzt Vertrauen
- Aufmerksamkeit ersetzt Wertschätzung
- Dabeisein ersetzt Nacherzählungen

IV. Wie sich unsere Bedürfnisse verschieben   25
- Dauerangebot ersetzt Langeweile
- Relativität ersetzt Sensation: Auf den Netzmenschen prasseln ständig (vermeintlich) ungewöhnliche und herausragende Neuigkeiten ein. Den schönen Urlaubsfotos von Freundin 1 auf 30 Mallorca folgen noch schönere Fotos von Freund 2 aus Thailand und dann ein Selfie von Freundin 3, die in Amerika zufällig einen B-Promi am Flughafen getroffen hat. Der Trend zur positiven Selbstmitteilung droht uns gegenüber dem selbst 35 erlebten Gewöhnlichen abzustumpfen. Was bedeutet es für unsere Lebenszufriedenheit, wenn aus dem Netz stets noch mal eins draufgesetzt wird?
- Alleinsein wird zum raren Gut   40
- Flatrate-Denken ersetzt gezieltes Auswählen

V. Wie sich unser Selbst verändert – also wir
- Performance ersetzt Authentizität
- Selbsttransparenz ersetzt Geheimnisse
- Zustimmung ersetzt Meinung   45

1. Lesen Sie die hier beschriebenen Veränderungen und vergleichen Sie diese mit Ihren eigenen Vermutungen (vgl. Aufgabe 4, S. 88).

2. Bilden Sie Kleingruppen und diskutieren Sie die Gegenüberstellungen.

3. Erstellen Sie einen Handlungskatalog, der uns hilft, in der Kultur der Digitalität zurechtzukommen.

Experten unter sich? – Fachsprachliche Kommunikation

1. Lesen Sie den folgenden Radiowerbespot und erklären Sie seine Wirkung auf Sie.

Hallo Suni – Eine Radiowerbung

„Hallo Suni, hier ist Mama. Da du ja nur noch über das Internet kommunizierst, dann eben auf diesem Weg: @ Super_Suni96, räum endlich dein Zimmer auf!
Bei dem Saustall hilft ja kein Virenscanner mehr. Ich
5 wär fast abgestürzt, als ich das gesehen habe. Der Speicherplatz vom Papierkorb ist voll, dein Bett braucht ein Upgrade, alle Fenster sind offen und das Backend sieht erst aus. Ich sag nur: DISLIKE! Papa kann auch nicht mehr darüber „ROFLn". Der ist kurz vorm Ausloggen!
10 Also, wenn du dich jetzt nicht mit High Speed zu Hause anmeldest, dann „followed" dir deine Mutter und dann twitterts aber mal richtig im Karton!

Mit Radio erreichen Sie immer die Richtigen. Radio. Geht ins Ohr. Bleibt im Kopf.

2. Erläutern Sie, wie dieser Radiowerbespot auf Sie wirkt und wodurch

3. Untersuchen Sie die sprachliche Gestaltung der „Ansage" von Sunis Mutter und erklären Sie deren Funktion.

4. Beschreiben Sie die Voraussetzungen, die erfüllt sein müssen, damit diese Form der Kommunikation möglich ist.

5. Stellen Sie sich vor, Suni habe statt des Internets ein völlig anderes Interesse (z. B. könnte sie eine passionierte Pferdenärrin, eine Fußballspielerin, eine Musikerin, ein Science-Fiction-Fan, eine Pop-Musik-Kennerin … sein). Natürlich kann der Adressat auch ein Junge sein. Formulieren Sie eine analoge „Ansage" der Mutter und greifen Sie dabei auf ein Vokabular zurück, das dem jeweiligen Interessenbereich entstammt.

Günter Lietzmann
Tarnung durch Bombast

Kürzlich hatte ich Gelegenheit, den folgenden Dialog zwischen (dem damaligen) Regierungssprecher Grünewald und seinem Sohn zu belauschen:
„Papa, unser Lehrer hat mir heute zu verstehen gege-
5 ben, dass er nicht ausschließen will, dass ich das Klassenziel unter den derzeit gegebenen Umständen möglicherweise nicht voll erreichen könnte. Er hat dabei angedeutet, dass dieses besonders im fremdsprachlichen Bereich auch durch einen Mangel an gezielten Maßnahmen meinerseits verstärkt worden sei. Außer-
10 dem hat er durchblicken lassen, auch andere Lehrer hätten ihm signalisiert, meine verbale Beteiligung sei noch außerordentlich ausbaufähig."
Der einigermaßen erschütterte Vater verlor schnell die

15 sonst übliche Zurückhaltung. „Soll das heißen, dass du sitzen bleibst, weil du in Englisch und Latein nichts getan hast und dich insgesamt zu wenig am Unterricht beteiligst?"

„Diese Formulierung, Papa, ist sicherlich überspitzt. Ich
20 würde meinen, dass die auf uns zukommenden Probleme auch durch eine sehr undifferenzierte Analyse meiner Zurückhaltung seitens der mich unterrichtenden Lehrer zu erklären sind. Natürlich übersehe ich dabei nicht, dass mir unreflektiertes Auswendiglernen von
25 Wörtern einer fremden Sprache, die völlig beziehungslos nebeneinanderstehen, nicht eben liegt."

„Du hast also zu wenig Vokabeln gelernt?"

„Ich bin der Auffassung, dass man mit dieser sehr pauschalen Fragestellung dem doch sehr komplizierten
30 Problem kaum gerecht wird. Diese Ansicht wird übrigens von allen meinen Freunden geteilt. Wir sind auch der Meinung, dass die anstehende Problematik nicht durch unglaubwürdiges Moralisieren oder gar Drohen gelöst werden kann. Dagegen versprechen wir uns eine
35 motivationsfördernde Wirkung von finanziellen Anreizen, die natürlich nur langsam greifen würden. Wir überschätzen die bildungspolitischen Auswirkungen

solcher finanziellen Stimulantien durchaus nicht, sehen zum gegenwärtigen Zeitpunkt aber keine praktikableren Möglichkeiten."
40

„Du möchtest also nicht nur deine Ruhe, sondern auch noch eine Erhöhung des Taschengeldes?"

(Süddeutsche Zeitung vom 1.10.1977)

1. Spielen Sie den Dialog zwischen Vater und Sohn und benennen Sie die Wirkung, die davon ausgeht.

2. In welcher Weise spricht der Vater, in welcher der Sohn? Erläutern Sie, wodurch die Komik entsteht.

3. Untersuchen Sie die sprachliche Gestaltung des Textes. Gehen Sie dabei auf die syntaktische Gestaltung und auf verwendete Stilmittel ein.

4. Erklären Sie, welche der Beruf des Vaters (er ist Regierungssprecher) in dem Dialog spielt.

5. Vergleichen Sie diesen Dialog mit dem Radiospot. In welcher Weise geht es in beiden Texten um fachsprachliche Kommunikation?

Internet-Blog in einer Ratgeber-Community

Hallo, benötige dringend eine Info. Von meinem Hausarzt habe ich eine Überweisung zum Knochendoc bekommen, darauf steht: diskrete thoralcolumbale Skoliose; Blockierung Th 5/6 li. – Diskret? Darf das keiner wissen? Ich will es aber wissen! Was habe ich denn nun? Kann mir einer das schrei-
5 ben? Ist das gefährlich? Bin ich richtig krank?

Wünsche euch beste Gesundheit, Paul.

1. Könnten Sie dem Hilfe suchenden Fragesteller eine Antwort geben? Recherchieren Sie im Internet und formulieren Sie die Diagnose so, dass er sie möglicherweise versteht.

2. Finden Sie Antworten zu folgenden Fragen: Welche Aussagen über die Kommunikation zwischen dem Arzt und seinem Patienten lassen sich ableiten? Warum verwendet der Hausarzt die auf der Überweisung stehende Formulierung? Welche Vor- und Nachteile ergeben sich daraus?

3. Vergleichen Sie die drei vorangegangenen Texte: Was ist ihnen gemeinsam? Berücksichtigen Sie dabei auch die Überschrift dieses Kapitels: „Experten unter sich? – Fachsprachliche Kommunikation".

4. Erörtern Sie schriftlich, welche Probleme menschlicher Kommunikation thematisiert werden und worin die Ursachen für mögliche Störungen liegen.
● Argumentieren/Erörtern, S. 439

Alexandra Wölke (geb. 1978)
Was ist Fachsprache?

Fachsprachen haben sich unter dem Einfluss einer immer stärkeren Spezialisierung menschlicher Kenntnisse und Tätigkeiten gebildet. In Bereichen wie beispielsweise dem Handwerk, der Technik, der Medizin, der
5 Wirtschaft, der Kultur, der Verwaltung und der Politik entstanden neue Bedingungen der Verständigung dadurch, dass über einen bestimmten fachlichen Gegenstand sachgerecht kommuniziert werden sollte und musste.

10 Die Menschen, die in einem dieser bestimmten Bereiche tätig sind, benötigen eine Sprache, mit deren Hilfe sie sich adäquat über die ihr Fach betreffenden Angelegenheiten austauschen können. Soziale und funktionale Aspekte der Sprache stehen somit im Vordergrund
15 der Fachsprachen.

Eine Fachsprache, die als eine Varietät von Sprache gilt, wird in besonderer Weise durch ihren jeweiligen Wortschatz (Fachwörter) bestimmt. Die Fachsprache der Medizin greift dabei z. B. auf das Griechische und Latei-
20 nische zurück. Das gilt ebenfalls für die Sprach- und Literaturwissenschaft. Begriffe wie Nomen, Substantiv, Verb, Attribut, Prädikativum gehen auf das Lateinische, Begriffe wie Metapher, Asyndeton, Symbol, Parabel auf das Griechische zurück. Die Sprache der modernen In-
25 formationstechnologien bedient sich vielfach der englischen Sprache.

Zwischen der Gemeinsprache und den Fachsprachen gibt es eine Wechselbeziehung. So können fachsprachliche Begriffe allmählich in die Gemeinsprache überge-
30 hen. Formulierungen wie „etwas nicht auf dem Schirm haben" (etwas nicht bedacht, vergessen haben), „ein Vorhaben torpedieren" oder „mein Akku ist leer" belegen dieses. Umgekehrt bedient sich eine Fachsprache immer wieder auch der Gemeinsprache, was Fachaus-
35 drücke wie „Maulschlüssel", „Faradaykäfig", „Zylinderkopf" oder „Netz" zeigen.

Neben den Fachausdrücken spielen in der Fachsprache aber auch textuelle, stilistische und syntaktische Merkmale eine wichtige Rolle. So kommen beispielsweise
40 Nominalisierungen und komplexe Satzgefüge häufiger vor und es herrscht die Tendenz zur Anonymisierung (Passivformen). Fachtexte verlangen einen sachlichen Stil und sind zumeist im Präsens verfasst.

Die Vorteile der Fachsprache bestehen darin, dass durch
45 sie ein möglichst adäquater sprachlicher Bezug zu den fachlichen Gegenständen und Sachverhalten, Abläufen und Verfahren hergestellt werden kann. Wenn ein Me-
diziner ein bestimmtes Fachwort, beispielsweise die Bezeichnung für eine Krankheit, hört, so kann er aufgrund seines Fachwissens sich hierunter sogleich Konkretes 50 (z. B. Symptome, Heilungschancen, Behandlungsmethoden) vorstellen, während ein Laie zunächst einmal aus diesem Kommunikationsrahmen ausgeschlossen bleibt. Während die Fachsprache daher für diejenigen, die sie sprechen können, identitätsstiftend wirkt, kann sie an- 55 dererseits für alle anderen exklusiv wirken.

Die Fachsprache ist nicht nur für den mündlichen, sondern besonders auch für den schriftlichen Sprachgebrauch relevant. So sind für jeden Fachbereich bestimmte Textsorten wichtig. Im Bereich der Wissenschaft sind 60 dies beispielsweise Aufsätze, Rezensionen oder Protokolle. Auch Institutionen benötigen fachliche Textsorten wie beispielsweise Gesetze, Erlasse, Verträge oder Urkunden. Unter „fachbezogenen Vermittlungstexten" werden Texte wie z. B. der Wetterbericht, eine Bedie- 65 nungsanleitung, ein Werkzeugkatalog oder auch ein Beipackzettel für ein Medikament verstanden.

(2013)

1. Lesen Sie den Text und fassen Sie Ursachen, Merkmale und Funktionen von Fachsprachen und mögliche Probleme, die damit verbunden sein können, in eigenen Worten zusammen.

2. Nennen Sie Bereiche in Ihrem Alltag, in denen Ihnen Fachsprachen begegnen. In welcher Weise spielen sie in der Schule eine Rolle?

3. Im Folgenden sind einige Formulierungen aus Deutsch-Schulaufgaben abgedruckt. Ersetzen Sie diese durch geeignete fachsprachliche Formulierungen. Was wird hierdurch erreicht?

   - Die Verse der ersten Strophe sind so aufgebaut, dass sich jeweils eine unbetonte und eine betonte Silbe abwechseln und immer fünf betonte Silben zu erkennen sind.
   - Auffällig ist, dass der Abschnitt ausschließlich aus vielen kurzen, abgehackten Hauptsätzen besteht.
   - Unvermittelt beginnt der Abschnitt mit dem Wörtchen „Das" vor dem Ausdruck „Eigenheim".
   - Am Anfang der Sätze wird immer wieder das Wort „Dann" wiederholt, was die Langeweile des Mannes ausdrückt.
   - Der Satz besteht aus einem Hauptsatz und vielen Nebensätzen, wobei die Nebensätze wiederum voneinander abhängen.

Redensart kontra Fachsprache

Die Expansion der Solanum tuberosum steht in inverser Proportionalität zur intellektuellen Kapazität des kultivierenden Agronoms.

Die oral durchgeführte visuelle Inspektion eines unter Verzicht auf Rückfluss des adäquaten Wertes transferierten unpaarhufigen Mammaloiden der Gattung Equus konterkariert die kulturellen Konventionen des sozialen Umfeldes.

1. Wie wirkt die Verwendung der Fachsprache in den beiden Sätzen auf Sie? Versuchen Sie, herauszubekommen, um welche Sprichwörter aus unserer Gemeinsprache es geht.

2. Sammeln Sie selbst Ihnen geläufige Redensarten und versuchen Sie, diese in ähnlicher Weise in einen fachsprachlichen Jargon spielerisch zu „übersetzen".

3. Erklären Sie, warum Redensarten und Fachsprachen nicht zusammenpassen.

Rotkäppchen 1

Im Kinderanfall unserer Stadtgemeinde ist eine hierorts wohnhafte, noch unbeschulte Min-
5 derjährige aktenkundig, welche durch ihre unübliche Kopfbekleidung gewohnheitsrechtlich Rotkäppchen
10 genannt zu werden pflegt. Der Mutter besagter R. wurde seitens deren Mutter ein Schreiben zustellig gemacht, in welchem dieselbe Mitteilung ihrer Krankheit und Pflege-
15 bedürftigkeit machte, worauf die Mutter der R. dieser die Auflage machte, der Großmutter eine Sendung von Nahrungs- und Genussmitteln zu Genesungszwecken zuzustellen. [...] (Thaddäus Troll)

Hans Ritz
DIE GESCHICHTE VOM ROTKÄPPCHEN
Ursprünge, Analysen, Parodien eines Märchens

Großmutter, analysiere aber nicht die Blumen am Wege, sondern formalisiere deinen Weg in systematischer Ordnung." [...] (Friedrich Wille u. a.)

1. Erläutern Sie, in welcher Weise hier das Märchen „Rotkäppchen" parodiert wird. Recherchieren Sie dazu Informationen über den Fachbegriff der Parodie.

2. Begründen Sie jeweils mit Textbelegen, welchen Fachsprachen die Auszüge zuzuordnen sind.

3. Diskutieren Sie, worauf Ihrer Meinung nach die Kritik der Textauszüge zielt.

4. Was Sie noch machen können:
   a) Schreiben Sie den Beginn des Märchens um, indem Sie die Fachsprache eines Ihrer Schulfächer verwenden (Sport, Religion, Physik …).
   b) Besorgen Sie sich die Gebrauchsanweisungen ausgewählter elektronischer Geräte und untersuchen Sie diese im Hinblick auf fachsprachliche Wendungen.
   c) Überprüfen Sie, in welcher Weise diese Gebrauchsanweisungen unterschiedlichen Zielgruppen gerecht werden.
   d) Schreiben Sie gegebenenfalls Passagen so um, dass sie verständlicher werden bzw. anderen Zielgruppen gerecht werden.

Rotkäppchen 2

Es war einmal ein Mädchen, dem wurde eineindeutig eine rote Kappe zugeordnet, wodurch es als Rotkäppchen definiert wurde.
„Kind", argumentierte die Mutter, „werde kreativ,
5 mathematisiere die kürzeste Verbindung des Weges zur

Theater –
Texte,
Theorie und Praxis

Von seinen Anfängen im antiken Griechenland bis zu den heutigen Spielplänen hat das Theater viele Stationen des Wandels durchlaufen. Nicht nur die Bühnenbauten und Theaterhäuser veränderten sich, sondern auch die Inhalte, die Darstellungsweise und die Auffassung davon, welche Funktion und Wirkabsicht das Theater haben soll. Ob moralisierend, belehrend, unterhaltend, aufrüttelnd, provozierend oder kritisierend – in vielen Epochen der Geschichte kam dem Theater eine wichtige gesellschaftliche Funktion zu.

Bis heute sind die Theatermachenden, die Autorinnen/Autoren und Regisseurinnen/Regisseure immer wieder auf der Suche nach neuen, zeitgemäßen Ausdrucksformen. Welche Bedeutung hat das Theater aber heute eigentlich, vor allem auch angesichts einer ständig wachsenden Zahl von konkurrierenden Medien?

Dieses Kapitel nimmt wichtige Phasen der Theatergeschichte in den Blick und zeigt an dem Drama „Antigone" von Sophokles exemplarisch auf, wie das Theater der Antike aufgebaut war, welche Themen es aufwarf, welche Bedeutung ihm zukam und wie der antike Mythos von Antigone bis in unsere Gegenwart weiter lebendig bleibt. Anhand moderner Antigone-Adaptionen, aber auch weiter ausholend, stellt das Kapitel schlaglichtartig verschiedene Spielarten des modernen Theaters dar, beschäftigt sich mit dem Stellenwert des Theaters heute und bereitet auf den Besuch einer Aufführung und die Reflexion darüber vor. Das Kapitel kann unterschiedlich genutzt werden – entweder im Ganzen als Überblick über die Entwicklung des Theaters, als Nachschlagewerk oder als theoretische und zeitgeschichtliche Ergänzung zu den Dramen, die im Unterricht gelesen werden.

Antikes Theater von Epidauros

Adam Frans van der Meulen: Der alte Pferdemarkt in Brüssel, um 1666

Royal Opera House, Stockholm

Faust (Deutsches Schauspielhaus Hamburg, 1960)

Marionettentheater

Schultheater

Straßentheater

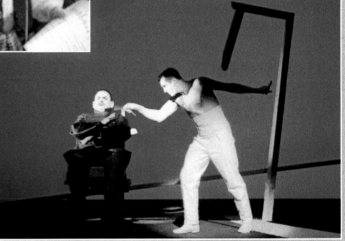
Szene aus „Woyzeck" (Kopenhagen 2000)

Schauspielhaus Bochum

1. Schauen Sie sich die Bilder auf dieser Doppelseite an: Benennen Sie die Aspekte von Theater, die Sie sehen.

2. Berichten Sie von Ihren Erfahrungen mit dem Theater – entweder als Zuschauer/-in im Publikum oder als Mitglied eines (Schüler-)Schauspielensembles.

3. Vergleichen Sie die verschiedenen Theaterbühnen, die die Bilder präsentieren, im Hinblick auf Bühnenform und Situation.

4. Streaming-Dienste, TV, Kino oder Theater – benennen Sie die Vorteile, die Sie in dem jeweiligen Medium erkennen, und begründen Sie, welches Sie vorziehen.

5. Der große russische Dramaturg Anton Tschechow hat einmal gesagt: „Alles, was auf der Bühne geschieht, muss zu irgendetwas gut sein." – Diskutieren Sie diesen Gedanken.

Körpersprache, Stimme, Bewegung – elementare Grundlagen des Theaterspielens kennenlernen

Vor einer hauptsächlich theoretisch-gedanklichen Beschäftigung mit dem Theater, seiner Entstehung und wichtigen Phasen seiner Geschichte und der Interpretation einzelner Szenen aus zentralen Werken soll eine praktisch-körperliche Auseinandersetzung mit den elementaren Grundlagen des Theaterspielens stehen: Körper, Bewegung, Gestik, Mimik und Sprechen.

Spiel in der Gruppe

Stop and go

Gehen Sie durch den Raum. Achten Sie darauf, dass Sie sich gleichmäßig im Raum verteilen. Konzentrieren Sie sich dabei zunächst auf sich selbst. Versuchen Sie dann, mithilfe des peripheren Blicks[1] zugleich auch möglichst
5 viele Personen aus der Gruppe wahrzunehmen. Wenn die Spielleitung klatscht, bleiben alle plötzlich stehen. Wenn die Spielleitung erneut klatscht, gehen sie weiter. Wenn Sie diesen Ablauf verinnerlicht haben, probieren Sie ihn ohne einen Impuls von außen. Alle Spielerinnen
10 und Spieler finden gemeinsam einen Impuls, bei dem alle gemeinsam stehen bleiben – und gemeinsam wieder losgehen.

Dünnes Eis

Durchqueren Sie mit der gesamten Gruppe den Raum von einer Ecke zur anderen, ohne den Boden dabei zu berühren und miteinander zu sprechen. Nehmen Sie dazu Stühle als Hilfsmittel. Die Anzahl der Stühle sollte der Hälfte aller an der Übung beteiligten Spielerinnen 5 und Spielern entsprechen. Achtung: Sollten Sie doch miteinander sprechen, wird Ihnen von der Spielleitung ein Stuhl weggenommen.

1. Sammeln Sie in Partnerarbeit Aspekte, die zur Umsetzung der Übung wichtig sind.

2. Vergleichen Sie Ihr Agieren in der Gruppe während der beiden Übungen mit einem Fußballteam.

3. Improvisieren Sie als Gesamtgruppe ein Standbild.
    - Einigen Sie sich auf einen gemeinsamen Ort (z. B. Marktplatz).
    - Gehen Sie immer nacheinander auf die Bühne und nehmen Sie eine Pose ein (z. B. Vierfüßlerstand).
    - Sagen Sie laut, was Sie darstellen (z. B.: „Ich bin der Gemüsestand.").

Cool-down: Blind Games – durch den dunklen Raum

Gemeinsam mit einer Spielpartner / einem Spielpartner bilden Sie ein Tandem. Berühren Sie sich gegenseitig mit den Zeigefingern. Eine Person von Ihnen schließt nun die Augen und wird von der anderen durch den Raum geführt. 5

[1] **peripherer Blick:** aufmerksame Wahrnehmung des Raumes, aller Mitspielenden und Objekte, einschließlich der Blickwinkel links und rechts

Spiel mit dem Körper

Reach it

Stellen Sie sich im Kreis auf. Schließen Sie Ihre Augen und konzentrieren Sie sich auf Ihren Atem. Atmen Sie tief ein und aus. Strecken Sie nun während der Einat-
5 mung Ihre Arme über den Kopf nach oben und versuchen Sie, die Decke zu berühren. Stellen Sie sich auf Ihre Zehenspitzen und machen Sie sich so lang wie möglich. Bei der Ausatmung kommen Sie allmählich in die Ausgangsposition zurück. Wiederholen Sie diesen Vorgang einige Male.

Die Maschine

Geben Sie im Kreis einen Gegenstand pantomimisch weiter. Achten Sie dabei darauf, einen Übergabepunkt für den imaginierten Gegenstand anzubieten. Ziel sind zunächst möglichst „mechanische" Bewegungen und
5 die isolierte Nutzung einzelner Körperpartien (z. B. die Torsodrehung in der Hüfte).

1. Benennen Sie besondere Herausforderungen während der Übungen.

2. Reflektieren Sie die unterschiedliche Qualität von Bewegungen aus der Sicht der Spielerinnen und Spieler und des Publikums.

3. Stellen Sie sich im Kreis auf. Die Füße stehen schulterbreit auseinander, die Arme hängen entspannt neben dem Körper. Achten Sie zugleich darauf, dass Sie aufgerichtet sind. Stellen Sie sich vor, Sie hätten oben am Kopf einen Faden, der Sie behutsam vertikal Richtung Decke zieht. Vermeiden Sie unkontrollierte, private Gesten und Bewegungen (z. B. Haare aus dem Gesicht streichen). Diese offene Ausgangsposition nennt man neutrale Haltung. Schauen Sie sich im Kreis um und nehmen Sie Ihre Mitschülerinnen/Mitschüler wahr.

4. Erproben Sie ausgehend von der neutralen Haltung bewusst gesetzte Bewegungen, Blicke und Gänge. Trainieren Sie dabei den bewussten Fokus auf Ihre Spielpartnerinnen und Spielpartner. Suchen Sie sich eine Partnerin / einen Partner und stellen Sie sich in einem Abstand von einigen Metern gegenüber auf. Sie nehmen eine neutrale Haltung ein, atmen Sie tief ein und aus. Dann geht Spieler/-in A einige Schritte auf Spieler/-in B zu, bleibt stehen, zeigt mit gestrecktem Arm auf Spieler/-in B. Danach dreht sich Spieler/-in A um und begibt sich auf die Ausgangsposition. Anschließend wechseln Sie.

Bewegung im Spiel

Schwarmübung

Kommen Sie im Pulk zusammen. Stellen Sie sich dabei so auf, dass Sie alle in dieselbe Richtung schauen. Eine Person, die im Pulk vorne steht, beginnt vorsichtig (tänzerische) Bewegungen und Gesten. Ein Ziel kann
5 dabei darin bestehen, Gefühle und innere Zustände durch deutliche, expressive Bewegungen zum Ausdruck zu bringen (Euphorie, Trauer, Freude). Die anderen machen diese Bewegung so präzise wie möglich nach. Machen Sie zunächst eher langsamere Bewegun-
10 gen, damit die anderen Spielerinnen und Spieler gut folgen können. Nach einer Weile dreht der/die erste Impulsgeber/-in sich langsam um 90° nach links oder rechts um. Nun ist eine andere Person an der Reihe, die von allen gesehen wird.
15 Nutzen Sie eine atmosphärische Musik als Unterstützung. Versuchen Sie, im weiteren Verlauf der Übung auch in der Hocke oder auf dem Boden liegend zu agieren.

1. Beschreiben Sie Bewegungen aus der Schwarmübung, die besonders ausdrucksstark waren.

2. Erarbeiten Sie in einer Kleingruppe ausgehend von der Schwarmübung drei Bewegungen oder Gesten, die Sie hintereinander und wiederholend (Loop = Wiederholung der Schleife) ausführen.

3. Nutzen Sie die folgenden Hinweise zu unterschiedlichen Bewegungsqualitäten und -ebenen und gestalten Sie eine Choreografie. Diese kann eine Variation der bereits erarbeiteten Szene sein, durch neue Bewegungen ergänzt werden oder durch eine völlig neue Bewegungsabfolge entstehen. Präsentieren Sie Ihre Ergebnisse.

Bewegung im Raum: oben / Mitte / unten / vorne / Mitte / hinten / am Platz / in Bewegung Bewegung in der Zeit: langsam / normal / schnell / synchron / asynchron / Wiederholung (Dynamik) Bewegung in der Gruppe: alleine / zusammen / eng / weit

Wissen und Können

Bewegung auf der Bühne

Im Unterschied zur Bewegung im Alltag oder den geordneten Bewegungen im Sport eröffnet die **Bewegung im (Tanz-)Theater** immer neue und andere Möglichkeits- und Erfahrungsräume, die praktisch entdeckt und erforscht werden können. An traditionellen Erscheinungsformen von Tanz zeigen sich – vom Volkstanz bis zum klassischen Ballett – bestimmte gesellschaftliche Epochen und Kulturen, ihre Bedingungen und Normen. In der Bewegung und im Tanz werden so häufig auch regionale bzw. lokale Wahrnehmungs- und Umgangsweisen mit dem Körper sichtbar.

„Bewegungstheater", „Physical Theatre" oder „zeitgenössische Choreografie" dagegen sind Schlüsselbegriffe für eine experimentelle Praxis, die eine solche traditionelle Vorstellung vom Tanz überwindet. Hier geht es darum – oft ausgehend von alltäglichen Lebens- und Bewegungsformen –, eigene, eigenartige Bewegungsrecherchen in Gang zu setzen. Ziel ist in der Regel weniger eine lineare „Erzählung" als die Untersuchung und Montage unterschiedlicher Bewegungssequenzen. Wie kann man allein mit dem Körper und durch Bewegung etwas erzählen? Unsicherheit oder Ängste können zum Beispiel durch hektische Bewegungen oder den überraschenden Abbruch einer Bewegungssequenz dargestellt werden; harmonische Bewegungen können plötzlich in schnelle, ruckartige und aggressiv-raumgreifende Bewegungen umschlagen. So werden subjektive Befindlichkeiten und Wahrnehmungen der Spielerinnen und Spieler auf der Bühne unmittelbar sichtbar.

Cool-down: Spiegelübung

Stellen Sie sich zu zweit im neutralen Stand einander gegenüber auf. Eine Person (A) fängt an. Person A fängt nun an, z. B. den linken Arm zur Seite zu strecken. Person B ist das Spiegelbild von Person A und folgt ihren Impulsen. Beginnen Sie zunächst mit langsamen Bewe- 5 gungen, damit Ihre Partnerin oder Ihr Partner Ihnen folgen kann.

Gestik und Mimik im Spiel

Traktor fahren

Stellen Sie sich vor, Sie sind ein Farmer / eine Farmerin auf der Suche nach Ihrem Traktor. Gehen Sie durch den Raum und massieren Sie dabei Ihre Gesichtsmuskulatur. Sie haben einen imaginären Kaugummi im Mund,
5 den Sie hingebungsvoll und ausdrucksstark kauen. Auf ein Zeichen finden Sie Ihr Fahrzeug und erklimmen es. Im Fahrerhäuschen angekommen, positionieren Sie sich vor dem imaginären Lenkrad und umfassen es. Schalten Sie nun den Motor ein. Beginnen Sie mit ei-
10 nem Lippentriller und nehmen Sie dann einen tiefen Ton dazu.
Steigern Sie den gestischen und mimischen Ausdruck. Variieren Sie auch in der Tonhöhe. Je schneller der Traktor fährt, desto höher wird der Ton. Achten Sie da-
15 rauf, die Stimme nicht zu überanstrengen

1. Beschreiben Sie die Herausforderung bei der Darstellung dieser Übung.

Wissen und Können

Gestik und Mimik auf der Bühne

Gestik und **Mimik** bestimmen maßgeblich die Gestaltung und Wirkung einer Theaterfigur, indem sie ihre soziale Herkunft, das Alter, Geschlecht etc. szenisch verdeutlichen. Beide Gestaltungselemente dienen der nonverbalen Kommunikation, können also Bedeutung ohne Zuhilfenahme von Sprache transportieren. Zum anderen können sie dem Gesagten besonderen Nachdruck verleihen. Genau kalkulierte Blickrichtungen intensivieren die Interaktion mit den Spielpartnerinnen und Spielpartnern und dem Publikum. Emotionen und Gedanken werden so genauer kenntlich. Bereits kleinste Veränderungen erzielen eine völlig andere Wirkung.
Das Zusammenspiel von Mimik und Gestik liefert für die Zuschauerinnen und Zuschauer nicht nur Zeichen für das Innenleben einer Figur. Der „soziale Gestus" (Bertolt Brecht) zeigt vor allem auch deren **Beziehung zu anderen Figuren**. Für ihre bewusste Nutzung ist die Kenntnis der **sieben Basisemotionen** eine gute Grundlage, die der US-amerikanische Psychologe Paul Ekman als universell gültig beschreibt: Freude, Wut, Furcht, Ekel, Traurigkeit, Überraschung und Verachtung. Von diesen Gefühlen gibt es erfahrungsgemäß unendlich viele Ausprägungen, die gestisch und mimisch zum Ausdruck kommen.

2. Teilen Sie sich auf in eine Gruppe A und eine etwas größere Gruppe B. Gruppe A: Begeben Sie sich in einen Raumlauf. Achten Sie dabei auf eine große, präsente Körperhaltung, einen neutralen Gang und einen klaren Fokus. Auf dem Boden sind vier Bereiche abgetrennt, in deren Mitte jeweils ein Wort für eine Emotion liegt. Wenn Ihre Spielleitung „Freeze" ruft, entscheiden Sie sich für eine passende expressive Pose und bleiben wie eingefroren stehen. Gruppe B: Bilden Sie eine Publikumssituation und verfolgen das Geschehen aufmerksam.

Wut	Verachtung
Angst	Freude

3. Reflektieren Sie, welche gestischen und mimischen Darstellungsformen besonders wirkungsvoll waren und warum.

Cool-down: 30 Sekunden Werbung

Preisen Sie eine hervorragende Idee oder einen grandiosen Gegenstand in 30 Sekunden vor Publikum mit übertriebener Gestik und Mimik an.

Klaus Maria Brandauer als Nathan in „Nathan der Weise" am Wiener Burgtheater am 8.9.2004

Stimme und Sprache im Spiel

Marmelade und Konfitüre

- Legen Sie eine Hand auf Ihren Bauch und versuchen Sie, ruhig in Ihren Bauch zu atmen. Atmen Sie einige Male tief ein und lassen Sie sich bei der Ausatmung gemeinsam nach vorne fallen, sodass Kopf, Oberkörper, Arme nach unten hängen. In dieser Position verweilen Sie für einige Atemzüge. Richten Sie sich anschließend Wirbel für Wirbel wieder auf.
- Massieren Sie Ihre Gesichtsmuskulatur (Stirn, Wangenknochen, Kinn etc.).
- Führen Sie alle gleichzeitig einen stummen Schrei aus (Augen weit auf, Mund weit geöffnet). Kneifen Sie anschließend Ihre Augen zusammen und machen Sie einen Kussmund.
- Erzeugen Sie einen tiefen Ton. Trommeln Sie mit den Fäusten behutsam auf Ihr Brustbein.
- Summen Sie einen tiefen Ton, der allmählich in die Höhe „gezogen" wird und umgekehrt. Unterstützen Sie diese stimmliche Aktion jeweils mit einer Geste.
- Sprechen Sie das Wort „Marmelade" und machen Sie dabei das Gesicht so groß wie möglich. Beim Wort „Konfitüre" machen Sie das Gesicht so klein und eng wie möglich.

1. Benennen Sie (Ihnen bekannte) Organe und Körperteile, die bei der Atmung, beim Einsatz der Stimme und beim Sprechen beteiligt sind.

2. Reflektieren Sie, welche besondere Funktion die Stimme und die Sprache für den Menschen hat.

3. Einigen Sie sich in einer Kleingruppe von bis zu 10 Personen auf ein Märchen, das Sie gemeinsam erzählen wollen. Stellen Sie sich dazu eng nebeneinander im Kreis auf, Schulter an Schulter. Im Uhrzeigersinn wird nun die Geschichte erzählt, wobei jede Person nur einen Satz sagen darf. Dieses Prinzip setzt sich im Kreis fort, bis das Märchen zu Ende erzählt ist. Präsentieren Sie Ihr Märchen im Kurs, indem Sie sich in einer eng stehenden Reihe positionieren.

Cool-down: Hey, Kon Kara!

Kommen Sie im Kreis zusammen. Eine Person ruft nacheinander die drei Zeilen, sehr deutlich und ausdrucksstark. Alle anderen antworten. Danach wird gewechselt, bis alle einmal an der Reihe gewesen sind.

Call: Hey, Kon Kara   Response: Hey, Kon Kara   5
A Kon Kon Kara   A Kon Kon Kara
Adosa Di Famosa   Adosa Di Famosa

„Call and Response"-Verfahren kennen Sie von Popkonzerten oder aus dem Fußballstadion: Eine Person singt/ruft einen Song oder einen Schlachtruf, der dann von 10 den Anwesenden lautstark wiederholt wird.

4. **Was Sie noch machen können:**

   Suchen Sie sich ein Theaterstück aus oder eine Szene, die hier im Lehrwerk abgedruckt ist, und entwerfen Sie dazu Kostüme, ein Bühnenbild und einen Plan, wie die Figuren auf der Bühne zueinander stehen. Stellen Sie auch Überlegungen zu nötigen Requisiten, Beleuchtung und Klang (Sounds und Songs) an.

Wissen und Können

Sprechen auf der Bühne

Für eine **bewusst inszenierte Sprechweise** braucht es Übung und Konzentration. Erst wenn die Spielerinnen und Spieler verstanden haben, was sie auf der Bühne sagen, können sie ein Gefühl sprachlich nuanciert darstellen – und so beim Publikum innere Bilder wachrufen. Die Gestaltung des stimmlichen Ausdrucks war lange ein Kennzeichen „großer" Schauspielkunst. Im Theater der Gegenwart zählt jedoch nicht mehr allein die „richtige" Artikulation und Modulation, vielmehr geht es häufig um eine geformte Alltagssprache: Heiseres oder bewusst nachlässiges Sprechen wird als Kunstform ausgestellt; Momente, in denen die Stimme bricht oder fast versagt, werden durch Mikrofon verstärkt.

Die Anfänge – Das antike Theater

In jeder größeren Stadt gibt es heute einen Theaterbau, oft mit einem professionellen Ensemble, in manchen kleineren Orten existieren Volksbühnen und Laienspielscharen, an vielen Schulen werden Theater- und Schauspiel-Arbeitskreise angeboten. Aber woher kommt diese Tradition eigentlich? Wie entstand das Theater?

Die ältesten bekannten Wurzeln liegen in religiösen Ritualen der Frühzeit. Zur Verehrung von Ahnen oder zur Anbetung von Göttern vollführte ein Priester kultische Handlungen, die Gemeinde schaute dabei wie ein Publikum zu.

Genauere Kenntnisse über die Geburt des Theaters lassen sich erst aus Belegen der griechischen Antike ableiten, konkret aus Athen zur Zeit des 6. bis 5. vorchristlichen Jahrhunderts. Im Rahmen eines kultischen Festes zu Ehren des Gottes Dionysos führte man eine Art Dichterwettstreit durch:

Peter Simhandl (1939 – 2007)
Dichterwettstreit im antiken Athen

Bevor das Fest begann, versicherte man sich durch einen symbolischen Akt der „Anwesenheit" des Dionysos[1]. Aus einem Dorf in der Umgebung holte man sein Kultbild, brachte es in einen kleinen Tempel außerhalb
5 der Stadtmauern und geleitete es dann nach Einbruch der Dunkelheit mit einem Fackelzug zum Heiligentum in der Nähe des Theaters. Am Morgen des ersten Festtages fand eine prächtige Opferprozession statt, in der hölzerne Phalloi[2] mitgeführt wurden. Der Nachmittag
10 war dem Wettkampf von Männerchören im Vortrag des Dithyrambos[3] vorbehalten. Die folgenden vier Tage standen ganz im Zeichen des Theaters. Am ersten kamen fünf, später nunmehr drei Komödien, an den folgenden jeweils eine Tragödien-Trilogie mit abschlie-
15 ßendem Satyrspiel[4] zur Aufführung. Vor Beginn wurde ein Ferkel geschlachtet und sein Blut versprengt, um den Spielort und die versammelten Zuschauer zu entsühnen. Dann wurden aus den Vertretern der Stadtbezirke durch das Los die Schiedsrichter für den Wett-

kampf bestimmt. Am Schluss des Tragödien-Agon[5] 20 entschieden sie über den Sieg und die Plätze. Der Chor wurde ausgezeichnet; der siegreiche Autor wurde bekränzt und erhielt einen staatlichen Ehrensold, wie auch die übrigen im Wettkampf vertretenen Dramatiker. Ihre Namen wurden in Stein gehauen und so der 25 Nachwelt überliefert. Am Tag nach dem Dionysos-Fest wurde eine Volksversammlung abgehalten, in der man den ganzen Ablauf diskutierte und Änderungsvorschläge beschloss. Wie alle wichtigen Vorgänge in der Polis[6] von Athen unterlagen also auch die Theaterfeste der 30 Kontrolle durch die Öffentlichkeit.

Die Dionysien waren ein Ereignis, an dem ein großer Teil der freien Bürger von Athen sowie Gäste aus den verbündeten Städten teilnahmen. Ob Frauen dabei waren, ist bis heute nicht geklärt. Sklaven hatten nur in 35 Begleitung ihrer Herren Zutritt. Die männlichen Vollbürger saßen getrennt vom Rest des Publikums auf den besseren Plätzen, und zwar geordnet nach Stadtbezirken. Alle Zuschauer kamen bekränzt und in Festtagskleidern. Man brachte sich etwas zu essen mit und ei- 40 nen gehörigen Vorrat Wein; schließlich war dieser Saft dem Gott geweiht, dessen Fest man feierte. Es herrschte eine recht gehobene Stimmung und eine große Bereitschaft mitzugehen; Zeitgenossen berichten von häufigem Szenenapplaus und Zwischenrufen. Aus dem Pub- 45

Antikes Theater in Ephesus

---

[1] **Dionysos:** Gott des Weines, der Freude, der Fruchtbarkeit und der Ekstase – [2] **Phalloi:** stilisierte Darstellung des männlichen Geschlechtsteils – [3] **Dithyrambos:** kultisches Weihelied auf Dionysos; im allgemeineren Sinne: Loblied, begeisternde Würdigung – [4] **Satyrspiel:** heiter-groteskes mythologisches Spiel nach einer Tragödientrilogie, dessen Chor aus Satyrn (Waldgeister, Begleiter des Dionysos in der griechischen Sage) bestand – [5] **Tragödien-Agon:** Wettkampf – [6] **Polis:** Stadtstaat

likum kamen sachkundige Kommentare, denn die in den Tragödien[1] behandelten Mythen waren ja allgemein bekannt und ebenso die aktuellen Themen der Komödien. Die Leistungen der Schauspieler wurden
50 streng kritisiert; spielte einer besonders schlecht, drohte man ihm Prügel an. Der Eintrittspreis wurde von einem Privatunternehmer erhoben, der mit dem Ordnungsdienst betraut war. Weil Geldmangel kein Hindernis sein sollte, den Aufführungen beizuwohnen,
55 wurde unter Perikles das „Theorikon" eingeführt, ein staatliches Ausgleichsgeld für den Verdienstausfall während der im Theater verbrachten Zeit.

(2001)

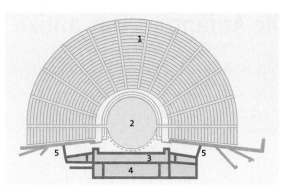

Skizze eines antiken Theaterbaus
1 – Theatron, die Zuschauerränge
2 – Orchestra, Bühne, Spielplatz für den Chor
3 – Proskenion, fassadenartiger Vorbau, der auch als Kulisse genutzt wurde
4 – Skene, Bühnenhaus
5 – Parados, Eingang zur Bühne und zum Zuschauerraum

Dionysostheater in Athen mit Orchestra, Proskenion und Skene (Zeichnung aus dem Jahr 1891)

1. Beschreiben Sie die Charakteristika des antiken Theaters. Legen Sie dazu Oberbegriffe fest, ordnen Sie die Detailinformationen des Textes diesen Oberbegriffen zu und erstellen Sie eine Mindmap. Benutzen Sie diese für einen kurzen mündlichen Vortrag.

2. Benennen Sie die Elemente des antiken Theaters, die sich bis heute erhalten haben, und beschreiben Sie, was sich verändert hat.

3. Entwerfen Sie einen fiktiven Programmzettel für ein antikes Theaterfest.

Theatermasken

Im antiken griechischen Theater benutzten die Schauspieler **Masken**, um den **Charakter ihrer Figur** zum Ausdruck zu bringen. Der Darsteller selbst verschwand so hinter seiner Rolle. Es gab **tragische und komische Maskengesichter**, die ausdrucksvoll, aber einfach gehalten waren, sodass auch die Zuschauer in den hinteren Rängen sie erkennen konnten. Neben der **Typisierung der Rollen** hatten die Masken darüber hinaus weitere Vorteile: Zum einen konnten mit einer begrenzten Anzahl von Schauspielern (traditionell nur drei Darsteller) mehrere Charaktere besetzt werden. Durch den Maskenwechsel konnte der Schauspieler schnell in eine andere Rolle schlüpfen – und auch Frauenrollen konnten durch das rein männliche Ensemble so übernommen werden. Zum anderen hatten die Masken den Effekt, durch den offenen Mundbereich die Stimme des Schauspielers zu verstärken und besser hörbar zu machen. Das lateinische Wort *personare* bedeutet *hindurchtönen*.

Der Dichter Euripides überreicht Skene, dem personifizierten Theater, eine Schauspielermaske.

---

[1] Das Wort **„Tragödie"** entstammt dem Theater der griechischen Antike und bezeichnet einen „Bocksgesang" bzw. „Gesang um den Bockspreis", griech. τραγωδια, *tragodía*. Beim Dionysoskult wurden Umzüge mit Maske und Bocksfell, griech. τραγοζ, *tragos*, zur Darstellung des Gottes selbst oder eines der ihn begleitenden Satyrn aufgeführt.

Die „Antigone" des Sophokles als Beispiel eines antiken Dramas

Alexandra Wölke (geb. 1978)
Vorbemerkungen

Sophokles – Eine biografische Notiz

Der Autor des Dramas „Antigone", Sophokles, wurde um 497/96 v. Chr. im Gebiet Kolonos unfern von Athen ge-
5 boren. Er stammte aus einer wohlhabenden, politisch eher konservativ ausgerichteten Familie und erhielt eine umfassende geistige und körperliche Ausbildung.
10 Sophokles lebte und wirkte am Theater in Athen, der Hauptstadt Griechenlands und dem neben Sparta bedeutsamsten griechischen Stadtstaat (Polis, Plural: Poleis). Die Herrschaftsform der
15 Demokratie hatte sich hier wie auch in anderen griechischen Poleis nach der Beseitigung der Monarchie und einer Periode der Oligarchie, in der sich verschiedene Adelsgeschlechter um die Herrschaft stritten, herausgebildet. In diesem Zu-
20 sammenhang kam es zu einer immer stärkeren Einbeziehung breiter Bürgerschichten in politische Entscheidungsprozesse. Die Entwicklung zur Demokratie verlief jedoch nicht gradlinig. Soziale Spannungen in dieser wie auch anderen Poleis begünstigten die Herr-
25 schaftsform der Tyrannis. Bei dieser Herrschaftsform handelt es sich um die Alleinherrschaft eines Mannes, welcher in seiner Polis zumeist durch Gewalt an die Macht gekommen war und durch sie regierte. In seinen Theaterstücken wie der „Antigone" griff Sophokles
30 Fragen, die das politische System der Polis und das Handeln der darin Agierenden betrafen, auf und leistete damit einen wichtigen Beitrag zur Reflexion und Gestaltung des gesellschaftlichen Zusammenlebens.
Angesichts der Vielzahl seiner Stücke – es heißt, er ha-
35 be 123 Tragödien verfasst – ist er bis heute einer der erfolgreichsten Theaterautoren. Er war ein jüngerer Zeitgenosse der beiden großen anderen griechischen Dramenautoren Aischylos (525/524 – 456 v. Chr.) und Euripides (480 – 406 v. Chr.).
40 Da es Sophokles gelang, mit den Themen seiner Tragödien die Menschen der Polis zu bewegen, genoss er ein

Sophokles

außergewöhnlich hohes Ansehen. Angesichts des politischen Gehaltes seiner Werke übertrug ihm die Bürgerschaft Athens auch andere Aufgaben, und so
45 übernahm er politische und religiöse Ämter. Er wirkte einerseits zeitweise als Schatzmeister des attischen Seebundes[1], andererseits übernahm er aber auch priesterliche Aufgaben. Sophokles starb
50 im hohen Alter im Jahre 404 v. Chr.

Thematik und erste Informationen zum Inhalt des Dramas

Die Handlung spielt in Griechenlands mythischer Vorzeit in der Stadt Theben.
55 Um die Herrschaft in dieser „Polis", einem antiken griechischen Stadtstaat, ist gerade ein erbitterter Kampf zwischen den Königssöhnen Eteokles und Poly-
60 neikes zu Ende gegangen. Die Vereinbarung, die Herrschaft im jährlichen Wechsel auszuüben, ist gescheitert, weshalb der daraufhin vertriebene Polyneikes die Stadt gewaltsam zurückerobern wollte. Die Brüder haben sich im Kampf gegenseitig ermordet und so kommt ihr Onkel Kreon an die Macht. Die Königsfamilie be-
65 steht neben den Brüdern aus den beiden Schwestern Antigone und Ismene, die allerdings als Frauen keinen Anspruch auf den Thron haben.
Vor dem Palast sucht Antigone das Gespräch mit Ismene, um sie zur Mithilfe ihres noch geheimen Planes zu
70 bewegen. Sie will dem Gebot Kreons, den Bruder Polyneikes unbestattet den Vögeln zum Fraß zu überlassen, zuwiderhandeln. Ismene lehnt jedoch aus Angst vor der Staatsgewalt ab und sieht keinen Sinn darin, sich aufzulehnen.
75
Als der neue Herrscher Thebens vor den Stadtältesten seine Antrittsrede hält, hat Antigone seine Anweisung bereits übertreten und an dem Toten die heiligen, von den Göttern geforderten Bestattungsriten vollzogen,
80 ohne ihn jedoch vollständig begraben zu können. Ein Wächter, den Kreon bei der Leiche postiert hat, berichtet von der Zuwiderhandlung und wird abermals losgeschickt, um den Täter zu finden. Alle Beteiligten können sich für diese kühne Tat nur einen Mann als

---

[1] **Der attische Seebund:** Bündnissystem zwischen Athen und anderen Stadtstaaten in Kleinasien und den vorgelagerten Inseln zum Schutz und zur Verteidigung

85 Schuldigen vorstellen. Der Chor, der aus den Stadtältesten besteht, besingt in seinem ersten Standlied die „ungeheuren" Fähigkeiten des Menschen.

Der Wächter kommt zurück und beschuldigt Antigone der Tat. Sie sei abermals bei der Leiche gewesen, die die
90 Wächter vom Sand befreit haben, und habe die Bestattungsrituale am Leichnam, das Bestreuen mit Sand und den Weiheguss, wiederholt.

Der Chor und sein Lied – Eine Besonderheit des antiken Theaters

95 Der Chor ist im antiken Theater ein Gremium, das zumeist aus vornehmen Greisen besteht und im Geschehen als eine Art kollektive dramatische Person agiert. Diese kann in den Dialog mit anderen Personen treten und diesen beispielsweise Rat geben, Trost spenden
100 oder auch Warnungen aussprechen, die letztlich auch an das Publikum gerichtet sind.

Daneben hat der Chor auch weitere Funktionen. So kündigt er dem Zuschauer neu auftretende Personen an und kommentiert vielfach die Handlung. In den Stand-
105 liedern, deren Duktus sich durch eine stärker lyrische Form von seinem Sprechen innerhalb der verschiede-

nen Akte unterscheidet, reflektiert der Chor die Handlung auf einer höheren Ebene, indem er sie in einen Bezug zu einer mythischen Vergangenheit setzt und zentrale Motive daraus aufgreift. Hierdurch stellt er das 110 Geschehen verallgemeinernd in einen größeren, überzeitlichen Sinnzusammenhang.

Die Standlieder wurden im Gegensatz zu den Sprechakten in den sogenannten „Epeisodia" (den Akten) auch tatsächlich gesungen. Sie bestanden aus zwei Teilen und 115 wurden jeweils von rechts oder links sich bewegenden Chorleuten vorgetragen. Im Text wird dies mit den Begriffen „Strophe und Gegenstrophe" kenntlich gemacht. Im konkreten Drama „Antigone" handelt es sich bei dem Chor um einen Ältestenrat der Stadt Theben. Er 120 soll König Kreon beratend zur Seite stehen, wird von ihm in dieser demokratisierenden Funktion jedoch nur ein einziges Mal überhaupt wahrgenommen. Angesichts des tyrannischen Herrschaftsverständnisses des Königs ist der Einfluss des Chors auf den Handlungs- 125 gang demnach eher gering. Seine Haltung veranschaulicht somit hier eher die Ohnmacht der Bürger im Kontext einer autoritären Führung.   *(2020)*

Der Chor im antiken Theater, Lithografie von Carl Votteler, 1891

Mit dem ersten Standlied stellt der Chor die Frage nach dem Wesen des Menschen und gibt damit zu verstehen, dass die konkrete Handlung des Dramas ganz wesentliche und überzeitliche Themen des Menschseins aufgreift.

Das „Erste Standlied" des Chores

Strophe 1

Chor: Ungeheuer ist viel, doch nichts
Ungeheuerer als der Mensch.
Durch die grauliche Meeresflut,
5 Bei dem tobenden Sturm von Süd,
Umtost von brechenden Wogen,
So fährt er seinen Weg.
Der Götter Ursprung, Mutter Erde,
Schwindet, ermüdet nicht. Er mit den pflügenden,
10 Schollen aufwerfenden Rossen die Jahre durch
Müht sie ab[1], das Feld bestellend.

Gegenstrophe 1

Sorgloser Vögel Schwarm umstellt
Er mit garngesponnenem Netz.
15 Und das Wild in all seiner Art,
Wie des salzigen Meeres Brut,
Er fängt's, der List'ge, sich ein,
Der überkluge Mann.
Beherrscht durch Scharfsinn auch der Wildnis
20 Schweifendes Tier und er zähmt auch die mähnigen
Rosse mit nackenumschließendem Jochholz,
Auch den unbezwungnen Bergstier.

Strophe 2

25 Das Wort wie den windschnellen Sinn,
Das Thing[2], das die Staaten gesetzt,
Solches bracht er alles sich bei und lernt auch,
Dem Frost da drauß zu entgehn,
Sowie des Sturms Regenpfeil.
30 Rat für alles weiß er sich, und ratlos trifft
Ihn nichts, was kommt. Nur vorm Tod
Fand er keine Flucht. Doch sonst
Gen[3] heillos Leiden hat er sich
Heil ersonnen.

Gegenstrophe 2

35 Das Wissen, das alles ersinnt,
Ihm über Verhoffen[4] zuteil,
Bald zum Bösen und wieder zum Guten treibt's ihn.
Wer treulich ehrt Landesart
Und Götterrecht, dieser steht
40 Hoch im Staat. Doch staatlos, wer sich zugesellt
Aus Frevelmut[5] bösen Sinn.
Nie sei der mein Hausgenoss
Und nie auch meines Herzens Freund,
Der das waget.

1. Erarbeiten Sie in Gruppen eine „chorische Lesung". Formulieren Sie im Anschluss Ihre ersten Eindrücke.

2. Erschließen Sie das Standlied inhaltlich, indem Sie
herausarbeiten, welche Fähigkeiten des Menschen genannt werden,
herausstellen, welche unterschiedlichen Menschenbilder sich ableiten lassen bzw. in welchen Rollen der Mensch gesehen wird,
neben den Fähigkeiten auch die Grenzen des Menschen, die im Lied deutlich werden, benennen
und zuletzt die Wertungen des Chores, wer „[h]och im Staat" (Z. 40) steht oder „staatlos" (ebd.) ist, auf den noch latenten Konflikt zwischen Kreon und Antigone beziehen.

---

[1] **Müht sie ab:** Gemeint ist die Anstrengung, die der Mensch der Erde abverlangt, z. B. in Bezug auf den Ackerbau. –
[2] **Thing:** In germanischer Zeit Volksversammlung; gemeint ist die Kraft, die den Menschen zur Bildung von Staaten treibt. –
[3] **gen:** gegen – [4] **über Verhoffen:** mehr, als er gehofft hat – [5] **aus Frevelmut:** aus Wagemut unrecht handeln

3. Diskutieren Sie, inwiefern Sie diesem Menschenbild zustimmen können, indem Sie die folgenden Zitate über das Wesen des Menschen in Bezug zum Text setzen und dazu Stellung nehmen.

- „Beim Menschen ist kein Ding unmöglich, im Schlimmen wie im Guten."

  (Christian Morgenstern (1871 – 1914), dt. Schriftsteller)

- „Wir leben in einem gefährlichen Zeitalter. Der Mensch beherrscht die Natur, bevor er gelernt hat, sich selbst zu beherrschen."

  (Albert Schweitzer (1875 – 1965), dt.-frz. Arzt und Theologe)

- „Alles, was sich ein Mensch vorstellen kann, werden andere Menschen verwirklichen."

  (Jules Verne (1828 – 1905), frz. Schriftsteller)

- „Das Drama aller Zeiten hat eigentlich nur ein einziges Thema gehabt: Die Unfähigkeit der Menschen, miteinander zu leben."

  (Gerhard Bronner (1922 – 2007), österr. Komponist)

- „Im Grunde sind es doch die Verbindungen mit Menschen, die dem Leben seinen Wert geben."

  (Wilhelm von Humboldt (1767 – 1835), preuß. Gelehrter und Schriftsteller)

- „Wir müssen immer lernen, zuletzt auch noch sterben lernen."

  (Marie von Ebner-Eschenbach (1830 – 1916), österr. Schriftstellerin)

Kreon und Antigone – Die Antagonisten

Plakat für eine Theateraufführung

Plakat für ein Live-Hörspiel zum Drama „Antigone"

1. Beschreiben Sie die Plakate zu Inszenierungen des Dramas „Antigone".

2. Leiten Sie aus diesen Plakaten, den Informationen zum Inhalt (S. 103 f.) und dem Chorlied (S. 105) Hypothesen zu den zentralen thematischen Schwerpunkten ab.

3. Stellen Sie begründete Vermutungen über den Fortgang der Handlung an.

Zweiter Auftritt (Auszug)

[...]

Kreon *zu Antigone*:

Du, die das Haupt du niedersenkst zur Erde,
Gestehst du dein Vergehen oder nicht?

5 **Antigone:**

Ja, ich bekenne, und ich leugne nicht.

Kreon *zum Wächter*:

So bist du frei, kannst hingehn, wo du willst!
Schweren Verdachtes bist du los und ledig.

10 *Wächter ab*

Kreon *zu Antigone*:

Du sprich, doch ohne Umschweif, kurzgefasst,
War dir der Ausruf des Verbotes klar?

Antigone:

15 Wie sollt er nicht? Es war ja laut genug.

Kreon:

Du wagtest, mein Gebot zu übertreten?

Antigone:

War's doch nicht Zeus, der dieses mir geboten,
20 Noch Dike[1], hausend bei den untern Göttern,
Die dies Gesetz festsetzten unter Menschen.
Auch hielt ich nicht so stark dein Gebot,
Dass Menschenwerk vermöcht zu überholen
Das ungeschriebene, heilige Recht der Götter.
25 Denn nicht von heute oder gestern, ewig
Lebt dieses ja, und keiner weiß, seit wann.
Um dieses wollt ich nicht in Strafe fallen
Bei Göttern, nur aus Angst vor Menschenwitz[2].
Dass Tod mein Menschenlos, das wusst ich so,
30 Auch wenn du's mir nicht verkündet. Sterb' ich vor
Der Zeit, so gilt mir das nur als Gewinn.
Denn wer so heimgesucht vom Leid wie ich,
Für den ist früher Tod nichts als Erlösung.
Dass mich der Tod trifft, das ist mir nicht schmerzlich,
35 Doch hätt ich meiner eignen Mutter Sohn
Als Leiche unbestattet liegen lassen,
Das wär ein Schmerz! Doch dieses schmerzt mich nicht.
Schein ich mit meinem Tun dir eine Närrin,
So zeiht[3], dünkt mich, ein Narr der Narrheit mich.

40 **Chorführer:**

Des stolzen Vaters Sinn hat sie geerbt.
Not beugt die starke Seele nicht, noch Unglück.

Kreon:

Gebt acht, der starre Trotz sinkt rasch dahin,
45 Wie eines Stahles sprödgeglühte Härte
Zu allererst in Stücke bricht und Splitter.
Mit kurzem Zügel wird der Übermut
Der Rosse schnell gebändigt. Denn es ziemt[4]
Kein Hochmut dem, der Diener ist im Haus.
50 Doch die verstand sich schon auf Übermut,
Als sie mein öffentlich Gebot verletzt.
Und Übermut zum Zweiten ist's, dass jetzt
Sie mit der Tat sich brüstet und mich höhnt.
Ich wär nicht mehr der Mann, der Mann wär sie,
55 Wenn solche Tat ihr ungeahndet bliebe.
Nein! Sei sie meiner eigenen Schwester Kind,
Ja mög sie nähern Bluts mir sein als alle,
Die mir an meiner Herde Zeus beschirmt,
Nicht sie, nicht ihre Schwester soll entgehn
60 Dem schlimmsten Los. Denn die auch klag ich an,
Dass sie an dem Begräbnis mitgeplant.
Auch die hat Rat und Teil an ihrem Frevel.
Ruf sie heraus! Noch eben sah ich sie
Das Haus durchirren mit verstörtem Antlitz.
65 Es pflegt ja das Gewissen zu verraten,
Wo Böses dunkel ausgesponnen wird.[5]
Doch die hass ich am meisten, die der Tat,
Mit dreister Stimme trotzend, noch sich rühmt!

Antigone:

70 Hast du mit meinem Tod noch nicht genug?

Kreon:

Vollauf genug! Doch den sollst du mir leiden.

Antigone:

Was säumst[6] du also? Wie mir deine Worte
75 Nicht jetzt noch fürder[7] je erfreulich sind,
So müssen auch die meinen dir verhasst sein.
Wie aber sollte ich mir edleren Ruhm
Erwerben, als indem ich meinen Bruder
Ins Grab gesenkt. Auch diese[8] würden's loben,
80 Wenn nicht die Furcht die Lippen ihnen schlösse.
Doch hat Tyrannenmacht zu anderem Glück noch dies,
Dass sie darf tun und reden, was sie will.

Kreon:

Allein[9] vom ganzen Volke denkst du so.

---

[1] **Dike:** In der griechischen Mythologie ist Dike die Göttin der Gerechtigkeit. – [2] **Menschenwitz:** Gemeint ist die „Hybris", d. h. die Selbstüberschätzung des Menschen, der sich über göttliche Gebote erhaben fühlt (diese Wertung bezieht sich auf Kreons Bestattungsverbot). – [3] **zeiht:** bezichtigt – [4] **ziemt:** zustehen – [5] Später ändert Kreon in Bezug auf Ismene seine Haltung und begnadigt sie. – [6] **säumst:** zögerst – [7] **fürder:** weiterhin – [8] **diese:** Gemeint ist der anwesende Chor. – [9] **Allein:** als Einzige

Antigone:

85 Nein, diese auch; nur duckt man hündisch sich.

Kreon:

Du schämst dich nicht, dass du allein so denkst?

Antigone:

90 Ist das denn Schande, eignes Blut zu ehren?

Kreon:

War denn, der vor ihm fiel, nicht deines Blutes?

Antigone:

Ein Blut, von einem Vater, einer Mutter.

95 **Kreon:**

Wie kannst du, jenen ehrend, diesen schänden?

Antigone:

Zustimmung findet das nicht bei den Toten.

Kreon:

100 Doch! Wenn du ihn gleichstellst mit diesem Frevler.

Antigone:

Kein Knecht, sein ebenbürtiger Bruder war's.

Kreon:

Doch Feind des Landes, der[1] indes sein Schirm.

105 **Antigone:**

Doch Hades[2] will nur gleiches Recht für alle.

Kreon:

Doch nicht für Gut und Böse gleiches Recht!

Antigone:

110 Wer weiß, ob drunten diese Ordnung gilt?

Kreon:

Nein! Hass wird selbst im Tode nicht zu Liebe.

Antigone:

Nein! Hass nicht, Liebe ist der Frau Natur.

115 **Kreon:**

Lieb drunten, wenn geliebt sein muss, sie beide!
Solang ich lebe, soll kein Weib regieren.

1. Geben Sie den Inhalt des Gesprächs mit eigenen Worten wieder.

2. Erarbeiten Sie in Partnerarbeit einen dialogischen Lesevortrag der Szene. Machen Sie dabei die Emotionen der Figuren deutlich.

 Einen Überblick und Hinweise zu Inszenierung literarischer Texte finden Sie unter: WES-127877-010

3. Leiten Sie daraus ab, welche Motive die Figuren in ihrem Handeln bestimmen.

4. Diskutieren Sie die folgende Deutung des Konflikts zwischen Antigone und Kreon durch den deutschen Philosophen Georg Friedrich Wilhelm Hegel (1770 – 1831).

„Auf eine plastische Weise wird die Kollision der beiden höchsten sittlichen Mächte gegeneinander dargestellt in dem absoluten Exempel der Tragödie, Antigone; da kommt die Familienliebe, das Heilige, Innere, der Empfindung angehörige [...] mit dem Recht des Staats in Kollision. Kreon ist nicht ein Tyrann, sondern ebenso eine sittliche Macht. Kreon hat nicht Unrecht; er behauptet, dass das Gesetz des Staats, die Autorität der Regierung geachtet werde[n muss] und Strafe aus der Verletzung folgt. Jede dieser beiden Seiten verwirklicht nur die eine der sittlichen Mächte, hat nur die eine derselben zum Inhalt. Das ist die Einseitigkeit, und der Sinn der ewigen Gerechtigkeit ist, dass beide Unrecht erlangen, weil sie einseitig sind, aber damit auch beide Recht."

(G. F. W. Hegel: Vorlesungen über die Ästhetik)

Szenenfoto aus einer Wiesbadener Inszenierung von Manfred Karge

---

[1] **der:** Gemeint ist hier Eteokles, der in Kreons Augen als Herrscher das Land beschützen wollte und rechtmäßig an der Macht war. – [2] **Hades:** Gott der Unterwelt

Juliette Binoche (Antigone) und Patrick O'Kane (Kreon) in Ivo van Hoves Inszenierung von Sophokles' Tragödie „Antigone", zu sehen 2015 bei den Ruhrfestspielen in Recklinghausen

Szenenfoto aus einer „Antigone"-Inszenierung, Staatstheater Darmstadt

5. Vergleichen Sie die Abbildungen aus verschiedenen Inszenierungen miteinander und erläutern Sie, welche davon zu Ihrer eigenen Vorstellung der Figuren passt und welche nicht.

6. Beschreiben Sie den Aufbau des zweiten Auftrittes mithilfe des Schaubildes auf der nächsten Seite.

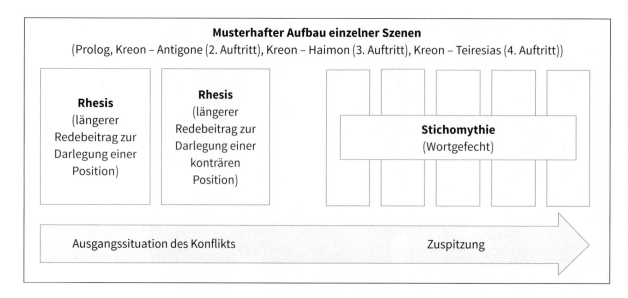

Musterhafter Aufbau einzelner Szenen
(Prolog, Kreon – Antigone (2. Auftritt), Kreon – Haimon (3. Auftritt), Kreon – Teiresias (4. Auftritt))

Rhesis
(längerer Redebeitrag zur Darlegung einer Position)

Rhesis
(längerer Redebeitrag zur Darlegung einer konträren Position)

Stichomythie
(Wortgefecht)

Ausgangssituation des Konflikts

Zuspitzung

7. Interpretieren Sie jeweils die „Rhesis" Kreons und die Antigones: Welche Grundhaltungen werden deutlich und wie äußern sich diese in der Sprechweise der Figuren?

8. Arbeiten Sie heraus, mit welchen Argumenten Antigone und Kreon jeweils ihr Handeln rechtfertigen und das Handeln des anderen ablehnen.

9. Erläutern Sie, welche Funktion ein solcher Szenenaufbau bezüglich des Handlungsverlaufs und vor allem bezüglich des tragischen Endes hat.

10. Lesen Sie die Informationen zum Fortgang der Handlung im dritten Auftritt und erläutern Sie das Handeln der Antagonisten.

Der Fortgang der Handlung (Inhalt des dritten Auftritts)

Kreon kündigt an, sowohl Antigone als auch ihre Schwester Ismene mit dem Tod zu bestrafen. Daraufhin solidarisiert sich Ismene mit Antigone und bekennt sich zu der Tat, obwohl sie daran keinen Anteil hat. An-
5 tigone jedoch weist ihr Ansinnen zurück und will allein in den Tod gehen. Der Chor besingt in seinem zweiten Standlied die leidvolle Geschichte der königlichen Familie, der Labdakiden, und die Macht des Schicksals über den Menschen.
10 Kreons Sohn Haimon ist der Verlobte Antigones. Er versucht, den Vater umzustimmen, und argumentiert damit, dass dies auch der heimliche Wille des thebanischen Volkes sei. Als Kreon unnachgiebig bleibt, droht der Sohn mit Selbstmord. Der Chor besingt in seinem dritten Standlied die Macht des Eros, des Gottes der be-
15 gehrlichen Liebe.
Antigone wird dazu verurteilt, lebendig in ein Felsengrab gesperrt zu werden, wo sie sterben soll. Sie stimmt selbst ihre Totenklage an und beweint sowohl ihr persönliches als auch das Schicksal ihrer Familie. Der Chor
20 erinnert in seinem vierten Standlied an jene mythischen Figuren, die ein ähnliches Schicksal erdulden mussten wie jetzt Antigone.

Antigones Gang ins Felsengrab (vierter Auftritt) – Inszenierungsentscheidungen

1. Beschreiben und deuten Sie das Szenenfoto aus einer Bielefelder Inszenierung im Jahr 2009. Achten Sie dabei insbesondere auf das Bühnenbild, die Mimik und Körperhaltung der Personen sowie auf deren Kleidung.

Antigone (Nicole Lippold) beschwört die Alten, gespielt von Bielefelder Bürgern.

2. Bei den „Alten" handelt es sich in diesem Falle nicht um Bühnenschauspieler, sondern um Bürger der Stadt Bielefeld. Stellen Sie Überlegungen dahingehend an, welche Intention hinter dieser Entscheidung stehen könnte und wie die Umsetzung auf die Zuschauer und Zuschauerinnen wirken könnte.

3. Vergleichen Sie das Szenenbild mit dem folgenden Bild im Hinblick darauf, wie die Figuren konzipiert sind und wie sie agieren.

Szene mit Joan Maria Grovin als Antigone in dem gleichnamigen Drama von Sophokles in der Übertragung von Friedrich Hölderlin am 12.04.1959 im Residenz-Theater in München

Der Dramenschluss (fünfter Auftritt und Schlussszene)

Ein blinder Seher, Teiresias, wendet sich an Kreon und warnt ihn. In seiner Vogelschau, einer Weissagungsmethode, habe er gesehen, dass sich die Götter von der Stadt abwendeten. Dies sei Kreons Schuld, weil er durch
5 sein Bestattungsverbot zugelassen habe, dass die Opferaltäre entweiht würden. Dieser lässt sich zunächst nicht beeindrucken und unterstellt dem Seher ein eigennütziges Motiv. Er wirft ihm vor, dass er von seinen Gegnern mit Geld bestochen worden sei und sich ihm
10 deshalb entgegenstelle. Erst als Teiresias den Untergang seines gesamten Hauses voraussagt, lenkt Kreon erschüttert ein. Er will den Ratschlag des Chors befolgen, Polyneikes zu bestatten und Antigone aus der Felsengruft zu befreien. In seinem fünften und letzten Standlied beschwört der Chor den Gott Dionysos und 15 bittet um Heil für die Stadt.

Für eine Wendung des Schicksals ist es jedoch bereits zu spät. Ein Bote berichtet davon, dass sich Antigone in ihrem steinernen Grab erhängt habe. Haimon richtet darauf in seiner Verzweiflung das Schwert zuerst gegen 20 seinen eintreffenden Vater. Diesem jedoch gelingt die Flucht. Haimon begeht daraufhin Selbstmord. Als Eurydike, die Gattin Kreons, davon erfährt, verflucht sie ihren Mann als Kindesmörder und ersticht sich. Kreon bleibt allein als gebrochener Mann zurück und erkennt 25 seine Verfehlung an.

1. Bewerten Sie diesen Dramenschluss.

2. Stellen Sie sich vor, Sie wären im antiken Theater gewesen und hätten das Drama auf der Bühne gesehen. Mit welchen Emotionen würden Sie nach Hause gehen?

Aristoteles: Über die Tragödie

Aristoteles (384 – 322 v. Chr.) war ein griechischer Gelehrter und gilt bis heute als einer der einflussreichsten Philosophen und Naturforscher in der Geschichte. Er war ein Schüler Platons und wurde zum Lehrer des Makedonenkönigs Alexander, bevor er in Athen eine eigene Schule (genannt Peripatos) gründete. Dort entwickelte er verschiedene Wissenschaftszweige weiter oder begründete sie neu: Neben der Philosophie befasste er sich mit der Wissenschaftstheorie, der Logik, der Biologie, der Physik, der Ethik sowie der Staats- und Dichtungstheorie, aus der der folgende Auszug stammt:

Die Tragödie ist die Nachahmung (Mimesis) einer edlen und abgeschlossenen Handlung von einer bestimmten Größe in gewählter Rede, derart, dass jede Form solcher Rede in gesonderten Teilen erscheint und dass gehan-
5 delt und nicht berichtet wird und dass mithilfe von Mitleid und Furcht[1] eine Reinigung von eben derartigen Affekten bewerkstelligt wird. [...] Die Tragödie versucht so weit als möglich sich in einem einzigen Sonnenumlauf oder doch nur wenig darüber hinaus
10 abzuwickeln. [...]

Da nun aber nicht nur eine vollkommene Handlung nachgeahmt wird, sondern auch eine solche, die Furcht und Mitleid erregt, so geschieht dies vorzugsweise, wenn es gegen die Erwartung und so, dass in einem Handlungsablauf Großes gestürzt und Niedriges erhöht 15 wird, geschieht; denn so wird das Geschehen erstaunlicher, als wenn es sich von selbst oder durch den Zufall abwickelte.

(Aristoteles, Poetik Kap. 5 – 9)

1. Fassen Sie die Bestimmungen, die Aristoteles über die Tragödie tätigt, in eigenen Worten zusammen und zeigen Sie am Beispiel der „Antigone" auf, inwiefern diese die genannten Merkmale erfüllt.

[1] Die Übersetzung der Begriffe ist umstritten, während im 18. Jahrhundert (wichtig für Lessings Poetik) Mitleid und Furcht als korrekt galt, wird heute eher „Jammer" und „Schaudern" als zutreffend angenommen.

2. Sophokles stellt in seinem Werk Fragen des gesellschaftlichen Zusammenlebens in der Polis, die nicht nur für seine Zeit Relevanz haben, sondern auch für heutige Leser und Leserinnen anregend sein können. Diskutieren Sie über die folgenden Fragen:
   - Wie weit dürfen Mächtige in ihrer Verfügungsgewalt gehen? Wann ist Widerstand gerechtfertigt?
   - Warum schließen sich immer wieder Menschen Machthabern an, die starre, autoritäre und antidemokratische Haltungen vertreten? Was sind die Folgen davon?
   - Welche ethischen Grundsätze braucht eine menschliche Gemeinschaft? Unter welchen Umständen zerstört sie sich selbst?
   - Gibt es Gesetze, die ewig gültig sind und die dem aktuellen Geschehen übergeordnet sind?
   - Kann ein einzelner Mensch mit wenig politischem Gewicht und Macht etwas in der Welt verändern?
   - Kann man staatliche Ordnung nur unter Androhung von Gewalt erreichen?

   - Was ist der Mensch? In welcher Beziehung steht er zum Göttlichen?
   - Welchen Wert haben die Leistungen des Menschen? Steht sein Schicksal fest?
   - Welches Recht gebührt den Toten? Und wie nah sind sie den Lebenden?

3. Fassen Sie Ihre Überlegungen zu einer oder mehreren dieser Fragestellungen in Form eines Essays zusammen.
   ➜ Einen Essay verfassen, s. S. 479 f.

4. Schreiben Sie einen informierenden Text über die moderne Fassung des Dramas „Antigone" von Bodo Wartke.

 Material dazu finden Sie hier:
WES-127877-011

➜ Einen informierenden Text mithilfe von Materialien verfassen, s. S. 472 ff.

Melanie Prenting (geb. 1971)
Die Poetik des Aristoteles – Eine regelhafte Beschreibung des antiken Theaters

Das wohl wichtigste Zeugnis des antiken Theaters sind die Aufzeichnungen des Philosophen Aristoteles (384 – 322 v. Chr.) unter dem Titel „Poetik". Diese Schrift begründete und prägte das Verständnis und die Theorie
5 des Dramas über viele Jahrhunderte bis in die Neuzeit hinein und wurde zur Vorlage, auf die sich zahlreiche spätere Theoretiker beriefen oder von der sie sich abgrenzten. Aristoteles fasst in seiner Poetik die üblichen Gestaltungsmerkmale von Dramen seiner Zeit, wie er
10 sie aus dem Werk berühmter Autoren wie Sophokles, Euripides und Aristophanes ableitet, zusammen. Er beschreibt also eher, als dass er Regeln aufstellt. Vermutlich gab es zwei Teile des Werks, von denen bis heute jedoch nur der erste erhalten ist, in dem Aristoteles
15 über die Tragödie (und das Epos) nachdenkt. Dass es wohl noch einen zweiten Teil zur Komödie gab, ist nur aus Aristoteles' eigenen Verweisen zu erkennen.
In seiner Poetik definiert Aristoteles die Tragödie als Nachahmung (Mimesis) „einer guten und in sich ge-
20 schlossenen Handlung von bestimmter Größe, in anziehend geformter Sprache"[1]. Die Schauspieler auf der Bühne „ahmen handelnde Menschen" und deren gute oder schlechte Charakterzüge nach. Die Tragödie unterscheide sich dabei von der Komödie darin, dass in ihr
25 „bessere Menschen, als sie in der Wirklichkeit vorkommen", nachgeahmt würden, in der Komödie hingegen schlechtere. Ein tragischer Held in einer antiken Tragödie ist idealtypisch ein Mensch, der einen schicksalhaften Fehler (gr. *harmatia*) begeht.
30 Ödipus ist ein Beispiel für solch eine Figur: Ohne zu wissen, wer ihm gegenübersteht, tötet er seinen Vater und heiratet später ebenso unwissend seine Mutter. Gezeigt wird ein tragischer Konflikt, eine Verstrickung, in die der Held aufgrund seiner falschen Einschätzung ge-
35 raten ist und aus der er sich selbst nicht mehr befreien kann. Die Handlung führt unweigerlich zur Katastrophe.
Diese „Zusammenfügung der Geschehnisse" zu einer Handlung macht die Tragödie aus. Alle Charaktere und Ereignisse sollen auf den einen Handlungsstrang, Aris-
40 toteles nennt ihn auch die „Fabel", ausgerichtet sein.
Als wesentliche Elemente des Dramas benennt Aristo-

---

[1] Zitate aus: Aristoteles: Poetik, übers. von Manfred Fuhrmann, Reclam, Stuttgart 1994

teles die Handlung (gr. *mythos*), die Charaktere (gr. *ethos/ethe*), ihre Figurenrede (gr. *lexis*), dazu den „Gedanken", die Absicht des Stückes (gr. *dianoia*), und die sinnliche Darbietung (gr. *opsis*), ergänzt durch Gesang und Musik (gr. *melodia*).

Aristoteles grenzt die Aufgabe des Dichters von der eines Geschichtsschreibers ab. Ein Dichter habe nicht die
Aufgabe, „mitzuteilen, was wirklich geschehen ist, sondern vielmehr, was geschehen könnte, d.h. das nach den Regeln der Wahrscheinlichkeit oder Notwendigkeit Mögliche. Denn der Geschichtsschreiber und der Dichter unterscheiden sich nicht dadurch voneinander, dass
sich der eine in Versen und der andere in Prosa mitteilt […] sie unterscheiden sich vielmehr dadurch, dass der eine das wirklich Geschehene mitteilt, der andere, was geschehen könnte. Daher ist Dichtung etwas Philosophischeres und Ernsthafteres als Geschichtsschreibung; denn die Dichtung teilt mehr das Allgemeine, die Geschichtsschreibung hingegen das Besondere mit."

So geht es in antiken Dramen in der Regel um grundlegende Fragen und Konflikte. Die Protagonistin in Sophokles' Drama „Antigone" etwa sieht sich in der
Zwickmühle zwischen menschlichem Gesetz und religiös begründeter moralischer Pflicht. Sie beerdigt ihren Bruder, der im Kampf um die Macht vor den Toren der Stadt getötet worden ist. Damit stellt sich Antigone gegen die Anweisung des Herrschers von Theben, der das
Bestattungsverbot gegen den mutmaßlichen Landesverräter ausgesprochen hat, um die staatliche Ordnung zu garantieren.

Der Zuschauer dieser antiken Tragödien durchlebt laut Aristoteles Gefühle von „Schauder" (gr. *eleos*) und
„Jammer" (gr. *phobos*). Durch dieses Miterleben und Mitleiden werde er von den Gefühlsregungen befreit. Diese Wirkung des Theaters nennt Aristoteles Katharsis, was so viel bedeutet wie innere Reinigung.

Die Übersetzung und Deutung des Katharsis-Effekts
und der griechischen Begriffe *eleos* und *phobos* sind nicht unumstritten. Lessing übersetzte sie als *Mitleid* und *Furcht* und betonte so die moralische Läuterung und Besserung des Zuschauers als gewünschte Wirkung der Tragödie. Dadurch, dass der Zuschauer mit
den Figuren auf der Bühne leide, falle es ihm anschließend leichter, selbst ethisch zu handeln.

Modernere psychologisierende Deutungen verstehen Katharsis eher im Sinne eines Abbaus psychischer Spannungen, der zu einer Neuorientierung der Lebens-
grundsätze sowohl bei Zuschauern wie auch Protagonisten führen soll.

Vor allem Bertolt Brecht hingegen wandte sich in seiner Theatertheorie gegen die Katharsis-Lehre, die ein emotionales Miterleben voraussetzt, und forderte einen distanzierten, kritischen Zuschauerblick.

➔ Brechts Dramentheorie, s. S. 128 ff.

Auch die Lehre von den drei Einheiten geht auf Aristoteles und das antike Theater seiner Zeit zurück. Man versteht darunter:

1. Die Einheit der Handlung: Jedes Drama soll eine einheitliche, geschlossene Handlung mit Anfang, Mitte und Ende besitzen.
2. Die Einheit der Zeit: Die Handlung findet in einer begrenzten Zeit statt, bei Aristoteles ist es ein einziger Sonnenumlauf.
3. Die Einheit des Ortes: Das Drama soll in der Regel an einem einzigen überschaubaren Ort spielen. Es finden sich zwar frühe antike Dramen, die an unterschiedlichen Handlungsorten spielen. Allerdings waren die Darstellungsmöglichkeiten für Ortswechsel begrenzt, da noch nicht in der Form mit mobilen Kulissen gearbeitet wurde, wie wir es heute kennen.

Diese poetologische Vorgabe der drei Einheiten behielt bis ins 18. Jahrhundert hinein ihre Gültigkeit. Erst Gotthold Ephraim Lessing löste sich von ihr und betonte den natürlichen Gang der Handlung, der sich nicht schematisch in die Formvorgaben setzen lasse.

(2012)

1. Stellen Sie aus dem Text eine Übersicht der wichtigsten Fachbegriffe und ihrer Erläuterungen zusammen.

 Hilfe zur Erstellung der Übersicht finden Sie unter: WES-127877-012 .

2. Weisen Sie Merkmale der antiken Tragödie an dem Drama „Antigone" von Sophokles nach.

3. Auch heute noch gehört die Poetik des Aristoteles zu den Grundlagenwerken, mit denen sich angehende Drehbuchautoren befassen. Finden Sie Gründe, warum diese antiken Regeln bis heute eine solche Relevanz haben.

4. Überlegen Sie, ob und wann auch heute Theater- oder Kinobesucher einen kathartischen Effekt der Aufführung erleben können. Beschreiben Sie, inwieweit z. B. ein Kriminalfilm diesen Effekt erzeugen kann.

Stefan Scherer (geb. 1961)
Rückgriff auf das aristotelische Formprinzip durch Gustav Freytag

Der Literaturwissenschaftler und Schriftsteller Gustav Freytag (1816 – 1895) beruft sich in seiner Schrift „Die Technik des Dramas" (1863) auf Aristoteles' Theorie. Das darf allerdings nicht so verstanden werden, dass er Aristoteles übersetzt hätte, schließlich ist dessen Konzeption nur in Fragmenten erhalten. Freytag setzt eigene Schwerpunkte, indem er idealtypisch den fünfaktigen Aufbau beschreibt und jedem Akt eine besondere Funktion für das Handlungsgefüge zuweist.

Gustav Freytag hat die „Technik" der geschlossenen Form nach dem Schema einer Pyramide visualisiert, das den fünfaktigen Ablauf der Tragödie abbildet:

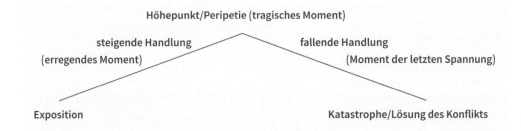

Die Exposition liefert zu Beginn des Dramas, genauer vor dem ersten Impuls einer Veränderung, dasjenige Wissen nach, das zum Verständnis der Handlung nötig ist: v. a. was die Voraussetzungen betrifft, die zur
5 Beurteilung der aktuellen Situation relevant sind und so den daraus entstehenden Konflikt begründen. Die Exposition informiert zudem über die Konstellationen des Konflikts, u. a. dergestalt, dass Figuren in der Ausgangssituation darüber reden. Nach Begründung der
10 Ausgangslage setzt die steigende Handlung die entscheidenden Aktivitäten der Hauptfiguren, des Protagonisten und des Antagonisten als Gegenspieler, in Gang. Dadurch tritt das „erregende Moment" in Kraft, indem sich im Für und Wider von Impulsen der dra-
15 matische Konflikt aufbaut – etwa durch die Intrige, also durch ein die Handlung begründendes Komplott, das deren Fortgang organisieren wird. In diesem Abschnitt wirkt damit ein erstes, handlungsveränderndes Moment. Es erregt beim Zuschauer gespanntes
20 Interesse und kulminiert in der Peripetie als Höhepunkt der Spannungskurve im dritten Akt. An dieser Stelle scheint der Konflikt entschieden, weil die Handlung die entscheidende Wendung, die auf das katastrophale Ende hinführt, erfährt. Das retardierende
25 Moment bezeichnet dann eine Verzögerung dieser Ka-

tastrophe, die nach den Regeln des französischen Klassizismus in den Tod des Protagonisten mündet: Kurzfristig scheint eine Lösung in Sicht, die aber tatsächlich nicht besteht. Das retardierende Moment verheißt da-
30 mit noch einmal, dass dem bereits entschiedenen Ausgang zu entkommen sei, weil ein Ausweg aufscheint. Es bewirkt einen Spannungsabfall, der dennoch auf die Katastrophe hin zustrebt. Freytags Schema erscheint v. a. mit der Metapher der fallenden Handlung problematisch, zumal die Katastrophe „Teil des Falles
35 ist, und zwar der gewichtigste" [...].
Die Komödie ist im Unterschied zur Tragödie weniger streng organisiert, und zwar allein aufgrund des stärkeren Situationsbezugs ihrer komischen Episoden, sodass sich hier der Ablauf der Handlung offener gestalten
40 kann.
Auf die Formel gebracht, basiert die Organisationslogik des Dramas der geschlossenen Form auf der Funktionalität aller Teile: Sämtliche Elemente sind unselbstständig, mit anderen Worten eingespannt zwischen einem
45 Vorangehenden und Nachfolgenden. Die Handlung ist daher final (zielgerichtet), kausal-linear und vollständig durch die Ganzheit von Anfang, Mitte und Schluss (Aristoteles). Sie ist zudem einsträngig, d. h., es gibt keine Episoden und möglichst keine Nebenhandlungen.
50

Die Geschlossenheit zeigt sich insgesamt in einer stringenten Abfolge der Sequenzen, bestehend aus einer voraussetzungslosen Exposition, einem Konflikt und dem
55 Finale, das die endgültige Lösung des Konflikts herbeiführt. In der Exposition wird die Handlung kunstförmig aus einer Ausgangssituation heraus entwickelt. Sie muss nicht notwendig sogleich die gesamte Vorgeschichte liefern, denn die sukzessive Enthüllung wich-
60 tiger Elemente zum Verständnis der Handlung erweist sich als dramaturgisch geschickter, weil sie den Zuschauer durch gezielte Informationslenkung bei der Stange hält. *(2010)*

1. Überprüfen Sie ein Drama, das Sie im Unterricht lesen oder gelesen haben, inwiefern es Freytags Formprinzip entspricht oder nicht.

2. Versuchen Sie, die 5 Akte aus Schillers Drama „Kabale und Liebe" in das Schema von G. Freytag einzuordnen. Überprüfen Sie, inwieweit das Drama der geschlossenen Form entspricht.

> *Es wird gezeigt, wie sehr die bürgerliche Luise Miller Ferdinand, adeliger Sohn des Präsidenten, ineinander verliebt sind. Ferdinands Vater informiert ihn über die vom Präsidenten aus politischen Gründen geplante Heirat mit Lady Milford. Wurm, der Sekretär des Präsidenten, will, da er sich auch für Luise interessiert, die Beziehung der Liebenden sabotieren.*

> *Ferdinand konfrontiert Luise mit dem falschen Brief. Sie klärt ihn nicht über die Erpressung auf, da sie sich mit einem Eid zum Schweigen verpflichten musste. Ferdinand vergiftet Luise und sich selbst. Sterbend erzählt sie ihm die Wahrheit und Ferdinand gibt sterbend seinem Vater die Schuld an allem.*

> *Ferdinand will mit Luise fliehen, Luise dagegen sich von ihm trennen, da ihre Liebe aussichtslos sei. Die Intrige vom Präsidenten und von Wurm beginnt: Luises Eltern werden verhaftet, Luise erpresst, sie kämen nur frei, wenn sie einen gefälschten Brief an den Hofmarschall von Kalb schreibt, in dem sie diesem ihre Liebe schwört.*

> *Ferdinand versucht vergeblich, Lady Milford von den Hochzeitsplänen abzubringen. Der Präsident und Wurm besuchen Luise und ihre Eltern. Luise wird vom Präsidenten beleidigt, nur das Eingreifen von Ferdinand rettet Luise und ihre Eltern vor einer Verhaftung, indem er dem Präsidenten androht, dessen korrupte Machenschaften zu veröffentlichen.*

> *Ferdinand erhält den falschen Brief und seine Liebe zu Luise verwandelt sich in Wut. Diese versucht Lady Milford von der geplanten Heirat abzubringen. Luises Treue und Liebe beeindrucken Lady Milford, die beschließt, das verlogene höfische Leben hinter sich zu lassen. Der Präsident erklärt Ferdinand, dass er nun nichts gegen eine Ehe zwischen ihm und Luise mehr habe.*

3. Prüfen Sie, inwiefern auch Spielfilme oder Krimis den Grundprinzipien von Freytags Beschreibung des idealtypischen Aufbaus eines Dramas folgen.

4. Der strenge Aufbau, wie Freytag ihn beschreibt, wird in vielen modernen Dramen aufgehoben. Diskutieren Sie mögliche Gründe dafür.

5. **Was Sie noch machen können:**
   a) Sie haben im vorangehenden Kapitel viele Informationen über das antike Theater erarbeitet und erhalten. Gestalten Sie eine Mindmap oder planen und gestalten Sie ein Erklärvideo, worin alle Informationen noch einmal zusammengefasst werden.
   ➲ Ein Erklärvideo drehen, s. S. 496
   b) Recherchieren Sie im Internet oder in Lexika zu einem der großen griechischen Tragödiendichter Aischylos und Euripides oder zu dem Komödiendichter Aristophanes. Stellen Sie Ihrem Kurs den Dramatiker Ihrer Wahl und ein oder zwei seiner bekanntesten Werke in einem Referat vor.
   c) Verfassen Sie – z. B. für die Schülerzeitung – einen informierenden Sachtext zum Thema „Das antike Theater".
   ➲ Einen informierenden Text mithilfe von Materialien verfassen, s. S. 472 ff.

Arbeit am Mythos – Antigone im 20. und 21. Jahrhundert

Die „Antigone" des Sophokles ist seit ihrer Uraufführung im Jahre 442 v. Chr. eines der populärsten antiken Stücke. Ein moralischer Streit zwischen den beiden Hauptfiguren bestimmt das Drama. Es handelt sich um ein sehr grundsätzliches Dilemma: Familienrecht steht gegen Staatsrecht, instinktive Liebe gegen rationales Denken. Die Figur der Antigone appelliert an unser Mitgefühl, macht fassungslos, verkörpert nicht zuletzt auch einen politisch-demokratischen Konflikt. Was bedeutet Antigones unangepasstes Handeln und Sprechen in der Moderne und heute?

Walter Hasenclever (1890 – 1940)
Antigone, Tragödie in 5 Akten (II, 2. Szene)

Walter Georg Alfred Hasenclever war ein expressionistischer deutscher Schriftsteller. Nach Studien in Oxford, Lausanne und Leipzig fand er in der Freundschaft mit Schriftstellern wie Franz Werfel, Verlegern wie Ernst Rowohlt und Malern wie Oskar Kokoschka seine Welt und seine Berufung als Dichter. Seine anfänglichen Erwartungen, der Erste Weltkrieg werde einer geistigen Erneuerung und so einer neuen Epoche den Weg bereiten, wurden jedoch schnell enttäuscht. Seine Kriegsbegeisterung, die ihn zur freiwilligen Meldung zum Kriegsdienst bewog, wandelte sich alsbald in eine Ablehnung des Krieges. Er simulierte ein psychisches Leiden und wurde daraufhin 1917 aus dem Kriegsdienst entlassen. Im selben Jahr erhielt er den Kleist-Preis für seine leidenschaftliche Adaption des Antigone-Stoffes von Sophokles. Nach der Machtübernahme durch die Nationalsozialisten wurdens eine Werke verboten und nach der Bücherverbrennung aus den Bibliotheken entfernt. Hasenclever ging daraufhin ins Exil nach Frankreich, wo er sich 1940 nach der Niederlage Frankreichs das Leben nahm.

Kreon: Antigone!
Sie sehen sich an.
Antigone: Ich bin gefangen. Halte nun Gericht.
Kreon: *nach einer Weile* Du kanntest das Gesetz?
5 **Antigone:** Gilt ein Wort
So viel im falschen Maß der Zeit,
Dass sich die Toten in den Gräbern wenden:
Wer richtet ihre Schuld?
Kreon: Wer lebt, muss Richter sein.
10 **Antigone:** Doch nicht den Toten! [...]
Kreon: Bereust du das Verbrechen?
Antigone: Welches Verbrechen, Kreon?
Kreon: Deine Tat?
Antigone: Und wie, wenn ich bereute?
15 **Kreon:** Das Gesetz
Hat dir den Tod bestimmt.
Antigone: Halt ein – [...]
Ich kenne ein Gesetz, noch ungeschrieben,
Von keinem Herold in die Welt posaunt,

So alt wie du und ich: 20
Es heißt die Liebe.
Kreon: Daran erkenn ich Ödipus' Geschlecht!
Antigone: Ja, Ödipus war arm und blind,
Doch seine Augen brannten in das Gute.
Das Blut von seinen Augen tropfte nieder 25
Auf eine Erde mörderischer Lust
Von Krieg und Lüge, Hass und Eitelkeit. [...]
Ich aber wurde durch den Blinden sehend,
Sein Licht der ewigen Güte leuchtet mir.
Kreuzigt mich an euern Toren, 30
Zerreißt mich, zündet meine Stücke an:
Ich stehe auf im Speichel eures Maules
Und gehe wieder und begrabe ihn.
Kreon: Hänge den Mantel um die Wahrheit,
Aus seinen Löchern grinst die Falschheit. 35
Ich rotte deinen Hochmut aus!
Antigone: Die Pflicht des Menschen, die letzte Scham,
Das Völkerrecht

Hast du gebrochen, Totenschänder.
40 Das Maß ist voll. Ich fürchte dich nicht.
Was ist noch furchtbar?
Kreon: Die Macht.
Erfahre sie für deinen Frevel!
Antigone: Treib weiter, Fluch,
45 Streu aus den Krieg in ungeborene Zeiten.
Freue dich, weide dich an der Todesqual,
Vielfacher Mörder! Gott im Himmel lebt.
Stimmen: Sie lästert. – Hört, wie sie lästert!
Kreon: Gott ist mit uns. Was nennt ihn diese Hure?
50 **Antigone:** Gott ist auch mit den Feinden –
Tumult übertönt sie.
Rufe: Tötet sie! [...]

Kreon: Eteokles starb für des Landes Ehre.
Antigone: Sie wollten beide herrschen und kamen um.
Kreon: Soll ich den Helden wie den Henker betten?   55
Antigone: Ehre die Toten! Einmal stirbst auch du.
Kreon: Er war der Feind.
Antigone: Alle Menschen sind Brüder.
Kreon: Nein! [...]
Sprich du, mein Volk, was ihr geschehen soll.   60
Viele Rufe: Sie soll sterben.
Eine Stimme: Sie ist eine Fürstin.
Das Volk: Steinigt sie!
Kreon: Das ist des Volkes Stimme!

(1917)

1. Arbeiten Sie heraus, wie Kreon und Antigone ihre Position argumentativ vertreten.

2. Untersuchen Sie, welche Position die Zuhörer des Dialogs zwischen Antigone und Kreon auf der Bühne einnehmen und wie sie von den beiden Protagonisten in den Konflikt einbezogen werden.

3. Vergleichen Sie diese Szene mit dem 2. Auftritt bei Sophokles (S. 107 f.) hinsichtlich
   - der Argumentation von Kreon und Antigone,
   - dem Auftreten und sprachlichen Umgang der beiden miteinander,
   - der Rolle der am Streit unbeteiligten Dritten.

Walter Hasenclever (1890 – 1940)
Antigone, Tragödie in 5 Akten (II, 5. Szene)

Kreon. *steht plötzlich hell beleuchtet vor der Rampe des Schlosses:* Was lärmt ihr?
Das Volk: Antigone soll leben!
Kreon. *tritt einen Schritt vor:* Ich höre viele Stimmen
5   statt einer;
Wär es eine, ich ließ sie peitschen,
Bis das Blut ihr aus der Zunge spränge.
Ihr Schweine da unten:
Was fällt euch ein, mich auszugrunzen?
10 **Das Volk.** Sie ist unschuldig.
Kreon. Seit wann?
Ein alter Mann. Sie hat die Schuld des Bruders ge-sühnt.
Richte sie nicht!
15 **Kreon.** Ihr Greise, euer Grab steht offen.
Legt euch hinein!
Eine Frau. Sie ist eine Frau wie wir. Sie ist keine Dirne.
Kreon. Ich sperr euch in die Häuser
Und lass euch hungern.
20 Gesindel! [...]
Dumpfe Empörung wächst.

Chor der Armen. *leiser Gesang* Friede allen Nöten.
Friede allem Leid.
Schon auf Morgenröten
Grüßt die neue Zeit.   25
Kreon. Von heute ab ist der Tribut verdoppelt.
Arbeitet, wenn ihr fressen wollt.
Er erblickt Antigone.
Was stehst du noch und gaffst?
Packt sie! Führt sie hin, wo ich befohlen.   30
Antigone. *steht allein auf den Stufen ihm gegenüber*
Töte mich, töte mich immerzu!
Die Wahrheit wird kommen,
Zerschlagen deine Macht.
Kreon. Fort, dass ich sie nicht sehe.[...]   35
Antigone. Deine Macht ist vorbei. Deine Welt ist nicht mehr.
Aus der Tiefe des Felsens hab ich dein Volk gehauen.
Jetzt ist es mein Volk!
Zum letzten Mal die Knechtschaft: 40
Wir fürchten sie nicht!
Kreon. Lebendig ins Grab mit ihr!

Wer ihr zu essen bringt, teilt ihr Schicksal.

Drei Tage vergehn,

45 Dann nagt sie Steine.

Packt sie an!

Stille.

Antigone. Fasst keiner mich an? Menschen –:

Ich habe euer Herz erweicht.

50 Ich will für euch hungern. Ich will für euch bluten.

So glaube ich, dass Gutes geschehen kann!

Die Ströme brechen auf. Die Liebe hat gesiegt.

Gott ist uns gnädig.

Kreon. *brüllend*

Wer widersetzt sich dem Befehl? 55

Wollt ihr euch rühren!

Keiner rührt sich.

Kreon. *zieht die Peitsche hervor, schwingt sie, streckt den Arm mit ihr aus:* Reiterei!!

Trompetensignal hinter der Szene. Krieger zu Pferde ja- 60 *gen von allen Seiten in die Arena, reiten das schreiende Volk nieder. Ein Anführer sprengt bis vor die Stufen, reißt Antigone auf, wirft sie rücklings übers Pferd, jagt mit ihr durch die Mitte hinaus. Ihre Haare schleifen am Boden. Todesschreie. – Dunkelheit.* 65

(1917)

1. Vergleichen Sie das Auftreten von Antigone, Kreon und dem Volk (und seiner Vertreter) mit dem in der 2. Szene.

2. Untersuchen Sie die Sprache dieser Szene in Hinblick auf Sprachniveau, Figurenbezogenheit und die Verwendung rhetorischer Mittel.
   ➔ Rhetorische Figuren, S. 490 ff.

3. Hasenclevers „Antigone" wurde 1917, also mitten im Ersten Weltkrieg, in Leipzig uraufgeführt. Überlegen Sie ausgehend von diesen beiden Szenen, wie die Figur der Antigone angesichts dieses aktuellen Hintergrunds verstanden und interpretiert werden konnte.

Bertolt Brecht (1898 – 1956)
Antigone (in der Übersetzung von Hölderlin)

Bertolt Brecht gehörte zu den bekanntesten deutschen Autoren zur Zeit der Weimarer Republik. Wegen seiner marxistischen Überzeugungen und scharfen Kritik an den Nationalsozialisten richteten diese schon zu Beginn der 1930er-Jahre scharfe Angriffe gegen ihn und versuchten, die Aufführungen seiner Werke zu verhindern. Einen Tag nach dem Reichstagsbrand vom 28. Februar 1933 verließ Brecht Deutschland und gelangte nach zahlreichen Stationen 1941 in die USA, wo er allerdings wegen seiner Nähe zum Kommunismus argwöhnisch beobachtet wurde und kaum öffentliche Wirkung entfalten konnte. Nach seiner Rückkehr nach Europa entschied sich Brecht für die Niederlassung in der DDR. Brecht, 1947 frisch aus dem amerikanischen Exil zurückgekehrt, legte eine Antigone-Bearbeitung vor und brachte diese im Schweizer Chur selbst zur Uraufführung. Brecht diente der antike Stoff als Parabel über die Verantwortung des Individuums im Angesicht großen Unrechts und als eine Analyse von staatlicher Willkür, Widerstand und Gewalt. Der NS-Terror, Auschwitz und Stalingrad standen ihm mahnend im Hintergrund.

Vorspiel

Berlin. April 1945

Tagesanbruch. Zwei Schwestern kommen aus dem Luftschutzkeller zurück in ihre Wohnung.

DIE ERSTE

5 Und als wir kamen aus dem Luftschutzkeller

Und es war unversehrt das Haus und heller

Als von der Früh, vom Feuer gegenüber, da

War's meine Schwester, die zuerst es sah.

DIE ZWEITE

Schwester, warum steht unsere Tür offen? 10

DIE ERSTE

Der Feuerwind hat sie von drauß getroffen

DIE ZWEITE

Schwester, woher kommt da im Staub die Spur?

15 DIE ERSTE
  Von einem, der hinauflief, ist es nur.
  DIE ZWEITE
  Schwester, was ist das für ein Sack im Eck?
  DIE ERSTE
20 Besser, 's ist etwas da, als etwas weg.
  DIE ZWEITE
  Ein Brotlaib, Schwester, und ein ganzer Speck!
  DIE ERSTE
  Das ist nicht etwas, wovor ich erschreck.
25 DIE ZWEITE
  Schwester, wer war da hier?
  DIE ERSTE
  Wie soll ich's wissen?
  Einer, der uns vergönnt den guten Bissen.
30 DIE ZWEITE
  Ich aber weiß! O wir Kleingläubigen! O Glück!
  O Schwester, unser Bruder ist zurück! [...]
  DIE ERSTE
  Und wir lachten, waren frohgemut:
35 Aus dem Krieg war unser Bruder, 's ging ihm gut.
  Und wir standen noch, da an unser Ohr
  Kam ein Laut, daß unser Blut gefror.
  Ein Brüllen von außen
  DIE ZWEITE
40 Schwester, wer schreit vor unserer Tür?
  DIE ERSTE
  Sie quälen wieder Leut in ihrer Willkür.
  DIE ZWEITE
  Schwester, sollen wir nicht nachsehn gehen? [...]
45 Schwester, sie haben gehänget ihn
  Drum hat er so laut nach uns geschrien.
  Das Messer gib, das Messer gib her
  Daß ich ihn abschneid und er hängt nicht mehr.
  Daß ich hineintrag seinen Leib
50 Und ihn ins Leben zurückkreib.
  DIE ERSTE
  Schwester, laß das Messer liegen
  Wirst ihn nicht mehr lebend kriegen.
  Wenn sie uns mit ihm stehn sehn
55 Wird es uns wie ihm ergehn.
  DIE ZWEIT
  Laß mich, bin schon nicht gegangen
  Wie sie ihn aufgehangen.
  DIE ERSTE
60 Und als sie wollt vor das Haustor
  Ein SS-Mann trat hervor.
  Herein tritt ein SS-Mann
  SS-MANN
  Derauß ist der und hier seid ihr?

Aus eurer Türe trat er mir.   65
So rechn'ich aus, daß ihr am End
Den Volksverräter draußen kennt.
DIE ERSTE
Lieber Herr, mit uns geh nicht ins Gericht
Wir kennen den Menschen nicht.   70
SS-MANN
Was will die mit dem Messer dann?
DIE ERSTE
Da sah ich meine Schwester an.
Sollt sie in eigner Todespein   75
Jetzt gehn den Bruder zu befrein?
Er mochte nicht gestorben sein.

(1947)

(Aus lizenzrechtlichen Gründen ist dieser Text nicht in reformierter Rechtschreibung abgedruckt.)

1. Im Anschluss an diesen Prolog folgt die „Antigone" des Sophokles (in der Übersetzung in Versform von Friedrich Hölderlin). Arbeiten Sie heraus, welche Bezüge zu dem Sophokles-Stück Brecht anlegt und wie er die Thematik der „Antigone" durch diesen Prolog aktualisiert.

2. Der Prolog endet mit den Worten der ERSTEN SCHWESTER. Verfassen Sie eine Fortsetzung der Auseinandersetzung der beiden Schwestern mit dem SS-Mann.

3. Untersuchen Sie die Sprache des Textes und diskutieren Sie ihre Wirkung auf das Publikum.

Sophokles Antigone nach Brechtscher Lesart im Hamburger Thalia-Theater 2011

Bertolt Brecht (1898 – 1956)
Neuer Prolog zur „Antigone"

Auf die Bühne treten die Darsteller der Antigone, des Kreon, und des Sehers Tiresias. Zwischen den beiden anderen stehend, wendet sich der der Darsteller des Tiresias an die Zuschauer:

Freunde, ungewohnt
Mag euch die hohe Sprache sein
5 In dem Gedicht, tausende Jahre alt
Das wir hier einstudiert. Unbekannt
Ist euch der Stoff des Gedichts, der den einstigen Hörern
Innig vertraut war. Deshalb erlaubt uns
Ihn euch vorzustellen. Das ist Antigone
10 Fürstin aus dem Geschlecht des Ödipus. Das hier
Kreon, Tyrann der Stadt Theben, ihr Oheim. Ich bin
Tiresias, der Seher. Dieser da
Führt einen Raubkrieg gegen das ferne Argos. Diese
ritt dem Unmenschlichen entgegen, und er vernichtet sie.
15 Aber sein Krieg, nun unmenschlich geheißen
Bricht ihm zusammen. Die unbeugsame Gerechte
Nichtachtend des eignen geknechteten Volkes Opfer
Hat ihn beendet. Wir bitten euch
Nachzusuchen in euren Gemütern nach ähnlichen Taten
20 Näherer Vergangenheit oder dem Ausbleiben
Ähnlicher Taten. [...]

(1951)

(Aus lizenzrechtlichen Gründen ist dieser Text nicht in reformierter Rechtschreibung abgedruckt.)

1. Für eine Aufführung in Graz 1951 verfasste Brecht diesen „Neuen Prolog", der an die Stelle des „Vorspiels" trat. Arbeiten Sie die Unterschiede zwischen den beiden Anfängen der „Antigone"-Bearbeitungen heraus.

2. Überlegen Sie, was Brecht bewogen haben könnte, den „Neuen Prolog" voranzustellen, und welcher der beiden Texte aus heutiger Sicht besser geeignet ist, in das Stück einzuführen.

Friedrich Dürrenmatt (1921 – 1990)
Theaterprobleme

Das Drama Schillers setzt eine sichtbare Welt voraus, die echte Staatsaktion, wie ja auch die griechische Tragödie. Sichtbar in der Kunst ist das Überschaubare. Der heutige Staat ist jedoch unüberschaubar, anonym, bürokratisch geworden, und dies nicht etwa nur in Moskau oder Washington, sondern auch schon in Bern [...]. Die echten Repräsentanten fehlen, und die tragischen Helden sind ohne Namen. Mit einem kleinen Schieber, mit einem Kanzlisten, mit einem Polizisten lässt sich die heutige Welt besser wiedergeben als mit einem Bundesrat, als mit einem Bundeskanzler. Die Kunst dringt nur noch bis zu den Opfern vor, dringt sie überhaupt zu Menschen, die Mächtigen erreicht sie nicht mehr. Kreons Sekretäre erledigen den Fall Antigone.

(1955)

(Aus lizenzrechtlichen Gründen ist dieser Text nicht in reformierter Rechtschreibung abgedruckt.)

1. Arbeiten Sie heraus, welche Probleme Dürrenmatt für das Theater sieht, staatliches Handeln als Thema auf die Bühne zu bringen.

2. Diskutieren Sie, welche Konsequenzen Dürrenmatts Aussage, „Kreons Sekretäre erledigen den Fall Antigone", für das antike Stück und seine Modernisierungen hat.

Von der schweizerisch-französischen Autorin Darja Stocker (geb. 1983) stammt eine der jüngsten Bearbeitungen der „Antigone".

Antigone im 21. Jahrhundert: Eine Bearbeitung von Darja Stocker

Darja Stocker schreibt die Tragödie des Sophokles vom Widerstand einer einzelnen gegen autoritäre Staatsgewalt radikal um, lädt sie auf mit den politischen Umbrüchen,
5 die der 'arabische Frühling' mit sich brachte, und bleibt dabei dem Kern des Stücks radikal treu. Das antike Theben wird zur Festung Europa, der Krieg, der außerhalb der Mauern tobt, ist auch als jener zu verstehen,
10 der gerade an den europäischen Außengrenzen herrscht. Wieso ist die Konstruktion von Feindbildern nach wie vor eine Grundkonstante politischen Han-

delns?, fragt die Autorin und entwirft dagegen das Bild einer Generation, die an Solidarität und einen universellen Humanismus 15 glaubt und in die Revolte drängt.

Darja Stocker, geboren 1983 in Zürich, fing mit 11 Jahren an zu schreiben, studierte Szenisches Schreiben an der UdK Berlin und ist mittlerweile gefragte Theaterautorin. [...] 20 Von 2012 bis 2014, unmittelbar nach der Revolutionszeit, hat sie in Ägypten und Tunesien gelebt und gearbeitet. „Nirgends in Friede. Antigone." ist von diesen Erfahrungen geprägt.

Erläuterung zu: Darja Stocker: „Nirgends in Friede. Antigone."

Ort ist der Palast von Theben mit seinen hohen Mauern und dem blühenden Innenhof. Während vor den Toren ein Aufstand niedergeschlagen wird, in dem die beiden Söhne des Ödipus gegeneinander stehen, herrscht im
5 Inneren die bleierne Stille des Wohlstands. In diese Depression bricht Antigone ein. An ihrer Seite zwei Frauen aus randständigen Teilen Thebens. Ihre „Schwestern". Alle drei behaupten, Antigone zu sein. Mit ihrer Zeugenschaft der unerträglichen Verhältnisse diesseits
10 und jenseits der Festungsmauern wollen sie Kreon davon überzeugen, die Operation Eteokles zu stoppen. Ganz generöser Staatsmann spendiert er zwar einen riesigen Hilfskonvoi, setzt jedoch seine imperiale Politik unverändert fort. Als die beiden Brüder einander
15 töten, lässt Kreon Eteokles feierlich bestatten, während

er die Beerdigung von Polineikes verbietet. Doch das Antigone-Prinzip hat inzwischen auch Ismene und Haimon durchdrungen. Gemeinsam macht sich die Generation der Jungen auf die Suche nach dem toten Polineikes. Darja Stocker hat den Antigone-Stoff mit den 20 politischen Umbrüchen und Krisen zwischen Widerstand, Solidarität und Abschottung der letzten fünf Jahre im arabischen Raum und in Europa zusammen geführt. Sie stellt Fragen nach der Konstruktion von Feindbildern als Grundkonstante politischen Handelns, 25 nach dem Teil der Menschheit, dessen Leben nichts wert ist. Dagegen entwirft sie das Bild einer Generation, die der Glaube an eine globale Solidarität, einen universellen Humanismus in die Revolte drängt.

Darja Stocker (geb. 1983)
Nirgends in Friede. Antigone

Vor dem Eingang des Regierungspalasts.
Antigone 1,2,3 sprechen zu sich (sie haben sich gerade erst wieder getroffen), zum Wächter
und zum Publikum als „Öffentlichkeit"

Wächter
Name?

Antigone 1
Antigone

5 **Antigone 2**
Antigone

Antigone 3
Antigone

Wächter
10 Wer von Euch ist Antigone?

Antigone 1
Ich bin Antigone

Antigone 2
Ich bin Antigone

15 **Antigone 3**
Ich bin Antigone

Wächter
Eure Papiere, bitte.

Antigone 1
20 Ich bin nicht Antigone

Antigone 2
Ich bin nicht Antigone

Antigone 3
Ich bin nicht Antigone

25 **Antigone 1**
Wer bist du, wo ist Theresias?

Wächter *(jetzt vertraulich, freundlich)*
Bist du Antigone? – Ich bin Theresias Sohn.

Antigone 1
30 Du bist das!

Wächter
Ich bin Wächter, Offizier, Beauftragter, Bote, Polizist
und manchmal Prophet – an Tagen wo die Vögel tief
fliegen, man muss kein Seher sein um das Haus zu be-
35 schützen – ich mache den Chor, wenn Kreon es will,
den Geheimdienst – man muss ja irgendwie durchkom-
men. Theresias hat mir viel von dir erzählt – er hat es in
der Lunge, eine Entzündung – wusstest du das nicht?
[...] Bist du das, bist du Antigone? Du kommst direkt
40 aus dem Krieg, der Krise, dem Kriegs-, Krisengebiet.

Antigone 1
Ich bin nicht Antigone, Antigone steht noch dort, in der
vordersten Reihe bei den Panzern. Es ist die, die mich

festgehalten hat am Handgelenk und gesagt hat: „Wenn
alle rennen, bleiben wir." 45

Antigone 2
Du hast gesagt, du warst nie ganz vorne bei den Panzern.

Antigone 1
Ich war dort wo der leere Streifen beginnt, dieses Stück 50
Straße in dem nichts ist, das freigeschossen, abgeriegelt
wird, damit der Feind – das Militär – und der Feind – das
Volk – wissen, wofür sie kämpfen: Um jeden Meter. Je-
der Meter auf der Straße ist ein Meter für die Stadt, das
Land, für die ganze Welt. 55

Wächter
Du bist es also.

Antigone 1
Nein, ich bin nicht Antigone. Antigone ist die, die vor
dem Soldaten steht, in sein Gesicht blickt, das für den 60
Helm zu klein ist, diesen Jungen, den sie von irgendei-
nem Dorf geholt, hierhin, in die Reihe gestellt haben,
der nicht weiß gegen wen er die Waffe hebt, wer diese
junge Frau da ist, er, der ihr kleiner Bruder sein könnte,
er, der vielleicht ihr kleiner Bruder ist. 65

Antigone 2
Wenn du zu denen gehörst, die bereit sind zu sterben,
dann sag es jetzt. Dann brauche ich hier nicht zu warten.

70 **Antigone 1**

Ich war dort, wo immer noch jemand vor mir war, noch näher an der Barrikade dran, näher am Feuer, am Staub, an den Panzern.

Antigone 2

75 Du warst da, wo die Munition hinreichte.

Antigone 1

Das wusste ich erst, als einer neben mir zusammensackte, alle auf uns zustürmten, da habe ich meine Hand aus ihrer Hand gerissen und bin mit gerannt. Ich 80 bin nicht Antigone.

Wächter

Wer von Euch ist Antigone.

Antigone 1

Antigone ist die junge Frau, die durch die giftigen 85 Dämpfe lief, um den Verwundeten wegzuschleifen, hustend, mit tränenden Augen.

Antigone 2

Und du bist nicht hingelaufen?

Antigone 3

90 Weil es nicht die Deinen waren, die da fielen?

Antigone 1

Antigone ist die, die mit verbundenem Kopf wieder in

den Kampf rannte, den Aufstand zu verteidigen, Meter um Meter.

Wächter

Das ist hier kein Versammlungsort. Ich muss diejenigen 95 bitten, die nicht Antigone sind, den Platz zu räumen.

Antigone 1

Ich bin Antigone. Ich muss mit meinen Onkel Kreon sprechen.

Wächter

Ich dachte, du bist in Argos, Arak..., Istuk..., Partensch... 100 – entschuldige, mir ist der Namen entfallen – das Land, wo sie den Aufstand gemacht haben, weil sie Theben wollen?

Antigone 1

Theben?

Wächter

Demokratie.

Antigone 1

Demokratie?

Wächter

Ist doch dasselbe

(2015)

1. Zeigen Sie auf, welche Antworten auf die Frage, wer Antigone sei, gegeben werden, und versuchen Sie selbst, eine Antwort darauf zu formulieren.

2. Untersuchen Sie, was Darja Stocker von Sophokles übernimmt und welche inhaltlichen, aktualisierenden Akzente sie setzt.

3. Diskutieren Sie die Wirkung der dreifachen Antigone einerseits auf den Wächter, andererseits aufs Publikum.

4. Greifen Sie zusammen mit Ihren Mitschülerinnen und Mitschülern Ihre Erfahrungen von dem ersten Unterkapitel zu den elementaren Grundlagen des Theaters auf (s. S. 96 f.) und inszenieren Sie diese Szene.

Annette Hofmann

Geschichte passiert jetzt – Theater kann auch politisch

Mittlerweile dürfte Felicitas Brucker mit den Labdakiden[1] auf du und du sein. Erst ihre Ödipus-Inszenierung am Theater Freiburg, die drei Dramen von Sophokles, Euripides und Aischylos synthetisierte und jetzt die Ur-5 aufführung von Darja Stockers „Nirgends in Friede. Antigone" am Theater Basel. Sie schreibt den antiken Mythos konsequent in die Gegenwart fort, denn die 1983 in Zürich geborene Autorin belässt die Grundkonstruktion des Stoffes, der mit dem Kampf der Brüder Polyneikes und Eteokles einsetzt und mit der Bestra- 10 fung durch Kreon endet. Das eigentliche Drama jedoch findet in der Gegenwart statt; „Geschichte ist, was jetzt passiert", heißt es im Text. Der Krieg in Syrien, die Flüchtlingskatastrophe, die Attentate des IS und die Reaktionen des Westens haben eine historische Dimensi- 15 on. Auftritt Antigone vor dem Palast von Theben. Kreon hat nicht nur einen Wächter (Martin Hug) instruiert, sondern sich auch hinter einem hohen Metallgitter ver-

[1] **Labdakiden:** mythologisches Herrschergeschlecht im antiken Theben

schanzt, das mit Neonröhren effektvoll beleuchtet ist.
20 Davor befindet sich auf der Kleinen Bühne eine Spielfläche aus grauen Steinen. Die Machthaber von Theben haben den Geschmack von Technokraten (Bühne: Viva Schudt). In „Nirgends in Friede. Antigone" ist die Königstochter nicht allein. Antigone – Lisa Stiegler gibt
25 ihr die Haltung eines anarchischen-verletzlichen, platinblonden Punks – ist flankiert von zwei weiteren Antigones (Nicola Kirsch, Cathrin Störmer), sie kommen aus den Vorstädten, sie sind junge Europäer in prekären Verhältnissen, sie haben mit Migrantenkindern ge-
30 arbeitet. Zusammen haben sie an den Rändern Europas die größte Not gelindert und sich von den spontanen Demonstrationen für Demokratie mitreißen lassen. Alle drei sind schwarz gekleidet und tragen schnelles Schuhwerk (Kostüm: Sara Schwartz). Nun sind sie auf
35 diplomatischer Mission: Kreon soll die Operation Eteokles beenden.
Darja Stocker hat diese Antigone radikal aktualisiert. Die Zeitungslektüre der letzten Wochen ist in ihren Text eingeflossen: das unsägliche Wort vom Pack, mit
40 dem Rechte Flüchtlinge verunglimpfen, Merkel-Sätze, die Rede vom Krieg nach den Anschlägen in Paris. Derart auf der Bühne ausgestellt, sind die Instrumentalisierungen, die Strategie hinter den Worten nicht zu überhören. In der 100-minütigen Inszenierung zeigt sich,
45 wie aussagekräftig und diskussionswürdig diese alte Erzählung über den Widerstand immer noch ist. Stocker zeigt auch die andere Seite, die Gier der Aktivisten nach Bedeutung, nach dem historischen Moment, der

das Kleinklein des Alltags verdrängt. Der Text kennt Ambivalenzen. Die junge Autorin selbst hat von 2011 50 bis 2014 viel Zeit in Ägypten verbracht und reiste zusammen mit Aktivisten an die Grenzen Europas. Bei Stocker sind die Taten des Ödipus und seine Blendung kein Fluch, sondern fordern dazu auf, genau hinzusehen. „Nirgends in Friede. Antigone" ist ein antiker Stoff, 55 der durch die Aufklärung gegangen ist. Konsequenter und aufregender lässt er sich kaum modernisieren.

Szene aus dem Bühnenstück „Kassandra""nach der gleichnamigen Erzählung von Christa Wolf, das am Mittwoch (16.03.2005) am Theaterhaus Jena seine Premiere erlebte

Das Weiterleben mythologischer Figuren

Iphigenie, Medea, Kassandra, Prometheus, Herakles – diese und etliche weitere Gestalten der **griechischen Mythologie** sind aus dem europäischen Geistesleben nicht wegzudenken. In erstaunlicher Kontinuität bei unterschiedlicher Häufigkeit tauchen diese mythologischen Figuren quer durch beinahe alle Epochen immer wieder auf. Sie sind zwar auch ein tradiertes Bildungsgut, aber ihre anhaltende Lebendigkeit rührt nicht daher: In den Figuren und den mit ihnen verbundenen Handlungen finden sich menschliche Grundmuster, die zur Darstellung, zur Reflexion und zur gesellschaftlichen Verständigung immer wieder aufgegriffen werden. Sie können einerseits – jenseits eines Kernbereichs – variiert und damit auch immer wieder neu aktualisiert werden, andererseits besitzen sie eine (sinn-)bildliche, anschauliche Qualität und Vitalität.

Medea in „Das goldene Vliess" am Burgtheater in Wien, 2004

Medea-Inszenierung an der Komischen Oper in Berlin, 2017

Vieles kommt als Bericht zur Sprache und das bringt mit sich, dass der Text arm an Szenen ist. Brucker be-
60 wegt die Figuren über die Bühne, immer wieder gehen sie nach vorne, knallen an die Absperrung, klettern an ihr hoch. Das läuft sich ein bisschen tot. Hinzu kommt, dass die Stärkung der Antigone mit einer Schwächung der anderen Rollen einhergeht. Ihr Geliebter Haimon
65 (Simon Zagermann) ficht stellvertretend den Kampf mit der Elterngeneration aus, bleibt ansonsten blässlich und taugt allenfalls als Kumpan im Kampf. Ebenso die Schwester Ismene (Pia Händler), die bislang die Herr-

schaft Kreons gestützt hatte. Und Kreon selbst (Steffen Höld) wirkt wie ein Potentat eines überkommenen to- 70 talitären Systems, der sich in Manierismen ergeht. Am Ende spielt Felicitas Brucker verschiedene Enden durch. Die Platten liegen jetzt wie Planken aufeinander, das Konfetti, das sich darunter verbarg, fliegt in die Luft. In zwei von drei Versionen überlebt Antigone, bei 75 der dritten sprengt sie sich und Kreon in die Luft. Die Inszenierung jedoch zeigt, alternativlos ist nichts.

(2015)

---

1. Arbeiten Sie heraus, welche verschiedenen Elemente der Inszenierung die Rezensentin anspricht und wie sie und die Inszenierung als Ganzes bewertet.

2. Entwerfen Sie mithilfe der verschiedenen Texte zu Darja Stockers Stück und dem Auszug einen Flyer für eine – fiktive – Aufführung des Stückes.

3. Als ein weiteres Beispiel für die Aktualität des antiken Theaters kann das Stück „Medea" von Euripides und seine moderne Rezeption dienen. Vergleichen Sie „Antigo-ne" und „Medea" im Hinblick auf das Wiederaufgreifen der antiken Dramenfiguren.

Materialien zum Mythos „Medea" finden Sie unter: WES-127877-013 .

Die Entwicklung offener Dramenformen – Büchner, Brecht ...

Den gesellschaftlichen Veränderungen in der Mitte des 19. Jahrhunderts, die einen tief greifenden Wandel der Lebens- und Arbeitswelt mit sich brachten, entspricht auch eine Veränderung in der literarischen Welt. Die fortschreitende Industrialisierung und Verstädterung führte für breite Bevölkerungsschichten zu elenden Lebensumständen, die soziale Frage stellte sich angesichts dieser Massenarmut (Pauperismus) immer drängender. In Anbetracht dieser Lebensumstände wurden die herkömmlichen Ideale als nicht mehr angemessen empfunden. Viele Schriftsteller der Zeit verarbeiteten in ihren Werken das gesellschaftliche Geschehen, sie legten die Missstände offen und kritisch dar. Die Literatur und mit ihr auch das Theater wurden zunehmend politisch.

Auf unterschiedliche Weise setzten die Dramatiker des 19. und später auch des 20. Jahrhunderts ihre Gesellschaftskritik in ihren Stücken um und versuchten dabei, das Publikum von ihrer politischen Meinung zu überzeugen, etwa indem sie eine Figur der untersten gesellschaftlichen Schicht in ihrem Scheitern verfolgten (Büchners „Woyzeck") oder indem sie durch den Einsatz von zusätzlichen Medien wie dem Film dokumentarisches Material einarbeiteten (Erwin Piscator) oder den Zuschauer bewusst auf Distanz zum Dargestellten hielten und zur Meinungsbildung und Veränderung der Verhältnisse aufforderten (Bertolt Brecht). Parallel zu dieser thematischen Veränderung hin zu einem starken gesellschaftlichen Bezug entwickelt sich auch die formale Gestaltung des Dramas weg von der geschlossenen, traditionellen Form, wie sie Gustav Freytag von Aristoteles abgeleitet hatte (vgl. S. 115 f.) hin zu offeneren Formen.

Das soziale Drama Büchners

Georg Büchner (1813 – 1837)
Brief an die Familie

Georg Büchner (1813 – 1837) studierte Medizin und Naturwissenschaften in Straßburg und Gießen. Angesichts der drängenden sozialen und politischen Probleme seiner Zeit wurde er 1834 Mitbegründer der „Gesellschaft für Menschenrechte" in Gießen, mit dem Ziel, einen Volksaufstand der Bauern und Handwerker zu organisieren.
Zusammen mit dem Theologen Ludwig Weidig verfasste Büchner die Flugschrift „Der Hessische Landbote".
Mit dem folgenden Brief reagiert Büchner auf die Kritik an seinem Drama „Dantons Tod":

Straßburg, 28. Juli 1835
[...] Was übrigens die sogenannte Unsittlichkeit meines Buchs angeht, so habe ich Folgendes zu antworten: Der dramatische Dichter ist in meinen Augen nichts,
5 als ein Geschichtsschreiber, steht aber über Letzterem dadurch, dass er uns die Geschichte zum zweiten Mal erschafft und uns gleich unmittelbar, statt eine trockne Erzählung zu geben, in das Leben einer Zeit hineinversetzt, uns statt Charakteristiken Charaktere, uns statt
10 Beschreibungen Gestalten gibt. Seine höchste Aufgabe ist, der Geschichte, wie sie sich wirklich begeben, so nahe als möglich zu kommen. Sein Buch darf weder sittlicher noch unsittlicher sein, als die Geschichte selbst; aber die Geschichte ist vom lieben Herrgott nicht zu einer Lektüre für junge Frauenzimmer ge- 15 schaffen worden, und da ist es mir auch nicht übel zu nehmen, wenn mein Drama ebenso wenig dazu geeignet ist. Ich kann doch aus einem Danton und den Banditen der Revolution nicht Tugendhelden machen! Wenn ich ihre Liederlichkeit schildern wollte, so muss- 20 te ich sie eben liederlich sein, wenn ich ihre Gottlosigkeit zeigen wollte, so musste ich sie eben wie Atheisten sprechen lassen. Wenn einige unanständige Ausdrücke vorkommen, so denke man an die weltbekannte, obszöne Sprache der damaligen Zeit, wovon das, was ich 25 meine Leute sagen lasse, nur ein schwacher Abriss ist.

Man könnte mir nur noch vorwerfen, dass ich einen solchen Stoff gewählt hätte. Aber der Einwurf ist längst widerlegt. Wollte man ihn gelten lassen, so
30 müssten die größten Meisterwerke der Poesie verworfen werden. Der Dichter ist kein Lehrer der Moral, er erfindet und schafft Gestalten, er macht vergangene Zeiten wieder aufleben, und die Leute mögen dann daraus lernen, so gut, wie aus dem Studium der Ge-
35 schichte und der Beobachtung dessen, was im menschlichen Leben um sie herum vorgeht. Wenn man so wollte, dürfte man keine Geschichte studieren, weil sehr viele unmoralische Ding darin erzählt werden, müsste mit verbundenen Augen über die Gasse gehen,
40 weil man sonst Unanständigkeiten sehen könnte, und müsste über einen Gott Zeter schreien[1], der eine Welt erschaffen, worauf so viele Liederlichkeiten vorfallen. Wenn man mir übrigens noch sagen wollte, der Dichter müsse die Welt nicht zeigen, wie sie ist, sondern wie
45 sie sein solle, so antworte ich, dass ich es nicht besser machen will, als der liebe Gott, der die Welt gewiss gemacht hat, wie sie sein soll. Was noch die sogenannten Idealdichter anbetrifft, so finde ich, dass sie fast nichts als Marionetten mit himmelblauen Nasen und
50 affektiertem Pathos, aber nicht Menschen von Fleisch und Blut gegeben haben, deren Leid und Freude mich mitempfinden macht, und deren Tun und Handeln mir Abscheu oder Bewunderung einflößt. Mit einem Wort, ich halte viel auf Goethe oder Shakespeare, aber sehr wenig auf Schiller.   *(1835)* 55

1. Legen Sie dar, auf welche Kritikpunkte an seinem Werk Büchner in dem Brief reagiert.

2. Stellen Sie vergleichend dar, wie Büchner die Aufgaben eines Geschichtsschreibers und eines Dichters voneinander abgrenzt.

3. Diskutieren Sie, inwiefern die von Büchner beschriebene dichterische Tätigkeit dazu geeignet ist, insbesondere gesellschaftskritische Themen auf die Bühne zu bringen.

4. Erläutern Sie das Fazit des Briefes: „Was noch die sogenannten Idealdichter anbetrifft, so finde ich, dass sie fast nichts als Marionetten mit himmelblauen Nasen und affektiertem Pathos, aber nicht Menschen von Fleisch und Blut gegeben haben […]" (Z. 47 ff.). Vergleichen Sie diese Haltung mit Schillers Konzept von der „Schönen Seele" (S. 84).
➜ Zur Biografie Georg Büchners s. S. xxx.

5. Vergleichen Sie den Ausschnitt aus Büchners „Woyzeck" (S. 221 f.) mit dem Ausschnitt aus Goethes „Iphigenie" (S. 173 f.) hinsichtlich des Menschenbilds, des Kommunikationsverhaltens und der sprachlicher Gestaltung.

Das epische Theater Brechts

Bertolt Brecht entwickelte in Abgrenzung zum aristotelisch geprägten Theater seine Idee des epischen Theaters.

Georg Patzer
Das epische Theater

Der Begriff verweist auf die Herkunft des neuen Ansatzes: Statt der relativ strengen Struktur des klassischen Theaters zu folgen, übernahm Brecht für das Theater die erzählende Struktur der epischen Dichtung. Ob-
5 wohl Elemente daraus schon ab und an benutzt wurden, war Brecht der Erste, der die Struktur selbst übernahm und konsequent ausbaute. Es gab dem Theater bis heute eine neue Qualität. Um die Erzählerinstanz der epischen Struktur übernehmen zu können, baute er gewisse Distanzierungen in seine Stücke und Inszenie- 10 rungen ein, verfremdende Elemente. Eines betraf die Kühlheit des Schauspielers selbst, der sich mit seiner Rolle nicht identifiziert, wie das später im berühmten New Yorker Actor's Studio auch Marlon Brando und Dustin Hoffman lernten, sondern sich von ihr distan- 15 ziert und deutlich macht, dass er eine Rolle spielt. Brecht verlangte einen einfachen, direkten Stil vom Schauspieler, kein Pathos. Der Schauspieler sollte im Spiel zeigen, dass er spielt. Wichtig war auch der soziale Gestus, die Schauspieler sollten exemplarisch zeigen, 20 zu welcher Klasse sie gehörten.
Andere Elemente der Verfremdung sind die Distanzierung von Handlung und Gefühlen auf der Bühne durch Kommentare eines Erzählers oder Chors, vorangestellte Titel, Projektionen oder Prologe, die die Handlung 25

---
[1] **Zeter schreien:** protestieren

vorwegnehmen und so das Interesse des Publikums von der Spannung weg zur Inszenierung selbst führen. Die Zuschauer sollten sich nicht mitreißen lassen, sondern ebenso distanziert bleiben wie die Schauspieler. Dazu
30 zählt auch, dass die Bühne nicht versteckt, hinter einem Vorhang, umgebaut wird, dass das Publikum direkt angesprochen wird, dass die Musik das Geschehen kommentiert und die Schauspieler aus ihren Rollen fallen. Ziel der sogenannten Verfremdungseffekte war die
35 Entlarvung der Illusionen, Abstand von der Verführung zu Gefühlen, Fremdmachung des Bekannten und Zusammensetzung in einer neuen, ungewohnten Sichtweise, die Vorgänge unter den Menschen, ihr Verhalten zueinander sollen dem Befremden der Zuschauer aus-
40 geliefert werden. Brecht glaubte nicht an die Trennbar-

keit von Kunst und Belehrung. Die Freude an neuen Erfahrungen und neuen Kenntnissen, besonders Kenntnissen über das menschliche Zusammenleben, sei eine der Hauptquellen des Kunstmachens und des Kunstgenießens, sagte er.   *(2001)* 45

1. Entnehmen Sie dem Text, welche Zielsetzungen das epische Theater hat und welcher Mittel es sich bedient.

2. Untersuchen Sie, inwieweit sich Elemente des epischen Theaters in Brechts „Vorspiel zu Antigone" bzw. „Neuer Prolog zur Antigone" S. 121 ff. nachweisen lassen.

Bertolt Brecht (1898 – 1956)
Die dramatische und die epische Form des Theaters

Folgendes Schema zeigt einige Gewichtsverschiebungen vom dramatischen zum epischen Theater:

Dramatische Form des Theaters	**Epische Form des Theaters** 20
Die Bühne „verkörpert" einen Vorgang	sie erzählt ihn
verwickelt den Zuschauer in eine Aktion und	macht ihn zum Betrachter, aber
verbraucht seine Aktivität	weckt seine Aktivität
5 ermöglicht ihm Gefühle	erzwingt von ihm Entscheidungen
vermittelt ihm Erlebnisse	vermittelt ihm Kenntnisse 25
der Zuschauer wird in die Handlung hineinversetzt	er wird ihr gegenübergesetzt
es wird mit Suggestion gearbeitet	es wird mit Argumenten gearbeitet
die Empfindungen werden konserviert	sie werden bis zu Erkenntnissen getrieben
10 der Mensch wird als bekannt vorausgesetzt	der Mensch ist Gegenstand der Untersuchung
der unveränderliche Mensch	der veränderliche und verändernde Mensch 30
Spannung auf den Ausgang	Spannung auf den Gang
eine Szene für die andere	jede Szene für sich
die Geschehnisse verlaufen linear	in Kurven
15 natura non facit saltus[1]	facit saltus
die Welt, wie sie ist	die Welt, wie sie wird 35
was der Mensch soll	was der Mensch muß
seine Triebe	seine Beweggründe
das Denken bestimmt das Sein	das gesellschaftliche Sein bestimmt das Denken
	(1938)

(Aus lizenzrechtlichen Gründen wird dieser Text nicht in reformierter Rechtschreibung abgedruckt.)

1. Erläutern Sie sich in Partnerarbeit wechselseitig einzelne Aspekte dieser Gegenüberstellung.

[1] Die Natur macht keine Sprünge.

Bertolt Brecht (1898 – 1956)
Der Ingwertopf

Die Szene „Der Ingwertopf" ist der einzige ausgearbeitete Teil zu einem von Brecht geplanten Stück mit dem Titel „Leben des Konfuze", geschrieben für Kinder. Brecht hat die Szene 1941 verfaßt, allerdings ist es zu dem geplanten Stück dann nicht gekommen. In dieser kurzen Szene lassen sich wesentliche Merkmale von Brechts Konzeption des „epischen Theaters" wiedererkennen.

KUNG: Ich bin Kung, der Sohn Kungs, des Soldaten. Mein Vater ist arm gestorben, und meine Mutter erzieht mich in Abscheu gegen alles Gewalttätige. Ich bin sehr kräftig für mein Alter und könnte alle mei-
5 ne Schulkameraden im Nu auf den Rücken legen, aber meine Mutter sagt, es kommt nicht auf die Muskelkraft, sondern auf die Kraft des Verstandes an. Sie hat mir gesagt, daß es keine Geister gibt, keinen schwarzen Mann und keinen Drachen. Ist hier je-
10 mand, der an Geister glaubt? An Drachen? Ich weiß alle fünf Gründe, warum es keine solchen Dinge geben kann. Aber jetzt kommen meine Spielkameraden. Wir spielen vornehmlich Schule.
Drei Spielkameraden treten auf. Der größte trägt einen
15 *Ball.*
DER GRÖSSTE: Kung, komm mit, Ball spielen!
DER MITTLERE: Yen hat den Ball denen von der Münzgasse genommen. Sie sind ihm nachgerannt, aber er kann viel schneller rennen. Wenn du mitkommst
20 zum Spielen, macht es nichts, wenn sie uns erwischen, denn du bist der Stärkste.
KUNG: Ich dachte, wir wollten Schule spielen.
DER MITTLERE: Aber jetzt haben wir doch den Ball.
KUNG: Aber ich habe auch die Bank und den Tisch für
25 die Schule aufgebaut, wie ihr seht.
DER MITTLERE: Wir wollen darüber abstimmen. Kommt!
Sie treten beiseite.
DER MITTLERE: Ballspielen ist viel lustiger, aber er ist
30 stark. Er würde auch mit uns zusammen fertig werden.
DER KLEINSTE: Aber er rauft nie.
DER GRÖSSTE: Er ist nur so sehr auf sein Schulespielen aus, daß er das vielleicht einmal vergißt, daß er nie
35 rauft.
KUNG: In unserer heutigen Schulstunde würde es sich um das schickliche Ausessen eines Ingwertopfes handeln, den ich von meiner Mutter bekommen habe.
DER KLEINSTE: Oh.

DER MITTLERE: Das ist etwas anderes. Das letztemal
40 war es das Grüßen, das hat gar keinen Sinn.
KUNG: Das Grüßen müßte aber zuerst wiederholt werden, weil es beim Betreten der Schule stattfindet.
DER GRÖSSTE: Ich bin immer noch für Ballspielen.
DER MITTLERE: Nein, es wird Schule gespielt. Ausessen
45 eines Ingwertopfes.
Sie gehen wieder hinaus und treten wieder ein, sich verbeugend vor Kung. Auch Kung verbeugt sich. Die drei setzen sich auf die Bank, Kung setzt sich hinter den Tisch.
KUNG: Meine jungen Freunde, wir fahren heute fort in
50 unserem Kursus über schickliches Benehmen. Ich habe das letztemal bemerkt, daß die Hirsefladen, die ich am Schluß der Stunde austeilte, so gierig verschlungen wurden, daß das Grüßen, welches wir geübt hatten, wieder vergessen wurde. Es ist das also
55 unser neues Thema. *Er steht auf.* Ich bin jetzt der große sagenhafte König Yen. Ihr seid meine Generäle. Ihr kehrt von einer Schlacht zurück, die ihr gewonnen habt, und zwar dadurch, daß ihr die Kriegskunst studiert habt. Ich empfange euch sehr gnädig
60 und biete euch als Zeichen meiner Anerkennung den königlichen Ingwertopf an. Tritt vor, General Fu! *Er deutet auf den Größten, welcher vortritt und den Ingwertopf überreicht bekommt.* Bediene dich, General!
Der Größte faßt gierig hinein und schoppt sich so viel wie
65 *möglich in den Mund.*
KUNG *ihm den Topf wegnehmend:* Schlecht, sehr schlecht. Aber ich sage noch nicht, warum. *Er wendet sich an den Mittleren.* Nun zu dir, General Tao. Auch dir überreiche ich den königlichen Ingwertopf.
70 Gleichzeitig beobachte ich dich scharf, vergiß das nicht.
Der Mittlere nimmt den Topf in Empfang und bedient sich ebenso gierig.
KUNG: Schlimm, schlimm. Ich sehe leider, daß ihr im an-
75 ständigen Benehmen noch sehr weit zurück seid. *Zum Kleinsten:* Hast du bemerkt, wie gierig sie nach dem Topf gegriffen haben? Und wie häßlich das aussah? Als ob Hunde nach einem Knochen schnappten. *Der Kleinste nickt und greift eifrig nach dem Topf, den*
80 *Kung vor sich hin hält.* Ich will euch sagen, wie ihr den königlichen Topf entgegennehmen müßt, wenn ihr Anstand zeigen wollt. Feinstes Anstandsgefühl ist nötig, damit in würdiger Zurückhaltung gegessen werden kann. *Zum Kleinsten:* Halt du den Topf! *Da er*
85 *gierig danach greift:* Nein, mit beiden Händen, da

jetzt du der große sagenhafte König Yen bist, während ich den General Go darstelle. *Der Kleinste hält den Topf.* Zuerst verbeuge ich mich. So. Dann weise ich mit beiden Händen das Geschenk zurück. So. Damit habe ich angedeutet, daß ich das Geschenk für zu groß halte. Da jedoch der König Yen mir den Topf zum zweitenmal anbietet, nehme ich ihn entgegen, nachdem ich mich noch einmal verbeugt habe, um zu zeigen, daß ich den Topf nur nehme, um ihm zu gehorchen. Aber wie nehme ich den Topf entgegen? Gierig? Wie ein Schwein eine Eichel überfällt? Nein. Ruhig und würdig – *er tut es –*, beinahe gleichgültig, wenn auch mit großer Wertschätzung. Ich greife lässig hinein, wie greife ich hinein?

DER KLEINSTE: Lässig.

KUNG: Und mit zwei Fingern nehme ich das kleinste Stückchen heraus, das ich finden kann, und führe es lächelnd zum Mund. *Er tut es.* Habt ihr alles genau gesehen, oder soll ich alles wiederholen?

DER MITTLERE: Nein. Laß uns noch einmal probieren.

KUNG: Ja, ihr habt noch viel zu lernen. General Fu, bediene dich!

Der Größte fischt sich wieder gierig einen großen Brocken Ingwer.

KUNG: Falsch! Wo ist die abweisende Geste, wo die Verbeugung des Gehorchens, wo das Lächeln der Wertschätzung?

DER GRÖSSTE: Der Ingwer ist zu gut, Kung. Es geht nicht. Laß es mich noch einmal versuchen.

DER MITTLERE: Nein, jetzt komme ich, du lernst es nicht. *Er vollführt hastig die verlangten Gesten, greift verhältnismäßig gleichgültig nach dem Topf.*

KUNG: Besser.

DER MITTLERE *sich ein enormes Stück fischend und in den Mund stopfend:* Es ist schwer.

DER KLEINSTE: Aber er hat schrecklich viel genommen.

KUNG: Ja, das war noch falsch.

DER MITTLERE: Ein zweites Mal könnte ich es noch besser machen, Kung. Besonders das Herausfischen eines kleineren Stücks. *Er greift noch einmal hinein und fischt ein kleineres Stück.*

KUNG *nimmt den Topf:* Jetzt kommt Li dran. General Go, bediene dich aus dem königlichen Topf!

Der Kleinste macht schnell die Geste der Abweisung, sodann die Verbeugung. Die beiden andern lachen.

KUNG: Lacht nicht! Ihr bringt ihn in Verwirrung. Die Verbeugung war sehr gut. Weiter!

DER KLEINSTE *nimmt den Topf entgegen, sieht hinein, sieht dann auf die beiden Lachenden und fragt:* Ich hab vergessen, was jetzt kommt, Kung.

KUNG: Jetzt kommt das schickliche Hineingreifen, Li.

Der Kleinste greift sehr lässig hinein und bringt nichts hervor.

KUNG: Sehr gut! Aber du hast ja gar nichts gefischt! Das ist ausgezeichnet, noch besser, als ich es zeigte! General Go, ich bin zufrieden, sehr zufrieden, ich ernenne dich zum Marschall und Vorbild aller meiner Generäle. Ich habe nicht die geringste Gier bei dir entdeckt, nur Würde und Anstand.

Die beiden Größeren lachen, nehmen den Ball und laufen hinaus.

KUNG *ihnen kopfschüttelnd nachschauend:* Sie haben sehr schlecht abgeschnitten. Du sollst zur Belohnung für dein schickliches Benehmen den Rest des Ingwers bekommen, Li. *Er blickt in den Topf.* Aber er ist ja leer.

Der Kleinste nickt traurig.

KUNG: Das ist mir unangenehm, Li. Ich sehe, daß für dich nichts mehr da war, als die andern den Anstand probiert hatten. Leider kann ich jetzt auch dich nicht mehr aus vollem Herzen loben, Li, auch dich nicht. Denn woher kann ich wissen, ob deine Selbstbeherrschung ausgereicht hätte, wenn sie sich noch gelohnt hätte? Ich fürchte, es sind zwei Dinge nötig, damit würdige Zurückhaltung beim Ausessen eines Ingwertopfes bewahrt werden kann: erstens feines Anstandsgefühl, zweitens ein voller Topf. Der Ingwer hier hat nicht ausgereicht. Es müßte mehr im Topf sein.

Beide gehen nach vorn und singen zu einer Musik:

Zu wenig Ingwer
Zu wenig Anstand!
Würde ist etwas Schönes
Ingwer ist etwas Süßes.

(Aus lizenzrechtlichen Gründen wird dieser Text nicht in reformierter Rechtschreibung abgedruckt.)

1. Bereiten Sie in Gruppen zu viert eine Aufführung der Szene vor, indem Sie den Text zunächst dialogisch lesen und sich über besondere Auffälligkeiten, die Handlung, die Figuren und das Thema austauschen.

2. Listen Sie zudem vor Ihrer Aufführung auf, welche Gesten Kung von seinen Mitspielern verlangt. Erläutern Sie, was er damit erreichen will.

3. Eine Gruppe sollte nun die Szene dem Kurs vorspielen.

4. Begründen Sie anschließend im Unterrichtsgespräch, warum es Kung nicht gelingt, seine Mitspieler hinreichend zu belehren. Ziehen Sie neben Textbelegen zur Deutung auch die folgenden Zitate heran:

- „Es ist nicht das Bewusstsein der Menschen, das ihr Sein, sondern umgekehrt ihr gesellschaftliches Sein, das ihr Bewusstsein bestimmt." (Karl Marx in seiner Abhandlung „Zur Kritik der politischen Ökonomie")
- „Erst kommt das Fressen, dann kommt die Moral." (Zitat aus der „Dreigroschenoper" von Bertolt Brecht)

5. Zeigen Sie, inwiefern es sich bei dieser Szene um „episches Theater" handelt, indem Sie einige der in den Texten zuvor genannten Merkmale nachweisen.

Bertolt Brecht (1898 – 1956)
Was ist mit dem epischen Theater gewonnen?

Damit ist gewonnen, daß der Zuschauer die Menschen auf der Bühne nicht mehr als ganz unveränderbare, unbeeinflußbare, ihrem Schicksal hilflos ausgelieferte dargestellt sieht. Er sieht: dieser Mensch ist so und so, weil
5 die Verhältnisse so und so sind, und die Verhältnisse sind so und so, weil der Mensch so und so ist. Er ist aber nicht nur so vorstellbar, wie er ist, sondern auch anders, so wie er sein könnte, und auch die Verhältnisse sind anders vorstellbar, als sie sind. Damit ist gewonnen, daß
10 der Zuschauer im Theater eine neue Haltung bekommt. Er bekommt den Abbildern der Menschenwelt auf der Bühne gegenüber jetzt dieselbe Haltung, die er als Mensch dieses Jahrhunderts der Natur gegenüber hat. Er wird auch im Theater empfangen als der große Ände-
15 rer, der in die Naturprozesse und die gesellschaftlichen Prozesse einzugreifen vermag, der die Welt nicht mehr nur hinnimmt, sondern sie meistert. Das Theater versucht nicht mehr, ihn besoffen zu machen, ihn mit Illusionen auszustatten, ihn die Welt vergessen zu machen,
20 ihn mit seinem Schicksal auszusöhnen. Das Theater legt ihm nunmehr die Welt vor zum Zugriff.   *(1939)*

(Aus lizenzrechtlichen Gründen sind die Texte von Bertolt Brecht nicht in reformierter Rechtschreibung abgedruckt.)

1. Setzen Sie das beschriebene Verhältnis von „Mensch" und „Verhältnissen" in eine grafische Darstellung um.

2. Erläutern Sie den Unterschied zwischen epischem (erzählendem) Theater und dem herkömmlichen dramatischen Theater.

3. Brechts Stück „Der gute Mensch von Sezuan" endet mit den Worten: „Der Vorhang zu und alle Fragen offen. [...] Verehrtes Publikum, los, such dir selbst den Schluß! Es muß ein guter da sein, muß, muß, muß!" – Beschreiben Sie, mit welchen Eindrücken ein Zuschauer die Aufführung eines Brecht-Stückes verlässt.

4. Verfassen Sie auf der Grundlage der vorausgehenden Materialien einen informierenden Text für ein Schülerlexikon zum Thema „Das epische Theater". Beantworten Sie darin folgende Fragen:
- Auf wen geht das epische Theater zurück?
- Welche Zielsetzungen sind mit ihm – auch im Vergleich zum antiken Theater – verbunden?
- Welcher Methoden bedient es sich?
➔ Einen informierenden Text mithilfe von Materialien verfassen, s. S. 472 ff.

5. Informieren Sie sich über Brechts Theaterstück „Mutter Courage und ihre Kinder" und stellen Sie es vor. Gehen Sie dabei auch auf die von Brecht eingesetzten Verfremdungseffekte ein.

Wissen und Können

Die offene Form des Dramas

Mit dem Begriff der **geschlossenen Form** werden Dramen beschrieben, die sich weitgehend an die von Aristoteles' Theorie **abgeleiteten Einheiten der Zeit, des Ortes und der Handlung** halten, den **fünfaktigen, pyramidalen Aufbau** haben (vgl. S. 115) und meist Figuren aus gehobenen Schichten präsentieren, die reflexions- und artikulationsfähig sind und im Gespräch wichtige Konflikte austragen. Dem wird die **offene Form** gegenübergestellt, die in der deutschsprachigen Literatur vor allem von **Georg Büchner** in seinem sozialen Drama „Woyzeck" (verfasst 1836, uraufgeführt 1913) eingeführt und von **Bertolt Brecht** in seinem experimentellen **epischen Theater** im 20. Jahrhundert weiterausgebaut wurde. Diese Form des Dramas zeichnet sich durch eine **Vielfalt der Orte und Lebensbereiche**, einen **ausgedehnten Zeitumfang** (auch mit Zeitsprüngen) und eine **mehrsträngige, oft episodenhafte Handlung** aus. Eine – oft nur thematisch zusammengehaltene – Aneinanderreihung von Szenen prägt den Ablauf des Dramas. Das Figurenpersonal ist vielschichtiger und umfangreicher als bei der geschlossenen Form und umfasst auch artikulations- und reflexionsunfähige Figuren, die als Getriebene handeln. Bei dieser von dem Literaturwissenschaftler Volker Klotz geprägten kontrastierenden Sicht auf das Drama sollte aber immer im Bewusstsein bleiben, das beide Formen ein abstrahierendes Schema sind, die in Reinform so gar nicht vorkommen.

Das Groteske hält Einzug auf der Bühne – Friedrich Dürrenmatts Komödientheorie

Friedrich Dürrenmatt (1921 – 1990)
Modell Scott[1]

Der Schweizer Dramatiker Friedrich Dürrenmatt (1921 – 1990) wählte ab der Mitte des zwanzigsten Jahrhunderts das Groteske als zentrales Darstellungsmittel seiner Stücke. Den Durchbruch erlangte er 1956 mit dem Theaterstück „Der Besuch der alten Dame". Dürrenmatt distanzierte sich von der Lehrhaftigkeit des Brecht'schen Theaters und entwickelte seine eigene Form. Er stellte die Welt, im Gegensatz zu Brecht, als nicht veränderbar dar, bezeichnete sich aber trotzdem als Moralist.

In seinem Essay „Theaterprobleme" benennt er die Komödie als angemessene Theaterform für die Menschen seiner Zeit in einer Welt, die er als ungestaltet und im Umbruch begreift. Die Komödie halte den Zuschauer auf Distanz – wie in Brechts epischem Theater – und locke sie in eine „Mausefalle", indem sie ihn dazu verleite, sich mit Themen zu beschäftigen, die sonst nicht in seinem Interesse liegen. Die Folgerungen und die Entscheidung für Aktivität oder Gleichgültigkeit jedoch – und darin unterscheidet sich Dürrenmatt von Brechts didaktischer Zielsetzung – habe der Zuschauer selbst zu ziehen.

Shakespeare hätte das Schicksal des unglücklichen Robert Falcon Scott doch wohl in der Weise dramatisiert, daß der tragische Untergang des großen Forschers durchaus dessen Charakter entsprungen wäre; Ehrgeiz
5 hätte Scott blind gegen die Gefahren der unwirtlichen Regionen gemacht, in die er sich wagte, Eifersucht und Verrat unter den anderen Expeditionsteilnehmern hätten das übrige hinzugetan, die Katastrophe in Eis und Nacht herbeizuführen; bei Brecht wäre die Expedition
10 aus wirtschaftlichen Gründen und Klassendenken gescheitert, die englische Erziehung hätte Scott gehindert, sich Polarhunden anzuvertrauen, er hätte zwangsläufig standesgemäße Ponys gewählt, der höhere Preis wiederum dieser Tiere hätte ihn genötigt, an der Aus-
15 rüstung zu sparen; bei Beckett[2] wäre der Vorgang auf das Ende reduziert, Endspiel, letzte Konfrontation, schon in einen Eisblock verwandelt säße Scott anderen Eisblöcken gegenüber, vor sich hin redend, ohne Antwort von seinen Kameraden zu erhalten, ohne Gewiß-
20 heit, von ihnen noch gehört zu werden: Doch wäre auch eine Dramatik denkbar, die Scott beim Einkaufen der für die Expedition benötigten Lebensmittel aus Versehen in einen Kühlraum einschlösse und in ihm erfrie-

ren ließe. Scott, gefangen in den endlosen Gletschern der Antarktis, entfernt durch unüberwindliche Distan-
25 zen von jeder Hilfe, Scott, wie gestrandet auf einem anderen Planeten, stirbt tragisch, Scott, eingeschlossen in den Kühlraum durch ein läppisches Mißgeschick mitten in einer Großstadt, nur wenige Meter von einer belebten Straße entfernt, zuerst beinahe höflich an die
30 Kühlraumtüre klopfend, rufend, wartend, sich eine Zigarette anzündend, es kann ja nur wenige Minuten dauern, dann an die Türe polternd, darauf schreiend und hämmernd, immer wieder, während sich die Kälte eisiger um ihn legt, Scott, herumgehend, um sich Wär-
35 me zu verschaffen, hüpfend, stampfend, turnend, radschlagend, endlich verzweifelt Tiefgefrorenes gegen die Türe schmetternd, Scott wieder innehaltend, im Kreise herumzirkelnd auf kleinstem Raum, schlotternd, zähneklappernd, zornig und ohnmächtig, dieser Scott
40 nimmt ein noch schrecklicheres Ende und dennoch ist Robert Falcon Scott im Kühlraum erfrierend ein anderer als Robert Falcon Scott erfrierend in der Antarktis, wir spüren es, dialektisch gesehen ein anderer, aus einer tragischen Gestalt ist eine komische Gestalt gewor-
45 den, komisch nicht wie einer, der stottert, oder wie ei-

[1] **Robert Falcon Scott** (1868 – 1912): britischer Polarforscher, verlor 1912 den Wettstreit mit Roald Amundsen, als Erster den Südpol zu erreichen. Er erfror auf dem Rückweg. – [2] **Samuel Beckett** (1906 – 1989): irischer Schriftsteller; er prägte das „absurde Theater", in dem die Sinnfreiheit der Welt und die darin orientierungslosen Menschen dargestellt werden.

ner, der vom Geiz oder von der Eifersucht überwältigt worden ist, eine Gestalt komisch allein durch ihr Geschick: Die schlimmstmögliche Wendung, die eine Geschichte nehmen kann, ist die Wendung in die Komödie.

(1967)

(Aus lizenzrechtlichen Gründen ist dieser Text nicht in reformierter Rechtschreibung abgedruckt.)

1. Diskutieren Sie, was das Spezifische an Dürrenmatts Modell gegenüber anderen Theaterkonzeptionen ist.

2. Dürrenmatt listet im Anhang an sein Drama „Die Physiker" unter anderem folgende Punkte auf:
   – (3.) „Eine Geschichte ist dann zu Ende gedacht, wenn sie ihre schlimmstmögliche Wendung genommen hat."
   – (4.) „Die schlimmstmögliche Wendung ist nicht voraussehbar. Sie tritt durch Zufall ein."
   – (8.) „Je planmäßiger die Menschen vorgehen, desto wirksamer vermag sie der Zufall zu treffen."
   – (9.) „Planmäßig vorgehende Menschen wollen ein bestimmtes Ziel erreichen. Der Zufall trifft sie dann am schlimmsten, wenn sie durch ihn das Gegenteil ihres Ziels erreichen: Das, was sie befürchten, was sie zu vermeiden suchen […]."
   – (10.) „Eine solche Geschichte ist zwar grotesk, aber nicht absurd (sinnwidrig)."
   Überprüfen Sie, inwiefern das „Modell Scott" diesen Punkten folgt.

3. Erläutern Sie, in welcher Weise Dürrenmatt andere dramatische Darstellungsformen aufzeigt und wertet.

4. Klären Sie Dürrenmatts Verständnis von „Komödie". Beziehen Sie dabei auch den Begriff des „Grotesken" mit ein. Nutzen Sie dazu die nachfolgenden Informationen.

Wissen und Können

Die Groteske (grotesk)

Das Adjektiv „grotesk" steht für wunderlich, verzerrt, seltsam, übertrieben. Im umgangssprachlichen Gebrauch hat es oft eine abwertende Bedeutung. In der Literatur versteht man dagegen unter dem **Grotesken** die **Verbindung von scheinbar Gegensätzlichem**, es dient der ästhetischen Vermittlung von Paradoxien. Das Groteske stellt die Wirklichkeit nicht realistisch, sondern **verzerrt** dar. Auf paradox erscheinende Weise wird Grauenvolles mit komischen Zügen verbunden.
Die Wirkung des Grotesken besteht dabei in einer **eigentümlichen Verbindung von Lachen und Grauen**, die den ansonsten verstellten Blick auf die undurchschaubare, chaotische, sinnlose und paradoxe Welt ermöglicht.

5. Erläutern Sie das folgende Dürrenmatt-Zitat und nehmen Sie Stellung dazu.

„Die Tragödie setzt Schuld, Not, Maß, Übersicht, Verantwortung voraus. In der Wurstelei unseres Jahrhunderts […] gibt es keine Schuldigen und auch keine Verantwortlichen mehr. Alle können nichts dafür und haben es nicht gewollt. […] Uns kommt nur noch die Komödie bei."

6. Was Sie noch machen können:
   Entwerfen Sie eine Tabelle, in der Sie die offene und geschlossene (s. S. 115 f.) Form des Theaters gegenüberstellen.

Das Theater der Gegenwart – Regietheater und postdramatisches Theater?

Daniel Kehlmann (geb. 1975)
Die Lichtprobe

Der Schriftsteller Daniel Kehlmann hat zum Auftakt der Salzburger Festspiele im Jahr 2009 das deutsche Regietheater scharf kritisiert und die Verfechter traditioneller Inszenierungen in Schutz genommen. Er bezieht sich dabei auf die Arbeit seines Vaters, des Regisseurs Michael Kehlmann (1927–2005).

[Mein Vater] sah [...] im Regisseur [...] einen Diener des Autors. Jawohl, einen Diener – so sagte er, und an dieser Auffassung lag es, dass er auf den deutschsprachigen Bühnen in den letzten zwei Jahrzehnten seines Le-
5 bens, trotz zunächst noch guter Gesundheit, nicht mehr arbeiten durfte. In einem Bereich, wo es keinen Vorwurf gibt als das Wort altmodisch, galt er plötzlich als eben dies, und wohl auch deswegen war ich zunehmend entschlossen, mich vom Theater fernzuhalten und lie-
10 ber Bücher zu schreiben.
Was immer einem Romancier[1] zustößt, so dachte ich und denke es immer noch, es kann ihn doch keiner daran hindern, seine Arbeit zu tun. Schlimmstenfalls bleiben seine Werke ungedruckt, aber schreiben darf er sie
15 doch, und niemand hält ihn davon ab, auf eine gewogenere Zukunft zu hoffen. Der Regisseur aber, der sich herrschenden Dogmen[2] verschließt, hat diese Chance nicht. Als mein Vater durch den Wandel der Umstände seine Arbeit nicht mehr ausüben konnte, senkte sich
20 allmählich die Krankheit des Vergessens auf ihn herab, bis ihn ganz zuletzt die Demenz vom Bewusstsein der Enttäuschungen befreite.
Ich bin also, ich leugne es nicht, voreingenommen, aber andere sind es nicht. Spricht man mit Russen, mit Po-
25 len, mit Engländern oder Skandinaviern, die deutschsprachige Lande besuchen und hier ins Theater gehen, so sind sie oft ziemlich verwirrt. Was das denn solle, fragen sie, was denn hier los sei, warum das denn auf den Bühnen alles immer so ähnlich aussehe, ständig
30 Videowände und Spaghettiessen, warum sei immer ir-

gendwer mit irgendwas beschmiert, wozu all das Gezucke und routiniert hysterische Geschrei? Ob das denn staatlich vorgeschrieben sei?
Was soll man darauf antworten? Aus rein familiären Gründen – weil ich erlebt habe, dass einer, der es anders 35 machen wollte, es gar nicht mehr machen konnte – und weil es mich außerdem jedes Mal mit Melancholie erfüllt, im Ausland grandiose Stücke lebender Dramatiker zu sehen, die bei uns praktisch unaufführbar sind, weil ihre Autoren keine verfremdenden Inszenierungen 40 gestatten, antworte ich diesen Verwunderten dann nicht, dass es nun einmal so sein müsse, dass sie keine Ahnung hätten, wie schlimm verstaubt das Theater in ihren Heimatstädten sei und wir eben mal wieder einen Sonderweg gefunden hätten, zu speziell und verschlun- 45 gen, um von anderen Völkern verstanden zu werden. Sondern ich sage in etwa Folgendes:
Bei uns ist etwas Absonderliches geschehen. Irgendwie ist es in den vergangenen Jahrzehnten dahin gekommen, dass die Frage, ob man Schiller in historischen 50 Kostümen oder besser mit den inzwischen schon altbewährten Zutaten der sogenannten Aktualisierung aufführen solle, zur am stärksten mit Ideologie befrachteten Frage überhaupt geworden ist. Eher ist es möglich, unwidersprochen den reinsten Wahnwitz zu behaup- 55 ten, eher darf man Jörg Haider[3] einen großen Mann oder George W. Bush intelligent nennen, als leise und schüchtern auszusprechen, dass die historisch akkurate Inszenierung eines Theaterstücks einfach nur eine ästhetische Entscheidung ist, nicht besser und nicht 60 schlechter als die Verfremdung, auf keinen Fall aber ein per se reaktionäres Unterfangen. *(2009)*

1. Erläutern Sie die Kritikpunkte Kehlmanns an den aktuellen Inszenierungen und arbeiten Sie seine Argumentationsweise in dieser Rede heraus.

2. Arbeiten Sie heraus, welche Position die Regisseurin Andrea Breth zu der von Kehlmann mit seiner Rede angestoßenen Diskussion einnimmt.

 Den Leserbrief der Regisseurin finden Sie unter: WES-127877-014 .

---

[1] **Romancier:** Romanautor – [2] **Dogmen:** grundlegende, unhinterfragbare Lehrmeinungen – [3] **Jörg Haider** (1950–2008): österr. Politiker, der wegen fremdenfeindlicher und antisemitischer Äußerungen in die Kritik geriet

3. Auf dieser Seite sehen Sie zwei Bilder einer Essener Inszenierung des Dramas „Woyzeck"
durch den Regisseur David Bösch. Ein Kritiker schreibt darüber:

„*Böschs Stück ist grell und laut, er versetzt Büchners Textfragment in eine schrille Welt, die
direkt aus* Clockwork Orange, Rocky Horror Picture Show[1] *und* Dawn of the Dead[2]

*geschält zu sein scheint. Sein Franz Woyzeck ist ein
Verwundeter in einer verwundeten Welt, die*
5 *postapokalyptisch wirkt, in der die Experimente
seines Arztes, mit denen Woyzeck sich den
Unterhalt für Marie und sein uneheliches Kind
verdient, larger than life wirken, Woyzeck als eine
elektrogeschockte Puppenmarionette auftritt. Der*
10 *Hauptmann, den Woyzeck hier nicht rasiert,
sondern dessen Urineimer er wechselt, ist ein Krüp-
pel, der seinen Untergebenen immer noch
sadistisch verhöhnt. Der Tambourmajor und seine
Militärkapelle mutieren zu Skinheads, die lauten*
15 *Punk herunterzimmern, während der Major
Woyzeck verprügelt. Es mag einigen Leuten
leichtfallen, diese Eingriffe von Regie und Dramaturgie als typisches modernistisches Regietheater
abzutun, und die üblichen Verdächtigen haben so*
20 *auch das Stück an den entsprechenden Schock-
Stellen verlassen. Aber Bösch und Dramaturg Olaf
Kröck bleiben der Stimmung – oder vielmehr einer
möglichen Stimmung – des Textes treu.*"

Nehmen Sie Stellung zur Frage, inwieweit
Theaterstücke aus vergangener Zeit modernisiert
und aktualisiert werden sollten im Hinblick auf
Bühnenbild, Kostüme, Zielsetzung des Textes
und Abänderung des Textes durch Weglassen,
Hinzufügen weiterer Texte oder sprachliche
Bearbeitung.

Wissen und Können

Regietheater

Das **Regietheater** entstand zu Beginn des 20. Jahrhunderts.
In dieser Zeit konstituierte sich das Theater als autonome
Kunstform: Nicht mehr der/die Dramatiker/-in, der/die
Autor/-in, sondern der/die Regisseur/-in galt als eigentliche/-r
Schöpfer/-in des Kunstwerks. Auf der Suche nach neuen Er-
kenntnis- wie Darstellungsmöglichkeiten mit den Mitteln
des Theaters ist Regie von der bloßen Rekonstruktion eines
Textes zu dessen Veränderung durch Interpretation übergegangen. Regietheater ist also **Interpretationstheater**, das
an der Erkenntnis der Gegenwart mit zeitgenössischen Stücken ebenso arbeitet wie mit tradierten Werken, die es auf
neue Perspektiven hin zu befragen gilt. Interpretation ist
nun nicht mehr verstanden als Nachzeichnung, als Intonie-
ren, Einfühlen, Ausarbeiten von Vorgefundenem, sondern
als Herausziehen dessen, was uns angeht.
Der freie Umgang mit Stücken und die Überwindung konventioneller Spielformen haben den Vertretern des Regie-
theaters den Vorwurf der Untreue am Werk eingetragen.
Kritiker/-innen sprechen von Regiewillkür, die zum Selbstzweck und damit letztlich auch beliebig wird.

[1] Die „Rocky Horror Picture Show" ist ein Kultmusical voller skurriler Figuren. – [2] „Dawn of the Dead", „Clock work Orange"
sind Filme voller Gewaltexzesse.

„Die Werkeinheit ist ein Friedhof" –
Interview mit Martin Heckmanns (geb. 1971)

Der Schriftsteller und Dramatiker Martin Heckmanns studierte Philosophie, Geschichte und Komparatistik[1], bevor er Theatertexte zu schreiben begann. Seine Stücke, mit denen er zahlreiche Preise und Stipendien gewonnen hat, sind bisher in mehr als zehn Ländern zur Aufführung gekommen. Heckmanns schreibt nicht nur selbst Stücke für die Bühne, etwa in seiner Funktion als Hausautor und Dramaturg am Staatsschauspiel Dresden (von 2009 bis 2012), sondern unterrichtete auch im Bereich „szenisches Schreiben", u. a. an der Universität Berlin.

In einem Interview mit dem Online-Magazin „Nachtkritik" äußert er sich zu seinem Verständnis von Theater, das mit dem Begriff „postdramatisches Theater" bezeichnet werden kann, wie folgt:

nachtkritik.de: Herr Heckmanns, vor Kurzem ist das Verhältnis von Autoren und Regisseuren durch einen recht spektakulären Fall mal wieder ins Bewusstsein einer breiteren Öffentlichkeit gerückt: Die Brecht-Er-
5 ben haben eine Inszenierung des „Baal"[2] von Frank Castorf am Residenztheater München untersagen lassen, weil sie Fremdtexte enthielt und so die „Werkeinheit" aufgelöst worden sei. Können Sie mit dem Begriff der Werkeinheit in Bezug auf einen dramatischen Text
10 etwas anfangen?

Martin Heckmanns: Nein. Ich kannte den Begriff vorher nicht und er entspricht auch nicht meiner Schreiberfahrung. Ich hab fast immer Probleme mit Enden, mit Mitten natürlich auch, am wenigsten mit An-
15 fängen und ich ändere auch ständig den Text, wenn ich ihn inszeniert gesehen habe, auch vielleicht, weil ich diese endgültige Einheit lieber aufschiebe. Oder damit ein Stück für die Bühne offen bleibt. Wenn mir Texte fertig scheinen, sind sie gleich beerdigt. Und ich freu
20 mich dann besonders, wenn sie noch mal jemand ausgräbt und den Leichen Beine macht, dass ich sie kaum noch wiedererkenne. Einheit klingt für mich nach Friedhof. Differenz öffnet die Wahrnehmung.

nachtkritik.de: Thomas Oberender, der Intendant der
25 Berliner Festspiele und in einem früheren Leben auch einmal Dramatiker, hat in einem Interview mit Deutschlandradio davon gesprochen, dass das Theater der Interpreten vorbei sei, stattdessen würden am Theater nun „Autoren arbeiten, und diese Autoren nennen sich
30 Regisseure". Man hat das dann auf die griffige Formel verkürzt: „Die Regisseure sind die neuen Autoren." Empfinden Sie eine solche Aussage als Degradierung des klassischen Autors?

Martin Heckmanns: Ich hab die Debatte verpasst, aber ich verstehe nicht, was die Autorenposition so at- 35 traktiv macht. Wenn Autor tatsächlich Ur-Heber bedeuten soll, lädt man sich ziemlich viel Anspruch auf, wer hält sich denn für den ersten Entdecker? Ich finde Stückschreiber besser. Auch weil im Stück ein Stück Dreck drinsteckt oder das Bruchstück, das noch zu er- 40 gänzen ist. [...]

nachtkritik.de: Sie haben vor einem Jahr in einem Impuls-Referat bei der Wiesbadener Biennale[3] gesagt: „Statt Vorschrift und Anweisung sollte ein Theatertext Angebot oder Herausforderung sein." Bedeutet das, 45 dass Sie als Autor ganz bewusst „nur" Material liefern, das auf den Proben nach Belieben verwertet und somit auch verändert und erweitert werden kann?

Martin Heckmanns: Es gab in Wiesbaden einen jungen Schreiber, der sein Stück eine Materialsammlung 50 genannt hat, und wir haben im Seminar länger darüber gesprochen, was das bedeuten könnte, und die Mehrheit war dagegen. Es wird ja nie nur gesammelt, sondern schon in diesem Sammeln geformt, und ich finde, die entstehenden Formen sollten im besten Fall überra- 55 schende Fragen an die sogenannte Realität und die Bühnenrealität stellen, dass die Antworten interessante Probleme machen. Es ist also mindestens mit Blick auf die Bühne geformtes Material, mehr oder weniger deutlich. Das bleiben immer Versuche, aber Materialliefe- 60

---

[1] **Komparatistik:** vergleichende Literaturwissenschaft – [2] **„Baal":** Drama von Bertolt Brecht, erste Fassung 1918 –
[3] **Biennale:** alle zwei Jahre stattfindende kulturelle Veranstaltung (Ausstellung, Festival …); aus dem Lat. „bis" (zweimal) und „annus" (das Jahr)

rant klingt so anmaßend bescheiden, ich glaube es dem Schreiber nicht, ich wüsste auch nicht, wie man Material schreibt.

nachtkritik.de: Haben Sie, wenn Sie schreiben, so etwas wie eine Idealinszenierung Ihres Textes im Kopf?

Martin Heckmanns: Nein, ich bin eher neugierig auf Lösungsversuche, aber in bestimmten Betonungen oder Situationen fällt mir dann doch auf, dass ich sie mir am Schreibtisch anders gedacht habe. Konkret lässt sich das in der Komik am deutlichsten merken, weil die Pointe zündet oder nicht. [...]

nachtkritik.de: Waren Sie schon unglücklich mit Inszenierungen Ihrer Texte?

Martin Heckmanns: Ich war auch schon unglücklich mit Gesprächen und Liebesbeziehungen, aber deshalb stellt man doch keine Regeln auf, die das Gegenüber zur korrekten Interpretation verpflichten. Wenn das zu kontrollieren wäre, wäre es steril vermutlich. Und wenn ich einmal sehr unglücklich sein sollte, dann hilft die alte Theaterweisheit: Durch Leiden lernen. Das rettet jeden schlechten Abend. Und tatsächlich sind es ja die missratenen Aufführungen, nach denen sofort alles neu und anders geschrieben werden muss. [...]

nachtkritik.de: Wären für Sie neue Modelle der Arbeitsteilung im Theater denkbar oder gar wünschenswert? Wenn man die Aufführung als das eigentliche Werk begreift und den Text als einen ihrer Aspekte, wäre die sogenannte „Stückentwicklung", bei der der Text im Probengeschehen entsteht oder dort zumindest, von einer bewusst vorläufigen Rohfassung ausgehend, stark verändert wird, doch nur konsequent. Die Regisseure wären nicht nur die neuen Autoren, die klassischen Autoren würden nun auch zu Co-Regisseuren, sie wären unabdingbarer Bestandteil des Probenprozesses.

Martin Heckmanns: Ja, wird ja viel gemacht, oft mit tollen Ergebnissen. Meine Erfahrung mit Stückentwicklungen ist, dass man es den Inszenierungen ansieht, wenn alle Beteiligten mitgewirkt haben an der Entstehung und Formulierung und die Abende deshalb oft diese berühmte Energie haben. [...]
Ich will doch Streit sehen auf der Bühne und Auseinandersetzung, auch über die Mittel, die Erzählform und die Perspektiven. Eine Inszenierung wie aus einem Guss, bei der alle Beteiligten am selben Strang ziehen, das ist dann meistens so eine Überwältigungsästhetik, die mich erschlägt und ermattet. Ich will aber lieber zwiespältig angeregt aus dem Theater kommen. Also lieber, siehe oben: Differenz.

(Die Fragen stellte Wolfgang Behrens)

1. Stellen Sie heraus, wie Martin Heckmanns seine eigene Rolle als „Stückeschreiber" definiert und warum er sich selbst so bezeichnet.

2. Zeigen Sie, welche Prozesse und Interaktionen stattfinden sollen und dürfen, damit das Stück auf einer Bühne dargestellt werden kann. Interpretieren Sie in diesem Zusammenhang auch die Überschrift „Die Werkeinheit ist ein Friedhof".

3. Vergleichen Sie die Haltung Heckmanns mit der Kritik von Daniel Kehlmann („Die Lichtprobe", S. 135) und diskutieren Sie darüber, wem Sie eher zustimmen.

4. Bewerten Sie, inwiefern die Auffassung Heckmanns, wie sie in dem Interview deutlich wird, Grundannahmen des „postdramatischen Theaters" widerspiegelt.

5. Auch klassische Bühnenstücke mit einer literarischen Vorlage (also einem Dramentext) lassen sich „postdramatisch" inszenieren. Entwickeln Sie Ideen dazu, wie man z. B. das Erste Standlied des Chores im Drama „Antigone" (s. S. 105) postdramatisch inszenieren könnte. Überlegen Sie dazu z. B., welche Medien zum Einsatz kommen könnten, ob und wie in den Text eingegriffen werden sollte und welche „theatralen Mittel" in der Darbietung zum Einsatz kommen könnten. Präsentieren Sie sich gegenseitig Ihre Ideen und vergleichen Sie sie.

Elfriede Jelinek (geb. 1946)
Die Schutzbefohlenen

Elfriede Jelinek (geb. 1946 in Wien) zählt zu den bedeutendsten deutschsprachigen Gegenwartsautorinnen. Sie verfasst Romane, Lyrik, Essays, Übersetzungen, Hörspiele, Drehbücher und Theatertexte. 2004 erhielt sie den Nobelpreis für Literatur.

Wir leben. Wir leben. Hauptsache, wir leben, und viel mehr ist es auch nicht als leben nach Verlassen der heiligen Heimat. Keiner schaut gnädig herab auf unseren Zug, aber auf uns herabschauen tun sie schon. Wir flo-
5 hen, von keinem Gericht des Volkes verurteilt, von allen verurteilt dort und hier. Das Wißbare aus unserem Leben ist vergangen, es ist unter einer Schicht von Erscheinungen erstickt worden, nichts ist Gegenstand des Wissens mehr, es ist gar nichts mehr. Es ist auch nicht
10 mehr nötig, etwas in Begriff zu nehmen. Wir versuchen, fremde Gesetze zu lesen. Man sagt uns nichts, wir erfahren nichts, wir werden bestellt und nicht abgeholt, wir müssen erscheinen, wir müssen hier erscheinen und dann dort, doch welches Land wohl, liebreicher als
15 dieses, und ein solches kennen wir nicht, welches Land können betreten wir? Keins. Betreten stehn wir herum. Wir werden wieder weggeschickt. Wir legen uns auf den kalten Kirchenboden. Wir stehen wieder auf. Wir essen nichts. Wir müssen doch wieder essen, wenigs-
20 tens trinken. Wir haben hier so ein Gezweig für den Frieden, so Zweige von der Ölpalme, nein, vom Olivenbaum haben wir abgerissen, ja, und das hier auch noch, alles beschriftet; wir haben sonst nichts, wem dürfen wir ihn bitte überreichen, diesen Stapel, wir haben zwei
25 Tonnen Papier beschrieben, man hat uns natürlich dabei geholfen, bittend halten wir es nun hoch, das Papier, nein, Papiere haben wir nicht, nur Papier, wem dürfen wir es übergeben? Ihnen? Bitte, hier haben Sie es, aber wenn Sie nichts damit anfangen, müssen wir das alles
30 noch einmal kopieren, noch einmal ausdrucken, das ist Ihnen doch klar? [...]
Schauen Sie, Herr, ja, Sie!, flehend wenden wir uns Ihnen zu, uns hat irgendwer gezeugt und irgendeine geboren, wir verstehen, daß Sie das überprüfen wollen,
35 aber Sie werden es nicht können. Wo ein Woanders ist, dort wissen wir nichts, denn vielleicht ist alles ganz anders und ohnedies immer woanders, und dort ist unser Erkennen nichts. Man hat uns Videos geschickt, meiner Familie, als ich sie noch hatte, inzwischen alle tot, alle
40 tot, kein einziger noch da, ich bin der letzte, mein alter

Horizont nicht Gegenstand mehr, dem steht nichts entgegen, sie sind ja alle weg, alle tot, nur ich nicht, ich bin jetzt da, und was machen Sie mit mir? Ich bin da, was machen Sie jetzt mit mir? Der Horizont wird zum Nichts, am Gebirge endet er, das Meer ist ein Loch, ein 45 Schlund, eine Schlucht, es ist doch keiner mehr da, es ist keiner mehr dort, nur ich bin hier und nicht dort, aber hier, angewiesen auf meine Erinnerungen, sind alle tot, sind woanders tot, sowieso tot, ich bin der letzte, ein hartes Los, ich klage es laut, ich habe das traurigste 50 Los gezogen. [...] Den Herrn in diesem Land und den Stellvertretern der Herren in diesem Land und den Stellvertretern der Stellvertreter der Herren in diesem Land würden wir, wir dürfen ja nicht, aber wir würden, würden wir, wies Fremdlingen ziemt, verständig unsere 55 blutschuldlose Flucht erzählen, bereitwillig jedem erzählen, er müßte ein Stellvertreter gar nicht sein, wir würden das machen, Ehrenwort, wir erzählen es jedem, wir erzählen es allen, die es hören wollen, aber es will ja keiner, nicht einmal ein Stellvertreter eines Stellver- 60 treters will es hören, niemand, aber wir würden es erzählen, wir würden über unsere Flucht ohne Schuld, unsre schuldlose Flucht, die Sie ja immer als Flucht vor Schulden darstellen, die Flucht von Schuldlosen also erzählen, in unserer Stimme wird nichts Freches sein, 65 nichts Falsches, wir werden ruhig und freundlich und gelassen und verständig sein, aber verstehen werden Sie uns nicht, wie auch, wenn Sie es gar nicht hören wollen? Verstehen werden Sie nicht, und unser Reden wird ins Leere fallen, in Schwerelosigkeit, unser schwe- 70 res Schicksal wird plötzlich schwerelos sein, weil es ins Nichts fallen wird, in den luftleeren Raum, ins Garnichts, wo es dann schweben wird, in Schwebe bleiben wird, im Wasser, in der Leere, ja. Aus unseren anspruchslosen Augen werden wir sanftmütig schauen 75 und um eine Decke und etwas zu essen bitten, sehen Sie, werden Sie Stellvertreter von Stellvertretern, die aber auch alle nicht hier stehen, die vertreten sich woanders, sagen: Ihre Augen sind ja gar nicht anspruchslos, auch wenn Sie das behaupten, sie stellen ja doch 80 Ansprüche! Heute wollen Sie Decken, Wasser und Essen, was werden Sie morgen verlangen? Unsere Frauen, unsere Kinder, unsere Berufe, unsere Häuser, unsere Wohnungen? Was werden Sie morgen verlangen. Heute verlangen Sie vielleicht noch nichts oder nicht viel, 85 aber morgen wird es viel sein, das wissen wir schon, deswegen sind wir ja die Stellvertreter von Stellvertretern von Stellvertretern, die wissen es alle, alle wissen alles, und jetzt wissen es auch wir, obwohl wir es schon vorher gewußt haben, schon vorher. Wie? Was sagen 90

Sie? Wir achten darauf, weder vorlaut noch zu breit noch zu ausführlich noch zu schleppend noch zu schnell noch zu langsam im Reden zu sein. [...]

(2014)

1. Überlegen Sie, wen der Text mit „wir" und „Sie" meinen könnte.

2. Zum Hintergrund des Stückes: Nach einer Demonstration gegen die Lebensumstände in einem österreichischen Aufnahmelager suchten Flüchtende 2012 Schutz in der Wiener Votivkirche und traten dort in einen Hungerstreik. Im weiteren Fortgang des Textes konfrontiert Jelinek Abschiebung, Ausgrenzung und Arbeitsverbot der Geflüchteten mit zeitgleichen Fällen einer schnellen Einbürgerung von Prominenten wie der Opernsängerin Anna Netrebko. Jelinek will die Sprach- und Hilflosigkeit der Geflüchteten zeigen und die Ungerechtigkeit ihrer Lage. Diskutieren Sie, inwieweit diese Intention in dem Textausschnitt zur Geltung kommt und inwieweit ein Theaterstück die kritisierte Situation verändern kann.

3. Im Stück findet keine Handlung statt. Der Text ist auch nicht in Akte oder Szenen eingeteilt, es lassen sich lediglich durch Absätze 27 Textabschnitte unterscheiden. Entwickeln Sie zu dem Ausschnitt des Stückes Ideen, wie er aufgeführt werden könnte.

4. Ordnen Sie mit Hilfe der Information den Ausschnitt dem postdramatischen Theater zu.

Wissen und Können

Postdramatisches Theater

Der Begriff **„postdramatisches Theater"** (post, lat. „nach"), der in der Mitte des letzten Jahrhunderts aufkam, legt nahe, dass es sich hier um ein Theater handelt, welches sich von zentralen Annahmen des bisherigen Dramas gelöst hat. Postdramatisches Theater geht dabei über das Regietheater hinaus und unterscheidet sich wesentlich radikaler von vorausgehenden Theaterkonzeptionen.

Als Gründe dafür werden unter anderem der Einfluss der Mediatisierung der Gesellschaft und Annahmen aus philosophischen Diskursen angeführt. Etwa weil zunehmend Zweifel aufkamen an der Möglichkeit des Menschen, die ihn umgebende Wirklichkeit kohärent und umfänglich wahrzunehmen, suchte das Theater nach adäquaten Ausdrucksformen. Zentral für das sich hieraus entwickelnde „postdramatische Theater" ist die Tatsache, dass es sich von dem Primat, d. h. der Vorrangstellung, des Textes, sowie auch von psychologisch stringenten dramatischen Figuren lösen will. Dies lag auch daran, dass sich unter dem Einfluss sprachkritischer und sprachskeptischer Philosophie zunehmend eine **Abkehr von dem aristotelischen Prinzip der „Mimesis"**, also der Vorstellung, die Natur könne in der Kunst nachgeahmt werden, vollzog.

Auf der Bühne wird im postdramatischen Sinn demzufolge keine schlüssig aufgebaute und nach dem Prinzip des Spannungsaufbaus konstruierte Handlung gezeigt, sondern es geht verstärkt um **Zustände**: innere und äußere Zustände des Menschen, der Umwelt oder der Gesellschaft, häufig auch mit dem Ziel **gesellschaftspolitischer Reflexion**.

Statt sich an einem festgelegten Dramentext zu orientieren, werden szenische Elemente und theatrale Gestaltungsmittel wie Darsteller und deren Mimik und Gestik, Maske, Kostüm, Bühne, Requisiten, Ton, Licht und Raum als gleichrangige Theatermittel verwendet. So entsteht eine Darstellung auf der Bühne, bei der vor allem das **Miterleben** und teilweise auch das **Mittun** im Vordergrund stehen. Überdies werden andere Künste und Medien wie etwa Fotografie, Film, Fernsehen, Hörfunk, Musik, Video und Tanz einbezogen. Der Text selbst ist nur ein Element, welches im **Prozess der Inszenierung** immer wieder auch verändert und neu geschaffen werden kann.

Typische Merkmale eines solchen Theaters können etwa **Diskontinuität** (Aufbrechen von Handlungsstrukturen), **Sprachlosigkeit** sowie **surreale Sprünge in Zeit und Raum** sein. An die Stelle einer durchkomponierten Handlung tritt die **Collage** oder **Montage** und es kann sowohl abrupte Wechsel zwischen konventionellen Dialogen und deren Zersetzung als auch einen Rollentausch der Darsteller geben. Manchmal werden auch rätselhafte Bewegungsmuster und Abläufe sowie provokante Bezüge verwendet, sodass es den Zuschauern schwerfällt, die Stücke zu deuten. Es geht auch nicht so sehr um eine gemeinsame Sinnstiftung, sondern mehr darum, Anteil am künstlerischen Erleben zu haben und neue Spielräume und ungewohnte Wahrnehmungsweisen zu entdecken.

5. Lesen Sie den Informationstext zum postdramatischen Theater und formulieren Sie fünf bis zehn Fragen, auf die der Text eine Antwort gibt. Tauschen Sie diese Fragen mit einem Lernpartner oder einer Lernpartnerin aus und beantworten Sie diese gegenseitig.

6. „Werkgetreues" Theater, Regietheater, postdramatisches Theater – welche Theaterform entspricht am ehesten Ihrer Vorstellung und Ihren Erwartungen an ein Theater, welches Sie gerne besuchen würden?

Produktionsbedingungen und Stellenwert des Theaters heute

Joachim Lux (geb. 1957)
Drei Cent pro Tag

Wir haben in diesen Tagen am Thalia Theater einen Test auf all diese Mutmaßungen, die das Theater irgendwo zwischen Kunst, Quote und Elite verankern, durchgeführt und im Rahmen unseres Festivals „Um alles in
5 der Welt – Lessingtage 2010" gefragt: „Was ist Kultur uns wert?" Die Idee: Jeder zahlt, so viel er will, zwischen null Euro und ad libitum[1]. Der Arme, der Schnorrer und der Schnupperer kriegen also für null Euro auch noch eine im Preis enthaltene Nahverkehrskarte obendrauf.
10 Die Erfahrungen in Kürze: Schnorrer gab es nicht. Die meisten orientierten sich an den sonst üblichen Preisen, einige zahlten mehr, wie z.B. eine Schulklasse, die per Gruppenrabatt normalerweise nur 5,50 Euro zahlen müsste, sich aber, mit dem Solidarprinzip auseinander-
15 setzend, entschloss, erheblich mehr zu zahlen. Das Bewusstsein dafür, dass etwas etwas kosten darf und auch soll, ist also ganz gut entwickelt.
Selbst die von uns veröffentlichte Tatsache, dass das Thalia Theater die mit Abstand höchsten Preise in
20 Deutschland hat, hat das Publikum nicht geschockt, zumal es auf der anderen Seite ein großes Instrumentarium sozialer Preise bereithält. Alle waren am Schluss zufrieden: das Theater über die Einnahmen, die sogar höher lagen als sonst im Schnitt, und das Publikum, das
25 bis spät in die Nacht diskutierte und über die basisdemokratische Preisbestimmung möglicherweise eine intensivere Bindung ans Theater erfuhr.
Diese Erfahrung ist für das Theater sehr stabilisierend und entspricht letztlich den positiven Erfahrungen, die
30 auch in der freien Wirtschaft mit Pricing-Modellen gemacht wurden. Aber es gab auch eine andere bedenkenswerte Erfahrung: Von knapp 1 000 verfügbaren Plätzen blieben ca. 250 leer. Es bestand in der Zufallssituation dieses Abends keine ausreichende Nachfrage
35 nach dem Klassiker „Nathan der Weise" – auch nicht für null Euro. Es macht also weit mehr Sinn, Brot und Milch zu verschenken als Theater, auch das eine Erfahrung.
Das Theater bleibt also das Angebot für eine Partikulargesellschaft und nicht für die Gesellschaft als Ganzes,

Thalia Theater, Hamburg

die es dennoch finanziert. Und auch finanzieren muss: 40 Denn die Besucher haben gut gezahlt, aber nur auf der Basis gleichbleibender Subvention. Müsste das Theater ohne Subventionen ausschließlich von Besuchern finanziert werden, gäbe es in Hamburg nicht mehr die Möglichkeit, einen Shakespeare, Molière oder Lessing 45 zu sehen. Damit sind wir wieder beim gesellschaftlichen Grundkonsens, der eben dies als „Wert" behauptet. In Bezug auf das Thalia Theater kostet der Konsens die Bevölkerung pro Kopf zehn Euro jährlich, also eine Pizza oder drei Cent pro Tag ... 50

(2010)

1. Erarbeiten Sie aus dem Text: Welches Experiment hat das Thalia Theater durchgeführt? Zu welchen Ergebnissen führte es? Welche Schlussfolgerungen zieht der Autor (der Intendant des Theaters) daraus?

2. Führen Sie eine Befragung durch: Wer von Ihnen hätte das Angebot des Thalia Theaters wahrgenommen? Wie viel Eintritt hätten Sie gezahlt?

3. Vergleichen Sie Ihre Ergebnisse mit denen der tatsächlichen Aktion. Kommentieren und diskutieren Sie die Ergebnisse unter der Fragestellung: Was ist Theater heute (noch) wert?

[1] **ad libitum** (lat.): nach Belieben

Lena Graefe
Statistiken zum Theater

Laut Bundesministerium für Wirtschaft zählte der Markt der darstellenden Künste zuletzt über 21.200 privatwirtschaftliche Unternehmen ohne den öffentlich subventionierten Theaterbetrieb. Dazu gehören selbständige Bühnenkünstlerinnen und -künstler (z.B. Schauspieler, Tänzer), Artistinnen und Artisten, Theaterensembles, Betreiber von Thea-
5 tern, Varietés, Kleinkunstbühnen sowie die bühnentechnischen Betriebe einschließlich der Vorverkaufsstellen. Mehr als die Hälfte des Marktes machen alleine die selbstständigen Bühnenkünstler aus.

142 Theaterunternehmen werden in Deutschland öffentlich betrieben, weist der Deutsche Bühnenverein in seiner Statistik aus. Rund 20,3 Millionen Besucher schauten sich in der
10 Spielzeit 2018/2019 eine der insgesamt rund 66 000 Veranstaltungen in den 809 Spielstätten der öffentlichen Theater an. Rund 5,1 Millionen Gäste besuchten davon ein Schauspiel, rund 3,8 Millionen eine Oper und 1,7 Millionen eine Ballett-Tanzaufführung. Die rund 200 privatbetriebenen Theater in Deutschland wurden in der Spielzeit 2018/2019 von 7,6 Millionen Besuchern besucht.
15 Zum 1. Januar 2019 waren insgesamt rund 40 500 Mitarbeiter fest in den öffentlichen Theatern beschäftigt. Rund 45 Prozent der Beschäftigten gehören zum künstlerischen Personal, davon rund 1.900 abhängig beschäftigte Schauspieler, 1 400 Tänzer und 1 200 Sänger. Die weiteren 55 Prozent verteilen sich auf die Abteilungen Technik, Werkstätten, Maske, Kostüm und die Verwaltung. Die Personalausgaben der Theaterunternehmen im Rech-
20 nungsjahr 2018 beliefen sich auf rund 2,5 Milliarden Euro, die meisten Ausgaben gingen dabei an das künstlerisch darstellende Personal und die technischen Abteilungen.

(2022)

Fakten rund ums Theater

- 653 566 Mal hob sich im Spieljahr 2017/2018 der Vorhang.
- 800 Spielstätten gibt es insgesamt in Deutschland.
- 5,5 Milliarden Euro betrug 2018 der Umsatz des Markts für darstellende Künste.
- 78 Euro Subventionen fließen rein rechnerisch pro verkaufter Theaterkarte.

(2020)

Personalausgaben im Theater

- Künstlerisches Personal: 56,2 Prozent
- Technik: 33,3 Prozent
- Verwaltung: 8,8 Prozent
- Sonstige Personalausgaben: 0,9 Prozent
- Versorgungsbezüge: 0,7 Prozent

Bühnenarbeiter im Bamberger ETA-Hoffmann-Theater

Einnahmen der öffentlich finanzierten Theater (Musik- und Sprechtheater)

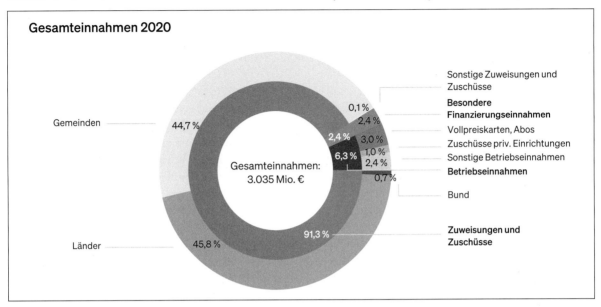

Gesamteinnahmen 2020

Gemeinden — 44,7 %

Länder — 45,8 %

Gesamteinnahmen: 3.035 Mio. €

0,1 %
2,4 %
2,4 % 3,0 %
6,3 % 1,0 %
2,4 %
0,7 %
91,3 %

Sonstige Zuweisungen und Zuschüsse
Besondere Finanzierungseinnahmen
Vollpreiskarten, Abos
Zuschüsse priv. Einrichtungen
Sonstige Betriebseinnahmen
Betriebseinnahmen
Bund
Zuweisungen und Zuschüsse

Quelle: Deutscher Bühnenverein Stand: Juli 2022

1. Arbeiten Sie aus den verschiedenen Texten und der Statistik die wirtschaftliche Bedeutung der Theater und ihre besondere wirtschaftliche Situation heraus.

2. Diskutieren Sie, inwieweit die Finanzierung von Theater (und grundsätzlich von kulturellen Angeboten) zu den Aufgaben eines modernen Staates gehört.

3. Schreiben Sie eine Erörterung zu dem Thema, ob Theater mit Steuergeldern subventioniert werden sollen.
   ➔ Argumentieren/Erörtern, S. 439

4. Die deutsche Unesco-Kommission hat den Antrag gestellt hat, die – im Vergleich zu den meisten anderen Staaten – fast einmalige Dichte und Vielfalt der deutschen Bühnenlandschaft auf die Liste des immateriellen Weltkulturerbes aufzunehmen. Verfassen Sie eine Argumentation für eine solche Aufnahme.

5. Legen Sie dar, mit welchen Argumenten der Deutsche Bühnenverein für die deutsche Theaterlandschaft und insbesondere für den „Repertoirebetrieb" eintritt und diskutieren Sie mögliche Gründe für die im Text aufgeführten erfolgreichsten Inszenierungen.

 Die Textgrundlage finden Sie unter: WES-127877-015 .

6. Informieren Sie sich über die verschiedenen Berufe, die es am Theater gibt.

Daniel Kehlmann (geb. 1975)
Einfach das Fernsehen einschalten

Daniel Kehlmann ist ein deutsch-österreichischer Schriftsteller (vgl. auch S. 351). Bekannt wurde er mit Romanen wie „Die Vermessung der Welt" oder „Ruhm". Sein Vater war der Theaterregisseur Michael Kehlmann.

Unterdessen bleibt der Großteil der interessierten Menschen, die einstmals Publikum [im Theater] gewesen wären, daheim, liest Romane, geht ins Kino, kauft DVD-Boxen mit den intelligentesten amerikanischen
5 Serien und nimmt Theater nur noch als fernen Lärm wahr, als Anlass für wirre Artikel im Feuilleton, als Privatvergnügen einer kleinen Gruppe folgsamer Pilger, ohne Relevanz für Leben, Gesellschaft und Gegenwart. „Das traurigste Gewerbe", sagte Reinhardt[1] – und nicht
10 selten ist man versucht, ihm zuzustimmen, sich abzuwenden und einfach das Fernsehen einzuschalten.
An die wundersamen Widersprüche denke ich, die jedes Mal von Neuem auf der Bühne zusammenfinden: Etwas, das jeden Abend passiert, passiert gerade in dem
15 Moment zum ersten Mal und nie wieder genau so; es wird Gegenwart und ist doch pure Wiederholung; Figuren stehen vor uns und tun es doch nicht, sodass wir Zeugen sind bei einem Ereignis, das nicht wirklich geschieht, und zwar in einer Spontaneität, wie sie nur nach langem Proben möglich wird.
20 Film ist magisch, Theater aber ist paradox. Und das bleibt es selbst in der albernsten Gestalt, und das wird es noch sein, wenn man sich so mancher hochsubventionierten Absurdität nur noch mit amüsiertem Lächeln erinnert. „Nicht Verstellung ist die Aufgabe des
25 Schauspielers", so Reinhardt, „sondern Enthüllung." Die Wahrheit auszusprechen also über unsere von Konvention und Gewohnheit eingeschnürte Natur, die Wahrheit über das eine kurze Leben, das wir führen. Und über die unzähligen Leben, die wir darüber ver-
30 säumen und denen wir nirgendwo anders begegnen können als in unserer Fantasie und in der Kunst.

(2009)

1. Untersuchen Sie, wofür Daniel Kehlmann plädiert und wie er seine Haltung begründet.

2. Erläutern Sie Kehlmanns Aussage „Film ist magisch, Theater aber ist paradox." (Z. 21) Stellen Sie gegenüber, welche Vorzüge und Nachteile der verschiedenen Darbietungsformen Theater und Film Sie selbst sehen.

3. Der von Kehlmann zitierte Max Reinhardt sagte: „Ich glaube an die Unsterblichkeit des Theaters. Es ist der seligste Schlupfwinkel für diejenigen, die ihre Kindheit heimlich in die Tasche gesteckt und sich damit auf und davon gemacht haben, um bis an ihr Lebensende weiterzuspielen." Diskutieren Sie diese Einschätzung.

4. Der Theaterregisseur Claus Peymann sagte 1988 in einem Interview über das Theater:

„Ich möchte, dass Schönes entsteht. Warum soll es in unserer Gesellschaft nicht etwas geben, wo für eine bestimmte Zeit die Gesetze der Realität außer Kraft sind? Zwischen halb acht und elf abends passiert hier das Unmögliche, die Illusion, der Traum [...] In gewissem Sinn ist das Theater ein exterritoriales Terrain, auf dem sich im Kleinen die Welt wiederholt, tiefer, kompletter, etwas mehr überschaubar."

Geben Sie mit eigenen Worten wieder, worin Peymann die Bedeutung des Theaters sieht und vergleichen sie seine Aussagen zum Theater mit denen Kehlmanns.

[1] **Max Reinhardt** (1873–1943): österreichischer Theaterregisseur

1. Hören Sie den Textvortrag und entnehmen Sie die wesentlichen Informationen.
Fassen Sie diese in Thesen zusammen.
⊕ Einem Hörtext Informationen entnehmen, S. 438

Wiebke Tomescheit (geb. 1984)
Warum junge Leute kaum mehr ins Theater gehen – und wie man das ändern könnte

Die Autorin ist Redakteurin im Bereich Social Media bei der Online-Version der Zeitschrift „Stern".

Die Theater wünschen sich mehr junge Zuschauer. Wenn die nicht kommen, werden schnell Äußerlichkeiten dafür verantwortlich gemacht. Dabei gehen auch Jugendliche in erster Linie wegen der Stücke ins Thea-
5 ter – wenn die nicht interessieren, gibt's offenbar ein Problem. Ich muss etwas gestehen. Die letzten – lasst mich überlegen – ungefähr fünf Male, die ich im Theater war, war ich nicht wegen Theater im Theater. Sondern für Veranstaltungen, die eben im Theater stattfan-
10 den. Drei Lesungen und zwei Konzerte waren das. Alle gut. Ich fand das schön, denn ich gehe gerne ins Theater. Ich habe nur lange nicht mehr selber Karten für ein richtiges Theaterstück gekauft. Warum eigentlich nicht? [...]

15 **Nicht der Dresscode hält junge Menschen fern**
In [einer von mir kürzlich verfolgten] Talkrunde wurde an der Frage geknabbert, warum junge Menschen heute kaum noch ins Theater gehen. [...] Zum ersten Mal hörte ich auch den Begriff „Nichtnutzerforschung". Und
20 viele Ideen und Vermutungen, was die jungen Menschen vom Theater fernhalte. Zum Beispiel die Tatsache, dass man sich dafür schick machen müsse. Was für ein merkwürdiges Argument! Erstens: Solche Regeln sind Jugendlichen so unfassbar egal. Zweitens: Muss
25 man nicht. In keinem Haus wird einem der Eintritt verwehrt, nur weil man als Besucher kaputte Jeans und Turnschuhe trägt. In keinem. Und ich war zumindest in Hamburg in allen namhaften Theatern. Drittens: Für eine nicht unerhebliche Zahl junger Menschen ist gera-
30 de dieser Aspekt erstmal das Interessanteste am Theaterbesuch.
Oder dass die wichtigsten Probleme von Jugendlichen heutzutage Mobbing oder wer sich nicht das neueste Handy leisten könne seien. Und darüber habe ja noch
35 niemand Theaterstücke geschrieben. Erstens: Hat bestimmt jemand. Es würde mich wirklich überraschen, wenn es zu genau diesen Themen nicht schon eine gan-

ze Reihe hipper JugendtheaterSkripte gäbe. Zweitens: Haltet junge Menschen nicht für blöd. Ja richtig, Schiller und Beckett kannten noch keine Smartphones und 40 kein Mobbing im modernen Sinn. Aber auch sie kannten Neid, Außenseitertum, Angst um die eigene soziale Stellung – und haben Stücke darüber geschrieben. Das kapieren auch Pubertierende.

Muss die Kulturbildung mit 15 beginnen? 45
Dass die aber in der Regel ganz andere Sorgen haben als den Theatergenuss, ist vermutlich einfach eine biologische Tatsache. Wer glaubt, man müsse 15-Jährige (metaphorisch) ins Schauspielhaus prügeln und bestenfalls noch so lange (metaphorisch) weiterprügeln, bis sie a) 50 begriffen haben, was sie da überhaupt sehen, und b) behaupten, es gut zu finden, ist auf einem echten Holzweg. Lasst doch die armen Kinder mit Hochkultur in Ruhe, solange ihre durchdrehenden Gehirnsynapsen ohnehin verhindern, dass sie diese wertschätzen kön- 55 nen. Aber sorgt dann bitte dafür, dass ihr ihnen relevante Stücke anbietet, wenn sie alt genug dafür sind. In der sechsten oder siebten Klasse sollten wir uns mit unseren Klassenlehrern Goethes „Faust" im Theater an-

schauen. Wir, ein unzähmbarer Haufen, der nach Axe und Zwiebelringen stank, in der vielleicht schlimmsten Phase seines Lebens. Der Schauspielerin, die das Gretchen spielte, hatten sie komische klobige Holzschuhe angezogen. Und immer wenn sie ein paar Schritte gehen musste, sah das nicht nur merkwürdig plump aus, sondern machte auch „klock", „klock", „klock". Immer wenn sie ein paar Schritte gehen musste, brüllten wir vor Lachen. Klopften uns auf die Schenkel und gegenseitig auf die Schultern. Sechsundzwanzig höchst amüsierte Monster. Arme Frau, ey. Das passiert, wenn man glaubt, Teenies würden durch Kultur, die sie nicht interessiert, bereichert. Wir haben es noch geschafft, alle um uns herum zu ent-reichern! Die erste Theaterkarte, die ich mir selbst gekauft habe, war für eine Vorstellung von „Hair" im Stadttheater. Nein, das war nicht in den 70ern, sondern ca. 2003. Ich war 17, ging tatsächlich mit Freunden ins Theater. Wir fanden das cool. Weil da ein Stück lief, das gleichzeitig relevant, ein bisschen provokant und sehr unterhaltsam war. Und am Ende war uns allen ganz beiläufig klar geworden, dass Krieg und Zwangswehrdienst richtig schlechte Ideen sind. Liebe Theatermacher, ihr weint jetzt wahrscheinlich, aber: Stücke könnten gern öfter wie „Hair" sein. [...]

Was will Theater sein? Was soll es sein?

Theater ist inzwischen oft eher Aktionskunst als Geschichtenerzählen. Das ist total okay für die Menschen, die das mögen, und ich möchte dieses interessante Kulturreservat niemandem wegnehmen. Im totalen Gegensatz dazu spielen viele Privattheater, die ohne Subventionen auskommen und die Zuschauer zum Kauf von Tickets bewegen müssen, vor allem launige Komödien. (Auch das ist völlig okay, an sich.) Ich finde keines von beidem optimal, und keines von beidem reizt mich. Kann es da kein Mittelding geben? [...] Ich wünsche mir ein back to basics: Erzählt mir eine Geschichte! Und erzählt sie mir so, dass sie mich interessiert. Erst dann

berührt es mich ja wirklich, wenn unerwartete Wendungen oder dramatische Dinge passieren. Wenn da von Anfang an weiß geschminkte Nackte auf der Bühne stehen und mich anschreien, denke ich nicht darüber nach, was wohl in der Kindheit der Charaktere Schlimmes passiert ist. Dann denke ich darüber nach, ob ich trotz des teuren Ticketpreises in der Pause nach Hause gehe.

Und wer sind diese jungen Menschen?

Junge Menschen sind nicht blöd. Sie sind auch nicht anti. Die meisten haben erstmal total Bock auf Kultur. Also: nicht mit 15. Aber dann mit 17. Was sie haben: Netflix und viel zu tun. Was sie nicht haben: zu viel Zeit und zu viel Geld. Wenn man jetzt als Theatermacher diese Zeit verschwendet, weil man beim Kunstschaffen so gar nicht an die Bedürfnisse des Publikums denkt, und das auch noch für saftige Ticketpreise, dann verprellt man sie spätestens beim zweiten oder dritten Versuch. Dazu kommt, dass das Publikum heute nicht mehr dankbar jeden Brocken Entertainment annimmt, man ihm hinwirft (hallo, lineares Fernsehen!), sondern von hochwertigen Serien oder sogar Podcasts inzwischen komplexes, zügiges und packendes Erzählen gewohnt ist. Noch eine These: Junge Menschen wollen Stücke sehen, keine Inszenierungen. Die feiern nicht, wenn die Schauspieler pinke Ritterrüstungen tragen und die Handlung auf den Mond verlegt wurde, die wollen einfach den verdammten Shakespeare sehen – und eigentlich am liebsten möglichst originalgetreu. Da könnte sich manch Regisseur vielleicht mal ein bisschen zurücknehmen. Es ist keine Lösung, sein Publikum zu umschmeicheln [...]. Man sollte sein Publikum aber weder ignorieren noch verachten. Und als Theatermacher vielleicht mal überlegen, was man selber sehen wollen würde, wenn man nur zwei Mal im Jahr ins Theater ginge und nicht jeden Tag.

(2019)

2. Lesen Sie den Text und entwerfen Sie Reaktionsmöglichkeiten für die Lehrkraft, die Schauspielerin und Theaterleitung auf die in den Zeilen 57 bis 70 geschilderte Situation und diskutieren Sie ihren Nutzen.

3. Arbeiten Sie Position und Argumentationsgang der Autorin heraus.

4. Diskutieren Sie auch – aufgrund Ihrer persönlichen Erfahrungen – die Thesen der Verfasserin, warum junge Menschen nicht ins Theater gehen und wie sie zu Theaterbesuchen animiert werden könnten.

Junges Landestheater Bayern: Über das Theater

Das Junge Landestheater Bayern ist 1998 aus der Sparte für Kinder- und Jugendtheater am Staatstheater Nürnberg hervorgegangen. Seit über 20 Jahren realisiert das JLTB nun Projekte, um junge Menschen außerhalb der städtischen Ballungsgebiete für die Theaterkunst zu begeistern.

Neben dem Erarbeiten und Zeigen von professionellen Inszenierungen für das Jugendpublikum, in denen wir inhaltlich gerne aktuell relevante, gesellschaftliche Themen aufgreifen, dabei aber auch poetische Bezüge
5 zu klassischer und moderner Theater- und Romanliteratur herstellen, haben wir ein breites Spektrum an zusätzlichen kulturpädagogischen Angeboten entwickelt. Die vielfältigen Ebenen der Bearbeitung der Jahresthemen sprechen ausdrücklich auch die kultur- und bil-
10 dungsferneren Kinder und Jugendlichen an. In allen Arbeitsfeldern richten wir ein Augenmerk auf die Einbindung und Unterstützung besonders förderbedürftiger Menschen.

Das Theater ist in Zeiten der Technisierung und Digita-
15 lisierung ein sehr wertvoller Ort, an dem noch tiefe, reale Begegnung stattfindet und in dem, im urkultischen Sinne seiner Entstehung, über alle Sozialisierungs-, Religions- und andere Grenzen hinweg Menschen erreicht und miteinander in Kontakt gebracht
20 werden können: ein Ort des Zuhörens, des Einlassens auf ein Ritual für eineinhalb Stunden, der Aufmerksamkeit statt des sich Ablenkens und Umschaltens. Bei allen künstlerischen Möglichkeiten der Verdichtungen und Poetisierungen, des Zauberns und Träumens,
25 bleibt das Theater immer ein Ort der Leibhaftigkeit, der Körperlichkeit, und damit sehr real, was es so spürbar von ebenfalls Geschichten erzählenden Medien wie Film, Fernsehen und Internet unterscheidet. Im Theater findet jede Aufführung im Hier und Jetzt statt und
30 meint die jeweils zu diesem Zeitpunkt leibhaftig zusammenkommenden Menschen.

Besonders an den Mittel-, Förder- und Berufsschulen muss durch den Zuwachs der durch Flucht und Migration hinzugekommenen jungen Menschen derzeit noch sehr viel mehr bewältigt werden als die ehedem beste-
35 henden psycho-sozialen Herausforderungen.

Chancengleichheit, Gerechtigkeit, Würde und Integration sind Schwerpunktthemen zu deren Erfüllung unser Theater einen gesellschaftlichen Beitrag leisten möchte.
40 Zu den Jahresthemen werden an den beiden Haupt-Spiel- und Wirkungsstätten, dem Theaterhaus in Töging am Inn in Oberbayern und dem ehemaligen Cinema in Roding in der Oberpfalz jeweils eine zentrale Inszenierung erarbeitet und den Schulen und der Öf-
45 fentlichkeit der beiden Regionen gezeigt. Mit der fortgesetzten Belebung der beiden Spielorte im alten Ortskern zweier ostbayerischer Kleinstädte soll auch ein deutliches Zeichen gegen Leerstand und für die gemeinsame Gestaltung unseres Lebensraumes in ländli-
50 cher Struktur gesetzt werden.

Mit der Reihe JLTBmobil bringen wir das Theater direkt ins Klassenzimmer. In diesen unmittelbaren Begegnungen haben wir die Möglichkeit mit den Schülern das dramaturgische Material in unterschiedlichen
55 Richtungen weiter auszuführen oder bestimmte Aspekte eingehender zu betrachten, und wir hören Rückmeldungen zum Thema aus der Lebensrealität der Heranwachsenden.

(2023)

---

1. Arbeiten Sie heraus, wie die Theaterarbeit mit und für Jugendliche begründet wird.

2. Diskutieren Sie Notwendigkeit und Erfolg solcher Projekte.

3. Theater und Jugendliche in der heutigen Zeit, wie passt das zusammen? Verfassen Sie ausgehend von den beiden letzten Texten einen Essay zu diesem Thema.
➜ Einen Essay verfassen, S. 470 f.

Eine Theaterinszenierung besuchen, analysieren und bewerten

Während in den letzten Kapiteln oft die Dramentexte im Mittelpunkt standen, geht es in diesem Kapitel um die Inszenierung. Wie bei der Kontroverse zwischen Regietheater und Werktreue deutlich wurde, stehen Text und Aufführung in einem mehrfachen Spannungsverhältnis: Der Text muss in Szene gesetzt werden, gleichzeitig gibt es das Spannungsfeld zwischen Entstehungszeit des Dramentextes und zeitgenössischer Perspektive des Regisseurs sowie des Publikums. Der Dramentext ist in der Regel nicht zum Lesen, sondern für die Präsentation auf einer Bühne geschrieben. Ohne Schauspieler kein Theater und keine Inszenierung.

Joachim Meyerhoff: „Ich habe gespielt wie eine Silvesterrakete, die herumzischt und explodiert. Dazu fehlt mir nicht die Lust, aber ein bisschen die Kraft. Aber dieser Beruf interessiert mich letztlich nur, wenn er ein gewisses Extrem hat. Und da kommt die Frage: Was geht für mich, was nicht?"

„Manchmal sitze ich irgendwo, schaue in die Gegend, und plötzlich beginnt etwas zu schweben. Dann fühle ich mich verbunden mit dem Gegenüber oder mit dem, was mich umgibt. Oder nach einer Vorstellung: Man hat es wieder geschafft, der Körper ist vom Adrenalin in so einer Wachheit. Über zweieinhalb Stunden bin ich in ‚Eurotrash' mit Angela Winkler auf der Bühne. Wenn ich am Ende mit ihr die Treppe hochgehe, reden wir noch kurz und sagen: ‚Heute war es so schön.' Oder: ‚Heute war es ein bisschen seltsam' – da fühle ich mich sehr lebendig."

Birgit Minichmayr: „Man braucht Energie, um 1 400 Menschen in Bann zu ziehen. Es ist auch anstrengend, einen Fokus zu setzen, dass einem zugehört und zugesehen wird, besonders, wenn sie nicht so mitwollen. Man hat eine Verbindung mit denen da unten, sie bestimmen extrem viel. Ich bin stark kurzsichtig, ich sehe sie oft gar nicht, aber ich spüre, wie anwesend sie sind."

1. Arbeiten Sie aus den Zitaten heraus, worin die Schauspielerin und der Schauspieler die besonderen Herausforderungen ihres Berufes sehen.

Leonie Thim (geb. 1984)
Beruf Schauspieler: Zwischen Wunsch und Wirklichkeit

Es ist eines der letzten Male, dass Benedikt Kosian als Student in die Theaterakademie August Everding in München geht. Vier Jahre lang war das Gebäude hinter dem Prinzregententheater sein zweites Zuhause, hier hat er Schauspiel studiert. Jetzt steht der 28-Jährige 5 kurz vor seinem Abschluss. Schauspieler sein, auf der Bühne oder vor der Kamera stehen, das ist der Traum vieler junger Menschen. Doch Wunsch und Wirklichkeit stimmen nicht für jeden in dieser Branche überein. Neben den schönen Momenten wie Theaterpremieren 10 und roten Teppichen bringt der Beruf auch Herausforderungen mit sich. Eine der ersten ist der Start in die Karriere: Wie werde ich Schauspieler?

Erst Bachelor, dann Schauspielschule
Auch Kosian hat bereits als Jugendlicher mit dem Beruf 15 geliebäugelt. Direkt nach dem Abitur fühlte er sich nicht reif genug für ein Schauspielstudium und belegte zunächst die Fächer Kommunikation und Theaterwissenschaften in Wien. Das Thema, Schauspieler zu werden, ließ ihn nicht los – und so traute er sich doch noch, 20 sich an der Theaterakademie August Everding in München zu bewerben. Bis zu 1000 junge Menschen sprechen alleine dort jedes Jahr für den staatlichen Studiengang Schauspiel vor. Jedes Wintersemester werden zehn bis 20 Studentinnen und Studenten angenommen. 25 Einer von ihnen war vor vier Jahren Benedikt Kosian. „Dass es so gut laufen wird, damit habe ich nicht gerechnet", erinnert er sich.

Früh beginnen mit dem Schauspielern
Wer Schauspieler werden möchte, sollte schon früh ins 30 Theater gehen, auch selber in Jugendclubs schauspielern, empfiehlt Jochen Schölch, Leiter des Studiengangs Schauspiel an der Theaterakademie August Everding. Es gehe darum, schon als Kind oder Jugendlicher Spie-

35 lerfahrung zu sammeln. Außerdem empfiehlt er das Schauspiel-Studium an einer staatlichen Hochschule. Der Studiengang sei kostenlos und es gebe einen „Eins-zu-Eins-Unterricht": pro Student ein Ausbilder. Am En-
40 de erhalten die Absolventinnen und Absolventen einen staatlichen Abschluss. „Wir können es nicht garantieren, dass ein Jobangebot danach folgt. Aber die Wahrscheinlichkeit, wenn man an einer staatlichen Schule studiert hat, ist doch sehr hoch", sagt Schölch. Denn die knapp 15 staatlichen Hochschulen und die rund 140 öf-
45 fentlich getragenen Theater sind bundesweit gut vernetzt. Alleine dadurch steige die Chance, nach dem Studium engagiert zu werden.

Kaum Routine im Arbeitsalltag

Für den Weg in die Schauspielerei gibt es verschiedene
50 Möglichkeiten: Man versucht den Quereinstieg, bewirbt sich auf einer staatlichen Schauspielschule oder geht auf eine private Schauspielschule - so wie es Friederike Sipp aus München getan hat. Immer wieder in neue Rollen schlüpfen - auf der Bühne, vor der Kamera,
55 vor dem Mikrofon als Synchronsprecherin: Fast jeder Arbeitstag sieht anders aus. Ihren Alltag beschreibt sie so: „Be prepared. Also, mach deinen Text. Achte auf dich und deinen Körper. Ganz wichtig - man muss funktionieren, einfach", erklärt sie. Wenn sie sich mit
60 Freunden treffe, „die den sibirischen Bluthusten mit sich bringen und einen einfach mal umarmen wollen, weil es für sie nicht so schlimm ist, ist das für mich ein Riesendrama, zum Beispiel."

Kaum soziale Leistungen, variable Beschäfti-
65 **gungsverhältnisse**

Denn fallen Schauspielerinnen und Schauspieler aus, weil sie krank sind – eine Erkältung oder keine Stimme mehr haben –, dann gibt es keine Lohnfortzahlung, kein Kranken- und kein Urlaubsgeld. Zumindest für die
70 meisten nicht. Denn festangestellte Schauspieler gab es nach Angaben des Statistischen Bundesamts im Jahr 2019 bundesweit rund 1860. Wie viele es insgesamt gibt, ist schwer zu beziffern, weil der Berufstitel nicht geschützt ist. Neben den wenigen festangestellten
75 Künstlern sind andere zum Beispiel befristet beschäftigt, selbstständig tätig oder unständig beschäftigt, erklärt Irina Wanka, Vorsitzende des Interessenverbands Deutscher Schauspieler (IDS). Als unständig beschäftigt gelten Menschen, die überwiegend bei unterschied-

80 lichen Arbeitgebern weniger als eine Woche im Monat arbeiten. Seit Jahrzehnten setzt sich Wanka für angemessene Gagen und soziale Absicherung von Schauspielerinnen und Schauspielern ein. Die unregelmäßige Beschäftigung vieler Künstler sei eine Herausforde-
85 rung, sagt die Münchnerin. Denn Schauspieler erhalten Geld für einen Drehtag oder einen Auftritt im Theater. Proben werden meist nicht vergütet, heißt es vom Verband. Außerdem fehle die soziale Absicherung. Wer nicht die Mindestzahl an Arbeitstagen im Monat oder
90 Jahr arbeitet, sei nicht durchgehend kranken- und oft nicht arbeitslosenversichert, erklärt Wanka. Das sei „ein fortwährender Skandal". [...] Der Verband IDS fordert von der Politik, dass auch freie Schauspieler und Schauspielerinnen auf demselben Niveau wie ganz nor-
95 mal Festangestellte sozial abgesichert werden müssten. Das heißt, sie müssten auch bei unregelmäßigen Beschäftigungen von jeweils kurzer Dauer adäquat in das System der Arbeitslosenversicherung integriert und auch für diesen Fall durchgehend sozialversichert sein,
100 sagt Verbandsvertreterin Wanka. Das zuständige Bundesministerium für Arbeit und Soziales verweist auf eine Sonderregelung der Arbeitslosenversicherung für unständig Beschäftigte, die das Problem abfedern solle. Diese Regelung endet laut Ministerium zum 31. Dezem-
105 ber 2022. Danach werde von der neuen Regierung zu entscheiden sein, wie die soziale Sicherung für freie Künstler weiter gestaltet werden soll.

„Toller Theaterstandort"

Wenn Benedikt Kosian seinen Abschluss in Schauspiel
110 gemacht hat, möchte er schauspielern – im Film und auf der Bühne – und Kulturmanagement studieren. Sein Ziel ist, die Arbeitsbedingungen für Schauspielerinnen in Zukunft aktiv mitzugestalten: Leitungsteams in Theatern anstatt eines Intendanten als alleiniger
115 Entscheider, Gagen oberhalb des Mindestlohns, sozialere Arbeitszeiten – dafür setzt sich Kosian bereits jetzt im gemeinnützigen Verein „Ensemble Netzwerk" ein. „Wir haben zurecht einen tollen Theaterstandort Deutschland. Aber es kann nicht angehen, dass Leute
120 für den Mindestlohn arbeiten zu Arbeitszeiten, die sowieso schon schwierig sind, und darüber hinaus keinen Ausgleich kriegen für Feiertage und so weiter", sagt Kosian. Da sei noch sehr viel Aufholpotenzial vorhanden.

---

1. Erstellen Sie mithilfe des Textes eine Liste von Tipps für angehende Schauspieler/-innen.

2. Erarbeiten Sie aus dem Text die besonderen Herausforderungen und Möglichkeiten des Berufs Schauspielerin/Schauspieler.

Mitte des 16. Jahrhunderts entsteht in Italien mit der Commedia dell'arte eine besondere Form des Theaters, bei der Berufsschauspieler auf Marktplätzen und an Adelshöfen mit vom Charakter her weitgehend festgelegten, immer wiederkehrenden Figuren ein Unterhaltungsspektakel veranstalten. Während die Figuren typisiert sind, wird das Spiel meist frei und situativ aus dem Stegreif improvisiert.

Die Grundtypen

Dottore

Er ist der Gelehrte, ein eitler Schwätzer und Pfuscher, der über das Philosophieren hinaus nur selten ins Handeln kommt. Rhetorisch tritt er zwar gewandt auf (hier und da spickt er seine Reden mit lateinischen Zitaten), doch hört man genau hin, zeigt sich schnell, dass seine Reden nur Geschwafel sind und bei den Zuhörerinnen und Zuhörern nicht selten zu gähnender Langeweile, Ungeduld oder Ärger führen. Seine Maske hat eine Knollennase und eine rundliche Stirn. Die Wangen bleiben frei, sodass man die vom übermäßigen Alkoholkonsum geröteten Wangen sehen kann.

  WES-127877-016

Capitano

Ausschweifend erzählt er von seinen angeblichen militärischen Meisterleistungen, beeindruckt damit aber vor allem sich selbst. Capitano trägt eine Uniform mit einem überdimensionierten Schwert, das als Waffe nicht mehr zu gebrauchen ist. Seine Gockelmaske ist mit einem großen Bart versehen.

  WES-127877-017

Columbina

Sie ist lebensfroh und listig, hat eine Tendenz zur Rebellion. Für die kompliziertesten Verstrickungen und Verwirrungen findet sie in kürzester Zeit einen Ausweg und nimmt dabei kein Blatt vor den Mund. Durch ihre erotische Wirkung zieht sie die Aufmerksamkeit der Männer auf sich. Columbina steht für die jungen Mädchen und Frauen, die es wegen wirtschaftlicher Lagen vom Land in die Städte trieb. Ihr Kostüm besteht aus einem einfachen Frauenkleid.

  WES-127877-018

1. In den kurzen Videos werden drei typisierte Figuren vorgestellt. Schauen Sie sich den ersten Kurzfilm mehrmals an und arbeiten Sie das Zusammenspiel von Körperhaltung, Gestik, Mimik und Charakter heraus.

2. Untersuchen Sie vergleichend die beiden anderen Videos.

3. Diskutieren Sie, welche Auswirkung die (Halb-)Maske für die Darstellung der Figuren hat.

4. Formulieren Sie ein Fazit zur Bedeutung von Gestik und Mimik bei Theaterinszenierungen. Beziehen Sie dabei Ihre eigenen Spielerfahrungen mit ein.

Shakespeares Komödien wie „Der Sommernachtstraum" oder „Was ihr wollt" werden auch heute noch häufig inszeniert und sind aufgrund des Verkleidungsspiels und der dahinter stehenden Identitätsfrage sowohl ein aktuelles wie unterhaltsames Schauspiel. Die Frage der Besetzung ist bis heute ein wichtiger Aspekt: Manche Inszenierungen zitieren die Theatertradition, indem sie wie zu Shakespeares Zeit sämtliche Rollen an Männer vergeben – oder genau entgegengesetzt zur Tradition und Publikumserwartung nur mit Frauen. Manche Inszenierungen setzen bewusst ein verstörendes Spiel mit Geschlechterverhältnissen in Gang, indem sie männliche Hauptfiguren wie Hamlet oder Faust bewusst mit einer Schauspielerin besetzen. Diese Praxis der geschlechtlichen Gegenbesetzung („Cross-Casting") oder das Spiel mit gegengeschlechtlichen Kostümierungen („Cross-Dressing") wird insbesondere bei Verwechslungskomödien wie „Was ihr wollt" genutzt, in denen das Verkleidungsspiel bereits durch die Handlung vorgegeben ist.

Zu Shakespeares „Was ihr wollt"

Die Komödie „Was ihr wollt", entstanden 1601/1602, ist aufgebaut auf dem Kontrast zwischen feinsinnigen Liebesszenen und den eher derb gezeichneten Trinkgelagen am Hofe Olivias. Die folgende Zusammenfassung
5 des Handlungsverlaufs beschränkt sich auf die Dreieckskonstellation um die Liebenden Orsino, Olivia und Viola. Handlung: Die höhere Tochter Viola strandet nach einer Schiffskatastrophe an der Küste Illyriens. Um unerkannt zu bleiben, verkleidet sie sich und wird
10 prompt – als Diener „Cesario" – vom Herzog Orsino angestellt. Ein lässiger Job, der darin besteht, der Gräfin Olivia, die der Herzog vergeblich anbetet, dessen Liebesbotschaften zu überbringen. Nun nehmen die Liebesverwicklungen ihren Lauf: Viola muss sich eingestehen,
15 hen, dass sie sich selbst in den Herzog verliebt hat; dennoch lässt sie nichts unversucht, Olivias Herz für Orsino zu gewinnen. Sie verfehlt dabei jedoch ihr Ziel: Olivia nämlich verliebt sich überraschend in sie selbst, den jungen Diener Cesario! Schauplatz: Illyrien, eine
20 vage Bezeichnung für den westlichen Teil der Balkanhalbinsel, entpuppt sich bei Shakespeare als ein Land, in dem wenig so ist, wie es scheint. Schon der englische Originaltitel Twelfth night or, What you will verweist auf die zwölfte Nacht nach Weihnachten, die Nacht des
25 Dreikönigsfestes, in der mit karnevalesker Ausgelassenheit, also mit Verkleidung, Spiel und Spaß Träume in Erfüllung gehen – bevor am nächsten Tag der Alltag wiederkehrt.

Zwei zeitgenössische „Was ihr wollt"-Inszenierungen im Vergleich

Was ihr wollt-Inszenierung von Michael Thalheimer am Deutschen Theater Berlin, 2008

Was ihr wollt-Inszenierung von Otto Schenk bei den Salzburger Festspielen, 1973

1. Vergleichen Sie Ihre ersten Eindrücke von den beiden Inszenierungen.

2. In Michael Thalheimers Inszenierung von „Was ihr wollt" werden sämtliche Rollen von Männern gespielt. Erläutern Sie anhand des Ausschnitts, welche Wirkung die Inszenierung dadurch entfaltet.

3. Beschreiben Sie jeweils Kostüme, Bühnenbild und Auftreten der Figuren.

4. Entwerfen Sie eine Tabelle zum Vergleich zwischen den beiden Inszenierungen, die die wichtigen Elemente einer Inszenierung enthält, um auf diese Weise Gemeinsamkeiten und Unterschiede herauszuarbeiten.

5. Bewerten Sie anhand der Ausschnitte die beiden Inszenierungen. Berücksichtigen Sie dabei auch ihre unterschiedliche Entstehungszeit.

 Die beiden Inszenierungsausschnitte finden Sie unter: WES-127877-019 und WES-127877-020 .

William Shakespeare (1564 – 1616)
Was ihr wollt (5. Szene)

OLIVIA Woher kommst du?
VIOLA Ich kann eigentlich nur sagen, was ich auswendig gelernt habe, und diese Frage stand nicht im Text. [...]
5 OLIVIA Bist du Schauspieler?
VIOLA Nein, mein unergründliches Herz, und trotzdem, [...]
ich bin nicht, was ich spiele.
Und du bist die Herrin dieses Hauses?
10 OLIVIA Wenn ich mich nicht auch bloß spiele, bin ich es wirklich. [...]
Worum geht es? [...] Wer bist du und was willst du? [...]
VIOLA Betörendste von allen ...
OLIVIA [...] Wo steht das geschrieben?
15 In Orsinos Brust.
In seiner Brust? In welchem Kapitel seiner Brust?
VIOLA Wenn du so willst, im ersten seines Herzens.
OLIVIA O, das habe ich gelesen, es ist Lug und Trug.
Hast du nicht mehr zu sagen?
20 VIOLA Lass mich dein Gesicht sehen.
OLIVIA Hat dein Herr dir aufgetragen, mit meinem Gesicht zu verhandeln?
(entschleiert sich) Schau [...]
Es ist gut gemacht, oder? [...]
25 VIOLA [...] wärst du auch der Teufel, du bist schön.
Mein Herr und Meister liebt dich, o, so maßlos,

Wie es durch nichts vergolten werden kann,
Nicht mal durch deine Pracht.
OLIVIA Wie liebt er mich?
VIOLA Mit Inbrunst, unter heißen Tränen, 30
Umtost vom Sturm der Liebe, feurig stöhnend.
OLIVIA Er weiß doch, dass ich ihn nicht lieben kann.
Ich achte ihn, er ist ein feiner Mensch. [...]
So wie die Natur ihn erschaffen hat,
Ist er perfekt. Nur liebe ich ihn nicht. [...] 35
VIOLA Wär ich's, die dich so brennend lieben würde [...]
Ich fände deine Weigerung ganz sinnlos,
Ganz rätselhaft.
OLIVIA Was würdest du denn tun? 40
VIOLA Da draußen eine Weidenhütte bauen,
Und hin zu dir nach meiner Seele rufen,
Aus ungestillter Sehnsucht Lieder dichten,
Und mit Gesang den Tod der Nacht durchdringen.
In Hügelketten deinen Namen winden, 45
Und so die Litanei der Lüfte fesseln
Bis sie „Olivia!" schreit. O, schlaflos wärst du
Der Luft und Erde ausgesetzt, bis dich
Dein Mitleid mit mir rettet.
OLIVIA Könnte sein. Erzähl von deinen Eltern. [...] 50
VIOLA Ich bin aus gutem Haus.

(1601/1602)

6. Sprechen Sie darüber, wie sich die Rezeption des Textes verändert, wenn er nach dem Ansehen der Videos gelesen wird.

7. Untersuchen Sie die Unterschiede in der Textgestaltung zwischen den beiden Inszenierungen und der abgedruckten Textfassung: Achten Sie auf Weglassungen, Hinzufügungen, Unterschiede in der Übersetzung.

Roland Schimmelpfennig (geb. 1967)
Der goldene Drache

Roland Schimmelpfennig, geboren 1967 in Göttingen, zählt zu den meistgespielten Theaterautoren der Gegenwart. Seine Texte diskutieren Themen wie Globalisierung, Arbeitslosigkeit und Krieg. In der kleinen Küche des Thai-China-Vietnam-Schnellrestaurants „Der goldene Drache" arbeiten junge Chinesen ohne Aufenthaltsgenehmigung. Einer von ihnen ist gekommen, um seine Schwester zu finden, die irgendwo in der Nähe untergetaucht sein muss. Er hat schlimme Zahnschmerzen, der Besuch beim Zahnarzt ist ohne Papiere jedoch nicht möglich. In der Küche wird der faulige Zahn mit einer Rohrzange herausgezogen, der

Zahn fliegt durch die Luft und landet in der Suppe zweier Stammkundinnen. Der Junge verblutet, wird in einen Teppich eingerollt und in den Fluss geworfen, um auf diesem Weg vielleicht wieder seine Heimat zu erreichen. Und ganz nebenbei wird die grausame Fabel von Grille und Ameise erzählt.

EIN JUNGER MANN
(Der Großvater, ein Asiate, die Kellnerin, die Grille)
EINE FRAU ÜBER SECHZIG
(Die Enkeltochter, eine Asiatin, die Ameise, der Lebens-
5 mittelhändler)
EIN JUNGES MÄDCHEN
(Der Mann mit dem gestreiften Hemd, ein Asiate mit
Zahnschmerzen, der Barbiefucker)
EIN MANN ÜBER SECHZIG
10 (Ein junger Mann, ein Asiate, die zweite Flugbegleite-
rin)
EIN MANN
(Die Frau in dem Kleid, ein Asiate, die erste Flugbeglei-
terin)

15 **3. Szene**
*Der Mann, die Frau über sechzig, der junge Mann, die
junge Frau, der Mann über sechzig.*
DER MANN
In der Küche des Thai-China-Vietnam-Restaurants
20 DER GOLDENE DRACHE:
es ist eng, sehr eng, kein Platz, und die asiatischen Kö-
che arbeiten hier trotzdem zu fünft. Einer hat Zahn-
schmerzen: Der Kleine, der, der seine Schwester sucht.
Der Neue.
25 DIE JUNGE FRAU schreit vor Schmerz.
DER MANN ÜBER SECHZIG
Wir nennen ihn den Kleinen.
DIE JUNGE FRAU
Der Schmerz –

DIE FRAU ÜBER SECHZIG   30
Zahnschmerzen.
DIE JUNGE FRAU
Oh tut das weh, oh tut das weh.
DER MANN ÜBER SECHZIG
Nicht schreien, nicht schreien –   35
DER MANN
Das Schreien verbraucht Kraft.
DER JUNGE MANN
Wir nennen ihn den Kleinen, weil er neu ist.
DIE FRAU ÜBER SECHZIG   40
Weil er noch nicht so lange da ist. Er ist noch neu. Und
er hat kein Geld. Und er hat keine Papiere. Also ein
Zahnarzt kommt nicht in Frage. Nicht schreien, nicht
so laut schreien.
DER MANN   45
Einen Apfelsaft. Und ein Glas Weißwein. Die Getränke
für die Stewardessen.
DER MANN ÜBER SECHZIG
Der Zahn muss raus.
DIE JUNGE FRAU   50
Wie denn – wie denn?
DER MANN
Raus damit,
DIE FRAU ÜBER SECHZIG
raus damit,   55
DER JUNGE MANN
anders geht es nicht.
DIE FRAU ÜBER SECHZIG
Raus damit, raus –   *(2009)*

1. Schauen Sie sich den Videoausschnitt des Stückes an und tauschen Sie sich darüber aus, welche Momente der Inszenierung besonders auffällig und / oder irritierend sind.

 Den Inszenierungsausschnitt finden Sie unter: WES-127877-021 .

2. Untersuchen Sie, welche Mittel einer Theaterinszenierung eingesetzt werden, auf welche ganz oder weitgehend verzichtet wird.

3. Beschreiben Sie die Wirkung, die der Einsatz der Mittel bzw. der Verzicht auf die Zuschauenden ausübt.

4. Begründen Sie, inwieweit Sie nach Kenntnis dieses Ausschnitts das ganze Stück anschauen wollten oder nicht.

Christiane von Poelnitz als „Die junge Frau" in der Inszenierung des Autors Roland Schimmelpfennig am Wiener Burgtheater, 2009

Wissen und Können

Die Theaterinszenierung

Zwischen dem **Text eines Theaterstückes** und seiner **Inszenierung bzw. Aufführung** gibt es einerseits einen engen Zusammenhang: Der geschriebene Text wird auf die Bühne gebracht. Andererseits bestehen aber auch große Unterschiede: Eine Theateraufführung ist nicht einfach eine szenische Umsetzung eines geschriebenen Textes, sondern ist **ein ästhetisches Produkt** von eigener Wertigkeit, eigenem Kunstanspruch und eigenen Bedingungen. Jede Aufführung ist ein einmaliges Ereignis, bei dem Zuschauer/-innen und Akteure/Akteurinnen zu einer festgelegten Zeit an einem bestimmten Ort (der nicht zwingend ein Theatergebäude sein muss) miteinander in **Interaktion** treten. Die Aufführung ist ein Produkt kollektiver künstlerischer Arbeit, die von der Regie geleitet und von Dramaturgie, Bühnenbild, Requisite, Kostüm, Maske, Bühnentechnik, Licht, Musik und anderen Funktionsbereichen unterstützt wird. Theateraufführungen können mit den Mitteln des Sprechtheaters, des Tanztheaters, pantomimisch oder als Improvisationstheater bzw. Stegreifkomödie erfolgen. Die Inszenierung eines Theaterstückes ist demnach keine Illustrierung eines Textes. sondern muss **als eigenständiges Medium** begriffen werden.

1. Tauschen Sie sich über Ihre bisherigen Theatererfahrungen aus, gehen Sie dabei auch auf die unterschiedlichen Elemente der Theaterpraxis wie Bühnenbild, Licht, Maske usw. ein.

2. „Was immer die Akteure tun, hat Auswirkungen auf die Zuschauer und was immer die Zuschauer tun, hat Auswirkungen auf die Akteure und die anderen Zuschauer." (Erika Fischer-Lichte, Theaterwissenschaftlerin)
Erläutern Sie vor dem Hintergrund Ihrer Kenntnisse über Inszenierungen dieses Zitat.

3. „Während der Kunsthistoriker zu jeder Zeit ein Bild von Michelangelo betrachten und dabei ästhetische Erfahrung machen kann ebenso der Literaturwissenschaftler bei der Lektüre von Goethes Werken, sind die Aufführungen der Vergangenheit dem Theaterhistoriker für immer verloren." (Erika Fischer-Lichte, Ästhetik des Performativen, S.10)
Erläutern Sie ausgehend von diesem Zitat die Besonderheit der Theaterinszenierung im Vergleich zu anderen Künsten.

4. **Projekt Theaterbesuch: Flyer, Trailer, Auswahl**
Informieren Sie sich über die kommenden Aufführungen in den Theatern in Ihrer Nähe, die mit öffentlichen Verkehrsmitteln erreichbar sind. Stellen Sie die unterschiedlichen Theaterstücke, soweit möglich auch unter Einbeziehung von Trailern, Flyern des Theaters und Kritiken in verschiedenen Medien, vor und entscheiden Sie sich im Kurs für eine Aufführung.

- Nehmen Sie Kontakt mit dem Theater auf im Hinblick auf Eintrittskarten und auch die Möglichkeiten einer Vor- und Nachbesprechung sowie einer Besichtigung des Theaters „hinter der Bühne".

- Organisieren Sie den Theaterausflug des Kurses.

- Tauschen Sie sich nach der Aufführung über Ihre persönlichen Rezeptionserfahrungen in Hinblick auf die Aufführung aus und vergleichen und erläutern Sie die unterschiedlichen Wahrnehmungen. Beziehen Sie dabei die wichtigen Komponenten einer Inszenierung mit ein wie Bühnenbild, Licht, Musik, Mimik, Gestik, Textgestaltung, Stellung der Figuren im Raum, Spielfluss usw.

- Sammeln Sie offene Fragen und versuchen Sie sie in Zusammenarbeit auch mit einer Theaterpädagogin / einem Theaterpädagogen zu klären.

- Einigen Sie sich auf zentrale Schlüsselstellen des Stückes, wie zum Beispiel Beginn oder Ende, und vergleichen Sie, falls verfügbar und vorhanden, diese Stellen mit anderen, digital verfügbaren Aufführungen desselben Stückes sowie dem gedruckten Text in Hinblick auf Unterschiede und Veränderungen und diskutieren Sie Ihre Ergebnisse. Beziehen Sie auch, falls vorhanden, dramaturgische und dramentheoretische Äußerungen der Autorin / des Autors zu dem Stück mit ein.

- Reflektieren Sie abschließend Ihre Rezeptionserfahrung und bewerten Sie begründet die Inszenierung.

„Edel sei der Mensch ..." –
Die Epoche der Klassik verstehen

1786 verlässt Johann Wolfgang von Goethe, seit 1776 Minister im Kabinett des Herzogs Carl August von Sachsen-Weimar und europaweit bekannter Dichter, fast fluchtartig Weimar und begibt sich auf eine zwei Jahre dauernde Bildungsreise nach Italien. Diese Reise wird für ihn zu einem Schlüsselerlebnis, sich endgültig von den Ansichten der vorausgehenden Epoche des Sturm und Drang zu lösen und eine neue Lebensphilosophie zu entwickeln.
Zurückgekehrt nach Weimar intensiviert er die Freundschaft mit dem zehn Jahre jüngeren Schiller. Es entwickelt sich eine für das literarische Schaffen beider sehr fruchtbare Zusammenarbeit, die bis zu Schillers Tod im Jahr 1805 andauert.

Diese Zeit von Goethes Italienreise bis zu Schillers Tod nennt man die Weimarer Klassik. Allerdings sind solche Jahreszahlen als Epochengrenzen immer problematisch. So hat sich Goethe schon vor seiner Italienreise von seiner Sturm-und-Drang-Zeit distanziert und auch nach Schillers Tod ist die Epoche nicht abgeschlossen. Viele Literaturgeschichten begrenzen aber die Weimarer Klassik auf den oben genannten Zeitraum.

Im Zentrum dieser Einheit stehen theoretische Äußerungen und literarische Beispiele, die exemplarisch die Merkmale der Epoche kennzeichnen. Gefragt wird darüber hinaus nach der Aktualität der zentralen Gedanken der Epoche für unsere Zeit.

Zimmerflucht in
Goethes Wohnhaus in Weimar

Das Goethe-Schiller-Denkmal vor dem Nationaltheater in Weimar

Goethes und Schillers Grabstätte in der Fürstengruft in Weimar

Friedrich Schiller (1759 – 1805)
Die Worte des Glaubens

Drei Worte nenn ich euch, inhaltschwer,
    Sie gehen von Munde zu Munde,
Doch stammen sie nicht von außen her,
    Das Herz nur gibt davon Kunde.
5 Dem Menschen ist aller Wert geraubt,
Wenn er nicht mehr an die drei Worte glaubt.

Der Mensch ist frei geschaffen, ist frei,
    Und würd er in Ketten geboren,
Lasst euch nicht irren des Pöbels Geschrei,
10   Nicht den Missbrauch rasender Toren.
Vor dem Sklaven, wenn er die Kette bricht,
Vor dem freien Menschen erzittert nicht.

Und die Tugend, sie ist kein leerer Schall,
    Der Mensch kann sie üben im Leben,
15 Und sollt er auch straucheln überall,
    Er kann nach der göttlichen streben,
Und was kein Verstand der Verständigen sieht,
Das übet in Einfalt ein kindlich Gemüt.

Und ein Gott ist, ein heiliger Wille lebt,
20   Wie auch der menschliche wanke,
Hoch über der Zeit und dem Raume webt
    Lebendig der höchste Gedanke,
Und ob alles in ewigem Wechsel kreist,
Es beharret im Wechsel ein ruhiger Geist.

25 Die drei Worte bewahret euch, inhaltschwer,
    Sie pflanzet von Munde zu Munde,
Und stammen sie gleich nicht von außen her,
    Euer Innres gibt davon Kunde,
Dem Menschen ist nimmer sein Wert geraubt,
30 Solang er noch an die drei Worte glaubt.

(1798)

1. Das Gedicht von Friedrich Schiller enthält wesentliche Gedanken der Weimarer Klassik. Versuchen Sie, diese Gedanken zu erfassen, indem Sie bestimmen, worin Schiller den „Wert" des Menschen sieht und unter welchen Bedingungen er den Wert bedroht sieht (vgl. V. 5 f. und V. 29 f.).

2. Wiederholen Sie, was Sie über die Epochen der Aufklärung und des Sturm und Drang wissen. Stellen Sie Ihre Kenntnisse zusammen und erarbeiten Sie Gemeinsamkeiten und Unterschiede zu Schillers Gedicht.

3. Diskutieren Sie untereinander, ob die drei „Worte", die für Schiller den Wert des Menschen ausmachen, auch für unsere Zeit Bedeutung haben.

4. Überlegen Sie, welche drei „inhaltschweren Worte" für Sie heute wichtig sind. Verfassen Sie dazu einen Text. Er muss nicht in gebundener Sprache gehalten sein. Sie können zum Beispiel einen fiktiven Brief an Schiller schreiben.

5. Überlegen Sie, in welchen Zusammenhängen außerhalb des Unterrichts Ihnen die Begriffe „klassisch" und „Klassiker" begegnet sind.

6. Stellen Sie Vermutungen an, inwiefern man Schillers Gedicht in Ihrem Alltagsverständnis als „klassisch" bezeichnen kann.

7. Tauschen Sie sich aus über die Eindrücke, die die vier Fotos aus Weimar vermitteln, aus. Diskutieren Sie, inwieweit Sie sie für eine Werbebroschüre für Weimar verwenden würden.

Schillers Arbeits- und Sterbezimmer in seinem Haus in Weimar

Biografische Hintergründe der Weimarer Klassik

Michael Fuchs (geb. 1954)
Eine Freundschaft begründet eine Epoche –
Johann Wolfgang von Goethe und Friedrich Schiller

Am 14. Dezember 1779 kommt es in Stuttgart zu der ersten Begegnung zwischen Goethe und Schiller, deren Freundschaft aber erst 15 Jahre später beginnt und deren Zusammenarbeit eine literarische Epoche begrün-
5 den wird, die man später die „Weimarer Klassik" nennt. Diese Epoche wird im Wesentlichen durch die literarischen Werke dieser beiden Schriftsteller bestimmt und man lässt sie auch mit dem unfreiwilligen Ende der Freundschaft enden, dem Tod Schillers im Jahre 1805.
10 Doch von dieser Freundschaft lässt sich im Jahr 1779 noch nichts ahnen.

Johann Wolfgang Goethe – das Adelsprädikat „von" Goethe erhält er 1782 – ist 1779 30 Jahre alt. Er reist als Minister mit seinem Landesfürsten Carl August und
15 macht Station im Fürstentum Württemberg. Dessen Landesvater, Herzog Karl Eugen, führt seine Gäste durch die „Hohe Karlsschule", die er selbst stolz „seine Pflanzstätte" nennt und die eine Eliteschule und Militärakademie ist, in der eiserne Disziplin herrscht, die
20 aber gleichwohl den Wissenschaften gegenüber aufgeschlossen ist.

An diesem 14.12.1779 werden im Beisein Goethes die Jahrgangsbesten ausgezeichnet, darunter auch Friedrich Schiller, 20 Jahre alt und damit zehn Jahre jünger
25 als Goethe. Schiller ist seit seinem 13. Lebensjahr Schüler der Schule. Der Herzog hat ihn dazu bestimmt, Medizin zu studieren. Seine wirkliche Neigung aber gehört der Literatur, das
30 Schreiben wird ihm zur Leidenschaft. Er und auch die anderen Studenten kennen Goethe – zwar nicht persönlich, aber aus dessen literarischen Werken. Goethe ist
35 zu diesem Zeitpunkt bereits ein berühmter Mann. Zwei seiner Werke – das Schauspiel „Götz von Berlichingen mit der eisernen Hand" (1773) und vor allem sein
40 Briefroman „Die Leiden des jungen Werthers" (1774) – sind Best-

seller geworden. Götz und Werther, die beiden Hauptfiguren seiner Erfolgswerke, können als Menschen verstanden werden, deren Handeln von ihrem Freiheitsdrang bestimmt ist. Sie wenden sich gegen politi- 45
sche Unterdrückung und gegen die starren gesellschaftlichen Konventionen, die die Individualität des Menschen unterdrücken.

Den Freiheitsdrang hat Goethe zu der Zeit auch als Künstler in Anspruch genommen und sich als „Genie" 50
in dem Sinne verstanden, dass er aus sich heraus ein Kunstwerk schafft, ohne sich um die Regeln und Normen der Kunst zu kümmern. Auch Schiller spürt den Freiheitsdrang in sich. Auch er schreibt gegen die Zwänge seiner Zeit an, die er persönlich in der Kadet- 55
tenschule seines Herzogs erlebt. Zum Zeitpunkt der ersten Begegnung mit Goethe arbeitet Schiller an seinem Schauspiel „Die Räuber", das drei Jahre später mit großem Erfolg uraufgeführt wird. Seinen Protagonisten, den Räuberhauptmann Karl Moor, lässt Schiller 60
sagen: „Stelle mich vor ein Heer Kerls wie ich und aus Deutschland soll eine Republik werden" – ein Satz, den jeder als Kritik an dem feudalen System der Adelsherrschaft verstehen musste.

Zu einem persönlichen Gespräch zwischen Goethe und 65
Schiller kommt es bei ihrer ersten Begegnung nicht.

Schiller wagt es nicht, Goethe anzusprechen. Möglicherweise hätten sie sich auch nicht verstanden, denn Goethe war zu diesem Zeit- 70
punkt schon von den Vorstellungen der „Stürmer und Dränger" abgerückt.

Goethe lernt den damaligen Erbprinzen Carl August von Sachsen- 75
Weimar-Eisenach 1774 kennen und schließt mit ihm Freundschaft. Im November 1775 folgt er dessen Einladung nach Weimar und verbringt dort den Rest seines 80
Lebens mit der Ausnahme zweier längerer Italienaufenthalte.

Johann Wolfgang von Goethe (1749 – 1832)

Weimar (um 1798)

Carl August, mit seiner Volljährigkeit im September 1775 zum Fürsten geworden, macht Goethe zum „Ge-
85 heimen Legationsrat" und zu seinem wichtigsten Mi-
nister. Er verspricht sich davon Mithilfe bei der schweren Regierungsarbeit – Weimar ist ein armes, hoch
verschuldetes Herzogtum. Goethe wiederum verspricht
sich von der Zusammenarbeit, die Kritik, die er bisher
90 an der Adelsgesellschaft geübt hat, umzusetzen in die
politische Praxis, um die politischen und sozialen Verhältnisse zu verbessern.

Von besonderer Attraktivität ist
aber für ihn das geistige Klima in
95 Weimar. Anna Amalia, die Mutter
Carl Augusts, ist den Künsten gegenüber sehr aufgeschlossen. Auf
ihre Initiative hin kommen viele In-
tellektuelle nach Weimar, auch
100 Friedrich Schiller wird später in
Weimar wohnen. Von besonderer
Bedeutung für Goethe ist, dass er
das Hoftheater leiten darf, für das
er auch zunächst kleinere Stücke
105 schreibt.

Seine politische Betätigung nimmt
indes immer mehr Raum ein, ohne

Herzogin Anna Amalia (1739–1807)

dass sich die sozialen Verhältnisse wirklich ändern lassen. Besonders bedrückt es ihn aber, dass ihm zur Beschäftigung mit Literatur immer weniger Zeit bleibt. 110
Aus dieser für ihn unbefriedigenden Situation zieht
Goethe im September 1786 die Konsequenz: Er reist
überraschend ab, um auf unbestimmte Zeit in Italien zu
leben. Man kann Goethes überraschende Abreise durchaus als Flucht deuten aus den Zwängen der politischen 115
Betätigung in Weimar. Er bleibt zwei Jahre in Italien –
materiell gut abgesichert durch die
Weiterzahlung seines Ministerge-
haltes. In Italien widmet er sich den
Interessen, für die er in Weimar zu 120
wenig Zeit fand: der Erforschung
der Natur und dem Studium der
Künste, vor allem der Antike. 1788
kehrt Goethe nach Weimar zurück.
Er lässt sich von seinen Minister- 125
ämtern dauerhaft beurlauben (bei
Weiterzahlung seines Gehaltes), um
sich ganz den Studien der Naturwissenschaften und dem literarischen Schaffen zu widmen. 130
Auch Schiller flieht, allerdings aus
anderen Motiven als Goethe. Sein

Schauspiel „Die Räuber" wird 1782 in Mannheim uraufgeführt. Schiller lässt
135 es sich nicht nehmen, an der Uraufführung inkognito teilzunehmen, obwohl er dazu keine Reisegenehmigung seines Herzogs hat: Die Residenzstadt Mannheim liegt von Württemberg aus
140 gesehen im „Ausland". Als Strafe für die unerlaubte Entfernung von seiner Truppe – Schiller ist mittlerweile Militärarzt – verhängt Herzog Karl Eugen zwei Wochen Arrest und, viel problematischer für Schiller, das Verbot jeglicher literarischer Tätigkeit. Schiller

Friedrich Schiller (1759 – 1805)

entzieht sich diesem Verbot durch Flucht aus dem Herzogtum. Fortan gilt er, zumindest offiziell, bis zu dem Tod des Herzogs 1793 als Deserteur, der jederzeit aufge-
150 griffen und nach Württemberg gebracht werden kann. Seine beiden Theaterstücke, die er nach den „Räubern" verfasst – „Die Verschwörung des Fiesco zu Genua" und „Kabale und Liebe" – sind noch ganz im Geiste des Sturm und Drang geschrieben, können aber den Erfolg
155 seines ersten Schauspiels nicht wiederholen. Schiller führt nun ein rastloses Leben, immer auf der Suche nach Menschen, die ihn finanziell unterstützen, was ihm auch leidlich gut gelingt. 1789 wird ihm dann mit Goethes Unterstützung eine Professur für Geschichte
160 an der Universität Jena übertragen; aber erst Ende 1790

bekommt er ein festes Gehalt zugestanden, was ihm ein eher bescheidenes Leben ermöglicht.

Ähnlich wie Goethe wendet auch er sich mit der Zeit von dem Pathos der 165 Sturm-und-Drang-Zeit ab, ohne den Gedanken der Freiheit fallen zu lassen. 1794 kommt es dann zu der entscheidenden Begegnung mit Goethe, durch die die bislang existierende Distanz, 170 die wohl vor allem von Goethe ausgegangen war, zwischen den beiden aufgehoben wird. Goethe hat in Schiller immer noch den Verfasser des Schauspiels „Die Räuber" gesehen, das ihn an seine eigene 175 Sturm-und-Drang-Zeit erinnert, von der er aber Abstand nehmen will. In dem Gespräch bemerkt er nun, dass auch Schiller sich gedanklich weiterentwickelt hat und ihm sehr viel nähersteht, als er geglaubt hat. Es beginnt nun eine Zeit der intensiven Zusammenarbeit, 180 die sich sowohl in den literarischen Werken als auch in dem umfangreichen Briefwechsel der beiden niederschlägt. Goethe bezeichnet deshalb in seinen Lebenserinnerungen die Begegnung mit Schiller im Jahr 1794 als ein „glückliches Ereignis".   185
An der Beerdigung seines Freundes im Jahr 1805 nimmt Goethe indes nicht teil. Er kann die Konfrontation mit dem Tod nicht ertragen.   *(2012)*

1. Arbeiten Sie aus dem Text wichtige Wendepunkte im Leben Goethes und die Gründe dafür heraus.

2. Stellen Sie die im Text genannten Daten mit den entsprechenden Ereignissen zusammen und ordnen Sie sie chronologisch. Sie können dazu eine Tabelle anlegen:

Datum	Goethe	Schiller
…	…	…

3. Arbeiten Sie wichtige Gemeinsamkeiten und Unterschiede bei den Biografien heraus.

4. Stellen Sie mögliche Gründe dafür zusammen, dass die Freundschaft zwischen Goethe und Schiller erst 1794 begonnen hat.

5. Schreiben Sie in der Rolle des jungen Schiller nach der Begegnung in der Karlsschule einen Brief an Goethe, in dem Sie ihm die Zusammenarbeit bei literarischen Werken vorschlagen. Bedenken Sie bei der sprachlichen Gestaltung des Briefes den Altersunterschied und den sozialen Unterschied zwischen den beiden.

6. Verfassen Sie ein Antwortschreiben Goethes.

7. Recherchieren Sie einige Werke verschiedener Gattungen, die Goethe und Schiller in der Zeit zwischen 1794 und 1805 veröffentlicht haben.

Auf der Suche nach einer neuen Lebenshaltung – Goethes erstes Jahrzehnt in Weimar

  WES-127877-022

Johann Wolfgang von Goethe (1749 – 1832)
Grenzen der Menschheit

Wenn der uralte
Heilige Vater
Mit gelassener Hand
Aus rollenden Wolken
5 Segnende Blitze
Über die Erde sät,
Küss' ich den letzten
Saum seines Kleides,
Kindliche Schauer
10 Treu in der Brust.

Denn mit Göttern
Soll sich nicht messen
Irgendein Mensch
Hebt er sich aufwärts
15 Und berührt
Mit dem Scheitel die Sterne,
Nirgends haften dann
Die unsichern Sohlen,
Und mit ihm spielen
20 Wolken und Winde.

Steht er mit festen,
Markigen Knochen
Auf der wohlgegründeten,
Dauernden Erde;
25 Reicht er nicht auf,
Nur mit der Eiche
Oder der Rebe
Sich zu vergleichen.

Was unterscheidet
30 Götter von Menschen?
Dass viele Wellen
Vor jenen wandeln,
Ein ewiger Strom:
Uns hebt die Welle,
35 Verschlingt die Welle,
Und wir versinken.

Ein kleiner Ring
Begrenzt unser Leben,
Und viele Geschlechter
40 Reihen sich dauernd
An ihres Daseins
Unendliche Kette.   *(1780)*

---

1. Lesen Sie das Gedicht und überlegen Sie, wie es vorgelesen werden sollte. Denken Sie an Betonungen und Sprechpausen. Alternativ können Sie sich den Vortrag des Gedichts anhören und beschreiben, wie hier das Gedicht vorgelesen wurde.

2. Erschließen Sie die Bilder im Gedicht von Gott / den Göttern und den Menschen und beschreiben Sie anschließend das Verhältnis der Menschen zu Gott, wie es in dem Gedicht dargestellt wird.

3. Rufen Sie das Gedicht „Prometheus" (1774) von Goethe im Internet auf und vergleichen Sie es mit „Grenzen der Menschheit". Berücksichtigen Sie insbesondere die sprachliche und formale Gestaltung sowie das Verhältnis von lyrischem Ich zu Gott. Beziehen Sie auch den literaturgeschichtlichen Hintergrund des „Prometheus" mit ein.

4. Setzen Sie die beiden Gedichte mit der Biografie Goethes in Beziehung.

Federzeichnung Goethes: Prometheus im Kampf mit dem Adler, um 1810

1. Hören Sie sich die Gedichtvorträge zu den Gedichten auf dieser Seite an und beschreiben Sie Ihre ersten Eindrücke.

  WES-127877-023

Johann Wolfgang von Goethe (1749 – 1832)
Wanderers Nachtlied

Der du von dem Himmel bist,
Alles Leid und Schmerzen stillest,
Den, der doppelt elend ist,
Doppelt mit Erquickung füllest;
5 Ach, ich bin des Treibens müde,
Was soll all der Schmerz und Lust?
Süßer Friede,
Komm, ach komm in meine Brust!   *(1776)*

1. Was wünscht sich das lyrische Ich? Beschreiben Sie seinen inneren Zustand und erläutern Sie, worauf sich seine Sehnsucht richtet.

2. Erklären Sie, welche Grundaussagen über den Menschen im Gedicht getroffen werden.

1. Arbeiten Sie heraus, wie das lyrische Ich sein Verhältnis zur Natur und Kunst sowie das Verhältnis der beiden Begriffe zueinander beschreibt.

2. Untersuchen Sie, welche Bedingungen für gelingende „Bildung" in dem Gedicht dargestellt wird, und diskutieren Sie diese Gedanken.

3. Das Gedicht hatte für Goethe programmatischen Charakter. Setzen Sie es mit seiner Biografie in Bezug

4. Analysieren und bestimmen Sie die Form des Gedichts.

  WES-127877-024

Johann Wolfgang von Goethe (1749 – 1832)
Natur und Kunst

Natur und Kunst, sie scheinen sich zu fliehen,
Und haben sich, eh' man es denkt, gefunden;
Der Widerwille ist auch mir verschwunden,
Und beide scheinen gleich mich anzuziehen.

5 Es gilt wohl nur ein redliches Bemühen!
Und wenn wir erst in abgemessnen Stunden
Mit Geist und Fleiß uns an die Kunst gebunden,
Mag frei Natur im Herzen wieder glühen.

So ist's mit aller Bildung auch beschaffen:
10 Vergebens werden ungebundne Geister
Nach der Vollendung reiner Höhe streben.

Wer Großes will, muss sich zusammen raffen;
In der Beschränkung zeigt sich erst der Meister,
Und das Gesetz nur kann uns Freiheit geben.

                                    (1800)

  WES-127877-025

Johann Wolfgang von Goethe (1749 – 1832)
Ein Gleiches

Über allen Gipfeln
Ist Ruh,
In allen Wipfeln
Spürest du
5 Kaum einen Hauch;
Die Vögelein schweigen im Walde.
Warte nur, balde
Ruhest du auch.   *(1780)*

1. Veranschaulichen Sie den Aufbau des Gedichts in einer Strukturskizze und beschreiben Sie das in dem Gedicht zum Ausdruck kommende Verhältnis von Natur und Mensch.

2. Diskutieren Sie, inwiefern das zweite Gedicht inhaltlich über das erste hinausgeht. Stellen Sie Vermutungen an, warum Goethe diese beiden Gedichte in seiner Werkausgabe hintereinandergestellt hat.

Die Antike als Vorbild

Michael Fuchs (geb. 1954)
Die Bedeutung der Antike für die Klassik

Auf der Suche nach einer neuen Lebens- und Kunstform beschäftigten sich Goethe und auch Schiller intensiv mit der griechisch-römischen Antike. In der Kunst der Antike, aber auch in der (vermeintlichen)
5 ethischen Haltung der Griechen, der maßvollen Beherrschung der Affekte, Gefühle und Leidenschaften durch die Vernunft, sahen sie ein Vorbild für ihre Zeit. Besonders anschaulich wird diese ethische Haltung in Platons[1] Bild des Seelenwagens, einem Pferdegespann,
10 bei dem der Wagenlenker (die Vernunft) mithilfe eines willigen Pferdes (der Mut) ein widerspenstiges Pferd (die Begierde) im Zaum hält.
Wesentlich geprägt hat das damalige Bild der Antike der Kunsthistoriker Johann Joachim Winckelmann
15 (1717 – 1768), dessen Schriften Goethe genau studiert hat. Besonders intensive Wirkung – nicht nur auf Goethe – hat seine Beschreibung der sogenannten Laokoon-Gruppe gefunden. Die Beschreibung und Deutung findet sich in seinem Werk „Gedanken über die Nachahmung der griechischen Werke in der Malerei und 20 Bildhauerkunst" von 1755. Der Titel des Werks macht schon seine Intention deutlich: Es geht darum, die griechische Kunst als vorbildhaft, als Ideal darzustellen. Damit wird gleichzeitig die zeitgenössische Kunst abgewertet, weil sie dieses Ideal nicht erreicht. 25

(2012)

1. Lesen Sie den kurzen Informationstext und betrachten Sie anschließend das Bild der Laokoon-Gruppe. Beschreiben Sie Laokoon möglichst detailliert, seine Körperhaltung, seine Gestik und Mimik. Bedenken Sie dabei die dargestellte Situation.

2. Stellen Sie Vermutungen an, inwiefern es sich bei der Skulptur um eine vorbildhafte Darstellung handeln könnte.

Laokoon-Gruppe von Hagesander, Polydoros und Athanodoros (um 50 v. Chr.). Laokoon ist in der griechischen Mythologie ein trojanischer Priester. Er warnt vergeblich die Troer davor, das hölzerne Pferd der Griechen in die Stadt zu ziehen. Kurze Zeit nach der Warnung wird er auf Geheiß des Gottes Poseidon zusammen mit seinen zwei Söhnen von Meeresschlangen erwürgt.

Johann Joachim Winckelmann (1717 – 1768)
Gedanken über die Nachahmung der griechischen Werke in der Malerei und Bildhauerkunst

Der gute Geschmack, welcher sich mehr und mehr durch die Welt ausbreitet, hat sich angefangen zuerst unter dem griechischen Himmel zu bilden. Alle Erfindungen fremder Völker kamen gleichsam nur als der erste Same nach Griechenland und nahmen eine andere 5 Natur und Gestalt an in dem Lande, welches Minerva[2], sagt man, vor allen Ländern, wegen der gemäßigten Jahreszeiten, die sie hier angetroffen, den Griechen zur Wohnung angewiesen, als ein Land, welches kluge Köpfe hervorbringen würde. 10
Der Geschmack, den diese Nation ihren Werken gegeben hat, ist ihr eigen geblieben; er hat sich selten weit von Griechenland entfernet, ohne etwas zu verlieren, und unter entlegenen Himmelstrichen ist er spät bekannt geworden. [...] 15

---

[1] **Platon:** geb. 428/427 v. Chr., in Athen oder Aigina; gest. 348/347 v. Chr. in Athen; neben Aristoteles der bedeutendste Philosoph der griechischen Antike – [2] **Minerva:** römische Göttin; entspricht der griech. Göttin Athene, zuständig u. a. für Weisheit und Wissen

Der einzige Weg für uns, groß, ja, wenn es möglich ist, unnachahmlich zu werden, ist die Nachahmung der Alten, und was jemand von Homer gesagt, dass derjenige ihn bewundern lernet, der ihn wohl verstehen gelernet,
20 gilt auch von den Kunstwerken der Alten, sonderlich der Griechen. Man muss mit ihnen, wie mit seinem Freunde, bekannt geworden sein, um den Laokoon ebenso unnachahmlich als den Homer zu finden. [...]
Das allgemeine vorzügliche Kennzeichen der griechi-
25 schen Meisterstücke ist endlich eine edle Einfalt und eine stille Größe, sowohl in der Stellung als auch im Ausdrucke. So wie die Tiefe des Meers allezeit ruhig bleibt, die Oberfläche mag noch so wüten, ebenso zeiget der Ausdruck in den Figuren der Griechen bei allen
30 Leidenschaften eine große und gesetzte Seele.
Diese Seele schildert sich in dem Gesichte des Laokoons, und nicht in dem Gesichte allein, bei dem heftigsten Leiden. Der Schmerz, welcher sich in allen Muskeln und Sehnen des Körpers entdecket, und den man ganz allein,
35 ohne das Gesicht und andere Teile zu betrachten, an dem schmerzlich eingezogenen Unterleibe beinahe selbst zu empfinden glaubet; dieser Schmerz, sage ich, äußert sich dennoch mit keiner Wut in dem Gesichte und in der ganzen Stellung. Er erhebet kein schreckliches Geschrei, wie
40 Vergil von seinem Laokoon singet: Die Öffnung des Mundes gestattet es nicht; es ist vielmehr ein ängstliches und beklemmtes Seufzen, wie es Sadoleto[1] beschreibet. Der Schmerz des Körpers und die Größe der Seele sind durch den ganzen Bau der Figur mit gleicher Stärke aus-
45 geteilet, und gleichsam abgewogen. [...]
Sein Elend gehet uns bis an die Seele; aber wir wünschten, wie dieser große Mann, das Elend ertragen zu können. [...]   *(1755)*

1. Stellen Sie zusammen, welches Bild der Antike Winckelmann in dem Text entwirft.
Notieren Sie dazu Schlüsselbegriffe des Textes und setzen Sie sie in Beziehung zueinander.

2. Erläutern Sie, mit welcher Absicht Winckelmann auf die Antike eingeht.

3. Vergleichen Sie Winckelmanns Deutung der Laokoon-Gruppe mit Ihren eigenen Eindrücken und nehmen Sie kritisch Stellung zu seiner Absicht.

Johann Wolfgang von Goethe (1749 – 1832)
Italienische Reise (Auszüge)

Goethes zweijährige Italienreise ist für sein Leben und sein künstlerisches Schaffen von zentraler Bedeutung. Er erkennt seine wahren Interessen, die nicht in der politischen Betätigung, sondern in der Dichtung und der Beschäftigung mit der Natur liegen.
Insbesondere die Auseinandersetzung mit der antiken römischen Kunst führt ihn zu einer neuen Sicht auf das künstlerische Schaffen, das nicht mehr geprägt ist von dem Geniegedanken der Sturm-und-Drang-Zeit, sondern sich orientiert an Ordnung und Maß.
Lange nach seiner Italienreise hat er seine damaligen Notizen und Tagebücher überarbeitet und sie dann als Buch mit dem Titel „Italienische Reise" veröffentlicht.

In Assisi, Oktober 1786

[...]

Aus Palladio und Volkmann[2] wusste ich, dass ein köstlicher Tempel der Minerva, zu Zeiten Augustus'[3] gebaut, noch vollkommen erhalten dastehe. Ich verließ bei Madonna dell'Angelo meinen Vetturin[4], der seinen Weg nach Foligno verfolgte, und stieg unter einem starken 5 Wind nach Assisi hinauf, [...] Die ungeheueren Subkonstruktionen[5] der babylonisch[6] übereinandergetürmten Kirchen, wo der heilige Franziskus ruht, ließ ich links mit Abneigung [...] Dann fragte ich einen hübschen Jungen nach der Maria della Minerva; er begleitete mich 10 die Stadt hinauf, die an einen Berg gebaut ist. Endlich gelangten wir in die eigentliche alte Stadt, und siehe,

Der Minerva-Tempel in Assisi

---

[1] **Jacobo Sadoleto (1477 – 1547):** italienischer Kardinal; verfasste 1506 anlässlich der Wiederentdeckung der Statue ein Gedicht über die Laokoon-Gruppe – [2] **Andrea Palladio (1508 – 1580):** italienischer Baumeister und Architekturtheoretiker; **J. J. Volkmann:** Historisch-kritische Nachrichten von Italien, welche eine Beschreibung dieses Landes, der Sitten, Regierungsform, Handlung, des Zustandes der Wissenschaften und insonderheit der Werke der Kunst enthalten. Leipzig, 1770. Den Reiseführer von Volkmann nutzte Goethe. – [3] **Augustus:** römischer Kaiser, 27 v. Chr. – 14 n. Chr. – [4] **Vetturin:** Kutscher – [5] **Subkonstruktionen:** gemauerte Unterbauten eines Gewölbes – [1] **babylonisch:** hier im Sinne von uneinheitlich, unharmonisch

das löblichste Werk stand vor meinen Augen, das erste vollständige Denkmal der alten Zeit, das ich erblickte.
15 Ein bescheidener Tempel, wie er sich für eine so kleine Stadt schickte, und doch so vollkommen, so schön gedacht, dass er überall glänzen würde. [...] Der Tempel steht nicht in der Mitte des Platzes, aber so gerichtet, dass er dem von Rom Heraufkommenden verkürzt gar
20 schön sichtbar wird. Nicht allein das Gebäude sollte man zeichnen, sondern auch die glückliche Stellung. An der Fassade kann ich mich nicht sattsehen, wie genialisch konsequent auch hier der Künstler gehandelt. [...]

1. Erarbeiten Sie aus dem Text, wie Goethe den Minerva-Tempel beschreibt und beurteilt. Vergleichen Sie seine Aussagen mit dem Bild.

2. Charakterisieren Sie die Sprache, mit der Goethe seine Beschreibung verfasst.

3. Betrachten Sie die Basilika des Franziskus in Assisi. Stellen Sie Vermutungen an, warum Goethe die Kirche „links" liegen lässt. Beziehen Sie sich auf Winckelmanns Charakterisierung der griechischen Kunst.

[Rom] Den 10. November 1786

Ich lebe nun hier mit einer Klarheit und Ruhe, von der ich lange kein Gefühl hatte. Meine Übung, alle Dinge, wie sie sind, zu sehen und abzulesen, meine Treue, das
5 Auge licht sein zu lassen[1], meine völlige Entäußerung von aller Prätention[2] kommen mir wieder einmal recht zustatten und machen mich im Stillen höchst glücklich. Alle Tage ein neuer merkwürdiger Gegenstand, täglich frische, große, seltsame Bilder und ein Ganzes, das man

Franziskus-Basilika in Assisi, in der der Heilige Franziskus begraben liegt

sich lange denkt und träumt, nie mit der Einbildungs- 10 kraft erreicht.
Heute war ich bei der Pyramide des Cestius[3] und abends auf dem Palatin[4], oben auf den Ruinen der Kaiserpaläste, die wie Felswände dastehn. Hiervon lässt sich nun freilich nichts überliefern! Wahrlich, es gibt hier nichts 15 Kleines, wenn auch wohl hier und da etwas Scheltenswertes und Abgeschmacktes; doch auch ein solches hat teil an der allgemeinen Großheit genommen.
Kehr' ich nun in mich selbst zurück, wie man doch so gerne tut bei jeder Gelegenheit, so entdecke ich ein Ge- 20 fühl, das mich unendlich freut, ja, das ich sogar auszusprechen wage. Wer sich mit Ernst hier umsieht und Augen hat zu sehen, muss solid werden, er muss einen Begriff von Solidität fassen, der ihm nie so lebendig ward. 25
Der Geist wird zur Tüchtigkeit gestempelt, gelangt zu einem Ernst ohne Trockenheit, zu einem gesetzten Wesen mit Freude. Mir wenigstens ist es, als wenn ich die Dinge dieser Welt nie so richtig geschätzt hätte als hier. Ich freue mich der gesegneten Folgen auf mein ganzes 30 Leben.
Und so lasst mich aufraffen, wie es kommen will, die Ordnung wird sich geben. Ich bin nicht hier, um nach meiner Art zu genießen; befleißigen will ich mich der großen Gegenstände, lernen und mich ausbilden, ehe 35 ich vierzig Jahre alt werde.

Aus seiner Sturm-und-Drang-Zeit stammt Goethes Beschreibung des Straßburger Münsters, eines gotischen Kirchbaus des Mittelalters. Der gotische Baustil galt vielen Zeitgenossen Goethes wegen seiner vielen Verzierungen als ästhetisch minderwertig.

Johann Wolfgang von Goethe (1749 – 1832)
Über das Straßburger Münster (Auszug)

Mit welcher unerwarteten Empfindung überraschte mich der Anblick, als ich davor trat! Ein ganzer, großer Eindruck füllte meine Seele, den, weil er aus tausend harmonierenden Einzelheiten bestand, ich wohl schmecken und genießen, keineswegs aber erkennen 5 und erklären konnte. Sie sagen, dass es also[4] mit den Freuden des Himmels sei, und wie oft bin ich zurückgekehrt, diese himmlisch-irdische Freude zu genießen, den Riesengeist unsrer älteren Brüder in ihren Werken zu umfassen. Wie oft bin ich zurückgekehrt, von allen 10

---

[1] **das Auge licht sein lassen:** etwas aufmerksam betrachten – [2] **Prätention:** Anspruch, Anmaßung – [3] **Cestius:** Grabmal des Volkstribuns Gaius Cestius Epulo – [4] **Palatin:** einer der sieben Hügel Roms – [4] **also:** hier: genauso

Straßburger Münster

 WES-127877-026

Johann Wolfgang von Goethe (1749 – 1832)
V. Römische Elegie

Froh empfind ich mich nun auf klassischem Boden begeistert,
Vor- und Mitwelt spricht lauter und reizender mir.
Hier befolg ich den Rat, durchblättre die Werke der Alten[2]
Mit geschäftiger Hand, täglich mit neuem Genuss.
5 Aber die Nächte hindurch hält Amor mich anders beschäftigt;
Werd ich auch halb nur gelehrt, bin ich doch doppelt beglückt.
Und belehr ich mich nicht, indem ich des lieblichen Busens
Formen spähe, die Hand leite die Hüften hinab?
Dann versteh ich den Marmor erst recht: ich denk und vergleiche,
10 Sehe mit fühlendem Aug, fühle mit sehender Hand.
Raubt die Liebste denn gleich mir einige Stunden des Tages,
Gibt sie Stunden der Nacht mir zur Entschädigung hin.
Wird doch nicht immer geküsst, es wird vernünftig gesprochen,
Überfällt sie der Schlaf, lieg ich und denke mir viel.
15 Oftmals hab ich auch schon in ihren Armen gedichtet
Und des Hexameters Maß leise mit fingernder Hand
Ihr auf dem Rücken gezählt. Sie atmet in lieblichem Schlummer,
Und es durchglühet ihr Hauch mir bis ins Tiefste die Brust.
Amor schüret die Lamp' indes und gedenket der Zeiten,
20 Da er den nämlichen Dienst seinen Triumvirn[3] getan.   *(1800)*

Seiten, aus allen Entfernungen, in jedem Lichte des Tags zu schauen seine Würde und Herrlichkeit! Schwer ist's dem Menschengeist, wenn seines Bruders Werk so 15 hoch erhaben ist, dass er nur beugen und anbeten muss. Wie oft hat die Abenddämmerung mein durch forschendes Schauen ermattetes Aug' mit freundlicher Ruhe geletzt[1], wenn durch sie die unzähligen Teile 20 zu ganzen Massen schmolzen, und nun diese, einfach und groß, vor meiner Seele standen und meine Kraft sich wonnevoll entfaltete, zugleich zu genießen und zu erkennen!
(1772)

1. Vergleichen Sie den Reisetagebucheintrag Goethes vom 10.11.1786 mit der Beschreibung des Straßburger Münsters von 1772. Machen Sie sich dabei die Veränderungen in der Wahrnehmung und Darstellung bewusst.

2. Zentrale Begriffe in Goethes Tagebucheintrag vom 10. November 1786 sind „Klarheit" (Z. 1), „Ruhe" (Z. 1), „ein Ganzes" (Z. 9), „Großheit" (Z. 18), „Solidität" (Z. 24) und „Ordnung" (Z. 33). Erschließen Sie aus dem Textzusammenhang, was Goethe mit diesen Begriffen ausdrücken will.

1. Arbeiten Sie heraus, womit sich das lyrische Ich am Tag und in der Nacht beschäftigt.

2. Untersuchen Sie, welche Gefühlslage das lyrische Ich ausdrückt und wodurch diese Gefühlslage entsteht.

3. Als sprachliche Ausdrucksmittel enthält das Gedicht eine Synästhesie und mehrere Antithesen. Suchen Sie diese und erläutern Sie, inwiefern sie zum Inhalt des Gedichts passen.

4. Erschließen Sie mithilfe der Informationen die Form des Gedichts.

Information

Elegie
Unter einer Elegie versteht man in der antiken Literatur ein Gedicht, dessen Verse in der Form eines **Distichons** geschrieben sind. Ein Distichon setzt sich zusammen aus einem **Hexameter** (sechshebiger Daktylus, u. U. zum Trochäus verkürzt; metrisches Schema im Deutschen: $-\smile(\smile), -\smile(\smile), -\smile(\smile), -\smile(\smile), -\smile\smile, -\smile$) und einem **Pentameter** (sechshebiger Daktylus, aber 3. und 6. Versfuß verkürzt und mit Zäsur nach der 3. Hebung: $-\smile(\smile), -\smile(\smile), - \| -\smile\smile, -\smile\smile, -$). Diese strenge Form bestimmt diese Gedichtart; inhaltlich ist die Elegie nicht so klar definiert (z. B. Loblied oder Trauer- und Klagelied).

[1] **geletzt:** erfrischt – [2] **Werke der Alten:** Werke aus der Antike – [3] **Triumvirn:** Gemeint sind die römischen Dichter Catull, Tibull und Properz, Verfasser von Liebesgedichten in Form von Elegien.

„Edel sei der Mensch, hilfreich und gut" – Die ästhetische Erziehung des Menschen als Antwort auf die Fragen der Zeit

Die Französische Revolution von 1789, in der die französischen Bürgerinnen und Bürger ihre Forderung nach Freiheit und Gleichheit durchzusetzen versuchten, ist das zentrale politische Ereignis der Zeit der Weimarer Klassik. Auch wenn Goethe und Schiller die politischen Ziele der Französischen Revolution mit Sympathie betrachteten, so lehnten sie doch den gewaltsamen Weg der gesellschaftlichen Veränderung ab. Diese Ablehnung verstärkte sich insbesondere durch den revolutionären Terror gegen Adelige und Andersdenkenden und die Gewaltherrschaft Robespierres.

Friedrich Schiller (1759 – 1805)
Reform der Denkungsart[1]

Ich möchte nicht gerne in einem andern Jahrhundert leben, und für ein anderes wirken. [...]

Wäre das Faktum wahr – wäre der außerordentliche Fall wirklich eingetreten, dass die politische Gesetz-
5 gebung der Vernunft übertragen, der Mensch als Selbstzweck respektiert und behandelt, das Gesetz auf den Thron erhoben, und wahre Freiheit zur Grundlage des Staatsgebäudes gemacht worden, so wollte ich auf ewig von den Musen Abschied nehmen, und dem herrlichs-
10 ten aller Kunstwerke, der Monarchie der Vernunft, alle meine Tätigkeit widmen. Aber dieses Faktum ist es eben, was ich zu bezweifeln wage. Ja, ich bin so weit entfernt, an den Anfang einer Regeneration im Politischen zu glauben, dass mir die Ereignisse der Zeit viel-
15 mehr alle Hoffnungen dazu auf Jahrhunderte benehmen. [...]

Der Versuch des französischen Volks, sich in seine heiligen Menschenrechte einzusetzen und eine politische Freiheit zu erringen, hat bloß das Unvermögen und die
20 Unwürdigkeit desselben an den Tag gebracht, und nicht nur dieses unglückliche Volk, sondern mit ihm auch einen beträchtlichen Teil Europens, und ein ganzes Jahrhundert, in Barbarei und Knechtschaft zurückgeschleudert. Der Moment war der günstigste, aber er fand eine
25 verderbte Generation, die ihn nicht wert war, und weder zu würdigen noch zu benutzen wusste. Der Gebrauch, den sie von diesem großen Geschenk des Zufalls macht und gemacht hat, beweist unwidersprechlich, dass das Menschengeschlecht der vormundschaftlichen

Gewalt noch nicht entwachsen ist, dass das liberale Regiment der Vernunft da noch zu frühe kommt, wo man 30 kaum damit fertig wird, sich der brutalen Gewalt der Tierheit zu erwehren, und dass derjenige noch nicht reif ist zur bürgerlichen Freiheit, dem noch so vieles zur menschlichen fehlt. [...]

Nur seine Fähigkeit, als ein sittliches Wesen zu handeln, 35 gibt dem Menschen Anspruch auf Freiheit; ein Gemüt aber, das nur sinnlicher Bestimmungen fähig ist, ist der Freiheit so wenig wert, als empfänglich. Alle Reform, die Bestand haben soll, muss von der Denkungsart ausgehen, und wo eine Verderbnis in den Prinzipien 40 herrscht, da kann nichts Gesundes, nichts Gutartiges aufkeimen. Nur der Charakter der Bürger erschafft und erhält den Staat, und macht politische und bürgerliche Freiheit möglich. Denn wenn die Weisheit selbst in Person vom Olymp herabstiege und die vollkommenste 45 Verfassung einführte, so müsste sie ja doch Menschen die Ausführung übergeben. [...]   *(1793)*

1. Fassen Sie den Text in mehreren Thesen zusammen.

2. Belegen Sie am Text Schillers Position sowohl als Befürworter als auch als Kritiker der Französischen Revolution.

3. Arbeiten Sie heraus, warum nach Meinung Schillers die Revolution scheiterte und welche Bedingungen die Menschen für ein Leben in Freiheit erfüllen müssten.

[1] Auszug aus einem Brief an den Herzog Friedrich Christian von Augustenberg vom 13.7.1793

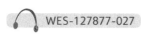

WES-127877-027

Friedrich Schiller (1759 – 1805)
Die Aufgabe der Kunst[1]

Alle Verbesserung im Politischen soll von der Veredlung des Charakters ausgehen – aber wie kann sich unter den Einflüssen einer barbarischen Staatsverfassung der Charakter veredeln?

5 Man müsste also zu diesem Zwecke ein Werkzeug aufsuchen, welches der Staat nicht hergibt, und Quellen dazu eröffnen, die sich bei aller politischen Verderbnis rein und lauter erhalten. [...] Dieses Werkzeug ist die schöne Kunst, diese Quellen öffnen sich in ihren un-
10 sterblichen Mustern.

Von allem, was positiv[2] ist und was menschliche Konventionen einführten, ist die Kunst wie die Wissenschaft losgesprochen, und beide erfreuen sich einer absoluten *Immunität* von der Willkür der Menschen. Der
15 politische Gesetzgeber kann ihr Gebiet sperren, aber darin herrschen kann er nicht. Er kann den Wahrheitsfreund ächten, aber die Wahrheit besteht; er kann den Künstler erniedrigen, aber die Kunst kann er nicht verfälschen. [...]
20 Die Menschheit hat ihre Würde verloren, aber die Kunst hat sie gerettet und aufbewahrt in bedeutenden Steinen; die Wahrheit lebt in der Täuschung fort[3], und aus dem Nachbilde wird das Urbild wieder hergestellt werden. So wie die edle Kunst die edle Natur überlebte,
25 so schreitet sie derselben auch in der Begeisterung, bildend und erweckend, voran. Ehe noch die Wahrheit ihr siegendes Licht in die Tiefen der Herzen sendet, fängt die Dichtungskraft ihre Strahlen auf, und die Gipfel der Menschheit werden glänzen, wenn noch feuchte Nacht
30 in den Tälern liegt.

Wie verwahrt sich aber der Künstler von den Verderbnissen seiner Zeit, die ihn von allen Seiten umfangen? Wenn er ihr Urteil verachtet. Er blicke aufwärts nach seiner Würde und dem Gesetz[4], nicht niederwärts nach
35 dem Glück und nach dem Bedürfnis. Gleich frei von der eitlen Geschäftigkeit, die in den flüchtigen Augenblick gern ihre Spur drücken möchte, und von dem ungeduldigen Schwärmergeist, der auf die dürftige Geburt der

Zeit den Maßstab des Unbedingten anwendet, überlasse er dem Verstande, der hier heimisch ist, die Sphäre 40 des Wirklichen; er aber strebe, aus dem Bund des Möglichen mit dem Notwendigen das Ideal zu erzeugen.

(1794)

1. Zeigen Sie auf, dass sich der erste Satz des Textes aus den Thesen des vorangegangenen Textes ergibt.

2. Stellen Sie zusammen, welche Aufgaben nach Schiller die Kunst zu erfüllen hat und wie er begründet, dass sie diese Aufgaben erfüllen kann.

3. Verdeutlichen Sie, inwiefern das Streben nach Glück und Erfüllung der Bedürfnisse im Gegensatz zur menschlichen „Würde“ und zu dem „Gesetz“ stehen kann (vgl. Z. 31 ff.). Führen Sie dazu Beispiele an.

4. Untersuchen und diskutieren Sie, ausgehend von den folgenden Zitaten, welche Aufgaben bzw. welchen Stellenwert Kunst für andere Künstler hat. Recherchieren Sie auch, um wen es sich jeweils bei den Verfassern handelt.

„Licht senden in die Tiefe des menschlichen Herzens – des Künstlers Beruf!“ (Robert Schumann)

„Die Kunst ist nur Kunst, wo sie sich Selbstzweck, wo sie absolut frei, sich selbst überlassen ist, wo sie keine höheren Gesetze kennt als ihre eigenen, die Gesetze der Wahrheit und Schönheit.“ (Ludwig Feuerbach)

„Kunst: Verzierung dieser Welt.“ (Wilhelm Busch)

„Alle Künste sind gut, ausgenommen die langweilige Kunst.“ (Voltaire)

Nicht die Abbildung der Wirklichkeit ist das Ziel der Kunst, sondern die Erschaffung einer eigenen Welt. (Fernando Botero)

---

[1] Auszug aus: Über die ästhetische Erziehung des Menschen in einer Reihe von Briefen, 9. Brief – [2] **positiv:** hier: vom Menschen gesetzt – [3] **Täuschung:** Mit Täuschung meint Schiller die Fiktionalität der Kunst. – [4] **Das Gesetz:** Schiller bezieht sich hier auf die Ethik Kants. Kant vertritt die Auffassung, dass der Mensch in der Lage ist, vernünftig zu handeln, da ihm seine eigene Vernunft den Maßstab dafür zur Verfügung stellt. Dieser Maßstab ist nach Kant ein Gesetz, das sich die menschliche Vernunft selbst gibt. Das Gesetz hat die Form eines kategorischen Imperativs: „Handle so, dass die Maxime deines Willens jederzeit zugleich als Prinzip einer allgemeinen Gesetzgebung gelten könne.“

WES-127877-028

Johann Wolfgang von Goethe (1749 – 1832)

Das Göttliche

Edel sei der Mensch,
Hilfreich und gut!
Denn das allein
Unterscheidet ihn
5 Von allen Wesen,
Die wir kennen.

Heil den unbekannten
Höhern Wesen,
Die wir ahnen!
10 Ihnen gleiche der Mensch!
Sein Beispiel lehr' uns
Jene glauben.

Denn unfühlend
Ist die Natur:
15 Es leuchtet die Sonne
Über Bös' und Gute,
Und dem Verbrecher
Glänzen wie dem Besten
Der Mond und die Sterne.

20 Wind und Ströme,
Donner und Hagel
Rauschen ihren Weg
Und ergreifen
Vorübereilend
25 Einen um den andern.

Auch so das Glück
Tappt unter die Menge,
Fasst bald des Knaben
Lockige Unschuld,
30 Bald auch den kahlen
Schuldigen Scheitel.

Nach ewigen, ehrnen,
Großen Gesetzen
Müssen wir alle
35 Unseres Daseins
Kreise vollenden.

Nur allein der Mensch
Vermag das Unmögliche:
Er unterscheidet,
40 Wählet und richtet;
Er kann dem Augenblick
Dauer verleihen.

Er allein darf
Den Guten lohnen,
45 Den Bösen strafen,
Heilen und retten,
Alles Irrende, Schweifende
Nützlich verbinden.

Und wir verehren
50 Die Unsterblichen,
Als wären sie Menschen,
Täten im Großen,
Was der Beste im Kleinen
Tut oder möchte.

55 Der edle Mensch
Sei hilfreich und gut!
Unermüdet schaff' er
Das Nützliche, Rechte,
Sei uns ein Vorbild
60 Jener geahneten Wesen!

(1785)

1. Hören Sie den Gedichtvortrag an und tauschen Sie sich über Ihre ersten Eindrücke aus.

2. Bestimmen Sie, wie der Sprecher das Verhältnis zwischen den Göttern und den Menschen darstellt. Berücksichtigen Sie dabei auch die Verwendung des Konjunktivs.

3. Formulieren Sie eine Deutungshypothese.

4. Gliedern Sie das Gedicht in Sinnabschnitte und halten Sie die Themen der Abschnitte und die wesentlichen Aussagen fest. Vervollständigen Sie (im Heft) das folgende Schaubild oder legen Sie ein eigenes an.

Goethe: Das Göttliche

die uns unbekannten „Höhern Wesen"

humanes Verhalten als Vorbild für das Bild von den Göttern

„Ahnung"

Natur

willkürlich, ohne Rücksicht auf moralische Verdienste

5. Erläutern Sie die in dem Gedicht dargestellte Sonderstellung des Menschen und sein Verhältnis zu den Göttern.

6. Überprüfen Sie, inwiefern Goethes Gedicht Schillers Bestimmung der Aufgabe der Kunst (s. S. 168) gerecht wird.

7. Diskutieren Sie, ob der Mensch Ihrer Erfahrung nach die Rolle einnehmen kann, die ihm in dem Gedicht zugewiesen wird.

8. Vergleichen Sie das Gedicht mit „Grenzen der Menschheit" (S. 161) im Hinblick auf die Darstellung des „Göttlichen".
   ❯ Einen Gedichtvergleich verfassen, S. 484 f.

 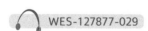 WES-127877-029

Johann Gottfried Herder (1744 – 1803)
Briefe[1] zu Beförderung der Humanität

Herder ist als Sprachphilosoph und Geschichtsphilosoph, Theologe, Kunsttheoretiker und Literaturkritiker hervorgetreten. Zu seiner Zeit sehr bekannt waren seine beiden geschichtsphilosophischen Schriften „Ideen zur Philosophie der Geschichte der Menschheit" (1784 – 1791) und „Briefe zu Beförderung der Humanität" (1793), die großen Einfluss auf das Denken Goethes und Schillers nahmen.
Goethe hatte Herder in Straßburg kennengelernt. Auf seine Vermittlung hin wurde Herder Generalsuperintendent (das höchste Kirchenamt) und Hofprediger in Weimar.

Gemälde von Anton Graff, 1785

---

[1] **Briefe:** Es handelt sich um Briefe an einen fiktiven Adressaten.

Sie fürchten, dass man dem Wort Humanität einen Fleck anhängen werde, könnten wir nicht das Wort ändern? Menschheit, Menschlichkeit, Menschenrechte, Menschenpflichten, Menschenwürde, Menschenliebe?
5 Menschen sind wir allesamt und tragen sofern die Menschheit an uns, oder wir gehören zur Menschheit. Leider aber hat man in unserer Sprache dem Wort Mensch und noch mehr dem barmherzigen Wort Menschlichkeit so oft eine Nebenbedeutung von Nied-
10 rigkeit, Schwäche und falschem Mitleid angehängt, dass man jenes nur mit einem Blick der Verachtung, dies mit einem Achselzucken zu begleiten gewohnt ist. „Der Mensch!", sagen wir jammernd oder verachtend und glauben einen guten Mann aufs Lindeste mit dem
15 Ausdruck zu entschuldigen, „es habe ihn die Menschlichkeit übereilet". Kein Vernünftiger billigt es, dass man den Charakter des Geschlechts, zu dem wir gehören, so barbarisch hinabgesetzt hat; man hat hiermit unweiser gehandelt, als wenn man den Namen seiner
20 Stadt oder Landsmannschaft zum Ekelnamen machte. Wir also wollen uns hüten, dass wir zu Beförderung solcher Menschlichkeit keine Briefe schreiben.
Der Name Menschenrechte kann ohne Menschenpflichten nicht genannt werden; beide beziehen sich
25 aufeinander, und für beide suchen wir ein Wort.
So auch Menschenwürde und Menschenliebe. Das Menschengeschlecht, wie es jetzt ist und wahrscheinlich lange noch sein wird, hat seinem größten Teil nach keine Würde; man darf es eher bemitleiden als vereh-
30 ren. Es soll aber zum Charakter seines Geschlechts, mithin auch zu dessen Wert und Würde gebildet werden. Das schöne Wort Menschenliebe ist so trivial worden, dass man meistens die Menschen liebt, um keinen

unter den Menschen wirksam zu lieben. Alle diese Worte enthalten Teilbegriffe unseres Zwecks, den wir 35 gern mit einem Ausdruck bezeichnen möchten.
Also wollen wir bei dem Wort Humanität bleiben, an welches unter Alten und Neueren die besten Schriftsteller so würdige Begriffe geknüpft haben. Humanität ist der Charakter unsres Geschlechts; er ist uns aber 40 nur in Anlagen angeboren und muss uns eigentlich angebildet werden. Wir bringen ihn nicht fertig auf die Welt mit; auf der Welt aber soll er das Ziel unsers Bestrebens, die Summe unsrer Übungen, unser Wert sein; denn eine Angelität[2] im Menschen kennen wir nicht, 45 und wenn der Dämon[3], der uns regiert, kein humaner Dämon ist, werden wir Plagegeister der Menschen. Das Göttliche in unserm Geschlecht ist also Bildung zur Humanität; alle großen und guten Menschen, Gesetzgeber, Erfinder, Philosophen, Dichter, Künstler, jeder 50 edle Mensch in seinem Stande, bei der Erziehung seiner Kinder, bei der Beobachtung seiner Pflichten, durch Beispiel, Werk, Institut und Lehre hat dazu mitgeholfen. Humanität ist der Schatz und die Ausbeute aller menschlichen Bemühungen, gleichsam die Kunst un- 55 sers Geschlechtes. Die Bildung zu ihr ist ein Werk, das unablässig fortgesetzt werden muss, oder wir sinken, höhere und niedere Stände, zur rohen Tierheit, zur Brutalität zurück.
Sollte das Wort Humanität also unsre Sprache verun- 60 zieren? Alle gebildete Nationen haben es in ihre Mundart aufgenommen; und wenn unsre Briefe einem Fremden in die Hand kämen, müssten sie ihm wenigstens unverfänglich scheinen; denn Briefe zu Beförderung der Brutalität wird doch kein ehrliebender Mensch 65 wollen geschrieben haben. *(1793)*

---

1. Herder versucht, zu Beginn seines Textes den aus dem Lateinischen stammenden Begriff „Humanität" durch ein deutsches Wort zu ersetzen. Erläutern Sie seine Bedenken.

2. Tragen Sie die Aspekte zusammen, die Herder mit dem Begriff der „Humanität" verbindet. Führen Sie Beispiele für humanes und auch für inhumanes Verhalten an.

3. Fassen Sie zusammen, wie Schiller, Goethe und Herder einen besseren Zustand der Menschheit anstreben wollen. Wie bewerten Sie ihr Vorhaben?

4. Erstellen Sie eine Mindmap zu den Begriffen, die in der Epoche der Klassik eine wichtige Bedeutung erlangt haben.

---

[1] **Angelität:** Engelhaftigkeit – [2] **Dämon:** hier: Geist

Die Erziehung zum guten Menschen – Ein Drama der Klassik untersuchen

Lernaufgabe

Sie haben sich mit der Epoche der Klassik ausführlich beschäftigt und verschiedene Werke kennengelernt. Nun beschäftigen Sie sich mit einem Drama der Zeit. Die Aufgabenstellung lautet: Interpretieren Sie den Dramenausschnitt unter besonderer Berücksichtigung seiner Zugehörigkeit zur Epoche der Klassik. Nutzen Sie hierfür auch das Zusatzmaterial.

Einen Ausschnitt aus einem Drama der Klassik interpretieren

1. Informieren Sie sich über den mythologischen Hintergrund und den Handlungsablauf einschließlich des 4. Aktes. Lesen Sie dazu auch das Zusatzmaterial M 2.

2. Lesen Sie den Auszug aus dem Drama „Iphigenie auf Tauris" (M 3).

3. Untersuchen Sie zunächst M 1 im Hinblick auf den Begriff der „Schönen Seele" und rekapitulieren Sie das Menschenbild und die zentralen Wertvorstellungen der Klassik (vgl. S. 175). Versuchen Sie sie mit dem Textausschnitt in Beziehung zu setzen und formulieren Sie eine – vorläufige – Deutungshypothese im Hinblick auf den Zusammenhang von Text und Epoche.

4. Entwickeln Sie einen Schreibplan, z. B. in Form einer Mindmap. Halten Sie darin fest, welche Aspekte des Dialogs zur Klärung Ihrer Deutungshypothese sinnvollerweise untersucht werden sollten.

5. Fassen Sie den Inhalt des Dialogs knapp zusammen und untersuchen Sie seinen Aufbau, die dramaturgischen Mittel und die sprachliche Gestaltung im Hinblick auf die Deutungshypothese. Berücksichtigen Sie sowohl, wie die Protagonisten miteinander kommunizieren, als auch, welche Ziele sie in dem Gespräch haben und wer sich durchsetzt.

6. Untersuchen Sie, an welchen Wertvorstellungen sich die beiden Dialogpartner orientieren, inwieweit dies mit den Idealen der Klassik und mit Schillers Begriff der „schönen Seele" übereinstimmt.

7. Überprüfen Sie, inwieweit sich die Deutungshypothese (Aufgabe 3) bewahrheitet hat.

8. Aktualisieren Sie Ihren Schreibplan (Ihre Mindmap) und formulieren Sie einen zusammenhängenden Text zu der vorgegebenen Aufgabenstellung.

9. Überarbeiten Sie Ihren Text nach inhaltlichen und sprachlichen Gesichtspunkten.

10. Machen Sie sich im Rückblick bewusst, welche Teilschritte Ihnen leichter, welche Ihnen schwerer gefallen sind und suchen Sie nach den jeweiligen Gründen.

Material 1

Friedrich Schiller (1759 – 1805)
Über Anmut und Würde

Eine schöne Seele nennt man es, wenn sich das sittliche Gefühl aller Empfindungen des Menschen endlich bis zu dem Grad versichert hat, dass es dem Affekt die Leitung des Willens ohne Scheu überlassen darf und nie
5 Gefahr läuft, mit den Entscheidungen desselben im Widerspruch zu stehen. Daher sind bei einer schönen Seele die einzelnen Handlungen eigentlich nicht sittlich, sondern der ganze Charakter ist es. Man kann ihr auch keine einzige darunter zum Verdienst anrechnen, weil
10 eine Befriedigung des Triebes nie verdienstlich heißen kann. Die schöne Seele hat kein anderes Verdienst, als dass sie ist. Mit einer Leichtigkeit, als wenn bloß der Instinkt aus ihr handelte, übt sie der Menschheit peinlichste Pflichten aus und das heldenmütigste Opfer, das
15 sie dem Naturtrieb abgewinnt, fällt wie eine freiwillige Wirkung eben dieses Triebes in die Augen. Daher weiß sie selbst auch niemals um die Schönheit ihres Handelns und es fällt ihr nicht mehr ein, dass man anders handeln und empfinden könnte […].
20 In einer der schönen Seele ist es also, wo Sinnlichkeit und Vernunft, Pflicht und Neigung harmonieren und Grazie ist ihr Ausdruck in der Erscheinung. […]
Von der Sanftmut des Herzens wird der Mund eine Grazie erhalten, die keine Verstellung erkünsteln kann.
25 Keine Spannung wird in den Mienen, kein Zwang in den willkürlichen Bewegungen zu bemerken sein, denn die Seele weiß von keinem. *(1793)*

Material 2

Johann Wolfgang von Goethe (1749 – 1832)
Iphigenie auf Tauris (Auszüge)

Iphigenie, Tochter des Agamemnon, lebt nach ihrer Errettung vom Opfertod durch die Göttin Diana als deren Priesterin auf der Insel Tauris. Dort ist es ihr gelungen, das Vertrauen von Thoas, dem Herrscher der Insel, zu gewinnen. Sie hat ihn davon überzeugt, einen alten, barbarischen Brauch nicht mehr auszuüben, nämlich jeden auf der Insel ankommenden Fremden der Göttin Diana zu opfern.
Thoas, der Frau und Sohn verloren hat, hält um Iphigenies Hand an. Iphigenie aber will nicht seine Frau werden, da sie weiß, dass sie dann nicht mehr in ihre Heimat und zu ihrer Familie zurückkehren kann. Auf ihre Weigerung hin befiehlt Thoas im Zorn, die Menschenopfer wieder einzuführen. Iphigenie soll das Opfer gleich an zwei Griechen vollziehen, die auf der Insel festgenommen worden sind.
Im Gespräch Iphigenies mit den beiden Griechen wird enthüllt, dass es sich bei ihnen um ihren Bruder Orest und ihren Cousin Pylades handelt. Orest berichtet ihr vom Ende des Trojanischen Krieges und davon, dass er ihrer beider Mutter Klytämnestra und deren Geliebten Ägisth ermordet hat – als Rache für deren Mord an Agamemnon, dem Vater. Seitdem fühlt er sich von Furien, den Rachegöttinnen, verfolgt. Ein Orakelspruch des Gottes Apoll – in der Mythologie der Bruder der Göttin Diana – hat ihm Rettung versprochen, wenn er „die Schwester" von Tauris nach Griechenland bringt. Orest und Pylades verstehen den Orakelspruch dahingehend, dass sie das Bild der Göttin Diana nach Griechenland bringen sollen. Pylades schmiedet einen Fluchtplan, bei dem Iphigenie eine zentrale Rolle spielen soll, indem sie Thoas belügt. Von schweren Gewissensnöten geplagt, entschließt sich Iphigenie jedoch, Thoas den Betrug zu entdecken, auch auf die Gefahr hin, ihr eigenes und das Leben ihres Bruders und ihres Cousins zu gefährden. Ihr gelingt es aber, Thoas davon zu überzeugen, dass sie mit Orest und Pylades in Frieden die Insel verlassen darf. Das Schauspiel endet mit Thoas' Worten: „Lebt wohl!"

Material 3

Johann Wolfgang von Goethe (1749 – 1832)
Iphigenie auf Tauris (4. Aufzug, 4. Auftritt)

Pylades.
[…] Drum lass uns eilen, führe mich zum Tempel,
Lass mich das Heiligtum betreten, lass
Mich unsrer Wünsche Ziel verehrend fassen!
5 Ich bin allein genug, der Göttin Bild
Auf wohlgeübten Schultern wegzutragen:
Wie sehn ich mich nach der erwünschten Last!
Er geht gegen den Tempel unter den letzten Worten, ohne
zu bemerken, dass Iphigenie nicht folgt; endlich kehrt er
10 *sich um.*
Du stehst und zauderst – Sage mir – du schweigst!
Du scheinst verworren! Widersetzet sich
Ein neues Unheil unserm Glück? Sag an!
Hast du dem Könige das kluge Wort
15 Vermelden lassen, das wir abgeredet?
Iphigenie.
[…] Des Königs Bote kam, und wie du es
Mir in den Mund gelegt, so sagt ich's ihm.
Er schien zu staunen und verlangte dringend,

20 Die seltne Feier erst dem Könige
Zu melden, seinen Willen zu vernehmen;
Und nun erwart ich seine Wiederkehr.
Pylades.
Weh uns! Erneuert schwebt nun die Gefahr
25 Um unsre Schläfe! Warum hast du nicht
Ins Priesterrecht dich weislich eingehüllt?
Iphigenie.
Als eine Hülle hab ich's nie gebraucht.
Pylades.
30 So wirst du, reine Seele, dich und uns
Zugrunde richten. Warum dacht ich nicht
Auf diesen Fall voraus und lehrte dich
Auch dieser Fordrung auszuweichen!
Iphigenie.
35 [...] Doch konnt ich anders nicht dem Mann begegnen,
Der mit Vernunft und Ernst von mir verlangte,
Was ihm mein Herz als Recht gestehen musste.
Pylades.
Gefährlicher zieht sich's zusammen; doch auch so
20 Lass uns nicht zagen oder unbesonnen
Und übereilt uns selbst verraten. Ruhig
Erwarte du die Wiederkunft des Boten,
Und dann steh fest, er bringe, was er will:
Denn solcher Weihung Feier anzuordnen
25 Gehört der Priesterin und nicht dem König.
Und fordert er, den fremden Mann zu sehn,
Der von dem Wahnsinn schwer belastet ist,
So lehn es ab, als hieltest du uns beide
Im Tempel wohlverwahrt. So schaff uns Luft,
30 Dass wir aufs eiligste, den heil'gen Schatz
Dem rauh unwürd'gen Volk entwendend, fliehn. [...]
Was sinnest du? Auf einmal überschwebt
Ein stiller Trauerzug die freie Stirne.
Iphigenie.
35 Verzeih! Wie leichte Wolken vor der Sonne,
So zieht mir vor der Seele leichte Sorge
Und Bangigkeit vorüber.
Pylades.
Fürchte nicht!
40 Betrüglich schloss die Furcht mit der Gefahr
Ein enges Bündnis: beide sind Gesellen.
Iphigenie.
Die Sorge nenn ich edel, die mich warnt,
Den König, der mein zweiter Vater ward,
45 Nicht tückisch zu betrügen, zu berauben.
Pylades.
Der deinen Bruder schlachtet, dem entfliehst du.

Iphigenie.
Es ist derselbe, der mir Gutes tat.
50 **Pylades.**
Das ist nicht Undank, was die Not gebeut[1].
Iphigenie.
Es bleibt wohl Undank; nur die Not entschuldigt.
Pylades.
55 Vor Göttern und vor Menschen dich gewiss.
Iphigenie.
Allein mein eigen Herz ist nicht befriedigt.
Pylades.
Zu strenge Fordrung ist verborgner Stolz.
60 **Iphigenie.**
Ich untersuche nicht, ich fühle nur.
Pylades.
Fühlst du dich recht, so musst du dich verehren.
Iphigenie.
65 Ganz unbefleckt genießt sich nur das Herz.
Pylades.
So hast du dich im Tempel wohl bewahrt;
Das Leben lehrt uns, weniger mit uns
Und andern strenge sein; du lernst es auch.
70 So wunderbar ist dies Geschlecht gebildet,
So vielfach ist's verschlungen und verknüpft,
Dass keiner in sich selbst noch mit den andern
Sich rein und unverworren halten kann. [...]
Iphigenie.
75 Fast überredst du mich zu deiner Meinung.
Pylades.
Braucht's Überredung, wo die Wahl versagt ist?
Den Bruder, dich und einen Freund zu retten,
Ist nur ein Weg, fragt sich's, ob wir ihn gehn?
80 **Iphigenie.**
O lass mich zaudern! denn du tätest selbst
Ein solches Unrecht keinem Mann gelassen,
Dem du für Wohltat dich verpflichtet hieltest. [...]
O trüg ich doch ein männlich Herz in mir,
85 Das, wenn es einen kühnen Vorsatz hegt,
Vor jeder andern Stimme sich verschließt!
Pylades.
Du weigerst dich umsonst; die ehrne[2] Hand
Der Not gebietet, und ihr ernster Wink
90 Ist oberstes Gesetz, dem Götter selbst
Sich unterwerfen müssen. Schweigend herrscht
Des ew'gen Schicksals unberatne Schwester.
Was sie dir auferlegt, das trage: tu,
Was sie gebeut. Das andre weißt du. Bald
95 Komm ich zurück, aus deiner heil'gen Hand
Der Rettung schönes Siegel zu empfangen.

---

[1] **gebeut:** gebietet – [2] **ehrne:** eiserne, feste

Aufklärung (1720 – 1800)
Sturm und Drang (1765 – 1785)

Klassik (1786 – 1805)

Romantik (1795 – 1848)

Geistige Tendenzen und leitende Ideen

– Abkehr von den Idealen der Sturm-und-Drang-Zeit
– Mäßigung, Harmonie von Verstand und Gefühl, Ausbildung der ganzen Persönlichkeit
– Humanität
– Schönheit entsteht durch Orientierung an Ordnung und Maß
– Kunst soll erzieherisch auf den Menschen wirken: Veredlung seines Charakters (Idealismus)

Themen und Motive

– historische und mythologische Gestalten (Iphigenie, Wallenstein, Maria Stuart)
– persönliche Entwicklung des Menschen
– Liebe
– moralisches Handeln

Zeitgeschichtliche Hintergründe

– Französische Revolution: Bejahung der grundsätzlichen Ziele, aber Ablehnung des revolutionären Weges

Zeitalter der Weimarer Klassik

– harmonische Einheit des Guten, Wahren und Schönen
– ästhetische Erziehung zur Humanität

Autoren und Werke

– Goethe: Gedichte; Dramen: Iphigenie auf Tauris; Romane: Wilhelm Meisters Lehrjahre, Die Wahlverwandtschaften, Hermann und Dorothea
– Schiller: Briefe zur ästhetischen Erziehung des Menschen; Gedichte; Dramen: Maria Stuart, Wallenstein, Wilhelm Tell

Literarische Formen

– Gedichte
– Dramen
– Roman/Epos

Aufklärung (1720 – 1800)
Sturm und Drang (1765 – 1785)

Klassik (1786 – 1805)

Romantik (1795 – 1848)

„Nach Innen geht der geheimnisvolle Weg" – Die Epoche der Romantik verstehen

Der Begriff des Romantischen begegnet uns heutzutage in den unterschiedlichsten Zusammenhängen. Ob in Zeitungen oder im Internet, in Literatur, Film oder in der Fernsehwerbung – nahezu überall nutzen wir den Begriff des Romantischen. Romantische Filme füllen in regelmäßigen Abständen die Kinosäle. Trotz aller Vorzüge des modernen, hoch technisierten Alltags im Internetzeitalter empfinden viele Menschen ihr Leben als unvollständig und nicht zufriedenstellend.

Diesen Mangel im modernen Leben, das Leiden an Eindimensionalität, Oberflächlichkeit und fehlendem tieferen Sinn beschreibt eine Geisteshaltung, die ihren Ursprung in Europa in der Literatur und der Bildenden Kunst um 1800 hat und bis heute anhält. Auch deshalb ist es sinnvoll, sich mit den Ursprüngen der Zivilisations- und Gesellschaftskritik der Epoche der Romantik auseinanderzusetzen.

Diese Einheit gibt einen Überblick über die bis heute wirksamen und geläufigen Motive Natur, Sehnsucht, Reisen/Wandern, Nacht, Traum und Wahnsinn, die in dieser Epoche von besonderer Bedeutung sind, und befragt sie auf ihre Funktionalität und Aktualität.

1. Notieren Sie alles, was Ihnen zum Begriff „Romantik" einfällt.
   - Verarbeiten Sie diese spontanen Assoziationen weiter, indem Sie einen der folgenden Vorschläge nutzen:
   - Ordnen Sie Ihre Notizen, indem Sie Oberbegriffe finden.
   - Erstellen Sie eine Mindmap aus Ihrer Sammlung,
   - Verfassen Sie ein romantisches Gedicht auf der Grundlage Ihrer Assoziationen.
   - Versuchen Sie eine erste Definition, was Romantik ist.

2. Stellen Sie sich Ihre Ergebnisse in Gruppen gegenseitig vor.
   Formulieren Sie gemeinsam ein Fazit.

3. Das Gemälde von Caspar David Friedrich gilt als ein zentrales Werk der romantischen Malerei. Beschreiben Sie das Bild genau.

4. Vergleichen Sie Ihre Ergebnisse aus Aufgabe 2 mit diesem Gemälde. Was scheint das typisch Romantische an diesem Bild zu sein?

5. Betrachten Sie die anderen Abbildungen. Benennen Sie offensichtliche Gemeinsamkeiten mit Blick auf die Motive, aber auch mit Blick auf Ihre eigenen Assoziationen.

6. Seit über 200 Jahren sind die Begriffe „Romantik" bzw. „das Romantische" auch im alltäglichen Sprachgebrauch präsent (vgl. die Vorbemerkungen auf S. 162). Finden Sie im Gespräch Erklärungen hierfür.

Caspar David Friedrich: Wanderer über dem Nebel-meer (1818)

Venedig, aufgehende Sonne

Caspar David Friedrich: Ruine Eldena (um 1825)

William Turner: Der St. Gotthard-Pass (um 1803/04)

„Schläft ein Lied in allen Dingen" – Eine Zeitstimmung erfassen

Die beiden folgenden Texte kann man mit gutem Recht als poetische Manifeste der Romantik bezeichnen. Indem Sie sich beiden eher intuitiv nähern, sollen Sie einen ersten Eindruck von der Lyrik der Epoche erhalten. Bei der intensiveren Beschäftigung mit weiteren Werken der Epoche können Sie dann mehrfach sinnvolle Rückverbindungen zu dem hier vorgestellten zentralen Gedanken der Romantik ziehen und auf diese Weise Vernetzungen herstellen.

Novalis (1772 – 1801)
Wenn nicht mehr Zahlen und Figuren

Wenn nicht mehr Zahlen und Figuren
Sind Schlüssel aller Kreaturen,
Wenn die, so singen oder küssen,
Mehr als die Tiefgelehrten wissen,
5 Wenn sich die Welt ins freie Leben
Und in die Welt wird zurückbegeben,
Wenn dann sich wieder Licht und Schatten
Zu echter Klarheit wieder gatten,
Und man in Märchen und Gedichten
10 Erkennt die wahren Weltgeschichten,
Dann fliegt vor einem geheimen Wort
Das ganze verkehrte Wesen fort.

(1800)

➜ Zur Biografie von Novalis s. S. 196.

1. Gestalten Sie einen Vortrag des Gedichtes von Novalis, welche die „Wenn … dann"-Struktur herausarbeitet.

2. Interpretieren Sie das Gedicht, indem Sie auf Syntax, Modus und Wortwahl eingehen. Formulieren Sie zunächst eine Deutungshypothese.
➜ Ein Gedicht interpretieren, S. 457 ff.

3. In Eichendorffs Gedicht „Wünschelrute" ist von einem schlafenden „Lied in allen Dingen" die Rede. Analysieren Sie, was beim Erwachen des Liedes geschieht und wer dieses Lied zum Singen bringen kann.

Joseph von Eichendorff (1788 – 1857)
Wünschelrute

Schläft ein Lied in allen Dingen,
Die da träumen fort und fort,
Und die Welt hebt an zu singen,
Triffst du nur das Zauberwort.

(1835)

➜ Zur Biografie Eichendorffs s. S. 181.

4. Arbeiten Sie Gemeinsamkeiten der beiden Gedichte von Novalis und Eichendorff heraus und diskutieren Sie die darin entworfene Utopie.

Friedrich Schlegel (1772 – 1829)
Gespräch über die Poesie (Auszug)

Denn das ist der Anfang aller Poesie, den Gang und die Gesetze der vernünftig denkenden Vernunft aufzuheben und uns wieder in die schöne Verwirrung der Fantasie, in das ursprüngliche Chaos der menschlichen
5 Natur zu versetzen.   *(1799)*

5. Erklären Sie in eigenen Worten, was nach Schlegel die Aufgabe der „Poesie", also der Literatur ist. Sprechen Sie darüber, ob Sie ähnliche Erwartungen an fiktionale Texte (Romane, Gedichte, Filme) haben.

Fesselballon von Giffard, 1878

1. Begeben Sie sich auf eine Fantasiereise mit einem „Luftschiff" Ihrer Wahl. Achten Sie auf Ihre Empfindungen während der Fahrt und bei der Landung. Visualisieren Sie Ihre Fantasiereise in Form einer Wort-Bild-Collage. Verwenden Sie auch ein Foto von Ihnen selbst.

Das Leben der jungen Adeligen Karoline von Günderrode, geboren am 11. Februar 1780, wurden durch den frühen Tod des Vaters im Jahr 1797 stark beeinflusst. Vom 17. Lebensjahr an lebte sie in einem evangelischen Damenstift in Frankfurt a. M. Mit der Mutter führte sie einen Rechtsstreit um ihr väterliches Erbe, der zum Zeitpunkt ihres Todes noch nicht abgeschlossen war. Eine produktive Freundschaft verband sie unter anderem mit Clemens Brentano. Karoline von Günderrode verfasste neben Lyrik und Prosa vor allem Dramen, in denen sie mit den Entwürfen weiblicher Heldinnen die gesellschaftlichen Normvorstellungen überschritt. Mit dem verheirateten Mythenforscher und Heidelberger Professor Friedrich Creuzer hatte sie eine kurze Liebesbeziehung, die jäh mit der Aufkündigung durch Creuzer, sich den gesellschaftlichen Zwängen beugend, endete. Karoline von Günderrodes nahm sich am 26. September 1806 unmittelbar nach der angekündigten Trennung das Leben.

Karoline von Günderrode (1780 – 1806)
Der Luftschiffer

Gefahren bin ich in schwankendem Kahne
Auf dem blaulichen Ozeane,
Der die leuchtenden Sterne umfließt,
Habe die himmlischen Mächte begrüßt.
5 War in ihrer Betrachtung versunken,
Habe den ewigen Äther getrunken,
Habe dem Irdischen mich ganz entwandt,
Droben die Schriften der Sterne erkannt
Und in ihrem Kreisen und Drehen
10 Bildlich den heiligen Rhythmus gesehen,
Der gewaltig auch jeglichen Klang,
Reißt zu des Wohllauts wogendem Drang.
Aber ach! Es ziehet mich hernieder,
Nebel überschleiert meinen Blick,
15 Und der Erde Grenzen seh ich wieder,
Wolken treiben mich zurück.
Wehe! Das Gesetz der Schwere
Es behauptet nur sein Recht,
Keiner darf sich ihm entziehen
20 Von dem irdischen Geschlecht.

(um 1805)

2. Beschreiben Sie die Erfahrungen des lyrischen Ichs als „Luftschiffer" und formulieren Sie eine Deutungshypothese, die die Grundstimmung erfasst.

3. Interpretieren Sie das Gedicht, indem Sie die beschriebenen Gegensätze herausarbeiten.
➔ Ein Gedicht interpretieren, S. 457 ff.

3. Vergleichen Sie Ihre Deutungen des Gedichts und setzen Sie sie auch in Bezug zu Ihrer eigenen, heutigen Fantasiereise (vgl. Aufgabe 1).

4. Recherchieren Sie politische, wirtschaftliche und wissenschaftliche Entwicklungen der Umbruchzeit um 1800. Skizzieren Sie Ihre Befunde und erweitern Sie Ihre Deutungen vor diesem historischen Hintergrund.

5. Stellen Sie Bezüge der Gedichte von Novalis, Eichendorff und Günderrode zur Gegenwart her. Beziehen Sie Ihre Befunde der Einstiegsüberlegungen (S. 177) ein.

Frische Fahrt –
Vom Reisen und Wandern in der Romantik

Johann Ludwig Wilhelm Müller wurde 1794 in Dessau geboren. Der Vater des bekannten Sprachforschers Friedrich Max Müller war ein in der deutschen Romantik berühmter Dichter häufig gesellschaftskritischer deutscher Volkslieder. Sein heutiger Nachruhm resultiert im Wesentlichen aus seinen Gedichtbänden „Die schöne Müllerin" und „Winterreise", die von Franz Schubert vertont wurden und zu den in dieser Form wohl bekanntesten Liederzyklen überhaupt zählen. Müller selbst hat von diesen Vertonungen nie etwas erfahren, der junge Hofrat starb bereits 1827 im Alter von 32 Jahren.

Wilhelm Müller (1794 – 1827)
Das Wandern ist des Müllers Lust (Musik: Carl Friedrich Zöllner, 1844)

Vom Wasser haben wir's gelernt,
vom Wasser haben wir's gelernt,
vom Wasser.
Das hat nicht Ruh' bei Tag und Nacht
5 ist stets auf Wanderschaft bedacht,
ist stets auf Wanderschaft bedacht,
das Wasser,
das Wasser, das Wasser, das Wasser.

Das seh'n wir auch den Rädern ab,
10 Das sehn wir auch den Rädern ab,
den Rädern.
Die gar nicht gerne stille steh'n
und sich bei Tag nicht müde dreh'n,
und sich bei Tag nicht müde dreh'n,
15 die Räder,
die Räder, die Räder, die Räder.

(1818)

1. Das bekannte Lied „Das Wandern ist des Müllers Lust" ist bis heute eines der wohl beliebtesten Wanderlieder. Singen Sie es gemeinsam und hören Sie sich eine Vertonung an. Beantworten Sie folgende Fragen: Welche Stimmung entsteht durch die Vertonung Zöllners? Inwiefern eignet es sich gut zum Wandern?

2. Arbeiten Sie heraus, wie es dem Müllergesellen geht, wonach er sich sehnt und welche Gründe es für seinen Gemütszustand gibt.

3. Recherchieren Sie, woher die Tradition stammt, dass Gesellen wandern müssen.

4. Die Wander-, Trekking- und Bergsteigindustrie setzt Milliardenbeträge um. Erörtern Sie Gründe für die anhaltende Beliebtheit des Wanderns im 21. Jahrhundert.

Joseph von Eichendorff wurde 1788 auf Schloss Lubowitz in Oberschlesien als Sohn eines preußischen Offiziers geboren, seine Mutter entstammte einer schlesischen Adelsfamilie; er starb 1857 in Neiße bei Berlin. Der Dichter studierte Jura und Geisteswissenschaften in Halle, er hörte Vorlesungen des deutschen Philosophen Fichte und hatte Kontakt mit zahlreichen romantischen Autoren wie Brentano, Kleist und Arnim. Der Dichter machte Karriere im preußischen Staatsdienst als Schul- und Regierungsrat. Viele seiner Gedichte über Liebe und Natur zeichnen sich durch einen volksliedartigen Ton aus.

Joseph von Eichendorff (1788 – 1857)
Aus dem Leben eines Taugenichts (Erstes Kapitel)

Die berühmte Novelle Eichendorffs erzählt die Geschichte eines jungen Mannes, der den Ansprüchen seines Vaters nicht genügt und hinaus in die Welt zieht. Eine „besonders schöne Dame", die er auf seinem nur scheinbar ziellosen Weg trifft, wird zur Gegenspielerin des Mannes. Die sich anschließende „Weltreise" erzählt vom Zusammentreffen, dem Einander-Verlieren und Sich-wieder-Finden der beiden und kann auch als innere Reise durch eine Seelenlandschaft verstanden werden.

Das Rad an meines Vaters Mühle brauste und rauschte schon wieder recht lustig, der Schnee tröpfelte emsig vom Dache, die Sperlinge zwitscherten und tummelten sich dazwischen; ich saß auf der Türschwelle und
5 wischte mir den Schlaf aus den Augen; mir war so recht

Federlithografie von Adolf Schroedter, 1842

wohl in dem warmen Sonnenscheine. Da trat der Vater aus dem Hause; er hatte schon seit Tagesanbruch in der Mühle rumort und die Schlafmütze schief auf dem Kopfe, der sagte zu mir: „Du Taugenichts! da sonnst du dich schon wieder und dehnst und reckst dir die Knochen 10 müde und lässt mich alle Arbeit allein tun.

Ich kann dich hier nicht länger füttern. Der Frühling ist vor der Tür, geh auch einmal hinaus in die Welt und erwirb dir selber dein Brot." – „Nun", sagte ich, „wenn ich ein Taugenichts bin, so ists gut, so will ich in die 15 Welt gehen und mein Glück machen." Und eigentlich war mir das recht lieb, denn es war mir kurz vorher selber eingefallen, auf Reisen zu gehen, da ich die Goldammer, welche im Herbst und Winter immer betrübt an unserm Fenster sang: „Bauer, miet mich, Bauer, miet 20 mich!" nun in der schönen Frühlingszeit wieder ganz stolz und lustig vom Baume rufen hörte: „Bauer, behalt deinen Dienst!"

Ich ging also in das Haus hinein und holte meine Geige, die ich recht artig spielte, von der Wand, mein Vater gab 25 mir noch einige Groschen Geld mit auf den Weg, und so schlenderte ich durch das lange Dorf hinaus. Ich hatte recht meine heimliche Freude, als ich da alle meine alten Bekannten und Kameraden rechts und links, wie gestern und vorgestern und immerdar, zur Arbeit hi- 30 nausziehen, graben und pflügen sah, während ich so in die freie Welt hinausstrich. Ich rief den armen Leuten nach allen Seiten stolz und zufrieden Adjes zu, aber es kümmerte sich eben keiner sehr darum. Mir war es wie ein ewiger Sonntag im Gemüte. Und als ich endlich ins 35 freie Feld hinauskam, da nahm ich meine liebe Geige vor und spielte und sang, auf der Landstraße fortgehend:

> Wem Gott will rechte Gunst erweisen,
> Den schickt er in die weite Welt,
> Dem will er seine Wunder weisen 40
> In Berg und Wald und Strom und Feld. [...]

Indem, wie ich mich so umsehe, kömmt ein köstlicher Reisewagen ganz nahe an mich heran, der mochte
45 wohl schon einige Zeit hinter mir drein gefahren sein, ohne dass ich es merkte, weil mein Herz so voller Klang war, denn es ging ganz langsam, und zwei vornehme Damen steckten die Köpfe aus dem Wagen und hörten mir zu. Die eine war besonders schön und jün-
50 ger als die andere, aber eigentlich gefielen sie mir alle beide. Als ich nun aufhörte zu singen, ließ die Ältere stillhalten und redete mich holdselig an: „Ei, lustiger Gesell, Er weiß ja recht hübsche Lieder zu singen." Ich nicht zu faul dagegen: „Euer Gnaden aufzuwarten,
55 wüsst ich noch viel schönere." Darauf fragte sie mich wieder: „Wohin wandert Er denn schon so am frühen Morgen?" Da schämte ich mich, dass ich das selber nicht wusste, und sagte dreist: „Nach Wien"; nun sprachen beide miteinander in einer fremden Sprache, die
60 ich nicht verstand. Die Jüngere schüttelte einige Male mit dem Kopfe, die andere lachte aber in einem fort und rief mir endlich zu: „Spring Er nur hinten mit auf, wir fahren auch nach Wien." Wer war froher als ich! Ich machte eine Reverenz und war mit einem Sprunge
65 hinter dem Wagen, der Kutscher knallte, und wir flo-

gen über die glänzende Straße fort, dass mir der Wind am Hute pfiff.

Hinter mir gingen nun Dorf, Gärten und Kirchtürme unter, vor mir neue Dörfer, Schlösser und Berge auf, unter mir Saaten, Büsche und Wiesen bunt vorüberflie- 70
gend, über mir unzählige Lerchen in der klaren blauen Luft – ich schämte mich, laut zu schreien, aber innerlichst jauchzte ich und strampelte und tanzte auf dem Wagentritt herum, dass ich bald meine Geige verloren hätte, die ich unterm Arme hielt. Wie aber denn die 75
Sonne immer höher stieg, rings am Horizont schwere weiße Mittagswolken aufstiegen und alles in der Luft und auf der weiten Fläche so leer und schwül und still wurde über den leise wogenden Kornfeldern, da fiel mir erst wieder mein Dorf ein und mein Vater und unsere 80
Mühle, wie es da so heimlich kühl war an dem schattigen Weiher, und dass nun alles so weit, weit hinter mir lag. Mir war dabei so kurios zumute, als müsst ich wieder umkehren; ich steckte meine Geige zwischen Rock und Weste, setzte mich voller Gedanken auf den Wa- 85
gentritt hin und schlief ein. [...]

(1826)

1. Beschreiben Sie Ihren Eindruck vom Taugenichts. Finden Sie ihn sympathisch? Begründen und diskutieren Sie Ihre Befunde.

2. Erklären Sie die Reaktion des Taugenichts auf den „Rauswurf" durch seinen Vater. Berücksichtigen Sie dabei die Bedeutung des Wanderns in der Natur für den Taugenichts.

3. Stellen Sie den Taugenichts einer Person vor, die diesen nicht kennt. Beziehen Sie dabei die Informationen des Textes zu seinem Äußeren, aber auch zu seiner Einstellung zu Arbeit, Fleiß und Anforderungen des Alltags ein.

4. Entwerfen Sie ein Szenario, wie es mit dem Taugenichts weitergeht. Überprüfen Sie Ihren hypothetischen Verlauf, indem Sie die Novelle Eichendorffs lesen.

5. Vergleichen Sie Ihre eigenen Reiseerfahrungen mit den folgenden Aussagen von Aurel Schmidt. Stimmen Sie ihm zu? Begründen Sie Ihre Einschätzung.

   „Jeder Aufbruch ist ein schmerzliches Losreißen aus vertrauten Umständen, ein Ablegen der eingefahrenen Verhaltensweisen, eine Entkonditionierung – auch eine Entcodierung. Man muss den Schlafrock der Gewohnheiten und die gemütlichen Pantoffel ausziehen, das Gepäck schnüren, Abschied nehmen. Insofern ist der Aufbruch eine Art, sich preiszugeben und auszusetzen, die mit einer Verletzbarkeit verbunden ist. Die Reiseliteratur gibt genügend Aufschluss darüber, dass jede Reise mit einer Krise verbunden ist."
   (Aurel Schmidt)

6. Treffen die Überlegungen Aurel Schmidts zur Bedeutung des Reisens auch auf den Taugenichts zu? Begründen Sie Ihre Auffassung.

Information

Die politisch-geografische Situation Deutschlands im 19. Jahrhundert

Die politisch-geografische Situation Deutschlands stellt sich zu Beginn des 19. Jahrhunderts so dar, dass man von einer gesamten deutschen Nation gar nicht sprechen kann. Die **Zersplitterung in Kleinstaaten** macht die Welt für die Menschen klein und das Reisen kompliziert, Zölle erschweren den Handel und den Austausch untereinander, auf der Karte entsteht das Bild eines Flickenteppichs. Und dies in einer Zeit, in der infolge des Zeitalters der Aufklärung und des Rationalismus die **Freiheit des Einzelnen**, Menschenrechte wie Gleichheit und Demokratie (Französische Revolution 1789) wachsende Zustimmung erfuhren. Analog zur Zunahme von ökonomischen Freiheitsrechten wird das Bürgertum zunehmend selbstbewusst. Weil die deutschen Einzelstaaten jedoch politisch weiten Teilen Europas hinterherhinken – man spricht auch von Deutschland als „verspäteter Nation" –, kommt es zu **inneren Widersprüchen**. Auf der einen Seite steht der Wunsch der Menschen nach Freiheit, Einheit und Selbstbestimmung, das Bedürfnis nach Entgrenzung, im Sinne einer Aufhebung der Territorialgrenzen, auf der anderen Seite wird im Zuge der Restauration (Wiener Kongress 1815) die Uhr zurückgedreht. Während die Folgen der industriellen Revolution ähnlich wie in England auch Kontinentaleuropa treffen und das Leben der Menschen nachhaltig verändern, scheitert die notwendige Anpassung im Politischen: Der erste Versuch einer deutschen Revolution mit dem Ziel der Realisierung von Freiheit, Einheit, Liberalismus und Menschenrechten misslingt 1848/49.

7. Welchen Zusammenhang kann man zwischen den politischen Landesgrenzen bzw. der deutschen Kleinstaaterei im 19. Jahrhundert auf der einen sowie dem Aufkommen des Reisemotivs in der Literatur auf der anderen Seite herstellen? Erläutern Sie dabei, welche Funktion ein Lied wie „Das Wandern ist des Müllers Lust" vor dem Hintergrund der politisch-geografischen Situation gehabt haben könnte.

Clemens Brentano (1778 – 1842)
Der Philister (Auszug)

Wenn der Philister morgens aus seinem traumlosen Schlafe wie ein ertrunkener Leichnam aus dem Wasser herauftaucht, so probiert er sachte mit sei-
5 nen Gliedmaßen herum, ob sie auch noch alle zugegen; hierauf bleibt er ruhig liegen, und dem anpochenden Bringer des Morgenblattes ruft er zu, er solle es in der Küche abgeben, denn er liege jetzt im ersten Schweiße
10 und könne, ohne ein Wagehals zu sein, nicht aufstehen; sodann denkt er daran, der Welt nützlich zu sein, und weil er fest überzeugt ist, dass der nüchterne Speichel etwas sehr
15 Heilkräftiges sei, so bestreicht er sich die Augen damit, oder der Frau Philisterin, oder seinen kleinen Philistern, oder seinem wachsamen Hund. Seine weiße,
20 baumwollene Schlafmütze, zu welchen diese Ungeheuer große

Der ewige Philister.

Liebe tragen, sitzt unverrückt, denn ein Philister rührt sich nicht im Schlaf. Wenn er aufgestanden, geht es an ein gewaltiges Zungenschaben und 25 Ohrenbohren, an ein Räuspern und Spucken, entsetzliches Gurgeln und irgendeine absonderliche Art sich zu waschen, nach einer fixen Idee, kalt oder warm sei gesund; sodann kaut 30 er einige Wacholderbeeren, während er an das gelbe Fieber denkt; oder er hält seinen Kindern eine Abhandlung vom Gebet und sagt, wenn er sie zur Schule geschickt, 35 zu seiner Frau: „Man muss den äußern Schein beobachten, das erhält einem den Kredit." Sodann raucht er Tabak, wozu er die höchste Leidenschaft hat, oder 40 welches er übertrieben affektiert hasst. Zweifelsohne zieht der Philis-

ter nun auch alle Uhren des Hauses auf und schreibt
45 das Datum mit Kreide über die Türe; trinkt er Kaffee, so
würde es ihn sehr kränken, wenn seine Frau ihm nicht
ein halbdutzendmal sagte: „Trinke doch, er ist so schön
warm; trink doch, eh er kalt wird"-- usw.; wenn er ihm
aber nicht warm gebracht wurde, wehe dann der armen
50 Frau! Seine Kaffeekanne ist von Steingut, und ist er ein
langsamer Trinker, so hat sie ein ordentliches Kaffee-
mäntelchen um, wie ein anderer Philister auch, denen
diese braunen Kannen überhaupt sehr ähnlich sehen.
Doch ich will ihn seinen Tageslauf ad libitum[1] führen
55 lassen und der Philister Eigenschaften und Meinungen
gedrängt anführen.
Sie nennen die Natur was in ihren Gesichtskreis oder
vielmehr in ihr Gesichtsviereck fällt, denn sie begreifen
nur viereckige Sachen, alles andere ist widernatürlich
60 und Schwärmerei.   *(1811)*

➲ Zur Biografie Brentanos s. S. 188.

1. Fassen Sie den Text Brentanos zusammen, indem
   sie seine Hauptkritik am Philister herausarbeiten.
   Recherchieren Sie hierfür auch den Begriff „Spießbürger".

2. Vergleichen Sie diese Kritik an der Lebensweise der
   Philister mit der romantischen Weltsicht, die in den
   programmatischen Gedichten zu Beginn des
   Kapitels (S. 178 f.) deutlich wird.

3. Betrachten Sie die Karikatur „Der ewige Philister"
   und erläutern Sie die Accessoires des Philisters. Was
   bedeuten sie? Wozu braucht er sie? Inwiefern ist das
   typisch für ihn?

4. Prüfen Sie, inwiefern man den Anfang der Erzählung
   „Aus dem Leben eines Taugenichts" (S. 181 f.) auch
   als Kritik am Philister verstehen kann.

5. Stellen Sie sich vor, Novalis, der Autor des Gedichts
   „Wenn nicht mehr Zahlen und Figuren" (S. 178),
   schreibt einen Kommentar zum Taugenichts.
   Verfassen Sie diesen Kommentar.

6. Verfassen Sie einen essayistischen Text im Stile
   Brentanos zum Thema „Philister heutzutage". Sie
   können so beginnen: „Wenn der Philister morgens
   …"

➲ Einen Essay verfassen, S. 470 f.

Joseph von Eichendorff (1788 – 1857)
Frische Fahrt

Laue Luft kommt blau geflossen,
Frühling, Frühling soll es sein!
Waldwärts Hörnerklang geschossen,
Mut'ger Augen lichter Schein;
5 Und das Wirren bunt und bunter
Wird ein magisch wilder Fluss,
In die schöne Welt hinunter
Lockt dich dieses Stromes Gruß.

Und ich mag mich nicht bewahren!
10 Weit von euch treibt mich der Wind,
Auf dem Strome will ich fahren,
Von dem Glanze selig blind!
Tausend Stimmen lockend schlagen,
Hoch Aurora[2] flammend weht,
15 Fahre zu! ich mag nicht fragen,
Wo die Fahrt zu Ende geht.   *(1837)*

1. Erarbeiten Sie eine Lesung des Reiseliedes. Bringen
   Sie dabei seine Grundstimmung zum Klingen.

Caspar David Friedrich: Auf dem Segler (1818)

---

[1] **ad libitum:** ganz nach Belieben – [2] **Aurora:** (lat.: „Morgenröte") steht in der Mythologie für die römische Göttin der Morgenröte

2. Erläutern Sie, inwiefern die Natur in Eichendorffs Gedicht doppelgesichtig dargestellt wird. Formulieren Sie eine Deutungshypothese.

3. Analysieren Sie ausgewählte sprachliche Bilder und weitere sprachliche Besonderheiten aus dem Gedicht „Frische Fahrt" und erläutern Sie deren Wirkung. Arbeiten Sie mit der Tabelle.
➜ Rhetorische Figuren, s. S. 490 ff.

4. Verfassen Sie eine schriftliche Interpretation des Gedichts. Weisen Sie typisch romantische Motive nach, indem Sie die Schlüsselwörter „Begrenzung", „Entgrenzung" und „Reisen" sinnvoll in Ihren Text integrieren.
➜ Ein Gedicht interpretieren, s. S. 457 ff.

Formulierung	Sprachliche Gestaltung/ Besonderheit	Wirkung/Funktion
„Laue Luft ... blau geflossen" (V. 1)	Assonanz (gleich klingende, dunkle Vokale)	Verstärkung der harmonisch-idyllischen Naturbewegung
„Frühling, Frühling soll es sein!" (V. 2)	…	…
„Hörnerklang geschossen" (V. 3) sowie „Luft […] geflossen" (V. 1)	…	…
„bunt und bunter" (V. 5)	…	…
„waldwärts", „Wirren", „wilder" (V. 3, 5, 6)	…	…

Joseph von Eichendorff
(1788 – 1857)
Die zwei Gesellen

Es zogen zwei rüstge Gesellen
Zum ersten Mal von Haus,
So jubelnd recht in die hellen
Klingenden, singenden Wellen
5 Des vollen Frühlings hinaus.

Die strebten nach hohen Dingen,
Die wollten, trotz Lust und Schmerz,
Was Recht's in der Welt vollbringen,
Und wem sie vorübergingen,
10 Dem lachten Sinnen und Herz. –

Der Erste, der fand ein Liebchen,
Die Schwieger kauft' Hof und Haus;
Der wiegte gar bald ein Bübchen,
Und sah aus heimlichem Stübchen
15 Behaglich in's Feld hinaus.

Dem Zweiten sangen und logen
Die tausend Stimmen im Grund,
Verlockend' Sirenen[1], und zogen
Ihn in der buhlenden[2] Wogen
20 Farbig klingenden Schlund.

Und wie er auftaucht vom Schlunde
Da war er müde und alt,
Sein Schifflein das lag im Grunde,
So still war's rings in die Runde,
25 Und über die Wasser weht's kalt.

Es singen und klingen die Wellen
Des Frühlings wohl über mir;
Und seh ich so kecke Gesellen,
Die Tränen im Auge mir schwellen –
30 Ach Gott, führ' uns liebreich zu Dir!

(1818)

---

[1] **Sirene:** in der griech. Mythologie ein weibliches Fabelwesen (urspr. Mischwesen aus Frau und Vogel, später auch Frau und Fisch), das durch seinen betörenden Gesang vorbeifahrende Schiffer anlockt, um sie zu töten – [2] **buhlenden** hier: werbenden, lockenden

1. Setzen Sie sich nach dem ersten Lesen des Gedichts mit einem Lernpartner oder einer Lernpartnerin zusammen. „Halten" Sie nun bei erneuter Lektüre das Gedicht nach der dritten beziehungsweise fünften Strophe „an".
   - Einer von Ihnen schlüpft in die Haut des ersten beziehungsweise zweiten Gesellen, während der andere Mitschülerinnen und Mitschüler keine Rolle übernimmt.
   - Diskutieren Sie in einem Streitgespräch oder Interview die Lebensläufe und entwerfen Sie dafür entsprechende Dialoge.
   - Stellen Sie Ihre Dialoge im szenischen Spiel Ihrem Kurs vor. Begründen Sie, welcher der beiden Lebensentwürfe Ihnen eher zusagt.
   - In einer schriftlichen Auswertung können Sie Ihre Ergebnisse in Form einer Tabelle einander gegenüberstellen.

2. Arbeiten Sie heraus, wie die beiden Lebensläufe vom lyrischen Ich bewertet werden und formulieren Sie eine Deutungshypothese. Beachten Sie hierfür sowohl die fünfte und sechste Strophe, die das Ende des Abenteuers des zweiten Gesellen beschreiben, als auch die Verwendung der Verkleinerungsformen „Liebchen", „Bübchen" und „Stübchen".

3. Deuten Sie den emphatischen Ausruf im letzten Vers des Gedichts, indem Sie erläutern, warum Eichendorff das Personalpronomen in der 1. Person Plural wählt.

4. Vergleichen Sie die Einstellung des lyrischen Ichs zu Aufbruch, Lebenslust und Mut mit der Aussage in Eichendorffs Gedicht „Frische Fahrt". Erklären Sie die Unterschiede.

5. Deuten Sie den Zusammenhang bezüglich der alternativen Lebensentwürfe in Eichendorffs Gedichten mit Brentanos Philisterkritik (vgl. S. 185).

6. Denken Sie über Ihre eigene Lebensplanung nach in Bezug auf materielle Sicherheit und Risiken, die Sie bereit sind einzugehen. Formulieren Sie Ihre Haltung in einem kurzen Statement. Sie können Ihre Vorstellungen auch in Form eines Märchens erzählen.

Der mehrfach preisgekrönte US-amerikanische Schauspieler, Regisseur und Drehbuchautor Sean Penn wurde 1960 in Santa Monica (Kalifornien) geboren. 2004 wurde er für seine Darstellung in „Mystic River" erstmalig mit dem Oscar ausgezeichnet, 2008 bekam er erneut den begehrten Preis für seine Leistung in „Milk" und ist damit einer der wenigen lebenden Schauspieler, die mehrfach den Oscar erhielten.

Timotheus Schwake (geb. 1973)
Sean Penn – „Into the Wild"

„Into the Wild" ist ein US-amerikanischer Spielfilm (2007) von Sean Penn nach Vorlage einer Reportage von John Krakauer. Der Film beschreibt das Leben des 22-jährigen College-Studenten Christopher McCandless, der nach erfolgreichem Abschluss seines Studiums 5 die Erwartungen seiner wohlhabenden Familie aus einem reichen Vorort von Washington D. C. nicht erfüllt und – statt erfolgreich ins Berufsleben zu starten – im Sommer 1990 eine zweijährige Reise durch die USA antritt, die ihn schließlich in die Wildnis Alaskas führt. 10 Penns Protagonist sagt sich immer mehr von der zivilisierten, modernen Welt los, er verzichtet bewusst auf jeglichen materiellen Besitz und stellt sich auf seiner

Reise nach Fairbanks nahe dem nördlichen
15 Polarkreis bewusst den einfachen Herausforderungen des Lebens in der Wildnis. Mc-
Candless, dargestellt von Emile Hirsch, genießt im Prozess des letztlich ziellosen
Wanderns geradezu die Klarheit und Ur-
20 sprünglichkeit des Lebens im Einklang mit
der Natur, in der er – so seine Wahrnehmung
– ganz Mensch sein kann. In den Monaten
ohne mitmenschliche Nähe wird klar, dass
der moderne Mensch verlernt hat, die Natur
25 und damit auch sich selbst zu verstehen.
Deutlich wird dies z.B. an der Szene, in der
Chris nach der erfolgreichen Jagd eines
Elchs hektisch zu seinem Lager zurückrennt,
um sich beim Zerlegen des Tieres von sei-
30 nem Fachbuch helfen zu lassen – was dennoch oder gerade deshalb misslingt. Aus der
Perspektive des Helden, der am Ende – ge-
schwächt durch Hunger und den Verzehr giftiger Schoten – lieber in der glücklich machenden Einsamkeit der
35 Natur stirbt, als sich von seinen Mitmenschen helfen zu
lassen, formuliert der Film die spätestens seit Rousseau
bekannte Kritik am Gift der Zivilisation.

(2012)

1. Klären Sie die Motive, die den Filmhelden zu seiner
   zweijährigen Reise bringen. Nutzen Sie hierfür und
   für die nächste Aufgabe auch den Trailer, den Sie im
   Internet finden.

2. Arbeiten Sie heraus, welche Erfahrungen der
   College-Student McCandless macht und wie diese
   auf ihn wirken.

3. Könnte man den Film „Into the Wild" als „romantisch" bezeichnen? Nehmen Sie zur Frage begründet
   Stellung, indem Sie hierzu die Grundaussage des
   Films mit dem Motiv des Wanderns und Aufbrechens
   in der romantischen Literatur, z.B. im Vergleich mit
   Eichendorffs „Die zwei Gesellen" (S. 185)," vergleichen.

4. Aurel Schmidt unterscheidet im folgenden Text zwei
   Reisetypen. Beschreiben Sie diese und begründen
   Sie, welchem Reisetypus Sie Eichendorffs „Taugenichts" und Penns Filmhelden McCandless zuordnen würden.

4. Was Sie noch machen können:

Schauen Sie sich den Film an. Halten Sie besonders
eindrucksvolle Panoramaeinstellungen des Films an
(„Screenshot") und drucken Sie diese aus. Vergleichen Sie diese mit bekannten Motiven romantischer
Malerei. Beispiel: Die obige Einstellung, die den
Helden einsam in der Natur zeigt, kann mit Friedrichs Gemälde „Mönch am Meer" (S. 187) verglichen
werden. Aus diesem Vergleich könnte auch eine
längere eigenständige Arbeit entstehen.

„Wie das Fremdsein ist das Alleinsein eine unumstöß-
liche Kategorie des Reisens. Man reist allein, auf sich
gestellt, ohne Besitz, ohne Versicherung, mit leeren
Händen, nur mit dem Behälter, in dem die Erinnerun-
gen und Erfahrungen versorgt werden. Sie sind es, die
den Menschen zu dem machen, was er ist. Was ein
Mensch ist, kann er nur durch sich sein: durch den Akt
des Lebens und was er daraus macht. Um es nochmals
paradox zu sagen: Man reist, um sich zu finden – dann
entkommt man sich und seiner Begrenztheit und wird
zum Reisenden, zu jemandem, der sich verwandelt und
diese Verwandlung auf sich nimmt. Oder man reist, um
sich zu entkommen – dann findet man sich als Reisen-
der, Verwandlungskünstler, Akteur seines Lebens."

(Aurel Schmidt)

➔ Einen informierenden Text mithilfe von Materialien
verfassen, S. 472 ff.

„Es war, als hätt' der Himmel die Erde still geküsst" – Die Natur in der Romantik

Clemens Brentano wurde 1778 in Ehrenbreitstein bei Koblenz geboren, er starb 1842 in Aschaffenburg. Der berühmte Dichter gilt als typisch romantischer Autor, dessen Ungenügen, sich durch eine geregelte Erwerbsarbeit in das Bürgertum zu integrieren, sich in Form von Gesellschaftskritik und einer Wendung in die Vergangenheit in Form von Märchen und Liedern spiegelt.

  WES-127877-030

Clemens Brentano (1778 – 1842)
Sprich aus der Ferne

Sprich aus der Ferne
    Heimliche Welt,
    Die sich so gerne
    Zu mir gesellt.

5 Wenn das Abendrot niedergesunken,
Keine freudige Farbe mehr spricht,
Und die Kränze still leuchtender Funken
Die Nacht um die schattigte Stirne flicht:

    Wehet der Sterne
10   Heiliger Sinn
    Leis durch die Ferne
    Bis zu mir hin.

Wenn des Mondes still lindernde Tränen
Lösen der Nächte verborgenes Weh;
15 Dann wehet Friede. In goldenen Kähnen
Schiffen die Geister im himmlischen See.

    Glänzender Lieder
    Klingender Lauf
    Ringelt sich nieder,
20   Wallet hinauf.

Wenn der Mitternacht heiliges Grauen
Bang durch die dunklen Wälder hinschleicht,
Und die Büsche gar wundersam schauen,
alles sich finster tiefsinnig bezeugt:

25   Wandelt im Dunkeln
    Freundliches Spiel,
    Still Lichter funkeln
    Schimmerndes Ziel.

Alles ist freundlich wohlwollend verbunden,
30 Bietet sich tröstend und traurend die Hand,
Sind durch die Nächte die Lichter gewunden,
Alles ist ewig im Innern verwandt.

    Sprich aus der Ferne
    Heimliche Welt,
35   Die sich so gerne
    Zu mir gesellt.   *(1818)*

1. Bereiten Sie in Kleingruppen einen Vortrag des Gedichts vor, bei der die Struktur des Textes deutlich wird.

2. Sammeln und diskutieren Sie klangliche, formale und inhaltliche Besonderheiten, die Ihnen bei Ihrem Gedichtvortrag oder der angebotenen Lesung auffallen.

3. Im Roman „Doktor Faustus" des berühmten deutschen Dichters Thomas Mann (1875 – 1955) heißt es über „Sprich aus der Ferne":

„Gewiss ganz selten in der Literatur haben Wort und Klang einander gefunden und bestätigt wie hier. Es wendet Musik hier ihr Auge auf sich selbst und schaut ihr Wesen an. Dieses sich tröstend und trauernd Einander-die-Hand-Bieten der Töne, dieses verwandelnd-verwandt ineinander Verwoben- und Verschlungensein aller Dinge, – das ist sie (die Musik)."

Wo wird Sprache zur Musik? Erläutern Sie das Zitat mit Blick auf die Vokalgestaltung und Reime im Gedicht Brentanos.

Die Synästhesie in der Romantik

Die **Synästhesie** meint eine durch einen sprachlichen Ausdruck hervorgerufene Verschmelzung mehrerer Sinneseindrücke, z. B. „schreiendes Rot" oder „warmes Grün". Synästhesien besitzen für die Romantik einen besonderen Ausdruckswert: Die Nacht ist für sie der Zeitraum, in dem das Trennende, Sondernde des Lichts wegfällt und alle Wahrnehmungen und Empfindungen verschmelzen können. Damit realisiert sich aber in der Nacht symbolisch ein Stück der romantischen Weltauffassung: Die Romantiker glaubten an die **ursprüngliche Einheit alles Lebens**, an die Ungeschiedenheit von Subjekt und Objekt, von Geist und Materie, von Mensch, Tier und Pflanze. Die Wiederherstellung dieser ursprünglichen Einheit durch Aufhebung aller Trennungen war ihr letztes Ziel. In der Nacht, im Traum und im Unbewussten erlebten sie eine Vorwegnahme dieser Einheit. Synästhesien sind eine der poetischen Möglichkeiten zur Darstellung dieses Erlebens.

4. Stellen Sie eine Deutungshypothese für das Gedicht auf, indem Sie die Beziehung von Ferne und Nähe sowie das Verhältnis von Mensch und Natur deuten.

5. Beschreiben Sie die realen Naturerscheinungen in der zweiten, vierten und sechsten Strophe. Mit welchen sprachlichen Mitteln versucht Brentano, diese zu umschreiben? Achten Sie dabei auch auf Synästhesien (s. Informationen oben) und Personifikationen. Beschreiben Sie auch ihre Wirkung.

6. Interpretieren Sie das Gedicht. Achten Sie dabei auf das Verhältnis von Ich und Welt, auf die Beziehung von Nähe und Ferne sowie Mensch und Natur. Beziehen Sie die sprachlich-klangliche Gestaltung mit ein.
➜ Ein Gedicht interpretieren, S. 457 ff.

Clemens Brentano (1778 – 1842)
Abendständchen

Hör, es klagt die Flöte wieder,
Und die kühlen Brunnen rauschen,
Golden wehn die Töne nieder –
Stille, stille, lass uns lauschen!

5 Holdes Bitten, mild Verlangen,
Wie es süß zum Herzen spricht!
Durch die Nacht, die mich umfangen,
Blickt zu mir der Töne Licht.

(1802)

1. Untersuchen Sie die Rolle der Synästhesien in Brentanos Gedicht, indem Sie es mit „Sprich aus der Ferne" vergleichen. Welche neue Form sensitiver Naturerfahrung wird hier angestrebt?

2. Das Gedicht ist dem Singspiel „Die lustigen Musikanten" entnommen, in welchem sich ein Blinder und seine Tochter im Wechsel unterhalten. Welches Verspaar kann deutlich dem blinden Vater zugeordnet werden? Begründen Sie. Erschließen Sie daraus den Verlauf des Dialogs.

3. Vergleichen Sie die Wahrnehmungsweise des blinden Vaters mit der seiner Tochter. Inwiefern eignet sich die Figur des Blinden besonders gut, um Ideen einer romantischen Weltsicht deutlich zu machen?

4. Fassen Sie in einem kurzen Sachtext zusammen, wie sich das Verhältnis Mensch und Welt (Natur) in der Romantik darstellt.
➜ Einen informierenden Text mithilfe von Materialien verfassen, S. 472 ff.

WES-127877-031

Joseph von Eichendorff (1788 – 1857)
Mondnacht

Es war, als hätt' der Himmel
Die Erde still geküsst,
Dass sie im Blüten-Schimmer
Von ihm nun träumen müsst'.

5 Die Luft ging durch die Felder,
Die Ähren wogten sacht,
Es rauschten leis die Wälder,
So sternklar war die Nacht.

Und meine Seele spannte
10 Weit ihre Flügel aus,
Flog durch die stillen Lande,
Als flöge sie nach Haus.   *(1830)*

1. Fertigen Sie eine einfache Strukturskizze der Szenerie des Gedichtes an, durch welche die Bewegung deutlich wird. Integrieren Sie nun Pfeile, welche die Richtung der jeweiligen Bewegung in den Strophen anzeigen. Was wird deutlich?

2. Klären Sie die Grundstimmung in dem Gedicht. Ist es Ihrer Meinung nach möglich, diese Grundstimmung auch in einem modernen Foto, das San Francisco zeigt, zu identifizieren? Begründen Sie Ihre Meinung.

3. Interpretieren Sie das Gedicht, indem Sie
– den Aufbau der Strophen beschreiben und eine inhaltliche Gliederung vornehmen,
– es formal untersuchen (Reimschema, Verwendung von Tempora und Modi) und einen Bezug zum Inhalt herstellen,
– klären, welche unterschiedlichen Sinne angesprochen werden,
– die Bedeutung ausgewählter Motive inhaltlich zu erfassen versuchen.
 Ein Gedicht interpretieren, s. S. 457 ff.

4. Erläutern Sie mit Bezug auf Eichendorffs „Mondnacht" den von dem Literaturwissenschaftler Rüdiger Safranski beschriebenen Begriff des „Romantisierens":

„Alltäglich sind es Arbeit und Gewohnheit, die den Blick verengen und die deshalb auch schützen. Den Romantikern ist das zu wenig, gegen die drohende

Langeweile setzen sie die schöne Verwirrung, die sie das ‚Romantisieren' nennen. Aber die ironische Romantik weiß auch: Das Romantisieren ist eine Verzauberung durch den Irrealis. Und darum deckt die Romantik dort, wo sie am meisten romantisch ist, auch ihr Betriebsgeheimnis auf – dieses ironische ‚Als ob'."

(Rüdiger Safranski)

5. Hören Sie die Vertonung des Gedichts von Robert Schumann. Erläutern Sie, wie das Thema in seinem „Kunstlied" umgesetzt wird. Expertinnen oder Experten unter Ihnen können Thema „Romantische Musik" auch als Referat aufbereiten.

 Eine Vertonung des Gedichts finden Sie hier: WES-127877-032 .

6. Das Gedicht gilt vielen als das wohl schönste seiner Epoche, Thomas Mann nannte es „die Perle aller Perlen". Teilen Sie diese Ansicht? Nehmen Sie Stellung.

7. Was Sie noch machen können:
Setzen Sie das Gedicht künstlerisch um, indem Sie
– es malen. Stellen Sie Ihr Bild anschließend vor und begründen Sie Ihre Umsetzung.
– in Kleingruppen Vertonungen des Gedichts erstellen. Beispiele von Schülerversionen finden Sie bereits im Internet.

Günter Eich wurde 1907 in Lebus geboren. Er war ein überaus bekannter deutscher Hörspielautor und Lyriker, der insbesondere in der Nachkriegszeit stark rezipiert wurde. Sein Gedicht „Inventur" (s. S. 363) gilt als prominentestes Beispiel der sogenannten Trümmerlyrik; besonders bekannt wurde auch sein Hörspiel „Träume" (1951), das zu starken Hörerprotesten führte; Eichs Sprache ist häufig geprägt durch Lakonie und Einfachheit, mit der er existenzielle, urmenschliche Situationen verknappt darstellt. Eich starb 1972 in Salzburg.

Günter Eich (1907 – 1972)

Abend im März

Ich trete in die Türe ein,
der Mond war vor mir dort.
Ach Mond, du sollst nicht bei mir sein!
Er schweigt und geht nicht fort.

5 Er wohnt in meiner Stube drin
seit gestern, als ich kam.
Ich seh ihn, weil ich traurig bin,
ich kenn ihn nur im Gram.

Ich zünde keine Lampe an,
10 ich setz mich in sein Licht.
Durchs Fenster blick ich dann und wann,
der Mond erkennt mich nicht.

So ess ich einen goldnen Fisch,
gieß Wasser mir ins Glas,
15 wie eine Wiese ist der Tisch,
im Mondlicht wächst das Gras.

Jetzt wird er bald verfinstert sein,
wohl gegen Ende März.
Und sinnlos fällt das Wort mir ein:
20 „Er ist der Nacht ihr Herz."

Er ist so blind, er ist so taub,
ihn kümmern Tränen nicht.
Er schwankt im Wind, er hängt im Laub,
ach mit demselben Licht.

(1948)

1. Vergleichen Sie das Gedicht Günter Eichs mit Eichendorffs „Mondnacht" (S. 190).
Erstellen Sie hierfür eine Tabelle und legen Sie zu Beginn Vergleichskriterien fest.
Erarbeiten Sie nun mögliche Gemeinsamkeiten und Unterschiede.
➜ Einen Gedichtvergleich verfassen, S. 484 f.

2. Beschreiben und deuten Sie die Rolle des Mondes bei Eichendorff (S. 190) und Eich.
Beachten Sie dabei die Entstehungszeit beider Gedichte.

„Etwas Entsetzliches ist in mein Leben getreten" – Die dunkle Seite der Romantik

E. T. A. Hoffmann (1776 – 1822)
Der Sandmann (Auszug)

Ernst Theodor Amadeus Hoffmann wurde 1776 in Königsberg geboren. Er gilt als berühmter romantischer Erzähler, dessen Werke sich häufig durch einen fantastisch-skurrilen Charakter auszeichnen; der Jurist und Musiker schuf mit den „Elixieren des Teufels" und dem „Sandmann", ähnlich wie Edgar Allan Poe in England, die ersten bedeutenden deutschen Spukgeschichten, deren Qualität und Modernität sich darin zeigt, dass die Leserin bzw. der Leser am Ende häufig nicht weiß, ob der geschilderte Spuk real stattgefunden oder sich aber nur im Kopf des Protagonisten abgespielt hat. Hoffmanns Erzählungen unterlaufen damit traditionelle Lesererwartungen und sorgten schon bei seinen Zeitgenossen für Verwirrung und Orientierungslosigkeit. Einige seiner Erzählungen stehen in der Tradition der sogenannten Schwarzen Romantik, die sich mit dem Unbewussten, Fantastischen, Triebhaften und Dämonischen des Menschen beschäftigt. Hoffmann starb 1822 in Berlin.

In Hoffmanns romantischer Erzählung geht es um den jungen Nathanael, dessen sensible Künstlernatur in Konflikt gerät mit den nüchternen und vernunftorientierten Ansprüchen der Realität, verkörpert von seiner Verlobten Clara und deren Bruder Lothar. Die Geschichte des Wahnsinns Nathanaels beginnt mit einem traumatisierenden Erlebnis in der frühen Kindheit des Helden. Inspiriert von einem Schauermärchen seiner Amme über den bösartigen Sandmann, versucht das neugierige Kind, heimlich herauszufinden, was es mit den geheimnisvollen Besuchen auf sich hat, die den Vater immer in trübe Stimmung versetzen.

An des Vaters Schweigen, an der Mutter Traurigkeit merkte ich eines Abends, dass der Sandmann kommen werde; ich schützte daher große Müdigkeit vor, verließ schon vor neun Uhr das Zimmer und verbarg mich
5 dicht neben der Türe in einen Schlupfwinkel. Die Haustür knarrte, durch den Flur ging es, langsamen, schweren, dröhnenden Schrittes nach der Treppe. Die Mutter eilte mit dem Geschwister mir vorüber. Leise – leise öffnete ich des Vaters Stubentür. [...]

Als ich nun diesen Coppelius sah, ging es grausig und 10 entsetzlich in meiner Seele auf, dass ja niemand anders, als er, der Sandmann sein könne, aber der Sandmann war mir nicht mehr jener Popanz aus dem Ammenmärchen, der dem Eulennest im Halbmonde Kinderaugen zur Atzung holt – nein! – ein hässlicher gespenstischer 15 Unhold, der überall, wo er einschreitet, Jammer – Not – zeitliches, ewiges Verderben bringt. Ich war fest gezaubert. Auf die Gefahr entdeckt, und, wie ich deutlich dachte, hart gestraft zu werden, blieb ich stehen, den Kopf lauschend durch die Gardine hervorgestreckt. 20 Mein Vater empfing den Coppelius feierlich. „Auf! – zum Werk", rief dieser mit heiserer, schnurrender Stimme und warf den Rock ab. Der Vater zog still und finster seinen Schlafrock aus und beide kleideten sich in lange schwarze Kittel. Wo sie die hernahmen, hatte ich 25 übersehen. Der Vater öffnete die Flügeltür eines Wandschranks; aber ich sah, dass das, was ich so lange dafür gehalten, kein Wandschrank, sondern vielmehr eine schwarze Höhlung war, in der ein kleiner Herd stand. Coppelius trat hinzu und eine blaue Flamme knisterte 30 auf dem Herde empor. Allerlei seltsames Geräte stand umher. Ach Gott! – wie sich nun mein alter Vater zum Feuer herabbückte, da sah er ganz anders aus. Ein grässlicher krampfhafter Schmerz schien seine sanften ehrlichen Züge zum hässlichen widerwärtigen Teufels- 35 bilde verzogen zu haben. Er sah dem Coppelius ähnlich. Dieser schwang die glutrote Zange und holte damit hellblinkende Massen aus dem dicken Qualm, die er dann emsig hämmerte. Mir war es, als würden Menschengesichter ringsumher sichtbar, aber ohne Augen 40 – scheußliche, tiefe schwarze Höhlen statt ihrer. „Augen her, Augen her!", rief Coppelius mit dumpfer dröhnender Stimme. Ich kreischte auf von wildem Entsetzen gewaltig erfasst und stürzte aus meinem Versteck heraus auf den Boden. Da ergriff mich Coppelius, „kleine 45 Bestie! – kleine Bestie!", meckerte er zähnfletschend! – riss mich auf und warf mich auf den Herd, dass die Flamme mein Haar zu sengen begann: „Nun haben wir Augen – Augen – ein schön Paar Kinderaugen." So flüsterte Coppelius, und griff mit den Fäusten glutrote Kör- 50 ner aus der Flamme, die er mir in die Augen streuen

wollte. Da hob mein Vater flehend die Hände empor und rief: „Meister! Meister! lass meinem Nathanael die Augen – lass sie ihm!" Coppelius lachte gellend auf und
55 rief: „Mag denn der Junge die Augen behalten und sein Pensum flennen in der Welt; aber nun wollen wir doch den Mechanismus der Hände und der Füße recht observieren." Und damit fasste er mich gewaltig, dass die Gelenke knackten, und schrob[1] mir die Hände ab und die
60 Füße und setzte sie bald hier, bald dort wieder ein. „'s steht doch überall nicht recht! 's gut so wie es war! – Der Alte hat's verstanden!" So zischte und lispelte Coppelius; aber alles um mich her wurde schwarz und finster, ein jäher Krampf durchzuckte Nerv und Gebein – ich
65 fühlte nichts mehr. Ein sanfter warmer Hauch glitt über mein Gesicht, ich erwachte wie aus dem Todesschlaf, die Mutter hatte sich über mich hingebeugt. „Ist der Sandmann noch da?", stammelte ich. „Nein, mein liebes Kind, der ist lange, lange fort, der tut dir keinen Scha-
70 den!" – So sprach die Mutter und küsste und herzte den wiedergewonnenen Liebling. [...]

(1817)

1. Erläutern Sie, was in Nathanael vor sich geht, als er den „Sandmann" erblickt.

2. Markieren Sie alle tatsächlich möglichen Geschehnisse in einer Farbe, alle real unmöglichen Ereignisse in einer anderen Farbe. Erläutern Sie, wie die irrealen Ereignisse für den Leser / die Leserin erklärbar sind.

3. Untersuchen Sie, mit welchen sprachlichen Mitteln hier Spannung erzeugt wird.

4. Klären Sie, wem die Sympathie der Leserschaft gehört. Wie gelingt das dem Autor? Analysieren Sie hierzu die Erzählweisen (Erzählform, Erzählperspektive, Erzählverhalten).

Clemens Brentano (1778–1842)
Wenn der lahme Weber

Wenn der lahme Weber träumt, er webe,
Träumt die kranke Lerche auch, sie schwebe,
Träumt die stumme Nachtigall, sie singe,
Dass das Herz des Widerhalls zerspringe,
Träumt das blinde Huhn, es zähl' die Kerne,   5
Und der drei je zählte kaum, die Sterne,
Träumt das starre Erz, gar linde tau' es,
Und das Eisenherz, ein Kind vertrau' es,
Träumt die taube Nüchternheit, sie lausche,
Wie der Traube Schüchternheit berausche,   10
Kömmt dann Wahrheit mutternackt gelaufen,
Führt der hellen Töne Glanzgefunkel
Und der grellen Lichter Tanz durchs Dunkel,
Rennt den Traum sie schmerzlich übern Haufen,
Horch! die Fackel lacht, horch! Schmerz-Schalmeien   15
Der erwachten Nacht ins Herz all schreien;
Weh, ohn' Opfer gehen die süßen Wunder,
Gehn die armen Herzen einsam unter!

1. Wählen Sie eine der beiden Aufgabenstellungen:
- Gestalten Sie einen Vortrag des Gedichts mit verschiedenen Sprecherrollen. Sie können die Verse auch beliebig wiederholen und sich überlagern lassen.
- Stellen Sie das Verhältnis von Traum, Schmerz und Wahrheit szenisch dar.

2. Prüfen Sie einzelne Verse im Hinblick auf ihre stilistische und inhaltliche Logik sowie auf unverständliche bzw. auffällige Begriffe. Welche Assoziationen werden geweckt?

3. Deuten Sie die Lichtmetaphorik ab Vers 11.

Information

Schwarze Romantik („Schauerromantik")
Der Textauszug aus Hoffmanns „Sandmann"-Erzählung ist ein populäres Beispiel für die sogenannte **Schwarze Romantik** – auch Schauerromantik genannt –, die als Unterströmung der Epoche gegen 1793 aufkam. In **Abgrenzung zur Aufklärung** werden **Irrationalität** und **Wahnsinn**, **Fantasie** und **Groteske**, **Melancholie** und **Verbrechen** als zum Menschlichen dazugehörend betont. Deutsche romantische Autoren wie Ludwig Tieck (1773–1853) („Der Runenberg"), Ernst August Friedrich Klingemann (1777–1831) („Nachtwachen") oder E. T. A. Hoffmann („Die Elixiere des Teufels") werden dabei stark von der sich Ende des 18. Jahrhunderts in England herausbildenden Schauerliteratur („Gothic Novel") beeinflusst.

[1] **schrob:** schraubte

Gotthilf Heinrich Schubert (1780 – 1860)
Die Symbolik des Traums (Auszug)

Der Traum gilt in der Romantik als das Medium zu höherer Erkenntnis. Mit der Traumtheorie hat sich ausführlich Gotthilf Heinrich Schubert in seinem Werk „Die Symbolik des Traumes" (1814) beschäftigt. Es ist anzunehmen, dass eine solche Wirkung von seinen Untersuchungen ausging, dass sie später sogar die berühmten Psychologen S. Freud und C. G. Jung beeinflusst haben.

Johann Heinrich Füssli (1741 – 1825): Der Nachtmahr, 1782

Im Traume, und schon in jenem Zustande des Deliriums[1], der meist vor dem Einschlafen vorhergeht, scheint die Seele eine ganz andre Sprache zu sprechen als gewöhnlich. Gewisse Naturgegenstände oder Eigen-
5 schaften der Dinge bedeuten jetzt auf einmal Personen, und umgekehrt stellen sich uns gewisse Eigenschaften oder Handlungen unter dem Bilde von Personen dar. Solange die Seele diese Sprache redet, folgen ihre Ideen einem andern Gesetz der Assoziation als gewöhnlich,
10 und es ist nicht zu leugnen, dass jene neue Ideenverbindung einen viel rapideren, geisterhafteren und kürzeren Gang oder Flug nimmt als die des wachen Zustandes, wo wir mehr mit unsern Worten denken. Wir drücken in jener Sprache durch einige wenige hierogly-
15 phische, seltsam aneinandergefügte Bilder, die wir uns entweder schnell nacheinander oder auch nebeneinander und auf einmal vorstellen, in wenigen Momenten mehr aus, als wir mit Worten in ganzen Stunden auseinanderzusetzen vermöchten; erfahren in dem Träume
20 eines kurzen Schlummers öfters mehr, als im Gange der gewöhnlichen Sprache in ganzen Tagen geschehen könnte, und das ohne eigentliche Lücken, in einem in sich selber regelmäßigen Zusammenhange, der nur freilich ein ganz eigentümlicher, ungewöhnlicher ist.
25 Ohne dass wir deshalb gerade dem Traume vor dem Wachen, dem Närrischsein vor der Besonnenheit einen Vorzug geben wollen, dürfen wir uns doch nicht leugnen: dass jene Abbreviaturen[2]- und Hieroglyphensprache der Natur des Geistes in vieler Hinsicht angemesse-
30 ner erscheine als unsre gewöhnliche Wortsprache. Jene ist unendlich viel ausdrucksvoller umfassender, der Ausgedehntheit in die Zeit viel minder unterworfen als diese. Die Letztere müssen wir erst erlernen, dagegen ist uns jene angeboren, und die Seele versucht diese ihr
35 eigentümliche Sprache zu reden, sobald sie im Schlafe oder Delirio aus der gewöhnlichen Verkettung etwas los und frei geworden.

1. Fassen Sie den Text in eigenen Worten zusammen.

2. Erläutern Sie die „Sprache des Traums" (vgl. Z. 2) und ihre Bedeutung für die Romantiker.

3. Beschreiben Sie das Bild „Der Nachtmahr" von Johann Heinrich Füssli. Achten Sie auf die Details.

4. Verfassen Sie eine Erzählung nach romantischem Muster zu diesem Gemälde.

---

[1] **das Delirium** (lat.: Wahnsinn): eine seelische Störung mit Sinnestäuschung – [2] **Abbreviaturen** (lat.: Abkürzungen): Abkürzungen, Kürzel

Novalis (1722 – 1801)
Die Verworrenen und Geordneten (54. Blüthenstaubfragment)

Je verworrener ein Mensch ist, man nennt die Verworrenen oft Dummköpfe, desto mehr kann durch fleißiges Selbststudium aus ihm werden; dahingegen die geordneten Köpfe trachten müssen, wahre Gelehrte, gründliche Encyklopädisten zu werden. Die Verworrnen haben im Anfang mit mächtigen Hindernissen zu kämpfen, sie dringen nur langsam ein – Sie lernen mit Mühe arbeiten – dann aber sind sie auch Herrn und Meister auf immer. Das Geordnete kommt geschwind hinein – aber auch geschwind heraus – Er erreicht bald die zweite Stufe – aber da bleibt er auch gewöhnlich stehn. Ihm werden die letzten Schritte beschwerlich, und selten kann er es über sich gewinnen – schon bei einem gewissen Grade von Meisterschaft sich wieder in den Zustand eines Anfängers zu versetzen.
Verworrenheit deutet auf Überfluss an Kraft und Vermögen – aber mangelhafte Verhältnisse – Bestimmtheit – auf richtige Verhältnisse, aber sparsames Vermögen und Kraft.
Daher ist der Verworrne so progressiv – so perfektibel – dahingegen der Ordentliche, so früh, als Philister aufhört.
Ordnung und Bestimmtheit ist allein nicht Deutlichkeit. Durch Selbstbearbeitung kommt der Verworrne zu jener himmlischen Durchsichtigkeit – zu jener Selbsterleuchtung – die der Geordnete so selten erreicht.
Das wahre Genie verbindet diese Extreme. Es teilt die Geschwindigkeit mit dem Letzten und die Fülle mit dem Ersten.

(1789)

1. Novalis beschreibt zwei Menschentypen. Vergleichen Sie Chancen und Gefährdungen beider Typen in einer Tabelle.

2. Begründen Sie, warum die Romantiker zu den „Verworrenen" zuzuordnen sind. Nutzen Sie dazu auch die Seiten zu den Philistern (S. 183 – 184).

3. Überlegen Sie, welchem Typus Sie sich selbst zuordnen würden. Tauschen Sie sich im Gespräch darüber aus.

Heinrich Heine (1797 – 1856)
Philister im Sonntagsröcklein

Philister in Sonntagsröcklein
Spazieren durch Wald und Flur;
Sie jauchzen, sie hüpfen wie Böcklein,
Begrüßen die schöne Natur.

Betrachten mit blinzelnden Augen,
Wie alles romantisch blüht;
Mit langen Ohren saugen
Sie ein der Spatzen Lied.

Ich aber verhänge die Fenster
Des Zimmers mit schwarzem Tuch;
Es machen mir meine Gespenster
Sogar einen Tagesbesuch.

Die alte Liebe erscheinet,
Sie stieg aus dem Totenreich,
Sie setzt sich zu mir und weinet,
Und macht das Herz mir weich.

(1816 – 1826; v 1827)

1. Lesen Sie das Gedicht laut und prüfen Sie, wo ein ironischer Tonfall passen könnte.

2. Gliedern Sie das Gedicht in Abschnitte und fassen Sie diese zusammen. Achten Sie dabei auf das Verhältnis von Innenwelt und Außenwelt.

3. Heinrich Heine bezeichnete sich selbst als einen „romantique défroqué", als einen, der der Romantik entlaufen war. Zeigen Sie, inwiefern dieses Gedicht romantische Motive aufgreift, diese jedoch nicht mehr ernst nimmt.

„Es schienen so golden die Sterne" – Das Sehnsuchtsmotiv

Georg Friedrich Philipp Freiherr von Hardenberg, genannt Novalis, wurde 1772 im Harz geboren. Er war ein einflussreicher Schriftsteller und Philosoph der Frühromantik; seine literarische Arbeit zeichnet sich durch das dauerhafte Streben nach einer „Romantisierung der Welt" aus. Neben zahlreichen Kunstmärchen und Gedichten ist vor allem sein Roman „Heinrich von Ofterdingen" als Manifest der frühromantischen Poetik bekannt. Der Dichter starb bereits 1801 in Weißenfels.

Novalis (1772 – 1801)
Astralis (Aus dem Romanfragment „Heinrich von Ofterdingen")

In Novalis' berühmtem Romanfragment geht es um einen jungen verträumten Mann, der in einer mittelalterlichen Welt gemeinsam mit seiner Mutter zu seinem Großvater in Bayern reist. Auf dieser Reise begegnet er mehreren Mitreisenden, die ihn in symbolisch zu verstehende Gespräche über real nur schwer verständliche Ereignisse verwickeln. Während der Reise reift der Jüngling innerlich. Die äußere, tatsächliche Reise ist also weitaus weniger wichtig als die innere Persönlichkeitsentwicklung des Menschen, die wahre Reise geht für Novalis immer ins Innere des Individuums. Die Psyche des Menschen erhält im Rahmen des romantischen Erzählens wie auch die irrationale Wirklichkeit neue, stärkere Bedeutung.

Es bricht die neue Welt herein
Und verdunkelt den hellsten Sonnenschein
Man sieht nun aus bemoosten Trümmern
Eine wunderseltsame Zukunft schimmern
5 Und was vordem alltäglich war
Scheint jetzo fremd und wunderbar.
Eins in allem und alles in Einem
Gottes Bild auf Kräutern und auf Steinen
Gottes Geist in Menschen und Tieren,
10 Dies muss man sich zu Gemüte führen.
Keine Ordnung mehr nach Raum und Zeit
Hier Zukunft in der Vergangenheit
Der Liebe Reich ist aufgetan
Die Fabel fängt zu spinnen an.
15 Das Urspiel jeder Natur beginnt
Auf kräftige Worte jeder sinnt
Und so das große Weltgemüt
Überall sich regt und unendlich blüht.
Alles muss ineinandergreifen
20 Eins durch das Andre gedeihen und reifen;
Jedes in Allen dar sich stellt
Indem es sich mit ihnen vermischet
Und gierig in ihre Tiefen fällt
Sein eigentümliches Wesen erfrischet
25 Und tausend neue Gedanken erhält.

Die Welt wird Traum, der Traum wird Welt
Und was man geglaubt, es sei geschehn
Kann man von weitem erst kommen sehn.
Frei soll die Fantasie erst schalten,
30 Nach ihrem Gefallen die Fäden verweben
Hier manches verschleiern, dort manches entfalten,
Und endlich in magischen Dunst verschweben.
Wehmut und Wollust, Tod und Leben
Sind hier in innigster Sympathie –
35 Wer sich der höchsten Lieb' ergeben,
Genest von ihren Wunden nie.
Schmerzhaft muss jenes Band zerreißen,
Was sich ums innre Auge zieht,
Einmal das treuste Herz verwaisen,
40 Eh es der trüben Welt entflieht.
Der Leib wird aufgelöst in Tränen,
Zum weiten Grabe wird die Welt,
In das, verzehrt von bangen Sehnen,
Das Herz, als Asche, niederfällt.

(1801)

1. Erarbeiten Sie den Inhalt des Gedichts von Novalis, indem Sie die folgenden Aussagen auf ihre Schlüssigkeit hin überprüfen.

A „Das romantische Programmgedicht setzt sich mit dem Anliegen der Epoche der Aufklärung auseinander, der es darum ging, mithilfe von rational erworbenen Erkenntnissen und Wissen Autonomie zu erlangen."

B „Dabei begegnet der Romantiker Novalis dem Grundgedanken der Aufklärung positiv, indem er deren Lichtmetapher (vgl. V. 2) bejahend aufnimmt."

C „Der romantische Mensch leidet an der Banalität und Durchschaubarkeit des normalen Lebens. Mithilfe der Kunst soll dieser Alltag wieder verrätselt und damit interessant gemacht werden."

D „Aus dem Gedicht spricht eine zutiefst christlich ausgeprägte Religiosität. Der Glaube an einen personalen Schöpfergott, wie er dem Christentum inhärent ist, rettet den Einzelnen vor der Überheblichkeit und Arroganz des aufgeklärten Menschen."

E „Die Welt muss romantisiert werden. […] Romantisieren ist nichts als eine qualitative Potenzierung. […] Indem ich dem Gemeinen einen hohen Sinn, dem Gewöhnlichen ein geheimnisvolles Ansehn, dem Bekannten die Würde des Unbekannten, dem Endlichen einen unendlichen Schein gebe, so romantisiere ich es." Diese Aussage des Novalis' findet sich in anderen Worten auch in dem Gedicht wieder.

F „Das im Gedicht skizzierte Goldene Zeitalter, in dem der Mensch mit der Natur versöhnt ist, hat schon begonnen und ist real. Die Sehnsucht des Romantikers ist erfüllt, sein Ziel erreicht."

G „Man kann die Welt nur verstehen, wenn man auch das Dunkle an ihrem Wesen wahrnimmt und akzeptiert und vermeidet, alles aufzuklären."

2. Vergleichen Sie Ihre Ergebnisse. Überprüfen Sie Ihre Einschätzungen, indem Sie ausgewählte Aspekte in einigen vorausgegangenen Texten dieses Kapitels nachzuweisen versuchen.

Novalis (1772 – 1801)
Heinrich von Ofterdingen (Erstes Kapitel)

Die Eltern lagen schon und schliefen, die Wanduhr schlug ihren einförmigen Takt, vor den klappernden Fenstern sauste der Wind; abwechselnd wurde die Stube hell von dem Schimmer des Mondes. Der Jüngling lag unruhig auf seinem Lager, und gedachte des Frem- 5 den und seiner Erzählungen. „Nicht die Schätze sind es, die ein so unaussprechliches Verlangen in mir geweckt haben", sagte er zu sich selbst; „fernab liegt mir alle Habsucht: aber die blaue Blume sehn' ich mich zu erblicken. Sie liegt mir unaufhörlich im Sinn, und ich kann 10 nichts anderes dichten und denken." […] Der Jüngling verlor sich allmählich in süßen Fantasien und entschlummerte. Da träumte ihm erst von unabsehlichen Fernen, und wilden, unbekannten Gegenden. Er wanderte über Meere mit unbegreiflicher Leichtig- 15 keit; wunderliche Tiere sah er; er lebte mit mannigfaltigen Menschen, bald im Kriege, in wildem Getümmel, in stillen Hütten. Er geriet in Gefangenschaft und die schmählichste Not. Alle Empfindungen stiegen bis zu einer nie gekannten Höhe in ihm. Er durchlebte ein un- 20 endlich buntes Leben; starb und kam wieder, liebte bis zur höchsten Leidenschaft, und war dann wieder auf ewig von seiner Geliebten getrennt. Endlich gegen Morgen, wie draußen die Dämmerung anbrach, wurde es stiller in seiner Seele, klarer und bleibender wurden die 25 Bilder. Es kam ihm vor, als ginge er in einem dunkeln Walde allein. Nur selten schimmerte der Tag durch das grüne Netz. Bald kam er vor eine Felsenschlucht, die bergan stieg. Er musste über bemooste Steine klettern, die ein ehemaliger Strom heruntergerissen hatte. Je hö- 30 her er kam, desto lichter wurde der Wald. Endlich gelangte er zu einer kleinen Wiese, die am Hange des Berges lag. Hinter der Wiese erhob sich eine hohe Klippe, an deren Fuß er eine Öffnung erblickte, die der Anfang eines in den Felsen gehauenen Ganges zu sein schien. 35 Der Gang führte ihn gemächlich eine Zeit lang eben fort, bis zu einer großen Weitung, aus der ihm schon von fern ein helles Licht entgegenglänzte. Wie er hineintrat, ward er einen mächtigen Strahl gewahr, der wie aus einem Springquell bis an die Decke des Gewöl- 40 bes stieg, und oben in unzählige Funken zerstäubte, die sich unten in einem großen Becken sammelten; der Strahl glänzte wie entzündetes Gold; nicht das mindeste Geräusch war zu hören, eine heilige Stille umgab das herrliche Schauspiel. Er näherte sich dem Becken, das 45 mit unendlichen Farben wogte und zitterte. Die Wände der Höhle waren mit dieser Flüssigkeit überzogen, die

nicht heiß, sondern kühl war, und an den Wänden nur ein mattes, bläuliches Licht von sich warf. Er tauchte
50 seine Hand in das Becken und benetzte seine Lippen. Es war, als durchdränge ihn ein geistiger Hauch, und er fühlte sich innigst gestärkt und erfrischt. Ein unwiderstehliches Verlangen ergriff ihn sich zu baden, er entkleidete sich und stieg in das Becken. Es dünkte ihn, als
55 umflösse ihn eine Wolke des Abendrots; eine himmlische Empfindung überströmte sein Inneres; mit inniger Wollust strebten unzählbare Gedanken in ihm sich zu vermischen; neue, nie gesehene Bilder entstanden, die auch ineinanderflossen und zu sichtbaren Wesen um
60 ihn wurden, und jede Welle des lieblichen Elements schmiegte sich wie ein zarter Busen an ihn. Die Flut schien eine Auflösung reizender Mädchen, die an dem Jünglinge sich augenblicklich verkörperten.
Berauscht von Entzücken und doch jedes Eindrucks be-
65 wusst, schwamm er gemach dem leuchtenden Strome nach, der aus dem Becken in den Felsen hineinfloss. Eine Art von süßem Schlummer befiel ihn, in welchem er unbeschreibliche Begebenheiten träumte, und woraus ihn eine andere Erleuchtung weckte. Er fand sich
70 auf einem weichen Rasen am Rande einer Quelle, die in die Luft hinausquoll und sich darin zu verzehren schien. Dunkelblaue Felsen mit bunten Adern erhoben sich in einiger Entfernung; das Tageslicht, das ihn umgab, war heller und milder als das gewöhnliche, der Himmel war
75 schwarzblau und völlig rein. Was ihn aber mit voller Macht anzog, war eine hohe lichtblaue Blume, die zunächst an der Quelle stand, und ihn mit ihren breiten, glänzenden Blättern berührte. Rund um sie her standen unzählige Blumen von allen Farben, und der köstliche
80 Geruch erfüllte die Luft. Er sah nichts als die blaue Blume, und betrachtete sie lange mit unnennbarer Zärtlichkeit. Endlich wollte er sich ihr nähern, als sie auf einmal sich zu bewegen und zu verändern anfing; die Blätter wurden glänzender und schmiegten sich an den
85 wachsenden Stängel, die Blume neigte sich nach ihm zu, und die Blütenblätter zeigten einen blauen ausgebreiteten Kragen, in welchem ein zartes Gesicht schwebte. Sein süßes Staunen wuchs mit der sonderbaren Verwandlung, als ihn plötzlich die Stimme seiner
90 Mutter weckte, und er sich in der elterlichen Stube fand, die schon die Morgensonne vergoldete. Er war zu entzückt, um unwillig über diese Störung zu sein; vielmehr bot er seiner Mutter freundlich guten Morgen und erwiderte ihre herzliche Umarmung.
95 „Du Langschläfer", sagte der Vater, „wie lange sitze ich schon hier, und feile. Ich habe deinetwegen nichts hämmern dürfen; die Mutter wollte den lieben Sohn schla-

fen lassen. Aufs Frühstück habe ich auch warten müssen. Klüglich hast du den Lehrstand erwählt, für den wir wachen und arbeiten. Indes ein tüchtiger Gelehrter, 100 wie ich mir habe sagen lassen, muss auch Nächte zu Hülfe nehmen, um die großen Werke der weisen Vorfahren zu studieren." „Lieber Vater", antwortete Heinrich, „werdet nicht unwillig über meinen langen Schlaf, den Ihr sonst nicht an mir gewohnt seid. Ich schlief erst 105 spät ein, und habe viele unruhige Träume gehabt, bis zuletzt ein anmutiger Traum mir erschien, den ich lange nicht vergessen werde, und von dem mich dünkt, als sei es mehr als bloßer Traum gewesen."

(1800/1802)

1. Die Exposition des Romans führt in Heinrichs Situation ein. Beschreiben Sie diese und untersuchen Sie, inwiefern sie sich nach dem Aufwachen und dem Ende des Traums verändert.

2. Geben Sie den Inhalt von Heinrichs Traum wieder. Um Ihr Verständnis zu erleichtern, können Sie auch eine grobe Skizze anfertigen.

3. Vergleichen Sie Heinrichs Vater mit dem des Taugenichts. Informieren Sie sich über den Begriff des „Philisters" (vgl. Aufgabe 3, S. 182) und klären Sie, ob man beide Väter als solche verstehen kann.

4. Überprüfen Sie die Aussage Huchs und klären Sie die Bedeutung der blauen Blume als Symbol der romantischen Poesie und ihrer Sehnsucht nach dem Unendlichen.

„Die blaue Blume ist aber das, was jeder sucht, ohne es selbst zu wissen, nenne man es nun Gott, Ewigkeit, Liebe, Ich oder Du. Wenn Novalis selbst sagt, der Roman handele von der Poesie, so ist das nur insofern richtig, als Poesie eben das Unendliche, das Ewige, die blaue Blume ist."

(Ricarda Huch)

5. Stellen Sie sich vor, Heinrich würde nach dem Gespräch mit seinen Eltern erneut einschlafen. Wie könnte sein Traum weitergehen? Schreiben Sie den Traum weiter und verwenden Sie einen Novalis ähnlichen Stil.

„Nach Innen geht der geheimnisvolle Weg."
(Novalis)

6. Nutzen Sie Novalis' Zitat und formulieren Sie aus seiner Sicht realisierbare Tipps, wie man heute noch ein romantisches Leben führen kann.

WES-127877-033

Joseph von Eichendorff (1788 – 1857)
Sehnsucht

Es schienen so golden die Sterne,
Am Fenster ich einsam stand
Und hörte aus weiter Ferne
Ein Posthorn im stillen Land.
5 Das Herz mir im Leib entbrennte,
Da hab' ich mir heimlich gedacht:
Ach wer da mitreisen könnte
In der prächtigen Sommernacht!

Zwei junge Gesellen gingen
10 Vorüber am Bergeshang,
Ich hörte im Wandern sie singen
Die stille Gegend entlang:
Von schwindelnden Felsenschlüften,
Wo die Wälder rauschen so sacht,
15 Von Quellen, die von den Klüften
Sich stürzen in die Waldesnacht.

Sie sangen von Marmorbildern,
Von Gärten, die über'm Gestein
In dämmernden Lauben verwildern,
20 Palästen im Mondenschein,
Wo die Mädchen am Fenster lauschen,
Wann der Lauten Klang erwacht
Und die Brunnen verschlafen rauschen
In der prächtigen Sommernacht. –

(1834)

Caspar David Friedrich: Frau am Fenster (1822)

1. Schauen Sie sich zunächst das Gemälde „Frau am Fenster" von Caspar David Friedrich an. Versetzen Sie sich in die Rolle der Frau und schreiben Sie einen inneren Monolog, in dem diese ihre Gefühlslage zum Ausdruck bringt.

2. Lesen Sie das Gedicht von Joseph von Eichendorff und vergleichen Sie die Situation des lyrischen Ichs mit der Situation der Frau am Fenster.

3. Stellen Sie den inhaltlichen Aufbau des Gedichts in einem Schaubild dar.

4. Das Gedicht endet in einer Situation, die für das lyrische Ich bereits am Anfang steht. Hat sich diese gewandelt oder dreht sich das lyrische Ich im Kreise? Unterscheiden Sie dabei das Nicht-Ankommen vom Bei-sich-Ankommen.

5. Eichendorff selbst lebte eine Doppelexistenz: Einerseits war er der täglichen Pflicht eines Beamten unterworfen und im bürgerlich-konservativen Alltag gefangen, andererseits konnte er seine Sehnsucht nach Freiheit und Ungebundenheit in seiner Rolle als Dichter ausleben. Zeigen Sie auf, inwiefern sich die persönliche Situation des Dichters in seinem Gedicht widerspiegeln könnte.

 Weitere Gedichte zum Motiv „Liebe" und Materialien zur Epoche der Romantik finden Sie hier: WES-127877-034 .

Caspar David Friedrich (1774 – 1840)
Mönch am Meer (1808/1810)

1. Beschreiben Sie das berühmte Gemälde Friedrichs. Welche romantischen Motive werden deutlich?

2. Versetzen Sie sich in die Rolle des Mönchs am Meer. Was sehen, hören, empfinden Sie? Notieren Sie Ihre Gedanken in Form eines inneren Monologs.

„Herrlich ist es, in einer unendlichen Einsamkeit am Meeresufer, unter trübem Himmel, auf eine unbe-grenzte Wasserwüste, hinauszuschauen. Dazu gehört gleichwohl, dass man dahin gegangen sei, dass man zurück muss, dass man hinüber möchte, dass man es nicht kann, dass man alles zum Leben vermisst, und die Stimme des Lebens dennoch im Rauschen der Flut, im Wehen der Luft, im Ziehen der Wolken, dem einsamen Geschrei der Vögel, vernimmt. […] Das Bild liegt, mit seinen zwei oder drei geheimnisvollen Gegenständen, wie die Apokalypse[1] da, […] und da es, in seiner Einförmigkeit und Uferlosigkeit, nichts als den Rahmen zum Vordergrund hat, so ist es, wenn man es betrachtet, als ob einem die Augenlider weggeschnitten wären."

(Heinrich von Kleist in den Berliner Abendblättern, 13. Oktober 1810)

3. Geben Sie Kleists Gedanken beim Anblick des Gemäldes mit eigenen Worten wieder und erläutern Sie mögliche Gründe für seine Ergriffenheit.

4. Der Künstler hat über zwei Jahre an seinem Bild gemalt. Dabei verschwanden im Laufe der Überar-beitung zwei anfangs vorhandene Segelschiffe, der Morgenstern sowie der Mond. Was könnte Friedrich mit dieser Reduktion bezweckt haben?

5. Wie hätte wohl Heinrich Heine auf die Ergriffenheit und das Pathos Kleists geantwortet? Verfassen Sie einen fiktiven Brief Heines an Kleist, nachdem Sie sein Gedicht „Das Fräulein stand am Meere" gelesen haben (vgl. S. 203).

[1] **Apokalypse:** hier: Enthüllung, Offenbarung

Lernaufgabe

In der Epoche der Romantik spielt die Sehnsucht eine große Rolle (vgl. S. 196 – 199). Erforschen Sie aufbauend auf diesem Vorwissen mithilfe der folgenden Impulse und Materialien das menschliche Phänomen der Sehnsucht genauer. Verfassen Sie anschließend einen Essay zur Leitfrage „Sehnsucht – eine Krankheit?" oder „Sehnsucht und Traum". Nutzen Sie dazu auch die Hinweise auf S. 470 f.

Information

Der Essay

Der Essay ist ein **Gedankenspaziergang**, eine **geistreiche Abhandlung** über wissenschaftliche, kulturelle oder gesellschaftliche Phänomene. Da das Thema aus einer **subjektiven, reflektierten Perspektive** betrachtet werden soll, ist es sinnvoll, zunächst mit einer **Selbsterkundung (I)** zu beginnen. Im Anschluss daran schließt sich eine Recherche zum **Stand der Wissenschaft** an **(II)** und schließlich betrachtet man zur Vorbereitung literarische Texte aus verschiedenen Epochen zu diesem **Motiv (III)**. Ist die Sache geklärt, geht es ans **Verfassen des Essays (IV)**. Hier ist keine feste Form gefordert, allerdings muss das Thema facettenreich und differenziert dargestellt werden und der Gedankengang schlüssig nachvollziehbar sein. Sprachlich-stilistisch dürfen im Essay

- informative und argumentative,
- expressive und subjektive,
- narrative und fiktionale (erzählende),
- appellative (auffordernde) und
- ironische Passagen sowie
- rhetorische Mittel eingesetzt werden.

I. Selbsterkundung

1. Vervollständigen Sie als Vorbereitung für diese Lernaufgabe folgende Sätze:
- Sehnsucht taucht in Situation auf, …
- Verwandt mit dem Sehnsuchtsgefühl sind …
- Um die Sehnsucht zu überwinden, …
- Sehnsucht ist wie …

2. Sichten Sie folgende Zitate. Wählen Sie eines oder zwei aus, die zu Ihren Vorstellungen von Sehnsucht passen, und kommentieren Sie diese.

„Wer etwas nicht zu bedürfen glaubt, der verlangt ja nicht, was er schon zu haben vermeint." (Sokrates, 469 bis 399 v. Chr., antiker griechischer Philosoph)

„Sehnsucht ist der Anfang von allem." (Anselm Grün, geb. 1945, Mönch der Benediktinerabtei Münsterschwarzach und Autor)

„Der sensible Mensch leidet nicht aus diesem oder jenem Grunde, sondern ganz allein, weil nichts auf dieser Welt seine Sehnsucht stillen kann." (Jean-Paul Sartre, 1905 – 1980, französischer Philosoph und Autor)

„Sehnsucht ist wie ein Magnet: man wird von etwas magisch angezogen […,] das man will aber nicht kriegt." (anonym, in: Jens Hütter: Spuren der Sehnsucht)

II. Das Sehnsuchtserleben: eine wissenschaftliche Annäherung

3. Analysieren Sie folgende Schaubilder, die Ursachen des Sehnsuchtserlebens wissenschaftlich zu klären versuchen. Sie können den erläuternden Text von Jens Hüttner hinzuziehen.

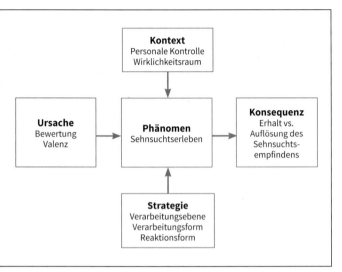

Abb. 26: Paradigmatisches Modell des zentralen Phänomens „Sehnsuchtserleben"

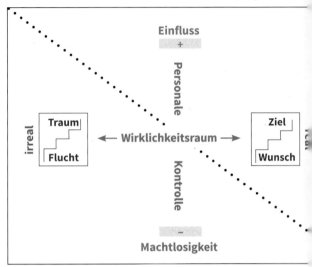

Abb. 27: Qualität des Sehnsuchtserlebens als Verortung im Raum der Machbarkeit

Jens Hüttner (geb. 1972)
Spuren der Sehnsucht

Das phänomenale Erleben ist an diesem Punkt noch unabhängig davon zu sehen, ob der Bezugspunkt „ewige Glückseligkeit", „die angebetete Traumfrau" oder ein „gesichertes berufliches Einkommen" darstellt. Es ver-
5 körpert lediglich eine dezidierte Zustandsbeschreibung, deren Verhältnis zum Objekt ebenso gut als Wunsch, Verlangen, Hoffnung, Traum, Ziel oder Zukunftsvorstellung bezeichnet werden könnte.Die Besonderheit, die das Erleben zum Sehnsuchtserleben
10 avancieren lässt, liegt in den Verbindungen zu den ergänzenden Kategorien begründet. Im Kontext kristallisierte sich hierbei das Zusammenspiel der Kategorie der Personalen Kontrolle [...] und des Wirklichkeitsraumes [...] als hoch bedeutsam heraus. Der Wirklichkeits-
15 raum – als Realitäts-Irrealitätskontinuum – beschreibt den generellen Realitätsbezug des Sehnsuchtsgehalts. Das Ausmaß der personalen Kontrolle zielt auf die realen Einflussmöglichkeiten im Hinblick auf die Verwirklichung ab. An dieser Stelle erst fließt die Eigenschaft
20 der inhaltlichen „Bezogenheit" [...] mit ein. Zweifellos macht es einen Unterschied, ob eine abstrakte Glückse-

ligkeit oder die konkrete Anstellung Bezugsgehalt des Erstrebten bilden. Der durch die beiden orthogonalen Ebenen aufgespannte Raum kann somit als Machbarkeit (erfüllbar/unerfüllbar) bezeichnet werden. Die 25 Qualität des Sehnsuchtserlebens – das Sehnen – lässt sich nun über eine Verortung in diesem Raum beschreiben.
Intensives Sehnsuchtserleben lässt sich über gering ausgeprägte personale Kontrolle (Machtlosigkeit) bei 30 gleichzeitig irrealem Bezug im Wirklichkeitsraum charakterisieren. Die Qualität von Verortungen im Bereich hoher personaler Kontrolle (Einfluss) und realen Wirklichkeitsraumbezügen wird, obwohl noch im Empfinden verwandt, weniger als Sehnsucht, denn als zu- 35 kunftsgerichteter Lebensentwurf oder Möglichkeit beschrieben. Die diagonale Unterteilung des Machbarkeitsraumes (vgl. Abb. 27) soll den qualitativen Übergang auch grafisch hervorheben. Sehnsuchtserleben kennzeichnet sich somit über den Bezug zum Unmögli- 40 chen, der durch real beschränkende Begebenheiten (Barrieren) vorgegeben wird.

III. Das Sehnsuchtsmotiv in der Lyrik bis zur Gegenwart

4. In den folgenden Gedichten finden Sie das Motiv der Sehnsucht unterschiedlich
verarbeitet. Untersuchen Sie die Gedichte nach bekannten und neuen Aspekten.
Nutzen Sie Ihr Vorwissen.

Johann Wolfgang von Goethe (1749 – 1832)
Nur wer die Sehnsucht kennt

Nur wer der Sehnsucht kennt,
Weiß, was ich leide!
Allein und abgetrennt
Von aller Freude,
5 Seh' ich ans Firmament
nach jener Seite.
Ach! Der mich liebt und kennt,
Ist in der Weite.
Es schwindelt mir, es brennt
10 Mein Eingeweide.
Nur wer die Sehnsucht kennt,
Weiß, was ich lcide!

(1795)

Heinrich Heine (1797 – 1856)
Das Fräulein stand am Meere

Das Fräulein stand am Meere
Und seufzte lang und bang.
Es rührte sie so sehre
der Sonnenuntergang.

5 Mein Fräulein! Sein sie munter,
Das ist ein altes Stück;
Hier vorne geht sie unter
Und kehrt von hinten zurück.

(um 1832)

Rainer Maria Rilke (1875 – 1926)
Wie meine Träume nach dir schrein

Wie meine Träume nach dir schrein.
Wir sind uns mühsam fremd geworden,
jetzt will es mir die Seele morden,
dies arme, bange Einsamsein.
5 Kein Hoffen, das die Segel bauscht.
Nur diese weite, weiße Stille
in die mein tatenloser Wille
in atemlosem Bangen lauscht.

(1897)

Ulla Hahn (geb. 1945)
Sehnsucht

Nachts kreist die Sehnsucht um mein römisches Haus
sie weiß nicht wohin seitdem ich dich nicht mehr liebe
Sie versucht sich in unvertrautem Geäst ruht auf Pinien aus
Ich schließe die Fenster. Vor ihrem Schnabelhiebe

5 habe ich Angst. Noch liegst du ohne Segen unbegraben
in meinem Herzen und du verwest nur schwer
Die Sehnsucht könnte mir deinen Schatten wiederholen
Sie kennt dich lange und weiß: Ich liebte dich sehr

Sie kennt das Verheißene Land das lange auf dich gewartet
10 alles stand zu deinem Empfang bereit
Als du nicht kamst nicht kamst bin ich fortgegangen
Ich erschlug dich tief. Der Vogel Sehnsucht schreit.

(1983)

River scene (1834)

IV. Den Essay schreiben und überarbeiten

5. Verfassen Sie den Essay. Nutzen Sie die folgenden Hinweise.

Essay-Bewertungskriterien

Inhaltliche Aspekte

- Das vorgegebene Thema wird **facettenreich**, gedanklich **differenziert** und **gehaltvoll** entfaltet.
- Das Thema wird einerseits **individuell eingegrenzt**, andererseits in den **Kontext des allgemeinen Diskurses** gestellt (Bezug auf die Dossiermaterialien und/oder andere themenbezogene Wissensbestände wie Fachwissen, Allgemeinbildung)
- Der/Die Verfasser/-in argumentiert aus einer **subjektiven Perspektive**, die er **reflektiert**.
- Der/Die Verfasser/-in bezieht **eigene Erfahrungen** und **persönliche Wertungen** in die Themenentfaltung ein.
- Die Abhandlung des Themas ist einerseits durch **Originalität der Einfälle** und **kreativen Ideenreichtum**, andererseits durch **argumentative Überzeugungskraft der Gedankenführung** geprägt.

Struktur und Aufbau

- Dem Essay liegt ein **in sich stimmiges, schlüssiges Konzept** zugrunde.
- Der Essay weist einen für den Leser **nachvollziehbaren Aufbau** auf.
- Trotz des **assoziativen Gedankenspaziergangs** lässt der Essay eine **bewusst gestaltete Struktur** erkennen.
- Trotz einzelner **Abschweifungen** ergibt sich im Ganzen ein **strukturiertes Sinngefüge**.

Sprache und Stil

- Der/Die Verfasser/-in zeigt eine **Variation rhetorischer Modi** bei der Themenentfaltung, d. h. einen Wechsel zwischen expressiven, narrativen, deskriptiven, explikativen, argumentativen, appellativen Elementen.
- Der Stil, die Tonlage ist **der Aussageabsicht angemessen**.
- Der/Die Verfasser/-in setzt **sprachliche Mittel/rhetorische Figuren** (z. B. Metaphern, Vergleich, Wortspiele, Wiederholungen, Alliterationen, rhetorische Fragen, Ironie etc.) ein, sodass der Essay **sprachlich elaboriert** und **ästhetisch ansprechend** wirkt.
- Der Essay ist **anschaulich** und **abwechslungsreich** verfasst.

Sprachrichtigkeit und formale Gestaltung

- Der Essay ist in den Bereichen **Rechtschreibung, Zeichensetzung, Grammatik, Satzbau** weitgehend fehlerfrei.
- Durch eine sinnvolle Gliederung in **Absätze**, eindeutig markierte **Einfügungen** und ein deutliches **Schriftbild** wird ein flüssiges Lesen des Aufsatzes ermöglicht.

„Schläft ein Lied in allen Dingen" – Poetologische Splitter zum Kunstverständnis der Romantik

Caspar David Friedrich (1774 – 1840)
Äußerungen über die Kunst

Hüte dich vor kalter Vielwisserei, vor frevelhaftem Vernünfteln, denn sie tötet das Herz, und wo das Herz und Gemüt im Menschen erstorben sind, da kann die Kunst nicht wohnen. Bewahre einen reinen, kindli-
5 chen Sinn in dir und folge unbedingt der Stimme deines Innern, denn sie ist das Göttliche in uns und führt uns nicht irre. […] Die einzig wahre Quelle der Kunst ist unser Herz, die Sprache eines reinen, kindlichen Gemütes. Ein Gebilde, so nicht aus diesem Borne ent-
10 sprungen, kann nur Künstelei sein. Jedes echte Kunstwerk wird in geweihter Stunde empfangen und in glücklicher geboren, oft dem Künstler unbewusst aus innerem Drange des Herzens. […] Der Maler soll nicht bloß malen, was er vor sich sieht, sondern auch, was er
15 in sich sieht.   *(1807)*

Novalis (1772 – 1801)
Fragmente

Die Welt muss romantisiert werden. So findet man den ursprünglichen Sinn wieder. Romantisieren ist nichts als eine qualitative Potenzierung. […] Indem ich dem Gemeinen einen hohen Sinn, dem Gewöhnlichen ein
5 geheimnisvolles Ansehn, dem Bekannten die Würde des Unbekannten, dem Endlichen einen unendlichen Schein gebe, so romantisiere ich es […].   *(1798)*

Friedrich Schlegel (1772 – 1829)
116. Athenäums-Fragment

Die romantische Poesie ist eine progressive Universalpoesie. Ihre Bestimmung ist nicht bloß, alle getrennten Gattungen der Poesie wieder zu vereinigen und die Poesie mit der Philosophie und Rhetorik in Berührung
5 zu setzen. Sie will und soll auch Poesie und Prosa, Genialität und Kritik, Kunstpoesie und Naturpoesie bald mischen, bald verschmelzen, die Poesie lebendig und gesellig und das Leben und die Gesellschaft poetisch machen. […]   *(1798)*

E. T. A. Hoffmann (1776 – 1822)
Nachrichten von den neuesten Schicksalen des Hundes Berganza

Es gibt keinen höheren Zweck der Kunst, als in dem Menschen diejenige Lust zu entzünden, welche sein ganzes Wesen von aller irdischen Qual, von allem niederbeugenden Druck des Alltagslebens wie von unsaubern Schlacken befreit und ihn so erhebt, dass er, sein 5 Haupt stolz und froh emporrichtend, das Göttliche schaut, ja mit ihm in Berührung kommt.   *(1814)*

Rüdiger Safranski (geb. 1945)
Romantik. Eine deutsche Affäre

Die Romantiker eint das Unbehagen an der Normalität, am gewöhnlichen Leben. Was ist ihr Leben in Deutschland um 1800? Zunächst einmal: Es ist das gewöhnliche Leben von Schriftstellern, von Leuten also, für die geistige Angelegenheiten nicht eine schöne Nebensache, 5 sondern Hauptsache sind und denen das Geistige noch mit dem Geistlichen verbunden ist. Kein Wunder, stammen doch viele von ihnen aus Pfarrhäusern. Zwar hat auch bei ihnen die Aufklärung den alten Glauben ausgehöhlt. Eben darum halten sie, um das gewöhnliche 10 Leben vor Entzauberung zu schützen, Ausschau nach neuen Quellen des Geheimnisvollen. Die finden sie im poetischen Geist, in der Fantasie, […]. Mit ihrem Unbehagen an der Normalität nehmen die Romantiker jenes Unbehagen an der *Entzauberung der Welt durch Ratio-* 15 *nalisierung* vorweg, das Max Weber ein Jahrhundert später […] zur Sprache bringen wird. Die *Entzauberung der Welt* bedeutet nach Max Weber zweierlei. Zum Ersten, dass mit dem Siegeszug der empirischen Wissenschaften wachsende Anteile der Wirklichkeit als *prinzi-* 20 *piell* erklärbar, also als rational, zu gelten haben. Zum Zweiten, dass die Lebens- und Arbeitsbereiche zunehmend *rationell* organisiert sind. Das Rationale und das Rationelle zusammen verdichten sich zu dem, was Weber das *stahlharte Gehäuse* der Moderne nennt. 25 Ganz so stahlhart war das Gehäuse zu Zeiten der Romantiker noch nicht. Aber man konnte bereits einiges

ahnen, besonders wenn man so sensibel war wie sie. Sie spürten schon die Zunahme des Rationalen und Ratio-
30 nellen. Das Rationale war die selbstbewusste Aufklärung, an der sie sich abarbeiten mussten. Das Rationelle begegnete ihnen im pragmatischen bürgerlichen Nützlichkeitsdenken, das damals mächtig emporkam. Die empirisch-technischen Naturwissenschaften steck-
35 ten noch in den Anfängen, aber ihr Prinzip begann hervorzutreten in Gestalt der Idee, dass der Natur ein Mechanismus zugrunde liegt, den man erkennen und [...] für die eigenen Zwecke benutzen kann. Eichendorff schreibt, man habe *die Welt wie ein mechanisches, von*
40 *selbst fortlaufendes Uhrwerk sich gehörig zusammengestellt*. Bei Novalis heißt es, die Natur sei zur *einförmigen Maschine ... erniedrigt* worden. Man erblickte im Kreislauf der Welt das Walten einer verlässlichen, berechenbaren und den Bestand der Dinge garantierenden
45 Gesetzlichkeit; trotz Wechsel, Entwicklung und Katastrophen glaubte man in der Natur etwas Immergleiches, Verlässliches am Werke zu sehen, einen Mechanismus. Die moderne Denkart machte, wie Novalis sagt, *die unendlich schöpferische Musik des Weltalls zum*
50 *einförmigen Klappern einer ungeheuren Mühle*. Tiecks Lovell klagt darüber, dass die Moderne allen Zauber dreist enträtselt habe und dass die geheimnisvolle Dämmerung einem künstlichen Tageslicht gewichen sei. *Ich hasse Menschen, die mit ihrer nachgemachten*
55 *kleinen Sonne in jede trauliche Dämmerung hineinleuchten und die lieblichen Schattenphantome verjagen, die so sicher unter der gewölbten Sonne wohnten. In unserm*

Zeitalter ist eine Art von Tag geworden, aber die romantische Tag- und Morgenbeleuchtung war schöner, als dieses graue Licht des wolkigen Himmels. [...] (2007) 60

1. Erstellen Sie eine informierende Wandzeitung zum Kunstverständnis in der Romantik mithilfe der programmatischen Texte auf dieser und der vorherigen Seite. Klären Sie folgende Arbeitsfragen:
   - Welche Rolle kommt der Kunst nach Auffassung romantischer Künstler zu?
   - Worauf antwortet die romantische Kunst?
   - Wie soll sie wirken? Was ist ihr Ziel?
   Oder erstellen Sie eine Mindmap zum Kunstverständnis der Romantik.

2. Diskutieren Sie ausgehend von dem romantischen Kunstverständnis die Frage, worin Sie persönlich die Rolle und Aufgabe der Kunst sehen.

3. **Was Sie noch machen können:**
   Neben den aufgeführten Autoren spielen auch Frauen als Schriftstellerinnen und Initiatorinnen literarischer Salons eine Rolle, z. B. Karoline von Günderrode (vgl. S. 179), Rahel Varnhagen, Sophie La Roche, Bettina von Arnim … Erstellen Sie zu den Dichterinnen Biografien und präsentieren Sie ausgewählte Texte von ihnen. Sie können auch eine kleine Ausstellung organisieren. Das Thema „Frauen in der Romantik" bietet sich auch für eine längere, selbstständige Arbeit an.
   ➔ Einen informierenden Text mithilfe von Materialien verfassen, s. S. 472 ff.

Porträt Rahel Varnhagen von Ense, geborene Levin (1771 – 1831); Grisaille-Gemälde von Ernst Hader (1870)

Marie Sophie La Roche (1730 – 1807); Gemälde von Oswald May (um 1776)

Bettina von Arnim, geb. Brentano (1785 – 1859); Gemälde von Achim von Arnim-Bärwalde (um 1890)

Klassik
(1786–1805)

**Romantik
(ca. 1790–1835)**

Vormärz, Junges Deutschland,
Zeitalter des Biedermeier
(1815–1848)

**Zeitalter der Romantik
(ca. 1790–1835)**

Geistige Tendenzen und leitende Ideen
– Aufklärung und Rationalismus
– Freiheit der Wissenschaften
– Empfindsamkeit
– heile Welt des Mittelalters als „Goldenes Zeitalter"
– Katholizismus
– Bedürfnis nach Entgrenzung
– Romantisierung/Poetisierung der Welt
– Krise des Individuums als Folge des Modernen

Themen und Motive
– Sehnsucht („blaue Blume")
– Fantasie
– Reisen/Wandern
– Natur/Wald/Einsamkeit
– Identitätssuche zwischen Begrenzung und Entgrenzung
– Kritik am Spießbürger
– Kritik an Zivilisation, Moderne und Fortschritt
– „Schauerromantik": Unbewusstes, Trieb, Dämonie, Psyche, Irrationalität, Wahnsinn

Zeitgeschichtliche Hintergründe
– Französische Revolution (1789)
– Herrschaft Napoleons und gemäßigter Absolutismus
– Wiener Kongress (1815) und Restauration
– Politik: Kleinstaaterei
– Ökonomie: Industrialisierung und Kapitalismus

Autoren und Werke
– Clemens Brentano (1778–1842)
– Joseph von Eichendorff (1788–1857)
– Bettina von Arnim (1785–1859)
– E. T. A. Hoffmann (1776–1822)
– Heinrich Heine (1797–1856)
– Friedrich von Hardenberg/Novalis (1772–1801)

Literarische Formen
– Lyrik/Volkslieder
– Erzählungen und Novellen
– Bildungs- und Entwicklungsroman
– Schauerroman
– Kunstmärchen
– Sage
– Tendenz zum Fragment

Klassik
(1786–1805)

**Romantik
(ca. 1790–1835)**

Vormärz, Junges Deutschland,
Zeitalter des Biedermeier
(1815–1848)

„Widerspiegelung allen wirklichen Lebens" – Zentrale Strömungen realistischer Literatur im 19. Jahrhundert

Als allgemeines, epochenübergreifendes Stilmerkmal kann im 19. Jahrhundert die immer schärfere Bezugnahme auf die Lebenswirklichkeit beschrieben werden, bis hin zum Naturalismus (1885 – 1895), der die sozialen Probleme der Arbeiter und die Not der Menschen ins Zentrum rückt.

Diese Entwicklung beginnt in der Auseinandersetzung mit den idealistischen Epochen Klassik und Romantik und vor dem gesellschaftlichen und politischen Hintergrund der Restauration im Gefolge des Wiener Kongresses (1815). Die literarischen Epochen des „Vormärz" und des „Jungen Deutschlands" kämpften für politische Veränderungen, die Literaten des „Biedermeier" dagegen zogen sich ins Private zurück.

Das Hambacher Fest 1832

Die gescheiterte Revolution von 1848/49 führte dazu, dass sich das liberale Bürgertum der Ideale von Freiheit, sozialer Gleichheit und nationaler Einigung beraubt sah. Im Einklang mit den neuen „Realitäten", den zahlreichen technischen Erfindungen, der beschleunigten wirtschaftlich-industriellen Entwicklung gelang es dem Bürgertum, seine politische Bedeutungslosigkeit durch wirtschaftliche Macht, Wohlstand und nicht zuletzt durch Bildung zum Teil auszugleichen. Dieses Selbstbewusstsein spiegelte sich in der Literatur, im „Poetischen" oder „Bürgerlichen Realismus" wider. Literatur dient hier der Selbstbestätigung, nicht dem Ausbruch in mythisch-märchenhafte Traumwelten oder der direkten Gegenwartskritik.

Carl Spitzweg (1808 – 1885): Der Zeitungsleser im Hausgarten, 1845/1858

Not und Elend der Menschen werden schließlich im „Naturalismus" angeprangert.

Eugène Delacroix: Die Freiheit führt das Volk an (1830)

Adolf von Menzel
(1815 – 1905): Das
Eisenwalzwerk,
1872 – 1875

Käthe Kollwitz (1867 – 1945):
Weberzug, 1897

1. Klären Sie im Kurs, was Sie im täglichen Sprachgebrauch unter „realistisch" verstehen, und formulieren Sie Beispiele.

2. Betrachten sie die Abbildungen auf dieser Doppelseite. Erläutern Sie, inwiefern hier unterschiedliche Facetten von Wirklichkeit, von „Realismus" deutlich werden.

3. Junge Schriftstellerinnen und Schriftsteller zu Beginn des 19. Jahrhunderts beschäftigen sich in der Auseinandersetzung mit den vorangegangenen Epochen mit der Dichotomie von Idealismus und Realismus. Auch heute treffen wir im alltäglichen Leben auf Gegensätze zwischen Ideal und Wirklichkeit. Sammeln Sie Beispiele aus Ihrem Umfeld und erstellen Sie eine kurze Präsentation. Tipp: Schnell fündig werden Sie, wenn Sie Familienbilder, Rollenbilder usw. in der Werbung untersuchen.

Facetten realistischer Literatur im 19. Jahrhundert

Georg Weerth wurde 1822 in Detmold als Sohn eines Pfarrers geboren. Wegen einer Erkrankung des Vaters verließ er vorzeitig das Gymnasium und machte zunächst eine kaufmännische Ausbildung. Nach einem Studium in Bonn war er ab 1843 in einem Textilunternehmen in England tätig. In den Jahren 1848/1849 leitete er das Feuilleton der von Karl Marx herausgegebenen „Neuen Rheinischen Zeitung". Weerth starb 1856 auf Kuba, wo er eine Handelsagentur leitete.

  WES-127877-035

Georg Weerth (1822 – 1856)
Die Rheinischen Weinbauern

An Ahr und Mosel glänzten
Die Trauben gelb und rot;
Die dummen Bauern meinten,
Sie wären aus jeder Not.

5 Da kamen die Handelsleute
Herüber aus aller Welt:
„Wir nehmen ein Drittel der Ernte
Für unser geliehenes Geld!"

Da kamen die Herren Beamten
10 Aus Koblenz und aus Köln:
„Das zweite Drittel gehöret
Dem Staate an Steuern und Zölln!"

Und als die Bauern flehten
Zu Gott in höchster Pein,
15 Da schickt er ein Hageln und Wettern
Und brüllte: „Der Rest ist mein!"

Viel Leid geschieht jetzunder,
Viel Leid und Hohn und Spott,
Und wen der Teufel nicht peinigt,
20 Den peinigt der liebe Gott! *(1845)*

1. Fassen Sie mit eigenen Worten die Thematik des Gedichtes zusammen.

2. Erläutern Sie den Aufbau und die sprachlichen Mittel des Gedichtes mit Blick auf die Aussageabsicht. Ermitteln Sie den Adressaten.

Eduard Mörike wurde 1804 in Ludwigsburg geboren. Nach einem Theologiestudium arbeitete er zunächst als Vikar, 1834 erhielt er eine Pfarrstelle in der Nähe von Heilbronn, ließ sich aber schon neun Jahre später pensionieren. 1851 heiratete Mörike und zog mit seiner Ehefrau nach Stuttgart, wo er zehn Jahre lang Literatur an einem Mädchenstift unterrichtete. Er starb 1875.

  WES-127877-036

Eduard Mörike (1804 – 1875)
Verborgenheit

Lass, o Welt, o lass mich sein!
Locket nicht mit Liebesgaben,
Lasst dies Herz alleine haben
Seine Wonne, seine Pein!

5 Was ich traure, weiß ich nicht,
Es ist unbekanntes Wehe;
Immerdar durch Tränen sehe
Ich der Sonne liebes Licht.

Oft bin ich mir kaum bewusst,
10 Und die helle Freude zücket
Durch die Schwere, so mich drücket
Wonniglich in meiner Brust.

Lass, o Welt, o lass mich sein!
Locket nicht mit Liebesgaben,
15 Lasst dies Herz alleine haben
Seine Wonne, seine Pein! *(1832)*

1. Klären Sie die seelische Verfassung des lyrischen Ichs.

2. Weisen Sie am Text nach, welches Weltverständnis zum Ausdruck kommt. Berücksichtigen Sie dabei auch den Titel „Verborgenheit".

3. Vergleichen Sie das Mörike-Gedicht mit dem Gedicht von Weerth. Skizzieren Sie die augenfälligsten Unterschiede.
❯ Einen Gedichtvergleich verfassen, S. 484 f.

Theodor Fontane wurde 1819 in Neuruppin geboren. Bekannt ist er durch seine Balladen „Herr von Ribbeck", „John Maynard" oder die „Brücke am Tay", aber auch durch seine bedeutenden Gesellschaftsromane, wie z. B. „Effi Briest". Seine journalistischen Tätigkeiten führten ihn nach England (1852 – 1859), wo er begeistert die englischen Realisten las. Über 60 Jahre lebte er in Berlin, das sich in genauen Ortsbeschreibungen in seinen Romanen niederschlug. Hier starb er 1898.

Theodor Fontane (1819 – 1898)
Umsonst

Immer rascher fliegt der Funke,
jede Dschunke und Spelunke
wird auf Wissenschaft bereist,
jede Sonne wird gewogen
5 und in Rechnung selbst gezogen,
was noch sonnenjenseits kreist.

Immer höh' re Wissenstempel,
immer richt' ger die Exempel,
wie Natur es draußen treibt,
10 immer klüger und gescheiter,
und wir kommen doch nicht weiter,
und das Lebensrätsel bleibt.[1]
(zu Lebzeiten nicht veröffentlicht)

1. Klären Sie den Realitätsbezug dieses Gedichts.

2. Deuten Sie den Titel.

Arno Holz (1863 – 1929)
Aus: Phantastus: Ihr Dach stieß fast bis an die Sterne

Ihr Dach stieß fast bis an die Sterne,
vom Hof her stampfte die Fabrik,
es war die richtge Mietskaserne
mit Flur- und Leiermannsmusik!
5 Im Keller nistete die Ratte,
parterre gabs Branntwein, Grog und Bier,
und bis ins fünfte Stockwerk hatte
das Vorstadtelend sein Quartier.

Dort saß er nachts vor seinem Lichte
10 – duck nieder, nieder, wilder Hohn! –
und fieberte und schrieb Gedichte,
ein Träumer, ein verlorner Sohn!
Sein Stübchen konnte grade fassen
ein Tischchen und ein schmales Bett;
15 er war so arm und so verlassen,
wie jener Gott aus Nazareth!

Doch pfiff auch dreist die feile Dirne,
die Welt, ihn aus: Er ist verrückt!
ihm hatte leuchtend auf die Stirne
20 der Genius seinen Kuss gedrückt.
Und wenn vom holden Wahnsinn trunken
er zitternd Vers an Vers gereiht,
dann schien auf ewig ihm versunken
die Welt und ihre Nüchternheit.

25 In Fetzen hing ihm seine Bluse,
sein Nachbar lieh ihm trocknes Brot,
er aber stammelte: O Muse!
und wusste nichts von seiner Not.
Er saß nur still vor seinem Lichte,
30 allnächtlich, wenn der Tag entflohn,
und fieberte und schrieb Gedichte,
ein Träumer, ein verlorner Sohn!   *(1886)*

1. Klären Sie, wer in diesem Gedicht beschrieben wird.

2. Untersuchen Sie, wie Arno Holz die Wirklichkeit darstellt.

3. Vergleichen Sie die vier realistischen Gedichte. Notieren Sie Gemeinsamkeiten und Unterschiede.

4. Ordnen Sie die Bilder der Einstiegsdoppelseite (S. 208 f.) den Gedichten begründend zu.

---

[1] Fontane, Große Brandenburger Ausgabe, Gedichte 2; Joachim Krueger und Anita Goltz (Hrsg.), Berlin (Aufbau Verlag) 1995, S. 487

„Ästhetische Feldzüge" – Idealismuskritik und schriftstellerisches Selbstverständnis

Der Schriftsteller Ludolf Wienbarg veröffentlichte 1834 eine Sammlung mit 22 seiner Vorlesungen unter dem Titel „Ästhetische Feldzüge". Mit der Widmung „Dir, junges Deutschland, widme ich diese Reden" prägte er maßgeblich den Begriff „Junges Deutschland".

Ludolf Wienbarg (1802 – 1872)
Ästhetische[1] Feldzüge

Dir, junges Deutschland, widme ich diese Reden, flüchtige Ergüsse wechselnder Aufregung, aber alle aus der Sehnsucht des Gemüts nach einem besseren und
5 schöneren Volksleben entsprungen. [...] Welches Merkmal ist es ..., das die Ästhetik der neuesten Literatur, die Prosa eines Heine, Börne, Menzel, Laube von früherer Prosa unterscheidet? Ich möchte ein
10 Wort dafür geben und sagen, dies Merkmal ist die Behaglichkeit, die sichtbar aus der Goethe'schen und Jean Paul'schen Prosa spricht und die der neuesten fehlt. Jene früheren Großen unserer Literatur lebten in einer von der Welt abgeschiedenen
15 Sphäre, weich und warm gebettet in einer verzauberten idealen Welt, und sterblichen Göttern ähnlich auf die Leiden und Freuden der wirklichen Welt hinabschauend und sich vom Opferduft der Gefühle und Wünsche des Publikums ernährend. Die neuern Schriftsteller
20 sind von dieser sichern Höhe herabgestiegen, sie machen einen Teil des Publikums aus, sie stoßen sich mit der Menge herum, sie ereifern sich, freuen sich, lieben und zürnen wie jeder andere, sie schwimmen mitten im Strom der Welt, und wenn sie sich durch etwas von den
25 Übrigen unterscheiden, so ist es, dass sie die Vorschwimmer sind und, sei es nur trocken und elegant auf dem Rücken eines Delfins wie Heine oder nass und bespritzt wie Börne, den Gestaden der Zukunft entgegeneilen, welche die Zeit für „ihre hesperischen Gärten
30 glücklicher Inseln"[2] ansieht. Behaglichkeit ist in solcher Lage und bei solchem Streben nicht wohl denkbar, die Schriftstellerei ist kein Spiel schöner Geister, kein unschuldiges Ergötzen, keine leichte Beschäftigung der

Fantasie mehr, sondern der Geist der Zeit, der unsichtbar über allen Köpfen 35 waltet, ergreift des Schriftstellers Hand und schreibt im Buch des Lebens mit dem ehernen Griffel der Geschichte, die Dichter und ästhetischen Prosaisten stehen nicht mehr wie vormals allein im 40 Dienst der Musen, sondern auch im Dienst des Vaterlandes, und allen mächtigen Zeitbestrebungen sind sie Verbündete. Ja, sie finden sich nicht selten im Streit mit jenem schönen Dienst, dem 45 ihre Vorgänger huldigten, sie können die Natur nicht über die Kunst vergessen machen, sie können nicht immer so zart und ätherisch dahinschweben, die Wahrheit und Wirklichkeit hat sich ihnen zu gewaltig aufgedrungen, und mit dieser, das ist ihre Schick- 50 salsaufgabe, mit dieser muss ihre Kraft so lange ringen, bis das Wirkliche nicht mehr das Gemeine, das dem ideellen feindlich Entgegengesetzte ist. [...] *(1834)*

1. Wienbarg sieht große Unterschiede zwischen der Literatur seiner Zeit (vertreten etwa durch Heine, Börne, Menzel, Laube) und früherer Literatur (als Beispiel nennt er Goethe und Jean Paul).
Machen Sie in einer Gegenüberstellung (z. B. in Form einer Tabelle) deutlich, wie Wienbarg die jeweilige Literatur und deren Vertreter sieht und beurteilt.

2. Fassen Sie in einem Resümee zusammen, welche Aufgabe nach Wienbarg der Literatur bzw. den Schriftstellern seiner Zeit zukommt. Nehmen Sie dabei auch Bezug zum Titel.

3. Untersuchen Sie die sprachliche Gestaltung des Textes im Hinblick auf die beabsichtigte Wirkung.

[1] **Ästhetik:** Lehre von Gesetzmäßigkeiten und Harmonie in der Natur und Kunst – [2] **hesperische Gärten:** in der griechischen Mythologie paradiesische Gärten mit goldenen Äpfeln

Georg Büchner (1813–1837)
Lenz (Auszug)

In Büchners Novelle „Lenz" wird die Geschichte des Schriftstellers Jakob Michael Reinhold Lenz erzählt, der nach einem psychischen Zusammenbruch 1777/1778 bei dem protestantischen Pfarrer Johann Friedrich Oberlin Aufnahme findet. Ein zentraler Moment der Erzählung ist der Besuch seines Freundes Christof Kaufmann, bei dem sie sich auch über die Literatur unterhalten.

Über Tisch war Lenz wieder in guter Stimmung, man sprach von Literatur, er war auf seinem Gebiete; die idealistische Periode fing damals an, Kaufmann war ein Anhänger davon, Lenz widersprach heftig. Er sagte:
5 Die Dichter, von denen man sage, sie geben die Wirklichkeit, hätten auch keine Ahnung davon, doch seien sie immer noch erträglicher als die, welche die Wirklichkeit verklären wollten. Er sagte: Der liebe Gott hat die Welt wohl gemacht, wie sie sein soll, und wir kön-
10 nen wohl nicht was Besseres klecksen, unser einziges Bestreben soll sein, ihm ein wenig nachzuschaffen. Ich verlange in allem Leben, Möglichkeit des Daseins, und dann ist's gut; wir haben dann nicht zu fragen, ob es schön, ob es hässlich ist, das Gefühl, dass was geschaf-
15 fen sei, Leben habe, stehe über diesen beiden, und sei das einzige Kriterium in Kunstsachen. Übrigens begegne es uns nur selten, in Shakespeare finden wir es und in den Volksliedern tönt es einem ganz, in Goethe manchmal entgegen. Alles Übrige kann man ins Feuer
20 werfen. Die Leute können auch keinen Hundsstall zeichnen. Da wolle man idealistische Gestalten, aber alles, was ich davon gesehen, sind Holzpuppen. Dieser Idealismus ist die schmählichste Verachtung der menschlichen Natur. Man versuche es einmal und sen-
25 ke sich in das Leben des Geringsten und gebe es wieder, in den Zuckungen, den Andeutungen, dem ganzen feinen, kaum bemerkten Mienenspiel [...]. *(1839)*

1. In der Figur des Lenz äußert Büchner sein eigenes literarisches Selbstverständnis.
Erarbeiten Sie, was der Dichter Lenz gegen die „idealistische Periode" (womit er z. B. die Dichter der Klassik und Romantik meint) vorbringt.

2. Beschreiben Sie, welche Kriterien die Dichtung nach Lenz' Meinung erfüllen muss.

Georg Herwegh (1786–1837)
Die neue Literatur

Die junge Literatur unterscheidet sich ganz wesentlich von jeder früheren, und die Nation ist ihr zu besonderem Danke verpflichtet. Die junge Literatur ist nämlich durch und durch, von ihrem Ursprunge an demokra-
5 tisch, was sich zum Teil bis in die kleinsten Nuancen derselben nachweisen lässt. Sie braucht zu ihren Tragödien und Novellen nicht mehr jenen fürstlichen Apparat, der selbst Shakespeare zu großartigen Effekten noch zulässlich dünkte. Für sie ist in jedem Zimmer ein Roman, für sie rauscht in jedem Herzen die Melodie des
10 Schicksals. Während der Dichter in früheren Zeiten sich zurückzog aus dem Gewühle der Welt, stürzt die junge Literatur sich mitten in den Strom des Lebens und schöpft aus den meisten Wellen. Der Dichter vereinsamt nicht mehr, er sagt sich von keiner gesell-
15 schaftlichen Beziehung mehr los, kein Interesse des Volkes und der Menschheit bleibt seinem Herzen fremd; er ist nicht nur demokratischer, er ist auch universeller geworden. Es fällt heutzutage manches in den Bereich poetischer Gestaltung, woran vor einem Jahrzehnt
20 noch keine Seele gedacht. Mag auch der Tendenz seither die Schönheit oft geopfert worden sein, es ist ein Fehler, der sich leicht gutmachen lässt, und wirkliche Produktionen der neuesten Zeit, namentlich im Fache des komischen Romans, beruhigen vollkommen über
25 die echte Schöpfungskraft unserer jungen Autoren. Unsere neue Literatur ist eine Tochter der Kritik, unsere besten Schriftsteller haben in den Journalen ihre Studien vor dem Publikum gemacht, manches keimende Talent schlägt noch jetzt denselben Weg ein. – Die Kritik
30 hat uns von der Form der Tyrannei befreit und uns befruchtende Ideen zugeführt, die auch in neuen schönen Gestalten sich verkörpern werden, wenn nicht alle Anzeichen trügen. *(o. J.)*

3. Erläutern Sie, was Herwegh unter einer „demokratischen" Literatur versteht. Stellen Sie die Kennzeichen der „jungen Literatur" in Stichworten zusammen.

4. Klären Sie, welchen vorübergehenden Mangel er in der „jungen Literatur" sieht.

5. Vergleichen Sie die Forderungen von Lenz und die Beschreibung Herweghs der „jungen Literatur" und arbeiten Sie die Gemeinsamkeiten heraus.

➲ Biografische Informationen zu Georg Herwegh finden Sie auf S. 221.

Adalbert Stifter wurde 1805 in Oberplan im Böhmerwald geboren. Nach einer strengen Erziehung auf einer von Benediktinermönchen geleiteten Lateinschule studierte er Jura, legte aber kein Examen ab. Später arbeitete er als Hauslehrer, bis er zum Schulrat ernannt wurde. In seinen letzten Jahren war er schwer krank und litt unter Depressionen. Stifter nahm sich 1868 das Leben. Obwohl er zunächst ein Befürworter der Revolution war, zog er sich ab 1848 aus dem politischen Tagesgeschehen zurück.

Adalbert Stifter (1805 – 1868)
Vorrede zu „Bunte Steine"

In der Sammlung „Bunte Steine" fasste Stifter sechs Erzählungen aus den Jahren 1842 – 1852 zusammen. In der Vorrede legt er eine Art weltanschauliches Bekenntnis ab.

Es ist einmal gegen mich bemerkt worden, dass ich nur
5 das Kleine bilde, und dass meine Menschen stets die gewöhnlichen Menschen seien. Kleineres und Unbedeutenderes anzubieten, nämlich allerlei Spielereien für junge Herzen. [...] Großes und Kleines zu bilden, hatte ich bei meinen Schriften überhaupt nie im Sinne,
10 ich wurde von ganz anderen Gesetzen geleitet. Die Kunst ist mir ein so Hohes und Erhabenes, sie ist mir wie ich schon einmal an einem anderen Orte gesagt habe, nach der Religion das Höchste auf Erden, so dass ich meine Schriften nie für Dichtungen gehalten habe,
15 noch mich je vermessen werde, sie für Dichtungen zu halten. [...] Allein wenn auch nicht jede gesprochenen Worte Dichtung sein können, so können sie doch etwas anderes sein, dem nicht alle Berechtigung des Daseins abgeht. Gleichgestimmten Freunden eine vergnügte
20 Stunde zu machen, ihnen allen, bekannten wie unbekannten, einen Gruß zu schicken, und ein Körnlein Gutes zu dem Baue des Ewigen beizutragen, das war die Absicht bei meinen Schriften, und wird auch die Absicht bleiben. Ich wäre sehr glücklich, wenn ich mit Ge-
25 wissheit wüsste, dass ich nur diese Absicht erreicht hätte. Weil wir aber schon einmal von dem Großen und Kleinen reden, so will ich meine Ansichten darlegen, die wahrscheinlich von denen vieler anderer Menschen abweichen. Das Wehen der Luft, das Rieseln des Was-
30 sers, das Wachsen der Getreide, das Wogen des Meeres, das Grünen der Erde, das Glänzen des Himmels, das Schimmern der Gestirne halte ich für groß: das prächtig einherziehende Gewitter, den Blitz, welcher Häuser spaltet, den Sturm, der die Brandung treibt, den Feuer
35 speienden Berg, das Erdbeben, welches Länder verschüttet, halte ich nicht für größer als obige Erscheinungen, ja ich halte sie für kleiner, weil sie nur Wirkungen viel höherer Gesetze sind. Sie kommen auf einzelnen Stellen vor und sind die Ergebnisse einseiti-
ger Ursachen. Die Kraft, welche die Milch im Töpfchen 40 der armen Frau emporschwellen und übergehen macht, ist es auch, die die Lava in dem Feuer speienden Berge emportreibt und auf den Flächen der Berge hinabgleiten lässt. Nur augenfälliger sind diese Erscheinungen und reißen den Blick des Unkundigen und Unaufmerk- 45 samen mehr an sich, während der Geisteszug des Forschers vorzüglich auf das Ganze und Allgemeine geht und nur in ihm allein Großartigkeit zu erkennen vermag, weil es allein das Welterhaltende ist. Die Einzelheiten gehen vorüber, und ihre Wirkungen sind nach 50 Kurzem kaum noch erkennbar.
[...]
So wie es in der äußeren Natur ist, so ist es auch in der inneren, in der des menschlichen Geschlechtes. Ein ganzes Leben voll Gerechtigkeit, Einfachheit, Bezwin- 55 gung seiner selbst, Verstandesmäßigkeit, Wirksamkeit in seinem Kreis, Bewunderung des Schönen, verbunden mit einem heiteren gelassenen Sterben, halte ich für groß: mächtige Bewegungen des Gemütes, furchtbar einherrollenden Zorn, die Begier nach Rache, den ent- 60 zündeten Geist, der nach Tätigkeit strebt, umreißt, ändert, zerstört und in der Erregung oft das eigene Leben hinwirft, halte ich nicht für größer, sondern für kleiner, da diese Dinge so gut nur Hervorbringungen einzelner und einseitiger Kräfte sind, wie Stürme, Feuer speiende 65 Berge, Erdbeben. Wir wollen das sanfte Gesetz zu erblicken suchen, wodurch das menschliche Geschlecht geleitet wird. [...] *(1852)*

1. Stifter spricht in seiner Vorrede von der „äußeren" und der „inneren Natur". Erläutern Sie, was er damit meint.

2. Erarbeiten Sie, was Stifter an der „äußeren" bzw. „inneren Natur" „groß" bzw. „klein" findet. Geben Sie Ihre Ergebnisse in Form eines Schaubildes wieder.

3. Erläutern Sie mit eigenen Worten, was Stifter unter dem „sanfte[n] Gesetz" (Z. 41) versteht.

Theodor Fontane (1819 – 1898)
Realismus

Vor allem verstehen wir (unter Realismus) nicht das nackte Wiedergeben alltäglichen Lebens, am wenigsten seines Elends und seiner Schattenseiten. Traurig genug, dass es nötig ist, derlei sich von selbst verstehende
5 Dinge noch erst versichern zu müssen. Aber es ist noch nicht allzu lange her, dass man (namentlich in der Malerei) Misere mit Realismus verwechselte und bei der Darstellung eines sterbenden Proletariers, den hungernde Kinder umstehen, [...] sich einbildete, der Kunst
10 eine glänzende Richtung vorgezeichnet zu haben. Diese Richtung verhält sich zum echten Realismus wie das rohe Erz zum Metall: Die Läuterung fehlt. Wohl ist das Motto des Realismus der Goethe'sche Zuruf:
Greif nur hinein ins volle Menschenleben,
15 Wo du es packst, da ist's interessant,[1]
aber freilich, die Hand, die diesen Griff tut, muss eine künstlerische sein. Das Leben ist doch immer nur der Marmorsteinbruch, der den Stoff zu unendlichen Bildwerken in sich trägt; sie schlummern darin, aber nur
20 dem Auge des Geweihten sichtbar und nur durch seine Hand zu erwecken. Der Block an sich, nur herausgerissen aus einem größeren Ganzen, ist noch kein Kunstwerk, und dennoch haben wir die Erkenntnis als einen unbedingten Fortschritt zu begrüßen, dass es zunächst dieses Stoffes, oder sagen wir lieber des Wirklichen, zu 25 allem künstlerischen Schaffen bedarf. [...]
Wenn wir in Vorstehendem [...] uns lediglich negativ verhalten und überwiegend hervorgehoben haben, was der Realismus nicht ist, so geben wir nunmehr unsere Ansicht über das, was er ist, mit kurzen Worten dahin 30 ab: Er ist die Widerspiegelung alles wirklichen Lebens, aller wahren Kräfte und Interessen im Element der Kunst; [...]. Er umfängt das ganze reiche Leben, das Größte wie das Kleinste: den Kolumbus, der der Welt eine neue zum Geschenk machte, und das Wassertier- 35 chen, dessen Weltall der Tropfen ist; den höchsten Gedanken und die tiefste Empfindung zieht er in seinen Bereich, und die Grübeleien eines Goethe und das Leid Gretchens[2] sind sein Stoff. Denn alles das ist wirklich. Der Realismus will nicht die bloße Sinnenwelt [...]; er 40 will am allerwenigsten das bloß Handgreifliche, aber er will das Wahre. Er schließt nichts aus, als die Lüge, das Forcierte[3], das Nebelhafte, das Abgestorbene – vier Dinge, mit denen wir glauben, eine ganze Literaturepoche bezeichnet zu haben. 45

(1853)

---

1. Erklären Sie, was Fontane mit „Läuterung" von „Erz zum Metall" (vgl. Z. 12) meint, und finden Sie weitere Bilder, welche den künstlerischen Prozess der „Läuterung" beschreiben.

2. Der Dichter Otto Ludwig (1813 – 1865), der den Begriff vom poetischen Realismus prägte, beschrieb die realistische Dichtung als eine „Poesie der Wirklichkeit, die nackten Stellen des Lebens überblumend [...] durch Ausmalung der Stimmung und Beleuchtung des Gewöhnlichsten im Leben mit dem Lichte der Idee".
Erklären Sie dieses Zitat, indem Sie mögliche Fortsetzungen für folgende Satzanfänge formulieren:
- Der poetische Realismus beschreibt Wirklichkeit, indem ...
- Der poetische Realismus beschreibt Wirklichkeit, aber ...

3. Veranschaulichen Sie die wesentlichen Züge des „Poetischen Realismus", wie sie in Fontanes Text Otto Ludwigs Zitat hervortreten, in einer Mindmap.

4. Beschreiben Sie, wie sich Fontanes poetischer Realismus von den Definitionen bei Herwegh (S. 213)und Büchner (Lenz, S. 213) unterscheidet.

---

[1] Aus: Johann Wolfgang v. Goethe: Faust (Vorspiel auf dem Theater) – [2] **Gretchen:** Gestalt aus Goethes „Faust" –
[3] **das Forcierte:** das Erzwungene, Unnatürliche

Arno Holz (1863 – 1929)
Die Kunst. Ihre Wesen und ihre Gesetze

Vor mir auf meinem Tisch liegt eine Schiefertafel. Mit einem Steingriffel ist eine Figur auf sie gemalt, aus der ich absolut nicht klug werde. Für ein Dromedar hat sie nicht Beine genug, und für ein Vexierbild „Wo ist die
5 Katz?" kommt sie mir wieder zu primitiv vor. Am ehesten möchte ich sie noch für eine Schlingpflanze oder für den Grundriss einer Landkarte halten. Ich würde sie mir vergeblich zu erklären versuchen, wenn ich nicht wüsste, dass ihr Urheber ein kleiner Junge ist. Ich hole
10 ihn mir also von draußen aus dem Garten her, wo der Bengel eben auf einen Kirschbaum geklettert ist, und frage ihn: „Du, was ist das hier?" Und der Junge sieht mich ganz verwundert an, dass ich das überhaupt fragen kann, und sagt: „Ein Suldat!"
15 Ein „Suldat!" Richtig! Jetzt erkenne ich ihn deutlich! Dieser unfreiwillige Klumpen hier soll sein Bauch, dieser Mauseschwanz sein Säbel sein und schräg über seinem Rücken hat er sogar noch so eine Art von zerbrochenem Schwefelholz zu hängen, das natürlich wieder
20 nur seine Flinte sein kann. In der Tat! Ein „Suldat"! Und ich schenke dem Jungen einen schönen, blank geputzten Groschen, für den er sich nun wahrscheinlich Knallerbsen, Zündhütchen oder Malzzucker kaufen wird, und er zieht befriedigt ab.
25 Dieser „Suldat" ist das, was ich suchte. Nämlich eine jener einfachen künstlerischen Tatsachen, deren Bedingungen ich kontrollieren kann. Mein Wissen sagt mir, zwischen ihm und der *Sixtinischen Madonna* in Dresden besteht kein Art-, sondern ein Gradunter-
30 schied. [...] Durch den kleinen Jungen selbst weiß ich, dass die unförmige Figur da vor mir nichts anders als ein Soldat sein soll. Nun lehrt mich aber bereits ein einziger flüchtiger Blick auf das Zeug, dass es tatsächlich kein Soldat ist. Sondern nur ein lächerliches Gemengsel
35 von Strichen und Punkten auf schwarzem Untergrund. Ich bin also berechtigt, bereits aus dieser ersten und sich mir geradezu von selbst aufdrängenden Erwägung heraus zu konstatieren, dass hier in diesem kleinen Schiefertafel-Opus das Resultat einer Tätigkeit vorliegt,
40 die auch nicht im Entferntesten ihr Ziel erreicht hat. Ihr Ziel war ein Soldat No. 2, und als ihr Resultat offeriert sich mir hier nun dies Tragikomische! [...] Ich habe also bis jetzt konstatiert, dass zwischen dem Ziel, das sich der Junge gestellt hat, und dem Resultat, das er in Wirk-
45 lichkeit, hier auf dem kleinen schwarzen Täfelchen vor mir, erreicht hat, eine Lücke klafft, die grauenhaft groß ist. [...]

Schiebe ich nun für das Wörtchen Resultat das sicher auch nicht ganz unbezeichnende „Schmierage" unter, für Ziel „Soldat" und für Lücke „x", so erhalte ich hier-
50 aus die folgende niedliche kleine Formel: Schmierage = Soldat – X.
Oder weiter, wenn ich für Schmierage „Kunstwerk" und für Soldat das beliebte „Stück Natur" setze: Kunstwerk = Stück Natur – X.
55 Oder noch weiter, wenn ich für das Kunstwerk vollends „Kunst" und für Stück Natur „Natur" selbst setze: Kunst = Natur – X. *(1891)*

1. Fassen Sie die Geschichte, die Arno Holz erzählt, kurz zusammen.

2. Arno Holz findet eine Formel für die Kunst: Kunst = Natur – X. Erklären Sie, was er damit meint.

3. Diskutieren Sie, wie Kunstwerke gestaltet sein müssen, damit sie nach der Formel Kunst = Natur – X möglichst gute Kunst und keine „Schmierage" (Z. 49) sind.

4. Erörtern Sie, wie Fontane sein Kunst- bzw. Literaturverständnis in eine Formel fassen könnte.

5. Die vier poetologischen Texte beschreiben drei Strömungen des Realismus im 19. Jahrhundert. Verschaffen Sie sich einen Überblick, indem Sie zentrale Informationen und Leitbegriffe in einer Tabelle zusammenstellen.

	Leitbegriffe	„Strömung"
Büchner/ Herwegh	...	...
Stifter	...	...
Fontane	...	...
Holz	...	...

Literatur im Kampf für eine gerechtere Gesellschaft im Vormärz und „Jungem Deutschland"

Heinrich Heine wurde 1797 in Düsseldorf als Sohn eines jüdischen Textilkaufmannes geboren und war einer der bedeutendsten deutschen Dichter, Schriftsteller und Journalisten. Nach einer kaufmännischen Lehre absolvierte Heine von 1819 bis 1825 zunächst ein Jurastudium. In dieser Zeit nahmen literarische Interessen und schriftstellerische Tätigkeiten bereits einen großen Raum ein. Um der ständigen Diskriminierung als Jude zu entgehen, ließ sich Heine 1825 protestantisch taufen, doch seine beruflichen Chancen verbesserten sich dadurch nicht. Seine erste größere Veröffentlichung waren 1826 die „Reisebilder" und ein Jahr später das „Buch der Lieder". 1831 ging Heine, der gegen die politischen Verhältnisse im Deutschland der Restaurationszeit aufbegehrte, als Korrespondent der „Allgemeinen Zeitung" nach Paris. Hier konnte er außerdem den scharfen Zensurbestimmungen entgehen. 1843 kehrte er noch einmal nach Deutschland zurück, um seine Mutter und seinen Verleger in Hamburg zu besuchen. Die Erlebnisse dieser Reise verarbeitete er in dem 27 Kapitel (Capita) umfassenden Versepos „Deutschland. Ein Wintermärchen". Die letzten acht Jahre seines Lebens war Heine aufgrund einer Erkrankung ans Bett, seine „Matratzengruft", gefesselt. 1856 starb er in Paris. Heinrich Heine war zunächst ein Dichter der Romantik („Buch der Lieder"), aber zugleich auch ihr Überwinder, indem er die Geisteshaltung kritisierte und sich politischen Themen zuwandte. Sich selbst bezeichnete er als einen „entlaufenen Romantiker".

  WES-127877-037

Heinrich Heine (1797 – 1856)
Deutschland. Ein Wintermärchen

Caput I

Im traurigen Monat November war's,
Die Tage wurden trüber,
Der Wind riss von den Bäumen das Laub,
Da reist ich nach Deutschland hinüber.

5 Und als ich an die Grenze kam,
Da fühlt ich ein stärkeres Klopfen
In meiner Brust, ich glaube sogar
Die Augen begunnen zu tropfen.

Und als ich die deutsche Sprache vernahm,
10 Da ward mir seltsam zumute;
Ich meinte nicht anders, als ob das Herz
Recht angenehm verblute.

Ein kleines Harfenmädchen sang.
Sie sang mit wahrem Gefühle
15 Und falscher Stimme, doch ward ich sehr
Gerührt von ihrem Spiele.

Sie sang von Liebe und Liebesgram,
Aufopfrung und Wiederfinden

Dort oben, in jener besseren Welt,
20 Wo alle Leiden schwinden.

Sie sang vom irdischen Jammertal,
Von Freuden, die bald zerronnen,
Vom Jenseits, wo die Seele schwelgt
Verklärt in ew'gen Wonnen.

25 Sie sang das alte Entsagungslied,
Das Eiapopeia vom Himmel,
Womit man einlullt, wenn es greint,
Das Volk, den großen Lümmel.

Ich kenne die Weise, ich kenne den Text,
30 Ich kenn auch die Herren Verfasser;
Ich weiß, sie tranken heimlich Wein
Und predigten öffentlich Wasser.

Ein neues Lied, ein besseres Lied,
O Freunde, will ich euch dichten!
35 Wir wollen hier auf Erden schon
Das Himmelreich errichten.

Wir wollen auf Erden glücklich sein,
Und wollen nicht mehr darben;
Verschlemmen soll nicht der faule Bauch,
40 Was fleißige Hände erwarben.

Es wächst hienieden Brot genug
Für alle Menschenkinder,
Auch Rosen und Myrten, Schönheit und Lust,
Und Zuckererbsen nicht minder.

45 Ja, Zuckererbsen für jedermann,
Sobald die Schoten platzen!
Den Himmel überlassen wir
Den Engeln und den Spatzen.

Und wachsen uns Flügel nach dem Tod,
50 So wollen wir euch besuchen
Dort oben, und wir, wir essen mit euch
Die seligsten Torten und Kuchen.

Ein neues Lied, ein besseres Lied!
Es klingt wie Flöten und Geigen!
55 Das Miserere[1] ist vorbei,
Die Sterbeglocken schweigen.

Die Jungfer Europa ist verlobt
Mit dem schönen Geniusse
Der Freiheit, sie liegen einander im Arm,
60 Sie schwelgen im ersten Kusse.

Und fehlt der Pfaffensegen dabei,
Die Ehe wird gültig nicht minder –
Es lebe Bräutigam und Braut,
Und ihre zukünftigen Kinder!

65 Ein Hochzeitkarmen[2] ist mein Lied,
Das bessere, das neue!
In meiner Seele gehen auf
Die Sterne der höchsten Weihe –

Begeisterte Sterne, sie lodern wild,
70 Zerfließen in Flammenbächen –
Ich fühle mich wunderbar erstarkt,
Ich könnte Eichen zerbrechen!

Seit ich auf deutsche Erde trat,
Durchströmen mich Zaubersäfte –
75 Der Riese hat wieder die Mutter berührt,
Und es wuchsen ihm neu die Kräfte.[3]

(1844)

1. Beschreiben Sie, mit welchen Gefühlen der Sprecher des Gedichtes nach Deutschland zurückkehrt.

2. Das lyrische Ich spricht vom „alte[n] Entsagungslied" (V. 25) und vom neuen, besseren Lied (vgl. V. 33). Stellen Sie wesentliche Merkmale dieser beiden „Lieder" in einer Tabelle gegenüber und vergleichen Sie.

3. Arbeiten Sie heraus, wogegen sich Heines Kritik an Deutschland im Einzelnen richtet.

4. Heine wird häufig als Ironiker und Spötter bezeichnet. Weisen Sie die Ironie an konkreten Textstellen nach.

5. Erarbeiten Sie die sprachliche Gestaltung des Gedichtes beispielhaft anhand der Strophen 8, 9 und 10 (Verse 29 – 40) und erläutern Sie die Funktion der erarbeiteten Mittel.

6. Stellen Sie in Form von Kurzreferaten noch weitere Kapitel (Capita) des Versepos im Kurs vor.

➲ Ein weiteres Gedicht von Heinrich Heine mit einer die Geisteshaltung der Romantik kritisierenden Tendenz finden Sie auf S. 195.

[1] **Miserere:** (lat.) erbarme dich, hier: kirchlicher Bittgesang an Gott – [2] **Hochzeitskarmen:** Hochzeitslied, Hochzeitsgedicht – [3] Anspielung auf Antaios, einen Riesen aus der griechischen Mythologie, der immer neue Kräfte gewinnt, wenn er die Erde, seine Mutter, berührt.

Georg Herwegh wurde 1817 als Sohn eines Gastwirts in Stuttgart geboren. Nach dem Besuch des Gymnasiums studierte er ab 1835 Theologie und Rechtswissenschaften in Tübingen, ab 1836 war er als freier Schriftsteller in Stuttgart tätig. Von Herbst 1841 bis Februar 1842 reiste Herwegh nach Paris und traf dort mit Heinrich Heine zusammen. Des Hochverrats verdächtigt, wurde er aus Preußen ausgewiesen und übersiedelte 1848 nach Paris, wo er Führer des Republikanischen Komitees der Deutschen wurde, das in den badischen Aufstand eingriff. Herwegh starb 1866 in Baden-Baden.

Georg Herwegh (1817 – 1866)
Aufruf

Reißt die Kreuze aus der Erden!
Alle sollen Schwerter werden,
Gott im Himmel wird's verzeihn.
Lasst, o lasst das Verseschweißen!
5 Auf den Amboss legt das Eisen!
Heiland[1] soll das Eisen sein.

Eure Tannen, eure Eichen –
Habt die grünen Fragezeichen
Deutscher Freiheit ihr gewahrt?
10 Nein, sie soll nicht untergehen!
Doch ihr fröhlich Auferstehen
Kostet eine Höllenfahrt.

Deutsche, glaubet euren Sehern,
Unsre Tage werden ehern,
15 Unsre Zukunft klirrt in Erz;
Schwarzer Tod ist unser Sold nur,
Unser Gold ein Abendgold nur,
Unser Rot ein blutend Herz!

Reißt die Kreuze aus der Erden!
20 Alle sollen Schwerter werden,
Gott im Himmel wird's verzeihn.
Hört er unsre Feuer brausen
Und sein heilig Eisen sausen,
Spricht er wohl den Segen drein.

25 Vor der Freiheit sei kein Frieden,
Sei dem Mann kein Weib beschieden
Und kein golden Korn dem Feld;
Vor der Freiheit, vor dem Siege
Seh kein Säugling aus der Wiege
30 Frohen Blickes in die Welt!

In den Städten sei nur Trauern,
Bis die Freiheit von den Mauern
Schwingt die Fahnen in das Land;
Bis du, Rhein, durch freie Bogen
35 Donnerst, lass die letzten Wogen
Fluchend knirschen in den Sand.

Reißt die Kreuze aus der Erden!
Alle sollen Schwerter werden,
Gott im Himmel wird's verzeihn.
40 Gen Tyrannen und Philister[2]!
Auch das Schwert hat seine Priester,
Und wir wollen Priester sein!

(1841)

---

1. Erläutern Sie den Titel des Gedichts.

2. Untersuchen Sie die sprachlichen Mittel, die Herweghs Gedicht zu einem „Aufruf" machen.

3. Das Bibelzitat „Schwerter zu Pflugscharen" war ein Symbol verschiedener Friedensbewegungen in Ost- und Westdeutschland. Stellen Sie es Herweghs Aufruf „Reißt die Kreuze aus der Erden!/Alle sollen Schwerter werden" (V 1 f.) gegenüber und diskutieren Sie über die Legitimität von Gewalt zur Durchsetzung politischer Interessen.

---

[1] **Heiland:** Retter – [2] **Philister:** abwertende Bezeichnung für jemanden, der Kunst und geistige Werte nicht schätzt oder diese verachtet

Georg Büchner (1813 – 1837)
Der Hessische Landbote

Georg Büchner verbrachte Kindheit und Jugend in Darmstadt, studierte 1831 in Straßburg Medizin und wurde hier mit revolutionären republikanischen Ideen bekannt. 1833 wechselte er zur Universität Gießen in Hessen, wo er die Schikanen der Obrigkeit und die Gewalt im Staat unmittelbar erlebte. Gemeinsam mit anderen Studenten gründete er die „Gesellschaft für Menschenrechte", eine Geheimorganisation nach französischem Vorbild, deren Ziel ein Umsturz der politischen Verhältnisse war. Hieraus ging auch die Flugschrift „Der Hessische Landbote" hervor. Von den Behörden verfolgt, floh Büchner über Darmstadt nach Straßburg. Um das nötige Geld für die Flucht zusammenzubringen, schrieb er in wenigen Wochen sein erstes Drama „Dantons Tod", eine Auseinandersetzung mit der Französischen Revolution. Büchner beendete sein Studium in Zürich und starb – vermutlich an Typhus – mit 24 Jahren.

Der Hessische Landbote.
Erste Botschaft.
Darmstadt, im Juli 1834.
Vorbericht.

5 Dieses Blatt soll dem hessischen Lande die Wahrheit melden, aber wer die Wahrheit sagt, wird gehenkt, ja sogar der, welcher die Wahrheit liest, wird durch meineidige Richter vielleicht gestraft. Darum haben die, welchen dies Blatt zukommt, Folgendes zu beobachten:

10 1. Sie müssen das Blatt sorgfältig außerhalb ihres Hauses vor der Polizei verwahren;

2. sie dürfen es nur an treue Freunde mitteilen;

3. denen, welchen sie nicht trauen, wie sich selbst, dürfen sie es nur heimlich hinlegen;

15 4. würde das Blatt dennoch bei einem gefunden, der es gelesen hat, so muss er gestehen, dass er es eben dem Kreisrat habe bringen wollen;

5. wer das Blatt nicht gelesen hat, wenn man es bei ihm findet, der ist natürlich ohne Schuld.

20 **Friede den Hütten! Krieg den Palästen!**

Im Jahr 1834 sieht es aus, als würde die Bibel Lügen gestraft. Es sieht aus, als hätte Gott die Bauern und Handwerker am fünften Tage, und die Fürsten und Vornehmen am sechsten gemacht, und als hätte der Herr 25 zu diesen gesagt: „Herrschet über alles Getier, das auf Erden kriecht", und hätte die Bauern und Bürger zum Gewürm gezählt. Das Leben der Vornehmen ist ein langer Sonntag, sie wohnen in schönen Häusern, sie tragen zierliche Kleider, sie haben feiste Gesichter und re-

den eine eigne Sprache; das Volk aber liegt vor ihnen 30 wie Dünger auf dem Acker. Der Bauer geht hinter dem Pflug, der Vornehme aber geht hinter ihm und dem Pflug und treibt ihn mit den Ochsen am Pflug, er nimmt das Korn und lässt ihm die Stoppeln. Das Leben des Bauern ist ein langer Werktag; Fremde verzehren seine 35 Äcker vor seinen Augen, sein Leib ist eine Schwiele, sein Schweiß ist das Salz auf dem Tische des Vornehmen.

Im Großherzogthum Hessen sind 718 373 Einwohner, die geben an den Staat jährlich an 6 363 436 Gulden, als 40

1) Direkte Steuern	2 128 131 fl.[1]
2) Indirekte Steuern	2 478 264 fl.
3) Domänen[2]	1 547 394 fl.
4) Regalien[3]	46 938 fl.
5) Geldstrafen	98 511 fl. 45
6) Verschiedene Quellen	64 198 fl.
	6 363 436 fl.

Dies Geld ist der Blutzehnte, der von dem Leib des Volkes genommen wird. An 700 000 Menschen schwitzen, stöhnen und hungern dafür. Im Namen des Staates wird 50 es erpresst, die Presser berufen sich auf die Regierung und die Regierung sagt, das sei nötig, die Ordnung im Staat zu erhalten. Was ist denn nun das für gewaltiges Ding: der Staat? Wohnt eine Anzahl Menschen in einem Land und es sind Verordnungen oder Gesetze vor- 55 handen, nach denen jeder sich richten muss, so sagt man, sie bilden einen Staat. Der Staat also sind *alle*; die Ordner im Staate sind die Gesetze, durch welche das Wohl *aller* gesichert wird und die aus dem Wohl *aller*

---

[1] **fl.:** Abkürzung für Florin (frz. für Goldmünze) – [2] **Domäne:** Bezeichnung für ein Staats- oder Landgut – [3] **Regalien:** Hoheits- und Sonderrechte; so gab es z. B. Münz-, Berg-, Fischerei-, Jagd- und Salzregalien.

60 hervorgehen sollen. – Seht nun, was man in dem Groß-
herzogtum aus dem Staat gemacht hat; seht was es
heißt: die Ordnung im Staate erhalten!
700 000 Menschen bezahlen dafür 6 Millionen, d.h. sie
werden zu Ackergäulen und Pflugstieren gemacht, da-
65 mit sie in Ordnung leben. In Ordnung leben heißt hungern und geschunden werden.
Wer sind denn die, welche diese Ordnung gemacht haben und die wachen, diese Ordnung zu erhalten? Das
ist die Großherzogliche Regierung. Die Regierung wird
70 gebildet von dem Großherzog und seinen obersten Beamten. Die anderen Beamten sind Männer, die von der
Regierung berufen werden, um jene Ordnung in Kraft
zu erhalten. Ihre Anzahl ist Legion: Staatsräte und Re-
gierungsräte, Landräte und Kreisräte, Geistliche Räte
75 und Schulräte, Finanzräte und Forsträte usw. mit allem
ihrem Heer von Sekretären usw. Das Volk ist ihre Herde, sie sind seine Hirten, Melker und Schinder; sie haben die Häute der Bauern an, der Raub der Armen ist in
ihrem Hause; die Tränen der Witwen und Waisen sind
80 das Schmalz auf ihren Gesichtern; sie herrschen frei
und ermahnen das Volk zur Knechtschaft. Ihnen gebt
ihr 6 000 000 fl. Abgaben; sie haben dafür die Mühe,
euch zu regieren; d.h. sich von euch füttern zu lassen
und euch eure Menschen- und Bürgerrechte zu rauben.
85 [...]
Wehe über euch Götzendiener! – Ihr seid wie die Heiden, die das Krokodil anbeten, von dem sie zerrissen
werden. Ihr setzt ihm eine Krone auf, aber es ist eine
Dornenkrone, die ihr euch selbst in den Kopf drückt;
90 ihr gebt ihm ein Zepter in die Hand, aber es ist eine
Rute, womit ihr gezüchtigt werdet; ihr setzt ihn auf euern Thron, aber es ist ein Marterstrahl für euch und
eure Kinder. Der Fürst ist der Kopf des Blutigels, der
über euch hinkriecht, die Minister sind seine Zähne
95 und die Beamten sein Schwanz. Die hungrigen Mägen
aller vornehmen Herren, denen er die hohen Stellen
verteilt, sind Schröpfköpfe, die er dem Lande setzt. Das
L.[1], was unter seinen Verordnungen steht, ist das Malzeichen[2] des Tieres, das die Götzendiener unserer Zeit
100 anbeten. Der Fürstenmantel ist der Teppich, auf dem
sich die Herren und Damen vom Adel und Hofe in ihrer
Geilheit übereinander wälzen – mit Orden und Bändern decken sie ihre Geschwüre und mit kostbaren Ge-
wändern bekleiden sie ihre aussätzigen Leiber. Die
105 Töchter des Volks sind ihre Mägde und Huren, die Söh-

ne des Volks ihre Lakaien und Soldaten. Geht einmal
nach Darmstadt und seht, wie die Herren sich für euer
Geld dort lustig machen, und erzählt dann euren hun-
gernden Weibern und Kindern, dass ihr Brot an frem-
110 den Bäuchen herrlich angeschlagen sei, erzählt ihnen
von den schönen Kleidern, die in ihrem Schweiß ge-
färbt, und von den zierlichen Bändern, die aus den
Schwielen ihrer Hände geschnitten sind, erzählt von
den stattlichen Häusern, die aus den Knochen des Volks
115 gebaut sind; und dann kriecht in eure rauchigen Hütten
und bückt euch auf euren steinichten Äckern, damit eure Kinder auch einmal hingehen können, wenn ein Erb-
prinz mit einer Erbprinzessin für einen andern Erbprinzen Rat schaffen will, und durch die geöffneten
120 Glastüren das Tischtuch sehen, wovon die Herren spei-
sen und die Lampen riechen, aus denen man mit dem
Fett der Bauern illuminiert. Das alles duldet ihr, weil
euch Schurken sagen: diese Regierung sei von Gott.
Diese Regierung ist nicht von Gott, sondern vom Vater
125 der Lügen[3]. Diese deutschen Fürsten sind keine rechtmäßige Obrigkeit, sondern die rechtmäßige Obrigkeit,
den deutschen Kaiser, der vormals vom Volke frei gewählt wurde, haben sie seit Jahrhunderten verachtet
und endlich gar verraten. Aus Verrat und Meineid, und
130 nicht aus der Wahl des Volkes ist die Gewalt der deutschen Fürsten hervorgegangen, und darum ist ihr Wesen und Tun von Gott verflucht; ihre Weisheit ist Trug,
ihre Gerechtigkeit ist Schinderei. Sie zertreten das Land
und zerschlagen die Person des Elenden. [...]

(1834)

1. Dem eigentlichen Aufruf ist ein sogenannter
„Vorbericht" vorangestellt. Erörtern Sie die Funktion
dieser Warnungen und mögliche Wirkungen auf die
zeitgenössischen Leser und Leserinnen.

2. Ermitteln Sie die sozialen und politischen Ziele des
Verfassers. Gehen Sie dabei von dem zentralen
Aufruf „Friede den Hütten! Krieg den Palästen!" aus.

3. Untersuchen Sie den eigentlichen Beginn des
Flugblattes (Z. 20 – 38) genauer und erarbeiten Sie
die verwendeten sprachlichen Mittel.

4. Untersuchen Sie dazu auch die Argumentationsstruktur des Textes.

---

[1] Gemeint ist Großherzog Ludwig II, der von 1830 – 1848 regierte. – [2] **Malzeichen:** Erkennungszeichen, Stigma – [3] **Vater der Lügen:** vgl. Joh. 8,44, wonach der Teufel „ein Lügner und ein Vater derselben" ist

5. Der Text enthält zahlreiche religiöse Anspielungen, die auf den Einfluss des Pfarrers Ludwig Weidig zurückgehen, mit dem Büchner das Flugblatt zusammen verfasste. Erarbeiten Sie die Funktion dieser Anspielungen.

6. Dieses Flugblatt blieb nicht folgenlos für die Autoren. Werten Sie folgenden Steckbrief aus: Was wird Georg Büchner vorgeworfen? Recherchieren Sie im Internet den genauen Hintergrund.

2493. Steckbrief

Der hierunter signalisierte Georg Büchner, Student der Medizin aus Darmstadt, hat sich der gerichtlichen Untersuchung seiner indizierten Teilnahme an staatsverräterischen Handlungen durch die Entfernung aus dem
5 Vaterlande entzogen. Man ersucht deshalb die öffentlichen Behörden des In= und Auslandes, denselben im Betretungsfalle festnehmen und wohlverwahrt an die unterzeichnete Stelle abliefern zu lassen.
Darmstadt, den 13. Juni 1835
10 Der von Großh. Hess. Hofgericht der Provinz Oberhessen bestellte Untersuchungsrichter, Hofgerichtsrath Georgi
Personalbeschreibung.
Alter: 21 Jahre,
15 Größe: 8 Schuh, 9 Zoll neuen Hessischen Maßes,
Haare: blond,
Stirne: sehr gewölbt,
Augenbrauen: blond,
Augen: grau,
20 Nase: stark,
Mund: klein,
Bart: blond,
Kinn: rund,
Angesicht: oval,
25 Gesichtsfarbe: frisch,
Statur: kräftig, schlank,
Besondere Kennzeichen: Kurzsichtigkeit.

Georg Büchner (1813 – 1837)
Woyzeck (Auszug)

In seinem Drama „Woyzeck" (1836/37), das Fragment blieb, zeigt Büchner die Bestimmtheit eines Menschen durch die konkreten gesellschaftlichen und ökonomischen Verhältnisse, in denen er leben muss.

Der einfache Soldat Woyzeck arbeitet als Laufbursche für einen Hauptmann, um seine Freundin Marie und das gemeinsame uneheliche Kind zu unterstützen. Außerdem lässt er sich von einem skrupellosen Arzt als Versuchsperson benutzen, um zusätzlich Geld zu verdienen. Hauptmann und Arzt nutzen Woyzeck physisch und psychisch aus und demütigen ihn öffentlich. Zudem lässt sich seine Geliebte Marie von dem draufgängerischen Tambourmajor verführen. Als Woyzeck dies bemerkt, folgt er inneren Stimmen, die ihm befehlen, Marie umzubringen. Er besorgt sich ein Messer und ersticht Marie, die Frau, die er liebt, in einem Wald.

Beim Hauptmann
Hauptmann auf dem Stuhl, Woyzeck rasiert ihn.

Hauptmann: Langsam, Woyzeck, langsam; eins nach dem andern! Er macht mir ganz schwindlig. Was soll ich dann mit den 10 Minuten anfangen, die Er heut zu
5 früh fertig wird? Woyzeck, bedenk Er, Er hat noch seine schönen dreißig Jahr zu leben, dreißig Jahr! Macht dreihundertsechzig Monate! und Tage! Stunden! Minuten! Was will Er denn mit der ungeheuren Zeit all anfangen? Teil Er sich ein, Woyzeck!

10 **Woyzeck:** Jawohl, Herr Hauptmann.

Hauptmann: Es wird mir ganz angst um die Welt, wenn ich an die Ewigkeit denke. Beschäftigung, Woyzeck, Beschäftigung! Ewig: das ist ewig, das ist ewig – das siehst du ein; nur ist es aber wieder nicht ewig, und
15 das ist ein Augenblick, ja ein Augenblick – Woyzeck, es schaudert mich, wenn ich denke, dass sich die Welt in einem Tag herumdreht. Was 'n Zeitverschwendung! Wo soll das hinaus? Woyzeck, ich kann kein Mühlrad mehr sehen, oder ich werd melancholisch.

20 **Woyzeck:** Jawohl, Herr Hauptmann.

Hauptmann: Woyzeck, Er sieht immer so verhetzt aus! Ein guter Mensch tut das nicht, ein guter Mensch, der sein gutes Gewissen hat. – Red er doch was, Woyzeck! Was ist heut für Wetter?

25 **Woyzeck:** Schlimm, Herr Hauptmann, schlimm: Wind!

Hauptmann: Ich spür's schon. 's ist so was Geschwindes draußen: so ein Wind macht mir den Effekt wie eine Maus. – *Pfiffig:* Ich glaub', wir haben so was aus Süd-Nord?

30 **Woyzeck:** Jawohl, Herr Hauptmann.

Hauptmann: Ha, ha ha! Süd-Nord! Ha, ha, ha! Oh, Er ist dumm, ganz abscheulich dumm! – *Gerührt:* Woyzeck, Er ist ein guter Mensch – aber – *Mit Würde:* Woyzeck, Er hat keine Moral! Moral, das ist, wenn man mo-
35 ralisch ist, versteht Er. Es ist ein gutes Wort. Er hat ein

Kind ohne den Segen der Kirche, wie unser hocherwürdiger Herr Garnisionsprediger sagt – ohne den Segen der Kirche, es ist nicht von mir.

Woyzeck: Herr Hauptmann, der liebe Gott wird den armen Wurm nicht drum ansehen, ob das Amen drüber 40 gesagt ist, eh er gemacht wurde. Der Herr sprach: Lasset die Kleinen zu mir kommen.

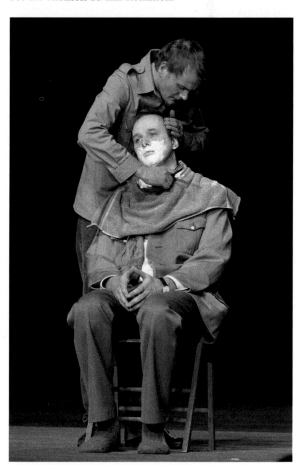

Woyzeck (Inszenierung am Deutschen Schauspielhaus Hamburg, 2005)

Hauptmann: Was sagt Er da? Was ist das für eine kuriose Antwort? Er macht mich ganz konfus mit seiner
45 Antwort. Wenn ich sag': Er, so mein' ich Ihn, Ihn –
Woyzeck: Wir arme Leut – Sehn Sie, Herr Hauptmann: Geld, Geld! Wer kein Geld hat – Da setz einmal eines seinesgleichen auf die Moral in der Welt! Man hat auch sein Fleisch und Blut. Unsereins ist doch einmal unselig
50 in der und der andern Welt. Ich glaub' wenn wir in Himmel kämen, so müssten wir donnern helfen.
Hauptmann: Woyzeck, Er hat keine Tugend! Er ist kein tugendhafter Mensch! Fleisch und Blut? Wenn ich am Fenster lieg', wenn's geregnet hat, und den weißen
55 Strümpfen nachseh', wie sie über die Gassen springen – verdammt, Woyzeck, da kommt mir die Liebe! Ich hab' auch Fleisch und Blut. Aber, Woyzeck, die Tugend!

Die Tugend! Wie sollte ich dann die Zeit rumbringen? Ich sag' mir immer: du bist ein tugendhafter Mensch – *gerührt*: –, ein guter Mensch, ein guter Mensch. 60
Woyzeck: Ja, Herr Hauptmann, die Tugend – ich hab's noch nit so aus. Sehn Sie: wir gemeine Leut, das hat keine Tugend, es kommt nur so die Natur; aber wenn ich ein Herr wär und hätt' ein' Hut und eine Uhr und eine Anglaise[1] und könnt' vornehm rede, ich wollt' schon tu- 65 gendhaft sein. Es muss was Schönes sein um die Tugend, Herr Hauptmann. Aber ich bin ein armer Kerl!
Hauptmann: Gut, Woyzeck. Du bist ein guter Mensch, ein guter Mensch. Aber du denkst zu viel, das zehrt; du siehst immer so verhetzt aus. – Der Diskurs hat mich 70 ganz angegriffen. Geh jetzt, und renn nicht so; langsam, hübsch langsam die Straße hinunter! *(1879)*

1. Lesen Sie den Textausschnitt mit verteilten Rollen.

2. Bereiten Sie in Partnerarbeit ein Standbild vor, das die Machtverhältnisse zwischen dem Hauptmann und Woyzeck verdeutlicht.

 Einen Überblick und Hinweise zur Inszenierung literarischer Texte finden Sie unter: WES-127877-010 .

3. Vergleichen Sie den Hauptmann und Woyzeck hinsichtlich der Probleme, die sie haben.

4. Untersuchen Sie den Sprachgebrauch des Hauptmanns genauer und zeigen Sie am Text, welches Menschenbild er hat.

5. Machen Sie deutlich, welchen Zusammenhang Woyzeck zwischen Moral und gesellschaftlicher Position sieht, und untersuchen Sie die Argumentation des Hauptmanns.

6. Zeigen Sie Parallelen auf zwischen der Flugschrift „Der Hessische Landbote" und dem Dramenauszug.

7. Überprüfen Sie, inwiefern das Szenenfoto Ihrer Vorstellung entspricht, die Sie von Woyzeck und dem Hauptmann gewonnen haben.

8. Bearbeiten Sie den Text für eine szenische Interpretation, indem sie eine Strichfassung erstellen. Nutzen Sie die nachfolgenden Informationen.

Wissen und Können

Die Strichfassung

Mithilfe einer **Strichfassung** kann man die wesentlichen Inhalte eines dramatischen Textes herausstellen, z.B. indem man die Figuren einer Szene noch schärfer konturiert. In der Theatersprache ist ein **Strich** ein Teil eines Bühnenwerks, der nicht zur Aufführung gelangen soll. Der „Strich" ist also die gestrichene Passage. Traditionell wird dies im Text durch einen Bleistiftstrich vom letzten noch geltenden bis zum ersten wieder geltenden Zeichen markiert.

[1] **Anglaise:** tailliertes, vornehmes Kleidungsstück (Robe)

Der Kampf gegen die Zensur

Staatliche Einflussnahme auf die literarische Produktion war nichts Neues. Immer schon versuchten die Herrschenden, durch mehr oder weniger rigide Zensurmaßnahmen die politische Opposition zu unterdrücken. Schon in den „Karlsbader Beschlüssen" von 1819 waren eine Vorzensur für alle Schriften unter 320 Seiten (20 Bogen) und eine Nachzensur für alles Gedruckte festgelegt. Weitere Einschränkungen folgten durch den Bundestagsbeschluss von 1835, in dem ein Verbot der Schriften des sogenannten „Jungen Deutschland" ausgesprochen wurde.

Das „Junge Deutschland" war also keine Schriftstellervereinigung im eigentlichen Sinn, sondern ein Resultat des im Bundestagsbeschluss ausgesprochenen Verbots.

Die Bezeichnung „Junges Deutschland" stammt ursprünglich von L. Wienbarg, der in seiner Schrift „Ästhetische Feldzüge" (siehe S. 229) den Begriff gebrauchte.

Expedition d. Leuchti

> Süsse heilige Censur,
> Lass uns gehn auf deiner Spur;
> Leite uns an deiner Hand
> Kindern gleich, am Gängelband!

„Die gute Presse" (anonyme Karikatur von 1847)

1. Analysieren Sie die Karikatur. Beschreiben Sie zunächst einzelne Personen und deuten Sie deren symbolische Funktion. Formulieren Sie die Aussageabsicht der Karikatur in einem zusammenhängenden Text. Berücksichtigen Sie dabei auch das Gedicht unter der Karikatur.

Hilfe zur Analyse einer Karikatur finden Sie unter: WES-127877-038 .

Verbot der Schriften des „Jungen Deutschland" vom 10. Dezember 1835

(Protokolle der deutschen Bundesversammlung 1835, 31. Sitzung, § 515)

Nachdem sich in Deutschland in neuerer Zeit, und zuletzt unter der Benennung „das junge Deutschland" oder „die junge Literatur", eine literarische Schule gebildet hat, deren Bemühungen unverholen dahin ge-
5 hen, in belletristischen, für alle Classen von Lesern zugänglichen Schriften die christliche Religion auf die frechste Weise anzugreifen, die bestehenden socialen Verhältnisse herabzuwürdigen und alle Zucht und Sittlichkeit zu zerstören: so hat die deutsche Bundesver-
10 sammlung – in Erwägung, dass es dringend nothwendig sey, diesen verderblichen, die Grundpfeiler aller gesetzlichen Ordnung untergrabenden Bestrebungen durch Zusammenwirken aller Bundesregierungen sofort Einhalt zu thun, und unbeschadet weiterer vom
15 Bunde oder von den einzelnen Regierungen zur Erreichung des Zweckes nach Umständen zu ergreifenden Maßregeln – sich zu nachstehenden Bestimmungen vereiniget:

1. Sämtliche deutschen Regierungen übernehmen die
20 Verpflichtung, gegen die Verfasser, Verleger, Drucker und Verbreiter der Schriften aus der unter der Bezeichnung „das junge Deutschland" oder „die junge Literatur" bekannten literarischen Schule, zu welcher namentlich Heinr. Heine, Carl Gutzkow, Heinr. Laube,
25 Ludolph Wienbarg und Theodor Mundt gehören, die Straf- und Polizei-Gesetze ihres Landes, sowie die gegen den Missbrauch der Presse bestehenden Vorschriften, nach ihrer vollen Strenge in Anwendung zu bringen, auch die Verbreitung dieser Schriften, sey es durch den Buchhandel, durch Leihbibliotheken oder auf sonstige Weise, mit allen ihnen gesetzlich zu Gebot stehen- 30 den Mitteln zu verhindern.

2) Die Buchhändler werden hinsichtlich des Verlags und Vertriebs der oben erwähnten Schriften durch die Regierungen in angemessener Weise verwarnt und es wird ihnen gegenwärtig gehalten werden, wie sehr es 35 in ihrem wohlverstandenen eigenen Interesse liege, die Maßregeln der Regierungen gegen die zerstörende Tendenz jener literarischen Erzeugnisse auch ihrer Seits, mit Rücksicht auf den von ihnen in Anspruch genommenen Schutz des Bundes, wirksam zu unterstützen.   40

3) Die Regierung der freien Stadt Hamburg wird aufgefordert, in dieser Beziehung insbesondere der Hoffmann- und Campeschen Buchhandlung zu Hamburg, welche vorzugsweise Schriften obiger Art in Verlag und Vertrieb hat, die geeignete Verwarnung zugehen zu las- 45 sen.

1. Stellen Sie die Vorwürfe, die gegen die Schriften des „Jungen Deutschland" erhoben wurden, zusammen, und setzen Sie sie in Beziehung zu den Texten zuvor.

2. Tragen Sie zusammen, welche Maßnahmen von der Bundesversammlung beschlossen wurden. Nennen Sie alle Personengruppen, die von dem Beschluss betroffen waren.

3. Diskutieren Sie, welche Folgen sich möglicherweise aus dem Beschluss von 1835 für das literarische Leben in Deutschland ergeben.

Eduard Duller wurde am 8. November 1809 in Wien geboren und starb am 24. Juli 1853 in Wiesbaden. Er war hochbegabt und wurde von seinem Stiefvater – sein leiblicher Vater war noch vor seiner Geburt verstorben – in Liebe, aber streng erzogen. In Wien studierte er Jura und Philosophie und schrieb mit 17 Jahren bereits sein erstes Drama. Seine freisinnige, antiklerikale Gesinnung brachte ihn immer wieder mit dem in Österreich herrschenden Metternichschen System (Demagogenverfolgung) in Konflikte. Er ging nach München, 1832 nach Trier und 1834 ließ er sich in Frankfurt a. M. nieder und begründete die Zeitschrift „Phönix", die im Publikum schnell beliebt wurde. Hier wurden Aufsätze der Vertreter des Vormärz wie Gutzkow und Büchner gedruckt. Lebhaften Anteil nahm er an der Entstehung und Entwicklung des Deutschkatholizismus, einer Bewegung, die sich die Loslösung der katholischen Kirche vom Hof zu Rom zum Ziel setzte. Seine letzten Lebensjahre verbrachte er als Prediger der deutschkatholischen Gemeinde in Mainz.

Eduard Duller
(1809 – 1863)
Das Leben ist
sonnlose Nacht

Das Leben ist sonnlose Nacht,
Wenn nicht die Freiheit es bewacht,
Wenn sie nicht ausspannt ohne End'
Ihr wunderbares Firmament;
5 Wenn sie, die milde Mutter, nicht
Den Freudenkranz ums Haupt uns flicht;
Wenn sie die Kinder nicht voll Lust
Auffängt an ihrer treuen Brust.

1. Arbeiten Sie heraus, wie das
Leben nach Ansicht des lyrischen
Ichs gestaltet werden muss, damit
es keine „sonnlose Nacht" ist.

   WES-127877-039

Heinrich Heine (1797 – 1856)
Erinnerung aus Krähwinkels[1] Schreckenstagen

Wir Bürgermeister und Senat,
Wir haben folgendes Mandat
Stadtväterlichst an alle Klassen
Der treuen Bürgerschaft erlassen.

5 „Ausländer, Fremde, sind es meist,
Die unter uns gesät den Geist
Der Rebellion. Dergleichen Sünder,
Gottlob! sind selten Landeskinder.

Auch Gottesleugner sind es meist;
10 Wer sich von seinem Gotte reißt,
Wird endlich auch abtrünnig werden
Von seinen irdischen Behörden.

Der Obrigkeit gehorchen, ist
Die erste Pflicht für Jud' und Christ.
15 Es schließe jeder seine Bude
Sobald es dunkelt, Christ und Jude.

Wo ihrer drei beisammen stehn,
Da soll man auseinander gehn.
Des Nachts soll niemand auf den Gassen
20 Sich ohne Leuchte sehen lassen.

Es liefre seine Waffen aus
Ein jeder in dem Gildenhaus;
Auch Munition von jeder Sorte
Wird deponiert am selben Orte.

25 Wer auf der Straße räsoniert[2],
Wird unverzüglich füsiliert[3];
Das Räsonieren durch Gebärden
Soll gleichfalls hart bestrafet werden.

Vertrauet Eurem Magistrat,
30 Der fromm und liebend schützt den Staat
Durch huldreich hochwohlweises Walten;
Euch ziemt es, stets das Maul zu halten."   *(1854)*

1. Klären Sie, wer hier spricht.

2. Arbeiten Sie heraus, wie Obrigkeit und Untertanen
dargestellt werden. Beschreiben Sie die „Abweich-
ler".

3. Listen Sie die Anordnungen des Mandates und die
angedrohten Strafen auf. Fassen Sie Ihr Ergebnis mit
eigenen Worten zusammen.

4. Heine ist bekannt für seine Ironie. Erarbeiten Sie
entsprechende Stellen und erläutern Sie die
satirische und karikierende Intention des Textes.
Was ist Ziel der Heine'schen Kritik?
⊙ Die satirische Darstellungsweise, S. 228

5. Stellen Sie sich vor, das Gedicht wäre Ihnen als
Zensor vorgelegt worden mit der Bitte um Genehmi-
gung. Schreiben Sie eine Begründung für Ihre
Ablehnung bzw. Genehmigung.

[1] **Krähwinkel** ist ein fiktiver Ort, der als besonders spießbürgerlich gilt. – [2] **räsonieren:** (frz. raisonner) vernünftig reden,
denken, hier: schimpfen, kritisieren – [3] **füsilieren:** (frz. fusiller) erschießen

WES-127877-040

Heinrich Heine (1797 – 1856)
An einen politischen Dichter

Du singst, wie einst Tyrtäus[1] sang,
von Heldenmut beseelet,
Doch hast du schlecht dein Publikum
Und deine Zeit gewählet.

5 Beifällig horchen sie dir zwar,
Und loben, schier begeistert:
Wie edel dein Gedankenflug,
Wie du die Form bemeistert.

Sie pflegen auch beim Glase Wein
10 Ein Vivat dir zu bringen
Und manchen Schlachtgesang von dir
Lautbrüllend nachzusingen.

Der Knecht singt gern ein Freiheitslied
des Abends in der Schenke:
15 Das fördert die Verdauungskraft,
Und würzet die Getränke.   *(1841)*

1. Beschreiben Sie mit eigenen Worten, wie Heine die Einflussmöglichkeiten politischer Lyrik einschätzt.

2. Weisen Sie an dem Gedicht Heines Vorliebe für Ironie und Spott nach.

Wissen und Können

Die satirische Darstellungsweise

Die **satirische Darstellungsweise** (lat.: *satira* = Gedicht, in dem menschliche Torheiten gegeißelt werden) ist eine Darstellungsform, die auf indirekt-ästhetische Weise „unter dem Schein der Ernsthaftigkeit, der Billigung oder gar des Lobes" (Gero v. Wilpert) Missstände in der Gesellschaft und Personen bloßstellt, lächerlich macht und dem Spott preisgibt. Sie dient deshalb häufig der **Zeitkritik**. Die satirische Darstellungsweise tritt in allen Gattungen und Formen auf. Zentrales Mittel ist die **Ironie** (gr.: *eironeia* = Verstellung, Ausflucht, Mangel an Ernst). Darunter versteht man die Ersetzung des eigentlichen Ausdrucks durch dessen Gegenteil oder Negation.

3. Stellen Sie sich vor, Herwegh (vgl. S. 219) habe sich von Heines Gedicht „An einen politischen Dichter" angesprochen gefühlt. Was könnte er Heine antworten? Verfassen Sie einen fiktiven Brief, in dem Herwegh seine Position darstellt.

German Mäurer war ein deutschsprachiger Schriftsteller und Lehrer. Er war einer der führenden Vertreter der frühen deutschen Arbeiterbewegung.

German Mäurer (1811 – 1883)
Wider politische Gedichte

Immer Freiheit in Gedichten –
Ach, und nirgends einen Mann,
Der die bessre Tat verrichten kann –
Der sie kühn erobern kann!
5 Der die Leier mit des Degens
Schneidendem Metall vertauscht
Und ein anderes Lied des Segens
Klirrend in die Feinde rauscht!

Große Worte, lange Sätze
10 Klingen lästig mir ins Ohr,
Fort das müßige Geschwätze!
Büchsen, Degen holt hervor!
Und was noch kein Rat von Weisen
Sich zum Ziele vorgesetzt:
15 Pulver, Blei und gutes Eisen –
Die erreichen es zuletzt.   *(1846)*

1. Erklären Sie, was das Problem des Sprechers im Gedicht ist und welches Ziel mit dem Gedicht verfolgt wird.

2. Vergleichen Sie das Gedicht Mäurers mit dem von Heine im Hinblick auf die verfolgten Ziele und diskutieren Sie die Wirkung politischer Dichtung.

Wissen und Können

Vormärz, Junges Deutschland

Die Zeit zwischen dem **Wiener Kongress 1815** und der **Märzrevolution 1848** war einerseits geprägt durch einen großen **Freiheitsdrang** und andererseits durch den Versuch der Herrschenden, die alte Macht zu sichern und alle freiheitlichen Bestrebungen durch harte Maßnahmen, z. B. eine scharfe Zensur von Büchern und Zeitschriften, zu unterdrücken (Politik der **Restauration**). Dieser Versuch, die Rückkehr zu den alten Werten und zur alten Ordnung zu erzwingen, forderte den Widerstand der unterdrückten Gegenbewegungen demokratischer, liberaler und nationaler Gesinnung heraus. Die Dichter des Vormärz und des Jungen Deutschlands wandten sich gegen den Idealismus der Klassik und der Romantik, forderten politische Veränderungen und kämpften für Meinungsfreiheit und sozialen Fortschritt.

---

[1] **Tyrtäus:** griech. Lyriker des 7. Jh. vor Christus, schrieb begeisternde Kampflieder für die Spartaner

Literatur als Rückzugsort im Biedermeier

Parallel zu der stark gesellschaftspolitisch ausgerichteten Literatur zwischen 1815 und 1848 entwickelte sich eine literarische Strömung, die mit dem Begriff „Biedermeier" bezeichnet wird. Dabei will man nicht die revolutionären, sondern die harmonisierenden, restaurativen Tendenzen hervorheben. Als typisch für diese Literatur gilt die Flucht in die Idylle und der Schutz des Privaten. Der Begriff „Biedermeier" geht zurück auf die erfundene Figur des treuherzigen, aber spießbürgerlichen Gottlieb Biedermaier (hier noch mit „ai" geschrieben), die der Schriftsteller Ludwig Eichrodt und der Arzt Adolf Kussmaul erfanden.

Als Stilbegriff für eine bestimmte Literatur kam die Bezeichnung „Biedermeier" erst in den 1920er-Jahren auf. Den Autoren des Biedermeier geht es nicht um Gesellschaftskritik, sondern um die Darstellung des Individuums und seiner bürgerlichen Zurückgezogenheit sowie einer harmonisierenden Natur.

Carl Spitzweg (1808 – 1885)
Der Kaktusliebhaber (1850)

1. Betrachten Sie das Gemälde des Malers Carl Spitzweg genauer und beschreiben Sie die dargestellte Person und die Umgebung, in der sie sich befindet. Woran können Sie erkennen, dass ein eher wohlhabender Bürger dargestellt ist? Welche Atmosphäre herrscht in dem Bild vor?

2. Oft wird gesagt, Carl Spitzweg habe die kleinbürgerliche, besinnliche Idylle der Biedermeierzeit verherrlicht. Zeigen Sie an diesem Bild, dass Spitzweg ein differenzierteres Bild zu seiner Zeit und seinen Menschen hatte.

Annette von Droste-Hülshoff wurde 1797 auf Burg Hülshoff bei Münster geboren. Die aus westfälischem Adel stammende, unverheiratete Dichterin führte ein zurückgezogenes Leben, da sie aufgrund herrschender Konventionen in ihrer Lebensentfaltung als Frau und Dichterin stark eingeschränkt war. Seit 1837 verband sie eine enge Freundschaft mit dem 17 Jahre jüngeren Levin Schücking, dem Sohn einer Freundin. Berühmt wurde sie durch ihre Novelle „Die Judenbuche". Annette von Droste-Hülshoff verstarb 1848 auf Schloss Meersburg am Bodensee.

  WES-127877-041

Annette von Droste-Hülshoff (1797 – 1848)
Der Weiher

Er liegt so still im Morgenlicht,
So friedlich, wie ein fromm Gewissen;
Wenn Weste[1] seinen Spiegel küssen,
Des Ufers Blume fühlt es nicht;
5 Libellen zittern über ihn,
Blaugoldne Stäbchen und Karmin[2],
Und auf des Sonnenbildes Glanz
Die Wasserspinne führt den Tanz;
Schwertlilienkranz am Ufer steht
10 Und horcht des Schilfes Schlummerliede;
Ein lindes Säuseln kommt und geht,
Als flüstre's: Friede! Friede! Friede! –

(1848)

1. Erläutern Sie, auf welche Weise die Natur in diesem Gedicht dargestellt wird.

2. Beschreiben Sie das Verhältnis, in dem lyrisches Ich und Natur zueinander stehen. Berücksichtigen Sie dabei vor allem die Verse 2 und 12.

3. Vergleichen Sie das Gedicht mit Mörikes „Am Walde" im Hinblick auf das in beiden Gedichten sichtbare Weltverständnis.

4. Zeigen Sie, inwiefern Adalbert Stifters Vorrede zu „Bunte Steine" (S. 216) als poetologisches Programm auch für die Gedichte von Droste-Hülshoff und Mörike gelten kann.

Eduard Mörike (1804 – 1875)
Am Walde

Am Waldsaum kann ich lange Nachmittage,
Dem Kuckuck horchend in dem Grase liegen;
Er scheint das Tal gemächlich einzuwiegen
Im friedvollen Gleichklang seiner Klage.

5 Da ist mir wohl, und meine schlimmste Plage,
Den Fratzen der Gesellschaft mich zu fügen,
Hier wird sie mich doch endlich nicht bekriegen,
Wo ich auf eigne Weise mich behage.

Und wenn die feinen Leute nur erst dächten,
10 Wie schön Poeten ihre Zeit verschwenden,
Sie würden mich zuletzt doch gar beneiden.

Denn des Sonetts gedrängte Kränze flechten
Sich wie von selber unter meinen Händen,
Indes die Augen in der Ferne weiden.

(1830)

1. Beschreiben Sie die Stimmung, die das Gedicht ausdrückt, und ordnen Sie die entsprechenden Wörter zu.

2. Zeigen Sie, wie das lyrische Ich den Rückzug in die Idylle begründet und wie es ihn bewertet.

3. Arbeiten Sie aus den beiden Terzetten das Selbstverständnis des lyrischen Ichs als Dichter heraus und vergleichen Sie es mit Heinrich Heines Gedicht „An einen politischen Dichter" (S. 228).

---

[1] **Weste:** Westwinde – [2] **Blaugoldne Stäbchen und Karmin:** Libellenarten

Karl Ludwig Pfau wurde 1821 in Heilbronn als Sohn eines Gärtners geboren. Nach dem Besuch des Heilbronner Gymnasiums zog er 1839 nach Frankreich, wo er zunächst als Gärtner tätig war, dann aber Kunst und Literatur studierte. 1841 kehrte er nach Deutschland zurück, begann in Tübingen ein Philosophiestudium und veröffentlichte erste Gedichte.
Wegen seines Engagements für die Märzrevolution wurde er des Hochverrats angeklagt und musste in die Schweiz und weiter nach Frankreich flüchten. Nach einer Amnestie konnte er 1863 zurückkehren. Pfau starb 1894 in Stuttgart. Bereits 1847 verfasste er das folgende Gedicht mit dem Titel „Herr Biedermeier":

Ludwig Pfau (1821 – 1894)
Herr Biedermeier
Mitglied der „besitzenden und gebildeten Klasse"

Schau, dort spaziert Herr Biedermeier
Und seine Frau, den Sohn am Arm;
Sein Tritt ist sachte wie auf Eier,
Sein Wahlspruch: Weder kalt noch warm.
5 Das ist ein Bürger hochgeachtet,
Der geistlich spricht und weltlich trachtet;
Er wohnt in jenem schönen Haus
Und – leiht sein Geld auf Wucher aus.

Gemäßigt stimmt er bei den Wahlen,
10 Denn er missbilligt allen Streit;
Obwohl kein Freund vom Steuerzahlen,
Verehrt er sehr die Obrigkeit.
Aufs Rathaus und vor Amt gerufen,
Zieht er den Hut schon auf den Stufen;
15 Dann aber geht er stolz nach Haus
Und – leiht sein Geld auf Wucher aus.

Am Sonntag in der Kirche fehlen,
Das wäre gegen Christenpflicht;
Da holt er Labung seiner Seelen –
20 Und schlummert, wenn der Pfarrer spricht.
Das führt ihn lieblich bis zum Segen,
Den nimmt der Wackre fromm entgegen.
Dann geht er ganz erbaut nach Haus
Und – leiht sein Geld auf Wucher aus.

25 Acht! Wandrer, die gen Westen streben!
Wie rühret ihre Not sein Herz!
Wohl sieht er sammeln, doch zu geben
Vergisst er ganz in seinem Schmerz.
„Ihr Schicksal ruht in Gottes Händen!"
30 Spricht er – dann geht er auszupfänden,
Nimmt einem Schuldner Hof und Haus
Und – leiht sein Geld auf Wucher aus.

Den einzgen, hoffnungsvollen Sprossen –
Denn nicht mehr, das wäre Überfluss –,
35 Den hält er klösterlich verschlossen:

Die Sünde stammt ja vom Genuss.
Die Mutter führt ihr Küchlein sittig
Wie eine Henne unterm Fittich;
Sie sorgt für strenge Zucht im Haus
40 Und – leiht ihr Geld auf Wucher aus.

O edles Haus! O feine Sitten!
Wo jedes Gift im Keim erstickt,
Wo nur gepflegt wird und gelitten,
Was gern sich duckt und wohl sich schickt.
45 O wahre Bildung ohne Spitzen!
Nur der Besitz kann dich besitzen –
Anstand muss sein in Staat und Haus,
Sonst – geht dem Geld der Wucher aus.   *(1847)*

1. Verfassen Sie eine Charakterisierung des hier dargestellten Herrn Biedermeier.

2. Zeigen Sie auf, wie das lyrische Ich Herrn Biedermeier beurteilt.

3. Erläutern Sie, mit welchen stilistischen Mitteln der Sprecher des Gedichtes seine Einschätzung zum Ausdruck bringt.

4. Was verbinden Sie heute mit dem Begriff „biedermeierlich" bzw. „bieder"? Notieren Sie Ihre Assoziationen und vergleichen Sie diese mit dem Gedicht.

Wissen und Können

Biedermeier (1815 – 1848)

Im Gegensatz zur stark gesellschaftspolitisch ausgerichteten Literatur des Vormärz und des „Jungen Deutschland" wandten sich viele Dichter vom politischen Tagesgeschehen ab, sehnten sich nach den unruhigen Revolutionsjahren nach **Ordnung** und **Beständigkeit** und zogen sich ins Private zurück. Ihnen ging es mehr um die Darstellung individueller Erfahrung, Selbstbehauptung und Identitätsfindung in einer von starren Normen geprägten Welt. Sie spürten schmerzlich den Widerspruch zwischen Wunsch und Wirklichkeit und suchten nach Möglichkeit die Gegensätze zu harmonisieren. **Natur, Heimat, Familie und Religion** sind zentrale Themen.

Literatur als Selbstvergewisserung des Bürgertums im poetischen Realismus

Seine Ideale von Freiheit, sozialer Gleichheit und die Hoffnung auf nationale Einigung musste das Bürgertum nach der gescheiterten Revolution von 1848/49 erst einmal zurückstellen. Illusionsloser wandte man sich jetzt dem „Realen" als Leitbegriff des Denkens und des politischen Handelns zu. Im Einklang mit den neuen „Realitäten", den zahlreichen technischen Erfindungen, der beschleunigten wirtschaftlich-industriellen Entwicklung, besonders in den Gründerjahren nach der enthusiastisch gefeierten Reichseinigung 1870/71, gelang es dem Bürgertum, seine politische Bedeutungslosigkeit durch wirtschaftliche Macht, Wohlstand und nicht zuletzt durch Bildung zum Teil auszugleichen.

„Realität" wurde auch der zentrale Begriff in der Kunst und in der Literatur der Zeit. Theodor Fontane, einer ihrer wichtigsten Schriftsteller und Programmatiker, äußerte bündig: „Was unsere Zeit nach allen Seiten charakterisiert, das ist ihr Realismus." Und sicher ist gerade er ein Kenner der Szene, verbrachte er doch überwiegend sein Leben in der Berliner Metropole, wo sich die künstlerischen Tendenzen der Zeit am deutlichsten zeigten.

Was Fontane mit „Realismus" meinte, ob in „realistischer" Kunst etwa auch die Schattenseiten eingeschlossen sind, welche die rasche Entwicklung in Deutschland ebenfalls mit sich brachte, kommt in der folgenden Einheit zur Sprache. Auch soll deutlich werden, warum sich die Literatur nach 1850 bis etwa 1890 als „Poetischer Realismus" verstand.

Theodor Fontane 1894 an seinem Schreibtisch. Die Aufnahme wurde an seinem 75. Geburtstag gemacht.

Illustration von Max Liebermann zu Theodor Fontanes „Effi Briest": Effi auf der Schaukel (1926)

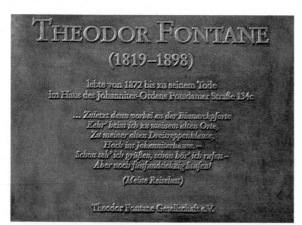

Gedenktafel mit dem Schluss von Fontanes Gedicht „Meine Reiselust" an dem Kaufhaus, das heute in der Alten Potsdamer Straße auf dem Grundstück des Johanniterordens steht

1. Tauschen Sie sich in Ihrer Gruppe über den Begriff „Realität" aus.

Wrangelbrunnen

Theodor Fontane (1819 – 1898)
Meine Reiselust

[...]
Jetzt zwischen Link- und Eichhornstraße
Mess' ich meine bescheidenen Maße,
Höchstens bis Königin Luise
5 Wag' ich mich vor, umschreitend diese,
Bleib' dann ein Weilchen noch in dem Bereiche
Des Floraplatzes, am Goldfischteiche.
Der Wrangelbrunnen bleibt mir zur Linken,
Rechtsher seh' ich Goethe winken.
10 Zuletzt dann vorbei an der Bismarckpforte
Kehr' heim ich zu meinem alten Orte,
Zu meiner alten Dreitreppenklause,
Hoch im Johanniterhause[1]. –
Schon seh' ich grüßen, schon hör' ich rufen –
15 Aber noch fünfundsiebzig Stufen!   *(1890)*

2. Die wirklich existierenden Monumente auf den Bildern werden in dem Gedicht genannt. Zeigen Sie deren Bedeutung für das lyrische Ich auf.

3. Beschreiben Sie den Eindruck, den Ihnen die Zeichnung von der Titelheldin des Romans „Effi Briest" vermittelt (vgl. S. 232).

[1] **Johanniterhause:** Haus, in dem Fontane in der dritten Etage seine Wohnung hatte

Goethe-Denkmal von Fritz Schaper (1841 – 1919) gegenüber dem Stelenfeld am Rande des Tiergartens

Luisen-Denkmal von Erdmann Encke (1843 – 1896) an der Südseite des Berliner Tiergartens

Der Beginn des Romans „Effi Briest"

Dietrich Herrmann (geb. 1939)
Theodor Fontane, „Effi Briest" – Skizzierung der Figuren

Wie die meisten Autoren des bürgerlichen Realismus veröffentlichte auch Fontane diesen Roman zunächst in einer Zeitschrift, der „Deutschen Rundschau", und zwar in Fortsetzungen in den Jahren 1894 bis 1895. In Buchform erschien er dann 1896. Von der oft ironischen bis humorvollen Erzählhaltung darf man sich nicht täuschen lassen über die eher tragische Ausrichtung der Werke Fontanes: Auch der Roman „Effi Briest" gehört in diese Richtung. Effi wird wegen Ehebruchs von ihrem Mann verlassen, das gemeinsame Kind wird ihr genommen, sie erkrankt schwer und stirbt jung, nicht nur an schwerer Krankheit, sondern auch aus Verzweiflung. Ihre Geschichte beginnt – wesentlich von den Eltern bestimmt – mit der Verheiratung mit dem Baron von Innstetten. – Effi ist zur Zeit der Heirat 17 Jahre alt.

Skizzierung der Hauptpersonen:
Effi Briest
Am Anfang schildert sie der Erzähler als fröhliches, abenteuerlustiges Einzelkind einer preußischen Adelsfamilie. Mit ihren 17 Jahren erscheint sie als unerfahren und voller Illusionen, mit der romantischen Vorstellung einer Liebesheirat und einem glücklichen Leben im Luxus. Später in der Ehe sieht man sie durchaus standesbewusst und ehrgeizig beim Streben nach gesellschaftlicher Anerkennung und politischer Karriere ihres Mannes. Mit ihrem Übermut, dem Lebenshunger, der Lebhaftigkeit und Verspieltheit vermittelt der Erzähler dem Leser Sympathie für seine Figur, und doch wirkt Effi charakterlich unentwickelt und moralisch eher indifferent. Kaum aus Leidenschaft, eher aus Langeweile geht sie eine zunächst unentdeckte Liebesaffäre mit Major Crampas ein. Von besonderer Zuneigung, Zärtlichkeit oder ausgiebiger Beschäftigung mit ihrer einzigen Tochter ist im Roman kaum die Rede. Auch von deutlichen geistigen Interessen, Fähig- und Fertigkeiten erfährt der Leser wenig, wohl aber spricht der Erzähler von ihren motorischen Neigungen: Gymnastik, Wandern und Reiten. Trotzdem weiß Effi kaum etwas mit sich anzufangen, wenn ihr Mann bei seinen politischen Aufgaben einmal einen Tag außer Hauses bleibt. In der Nacht fürchtet sie sich dann vor Spukgestalten, und das Hausmädchen und der treue Hund müssen dann in ihrem Zimmer die Nacht mit ihr verbringen.

Baron von Innstetten
Er ist 38 Jahre alt, als er Effi heiratet, und damit genau so alt wie ihre Mutter. Als Landrat mit einer sicheren politischen Karriere vor sich erscheint er trotz seines Alters als standesgemäßer und darum willkommener Schwiegersohn. Gegenüber Effi verhält er sich kaum innig-herzlich oder gar stürmisch-verliebt, sondern eher als höflicher, väterlicher „Erzieher". Als kunstsinniger und bildungsbeflissener Mann bemüht er sich schon bei der Hochzeitsreise, seine junge Frau zu belehren. Dem Leser erscheint der Baron als „ein Mann von Charakter", ein Prinzipienmensch mit „Grundsätzen". Und doch ist er in einem wesentlichen Bereich befangen bis gefangen: Gegenüber einem veräußerlichten Ehrbegriff ist er unfrei, von ihm kann er sich nicht lösen, obwohl er dessen Hohlheit durchschaut. Zugleich macht seine hier erkennbare mangelnde Identität sein ganzes Unglück aus und führt ihn, als er die Affäre seiner Frau entdeckt, in das von ihm selbst als sinnlos erkannte Duell mit Crampas.

Major Crampas
Er ist Bezirkskommandeur, nach Effis Schätzung 44 Jahre alt, und führt mit seiner noch älteren Frau eine unglückliche Ehe, die ständig gefährdet wird von den berechtigten Eifersüchteleien der Frau wegen der Liebesabenteuer ihres Mannes. Sein Ruf als Charmeur, kühner Duellant, worauf noch eine Verletzung an einem Arm hinweist, lassen ihn in dem Ort, wo nach Effis Aussage zu wenig passiert, bei den Damen als besonders attraktiv erscheinen. Auf den Leser wirkt er wie ein Mann, der leichthin zu leben weiß: innerlich frei und unabhängig, kaum angepasst. Den Augenblick genießend, wirkt er moralisch eher indifferent, unbekümmert um die Folgen seines Handelns. Bei dieser Lebensweise bleibt er einsam, jedoch ohne darunter zu leiden.

Frau von Briest
Sie ist deutlich jünger als ihr Mann und hat in ihrer Jugend einmal von einer Verbindung mit dem gleichaltri-

gen Baron geträumt, sich aber dann, gesellschaftlichen
85 und ökonomischen Zwängen nachgebend, zur Ehe mit
Herrn von Briest entschlossen. Sei es aus schlechtem
Gewissen oder aus Gründen der Wiedergutmachung
lenkt sie nun maßgeblich ihre Tochter bei der Heirat
mit von Instetten und erwartet von Effi, dass sie, wie
90 einst sie selbst, sich den geltenden gesellschaftlichen
Normen unterwirft und ihnen gehorcht.

Dem Leser erscheint sie als dominante Persönlichkeit
mit starker Orientierung an Status und Äußerlichkeiten. In der Verfolgung ihrer Ziele ist sie unerbittlich
95 und benutzt dabei auch Menschen – ihre eigene Tochter –, um sie zu erreichen.

Herr von Briest

Ritterschaftsrat von Briest ist ein „wohlkonservierter
Fünfziger" und damit mindestens zwölf Jahre älter als
100 seine Frau. Er entstammt altem Adel. Briest pflegt eine
liberale Weltsicht, kümmert sich mehr um den Einzelnen als um das große Ganze und die Gesellschaft. Gutmütig im persönlichen Miteinander geht er dem (zu)
„weiten Feld" gesellschaftlicher Probleme und Konflik-
105 te gerne mit einer ironisch distanzierten, leicht kauzi-
gen Haltung aus dem Weg.

(2012)

1. Lesen Sie die Skizzen über die Hauptfiguren des
   Romans und erstellen Sie ein Schaubild zur Figurenkonstellation.

2. Stellen Sie Vermutungen über die möglichen Konflikte an, die sich aus der Figurenkonstellation ergeben könnten.

Theodor Fontane (1819–1898)
Effi Briest

ERSTES KAPITEL (Auszug)

In Front des schon seit Kurfürst Georg Wilhelm[1] von
der Familie von Briest bewohnten Herrenhauses zu
Hohen-Cremmen fiel heller Sonnenschein auf die mit-
5 tagsstille Dorfstraße, während nach der Park- und Gartenseite hin ein rechtwinklig angebauter Seitenflügel
einen breiten Schatten erst auf einen weiß und grün
quadrierten Fliesengang und dann über diesen hinaus
auf ein großes, in seiner Mitte mit einer Sonnenuhr und
10 an seinem Rande mit Canna indica[2] und Rhabarber-

stauden besetztes Rondell warf. Einige zwanzig Schritte
weiter, in Richtung und Lage genau dem Seitenflügel
entsprechend, lief eine, ganz in kleinblättrigem Efeu
stehende, nur an einer Stelle von einer kleinen weiß
gestrichenen Eisentür unterbrochene Kirchhofsmauer, 15
hinter der der Hohen-Cremmener Schindelturm mit
seinem blitzenden, weil neuerdings erst wieder vergol-
deten Wetterhahn aufragte. Fronthaus, Seitenflügel
und Kirchhofsmauer bildeten ein einen kleinen Zier-
garten umschließendes Hufeisen, an dessen offener 20
Seite man eines Teiches mit Wassersteg und angeketel-
tem Boot und dicht daneben einer Schaukel gewahr
wurde, deren horizontal gelegtes Brett zu Häupten und
zu Füßen an je zwei Stricken hing – die Pfosten der
Balkenlage schon etwas schief stehend. Zwischen Teich 25
und Rondell aber und die Schaukel halb versteckend
standen ein paar mächtige alte Platanen.

Auch die Front des Herrenhauses – eine mit Aloekü-
beln und ein paar Gartenstühlen besetzte Rampe – ge-
währte bei bewölktem Himmel einen angenehmen und 30
zugleich allerlei Zerstreuung bietenden Aufenthalt; an
Tagen aber, wo die Sonne niederbrannte, wurde die
Gartenseite ganz entschieden bevorzugt, besonders
aber von Frau und Tochter des Hauses, die denn auch
heute wieder auf dem im vollen Schatten liegenden 35
Fliesengange saßen, in ihrem Rücken ein paar offene,
von wildem Wein umrankte Fenster, neben sich eine
vorspringende kleine Treppe, deren vier Steinstufen
vom Garten aus in das Hochparterre des Seitenflügels
hinaufführten. Beide, Mutter und Tochter, waren flei- 40
ßig bei der Arbeit, die der Herstellung eines aus Einzel-
quadraten zusammenzusetzenden Altarteppichs galt;
ungezählte Wollsträhnen und Seidendocken[3] lagen auf
einem großen, runden Tisch bunt durcheinander, dazwischen, noch vom Lunch her, ein paar Dutzend Des- 45
sertteller und eine mit großen, schönen Stachelbeeren
gefüllte Majolikaschale. Rasch und sicher ging die
Wollnadel der Damen hin und her, aber während die
Mutter kein Auge von der Arbeit ließ, legte die Tochter,
die den Rufnamen Effi führte, von Zeit zu Zeit die Na- 50
del nieder und erhob sich, um unter allerlei kunstge-
rechten Beugungen und Streckungen den ganzen Kursus der Heil- und Zimmergymnastik durchzumachen.
Es war ersichtlich, dass sie sich diesen absichtlich ins
Komische gezogenen Übungen mit ganz besonderer 55
Liebe hingab, und wenn sie dann so dastand und, lang-
sam die Arme hebend, die Handflächen hoch über dem
Kopf zusammenlegte, so sah auch wohl die Mama von

---

[1] **Kurfürst Georg Wilhelm von Brandenburg:** 1595–1640 – [2] **Canna indica:** indisches Rohr – [3] **Seidendocken:** Seidenspulen

ihrer Handarbeit auf, aber immer nur flüchtig und ver-
60 stohlen, weil sie nicht zeigen wollte, wie entzückend sie
ihr eigenes Kind finde, zu welcher Regung mütterlichen
Stolzes sie vollberechtigt war. Effi trug ein blau und
weiß gestreiftes, halb kittelartiges Leinwandkleid, dem
erst ein fest zusammengezogener, bronzefarbener Le-
65 dergürtel die Taille gab; der Hals war frei, und über ihre
Schulter und Nacken fiel ein breiter Matrosenkragen. In
allem, was sie tat, paarte sich Übermut und Grazie,
während ihre lachenden braunen Augen eine große,
natürliche Klugheit und viel Lebenslust und Herzens-
70 güte verrieten. Man nannte sie die „Kleine", was sie sich
nur gefallen lassen musste, weil die schöne, schlanke
Mama noch um eine Handbreit höher war. [...]
„Effi, eigentlich hättest du wohl Kunstreiterin werden
müssen. Immer am Trapez, immer Tochter der Luft. Ich
75 glaube beinah, dass du so was möchtest."
„Vielleicht, Mama. Aber wenn es so wäre, wer wäre
schuld? Von wem hab' ich es? Doch nur von dir. Oder
meinst du von Papa? Da musst du nun selber lachen.
Und dann, warum steckst du mich in diesen Hänger, in
80 diesen Jungenskittel? [...] Warum kriege ich keine
Staatskleider? Warum machst du keine Dame aus mir?"
„Möchtest du's?"
„Nein." Und dabei lief sie auf die Mama zu und umarmte sie stürmisch und küsste sie.
85 „Nicht so wild, Effi, nicht so leidenschaftlich. Ich beun-
ruhige mich immer, wenn ich dich so sehe ..." [...]

(1896)

1. Beschreiben Sie den Eindruck, den die im Text dargestellte Umgebung auf Sie macht der Raum mit seinen Bauten und Gegenständen, die Tages- und Jahreszeit mit ihren Lichtverhältnissen, Geräuschen usw.

2. Beschreiben Sie, wie Effi am Anfang des Romans nach ihrem Äußeren und ihrem Wesen erscheint und wie sie von ihrer Mutter gesehen wird.

3. Erarbeiten Sie anhand dieses Romanauszugs die Darstellung von Wirklichkeit. Versuchen Sie, den Symbolgehalt ausgewählter Gegenstände und Verhaltsweisen zu entschlüsseln.

4. **Was Sie noch machen können:**
   a) Beschaffen Sie sich eine ausführlichere Inhalts-angabe des Romans und vervollständigen Sie die Skizzen über die Personen.
   b) Stellen Sie in einem Referat das Handlungsgerüst des Romans vor.
   c) Vergleichen Sie Fontanes Konzept mit Georg Büchners Ansprüchen an die Literatur (vgl. S. 213, 223 f.).

Das Ende des Romans und die Verfilmung aus dem Jahr 2009

Theodor Fontane (1819–1898)
Effi Briest

SECHSUNDDREISSIGSTES KAPITEL (Auszug)

Die Ehe zwischen Effi und Innstetten verläuft nicht glücklich. Effi langweilt sich in dem sehr ländlich ge-legenen Dorf Kessin, da Innstetten sie oft allein lässt und sie in der Gesellschaft des Landkreises keinen rechten Anschluss findet. Innstetten erweist sich zwar als fürsorglich, flößt ihr jedoch auch durch Spukge-schichten über das Haus, in dem sie leben, Angst ein. Effi vermisst vor allem ein intensives Eingehen auf ihre Bedürfnisse, insbesondere nach Zärtlichkeit. Aus die-sem Empfinden heraus lässt sie sich auf eine Affäre mit Major Crampas ein. Nicht, weil sie ihn liebt, sondern weil sie sich nach Aufmerksamkeit und Zärtlichkeit sehnt, die ihr Crampas geben kann. Die Affäre ist zu Ef-fis Erleichterung beendet, als Innstetten beruflich Kar-riere macht und die Familie – sie haben mittlerweile eine Tochter namens Annie –, nach Berlin zieht. Sechs Jahre später entdeckt Innstetten durch Zufall die alten Briefe von Crampas an Effi, die diese aufbewahrt hat. Er fordert Crampas zu einem Duell, weil er glaubt, dass der Ehrenkodex der Gesellschaft dies verlange, und tö-tet ihn dabei. Obwohl er Effi noch liebt, lässt er sich scheiden und nimmt ihr die Tochter weg. Auch die Eltern Briest verstoßen ihre Tochter, sie darf nicht mehr nach Hause zurückkehren.

Völlig vereinsamt lebt Effi in Berlin, ihre Tochter sieht sie nur einmal wieder und muss feststellen, dass sie eine Fremde für ihre Tochter geworden ist. Erst als sie todkrank wird, darf sie in ihr Elternhaus zurückkehren. Kurz bevor sie stirbt, spricht sie ein letztes Mal mit ihrer Mutter.

„Wie geht es dir, Effi? Roswitha sagt, du seiest so fiebrig."

„Ach, Roswitha nimmt alles so ängstlich. Ich sah ihr an, sie glaubt, ich sterbe. Nun, ich weiß nicht. Aber sie
5 denkt, es soll es jeder so ängstlich nehmen wie sie selbst."

„Bist du so ruhig über Sterben, liebe Effi?"

„Ganz ruhig, Mama."

„Täuschst du dich darin nicht? Alles hängt am Leben
10 und die Jugend erst recht. Und du bist noch so jung, liebe Effi."

Effi schwieg eine Weile. Dann sagte sie: „Du weißt, ich habe nicht viel gelesen, und Innstetten wunderte sich oft darüber, und es war ihm nicht recht."
15 Es war das erste Mal, dass sie Innstettens Namen nannte, was einen großen Eindruck auf die Mama machte und dieser klar zeigte, dass es zu Ende sei.

„Aber ich glaube", nahm Frau von Briest das Wort, „du wolltest mir was erzählen."
20 „Ja, das wollte ich, weil du davon sprachst, ich sei noch so jung. Freilich bin ich noch jung. Aber das schadet nichts. Es war noch in glücklichen Tagen, da las mir Innstetten abends vor; er hatte sehr gute Bücher, und in einem hieß es: Es sei wer von einer fröhlichen Tafel
25 abgerufen worden, und am anderen Tage habe der Abgerufene gefragt, wie's denn nachher gewesen sei. Da habe man ihm geantwortet: ‚Ach, es war noch allerlei; aber eigentlich haben Sie nichts versäumt.' Sieh, Mama, diese Worte haben sich mir eingeprägt – es hat nicht
30 viel zu bedeuten, wenn man von der Tafel etwas früher abgerufen wird."

Frau von Briest schwieg. Effi aber schob sich etwas höher hinauf und sagte dann: „Und da ich nun mal von alten Zeiten und auch von Innstetten gesprochen habe,
35 muss ich dir doch noch etwas sagen, liebe Mama."

„Du regst dich auf, Effi."

„Nein, nein; etwas von der Seele heruntersprechen, das regt mich nicht auf, das macht still. Und da wollt ich dir denn sagen: Ich sterbe mit Gott und Menschen ver-
40 söhnt, auch versöhnt mit ihm."

„Warst du denn in deiner Seele in so großer Bitterkeit mit ihm? Eigentlich, verzeihe mir, meine liebe Effi, dass ich das jetzt noch sage, eigentlich hast du doch euer Leid heraufbeschworen."

Effi nickte. „Ja, Mama. Und traurig, dass es so ist. Aber
45 als dann all das Schreckliche kam, und zuletzt das mit Annie, du weißt schon, da hab ich doch, wenn ich das lächerliche Wort gebrauchen darf, den Spieß umgekehrt und habe mich ganz ernsthaft in den Gedanken hineingelebt, er sei schuld, weil er nüchtern und be-
50 rechnend gewesen sei und zuletzt auch noch grausam. Und da sind Verwünschungen gegen ihn über meine Lippen gekommen."

„Und das bedrückt dich jetzt?"

„Ja. Und es liegt mir daran, dass er erfährt, wie mir hier
55 in meinen Krankheitstagen, die doch fast meine schönsten gewesen sind, wie mir hier klargeworden, dass er in allem Recht gehandelt. In der Geschichte mit dem armen Crampas – ja, was sollt er am Ende anders tun? Und dann, womit er mich am tiefsten verletzte, dass er
60 mein eigen Kind in einer Art Abwehr gegen mich erzogen hat, so hart es mir ankommt und so weh es mir tut, er hat auch darin Recht gehabt. Lass ihn das wissen, dass ich in dieser Überzeugung gestorben bin. Es wird ihn trösten, aufrichten, vielleicht versöhnen. Denn er
65 hatte viel Gutes in seiner Natur und war so edel, wie jemand sein kann, der ohne rechte Liebe ist."

Nach Effis Tod und Beerdigung – ihre Grabstätte befindet sich statt der Sonnenuhr in dem Rondell – sprechen die Briests noch einmal über ihre Tochter. Mit diesem Gespräch endet der Roman.

Frau von Briest hatte mittlerweile den Kaffee eingeschenkt und sah nach dem Rondell und seinem Blumenbeete. „Sieh, Briest, Rollo liegt wieder vor dem Stein. Es ist ihm doch noch tiefer gegangen als uns. Er frisst auch nicht mehr."
5 „Ja, Luise, die Kreatur. Das ist ja, was ich immer sage. Es ist nicht so viel mit uns, wie wir glauben. Da reden wir immer von Instinkt. Am Ende ist es doch das Beste."

„Sprich nicht so. Wenn du so philosophierst ... nimm es mir nicht übel, Briest, dazu reicht es bei dir nicht aus.
10 Du hast deinen guten Verstand, aber du kannst doch nicht an solche Fragen ..."

„Eigentlich nicht."

„Und wenn denn schon überhaupt Fragen gestellt werden sollen, da gibt es ganz andere, Briest, und ich kann
15 dir sagen, es vergeht kein Tag, seit das arme Kind da liegt, wo mir solche Fragen nicht gekommen wären ..."

„Welche Fragen?"

„Ob wir nicht doch vielleicht schuld sind?"

20 „Unsinn, Luise. Wie meinst du das?"

„Ob wir sie nicht anders in Zucht hätten nehmen müssen. Gerade wir. Denn Niemeyer ist doch eigentlich eine Null, weil er alles in Zweifel lässt. Und dann, Briest, so leid es mir tut ... deine beständigen Zweideutigkei-
25 ten ... und zuletzt, womit ich mich selbst anklage, denn ich will nicht schuldlos ausgehen in dieser Sache, ob sie nicht doch vielleicht zu jung war?"

Rollo, der bei diesen Worten aufwachte, schüttelte den Kopf langsam hin und her, und Briest sagte ruhig: „Ach,
30 Luise, lass ... das ist ein zu weites Feld."

(1896)

1. In den beiden Textauszügen werden Antworten gegeben auf die Frage, wer Schuld trägt an dem tragischen Geschehen. Stellen Sie zusammen, wie Effi und wie Frau und Herr Briest ihr Verhalten beurteilen.

2. Erörtern Sie, welche moralischen Vorstellungen bei der jeweiligen Beurteilung eine Rolle spielen.

3. Deuten Sie Rollos Kopfschütteln und Briests letzten Satz. Bedenken Sie dabei, dass mit diesen Worten der Roman endet.

4. Wie beurteilen Sie aus Ihrer heutigen Sicht die Frage nach der Schuld bei einer außerehelichen Affäre? Begründen Sie Ihre Auffassung. Beziehen Sie die Informationen aus den Texten zuvor in Ihre Überlegungen mit ein.

5. Sie haben in Effi eine weibliche Hauptfigur aus Romanen Fontanes kennengelernt, die zeitgenössische Leserinnen und Leser teilweise als trivial und moralisch verwerflich verurteilt haben. Erörtern Sie, inwiefern der Autor durch diese Frauenfigur eine berechtigte Gesellschaftskritik vornimmt.

Das Ende in der Verfilmung von 2009

Das letzte Gespräch Effis mit ihren Eltern findet in dem Film (Regie: Hermine Huntgeburth) nicht wie in dem Roman in Hohen-Cremmen statt, sondern in Berlin in einem Café. Effi ist nicht erkrankt, sie lebt selbstständig in Berlin und hat eine Anstellung als Hilfskraft in einer öffentlichen Bibliothek bekommen.

1. Beschreiben und deuten Sie das Standbild.

2. Erörtern Sie die mögliche Bedeutung, dass das Gespräch nicht in dem Haus in Hohen-Cremmen, sondern in einem Café stattfindet.

Volker Einrauch (geb. 1950)/Hermine Huntgeburth (geb. 1957)

Effi Briest – Drehbuchauszug

Effi: So, findet er?

Herr Briest: Ja, ein verfehltes Leben. Gewissermaßen.

Frau Briest: Sein beruflicher Erfolg bedeutet ihm nichts mehr – so hat er sich ausgedrückt.

5 **Effi:** Der Arme, das muss sehr schwer für ihn sein. Er hat ja durchaus Gutes in sich.

Frau Briest: Aber natürlich hat er das.

Effi: Ebenso nur so viel, wie jemand haben kann, der ohne rechte Liebe ist.

10 *(alle schweigen)*

Frau Briest: Vielleicht war es ja auch unsere Schuld. Hätten wir von Anfang an strenger mit dir sein müssen? Oder warst du wirklich noch nicht reif für die Ehe?

Effi: Wovon redest du, Mama? Ein Leben wurde ausge-
15 löscht. Dabei habe ich ihn noch nicht mal geliebt. Dass Crampas sterben musste, ist einzig und allein Innstettens Schuld. Und Regierung und Justiz machen sich schuldig, weil er nur zwei Wochen Haft bekommen hat.

Herr Briest: Effi, das ist ein weites Feld. Ein zu weites.
20 Ich habe es jedenfalls gründlich satt, den Großinquisitor zu spielen. Komm einfach wieder nach Hause.

Effi: Nach Hause?

Frau Briest: Für immer.

Effi: Haben sich auf einmal eure moralischen Maßstä-
25 be verändert?

Herr Briest: Komm schon, wenn sie will, kann die Gesellschaft immer ein Auge zudrücken.

(Effi zündet sich eine Zigarette an. Die Eltern starren sie entgeistert an.)

30 **Effi:** Kann schon sein, dass die Gesellschaft auch mal ein Auge zudrücken kann, Papa. Ich kann es nicht.

(Effi drückt die Zigarette aus und verlässt das Café. Die Kamera verfolgt sie auf ihrem Weg durch die Straße.)

(2009)

1. Vergleichen Sie das Gespräch mit den beiden Textauszügen des Romans. Stellen Sie zusammen, was der Film aus dem Roman übernommen hat und was neu hinzugekommen ist. Überprüfen Sie, ob das vom Roman Übernommene im Kontext die gleiche Bedeutung hat. Fassen Sie Ihre Ergebnisse in geeigneter Form zusammen.

2. Überlegen Sie, ob es nach diesem Gespräch noch zu weiteren Kontakten Effis mit ihren Eltern kommen könnte. Diskutieren Sie anschließend, welche Sichtweise der Film auf die Schuldfrage darlegt.

3. Halten Sie die Umdeutung, die der Film vornimmt, für angemessen? Erörtern Sie die Frage in einem zusammenhängenden Text.
➜ Argumentieren/Erörtern, S. 439

Wissen und Können

Poetischer Realismus

Die Literaturepoche zwischen 1850 und etwa 1890 in Deutschland wurde von ihren herausragenden Vertretern – Theodor Fontane, Theodor Storm u. a. – **„Poetischer Realismus"** genannt. Schon mit dem Attribut „poetisch" bringen die genannten Dichter und Theoretiker zum Ausdruck, dass es bei diesem „Realismus" nicht um die pure Wiedergabe oder Abbildung von Wirklichkeit geht. Vielmehr wird die Realität durch die **Verwendung künstlerischer Mittel** und **künstlerischer Fantasie** mit einer besonderen Bedeutung aufgeladen. Das heißt: Durch die Verwendung von **Bildern** und **Symbolen**, aber auch von Humor und Ironie, also durch eine „poetisierende Gestaltung" gehen die „realistischen" Autoren über das bloß Faktische der Wirklichkeit hinaus. Die Bedeutung muss vom Leser / von der Leserin im Zusammenhang des Textes erschlossen werden.

Literatur als Spiegel sozialer Wirklichkeit im Naturalismus

Die „Freie Bühne"

Die „Freie Bühne"
(Karikatur aus der
satirischen Zeitschrift
„Kladderadatsch"
von Ernst Retemeyer
aus dem Jahre 1890)

1. Beschreiben Sie die Karikatur von der „Freien Bühne". Gehen Sie dabei wie bei einer Bildbeschreibung vor.

2. Arbeiten Sie heraus, welche Themen in den Theaterstücken der „Freien Bühne" verhandelt werden.

3. Prüfen Sie, welche Wertungen in der Karikatur enthalten sind. Beachten Sie dabei, dass es sich bei dem „Kladderadatsch" um eine satirisch-ironische Zeitschrift handelte, die die Wertvorstellungen des Bürgertums bissig kritisierte.

Mit seinen Dramen stieß Gerhart Hauptmann vielfach das bürgerliche Publikum und besonders die staatlichen Ordnungshüter vor den Kopf. Dem Kaiser Wilhelm II. „passte die ganze Richtung" nicht. Gleich mit seinem ersten Drama „Vor Sonnenaufgang", das im Jahr 1889 durch die „Freie Bühne" in Berlin aufgeführt wurde, rief Hauptmann einen Theaterskandal hervor, und wegen seines Dramas „Die Weber" zitierte man ihn sogar vor Gericht. Gern hätte man Aufführungen seiner Stücke mithilfe der Zensur verhindert, aber die „Freie Bühne" war ein Theaterverein mit geschlossenen Vorstellungen für die Mitglieder und entzog sich damit der Zensur. Hauptmann gelangte zu internationalem Ruhm: Ihm wurde im Jahr 1912 der Nobelpreis für Literatur verliehen. In der Zeit der Weimarer Republik galt er sogar als einer ihrer geistigen Repräsentanten. Von 1933 an sah er sich von der NS-Kulturpolitik stark umworben, wobei er durchaus Sympathien für die nationalsozialistische Ideologie zeigte, sich aber weitgehend aus der Öffentlichkeit bis zur Zeit nach dem Krieg zurückzog.

Gerhart Hauptmann (1862 – 1946)
Die Weber

Während der ersten Niederschrift des Dramas „Die Weber" unternahm Hauptmann im Jahr 1891 mehrere Reisen in das Webergebiet in Schlesien und konnte sich an
Ort und Stelle davon überzeugen, dass sich seit dem Aufstand im Jahr 1844 an der Verelendung der Weber nichts
zum Besseren gewendet hatte. Die soziale Lage der Weber spitzte sich im Gegenteil um 1891/1892 wieder zu.
Das Webergewerbe in Schlesien hatte seit dem Ende
des 18. Jahrhunderts kaum noch gute Tage gesehen.
Der technische Fortschritt gelang in diesem Gebiet
nicht: Noch 1830 gab es hier nur eine einzige mechanische Flachsspinnerei. So waren die schlesischen Weber
immer weniger konkurrenzfähig mit der ausländischen
Leinenindustrie. Ihr Unmut richtete sich zuerst gegen
die Fabrikanten; so demolierten sie am 5. Juni 1844 die
Fabrik der Familie Zwanziger in Peterswaldau. Auch in
Langenbielau wurden zwei Fabriken von ihnen zerstört.
Jetzt aber griff ein Bataillon Infanteristen ein, Schüsse
fielen und dabei gab es aufseiten der Weber 11 Tote.
Hundert Personen wurden verhaftet, 80 von ihnen wurden zu Festungshaft und Gefängnis verurteilt. Im Oktober des Jahres war die Situation „befriedet" und das
Militär wurde wieder zurückgezogen.
Trotz aller Behinderungen durch die Behörden kam am
26. Februar 1893 eine Uraufführung der „Weber" als Veranstaltung der „Freien Bühne" in Berlin zustande. Als
auch das „Deutsche Theater" ebendort am 25. September 1894 das Drama inszenierte, kündigte Kaiser Wilhelm II. aus Protest seine Loge.

Erster Akt

*Ein geräumiges, grau getünchtes Zimmer in Dreißigers
Haus zu Peterswaldau. Der Raum, wo die Weber das ferti-
ge Gewebe abzuliefern haben. Linker Hand sind Fenster
5 ohne Gardinen, in der Hinterwand eine Glastür, durch
welche fortwährend Weber, Weberfrauen und Kinder ab-
und zugehen. Längs der rechten Wand, die, wie die übrigen, größtenteils von Holzgestellen für Parchent[1] verdeckt
wird, zieht sich eine Bank, auf der die angekommenen We-
10 ber ihre Ware ausgebreitet haben. In der Reihenfolge der
Ankunft treten sie vor und bieten ihre Ware zur Muste-
rung. Expedient[2] Pfeifer steht hinter einem großen Tisch,
auf welchen die zu musternde Ware vom Weber gelegt
wird. Er bedient sich bei der Schau eines Zirkels und einer
15 Lupe. Ist er zu Ende mit der Untersuchung, so legt der We-*

*ber den Parchent auf die Waage, wo ein Kontorlehrling
sein Gewicht prüft. Die abgenommene Ware schiebt derselbe Lehrling ins Repositorium[3]. Den zu zahlenden Lohn-
betrag ruft der Expedient Pfeifer dem an einem kleinen
Tischchen sitzenden Kassierer Neumann jedes Mal laut zu.* 20
*Es ist ein schwüler Tag gegen Ende Mai. Die Uhr zeigt
zwölf. Die meisten der harrenden Webersleute gleichen
Menschen, die vor die Schranken des Gerichts gestellt sind,
wo sie in peinigender Gespanntheit eine Entscheidung über
Tod und Leben zu erwarten haben. Hinwiederum haftet* 25
*allen etwas Gedrücktes, dem Almosenempfänger Eigen-
tümliches an, der, von Demütigung zu Demütigung schrei-
tend, im Bewusstsein, nur geduldet zu sein, sich so klein als
möglich zu machen gewohnt ist. Dazu kommt ein starrer
Zug resultatlosen, bohrenden Grübelns in allen Mienen.* 30
*Die Männer, einander ähnelnd, halb zwerghaft, halb
schulmeisterlich, sind in der Mehrzahl flachbrüstige, hüs-
telnde, ärmliche Menschen mit schmutzig blasser Gesichtsfarbe: Geschöpfe des Webstuhls, deren Knie infolge vielen
Sitzens gekrümmt sind. Ihre Weiber zeigen weniger Typi-* 35
*sches auf den ersten Blick, sie sind aufgelöst, gehetzt, abge-
trieben – während die Männer eine gewisse klägliche Gra-
vität zur Schau tragen – und zerlumpt, wo die Männer
geflickt sind. Die jungen Mädchen sind mitunter nicht ohne Reiz; wächserne Blässe, zarte Formen, große, hervorste-* 40
hende, melancholische Augen sind ihnen dann eigen.

Kassierer Neumann, *Geld aufzählend.* Bleibt sechzehn
  Silbergroschen zwei Pfennig.
Erste Weberfrau, *dreißigjährig, sehr abgezehrt, streicht
  das Geld ein mit zitternden Fingern.* Sind Se bedankt. 45
Neumann, *als die Frau stehen bleibt.* Nu? Stimmt's etwa
  nich?
Erste Weberfrau, *bewegt, flehentlich.* A paar Fenniche
  uf Vorschuss hätte ich doch halt a so neetig.
Neumann. Ich hab a paar hundert Taler neetig. Wenn's 50
  ufs Neetighaben ankäm –! *Schon mit Auszahlen an einen anderen Weber beschäftigt, kurz:* Ieber den Vorschuss hat Herr Dreißiger selbst zu bestimmen.
Erste Weberfrau. Kennt ich da vielleicht amal mit'n
  Herrn Dreißiger selber red'n? 55
Expedient Pfeifer, *ehemaliger Weber. Das Typische an
  ihm ist unverkennbar; nur ist er wohlgenährt, gepflegt
  gekleidet, glatt rasiert, auch ein starker Schnupfer. Er
  ruft barsch herüber.* Da hätte Herr Dreißiger weeß
  Gott viel zu tun, wenn er sich um jede Kleenigkeit 60
  selber bekimmern sollte. Dazu sind wir da. *Er zirkelt
  und untersucht mit der Lupe.* Schwerenot! Das zieht.

---

[1] **Parchent:** Leinenart – [2] **Expedient:** Abfertigungsbeauftragter – [3] **Repositorium:** Lager

Er packt sich einen dicken Schal um den Hals. Macht de Tiere zu, wer reinkommt.

65 **Der Lehrling**, *laut zu Pfeifer.* Das ist, wie wenn man mit Kletzen[1] red'te.

Pfeifer. Abgemacht, sela! – Waage! *Der Weber legt das Webe auf die Waage.* Wenn Ihr ock[2] Eure Sache besser verstehn tät't. Trepp'n hat's wieder drinne ... ich seh
70 gar nich hin ...

Bäcker *ist gekommen. Ein junger, ausnahmsweise starker Weber, dessen Gebaren ungezwungen, fast frech ist. Pfeifer, Neumann und der Lehrling werfen sich bei seinem Eintritt Blicke des Einvernehmens zu.* Schwere Not
75 Ja! Da soll eener wieder schwitz'n wie a Laugensack[3].

Erster Weber, *halblaut.* 's sticht gar sehr nach Regen.

Der alte Baumert *drängt sich durch die Glastür rechts. Hinter der Tür gewahrt man die an Schulter und Schulter gedrängt, zusammengepfercht wartenden Webers-*
80 *leute. Der Alte ist nach vorn gehumpelt und hat sein Pack in der Nähe des Bäcker auf die Bank gelegt. Er setzt sich daneben und wischt sich den Schweiß.* Hier ist 'ne Ruh verdient.

Bäcker. Ruhe is besser wie a Beehmen Geld[4].
85 **Der alte Baumert**. A Beehmen Geld mechte ooch sein. Gu'n Tag ooch, Bäcker!

Bäcker. Tag ooch, Vater Baumert! Ma muss wieder lauern, wer weeß wie lange!

Erster Weber. Das kommt nich druf an. A Weber wart't
90 an Stunde oder an'n Tag. A Weber is ock 'ne Sache.

Pfeifer. Gebt Ruhe dahinten! Man versteht ja sei eegenes Wort nich.   *(1892)*

1. Geben Sie den Eindruck wieder, den Sie von den Webern nach dieser Darstellung haben.

2. Deuten Sie im Zusammenhang der Szene die Äußerung des Ersten Webers: „A Weber wart't an Stunde oder an'n Tag. A Weber is ock 'ne Sache." („Ein Weber wartet eine Stunde oder einen Tag. Ein Weber ist auch nur eine Sache.")

3. Erläutern Sie anhand des Textes: Warum „passte die ganze Richtung" Ihrer Meinung nach dem Kaiser nicht?

4. Benennen Sie die besonderen Darstellungsmittel.

5. „Im Naturalismus spielt die Bühne mit." Nehmen Sie Stellung zu dieser Aussage.

Kaiser Wilhelm II.
Wenn die Kunst in den „Rinnstein" niedersteigt!

Auszug aus einer Rede vom 18.12.1901 anlässlich der Vollendung der „Siegesallee" in Berlin:

Wie ist es mit der Kunst überhaupt in der Welt? Sie nimmt ihre Vorbilder, schöpft aus den großen Quellen der Mutter Natur, und diese, die Natur, trotz ihrer großen, scheinbar ungebundenen, grenzenlosen Freiheit, bewegt sich doch nach den ewigen Gesetzen, die der 5 Schöpfer sich selbst gesetzt hat und die nie ohne Gefahr für die Entwicklung der Welt überschritten oder durchbrochen werden können.

Ebenso ist's in der Kunst; und beim Anblick der herrlichen Überreste aus der alten klassischen Zeit über- 10 kommt einen auch wieder dasselbe Gefühl; hier herrscht auch ein ewiges, sich gleichbleibendes Gesetz; das Gesetz der Schönheit und Harmonie, der Ästhetik. Dieses Gesetz ist durch die Alten in einer so überraschenden und überwältigenden Weise, in einer so vollendeten 15 Form zum Ausdruck gebracht worden, dass wir in allen modernen Empfindungen und allem unserem Können stolz darauf sind, wenn gesagt wird bei einer besonders

Kaiser Wilhelm II., deutscher Kaiser 1888 – 1918 (Gemälde von Max Koner, 1900)

---

[1] **mit Kletzen:** mit (unbeweglichen) Klötzen – [2] **ock:** auch – [3] **Laugensack:** Sack mit Laugensalz (zur Herstellung von Farbe) – [4] **Beehmen Geld:** Geldstück aus Böhmen, das auch in Schlesien als Zahlungsmittel galt

guten Leistung: „Das ist beinahe so gut, wie es vor 1900
20 Jahren gemacht worden ist."

Aber beinahe! Unter diesem Eindrucke möchte Ich Ihnen dringend ans Herz legen: Noch ist die Bildhauerei zum größten Teile rein geblieben von den sogenannten modernen Richtungen und Strömungen, noch steht sie
25 hoch und hehr da – erhalten Sie sie so, lassen Sie sich nicht durch Menschenurteil und allerlei Windlehre dazu verleiten, diese großen Grundsätze aufzugeben, worauf sie auferbaut ist!

Eine Kunst, die sich über die von Mir bezeichneten Geset-
30 *ze und Schranken hinwegsetzt, ist keine Kunst mehr,* sie ist Fabrikarbeit, ist Gewerbe, und das darf die Kunst nie werden. Mit dem viel missbrauchten Worte „Freiheit" und unter seiner Flagge verfällt man gar oft in Grenzenlosigkeit, Schrankenlosigkeit, Selbstüberhebung.
35 Wer sich aber von dem Gesetz der Schönheit und dem Gefühl für Ästhetik und Harmonie, die jedes Menschen Brust fühlt, ob er sie auch nicht ausdrücken kann, loslöst und in Gedanken in einer besonderen Richtung, einer bestimmten Lösung mehr technischer Aufgaben
40 die Hauptsache erblickt, der versündigt sich an den Urquellen der Kunst.

Aber noch mehr: Die Kunst soll mithelfen, erzieherisch auf das Volk einzuwirken, sie soll auch den unteren Ständen nach harter Mühe und Arbeit die Möglichkeit
45 geben, sich an den Idealen wieder aufzurichten. Uns, dem deutschen Volke, sind die großen Ideale zu dauernden Gütern geworden, während sie anderen Völkern mehr oder weniger verloren gegangen sind. Es bleibt nur das deutsche Volk üb-
50 rig, das an erster Stelle berufen ist, diese großen Ideen zu hüten, zu pflegen, fortzusetzen, und zu diesen Idealen gehört, dass wir den arbeitenden, sich abmühenden Klassen die Möglichkeit geben, sich an
55 dem Schönen zu erheben und sich aus ihren sonstigen Gedankenkreisen heraus- und emporzuarbeiten.

Wenn nun die Kunst, wie es jetzt vielfach geschieht, weiter nichts tut, als das Elend
60 noch scheußlicher hinzustellen, wie es schon ist, dann versündigt sie sich damit am deutschen Volke. Die Pflege der Ideale ist zugleich die größte Kulturarbeit, und wenn wir hierin den anderen Völkern ein
65 Muster sein und bleiben wollen, so muss das ganze Volk daran mitarbeiten, und soll die Kultur ihre Aufgabe voll erfüllen, dann muss sie bis in die untersten Schichten des

Volkes hindurchgedrungen sein. Das kann sie nur, wenn die Kunst die Hand dazu bietet, wenn sie *erhebt, statt* 70 *dass sie in den Rinnstein niedersteigt.*

1. Erläutern Sie, woher der Kaiser die „Gesetze und Schranken" (Z. 29 f.) für die Beurteilung der künstlerischen Gestaltung nimmt.

2. Beschreiben Sie die Aufgaben, welche die Kunst nach dem Willen des Kaisers beim Volk, vor allem bei der Arbeiterschaft, übernehmen soll, und nennen Sie mögliche Motive für seine Auffassung.

3. Erläutern Sie, von welchen Idealen des Schönen Wilhelm II. spricht und welche Stellung in seinem Verständnis Deutschland im Vergleich zu anderen Ländern einnimmt.

4. Diskutieren Sie den Satz: „Eine Kunst, die sich über die von Mir bezeichneten Gesetze und Schranken hinwegsetzt, ist keine Kunst mehr […]" (Z. 29 f.). Sie können auch aus der Sicht eines Naturalisten einen Brief an den Kaiser formulieren.

5. Interpretieren Sie unter dem Gesichtspunkt des „Hässlichen" den Anfang des Dramas „Die Weber". ➔ Eine Dramenszene interpretieren, S. 461 ff.

6. Tragen Sie in Thesen zusammen, was Sie über die Kunstauffassung des Naturalismus bis jetzt erarbeitet haben.

Historische Ansichtskarte mit einem Ausschnitt der „Siegesallee" in Berlin. Kaiser Wilhelm II. veranlasste die Anlage dieses Prachtboulevards zwischen 1895 und 1901 mit Statuen und Büsten deutscher und preußischer Gestalten der Geschichte.

Arno Holz (1863 – 1929),
Johannes Schlaf (1862 – 1941)

Papa Hamlet

Die Erzählung „Papa Hamlet" stammt von den beiden deutschen Schriftstellern Arno Holz und Johannes Schlaf, die zusammen in der Nähe von Berlin eine literarische Wohngemeinschaft bildeten und auf der Suche nach neuen Ausdrucksformen waren.

Im Zentrum der Erzählung steht die Gestalt eines heruntergekommenen Schauspielers, der den Tag damit verbringt, im zerlumpten Schlafmantel mit großem Pathos Stücke aus Shakespeares Drama „Hamlet" zu deklamieren. Niels Thienwiebel lebt mit seiner lungenkranken Frau und seinem drei Monate alten Sohn Fortinbras, auch ein Name aus „Hamlet", in einer erbärmlichen Dachwohnung, die ihm nun auch noch gekündigt worden ist, weil er die Miete nicht bezahlen kann. Das allzu schmale Einkommen der Familie bringt seine Frau mit Näharbeiten auf. Thienwiebel hat keine Einkünfte: Die „Arbeit", als Modell in einer Kunstakademie zu stehen, hat er aufgegeben. Auch das Angebot, an einer Wanderbühne zu spielen, hat er stolz abgelehnt. Jetzt verbringt er die Nächte in Hafenkneipen und schlägt, wenn er betrunken nach Hause kommt, seinen kleinen Sohn, dessen Weinen ihn stört. Dafür erhält er von seiner Frau Ohrfeigen. Die Situation der Familie ist bedrückend, zumal auch nicht mehr der Maler Ole Nissen, ein Freund der Familie, finanziell oder materiell helfen kann. Am Ende der Erzählung wird Thienwiebel sogar zum Mörder seines Sohnes.

Er war jetzt zu ihr unter die Decke gekrochen, die Unterhosen hatte er anbehalten.

„Nicht mal Platz genug zum Schlafen hat man!"

Er reckte und dehnte sich.

5 „So'n Hundeleben! Nicht mal schlafen kann man!"

Er hatte sich wieder auf die andere Seite gewälzt. Die Decke von ihrer Schulter hatte er mit sich gedreht, sie lag jetzt fast bloß da ....
....
10 ....[1]

Das Nachtlämpchen auf dem Tisch hatte jetzt zu zittern aufgehört. Die beschlagene blaue Karaffe davor war von unzähligen Lichtpünktchen wie übersät. Eine Seite aus dem Buch hatte sich schräg gegen das Glas aufge-
15 blättert. Mitten auf dem vergilbten Papier hob sich deutlich die fette Schrift ab: „Ein Sommernachts-

traum"[2]. Hinten auf der Wand, übers Sofa weg, warf die kleine, glitzernde Fotografie ihren schwarzen, rechteckigen Schatten. Der kleine Fortinbras röchelte, ne-
20 benan hatte es wieder zu schnarchen angefangen.

„So'n Leben! So'n Leben!"

Er hatte sich wieder zu ihr gedreht. Seine Stimme klang jetzt weich, weinerlich.

„Du sagst ja gar nichts!"

Sie schluchzte nur wieder.
25 „Ach Gott, ja! So'n ... Ae!! ..."

Er hatte sich jetzt noch mehr auf die Kante zu gerückt.

„Is ja noch Platz da! Was drückste dich denn so an die Wand! Hast du ja gar nicht nötig!" Sie schüttelte sich. Ein fader Schnapsgeruch hatte sich allmählich über das
30 ganze Bett hin verbreitet.

„So ein Leben! Man hat's wirklich weit gebracht! ... Nu sich noch von so 'ner alten Hexe rausschmeißen lassen! Reizend!! Na, was macht man nu? Liegt man morgen auf der Straße! ... Nu sag doch?"
35 Sie hatte sich jetzt noch fester an die Wand gedrückt. Ihr Schluchzen hatte aufgehört, sie drehte ihm den Rücken zu.

„Ich weiß ja! Du bist ja am Ende auch nicht schuld dran! Nu sag doch!"
40 Er war jetzt wieder auf sie zu gerückt.

„Nu sag doch! ... Man kann doch nicht so – verhungern?!"

Er lag jetzt dicht hinter ihr.

„Ich kann ja auch nicht dafür! ... Ich bin ja gar nicht so!
45 Is auch wahr! Man wird ganz zum Vieh bei solchem Leben! ... Du schläfst doch nicht schon?"

Sie hustete.

„Ach Gott ja! Und nu bist du auch noch krank! Und das Kind! Das viele Nähen ... Aber du schonst dich ja auch
50 gar nicht ... ich sag's ja!"

„Du – hättest – doch lieber, – Niels ..."

„Ja ... Ja! Ich seh's ja jetzt ein! Ich hätt's annehmen sollen! Ich hätt' ja später immer noch ... ich seh's ja ein! Ich war unüberlegt! Ich hätte zugreifen sollen! Aber nu
55 sag doch!!"

„Hast du ihn – denn nicht ... denn nicht – wenigstens zu – Haus getroffen?"

„Ach Gott, ja aber ... aber, du weißt ja! Er hat ja auch nichts! Was macht man nu bloß? Man kann sich doch
60 nicht das Leben nehmen?!"

Er hatte jetzt ebenfalls zu weinen angefangen.

„Ach Gott! Ach Gott!!"

Sein Gesicht lag jetzt mitten auf ihrer Brust. Sie zuckte!

---

[1] punktierte Linien im Originaltext – [2] **„Sommernachtstraum":** ein Drama Shakespeares

„Ach Gott! Ach Gott!!!"
Der dunkle Rand des Glases oben quer über der Decke hatte wieder unruhig zu zittern begonnen, die Schatten, die das Geschirr warf, schwankten, dazwischen glitzerten die Wasserstreifen ……………………………………

……………………………………………………………… 70
„Ach, nich doch, Niels! Nich doch! Das Kind – ist schon wieder auf! Das – Kind schreit ja! Das – Kind, Niels! …"

(1889)

1. Beschreiben Sie das im Text dargestellte Milieu und erläutern Sie das Verhältnis zwischen den Ehepartnern in dieser Szene.

2. Arbeiten Sie die typischen naturalistischen Züge, die Sie im Text erkennen, heraus.

3. Beschreiben Sie, wie in diesem Text Wirklichkeit dargestellt, wird. Nehmen Sie bei der Bearbeitung den Artikel die Informationen zum „Sekundenstil" zu Hilfe.

Wissen und Können

Sekundenstil

Der **Sekundenstil** bezeichnet die **wirklichkeitskopierende Beschreibungstechnik** des Naturalismus, die, gewissermaßen als Vorwegnahme der Zeitlupe, die kleinsten Bewegungen, Gesten, Geräusche und Nuancierungen in minutiöser, objektiver Beachtung ihrer zeitlichen Abfolge aufzeichnet und z. B. den Dialog des Dramas ständig durch entsprechende Regieanweisungen unterbricht.

4. Arno Holz und Johannes Schlaf nannten ihren Text ein Prosaexperiment. Erläutern Sie, worin Sie das Experimentelle bei der Erzählung sehen.

5. Versuchen Sie, nach dem Vorbild von Holz/Schlaf eine Situation, die sich in einem kurzen Zeitraum abspielt, zu erzählen.

Heinrich Rudolf Zille (1858 – 1929) war Grafiker, Maler und Fotograf und widmete sich vor allem dem Leben des einfachen Berliner Volkes. Zille fand sein „Milljöh" in den Hinterhöfen der Mietskasernen, Seitengassen und Kneipen der Arbeiterviertel, das er häufig mit Humor, lokalpatriotisch, aber auch sozialkritisch zeichnete. Er hatte auch Erfolg als Karikaturist und Bilderbuchautor. Die Vielfalt der Zilleschen Milieubeschreibungen, Humoresken und Anekdoten sind eine Einheit von Bild und zumeist handgeschriebener Dialoge in schnoddrigem Berliner Dialekt als Untertitelung. Diese sind als Kommentare zu verstehen, die den Galgenhumor der Zeichnungen meist noch verschärften.

„Wollt ihr von die Blume weg, spielt mit'n Müllkasten!"

1. Beschreiben Sie die Zeichnung. Achten Sie dabei auf die Details der Kleidung und des Ortes.

2. Deuten Sie die Bildunterschrift.

3. Erläutern Sie, inwiefern diese Zeichnung zum Programm des Naturalismus passen.

Heinrich Zille: „Wollt ihr von die Blume weg, spielt mit'n Müllkasten!" (1923)

Freiheit – Gleichheit – Brüderlichkeit – für alle?

Freiheit – Gleichheit – Brüderlichkeit hatte die französische Revolution versprochen. Allerdings nicht für Frauen, wie diese recht schnell erkennen mussten. Es blieb ihnen also nichts anderes übrig, als sich selber aufzumachen und um ihre Bürgerinnenrechte zu kämpfen. Nach 1850 bekommen die emanzipatorischen Bestrebungen der Frauen Aufwind durch die Industrialisierung und die damit verbundenen sozialen Umwälzungen. Luise Otto-Peters gründete 1865 den „Allgemeinen deutschen Frauenverein".

Louise Otto-Peters (1819 – 1895), Vorkämpferin der Frauenbewegung, gründete 1865 den „Allgemeinen deutschen Frauenverein"

Der sollte die Aufgabe haben, „für die erhöhte Bildung des weiblichen Geschlechts und die Befreiung der weiblichen Arbeit von allen ihrer Entfaltung entgegenstehenden Hindernissen mit vereinten Kräften zu wirken". Im Laufe der nächsten Jahre folgten eine Reihe anderer Frauenvereine, die Erfolge blieben allerdings gering. Ehe und Mutterschaft blieb selbst für die engagierten Frauen die „natürliche Bestimmung" der Frau. 1893 wurden Frauen zum Abitur zugelassen, 1896 wurden erstmals Frauen als Gasthörerinnen an deutschen Universitäten zugelassen. 1918 wurde das Frauenwahlrecht rechtlich verankert. 1919 gingen fast 90 Prozent der Frauen wählen, 37 weibliche Abgeordnete zogen in die Nationalversammlung ein (8,7 %; insgesamt 423 Abgeordnete).

Plakat von 1914, Motto des Frauentages am 8.3.1914: Frauen fordern das Wahlrecht

Demonstration für das Frauenwahlrecht 1912

1. Fassen Sie die Lage der Frauen im 19. Jahrhundert zusammen.

2. Recherchieren Sie weitere Informationen zu den Anfängen der Frauenbewegung und halten Sie ein Kurzreferat.
   ➲ Arbeitsergebnisse präsentieren, S. 494 ff.

Helene Böhlau gehörte zu ihrer Zeit zu den bedeutendsten Schriftstellerinnen und erhielt den Preis der Deutschen Schiller-Stiftung. Max Lesser nannte sie 1901 gemeinsam mit Gerhart Hauptmann, Hugo von Hofmannsthal und Peter Altenberg die bedeutendste deutschsprachige Schriftstellerin der Gegenwart. Helene Böhlau wurde 1856 in Weimar geboren und wuchs in einem hochkultivierten Elternhaus auf. Sie war die Tochter des Weimarer Verlagsbuchhändlers und Verlegers Hermann Böhlau und dessen Frau Therese geb. Thon, die aus einer alten für Weimar bedeutenden Juristenfamilie stammte. Wegen ihrer Kränklichkeit erhielt Helene Böhlau eine sorgfältige Erziehung durch Privatlehrer und wurde auch auf ausgedehnte Reisen ins Ausland geschickt. Schon früh zeigte sich ihr Hang zur Schriftstellerei. Schreiben war für sie ein Akt der Selbstbefreiung und brachte ihr öffentliche Anerkennung und mit zunehmender Bekanntheit auch ökonomische Selbstständigkeit. Ab 1882 veröffentlichte sie Novellen und Kurzgeschichten. Auf einer Reise in den Orient lernte sie den Architekten und Privatgelehrten Friedrich Arnd (1839 – 1911) kennen und lieben. Um Helene als zweite Frau heiraten zu können, konvertierte er vom Judentum zum Islam und nennt sich fortan Omar al Raschid Bey. 1886 heiratete sie ihn in Konstantinopel, wo das Paar dann vier Jahre lebte. Ihr Vater verbat ihr daraufhin das Haus. 1890 siedelte das Ehepaar nach München über. 1895 wurde Sohn Omar Hermann geboren. In diesen Jahren trat Böhlau auch in den 1894 von Anita Augspurg und Sophia Goudstikker u. a. gegründeten Verein für geistige Interessen der Frau ein (1899: Verein für Fraueninteressen e. V.), durch den sich die bürgerliche Frauenbewegung in Bayern verbreitete. Er setzte sich für das Recht auf Bildung bürgerlicher Mädchen und Frauen, für ihre Erwerbstätigkeit und finanzielle Unabhängigkeit ein. Helene Böhlau starb am 26. März 1940 in Augsburg.

Helene Böhlau (1856 – 1940)
Halbtier! (Auszug 1)

In der gutbürgerlichen Familie des Schriftstellers Dr. Frey ist der Vater Oberhaupt in der Familie, die Mutter fügt sich in ihre Rolle als unterwürfige Ehefrau, ebenso die Tochter Marie. Der Sohn Karl kopiert seinen Vater in seinem diskriminierenden Verhalten gegenüber den Frauen in der Familie. Diesen wird der Geist abgesprochen und sie werden als Tiere („Halbtier!") betrachtet. Dagegen lehnt sich die zweite Tochter Isolde auf.

Der Vater, Dr. Heinrich Frey, tritt auf:
Die verriegelte Tür wurde kräftig zu öffnen versucht. „Déesse[1]", rief eine heftige Stimme. „Sapperlot!" Wie aus tiefem Schlaf erwacht sagte sie: „Papa?
5 „Seid ihr denn alle des Kuckucks! Ihr wisst doch, dass ich in einer Stunde …"
Da war schon die Thür aufgeriegelt und ein großer blonder Mann mit rötlichem Gesicht, vollem lockigen Haar, das aber auf dem Wirbel einem Glätzchen gewi-
10 chen war, trat ein.
Eine markige Persönlichkeit.
„Weibergegacker! – Draußen laufen sie wie die Hühner umeinand'! Und was machst du denn hier, Déesse? Mein Handkofferl sollt doch gepackt sein?

Ich werd euch mal Beine machen! Fertig sollt's sein und 15 die Mutter bügelt noch an den Stärkhemden. Zum Teufel, – ich will gar keine Stärkhemden! – Touristenhemden will ich."
Das kam alles herausgepoltert. Das ganze Zimmer war voller Lärm und Spektakel, als wäre ein Bergstrom her- 20 eingebrochen.
Das war Doktor Heinrich Ewald Frey, Schriftsteller und Allerweltsmann, Vereinsmann, Redner, voraussichtlicher Reichstagsabgeordneter und so weiter.
„Na also, packen wir", sagte das schöne rassige Ge- 25 schöpf in aller Ruhe.
„Na also? – Großartig! Was soll denn das ‚Na also'? Fertig hätt's sein sollen. Tu net so großartig, Déesse!" Da-

---

[1] **Déesse** (französisch): Göttin

bei kniff er sie in die zarte Wange, „Götterköpfchen
30 verdammtes!"

„Wo hast du denn dein Kofferl, Pa?"

„Hab's denn ich?"

Frau Doktor Frey trat herein und trug das Kofferchen in
der Hand.

35 Auf ihrer Stirn glänzten feine Schweißtropfen.

„Hättest du mir's nur gesagt, Heinrich! Gestern Abend
sollte doch nichts daraus werden bei schlechtem Wetter?"

„Schlechtem Wetter?"

40 Ist denn das schlechtes Wetter, wann das Barometer ge-
stiegen ist wie noch nie? Schau doch erst nach, eh du
denkst. Meine Stiefel!"

„Na, ich meine, wenn es gießt", sagte Frau Doktor Frey
zaghaft.

45 „Ja, wenn du anfängst zu denken!", donnerte er. „Meine
Stiefel und die beiden rohseidenen Hemden."

„Heut machst du dich ja fein", sagte Isolde.

„Paar Berliner Schriftsteller! Solchen Gockeln muss
man … den Kofferschlüssel! Herr Gott noch einmal! Wo
50 ist denn die Marie?"

„Du hast ja dein' Schlüssel an die Uhrkett' gehängt für
alle Fäll'", sagte Isolde.

„Vorlauter Schnabel!" Der Vater blinzelte ihr zu. „Wo ist
Marie?"

55 „Marie bügelt die Stärkwäsch", sagte die Mutter.

„Wenn der Vater abreist, hat sie dabei zu sein; wär' net
übel! Wenn wir die Idee der Familie nicht aufrechterhalten, wer soll's denn tun? Eins da, das andre dort, der
Vater reist ab – kein Hahn kräht danach – das ist ja –
60 weiß Gott – großstädtisch! Meinen Rucksack! Marie!",
donnerte er abermals.

Frau Doktor Frey war schon vordem aus dem Zimmer
gegangen, um Marie zu holen. Jetzt traten sie miteinander ein.

65 „Marie, dein Vater reist ab," sagte er mächtig.

„Ja Papa. Auf wie lang denn?"

„Drei bis acht Täg' denk ich; wenn wir das Kaisergebirg
mitnehmen, acht Täg."

„Du Glücklicher!" sagte Marie aufatmend.

70 „Hat sich was ‚Glücklicher'! Wenn ich mich net zeig –
Teufel auch – die tanzten mir bald auf der Nasen. – Was
ist denn das?", rief er ganz perplex.

Seine Blicke hatten den Schädel[1] gestreift.

Frau Doktor Frey und Marie bemerkten ihn auch erst
75 jetzt.

„Jesses! über das Mädchen!", rief die Mutter. „'nen Ka-
puziner, Déesse, dumme Gans, was bedeutet denn das?"

Das Mädchen war errötet bis in die Stirnhaare.

„Zu allererst kommt es bei dem Weib darauf an, dass die
Lebensfreudigkeit gewahrt wird", predigte Doktor 80
Heinrich Ewald Frey wieder mächtig. „Das ist notwen-
dig, dass das Weib lebensfreudig bleibt."

Ein strafender Blick streifte Frau Doktor Frey.

„Das Weib soll auch religiös sein. Ein Schädel hat immer etwas mit Religion zu tun. – Wenn du dir den Schä- 85
del nicht aus Verschrobenheit, aus unverstandenem
Pessimismus heraufgeholt hast, mag er bleiben."

Marie war erblasst.

„Ide!", sagte sie zu ihrer Schwester leise, „der soll doch
net bleiben?" 90

„Papachen", begann Frau Doktor Frey sanft und freundlich. „Eh' du gehst, – – Karl kann sich nicht auf der
Schule halten, – ich glaub' mal nicht. Ich war auch heut
beim Direktor. Er kommt auch dies Jahr nicht fort."

„Es muss sich eben ein Hilfslehrer finden, um ihn wie- 95
der flott zu machen. Emil hat's auch geleistet. Verpimpe-
le ihn nur recht! – Was nutzt es denn, wenn du bis in
die Nacht hinein mit ihm über seinen Arbeiten hockst?
Dazu gehört 'was mehr als so ein Hennenhirn."

In das verarbeitete Gesicht mit den schönen Formen 100
stieg eine flüchtige Röte auf.

„Darum eben müssen wir sorgen, dass sich jemand findet."

„Ich werde am Kegelabend mal mit dem Direktor reden.
– Weiber sollen die Hände aus dem Spiel lassen! Möcht' 105
wissen, ob hinter mir immer ein Unterrock gestanden
hat. Du mit deinen paar lateinischen Brocken – dass i
net lach! Lass den Jungen in Ruh!"

„Hättest du mich gewähren lassen", sagte die Frau kla-
gend, „wär Isolde jetzt wenigstens eine Person, die et- 110
was leisten könnte. Sie würde sich ihr Brot bald selbst
verdienen", – Frau Doktor Frey sprach weinerlich –
„wär' jetzt schon bald staatlich angestellte Lehrerin."

„Götterköpfchen, – verdammtes", lachte Doktor Frey –
„Déesse! Lehrerin! dass i net lach! Die soll heiraten, 115
Weib sein! Gar noch, dass ich meine Bamsen zu so 'was
auf die Welt gesetzt hätt'.

Ja wohl, Lehrerin oder Gott weiß was noch!

Das Weib ist eben Weib. Wenns net Weib genug ist, um
nur Weib zu sein, soll man's tot schlagen!" 120

„Aber was soll ich denn mit Karl machen?", fragte Frau
Doktor Frey wieder.

---

[1] Zu Beginn des Romans schaut Isolde aus dem Fenster der Münchner Wohnung und entdeckt bei Ausgrabungen einen
Schädel, den sie mit nach Hause nimmt.

„Siehst du net, dass augenblicklich die unpassendste Zeit für dein Gegraunz ist? Willst du mir alle Bamsen gerad jetzt auf den Buckel hängen? Sapperlot, höchste Eisenbahn!"

Er fuhr mit den Armen in die Träger des Rucksackes,

griff nach dem Köfferchen – und war mit viel Geräusch und Gepolter zur Tür hinaus.

Tiefe Stille, als hätte sich ein Sturm gelegt. *(1899)*

1. Lesen Sie den Text mit verteilten Rollen laut vor. Beschreiben Sie die Stimmung, die in dieser Familie herrscht.

2. Charakterisieren Sie den Vater und beschreiben Sie seine Ansichten.

3. Diskutieren Sie seine Ansichten und Positionen im Plenum.

4. Arbeiten Sie heraus, wie die Frauen der Familie darauf reagieren. Klären Sie, was die Mutter gerne für Isolde hätte und woran dieser Zukunftsplan scheitert.

5. Erläutern Sie, was man über den Sohn Karl erfährt, der noch zur Schule geht.

6. Untersuchen Sie die Form und zeigen Sie, dass es sich um einen naturalistischen Roman handelt.

Helene Böhlau (1856 – 1940)
Halbtier! (Auszug 2)

Karl kam erst spät heim. Sie hatten lange mit dem Abendessen auf ihn gewartet. Er war bei Emil gewesen, der auswärts wohnte und Emil hatte gerade einige Kameraden auf der Bude gehabt. Die Mutter seufzte, sie dachte sich ihr Teil. „Das solltest du doch nicht, bevor du deine Arbeiten gemacht hast, zu Emil gehen. Die setzen dir Gott weiß was in den Kopf, Karl. Studenten sind kein Verkehr für dich." „Mama", sagte der Bub, „red' doch net." Er sprach nachlässig, schläfrig. Seine Backen sind außerordentlich ausgebildet und engen ihm die Mundwinkel ein, so dass der Mund etwas sonderbar Säuglinghaftes an sich hat, trotz einer gewissen bräunlichen Färbung, die ihn umgibt und die mit einigen Härchen bepflanzt ist. „Mulier taceat in ecclesia", sagt der Bursche und schiebt ein großes Stück Butterbrot mit Wurst zwischen die Lippen. „Was hat er gesagt?", fragt Isolde. „Das Weib schweige ... und so weiter", übersetzt der liebenswürdige Bruder patzig. „Zur Mutter hast du das gesagt?", fragt Isolde ganz bleich. „Bäh!", macht der Bruder. Und im Nu hat er von Isoldes Hand eine so derbe Ohrfeige, dass seine etwas gelbe Wange stark gerötet ist. „Mama, wie kannst du dir das von dem Flegel gefallen lassen?" Karl stürzt wutbleich auf Isolde, die weiß sich aber zu wehren. „Lass ihn doch", ruft Frau Doktor Frey, „erbittere ihn nicht. Du weißt, er muss heut Abend noch arbeiten." „Ja wohl, ich soll mich schließlich von dem Bengel wiederhauen lassen! Jetzt müsste noch Emil kommen, der Großhirnmensch, der vor lauter Intelligenz nächstens durch das Examen purzeln wird." „Bst – bst!", machte die Mutter, „Friede – Friede – Bedenke, dass du ein Mädchen bist." „Was soll man da bedenken? Dass i net lach!", sagte sie ganz wie ihr Vater. *(1899)*

1. Interpretieren Sie das Verhalten des Sohnes in diesem Auszug.

2. Diskutieren Sie Isoldes Reaktion und das Verhalten der Mutter.

3. Erläutern Sie folgendes Zitat von Helene Böhlau, mit dem sie ihren Roman „Halbtier!" ankündigt:

„Ich habe den Roman aus der Empörung heraus geschrieben, dass die Weiber immer eine Herde sind, die möglichst von der Tränke ferngehalten wird. Die Herde ist nicht übermäßig durstig, denn sie hat sich voll gefressen auf saftiger Waide. Es ist zu ertragen. Ein Teil der Herde aber hat auf dürrem Boden gegrast: diese Tiere sind gehörig durstig geworden. Sie drängen und stoßen die zufriedene Herde. Sie wollen zur Tränke."

Helene Böhlau (1856 – 1940)

Halbtier! (Auszug 3)

Am Ende des Romans findet Isolde in ihrem Zimmer ein Päckchen mit einer Pistole von ihrem Schwager Henry Mengersen mit einer Grußkarte: Sie solle sich auf ihren langen, einsamen Spaziergängen damit schützen. Sie fällt in eine tiefe Krise, sieht keinen Sinn mehr in ihrem Leben als Frau und weint bitterlich, als sie brutal von zwei Armen gepackt wird.

Noch lag sie wie gelähmt, ohne sich regen zu können, das Gesicht in die Hände vergraben. Da fühlte sie sich berührt, so wild, so leidenschaftlich, so brutal, und jetzt riss es sie in die Höhe.

5 „Isolde!" Eine, erregte Stimme – die sie schon einmal gehört hatte – schon einmal.

Stumm, mit fliegendem Atem, außer sich rang sie mit Henry Mengersen, Auge in Auge, Körper an Körper – wie ineinander verschmelzend.

10 Waren das Henry Mengersens kühle Augen? diese gierigen Raubtierblicke? War er irre?

„Isolde, armes, schönes Ding!", keuchte er. „Ich weiß, nach was dich verlangt. Ein hysterischer, kleiner Anfall – was? Sind wir so weit? Das ist kein Leben, wie du es

15 führst, so ein Rassetier wie du bist. Damals – ließ ich dich gehn. – Verzeih! Welch ein Narr ich war!

Herr Gott, was bist du gegen diese Hühner um mich her?"

Du Dämon, du kühler, brennender! 20

Du verstehst dich darauf, Feuer zu schüren, du, mit deinem göttlichen Körper!"

Er hielt sie an sich gedrückt – brutal, heftig, wie ein Opfer.

„Und du liebst mich noch! – Du wirst mich lieben. Du 25 wirst alles genießen, alle Zärtlichkeit der Welt. Was für ein Leben führst du denn, das dich so auf die Erde wirft, wie eine Bacchantin und gekreuzigt stehen lässt, wie eine Märtyrin, du dummes Schätzchen!"

Er drang auf sie ein, unwiderstehlich durch Entsetzen 30 ihre Kräfte lähmend. „Weißt du auch, was dein Hass bedeutet – weißt du's? Du? Du – du? Du Märtyrerin, sehnsuchtsvolle, du hast geschmachtet! Geschmachtet! Geschmachtet – und dich selbst betrogen. Du hasst mich, weil ich dich gehen ließ damals, weil ich auf deine 35 Künste nicht hereinfiel – tolles Geschöpf."

Mit einem wilden Ruck hatte Isolde sich ihm entwunden, war auf etwas losgestürzt. „Wie einen Hund!", schrie sie.

Ein scharfer, kurzer Knall – ein schwerer Fall. – Isolde 40 hatte ihren Schwager Henry Mengersen, den großen Künstler, erschossen.

Tiefe, tiefe Stille lag über der Welt.

[…] Mörderin! Das Wort schreckt sie nicht.

Sie ist ruhig. 45

Der Anblick schreckt sie auch nicht. Ganz wunderlich fühlt sie sich, als wäre sie so gesund wie noch nie.

Sonderbar

Das ist das hervorstechendste Gefühl.

Gesund, – stark, – ruhig. 50

Sie hat Gericht gehalten.

Tief ernst ist sie.

Sie empfindet sich nicht als kleines Lebewesen, als ein Tropfen im Nichts.

Sie steht hier vor dem Toten als der Begriff Weib. Sie 55 hat einen großen Künstler, einen Geistesmenschen, einen schöpferischen Menschen brutal getötet.

Das beunruhigt sie nicht.   (1899)

1. Fassen Sie die Szene knapp zusammen.

2. Interpretieren Sie den letzten Absatz und deuten Sie die Leerstelle am Ende, warum Isolde nicht „beunruhigt" ist.

3. Diskutieren Sie, ob Sie diesen Roman von 1899 heute noch aktuell finden.

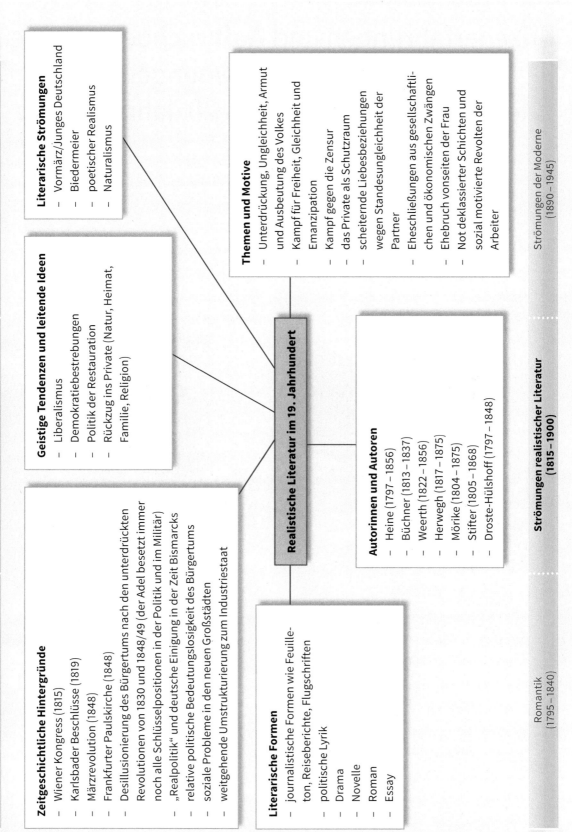

Strömungen realistischer Literatur (1815–1900)

Romantik (1795–1840)

Strömungen der Moderne (1890–1945)

Literarische Strömungen
- Vormärz/Junges Deutschland
- Biedermeier
- poetischer Realismus
- Naturalismus

Geistige Tendenzen und leitende Ideen
- Liberalismus
- Demokratiebestrebungen
- Politik der Restauration
- Rückzug ins Private (Natur, Heimat, Familie, Religion)

Zeitgeschichtliche Hintergründe
- Wiener Kongress (1815)
- Karlsbader Beschlüsse (1819)
- Märzrevolution (1848)
- Frankfurter Paulskirche (1848)
- Desillusionierung des Bürgertums nach den unterdrückten Revolutionen von 1830 und 1848/49 (der Adel besetzt immer noch alle Schlüsselpositionen in der Politik und im Militär)
- „Realpolitik" und deutsche Einigung in der Zeit Bismarcks
- relative politische Bedeutungslosigkeit des Bürgertums
- soziale Probleme in den neuen Großstädten
- weitgehende Umstrukturierung zum Industriestaat

Realistische Literatur im 19. Jahrhundert

Themen und Motive
- Unterdrückung, Ungleichheit, Armut und Ausbeutung des Volkes
- Kampf für Freiheit, Gleichheit und Emanzipation
- Kampf gegen die Zensur
- das Private als Schutzraum
- scheiternde Liebesbeziehungen wegen Standesungleichheit der Partner
- Eheschließungen aus gesellschaftlichen und ökonomischen Zwängen
- Ehebruch vonseiten der Frau
- Not deklassierter Schichten und sozial motivierte Revolten der Arbeiter

Autorinnen und Autoren
- Heine (1797–1856)
- Büchner (1813–1837)
- Weerth (1822–1856)
- Herwegh (1817–1875)
- Mörike (1804–1875)
- Stifter (1805–1868)
- Droste-Hülshoff (1797–1848)

Literarische Formen
- journalistische Formen wie Feuilleton, Reiseberichte, Flugschriften
- politische Lyrik
- Drama
- Novelle
- Roman
- Essay

Strömungen realistischer Literatur (1815–1900)

Romantik (1795–1840)

Strömungen der Moderne (1890–1945)

Krisenerfahrungen und Aufbruchbewegungen – Vielfalt literarischer Strömungen der Moderne bis zur Mitte des 20. Jahrhunderts

Die Jahrhundertwende um 1900 gilt als Epochenumbruch, als Übergangszeit zur Moderne. „Moderne" im
Sinne eines Epochenbegriffs meint zunächst einmal
ganz allgemein die Gesamtheit der wissenschaftlichen,
sozialen, politischen, philosophischen und ästhetischen Erscheinungen seit dem Ende des 19. Jahrhunderts. Eine genaue Definition dessen, was unter „Moderne" bzw. „literarischer Moderne" zu verstehen ist,
ist kaum möglich, womit bereits auf charakteristische
Merkmale dieser Zeit hingewiesen ist: Vielfalt, Unbe-
stimmtheit, Widersprüchlichkeit.
Da die Moderne den Beginn von etwas Neuem beinhaltet und auch in der Folgezeit ihre Wirkungen entfaltet,
finden sich in dieser Collage auch Abbildungen, die
über die Phase der unmittelbaren Jahrhundertwende
hinausweisen.

1. Lassen Sie die Bilder einige Augenblicke auf sich wirken.
   Schließen Sie dann das Buch und formulieren Sie
   spontan Ihre Eindrücke.

2. Betrachten Sie die Bilder erneut und recherchieren Sie
   dazu. Notieren Sie, was Sie bereits über die in den
   Bildern dargestellten Personen oder Ereignisse wissen.

3. Die Abbildungen beziehen sich auf den Zeitraum um
   1900. Entwickeln Sie aus den Abbildungen ein Lebensgefühl der Jahrhundertwende. Beziehen Sie dabei den
   Titel des Kapitels mit ein.

4. Vergleichen Sie Ihr Verständnis von „modern" mit den
   Abbildungen.

5. Formulieren Sie Ihre Erwartungen an die Literatur um
   die Jahrhundertwende.

„Es pocht eine Sehnsucht an die Welt" – Umbrucherfahrungen

Wilhelm Klemm war ein deutscher Verleger und Lyriker. Er wurde 1881 in Leipzig geboren, ging dort zur Schule und studierte Medizin in München, Erlangen, Leipzig und Kiel, wo er 1906 zum Dr. med. promoviert wurde. 1908 übernahm er die Verlagsbuchhandlung seines Vaters in Leipzig. 1914 – 1918 war Klemm Regimentsarzt an der Westfront. Auf dem Foto sieht man ihn 1916 mit seiner Frau Erna.

Wilhelm Klemm (1881 – 1968)
Meine Zeit

Gesang und Riesenstädte, Traumlawinen,
Verblasste Ränder, Pole ohne Ruhm,
Die sündigen Weiber, Not und Heldentum,
Gespensterbrauen, Sturm auf Eisenschienen.

5 In Wolkenfernen trommeln die Propeller.
Völker zerfließen. Bücher werden Hexen.
Die Seele schrumpft zu winzigen Komplexen.
Tot ist die Kunst. Die Stunden kreisen schneller.

O meine Zeit! So namenlos zerrissen,
10 **So** ohne Stern, **so** daseinsarm im Wissen
Wie du, will keine, keine mir erscheinen.

Noch hob ihr Haupt so hoch niemals die Sphinx!
Du aber siehst am Wege rechts und links
Furchtlos vor Qual des Wahnsinns Abgrund weinen.

(1920)

1. Interpretieren Sie Klemms Gedicht „Meine Zeit", indem Sie herausarbeiten, welches Selbstverständnis der Zeit um die Jahrhundertwende er darstellt.

2. Beschreiben Sie das Titelbild der Zeitschrift „Jugend" genau. Nehmen Sie anschließend zur Frage, was dieses Titelbild im Januar 1900 der Leserschaft sagen will, Stellung.

3. Vergleichen Sie die Aussagen des Titelbilds und des Gedichts und formulieren Sie Ihr Ergebnis in wenigen Sätzen.

4. Verfassen Sie ein Parallelgedicht zu Wilhelm Klemms Gedicht „Meine Zeit" über Ihre Zeit, indem Sie die Form des Gedichts beibehalten, insbesondere auch die fettgedruckten Wörter in den Strophen 3 und 4.

Titelseite der Zeitschrift *Jugend* vom Januar 1900

Gottfried Benn wurde 1886 als Sohn eines protestantischen Pastors in der Provinz Brandenburg geboren. Nach der Gymnasiallaufbahn studierte er auf dessen Wunsch Theologie und Philosophie, entschied sich dann aber für ein Medizinstudium und war als Militärarzt im Ersten Weltkrieg tätig. Anschließend eröffnete er eine Praxis für Haut- und Geschlechtskrankheiten. Seine wohl berühmteste Gedichtsammlung „Morgue und andere Gedichte" wurde 1912, kurz nach dem Ende seines Studiums, veröffentlicht und schockierte die bürgerliche Öffentlichkeit durch den kalten, schonungslos analytischen Blick des Arztes auf den menschlichen Körper und dessen Verfall.

Gottfried Benn (1886 – 1956)
Verlorenes Ich

Verlorenes Ich, zersprengt von Stratosphären[1],
Opfer des Ions: – Gamma-Strahlen[2]-Lamm –,
Teilchen und Feld: – Unendlichkeitschimären[3]
auf deinem grauen Stein von Notre-Dame[4].

5 Die Tage gehn dir ohne Nacht und Morgen,
die Jahre halten ohne Schnee und Frucht
bedrohend das Unendliche verborgen –,
die Welt als Flucht.

Wo endest du, wo lagerst du, wo breiten
10 Sich deine Sphären an –, Verlust, Gewinn –:
Ein Spiel von Bestien. Ewigkeiten,
An ihren Gittern fliehst du hin.

Der Bestienblick: die Sterne als Kaldaunen[5],
Der Dschungeltod als Seins- und Schöpfungsgrund,
15 Mensch, Völkerschlachten, Katalaunen[6]
Hinab den Bestienschlund.

Die Welt zerdacht. Und Raum und Zeiten
Und was die Menschheit wob und wog,
Funktion nur von Unendlichkeiten,
20 die Mythe[7] log.
Woher, wohin –, nicht Nacht, nicht Morgen,
kein Evoë[8], kein Requiem,
du möchtest dir ein Stichwort borgen –,
allein bei wem?

25 Ach, als sich alle einer Mitte neigten
Und auch die Denker nur den Gott gedacht,
sie sich den Hirten und dem Lamm verzweigten,
wenn aus dem Kelch das Blut sie reingemacht,

und alle rannen aus der einen Wunde[9],
30 brachen das Brot, das jeglicher genoss –,
oh ferne zwingende erfüllte Stunde,
die einst auch das verlorene Ich umschloss.

(1943)

1. Im Gedicht wird das „Verlorene Ich" sehr drastisch und bildlich dargestellt. Setzen Sie den Text in ein Bild um, z. B. in eine Collage.

2. Erläutern Sie, worin das Problem des modernen Ich liegt, und benennen Sie die Ursachen, die im Text genannt werden. Formulieren Sie eine Deutungshypothese.

3. Beschreiben Sie das Lebensgefühl, das Benn hier 1943 in den ersten sechs Strophen zum Ausdruck bringt.

4. Deuten Sie die letzten beiden Strophen, die mit „Ach" eingeleitet werden.

5. „Die Welt zerdacht" (V. 17): Diskutieren Sie diese These mit Blick auf das 21. Jahrhundert, in dem Sie leben. Fühlen Sie sich immer noch als „verlorenes Ich"? Begründen Sie Ihre Meinung.

[1] **Stratosphäre:** Schicht über der Atmosphäre zwischen 12 bis 80 km – [2] **Gammastrahlen:** bei Atomkernumwandlungen auftretende elektromagnetische Strahlung – [3] **Chimäre:** Fantasieungeheuer, die auch als Wasserspeier an Kathedralen angebracht wurden – [4] **Notre-Dame:** Kathedrale in Paris oder allgemein eine Marienkirche – [5] **Kaldaunen:** Eingeweide von frisch geschlachteten Tieren – [6] **Katalaunen:** von Benn geprägt nach der Schlacht auf den Katalaunischen Feldern 451 n. Chr. zwischen dem römischen Statthalter Aëtius und dem Hunnenkönig Attila – [7] **Mythe:** Helden- und Göttersagen; Weltschöpfungs- und Weltuntergangssagen – [8] **Evoë:** Jubelruf beim Fest des griechischen Weingottes Dionysosn – [9] rannen aus der Wunde = Matthäus, 25,28: *das ist mein Blut, das Blut des Bundes, das für viele vergossen wird*

Elisabeth „Else" Lasker-Schüler war eine herausragende Vertreterin der avantgardistischen Moderne und des Expressionismus. Sie wurde 1869 in Wuppertal-Elbersfeld als jüngstes von sechs Kindern des jüdischen Privatbankiers Aaron Schüler und seiner Frau Jeanette geboren. 1894 heiratet sie den Arzt Jonathan Berthold Lasker und hatte mit ihm einen Sohn, Paul. 1903 wurde die Ehe geschieden und sie heiratete den Herausgeber der avantgardistischen Zeitschrift „Der Sturm", Herwarth Walden. Zahlreiche intensive Freundschaften mit Künstlern und Intellektuellen ihrer Zeit, u. a. mit dem Dichter Gottfried Benn und dem Maler Franz Marc, prägten ihr Leben und sind durch rege Briefwechsel dokumentiert. Ihre schriftstellerische Tätigkeit lebte von ihren Lebenserfahrungen, dem frühen Tod der Eltern und des Bruders, die sie in den Rang von Mythen erhob. Sie fühlte sich immer als Beauftragte Gottes, ausgestattet mit der Botschaft der Liebe. Die unlösbare Nähe von Gottesgewissheit und Zweifel in ihrem Werk machen sie zum Inbegriff des modernen religiösen Menschen: 1933 emigrierte sie nach tätlichen Angriffen zunächst in die Schweiz, wo sie jedoch Arbeitsverbot erhielt, dann nach Jerusalem. Am 22. Januar 1945 starb Else Lasker-Schüler verarmt. Sie wurde auf dem jüdischen Friedhof am Ölberg in Jerusalem begraben.

1. Notieren Sie Ihre Erwartungen an ein Gedicht, das mit „Weltende" bzw. „Wir werden" überschrieben ist.

Else Lasker-Schüler (1869 – 1945)
Weltende

Es ist ein Weinen in der Welt,
Als ob der liebe Gott gestorben wär,
Und der bleierne Schatten, der niederfällt,
Lastet grabesschwer.

5 Komm, wir wollen uns näher verbergen ...
Das Leben liegt in aller Herzen
Wie in Särgen.

Du! Wir wollen uns tief küssen –
Es pocht eine Sehnsucht an die Welt,
10 An der wir sterben müssen.

(1905)

Henriette Hardenberg, Tochter eines jüdischen Rechtsanwalts, die ihre erste literarische Veröffentlichung im April 1913 in der Zeitschrift „Die Aktion" hatte, war der Künstlername von Margarete Rosenberg, einer der wenigen expressionistischen Dichterinnen.

Henriette Hardenberg (1894 – 1993)
Wir werden

Wir werden herrlich aus Wunsch nach Freiheit.
Der Körper dehnt sich,
Dieses Zerrende nach geahnten Formen
Gibt ihm Überspannung.
5 Schwere Hüften schauern sich zu langem Wuchse.
Im Straffen beben wir vor innerem Gefühl —
Wir sind so schön im Sehnen, dass wir sterben könnten.

(1913)

1. Lesen Sie die beiden Gedichte laut und tauschen Sie sich über Ihre Eindrücke aus. Inwiefern lassen sich die beiden Gedichte trotz des gegensätzlichen Titels vergleichen.

2. Formulieren Sie für beide Gedichte eine Deutungshypothese.

3. Interpretieren Sie das Gedicht von Else Lasker-Schüler, indem Sie die Weltsicht des lyrischen Ichs herausarbeiten.
❯ Ein Gedicht interpretieren, S. 457 ff.

4. Vergleichen Sie ausgehend von Ihren Ergebnissen die Weltsicht im Gedicht von Henriette Hardenberg.

Friedrich Nietzsche gilt als die Leitfigur der Moderne, da er durch seine Haltung, viele Überzeugungen seiner Zeit infrage zu stellen, den Nerv seiner Zeit traf. Zunächst studierte Nietzsche Philologie, ab 1870 war er als Professor für Philologie tätig, gab aber 1879 aus gesundheitlichen Gründen seine Professur auf und führte ein unruhiges Wanderleben. In späten Schriften vertrat Nietzsche eine radikale Sicht gegen herkömmliche moralische Auffassungen des Christentums und stieß damit auf großes Unverständnis. Es ging ihm in seinen Schriften um die Schaffung eines freien, starken Menschen (des sog. Übermenschen), sodass die Verneinung überkommener Werte zum Fundament der von ihm angestrebten neuen Moral wurde. 1889 erlitt er in Turin einen geistigen Zusammenbruch, von dem er sich bis zu seinem Tod 1900 nicht mehr erholte.

Friedrich Nietzsche (1844 – 1900)
Der tolle[1] Mensch

Habt ihr nicht von jenem tollen Menschen gehört, der am hellen Vormittag eine Laterne anzündete, auf den Markt lief und unaufhörlich schrie: „Ich suche Gott! Ich suche Gott!" Da dort gerade viele von denen zusam-
5 menstanden, welche nicht an Gott glaubten, so erregte er ein großes Gelächter. Ist er denn verloren gegangen?, sagte der eine. Hat er sich verlaufen wie ein Kind?, sagte der andere. Oder hält er sich versteckt? Fürchtet er sich vor uns? Ist er zu Schiff gegangen? Ausgewandert?
10 – so schrien und lachten sie durcheinander.
Der tolle Mensch sprang mitten unter sie und durchbohrte sie mit seinen Blicken. „Wohin ist Gott?", rief er, „ich will es euch sagen! Wir haben ihn getötet – ihr und ich! Wir alle sind seine Mörder! Aber wie haben wir das
15 gemacht? Wie vermochten wir das Meer auszutrinken? Wer gab uns den Schwamm, um den ganzen Horizont wegzuwischen? Was taten wir, als wir diese Erde von ihrer Sonne losketteten? Wohin bewegt sie sich nun? Wohin bewegen wir uns? Fort von allen Sonnen? Stür-
20 zen wir nicht fortwährend? Und rückwärts, seitwärts, vorwärts, nach allen Seiten? Gibt es noch ein Oben und ein Unten? Irren wir nicht durch ein unendliches Nichts? Haucht uns nicht der leere Raum an? Ist es nicht kälter geworden? Kommt nicht immerfort die
25 Nacht und mehr Nacht? Müssen nicht Laternen am Vormittag angezündet werden? Hören wir noch nichts von dem Lärm der Totengräber, welche Gott begraben? Riechen wir noch nichts von der göttlichen Verwesung? – Auch Götter verwesen!
30 Gott ist tot! Gott bleibt tot! Und wir haben ihn getötet! Wie trösten wir uns, die Mörder aller Mörder? Das Heiligste und Mächtigste, was die Welt bisher besaß, es ist unter unsern Messern verblutet – wer wischt dies Blut von uns ab? Mit welchem Wasser könnten wir uns reinigen? Welche Sühnefeiern, welche heiligen Spiele 35 werden wir erfinden müssen? Ist nicht die Größe dieser Tat zu groß für uns? Müssen wir nicht selber zu Göttern werden, um nur ihrer würdig zu erscheinen? Es gab nie eine größere Tat – und wer nun immer nach uns geboren wird, gehört um dieser Tat willen in eine höhe- 40 re Geschichte, als alle Geschichte bisher war!"
Hier schwieg der tolle Mensch und sah wieder seine Zuhörer an: Auch sie schwiegen und blickten befremdet auf ihn. Endlich warf er seine Laterne auf den Boden, dass sie in Stücke sprang und erlosch. „Ich komme zu früh", 45 sagte er dann, „ich bin noch nicht an der Zeit. Dies ungeheure Ereignis ist noch unterwegs und wandert – es ist noch nicht bis zu den Ohren der Menschen gedrungen. Blitz und Donner brauchen Zeit, das Licht der Gestirne braucht Zeit, Taten brauchen Zeit, auch nachdem sie ge- 50 tan sind, um gesehen und gehört zu werden. Diese Tat ist ihnen immer noch ferner als die fernsten Gestirne und doch haben sie dieselbe getan!" – *(1882)*

1. „Gott ist tot!" (Z. 30) – Erklären Sie diese Aussage des „tollen Menschen". Welche Auswirkungen hat der Ausruf seiner Ansicht nach?

2. Erläutern Sie die Aussage: „‚Ich komme zu früh', […] ich bin noch nicht an der Zeit.'" (Z. 45 ff.).

3. Der Text enthält viele Fragen (vgl. z. B. Z. 14 – 29): Wählen Sie eine der Fragen aus und versuchen Sie, vor dem Hintergrund der Erfahrungen des modernen Menschen eine konkrete Antwort zu geben.

4. „Es gab nie eine größere Tat […]" (Z. 38 f.) – Diskutieren Sie diese Wertung des „tollen Menschen".

[1] **toll:** im Sinne von „verrückt"

Friedrich Nietzsche (1844 – 1900)
Wegfall aller Werte

Der *Nihilismus*[1] als *psychologischer Zustand* wird eintreten müssen, erstens, wenn wir einen „Sinn" in allem Geschehen gesucht haben, der nicht darin ist: sodass der Sucher endlich den Mut verliert [...] *zweitens* [...]
5 wenn man eine *Ganzheit*, eine *Systematisierung*, selbst eine *Organisierung* in allem Geschehen und unter allem Geschehen angesetzt hat [...] aber siehe da, es *gibt* kein solches Allgemeines! Im Grunde hat der Mensch den Glauben an seinen Wert verloren, wenn durch ihn nicht
10 ein unendlich wertvolles Ganzes wirkt: d. h. er hat ein solches Ganzes konzipiert, um an seinen Wert glauben zu können.

(1884/1888)

1. Erläutern Sie den Begriff „Nihilismus" und stellen Sie heraus, welche Bedingungen nach Meinung Nietzsches dazu geführt haben, dass er zum vorherrschenden geistigen Zustand seiner Zeit geworden ist.

2. Versetzen Sie sich in die Lage des Menschen in der Moderne, dessen Weltgefühl vom Verlust aller Werte geprägt ist. Welche Ängste hat er? Wie sieht sein Selbstbild aus? Woran orientiert er sich in seinem Handeln? Verarbeiten Sie Ihre Ideen, indem Sie sie in Form von Ausrufen der zentralen Figur des Bildes „Der Schrei" von Edvard Munch (S. 270) festhalten.

Alfred Lichtenstein wurde als Sohn eines Fabrikanten in Berlin geboren. Nach der Gymnasiallaufbahn begann er 1909 ein Studium der Rechtswissenschaft, das er mit einer Doktorarbeit über das Theaterrecht abschloss. Erste Gedichte veröffentlichte der Autor 1910 in der Zeitschrift „Der Sturm". Als Angehöriger eines Infanterieregiments musste er kurz nach Ausbruch des Krieges an die Westfront. Lichtenstein fiel am 25. September 1914 in Frankreich.

Alfred Lichtenstein (1889 – 1914)
Punkt

Die wüsten Straßen fließen lichterloh
Durch den erloschnen Kopf. Und tun mir weh.
Ich fühle deutlich, dass ich bald vergeh –
Dornrosen meines Fleisches, stecht nicht so.
5 Die Nacht verschimmelt. Giftlaternenschein
Hat, kriechend, sie mit grünem Dreck beschmiert.
Das Herz ist wie ein Sack. Das Blut erfriert.
Die Welt fällt um. Die Augen stürzen ein.

(1914)

1. Beschreiben Sie mit eigenen Worten, was das lyrische Ich wahrnimmt. Formulieren Sie anschließend eine Deutungshypothese.

2. Untersuchen Sie, wie die Wahrnehmungen des lyrischen Ichs durch die Verwendung sprachlicher Bilder (Metaphern, Vergleiche) vermittelt wird und beschreiben Sie die Wirkung.

3. Stellen Sie formale Merkmale des Gedichts (insbesondere im Bereich der Syntax) heraus und deuten Sie diese im Hinblick auf ihre Funktion.

4. Deuten Sie den Titel des Gedichts.

5. Interpretieren Sie das Gedicht schriftlich.
   ➲ Ein Gedicht interpretieren, S. 457 ff.

[1] **Nihilismus** (von lat. nihil = „nichts"): bezeichnet die Verneinung aller Werte, Ziele, Glaubensinhalte oder Erkenntnismöglichkeiten, teilweise auch aller Institutionen. Nietzsche verwendet den Begriff, um den geistigen Zustand seiner Zeit zu kennzeichnen.

Siegmund Freud (1856 – 1939)
Die Entdeckung des Unbewussten

Sigmund Freud wurde 1856 in Freiberg in Mähren (Kaisertum Österreich, heute Tschechien) als Sohn eines jüdischen Tuchhändlers geboren und ist 1939 in London gestorben. 1859 zog die Familie nach Wien, wo Freud umfassend Medizin studierte und eine Privatpraxis eröffnete. Ausgehend von der intensiven Beschäftigung mit Träumen und der Behandlung von Patienten mit psychischen Störungen entwickelte und begründete er die Methode der Psychoanalyse, die bis heute angewandt und diskutiert wird. Er erkannte, dass unser Verhalten und unsere Gedanken nicht nur von unserem bewussten Denken gesteuert, sondern auch von unbewussten Prozessen beeinflusst werden. Freud entdeckte und beschrieb verschiedene Schichten des menschlichen Bewusstseins, die er „Es", „Ich" und „Über-Ich" nannte. Mit dem Postulat, dass das Unbewusste wesentlicher Motor menschlicher Handlungen sei, stellte er das bis dahin gültige ideale Menschenbild in Frage. Dieses ging davon aus, dass der vernunftbegabte Mensch stets bewusste ethische und lebenspraktische Entscheidungen treffe. Das vernünftige Subjekt, das nicht mehr „Herr im eigenen Hause" (vgl. Z. 35 f.) ist, wurde auch von Nietzsche vertreten, die so den Zeitgeist der Moderne entscheidend prägten.

Freud beschreibt „drei schwere Kränkungen", die der Menschheit von der wissenschaftlichen Forschung zugefügt worden seien. Kopernikus habe der Menschheit den Glauben genommen, ihr „Wohnsitz, die Erde, ruhe im Mittelpunkt des Weltalls". Die zweite, „biologische Kränkung", habe Darwin verursacht, da er gezeigt hat, dass der Mensch von affenähnlichen Wese abstamme, also kein göttliches Geschöpf sei. Die dritte Kränkung aber sei die empfindlichste.

Der Mensch, ob auch draußen erniedrigt, fühlt sich souverän in seiner eigenen Seele. Irgendwo im Kern seines Ichs hat sich ein Aufsichtsorgan geschaffen, wel-
5 ches seine eigenen Regungen und Handlungen überwacht, ob sie mit seinen Anforderungen zusammenstimmen. Tun sie das nicht, so werden sie unerbittlich gehemmt und
10 zurückgezogen. Seine innere Wahrnehmung, das Bewusstsein, gibt dem Ich Kunde von allen bedeutungsvollen Vorgängen im seelischen Gebilde [...]. Für gewöhnlich,
15 ich will es zugeben, reicht der Nachrichtendienst an dein Bewusstsein für deine Bedürfnisse aus. Du darfst dich in der Illusion wiegen, dass du alles Wichtige erfährst. Aber in manchen Fällen, z.B. in dem eines solchen
20 Triebkonflikts, versagt er und dein Wille reicht dann nicht weiter als dein Wissen. In allen Fällen aber sind diese Nachrichten deines Bewusstseins unvollständig und häufig unzuverlässig; auch trifft es sich oft genug, dass du von den Geschehnissen erst Kunde bekommst,
25 wenn sie bereits vollzogen sind und du nichts mehr än-

dern kannst. [...] Aber die beiden Aufklärungen, dass das Triebleben der Sexualität in uns nicht voll zu bändigen ist und dass seelische Vorgänge an sich
30 unbewusst sind und nur durch eine unvollständige und unzuverlässige Wahrnehmung dem Ich zugänglich und ihm unterworfen werden, kommen der Behauptung
35 gleich, dass das *Ich nicht Herr sei im eigenen Haus.* Sie stellen miteinander die dritte Kränkung der Eigenliebe dar, die ich die psychologische nennen möchte.

(1901 – 1905)

1. Arbeiten Sie heraus, worin die drei großen „Kränkungen" des Menschen nach Freud bestehen.

2. Recherchieren Sie zum Instanzenmodell Freuds, das die menschliche Psyche in Ich, Es und Über-Ich aufteilt, und erläutern Sie dann die abgebildete Skizze Freuds.

Arthur Schnitzler (1862 – 1931)
Leutnant Gustl

Arthur Schnitzler war ein österreichischer Arzt, Erzähler und Dramatiker und gilt als einer der bedeutendsten Vertreter der Wiener Moderne. Schnitzler kam als Sohn eines jüdischen Medizinprofessors in Wien zur Welt und studierte nach seinem Abitur (Matura) auf Wunsch seines Vaters Medizin an der Universität Wien. Obwohl Schnitzler seit Kindertagen literarische Texte verfasste, begann seine öffentliche literarische Tätigkeit mit Mitte 20. Wie sein Zeitgenosse Sigmund Freud interessierte sich der Dichter für das Unbewusste und stellte die Vorgänge in den Tiefenschichten der Seele auf der Traumbühne seiner Novellen und Theaterstücke aus. Schnitzlers Figuren zeigen sich als in ihren Konventionen Gefangene, die rebellieren und Sehnsucht nach Liebe, Freiheit oder Anerkennung haben.

Die Novelle „Leutnant Gustl" gehört heutzutage zu einem der bedeutendsten Texte Schnitzlers. Darin legte er den ersten deutschsprachigen literarischen Text vor, der vollständig als innerer Monolog verfasst ist.

Wie lang' wird denn das noch dauern? Ich muss auf die Uhr schauen ... schickt sich wahrscheinlich nicht in einem so ernsten Konzert. Aber wer sieht's denn? Wenn's einer sieht, so passt er gerade so wenig auf, wie ich, und
5 vor dem brauch' ich mich nicht zu genieren ... Erst Viertel auf zehn? ... Mir kommt vor, ich sitz' schon drei Stunden in dem Konzert. Ich bin's halt nicht gewohnt ... Was ist es denn eigentlich? Ich muss das Programm anschauen ... Ja, richtig: Oratorium! Ich hab' gemeint:
10 Messe. Solche Sachen gehören doch nur in die Kirche! Die Kirche hat auch das Gute, dass man jeden Augenblick fortgehen kann. – Wenn ich wenigstens einen Ecksitz hätt'! – Also Geduld, Geduld! Auch Oratorien nehmen ein End'! Vielleicht ist es sehr schön, und ich
15 bin nur nicht in der Laune. Woher sollt' mir auch die Laune kommen? Wenn ich denke, dass ich hergekommen bin, um mich zu zerstreuen ... Hätt' ich die Karte lieber dem Benedek geschenkt, dem machen solche Sachen Spaß; er spielt ja selber Violine. Aber da wär' der
20 Kopetzky beleidigt gewesen. Es war ja sehr lieb von ihm, wenigstens gut gemeint. Ein braver Kerl, der Kopetzky! Der einzige, auf den man sich verlassen kann ... Seine Schwester singt ja mit unter denen da oben. Mindestens hundert Jungfrauen, alle schwarz gekleidet;
25 wie soll ich sie da herausfinden? Weil sie mitsingt, hat er auch das Billett gehabt, der Kopetzky ... Warum ist er denn nicht selber gegangen? – Sie singen übrigens sehr schön. Es ist sehr erhebend – sicher! Bravo! Bravo! ... Ja, applaudieren wir mit. Der neben mir klatscht wie
30 verrückt. Ob's ihm wirklich so gut gefällt? – Das Mädel drüben in der Loge ist sehr hübsch. Sieht sie mich an oder den Herrn dort mit dem blonden Vollbart? ... Ah, ein Solo! Wer ist das? Alt: Fräulein Walker, Sopran:

Fräulein Michalek ... das ist wahrscheinlich Sopran...
35 Lang' war ich schon nicht in der Oper. In der Oper unterhalt' ich mich immer, auch wenn's langweilig ist. Übermorgen könnt' ich eigentlich wieder hineingeh'n, zur „Traviata". Ja, übermorgen bin ich vielleicht schon eine tote Leiche!

(1901)

1. Lesen Sie den Text laut vor und tauschen Sie sich über die Wirkung aus.

2. Klären Sie die Situation und das Problem, das Leutnant Gustl hier hat.

3. Beschreiben Sie den Stil dieses Textes.

4. Untersuchen Sie, wie Leutnant Gustl zwischen den Wünschen, Bedürfnissen und Trieben seines Unbewussten und den Anforderungen seines Über-Ichs (vgl. Freud S. 259) hin- und hergerissen wird. Notieren Sie die Befunde in einer Tabelle:

Bedürfnisse des Unbewussten	Anforderungen des Über-Ich
Flucht aus Langeweile: „Wie lang' wird denn das noch dauern?" (Z. 1) ...	Ertragen der Langeweile: „schickt sich wahrscheinlich nicht" (Z. 1f.) ...

5. Die Veröffentlichung von Leutnant Gustl 1901 provozierte einen Skandal. Schnitzler wurde „der Verletzung der Standesehre" für schuldig erklärt und verlor seinen Offizierstitel. Versuchen Sie zu klären, was das Skandalöse an der Darstellung dieses Leutnant Gustl ist.

Robert Musil (1880 – 1942)
Der Mann ohne Eigenschaften

Robert Musil war ein österreichischer Schriftsteller, der die literarische Moderne maßgeblich mitprägte. Mit seinem unvollendeten Roman „Der Mann ohne Eigenschaften" wurde er zu einem der bedeutendsten Erzähler des 20. Jahrhunderts. Doch schon sein literarisches Erstwerk „Die Verwirrungen des Zöglings Törleß" (1906) machte ihn über die Landesgrenze hinaus bekannt. 1929 erhielt Musil den Gerhart-Hauptmann-Preis.
Musil entschied sich nach einer begonnenen Ausbildung zum Artillerieoffizier, einem Maschinenbaustudium sowie einem Studium der Fächer Philosophie, Psychologie und Mathematik und nach seiner Promotion in Psychologie für die freie Schriftstellerei. Er setzte sich mit philosophischen und psychologischen Fragestellungen als Grundlage für seine literarische Tätigkeit auseinander. Besonders intensiv beschäftigten ihn die Theorie Sigmund Freuds und die Philosophie Maeterlincks und Nietzsches.

Aus dem ölglatten Geist der zwei letzten Jahrzehnte des neunzehnten Jahrhunderts hatte sich plötzlich in ganz Europa ein beflügelndes Fieber erhoben. Niemand wusste genau, was im Werden war; niemand vermochte
5 zu sagen, ob es eine neue Kunst, ein neuer Mensch, eine neue Moral oder vielleicht eine Umschichtung der Gesellschaft sein solle. Darum sagte jeder davon, was ihm passte. Aber überall standen Menschen auf, um gegen das Alte zu kämpfen. [...] Es entwickelten sich Bega-
10 bungen, die früher erstickt worden waren oder am öffentlichen Leben gar nicht teilgenommen hatten. Sie waren so verschieden wie nur möglich, und die Gegensätze ihrer Ziele waren unübertrefflich. Es wurde der Übermensch geliebt, und es wurde der Untermensch
15 geliebt; es wurden die Gesundheit und die Sonne angebetet, und es wurde die Zärtlichkeit brustkranker[1] Mädchen angebetet; man begeisterte sich für das Heldensglaubensbekenntnis und für das soziale Allemannsglaubensbekenntnis; man war gläubig und skep-
20 tisch, naturalistisch und pretiös, robust und morbid; man träumte von alten Schlossalleen, herbstlichen Gär-

ten, gläsernen Weihern, Edelsteinen, Haschisch, Krankheit, Dämonien, aber auch von Prärien, gewaltigen Horizonten, von Schmiede- und Walzwerken, nackten Kämpfern, Aufständen der Arbeitssklaven, menschli- 25 chen Urpaaren und Zertrümmerung der Gesellschaft. Die waren freilich Widersprüche und höchst verschiedene Schlachtrufe, aber sie hatten einen gemeinsamen Atem; würde man jene Zeit zerlegt haben, so würde ein Unsinn herausgekommen sein wie ein eckiger Kreis, 30 der aus hölzernem Eisen bestehen will, aber in Wirklichkeit war alles zu einem schimmernden Sinn verschmolzen. Diese Illusion, die ihre Verkörperung in dem magischen Datum der Jahrhundertwende fand, war so stark, dass sich die einen begeistert auf das neue, 35 noch unbenützte Jahrhundert stürzten, indes die anderen sich noch schnell im alten wie in einem Hause gehen ließen, aus dem man ohnehin auszieht, ohne dass sie diese beiden Verhaltensweisen als sehr unterschiedlich gefühlt hätten. 40

(1930)

---

1. Fassen Sie zusammen, wir hier im Rückblick die Jahrhundertwende gesehen wird.

2. Erläutern Sie das Paradoxon „eckiger Kreis" (Z. 30) und klären Sie, wie es aufgelöst wird.

3. Verfassen Sie einen informierenden Text über den Zeitgeist und das Lebensgefühl um 1900. Nutzen Sie dabei die Informationen dieses Einstiegskapitels.
➜ Einen informierenden Text mithilfe von Materialien verfassen, S. 472 ff.

---

[1] **brustkrank:** an Tuberkulose erkrankt

„Worte zerfielen mir im Munde wie modrige Pilze" – Sprachnot und Sprachkunst

Vincent van Gogh (1853 – 1890)
Ein Paar Schuhe (1886)

„Sobald wir etwas aussprechen,
entwerten wir es seltsam. Wir
glauben, in die Tiefe der Ab-
gründe hinabgetaucht zu sein,
5 und wenn wir wieder an die
Oberfläche kommen, gleicht
der Wassertropfen an unseren
bleichen Fingerspitzen nicht
mehr dem Meere, dem er ent-
10 stammt."

(Maurice Maeterlinck)

Rainer Maria Rilke (1875 – 1926)
Ich fürchte mich so vor der Menschen Wort

Ich fürchte mich so vor der Menschen Wort.
Sie sprechen alles so deutlich aus:
Und dieses heißt Hund und jenes heißt Haus,
und hier ist Beginn, und das Ende ist dort.

5 Mich bangt auch ihr Sinn, ihr Spiel mit dem Spott,
sie wissen alles, was wird und war;
kein Berg ist ihnen mehr wunderbar;
ihr Garten und Gut grenzt grade an Gott.

Ich will immer warnen und wehren: Bleibt fern.
10 Die Dinge singen hör ich so gern.
Ihr rührt sie an: sie sind starr und stumm.
Ihr bringt mir alle die Dinge um.

(1899)

1. Betrachten Sie Vincent van Goghs
   Bild „Stillleben. Ein Paar Schuhe"
   (1886) und versuchen Sie, „Oberfläche" und „Tiefe" der Abbildung im
   Sinne Maeterlincks zu erfassen.

2. Zeigen Sie Haltung und Anliegen des
   lyrischen Ichs in Rilkes Gedicht auf:
   Was lehnt der Sprecher aus welchen
   Gründen ab? Welchen Wunsch hegt
   das lyrische Ich? Untersuchen Sie in
   diesem Zusammenhang auch die
   Sprachgestaltung, mit der der
   Sprecher seine Position verdeutlicht.

3. Setzen Sie die Warnung Rilkes aus
   dem Gedicht „Ich fürchte mich so …"
   in Beziehung zu Ihrer Erfahrung mit
   der Beschreibung des Bildes von van
   Gogh.

Rainer Maria Rilke wurde in Prag geboren, wo er seine Kindheit verbrachte. Die vom Vater, einem Beamten bei der Provinzeisenbahn, für den Sohn geplante Karriere als Offizier entsprach nicht dem nonkonformistischen Wesen des Sohnes, der sich nach seinem Studium der Kunst- und Literaturwissenschaft entschloss, ein Dasein als Dichter zu führen. Rilkes Leben glich dem eines Reisenden. Er besuchte große Teile Europas und Nordafrikas und lebte selten mehrere Jahre hintereinander an einem Ort.
Rilke gilt als einer der bedeutendsten Dichter des 20. Jahrhunderts. In seinen Gedichten, die durch eine melodische, virtuose Sprache geprägt sind, spiegelt sich häufig ein träumerisch-schwermütiges, z. T. auch mystisches Erleben wider.

Rainer Maria Rilke (1875 – 1926)
Der Panther

Im Jardin des Plantes[1], Paris

Sein Blick ist vom Vorübergehn der Stäbe
so müd geworden, dass er nichts mehr hält.
Ihm ist, als ob es tausend Stäbe gäbe
und hinter tausend Stäben keine Welt.

5 Der weiche Gang geschmeidig starker Schritte,
der sich im allerkleinsten Kreise dreht,
ist wie ein Tanz von Kraft um eine Mitte,
in der betäubt ein großer Wille steht.

Nur manchmal schiebt der Vorhang der Pupille
10 sich lautlos auf –. Dann geht ein Bild hinein,
geht durch der Glieder angespannte Stille –
und hört im Herzen auf zu sein.   *(1902)*

1. Beschreiben Sie die Stimmung, die von der Situation des Panthers ausgeht, und erklären Sie, wodurch diese Wirkung zustande kommt.

2. Rilkes Gedicht „Der Panther" wird als „Dinggedicht" bezeichnet (vgl. die Informationen im Kasten): Erläutern Sie den Begriff des „Dinggedichts" anhand von Rilkes Text.

3. Stellen Sie einen Zusammenhang her zwischen den Aussagen des Lord Chandos (vgl. S. 265) und denen im Gedicht „Der Panther".

4. Vergleichen Sie die Aussagen dieses Gedichts mit der Wirkung des Bildes van Goghs (s. S. 262) und dem Gehalt des Gedichts „Ich fürchte mich so vor der Menschen Wort" (s. S. 262). Welchen Weg wählt Rilke, um mit der Begrenztheit von Sprache umzugehen?

Wissen und Können

Symbolismus

Diese bewusst antinaturalistische Stilrichtung, die sich von jedem Versuch der Wirklichkeitswiedergabe abwendet und den belehrenden Zweck der Kunst oder ihre Verflechtung mit gesellschaftlichen Bedingungen ablehnt, ist dem Konzept des **Ästhetizismus** verpflichtet. Diese Kunst- und Weltanschauung verabsolutiert das Schöne (die Ästhetik) gegenüber anderen Werten. So strebt der **Symbolismus** nach einer „poésie pure" (Mallarmé), die hinter der Welt der Gegenstände und Erscheinungen „reines Sein", ewige, unvergängliche, aber auch unfassbare Ideen vermutet. Der Symbolismus entwickelte starke Tendenzen zum „l'art-pour-l'art"-Prinzip (vgl. auch S. 267, Stefan George). Nicht der Verstand, sondern die seelische Empfänglichkeit des Lesers soll durch eine suggestive, zu äußerster Musikalität getriebene Sprache erreicht werden. In den **Dingen**, die über sich hinausweisen, soll ihm die Geheimnishaftigkeit der Welt und seines eigenen Wesens vermittelt werden (**Dinggedicht**).

5. Was Sie sonst noch machen können:
Rilkes Gedicht „Der Panther" wie auch zahlreiche andere Gedichte des Autors haben verschiedene Künstler/-innen und Musiker/-innen immer wieder zu neuen Bearbeitungen herausgefordert, etwa in dem sogenannten Rilke-Projekt, in dem viele bekannte Schauspieler und Musiker, Texte Rilkes neu interpretieren. Stellen Sie in Ihrem Kurs ausgewählte Umsetzungen der Texte Rilkes vor und diskutieren Sie die Interpretationen.

 Die Audio-Datei mit Otto Sanders Interpretation des Gedichts „Der Panther" finden Sie hier: WES-127877-042 .

---

[1] **Jardin des Plantes:** botanischer Garten in Paris mit Tiergehegen

WES-127877-043

Rainer Maria Rilke (1875 – 1926)
Die Aufzeichnungen des Malte Laurids Brigge

Rilkes einziger Roman, „Die Aufzeichnungen des Malte Laurids Brigge", in dem er u. a. Erfahrungen aus seiner Zeit in Paris verarbeitet, erschien 1910, nachdem der Autor seit 1904 an dem Werk gearbeitet hatte. Der fragmentarische Prosatext, in Form eines Tagebuchs verfasst, schildert die Gedanken Maltes, eines aus einem aussterbenden dänischen Adelsgeschlecht stammenden 28-jährigen Mannes, der versucht, in der französischen Hauptstadt als Dichter zu leben. Der Roman weist keine kontinuierliche Handlung auf. Beobachtungen und Eindrücke des Pariser Lebens vermischen sich in den Gedanken Maltes assoziativ mit eigenen Kindheitserinnerungen und Reflexionen über Geschichte und Kultur.

11. September, Rue Toullier.

So, also hierher kommen die Leute, um zu leben, ich würde eher meinen, es stürbe sich hier. Ich bin ausgewesen. Ich habe gesehen: Hospitäler. Ich habe einen Men-
5 schen gesehen, welcher schwankte und umsank. Die Leute versammelten sich um ihn, das ersparte mir den Rest. Ich habe eine schwangere Frau gesehen. Sie schob sich schwer an einer hohen, warmen Mauer entlang, nach der sie manchmal tastete, wie um sich zu überzeu-
10 gen, ob sie noch da sei. Ja, sie war noch da. Dahinter? Ich suchte auf meinem Plan: Maison d'Accouchement[1]. Gut. Man wird sie entbinden – man kann das. Weiter, rue Saint-Jacques, ein großes Gebäude mit einer Kuppel. Der Plan gab an Val-de-grâce, Hôpital militaire. Das
15 brauchte ich eigentlich nicht zu wissen, aber es schadet nicht. Die Gasse begann von allen Seiten zu riechen. Es roch, soviel sich unterscheiden ließ, nach Jodoform, nach dem Fett von pommes frites, nach Angst. Alle Städte riechen im Sommer. Dann habe ich ein eigentüm-
20 lich starblindes Haus gesehen, es war im Plan nicht zu finden, aber über der Tür stand noch ziemlich leserlich: Asyle de nuit[2]. Neben dem Eingang waren die Preise. Ich habe sie gelesen. Es war nicht teuer.

Und sonst? ein Kind in einem stehenden Kinderwagen:
25 es war dick, grünlich und hatte einen deutlichen Ausschlag auf der Stirn. Er heilte offenbar ab und tat nicht weh. Das Kind schlief, der Mund war offen, atmete Jodoform, pommes frites, Angst. Das war nun mal so. Die Hauptsache war, dass man lebte. Das war die Hauptsa-
30 che.

Dass ich es nicht lassen kann, bei offenem Fenster zu schlafen. Elektrische Bahnen rasen läutend durch meine Stube. Automobile gehen über mich hin. Eine Tür fällt zu. Irgendwo klirrt eine Scheibe herunter, ich höre ihre großen Scherben lachen, die kleinen Splitter ki-
35 chern. Dann plötzlich dumpfer, eingeschlossener Lärm von der anderen Seite, innen im Hause. Jemand steigt die Treppe. Kommt, kommt unaufhörlich. Ist da, ist lange da, geht vorbei. Und wieder die Straße. Ein Mädchen kreischt: Ah tais-toi, je ne veux plus.[3] Die Elektrische
40 rennt ganz erregt heran, darüber fort, fort über alles. Jemand ruft. Leute laufen, überholen sich. Ein Hund bellt. Was für eine Erleichterung: ein Hund. Gegen Morgen kräht sogar ein Hahn, und das ist Wohltun ohne Grenzen. Dann schlafe ich plötzlich ein.
45

Das sind die Geräusche. Aber es gibt hier etwas, was furchtbarer ist: die Stille. Ich glaube, bei großen Bränden tritt manchmal so ein Augenblick äußerster Spannung ein, die Wasserstrahlen fallen ab, die Feuerwehrleute klettern nicht mehr, niemand rührt sich. Lautlos
50 schiebt sich ein schwarzes Gesimse vor oben, und eine hohe Mauer, hinter welcher das Feuer auffährt, neigt sich, lautlos. Alles steht und wartet mit hochgeschobenen Schultern, die Gesichter über die Augen zusammengezogen, auf den schrecklichen Schlag. So ist hier
55 die Stille.

Ich lerne sehen. Ich weiß nicht, woran es liegt, es geht alles tiefer in mich ein und bleibt nicht an der Stelle stehen, wo es sonst immer zu Ende war. Ich habe ein Inneres, von dem ich nicht wusste. Alles geht jetzt dort-
60 hin. Ich weiß nicht, was dort geschieht.

Ich habe heute einen Brief geschrieben, dabei ist es mir aufgefallen, dass ich erst drei Wochen hier bin. Drei Wochen anderswo, auf dem Lande zum Beispiel, das konnte sein wie ein Tag, hier sind es Jahre. Ich will auch
65 keinen Brief mehr schreiben. Wozu soll ich jemandem sagen, dass ich mich verändere? Wenn ich mich verändere, bleibe ich ja doch nicht der; der ich war, und bin ich etwas anderes als bisher, so ist klar, dass ich keine Bekannten habe. Und an fremde Leute, an Leute, die
70 mich nicht kennen, kann ich unmöglich schreiben.

Habe ich es schon gesagt? Ich lerne sehen. Ja, ich fange an. Es geht noch schlecht. Aber ich will meine Zeit ausnutzen.

(1910)

---

[1] **Maison d'Accouchement** (frz.): Entbindungsheim – [2] **Asyle de nuit** (frz.): Nachtasyl – [3] **Ah tais-toi, je ne veux plus.** (frz.): Ach, sei still, ich will nicht mehr.

1. Untersuchen Sie Brigges Wahrnehmung der Stadt und erläutern Sie, worin das Besondere der Beschreibung liegt.

2. Erklären Sie, was Brigge meint, wenn er sagt: „Ich lerne sehen" (Z. 57). Worin liegt das Neue dieses Sehens und welche Konsequenzen bringt es mit sich?

3. Erläutern Sie die Bedeutung des „neuen Sehens" vor dem Hintergrund der Erfahrungen, welche die Menschen im Rahmen der Aufbruchbewegungen um 1900 machen.

Hugo von Hofmannsthal (1874 – 1929)
Ein Brief (Auszug I)
(auch: Brief des Lord Chandos an Francis Bacon)

Hugo von Hofmannsthal stammte aus einer wohlhabenden Wiener Familie. Er galt als hochbegabtes „Wunderkind" und veröffentlichte bereits als Schüler erste Gedichte. Nach seinem Jura- und Romanistikstudium und der anschließenden Promotion lebte er ab 1901 zurückgezogen als freier Schriftsteller. Neben den lyrischen Texten veröffentlichte er Dramen, Erzähltexte und viele Essays.
Hugo von Hofmannsthals „Ein Brief" gilt heute als das Dokument der Moderne, da hier eindrücklich zentrale Gedanken und elementare Erfahrungen der Zeit um 1900 zum Ausdruck kommen. Von Hofmannsthal lässt den fiktiven Schriftsteller Lord Chandos diesen Brief an Francis Bacon schreiben. Bacon (1561 – 1626) war ein englischer Philosoph und Politiker, der die Wissenschaft auf das Prinzip der Erfahrung gründen wollte. Bacon gilt damit als ein wichtiger Mitbegründer der modernen Naturwissenschaften.

Mein Fall ist, in Kürze, dieser: Es ist mir völlig die Fähigkeit abhandengekommen, über irgendetwas zusammenhängend zu denken oder zu sprechen.

Zuerst wurde es mir allmählich unmöglich, ein höheres
5 oder allgemeineres Thema zu besprechen und dabei jene Worte in den Mund zu nehmen, deren sich doch alle Menschen ohne Bedenken geläufig zu bedienen pflegen. Ich empfand ein unerklärliches Unbehagen, die Worte „Geist", „Seele" oder „Körper" nur auszusprechen.
10 Ich fand es innerlich unmöglich, über die Angelegenheiten des Hofes, die Vorkommnisse im Parlament oder was Sie sonst wollen, ein Urteil herauszubringen. Und dies nicht etwa aus Rücksichten irgendwelcher Art, denn Sie kennen meinen bis zur Leichtfertigkeit
15 gehenden Freimut: sondern die abstrakten Worte, deren sich doch die Zunge naturgemäß bedienen muss, um irgendwelches Urteil an den Tag zu geben, zerfielen mir im Munde wie modrige Pilze.
Es begegnete mir, dass ich meiner vierjährigen Tochter
20 Catarina Pompilia eine kindische Lüge, deren sie sich schuldig gemacht hatte, verweisen und sie auf die Notwendigkeit, immer wahr zu sein, hinführen wollte, und dabei die mir im Munde zuströmenden Begriffe plötzlich eine solche schillernde Färbung annahmen und so

ineinander überflossen, dass ich, den Satz, so gut es 25 ging, zu Ende haspelnd, so wie wenn mir unwohl geworden wäre und auch tatsächlich bleich im Gesicht und mit einem heftigen Druck auf der Stirn, das Kind allein ließ, die Tür hinter mir zuschlug und mich erst zu Pferde, auf der einsamen Hutweide einen guten Galopp 30 nehmend, wieder einigermaßen herstellte.
Allmählich aber breitete sich diese Anfechtung aus wie ein um sich fressender Rost. Es wurden mir auch im familiären und hausbackenen Gespräch alle die Urteile, die leichthin und mit schlafwandelnder Sicherheit ab- 35 gegeben zu werden pflegen, so bedenklich, dass ich aufhören musste, an solchen Gesprächen irgend teilzunehmen. Mit einem unerklärlichen Zorn, den ich nur mit Mühe notdürftig verbarg, erfüllte es mich, dergleichen zu hören wie: diese Sache ist für den oder jenen gut 40 oder schlecht ausgegangen; Sheriff N. ist ein böser, Prediger T. ein guter Mensch; Pächter M. ist zu bedauern, seine Söhne sind Verschwender; ein anderer ist zu beneiden, weil seine Töchter haushälterisch sind; eine Familie kommt in die Höhe, eine andere ist am Hinabsin- 45 ken. Dies alles erschien mir so unbeweisbar, so lügenhaft, so löcherig wie nur möglich. Mein Geist zwang mich, alle Dinge, die in einem solchen Gespräch

vorkamen, in einer unheimlichen Nähe zu sehen: so
50 wie ich einmal in einem Vergrößerungsglas ein Stück
von der Haut meines kleinen Fingers gesehen hatte, das
einem Brachfeld mit Furchen und Höhlen glich, so ging
es mir nun mit den Menschen und Handlungen. Es gelang mir nicht mehr, sie mit dem vereinfachenden Blick
55 der Gewohnheit zu erfassen. Es zerfiel mir alles in Teile,
die Teile wieder in Teile und nichts mehr ließ sich mit
einem Begriff umspannen. Die einzelnen Worte
schwammen um mich; sie gerannen zu Augen, die mich
anstarrten und in die ich wieder hineinstarren muss:
60 Wirbel sind sie, in die hinabzusehen mich schwindelt,
die sich unaufhaltsam drehen und durch die hindurch
man ins Leere kommt. [...]   *(1902)*

1. Betrachten Sie die Begebenheit Chandos' mit seiner
Tochter (vgl. Z. 29 ff.): Welches Problem, mit dem er
zu kämpfen hat, wird hier deutlich? Beziehen Sie
sich auch auf weitere Textstellen.

2. Erläutern Sie Chandos' Kernproblem (Z. 1 bis 3) und
weisen Sie nach, welche Facetten seines Lebens von
diesem Problem berührt werden.

3. „Der Brief" – ein Widerspruch? Erläutern Sie,
inwiefern man das Abfassen des Briefes als paradox
bezeichnen kann. Nehmen Sie dabei auch die
sprachliche Gestaltung in den Blick.

4. Erörtern Sie, ob Chandos' Problem überholt ist.
Gehen Sie dabei auf Situationen ein, in denen Sie
ähnliche Erfahrungen mit Sprache gemacht haben.

5. Setzen Sie die Aussagen des Lord Chandos in
Beziehung zu den Erfahrungen, die im folgenden
Gedicht „Weltgeheimnis" aufgezeigt werden.

 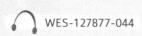 WES-127877-044

Hugo von Hofmannsthal (1874 – 1929)
Weltgeheimnis

Der tiefe Brunnen weiß es wohl,
Einst waren alle tief und stumm,
Und alle wussten drum.

Wie Zauberworte, nachgelallt
5 Und nicht begriffen in den Grund,
So geht es jetzt von Mund zu Mund.

Der tiefe Brunnen weiß es wohl,
In den gebückt, begriffs ein Mann,
Begriff es und verlor es dann.

10 Und redet' irr und sang ein Lied –
Auf dessen dunklen Spiegel bückt
Sich einst ein Kind und wird entrückt.

Und wächst und weiß nichts von sich selbst
Und wird ein Weib, das einer liebt
15 Und – wunderbar wie Liebe gibt!

Wie Liebe tiefe Kunde gibt! –
Da wird an Dinge, dumpf geahnt,
In ihren Küssen tief gemahnt ...

In unsern Worten liegt es drin
20 So tritt des Bettlers Fuß den Ki
Der eines Edelsteins Verlies.

Der tiefe Brunnen weiß es wo
Einst aber wussten alle drum,
Nun zuckt im Kreis ein Traum
herum.

(18

1. In von Hofmannsthals Gedicht heißt es in den letzten
Versen: „Einst aber wussten alle drum,/Nun zuckt im
Kreis ein Traum herum." (V. 23 f.) Stellen Sie die
Kennzeichnung von Vergangenheit und Gegenwart
gegenüber, wie das lyrische Ich sie vornimmt.

2. Erklären Sie die Überschrift des Gedichts.

3. Untersuchen Sie die formale und sprachliche
Gestaltung des Gedichts und setzen Sie sie in
Beziehung zum Inhalt des Textes.

4. Setzen Sie die in dem Gedicht aufgezeigte Erfahrung
in Beziehung zu den Aussagen des Lord Chandos.

5. Leben wir in einer „entzauberten Welt" oder gibt es
noch ein „Weltgeheimnis"? Formulieren Sie zu
dieser Frage einen Text. In der Wahl der Textsorte
sind Ihnen keine Grenzen gesetzt; Sie können z. B.
ein Märchen, eine Satire, einen Essay ... verfassen.
➜ Einen Essay verfassen, s. S. 470 f.

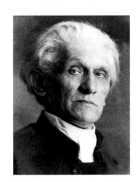

Stefan George wurde bekannt durch seine Haltung, Kunst als reinen Selbstzweck (l'art pour l'art) zu betrachten. Seiner Auffassung nach sollte die Kunst sich jeder Nützlichkeit und Zweckgebundenheit entziehen. Form und Gestalt, Ästhetik wurden für ihn zu maßgeblichen Werten einer echten Kunst. George, Sohn eines Weinhändlers, lebte nach dem Abitur und einem abgebrochenen Philosophiestudium fortan ohne festen Wohnsitz. Er schuf einen Kreis bewundernder und devoter Anhänger um sich, die sich mit ihrem „Meister" im „George-Kreis" trafen und dem prophetischen Dichter folgten. Ihm ging es in seiner Literatur um die Schaffung einer neuen, heiligen Welt, zu der lediglich Auserwählte Zugang finden sollten. Im Zuge dieser selbstherrlichen Seite kreierte George eine eigene „George-Schrift", in der seine Werke veröffentlicht wurden. George und Hofmannsthal waren miteinander bekannt; da aber Stefan George eine unerbittliche Folgsamkeit forderte, löste sich Hofmannsthal von ihm. Im Alter von 69 Jahren starb George mit der unvollendeten Vision eines „Neuen Reiches", das er auf der Basis einer geistig-seelischen Aristokratie hatte gründen wollen.

Stefan George (1868 – 1933)
Über Dichtung

In der dichtung – wie in aller kunst-bethätigung – ist jeder der noch von der sucht ergriffen ist etwas ‚sagen' etwas ‚wirken' zu wollen nicht einmal wert in den vor-hof der kunst einzutreten.

5 Jeder widergeist jedes vernünfteln und hadern mit dem leben zeigt auf einen noch ungeordneten denkzustand und muss von der kunst ausgeschlossen bleiben.

Den wert der dichtung entscheidet nicht der sinn (sonst wäre sie etwa weisheit gelahrtheit) sondern die form 10 d.h. durchaus nichts äusserliches sondern jenes tief er-regende in maass und klang wodurch zu allen zeiten die Ursprünglichen die Meister sich von den nachfahren den künstlern zweiter ordnung unterschieden haben.

Der wert einer dichtung ist auch nicht bestimmt durch 15 einen einzelnen wenn auch noch so glücklichen fund in zeile strofe oder grösserem abschnitt. die zusammen-stellung • das verhältnis der einzelnen teile zueinander • die notwendige folge des einen aus dem andern kenn-zeichnet erst die hohe dichtung.

20 Reim ist bloss ein wortspiel wenn zwischen den durch den reim verbundenen worten keine innere verbindung besteht.

Freie rhythmen heisst soviel als weisse schwärze • wer sich nicht gut im rhythmus bewegen kann der schreite 25 ungebunden.

Strengstes maass ist zugleich höchste freiheit.

(1894)

1. Vergleichen Sie die Position Georges mit der Haltung Rilkes, die aus seinen Gedichten deutlich wird. – Welcher Auffassung können Sie sich eher anschließen? Nehmen Sie begründend Stellung.

2. Von Hofmannsthals „Brief" (vgl. S. 265) stellt eine Auseinandersetzung mit epochentypischen Diskursen dar. Überprüfen Sie, inwieweit sich in dem „Brief" Aspekte der Aussagen Georges finden.

 Je ein weiteres Gedicht von Rilke und George zum Motiv „Liebe" finden Sie hier:
WES-127877-045 .

3. Lesen Sie das Gedicht laut und beschreiben Sie Ihren Leseeindruck.

4. Untersuchen Sie das „maass" (vgl. Z. 26) dieses Gedichts und zeigen Sie, wie kunstvoll es gemacht ist.

5. Erläutern Sie, wie George versucht, der Sprachkrise und Sprachnot zu begegnen.

Komm in den totgesagten park und schau:
Der schimmer ferner lächelnder gestade
Der reinen wolken unverhofftes blau
Erhellt die weiher und die bunten pfade

Dort nimm das tiefe gelb das weiche grau
Von birken und von buchs. der wind ist lau
Die späten rosen welkten noch nicht ganz
Erlese küsse sie und flicht den kranz

Vergiss auch diese lezten astern nicht
Den purpur um die ranken wilder reben
Und auch was übrig blieb von grünem leben
Verwinde leicht im herbstlichen gesicht.

Stefan George (1868 – 1933)

Es lacht in dem steigenden jahr dir ...

Es lacht in dem steigenden jahr dir
Der duft aus dem garten noch leis.
Flicht in dem flatternden haar dir
Eppich und ehrenpreis.

5 Die wehende saat ist wie gold noch.
Vielleicht nicht so hoch mehr und reich.
Rosen begrüssen dich hold noch.
Ward auch ihr glanz etwas bleich.

Verschweigen wir was uns verwehrt ist.
10 Geloben wir glücklich zu sein.
Als noch rundgang zu zwein.

(1897)

Rainer Maria Rilke (1875 – 1926)

Herbst

Die Blätter fallen, fallen wie von weit,
als welkten in den Himmeln ferne Gärten;
sie fallen mit verneinender Gebärde.
Und in den Nächten fällt die schwere Erde
5 aus allen Sternen in die Einsamkeit.

Wir alle fallen. Diese Hand da fällt.
Und sieh dir andre an: es ist in allen.
Und doch ist Einer, welcher dieses Fallen
unendlich sanft in seinen Händen hält.
10 Wenn auch nicht mehr uns beschert ist

(1902)

1. Lesen Sie beide Gedichte laut und beschreiben Sie die Wirkung.

2. Formulieren Sie zu jedem Gedicht eine Deutungshypothese und klären Sie Aspekte, die verglichen werden können.

3. Erstellen Sie eine tabellarische Stoffsammlung für den Gedichtvergleich:

	George: Es lacht in dem steigenden jahr dir ...	Rilke: Herbst
Deutungshypothese	...	...
Inhalt und Aufbau	Einschränkungen: noch, vielleicht ... Leben im Untergang, aber diesseitiges Glück durch ...	Gegensätze: fallen –halten; aller – Einer Leben im Untergang, aber Bewusstsein einer göttlichen Geborgenheit
Formmerkmale (Sprache, Metrum, Rhythmus, Reim)	klare Strophenform Kreuzreim: identisch/rein ...	umschließender Reim, aber in der 1. Strophe eine Reimwaise ...

4. Interpretieren Sie eines der beiden Gedichte ausgehend von Ihrer Deutungshypothese.

5. Vergleichen Sie auf der Grundlage Ihrer Ergebnisse die Gestaltung des Motivs des Verfalls und Untergangs im zweiten Gedicht. Beziehen Sie sprachliche und formale Aspekte mit ein.
   ❱ Einen Gedichtvergleich verfassen, S. 484 f.

Hugo Ball (1886 – 1927)
Gadji beri bimba

gadji beri bimba glandridi laula lonni cadori
gadjama gramma berida bimbala glandri galassassa laulitalomini
gadji beri bin blassa glassala laula lonni cadorsu sassala bim
gadjama tuffm i zimzalla binban gligla wowolimai bin beri ban
5 o katalominai rhinozerossola hopsamen laulitalomini hoooo
gadjama rhinozerossola hopsamen
bluku terullala blaulala loooo

zimzim urullala zimzim urullala zimzim zanzibar zimzalla zam
elifantolim brussala bulomen brussala bulomen tromtata
10 velo da bang band affalo purzamai affalo purzamai lengado tor
gadjama bimbalo glandridi glassala zingtata pimpalo ögrögöööö
viola laxato viola zimbrabim viola uli paluji malooo

tuffm im zimbrabim negramai bumbalo negramai bumbalo tuffm i zim
gadjama bimbala oo beri gadjama gaga di gadjama affalo pinx
15 gaga di bumbalo bumbalo gadjamen
gaga di bling blong
gaga blung   *(1916)*

Hugo Ball bei der Rezitation
seiner Gedichte im Cabaret
Voltaire (1917)

Hans Arp (1886 – 1966)
Sekundenzeiger

dass ich als ich
ein und zwei ist
dass ich als ich
drei und vier ist
5 dass ich als ich
wie viel zeigt sie
dass ich als ich
tickt und tackt sie
dass ich als ich
10 fünf und sechs ist
dass ich als ich
sieben acht ist
dass ich als ich
wenn sie steht sie
15 dass ich als ich
wenn sie geht sie
dass ich als ich
neun und zehn ist
dass ich als ich
20 elf und zwölf ist.

(1924)

Christian Morgenstern (1871 – 1914)
Fisches Nachtgesang

—
⌣ ⌣
— — —
⌣ ⌣ ⌣
— — —
⌣ ⌣ ⌣
— — —
⌣ ⌣ ⌣
— — —
⌣ ⌣
—

(1905)

1. Formulieren Sie Ihre ersten Leseeindrücke zu den Texten.

2. Wählen Sie arbeitsteilig einzelne Texte aus und untersuchen Sie sie nach sprachlichen und inhaltlichen Aspekten. Recherchieren Sie auch zum Begriff Dadaismus.

3. Bereiten Sie zu einem der Texte einen Vortrag, eine Performance, eine geeignete Darstellung vor und werten Sie die Ergebnisse aus.

„Der Sturm ist da" – Krise des Ichs und eine Ästhetik des Hässlichen im Expressionismus

Edvard Munch (1863 – 1944)
Der Schrei (1892)

Der Schrei (norwegisch: *Skrik*, deutsch: ursprünglich *Geschrei*) ist der Titel von vier Gemälden und einer Lithografie (zwischen 1892 und 1910 entstanden) des norwegischen Malers **Edvard Munch** mit weitgehend identischem Motiv. Es gilt als ein frühes, wenn nicht gar als das erste expressionistische Meisterwerk. Einem Tagebucheintrag Munchs zufolge verarbeitete er damit eine eigene Angstattacke während eines Spazierganges entlang eines Fjordes vor Oslo, bei dem er einen Schrei zu vernehmen meinte, der durch die Natur ging: *„Ich ging mit zwei Freunden die Straße hinab. Die Sonne ging unter – der Himmel wurde blutrot, und ich empfand einen Hauch von Wehmut. Ich stand still, war todmüde und lehnte am Geländer – über dem blauschwarzen Fjord und der Stadt lagen Blut und Feuerzungen. Meine Freunde gingen weiter – ich blieb zurück, zitternd vor Angst – ich fühlte den großen Schrei in der Natur. Ich malte dieses Bild – malte die Wolken wie wirkliches Blut – die Farben schrien."*
Auf diese Weise macht Munch die äußere Natur zum Spiegel seines inneren Erlebens, worin auch der Ausgang des Expressionismus gesehen wird.

1. Betrachten und beschreiben Sie Munchs Bild. Gehen Sie dabei auf die Farbgebung, die Linienführung sowie die Figuren ein.

2. Gehen Sie näher auf die Figur im Vordergrund ein und deuten Sie Ihre Gestik, Körperhaltung und Mimik.

3. Diskutieren Sie die unterschiedlichen Titel („Der Schrei" bzw. „Geschrei"). Beschreiben Sie, inwiefern sich dadurch die Deutung ändert.

4. Die ersten Werke einer Epoche seien „Feuerzeichen von Wegsuchenden" schreibt der Künstler Franz Marc. Diskutieren Sie, wie Epochenzuschreibungen entstehen und worin die Problematik dieser liegt.

   „Die ersten Werke einer neuen Zeit sind unendlich schwer zu definieren. Wer kann klar absehen, auf was sie abzielen und was kommen wird? Die Tatsache allein, dass sie existieren und heute an vielen voneinander unabhängigen Punkten entstehen und von innerlicher Wahrheit sind, lässt uns zur Gewissheit werden, dass sie die ersten Zeichen der kommenden neuen Epoche sind, Feuerzeichen von Wegsuchenden."
   (Franz Marc, Schriften)

Der als Hans Davidsohn geborene Jakob van Hoddis (der Künstlername „van Hoddis" ist ein Anagramm aus den Buchstaben seines Nachnamens) war der Sohn eines Berliner Arztes. Nach einem Architektur-Studium wechselte er das Fach und studierte klassische Philologie und Philosophie. Ab 1908 begann er zu schreiben und im Folgejahr wurde er zum Mitbegründer des „Neuen Clubs", einer Vereinigung junger avantgardistischer Künstler in Berlin. Bald darauf wurden erste Anzeichen für eine psychische Erkrankung offenbar, die immer wieder den Aufenthalt in Nervenheilanstalten oder private Fürsorge nötig machten. Van Hoddis wurde wie die anderen Erkrankten aus einer jüdischen Heilanstalt 1942 von den Nationalsozialisten deportiert und schließlich ermordet.

Jakob van Hoddis (1887 – 1942)
Weltende

Dem Bürger fliegt vom spitzen Kopf der Hut.
In allen Lüften hallt es wie Geschrei.
Dachdecker stürzen ab und gehn entzwei
Und an den Küsten – liest man – steigt die Flut.

5 Der Sturm ist da, die wilden Meere hupfen
An Land, um dicke Dämme zu zerdrücken.
Die meisten Menschen haben einen Schnupfen.
Die Eisenbahnen fallen von den Brücken.   *(1911)*

1. Lesen Sie das Gedicht und beschreiben Sie, wie der Text auf Sie wirkt.

2. Schreiben Sie zu jedem Vers einen Gedanken auf, der Ihnen durch den Kopf geht. Werten Sie anschließend Ihre Notizen gemeinsam aus und untersuchen Sie, wie die einzelnen Verse zueinander stehen.

3. Stellen Sie Elemente des Bedrohlichen und des Komischen gegenüber. In welchem Verhältnis stehen diese Elemente zueinander?

4. Untersuchen Sie die formalen Merkmale des Gedichtes (Strophenbau, Reim, Metrik) und setzen Sie sie in Beziehung zum Textinhalt.

5. Die Parenthese „liest man" im letzten Vers der ersten Strophe scheint auf die Lektüre einer Zeitung hinzuweisen. Stellen Sie einen Zusammenhang zum Gedicht her.

6. Vergleichen Sie ausgehend von Ihren Ergebnissen zu diesem Gedicht die Gestaltung des Motivs „Weltende" bei Else Lasker-Schüler (S. 256).

7. Verfassen Sie in Anlehnung an van Hoddis ein eigenes Gedicht. Sie können z.B. die Meldungen einer Tageszeitung oder Internetseite zugrunde legen. Sie können aber auch einen belebten Platz Ihres Wohnortes aufsuchen und Ihre zufälligen Beobachtungen festhalten und anschließend zu einem Gedicht zusammenfügen.

Johannes R. Becher (1891 – 1958)
„Oh diese acht Zeilen"

Meine poetische Kraft reicht nicht aus, um die Wirkung jenes Gedichtes wiederherzustellen, von dem ich jetzt sprechen will. Auch die kühnste Fantasie meiner Leser würde ich überanstren-
5 gen bei dem Versuch, ihnen die Zauberhaftigkeit zu schildern, wie sie dieses Gedicht „Weltende" von Jakob van Hoddis für uns in sich barg. Diese zwei Strophen, oh diese acht Zeilen schienen uns in andere Menschen verwandelt zu ha-
10 ben, uns emporgehoben zu haben aus einer Welt stumpfer Bürgerlichkeit, die wir verachteten und von der wir nicht wussten, wie wir sie verlassen sollten. [...] Wir fühlten uns wie neue Menschen, wie Menschen am ersten geschichtli-
15 chen Schöpfungstag, eine neue Welt sollte mit uns beginnen, und eine Unruhe schworen wir uns zu stiften, dass den Bürgern Hören und Sehen vergehen sollte und sie es geradezu als Gnade betrachten würden, von uns in den Orkus
20 geschickt zu werden [...].
Ein neues Weltgefühl schien uns ergriffen zu haben, das Gefühl von der Gleichzeitigkeit des Geschehens.

(1957)

8. Fassen Sie die Bedeutung, die van Hoddis' Gedicht „Weltende" für Becher hat, mit Ihren eigenen Worten zusammen.

9. Erläutern Sie anhand des Gedichtes, was Becher meint, wenn er „das Gefühl von der Gleichzeitigkeit des Geschehens" (Z. 19) als „neues Weltgefühl" (Z. 18) bezeichnet.

Dirk Bauer (geb. 1965)/Alexandra Wölke (geb. 1978)

Anfänge des literarischen Expressionismus und sein Weg in die Öffentlichkeit – „Neuer Club" und „Neopathetisches Cabaret"

Der von Kurt Hiller, Jakob van Hoddis u. a. 1909 gegründete **„Neue Club"**, eine eher informelle Vereinigung junger Studenten und Künstler in Berlin, markiert den Anfang des literarischen Expressionismus in
5 Deutschland.

Bei regelmäßigen Zusammenkünften trugen die Autoren des „Clubs" ihre eigenen Texte vor und diskutierten über poetische und philosophische Fragen. Die jungen Dichter verstanden sich selbst als Außenseiter inner-
10 halb der literarischen Kultur ihrer Zeit. So wandten sie sich nicht nur gegen die literarische Tradition und deren Ästhetik der „schönen Kunst", sondern grenzten sich auch gegenüber den jüngeren, erst um die Jahrhundertwende entstandenen Stilrichtungen entschie-
15 den ab. Besonders der Naturalismus und dessen Versuch, die Wirklichkeit künstlerisch nachzubilden, sowie der Impressionismus, den Hiller als „unaktive, reaktive, nichts-als-ästhetische Gefühlsart" charakterisiert, stießen auf Ablehnung.
20 Der Wunsch der jungen Künstler nach Außenwirkung führte 1910 zur Gründung des **„Neopathetischen Cabarets"**. Abseits des etablierten Kulturbetriebs veranstalteten die zumeist noch unbekannten Autoren hier eine neuartige Form öffentlicher Lesungen, bei denen sie ihre eigenen, aber auch fremde Texte – häufig paro-
25 distisch oder grotesk verfremdet – inszenierten. Die Veranstaltungen wurden bald zum legendären Treffpunkt der intellektuellen künstlerisch interessierten Jugend Berlins. Aufführungsorte waren nicht Theaterhäuser, sondern zunächst Ateliers und Hinterzimmer
30 von Cafés, später aber auch größere Säle. Zu den Autoren, die regelmäßig im „Neopathetischen Cabaret" auftraten, zählten u. a. Jakob van Hoddis, Georg Heym und Else Lasker-Schüler.

Neben den Veranstaltungen des „Neopathetischen Ca-
35 barets" ebneten ab 1910 zahlreiche neu entstehende, avantgardistische[1] künstlerische und politische Zeitschriften den jungen Autoren den Weg in die Öffentlichkeit. Die von Herwarth Walden 1910 begründete Zeitschrift „Der Sturm" und die von Franz Pfemfert im
40 Jahr darauf herausgegebene Zeitschrift „Die Aktion", deren Namen bereits die Programmatik erahnen lassen, avancierten dabei zu zentralen Publikationsorganen der neuen Bewegung.   *(2012)*

Damen mit apartem Kopfputz und aparter Gefühlsrichtung. Und Jünglinge, die förmlich nach dem Sanatorium schreien und sich „Neopathetiker" nennen. [...] Dazwischen ein paar bekann-
5 tere Berliner Literaten, denen man kondolieren muss, dass sie für dieses „neopathetische" Kabarett ihren Namen hergegeben haben.

(„Lokalanzeiger" vom 19. Januar 1911)

Auf einmal flattert ein Rabe auf, ein schwarzschillernder Kopf blickt finster über die Brüstung des Lesepults. Jakob van? Er spricht seine kurzen Verse trotzig und strotzend, die sind so
5 blank geprägt, man könnte sie ihm stehlen. Vierreiher-Inschriften; rundherum müssten sie auf Talern geschrieben stehen in einem Sozialdichterstaat.

(Else Lasker-Schüler, „Der Sturm", 17. November 1910)

---

1. Fassen Sie die Informationen zum „Neuen Club" und „Neopathetisches Cabaret" zusammen und setzen Sie sie in Beziehung zu den Kommentaren.

2. Untersuchen Sie die beiden Kritiken genauer. Welche Wertungen werden vorgenommen? Worauf bezieht sich die Kritik?

3. Lernen Sie eines der Gedichte in diesem Teilkapitel zum Expressionismus auswendig (z. B. von van Hoddis, Lasker-Schüler, Heym) und üben Sie einen freien Vortrag, wie er im „Neopathetischen Cabaret" hätte aufgeführt werden können. Sie können auch einen Text mit mehreren Sprechen vortragen (Stimmencollage).

[1] **avantgardistisch:** bahnbrechend, revolutionär, vorkämpferisch

Margarete Susman war eine deutsche Schriftstellerin, Journalistin und Kritikerin. Sie wurde 1872 in Hamburg geboren – ihre Eltern waren jüdischer Herkunft – und starb 1966 in Zürich. Die Autorin von zahlreichen Essays, mehreren Gedichtsammlungen und bemerkenswerten literaturkritischen Werken zeichnete sich als philosophische Schriftstellerin aus, die sich mit wichtigen Fragen in Literatur, Politik, Kultur und Religion befasste. Thematische Schwerpunkte ihrer Werke waren u. a. die deutsch-jüdische Verständigung und die Rolle der Frau in der modernen Gesellschaft.

Margarete Susman (1872 – 1966)
Expressionismus

Solange wir nicht imstande sind, die Welt aus ihren Angeln zu heben, den alten verrotteten Lebensformen neue, reinere entgegenzusetzen, sind wir ihr verfallen. Und doch ertragen wir es nicht, sie hinzunehmen: das Rasen gegen sie erfüllt uns bis zum Zerspringen; wir wollen handeln, wirken, ändern. Was ist zu tun? Nur eines! Nur schreien können wir – schreien mit aller Kraft unserer armen, erstickten Menschenstimme – schreien, dass wir den grauenhaften Lärm des Geschehens übertönen – schreien, dass wir gehört werden von den Menschen, von Gott.

Dieser Schrei, der zum Himmel gellende Schrei, der nicht mehr wie noch der einsame Sehnsuchtsschrei Stefan Georges[1] „durch güldne Harfe sausen" will, den keine an den Mund gesetzte Flöte mehr zum Klang verschönt, der nur gehört werden will, gehört werden soll um jeden Preis als lebendige menschliche Entscheidung – er allein ist die Antwort der wachen Seelen auf die furchtbare Umklammerung unserer Zeit. Wo das Entsetzliche uns überwältigt, sodass wir es nicht anschauen, nicht gestaltend beherrschen, uns ihm weder hingeben noch auch entreißen können, da bleibt uns allein, uns ihm entgegenzustemmen mit aller Kraft; es bleibt uns als Tat allein die Entscheidung. Wollen wir Befreiung? Wollen wir Erneuerung? Wollen wir, dass es anders werde? Wollen wir heraus aus diesem Strudel, aus diesem grauenvollen Mischmasch von niederstem Machtwillen und verworrenem, verratenem Idealismus? Wollen wir heraus aus dieser schwersten, wehesten Verfinsterung des Geistes, die je auf Erden war? Dies ist die einzige Frage an unser Leben. Heraus, gleichviel ob in Schönheit oder Hässlichkeit, in Ehre oder Schmach, ja selbst ob in Liebe oder Hass. Nur heraus: den großen, gellenden Schrei ausstoßen, der uns auf ewig trenne von dem Wollen der dumpf hinnehmenden Menge, der jede Gemeinschaft mit den dumpf

treibenden Mächtigen unserer Zeit verwirft. Entscheidung für oder wider – dies ist heute die einzige Frage an unser Menschentum.

Und diese Entscheidung, dieser Aufschrei der sich entscheidenden Seele ist Expressionismus. Er ist die Antwort auf eine Wirklichkeit, die anzuschauen, der sich hinzugeben unmöglich geworden ist. Entscheidung lebendiger Persönlichkeit gegen das blinde Rasen sinnfremder Gewalten, das ist die Seele des Expressionismus. Auch im scheinbar verrenktesten, verzerrtesten Bild der Welt, sofern es unsere geistige Welt nicht annimmt, sie anders will, sofern es sich mit innerster Kraft zur Wehr setzt gegen das Überkommene, sofern es ein Aufschrei wider die zur Unmöglichkeit gewordene Welt ist, lebt etwas von der Freiheit, die unsere Zeit uns heutigen Menschen gestohlen hat für Zeit und Ewigkeit. Denn anders als in Krämpfen kann unserer Welt die Erneuerung nicht kommen, anders können wir sie nicht herbeirufen. Die Zeiten der Stille, der Anmut, der Verschlossenheit und Scham sind vorüber. Uns Unseligen kommt Gott nicht im sanften Säuseln. Der Expressionismus hat eine Sendung, die nichts mehr von Schönheit weiß.

(1918)

1. Beschreiben Sie das Zeitempfinden, das aus dem Text von Margarete Susman spricht. Benennen Sie entsprechende Textpassagen und formulieren Sie in eigenen Worten. Legen Sie diese Worte der Figur aus dem Bild „Der Schrei" (S. 270) in den Mund.

2. Zeigen Sie, welche Reaktionen programmatisch gefordert werden. Leiten Sie aus den Ergebnissen Aussagen über das Selbstverständnis der Expressionisten ab.

3. Untersuchen Sie die sprachliche Gestaltung. Inwiefern entspricht diese den inhaltlichen Postulaten?

---

[1] **Stefan George** (1868 – 1933): bedeutender Lyriker des Symbolismus und der Neuromantik (s. auch S. 286 und 288)

1. Assoziieren Sie frei zum Titel „Schöne Jugend".

  WES-127877-046

Gottfried Benn (1886 – 1956)
Schöne Jugend

Der Mund eines Mädchens,
das lange im Schilf gelegen hatte,
sah so angeknabbert aus.
Als man die Brust aufbrach,
5 war die Speiseröhre so löcherig.
Schließlich in einer Laube unter dem Zwerchfell
fand man ein Nest von jungen Ratten.
Ein kleines Schwesterchen lag tot.
Die anderen lebten von Leber und Niere,
10 tranken das kalte Blut und hatten
hier eine schöne Jugend verlebt.
Und schön und schnell kam auch ihr Tod:
Man warf sie allesamt ins Wasser.
Ach, wie die kleinen Schnauzen quietschten! *(1912)*

(Aus lizenzrechtlichen Gründen ist dieser Text nicht in reformierter Rechtschreibung abgedruckt.)

2. Vergleichen Sie nach dem ersten Lesen des Gedichts Ihre Gedanken und Gefühle mit Ihren Erwartungen. Deuten Sie im Anschluss den Titel des Gedichts.

3. Untersuchen Sie die Perspektive des lyrischen Ichs: Was beschreibt es? Was verrät seine Wortwahl? Beachten Sie, dass der Text in einem Gedichtzyklus mit dem Titel „Morgue" (Leichenschauhaus) erstmals veröffentlicht wurde.

4. Vergleichen Sie die Darstellung des „Mädchens" (V. 1 ff.) mit der der „jungen Ratten" (V. 7 ff.) und deuten Sie Ihre Befunde im Hinblick auf das vorliegende Menschenbild.

5. Das Motiv einer weiblichen Wasserleiche („Ophelia-Motiv") hat in der Literatur eine lange Tradition. Recherchieren Sie und halten Sie fest, woher es ursprünglich stammt, welche Variationen es erfahren hat und wie die Expressionisten und insbesondere Gottfried Benn damit umgehen.

➔ Zu Gottfried Benn s. auch S. 255.

> [1] **David Hume** (1711 – 1767): schottischer Philosoph und Vordenker der Aufklärung. Sein philosophisches Vorgehen zeichnet sich durch die Absage an den Glauben an übernatürliche Phänomene und den Willen, Erkenntnisse allein aus der menschlichen Erfahrung zu gewinnen, aus.

Georg Heym wuchs in Berlin auf. Sein Vater war Staatsanwalt, und auch er absolvierte ein Jurastudium und wurde anschließend promoviert. Heym unternahm einige Ausbruchsversuche aus der väterlich-bürgerlichen Welt und musste deswegen einmal das Gymnasium wechseln. Seine Tagebücher zeugen von Gefühlen der Langeweile und des Überdrusses gegenüber der bürgerlichen Gesellschaft, vom Aufbegehren und Revolutionswillen. Als Lyriker schloss sich Heym 1910 dem „Neuen Club" an und stand häufig auf der Bühne des „Neopathetischen Cabarets". Im Januar 1912 verunglückte er beim Schlittschuhlaufen auf der Havel tödlich, als er einem ins Eis eingebrochenen Freund das Leben retten wollte.

Georg Heym (1887 – 1912)
Die Irren

Der Mond tritt aus der gelben Wolkenwand
Die Irren hängen an den Gitterstäben
Wie große Spinnen, die an Mauern kleben.
Entlang den Gartenzaun fährt ihre Hand.

In offnen Sälen sieht man Tänzer schweben.
5 Der Ball der Irren ist es. Plötzlich schreit
Der Wahnsinn auf. Das Brüllen pflanzt sich weit,
Dass alle Mauern von dem Lärme beben.

Mit dem er eben über Hume[1] gesprochen,
Den Arzt ergreift er mit Gewalt.
10 Er liegt im Blut. Sein Schädel ist zerbrochen.

Ein Haufen Irrer schaut vergnügt. Doch bald
Enthuschen sie, da fern die Peitsche knallt,
Den Mäusen gleich, die in die Erde krochen. *(1910)*

1. Assoziieren Sie frei zum Titel „Die Irren".

2. Beschreiben Sie, wie die „Irren" im Gedicht dargestellt werden. Gehen Sie insbesondere auf Vergleiche und Attribute ein.

3. Stellen Sie die Bedeutung des Gesprächs zwischen einem der „Irren" und seinem Arzt „über Hume" (V. 9), welches vor der Gewalttat stattfindet, heraus.

4. Stellen Sie Vermutungen darüber an, warum das Motiv des Wahnsinns in der expressionistischen Kunst häufig Verwendung findet.

Die Eltern des expressionistischen Lyrikers Paul Boldt besaßen einen Gutshof in Schwetz (Westpreußen), wo er aufwuchs und das Abitur machte. Ein Studium der Germanistik und Kunstgeschichte beendete er ohne ein Examen als Abschluss. Ab 1912 veröffentlichte er Gedichte in der Zeitschrift „Die Aktion", wurde ein enger Mitarbeiter des Herausgebers Franz Pfemfert und trat im expressionistischen Cabaret „Gnu" auf. 1915 wurde er zur Armee eingezogen, aufgrund eines Nervenleidens jedoch ein Jahr später wieder entlassen. Ein 1918 begonnenes Medizinstudium brachte er nicht mehr zu Ende, denn er verstarb 1921 an den Folgen einer Operation.

Paul Boldt (1885 – 1921)
Auf der Terrasse des Café Josty

Der Potsdamer Platz in ewigem Gebrüll
Vergletschert alle hallenden Lawinen
Der Straßentrakte: Trams auf Eisenschienen,
Automobile und den Menschenmüll.

5 Die Menschen rinnen über den Asphalt,
Ameisenemsig, wie Eidechsen flink.
Stirne und Hände, von Gedanken blink,
Schwimmen wie Sonnenlicht durch dunklen Wald.

Nachtregen hüllt den Platz in eine Höhle,
10 Wo Fledermäuse, weiß, mit Flügeln schlagen
Und lila Quallen liegen – bunte Öle;

Die mehren sich, zerschnitten von den Wagen. –
Aufspritzt Berlin, des Tages glitzernd Nest,
Vom Rauch der Nacht wie Eiter einer Pest. *(1912)*

Alfred Lichtenstein (1889 – 1914)
Gesänge an Berlin

O du Berlin, du bunter Stein, du Biest.
Du wirfst mich mit Laternen wie mit Kletten.
Ach, wenn man nachts durch deine Lichter fließt
Den Weibern nach, den seidenen, den fetten.

5 So taumelnd wird man von den Augenspielen.
Den Himmel süßt der kleine Mondbonbon.
Wenn schon die Tage auf die Türme fielen
Glüht noch der Kopf, ein roter Lampion.

Bald muss ich dich verlassen, mein Berlin.
10 Muss wieder in die öden Städte ziehn.
Bald werde ich auf fernen Hügeln sitzen.
In dicke Wälder deinen Namen ritzen.

Leb wohl, Berlin, mit deinen frechen Feuern.
Lebt wohl, ihr Straßen voll von Abenteuern.
15 Wer hat wie ich von eurem Schmerz gewusst.
Kaschemmen, ihr, ich drück euch an die Brust.

In Wiesen und in frommen Winden mögen
Friedliche heitre Menschen selig gleiten.
Wir aber, morsch und längst vergiftet, lögen
20 Uns selbst was vor beim In-die-Himmel-Schreiten.

In fremden Städten treib ich ohne Ruder.
Hohl sind die fremden Tage und wie Kreide.
Du, mein Berlin, du Opiumrausch, du Luder.
Nur wer die Sehnsucht kennt, weiß, was ich leide.
(1914)

1. Lesen Sie das Gedicht von Paul Boldt und gestalten Sie eine Visualisierung (z. B. in Form einer Collage).

2. Klären Sie, indem Sie die Wortwahl genau untersuchen, wie in diesem Gedicht das Stadtleben gewertet wird.

3. Formulieren Sie eine Deutungshypothese und überprüfen Sie diese, indem Sie das Gedicht interpretieren. Beziehen Sie auch Gedichtform ein.

1. Lesen Sie das Gedicht von Alfred Lichtenstein. Klären Sie, woran es liegt, dass dieses Stadterleben noch intensiver wirkt als das von Boldt.

➲ Zu Alfred Lichtenstein s. auch S. 258

2. Klären Sie die Situation, in der sich das lyrische Ich befindet, und wie es das Leben in der Großstadt Berlin bewertet.

3. Vergleichen Sie die beiden Gedichte mit Blick auf die Motive, die sie verarbeiten.
➲ Einen Gedichtvergleich verfassen, S. 484 f.

Ludwig Meidner, Ich und die Stadt (1913)

Georg Trakl wuchs in Salzburg als Sohn eines Eisenbahnwaren-händlers in gutbürgerlichen Ver-hältnissen auf. Schon in seiner Jugend litt Trakl unter depressi-ven Verstimmungen und versuch-te mehrfach erfolglos, sich das Leben zu nehmen. Nach Kriegs-ausbruch war Trakl im Sanitäts-

dienst in Galizien tätig und musste nach der Schlacht von Grodek die Verwundeten betreuen, eine traumati-sche Erfahrung. Er starb an einer Überdosis Kokain.

Georg Trakl (1887 – 1914)
Grodek[1]

Am Abend tönen die herbstlichen Wälder
Von tödlichen Waffen, die goldnen Ebenen
Und blauen Seen, darüber die Sonne
Düstrer hinrollt; umfängt die Nacht
5 Sterbende Krieger, die wilde Klage
Ihrer zerbrochenen Münder.
Doch stille sammelt im Weidengrund
Rotes Gewölk, darin ein zürnender Gott wohnt
Das vergossne Blut sich, mondne Kühle;
10 Alle Straßen münden in schwarze Verwesung.
Unter goldnem Gezweig der Nacht und Sternen
Es schwankt der Schwester Schatten durch den
                                        schweigenden Hain,
Zu grüßen die Geister der Helden, die blutenden
Häupter;
15 Und leise tönen im Rohr die dunkeln Flöten des
Herbstes.
O stolzere Trauer! Ihr ehernen Altäre
Die heiße Flamme des Geistes nährt heute ein
gewaltiger Schmerz,
Die ungebornen Enkel.   *(1914)*

1. Erarbeiten Sie einen anschaulichen Lesevortrag des Gedichts. Berücksichtigen Sie dabei Betonung, Körperhaltung und Mimik, überlegen Sie, welche Hintergrundmusik passen würde, und skizzieren Sie eine Kulisse, die Ihrer Ansicht nach zur Stimmung des Gedichts passt.

2. Untersuchen Sie, welche Textsignale Sie bei Ihrer Vor-stellung zur Umsetzung des Gedichts geleitet haben, und halten Sie Ihre Ergebnisse stichwortartig fest.

3. Analysieren Sie sprachliche Bilder sowie die lautliche Gestaltung der Verse. Notieren Sie, welche Wirkung jeweils hierdurch hervorgerufen wird.

4. Formulieren Sie eine Deutungshypothese und interpretieren Sie das Gedicht schriftlich.
   ➔ Ein Gedicht interpretieren, S. 457 ff.

Nach Eintritt in den Postdienst begann August Stramm etwa ab 1910 mit dem Schreiben. Charak-teristisch sind seine Wortkunstge-dichte. Ein Kontakt zu Herwarth Walden, dem Herausgeber der Zeitschrift „Der Sturm", boten ihm eine Möglichkeit zur Veröffentli-

chung seiner Texte. Bei Kriegsausbruch kämpfte Stramm als Hauptmann, Kompanieführer und Bataillonskom-mandeur. Er verfasste mehrere Kriegsgedichte, in wel-chen er die Schrecken des Krieges verarbeitete. Stramm fiel im September 1915 an der Ostfront in Russland.

  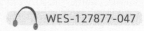 WES-127877-047

August Stramm (1874 – 1915)
Patrouille[1]

Die Steine feinden
Fenster grinst Verrat
Äste würgen
Berge Sträucher blättern raschlig
5 Gellen
Tod   *(1915)*

1. Untersuchen Sie die sprachliche Gestaltung des Textes. Nutzen Sie die Informationen auf S. 277.

---

[1] **Grodek:** Kriegsschauplatz in Ostgalizien (heute Ukraine). Nach der erbitterten Schlacht zwischen österreichisch-ungarischen und russischen Truppen hatte der Autor des Gedichts die Aufgabe, Sterbende und Verletzte zu versorgen, ohne dafür ausreichend ausgerüstet zu sein. – [2] **Patrouille:** militärische Taktik, bei welcher einzelne kleine Einheiten aus der Truppe ausgegliedert werden, um eine bestimmte Aufgabe (z. B. Ausspähen des feindlichen Gebietes) auszuführen und anschlie-ßend wieder zurückzukehren

Wortkunsttheorie

In der **Wortkunsttheorie** wird dem einzelnen Wort der zentrale poetische Wert zugemessen. **Syntaktische und grammatische Sprachnormen** oder Prinzipien der Logik **treten gegenüber Wortsinn und Wortklang zurück.** Charakteristisches Merkmal der Wortkunst ist demnach die **Hervorhebung des Wesentlichen**, das sich darin ausdrückt, dass die dichterische **Sprache radikal verkürzt** und konzentriert wird.

2. Wenden Sie die Technik der Wortkunst selbst an, indem Sie ein Gedicht Ihrer Wahl radikal konzentrieren. Versuchen Sie dabei, das „Wesentliche" des jeweiligen Textes zu erhalten. Diskutieren Sie anschließend die Wirkung Ihrer Texte.

Franz Kafka wurde 1883 in Prag geboren; er starb 1924 in Kierling bei Wien. Er war Sohn eines wohlhabenden jüdischen Kaufmanns; 1901 – 1906 studierte er Germanistik und Jura in Prag; 1906 wurde er zum Dr. jur. promoviert. Es folgte eine kurze Praktikantenzeit am Landesgericht Prag. Von 1908 bis 1917 arbeitete er als Angestellter einer Versicherungsgesellschaft, später einer Arbeiter-Unfall-Versicherung. 1917 erkrankte er an Tuberkulose, was ihn 1922 zur Aufgabe des Berufes zwang. Kafka fühlte sich als einsamer und unverstandener Einzelgänger, nur mit den Schriftstellern Max Brod und Franz Werfel verband ihn Freundschaft; bekannt war er auch mit dem jüdischen Religionsphilosophen Martin Buber (1878 – 1965). In den Sommermonaten der Jahre 1910 bis 1912 führten ihn Reisen und Kuraufenthalte nach Italien, Frankreich, Deutschland, Ungarn und in die Schweiz. Sein Verhältnis zu Frauen war schwierig und problematisch: Zweimal hat er sich 1914 verlobt und das Verlöbnis wieder gelöst; 1920 – 1922 quälte ihn eine unerfüllte Liebe zu Milena Jesenská, was zahlreiche erhaltene Briefe dokumentieren; seit 1923 lebte er mit Dora Diamant zusammen als freier Schriftsteller in Berlin und Wien, zuletzt in einem Sanatorium bei Wien, wo er an Kehlkopftuberkulose starb. Sein literarischer Nachlass, den er testamentarisch zur Verbrennung bestimmt hatte, wurde posthum von Max Brod veröffentlicht.

  WES-127877-048

Franz Kafka (1883 – 1924)

Gibs auf

Es war sehr früh am Morgen; die Straßen rein und leer, ich ging zum Bahnhof. Als ich eine Turmuhr mit meiner Uhr verglich, sah ich, dass es schon viel später war, als ich geglaubt hatte, ich musste mich sehr beeilen, der Schrecken über diese Entdeckung ließ mich im Weg unsicher werden, ich kannte mich in dieser Stadt noch nicht sehr gut aus, glücklicherweise war ein Schutzmann in der Nähe, ich lief zu ihm und fragte ihn atemlos nach dem Weg. Er lächelte und sagte: „Von mir willst du den Weg erfahren?" „Ja", sagte ich, „da ich ihn selbst nicht finden kann." „Gibs auf, gibs auf", sagte er und wandte sich mit einem großen Schwunge ab, so wie Leute, die mit ihrem Lachen allein sein wollen. *(1922)*

1. Hören Sie den Textvortrag und notieren Sie Fragen, die sich Ihnen stellen.

2. Lesen Sie den Text und fertigen Sie eine Skizze an, die die erzählte Szenerie veranschaulicht. Vergleichen Sie anschließend die Zeichnungen und überprüfen Sie, welche zentralen Textsignale Sie geleitet haben.

3. Analysieren Sie die Situation des Erzählers und deuten Sie diese.

4. Sehen Sie sich die Satzgestaltung des Textes an: Inwiefern unterstützt sie die Wahrnehmung des Erzählers durch die Leserin/den Leser?

5. Notieren Sie Ihre Assoziationen zum Wort „Schutzmann" in einem kleinen Ideenstern. Vergleichen Sie diese mit der Darstellung des Schutzmanns in Kafkas Erzählung.

6. Eine Parabel erzählt auf der Bildebene etwas, das auf die sogenannte Sachebene übertragen werden muss. Kafkas Parabel will also erzählen als nur die Geschichte eines Mannes, der auf dem Weg zum Bahnhof ist. Notieren Sie eine Gegenüberstellung, bei der Sie einzelne Begriffe des Textes, also der Bildebene, auf allgemeinerer Ebene, also der Sachebene, deuten, z. B. signalisiert ein Bahnhof die Situation eines Aufbruchs mit einem bekannten Ziel. Formulieren Sie weitere solcher Übertragungen.

7. Deuten Sie die Antwort des Schutzmanns am Ende.

 WES-127877-049

Franz Kafka

Der Aufbruch

Ich befahl mein Pferd aus dem Stall zu holen. Der Diener verstand mich nicht. Ich ging selbst in den Stall, sattelte mein Pferd und bestieg es. In der Ferne hörte ich eine Trompete blasen, ich fragte ihn, was das bedeute.
5 Er wusste nichts und hatte nichts gehört. Beim Tore hielt er mich auf und fragte: „Wohin reitest du, Herr?" „Ich weiß es nicht", sagte ich, „nur weg von hier, nur weg von hier. Immerfort weg von hier, nur so kann ich mein Ziel erreichen." „Du kennst also dein Ziel?", fragte
10 er. „Ja", antwortete ich, „ich sagte es doch, ‚Weg-von-hier', das ist mein Ziel." „Du hast keinen Essvorrat mit", sagte er. „Ich brauche keinen", sagte ich, „die Reise ist so lang, dass ich verhungern muss, wenn ich auf dem Weg nichts bekomme. Kein Essvorrat kann mich retten. Es ist
15 ja zum Glück eine wahrhaft ungeheure Reise." *(1921)*

1. Diskutieren Sie in der Gruppe über die folgenden Deutungshypothesen zur Parabel. Welchem können Sie sich am ehesten anschließen? Begründen Sie mithilfe des Textes.
   – Die Parabel erzählt von der Kommunikationslosigkeit der Menschen.
   – Die Parabel thematisiert das Sterben eines Menschen.
   – Die Parabel thematisiert die Situation eines Menschen vor einem Neubeginn.
   – Die Parabel erzählt von dem Beginn eines ungewissen, neuen Lebensabschnitts einer Person, die von den Mitmenschen enttäuscht ist.

2. Beschreiben Sie mithilfe des Textes das Verhalten des Dieners und des Herrn, untersuchen Sie dazu auch das Gespräch zwischen den beiden.

3. Ermitteln Sie aus dem Text, wie der Herr den Begriff „Ziel" versteht, und erläutern Sie, warum er auf seine Reise keinen Proviant mitnimmt.

4. „Es ist ja zum Glück eine wahrhaft ungeheure Reise." – Deuten Sie diesen Schlusssatz der Parabel.

5. Passt der Titel zum Text? Begründen Sie Ihre Position. Suchen Sie gegebenenfalls nach Alternativen.

6. Vergleichen Sie diese Parabel mit dem Text „Gibs auf" (S. 277) und benennen Sie Gemeinsamkeiten.

Franz Kafka

Kleine Fabel

„Ach", sagte die Maus, „die Welt wird enger mit jedem Tag. Zuerst war sie so breit, dass ich Angst hatte, ich lief weiter und war glücklich, dass ich endlich rechts und links in der Ferne Mauern sah, aber diese langen Mauern eilen so schnell aufeinander zu, dass ich schon 5 im letzten Zimmer bin, und dort im Winkel steht die Falle, in die ich laufe." – „Du musst nur die Laufrichtung ändern", sagte die Katze und fraß sie. *(1920)*

1. Unterteilen Sie das Erleben der Maus in Stadien und geben Sie an, wodurch sich jedes Stadium auszeichnet. Kennzeichnen Sie dabei auch die jeweiligen Empfindungen der Maus.

2. Untersuchen Sie, warum die Maus in die Situation der Beengung gerät und diskutieren Sie Handlungsalternativen.

3. Vergleichen Sie die folgenden Deutungshypothesen.
   – Die Parabel „Kleine Fabel" zeigt die vernichtende Wirkung der allmählichen Anpassung des Menschen an gesellschaftliche Erfordernisse: Zwar gibt die Übernahme fester Wertvorstellungen eine gewisse Sicherheit, letztlich wird aber der Einzelne durch die Begrenzungen in seiner persönlichen Entfaltung behindert. Schließlich bleibt kein Raum mehr für Individualität und der Einzelne geht unter in der Enge der Werte und Normierungen.
   – Die Parabel „Kleine Fabel" zeigt in Form eines Tierdialogs die Grundsituation menschlicher Existenz. Das menschliche Leben wird durch „Mauern" fremdbestimmt, die „Laufrichtung", das Leben, kann nicht frei gestaltet werden. Die einzige Perspektive, die bleibt, ist Tod.
   – Die Parabel „Kleine Fabel" zeigt auf eindrückliche Weise die Verantwortung des Einzelnen für sein Leben: Unterstützungen und die Suche nach verbindlichen Orientierungen helfen ihm nicht, sondern engen ihn in bedrohlicher Weise ein, sodass die Botschaft dieses Textes mit dem Aufruf zusammengefasst werden kann, das Leben in die eigene Hand zu nehmen.

Klären Sie für jeden Deutungsansatz das Weltbild, das zugrundeliegt. Entsprechen diese Ihrer Lebenswirklichkeit?

Karl Otto Conrady (1926 – 2000)
Von der Verführung durch vertraute Epochenbegriffe

Karl Otto Conrady war ein deutscher Literaturhistoriker, Schriftsteller, Herausgeber vor allem von Lyrik-Anthologien („Der Große Conrady") und Kulturpolitiker. Er lehrte als Professor für neuere deutsche Literatur an den Universitäten Saarbrücken, Kiel und Köln.

Es muss zu einem Urbedürfnis des Menschen, zumal des Wissenschaftlers gehören, ungeordnete Vielfalt zu ordnen und lange zeitliche Abläufe zu gliedern. Anders ist die hingebungsvolle Mühe nicht zu begreifen, die
5 Literaturwissenschaftler aufwenden um Epochen aufzubauen. Und obgleich längst jeder noch so sorgfältig ausgeführten Konzeption einer Epoche mit triftigen Argumenten widersprochen werden kann, lassen wir von dem geistvoll-nutzlosen Spiel nicht ab. [...] Sehen
10 wir einen Augenblick zu, wie ein Historiker mit dem Epochenproblem ins Reine zu kommen sucht. Peter Berglar hat am Ende eines Aufsatzes über den „Weg in das Zeitalter Goethes" über den Begriff „Zeitalter" nachgedacht. Er werde auf „jeglichen Aspekt geschicht-
15 licher Gestaltung" angewendet, in religions-, geistes-, sozial-, wirtschaftsgeschichtlicher und politischer Hinsicht. So spreche man etwa vom Zeitalter der cluniazensischen Reform, des Humanismus, des Zunftwesens, der Französischen Revolution. Ein „großer subjektiver
20 Ermessensspielraum" zeige sich bei der Wahl der Nomenklaturen und der ihnen zugelegten Bedeutung. Auch mit Personen werde der Zeitalter-Begriff, „und zwar in einer verwirrenden Vielfalt", in Verbindung gebracht, sodass vom „Zeitalter Karls des Großen" oder
25 Shakespeares oder Luthers oder eben Goethes die Rede sei. „Alle solche Aussagen hängen von der Wahl des leitenden Gesichtspunktes ab, unter dem sie getan werden. Daher finden sich für ein und denselben Zeitraum oft unterschiedliche, ja gegensätzliche Zeitalter-Na-
30 men." Was Peter Berglar hier ausführt, ist alles plausibel. Nur: **Was haben Epochenbezeichnungen für einen Sinn, wenn für denselben Zeitraum sogar gegensätzliche Zeitalter-Namen in Umlauf gebracht werden?** Berglar verschweigt denn auch nicht, dass der
35 Namensgebung eines Zeitalters „das Fragwürdig-Schil-

lernde des Subjektiven" anhafte, „vor allem auch des Subjektiven im Gewande der Fantasie".
Offensichtlich bezeichnen Epochenbegriffe etwas, was es so in der Realität überhaupt nicht gibt. Sie sind nachträglich gestanzte Spielmarken kluger Konstrukteure. 40
Epochenbezeichnungen, die mit qualifizierenden Bedeutungen belastet sind (die wir ihnen auch nicht austreiben können), können der realen Fülle und Vielgestaltigkeit des im betreffenden Zeitraum Hervorgebrachten nicht gerecht werden. Immer herrscht die Gleichzeitigkeit des 45 Verschiedenen, der eine Epochenbezeichnung nicht entspricht. [...] Öffnet eigentlich die Bemühung um Epochenbestimmungen besser begehbare Wege zu den einzelnen Werken, die der Leser dann gern beschreitet? Geht von Epochengliederungen und den Diskussionen 50 über sie Motivation für den Leser aus? Die Frage stellen heißt, sie nicht einfach bejahen zu können. Wenn in bildungspolitischen Erklärungen vom Deutschunterricht gefordert wird, er müsse endlich wieder (wie es heißt) den Schülern die Kenntnis etwa der deutschen Klassik 55 und der anderen wichtigen Epochen der Geschichte der deutschen Literatur beibringen, dann müsste zugleich ernsthaft erwogen werden, wozu solche Kenntnis gut ist, welche Einsichten sie fördert oder vielleicht verstellt und ob sie die Freude am Lesen (für uns etwas allzu Selbst- 60 verständliches), die Motivation sich auf Fernes und Fremdes einzulassen verstärkt oder vermindert. [...]
Um auf unsere Epochen zurückzukommen: Wenn die geläufigen Kennmarken schon nicht durch schlichte Zahlen ersetzt werden können (damit kein Text von 65 vornherein in einem bestimmten Fach abgelegt wird), müsste die Beschäftigung mit ihnen nicht tradierbares Wissen vermitteln wollen, sondern die Implikationen und Konsequenzen aufzuspüren suchen, die mit Herausbildung, Durchsetzung und Gebrauch der Epochen- 70 namen verbunden sind.   *(1983)*

---

1. Fassen Sie Conradys Kritik an Epochenbegriffen thesenartig zusammen.

2. Epochenbegriffe seien „nachträglich gestanzte Spielmarken kluger Konstrukteure" (Z. 7). Erläutern Sie den Konstruktcharakter von Epochenbegriffen.

3. Diskutieren Sie anhand der Texte in diesem Kapitel, ob Sie Epochenbegriffe hilfreich für das Verständnis von Literatur finden oder eher hinderlich.

„Einsamer nie" – Innere Emigration und Exil

Nur selten fallen politische und literarische Epochengrenzen so deutlich zusammen wie im Fall des Dritten Reiches. Die sogenannte Gleichschaltung von Kunst und Kultur fast unmittelbar nach der „Machtergreifung" durch die Nationalsozialisten am 30. Januar 1933. Das Regime ließ keinen Zweifel daran, dass Kunst und Literatur fortan der Verbreitung der NS-Ideologie zu dienen hatten oder verschwinden mussten. Einen ersten Höhepunkt dieser Entwicklung stellten die inszenierten Bücherverbrennungen aim Mai 1933 dar, bei denen die Werke missliebiger Autorinnen und Autoren aus den Bibliotheken entfernt und öffentliche verbrannt wurden. Mit dem Reichkulturkammergesetz vom 22. September 1933 fand diese Entwicklung ihren Abschluss. Viele Künstler verließen daher Deutschland bald nach 1933 und gingen ins Exil. Wem dies nicht gelang, dem drohten Berufsverbote und Inhaftierung. Letztlich erfolgte in den zwölf Jahren der Diktatur zwischen 1933 und 1945 die gesamte deutschsprachige literarische Produktion in Auseinandersetzung mit dem Nationalsozialismus, entweder zu dessen Unterstützung oder als Akte des offenen und versteckten Widerstands. Für die Haltung der Autorinnen und Autoren, die in Deutschland blieben, aber die Nationalsozialisten nicht unterstützten, wurde der Begriff der „Inneren Emigration" geprägt. Zu ihr werden jene Schriftsteller gezählt, die sowohl der Weimarer Demokratie gegenüber kritisch eingestellt waren, aber auch dem Nationalsozialismus gegenüber Distanz wahrten. Zu den bekanntesten Autoren dieser Richtung gehören Ernst Jünger, Werner Bergengruen, Gottfried Benn und Stefan Andres. Ihre Werke lassen sich teils auch als vorsichtige Kritik an den Zuständen in Deutschland verstehen. Ab etwa 1937 verschärfte sich die Kulturpolitik des Regimes, sodass immer mehr Autorinnen und Autoren der inneren Emigration aus der Reichskulturkammer ausgeschlossen und mit einem Berufsverbot belegt wurden. Diese zogen sich daraufhin oft in ihre bürgerlichen Berufe zurück oder emigrierten.

Gottfried Benn geriet nach anfänglicher Zustimmung zur Machtergreifung vor allem aus künstlerischen Gründen schon früh in Konflikt mit dem Nationalsozialismus, wobei die Machthaber ihn vor allem wegen seiner radikalen, vom Expressionismus geprägten frühen Werke kritisierten und diese sogar öffentlich als „Schweinereien" diffamierten. Um einem Berufsverbot als Arzt zu entgehen, trat Benn 1935 in die Wehrmacht ein, was ihn jedoch nicht davor bewahrte, 1938 aus der Reichskulturkammer ausgeschlossen und mit einem Schreibverbot belegt zu werden. Das folgende Gedicht entstand im Sommer 1936, nicht zuletzt unter dem Eindruck der von den Nationalsozialisten als Propagandaereignis veranstalteten Olympischen Spiele, und wurde noch im selben Jahr veröffentlicht.

Gottfried Benn (1886 – 1956)
Einsamer nie

Einsamer nie als im August:
Erfüllungsstunde –, im Gelände
die roten und die goldenen Brände,
doch wo ist deiner Gärten Lust?

5 Die Seen hell, die Himmel weich,
die Äcker rein und glänzen leise,
doch wo sind Sieg und Siegsbeweise
aus dem von dir vertretenen Reich?

Wo alles sich durch Glück beweist
10 und tauscht den Blick und tauscht die Ringe
im Weingeruch, im Rausch der Dinge –:
dienst du dem Gegenglück, dem Geist.   *(1936)*

(Aus lizenzrechtlichen Gründen ist dieser Text nicht in reformierter Rechtschreibung abgedruckt.)

1. Arbeiten Sie die Situation des lyrischen Ichs heraus. Beantworten Sie folgende Fragen: Welche Haltung bringt es der ihn umgebenden Wirklichkeit zum Ausdruck? Wen spricht es an?

2. Untersuchen Sie die formale und sprachliche Gestaltung des Gedichts und setzen Sie sie in Beziehung zum Inhalt, indem Sie ein Schaubild erstellen.

3. Erläutern Sie, inwiefern dieser Text auch als Kommentar zu den Zuständen in Deutschland 1936 verstanden werden kann

Der Dichter und Lektor Oskar Loerke wurde 1884 in Westpreußen geboren und studierte in Berlin Geschichte, Germanistik Philosophie und Musik. Seit 1917 war er als Cheflektor beim S. Fischer Verlag tätig.

Oskar Loerke (1884 – 1941)
Der Silberdistelwald

Mein Haus, es steht nun mitten
Im Silberdistelwald.
Pan ist vorbeigeschritten.
Was stritt, hat ausgestritten
5 In seiner Nachtgestalt.

Die bleichen Disteln starren
Im Schwarz, ein wilder Putz.
Verborgne Wurzeln knarren:
Wenn wir Pans Schlaf verscharren,
10 Nimmt niemand ihn in Schutz.

Vielleicht, dass eine Blüte
Zu tiefer Kommunion
Ihm nachfiel und verglühte:
Mein Vater du, ich hüte,
15 Ich hüte dich, mein Sohn.

Der Ort liegt waldinmitten,
Von stillstem Licht gefleckt.
Mein Herz – nichts kam geritten,
Kein Einhorn kam geschritten –
20 Mein Herz nur schlug erweckt.   *(1933)*

1. Zeigen Sie, dass man das Gedicht als Auseinandersetzung mit dem Nationalsozialismus verstehen kann. Interpretieren Sie hierzu die Metapher des Silberdistelwalds. Beziehen Sie dabei folgende Verse aus dem Gedichte Loerkes „Der Traum von den Disteln" (1936) ein.

Ich jäte nachts ein Feld voll Disteln und Nesseln. Gespenstisch mehrt sichs, ich weiß nicht, wie ichs erschöpfe. Schlingen wollen mich an den Füßen fesseln, Die Stachelkugeln grinsen manchmal wie Menschenköpfe, Messer, Speere gieren herab von den Stielen, Ungestüm stechen und hacken sie, ohne zu zielen.

2. Beurteilen Sie, wie Loerke versucht, der Zensur zu entgehen.

Reinhold Schneider stammte aus einer katholisch geprägten Familie und lebte seit 1928 als freier Autor. Allen Versuchen der Nationalsozialisten, ihn für sich zu vereinnahmen, widerstand er, was 1941 schließlich zum Verbot seiner Werke führte. In den Dreißigerjahren war er vor allem wegen

seiner verdeckten Kritik an der Unterdrückung und rassistischen Verfolgung bekannt, wobei seine Gedichte oft nur heimlich in Abschriften unter seinen Bewunderern verbreitet werden konnten. Erst nach Kriegsende konnten sie auch in Buchform erscheinen.

Reinhold Schneider (1903 – 1958)
Allein den Betern kann es noch gelingen

Allein den Betern kann es noch gelingen,
Das Schwert ob unsern Häuptern aufzuhalten
Und diese Welt den richtenden Gewalten
Durch ein geheiligt Leben abzuringen.

5 Denn Täter werden nie den Himmel zwingen:
Was sie vereinen, wird sich wieder spalten,
Was sie erneuern, über Nacht veralten,
Und was sie stiften, Not und Unheil bringen.

Jetzt ist die Zeit, da sich das Heil verbirgt,
10 Und Menschenhochmut auf dem Markte feiert,
Indes im Dom die Beter sich verhüllen.

Bis Gott aus unsern Opfern Segen wirkt
Und in den Tiefen, die kein Aug entschleiert,
Die trocknen Brunnen sich mit Leben füllen.

(verfasst 1936)

1. Klären Sie die Rolle des Sprechers im Gedicht und seine Haltung gegenüber seiner Zeit.

2. Arbeiten Sie die sprachlichen Bilder heraus, die die Gegenwart beschreiben, und untersuchen Sie, welches Verhalten ihnen gegenübergestellt wird.

3. Analysieren Sie die sprachliche Form und prüfen Sie, ob in diesem Gedicht die Neuerungen der literarischen Moderne seit 1880 erkennbar sind oder ob es auf Sie eher „vormodert" wirkt.

4. Beurteilen Sie die in diesem Gedicht vorgenommene Zeitkritik und diskutieren Sie, inwiefern dieses Gedicht dem Widerstand zugerechnet werden kann.

Bertolt Brecht wurde als Berthold Eugen Friedrich Brecht 1898 in Augsburg geboren, studierte in München (vorwiegend Medizin), siedelte 1924 um nach Berlin, emigrierte zusammen mit seiner Frau Helene Weigel 1933 nach Dänemark, Schweden, Finnland und über Moskau, Wladiwostok 1941 nach Kalifornien. Er kehrte 1947 nach Europa und 1948 nach Berlin/Ost zurück. Seine wichtigsten Werke entstanden im Exil.

Bertolt Brecht (1898 – 1956)
Gedanken über die Dauer des Exils

I
Schlage keinen Nagel in die Wand
Wirf den Rock auf den Stuhl.
Warum versorgen für vier Tage?
5 Du kehrst morgen zurück.

Lass den kleinen Baum ohne Wasser.
Wozu noch einen Baum pflanzen?
Bevor er so hoch wie eine Stufe ist
Gehst du froh weg von hier.

10 Zieh die Mütze ins Gesicht, wenn Leute vorbeigehn!
Wozu in einer fremden Grammatik blättern?
Die Nachricht, die dich heimruft
Ist in bekannter Sprache geschrieben.

So wie der Kalk vom Gebälk blättert
15 (Tue nichts dagegen!)
Wird der Zaun der Gewalt zermorschen
Der an der Grenze aufgerichtet ist
Gegen die Gerechtigkeit.

II
20 Sieh den Nagel in der Wand, den du eingeschlagen hast:
Wann glaubst du, wirst du zurückkehren?
Willst du wissen, was du im Innersten glaubst?

Tag um Tag
Arbeitest du an der Befreiung
25 Sitzend in der Kammer schreibst du.
Willst du wissen, was du von einem Arbeiter hältst?
Sieh den kleinen Kastanienbaum im Eck des Hofes
Zu dem du die Kanne voll Wasser schlepptest!

(um 1937)

Nuria Quevedo (geb. 1938): Dreißig Jahre Exil, 1971

1. Untersuchen Sie die Sprechhaltung des lyrischen Ichs, indem Sie auch die rhetorischen Mittel analysieren, die seine Aussage unterstreichen.

2. Stellen Sie sich vor, dass Brecht statt eines Gedichts einen Brief an einen Freund schreibt, in dem er seine Gefühle, Beobachtungen und sein Verhalten im Exil schildert. Schreiben Sie diesen Brief. Nutzen Sie dazu weitere biografische Informationen, die Sie recherchieren.

3. Nuria Quevedo lebt seit 1952 als spanische Emigrantin in Berlin (Ost). Ein Journalist der Wochenzeitung DIE ZEIT stellte nach einem Rundgang durch die Ausstellung fest, dass die Arbeit der Künstlerin „[…] zum Nachdenken über die Kontinuität des faschistischen Regimes herausfordert".
Prüfen Sie diese These, indem Sie das Bild „Dreißig Jahre Exil" beschreiben und interpretieren.

1909 als Tochter eines jüdischen Juristen in Köln geboren, erlebte Hilde Domin die Schrecken des Hitler-Regimes; sie verließ Deutschland bereits 1932 mit ihrem späteren Mann, dem Schriftsteller Erwin Walter Palm. Über Italien und England ging sie ins Exil in die Dominikanische Republik. 14 Jahre lang, von 1940 bis 1954, lebte sie in Santo Domingo als Übersetzerin und Architekturfotografin. Seit Anfang der 1950er-Jahre nannte sie sich Hilde Domin als poetische Reminiszenz an ihren Zufluchtsort. 1961 kehrte sie mit Palm zurück nach Heidelberg, ihrem ehemaligen Studienort.

Literatur und Exil, das ist das Leitmotiv, das Domins literarisches Schaffen prägte. „Nur eine Rose als Stütze" hieß ihr erster Gedichtband und der Titel setzte das Vertrauen in die Literatur als lebenshelfende Kraft in ein eindringliches Bild. Sie sprach vom „Wohnsitz im deutschen Wort" und meinte damit jenes ideelle Zuhause, das blieb, als ihre Heimat von den Nationalsozialisten zerstört, ihre Familie vertrieben und sie selbst zur Exilantin geworden war. Hilde Domin starb 2006 in Heidelberg.

Hilde Domin (1909 – 2006)
Mit leichtem Gepäck

Gewöhn dich nicht.
Du darfst dich nicht gewöhnen.
Eine Rose ist eine Rose.
Aber ein Heim
ist kein Heim.

Sag dem Schoßhund Gegenstand ab
der dich anwedelt
aus den Schaufenstern.
Er irrt. Du
riechst nicht nach Bleiben.

Ein Löffel ist besser als zwei.
Häng ihn dir um den Hals,
du darfst einen haben,
denn mit der Hand
schöpft sich das Heiße zu schwer.

Es liefe der Zucker dir durch die Finger,
wie der Trost,
wie der Wunsch,
da er dein wird.

Du darfst einen Löffel haben,
eine Rose,
vielleicht ein Herz und,
vielleicht, ein Grab.

(1962)

Menschen kommen aus dem Exil nach dem Zweiten Weltkrieg zurück

1. Lesen Sie das Gedicht laut und achten Sie auf die Stimmung, die es erzeugt.

2. Untersuchen Sie die Metaphorik des Gedichts.

3. Vergleichen Sie das Gedicht von Hilde Domin mit Brechts „Gedanken über die Dauer des Exils" (vgl. S. 282). Beschreiben Sie Gemeinsamkeiten und Unterschiede.
   ➜ Einen Gedichtvergleich verfassen, S. 484 f.

Mascha Kaléko, als Kind einer jüdischen Familie geboren, übersiedelte 1914 mit Ausbruch des Ersten Weltkriegs nach Deutschland. Mit ihrem dichterischen Talent fand sie Anschluss an die künstlerische Avantgarde in Berlin und erhielt die Möglichkeit, ihre Gedichte in Zeitungen zu veröffentlichen. Ihr erstes Buch erschien 1933. 1935 wurde die Autorin aus der Reichsschrifttumskammer ausgeschlossen und erhielt Berufsverbot. Auch privat verschärfte sich ihre Lebenssituation durch eine Scheidung und eine erneute Heirat. Ein Jahr später emigrierte die kleine Familie nach New York. In ihrer Lyrik thematisierte Mascha Kaléko neben dem Leben der Großstadt und ihrer Liebe zu ihrem Mann und Kind auch die Erfahrungen von Flucht und Emigration.

Mascha Kaléko (1907 – 1975)
Die frühen Jahre

Ausgesetzt
In einer Barke von Nacht
Trieb ich
Und trieb an ein Ufer.
5 An Wolken lehnte ich gegen den Regen.
An Sandhügel gegen den wütenden Wind.
Auf nichts war Verlass.
Nur auf Wunder.
Ich aß die grünenden Früchte der Sehnsucht,
10 Trank von dem Wasser, das dürsten macht.
Ein Fremdling, stumm vor unerschlossenen Zonen,
Fror ich mich durch die finsteren Jahre.
Zur Heimat erkor ich mir die Liebe.

(1974)

1. Dieses Gedicht entstand im letzten Lebensjahr Mascha Kalekós, welches sie, fernab vom einstigen Erfolg, in Jerusalem verbrachte. Sprechen Sie mit einem Lernpartner oder einer Lernpartnerin darüber, wie es – auch vielleicht im Vergleich zu den vorangegangenen Texten – auf Sie wirkt. Sprechen Sie auch darüber, welche Motivation einen Menschen am Ende seines Lebens dazu führen könnte, den „frühen Jahre[n]" nachzuspüren.

2. Analysieren und interpretieren Sie die von Kaléko verwendeten Metaphern. Welche Rückschlüsse auf das Thema des Gedichts und das darin vermittelte Lebensgefühl lassen sich ziehen?

3. Klären Sie, inwiefern manche Aussagen paradox wirken. Beschreiben Sie die Absicht und Funktion hinter diesen Aussagen.

4. Beschreiben Sie Ihr eigenes Lebensgefühl während Ihrer „frühen Jahre" mit einer Metapher. Experimentieren Sie mit verschiedenen sprachlichen Bildern

und wählen Sie schließlich eines aus, das Ihnen am besten geeignet scheint. Tauschen Sie sich darüber aus.

5. Was Sie noch machen können:
a) Recherchieren Sie zu Mascha Kalékos Leben und Werk und präsentieren Sie Ihre Rechercheergebnisse in einem anschaulichen Referat.

b) Im Jahr 1960 sollte Mascha Kaléko den angesehenen Fontane-Preis der Akademie der Künste in Berlin (West) verliehen bekommen. Letztlich kam es nicht dazu. Über die Hintergründe informierte Jahre später am 16.03.2013 der deutsche Schriftsteller Jan Koneffke folgendermaßen in der Neuen Zürcher Zeitung:

„[…] Als sie [Mascha Kaléko] jedoch nicht bereit ist, sich vor den Karren des kollektiven Verdrängens spannen zu lassen, und die Nominierung zum Fontane-Preis ablehnt, weil eines der Jurymitglieder, der Schriftsteller Hans Egon Holthusen, von 1933 bis 1943 Mitglied einer SS-Standarte war, schwadroniert Herbert von Buttlar, Generalsekretär der Westberliner Akademie der Künste, von ‚böswilligen Gerüchten' und ‚Jugendtorheiten', die man Holthusen doch nicht ‚in alle Ewigkeit ankreiden' könne, schließlich ‚wurde [er] ja nur SS-Mann, weil er so groß gewachsen war und die SS so große Leute brauchte'. Zuletzt fährt er ihr herrisch über den Mund: ‚Wenn den Emigranten nicht gefällt, wie wir die Dinge hier handhaben, dann sollen sie doch fortbleiben …' […]"
(Neue Zürcher Zeitung v. 16.03.2013)

Stellen Sie sich vor, Mascha Kaléko sei zur Preisverleihung erschienen und habe in einer engagierten Rede begründet, warum sie den Preis ablehnt. Beziehen Sie in die Rede Ihre Kenntnisse aus diesem Kapitel zur Situation der emigrierten Schriftstellerinnen und Schriftsteller zur Zeit des Nationalsozialismus mit ein.

Strömungen realistischer Literatur (1815–1900)

Literarische Strömungen der Moderne (1900–1945)

Literatur nach 1945 (1945 bis heute)

Literarische Strömungen der Moderne (1900–1945)

Geistige Tendenzen und leitende Ideen

- Bruch mit dem Überlieferten, Traditionellen, Bürgerlichen
- Bekenntnis zur radikalen Subjektivität
- Entdeckung der Bedeutung des Unbewussten (Sigmund Freud)
- Umwertung der Werte (Friedrich Nietzsche)
- Religionskritik (Karl Marx, Ludwig Feuerbach)
- veränderte Sicht auf den Menschen durch neue naturwissenschaftliche Erkenntnisse (Charles Darwin, Albert Einstein)
- Kunst als Ausdrucksform für die als bedrängend wahrgenommene moderne Zeit

Themen und Motive

- Orientierungslosigkeit/Ich-Zerfall
- Sprachskepsis
- Betonung der Empfindungen
- subjektive Wirklichkeitserfahrung
- Faszination Großstadt
- „Ästhetik des Hässlichen"
- Weltende
- Kampf gegen den Nationalsozialisus

Zeitgeschichtliche Hintergründe

- Technisierung, Industrialisierung, Verstädterung
- Modernisierung
- soziale Probleme (Verschärfung der sozialen Gegensätze)

Künstlerisch-literarische Strömungen

- Impressionismus
- Symbolismus
- Décadence/Fin de Siècle
- Expressionismus
- Neue Sachlichkeit
- Widerstand, Innere Emigration und Exil

Autoren und Werke

- Arthur Schnitzler: Leutnant Gustl (1900)
- Thomas Mann: Buddenbrooks (1901)
- Robert Musil: Die Verwirrungen des Zöglings Törleß (1906)
- Hugo von Hofmannsthal: Brief des Lord Chandos (1902)
- Gedichte von Rainer Maria Rilke, Stefan George, Hugo von Hofmannsthal, Jakob van Hoddis, Georg Heym, Georg Trakl, –
- Gottfried Benn, Else Lasker-Schüler, Mascha Kaléko
- Alfred Döblin: Berlin Alexanderplatz (1929)
- Vicki Baum: Menschen im Hotel (1929)
- Erich Kästner: Fabian (1931) –
- Irmgard Keun: Das kunstseidene Mädchen (1932)
- Autoren des Exils: Bertolt Brecht, Thomas Mann, Heinrich Mann, Kurt Tucholsky, Lion Feuchtwanger
- Anna Seghers: Das siebte Kreuz (1942)

Strömungen realistischer Literatur (1815–1900)

Literarische Strömungen der Moderne (1900–1945)

Literatur nach 1945 (1945 bis heute)

Literatur nach 1945 – Von der Nachkriegszeit bis zur Gegenwart

A „SED will Fluchtwege sperren – Höhepunkt des Terrors?"

B „Gründung der BRD"   **C** „Lösung der Hauptstadtfrage"

D „Bundestag sang Deutschlandlied – Die Mauer ist offen!"

E „Revolution der Blumenkinder"   **F** „Brandts Bitte um Vergebung"

Das Ende des Krieges 1945 stellte einen tiefen Einschnitt in der deutschen Geschichte dar. Deutschland stand vor der Aufgabe, die Vergangenheit aufzuarbeiten, sich der eigenen Verantwortung zu stellen und einen gesellschaftlichen Neuanfang zu suchen. Auch die Schriftstellerinnen und Schriftsteller versuchten dies auf ganz unterschiedlichen Wegen.

Die Bezeichnung Literatur nach 1945 umfasst viele verschiedene Tendenzen und Strömungen in unterschiedlichen sozialen und politischen Kontexten. Das Kapitel vermittelt einen Überblick durch die Behandlung verschiedener Themenschwerpunkte: Aufarbeitung der Vergangenheit, System- und Gesellschaftskritik in beiden deutschen Staaten sowie die Hinwendung zur Subjektivität.

Ein weiterer Schwerpunkt dieses Kapitels widmet sich der Literatur nach dem Mauerfall 1989 in ihrer Vielfalt. Es geht darum zu erfahren, wie Schriftstellerinnen und Schriftsteller das Lebensgefühl der Menschen in unterschiedlicher Art und Weise aufgegriffen und literarisch verarbeitet haben.

„Aber jeder, der schreibt, weiß auch, wie schwer es ist, dem Schweigen ein Wort abzuringen."
(Peter Huchel, deutscher Lyriker und Redakteur) *(1974)*

„Ein gutes Auge gehört zum Handwerkszeug des Schriftstellers."
(Heinrich Böll, deutscher Schriftsteller) *(1952)*

„Alles, was geschieht, geht dich an."
(Günter Eich, deutscher Hörspielautor und Lyriker) *(1951)*

„Wir schrieben also vom Krieg, von der Heimkehr und von dem, was wir im Krieg gesehen und bei der Heimkehr vorfanden: von Trümmern."
(Heinrich Böll) *(1952)*

„Es ist ein Luxus, unpolitisch sein zu dürfen – ich hatte ihn nie. Denn mein Körper ist politisch, und ich habe ihn immer bei mir."
(Betiel Berhe, in Eritrea geborene Deutsche, Autorin und Trainerin)

1. Ordnen Sie die Schlagzeilen den Bildern zu. Welches Ereignis der deutschen Geschichte ist jeweils dargestellt?

2. Nennen Sie weitere historisch relevante Ereignisse nach 1945, die man aus Ihrer Sicht nach ergänzen müsste. Begründen Sie Ihre Meinung.

3. Leiten Sie anhand der Zitate ab, welchen Herausforderungen sich Literaten nach 1945 stellen mussten und worin sie möglicherweise ihre Aufgabe sahen.

4. Benennen Sie Möglichkeiten der literarischen Verarbeitung von Themen und Erfahrungen, denen sich die Autorinnen und Autoren stellen können.

„Dies ist meine Mütze" – Wege aus der Katastrophe

Unter dem Eindruck des Krieges: Trümmerliteratur

Wolfdietrich Schnurre (1920 – 1989)

„Zerschlagt eure Lieder
verbrennt eure Verse
sagt nackt
was ihr müsst"

(1948)

Theodor W. Adorno (1903 – 1969)

„Nach Auschwitz noch ein Gedicht zu schreiben ist
barbarisch."

(1951)

Wolfgang Borchert (1921 – 1947)

„Wer weiß einen Reim auf das Röcheln einer zer-
schossenen Lunge, einen Reim auf einen Hinrich-
tungsschrei, wer kennt das Versmaß, das rhythmische, für eine Vergewaltigung, wer weiß das Versmaß
5 für das Gebell der Maschinengewehre?"

(1947)

„Wir brauchen keine Dichter mit guter Grammatik.
Zu guter Grammatik fehlt uns Geduld. Wir brauchen die mit dem heißen heiser geschluchzten Gefühl. Die zu Baum Baum und zu Weib Weib sagen
5 und Ja sagen und Nein sagen: laut und deutlich und
dreifach und ohne Konjunktiv."

(1947)

1. Formulieren Sie Ihre Eindrücke zu den Zitaten und
erläutern Sie die Aussagen.

2. Stellen Sie Vermutungen darüber an, wie Literaten
und Philosophen zu derartigen Aussagen gekommen sein könnten.

3. Stellen Sie zudem Vermutungen über die Art des
Schreibens nach der Zeit des Nationalsozialismus
an. Vor welchen Schwierigkeiten könnten die
Literaten dieser Zeit gestanden haben?

Heinrich Böll (1917 – 1985)
Bekenntnis zur Trümmerliteratur

Heinrich Böll wurde 1917 in Köln
geboren und starb 1985. Er war
Schriftsteller und Übersetzer und
machte sich einen Namen durch
das Schreiben von Kurzgeschichten und Romanen. 1972 erhielt er
den Nobelpreis für Literatur. Bekannte Werke Bölls sind z. B. „Bil-
lard um halbzehn", „Die verlorene
Ehre der Katharina Blum" oder
„Ansichten eines Clowns".

[…] Wir schrieben also vom Krieg, von der Heimkehr
und dem, was wir im Krieg gesehen hatten und bei der
Heimkehr vorfanden: von Trümmern; das ergab drei
Schlagwörter, die der jungen Literatur angehängt wurden: Kriegs-, Heimkehrer- und Trümmerliteratur.   5
Die Bezeichnungen als solche sind berechtigt: es war
Krieg gewesen, sechs Jahre lang, wir kehrten heim aus
diesem Krieg, wir fanden Trümmer und schrieben darüber. Merkwürdig, fast verdächtig war nur der vor-
wurfsvolle, fast gekränkte Ton, mit dem man sich die-   10
ser Bezeichnung bediente: man schien uns zwar nicht
verantwortlich zu machen dafür, dass Krieg gewesen,
dass alles in Trümmern lag, nur nahm man uns offenbar übel, dass wir es gesehen hatten und sahen, aber
wir hatten keine Binde vor den Augen und sahen es: 15
Ein gutes Auge gehört zum Handwerkszeug des
Schriftstellers.
Die Zeitgenossen in die Idylle zu entführen würde uns
allzu grausam erscheinen, das Erwachen daraus wäre
schrecklich […] Wer Augen hat, zu sehen, der sehe!   20
Und in unserer schönen Muttersprache hat Sehen eine
Bedeutung, die nicht mit optischen Kategorien allein
zu erschöpfen ist: Wer Augen hat, zu sehen, für den
werden die Dinge durchsichtig – und es müsste ihm
möglich werden, sie zu durchschauen, und man kann   25
versuchen, sie mittels der Sprache zu durchschauen, in
sie hineinzusehen. Das Auge des Schriftstellers sollte

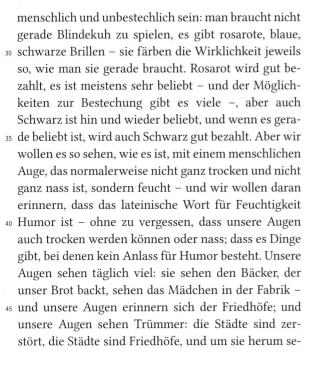

Zerstörte Straße, Kirchenruine in Köln (1944)

Trümmerfrauen in Dresden (1945)

menschlich und unbestechlich sein: man braucht nicht gerade Blindekuh zu spielen, es gibt rosarote, blaue,
30 schwarze Brillen – sie färben die Wirklichkeit jeweils so, wie man sie gerade braucht. Rosarot wird gut bezahlt, es ist meistens sehr beliebt – und der Möglichkeiten zur Bestechung gibt es viele –, aber auch Schwarz ist hin und wieder beliebt, und wenn es gera-
35 de beliebt ist, wird auch Schwarz gut bezahlt. Aber wir wollen es so sehen, wie es ist, mit einem menschlichen Auge, das normalerweise nicht ganz trocken und nicht ganz nass ist, sondern feucht – und wir wollen daran erinnern, dass das lateinische Wort für Feuchtigkeit
40 Humor ist – ohne zu vergessen, dass unsere Augen auch trocken werden können oder nass; dass es Dinge gibt, bei denen kein Anlass für Humor besteht. Unsere Augen sehen täglich viel: sie sehen den Bäcker, der unser Brot backt, sehen das Mädchen in der Fabrik –
45 und unsere Augen erinnern sich der Friedhöfe; und unsere Augen sehen Trümmer: die Städte sind zerstört, die Städte sind Friedhöfe, und um sie herum se-

hen unsere Augen Gebäude entstehen, die uns an Kulissen erinnern, Gebäude, in denen keine Menschen wohnen, sondern Menschen verwaltet werden, ver-
50 waltet als Versicherte, als Staatsbürger, Bürger einer Stadt, als solche, die Geld einzahlen oder Geld entleihen – es gibt unzählige Gründe, um derentwillen ein Mensch verwaltet werden kann. Es ist unsere Aufgabe, daran zu erinnern, dass der Mensch nicht nur exis-
55 tiert, um verwaltet zu werden – und dass die Zerstörungen in unserer Welt nicht nur äußerer Art sind und nicht so geringfügiger Natur, dass man sich anmaßen kann, sie in wenigen Jahren zu heilen.
Der Name Homer ist der gesamten abendländischen
60 Bildungswelt unverdächtig: Homer ist der Stammvater europäischer Epik, aber Homer erzählt vom Trojanischen Krieg, von der Zerstörung Trojas und von der Heimkehr des Odysseus – Kriegs-, Trümmer- und Heimkehrerliteratur –, wir haben keinen Grund, uns
65 dieser Bezeichnung zu schämen.

(1952)

1. Tragen Sie mit eigenen Worten zusammen, was Böll unter Trümmerliteratur versteht und wie er sein „Bekenntnis" zu ihr begründet. Benennen Sie mögliche Vorwürfe, die den Verfassern von Trümmerliteratur gemacht worden sein könnten und auf die Böll antwortet.

2. Im Text heißt es: „Der Name Homer ist der gesamten abendländischen Bildungswelt unverdächtig [...]." (Z. 60 f.) Erläutern Sie diesen Satz im Textzusammenhang.

3. Erläutern Sie, welche Aufgabe Böll Schriftstellerinnen und Schriftstellern zumisst.

4. Stellen Sie einen Zusammenhang her zwischen Bölls Anliegen und den Lebensumständen der unmittelbaren Nachkriegszeit. Die Bilder geben Ihnen eine erste Orientierung.

Heinrich Böll (1917 – 1985)

An der Brücke

Die haben mir meine Beine geflickt und haben mir einen Posten gegeben, wo ich sitzen kann: Ich zähle die Leute, die über die neue Brücke gehen. Es macht ihnen ja Spaß, sich ihre Tüchtigkeit mit Zahlen zu belegen, sie berauschen sich an diesem sinnlosen Nichts aus ein paar Ziffern, und den ganzen Tag, den ganzen Tag geht mein stummer Mund wie ein Uhrwerk, indem ich Nummer auf Nummer häufe, um ihnen abends den Triumph einer Zahl zu schenken.

Ihre Gesichter strahlen, wenn ich ihnen das Ergebnis meiner Schicht mitteile, je höher die Zahl, um so mehr strahlen sie, und sie haben Grund, sich befriedigt ins Bett zu legen, denn viele Tausende gehen täglich über ihre neue Brücke ...

Aber ihre Statistik stimmt nicht. Es tut mir leid, aber sie stimmt nicht. Ich bin ein unzuverlässiger Mensch, obwohl ich es verstehe, den Eindruck von Biederkeit zu erwecken. Insgeheim macht es mir Freude, manchmal einen zu unterschlagen und dann wieder, wenn ich Mitleid empfinde, ihnen ein paar zu schenken. Ihr Glück liegt in meiner Hand. Wenn ich wütend bin, wenn ich nichts zu rauchen habe, gebe ich nur den Durchschnitt an, manchmal unter dem Durchschnitt, und wenn mein Herz aufschlägt, wenn ich froh bin, lasse ich meine Großzügigkeit in einer fünfstelligen Zahl verströmen. Sie sind ja so glücklich! Sie reißen mir förmlich das Ergebnis jedes Mal aus der Hand, und ihre Augen leuchten auf, und sie klopfen mir auf die Schulter. Sie ahnen ja nichts! Und dann fangen sie an zu multiplizieren, zu dividieren, zu prozentualisieren, ich weiß nicht was. Sie rechnen aus, wie viel heute jede Minute über die Brücke gehen und wie viel in zehn Jahren über die Brücke gegangen sein werden. Sie lieben das zweite Futur, das zweite Futur ist ihre Spezialität – und doch, es tut mir leid, dass alles nicht stimmt ...

Wenn meine kleine Geliebte über die Brücke kommt – und sie kommt zweimal am Tage –, dann bleibt mein Herz einfach stehen. Das unermüdliche Ticken meines Herzens setzt einfach aus, bis sie in die Allee eingebogen und verschwunden ist. Und alle, die in dieser Zeit passieren, verschweige ich ihnen. Diese zwei Minuten gehören mir, mir ganz allein, und ich lasse sie mir nicht nehmen. Und auch wenn sie abends wieder zurückkommt aus ihrer Eisdiele, wenn sie auf der anderen Seite des Gehsteiges meinen stummen Mund passiert, der zählen, zählen muss, dann setzt mein Herz wieder aus, und ich fange erst wieder an zu zählen, wenn sie nicht mehr zu sehen ist. Und alle, die das Glück haben, in diesen Minuten vor meinen blinden Augen zu defilieren[1], gehen nicht in die Ewigkeit der Statistik ein: Schattenmänner und Schattenfrauen, nichtige Wesen, die im zweiten Futur der Statistik nicht mitmarschieren werden ...

Es ist klar, dass ich sie liebe. Aber sie weiß nichts davon, und ich möchte auch nicht, dass sie es erfährt. Sie soll nicht ahnen, auf welche ungeheure Weise sie alle Berechnungen über den Haufen wirft, und ahnungslos und unschuldig soll sie mit ihren langen braunen Haaren und den zarten Füßen in ihre Eisdiele marschieren, und sie soll viel Trinkgeld bekommen. Ich liebe sie. Es ist ganz klar, dass ich sie liebe.

Neulich haben sie mich kontrolliert. Der Kumpel, der auf der anderen Seite sitzt und die Autos zählen muss, hat mich früh genug gewarnt, und ich habe höllisch aufgepasst. Ich habe gezählt wie verrückt, ein Kilometerzähler kann nicht besser zählen. Der Oberstatistiker selbst hat sich drüben auf die andere Seite gestellt und hat später das Ergebnis einer Stunde mit meinem Stundenplan verglichen. Ich hatte nur einen weniger als er. Meine kleine Geliebte war vorbeigekommen, und niemals im Leben werde ich dieses hübsche Kind ins zweite Futur transponieren[2] lassen, diese meine kleine Geliebte soll nicht multipliziert und dividiert und in ein prozentuales Nichts verwandelt werden. Mein Herz hat mir geblutet, dass ich zählen musste, ohne ihr nachsehen zu können, und dem Kumpel drüben, der die Autos zählen muss, bin ich sehr dankbar gewesen. Es ging ja glatt um meine Existenz.

Der Oberstatistiker hat mir auf die Schulter geklopft und hat gesagt, dass ich gut bin, zuverlässig und treu. „Eins in der Stunde verzählt", hat er gesagt, „macht nicht viel. Wir zählen sowieso einen gewissen prozentualen Verschleiß hinzu. Ich werde beantragen, dass Sie zu den Pferdewagen versetzt werden." Pferdewagen ist natürlich die Masche. Pferdewagen ist ein Lenz[3] wie nie zuvor. Pferdewagen gibt es 50 höchstens fünfundzwanzig am Tage, und alle halbe Stunde einmal in seinem Gehirn die nächste Nummer fallen zu lassen, das ist ein

---

[1] **defilieren:** (franz.) feierlich vorbeiziehen oder marschieren – [2] **Transponieren:** (lat.) in eine andere Tonart übertragen, hier ironisch gemeint – [3] redensartlich: ein angenehmes, ruhiges Leben führen

Lenz! Pferdewagen wäre herrlich. Zwischen vier und acht dürfen überhaupt keine Pferdewagen über die Brücke, und ich könnte spazierengehen oder in die Eis-diele, könnte sie mir lange anschauen oder sie vielleicht ein Stück nach Hause bringen, meine kleine ungezählte Geliebte ...

(1949)

1. Fassen Sie den Text in eigenen Worten zusammen.

2. Nennen Sie mögliche Gründe dafür, dass der Ich-Erzähler seine Geliebte nicht in die Statistik aufnimmt. Formulieren Sie eine Deutungshypothese.

3. Beurteilen Sie anhand der Ihnen bekannten Merkmale, ob es sich bei dem Text um eine Kurzgeschichte handelt.

4. Stellen Sie sich vor, der Ich-Erzähler erhält den neuen Posten, nur noch Pferdewagen zu zählen, die die Brücke passieren. Setzen Sie die Geschichte fort und beschreiben sie dabei die Gedanken und Gefühle, die dem Mann in dieser neuen Situation durch den Kopf gehen könnten.

Wolfgang Borchert (1921 – 1947)
Draußen vor der Tür (3. Szene)

Der deutsche Schriftsteller Wolfgang Borchert verarbeitete in seinen Texten, die alle im Wesentlichen von 1945 bis 1947 entstanden, die Lebenssituation und Erfahrungen der Menschen in der Zeit während und unmittelbar nach dem Ende des Zweiten Weltkriegs. In dem Drama „Draußen vor der Tür" geht es um einen deutschen Kriegsheimkehrer namens Beckmann, der nach drei Jahren im Krieg wieder in seine Heimatstadt Hamburg zurückkehrt. Er ist behindert, da er nur noch eine Kniescheibe besitzt, und trägt eine Gasmaskenbrille, da ihm seine alte Brille zerschossen wurde. In seiner Wohnung muss er feststellen, dass der Platz bei seiner Frau bereits von einem anderen Mann besetzt ist. In seiner Verzweiflung will er seinem Leben ein Ende setzen und stürzt sich in die Elbe, doch diese will sein Leben nicht und verweigert ihm den Tod. Die Elbe spricht mit Beckmann und bezeichnet ihn als eine „Rotznase von Selbstmörder" (S. 12). Sie verlangt von ihm, weiterzuleben und erst dann zurückzukommen, wenn er alles versucht hat. In der nachfolgenden Szene sucht Beckmann die Wohnung des Obersts auf, der ihm im Krieg die Verantwortung für zwanzig Männer übertragen hatte, von denen elf starben. Der Oberst sitzt mit seiner Familie gerade beim Abendessen.

(Eine Stube. Abend. Eine Tür kreischt und schlägt zu. Der Oberst und seine Familie. Beckmann.)

Beckmann: Guten Appetit, Herr Oberst. [...]

Oberst: Sie stören beim Abendessen! Ist Ihre Angele-genheit so wichtig?

Beckmann: Nein. Ich wollte nur feststellen, ob ich mich heute Nacht ersaufe oder am Leben bleibe. Und wenn ich am Leben bleibe, dann weiß ich noch nicht, wie. Und dann möchte ich am Tage manchmal vielleicht etwas essen. Und nachts, nachts möchte ich schlafen. Weiter nichts.

Oberst: Na na na na! Reden Sie mal nicht so unmännliches Zeug. Waren doch Soldat, wie? Mal ehrlich, einer von denen, die ein bisschen müde sind, ein bisschen weich, wie?

Beckmann: Jawohl, Herr Oberst. So ist es. Ein bisschen leise. Ein bisschen weich. Und müde, Herr Oberst, müde, müde, müde! Ich kann nämlich nicht schlafen, Herr Oberst, keine Nacht, Herr Oberst. Und deswegen komme ich her, darum komme ich zu Ihnen, Herr Oberst, denn ich weiß, Sie können mir helfen. [..] Herr Oberst? [...]

Oberst: Ich höre, ich höre.

Beckmann: *(schlaftrunken, traumhaft):* Hören Sie, Herr Oberst? Dann ist es gut. Wenn Sie hören, Herr Oberst. Ich will Ihnen nämlich meinen Traum erzählen,

Herr Oberst. Den Traum träume ich jede Nacht. Dann wache ich auf, weil jemand so grauenhaft schreit. Und wissen Sie, wer das ist, der da schreit? Ich selbst, Herr
30 Oberst, ich selbst. [...] Der Traum ist nämlich ganz seltsam, müssen Sie wissen. Da steht ein Mann und spielt Xylophon. Er spielt einen rasenden Rhythmus. Und dabei schwitzt er, der Mann, denn er ist außergewöhnlich fett. Und er spielt auf einem Riesenxylophon. Und weil
35 es so groß ist, muss er bei jedem Schlag vor dem Xylophon hin und her sausen. Und dabei schwitzt er, denn er ist tatsächlich sehr fett. Aber er schwitzt gar keinen Schweiß, das ist das Sonderbare. Er schwitzt Blut, dampfendes, dunkles Blut. Und das Blut läuft in zwei
40 breiten roten Streifen an seiner Hose runter, dass er von weitem aussieht wie ein General. Wie ein General! Ein fetter, blutiger General. [....] Die Hölzer seines riesigen Xylophons sind gar nicht aus Holz. Nein, glauben Sie mir, Herr Oberst, glauben Sie mir, sie sind aus Knochen.
45 Glauben Sie mir das, Herr Oberst, aus Knochen!
Oberst *(leise):* Ja, ich glaube. Aus Knochen.
Beckmann *(immer noch tranceähnlich, spukhaft):* Ja, nicht aus Holz, aus Knochen. Wunderbare weiße Knochen. Schädeldecken hat er da, Schulterblätter, Becken-
50 knochen. Und für die höheren Töne Armknochen und Beinknochen. Dann kommen die Rippen – viele tausend Rippen. Und zum Schluss, ganz am Ende des Xylophons, wo die ganz hohen Töne liegen, da sind Fingerknöchel, Zehen, Zähne. [...]. Ist das nicht ein komischer
55 Musiker, dieser General?
Oberst *(unsicher):* Ja, sehr komisch. Sehr, sehr komisch!
Beckmann: [...] Also, der General steht vor dem Riesenxylophon aus Menschenknochen und trommelt mit seinen Prothesen einen Marsch. [...]. Dann stehen sie
60 auf aus den Massengräbern mit verrotteten Verbänden und blutigen Uniformen. Dann tauchen sie auf aus den Ozeanen, aus den Steppen und Straßen, aus den Wäldern kommen sie, aus Ruinen und Mooren, schwarzgefroren, grün, verwest. Aus der Steppe stehen sie auf,
65 einäugig, zahnlos, einarmig, beinlos, mit zerfetzten Gedärmen, ohne Schädeldecken, ohne Hände, durchlöchert, stinkend, blind. Eine furchtbare Flut kommen sie angeschwemmt, unübersehbar an Zahl, unübersehbar an Qual! Das furchtbare unübersehbare Meer der Toten
70 tritt über die Ufer seiner Gräber und wälzt sich breit, breiig, bresthaft und blutig über die Welt. Und dann sagt der General mit den Blutstreifen zu mir: Unteroffizier Beckmann, Sie übernehmen die Verantwortung. Lassen Sie abzählen. Und dann stehe ich da, vor den
75 Millionen hohlgrinsender Skelette, vor den Fragmenten, den Knochentrümmern, mit meiner Verantwor-

tung, und lasse abzählen. Aber die Brüder zählen nicht. Sie schlenkern furchtbar mit den Kiefern, aber sie zählen nicht. Der General befiehlt fünfzig Kniebeugen. Die
80 mürben Knochen knistern, die Lungen piepen, aber sie zählen nicht! Ist das nicht Meuterei, Herr Oberst? Offene Meuterei?
Oberst *(flüstert):* Ja, offene Meuterei!
Beckmann: Sie zählen, auf Deubelkommraus nicht. Aber sie rotten sich zusammen, die Verrotteten, und bil-
85 den Sprechchöre. Donnernde, drohende, dumpfe Sprechchöre. Und wissen Sie, was sie brüllen, Herr Oberst?
Oberst *(flüstert):* Nein.
Beckmann: Beckmann, brüllen sie. Unteroffizier
90 Beckmann. Immer Unteroffizier Beckmann. Und das Brüllen wächst. Und das Brüllen rollt heran, tierisch wie ein Gott schreit, fremd, kalt, riesig. Und das Brüllen wächst und rollt und wächst und rollt! Und das Brüllen wird dann so groß, so erwürgend groß, dass ich keine
95

Ein Kriegsheimkehrer liest Vermisstenmeldungen.

Luft mehr kriege. Dann muss ich schreien, so furchtbar, furchtbar schreien. Und davon werde ich dann immer wach. Jede Nacht. Jede Nacht das Konzert auf dem Knochenxylophon, und jede Nacht die Sprechchöre, und jede Nacht der furchtbare Schrei. Und dann kann ich nicht wieder einschlafen, weil ich doch die Verantwortung hatte. [...].

Oberst: Was wollen Sie denn von mir?

Beckmann: Ich bringe sie Ihnen zurück.

Oberst: Wen?

Beckmann *(beinah naiv)*: Die Verantwortung. Ich bringe Ihnen die Verantwortung zurück. Haben Sie das ganz vergessen, Herr Oberst? Den 14. Februar? Bei Gorodok. Es waren 42 Grad Kälte. Da kamen Sie doch in unsere Stellung, Herr Oberst, und sagten: Unteroffizier Beckmann. [...], ich übergebe Ihnen die Verantwortung für die zwanzig Mann. Sie erkunden den Wald östlich Gorodok und machen nach Möglichkeit ein paar Gefangene, klar? Jawohl, Herr Oberst, habe ich da gesagt. Und dann sind wir losgezogen und haben erkundet. Und ich – ich hatte die Verantwortung. Dann haben wir die ganze Nacht erkundet, und dann wurde geschossen, und als wir wieder in der Stellung waren, da fehlten elf Mann. Und ich hatte die Verantwortung. Ja, das ist alles, Herr Oberst. Aber nun ist der Krieg aus, nun will ich pennen, nun gebe ich Ihnen die Verantwortung zurück, Herr Oberst, ich will sie nicht mehr, ich gebe sie Ihnen zurück, Herr Oberst.

Oberst: Aber mein lieber Beckmann, Sie erregen sich unnötig. So war es doch nicht gemeint.

Beckmann *(ohne Erregung, aber ungeheuer ernsthaft)*: Doch. Doch, Herr Oberst. So muss das gemeint sein. Verantwortung ist doch nicht nur ein Wort, eine chemische Formel, nach der helles Menschenfleisch in dunkle Erde verwandelt wird. Man kann doch Menschen nicht für ein leeres Wort sterben lassen. Irgendwo müssen wir doch hin mit unserer Verantwortung. Die Toten – antworten nicht. Gott – antwortet nicht. Aber die Lebenden, die fragen. Die fragen jede Nacht, Herr Oberst. Wenn ich dann wach liege, dann kommen sie und fragen. Frauen, Herr Oberst, traurige, trauernde Frauen. Alte Frauen mit grauem Haar und harten rissigen Händen – junge Frauen mit einsamen sehnsüchtigen Augen. Kinder, Herr Oberst, Kinder, viele kleine Kinder. Und die flüstern dann aus der Dunkelheit: Unteroffizier Beckmann, wo ist mein Vater, Unteroffizier Beckmann? Unteroffizier Beckmann, wo ist mein Sohn, wo ist mein Bruder. [...] Es sind nur elf Frauen, Herr Oberst, bei mir sind es nur elf. Wieviel sind es bei Ihnen, Herr Oberst? Tausend? Zweitausend? Schlafen Sie gut, Herr Oberst? [...]

Oberst: *(ihm bleibt doch die Luft weg. Aber dann lacht er seine Beklemmung fort, aber nicht gehässig, eher jovial und rauhbeinig, gutmütig, sagt sehr unsicher):* Junger Mann, junger Mann! Ich weiß nicht recht, ich weiß nicht recht. Sind Sie nun ein heimlicher Pazifist, wie? So ein bisschen destruktiv, ja? Aber – *(er lacht zuerst verlegen, dann aber siegt sein gesundes Preußentum, und er lacht aus voller Kehle)* mein Lieber, mein Lieber! [...] Wissen Sie (von seinem Gelächter unterbrochen), wissen Sie, mit dem Zeug, mit der Nummer, können Sie so auf die Bühne! So auf die Bühne! [...] Sie müssten das Ganze mit Musik bringen *(lacht)*. Mein Gott, dieser köstliche Traum! Die Kniebeugen, die Kniebeugen mit Xylophonmusik! Nein, mein Lieber, Sie müssen so auf die Bühne! Die Menschheit lacht sich, lacht sich ja kaputt!!! Oh, mein Gott!!! *(lacht mit Tränen in den Augen und pustet)* [Beckmann greift eine Flasche mit Alkohol und Brotlaib und verlässt fluchtartig das Haus

(1947)

1. Arbeiten Sie heraus, was Beckmann vom Oberst will und wie dieser reagiert.

2. Zeigen Sie auf, wie unterschiedlich Beckmann und der Oberst mit ihren Kriegserlebnissen umgehen.

3. Untersuchen Sie die sprachliche Gestaltung des Textausschnitts.

4. Ordnen Sie den Text begründet der Nachkriegs- und Trümmerliteratur zu.

5. Diskutieren Sie, inwieweit sich die beiden Zitate von W. Borchert von S. 288 auf den Textausschnitt beziehen lassen.

6. Interpretieren Sie den Dramenauszug schriftlich.
   ➔ Eine Dramenszene interpretieren, S. 461 ff.

Heinz Piontek (1925 – 2003)
Verlassene Chausseen

Der Lyriker und Erzähler Heinz Piontek prägte mit seinem umfangreichen und nahezu alle literarischen Gattungen umfassenden Werk die deutsche Nachkriegsliteratur mit. Heinz Piontek entstammt einer schlesischen Bauernfamilie. Die wichtigste Zäsur in seinem Leben stellt der Zweite Weltkrieg dar: 1943 wird er von der Schulbank weg in die Armee einberufen und gerät zwei Jahre später in amerikanische Kriegsgefangenschaft. Nach der Entlassung daraus lebt er eine Zeitlang erst in München, später in Lauingen, wo er das Abitur nachholte und ein geisteswissenschaftliches Studium an der Philosophisch-Theologischen Hochschule in Dillingen begann. Im Jahr 1961 kehrte Heinz Piontek nach München zurück. Die Stadt wird zum Thema einer Trilogie. Piontek erhielt zahlreiche Preise, darunter den Büchnerpreis. Ihm wurde 1985 das Bundesverdienstkreuz 1. Klasse sowie 1992 der Bayerische Verdienstorden verliehen.

Die Mädchen waren noch nicht weit gekommen. In ihrer Panik hatten sie die Räder im Stich gelassen, eins riss der Verfolger an sich, beugte sich über den Lenker und legte sein ganzes Gewicht auf die Pedale. Keuchend
5 blieb ihm der Junge auf der Spur, er lief ohne Vorsatz, oder wollte er sich einsetzen für die Mädchen – mit dem Messer? Der Mann packte Renate am Hals, und das Rad, das er roh bremste, schleuderte unter ihm. Er warf es hin. Sie schrie, sie trat nach ihm. Eva rannte
10 weiter. Jetzt war Richard zur Stelle, aber er brach den Lauf nicht ab bei dem Mann, der die Eingefangene auf den Mund schlug, bis sie verstummte. Er blieb hinter Eva, erreichte sie. „In den Hof, los." Er bog ab, sie hinterdrein, alles öde, sie hetzten durch eine Lücke zwischen
15 Stallungen, vorbei an einem verschneiten Göpelwerk[1], an einem Staketenzaun lang. Auf der Straße Lärm. Wieder blaffte der Köter, und ein zweiter Hund fiel ein. Sie gerieten auf einen Acker, duckten sich hinter Kartoffelmieten und liefen weiter, bis sie härteren Boden unter
20 den Sohlen hatten, und liefen auf der Grasnarbe vorwärts und weit hinaus ins Feld. Erst als sie keine Stimmen mehr hörten, fielen sie in Schritt. Die Ortschaft hob sich niedrig aus dem Grund, ein Wall vor der Nacht. Sie verschnauften. „Wir müssen Renate rausholen."
25 „Der Mistkerl", sagte er. „Wir müssen es tun." „Möglich, dass wir es schaffen." Aber zu sich sagte er: Niemand wird uns helfen. „Wir hätten uns mit dem Polen nicht einlassen sollen. Aber wir hatten Hunger. Und wir waren so müde vom Fahren und hatten schon an mehrere
30 Häuser geklopft, nirgends machte wer auf." Sie stockte: „Warum bist du eigentlich mit mir gerannt?" „Nur so", sagte er. Und sie nach einem Moment: „Ich dank dir." Ihr Atem flackerte noch, als sie sich in Marsch setzten. Der Junge meinte, sie müssten sich links halten, dort hätte

er bei seiner Ankunft ein Kaff bemerkt, vier, fünf Häu-35 ser um eine Brennerei herum. Und vielleicht wäre dort jemand zu finden, mit dessen Hilfe sie Renate befreien könnten. Unvermittelt nannte er ihr seinen Namen. Eva behielt ihn gleich, doch sie sagte nicht Richard, sondern Weinitz zu ihm wie zu einem Erwachsenen. Im Zick-40 zack gingen sie die Feldwege ab. Der Schnee auf den Pisten war leicht gefroren und brach ein unter ihren Schritten. Ein Helldunkel, durch das sie wie durch stehenden Qualm wateten. „Laufen wir nicht im Kreis?" „Du brauchst keine Angst zu haben." Und indem er es 45 sagte, war alles beschlossen: das, was ihn angehen wurde und was heraufkam für sie. Das Wetterleuchten der Abschüsse, während sie sich abseits der Heerstraßen durchschlagen. Die Graben von Waldchausseen. Die ausgebrannten Panzer, zwischen denen sie erbetteltes 50 Brot teilten. Ihre aufgerissenen Augen. Ihr Schweigen. Und die Worte, die sie finden, um über ihr Schweigen hinauszugelangen. Hetzjagden. Angehaltener Atem. Hunger und Beute. Eine anwachsende Kraft für ihn, ein Trotz in ihr, der ihre Verzagtheit fortreißt. Und ihre 55 Zärtlichkeit, linkisch und brennend bis zu jenem Tag, an dem sie sich für immer trennen. Ihre Ärmel rieben aneinander beim Gehen. Die Sterne drehten sich, Stille fiel nieder. Doch die Kälte der Welt nahm zu im Raum. Durch die kalte, rieselnde Stille gingen sie hin. 60

1. Untersuchen Sie das Verhalten der Figuren: Weshalb haben sich die beiden jungen Frauen dem Polen angeschlossen? Was meint Richard mit seiner Antwort „Nur so" auf Evas Frage, warum er eigentlich mit ihr gerannt sei?

2. Beschreiben Sie die Sprache der Kurzgeschichte hinsichtlich Wortwahl und Satzbau.

---

[1] **Göpelwerk:** durch Pferde angetriebene Kraft erzeugende Maschine

Günter Eich wurde 1907 in der Mark Brandenburg geboren, studierte Volkswissenschaft und Sinologie und wurde 1950 zum ersten Träger des von der „Gruppe 47" verliehenen Literaturpreises. Er machte sich mit Hörspielen und Lyrik in der Öffentlichkeit einen Namen. Weltweit bekannt ist sein sprachlich schlicht gehaltenes Gedicht „Inventur", das er 1948 unmittelbar nach dem Krieg verfasste. 1972 starb Günter Eich in Salzburg.

Günter Eich (1907 – 1972)
Inventur

Dies ist meine Mütze,
dies ist mein Mantel,
hier mein Rasierzeug
im Beutel aus Leinen.

5   Konservenbüchse:
Mein Teller, mein Becher,
ich hab in das Weißblech
den Namen geritzt.

Geritzt hier mit diesem
10 kostbaren Nagel,
den vor begehrlichen
Augen ich berge.

Im Brotbeutel sind
15 ein Paar wollene Socken
und einiges, was ich
niemand verrate,

so dient es als Kissen
nachts meinem Kopf.
20 Die Pappe hier liegt
zwischen mir und der Erde.

Die Bleistiftmine
lieb ich am meisten:
25 Tags schreibt sie mir Verse,
die nachts ich erdacht.

Dies ist mein Notizbuch,
dies meine Zeltbahn,
dies ist mein Handtuch,
dies ist mein Zwirn.

(1948)

Deutsche Kriegsgefangene am 31.1.1943 in Stalingrad, Russland

1. Geben Sie an, was das lyrische Ich als Kostbarkeiten aufzählt, und versuchen Sie eine Erklärung, warum es die Dinge als kostbar bezeichnet. Gehen Sie dabei auf folgende Fragen ein: Wie gewichtet das lyrische Ich seine Besitztümer? Welche Rolle spielen die Mitmenschen für das lyrische Ich?

2. Erklären Sie den Titel des Gedichts.

3. Erläutern Sie, inwiefern das Gedicht Eichs in die unmittelbare Nachkriegsliteratur/Trümmerliteratur passt. Inwiefern geht es auch um eine Inventur der Sprache?

4. Üben Sie einen Vortrag des Textes und unterstützen Sie Ihre Deutung durch Ihre Mimik, Gestik und Intonation. Verwenden Sie eventuell auch Requisiten, um Ihre Aussageabsicht zu verdeutlichen.

5. **Was Sie noch machen können:**
Nehmen Sie eine persönliche Inventur für Ihre Lebenssituation vor: Schreiben Sie ein Gedicht im Stil Eichs und nennen Sie dabei Ihnen wichtige Gegenstände.

Hans Bender wurde 1919 als Sohn eines Gastwirts in Mühlhausen/Kraichgau geboren. Nach dem Abitur begann er 1939 mit einem Studium der Germanistik, Publizistik, Kunstgeschichte und Philosophie, wurde allerdings bereits 1940 Soldat. Erst 1949 kehrte er aus russischer Gefangenschaft heim. Kurzzeitig nahm er sein Studium wieder auf, war ab 1951 als Herausgeber tätig, später als Feuilletonredakteur, Gastdozent und Professor an der Universität in Austin. Bis 1990 arbeitete er als Rezensent für die „Süddeutsche Zeitung". Als Schriftsteller machte er sich vor allem mit Kurzgeschichten, Erzählungen und Gedichten einen Namen.

Hans Bender (1919 – 2015)

Heimkehr

Im Rock des Feindes,
in zu großen Schuhen,
im Herbst,
auf blattgefleckten Wegen
gehst du heim.
5 Die Hähne krähen
Deine Freude in den Wind,
und zögernd hält
der Knöchel
vor der stummen,
10 neuen Tür.   (1949)

1. Legen Sie die Situation des lyrischen Sprechers dar, wie sie im Text erscheint.

2. „im Herbst,/auf blattgefleckten Wegen" (V. 3 f.) – Erläutern Sie, wie Sie diese Verse verstehen.

3. Beschreiben Sie, wie die Tür gekennzeichnet wird und welche Bedeutung ihr zukommt.

4. Stellen Sie eine Verbindung zwischen dem Gedicht und der Abbildung her.

„Schweigen doch wir" – Die hermetische Lyrik

 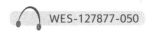

Paul Celan (1920 – 1970)
Todesfuge

Schwarze Milch der Frühe wir trinken sie abends
wir trinken sie mittags und morgens wir trinken sie nachts
wir trinken und trinken
wir schaufeln ein Grab in den Lüften da liegt man nicht eng
5 Ein Mann wohnt im Haus der spielt mit den Schlangen der schreibt
der schreibt wenn es dunkelt nach Deutschland dein goldenes Haar Margarete
er schreibt es und tritt vor das Haus und es blitzen die Sterne er pfeift seine Rüden herbei
er pfeift seine Juden hervor lässt schaufeln ein Grab in der Erde
er befiehlt uns spielt auf nun zum Tanz

10 Schwarze Milch der Frühe wir trinken dich nachts
wir trinken dich morgens und mittags wir trinken dich abends
wir trinken und trinken
Ein Mann wohnt im Haus der spielt mit den Schlangen der schreibt
der schreibt wenn es dunkelt nach Deutschland dein goldenes Haar Margarete
15 Dein aschenes Haar Sulamith wir schaufeln ein Grab in den Lüften da liegt man nicht eng
Er ruft stecht tiefer ins Erdreich ihr einen ihr andern singet und spielt
er greift nach dem Eisen im Gurt er schwingts seine Augen sind blau
stecht tiefer die Spaten ihr einen ihr andern spielt weiter zum Tanz auf

Schwarze Milch der Frühe wir trinken dich nachts
20 wir trinken dich mittags und morgens wir trinken dich abends
wir trinken und trinken
ein Mann wohnt im Haus dein goldenes Haar Margarete
dein aschenes Haar Sulamith er spielt mit den Schlangen
Er ruft spielt süßer den Tod der Tod ist ein Meister aus Deutschland
25 er ruft streicht dunkler die Geigen dann steigt ihr als Rauch in die Luft
dann habt ihr ein Grab in den Wolken da liegt man nicht eng

Schwarze Milch der Frühe wir trinken dich nachts
wir trinken dich mittags der Tod ist ein Meister aus Deutschland
wir trinken dich abends und morgens wir trinken und trinken
30 der Tod ist ein Meister aus Deutschland sein Auge ist blau
er trifft dich mit bleierner Kugel er trifft dich genau
ein Mann wohnt im Haus dein goldenes Haar Margarete
er hetzt seine Rüden auf uns er schenkt uns ein Grab in der Luft
er spielt mit den Schlangen und träumet der Tod ist ein Meister aus Deutschland

35 dein goldenes Haar Margarete
dein aschenes Haar Sulamith   *(1944/45)*

Paul Celan, eigentlich Paul Ancel, wurde 1920 als einziger Sohn jüdischer, deutschsprachiger, rumänischer Eltern geboren. Nach seinem Abitur begann er ein Medizinstudium, wechselte zur Romanistik, konnte dieses Studium aber wegen des Krieges nicht fortsetzen. Er wurde inhaftiert und musste Zwangsarbeit leisten. Seine Eltern wurden in ein Lager deportiert. Beide starben dort: Die Mutter wurde erschossen, der Vater starb an Typhus. Dass Celan seinen Eltern nicht helfen konnte, traumatisierte ihn stark. 1947 floh er vor der Sowjetisierung Rumäniens über Wien nach Paris. Dort ertränkte er sich 1970.

1. Hören Sie sich den Gedichtvortrag an und formulieren Sie Ihre ersten Eindrücke schriftlich.

2. Untersuchen Sie das Gedicht hinsichtlich der Aussagen zur Wir-Gruppe und zur Er-Figur. Stellen Sie die Kennzeichnungen gegenüber.

3. Recherchieren Sie den Hintergrund der beiden Frauennamen Sulamith und Margarete und beziehen Sie die Informationen auf die antithetische Struktur des Gedichts.

4. Eine besondere Rolle kommt im Gedicht dem Oxymoron „Schwarze Milch" zu. Erläutern Sie den Begriff im Textzusammenhang.

5. Erläutern Sie den Titel „Todesfuge". Eine Fuge ist ein musikalisches Kompositionsprinzip, bei dem Motive immer wieder variiert, wiederholt und gegenübergestellt werden. Benennen Sie Zusammenhänge zwischen Aussage und Form.

6. Lesen Sie die nachfolgenden Informationen und zeigen Sie mithilfe von Textbelegen auf, inwiefern „Todesfuge" von Paul Celan als „hermetisches" Gedicht bezeichnet werden kann.

Wissen und Können

Hermetische Lyrik der 1950er- und 1960er-Jahre

Paul Celan gilt als einer der bedeutendsten Lyriker des 20. Jahrhunderts gilt: Judentum, Esoterik und Mystik, aber auch biografische Verweise prägen den Inhalt vieler seiner **oft schwer verständlichen Gedichte**. Deren wesentliche formale und sprachliche Merkmale sind: Unabhängigkeit von Strophe, Vers und Reim; Sprache als Material, Chiffren und absolute Metaphern, Verknappung (vgl. Peter Horst Neumann, 1990).

Solche Lyrik wird als „hermetisch" bezeichnet (nach dem spätantiken „Corpus hermeticum", der Sammlung von religiösen, philosophischen und esoterischen Texten einer Offenbarungs- und Geheimlehre, als deren Verfasser der Gott Hermes galt). Hermetische Texte erschweren das Verständnis durch **Vorrang der Klang- und Gefühlswerte von Worten** vor dem Sinn, **Verrätselung** und **assoziative Verknüpfungen**. Hermetische Texte betonen die **Autonomie der Dichtung**, sie wollen die Sprache erneuern und verstehen sich als **Protest gegen die Massengesellschaft**.

Nelly Sachs war eine deutsch-schwedische Schriftstellerin und Lyrikerin. 1966 erhielt sie den Nobelpreis für Literatur „für ihre hervorragenden lyrischen und dramatischen Werke, die das Schicksal Israels mit ergreifender Stärke interpretieren". In der Dankesrede sagte Nelly Sachs: „An Stelle von Heimat halte ich die Verwandlungen der Welt." Erst 1940 entschloss sich die Jüdin Sachs, mit ihrer Mutter aus Deutschland nach Schweden zu fliehen. In der Nachkriegszeit schrieb Nelly Sachs über das Grauen des Holocaust. Nelly Sachs, die Kontakt zu Paul Celan pflegte, starb 1970 an einer Krebserkrankung in Stockholm.

Nelly Sachs (1891 – 1970)
Chor der Geretteten

Wir Geretteten,
Aus deren hohlem Gebein der Tod schon seine Flöten
schnitt,
An deren Sehnen der Tod schon seinen Bogen strich –
5 Unsere Leiber klagen noch nach
Mit ihrer verstümmelten Musik.
Wir Geretteten,
Immer noch hängen die Schlingen für unsere Hälse gedreht
Vor uns in der blauen Luft –
10 Immer noch füllen sich die Stundenuhren mit unserem
tropfenden Blut.
Wir Geretteten,
Immer noch essen an uns die Würmer der Angst.
Unser Gestirn ist vergraben im Staub.
15 Wir Geretteten
Bitten euch:
Zeigt uns langsam eure Sonne.
Führt uns von Stern zu Stern im Schritt.
Lasst uns das Leben leise wieder lernen.
20 Es könnte sonst eines Vogels Lied,
Das Füllen des Eimers am Brunnen
Unseren schlecht versiegelten Schmerz aufbrechen lassen
Und uns wegschäumen –
Wir bitten euch:
25 Zeigt uns noch nicht einen beißenden Hund –
Es könnte sein, es könnte sein
Dass wir zu Staub zerfallen –
Vor euren Augen zerfallen in Staub.
Was hält denn unsere Webe[1] zusammen?
30 Wir odemlos[2] gewordene,
Deren Seele zu Ihm floh aus der Mitternacht
Lange bevor man unseren Leib rettete
In die Arche[3] des Augenblicks.
Wir Geretteten,
35 Wir drücken eure Hand,
Wir erkennen euer Auge –
Aber zusammen hält uns nur noch der Abschied,
Der Abschied im Staub
Hält uns mit euch zusammen.   *(1947)*

1. Lesen Sie den Text einmal durch und sprechen Sie ihn anschließend als Chor. Ermitteln Sie die Wirkung.

2. Kennzeichnen Sie die Situation der „Geretteten".

3. Stellen Sie den „Geretteten" die „Ihr-Gruppe" gegenüber. Erläutern Sie, wer mit den Angesprochenen gemeint ist.

4. Welche Reaktion könnten die Bitten der „Geretteten" bei der Adressatengruppe auslösen? Stellen Sie Vermutungen an mit Blick auf den Gedichtinhalt und auf die zeitgeschichtliche Situation.

5. Erklären Sie die drei letzten Verse des Gedichts im Hinblick auf die Perspektive, die sie eröffnen.

6. **Was Sie noch machen können:**
   a) Der Schriftsteller Hans Magnus Enzensberger schrieb über Nelly Sachs' Lyrik: „Ihrer Sprache wohnt etwas Rettendes inne. Indem sie spricht, gibt sie uns selbst zurück, Satz um Satz, was wir zu verlieren drohten: Sprache." Diskutieren Sie mithilfe des Gedichts diese Aussage Enzensbergers.
   b) Überlegen Sie, ob die Aussage Enzensbergers auch auf Paul Celans Gedicht „Todesfuge" (S. 297) zutrifft.

[1] **Webe:** hier: Körper, Wesen – [2] **odemlos:** atemlos; gemeint ist der Lebensatem, die Lebensenergie. – [3] **Arche:** Anspielung auf die Arche Noahs (AT), durch die er das Überleben jeweils einer Gattung von Lebewesen bewahren sollte vor der Vernichtung durch die Sintflut

Luzia Schünemann (geb. 1965)
Woher – wohin? Die Gruppe 47: Literaten orientieren sich

Viele junge Schriftstellerinnen und Schriftsteller hatten die Gräuel des Krieges erlebt und es fiel ihnen oftmals schwer, den Weg in den Alltag wiederzufinden. Ebenso wenig wollten und konnten sie in ihrem Schreiben an
5 die literarischen Traditionen anknüpfen. Sie forderten einen künstlerischen Neubeginn.

1947 rief der Buchhändler und freie Schriftsteller Hans Werner Richter (1908 – 1993) die „Gruppe 47" ins Leben: Ein- bis zweimal im Jahr lud er junge Literaten ein, die
10 aus eigenen, noch nicht veröffentlichten Werken vorlasen.

Die Gruppe setzte sich zum Ziel, die deutschsprachige Literatur nach dem Untergang des „Dritten Reichs" zu erneuern und nicht nur die Nachkriegsliteratur, son-
15 dern auch die Demokratisierung der Gesellschaft zu fördern. Einer von Pathos, Lüge und Propaganda geprägten Sprache der Nationalsozialisten wollten sie eine neue, einfache, sachliche und wahrhaftige Sprache entgegensetzen. Die Gruppe 47 arbeitete basisdemo-
20 kratisch; zwar verschickte Richter die Einladungen und leitete die Treffen, alle Teilnehmerinnen und Teilnehmer waren aber gleichberechtigt. Die Arbeit hatte den Charakter einer Literaturwerkstatt. Richter selbst sagte rückblickend über die Gruppe 47: „Wir glaubten, dass
25 eine Gesundung nach dem Nationalsozialismus nur durch Kritik, durch Förderung des kritischen Bewusstseins möglich sei." Es ging also um eine „Selbstaufklärung" der Dichterinnen und Dichter. Zu diesem Zweck galt das ungeschriebene Gesetz, die kritischen Rück-
30 meldungen zu eigenen Werken schweigend anzuhören, sich nicht zu rechtfertigen: „Jedes vorgelesene Wort wird gewogen, ob es noch verwendbar ist oder viel-

Hans Werner Richter (1908 – 1993)

leicht veraltet, verbraucht in den Jahren der Diktatur, der Zeit der großen Sprachabnutzung. Jeder Satz wird, wie man sagt, abgeklopft. Jeder unnötige Schnörkel 35 wird gerügt. [...] Was Bestand hat vor den Ohren der Teilnehmer, sind die knappen Aussagesätze." (H. W. Richter)

Die Gruppe 47 veranstaltete insgesamt etwa dreißig Tagungen, an denen schließlich neben Autorinnen und 40 Autoren auch Literaturkritiker teilnahmen. Von 1950 bis 1967 vergab die Gruppe 47 auch einen Literaturpreis. Preisträger waren z. B. Günter Eich (1950), Heinrich Böll (1951), Ingeborg Bachmann (1953) oder Günter Grass (1958). 45

Zur Gruppe gehörten viele heute namhafte Autorinnen und Autoren, u. a. Paul Celan, Hans Magnus Enzensberger, Peter Handke, Siegfried Lenz, Peter Rühmkorf und Gabriele Wohmann.

Die Gruppe 47 hatte stets darauf geachtet, Sprache und 50 Textgestaltung bei ihren Treffen in den Blick zu rücken, sich aber nicht politisch zu engagieren. Diese Haltung konnte kurz vor der Studentenrevolution 1968 nicht mehr aufrechterhalten werden, sodass die Gruppe 47 sich 1967 auflöste. *(2012)* 55

1. Leiten Sie aus dem Text das Anliegen der deutschen Schriftstellerinnen und Schriftsteller der Gruppe 47 ab.

2. Erläutern Sie, worin der Gewinn bestehen könnte, dass Literaten die kritischen Rückmeldungen zu eigenen Werken schweigend anhörten und sich nicht rechtfertigen durften (vgl. Z. 28 ff.).

3. Recherchieren Sie weiter zur Gruppe 47 und präsentieren Sie Ihre Ergebnisse in geeigneter Form.

Die Konkrete Poesie der 1950er- und 1960er-Jahre

Wissen und Können

Der Mut zum Experimentieren – Konkrete Poesie

Der Begriff der **„Konkreten Poesie"** entstand in den 1950er-Jahren des 20. Jahrhunderts. Der Begriff wurde in Anlehnung an die Stilrichtung der **„Konkreten Kunst"** geprägt, bei der es nicht mehr um eine Abbildung realer Gegenstände, sondern um ein Experimentieren mit Form und Farbe geht.

In ähnlicher Weise liegt der Konkreten Poesie ein **Experimentieren mit Sprache** zugrunde. Das Durchbrechen des scheinbar Vertrauten, der Sprachgewohnheiten und Regeln bot den Literaten einen alternativen Weg, ihren Gedanken Ausdruck zu verleihen. Neue Begriffe entstanden, die Syntax wurde aufgebrochen, Buchstabenkombinationen führten dazu, dass das Visuelle und Akustische im Vordergrund standen. Diese Gestaltungsarbeit mit den Buchstaben und Lauten als Grundelemente der Sprache wurde als „Konkrete Dichtung" bezeichnet. Dabei ging es zum einen um das Spiel mit Sprache, zum anderen aber auch darum, einen verfremdeten Blick, eine neue Leseweise und neue Erkenntnisse über den Zusammenhang von Sprache und Gesellschaft zu erlangen.

Versuche, die im Text enthaltene Nachricht der Leserin und dem Leser durch die **grafische Form des Textes** visuell zugänglich zu machen, sind schon aus dem Zeitalter des Barock bekannt, indem zum Beispiel ein Gedicht, das die Vergänglichkeit des Lebens thematisiert, in Form einer Sanduhr gestaltet ist (Theodor Kornfeld, „Sanduhr", 1686). Die Konkrete Poesie hat in dem Kanon der Nachkriegsliteratur ihren festen Bestand, besaß allerdings in den 1960er- und 1970er-Jahren ihre größte Ausstrahlungskraft. Zu den Vertretern dieser Dichtung zählen u. a. Eugen Gomringer (1925), Helmut Heißenbüttel (1921 – 1996) und Ernst Jandl (1925 – 2000).

Der Schrifsteller Eugen Gomringer gilt als Begründer der Konkreten Poesie. Gomringer studierte von 1944 bis 1952 Nationalökonomie und Kunstgeschichte in Bern und Rom. 1953 prägte er den Begriff der „Konkreten Poesie" in Analogie zum Begriff der „Konkreten Kunst".

  WES-127877-051

Eugen Gomringer (geb. 1925)
schweigen

schweigen	schweigen	schweigen
schweigen	schweigen	schweigen
schweigen		schweigen
schweigen	schweigen	schweigen
₅ schweigen	schweigen	schweigen *(1960)*

„[...] die worte des dichters kommen aus dem schweigen, das sie brechen, dieses schweigen begleitet sie. es ist der zwischenraum, der die worte enger miteinander verbindet als mancher redefluss. [...]"
(Eugen Gomringer)

  WES-127877-052

Eugen Gomringer (geb. 1925)
worte sind schatten

worte sind schatten
schatten werden worte

worte sind spiele
spiele werden worte

₅ sind schatten worte
werden worte spiele

sind spiele worte
werden worte schatten

₁₀ sind worte schatten
werden spiele worte

sind worte spiele
werden schatten worte   *(1956)*

1. Fassen Sie die Informationen zur Konkreten Poesie zusammen, indem Sie das Schaubild vervollständigen.

1. Benennen Sie die wesentlichen Unterschiede der „Konkreten Poesie" zu traditionellen Gedichten.

2. Lesen Sie das Zitat von Eugen Gomringer auf der vorherigen Seite. Setzen Sie es in Beziehung zu seinem Gedicht.

3. Erläutern Sie, welches Verständnis von Sprache sich in den Gedichten zeigt und wie Gomringer diese Auffassung in seinen Gedichten umsetzt.

Ernst Jandl wurde vor allem durch seine experimentelle Lyrik sowie durch visuelle Poesie und Lautgedichte bekannt. Das Gedicht „schtzngrmm" wurde erstmals 1957 in der Zeitschrift „Neue Wege" veröffentlicht. Erst 1966 folgte in Jandls Gedichtband „Laut und Luise" die erste Buchpublikation, wobei beide Veröffentlichungen auf heftige Kritik stießen. Das Gedicht basiert auf dem Wort „Schützengraben", welches durch Weglassen der Vokale zu „schtzngrmm" wird.

1. Überlegen Sie in Kleingruppen, wie man das Gedicht von Ernst Jandl vortragen könnte. Vergleichen Sie dann Ihre Überlegungen mit dem Textvortrag. Tauschen Sie sich auch über Ihre ersten Leseeindrücke aus.

2. Benennen Sie Unterschiede zwischen Jandls Gedicht und den beiden Gedichten von Gomringer.

3. Das Gedicht von Ernst Jandl setzt sich mit dem Krieg auseinander. In welcher Form erfolgt dies? Halten Sie diese Art von Lyrik für geeignet, um sich mit der Kriegsthematik auseinanderzusetzen? Begründen Sie Ihre Position.

4. Erläutern Sie Chancen und Grenzen Konkreter Poesie.

5. **Was Sie noch machen können:**

   a) Verfassen Sie zu einem der nachfolgenden Begriffe ein Gedicht im Stil der Konkreten Poesie und tragen Sie es Ihren Mitschülerinnen und Mitschülern vor: Kommunikation, Streit, Freiheit, Liebe.

   b) Recherchieren Sie nach weiteren Gedichten Ernst Jandls. Lassen Sie sich von ihnen inspirieren und verfassen Sie ein eigenes Gedicht in einem vergleichbaren Stil.

   c) „Das Schreiben ist für Literaten oftmals auch mit Umwegen und der eigenen Suche verbunden." (Ernst Jandl) Informieren Sie sich über die Biografie Ernst Jandls.

 WES-127877-053

Ernst Jandl (1925 – 2000)
schtzngrmm

```
    schtzngrmm
    schtzngrmm
    t-t-t-t
    t-t-t-t
5   grrrmmmmm
    t-t-t-t
    s---------c---------h
    tzngrmm
    tzngrmm
10  tzngrmm
    grrrmmmmm
    schtzn
    schtzn
    t-t-t-t
15  t-t-t-t
    schtzngrmm
    schtzngrmm
    tsssssssssssss
    grrt
20  grrrrt
    grrrrrrrrt
    scht
    scht
    t-t-t-t-t-t-t-t-t
25  scht
    tzngrmm
    tzngrmm
    t-t-t-t-t-t-t-t-t
    scht
30  scht
    scht
    scht
    scht
    grrrrrrrrrrrrrrrrrrrrrrrrrr
35  t-tt
```

(1957)

„Seht in den Spiegel" – Die Politisierung der Literatur

Der Poet, Essayist und Publizist Hans Magnus Enzensberger war ist einer der bedeutendsten deutschen Intellektuellen, der sich nie von bestimmten Gruppen oder Richtungen auf Dauer hat vereinnahmen lassen. Sein Leben ist gekennzeichnet von stetigem politischem Engagement.

H. M. Enzensberger (geb. 1929 – 2022)
Ins lesebuch für die oberstufe

lies keine oden[1], mein sohn, lies die fahrpläne:
sie sind genauer. roll die seekarten auf,
eh es zu spät ist. sei wachsam, sing nicht.
der tag kommt, wo sie wieder listen ans tor
5 schlagen und malen den neinsagern auf die brust
zinken[2]. lern unerkannt gehn, lern mehr als ich:
das viertel wechseln, den paß, das gesicht.
versteh dich auf den kleinen verrat,
die tägliche schmutzige rettung. nützlich
10 sind die enzykliken[3] zum feueranzünden,
die manifeste[4]: butter einzuwickeln und salz
für die wehrlosen. wut und geduld sind nötig,
in die lungen der macht zu blasen
den feinen tödlichen staub, gemahlen
15 von denen, die viel gelernt haben,
die genau sind, von dir.   *(1957)*

1. Das Gedicht besteht aus einer Reihe von Warnungen und Empfehlungen. Listen Sie diese auf und erläutern Sie sie.

2. Stellen Sie den inhaltlichen Wechsel ab Vers 9 heraus. Welche Zielsetzung des Sprechers wird im zweiten Teil des Gedichts deutlich?

3. Untersuchen Sie die sprachliche Gestaltung des Textes. Diskutieren Sie, ob diese sprachliche Gestaltung im Widerspruch zur inhaltlichen Aussage steht.

4. Nehmen Sie Stellung: Sollte der Text Enzensbergers „i[m] lesebuch für die oberstufe" stehen?

5. Enzensbergers Gedicht ist schon 1957 entstanden. Wie sähe möglicherweise heute ein Gedicht aus, das „ins lesebuch für die oberstufe" gehört? Verfassen Sie es.

Hans Magnus Enzensberger (geb. 1929 – 2022)
Middle Class Blues

Wir können nicht klagen.
Wir haben zu tun.
Wir sind satt.
Wir essen.

5 Das Gras wachst.
Das Sozialprodukt,
der Fingernagel,
die Vergangenheit.

Die Straßen sind leer.
10 Die Abschlüsse sind perfekt.
Die Sirenen schweigen.
Das geht vorüber.

Die Toten haben ihr Testament gemacht.
Der Regen hat nachgelassen.
15 Der Krieg ist noch nicht erklärt.
Das hat keine Eile.

Wir essen das Gras.
Wir essen das Sozialprodukt.
Wir essen die Fingernägel.
20 Wir essen die Vergangenheit.

Wir haben nichts zu verheimlichen.
Wir haben nichts zu versäumen.
Wir haben nichts zu sagen.
Wir haben.

25 Die Uhr ist aufgezogen.
Die Verhältnisse sind geordnet.
Die Teller sind abgespült. Der letzte Autobus fahrt vorbei.

Er ist leer.

30 Wir können nicht klagen.

Worauf warten wir noch?   *(1964)*

(Aus lizenzrechtlichen Gründen sind die Texte nicht in reformierter Rechtschreibung abgedruckt.)

6. Erarbeiten Sie aus dem Gedicht „Middle Class Blues" die dort evozierte Stimmung. Belegen Sie Ihre Aussagen. Berücksichtigen Sie auch die Entstehungszeit des Gedichts und den Titel.

---

[1] **Ode:** feierliches, pathetisches Gedicht – [2] **Zinken:** Zeichen, Markierung – [3] **Enzyklika:** Verlautbarung des Papstes, oft zu gesellschaftspolitischen Themen – [4] **Manifest:** Grundsatzerklärung einer Partei

Ingeborg Bachmann wurde 1926 in Österreich geboren. Während ihrer Promotionszeit hatte sie Kontakt zu Paul Celan und Ilse Aichinger. Der literarische Durchbruch gelang ihr mit dem Gedichtband „Die gestundete Zeit", für den sie 1953 von der „Gruppe 47" mit dem Literaturpreis ausgezeichnet wurde. Neben Hörspielen verfasste Bachmann immer wieder Lyrikbände, in denen sie sich kritisch mit den Gegebenheiten der Nachkriegszeit auseinandersetzte. Ab 1970 widmete sie sich zunehmend der Epik und thematisierte vor allem die Situation von Frauen in einer männlich dominierten Welt. 1973 starb Ingeborg Bachmann, vielfach mit Literaturpreisen ausgezeichnet, in Rom.

  WES-127877-054

Ingeborg Bachmann (1926 – 1973)

Reklame

Wohin aber gehen wir
ohne sorge sei ohne sorge
wenn es dunkel und wenn es kalt wird
sei ohne sorge
5 aber
mit musik
was sollen wir tun
heiter und mit musik
und denken
10 *heiter*
angesichts eines Endes
mit musik
und wohin tragen wir
am besten
15 unsre Fragen und den Schauer aller Jahre
in die Traumwäscherei ohne sorge sei ohne sorge
was aber geschieht
am besten
20 wenn Totenstille

eintritt

(1965)

1. Erarbeiten Sie in Gruppen einen Vortrag des Gedichts. Vergleichen Sie Ihre Ergebnisse untereinander und mit dem Gedichtvortrag und begründen Sie jeweils Ihre Schwerpunktsetzungen in der Präsentation.

2. Untersuchen Sie die Wortwahl des Fragenkatalogs im Vergleich zum kursiv gesetzten Teil.

3. Erklären Sie die Bedeutung der Leerzeile zwischen dem vorletzten und letzten Vers des Gedichts.

4. Recherchieren Sie zum Begriff „Wirtschaftswunder" und stellen Sie einen Bezug her zum Gedicht von Ingeborg Bachmann.

5. Gestalten Sie einen Paralleltext zu dem Bachmanns, indem Sie einen aktuellen Werbetext mit einem gesellschaftspolitischen Thema verknüpfen.

Marie Luise Kaschnitz war eine deutsche Schriftstellerin, die in Berlin und Potsdam aufwuchs und nach dem Abitur eine Ausbildung zur Buchhändlerin machte. Von 1941 bis zu ihrem Tod im Jahr 1974 lebte sie mit der Familie in Frankfurt am Main. Als Schriftstellerin verfasste sie zunächst Romane und Hörspiele, zunehmend aber auch Gedichte und Essays und im Spätwerk autobiografische Schriften. 1950 wurde sie mit dem Georg-Büchner-Preis ausgezeichnet.

Marie Luise Kaschnitz (1901 – 1974)
Hiroshima

Der den Tod auf Hiroshima warf
Ging ins Kloster, läutete dort die Glocken.
Der den Tod auf Hiroshima warf
Sprang vom Stuhl in die Schlinge, erwürgte sich.
5 Der den Tod auf Hiroshima warf
Fiel in Wahnsinn, wehrte Gespenster ab.
Hunderttausend, die ihn angehen nächtlich
Auferstanden aus Staub für ihn.

Nichts von alledem ist wahr.
10 Erst vor kurzem sah ich ihn
Im Garten seines Hauses vor der Stadt.
Die Hecken waren noch jung und die Rosenbüsche zierlich.
Das wächst nicht so schnell, daß sich einer verbergen könnte
Im Wald des Vergessens. Gut zu sehen war
15 Das nackte Vorstadthaus, die junge Frau
Die neben ihm stand im Blumenkleid
Das kleine Mädchen an ihrer Hand
Der Knabe der auf seinem Rücken saß
Und über seinem Kopf die Peitsche schwang.
20 Sehr gut erkennbar war er selbst
Vierbeinig auf dem Grasplatz, das Gesicht
Verzerrt vor Lachen, weil der Photograph
Hinter der Hecke stand, das Auge der Welt.   *(1957)*

(Aus lizenzrechtlichen Gründen ist dieser Text nicht in reformierter Rechtschreibung abgedruckt.)

Das zerstörte Hiroshima (1945)

1. Formulieren Sie Ihren ersten Eindruck von dem, „[d]er den Tod auf Hiroshima warf" (V. 1).

2. Gliedern Sie das Gedicht und begründen Sie Ihre Entscheidungen mithilfe des Textes. Wie wird der, „der den Tod auf Hiroshima warf" (V. 1), im Textverlauf gekennzeichnet?

3. Erarbeiten Sie aus dem Text, welche Existenzmöglichkeiten desjenigen, der Hiroshima den Tod brachte (vgl. V. 1), genannt werden. Beschreiben Sie, wie das lyrische Ich das bewertet.

4. Recherchieren Sie, wie das Leben des Piloten des Atombombenabwurfs tatsächlich weiter verlaufen ist und welche Legenden sich gebildet haben. Überlegen Sie dabei auch, welche Motive hierbei eine Rolle gespielt haben könnten.

Der Pilot Paul Tibbets vor der „Enola Gay", von der aus 1945 die erste Atombombe abgeworfen wurde

Der Lyriker und Essayist Erich Fried wurde 1921 in Wien geboren, war jüdischer Herkunft und floh 1938 nach England. Er half bereits mit 16 Jahren vielen Menschen bei der Flucht vor den Nationalsozialisten nach England. 1944 erschien sein erster Gedichtband „Deutschland". Auch in der Folgezeit gehörte Frieds zentrales Interesse den politischen Themen und der Reaktion seitens der Bevölkerung. 1977 erhielt er seinen ersten anerkannten Preis; erst mit über 60 Jahren, als er bereits schwer krank war, erlangte er seinen Ruhm als wichtiger politischer Lyriker. 1988 starb Erich Fried in Baden-Baden.

  WES-127877-055

Erich Fried (1921 – 1988)
Politische Ästhetik

Das Gedicht nimmt Bezug auf einen Vorfall im Jahr 1968. Die 29-jährige Beate Klarsfeld ohrfeigte auf dem Parteitag der CDU den amtierenden Bundeskanzler Kurt Georg Kiesinger und bezeichnete ihn mehrmals als Nazi. Sie bezog sich dabei auf die politische Aktivität des Bundeskanzlers zur Zeit des Nationalsozialismus. Kiesinger war nicht nur Mitglied der NSDAP seit 1933 gewesen, sondern hatte auch das Amt des stellvertretenden Leiters der Rundfunkpolitischen Abteilung im Reichsaußenministerium bekleidet. Beate Klarsfeld wollte mit ihrer Aktion kritisieren, dass sich Kiesinger nicht vollständig zu seiner Rolle im Nationalsozialismus bekannte.

Eine Ohrfeige
für einen Bundeskanzler
mitten auf seinem Parteitag
in Westberlin ist geschmacklos
5 so heißt es

so geschmacklos wie die Gewalt
der Berliner Studenten
die dieser Bundeskanzler
kurz vor der Ohrfeige
10 unappetitlich nannte

dass aber ein Mann
der der Nazipartei angehörte
und in gehobener Stellung
in seinen Rundfunkprogrammen
15 Hitlers Gewalt
appetitlich zu machen suchte

Bundeskanzler wurde
gilt nicht als geschmacklos
obwohl zu bedenken wäre
20 dass das für viele Menschen
unappetitlich
und eine Ohrfeige ist   *(1969)*

  WES-127877-056

Erich Fried (1921 – 1988)
Anpassung

Gestern fing ich an
Sprechen zu lernen
Heute lerne ich schweigen
Morgen höre ich
5 Zu lernen auf   *(1966)*

  WES-127877-057

Erich Fried (1921 – 1988)
Dann wieder

Was keiner geglaubt haben wird
was keiner gewusst haben konnte
was keiner geahnt haben durfte
das wird dann wieder das gewesen sein
5 was keiner gewollt haben wollte

1. Hören Sie sich die Gedichtvorträge an. Notieren Sie Ihre ersten Eindrücke von den Texten.

2. Das Gedicht „Politische Ästhetik" spielt auf ein konkretes Geschehnis an. Vergleichen Sie die Angaben des Informationstextes mit der literarischen Verarbeitung: Welche Position nimmt der lyrische Sprecher ein? Versuchen Sie, diese Position vor dem zeitgeschichtlichen Hintergrund zu erklären.

3. Arbeiten Sie aus den Gedichten „Anpassung" und „Dann wieder" die gewünschten bzw. kritisierten Verhaltensweisen heraus und nehmen Sie Stellung: Sind sie heute ebenso zu bewerten? Nennen Sie für Ihre Stellungnahme konkrete Beispiele aus Ihrer Erfahrungswelt.

4. Aktualisieren Sie einen der Texte Frieds: Konkretisieren Sie den Inhalt oder übertragen Sie die Botschaft auf Ihre Lebenswelt.

Peter Weiss (1916 – 1982)
Die Ermittlung

Peter Weiss war ein deutsch-schwedischer Schriftsteller, Maler, Grafiker und Experimental-
filmer. Peter Weiss hat sich in der deutschen Nachkriegsliteratur gleichermaßen als Vertreter einer avantgardistischen, minutiösen Beschreibungsliteratur, als Verfasser autobiografischer Prosa wie auch als politisch engagierter Dramatiker einen Namen gemacht. In den
später 1970er- und in den 1980er-Jahren gab es in vielen deutschen Universitätsstädten
selbstorganisierte Lesezirkel, die sich über sein dreibändiges Werk „Ästhetik des Widerstands" den Kopf zerbrachen. Die darin formulierten gesellschaftspolitischen und ästhetischen Ansätze waren Gegenstand heftigster Debatten und Auseinandersetzungen. Das
dem dokumentarischen Theater zugerechnete „Auschwitz-Oratorium „Die Ermittlung"
führte Mitte der 1960er-Jahre zu breiten vergangenheitspolitischen Auseinandersetzungen.
Das Material zu dem „Oratorium in 11 Gesängen" genannten Stück nimmt Weiss aus dem
Prozess gegen das Wachpersonal des Vernichtungslagers Auschwitz, der 1963 – 65 in Frankfurt stattfand und an dem Peter Weiss als Beobachter teilnahm.

Verteidiger: Waren es nicht die Funktionshäftlinge,
die schlugen?
Zeuge 8: Ich sah Boger und Dylewski
Mit den Schläuchen in der Hand
5 **Richter:** Wohin schlugen sie?
Zeuge 8: Auf das Gesäß
den Rücken die Schenkel
die Hände und Füße
und den Hinterkopf
10 Vor allem aber waren die Geschlechtsteile

den Schlagen ausgesetzt
Sie zielten besonders darauf
Dreimal wurde ich ohnmächtig
und man übergoss mich mit Wasser
Richter: Angeklagter Boger 15
Auschwitz-Prozess vor dem Frankfurter
Geben Sie zu
dass Sie diesen Zeugen misshandelt haben
Angeklagter 2: Darauf gibt es nur ein klares und
bestimmtes Nein 20

Schwurgericht, 1963

Zeuge 8: Bis heute habe ich Spuren davon
Angeklagter 2: Aber nicht von mir
Richter: Angeklagter Boger
Haben Sie Behandlungen an dem hier geschilderten In-
25 strument vollzogen
Angeklagter 2: In gewissen Fällen
hatte ich sie anzuordnen
Ausgeführt wurde die Strafe
von den Funktionshäftlingen
30 unter meiner Aufsicht
Richter: Angeklagter Boger
halten Sie die Darstellung des Zeugen
für lügenhaft
Angeklagter 2: Die Darstellung ist lückenhaft
35 und nicht in allen Teilen
der Wahrheit entsprechend
Richter: Wie war die Wahrheit
Angeklagter 2: Wenn der Häftling gestanden hatte
wurde die Bestrafung sofort eingestellt
40 **Richter:** Und wenn der Häftling nicht gestand
Angeklagter 2: Dann wurde geschlagen bis Blut kam
Da war Schluss

Richter: War ein Arzt anwesend
Angeklagter 2: Ich habe nie den Befehl gesehn
der von der Hinzuziehung eines Arztes sprach   45
Dies war auch unnötig
Denn im Augenblick in dem das Blut strömte
brach ich ab
Der Zweck der verschärften Vernehmung
war erreicht   50
wenn das Blut durch die Hosen lief
Richter: Sie sahen sich berechtigt
Die verschärften Vernehmungen durchzuführen
Angeklagter 2: Sie unterlagen meiner befehlsbe-
stimmten   55
Verantwortung
Im Übrigen bin ich der Meinung
dass auch heute noch
die Prügelstrafe angebracht wäre
zum Beispiel im Jugendstrafrecht   60
um Herr zu werden über manche Falle
von Verrohung

(1965)

1. Beschreiben Sie die Haltung, die der Angeklagte gegenüber seinem Verhalten in Auschwitz einnimmt.

2. Analysieren Sie die Sprachgestaltung und überlegen Sie, welche Wirkung damit erreicht werden soll.

3. Peter Weiss verzichtet innerhalb des Stückes auf jede wertende oder verurteilende Instanz. Diskutieren Sie, ob dies mit seinen politischen und künstlerischen Ambitionen im Einklang steht. Nutzen Sie dazu auch die nachfolgenden Informationen.

Wissen und Können

Das Dokumentartheater

Das **dokumentarische Theater**, deren Hauptvertreter in Deutschland Peter Weiss ist, stellt den Versuch dar, politische Realität auf die Bühne zu bringen. Es enthält sich bewusst jeder Erfindung und übernimmt **authentisches Material** aus Dokumenten wie Gerichtsakten oder Protokollen. Dieses Material wird zwar sprachlich bearbeitet und gekürzt, aber inhaltlich nicht verändert. Lediglich durch die Auswahl der Dokumente und die Schnitttechnik ihrer Zusammenstellung greifen Autoren/Autorinnen ein. So reduziert Weiss etwa in seinem Stuck über den Auschwitz-Prozess die Zahl der Angeklagten, anonymisiert Zeugen und Gericht und komponiert die – sprachlich bearbeiteten – authentischen Aussagen vor Gericht in 11 Kapitel. Das dokumentarische Theater versteht sich als ein politisches Theater, das eine **aufklärerische und gesellschaftsverändernde Wirkung** erzielen will. Peter Weiss verstärkt mit seinem Stuck „Die Ermittlung" die Wirkung, die von dem Frankfurter Auschwitzprozess als Katalysator einer Auseinandersetzung mit der NS-Zeit ausging.

4. Diskutieren Sie Möglichkeiten und Grenzen des Dokumentartheaters hinsichtlich der objektiven Wiedergabe der Realität, der politischen und künstlerischen Wirksamkeit.

Judith Schütte (geb. 1978)
Die Lebensbedingungen im Nachkriegsdeutschland

Im Mai 1945 kapitulierte Deutschland bedingungslos. Die militärische Niederlage war die Befreiung von der zwölfjährigen nationalsozialistischen Diktatur, dennoch existierte bei vielen Menschen das Gefühl des Zu-
5 sammenbruchs und des Untergangs. Angst vor der Willkür der einmarschierenden Besatzer, Ratlosigkeit und Ohnmacht beherrschten die deutsche Bevölkerung. Mit dem Ende des Krieges brachen in Deutschland das öffentliche und wirtschaftliche Leben sowie
10 die Infrastruktur zusammen. Folglich waren die meisten Menschen zunächst damit beschäftigt, das Notwendigste für ihr Überleben zu sichern.

Neben den materiellen waren auch die immateriellen Werte zerstört, denn das Erziehungs- und Propaganda-
15 system der Nationalsozialisten hatte für viele Menschen ein Identifikationssystem dargestellt. Die Auseinandersetzung mit der eigenen Vergangenheit und die damit verbundene Schuldfrage wurde zunächst von der überwiegenden Mehrheit der Bevölkerung im Westen
20 Deutschlands verdrängt. Man widmete sich vorrangig dem wirtschaftlichen Wiederaufbau. Eine Auseinandersetzung mit der Nazizeit, insbesondere mit dem millionenfachen Mord an den Juden, fand in der breiten Öffentlichkeit erst in den späten 70er-Jahren statt. [...]
25 Der politische Neuanfang nach der Zeit des Nationalsozialismus stand im Zeichen des „Kalten Krieges", der Auseinandersetzung der Siegermächte im Westen und Osten aufgrund der unterschiedlichen politischen und gesellschaftlichen Systeme, was letztlich auch zur Spal-
30 tung Deutschlands führte: Auf die Gründung der Bundesrepublik Deutschland im Jahre 1949 als föderale, parlamentarische Demokratie folgte die Gründung der Deutschen Demokratischen Republik als sozialistisch geprägter Staat.
35 Die gegensätzliche politische Entwicklung zwischen der Bundesrepublik und der DDR spiegelte sich auch im Inneren wider. Begünstigt durch die Marshallplanhilfe und die Währungsreform kam es in der Bundesrepublik zu einer raschen Verbesserung der Lebensbe-
40 dingungen, welche mit der Anerkennung des neuen Staatswesens einherging. Im Bewusstsein der Bevölkerung wurde die Staatsform der Demokratie von Beginn an mit wirtschaftlicher Leistungsfähigkeit und Wohlstand verknüpft. Zunächst blieb der Prozess der
45 Modernisierung aber auf den Sektor der Wirtschaft beschränkt, da die gesellschaftliche Entwicklung der

50er-Jahre eher von traditionellen und konservativen Wertvorstellungen geprägt war. Angesichts der belastenden Vergangenheit sehnte man sich primär nach Stabilität, Sicherheit und Ordnung. Die Menschen hat-
50 ten das Verlangen, die materiellen Bedürfnisse nachholend zu befriedigen. Eine kritische Auseinandersetzung mit der Vergangenheit und der eigenen Schuld fand nicht statt, vielmehr wurden das Dritte Reich und seine Folgen von den meisten Deutschen weitgehend
55 tabuisiert.

Ruhelosigkeit und eine kritische Haltung gegenüber der traditionellen Anschauung entstanden seit Mitte der 50er-Jahre bei der Jugend. Die sich entwickelnde Protestbewegung gegenüber der Elterngeneration zeig-
60 te sich zum einen in der Begeisterung für den Rock 'n' Roll mit all seinen Modeerscheinungen (Kleidung, Haartracht ...). Zum anderen war in den 60er-Jahren eine deutliche Politisierung zu registrieren, die ihren Ausgangspunkt bei den Studenten genommen hatte.
65 Deren Zielrichtung war vor allem die Kritik an dem Vietnamkrieg und die Auseinandersetzung mit der Elterngeneration um die Schuldfrage.

Anders verlief die Entwicklung in der DDR. Das Bestreben der Sozialistischen Einheitspartei Deutschlands
70 (SED) war es, möglichst schnell die materiellen Grundbedürfnisse der Bevölkerung zu befriedigen (preiswerte Lebensmittel, preiswerte Mieten, Arbeitsplätze für alle Bürger) und damit eine einheitliche und gerechte Gesellschaft durch Abschaffung aller Privilegien zu ge-
75 währleisten. Diesen Ansprüchen konnte das System nur zum Teil gerecht werden. Insbesondere entwickelte sich ein übermächtiger Überwachungsstaat, dessen Ziel es war, alle Lebensbereiche zu kontrollieren. Sichtbares Zeichen dafür war das Ministerium für Staatssi-
80 cherheit, die sogenannte Stasi. Dahinter verbarg sich eine politische Polizei, die mit großen Machtbefugnissen ausgestattet war und systemkritische Bürgerinnen und Bürger bespitzelte. *(2013)*

1. Lesen Sie den Sachtext, erstellen Sie eine Mindmap dazu und halten Sie einen kurzen Vortrag über die Situation im Nachkriegsdeutschland.

2. Wählen Sie einen der Texte aus dem Teilkapitel und stellen Sie einen Bezug zu den Informationen des Sachtextes her.

„Du darfst nicht, sagte die eule zum auerhahn" – die DDR in der Literatur

Leben in der DDR – Schlaglichter

Fertiggestellte Plattenbauten in Halle-Neustadt, 1971

Elektro-Apparate-Werk, Ostberlin 1964

Erntearbeiten auf der LPG (Landwirtschaftliche Produktions-
genossenschaft) Friedrich Engels, 1961

Mitglieder der Freien Deutschen Jugend (FDJ) demonstrieren
für die neue Verfassung, 1968

DDR-Politiker am Stalindenkmal: Erich Honecker, Walter
Ulbricht, Wilhelm Pieck, Anfang der 50er-Jahre

Während des Mauerbaus flüchtet ein junger Grenzsoldat – in
Anwesenheit mehrerer Journalisten – an der Bernauer Straße
in den Westen. Berlin, 15. August 1961

1. Betrachten Sie die Bilder und sprechen Sie darüber, was sie über das Leben in der DDR zeigen.

2. Stellen Sie Aussagen über Besonderheiten des DDR-Alltags heraus. Gehen Sie z. B. auf das soziale, kulturelle und gesellschaftliche Leben oder auf die Wohn-, Arbeits- und Lebenssituation der Menschen ein.

Alexandra Wölke (geb. 1978)
Die Anfänge der DDR-Literatur

Die Literatur der ehemaligen DDR war in ihren Anfängen noch stark geprägt von den zurückliegenden Kriegserfahrungen und dem Grauen über die Auswirkungen des Nationalsozialismus. Viele junge Autoren
5 suchten einen Neuanfang und setzten ihre Hoffnungen auf den Sozialismus. Ihre Texte bringen den Wunsch zum Ausdruck, durch künstlerisches Schaffen beim Aufbau eines neuen Staates mitzuhelfen. Allerdings war die Literaturproduktion von Anfang an staatlich gesteu-
10 ert und folgte der Idee des sogenannten „Sozialistischen Realismus", einer einheitlichen Doktrin für das künstlerische Schaffen, die für alle sozialistisch-kommunistischen Länder gelten sollte. Darin heißt es wörtlich: „Wahrheitstreue und historische Konkretheit der künst-
15 lerischen Darstellung müssen mit den Aufgaben der ideologischen Umformung und Erziehung der Werktätigen im Geiste des Sozialismus abgestimmt werden."[1] Deshalb waren die entstehenden Werke stark von der Zielsetzung, die Menschen gemäß der neuen Ideologie
20 erziehen zu wollen, geprägt und folgten festen Schemata. Es sollte möglichst einen positiven Alltagshelden geben, welcher die Hoffnung auf eine bessere Zukunft für die Gemeinschaft verkörpert. Am Beispiel eines Menschen, der die sozialistische Utopie von einer gerechte-
25 ren Gesellschaft durch gemeinschaftliches Handeln in seinem Alltag verwirklicht, sollten die Leserinnen und Leser für die Grundgedanken des neuen Staates gewonnen werden.
Wichtige Impulse für die weitere Entwicklung der DDR-
30 Literatur gingen von einer Konferenz aus, die 1959 in Bitterfeld stattfand. In ihrem Rahmen wurden programmatische und thematische Vorgaben für die Literaturproduktion beschlossen. Angestrebt wurde insbesondere, „die aus der Klassengesellschaft übernommene
35 Trennung zwischen Kunst und Volk zu überwinden"[2]. Die Arbeiterklasse sollte nicht nur lesen, sondern auch schreiben. Die Umsetzung des Programms, das später als „Bitterfelder Weg" bezeichnet wurde, erwies sich allerdings als schwierig, denn während einerseits viele
40 Initiativen schreibender Arbeiter entstanden, waren andererseits wenige bereits prominente Autoren bereit,

der Parteilinie zu folgen und sich zur Arbeit in der Produktion zwingen zu lassen, um dort „lebensweltliche Erfahrungen" zu sammeln. Auch wurde eine Einschränkung der kritischen Funktion von Kunst und Literatur
45 befürchtet. Einige der proklamierten Ziele wurden zurückgenommen und schließlich wurde das ganze Programm fallen gelassen. Es folgte eine Zeit hoher literarischer Produktivität, die für die weitere Entwicklung der DDR-Literatur entscheidend war. Wichtige maß-
50 gebliche Werke wie z. B. der Roman „Der geteilte Himmel" von Christa Wolf sowie Gedichte von Günter Kunert, Reiner Kunze und Wolf Biermann entstanden.
Für die Themen und die Gestaltung der Literatur der DDR war weiterhin der Mauerbau im Jahre 1961 von
55 Bedeutung. Denn er bedeutete für die Menschen, dass die Grenze zur DDR nun vollständig geschlossen war und man sich mit den gesellschaftlichen Verhältnissen zu arrangieren hatte.
In der DDR zu lesen, vor allem aber zu schreiben, war
60 durch das umfassende Kontroll- und Zensurwesen nicht Sache jedes Einzelnen, sondern Staatsangelegenheit. Manche Autoren und Werke auch aus anderen Ländern, so z. B. die Dystopie (negative Utopie) „1984" von George Orwell mit ihrer radikalen Kritik an totali-
65 tären staatlichen Systemen, waren verboten, und wer sie besaß, musste mit Haftstrafen rechnen. Um doch auch politisch motivierte Kritik öffentlich äußern zu können, eignete sich neben der Satire besonders die Gattung Lyrik in ihrer Eigenart der sprachlichen Ver-
70 dichtung und ihrem Formenreichtum.

(2013)

1. Erläutern Sie, welche Rolle seitens der politisch Verantwortlichen der Kunst und der Literatur zugewiesen wurde. Gehen Sie dabei auch auf Chancen und Risiken, die mit einer solchen Rollenzuweisung verbunden sind, ein.

2. Fassen Sie die Aussagen zum Programm des sogenannten Sozialistischen Realismus zusammen. Was halten Sie von der zugrunde liegenden Idee?

---

[1] aus den Statuten des sowjetischen Schriftstellerverbandes (veröffentlicht auf dem ersten Allunionskongress 1934); https://de.wikipedia.org/wiki/Sozialistischer_Realismus [Aufruf: 09.10.2020]
[2] Geschichte der deutschen Literatur, erzählt von Manfred Mai, Weinheim/Basel 2004, S. 197

Reiner Kunze kam als Sohn eines Bergarbeiters 1933 in Oelsnitz/ Erzgebirge zur Welt. Seine frühen Verse waren noch ganz am Sozialistischen Realismus orientiert, und er zeigte sich in seinen Texten dem Staat dienst- und dankbar. Die Kehrtwende kam, als Kunze

sich wegen politischer Auseinandersetzungen im Jahre 1959 zum Abbruch seiner wissenschaftlichen Laufbahn genötigt fühlte und zur Arbeit als Hilfsschlosser im Schwermaschinenbau gezwungen war. Seine besondere Sympathie galt fortan tschechischen Autoren, deren Texte er übersetzte, auch, um auf die im Zuge des sogenannten Prager Frühlings einsetzenden Demokratisierungs- und Liberalisierungsbestrebungen aufmerksam zu machen. Zugleich wurden seine eigenen Texte kritischer. Seit 1968 wurde er von der Staatssicherheit (Stasi) überwacht, die Akten über ihn anlegte, um ihn als Schriftsteller entweder zu kriminalisieren oder ihn zum Weggang zu bewegen. 1977 stellte er wegen drohender Haftstrafe für sich, seine Frau und seine Tochter einen Ausreiseantrag aus der DDR und zog in die BRD.

Reiner Kunze (geb. 1933)
Das Ende der Kunst

Du darfst nicht, sagte die eule zum auerhahn,
du darfst nicht die sonne besingen
Die sonne ist nicht wichtig
Der auerhahn nahm
5 die sonne aus seinem gedicht
Du bist ein künstler,
sagte die eule zum auerhahn
Und es war schön finster

(1960)

1. Im Gedicht wird mit der Gattung Fabel gespielt, in welcher Tiere wie Menschen reden und handeln. Stellen Sie Vermutungen an, wer sich hinter der Eule und dem Auerhahn verbergen könnte.

2. Stellen Sie einen Bezug zur historischen Situation her. Gehen Sie dabei auch auf die individuelle Situation des Autors ein und ziehen Sie die Hintergrundinformationen zu den Anfängen der DDR-Literatur zurate (S. 311).

3. Deuten Sie den Titel und den Schlussvers des Gedichts.

Reiner Kunze (geb. 1933)
Tatsachen

1
Betrunkene rowdys hätten versucht
unruhe zu stiften in K., meldete am morgen
die presseagentur der hauptstadt

5 Einer habe sich
öffentlich verbrannt

Wer wird bestreiten daß
alkohol brennt

2
10 Der bevölkerung sei es gelungen die ruhe
wiederherzustellen, meldete die presseagentur
am abend

Wer wird die zugehörigkeit bestreiten
der fallschirmjäger[1] zur bevölkerung

(1973)

(Aus lizenzrechtlichen Gründen sind die Texte nicht in reformierter Rechtschreibung abgedruckt.)

1. Erarbeiten Sie die Struktur des Gedichts und lassen Sie Ihre Erkenntnisse in einen wirkungsvollen Vortrag einfließen. Sie können dazu auch in einer Kleingruppe arbeiten und verschiedene Sprecher/-innen bestimmen.

2. Bestimmen Sie die Position des Sprechers im Gedicht zu den Meldungen der Presseagentur ein. Erläutern Sie, durch welche sprachlichen Signale dies deutlich wird.

3. Im Gedicht wird die „presseagentur der hauptstadt" (V. 4) genannt. Erschließen Sie daraus, welche Perspektive dem Bericht zugrundeliegt.

4. Formulieren Sie eine Deutungshypothese zu beiden Gedichten.

5. Wählen Sie eines der beiden Gedichte und verfassen Sie eine schriftliche Interpretation.
➔ Ein Gedicht interpretieren, S. 457 ff.

[1] **Fallschirmjäger:** Eliteeinheit der Polizei

6. Beschreiben Sie die Karikatur und erläutern Sie eine mögliche Aussageabsicht. Stellen Sie Bezüge zwischen den Gedichten Kunzes, der nebenstehenden Karikatur und der DDR-Wirklichkeit her.
Die Zeichnung stammt aus dem Jahr 1989 und wurde von Detlef Beck für eine Zeitung zum Festival des politischen Lieds erstellt. Aufgrund ihrer Aussage wurde das Erscheinen der Zeitschrift von der staatlichen Zensur der DDR verhindert.

Der Name Helga M. Novak ist ein Pseudonym für die deutsch-isländische Dichterin Maria Karlsdottir. Sie wurde 1935 in Berlin-Köpenick geboren und bekannte sich früh gegen den Willen ihrer Adoptiveltern zum Kommunismus und war eine Zeit lang Parteimitglied der SED. Nachdem sie Germanistik und Philosophie in Leipzig studiert hatte, heiratete sie 1961, zog nach Island und wurde dort Staatsbürgerin. 1965 kehrte sie nach Leipzig zurück und besuchte ein Jahr lang ein Literaturinstitut. 1967 wurde ihr die DDR-Staatsbürgerschaft wegen Vervielfältigung und Verbreitung regimekritischer Texte aberkannt, sodass sie in die BRD übersiedelte. Ihre Erfahrung, sich nirgends ganz zugehörig fühlen zu können, prägt ihr Werk, weil sich darin die erlebten und erlittenen Konflikte mit politischen Strukturen spiegeln. Daneben ist für das Verständnis ihrer Texte auch die Erfahrung von Bedeutung, einen radikalen Gesinnungswechsel durchgemacht zu haben.

Helga M. Novak (1935 – 2013)
an einem deutschen Wintertag

an einem deutschen Wintertag
da traf ich einen Mann
der mit einem Köfferchen
gerad aus Frankreich kam

5 ich sprach von unsrer Jahreszeit
und sagte wie ich heiß
– dein Name interessiert mich nicht
und deutscher Schnee ist ewig weiß –

ich sag ich hätt einen deutschen Pass
10 und könnte doch nicht reisen
da hat er mich nur ausgelacht
sein Blick ließ mich vereisen

dann meint er nebenbei zu mir
15 – sei nur ein Narr und weine
wie ichs vor hundert Jahren tat
ich heiße Heinrich Heine –   *(1962)*

1. Beschreiben Sie den Eindruck, den Sie von der Begegnung des lyrischen Ichs mit dem zunächst unbekannten Mann haben. Wie agieren beide im Gespräch?

2. Erläutern Sie, in welcher Situation sich das lyrische Ich befindet und wie es seine Lage bewertet.

3. Formulieren Sie eine Deutungshypothese zum Gedicht.

4. Interpretieren Sie das Gedicht in einem zusammenhängenden Text. Gehen Sie darauf ein, was über die gesellschaftliche Wirklichkeit in der DDR ausgesagt wird und berücksichtigen Sie dabei die Bedeutung der Jahreszeit.
➜ Ein Gedicht interpretieren, S. 457 ff.

Wolf Biermann wurde 1936 in Hamburg geboren. Mit 17 Jahren wanderte er freiwillig als überzeugter Kommunist, der sich sehr viel von dem neuen deutschen Staat erwartete, in die DDR aus. Jedoch wuchs bald seine Enttäuschung über die Diskrepanz zwischen der politischen Idee und der konkreten Umsetzung im Sozialismus der DDR. Biermanns Gedichte und Lieder wurden immer provokativer und regimekritischer, gleichzeitig aber auch in Ost und West immer populärer. Deswegen geriet er ins Visier der Staatssicherheit, die ihn permanent überwachte.

Die SED-Führung versuchte ihn mundtot zu machen. Er erhielt 1965 Publikationsverbot und wurde SED-intern als „Staatsfeind" angesehen. Daher war die Überraschung groß, als ihm 1976 eine Tournee in die BRD genehmigt wurde. Nach dem ersten Konzert in Köln wurde ihm die Staatsbürgerschaft aberkannt und eine Wiedereinreise in die DDR verboten. Heftige Proteste gegen diese Maßnahme sind die Folge, die von der DDR-Führung nicht erwartet worden waren. So erklärten über 100 in der DDR prominente Menschen aus dem Kunst- und Kulturbereich in Form einer Petition ihre Solidarität mit Biermann, obwohl sie selbst mit Repressionen rechnen mussten. Die Unterzeichnenden der Petition wurden ihrerseits mit Publikationsverbot bedroht und man legte ihnen nah, das Land zu verlassen. Auf diese Weise verlor die DDR viele ihrer bedeutendsten Intellektuellen, da nun eine Ausreisewelle in den Westen begann.

 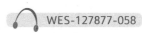

Wolf Biermann (geb. 1936)
Ermutigung

Du, lass dich nicht verhärten
in dieser harten Zeit.
Die allzu hart sind, brechen
die allzu spitz sind, stechen
5 und brechen ab sogleich.

Du, lass dich nicht verbittern
in dieser bitt'ren Zeit.
Die Herrschenden erzittern
– sitzt du erst hinter Gittern –
10 doch nicht vor deinem Leid.

Du, lass dich nicht erschrecken
in dieser Schreckenszeit.
Das woll'n sie doch bezwecken,
dass wir die Waffen strecken
15 schon vor dem großen Streit.

Du, lass dich nicht verbrauchen
gebrauche deine Zeit.
Du kannst nicht untertauchen
du brauchst uns, und wir brauchen
20 grad deine Heiterkeit.

Wir woll'n es nicht verschweigen
in dieser Schweigezeit.
Das Grün bricht aus den Zweigen
wir woll'n das allen zeigen
25 dann wissen sie Bescheid.

(1968)

1. Hören Sie sich den Gedichtvortrag an und erschließen Sie seine Intention und wie das lyrische Ich seine Zeit charakterisiert.

2. Wolf Biermann hat das Gedicht Peter Huchel (1903 – 1981), einem Autor der DDR, der in besonderer Weise unter Repressalien des Regimes litt, gewidmet. Äußern Sie Vermutungen darüber, welche Funktion im Hinblick auf den individuellen Adressaten haben könnte und wer darüber hinaus angesprochen sein könnte.

3. Erklären Sie in diesem Zusammenhang den Wechsel des Personalpronomens zu Beginn der letzten Strophe.

4. Besorgen Sie sich eine Vertonung des Gedichts. Beschreiben und bewerten Sie den besonderen Charakter des Vortrags.

5. **Was Sie noch machen können:**
Recherchieren Sie einige Songtexte von Biermann, z. B. „Die Stasi-Ballade" oder „Die Ballade vom preußischen Ikarus", und erläutern Sie, auf welche Weise hier Regimekritik geäußert wird.

Hermann Kant (1926 – 2016)
Die Aula

Hermann Kant war ein deutscher Schriftsteller und ein Politiker der SED. Seine Bücher wurden in zahlreiche Sprachen übersetzt und erzielten in der DDR hohe Auflagen. Kant hatte eine Reihe von Funktionen in der DDR inne: Von 1981 bis 1990 war er Abgeordneter der Volkskammer der DDR und von 1986 bis 1989 Mitglied des Zentralkomitees der SED. Als sein Hauptwerk gilt das Buch „Die Aula", in dem er eigene Erlebnisse an der Arbeiter-und-Bauern-Fakultät aufgreift. 1962: Der Elektriker Robert Iswall soll eine Rede zur Schließung der „Arbeiter- und Bauernfakultät" halten. Während ihrer Vorbereitung legt er Rechenschaft über sein Leben ab, vor allem über die seit 1949, dem Jahr der Gründung der DDR, vergangene Zeit.

Quasi war der einfallsreichste Organisator, den Robert je kennen gelernt hatte. Als Robert und Trullesand nach der von Bobby Neumann zertrommelten Nacht an ihrem Bestimmungsort anlangten, stand Quasi auf ei-
5 nem riesigen Brikethaufen neben dem Fakultätseingang und begrüßte sie mit Schwung: „Freundschaft, Freunde! Ihr wohnt in Raum zweiunddreißig, Vier-Mann-Zimmer mit Blick auf eine Obstbaumallee, zurzeit schon alles abgeerntet. Legt eure Klamotten ab und
10 kommt wieder runter. Vorher alte Sachen anziehen; die Kohlen müssen quasi in den Keller." „Wat liegt denn an", sagte Trullesand, „bist du der FDJ-Makker hier?" „Kommissarisch", sagte Riek, „ich hab mich selbst eingesetzt, es war nämlich kein anderer da, und auch keiner, den
15 ich hätte einsetzen können. Nach mir seid ihr die ersten. Jetzt können wir natürlich wählen. Aber wenn ihr mich fragt, bringen wir quasi erst einmal die Kohlen in den Keller – Freie Deutsche Jugend, pack an!"
Robert und Trullesand suchten ihr Zimmer. Sie fanden
20 eine ehemalige Kaserne, in der es an fast allem fehlte. Auf den Fluren gab es nur Bauschutt, nicht einmal Fußboden, und ihr Zimmer war bis auf zwei Doppelstockbetten leer und kahl. Sie sahen sich schweigend um, bis Trullesand ans Fenster trat und sagte: „Aber die Aus-
25 sicht, die ist schön."
Robert stellte sich neben ihn und suchte vergebens nach Schönheit. Da waren ein verwüsteter Platz mit ei-

nem gesprengten Bunker und eine nasse Straße, die sich in kahlen Schrebergarten verlor. Aber Trullesand sah das anders: „Na, jetzt nicht so sehr, Mann, Oktober
30 und Regen, da kannst du nicht viel verlangen. Aber nun denk dir den Bunker mal weg, und statt der Ödnis denk dir mal einen Fußballplatz, und auf die Straße denk dir mal lauter hübsche Mädchen, die immer hier so rauflinsen, und an die Bäume denk dir mal Birnen und alles
35 diese Dinger – na, wat sagst du, ist die Aussicht schlecht?" „Die Aussicht ist großartig", sagte Robert, und sie lachten beide. [...]
„Du, Robert", rief Trullesand, „weißt du, was er sagt? Er sagt, wir machen hier ein Subbotnik." Robert nahm den
40 Ton auf: „So, sagt er das? Was ist denn das, ein Subbotnik?" „Ein Subbotnik", sagte Quasi, „das ist eine Keimform des Kommunismus, ein freiwilliger Arbeitseinsatz. Subbotnik kommt von Subbota, und Subbota ist russisch Sonnabend." Trullesand hielt beim Kohle-
45 schaufeln inne. „Wieso ist denn ein russischer Sonnabend eine Keimform des Kommunismus? Da fehlt doch wo ein Zusammenhang." Riek tat, was er auch in späteren Zeiten immer wieder getan hatte: Er rettete sich in die Organisation: „Mir scheint, es hat sich schon
50 ein Thema für unseren ersten FDJ-Abend quasi herausgeschält: ‚Der Subbotnik als Keimform des Kommunismus'."

(1965)

1. Die Handlung des Ausschnitts spielt in der Zeit um 1950. Beschreiben Sie, wie Hermann Kant die Aufbruchstimmung jener Jahre veranschaulicht.

2. Der Kritiker Manfred Jäger bewundert die Kunst Hermann Kants, „ein so kritisches wie parteiliches, ein so lesbares wie pädagogisches, ein so unterhaltendes wie ernsthaftes Buch zu verfassen". Versuchen Sie, diese Einschätzung am vorliegenden Ausschnitt nachzuvollziehen.

3. Überprüfen sie, inwieweit der Text dem Konzept des „sozialistischen Realismus" (vgl. S. 311) entspricht.

Uwe Tellkmap (geb. 1968)
Der Turm

Uwe Tellkamp, der in Dresden aufwuchs, ist ein deutscher Schriftsteller. Sein bekanntester Roman „Der Turm" (2008) handelt von den letzten sieben Jahren der DDR bis zur Wende aus Sicht des Bildungsbürgertums in einem Dresdner-Villen-Viertel. 2008 erhielt Tellkamp für diesen Roman, der inzwischen auch verfilmt wurde, den Deutschen Buchpreis.
Der 17-jährige Christian Hoffmann ist Schüler der Abiturklasse an einer Erweiterten Oberschule (EOS) in der DDR. Um studieren zu können, dürfen keine Zweifel an der Ideologietreue zur SED bestehen, die auch in Form von Klassenarbeiten abgeprüft wird. Während einer solchen Prüfung in Christians Klasse zur Frage, woran sich die Überlegenheit des Sozialismus über den Kapitalismus erkennen lasse, schreibt seine Mitschülerin Verena nichts, sondern starrt aus dem Fenster und gibt ein leeres Blatt ab.

An einem Dienstag Ende März gingen die Geschichtsarbeiten an die 11/2 zurück. Herr Schnürchel mäandrierte durch die Klasse, teilte die Papiere aus, gab knappe Kommentare: Swetlana, sauberer Klassenstandpunkt,
5 sehr gute Ableitung, Eins."; [...] „Christian" und Schnürchels Augen hefteten sich auf ihn, so daß er das Gefühl hatte, von Schnürchels Schneidbrennerblick aufgetrennt zu werden, „zu viele Phrasen, aber den Marxschen Geschichtsbegriff gut herausgearbeitet, Zwei
10 minus." [...] Schnürchels Stimme zuckte auf und schien Verena körperlich zu treffen, sanft wie eine Eidechsenzunge: „Warum haben Sie mir nicht gesagt, dass Sie sich unwohl gefühlt haben?" „Ich ... habe mich nicht unwohl gefühlt." [...] Verenas Stimme war schartig[1], sie
15 mußte sich räuspern. „Verena." Diesmal antwortete Schnürchel schnell, Christian spürte die Überraschung in der Klasse bei diesem Ton verhaltener Wärme. „Dann muß ich eine FDJ[2]-Leitungssitzung einberufen und den Klassenlehrer[3] informieren." Verena schwieg, und
20 Christian verstand sie nicht, wandte den Kopf zur Tür und flüsterte „Warum, warum?" mit einer nutzlosen Intensität. Das Mißtrauen stach wieder auf[4], und er glaubte es auch auf Jens Ansorges Zügen lesen zu können, auf Siegbert Fügers dünnem Lächeln, Reina Koss-
25 manns jetzt kalkweißem Gesicht. Die FDJ-Leitungssitzung wurde für fünfzehn Uhr, nach der letzten Unterrichtsstunde, anberaumt [...] Dr. Franks sommersprossige Hand, die sich öffnete und schloß. „Bitte." Er nickte Verena zu, die zur Seite starrte, vor sich das wei-
30 ße Blatt mit ihrem Namen und der Aufgabe darunter. „Ich wußte nicht, was ich schreiben sollte." Ihre Stimme

war klar, der Ton kurz angebunden, mit ein wenig Verächtlichkeit; Christian sah auf, traf aber nur Franks Blick, dessen helles Braun ihm jetzt unerklärlich unangenehm war, ebenso die sich hilflos öffnende und 35 schließende Hand. „Dann hatten Sie einen Blackout." Frank stellte es nuschelnd fest, es war keine Frage. „Das kann vorkommen." „Wir müssen in diesem Fall die Arbeit mit Ungenügend bewerten." Schnürchel hatte zögernd gesprochen, aber noch in Franks Satz hinein. 40 Wieder blieb das Schweigen, wie etwas, das nicht zu löschen war. Christian trug das FDJ-Hemd, wie auch Falk Truschler und Siegbert Füger und Swetlana Lehmann: Herr Schnürchel hatte alle Schüler der Klasse, die im Internat wohnten, gebeten, es anzuziehen. „Ich 45 bin nicht damit einverstanden, wie wir hier diskutieren. Ich bin der Meinung, daß Verena eine ablehnende Haltung zur gestellten Frage einnimmt und sie deshalb nicht beantwortet hat. Das wäre nicht das erste Mal." Verena hob den Kopf und musterte Swetlana mit er- 50 schrockener Faszination. „Ja, du hast dir solche Sachen schon auf der POS[5] geleistet. Genau wie deine Schwester." „Swetlana –" „Nach meiner Meinung handelt es sich um eine vorsätzliche Provokation, Herr Dr. Frank." „Das glaube ich nicht." Reina Kossmann, die Kassiererin 55 im FDJ-Rat war, schüttelte den Kopf. „Mir hat sie nämlich vorher etwas gesagt." Verena sei es schlecht gewesen, einer Sache wegen, die einmal im Monat –. „Sie hat gesagt, sie hat sich nicht krank gefühlt", beharrte Swetlana. „Ich möchte eure Standpunkte wissen. Ich bin da- 60 für, daß der FDJ-Rat einen Beschluß faßt und ihn dem Direktor vorlegt." [...] Hier mischte sich Siegbert Füger

---

[1] **schartig:** von sprödem Klang, brüchig – [2] **FDJ:** Freie Deutsche Jugend, die einzige staatlich anerkannte und geförderte sozialistische Jugendorganisation in der DDR – [3] **Klassenlehrer:** Gemeint ist der Klassenleiter, Dr. Frank. – [4] Christians Misstrauen beruht darauf, dass er sich Verenas Verhalten nicht erklären kann. – [5] **Polytechnische Oberschule (POS):** einheitliche Gemeinschaftsschule in der DDR, die zehn Jahrgangsstufen umfasste. Zum Erreichen des Abiturs ging man danach auf die EOS.

ein: Swetlana könne nicht einfach „Ich glaube ihr nicht" sagen, nicht nur Verena, sondern auch Reina stünden dann unter dem Verdacht der Schwindelei [...]. Christian schwieg, aber da auch Falk Truschler schwieg, er mußte Protokoll führen, hefteten sich Swetlanas Augen auf ihn, während Dr. Frank einen Zettel kleinkniffte und Schnürchel eine Cremetube aus seiner Aktentasche zog, eine durchsichtige zollbreite Walze ausdrückte und seine Hände einrieb. Es roch angenehm nach Kräutern. „Deine Position, Christian?" Er mußte in diesem Moment an Swetlanas lockiges Haar denken. Es war schön und von einem Braun, das er nicht genau bezeichnen konnte. „Sie ist nicht in der Lage, eine Arbeit zu schreiben, wenn ihr schlecht ist." „Sie hätte es natürlich vorher sagen müssen. – Das war Ihr Fehler, Verena", sagte Schnürchel nachdenklich. „Das Ungenügend können wir nun nicht mehr zurücknehmen. Kein guter Start, aber ich denke, das wird bei Ihnen ein Ausrutscher gewesen sein. Es gibt ja mündliche Vorträge, und sonst stehen Sie doch gut bis sehr gut." „Mehr hast du nicht zu sagen?" An Swetlana schien Schnürchels Einwurf vorbeigeflogen zu sein wie ein Insekt, dem man keine Beachtung schenkt, da man sich auf etwas konzentriert. Sie fixierte Christian, es schien ihm, als ob es sie Kraft kostete, die Lider zitterten kaum merklich, der Blick war nicht stet. „Schade, daß die schönen Posten schon weg waren, hm? Der stellvertretende FDJ-Sekretär, der Schriftführer und der Kassierer. Das hätte

ja fürs Medizinstudium gereicht? Aber so ... Als Agitator – da muß man ja wirklich Engagement zeigen, stimmt's? Farbe bekennen!" „Swetlana, Sie werden unsachlich. So kann man nicht miteinander arbeiten." Das sagte Dr. Frank, mit grauem Mund, und Reina Kossmann fauchte: „Mir zu unterstellen, ich hätte nur einen Duckposten angenommen, für ein paar Pluspunkte in der Kaderakte –" „Ist doch die Wahrheit! Das wichtigste für euch ist das Studium, die Karriere, und dafür geht man auch in die FDJ-Leitung! Freilich nicht als Sekretär oder Agitator, also worauf's ankommt ... Wärt ihr denn auch dabei, wenn es dafür keine Pluspunkte gäbe? Was in diesem Land verwirklicht werden soll, ist euch doch völlig egal!" „Swetlana! So kommen wir nicht weiter. Dr. Frank hat recht, das ist unsachlich. Es ist nicht korrekt. Nicht korrekt. Wir sollten abschließend auch hören, was Verena zu sagen hat. Beruhigen Sie sich." Merkwürdig, wie behutsam Schnürchel sein konnte, väterlich, als müßte er seine ungebärdige Lieblingstochter vor sich selbst schützen; seine linke Hand, die vorgeschnellt war: als ob er etwas einfangen wollte, dachte Christian. Vielleicht kannte er die Situation, erkannte sie wieder. „Es stimmt, was Reina gesagt hat. Ich ... hatte Probleme." Verena war blaß jetzt, sie hatte leise gesprochen, mit abgewandtem Gesicht. [...]

(2008)

(Aus lizenzrechtlichen Gründen ist dieser Text nicht in reformierter Rechtschreibung abgedruckt.)

1. Untersuchen Sie, wie Lehrkräfte und Mitschüler auf Verenas Weigerung, den geforderten Aufsatz zu schreiben, reagieren.

2. Arbeiten Sie die Dilemma-Situation von Christian heraus.

3. Entwerfen Sie einen Dialog zwischen Verena und Christian nach der FDJ-Sitzung, in dem es um mögliche Motive und Konsequenzen in Hinblick auf die Verweigerung der Arbeit geht.

4. Zeigen Sie auf, inwiefern dieser Ausschnitt sowohl die Stärke des politisch-ideologischen Drucks im Schulalltag als auch die Grenzen der Ideologisierung aufzeigt.

5. Untersuchen Sie die sprachlichen und erzählerischen Mittel des Textes.

6. Nach dem Vorfall mit Verena ist Christian so aufgewühlt, dass er einem inneren Impuls folgt und mit seinen Eltern telefonieren will. Untersuchen Sie in einem weiteren Ausschnitt aus dem Roman, wodurch die telefonische Kommunikation mit seinen Eltern erschwert wird und inwiefern dieser Ausschnitt Einblick in die Einstellungen von Christian und seinen Eltern zum SED-Staat sowie zum Alltag in der DDR gibt. Leiten Sie daraus auch allgemeine Einschränkungen der zwischenmenschlichen Kommunikation in der DDR ab.

Den Ausschnitt finden Sie unter:
WES-127877-059 .

Volker Braun ist Autor von Gedichten und Prosa-Stücken und war längere Zeit Dramaturg am Berliner Ensemble, welches von Bertolt Brecht gegründet wurde und dessen Spielstätte das Theater am Schiffbauerdamm ist. Während er anfangs dem Gedanken eines sozialistischen Staatsaufbaus noch positiv gegenüberstand, wurden seine späteren Texte deutlich kritischer. Braun ging es allerdings dabei nicht darum, die vormals vertretenen Ideale zu verwerfen, sondern er suchte nach Reformmöglichkeiten bei deren konkreten politischen Umsetzung. Brauns Theaterstück „Großer Frieden" beispielsweise handelt vom Scheitern der sozialistischen Revolution, wobei die Handlung jedoch zur Tarnung nach China verlegt wird. Bald wurde der Autor von der Stasi überwacht, die nach Möglichkeiten suchte, den Dichter „umzuerziehen" und für die eigene Sache zurückzugewinnen. 1976 unterzeichnete Braun die Petition gegen die Ausbürgerung Wolf Biermanns und verließ 1982 den Schriftstellerverband der DDR. Anders als andere Autoren jedoch blieb er in der DDR und verarbeitete sein Zugehörigkeitsgefühl in mehreren lyrischen Texten.

Volker Braun (geb. 1939)

Das Eigentum

Da bin ich noch: mein Land geht in den Westen.
KRIEG DEN HÜTTEN FRIEDE DEN PALÄSTEN[1].
Ich selber habe ihm den Tritt versetzt.
Es wirft sich weg und seine magre Zierde.
5 Dem Winter folgt der Sommer der Begierde.
Und ich kann *bleiben wo der Pfeffer wächst*[2].
Und unverständlich wird mein ganzer Text.
Was ich niemals besaß wird mir entrissen.
Was ich nicht lebte, werd ich ewig missen.
10 Die Hoffnung lag im Weg wie eine Falle.
Mein Eigentum, jetzt habt ihrs auf der Kralle.
Wann sag ich wieder *mein* und meine alle.

(1990)

(Aus lizenzrechtlichen Gründen ist dieser Text nicht in reformierter Rechtschreibung abgedruckt.)

1. Bestimmen Sie die Situation, in der sich das lyrische Ich befindet. Gehen Sie dabei auf die Perspektive ein. Beachten Sie die Entstehungszeit des Gedichts.

2. Im Gedicht fallen einige Textteile dem Leser sofort ins Auge. Bestimmen Sie die Funktion, die die jeweiligen Verse innerhalb des Gedichts haben.

3. Deuten Sie den Gedichttitel „Das Eigentum". Gehen Sie dabei auf die Aussagen ein, die das lyrische Ich über sein „Eigentum" trifft, und setzen Sie Ihre Befunde in Bezug zu Ihrem Wissen über die politischen Maximen in der ehemaligen DDR.

[1] Anspielung auf ein Zitat aus Georg Büchners Werk „Der hessische Landbote" (s. S. 218 f.). In der Flugschrift, in der der Autor über politische Missstände seiner Zeit schreibt, heißt es im Vorbericht: *„Friede den Hütten! Krieg den Palästen!"* – [2] Anspielung auf den Beitrag von Ulrich Greiner: „Der Potsdamer Abgrund". Anmerkungen zu einem öffentlichen Streit um die „Kulturnation Deutschland". Greiner hatte über ein – in seinen Augen gescheitertes – Kolloquium ost- und westdeutscher Intellektueller berichtet und sich über die mangelnde Anpassungsbereitschaft ostdeutscher Autoren beschwert. Wörtlich heißt es darin: „Vielleicht wird es irgendwann eine deutsche Kulturnation geben. Noch sind die Ungleichzeitigkeiten gewaltig, noch prallen die verschiedenen Zeiten aufeinander, und die gemeinsame Sprache enthüllt nur das Verschiedene. […] Die toten Seelen des Realsozialismus sollen bleiben, wo der Pfeffer wächst."

„Für einen Moment" – Hinwendung zur Subjektivität

Peter Handke (geb. 1942)
Wunschloses Unglück

Peter Handke ist ein österreichischer Schriftsteller und Übersetzer und gehört zu den bekanntesten zeitgenössischen deutschsprachigen Autoren. Er wurde vielfach ausgezeichnet und erhielt 2019 den Nobelpreis für Literatur. Neben der Kritik an Sprach- und Bewusstseinsschablonen befasste sich Handke vor allem mit der Entfremdung zwischen Subjekt und Umwelt. Seine Parteinahme für die Seite Serbiens und die serbischen Nationalisten anlässlich der Jugoslawienkriegen ab 1996 führt bis in die Gegenwart zu Kontroversen.

Unter der Rubrik VERMISCHTES stand in der Sonntagsausgabe der Kärntner „Volkszeitung" folgendes: „In der Nacht zum Samstag verübte eine 51jahrige Hausfrau aus A. (Gemeinde G.) Selbstmord durch Einneh-
5 men einer Überdosis von Schlaftabletten." Es ist inzwischen fast sieben Wochen her, seit meine Mutter tot ist, und ich mochte mich an die Arbeit machen, bevor das Bedürfnis, über sie zu schreiben, das bei der Beerdigung so stark war, sich in die stumpfsinnige Sprachlo-
10 sigkeit zurückverwandelt, mit der ich auf die Nachricht von dem Selbstmord reagierte. Ja, an die Arbeit machen: denn das Bedürfnis, etwas über meine Mutter zu schreiben, so unvermittelt es sich auch manchmal noch einstellt, ist andrerseits wieder so unbestimmt, das eine
15 Arbeitsanstrengung nötig sein wird, damit ich nicht einfach, wie es mir gerade entsprechen würde, mit der Schreibmaschine immer den gleichen Buchstaben auf das Papier klopfe. Eine solche Bewegungstherapie allein würde mir nicht nutzen, sie würde mich nur noch
20 passiver und apathischer machen. Ebensogut konnte ich wegfahren – unterwegs, auf einer Reise, würde mir mein kopfloses Dösen und Herumlungern außerdem weniger auf die Nerven gehen.
Seit ein paar Wochen bin ich auch reizbarer als sonst,
25 bei Unordnung, Kälte und Stille kaum mehr ansprechbar, bücke mich nach jedem Wollfussel und Brotkrümel auf dem Boden. Manchmal wundere ich mich, daß mir Sachen, die ich halte, nicht schon längst aus der Hand gefallen sind, so fühllos werde ich plötzlich bei dem Ge-
30 danken an diesen Selbstmord. Und trotzdem sehne ich mich nach solchen Augenblicken, weil dann der Stumpfsinn aufhört und der Kopf ganz klar wird. Es ist ein Entsetzen, bei dem es mir wieder gut geht: endlich keine Langeweile mehr, ein widerstandsloser Körper,

keine anstrengenden Entfernungen, ein schmerzloses Zeitvergehen. [...]
Meine Mutter war das vorletzte von fünf Kindern. In 35 der Schule erwies sie sich als klug, die Lehrer schrieben ihr die bestmöglichen Zeugnisse, lobten vor allem die saubere Schrift, und dann waren die Schuljahre auch schon vorbei. Das Lernen war nur ein Kinderspiel gewesen, nach erfüllter Schulpflicht, mit dem Erwachsen- 40 werden, wurde es unnötig. Die Frauen gewöhnten sich nun zu Hause an die künftige Häuslichkeit. [...]
Sie schickte das Kind schlafen und blieb bei laufendem Fernseher sitzen. Am Tag vorher war sie noch beim Friseur gewesen und hatte sich maniküren lassen. Sie 45 schaltete den Fernseher aus, ging ins Schlafzimmer und hängte ein zweiteiliges braunes Kleid an den Schrank. Sie nahm alle Schmerztabletten, mischte ihre sämtlichen Antidepressiva darunter. Sie zog ihre Menstruationshose an, in die sie noch Windeln einlegte, zusätzlich 50 zwei weitere Hosen, band sich mit einem Kopftuch das Kinn fest und legte sich, ohne die Heizmatte einzuschalten, in einem knöchellangen Nachthemd zu Bett. Sie streckte sich aus und legte die Hände übereinander. In dem Brief, der sonst nur Bestimmungen für ihre Be- 55 stattung enthielt, schrieb sie mir am Schluß, sie sei ganz ruhig und glücklich, endlich in Frieden einzuschlafen. Aber ich bin sicher, daß das nicht stimmt. [...] Das Grausen ist etwas Naturgesetzliches: der horrorvacui im Bewußtsein. Die Vorstellung bildet sich gerade und 60 merkt plötzlich, daß es ja nichts mehr zum Vorstellen gibt. Darauf stürzt sie ab, wie eine Zeichentrickfigur, die bemerkt, daß sie schon die längste Zeit auf der bloßen Luft weitergeht.   *(1972)*

(Aus lizenzrechtlichen Gründen ist der Text nicht in reformierter Rechtschreibung abgedruckt.)

1. Der Selbstmord seiner Mutter ist für Peter Handke zu Beginn der Erzählung Anlass, über die Bedeutung, die das Schreiben für ihn hat, nachzudenken. Fassen Sie seine Gedanken zusammen.

2. Beschreiben Sie mit eigenen Worten das Leben der Mutter Handkes, wie es in den abgedruckten Passagen erscheint. Erläutern Sie in diesem Zusammenhang die Äußerung Handkes, dass die Mitteilung seiner Mutter, „sie sei ganz ruhig und glücklich, endlich in Frieden einzuschlafen", nicht stimmen könne.

Karin Struck (1947 – 2006)
Klassenliebe

Karin Struck, die einer Bauernfamilie entstammt und ursprünglich aus der DDR stammte, war eine deutsche Schriftstellerin und wuchs im ostwestfälischen Schloß Holte-Stukenbrock auf. Nach ihrem Abitur studierte sie Romanistik, Germanistik und Psychologie in Bochum, Bonn und Düsseldorf. Während ihres Studiums engagierte sie sich im Sozialistischen Deutschen Studentenbund (SDS). Außerdem war sie Mitglied der Deutschen Kommunistischen Partei (DKP), trat jedoch später aus Protest gegen die Behandlung des Dissidenten Alexander Solschenizyn durch die sowjetischen Behörden aus. Durch einen eigenen Schwangerschaftsabbruch traumatisiert, wurde Struck zunehmend zur vehementen Abtreibungsgegnerin, was sie in mehreren Werken verarbeitete. Mit ihrem Debütroman „Klassenliebe" gehörte Struck zum Begründerkreis der literarischen Stilrichtung „Neue Subjektivität", die private Phänomene zum Spiegelbild der Gesellschaft machte. In dem Roman schildert Karin Struck den Weg einer Aufsteigerin, Karin S., aus der Arbeiterschicht hin zur Intellektuellen. Struck verarbeitete in diesem „Dokument zwanghafter Selbstanalyse und schonungsloser Selbstoffenbarung" eigene Erlebnisse und Erfahrungen.

Sich seiner selbst peinlich bewusst sein. Der Impuls, das Gesicht zu verstecken oder einfach bis unter die Erde versinken, Tarnkappe, aber statt Tarnkappe rotwerden, sonnenblutrot. Dieses Rotwerden während meiner
5 Gymnasiumszeit. Das Rotwerden auf der Treppe des Soziologischen Seminars in Frankfurt, in dem Moment, wo Ursula A. über ein Buch spricht, und ich verstehe nichts, Rotwerden wie die Angst, auf die Frage des Klassenlehrers zu antworten „Mein Vater ist Arbeiter",
10 stattdessen sagen „Er ist Filmdrucker", aber es kommt raus, dass er nur Stoffe bedruckt, dass „Filmdrucker" dasselbe ist wie „Arbeiter", denn der Klassenlehrer fragt interessiert „Hat er eine Fabrik?". Die ständige Angst, meine Hände zu zeigen. Diese dicken Bauernfin-
15 ger. Veronika Westhoff, die Tochter des Schloss Holter Textilfabrikanten mit ihren langen, dünnen, zarten Fingern. Meine Klassenfeindin. Diese dicken Bauernhände, die immer rot werden, aber wo sie verstecken? Du hast einen Geschmack wie eine Kuh, sagt Veronika
20 Westhoff. Die extreme Arbeitslähmung ist die Folge eines starken Minderwertigkeitsgefühls. In Fällen der Regression bis zum Ur-Misstrauen erstreckt es sich auf alles, was man mitbekommen hat. Erikson. Ja, intelligent sind Sie nicht allzu sehr, sagt der Psychologe im Bielefelder Arbeitsamt, aber fleißig und ausdauernd,
25 das sind Sie, wie alle Arbeiterkinder, die bringen es zu was, weil sie sich durchbeißen, die wissen zu kämpfen. So habe ich doch einen Vorteil. Die Tochter des Arztes, so hörte ich, war, nach dem Urteil des Psychologen, äußerst intelligent, „hochbegabt", „hochintelligent".
30
(1973)

1. Klären Sie mithilfe geeigneter Nachschlagewerkzeuge das psychologische Fachvokabular im Text: Minderwertigkeitsgefühl, Regression, Ur-Misstrauen, intelligent/Intelligenz.

2. Erschließen Sie ausgehend von Ihren Ergebnissen das Selbstbild der Erzählerin. Nehmen Sie dazu Stellung, ob Sie das Problem, vor dem sie steht, nachvollziehen können.

3. Versuchen Sie, den Bedeutungsspielraum der Begriffe „Klassenliebe", „Klassenlehrer" und „Klassenfeindin" sowie der Farbe Rot im Text abzustecken.

Der aus einer Architektenfamilie stammende Walter Helmut Fritz war nach seinem Studium zunächst als Gymnasiallehrer tätig. Seit 1964 arbeitete er als freier Schriftsteller. Neben einigen Romanen und Essays hat Fritz in erster Linie Lyrik veröffentlicht. Im Mittelpunkt steht dabei die nüchterne Schilderung von Natur- und Alltagsbeobachtungen, die häufig zur Illustrierung psychischer Zusammenhänge dient.

Eva Strittmatter, die Frau des berühmten Schriftstellers Erwin Strittmatter, machte sich ebenfalls als Lyrikern einen Namen. Die studierte Germanistin und Lektorin begann Mitte der 1960er-Jahre mit dem Schreiben. Naturbeschreibungen, menschliche Haltungen und Gefühle waren ihre bevorzugten Themen. Wundersam lebendig und einfach schön sei ihre Naturlyrik, die nach „Wind und Regen schmecken", wie Schriftstellerfreund Hermann Kant lobte.

Walter Helmut Fritz (1929 – 2010)
Liebesgedicht II

Weil du die Tage
zu Schiffen machst,
die ihre Richtung kennen.

Weil dein Körper
5 Lachen kann.

Weil dein Schweigen
Stufen hat.

Weil ein Jahr
10 die Form deines Gesichts annimmt.

Weil ich durch dich verstehe,
dass es Anwesenheit gibt,
liebe ich dich.   *(1963 – 1966)*

Eva Strittmatter (1930 – 2011)
Vom Schreiben

Natürlich könnte ich
Auch komplizierter schreiben
Und könnte Dichtung als
Geheimmagie betreiben.
5 Ich könnte Chiffren erfinden,
Die nur fünf Leute verstehn,
Und die andern waren die Blinden,
Wir sechs allein konnten sehn.
Ich will aber einfach bleiben
10 Und nah am alltäglichen Wort
Und will so deutlich schreiben,
Dass die Leute an meinem Ort
Meine Gedichte lesen
Und meine Gedanken verstehn
15 Und sagen: so ist es gewesen,
Und das haben wir auch schon
gesehn.

(1975)

Wissen und Können

Literatur der Neuen Innerlichkeit / Neuen Subjektivität

Anfang der 1970er-Jahre nahm die Zahl autobiografischer Veröffentlichungen zu. Da es in vielen Texten um **Selbstaussprache eines Subjekts** ging, das über Erfahrungen, Erlebnisse und Reflexionen Rechenschaft ablegte, wurde dieser literarischen Strömung der Name **„Neue Subjektivität"** oder **„Neue Innerlichkeit"** gegeben. Drei literarische Bereiche gewannen an Bedeutung: die sogenannte **„Frauenliteratur"**, in der insbesondere die Spezifika weiblicher Ästhetik zum Ausdruck kommt; **Alltagslyrik**, die der Alltäglichkeit, der Banalität des Daseins eines Ich oder eines Wir Ausdruck gibt, Realität wird dabei beschrieben, nicht transzendiert; **Dialektdichtung**, die Region, Heimat und Umwelt thematisiert und sich oft des Sprachspiels und satirischer Schreibweisen bedient.

1. Lesen Sie die beiden Gedichte und formulieren Sie Ihren ersten Eindruck.

2. Wählen Sie eines der Gedichte aus und interpretieren Sie es. Gehen Sie dabei besonders auf die sprachliche Gestaltung ein. Formulieren Sie zunächst eine Deutungshypothese, die als roter Faden für Ihre Interpretation fungiert.
➔ Ein Gedicht interpretieren, S. 457 ff.

3. Erläutern Sie anschließend, welche Merkmale der Poetik der Neuen Innerlichkeit/Subjektivität den Gedichten entnehmen können. Nutzen Sie dazu auch die nebenstehenden Informationen.

Karin Kiwus wuchs in Berlin auf. Sie studierte Publizistik, Germanistik und politische Wissenschaften an der Freien Universität Berlin. Danach war sie als Verlagslektorin in Frankfurt am Main und Hamburg tätig, lehrte als Dozentin an der University of Texas (Austin) und an der Freien Universität Berlin. Bereits ihr erster Gedichtband, „Von beiden Seiten der Gegenwart" (1976), erfuhr große Beachtung.

Ursula Krechel studierte Germanistik, Theaterwissenschaft und Kunstgeschichte. Sie war Theaterdramaturgin und lehrte an verschiedenen Hochschulen, zuletzt an der Universität der Künste in Berlin. Seit 1977 veröffentlichte die in Berlin lebende Autorin zwölf Gedichtbände sowie mehrere Prosawerke, Essays und Theaterstücke. Ihr 2012 erschienener Roman „Landgericht" erhielt den Deutschen Buchpreis.

Karin Kiwus (geb. 1942)
Lösung

Im Traum
nicht einmal mehr
suche ich
mein verlorenes Paradies
5 bei dir

ich erfinde es
besser allein
für mich

10 In Wirklichkeit
will ich
einfach nur leben
mit dir so gut
es geht

(1979)

Ursula Krechel (geb. 1947)
Liebe am Horizont

Der Mann hat eine schreckliche
Unordnung in ihr Leben gebracht. Plötzlich
waren die Aschenbecher voller Asche
die Laken zweifach benutzt, verschwitzt
5 und alle Uhren gingen anders.
Einige Wochen lang schwebte sie
über den Wolken und küßte den Mond.
Erst im Tageslicht wurde ihre Liebe
kleiner und kleiner. Achtlos
10 warf er das Handtuch, blaukariert
mit dem kreuzgestichelten Monogramm
(wenn das die Mutter wüßte)
über die Schreibmaschine. Bald
konnte sie ihre Liebe schon
15 in einer Schublade verschließen.
Eingesperrt zwischen Plunder
geriet sie in Vergessenheit.
Später, als der Mann sie rief
wünschte sie, stumm zu sein.
20 Als er wieder rief, war sie schon taub. *(1977)*

(Aus lizenzrechtlichen Gründen ist dieser Text nicht in reformierter Rechtschreibung abgedruckt.)

1. Lesen Sie die beiden Gedichte und halten Sie Ihre ersten Eindrücke schriftlich fest. Tauschen Sie sich im Anschluss mit einem Mitschüler oder einer Mitschülerin aus und notieren Sie, was das jeweils Kennzeichnende ist (Thematik, Form, Sprache etc.).

2. Welche Vorstellung haben Sie von dem jeweiligen lyrischen Ich in den Gedichten? Skizzieren Sie eine Personenbeschreibung, in der Sie z. B. Alter, Geschlecht, Aussehen, Familienstand, Beruf, Charaktereigenschaften berücksichtigen. Erläutern Sie, welche sprachlichen Signale in den Gedichten haben diese Vorstellungen in Ihnen ausgelöst haben.

3. Beschreiben Sie jeweils das Selbstverständnis des lyrischen Ichs und sein Verhältnis zu den Mitmenschen.

4. Vergleichen Sie die beiden Gedichte sowohl inhaltlich als auch formal-sprachlich miteinander.
   ➔ Einen Gedichtvergleich verfassen, S. 484 f.

Rolf Dieter Brinkmann wurde 1940 in Vechta geboren und starb infolge eines Verkehrsunfalls 1975 in London. Brinkmann veröffentlichte seit Anfang der 60er-Jahre Gedichte und Prosa. Er entwickelte sich in dieser Zeit zu einem Schriftsteller, dem es wichtig war, die Grenze zwischen „hoher Literatur" und „einfacher Schriftstellerei" aufzuheben. Von besonderer literarischer Bedeutung ist sein Gedichtband „Westwärts 1&2".

Rolf Dieter Brinkmann (1940 – 1975)
Notiz

Ich habe immer gern Gedichte geschrieben, wenn es auch lange gedauert hat, alle Vorurteile, was ein Gedicht darzustellen habe und wie es aussehen müsse, so ziemlich aus mir herauszuschreiben. [...]

5 Ich bin keineswegs der gängigen Ansicht, dass das Gedicht heute nur noch ein Abfallprodukt sein kann, wenn es auch meiner Ansicht nach nur das an Material aufnehmen kann, was wirklich alltäglich abfällt. Ich denke, dass das Gedicht die geeignetste Form ist,
10 spontan erfasste Vorgänge und Bewegungen, eine nur in einem Augenblick sich deutlich zeigende Empfindlichkeit konkret als „snap-shot" festzuhalten. Jeder kennt das, wenn zwischen Tür und Angel, wie man so sagt, was man in dem Augenblick zufällig vor sich
15 hat, zu einem sehr präzisen, festen, zugleich aber auch sehr durchsichtigen Bild wird, hinter dem nichts steht [als] scheinbar isolierte Schnittpunkte. Da geht es nicht mehr um die Quadratur des Kreises, da geht es um das genaue Hinsehen, die richtige Einstellung
20 zum Kaffeerest in der Tasse, während jemand reinkommt ins Zimmer und fragt: Gehen wir heute Abend in die Spätvorstellung? Mir ist das Kaugummi ausgegangen! Eine Zeitung ist aufgeschlagen, und man liest zufällig einen Satz, sieht dazu ein Bild und denkt, dass
25 der Weltraum sich auch jetzt gerade wieder ausdehnt. Die milde Witterung lockt Go-Go-Girls in den Kölner Rheinpark. Das alte Rückpro-Verfahren. Die Unterhaltung geht weiter. Ein Bild entsteht oder ein Vorgang, den es so nie gegeben hat, Stimmen, sehr direkt.
30 Man braucht nur skrupellos zu sein, das als Gedicht aufzuschreiben. Wenn es dieses Mal nicht klappt, wirft man den Zettel weg, beim nächsten Mal packt man es dann eben, etwas anderes. Sehen Sie hin, packen Sie das mal an, was fühlen Sie? Metall? Porzel-
35 lan? Eine alte Kippe zwischen Zeigefinger und Mittelfinger! Und sonst geht es Ihnen gut? Man muss vergessen, dass es so etwas wie Kunst gibt! Und einfach anfangen.

Formale Probleme haben mich bisher nie so stark interessiert, wie das noch immer die Konvention ist. Sie 40 können von mir aus auch ruhig weiterhin den berufsmäßigen Ästheten und Dichterprofis, die ihre persönlichen Skrupel angesichts der Materialfülle in feinziseliertem Hokuspokus sublimieren[1], als Beschäftigungsgegenstand bleiben. Die Toten bewundern die Toten! 45 Gibt es etwas, das gespenstischer wäre als dieser deutsche Kulturbetrieb mit dem fortwährenden Ruf nach Stil etc.? Wo bleibt Ihr Stil, wo bleibt Ihr Stil? Haben Sie denn keine guten Manieren? Haben Sie nicht gelernt, mit Messer und Gabel zu essen, und falten Sie nie die 50 Servietten auseinander? Warum sollt' ich mich ausdrücklich um Stil kümmern, wenn sowieso alles um mich herum schon so stilvoll ist! Das wäre mir einfach zu langweilig. Wie sagte Warren Beatty zu den deutschen Kinobesitzern beim Start von Bonnie und 55 Clyde: Bei der Schlussszene mit dem Maschinengewehrfeuer müsst ihr den Ton ganz aufdrehen! Häufig höre ich von Leuten, denen ich meine Sachen zeige, dass dies nun eigentlich keine Gedichte mehr seien, und sie glauben, damit das entscheidende Urteil 60 ausgesprochen zu haben. Sie sagen, das hier sei ja alles einfach, man könne es ja verstehen, und das wiederum macht ihnen meine Gedichte unverständlich. Diesen Vorgang finde ich witzig. Was soll man da machen? Das Klischee, die ganze abstrakte Vorstellung von einem ei- 65 gentlichen Gedicht noch einmal aufdecken? Es gibt kein anderes Material als das, was allen zugänglich ist und womit jeder alltäglich umgeht, was man aufnimmt, wenn man aus dem Fenster guckt, auf der Straße steht, an einem Schaufenster vorbeigeht, Knöpfe, Knöpfe, 70 was man gebraucht, woran man denkt und sich erinnert, alles ganz gewöhnlich, Filmbilder, Reklamebilder, Sätze aus irgendeiner Lektüre oder aus zurückliegenden Gesprächen, Meinungen, Gefasel, Gefasel, Ketchup, eine Schlagermelodie, die bestimmte Eindrücke neu 75 in einem entstehen lässt, z. B. wie jemand seinen Stock

[1] **sublimieren:** ins Erhabene steigern, etwas erhöhen

schwingt und dann zuschlägt, Zeilen, Bilder, Vorgänge, die dicke Suppe, die wem auf das Hemd tropft. Man schnieft sie durch die Nase hoch und spuckt sie dann wieder aus. Das alte Rezept und die neue Konzeption, bevor das Licht ausgeht, der Vorspann im Kino, hier bin ich. […]

⁸⁰

(1968)

1. Erläutern Sie, was der Gegenstand der Dichtung ist, die Rolf Dieter Brinkmann verfasst.

2. Erarbeiten Sie aus dem Text, welche Ansprüche Rolf Dieter Brinkmann an seine Dichtung stellt und welche Vorstellungen er in diesem Zusammenhang von traditioneller Dichtung hat.

3. Stellen Sie gegenüber, welche Forderungen der Autor an die formale Gestaltung seiner Gedichte stellt und wogegen er sich wehrt.

4. Überprüfen Sie, ob die Forderungen, die er an Gedichte stellt, in den nachfolgenden Beispielen „Trauer auf dem Wäschedraht im Januar" und „Einen jener klassischen" erfüllt werden.

WES-127877-060

Rolf Dieter Brinkmann (1940 – 1975)
Trauer auf dem Wäschedraht im Januar

Ein Stück Draht, krumm
ausgespannt, zwischen zwei
kahlen Bäumen, die

bald wieder Blätter
5 treiben, früh am Morgen
hängt daran eine

frisch gewaschene
schwarze Strumpfhose
aus den verwickelten

10 langen Beinen tropft
das Wasser in dem hellen,
frühen Licht auf die Steine.

(1975)

WES-127877-061

Rolf Dieter Brinkmann (1940 – 1975)
Einen jener klassischen

schwarzen Tangos in Köln, Ende des
Monats August, da der Sommer schon

ganz verstaubt ist, kurz nach Laden
Schluss aus der offenen Tür einer

5 dunklen Wirtschaft, die einem
Griechen gehört, hören, ist beinahe

ein Wunder: für einen Moment eine
Überraschung, für einen Moment

10 Aufatmen, für einen Moment
eine Pause in dieser Straße,

die niemand liebt und atemlos
macht, beim Hindurchgehen. Ich

15 schrieb das schnell auf, bevor
der Moment in der verfluchten

dunstigen Abgestorbenheit Kölns
wieder erlosch.

(1975)

Deutschsprachige Literatur nach 1989: interkulturell – international – identitätssuchend

Seit 2005 wird jährlich zum Auftakt der Frankfurter Buchmesse dem deutschsprachigen „Roman des Jahres" der Deutsche Buchpreis verliehen.

1. Erkundigen Sie sich über Zusammensetzung der Jury, Auswahlverfahren und Modalitäten der Preisverleihung.

2. Die preisgekrönten Romane der letzten Jahre finden Sie hier mit der Begründung der Jury und einer kurzen Zusammenfassung. Lesen Sie diese Texte durch und arbeiten Sie Themen heraus, die in den letzten Jahren in den Romanen besondere Wertschätzung und Aufmerksamkeit erhielten.

Buchpreis 2022: Kim de l'Horizon: Blutbuch

Die Erzählfigur in „Blutbuch" identifiziert sich weder als Mann noch als Frau. Aufgewachsen in einem schäbigen Schweizer Vorort, lebt sie mittlerweile in Zürich, ist den engen Strukturen der Herkunft entkommen und
5 fühlt sich im non-binären Körper und in der eigenen Sexualität wohl. Doch dann erkrankt die Großmutter an Demenz, und das Ich beginnt, sich mit der Vergangenheit auseinanderzusetzen. Ein Befreiungsakt von den Dingen, die ungefragt weitergetragen werden: Ge-
10 schlechter, Traumata, Klassenzugehörigkeiten.
Begründung der Jury: Mit einer enormen kreativen Energie sucht die non-binäre Erzählfigur in Kim de l'Horizons Roman „Blutbuch" nach einer eigenen Sprache. Welche Narrative gibt es für einen Körper, der sich
15 den herkömmlichen Vorstellungen von Geschlecht entzieht? Fixpunkt des Erzählens ist die eigene Großmutter, die „Großmeer" im Berndeutschen, in deren Ozean das Kind Kim zu ertrinken drohte und aus dem es sich jetzt schreibend freischwimmt. Die Romanform ist da-
20 bei in steter Bewegung. Jeder Sprachversuch, von der plastischen Szene bis zum essayartigen Memoir, entfaltet eine Dringlichkeit und literarische Innovationskraft, von der sich die Jury provozieren und begeistern ließ.

Buchpreis 2021: Antje Rávik Strubel: Blaue Frau

Adina wuchs im tschechischen Riesengebirge auf und sehnte sich schon als Kind in die Ferne. In Berlin lernt sie eine Fotografin kennen, die ihr ein Praktikum in einem Kulturhaus in der Uckermark vermittelt. Von ei-
5 nem sexuellen Übergriff, den keiner ernst nimmt, unsichtbar gemacht, strandet Adina nach einer Irrfahrt in Helsinki. Im Hotel begegnet sie einem estnischen Professor, Abgeordneter der EU, der sich in sie verliebt. Während er sich für die Menschenrechte stark macht,
10 sucht Adina einen Ausweg aus dem inneren Exil.
Begründung der Jury: Mit existenzieller Wucht und poetischer Präzision schildert Antje Rávik Strubel die Flucht einer jungen Frau vor ihren Erinnerungen an eine Vergewaltigung. Schicht um Schicht legt der auf-
15 wühlende Roman das Geschehene frei. Die Geschichte einer weiblichen Selbstermächtigung weitet sich zu einer Reflexion über rivalisierende Erinnerungskulturen in Ost- und Westeuropa und Machtgefälle zwischen den Geschlechtern. In einer tastenden Erzählbewegung
20 gelingt es Antje Rávik Strubel, das eigentlich Unaussprechliche einer traumatischen Erfahrung zur Sprache zu bringen. Im Dialog mit der mythischen Figur der Blauen Frau verdichtet die Erzählerin ihre eingreifende Poetik: Literatur als fragile Gegenmacht, die sich Un-
25 recht und Gewalt aller Verzweiflung zum Trotz entgegenstellt.

Buchpreis 2020: Anne Weber: Annette, ein Heldinnenepos

Was für ein Leben! Geboren 1923 in der Bretagne, aufgewachsen in einfachen Verhältnissen, schon als Jugendliche Mitglied der kommunistischen Résistance, Retterin zweier jüdischer Jugendlicher — wofür sie von Yad Vashem später den Ehrentitel „Gerechte unter den
5 Völkern" erhalten wird –, nach dem Krieg Neurophysiologin in Marseille, 1959 zu zehn Jahren Gefängnis verurteilt wegen ihres Engagements auf Seiten der algerischen Unabhängigkeitsbewegung... und noch heute

10 an Schulen ein lebendiges Beispiel für die Wichtigkeit des Ungehorsams. Anne Weber erzählt das unwahrscheinliche Leben der Anne Beaumanoir in einem brillanten biografischen Heldinnenepos. Die mit großer Sprachkraft geschilderten Szenen werfen viele Fragen
15 auf: Was treibt jemanden in den Widerstand? Was opfert er dafür? Wie weit darf er gehen? Was kann er erreichen? „Annette, ein Heldinnenepos" erzählt von einer wahren Heldin, die uns etwas angeht.

Begründung der Jury: Die Kraft von Anne Webers
20 Erzählung kann sich mit der Kraft ihrer Heldin messen: Es ist atemberaubend, wie frisch hier die alte Form des Epos klingt und mit welcher Leichtigkeit Weber die Lebensgeschichte der französischen Widerstandskämpferin Anne Beaumanoir zu einem Roman über Mut, Wi-
25 derstandskraft und den Kampf um Freiheit verdichtet. „Annette, ein Heldinnenepos" ist eine Geschichte voller Härten, die Weber aber mit souveräner Dezenz und feiner Ironie erzählt. Dabei geht es um nichts weniger als die deutsch-französische Geschichte als eine der
30 Grundlagen unseres heutigen Europas. Wir sind dankbar, dass Anne Weber Annette für uns entdeckt hat und von ihr erzählt.

Buchpreis 2019: Saša Stanišić: Herkunft

„Herkunft" ist ein Buch über den ersten Zufall unserer Biografie: irgendwo geboren werden. Und was danach kommt. „Herkunft" ist ein Buch über meine Heimaten, in der Erinnerung und der Erfindung. Ein Buch über
5 Sprache, Schwarzarbeit, die Stafette der Jugend und viele Sommer. Den Sommer, als mein Großvater meiner Großmutter beim Tanzen derart auf den Fuß trat, dass ich beinahe nie geboren worden wäre. Den Sommer, als ich fast ertrank. Den Sommer, in dem Angela Merkel
10 die Grenzen öffnen ließ und der dem Sommer ähnlich war, als ich über viele Grenzen nach Deutschland floh. „Herkunft" ist ein Abschied von meiner dementen Großmutter. Während ich Erinnerungen sammle, verliert sie ihre. „Herkunft" ist traurig, weil Herkunft für
15 mich zu tun hat mit dem, das nicht mehr zu haben ist. In „Herkunft" sprechen die Toten und die Schlangen, und meine Großtante Zagorka macht sich in die Sowjetunion auf, um Kosmonautin zu werden. Diese sind auch „Herkunft": ein Flößer, ein Bremser, eine Marxis-
20 mus-Professorin, die Marx vergessen hat. Ein bosnischer Polizist, der gern bestochen werden möchte. Ein Wehrmachtssoldat, der Milch mag. Eine Grundschule

für drei Schüler. Ein Nationalismus. Ein Yugo. Ein Tito. Ein Eichendorff. Ein Saša Stanišić.

Begründung der Jury: Saša Stanišić ist ein so guter 25 Erzähler, dass er sogar dem Erzählen misstraut. Unter jedem Satz dieses Romans wartet die unverfügbare Herkunft, die gleichzeitig der Antrieb des Erzählens ist. Verfügbar wird sie nur als Fragment, als Fiktion und als Spiel mit den Möglichkeiten der Geschichte. Der Autor 30 adelt die Leser mit seiner großen Phantasie und entlässt sie aus den Konventionen der Chronologie, des Realismus und der formalen Eindeutigkeit. „Das Zögern hat noch nie eine gute Geschichte erzählt", lässt er seine Ich-Figur sagen. Mit viel Witz setzt er den Narra- 35 tiven der Geschichtsklitterer seine eigenen Geschichten entgegen. „Herkunft" zeichnet das Bild einer Gegenwart, die sich immer wieder neu erzählt. Ein „Selbstporträt mit Ahnen" wird so zum Roman eines „Europas der Lebenswege". 40

Buchpreis 2018: Inger-Maria Mahlke: Archipel

Rosa kehrt zurück nach Teneriffa, in das heruntergewirtschaftete Haus der vormals einflussreichen Bernadottes. Rosa sucht. Was, weiß sie nicht genau. Ihr Großvater Julio war Kurier im Bürgerkrieg, war Gefangener der Faschisten, er floh und kam wieder, und heute hütet 5 er die letzte Lebenspforte der Alten von der Insel. Einer, der Privilegien nur als die der anderen kennt. „Archipel" führt rückwärts durch Julios Jahrhundert, das der Bautes und Bernadottes, der Wieses, der Moores und González', aber auch derer, die keine Namen haben. 10

Begründung der Jury: Der Archipel liegt am äußersten Rand Europas, Schauplatz ist die Insel Teneriffa. Gerade hier verdichten sich die Kolonialgeschichte und die Geschichte der europäischen Diktaturen im 20. Jahrhundert. Inger-Maria Mahlke erzählt auf genaue 15 und stimmige Weise von der Gegenwart bis zurück ins Jahr 1919. Im Zentrum stehen drei Familien aus unterschiedlichen sozialen Klassen, in denen die Geschichte Spaniens Brüche und Wunden hinterlässt. Vor allem aber sind es die schillernden Details, die diesen Roman 20 zu einem eindrücklichen Ereignis machen. Das Alltagsleben, eine beschädigte Landschaft, aber auch das Licht werden in der Sprache sinnlich erfahrbar. Faszinierend ist der Blick der Autorin für die feinen Verästelungen in familiären und sozialen Beziehungen. 25

Yüksel Pazarkaya, der nach seiner Schulzeit in der Türkei nach Deutschland übersiedelte, ist ein deutscher Schriftsteller und Übersetzer. Zuvor hatte er bereits ab 1961 als Erster überhaupt deutsch-türkische Theaterarbeit initiiert, zunächst in der von ihm mitbegründeten Stuttgarter Studiobühne, später durch die Gründung der ersten türkischen Amateurtheatergruppe in Deutschland. Später arbeitete er auch als Rundfunkredakteur und ist heute auch verlegerisch tätig. Er wurde vielfach ausgezeichnet und erhielt 1986 das Bundesverdienstkreuz am Bande.

Yüksel Pazarkaya (geb. 1940)
deutsche sprache

die ich vorbehaltlos liebe
die meine zweite heimat ist
die mir mehr zuversicht
die mir mehr geborgenheit
5 die mir mehr gab als die
die sie angeblich sprechen
sie gab mir lessing und heine
sie gab mir schiller und brecht
sie gab mir leibniz und feuerbach
10 sie gab mir hegel und marx
sie gab mir sehen und hören
sie gab mir hoffen und lieben
eine welt in der es sich leben lässt
die in ihr verstummen sind nicht in ihr
15 die in ihr lauthals reden halten sind nicht in ihr
die in ihr ein werkzeug der erniedrigung
die in ihr ein werkzeug der ausbeutung sehn
sie sind nicht in ihr sie nicht
meine behausung in der kälte der fremde
20 meine behausung in der hitze des hasses
meine behausung wenn mich verbiegt die bitterkeit
in ihr genoß ich die hoffnung
wie in meinem türkisch.   *(1989)*

1. Untersuchen Sie, wie das lyrische Ich seine Beziehung und Bindung zur deutschen Sprache beschreibt.

Hanefi Yeter: Wohin gehöre ich? (1989)

Der in Italien geborene Carmine Chiellino bzw. Gino Chiellino ist ein interkultureller Literaturwissenschaftler, Dichter, Essayist, Herausgeber und Übersetzer. Unter dem Namen Gino Chiellino veröffentlicht er Gedichte, Anthologien und Übersetzungen, während er unter dem Namen Carmine Chiellino seine literaturwissenschaftlichen Arbeiten und Essays herausgibt. Im Hinblick auf seine literaturwissenschaftlichen Arbeiten hat sich Chiellino auf die Erforschung der Werke von interkulturellen Autoren spezialisiert. Dabei hat er den Begriff der „interkulturellen Literatur" in deutscher Sprache geprägt.

Die in der Tschechoslowakei geborene Ilma Rakusa ist eine Schweizer Literaturwissenschaftlerin, Schriftstellerin und Literaturübersetzerin. Die vielfach ausgezeichnete Autorin ist Mitglied der Deutschen Akademie für Sprache und Dichtung in Darmstadt sowie der Fachjury des Zuger Übersetzer-Stipendiums.

Gino Chiellino (geb. 1946)
Verstummung

Meine Sprache
grenzt mich ab
ich habe sie aufgegeben

mit deiner
5 verfaulen mir
die Gefühle

(1984)

Ilma Rakusa (geb. 1946)
Mit zwei Zungen

Mit zwei Zungen
Kinderzunge für Kosen
und Küche Kartoffel
für Kleckse Kekse
5 und Zimmerkatastrophen
die andere schreibt
um nicht zu schreien
die Zäune stehen dazwischen
die Meere und schweigen

(1946)

1. Lesen Sie die beiden Gedichte und notieren Sie erste Assoziationen.

2. Diskutieren Sie, was Ilma Rakusa mit dem Bild von den „zwei Zungen" meinen könnte.

3. Vergleichen Sie die Gedichte von Rakusa und Chiellino in Hinblick auf die Gestaltung des Motivs Sprache. Formulieren Sie zunächst zu jedem Gedicht eine Deutungshypothese.
➔ Einen Gedichtvergleich verfassen, S. 484 f.

Sudabeh Mohafez (geb. 1963)
Nur ein Wort

Die Autorin Sudabeh Mohafez wurde 1963 in Teheran geboren und wuchs dort mit ihrer deutschen Mutter und dem iranischen Vater dreisprachig auf. Obwohl sie seit 40 Jahren nicht mehr im Iran gewesen ist, erzählen ihre Geschichten von den vielen „Heimaten" und Leben in beiden Kulturen. Selbst machte die studierte Musikerin, Anglistin und Erziehungswissenschaftlerin Station in Teheran, Berlin, Lissabon, Stuttgart und im Schwäbischen Wald. Ihr Werk wurde vielfach ausgezeichnet.

Natürlich sprachen die neuen Freunde auch Französisch, jedenfalls ein wenig, aber sie taten es holprig und nur im Unterricht. Natürlich sprachen sie auch Englisch, meist besser als Französisch, aber auch das nur im Klas-
5 senraum. Niemand: Niemand sprach Persisch. Und das Deutsch, das mich umgab, war ein ruppiges, hingeraunztes Deutsch: Berlin bringt selten Zärtliches hervor. Alle Verständigung schmolz in eine Art Trichter hinein. Alle Wörter flossen dort zusammen, drängten sich ge-
10 geneinander, und nur solchen aus einer einzigen Sprache gelang es, sich in das schmale Rohr zu zwängen, an dessen Ende die Menschen standen, mit denen ich nun leben wollte. Der Rest blieb oben hängen im Trichterbecher, wurde Hunger und Durst. Seitdem es nur noch ein
15 Wort für Baum gab, nicht mehr vier, ein Wort für Himmel, ein Wort für Angst, ein Wort für Liebe, dachte ich, ich würde ersticken. Ich dachte, ich könnte niemals wieder den Flug eines Reihers erkennen, wenn sein Himmel nur auf Deutsch ein Himmel wäre. Ich dachte, ich könn-
20 te niemals wieder um Hilfe rufen, wenn der, der mir helfen sollte, Angst nur auf Deutsch hören konnte. Ich

dachte, ich könnte niemals einem Menschen sagen, dass ich ihn liebe, wenn er es nur auf Deutsch verstünde. Ich dachte, die Baume stürben aus.
Also begann ich zu schreiben. Ich schrieb in der Sprache, die die Menschen, mit denen ich nun leben wollte, 25 verstanden. Aber ich tat es regelbrüchig, nämlich: Ich fühlte die Wörter auf Persisch dabei, da konnte ich wieder atmen. Und deshalb sage ich dir nicht, dass ich dich liebe. Ich sage: Ich träume dein schwarzes Falkenherz. Ich segne das Ried, über das du fliegst. Ich sage: Ich 30 habe diese Menschen gewählt, aber unter ihnen dich. Vor allen andern habe ich dich gewählt. Und mein Gefieder, sage ich, ist so weich wie noch nie.

(2007)

1. Arbeiten Sie heraus, welche Schwierigkeiten der sprachlichen Verständigung im Text dargestellt werden und mit welchen sprachlichen Mitteln das geschieht.

2. Vergleichen Sie die Texte von Mohafez, Pazarkaya und Chiellino hinsichtlich der dargestellten Sprach- und Identitätsproblematik.

Saša Stanišić (geb. 1978)
Herkunft

Der in Jugoslawien geborene Saša Stanišić floh vor dem Bosnienkrieg mit seinen Eltern nach Deutschland. Nach dem Abitur studierte er an der Universität Heidelberg Deutsch als Fremdsprache und Slawistik. Während des Studiums entstanden immer mehr literarische Texte und dies beförderte seinen Wunsch vom Schriftstellerdasein. In seinen Werken geht er vor allem Fragen nach der Herkunft nach und beschäftigt sich mit Lebensbrüchen. Vielfach wurde Saša Stanišić für seinen ungeheuren Sprachwitz ausgezeichnet, unter anderem mit dem Chamisso-Preis und dem der Leipziger Buchmesse. In seinem Roman „Herkunft" beginnt für den Ich-Erzähler im Alter von 14 Jahren mit der Flucht aus Jugoslawien nach Deutschland eine neue Zeit in einem anderen Land. Seine Jugend verbringt er in Heidelberg. Seine Eltern durften zunächst nicht in ihren Berufen arbeiten.

Fragt mich jemand, was Heimat für mich bedeutet, erzähle ich von Dr. Heimat, dem Vater meiner ersten Amalgam-Füllung.

Kennengelernt habe ich Dr. Heimat an einem heißen
5 Tag im Herbst 1992 in seinem Emmertsgrunder[1] Garten. Ich war auf der Höhe des Gartens auf der anderen Straßenseite, da hörte ich jemanden rufen, hörte einen Gruß. Ein alter Mann war es, Schnurrbart und Speedo-Badehose, der den Rasen mit einem Schlauch wässerte
10 und mir zuwinkte. Muss man skeptisch werden, wenn einen Senioren in Speedo-Badehosen grüßen? Ich grüßte zurück. Er suchte über den Zaun das Gespräch, fand wenig – mein Deutsch war miserabel. Dass er freundlich grüßte, über die Straße hinweg, genügte erst
15 mal auch.

Dr. Heimat trug seinen Schnurrbart als Schnurrbart, also als einen Clark-Gable-Strich, diese heute leider fast ganz ausgestorbene Gesichtshaarrasse. Mit fünfzehn fand ich den Schnurrbart Furcht und zugleich Vertrau-
20 en einflößend, er passte zu meinem Bild von Deutschland. Die Straße, in der sein Rasen sehr weich aussah, sein Haus groß und sein Saab auf eine gute Weise alt, war die schönste Straße des Emmertsgrunds, mit den meisten Alarmanlagen. Eine Familie hatte Dr. Heimat
25 nicht, was ich schade fand bei so guten Manieren, Schnurrbart und Zähnen.

Auf meine Zähne sprach er mich im darauffolgenden Frühling an. Wir hatten bis dahin nie mehr als ein paar Sätze miteinander gewechselt, er muss die Apokalypse
30 in meinem Mund irgendwie durch die Wangen entröngt haben. Er riet mir, in seiner Praxis vorbeizukom-

men. Das sei jederzeit möglich, er empfehle aber: sehr bald. Eine Krankenversicherung hatte ich nicht, Dr. Heimat war das egal. Er hat unser aller Karies behandelt: bosnischen Karies, somalischen Karies, deutschen Karies. Einer idellen Heimat geht es um Karies und 35 nicht darum, welche Sprache der Mund wie gut spricht. Ich musste mehrmals antreten. Beim vierten oder fünften Mal erzählte ich auf dem Behandlungsstuhl ein bisschen von mir, ein bisschen von der Familie. Nicht weil Dr. Heimat neugierig war. Er war nur unglaublich 40 nett. Ich radebrechte von Mutter, die sich in der Wäscherei abschuftete. Ich sagte, sie sei als Marxistin eigentlich so was wie eine Expertin für Ausbeutung, und jetzt werde sie ausgebeutet. [...] Irgendwann erzählte ich ihm auch von meinem Großvater Muhamed. Dass 45 ich glaubte, er sei von uns allen am wenigsten glücklich in Deutschland, allerdings viel zu freundlich und dankbar, um das zuzugeben. Dr. Heimat erkundigte sich, ob es etwas gab, was mein Großvater gern unternahm.

Fragt mich jemand, was mir Heimat bedeutet, erzähle 50 ich vom freundlichen Grüßen eines Nachbarn über die Straße hinweg. Ich erzähle, wie Dr. Heimat meinem Großvater und mich zum Angeln an den Neckar eingeladen hat. Wie er Brote geschmiert und sowohl Saft als auch Bier dabeihatte, weil man ja nie weiß. Wie wir 55 Stunden nebeneinander am Neckar standen, ein Zahnarzt aus Schlesien, ein alter Bremser[2] aus Jugoslawien und ein fünfzehnjähriger Schüler ohne Karies, und wie wir alle drei ein paar Stunden lang vor nichts auf der Welt Angst hatten.

(2019) 60

---

[1] **Emmertsgrund:** um 1970 errichteter Stadtteil von Heidelberg, Mischbebauung mit Hochhäusern und Einfamilienhäusern
– [2] **Bremser:** Eisenbahnarbeiter

1. Arbeiten Sie heraus, wie der Ich-Erzähler und der Zahnarzt charakterisiert werden.

2. Untersuchen Sie, wie sich die Beziehung zwischen dem Ich-Erzähler und dem Zahnarzt entwickelt und welche Antworten der Ich-Erzähler auf die Frage nach der Definition von „Heimat" findet.

3. Versuchen Sie, die Begründung der Jury für die Wahl des Textes zum Roman des Jahres (vgl. S. 340) mit dem Textausschnitt in Beziehung zu setzen.

Kim de l'Horizon (geb. 1992)
Blutbuch

Kim de l'Horizons Roman „Blutbuch" wurde 2022 als erstes literarisches Debüt mit dem Deutschen und mit dem Schweizer Buchpreis ausgezeichnet. Kim de l'Horizon ist eine nonbinäre Person, der Name ist ein Pseudonym. Geboren wurde de l'Horizon 1992 in Ostermundigen bei Bern, hat in Zürich Germanistik, Film- und Theaterwissenschaften und literarisches Schreiben am Literaturinstitut in Biel studiert.

Prolog. Beispielsweise habe ich „es" dir nie offiziell gesagt. Ich kam einfach mal geschminkt zum Kaffee, mit einer Schachtel Lindt&Sprüngli (der mittelgrossen, nicht der kleinen wie üblich), oder dann später in ei-
5 nem Rock zum Weihnachtsessen. Ich wusste, oder nahm an, dass Mutter es dir gesagt hatte. „Es". Sie hatte „es" dir sagen müssen, weil ich „es" dir nicht sagen konnte. Das gehörte zu den Dingen, die mensch sich nicht sagen konnte. Ich hatte „es" Vater gesagt, Vater
10 hatte „es" Mutter gesagt, Mutter muss „es" dir gesagt haben.
Andere Dinge, über die wir nie sprachen: Mutters riesiges Muttermal auf dem linken Handrücken, die Schwere, die Vater – wenn er von der Arbeit heimkam – ins Haus schleppte;
15 dernden toten Hirsch ins Haus schleppte; dein lautes Schmatzen, deinen Rassismus, deine Trauer, als Grossvater starb; deinen schlechten Geschmack, wenn es um Geschenke geht; die Liebhaberin, die Mutter hatte, als
20 ich etwa sieben war, den silbrigen Ohrenring, den Mutter von ihrer Liebhaberin zum Abschied bekommen hatte, der wie eine lange Träne von Mutters Ohrläppchen bis fast an ihr Schlüsselbein reichte, als sie ihn noch anzog, um Vater zu provozieren; die unzähligen
25 Stunden, die ich damit verbrachte – wenn ich mich unbeobachtet fühlte –, den Ohrenring von einer Hand in die andere gleiten zu lassen, den Ohrenring so in die Sonne zu halten, dass er flammende Muster an die Wände warf, meine unendliche Lust, diesen Ohrenring
30 anzuziehen, meine unsägliche innere Stimme, die mir das verbot, meinen unendlichen Wunsch, einen Körper zu haben, Mutters unbändiger Wunsch, durch die Welt

zu reisen. [...] Wir sprachen nie darüber, dass du einen Bart gekriegt hast, als du mit Mutter schwanger warst, dass das „Hirsutismus" heisst, wir sprachen nie darü-
35 ber, wie du das behandelt hast, ob du dich rasiert, gewachst oder die dunklen Haare mit der Pinzette ausgerissen hast, ob du Antiandrogene nimmst, um das Testoteron – das dein Körper „im Übermass produziert" – zu unterbinden, und wir sprachen nie darüber, wie du
40 angeschaut wurdest, wie sehr du dich geschämt haben musst, wir sprachen sowieso nie über Scham, nie über den Tod, nie über deinen Tod, nie über deine wachsende Vergesslichkeit, wir sprachen sehr oft über die Familienalben und über jedes der einzelnen Bilder darin [...].
45 Wir sprachen nie darüber, ob es für andere Familien auch so anstrengend ist, so zu tun, als wären sie wie die anderen Familien, wir sprachen nie über Heteronormativität, Queerness [...], wir sprachen nie über all die Wege, die diese Welt bereit hält, die sie uns bereit hält,
50 um vor uns selbst davonzulaufen, die gewundenen Wege, die im Schatten grosser Pappeln liegenden Wege, die öden, endlosen Wege, die diese Welt umspinnen, wie ein Faden einen Fadenknäuel umspinnt, aber wir sprachen über die Wege, die alle zusammen „Jakobsweg"
55 heissen. [...]

Vom Verkleiden

Grossmeer hatte einen ganzen Schrank voller Kinderkleider, Mädchenkleider. Es waren alte Kleider, weisse und rosa Röckchen, Rüschchen, bestickte Säume, Haar-
60 schleifchen, weisse Söckchen. Es gibt eine Phase, in der das Kind noch sehr klein ist – ich weiss nicht mehr, wie es angefangen hat –, eine Phase, in der es immer zu diesem Schrank geht und sich Kleider herauslegt, auf

das grosse Bett der Grossmeer, ein Outfit zusammen-
stellt und anzieht, während Grossmeer in der Küche
wartet. Wenn das Kind zufrieden ist, geht es zur Küche,
klopft an, die Grossmeer sagt: „Wer ist es?" Das Kind
stolziert mit grossen Schritten hinein, wirft den Kopf
zur Seite, als hätte es lange Haare, und die Grossmeer
verwirft die Hände vor Bewunderung: „Wie schön du
bist, nein wirklich, wie wunderwunderschön", und das
Kind dreht sich wie auf einem Laufsteg, zeigt sich, wirft
verführerische Blicke und Kusshände, dann zieht es
sich um, nächstes Outfit. Das geht etwa drei, vier Out-
fits so zu und her, dann sagt die Grossmeer, dass es Zeit
für eine Geschichte sei. Ich glaube, das Kind war nie
glücklicher als in diesen Momenten und liebte die
Grossmeer nie inniger, als wenn diese – vor Verzü-
ckung eine ganz hohe Stimme – die Schönheit des Kindes lobte. Wenn das Kind wieder seine ursprünglichen
Kleider anzog, sagte die Grossmeer: „Das sagst du der
Meer nicht, gell, das ist unser kleines Geheimnis, gell."
Sie zwinkerte dem Kind zu. Das Kind zwinkerte zurück.

Ich weiss nicht, wie lange diese *Verkleidungsphase* bei
der Grossmeer ging, es könnte ein halbes Jahr gewesen
oder nur zwei, drei Mal passiert sein. Ich erinnere mich,
dass Grossmeer einmal, als das Kind in den Mädchen-
kleidern in die Küche kam, sehr grob sagte: „Zieh dich
um, das sind Mädchenkleider, du bist doch kein Mädchen." Da traf das Kind eine ungeheure Scham, die
schon lange gewartet hatte vor den Fenstern, vor der
Tür, die nun schäumend hereinbrach. Es zog sich aus,
so schnell es konnte, es war, als hätte alles Augen, die
Wände, die Lampe, der Spiegel, eine Welle aus Scham
klatschte an seine Glieder, eine Scham, die es schon von
Weitem gespürt hatte, die es nur so lange von sich hatte
fernhalten können, weil dies alles in der Wohnung der
Grossmeer geschehen war: ein Raum ohne festen Auf-
enthaltsort, ein Schiff. Das Kind begann da seinen Hass
auf die Grossmeer. Jahre später die Frage: Wessen Kleider sind das eigentlich? Und wofür hob Grossmeer sie
auf? Oder für wen?

(2022)

1. Arbeiten Sie heraus, welche Bedeutung die Themen Scham und Schweigen in diesem Text haben.

2. Vergleichen Sie die Beziehung des Ich-Erzählenden mit der jeweils älteren Bezugsperson in „Herkunft (S. 329) und „Blutbuch".

3. Zeigen Sie auf, wie die Identitätsproblematik in diesem Text gestaltet wird. Nutzen Sie dazu die folgenden Informationen.

Wissen und Können

Die Frage nach der Identität

Die sich zu Beginn des 21. Jahrhunderts weiter beschleunigenden Veränderungen in fast allen Lebensbereichen (Digitalisierung, Wandel der Geschlechterrollen, künstliche Intelligenz, Gentechnik, Globalisierung, Migration u. v. m) sorgen auch dafür, dass die **Frage nach der Identität**, die seit der Wende zum 20. Jahrhundert ein zentrales Thema der Literatur geworden war, weiter an Aktualität und Pluralität gewinnt. Immer mehr traditionelle Zuschreibungen und Identitäten lösen sich auf, ganz gleich, ob es um nationale, regionale, religiöse, sexuelle Identitäten geht. An die Stelle treten ganz individuelle, fluide Modelle in wachsender **Differenziertheit** und **Unübersichtlichkeit**. Für die Literatur entsteht so ein weites Feld für Standortbestimmungen, Erfahrungsberichte, Selbstvergewisserungen und Reflexionen.

Julia Franck (geb. 1970)
Die Mittagsfrau

Julia Franck ist eine deutsche Schriftstellerin. Ihr Werk umfasst überwiegend Romane und Kurzgeschichten. 2007 wurde sie für den Roman „Die Mittagsfrau" mit dem Deutschen Buchpreis ausgezeichnet. Ihre Bücher wurden insgesamt in 39 Sprachen übersetzt.

Ihr Roman „Die Mittagsfrau" liefert – nicht immer chronologisch erzählt – eine Art Geschichte der Familie Würsich in zwei Generationen vor dem Hintergrund der deutschen Geschichte der ersten Hälfte des 20. Jahrhunderts. Hauptfigur ist Helene, die Tochter eines Druckereibesitzers aus Bautzen und dessen jüdischer Frau. Nach einer idyllischen Kindheit bringt der Ausbruch des Ersten Weltkrieges einen ersten Einschnitt für Helene und ihre ältere Schwester, da nicht nur ihr Vater eingezogen wird und erst nach Kriegsende beinamputiert zum Sterben zurückkehrt, sondern ihre Mutter den Weggang ihres Mannes psychisch nicht verkraftet. Beide Mädchen müssen in dieser Situation schnell selbstständig werden. Als Krankenschwestern ausgebildet und durch die Inflation verarmt, führt beide eine überraschende Einladung einer kinderlosen Tante mit bohèmehaftem Lebensstil in das Berlin der „goldenen zwanziger Jahre". Dort genießen beide die Freiheiten der Großstadt und der beginnenden Frauenemanzipation. Helene verliebt und verlobt sich mit einem Philosophiestudenten aus wohlhabendem Haus und träumt von einem Medizinstudium. Ihr Lebensglück zerbricht, als ihr Freund bei einem Verkehrsunfall ums Leben kommt. Emotional blockiert zieht sie sich in ihre Arbeit und ins Schweigen zurück. Mit großer Hartnäckigkeit wirbt ein Ingenieur namens Wilhelm um sie. Ohne ihm wirklich gefühlsmäßig nahe zu sein willigt sie in eine Ehe ein, die für Wilhelm zur großen Enttäuschung wird, als er in der Hochzeitsnacht merkt, dass seine Frau schon vor ihm Sexualpartner hatte. Für Wilhelm, der als Techniker im „Dritten Reich" Karriere macht, wird seine Frau und ihr gemeinsamer Sohn immer mehr zur Belastung. Seine Besuche werden immer seltener, so dass sie sich in den letzten Kriegsjahren mit ihrem Sohn allein in Stettin durchschlagen muss. Mit Kriegsende flüchtet sie nach Westen und lässt den Sohn beim Bruder ihres Mannes allein zurück.

Als Wilhelm im kommenden Frühjahr einmal nach einem guten Monat Planungsarbeiten aus Pommern zurückkehrte, kaufte er beim Juwelier am Bahnhof zwei Ringe zur Verlobung und holte Helene vom Kranken-
5 haus ab. Er hielt ihr den Ring unter die Nase und fragte Helene, ob sie seine Frau werden wolle.

Helene konnte ihn nicht ansehen. Sie überlegte, was sie ihm antworten sollte, sie wusste, wie es ging, das Strahlen, das Lächeln, es war ganz einfach, man musste nur
10 die Mundwinkel hochziehen und die Augen dabei aufreißen, vielleicht war es mit dieser Mimik gar möglich, einen Augenblick Freude zu empfinden?

Da staunst du, was?

So etwas wie mich dürfte es gar nicht geben, platzte sie
15 heraus. Was willst du damit sagen? Wilhelm verstand nicht, was sie meinte. Ich will damit sagen, dass ich keine Papiere besitze, keinen Ahnenpass, nichts, Helene lachte jetzt, und wenn ich einen besäße, stünde unter Bekenntnis der Mutter das Wort mosaisch.
20 Wilhelm blickte Helene scharf an. Warum sagst du so etwas, Alice? Deine Mutter lebt irgendwo in der Lau-

sitz. Hat deine Schwester nicht gesagt, sie wäre ein schwieriger Fall? Es klang, als wäre sie krank. Hängst du an ihr, bedeuten dir deren Feiertage etwas? Ungläubig schüttelte Wilhelm den Kopf, Mutwille und Zuver- 25
sicht traten in sein Gesicht: Folg mir, werd meine Frau und lass uns ein Leben beginnen.

Helene schwieg. Ein Wilhelm kannte keine Gefahr und keine Hürde. Helene blickte ihn nicht an, sie empfand eine seltsame Steife im Nacken; würde sie den Kopf 30
schütteln, konnte er sie feige nennen, mutlos. Sie würde zurückbleiben. Nur wo?

Willst du mir sagen, du misstraust mir, weil ich Deutscher bin, weil ich von einer deutschen Mutter und einem deutschen Vater und die wiederum von deutschen 35
Müttern und Vätern geboren worden sind?

Ich misstraue dir nicht. Helene schüttelte den Kopf. Wie konnte Wilhelm ihr Zögern nur als Misstrauen verstehen? Sie wollte ihn ja nicht ärgern. Sie zweifelte ein wenig, was blieb ihr anderes übrig. Auch ihre Mut- 40
ter war Deutsche, nur verstand Wilhelm jetzt offensichtlich Deutschsein als etwas anderes, als etwas, da

sich nach moderner Meinung in rassischen Merkmalen ausdrücken und im richtigen Blut beweisen lassen
45 musste.

Dein Name ist Alice, hörst du? Wenn ich das sage, dann ist das so. Wenn du keinen Ahnenpass hast, werde ich dir einen besorgen, glaub mir, einen einwandfreien, einen, der keinen Zweifel an deiner gesunden Herkunft
50 lässt.

Du bist verrückt. Helene war erschrocken. War es möglich, dass Wilhelm auf die neuen Gesetze anspielte, denen zufolge sie im Krankenhaus jede Missbildung protokollieren und anzeigen mussten, weil um jeden Preis
55 erbkranker Nachwuchs verhindert werden sollte? [...] Glaubst du mir nicht? Ich werde alles für dich tun, Alice, alles. Was meinst du mit gesunder Herkunft? Helene wusste, dass sie von Wilhelm keine schlüssige Antwort erhalten würde.
60 Eine saubere Herkunft, meine Frau wird eine saubere Herkunft haben, das ist alles, was ich meine. Wilhelm strahlte. Schau nicht so grimmig, mein Schatz, wer hat wohl ein sauberes und reineres Herz als diese bezaubernde blonde Frau mir gegenüber? Helene staunte
65 über seine Ansicht. Womöglich rührte sie von ihrer körperlichen Verweigerung her?

Die ersten Menschen brechen auf und verlassen Deutschland. Fannys[1] Freundin Lucinde begleitet ihren Mann nach England, sagte Helene.
70 Wer an seinen Wäldern und seiner Mutter Erde nicht hängt, der soll nur seiner Heimat den Rücken kehren. Sollen sie gehen, von mir aus. Sollen sie alle abhauen. Wir haben hier etwas zu tun, Alice. Wir werden die deutsche Nation retten, unser Vaterland und unsere
75 Muttersprache. Wilhelm krempelte seine Ärmel auf. Wir haben das Darben nicht verdient. Mit diesen Händen hier, siehst du? Kein Deutscher darf jetzt seine Hände in den Schoß legen. verzagen und Klagen, das ist unsere Sache nicht. Du wirst meine Frau, und ich gebe
80 dir meinen Namen.

Helene schüttelte den Kopf.

Du zögerst? Du willst dich doch nicht aufgeben, Alice, sag mir das nicht. Er sah sie streng und ungläubig an.
85 Wilhelm, ich verdiene deine Liebe nicht, ich habe ihr nichts zu erwidern. Das kommt noch, Alice, da bin ich sicher. Wilhelm sagte es ganz frei und klar, als läge es nur an einer Abmachung, einer Entscheidung, die sie einigen würde, nichts an ihrer Aussage schien ihn zu
90 kränken oder auch nur gering zu verunsichern. Sein Wille würde siegen, der Wille, Wille schlechthin.

(2007)

1. Analysieren Sie das Verhältnis der beiden Figuren Helene und Wilhelm zueinander, beziehen Sie dabei auch die Erzählweise sowie die Namen der Figuren mit ein.

2. Erarbeiten Sie den historischen Hintergrund, wie er in diesem Textausschnitt zur Geltung kommt, und untersuchen Sie, welchen Einfluss er auf die Beziehung von Helene und Wilhelm hat.

W. G. Sebald (1944 – 2001)
Die Ausgewanderten

Der Schriftsteller W. G. Sebald wurde im Allgäu geboren und ist dort auch aufgewachsen, verbrachte jedoch mehr als die Hälfte seines Lebens in England, wo er zuletzt als Literatur-Professor an der University of East Anglia in Norwich arbeitete. Spätestens seit seinem Unfalltod Ende 2001 in der Nähe von Norwich hat Sebald Kultstatus vor allem in England und den USA. Seine besondere Poetik der Montagen von Literatur und Geschichte sowie seine faszinierenden literarischen Verfahrensweisen sind mittlerweile Gegenstand zahlloser Untersuchungen geworden.

Im Januar 1984 erreichte mich aus S. die Nachricht, Paul Bereyter, bei dem ich in der Volksschule gewesen war, habe am Abend des 30. Dezembers, also eine Woche nach seinem 74. Geburtstag, seinem Leben ein Ende gemacht, indem er sich, eine kleine Strecke außerhalb von
5 S., dort, wo die Bahnlinie in einem Bogen aus dem klei-

[1] Helenes Tante

nen Weidengehölz herausführt und das offene Feld gewinnt, vor den Zug legte. Der mit den Worten Trauer
um einen beliebten Mitbürger überschriebene Nachruf
10 im Anzeigenblatt, der mir zugeschickt worden war,
nahm auf die Tatsache, dass Paul Bereyter, aus freien
Stücken oder unter einem selbstzerstörerischen Zwang,
sein Leben gelassen hatte, keinen Bezug und sprach nur
von den Verdiensten des verstorbenen Schulmanns,
15 von der weit über das Pflichtmaß hinausgehenden Fürsorge, die er seinen Schülern habe angedeihen lassen,
von seiner Musikbegeisterung, seinem Ideenreichtum
und Ähnlichem mehr. In einer weiter nicht erläuterten
Bemerkung hieß es in dem Nachruf allerdings auch, das
20 Dritte Reich habe Paul Bereyter an der Ausübung seines Lehrerberufs gehindert. Diese gänzlich unverbun-
dene und unverbindliche Feststellung sowohl als die
drastische Todesart waren die Ursache, weshalb ich
mich während der nachfolgenden Jahre in Gedanken
25 immer häufiger mit Paul Bereyter beschäftigte und
schließlich versuchte, über die Versammlung meiner
eigenen, mir sehr lieben Erinnerungen an ihn hinaus,
hinter seine mir unbekannte Geschichte zu kommen. *[Der Ich-Erzähler recherchiert in S., seinem alten*
30 *Schulort, erfährt aber zunächst wenig und sammelt eige-*
ne Erinnerungen:]
Der Vorgänger Pauls, der wegen seines unerbittlichen
Regiments gefürchtete Lehrer Hormayr, bei dem Straf-
fällige stundenlang auf kantigen Scheitern knien muss-
35 ten, hatte, damit die Kinder nicht hinausschauen konnten, die Fenster zur Hälfte mit Kalkfarbe weißeln lassen.
Es war Pauls erste Amtshandlung nach seiner Einstellung im Jahr 1946 gewesen, dass er diesen Anstrich mit
einer Rasierklinge in eigenhändiger, mühevoller Arbeit
40 wieder entfernte, was im Grunde so dringen nicht gewesen wäre, weil der Paul ohnehin die Gewohnheit
hatte, die Fenster, sogar bei schlechtem Wetter, ja selbst
im Winter bei strenger Kälte, sperrangelweit aufzurei-
ßen, war er doch fest davon überzeugt, dass Sauerstoff-
45 mangel die menschliche Denkfähigkeit beeinträchtigte.
[...]
Zumindest ein Viertel aller Unterrichtsstunden verwandte der Paul auf die Vermittlung von Wissen, das
im Lehrplan nicht vorgesehen war. Er brachte uns die
50 Anfangsgründe des algebraischen Rechnens bei, und
seine Begeisterung für die Naturlehre ging so weit, dass
er einmal, zum Entsetzen der Nachbarschaft, einen
Fuchskadaver, den er im Wald gefunden hatte, mehrere
Tage lang auf seinem Küchenherd in einem alten Ein-
55 machtopf ausgekocht hat, nur um dann mit uns in der
Schule ein richtiges Skelett zusammensetzen zu kön-

nen. Gelesen haben wir nie in dem für die dritte und
vierte Volksschulklasse vorgesehenen, von Paul als lächerlich und verlogen bezeichneten Schullesebuch,
sondern fast ausschließlich im Rheinischen Haus- 60
freund, von dem Paul, auf eigene Rechnung, wie ich
vermute, sechzig Exemplare angeschafft hatte. [...]
In meiner Erinnerung ist mir sogar, als habe er sich ab-
gewandt, um ein Aufschluchzen, das ihn überkam, vor
uns zu verbergen. Aber nicht nur die Musik löste in 65
Paul solche Anwandlungen aus; vielmehr konnte es jederzeit, mitten im Unterricht, während der Pause oder
wenn wir unterwegs waren, geschehen, dass er abwesend und abseits irgendwo saß oder stehenblieb, als wäre er, der immer gut gelaunt und frohsinnig zu sein 70
schien, in Wahrheit die Untröstlichkeit selber. Was es
mit dieser Untröstlichkeit auf sich hatte, das einigermaßen zu ergründen gelang mir erst, als ich meine eigenen, bruchstückhaften Erinnerungen einordnen konnte
in das, was mir erzählt wurde von Lucy Landau, die, 75
wie sich im Verlauf meiner Nachforschungen in S. herausstellte, das Begräbnis von Paul auf dem dortigen
Friedhof arrangiert hatte. [...]
[Von Lucy Landau, einer seit 1933 in Yverdon in der fran-
zösischsprachigen Schweiz lebenden Jüdin aus Frankfurt, 80
die mit Paul in seinen letzten 13 Lebensjahren zusam-
menlebte, und einem in ihrem Besitz befindlichen Fotoal-
bum, aus dem mehrere Bilder abgedruckt sind, erfährt der
Ich-Erzähler das Lebensschicksal Pauls und dessen Fami-
lie: Kaum hat er als Volksschullehrer seine erste Stelle an- 85
getreten, wird er 1935 aufgrund der Nürnberger Gesetze
als Lehrer entlassen; er schlägt sich als Privatlehrer in
Frankreich durch, kehrt Anfang 1939 nach Deutschland
zurück und ist bis 1945 Soldat der Wehrmacht und ab
1946 wieder Lehrer in S., bis er aus Platzangst nicht mehr 90
unterrichten konnte. Er behält zwar seine Wohnung in S.,
lebt aber kaum mehr dort sondern recherchiert über Ju-
denpogrome während der NS-Zeit und liest sich durch die
deutsche Exilliteratur, bis er zur Überzeugung gelangt,
„dass er zu den Exilierten und nicht nach S. gehörte."] 95
Stück für Stück trat also das Leben Paul Bereyters aus
seinem Hintergrund heraus. Mme. Landau wunderte
sich keineswegs darüber, dass mir, trotz meiner Herkunft aus S. und meiner Vertrautheit mit den dortigen
Verhältnissen, die Tatsache, dass der alte Bereyter ein 100
sogenannter Halbjude und der Paul infolgedessen nur
ein Dreiviertelarier gewesen war, hatte verborgen bleiben können. Wissen Sie, sagte sie mir, bei einem meiner
Besuche in Yverdon, wissen Sie, die Gründlichkeit, mit
welcher diese Leute in den Jahren nach der Zerstörung 105
alles verschwiegen, verheimlicht und, wie mir manch-

mal vorkommt, tatsächlich vergessen haben, ist eigentlich nur die Kehrseite der perfiden Art, in der beispielsweise der Kaffeehausbesitzer Schöferle in S. die Mutter
110 Pauls, die Thekla hieß und im Nürnberger Stadttheater einige Zeit auf der Bühne gestanden hatte, darauf aufmerksam machte, dass die Anwesenheit einer mit einem Halbjuden verheirateten Dame seiner bürgerlichen Kundschaft unangenehm sein könne und dass er
115 sie daher aufs höflichste, wie es sich verstehe, bitte, von ihrem täglichen Kagffeehausbesuch Abstand zu nehmen. Es wundert mich nicht, sagte Mme. Landau, nicht im allergeringsten wundert es mich, dass Ihnen die Gemeinheiten und Mesquinerien[1] verborgen geblieben
120 sind, denen eine Familie wie die Bereyters ausgesetzt war in solch einem miserablen Nest, wie S. es damals war und es, allem sogenannten Fortschritt zum Trotz, unverändert ist; es wundert mich nicht, denn es liegt ja in der Logik der ganzen Geschichte. [...]
125 Gestorben war der Theodor Bereyter[2], auch das weiß ich aus den Erzählungen Mme. Landaus, die sich, wie mir von Mal zu Mal klarer wurde, endlos mit dem Paul über all diese Dinge unterhalten haben musste, am Palmsonntag des Jahres 1936, wie es hieß, an einem Herzversagen, in Wahrheit jedoch, das hob Mme. Land-130 lau eigens hervor, an der Wut und der Angst, die an ihm fraß, seit es genau zwei Jahre vor seinem Todestag in seinem Heimatort Gunzenhausen zu schweren Ausschreitungen gegen die dort seit Generationen ansässigen jüdischen Familien gekommen war. [...]135
Was den Paul 1939 und 1945 zur Rückkehr bewegte, wenn nicht gar zwang, das war die Tatsache, dass er von Grund auf ein Deutscher gewesen ist, gebunden an dieses heimatliche Voralpenland und an dieses elende S., das er eigentlich haßte und in seinem Innersten, des-140 sen bin ich mir sicher, sagte Mme. Landau, samt seinen ihm in tiefster Seele zuwideren Einwohnern am liebsten zerstört und zermahlen gesehen hätte.

(1992)

1. Stellen Sie die verschiedenen Informationen über die Biografie Bereyters zusammen, berücksichtigen Sie dabei auch die Herkunft der Informationen und setzen Sie sie in Beziehung zueinander.

2. Vergleichen Sie die Art und Weise, wie W.G. Sebald und J. Franck jeweils mit Geschichte umgehen.

Günter Grass (1927 – 2015)
Im Krebsgang. Eine Novelle

1999 erhielt der deutsche Schriftsteller und Grafiker Günter Grass für sein Lebenswerk den Literaturnobelpreis. Nach einem Studium der Bildhauerei und Grafik gelang ihm 1959 mit dem Roman „Die Blechtrommel" der literarische Durchbruch. Grass wird in den folgenden Jahrzehnten zu einem der bedeutendsten deutschsprachigen Autoren. Auch aufgrund seines politischen Engagements war Grass eine wichtige Figur im öffentlichen Leben der Bundesrepublik. Im Zentrum der Novelle „Der Krebsgang" steht das Schiff „Wilhelm Gustloff", ursprünglich als Passagierdampfer für „KdF-Fahrten" gebaut, das am 30.01.1945 mit ca. 10 000 Flüchtlingen an Bord in der Ostsee von einem sowjetischen U-Boot versenkt wurde. Mehrere – z. T. fiktive, z. T. historisch nachprüfbare – Erzählstränge werden verknüpft: In der Gegenwart versucht ein Ich-Erzähler, der während der Katastrophe auf dem Schiff zur Welt kam, nachzuvollziehen, wie sein kurz vor dem Abitur stehender Sohn Konny über seine Recherchen zur „Gustloff" und ihrem Namensgeber, dem von einem Juden namens David Friedländer 1936 erschossenen Vertreter der NSDAP in der Schweiz, zu einem Neonazi werden konnte und einen ihm über Internetchats bekannten Gleichaltrigen ermordete, weil er einen NS-Gedenkstein für Gustloff bespukte. Die Gegenwartshandlung berichtet über den Lebensweg Konnys und des Ich-Erzählers, seiner Flucht aus der DDR, Ehe, Scheidung sowie berufliche Misserfolge. Dazwischen werden immer wieder Passagen eingeschoben, die den Leser über die Geschichte Gustloffs, Friedländers, des U-Boot-Kommandanten Marinesko und des Schiffes selbst informieren.

---

[1] **Mesquinerie:** Kärglichkeit, Armseligkeit – [2] der Vater Pauls

Und schon bin ich wieder auf der Spur. Nicht etwa, weil mir der Alte im Nacken sitzt, eher weil Mutter niemals lockergelassen hat. Schon in Schwerin, wo ich, wenn irgendwas eingeweiht wurde, mit Halstuch und im
5 Blauhemd rumhampeln musste, hat sie mich gelöchert: „Wie aisig die See jewesen is und wie die Kinderchen alle koppunter. Das mußte aufschraiben. Biste ons schuldig als glicklich Ieberlebender. Wird ech dir aines Tages erzahlen, klitzeklain, ond denn schreibste auf."
10 Aber ich wollte nicht. Möchte doch keiner was davon hören, hier im Westen nicht und im Osten schon gar nicht. Die Gustloff und ihre verfluchte Geschichte waren jahrzehntelang tabu, gesamtdeutsch sozusagen. Mutter hörte trotzdem nicht auf, mir per Kurierpost in
15 den Ohren zu liegen. Als ich das Studium geschmissen hatte und ziemlich rechtslastig für Springer zu schreiben begann, bekam ich zu lesen: „Der ist ein Revanchist. Der setzt sich für uns Vertriebene ein. Der druckt das bestimmt in Fortsetzungen, wochenlang." [...]
20 Später, als alle, die in der Sache drinsteckten, sich ahnungslos gaben und auf entsetzt machten, habe ich zu Mutter gesagt: „Mir kam das von Anfang an komisch vor. Wieso, hab ich mich gefragt, sind heutzutage Jugendliche ganz verrückt nach diesem Gustloff und all
25 dem, was sonst noch mit ihm zum tun hat? Denn das das keine alten Knacker waren, die sich online die Zeit vertrieben, na Ewiggestrige wie du, war mir von Anfang an klar." Mutter hat darauf nichts gesagt. Sie machte wie immer, wenn ihr etwas zu nahe kam, ihr
30 Binnichtzuhausegesicht, das heißt, sie verdrehte die Augapfel bis zum Gehtnichtmehr. Ohnehin stand für sie fest, das so was nur passieren konnte, weil man jahrzehntelang „ieber die Justloff nich reden jedurft hat. Bai ons im Osten sowieso nich. Ond bai dir im Westen ham
35 se, wenn ieberhaupt von frieher, denn immerzu nur von andre schlimme Sachen, von Auschwitz und so was jeredet. Main Gottchen! Was ham die sich aufjeregt bai ons im Parteikollektiv, als ech mal kurz was Positives ieber Kaadeaffschiffe jesagt hab, das namlich die Just-
40 loff ein klassenloses Schiff jewesen is ..."
Und sogleich hatte sie wieder Mama und Papa am Wickel, unterwegs nach Norwegen: „Maine Mama hat sich janich ainkriegen jekonnt, weil nämlich im Spaisesaal alle Urlauber durchainander jesessen ham, ainfache Ar-
45 baiter wie main Papa, aber och Beamte ond Parteibonzen sogar. Mus fast wie bai ons inne Deedear jewesen sain, nur scheener noch ..." [...]
Mein Sohn hat offenbar eine Menge von Mutter mitbekommen. Es müssen die Gene sein, wie meine Ehema-
50 lige annimmt. Jedenfalls wollte Konny nirgendwo,

K.d.F. Schiff „Wilhelm Gustloff"

nicht mal im Ratzeburger Ruderclub oder – wie Gabi ihm geraten hatte – bei den Pfadfindern Mitglied werden. Von ihr bekam ich zu hören: „Er ist ein typischer Einzelgänger, schwer zu sozialisieren. Einige meiner Lehrerkollegen sagen, Konnys Denken sei ausschließ- 55 lich vergangenheitsbezogen, so sehr er sich nach außen hin für technische Neuerungen interessiert, für Computer und moderne Kommunikation zum Beispiel ..." Jadoch! Es ist Mutter gewesen, die meinem Sohn bald nach dem Jubiläumstreffen der Überlebenden im Ost- 60 seebad Damp einen Mac mit allem Drum und Dran geschenkt hat. Knapp fünfzehn war er, als sie ihn süchtig werden ließ. Sie, nur sie ist schuld, daß es mit dem Jungen danebenging. Jedenfalls sind sich Gabi und ich darin immerhin einig: als Konny den Computer geschenkt 65 bekam, begann all das Unglück.
Menschen, die immer nur auf einen Punkt starren, bis es kokelt, qualmt, zündelt, sind mir noch nie geheuer gewesen. Gustloff, zum Beispiel, dem einzig des Führers Wille das Ziel setzte, oder Marinesko, der in Frie- 70 denszeiten nur eines, das Schiffeversenken übte, oder David Friedlander, der eigentlich sich selbst erschießen wollte, dann aber, um seinem Volk ein Zeichen zu geben, eines anderen Fleisch mit vier Schussen durchlocherte. [...]   75
Ich lasse das Schiff jetzt liegen, wo es, von Luftangriffen abgesehen, einigermaßen sicher lag, und komme im Krebsgang auf mein privates Unglück zurück. Es ist ja nicht so, das von Anfang an klar erkannt werden konnte, wohin sich Konrad verrannte. Nach meiner Ein- 80 schätzung handelte es sich um harmlos kindisches Zeug, das er als Cyberspace-Turner von sich gab, etwa als er die aus Propagandagründen billig gemachten KdF-Reisen mit den Angeboten des heutigen Massen-

tourismus, den Kosten von Tickets für Kreuzfahrten in der Karibik an Bord sogenannter „Traumschiffe" oder mit TUI-Angeboten verglich, natürlich immer zugunsten der „klassenlos" auf Norwegen Kurs haltenden „Gustloff" und anderer Schiffe der Arbeitsfront. Das sei wahrer Sozialismus gewesen, jubelte er auf seiner Website.

(2002)

(Aus lizenzrechtlichen Gründen ist der Text nicht in reformierter Rechtschreibung abgedruckt.)

1. Erarbeiten Sie, wie der Ich-Erzähler, seine Mutter und sein Sohn Konny mit dem Untergang der „Gustloff" (vgl. das Foto auf der vorherigen Seite) umgehen und welche Bedeutung das Schiff in ihrem Leben einnimmt.

2. Beschreiben Sie, mit welchen erzählerischen Mitteln die Vergangenheit dargestellt wird.

3. Erläutern Sie, wie die Novelle das Wiederaufleben von nationalsozialistischer Denkweise zu erklären versucht.

4. Die Novelle endet – bezogen auf neonazistische Propaganda – mit den Worten: „Das hört nicht auf. Nie hört das auf." Diskutieren Sie, ausgehend von diesem literarischen Beispiel, ob diese Behauptung zutreffend ist.

Daniel Kehlmann (geb. 1975)
Tyll

Der in München geborene Daniel Kehlmann ist ein deutsch-österreichischer Schriftsteller, der seinen internationalen Durchbruch 2003 mit dem Roman „Ich und Kaminski" feierte. Sein Roman „Die Vermessung der Welt" von 2005 wurde zu einem der erfolgreichsten deutschen Romane der Nachkriegszeit. Der vielfach ausgezeichnete Autor lebt in Berlin und Wien.

Im Roman „Tyll" wird in acht Kapiteln, deren Reihenfolge im Buch nicht der Chronologie der Erzählung folgt, die Zeit des Dreißigjährigen Krieges erzählt. Der – spöttisch wegen seiner kurzen Amtszeit als König von Böhmen am Beginn des Dreißgjährigen Krieges – auch „Winterkönig" genannte König ist mit Tyll und einigen anderen Getreuen auf dem Rückweg von Feldlager des schwedischen Königs Gustav Adolf zu seiner kleinen Exilresidenz, in der seine Frau Liz, Tochter des englischen Königs, zurückgeblieben ist. Gustav Adolf verlangte von dem „Winterkönig" eine Unterwerfung unter seine Machtansprüche verlangt, die der Winterkönig ablehnte.

Till Eulenspiegel ist eine Figur aus dem 14. Jahrhundert, von der nicht sicher verbürgt ist, dass sie tatsächlich existierte. 1510 erschien erstmals ein Roman, der die – vermutlich fiktiven – mehr oder weniger lustigen Streiche, die der umherziehende Till seinen Mitmenschen spielte, erzählte. Meist agiert darin Till gerissen, stellt sich aber dumm. Till gilt als Figur der anarchischen Unangepasstheit. Kehlmann versetzt seinen Tyll in die Zeit des Dreißigjährigen Krieges und erzählt in verschiedenen Episoden dessen Leben.

Der Narr erzählte davon, wie er mit seiner Schwester davongelaufen war: Ihr Vater sei als Hexer verbrannt worden, ihre Mutter sei mit einem Rittersmann ins Morgenland gezogen, nach Jerusalem vielleicht oder ins ferne Persien, wer mochte das wissen. Er und seine Schwester, sagte der Narr, seien zuerst mit einem schlechten Moritatensänger herumgezogen, der gut zu ihnen gewesen sei, und dann mit einem Gaukler, von dem er alles gelernt habe, was er könne, einem Spaßmacher von Rang, einem guten Jongleur, einem Schauspieler, der sich vor keinem habe verstecken müssen, aber vor allem sei er ein böser Kerl gewesen, so gemein, dass

Nele ihn für den Teufel gehalten habe. Doch dann hätten sie begriffen, dass jeder Gaukler ein wenig Teufel
15 sei und ein wenig Tier und ein wenig harmlos auch, und sobald sie dies begriffen hätten, hätten sie den Pirmin, so habe er geheißen, nicht mehr gebraucht, und als er zu ihnen wieder besonders böse gewesen sei, habe ihm Nele ein Pilzgericht gekocht war, das er so
20 schnell nicht vergessen habe, oder vielmehr habe er es sofort vergessen, er sei nämlich daran krepiert, zwei Handvoll Pfifferlinge, ein Fliegenpilz, ein Stück vom schwarzen Knollenblätterling, mehr brauche man nicht. [...] „Heißt das, ihr habt ihn umgebracht?", fragte
25 einer der Soldaten. Nicht er, sagte der Narr. Die Schwester habe ihn umgebracht, er könne keiner Fliege was. Er lachte hell. Man habe keine Wahl gehabt. [...]
Der Narr schwieg, und als der König die Augen öffnete, bemerkte er, dass um sie jetzt Schneeflocken fielen. Er
30 atmete tief ein. Schon löste die Erinnerung an den Pestilenzgestank des Heerlagers sich auf. Sinnend leckte er sich die Lippen, dachte an Gustav Adolf und musste wieder husten. Ritten sie etwa rückwärts? Das erschien ihm nicht weiter ungewöhnlich, bloß wollte er nicht zu-
35 rück in das stinkende Lager, nicht wieder zu dem Schwedenkönig, der nur darauf wartete, ihn zu verspotten. Die Wiesen um sie waren bereits von dünnem Weiß überzogen, und auf den Baumstümpfen – das vorrückende Heer hatte alle Bäume gefällt – bildeten sich
40 Schneehaufen. Er legte den Kopf in den Nacken. Der Himmel flimmerte von Flocken. Er dachte an seine Krönung, der dachte an die fünfhundert Sänger und den achtstimmigen Choral, er dachte an Liz im Juwelenmantel. Stunden waren vergangen, vielleicht auch Ta-
45 ge, als er wieder in die Zeit zurückfand, jedenfalls hatte das Land sich abermals verändert, es lag nun so viel Schnee, dass die Pferde kaum vorankamen. [...]
„Wo sind die Soldaten?", fragte er, aber die anderen beachteten ihn nicht. Sind wohl abgehauen, dachte der
50 König. „Ich habe das Heer, das ich verdiene", sagte er. Dann fügte er hustend hinzu: „Meinen Hofnarren, meinen Koch und meinen Kanzler eines Hofes, den es nicht mehr gibt. Meine Luftarmee, meine letzten Getreuen!" „Zu Befehl", sagte der Narr, der ihn offenbar trotz des
55 Windes verstanden hatte. „Jetzt und immerdar. Du bist krank, Majestät?" Dem König wurde beinahe mit Erleichterung klar, dass es stimmte: deshalb also der Husten, deshalb der Schwindel, deshalb seine Schwäche vor dem Schweden, deshalb die Verwirrung. Er war
60 Krank! Es ergab so viel Sinn, dass er lachen musste. „Ja", rief er fröhlich. „Bin krank!" Während er sich vornüberbeugte, um zu husten, dachte er aus irgendei-

nem Grund an seine Schwiegereltern. Dass sie ihn nicht mochten, hatte er vom ersten Moment an gewusst. Aber er hatte sie bezwungen, mit seiner Eleganz und
65 seinem ritterlichen Auftreten, mit seiner deutschen Klarheit, seiner innersten Kraft. [...] Er versuchte nachzuzählen, wie groß seine Armee noch war. Da war der Narr, und da war der Koch, und da war er selbst, und da war noch der Narr, das waren vier, doch als er zur Si-
70 cherheit ein zweites Mal nachzählte, kam er nur auf zwei, nämlich den Narren und den Koch. Weil das aber nicht stimmen konnte, zählte er erneut und kam auf drei, aber beim nächsten Mal waren es wieder vier: der König von Böhmen, der Koch, der Narr, er selbst. Und
75 da gab er es auf. „Wir müssen absteigen", sagte der Koch. Und tatsächlich, der Schnee war zu hoch, die Pferde kamen nicht mehr vorwärts. „Aber er kann nicht gehen", hörte der König den Narren sagen, und zum ersten Mal klang seine Stimme nicht hämisch,
80 sondern wie eines gewöhnlichen Menschen. [...] Der König hustete. Der Narr stützte ihn von links, der Koch von rechts, und sie stapften los. Der König spürte, dass er hingefallen wäre, hätten ihn die die beiden nicht gestützt. Immer höher waren die Schneeverwehungen,
85 immer schwerer fiel es ihm, die Augen im kalten Wind offen zu halten. Überall Schneeflocken, und als er die Augen schloss, sah er sie immer noch: glimmende, tanzende, wirbelnde Punkte. Er seufzte, die Beine knickten ihm, keiner hielt ihn, der weiche Schnee nahm ihn auf.
90 „Können ihn nicht liegen lassen", hörte er jemanden über sich sagen. „Was sollen wir tun?" Hände griffen nach ihm und zogen ihn nach oben, ein Hand strich ihm beinahe zärtlich über den Kopf, und das erinnerte ihn an seine liebste Kinderfrau, die ihn aufgezogen hat-
95 te, damals in Heidelberg, als er nur ein Prinz und kein König und noch alles gut gewesen war. Seine Füße stapften im Schnee, und als er kurz die Augen öffnete, sah er neben sich die Konturen geborstener Dächer, leere Fenster, einen zerstörten Brunnenaufbau, aber Men-
100 schen waren nicht zu sehen. „Wir können in keines hinein", hörte er. „Die Dächer sind kaputt, außerdem sind da Wölfe." „Aber hier draußen erfrieren wir", sagte der König. „Wir zwei erfrieren nicht", sagte der Narr. Der König sah sich um. Und wirklich, der Koch war nicht
105 mehr zu sehen, er war allein mit Tyll. „Er hat einen anderen Weg versucht", sagte der Narr. „Kann man ihm nicht übelnehmen. Jeder sorgt für sich im Sturm." „Warum erfrieren wir nicht?" fragte der König. „Du glühst zu sehr. Dein Fieber ist zu stark. Die Kälte kann dir
110 nichts, du stirbst noch vorher." „An was denn?", fragte der König. „An der Pest." Der König schwieg einen Mo-

ment. „Ich habe die Pest?", fragte er dann. „Armer Kerl",
sagte der Narr. „Armer Winterkönig, ja die hast du.
115 Schon seit Tagen. Hast du die Beulen nicht bemerkt an
deinem Hals? Merkst du es nicht beim Einatmen?" Der
König atmete ein. Die Luft war eisig. Er hustete. „Wenn
es die Pest ist", sagte er, „dann wirst du dich ja anste-
cken." „Dafür ist es zu kalt." „Kann ich mich jetzt hinle-
120 gen?" „Du bist der König", sagte der Narr, „Du kannst
tun, was du willst, wann du willst und wo." „Dann hilf
mir! Ich lege mich hin." „Eure Majestät", sagte der Narr
und stützte ihn im Nacken und half ihm auf den Boden.
[...] Es passte ihm nicht, dass der Narr ihn so respekt-
125 voll ansprach, es gehörte sich nicht, denn dafür hatte

man ja einen Hofnarren: damit einem der Verstand
nicht einschlief bei all der Huldigung. Ein Narr musste
frech sein! [...]
Ohne Mühe erhob er sich und ging. Als er sich noch
einmal umsah, merkte er, dass sie wieder zu dritt wa- 130
ren: der Narr, kniend in seinem Fellmantel, der König
auf dem Boden, halb war sein Körper schon bedeckt
vom Weiß, und er. Der Narr hob die Hand an die Stirn
und verneigte sich. Er senkte grüßend den Kopf, wandte sich ab und ging davon. Nun, da er nicht mehr ein- 135
sank, kam er viel schneller voran.

(2017)

1. Arbeiten Sie heraus, wie der König und Tyll miteinander umgehen und inwieweit sie
   den Rollen des Königs und Hofnarren entsprechen. Beziehen Sie dabei auch die
   Informationen, die der Text über die Biografie der beiden liefert, mit ein.

2. Untersuchen Sie, wie Daniel Kehlmann mit den historischen Ereignissen umgeht,
   indem Sie aufzeigen,
   – was man über das Leben zur Zeit des Dreißigjährigen Krieges erfährt,
   – das historisch überlieferte Ende des „Winterkönigs" recherchieren und mit dem
     Erzählten vergleichen.

3. Zeigen Sie auf, wie der Text sowohl eine düstere Stimmung als auch Situationskomik
   herstellt.

4. Erarbeiten Sie eine Übersicht über die erzählerischen Mittel des Textes, insbesondere
   das Erzählverhalten, die Art der Gedanken- und Gesprächswiedergabe und den
   Umgang mit der Zeit

5. Diskutieren Sie mögliche Gründe, warum D. Kehlmann Till und den Dreißigjährigen
   Krieg aufgreift und warum er Till – abweichend von der Tradition – mit diesem Krieg
   verbindet. Ziehen Sie dazu auch folgende Zitate Kehlmanns mit heran.

   *„Er [Tyll] steht in diesem Krieg, er bewegt sich durch diesen Krieg, in dem das heutige
   Mitteleuropa so ausgesehen hat wie heute Syrien. Das, was für die Welt heute Syrien ist,
   war damals Mittel- und Nordeuropa – eine Region der zusammengebrochenen Ordnung.
   Aber Tyll bleibt ungebeugt. Und nichts kann ihm wirklich etwas anhaben. Es gibt eine
   Widerstandskraft, die gar nicht so sehr in dem liegt, was er tut oder unternimmt, sondern
   in dem, was er ist."*
   *„Wir haben irrationale Kräfte, die überall nach der Macht greifen, die Aufklärung ist im
   Augenblick, als politische Macht zumindest, sehr im Rückzug begriffen, und die Religions-
   kriege – etwas, von dem wir wirklich dachten, dass es überwunden ist –, das sieht im
   Moment weniger überwunden aus denn je. Ich würde sagen, der Roman ist heute
   gegenwärtiger als er es vor vier Jahren gewesen wäre, als ich das erste Kapitel geschrieben habe."*

6. Vergleichen Sie den Umgang mit Geschichte bei D. Kehlmann mit den Texten von W.G.
   Sebald, J. Franck und G. Grass.

Judith Hermann (geb. 1970)
Wir hätten uns alles gesagt

Seit ihrem Debüt „Sommerhaus später" vor 25 Jahren gilt Judith Hermann als die Stimme ihrer Generation. Für ihr Werk erhielt Hermann zahlreiche Auszeichnungen, darunter den Kleist-Preis und den Friedrich-Hölderlin-Preis. In ihrem Buch „Wir hätten uns alles gesagt" spricht sie darüber, wie ihr eigenes Leben und Schreiben zusammenhängen.

Die Puppenstube war groß. Ein Haupthaus, das so hoch war wie ich im Alter von sieben, zwei Flügelhäuser rechts und links. Sie war einem Lübecker Bürgerhaus nachempfunden, mein Vater hatte sich verausgabt. Ein-
5 gangshalle, geschwungene Treppe, Galerie, erster Stock, zweiter und dritter, Küchen und Bäder, Esszimmer, Schlafzimmer, Salon und Bibliothek. Es gab Kamine, Standuhren, Bücherregale, Sekretäre, ein Klavier und Spiegelchen, Vorhänge aus Samt, winzige Kronleuchter
10 und eine streichholzkopfgroße Klingel an der zweiflüge-ligen Eingangstür. Das war der äußere Schein. Dahinter verbarg sich eine zweite Puppenstube – eine Puppenstu-be der Verstecke. Fall- und Tapetentüren, Schränke, hin-ter denen Kammern verborgen waren, Wände, die auf-
15 schwangen und fensterlose Verliese freigaben. Ich habe meinen Vater nicht gefragt, was er sich dabei gedacht hatte. Ich vermute, er wollte mich darauf hinweisen, dass es Geheimnisse gibt. Räume hinter Räumen. Doppelte Bedeutungen: ich sollte wissen, dass nichts so war, wie
20 es zu schein schien. Unsere Familie hatte, wie sicher jede Familie, Geheimnisse. Sie hat sie noch. Die Puppenstube war, denke ich heute, ein Exerzierplatz. [...]
Die Tür zu der Wohnung, in der ich aufgewachsen bin, zu öffnen, bedeutete, im Geheimnis zu stehen. Unmög-
25 lich, andere Kinder ohne Ankündigung mit nach Hause zu bringen, ich konnte nicht einfach zu zweit oder dritt vor der Tür stehen, so wie alle anderen Kinder, die ich kannte (in meinen ersten sechs Lebensjahren kannte ich keins). Ich bin nicht in einem offenen haus aufge-
30 wachsen [...] Unser Haus war ein Haus der Stimmun-gen, Ahnungen, Verfassungen, es war unsicher, unver-ständlich und für ein Kind absolut unberechenbar.
Ich bin mit meiner Großmutter aufgewachsen, was man unkonventionell nennen könnte, möglicherweise wäre
35 das für die Verhältnisse ein unverfängliches Wort. Wir lebten mit meinen Eltern, also zu viert in Berlin Neu-kölln in einer weitläufigen, verwinkelten Altbauwoh-nung mit lichten, halblichten und dunklen Zimmern. Zugeräumte Kammern, Hängeböden, Kartons voller Pa-
40 piere, Bücherregale, die vor die Flügeltüren geschoben waren, Bücher in Stapeln, Gänge durch Bücherstapel hindurch. Niemand putzte. Alles war staubig. In der Kü-che sammelte sich das Geschirr, neben der Wohnungs-tür alte Zeitungen, leere Flaschen, an der Waschmaschi-ne Berge von Klamotten, die meine Mutter, wenn sie 45 abends nach Hause kam, in die Maschine stopfte, bevor sie sich die Jacke auszog; meine Mutter verdiente das Geld für die Familie. In den sieben Jahren, in denen ich ein Einzelkind gewesen bin, studierte mein Vater Ma-thematik und Physik; er war depressiv, möglicherweise 50 wäre das ein unverfänglicher Ausdruck für seine Ver-fassungen. Meine Großmutter versuchte, den Überblick zu behalten. Sie beaufsichtigte mich, allerdings war sie nicht weniger depressiv, sie hatte Jahre in Nervenheil-anstalten verbracht und war mit 50 schwer an Polio er- 55 krankt, vollständig gelähmt gewesen, dann genesen, aber die linke Seite ihres Körpers blieb angegriffen und taub, sie war gehandicapt, empfand Berührungen als schwierig und wehrte sie ab. Ich kann mich nicht daran erinnern, dass bei uns gelacht worden wäre. Gesungen. 60 Glück, eine einfache, einträchtige Form des Zusammen-lebens, ein gemeinsamer Ausflug, ein zufriedenes Abendessen – unvorstellbar, für das Wort Glück musste Gott um Verzeihung gebeten werden. Alles war zer-brechlich. Die Dinge waren in Kisten und Kästen ver- 65 packt, zugestellt, vor den Schränken standen andere Schränke, die Wohnung eine Wiedergabe der Puppen-stube, die Puppenstube die Wohnung in Miniatur.
Meine Großmutter stand am Herd und kochte russische Brotsuppe. Suppe aus alten Brotkanten mit getrockne- 70 ten Rosinen, verschrumpelten Äpfeln darin. [...] Sie kochte die Brotsuppe für meinen Vater. Mein Vater wollte Brotsuppe essen, mein Vater wollte in einem Krieg leben. Er lebte aber in einem Frieden. In einem seltsamen, zerrütteten Frieden der siebziger Jahre, und 75 er saß, wenn er keine Zahlen schrieb, am hellerlichten Tag bei zugezogenen Vorhängen in einem grünen Ses-sel und hörte in quälender Lautstärke eine Musik, die ich viel später als Mozarts „Don Giovanni" erkannte, er weinte, und meine Großmutter konnte ihn weder daran 80 hindern noch trösten, noch konnte sie mir dieses Wei-nen erklären; selbstverständlich dachte ich, er weine wegen mir. Er weine, weil etwas mit mir nicht in Ord-nung war, weil mir etwas – fehlte. [...]

85 Ich wusste, dass mein Großvater, so abwesend er war, doch da war, dass er die Familie beherrschte und ihren Kummer mitverursachte; als er starb, war ich sieben und alles andere als traurig über seinen Tod. Mein Vater ging zu seiner Aufbahrung und nahm mich mit. Ich 90 wusste nicht, wohin wir gingen, mein Vater hatte beschlossen, mich mit dem Anblick meines toten Großvaters auf einem Podest in einer kalten Kapelle zu konfrontieren, ohne mich darauf vorzubereiten. Er hatte mehrere auffällige Kratzer an den Händen, und als ich 95 ihn danach fragte, sagte er, sie kämen von der Katze, die ich einige Wochen zuvor zu Weihnachten geschenkt bekommen hatte, ein Stofftier mit schwarzweißem Fell und jadegrünen Katzenaugen, das ich seit Weihnachten unentwegt mit mir herumgetragen hatte. Ich verstand 100 nicht, wie sie meinen Vater gekratzt haben sollte, und er sagte, ihr Fell sei echt und damit sei die ganze Katze echt oder zumindest einmal echt gewesen. Er sagte, wie alles, was einmal gelebt hätte, habe auch diese Katze noch nach ihrem Tod, nach ihrer Umwandlung in ein 105 Kuscheltier, bestimmte Reflexe gehabt und diese Reflexe hätten […] zu Kratzen und Wehrhaftigkeit geführt.

Er nahm das nicht zurück. Er sagte nicht, entschuldige, das ist selbstredend Blödsinn. […] Ich habe, vor meinem aufgebahrten, endlich toten Großvater stehend, auf die 110 Kratzer an den Händen meines Vaters gesehen, ich habe die schwarzweiße Katze nie wieder angefasst, sie war verdorben gewesen, der Leichengeruch meines Großvaters war auf sie übergegangen. […] Wir saßen zu dritt [mit Großmutter und Vater] auf dem 115 Sofa, ich in der Mitte. Mein Vater weinte, sein Körper wurde von Schluchzern geschüttelt. Mir war mein weinender Vater deutlich vertrauter, als mein nicht weinender Vater. […] Ich lehnte mich an sie [die Großmutter] an. Heute weiß ich, dass der Vater ihrer Kinder, von 120 dem sie sich in den fünfziger Jahren hatte scheiden lassen, bei der Totenkopf-SS gewesen war […], seine Mitgliedschaft wurde offenbar, als sie an seinem Sterbebett die Tätowierung an der Innenseite seines linken Oberarms entdeckte. Ich denke manchmal an diese Abende 125 in dem Wohnzimmer meiner Großmutter zurück, drei Generationen, zwei Kriege und das totale Schweigen […].

(2023)

1. Tragen Sie zusammen, was der Text über den Umgang mit dem Kind und seine – rückblickende – Wahrnehmung seiner Lebensverhältnisse aufführt.

2. Untersuchen Sie Wohnsituation, Familienverhältnisse und unübliche Verhaltensweisen der geschilderten Familie.

3. Der Text legt viel wert auf eine genaue Beschreibung von Räumen. Diskutieren Sie die symbolische Bedeutung der Räume. Nutzen Sie dazu die nachfolgenden Informationen.

Wissen und Können

Die Gestaltung des Raumes in Erzähltexten

Als Raum wird bei Erzähltexten zunächst einmal der jeweilige **Handlungsort**, an welchem das Erzählte stattfindet, verstanden. Er steht immer im Zusammenhang mit den dargestellten Figuren und kann dabei verschiedene Funktionen haben:

- Er ist zuerst **Handlungsraum** für die Figuren, z. B. als Innen- oder Außenraum, historischer oder gegenwärtiger Raum, städtischer oder ländlicher Raum usw.
- Oft ist der Handlungsort zugleich der **Lebensraum** der Figuren: Das können die häuslichen oder beruflichen Umstände und die engere heimatliche Umgebung sein. Die handelnden Figuren stehen im engsten Zusammenhang mit ihrem Lebensraum und sind ohne ihn nicht vorstellbar.
- Darüber hinaus gibt es in Erzähltexten auch **Stimmungsräume**, in denen sich bestimmte innere Zustände der handelnden Figuren spiegeln, wie Freude und Glück, Vertrautheit der Figuren mit ihrer Umgebung, aber auch Angst und innere Zerrissenheit, Armut, Krankheit, Verwahrlosung usw. Hier geht es also um die **Atmosphäre**, in die das Geschehen eingebettet ist bzw. die von dem Geschehen erzeugt wird.
- In vielen Erzähltexten haben die dargestellten Räume eine **symbolische Bedeutung**. Sie können Hinweise etwa auf die Schicksale der dargestellten Figuren geben, auf eine höhere – göttliche – Ordnung, auf eine Harmonie im Zusammenleben der Menschen oder auf eine Gefahr – für eine Figur, eine Familie, ein Volk, eine Kultur usw.

Bei der Gestaltung des Raumes können **mehrere Funktionen gleichzeitig** erkennbar sein. Der Lebensraum von erzählten Personen kann zugleich Stimmungsraum sein. Auch lassen sich in einem Handlungsraum oft symbolische Verweise entdecken.

4. Arbeiten Sie heraus, inwiefern die Vorkommnisse innerhalb der Familie und die psychische Befindlichkeit des Vaters mit Geschichte zu tun haben.

5. Untersuchen Sie, woran deutlich wird, dass aus dem Rückblick erzählt wird.

6. Diskutieren Sie, inwieweit der Text Anschauungsmaterial zu den Überlegungen zur transgenerationalen Weitergabe von Traumata liefert. Nutzen Sie dazu die nachfolgenden Informationen.

7. Recherchieren Sie, welche weiteren literarische Texte, in denen NS-Zeit oder „1989" eine wichtige Rolle spielen, in den letzten Jahren erschienen sind, und präsentieren Ihren Mitschülerinnen und Mitschülern geeignete Werke.

8. „Eines der großen Missverständnisse in der an Vorurteilen reichen Debatte um Identität und Integration, um Herkunft und Heimat, ist die Annahme, die Vergangenheit präge das Zugehörigkeitsgefühl eines Menschen. Natürlich ist es wichtig zu wissen, woher man kommt, ebenso entscheidend ist aber die Frage, wohin man gehen will."
(Ilija Trojanow)
Diskutieren Sie, ausgehend von diesem Zitat und unter Einbeziehung ausgewählter Texte dieses Unterkapitels, die Zusammenhänge von Geschichte und Identität.

Wissen und Können

Geschichte als Thema der Gegenwartsliteratur

Liebe, die Beziehung zwischen zwei Menschen, die Entwicklung eines Menschen, Wahnsinn, Mord sind Beispiele für Motive und Themen, die zu allen Zeiten in der Literatur aufgefunden werden und sich daher auch in der Gegenwartsliteratur finden. Nicht so selbstverständlich ist, dass sich ein wesentlicher Teil der literarischen Produktion mit **geschichtlichen Ereignissen** beschäftigt, dass Texte entstehen, die auf ganz unterschiedliche Art sich mit entscheidenden Ereignissen der jüngeren deutschen Geschichte auseinandersetzen, um diese Zeit zu verstehen und ihre Auswirkungen bis zum heutigen Tag zu erkennen. Das „Jahrhundertthema der deutschen Literatur" ist dabei die **Zeit der nationalsozialistischen Diktatur**. Dafür gibt es verschiedene Gründe: So lassen neonazistische Aktivitäten es Schriftstellern als nötig erscheinen, dieses Thema, das von Borcherts und Bölls Texten aus der unmittelbaren Nachkriegsliteratur über die „Blechtrommel" von Günter Grass am Ende der 1950er-Jahre, „Die Ermittlung" von Peter Weiss und die „Deutschstunde" von Siegfried Lenz in den 1960ern bis hin zu Ruth Klügers „weiter leben" und Bernhard Schlinks „Der Vorleser" aus den 1990ern stets in unterschiedlicher Gestaltung präsent war, erneut aufzugreifen. Gleichzeitig verändert sich der Blick auf diese Zeit mit jeder neuen Generation. Kinder, Enkel von Tätern wie Opfern zeigen in Erinnerungsbüchern, wie sehr die NS-Zeit und der zu oft beschönigende oder verschweigende Umgang mit ihr nach wie vor Einfluss auf die psychische Befindlichkeit bis hin zur transgenerationalen Traumaweitergabe. Auch die historische Forschung steuert nach wie vor neue Erkenntnisse, Deutungsansätze und Diskussionen bei. Außerdem lässt sich aus dieser Zeit auch den Stoff gewinnen, aus dem sich spannende, erzählenswerte Geschichten und interessante Biographien gewinnen lassen, nicht zu vergessen die besondere Aura, die diesen Stoff umgibt.

Das Ende der SED-Herrschaft 1989, die Öffnung der Mauer und Wiedervereinigung, Reflexionen über (Fehl-)Entwicklungen in der DDR-Gesellschaft entwickelt sich zum zweiten großen geschichtlichen Thema, neben vielen anderen (zeit-)geschichtlichen Themenbereichen.

Literatur nach 1945 – Von der Nachkriegszeit bis zur Gegenwart

Geistige Tendenzen und leitende Ideen

- zunächst Verdrängung des Dritten Reiches, fehlende Auseinandersetzung mit der NS-Vergangenheit
- sukzessiv kritische Auseinandersetzung mit dem Holocaust, der eigenen Schuld und Verantwortung
- Fokussierung auf politische Geschehnisse
- Konzentration auf die eigene Lebenswelt und die Innerlichkeit
- Identität, Geschichte und Intertextualität als zentrale Themen der Gegenwartsliteratur

Literarische Tendenzen und Strömungen

- Nachkriegsliteratur (1945/50er-Jahre): Kahlschlagliteratur und Trümmerlyrik
- Entstehung der Gruppe 47
- die besonderen Bedingungen in der Literatur der DDR
- 1950er- und 1960er-Jahre: hermetische Lyrik und konkrete Poesie
- 1960er-Jahre: Politisierung der Lyrik
- 1970er- und 80er-Jahre: Alltagslyrik und Neue Subjektivität
- Rückschau und Standortbestimmung (insbesondere nach 1989)

Zeitgeschichtliche Hintergründe

- 1945: bedingungslose Kapitulation, vollständige Besetzung durch die Alliierten
- 1948: Währungsreform, Blockade Berlins
- 1949: doppelte Staatsgründung (BRD, DDR)
- Verschärfung des Ost-West-Konfliktes
- 1955: Souveränität von BRD und DDR
- 1961: Mauerbau
- 1968: Studentenunruhen
- 1989: Mauerfall und Wiedervereinigung
- 1992: Gründung der EU
- 2002: Einführung des Euro
- ab 2006: Zunahme der Zuwanderung nach Deutschland

Lyrik nach 1945

Themen und Motive

- Auseinandersetzung mit dem Faschismus und dem Krieg, Schuldthematik
- Festlegung der neuen Aufgaben von Literatur
- Widerspiegelung der gesellschaftlichen Realität
- Aufgreifen politischer und gesellschaftlicher Themen/Politik in Ost und West
- Emanzipation und Frauenbewegung
- Schilderung von alltäglichen Begebenheiten, Privatheit von Erfahrungen
- Rückzug in die Innerlichkeit
- Reflexion von Geschichte, Entfremdungserfahrung
- ökologische Krise
- Identität und Interkulturalität

Autoren und Lebensdaten

- Wolf Biermann (geb. 1936)
- Heinrich Böll (1917–1985)
- Paul Celan (1920–1970)
- Hans Magnus Enzensberger (1929–2022)
- Günter Grass (1927–2015)
- Peter Handke (geb. 1942)
- Ernst Jandl (1925–2000)
- Sarah Kirsch (1935–2013)
- Karin Kiwus (geb. 1942)
- Günter Kunert (geb. 1929)
- Reiner Kunze (geb. 1933)
- Jürgen Theobaldy (geb. 1944)
- Wolf Wondratschek (geb. 1943)
- Hans-Jürgen Heise (1930–2013)

„Fabian oder Der Gang vor die Hunde" – filmisches Erzählen

Ähnlich wie ein Text ist auch der Film ein Zeichensystem, welches „gelesen" – also entschlüsselt und verstanden werden will. Dies gelingt uns oft intuitiv, da wir in der Regel alle mit Filmen aufgewachsen sind und von früh auf gelernt haben, wie das filmische Erzählen funktioniert. Wie in der Literatur gibt es auch beim Film einfacher und schwerer zu entschlüsselnde Geschichten – das hängt von der Entstehungszeit des Filmes, der eingesetzten filmsprachlichen Mittel und nicht zuletzt unseren eigenen Sehgewohnheiten ab.

In diesem Kapitel beschäftigen Sie sich mit den Besonderheiten des filmischen Erzählens und untersuchen den inhaltlichen Aufbau des Films „Fabian oder Der Gang vor die Hunde" und dem Einsatz filmsprachlicher Mittel sowie der damit intendierten Wirkung auf die Zuschauerinnen und Zuschauer.

Auch werfen Sie einen Blick auf die historischen Ereignisse, die in dem Film thematisiert werden, und beschäftigen sich mit den unterschiedlichen Filmgenres.

Filmplakate gibt es bereits so lange, wie es Filme gibt. Bis in die 1950er-Jahre hinein waren sie das wichtigste Medium, um Kinofilme zu bewerben. Auch wenn sie heute an Bedeutung verloren haben, werden sie weiterhin in Werbekampagnen eingesetzt – und natürlich findet man sie auch als Filmankündigungen in den Schaufenstern der Kinobetreiber. Auf dieser Seite sehen Sie das Filmplakat, mit dem der Film „Fabian oder Der Gang vor die Hunde" beworben wurde.

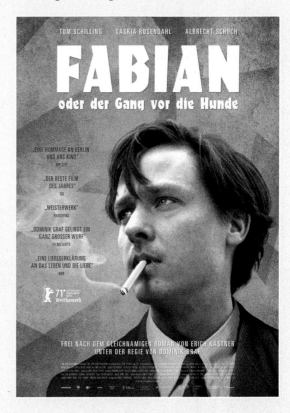

1. Beschreiben Sie das Filmplakat und sammeln Sie alle wesentlichen Informationen, die Sie hier über den Film erhalten. Berücksichtigen Sie dabei sowohl die Bild- als auch die Textebene.

2. Stellen Sie Vermutungen über die Handlung des Films an.

3. Beschreiben Sie mögliche Zielgruppen des Films und begründen Sie Ihre Einschätzung.

4. Recherchieren Sie die Filmplakate, mit denen der Film in anderen Ländern (z. B. im englischsprachigen Raum oder in Dänemark) beworben wurde. Stellen Sie Gemeinsamkeiten und Unterschiede heraus.

5. Wecken das Filmplakat Ihr Interesse, den Film zu sehen? Formulieren Sie ein kurzes Statement zu dieser Frage.

Der Film in der Weimarer Republik

Der Film ist in der Geschichte der Medien noch relativ jung – erst Ende des 19. Jahrhunderts gelang es, bewegte Bilder aufzunehmen und so zu präsentieren, dass für die Zuschauerinnen und Zuschauer der Eindruck einer flüssigen Bewegung entstand. Vom Stummfilm dauerte es nur wenige Jahre bis zur Entwicklung des Tonfilms, aus den Schwarz-Weiß-Aufnahmen der frühen Jahre wurden Farbfilme. Damit war der Siegeszug des Films nicht mehr aufzuhalten – bis zu der Erfindung des Fernsehgerätes war er das wichtigste Medium des 20. Jahrhunderts. In der Weimarer Republik wurde der Film zum neuen Massenmedium und erreichte ein breiteres Publikum als je zuvor. Filme wurden zu einem wichtigen Bestandteil der Populärkultur und hatten einen enormen Einfluss auf die Mode, das Design und die Kunst dieser Zeit. Zunächst als bloße Unterhaltung angesehen, hatte die Filmindustrie schnell erkannt, dass der Film sich auch eignete, politische Botschaften zu verbreiten und gesellschaftliche Veränderungen zu bewirken. Insbesondere die sozialkritischen Filme der sogenannten „Neuen Sachlichkeit" waren ein wichtiger Bestandteil der Filmproduktion der Weimarer Republik. Der Schriftsteller Erich Kästner lieferte 1931 mit seinem ersten Roman „Fabian" die literarische Vorlage für den Film „Fabian oder Der Gang vor die Hunde". Da die Themen als gewagt galten, wurde vom Verlag zunächst nur eine überarbeitete Fassung des Werks veröffentlicht. Erst 2013 wurde der Text in der von Kästner intendierten Form veröffentlicht. Diese wählte der Regisseur Dominik Graf als Vorlage für sein filmisches Werk, in welchem er Kästners Sittengemälde der Weimarer Republik mit gesellschaftspolitischen Themen der Gegenwart verknüpft.

Szene aus dem Film „Der Blaue Engel" mit Marlene Dietrich in der Rolle der Lola, aufgenommen 1929

1. Vergleichen Sie die Bedeutung des Films in der Weimarer Republik mit seiner Bedeutung heute und benennen Sie Gemeinsamkeiten und Unterschiede.

2. Verfassen Sie einen kurzen Text, in dem Sie die Bedeutung des Films persönlich zum Ausdruck bringen. Sie können darin auch Schilderungen von eigenen Erfahrungen, z. B. bei Kinobesuchen, einbauen. Stellen Sie Ihre Texte vor.

3. Welche kulturelle Bedeutung wird das Kino zukünftig noch haben? Geben Sie eine Einschätzung ab und begründen Sie diese.

Den Film kennenlernen und untersuchen

Der Filmtrailer

Heutzutage hat der Filmtrailer das Plakat als wichtigstes Werbemedium abgelöst. Während er früher meist im Kino vor dem eigentlichen Hauptfilm gezeigt wurde, findet er heute vor allem in den sozialen Medien eine weite Verbreitung. Potentielle Kinogänger können sich so von der Thematik und der Sprache des Films einen ersten Eindruck verschaffen. Wie früher das Plakat soll er dazu ermuntern, den Film im Kino anzusehen.

1. Schauen Sie sich den Filmtrailer an:

  WES-127877-062

Untersuchen Sie den Trailer unter folgenden Gesichtspunkten:
– Formulieren Sie Ihre Vermutungen zur Filmhandlung, Figurenkonstellation, Zeit und den Themen des Films.
– Analysieren Sie den Aufbau des Trailers und beschreiben Sie seine Gliederung.
– Nennen Sie die persönlichen und gesellschaftlichen Themen, die im Trailer angedeutet werden.

– Beschreiben Sie die Figuren bzw. die Figurenkonstellationen, die Ihnen wichtig erscheinen.
– Notieren Sie mithilfe der nachfolgenden Informationen die filmischen Gestaltungsmittel, die Ihnen aufgefallen sind.

2. Unterziehen Sie die Tonspur einer genaueren Untersuchung und beschreiben Sie, was Ihnen auffällt.

3. Erstellen Sie stichwortartig mögliche Szenarien für den Fortgang der Handlung: Wie könnte sich die Handlung zwischen Jakob Fabian, Cornelia Battenberg und dem gemeinsamen Freund entwickeln?

4. Informieren Sie sich über die politische und wirtschaftliche Situation Deutschlands und Berlins Anfang der 1930er-Jahre. Charakterisieren Sie den gesellschaftlichen Hintergrund, vor dem die Filmhandlung spielt.

5. Weckt der Trailer Ihr Interesse, den Film anzusehen? Begründen Sie Ihre Antwort.

Wissen und Können

Die drei Elemente des Films: Bild, Ton und Schnitt

Bild: Das Besondere des Mediums Film ist das bewegte Bild. Im Rahmen der Filmanalyse werden hier vor allem
- Kameraführung: Kameraeinstellungen (neutrale/objektive Kamera, subjektive Kamera), Kameraperspektiven (Normalsicht, Froschperspektive/Untersicht, Vogelperspektive/Aufsicht, Point-of-View: Perspektive einer Figur),
- Einstellungsgrößen: Bildausschnitt und damit auch Größe der dargestellten Objekte bzw. Personen (Weit, Totale, Halbtotale, Amerikanisch, Halbnah, Nah, Groß, Detail),
- Kamerabewegung: Schwenk (Drehen um die eigene Achse), Kamerafahrt (Bewegung durch den Raum), Zoom (Veränderung der Brennweite, Hinein- oder Hinauszoomen aus einer Szene),
- Ausstattung: Raum, Requisiten, Kostüme usw.,
- Beleuchtung und
- Farbgestaltung
untersucht.

Ton: Der aus dem On (Ton, dessen Quelle in der Einstellung zu sehen ist, z. B. Gespräch) oder Off (Ton, dessen Quelle in der Einstellung nicht zu sehen ist, z. B. Erzählerstimme, Filmmusik) kommende Ton besteht hauptsächlich aus der Sprache der Figuren. Unterstützt wird das bewegte Bild zudem durch Geräusche und Musik.

Schnitt: Beim Schnitt interessieren insbesondere die Art der Montage, die Länge der jeweiligen Kameraeinstellungen sowie die jeweils gewählten Einstellungsverbindungen. Letzteres meint den Übergang von einer Kameraeinstellung zur nächsten, welcher entweder durch einen harten Schnitt oder weich mit einer Blende erfolgen kann.

Die Filmexposition

Wie in literarischen Texten wird auch beim Film in den ersten Szenen der Zuschauer bzw. die Zuschauerin durch die Exposition in die Zeit, den Ort und die Atmosphäre eingeführt. Daneben erfolgt meist eine Vorstel-
5 lung des oder der Protagonisten sowie erste Andeutungen über die Filmhandlung bzw. dramatische Konflikte.

1. Sehen Sie sich die Exposition des Filmes an (00:37 – 03:28) und notieren Sie, was über Zeit, Ort und Handlung erfahren.

2. Versuchen Sie zu beschreiben, welche Stimmung / Atmosphäre in diesen ersten Minuten vorherrscht und durch welche filmischen Gestaltungsmittel diese maßgeblich hervorgerufen wird.

3. Nennen Sie die verwendeten Einstellungsgrößen und Kameraperspektiven und beschreiben Sie deren Funktion. Nutzen Sie die nachfolgenden Informationen.

4. Nennen Sie weitere gestalterischen Mittel, die Ihnen aufgefallen sind, und beschreiben Sie deren Wirkung.

5. Der Filmtrailer beginnt mit den Bildern einer fahrenden Straßenbahn und den folgenden Sätzen: „Wir sitzen alle im gleichen Zug und reisen quer durch die Zeit. Wir sehen hinaus. Wir sahen genug. Wir fahren alle im gleichen Zug und keiner weiß, wie weit."
   – Untersuchen Sie, inwieweit die Exposition an die Eröffnungsszenen des Trailers anknüpfen.
   – Recherchieren Sie die Herkunft dieser Zeilen und versuchen Sie, einen Bezug zum Film Fabian herzustellen.

Wissen und Können

Einstellungsgrößen

Unter Einstellungsgröße wird die Größe des dargestellten Objektes – in der Regel eine Einzelperson – im Verhältnis zu seiner Umgebung (Bildausschnitt) verstanden. Die Einstellungsgröße bestimmt die Nähe bzw. Distanz zum gefilmten Objekt und folglich auch die emotionale Wirkung auf die Zuschauerin/den Zuschauer. Folgende Einstellungsgrößen sind dabei gängig:

- **Weit** (auch Panorama, Super-Totale): verschafft einen Überblick, oft am Anfang oder Ende einer Film-sequenz sowie für Darstellung von Landschaften

- **Totale:** verschafft einen räumlichen Überblick, Blick aus der Distanz, Menschen und Gebäude nur klein und nehmen hierbei eine untergeordnete Stellung innerhalb des Handlungsraums ein

- **Halbtotale:** zeigt Figuren und Gegenstände im Ganzen, in ihrer Umgebung, auch für körperbetonte Aktionen

- **Amerikanisch** (auch Knee-shot): zeigt eine Figur bis knapp unterhalb der Hüfte, die/der Zuschauende fühlt sich als Teil des Geschehens, Verhältnis zur näheren Umgebung

- **Halbnah:** zeigt eine Figur von der Hüfte aufwärts, ermöglicht eine Orientierung im Raum, indem auch die unmittelbare Umgebung gezeigt wird, gesamte Situation im Vordergrund

- **Nah:** Kopf oder Oberkörper bestimmen das Bild, Mimik und Gestik stehen im Vordergrund, transportiert Emotionen, häufig in Dialogen

- **Groß:** Kopf in Großaufnahme, Mimik der/des Sprechenden (Gefühlsleben) steht im Vordergrund, Umgebung spielt keine Rolle mehr

- **Detail:** Aufmerksamkeit liegt auf einem Gegenstand oder einem kleinen Teil des Körpers, suggeriert extreme Nähe der/des Zuschauenden

Die Einführung des Protagonisten Jakob Fabian

„Er trug durstig schon lange ein Gefäß in seiner Hand durch all diese Nächte, und er mochte es nicht mehr tragen, weil es leer war."

In den ersten Minuten des Films wird Jakob Fabian als
5 Protagonist eingeführt. Dazu wird er in verschiedenen, für ihn typischen Situation gezeigt, sodass das Filmpublikum einen ersten Eindruck von der Person, seinem Denken und seinem Handeln bekommt. Die Charakterisierung des Protagonisten findet direkt oder indirekt
10 statt, durch seine Aussagen und sein Handeln, aber auch seine Lebensumstände und durch das Umfeld, in dem er sich bewegt, und die Personen, mit denen er interagiert. Auf der Tonebene können On- und Off-Ton, eine Erzählstimme sowie der Einsatz von Filmmusik
15 diese Charakterisierung untermalen.

1. Untersuchen Sie die folgenden drei Filmausschnitte arbeitsteilig und sammeln Sie alle für den Handlungsverlauf relevanten Informationen über den Protagonisten.

– 03:29 – 08:24: Fabian im Etablissement zur Anbahnung von Beziehungen
– 08:25 – 11:50: Fabian in seinem Zimmer
– 11:51 – 14:55: Fabian im Büro / zu Besuch bei einem Freund

Dabei können Sie sich von folgenden Fragen leiten lassen:

– Was erfahren Sie über die konkreten Lebensumstände von Jakob Fabian? Wo und wie lebt er?
– Welche Ausbildung hat Fabian, welchem Broterwerb geht er nach? Was erfahren Sie über seine finanzielle Situation?
– Was erfahren Sie über seine familiäre Herkunft?
– Wie gestaltet sich sein Verhältnis zu Frauen?

2. Tragen Sie die Informationen, die Sie in den verschiedenen Gruppen gesammelt haben, zusammen, und versuchen Sie sich ein möglichst umfassendes Bild von Jakob Fabian zu verschaffen:

– Was charakterisiert Jakob Fabian?
– Welche Ziele verfolgt er (beruflich, familiär)?
– Wie lässt sich seine Weltanschauung beschreiben? Was treibt ihn an?
– Welches Selbstbild hat er?
– Ist Fabian ein glücklicher / zufriedener Mensch?

3. Fassen Sie Ihre Ergebnisse schriftlich zusammen. Nutzen Sie die nachfolgenden Informationen.

Eine Figur im Film beschreiben und charakterisieren

Figuren in einem Film können in den **Protagonisten** (Hauptrolle) und die **Nebenfiguren** (Nebenrollen) eingeteilt werden. Kennzeichnend für eine Figur kann der erste Auftritt im Film sein, da dieser die Figur in die Handlung einführt und vorstellt. Die weiteren Auftritte einer Figur sollten betrachtet werden, damit die Entwicklung des Charakters analysiert werden kann. Wichtige Analyseaspekte sind z. B. die **Ausdrucksform** und das **Auftreten** einer Figur. Dazu bezieht man das Aussehen sowie die Sprache (Tonfall, Besonderheiten wie z. B. Dialekt) ein.

Den Charakter einer Figur kann man auf verschiedene Weise erfahren:

● **Selbst-Charakterisierung:** Diese wird durch die **Figur selbst** vermittelt, indem sie z. B. etwas über sich sagt.
● **Fremd-Charakterisierung:** Die Figur wird durch die **Aussagen anderer Figuren** charakterisiert.
● **Erzähler-Charakterisierung:** Die Figur wird auch **durch den Film**, z. B. durch den Einsatz von Kameraeinstellungen, charakterisiert.

Man unterscheidet zwischen **eindimensionalen Figuren**, Figuren, die geradlinig und mit wenig Eigenschaften dargestellt werden, und **mehrdimensionalen Figuren**, bei der die Figuren viele verschiedene Eigenschaften hat, die sich zum Teil entwickeln und sich im Laufe des Films widersprechen. Darüber hinaus unterscheidet man **statische Figuren**, sich nicht verändernde Figuren, und **dynamische Figuren**, die während des Films eine Veränderung durchlaufen.

Der Film als Gesamtkunstwerk

Dominik Graf mit zwei
seiner Hauptdarsteller bei
den Dreharbeiten zum
Kinofilm „Fabian oder Der
Gang vor die Hunde"

1. Schauen Sie sich den Film „Fabian oder Der Gang vor die Hunde" an. Halten Sie
nach der Filmvorführung Ihre ersten Eindrücke schriftlich fest:
   – Wie hat Ihnen der Film gefallen? Begründen Sie kurz.
   – Was hat Sie nicht überzeugt? Begründen Sie kurz.
   – Gibt es Szenen, die Sie für besonders gelungen halten? Sind Ihnen bestimmte
     filmische Gestaltungsmittel aufgefallen? Begründen Sie kurz.
   – Hat das Werk bei Ihnen Fragen aufgeworfen, die nicht beantwortet wurden?
     Notieren Sie diese Fragen.
   – Würden Sie den Film im Freundeskreis weiterempfehlen? Begründen Sie kurz.

2. Tauschen Sie sich über Ihre Eindrücke in der Gruppe aus. Notieren Sie Gemeinsamkeiten und Unterschiede in der Wahrnehmung und versuchen Sie, diese zu erklären.

3. Der Film erzählt nicht nur einen Ausschnitt aus dem Leben des Jakob Fabian, auch
viele andere Themen spielen im Film eine wichtige Rolle. Sammeln Sie gemeinsam
die thematischen Informationen / Eindrücke, die Ihnen nach dem Anschauen des
Films geblieben sind. Sie könnten diese beispielsweise wie folgt sortieren:

Metropole Berlin	Wirtschaftskrise	Aufstieg des Nationalsozialismus
Erster Weltkrieg	Kunst und Musik	Weimarer Republik
Freundschaft	...	...

4. Wählen Sie ein oder mehrere Stichworte aus und recherchieren Sie dazu weitere
Informationen, die zum Verständnis des Films beitragen.

Labude und Fabian – eine Freundschaft in schwierigen Zeiten

Stephan Labude ist – neben Cornelia Battenberg – die wichtigste Bezugsperson für Jakob Fabian. Woher sie sich kennen, wird im Film nur angedeutet: Offenbar haben sie gemeinsam Germanistik studiert. Durch die Gespräche zwischen den beiden Männern erfährt auch der Zuschauer bzw. die Zuschauerin einiges über die Protagonisten.

Vorlesung Labudes im Park (56:39 – 58:28)

Labude: Ob ich morgen lebe, weiß ich freilich nicht. Doch wenn ich morgen lebe, dass ich morgen trinke, weiß ich ganz gewiss. Zurück zum Text. Lessing fragt:
5 Doch kommen wir denn nicht auch öfters in Gesellschaften, in welchen wir aushalten müssen? Und in welchen uns die Zeit ebenso so unerträglich langweilig wird auf dem Krankenlager? Auf diese Frage müssen wir heute antworten, dass wir die Position einer Gesellschaft auf
10 dem Krankenlager jetzt satt haben. Wir schreiten voran. Wir dürfen nicht aushalten, wir müssen handeln.
Wir schließen uns zusammen mit Hamburg, Frankfurt, Tübingen. Es gibt klare Forderungen. Freiwillige Kürzung des privaten Profits. Steigerung der sozialen Leis-
15 tungen. Kulturelle Vertiefung der Erziehung. Angst und Hass dürfen nicht länger lauter schreien als der Verstand und unser Herz. Vergesst diese Stunde nicht. Das
20 Zeitalter der Menschenwürde bricht an. Ich danke euch.
Fabian: Wenn du nicht aufpasst, werden sie dich einsperren, und es wir ihnen Freude machen.
25 **Labude:** Wenn man erstmal das System vernünftig gestaltet hat, werden sich auch die Menschen daran anpassen.
Fabian: Ich bin froh, dass du wie-
30 der frei und ungebunden an die Verwirklichung deiner politischen Pläne gehen kannst. Aber sei mir nicht böse, wenn ich nicht

glaube, dass sich Vernunft und Macht jemals heiraten.
Labude: Wenn man die Macht im Interesse der Men- 35 schen benutzt, schon.
Fabian: Aber was nützt dein göttliches System, solange der Mensch ein Schwein ist? Die Vernünftigen werden nicht an die Macht kommen und die Gerechten noch weniger. 40
Labude: Aber man muss es doch wenigstens wagen! Versuchen! Das Schlimme ist, dass du keinen Ehrgeiz hast.
Fabian: Ich seh zu. Ist das nichts?
Labude: Wem ist damit geholfen? 45
Fabian: Wem ist zu helfen?

1. Beschreiben Sie das Verhältnis zwischen den beiden Freunden: Was eint sie, was unterscheidet sie?

2. Ziehen Sie aus dem Gesagten Rückschlüsse auf die Lebenseinstellung der beiden Männer.

3. Sehen Sie sich die gesamte Filmszene noch einmal an und untersuchen Sie, inwiefern die visuelle Gestaltung das Gesprochene unterstützt oder entkräftet.

4. Ordnen Sie die Szene im Gesamtkontext des Filmes ein. Inwiefern ist sie für die Handlung des Films von Bedeutung?

Cornelia und Fabian – Ist da wer?

„Bald, vielleicht, wenn er es kaum noch hoffte, bald würde das Schicksal gnädig sein und das Gefäß in seiner Hand füllen."

Cornelia Battenberg wird im Laufe der Filmhandlung schnell zur wichtigsten Bezugsperson Fabians. Nach einer ersten Begegnung im Kabinett der Anonymen kommen beide bei einem nächtlichen Spaziergang ins Gespräch.

1. Sehen Sie sich die Szene des nächtlichen Spaziergangs (28:54 – 34:55) an und untersuchen Sie die Vorstellungen von Liebe und Partnerschaft, die beide äußern, anhand folgender Fragestellungen:
- Was erwartet Cornelia, was erwartet Fabian von einer Beziehung?
- Glauben Sie an die romantische Liebe?
- Ist es eine Beziehung auf Augenhöhe?
- Welche Schwierigkeiten deuten sich bereits in dieser Szene – ganz am Anfang der gemeinsamen Beziehung – an?

Cornelia: Und dass jemand in jeder Beziehung der Richtige ist, das kommt gar nicht vor?
Fabian: Man soll nicht gleich das Äußerste hoffen. […]
Cornelia: Ich bin kein Engel, mein Herr. Unsere Zeit ist mit den Engeln böse, nicht?
5 Wenn wir einen Mann lieb haben, dann liefern wir uns ihm aus. Trennen uns von allem, was vorher war, und kommen zu ihm. „Hier bin ich", sagen wir freundlich lächelnd. „Ja, da bist du", sagt er, und kratzt sich hinterm Ohr. „Allmächtiger", denkt er, „jetzt hab ich sie am Hals". Mit leichtem Herzen schenken wir ihm, was wir haben. Und er flucht. Unsere Geschenke sind ihm lästig. Erst flucht er leise, später flucht er laut. Und wir
10 sind alleine wie nie zuvor. Ich bin 25 Jahre alt und von zwei Männern wurde ich stehen gelassen wie ein Schirm, den man absichtlich vergisst. Stört Sie meine Offenheit?

2. Untersuchen Sie die visuelle Gestaltung der Szene und werten Sie dafür auch die dem Publikum gezeigten schriftlichen Einblendungen aus. Versuchen Sie, einen Zusammenhang zum Gesagten herzustellen und stellen Sie Vermutungen über die Intention des Regisseurs an, diese Szene so zu gestalten.

3. In einer späteren Szene, am See (ab 58:43), unterhält sich Fabian mit seinem Freund Labude über seine Verlustängste. Erarbeiten Sie, welches Verständnis von Liebe und Partnerschaft hier von den beiden Freunden offenbart wird.

Fabian: Ich träum' nachts, dass ich sie verliere. Und ich schäm' mich für die Angst. Du verstehst das, oder?
Labude: Ja, aber es kommt, wie's kommt. Hast keinen Einfluss drauf. Im großen Buch der Liebe steht längst geschrieben, wer von euch beiden den anderen wieder verlässt.

Kirsten Heinsohn

„Grundsätzlich" gleichberechtigt. Die Weimarer Republik in frauenhistorischer Perspektive

Der Erste Weltkrieg markierte in vielerlei Hinsicht einen deutlichen Einschnitt, auch mit Blick auf die Geschlechterverhältnisse. Wie weit die Veränderungen reichten und wie diese zu deuten seien, war aber schon
5 unter Zeitgenossen eine umstrittene Frage. Der Krieg habe zur Entfremdung zwischen Ehepaaren geführt, Frauen selbstständiger gemacht und dadurch einen erheblichen Emanzipationsschub ausgelöst – so lauteten die Grundannahmen. Für diese Interpretation gab es
10 durchaus Belege, waren doch bereits 1915 etwa neun Millionen Männer eingezogen, die Hälfte von ihnen verheiratet. Der Krieg dauerte länger als gedacht, er forderte mehr als zwei Millionen Tote und Tausende körperlich oder seelisch Verletzte, die nicht mehr er-
15 werbsfähig waren.
Viele Arbeitsplätze von Männern wurden während des Kriegs mit Frauen besetzt, vor allem in der kriegswichtigen Rüstungsindustrie, aber auch in öffentlichen Einrichtungen. [...] Viele Zeitgenossen deuteten jedoch die
20 stärkere Sichtbarkeit von Frauen an außerhäuslichen Arbeitsplätzen und in der Verwaltung, zum Beispiel im expandierenden staatlichen Wohlfahrtswesen, in dem auch viele Frauen Arbeit fanden, als einen Bruch der traditionellen Rollenmuster. Bürgerliche Frauenorgani-
sationen beteiligten sich darüber hinaus umfangreich 25 an der gesellschaftlichen Mobilisierung für den Krieg, sowohl ideologisch als auch ganz praktisch in zahlreichen lokalen ehrenamtlichen Initiativen. Die Vertreterinnen der Frauenbewegung hoben immer wieder die gesellschaftliche Bedeutung all dieser Tätigkeiten für 30 den Krieg hervor, sprachen von „Bewährung" der Frauen an der Heimatfront und erhofften sich dafür Zugeständnisse in Fragen der Gleichstellung, die schon vor dem Krieg artikuliert worden waren: die Zulassung von Frauen zum Wahlrecht sowie eine Berücksichtigung 35 von Fraueninteressen in Rechtsprechung, Politik und Wirtschaft.
Mit dem ersehnten Ende des Kriegs waren Hoffnungen, aber auch Unsicherheiten verbunden. Viele Ehefrauen von Soldaten, insbesondere aus den einkommens- 40 schwachen Schichten, litten unter der hohen Arbeitsbelastung im Beruf und in der Familie, die noch durch die schlechte Ernährungslage im Winter 1917 drastisch verschärft wurde. Den Alltag einer Familie zu organisieren, war allein schon harte Arbeit. Unter diesen Be- 45 dingungen erschien der Wunsch nur folgerichtig, zur friedlichen Vorkriegszeit und einer klaren geschlechtsspezifischen Arbeitsteilung zurückzukehren. [...]

Gesellschaftlich war die Auffassung, dass Männer und Frauen „grundsätzlich" verschieden seien, so tief verankert, dass die wenigen Frauenrechtlerinnen und Politiker, die sich für die Gleichberechtigung ohne Einschränkungen einsetzten, kaum Gehör fanden. Entsprechend gab es nur wenige Initiativen für eine Novellierung von Gesetzen und auch keine politischen Mehrheiten für grundlegende Revisionen im Reichstag. Das Familienrecht von 1900, in dem eine patriarchale Familienstruktur sowie die Verfügungsmacht des Ehemannes über das Vermögen, die Arbeit und den Körper seiner Frau festgelegt wurde, blieb letztlich unangetastet. [...]

Also eigentlich nichts Neues für und von Frauen in der Weimarer Republik? Eine solche Schlussfolgerung wäre ebenso falsch wie eine einseitige Betrachtung der 1920er Jahre allein unter dem Stichwort „neue Frau". Frauen hatten nach dem Krieg mehr und neue Optionen für ihre persönliche Lebensführung, konnten sich teilweise auch in neuen Räumen ausprobieren. Dazu zählte nicht nur der Bereich der Politik, sondern auch der Sport, die Freizeitgestaltung, Berufsausbildungsangebote und überhaupt der öffentliche Raum. Inwieweit diese Angebote aber genutzt werden konnten, hing von der sozialen Lage ab und auch vom Wohnort.

Eine beliebte Freizeitbeschäftigung für junge Menschen war der Kinobesuch – doch war ein solcher meistens nur in größeren Städten möglich. Zwar lebten Anfang der 1930er Jahre mehr als dreißig Prozent der Deutschen in Großstädten, aber immer noch ein Drittel auf dem Land, wo es in der Regel weder ein Theater noch eine Tätigkeit als Angestellte im Kontor für junge Frauen gab. Die neuen Arbeitsmöglichkeiten für junge Frauen entstanden in urbanen Zentren und dort auch nur in einigen industriellen Bereichen sowie in Handel und Verwaltung. Die Mehrheit aller Frauen fand weiterhin Beschäftigung als „mithelfende Familienangehö-

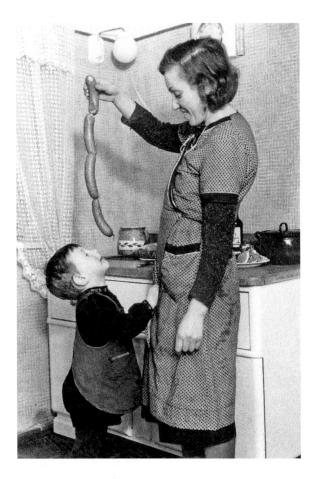

rige" im Geschäft des Mannes oder Vaters in Stadt und Land. Gegenüber der Vorkriegszeit absolvierten jedoch mehr Mädchen aus dem Arbeitermilieu eine Berufsausbildung, und in wohlhabenden Familien erwarben Mädchen zunehmend nicht nur höhere Bildungsabschlüsse, sondern entschieden sich auch, ein Studium aufzunehmen. Damit waren junge Frauen verstärkt auch in der städtischen Öffentlichkeit sichtbar – allein und auf dem Weg zur Arbeit, zur Universität, ins Kino oder im Café. [...] *(2018)*

1. Beschreiben Sie die gesellschaftlichen Veränderungen in der Weimarer Republik, die sich auf das Rollenverständnis zwischen Männern und Frauen dieser Zeit auswirkt.

2. Erarbeiten Sie, was unter der „grundsätzlichen" Gleichberechtigung von Männern und Frauen in der Weimarer Republik zu verstehen ist.

3. Untersuchen Sie die Frauenfiguren, die in Fabians Leben eine Rolle spielen, darauf hin, inwiefern sie die Rolle der Frauen in der Weimarer Republik verkörpern.

4. Analysieren Sie, welches Verhältnis Fabian zu den Frauen in seinem Leben pflegt. Versuchen Sie daraus abzuleiten, welches Rollenverständnis der Geschlechter zueinander er selbst hat.

Das Spiel mit Andeutungen und Verweisen

Fabian besucht mit Cornelia seinen Freund Labude in dessen Elternhaus. Dort sprechen die Freunde über ihre Zukunftspläne und vertreiben sich gemeinsam die Zeit, unter anderen mit Tontaubenschießen.

Fabian, Labude und Cornelia gehen eine Treppe hinunter.
Cornelia: Wie weit ist denn?
Labude: Fußläufig.
Cornelia: Fünf Minuten?
5 **Labude:** Drei und wir sind da.
Georg!
Der Diener kommt mit Getränken hinterher.
Auf der Wiese.
Labude: Der Ladevorgang.
10 **Cornelia:** Hm hm.
Labude: Eins. Zwei. Zwei Abzüge. Eins, zwei.
Fabian *(zum Diener)*: Lassen Sie ruhig, ich kümmere mich.
Cornelia: Hm hm.
15 **Labude:** Fräulein Battenberg ist Linkshänderin?
Zum Diener: Abstellen.
Auf die andere Seite kommen.
Cornelia: Hm hm.
Labude: Glas, Georg! Links vor.
20 **Cornelia:** Mein Fuß?
Labude: Halber Schritt, leicht belasten.
Cornelia: So?
Labude: Übernehmen.
Cornelia: Hm hm.
25 **Labude:** Gewehr an die Schulter. Finger vom Abzug.
Ein leiser Knall ertönt.
Georg: Oh, Pardon. Das war der Korken.
Labude: Wange auf den Schaft.
Cornelia: Hm hm.
30 *Richtet die Waffe auf Labudes Gesicht.*
Labude: Genau.
Cornelia: Ja.

Labude: Bisschen tiefer.
Noch 'n Stück.
Cornelia: Oh … 35
Labude: Gut.
Fabian beobachtet die beiden. Labude umarmt Cornelia von hinten und führt ihr das Gewehr.
Cornelia: Hm hm. Und jetzt?
Labude: Ziel wird kommen. Wir folgen. Erster Schuss. 40
Zweiter Schuss.
Cornelia: Ok. Gut.
Fabian lächelt. Klaviermusik setzt ein, erst leise, dann zunehmend beklemmender.
Labude: Beginnend am Fuße der ersten Birke. 45
Cornelia: Hm hm.
Labude: Auf Ihr Zeichen lässt Fabian sie fliegen.
Cornelia: Sag ich einfach „los"?
Labude: „Lass sie fliegen."
Georg reicht Fabian ein Tablett mit Gläsern. 50
Fabian: Danke.
Cornelia: Bist du bereit?
Fabian: Ja.
Cornelia: Lass sie fliegen.
Fabian löst die Ladevorrichtung aus. Cornelia schießt. 55
Cornelia: Ah!
Labude hält Cornelia.
Labude: Schuss!
Cornelia schießt.
Cornelia: Ja? 60
Labude: Talent vorhanden.
Cornelia: Ja.
Labude: Mit … Übung.
Fabian: Eher mit'n bisschen viel Übung.
Cornelia: Ja, mach's selber, oder? 65
Fabian: Ich nehm so'n Ding nicht in die Hand.
Labude: Hier wird niemand gezwungen zu schießen. Aber ich schieße. Weil ich sonst nichts gelernt habe außer zu schießen.
Lass sie fliegen. 70
Fabian löst die Ladevorrichtung, Labude schießt zweimal, trifft.
Georg: Sehr guter Schuss!
Labude: Laden!
Hoch! 75
Fabian: Ja, warte mal.

Labude: Hoch!

Labude schießt.

Georg: Ja, noch ein Treffer!

80 **Fabian:** Oh ...

Labude: Laden.

Cornelia lacht, blickt zu Fabian. Dieser hat sich ein Stück entfernt, zündet sich eine Zigarette an. Cornelia zögert, geht dann Richtung Fabian und umarmt ihn.

85 **Cornelia:** Wie dein Herz pocht. Ich versteh's. Ich versteh's.

Fabian keucht.

Fabian: Nee, nee, nee, das versteht man nicht. Kann man nicht verstehen.

90 **Cornelia:** Alles gut.

Die drei gehen zurück zum Haus.

Fabian: Kann ich euch mal kurz alleine lassen? Mal kurz sortieren?

Fabian geht allein durch das Haus, holt sich Schreibzeug.

95 *Cornelia und Labude rauchen im Garten. Klaviermusik. Fabians Blick fällt auf ein Wandgemälde mit biblischem Motiv: Der Ungläubige Thomas steckt seinen Finger in die Wunde Jesus. Klirren eines Windspiels. Lautes Summen. Flashback: Fabian steht an einem Gelände, ein Pas-*

100 *sant legt ihm die Hand auf die Schulter.*

Passant: Was ist dir, Kamerad?

Fabian schreibt in ein Notizbuch.

Summen.

Passant: Dieser verdammte Krieg.

105 **Fabian:** Hm?

Passant: Dieser verdammte Krieg!

Fabian hat sein Notizbuch fallen gelassen, liegt schlafend auf einem Bett. Traumsequenz:

Fabians Stimme: Dieser verdammte Krieg.

Fabian/Passant: In der Provinz draußen ... gibt es ein- 110 zelnstehende Gebäude ... wo immer noch verstümmelte Soldaten liegen ... Männer ohne Gliedmaßen ... Männer mit furchtbaren Gesichtern ... ohne Nase ... ohne Mün- der .... Krankenschwestern, die vor nichts zurückschre- cken ... die flößen diesen entstellten Kreaturen Nah- 115 rung ein durch so ... diese Glasröhren. Die sie in wuchernd vernarbte Löcher spießen. Wo früher mal 'n Mund gewesen war. Der hatte lachen und sprechen und schreien können.

Schnell wechselnde Bilder, assoziativ aneinandergereiht. 120 *Einsetzende Marschmusik, die immer lauter und bedroh- licher wird.*

Cornelia beugt sich über Fabian, weckt ihn. Die Musik wird ruhiger.

Fabian: Ich bin eingeschlafen. 125

Cornelia hält ihm ein Notizbuch vor das Gesicht.

Cornelia: Du musst unterschreiben. Ich hab einen Ver- trag für uns aufgesetzt.

Fabian: *lachend* Oh je... liest: Ich ...

Auf der Seite steht: „Ich liebe Cornelia und werde deshalb 130 *ihrer Karriere nie im Wege stehen! Datum: 4 Juli 1931 Unterschrift:"*

Fabian unterschreibt lachend.

Cornelia: Wir sind Gleichgesinnte.

Fabian: Na gut. Sie küssen sich. 135

---

1. Beschreiben und analysieren Sie die Szene vom Tontaubenschießen (1:03:16 – 1:09:20) arbeitsteilig:
   – Gruppe 1: Fassen Sie den Inhalt der Szene in eigenen Worten zusammen. Beschreiben Sie das Verhältnis der drei Protagonisten zueinander.
   – Gruppe 2: Analysieren Sie die Tonspur: Untersuchen Sie den Einsatz von Off- und On-Ton und die Wirkung auf Sie. Beschreiben Sie den Einsatz von Filmmusik und die damit intendierte Wirkung. Inwiefern unterstützt diese das filmische Erzäh- len?
   – Gruppe 3: Untersuchen Sie die Gestik und die Mimik der handelnden Figuren: Welche Aussagen lassen sich daraus hinsichtlich der einzelnen Personen treffen? Welche Gefühlszustände können Sie daraus ableiten?
   – Gruppe 4: Untersuchen Sie den Einsatz von Flash Backs / Rückblenden: Welchen erzählerischen Zweck verfolgen sie? Welche Vorausdeutungen auf die kommen- de Filmhandlung finden Sie in dieser Szene?

2. Tragen Sie die Ergebnisse der einzelnen Gruppen zusammen. Beschreiben Sie, inwiefern die genaue Analyse der einzelnen Aspekte der filmischen Gestaltung zum Verständnis der Szene und des gesamten Filmes beiträgt.

Das Scheitern der Hauptfiguren

Sowohl Jakob Fabian, Stephan Labude als auch Cornelia Battenberg thematisieren im Laufe des Films ihre Pläne für die Zukunft. Am Ende hat keiner von Ihnen diese Pläne erreicht.

1. Beschreiben Sie die Lebenspläne der drei Protagonisten in groben Zügen.

2. Analysieren Sie, wie es zu dem Scheitern kommt – und versuchen Sie, persönliche und gesellschaftliche Bedingungen zu benennen, die zum Scheitern führen. Belegen Sie Ihre Ausführungen mit passenden Filmszenen.

3. Erstellen Sie für alle drei Hauptfiguren ein Diagramm nach dem folgenden Beispiel und zeichnen Sie die Entwicklung der Figuren in das jeweilige Diagramm ein. Markieren Sie dafür zunächst auf der Zeitachse wichtige Ereignisse im Leben der Hauptfiguren.

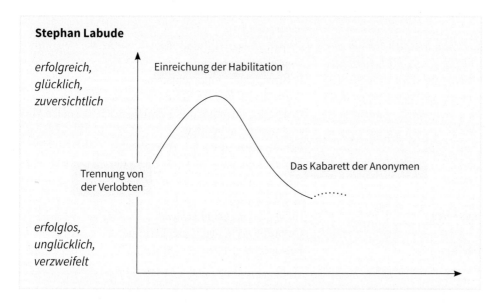

4. Halten Sie selbst das Leben der drei Protagonisten für völlig gescheitert? Begründen Sie Ihre Einschätzung.

Erich Kästner, geboren am 23. Februar 1988 in Dresden, wurde 1917 zum Militärdienst eingezogen. Nach dem Ersten Weltkrieg machte er sein Abitur und studierte in Leipzig Germanistik, Philosophie und Geschichte. 1925 promovierte er, 1927 zog er nach Berlin, wo er als
freier Mitarbeiter verschiedener Zeitungen, als Theaterkritiker und mit schriftstellerischer
Tätigkeit sein Geld verdiente. Nach der Machtübernahme der Nationalsozialisten emigrierte er nicht, so war er war der einzige Autor, der die Verbrennung seiner eigenen Werke
durch die Nationalsozialisten selbst miterlebte. Nach dem Zweiten Weltkrieg Krieg lebte er
vor allem in München.

Erich Kästner (1899 – 1973)
Das Eisenbahngleichnis

Wir sitzen alle im gleichen Zug
und reisen quer durch die Zeit.
Wir sehen hinaus. Wir sahen genug.
Wir fahren alle im gleichen Zug.
5 Und keiner weiß, wie weit.

Ein Nachbar schläft, ein andrer klagt,
ein dritter redet viel.
Stationen werden angesagt.
Der Zug, der durch die Jahre jagt,
10 kommt niemals an sein Ziel.

Wir packen aus, wir packen ein.
Wir finden keinen Sinn.
Wo werden wir wohl morgen sein?
Der Schaffner schaut zur Tür herein
15 und lächelt vor sich hin.

Auch er weiß nicht, wohin er will.
Er schweigt und geht hinaus.
Da heult die Zugsirene schrill!
Der Zug fährt langsam und hält still.
20 Die Toten steigen aus.

Ein Kind steigt aus, die Mutter schreit.
Die Toten stehen stumm
am Bahnsteig der Vergangenheit.
Der Zug fährt weiter, er jagt durch die Zeit,
25 und keiner weiß, warum.

Die erste Klasse ist fast leer.
Ein feister Herr sitzt stolz
im roten Plüsch und atmet schwer.
Er ist allein und spürt das sehr.
30 Die Mehrheit sitzt auf Holz.

Wir reisen alle im gleichen Zug
zur Gegenwart in spe.
Wir sehen hinaus. Wir sahen genug.
Wir sitzen alle im gleichen Zug
35 und viele im falschen Coupé.

(1931)

1. Lesen Sie das Gedicht und arbeiten Sie die darin vermittelte Weltsicht, indem Sie
   das Gleichnis entschlüsseln.

2. Zeigen Sie auf, inwieweit es sich bei diesem Gedicht um eine Parabel handelt.

3. In der Eröffnungssequenz des Films spricht eine Erzählerstimme aus dem Off die
   ersten beiden Strophen von Erich Kästners „Eisenbahngleichnis". Suchen Sie
   Szenen, die nahelegen, dass der Regisseur nicht nur das Werk Kästners, sondern
   auch den Autor selbst bei der Verfilmung im Blick hatte.

4. Nehmen Sie Stellung zur Frage, ob eine Vermischung von Werk und Autor legitim ist.
   Was spricht für, was gegen die strikte Trennung des Werks von seinem Autor?

Johannes G. Pankau (geb. 1946)
Die Neue Sachlichkeit – eine Strömung der Literatur in der Zeit der Weimarer Republik

Die Orientierung des fiktionalen Schreibens am Tatsächlichen, die Einbeziehung von bisher als unliterarisch betrachteten Bereichen (etwa die Alltags- und Unterhaltungskultur) und die Medialisierung der Lite-
5 ratur (im Sinne einer Aufnahme und Integration der modernen Medien, vor allem des Films) können als gemeinsame Züge neusachlichen Schreibens betrachtet werden. Unterschiede zwischen einzelnen Autoren wie Richtungen ergeben sich zum Teil daraus, wie weit die
10 Ästhetizität[1] und Literarizität[2] der Texte zugunsten des rein Dokumentarischen aufgegeben werden oder die Unterhaltungs- bzw. Verkaufsabsicht zu einer Trivialisierung führt [...] oder auch zu einer Komplexitätsreduktion[3] wie etwa in Teilen der Lyrik. [...] Da die Neue
15 Sachlichkeit sich nie als exklusive Avantgarde-Strömung[4] formierte oder verstand, wurde sie zum Oberbegriff für eine Vielzahl von literarischen Versuchsanordnungen, die sich an Formen der Realitätswiedergabe wie am Gebrauchswert orientierten. Sie ist das Produkt des „Laboratoriums Vielseitigkeit", wie die Literatur 20 der Weimarer Republik nicht zu Unrecht genannt wurde. Als zentrale Dimensionen der neusachlichen Ästhetik lassen sich idealtypisch bestimmen:

- Nüchternheit / Objektivität / Entsentimentalisierung 25
- Tatsachenpoetik
- Realitätsbezug / Aktualität
- Reportagestil / Dokumentarismus / Bericht
- Antipsychologismus
- Gebrauchswertorientierung 30
- Entindividualisierung
- Vereinfachung / Anschaulichkeit / Konsumfreundlichkeit
- Unterhaltungsfunktion / Massenappeal[5]
- Multimedialität 35

(2010)

1. Geben Sie mit eigenen Worten die zentralen Merkmale der Epoche wieder, die in dem Text genannt werden. Erläutern Sie in diesem Zusammenhang auch die aufgelisteten Schlagwörter.

2. Benennen Sie die Unterschiede, die zwischen den einzelnen Autorinnen und Autoren und Richtungen gemacht werden.

3. Bestimmen Sie, welche der von Pankau aufgezählten „zentralen Dimensionen" sich im Film wiederfinden lassen. Belegen Sie Ihre Einschätzung.

4. Der Film von Dominik Graf spielt immer wieder mit der Ästhetik der Neuen Sachlichkeit. Zeigen Sie dies an verschiedenen Beispielen auf.

5. Ließe sich der Film als Gesamtkunstwerk – abgesehen von der viel späteren Entstehungszeit – der Neuen Sachlichkeit zuordnen? Begründen Sie Ihre Antwort.

Babylon-Filmtheater in
Berlin um 1929

[1] **Ästhetizität:** Kunstanschauung, die dem Ästhetischen, dem Schönen den Vorrang gibt. – [2] **Literarizität:** nach literarischen Kunstformen gestaltet –[3] **Komplexitätsreduktion:** Vereinfachung von komplexen Strukturen – [4] **Avantgarde:** Vorkämpfer bestimmter Ideen, z. B. von Literatur und Dichtungen – [5] **Massenappeal:** Anziehungskraft auf die Massen

Der Untergang der Weimarer Republik im Film

Der Film zeigt nicht nur das persönliche Scheitern seines Protagonisten Fabian, sondern illustriert auch die politische, soziale und wirtschaftliche Krise, die letztendlich zum Untergang der Weimarer Republik führt. Fabian leidet selbst unter der wirtschaftlichen Unsicherheit, verliert seinen Job in der Redaktion und erlebt Arbeitslosigkeit und Armut am eigenen Leib. Er beobachtet die politische Radikalisierung und die Repressalien seines Freundes Labude. Auch seine Beziehung zu Cornelia Battenberg ist von der gesellschaftlichen und politischen Krise geprägt.

Cornelias Vorsprechen beim Film (1:45:49 – 1:49:36)
Regisseur: Fräulein Battenberg. Wie schön. Das Kleid ganz hervorragend, passt zu Ihren Augen. Was ist das denn? Dein Monolog, Darling? Brauchst nicht aufge-
5 regt sein.
Sie ist seit drei Monaten bei uns. Abteilung Filmrecht. Schau dir nur das Gesicht an: Sie hat diese ... die Anatomie, dieser Charakter, das war schlichtweg nicht zu übersehen. [...] So, wenn du's jetzt nicht versaust, Dar-
10 ling, dann brauchst du dir keine Gedanken mehr über die Zukunft zu machen. Gut. Dann, Kamera. [...]
Mann: Vorsprechen Cornelia Buttenberg, die Erste.
Cornelia: Battenberg.
Regisseur: Gut, also dann. Bitte.
15 **Cornelia:** Lieber Freund, ist es nicht besser, ich gehe zu früh, als zu spät? Eben stand ich neben dir am Sofa. Du schliefst. Und du schläfst auch jetzt, während ich dir schreibe. Ich bliebe gern. Aber stell dir vor, ich bliebe. Ein paar Wochen noch, und du wärst recht unglücklich.
20 Solange du alleine warst und es mich noch nicht gab, konnte dir nichts geschehen. Es wird jetzt wieder werden, wie es vorher war.
Bist du sehr traurig? 50 Jahre ist er alt, der andere. Und er sieh aus wie ein zu gut angezogener Ringkämpfer im
25 Ruhestand. Mir ist, lieber Freund, als hätt' ich mich an die Anatomie verkauft. Wenn ich jetzt noch einmal in dein Zimmer komme und dich wecke ... –Nein, ich lass dich schlafen. Ich werde nicht zugrunde gehen. Ich werde mir von nun an in der strahlenden Welt einbil-

30 den, der Arzt untersucht mich. Der andere will sich immer gern mit mir beschäftigen, anatomisch und psychologisch, es muss sein!
Man kommt nur aus dem Dreck hinaus, wenn man sich dreckig macht. Und wir wollen doch heraus! Ich schrei-
35 be „wir" – verstehst du mich? Ich gehe jetzt von dir fort, um mit dir zusammenzubleiben. Wirst du mich liebbehalten? Wirst du mich noch anschauen wollen und umarmen können, trotz dem anderen? Sonntagnachmittag werde ich von vier Uhr ab im Café Spalteholz auf dich
40 warten. Was soll aus mir werden, wenn du nicht kommst? Was soll aus mir werden, wenn du nicht kommst?
Mann: Donnerwetter, jeht det durch die Haut. Fräulein, wer hat'n dat jeschrieben?
Cornelia: Ich, an einen Freund. 45
Regisseur: Dichterin ooch noch. Diese Anhäufung von Talent ist für den Normalsterblichen ja kaum auszuhalten, Fräulein Battenberg.

Fabian in der Fakultät (2:31.31 – 2:32:21)
Fabian: Werden Sie bedroht?
Professor: Es muss alles in eine neue Ordnung kommen, so geht es ja nicht weiter. Dieser ganze Hedonismus ... dieser ... dieses ewige Nachkriegschaos müssen 5
ein Ende haben. Alles ist für etwas gut. Auch ein Opfer. Es muss ja aufwärts gehen ...
Student: Bravo! *Klatscht.*

1. Untersuchen Sie den Aufbau und die Gestaltung der beiden Szenen und beschreiben Sie, wie die Krisen der Weimarer Republik an dem Schicksal einzelner Personen illustriert werden.

2. Erläutern Sie, inwiefern der Film einen Beitrag dazu leisten kann, das Scheitern der Weimarer Republik besser zu verstehen.

3. Kann eine Literaturverfilmung historische Dokumente ersetzen bzw. ergänzen? Sammeln Sie Argumente, die dafür und dagegen sprechen, und tauschen Sie sich darüber aus.

Filmgeschichte und Filmgenres

Der Film im Kontext der Filmgeschichte

Die Geschichte des Kinos in Deutschland beginnt 1896 in Berlin. Zuvor waren Filme – die meisten nur wenige Sekunden lang – vor allem eine Attraktion auf Jahrmärkten. Sie zeigten kurze Szenen, die nicht durch eine
5 Erzählhandlung miteinander verbunden waren. Dies änderte sich mit der Eröffnung von ortsfesten Kinosälen vor allem in Großstädten – hier gewann der Film schnell an Zuspruch, der Bedarf an immer neuen Filmen wuchs. Der Stummfilm – die Tonspur war noch nicht erfunden
10 – wurde zum Erzählkino und zunehmend als anspruchsvolle und innovative Kunst wahrgenommen, die in den entstehenden Filmpalästen oft durch Orchestermusik begleitet wurde. Der Erste Weltkrieg veränderte das Kino nachhaltig, da die Politik schnell erkannte, dass sich
15 auch Propaganda leicht über das neue Medium verbreiten ließ. Etwa zeitgleich begann auch der Aufstieg der Filmindustrie in Hollywood, wo seit 1910 Filme gedreht wurden und kurz darauf erste Filmstudios eröffneten. Hier wurde der Film vor allem als Unterhaltungskunst verstanden, mit der sich verlässlich Geld verdienen ließ. 20 Mit der zunehmenden Bedeutung als Wirtschaftsfaktor etablierten sich auch der Begriff des Filmgenres, um vor allem inhaltlich vergleichbare Produktionen erfolgreich zu vermarkten. Neuproduktionen wurden als Komödien, Western oder Horrorfilme beworben – das Publikum 25 wusste so, was es bei einem Kinobesuch zu erwarten hatte; die Produzenten konnten verlässlicher mit den zu erwartenden Einnahmen kalkulieren. In der Weimarer Republik entwickelte sich der Film schnell zur Massenkultur, technische Innovationen und die Experimentier- 30 freude vieler Regisseure bescherten auch dem Stummfilm goldene Zwanziger Jahre – die erst mit der Einführung der Tonspur am Ende des Jahrzehnts ein Ende fand.

1. Tragen Sie in der Gruppe verschiedene Filmgenres zusammen. Charakterisieren Sie das Genre kurz und suchen Sie für jedes Genre drei Beispielfilme, die sie kennen.

2. Formulieren Sie aus ihrer Sicht, welchem Filmgenre der Film „Fabian oder Der Gang vor die Hunde" entspricht und gestalten Sie auf Basis Ihrer Entscheidung ein Filmplakat oder Trailer, der diese Zuordnung zum Ausdruck bringt.

3. Erläutern Sie, inwiefern der Film „Fabian" selbst auf die Filmkultur der 1920er-Jahre Bezug nimmt.

4. Recherchieren Sie weitere Meilensteine der Filmgeschichte seit dem Aufkommen des Tonfilms.

Geschichte und Gegenwartsbezug

„Fabian oder Der Gang vor die Hunde" kann man unter anderem als historisches Gesellschaftsdrama verstehen, doch zeigt der Regisseur selbst an vielen Stellen des Filmes, dass ihm der Gegenwartsbezug seines Wer-
5 kes von großer Bedeutung ist. Dies gelingt ihm einerseits, indem er Themen, die auch heute noch eine hohe gesellschaftliche Relevanz haben, in den Fokus setzt. Andererseits durch filmsprachliche Mittel, wenn er beispielsweise historisches Filmmaterial und HD-Aufnah-
10 men miteinander kombiniert oder gar die Erzähllogik durchbricht, indem er Szenen integriert, die nicht zum Zeitrahmen der Filmhandlung passen.

Im Jahr 2023 sind gleich mehrere Fachbücher erschienen, die an die Weimarer Republik und das Jahr 1923 erinnern und in diesem Zusammenhang auch Parallelen zur heutigen Zeit aufzeigen: Geldentwertung und Inflation, die öffentliche Herabwürdigung politischer 5 Gegner, zunehmende soziale Verwerfungen sowie irrationale Erklärungsversuche für die gesellschaftliche Lage und internationale Krisen scheinen damals wie heute aktuell zu sein.

Dennoch gibt es auch gravierende Unterschiede: die 10 parlamentarische Demokratie – damals gerade erst vier Jahre zuvor eingeführt – ist heute weit gefestigter als vor einem Jahrhundert, die Gefahr eines Putsches oder Staatsstreiches und die Abkehr der breiten Bevölkerungsmehrheit von den demokratischen Parteien ist 15 heute nicht erkennbar. Auch die Inflation ist 2023 nicht mit der von 1923 zu vergleichen.

4. Bewerten Sie das Bemühen des Regisseurs Dominik Graf, Weimarer Republik und Gegenwart miteinander zu verknüpfen. Halten Sie dieses für sinnvoll und gelungen?

5. Verfassen Sie – basierend auf Ihrer Einschätzung – eine Rezension zum Film Fabian.

 Eine Rezension zum Film finden Sie unter:
WES-127877-063 .

1. Nennen Sie die im Film angesprochenen Themen, die auch heute noch eine hohe gesellschaftliche Relevanz haben.

2. Untersuchen Sie noch einmal die Eingangssequenz des Filmes und beschreiben Sie, wie es dem Regisseur gelingt, Gegenwart und die Erzählzeit miteinander zu verbinden.

3. Sammeln Sie die Szenen, die die Logik der Filmhandlung durchbrechen, weil sie – auf der Bild- oder Tonebene – auf eine Zeit verweisen, die nicht Teil der erzählten Zeit des Filmes ist.

> ### Wissen und Können
>
> **Eine Rezension zu einem Film verfassen**
>
> Eine gute Rezension sollte …
> - als Empfehlung oder Entscheidungshilfe für die Zuschauer bzw. Zuschauerinnen dienen,
> - den Namen der Regisseurin bzw. des Regisseurs, den Titel des Films, das Erscheinungsland sowie das Erscheinungsjahr nennen,
> - durch einen originellen Einstieg zum Weiterlesen der Kritik anregen,
> - eine knappe Inhaltsangabe der wichtigsten Handlungsschritte des Films beinhalten, ohne das Ende zu verraten,
> - die Besonderheiten des Films anschaulich beschreiben (z. B. Thema oder Handlung des Films, Schauspielerinnen/Schauspieler, Filmmusik und weitere auffällige filmsprachliche Mittel, Stimmung des Films, Zielpublikum, weitere Kritikermeinungen usw.),
> - die möglichen Absichten der Regisseurin bzw. des Regisseurs darstellen,
> - eine positive, negative oder ausgeglichene „Beurteilung" bzw. „Bewertung" darstellen.

„Wir leben nicht in einem Land, sondern in einer Sprache" – Reflexion über Sprache

„Reflexion über Sprache" – Wozu brauchen wir das? Warum sollten wir über etwas nachdenken, was wir täglich mit größter Selbstverständlichkeit benutzen und das uns ohnehin in die Wiege gelegt ist? Vielleicht, weil Sprache das Medium ist, durch welches wir uns selbst mitteilen und uns zu anderen Menschen, Orten und Zeiten in Beziehung setzen. Ob wir es wollen oder nicht, unsere Wörter und Sätze verraten, wer wir sind und welche Gedanken uns beherrschen.

In diesem Kapitel setzen Sie sich mit den Grundmerkmalen der Sprache auseinander, welches im Vertiefungsmodel mit der Beschäftigung mit Zeichentheorie um die Grundzüge der Semiotik ergänzt wird. Hierbei beschäftigen Sie sich mit Zeichensystemen und deren Besonderheiten in der Analyse einer selbstgewählten Sprachlandschaft.

Sie ziehen sprachphilosophische Erkenntnisse und Positionen zur Analyse von Sprache und Kommunikation heran und reflektieren Zusammenhänge von Sprache, Denken und Wirklichkeit sowie die Bedeutung der Sprache für die individuelle und gemeinschaftliche Identitätsbildung. Zudem untersuchen und reflektieren Sie Aspekte des gegenwärtigen Sprachgebrauchs, indem Sie sich mit Sprachvarietäten, Mehrsprachigkeit und Spracherwerb auseinandersetzen, und vertiefen so ihr Sprachbewusstsein.

Im zweiten Vertiefungsmodul gehen Sie der „Sprachgeschichte konkret" auf die Spur und beschäftigen sich mit Grundzügen der Sprachgeschichte im kulturgeschichtlichen Kontext der Corona-Pandemie und erstellen hierzu einen Podcast. Dabei gehen Sie der Frage nach, wie neue Wörter in unsere Sprache kommen.
Zuletzt erarbeiten Sie, wie der Mensch zur Sprache kommt: Sie lernen Phasen des Spracherwerbs kennen und untersuchen die Sprachentwicklung. Hierbei wird auch auf Sprachtheorien zurückgegriffen.

Definition

Ein Hund
der stirbt
und weiß
dass er stirbt
wie ein Hund

und der sagen kann
dass er weiß
dass er stirbt
wie ein Hund

ist ein Mensch.

(Erich Fried, österr. Dichter, 1921 – 1988)

„Wir leben nicht in einem Land, sondern in einer Sprache."
(Emil Cioran, rumän. Philosoph, 1911 – 1995)

„Die Sprache ist die Quelle aller Missverständnisse."
(Antoine de Saint-Exupéry, franz. Schriftsteller, 1900 – 1944)

Des Menschen erstes Wort war A
und hieß fast alles, was er sah,
z. B. Fisch, z. B. Brot,
z. B. Leben oder Tod.

Erst nach Jahrhunderten voll Schnee
erfand der Mensch zum A das B
und dann das L und dann das Q
und schließlich noch das Z dazu.

(Christian Morgenstern, dt. Dichter,
1871 – 1914)

Im Anfang war das Wort, /
und das Wort war bei Gott, /
und das Wort war Gott.
Im Anfang war es bei Gott.
Alles ist durch das Wort
geworden, / und ohne das
Wort wurde nichts, was
geworden ist.

(Joh 1, 1 – 3)

„Die Grenzen meiner Sprache
bedeuten die Grenzen meiner Welt."
(Ludwig Wittgenstein, österr.-brit. Philosoph, 1889 – 1951)

„Die Sprache ist die
Mutter, nicht die Magd
des Gedankens."
(Karl Kraus, österr. Schriftsteller, 1874 – 1936)

„Das Wort, das gespro-
chen wird, [...] hat das
Zwischen zum Ort."
(Martin Buber, österr.-isra-
el. Religionsphilosoph,
1878 – 1965)

1. Stellen Sie in einer Mindmap zusammen, welche Aspekte rund
   um das Themenfeld „Sprache" in den Bildern und Zitaten zum
   Ausdruck kommen.

2. Nehmen Sie sich eines der Zitate genauer vor und formulieren
   Sie Ihre Gedanken dazu. Tauschen Sie sich dann mit Ihrem
   Sitznachbarn oder Ihrer Sitznachbarin aus. Ergänzen sie Ihre
   Mindmap.

3. Formulieren Sie Fragen zum Thema, die sich nun ergeben und mit
   denen Sie sich im Laufe der Unterrichtsreihe beschäftigen wollen.

Was ist Sprache überhaupt?

Peter Bichsel (geb. 1935)
Ein Tisch ist ein Tisch

Peter Bichsel ist ein deutschsprachiger Schriftsteller aus der Schweiz. Er ist vor allem durch seine Kurzgeschichten bekannt.

Ich will von einem alten Mann erzählen, von einem Mann, der kein Wort mehr sagt, ein müdes Gesicht hat, zu müd zum Lächeln und zu müd, um böse zu sein. Er wohnt in einer kleinen Stadt, am Ende der Straße oder
5 nahe der Kreuzung. Es lohnt sich fast nicht, ihn zu beschreiben, kaum etwas unterscheidet ihn von anderen. Er trägt einen grauen Hut, graue Hosen, einen grauen Rock und im Winter den langen grauen Mantel, und er hat einen dünnen Hals, dessen Haut trocken und runze
10 lig ist, die weißen Hemdkragen sind ihm viel zu weit. Im obersten Stock des Hauses hat er sein Zimmer, vielleicht war er verheiratet und hatte Kinder, vielleicht wohnte er früher in einer andern Stadt. Bestimmt war er einmal ein Kind, aber das war zu einer Zeit, wo die
15 Kinder wie Erwachsene angezogen waren. Man sieht sie so im Fotoalbum der Großmutter. In seinem Zimmer sind zwei Stühle, ein Tisch, ein Teppich, ein Bett und ein Schrank. Auf einem kleinen Tisch steht ein Wecker, daneben liegen alte Zeitungen und das Fotoalbum, an
20 der Wand hängen ein Spiegel und ein Bild.
Der alte Mann machte morgens einen Spaziergang und nachmittags einen Spaziergang, sprach ein paar Worte mit seinem Nachbarn, und abends saß er an seinem Tisch.
25 Das änderte sich nie, auch sonntags war das so. Und wenn der Mann am Tisch saß, hörte er den Wecker ticken, immer den Wecker ticken.
Dann gab es einmal einen besonderen Tag, einen Tag mit Sonne, nicht zu heiß, nicht zu kalt, mit Vogelge
30 zwitscher, mit freundlichen Leuten, mit Kindern, die spielten – und das Besondere war, dass das alles dem Mann plötzlich gefiel.
Er lächelte.
„Jetzt wird sich alles ändern", dachte er. Er öffnete den
35 obersten Hemdknopf, nahm den Hut in die Hand, beschleunigte seinen Gang, wippte sogar beim Gehen in den Knien und freute sich. Er kam in seine Straße, nickte den Kindern zu, ging vor sein Haus, stieg die Treppe hoch, nahm die Schlüssel aus der Tasche und schloss sein Zimmer auf.
40
Aber im Zimmer war alles gleich, ein Tisch, zwei Stühle, ein Bett. Und wie er sich hinsetzte, hörte er wieder das Ticken, und alle Freude war vorbei, denn nichts hatte sich geändert. Und den Mann überkam eine große Wut. Er sah im Spiegel sein Gesicht rot anlaufen, sah,
45 wie er die Augen zukniff; dann verkrampfte er seine Hände zu Fäusten, hob sie und schlug mit ihnen auf die Tischplatte, erst nur einen Schlag, dann noch einen, und dann begann er auf den Tisch zu trommeln und schrie dazu immer wieder:
50
„Es muss sich etwas ändern." Und er hörte den Wecker nicht mehr. Dann begannen seine Hände zu schmerzen, seine Stimme versagte, dann hörte er den Wecker wieder, und nichts änderte sich. „Immer derselbe Tisch", sagte der Mann, „dieselben Stühle, das Bett, das Bild.
55 Und zu dem Tisch sage ich Tisch, zu dem Bild sage ich Bild, das Bett heißt Bett, und den Stuhl nennt man Stuhl. Warum denn eigentlich?" Die Franzosen sagen zu dem Bett „li", zu dem Tisch „tabl", nennen das Bild „tablo" und den Stuhl „schäs", und sie verstehen sich.
60 Und die Chinesen verstehen sich auch. „Warum heißt das Bett nicht Bild?", dachte der Mann und lächelte, dann lachte er, lachte, bis die Nachbarn an die Wand klopften und „Ruhe" riefen.
„Jetzt ändert es sich", rief er, und er sagte von nun an zu
65 dem Bett „Bild".
„Ich bin müde, ich will ins Bild", sagte er, und morgens blieb er oft lange im Bild liegen und überlegte, wie er nun zu dem Stuhl sagen wolle, und er nannte den Stuhl „Wecker". Hie und da träumte er schon in der neuen Sprache,
70 und dann übersetzte er die Lieder aus seiner Schulzeit in seine Sprache, und er sang sie leise vor sich hin.
Er stand also auf, zog sich an, setzte sich auf den Wecker und stützte die Arme auf den Tisch. Aber der Tisch hieß jetzt nicht mehr Tisch, er hieß jetzt Teppich. Am
75 Morgen verließ also der Mann das Bild, zog sich an, setzte sich an den Teppich auf den Wecker und überlegte, zu wem er wie sagen könnte.
Zu dem Bett sagte er Bild. Zu dem Tisch sagte er Teppich. Zu dem Stuhl sagte er Wecker. Zu der Zeitung sag
80 te er Bett. Zu dem Spiegel sagte er Stuhl. Zu dem Wecker sagte er Fotoalbum. Zu dem Schrank sagte er Zeitung.

Zu dem Teppich sagte er Schrank. Zu dem Bild sagte er Tisch. Und zu dem Fotoalbum sagte er Spiegel. Also: Am
85 Morgen blieb der alte Mann lange im Bild liegen, um neun läutete das Fotoalbum, der Mann stand auf und stellte sich auf den Schrank, damit er nicht an den Füßen fror, dann nahm er seine Kleider aus der Zeitung, zog sich an, schaute in den Stuhl an der Wand, setzte
90 sich dann auf den Wecker an den Teppich, und blätterte den Spiegel durch, bis er den Tisch seiner Mutter fand.
Der Mann fand das lustig, und er übte den ganzen Tag und prägte sich die neuen Wörter ein. Jetzt wurde alles umbenannt: Er war jetzt kein Mann mehr, sondern ein
95 Fuß, und der Fuß war ein Morgen und der Morgen ein Mann.
Jetzt könnt ihr die Geschichte selbst weiterschreiben. Und dann könnt ihr, so wie es der Mann machte, auch die andern Wörter austauschen:
100 läuten heißt stellen, frieren heißt schauen, liegen heißt läuten, stehen heißt frieren, stellen heißt blättern. So-dass es dann heißt: Am Mann blieb der alte Fuß lange im Bild läuten, um neun stellte das Fotoalbum, der Fuß fror auf und blätterte sich aus dem Schrank, damit er
105 nicht an den Morgen schaute. Der alte Mann kaufte sich blaue Schulhefte und schrieb sie mit den neuen Wörtern voll, und er hatte viel zu tun damit, und man sah ihn nur noch selten auf der Straße. Dann lernte er für alle Dinge die neuen Bezeichnungen und vergaß da-
110 bei mehr und mehr die richtigen. Er hatte jetzt eine neue Sprache, die ihm ganz allein gehörte. Aber bald fiel ihm auch das Übersetzen schwer, er hatte seine alte Sprache fast vergessen, und er musste die richtigen Wörter in seinen blauen Heften suchen. Und es machte
115 ihm Angst, mit den Leuten zu sprechen.
Er musste lange nachdenken, wie die Leute zu den Dingen sagen.
Zu seinem Bild sagen die Leute Bett. Zu seinem Teppich sagen die Leute Tisch. Zu seinem Wecker sagen die Leu-
120 te Stuhl. Zu seinem Bett sagen die Leute Zeitung. Zu seinem Stuhl sagen die Leute Spiegel. Zu seinem Fotoalbum sagen die Leute Wecker. Zu seiner Zeitung sagen die Leute Schrank. Zu seinem Schrank sagen die Leute Teppich. Zu seinem Spiegel sagen die Leute Fotoalbum.
125 Zu seinem Tisch sagen die Leute Bild.
Und es kam so weit, dass der Mann lachen musste, wenn er die Leute reden hörte.
Er musste lachen, wenn er hörte, wie jemand sagte: „Gehen Sie morgen auch zum Fußballspiel?" Oder
130 wenn jemand sagte: „Jetzt regnet es schon zwei Monate lang." Oder wenn jemand sagte. „Ich habe einen Onkel in Amerika."

Er musste lachen, weil er all das nicht verstand.
Aber eine lustige Geschichte ist das nicht. Sie hat traurig angefangen und hört traurig auf. Der alte Mann im 135 grauen Mantel konnte die Leute nicht mehr verstehen, das war nicht so schlimm. Viel schlimmer war, sie konnten ihn nicht mehr verstehen. Und deshalb sagte er nichts mehr.   *(1986)*

1. Formulieren Sie Ihren ersten Eindruck zu der Geschichte. Beziehen Sie die Überschrift mit ein.

2. Erläutern Sie, welche Wesensmerkmale von Sprache Sie aus dieser Erzählung ableiten können.

3. Erklären Sie, ob der alte Mann eine neue Sprache geschaffen hat.

4. Könnte die Erzählung Ihrer Meinung nach auch ein anderes Ende nehmen? Begründen Sie Ihre Meinung.

René Magritte (1898 – 1967)
Der Schlüssel der Träume (1930)

1. Beschreiben Sie Ihren Eindruck von Magrittes Bild.

2. Deuten Sie den Titel des Bildes „Der Schlüssel der Träume".

3. Setzen Sie das Bild in Beziehung zum Themenfeld „Sprache". Nennen Sie Merkmale von Sprache, die durch das Bild thematisiert werden.

4. Vergleichen Sie die Aussagen über Sprache, die im Text von Bichsel und im Bild von Magritte getroffen werden. Nennen Sie Gemeinsamkeiten und Unterschiede.

5. Sie kennen das Phänomen, dass in Träumen die Gesetze der Logik aufgehoben sind. Gilt das Ihrer Meinung nach auch für die Sprache? Begründen Sie Ihre Meinung.

Dieter E. Zimmer (1934 – 2020)
Grundmerkmale der Sprache

Dieter Eduard Zimmer war ein deutscher Journalist, Autor und Übersetzer. Er studierte Literatur- und Sprachwissenschaft und war anschließend in Hamburg lange Zeit Redakteur und zeitweise auch Feuilletonchef der Wochenzeitung „DIE ZEIT". Von 2000 bis zu seinem Tod im Jahre 2020 war Zimmer als freier Schriftsteller, Literaturkritiker und Publizist in Berlin tätig. Das Themenspektrum seiner Veröffentlichungen berührt Fragen der Psychologie, Biologie, Medizin, Anthropologie, Linguistik, Kommunikationswissenschaft und des Bibliothekswesens.

Natürlich weiß das Kleinkind explizit noch gar nichts. Aber es tut seine ersten Schritte in das Neuland der Sprache, als wüsste es bereits, was eine menschliche Sprache ist. Sein Gehirn ist offensichtlich so angelegt,
5 so verschaltet, „verdrahtet" sagt man gern, dass es die Grundeigenschaften der Sprache, die es erwerben wird, nicht erst lange ergründen muss. Welches diese Grundeigenschaften sind, wurde erst in den letzten Jahrzehnten klar, als man die menschliche Sprache mit den ver-
10 schiedensten Formen tierischer Kommunikation vergleichen konnte. [...] Die sechs wichtigsten dieser universalen Grundmerkmale sind die Folgenden.
1. Sprache ist akustisch. Möglich wären auch ganz andere Sprachen, die nicht weniger reichhaltig sein müss-
15 ten. Taubstumme müssen auf Gebärdensprachen ausweichen; es gibt Schriftsprachen, deren Zeichen Begriffe symbolisieren und nicht Laute. Aber die normale menschliche Sprache ordnet Bedeutungen eben Laute zu und nicht Gesten oder Bildzeichen oder Gerü-
20 che, und schon das neugeborene Kind unterscheidet Sprachlaute von Musik und anderen Geräuschen und Klängen, hat also ein „Ohr" für die gesprochene Sprache, „weiß" vor allem Wissen, dass es mit den Sprachlauten etwas Besonderes auf sich hat.
2. Tier-„Sprachen" handeln meist vom Jetzt und Hier. 25 (Eine erratische[1] Ausnahme ist die Sprache der Bienen, ein authentisch symbolischer Code, der den Volksgenossinnen von der Lage entfernter Blüten berichtet.) Das morgendliche Krähen des Hahns besagt: Hier bin ich mit meinem Harem, mach, dass du wegkommst, 30 Fremdling, der du dich vielleicht in meine Nähe verirrt hast. Das Ducken der Henne vor dem Hahn sagt: Gut, so tritt mich denn. Ihr seitliches Weggehen: Jetzt bin ich dazu nicht aufgelegt. Die menschliche Sprache aber kann ebenso gut auch von dem handeln, was in Raum 35 oder Zeit fern ist, von Milchstraßen, vom Urknall, vom Wärmetod. Sie ist nicht situationsunmittelbar. Sie handelt gleich bereitwillig von dem, was es gar nicht gibt, jedem erdachten Xanadu – ihre Fähigkeit zur Lüge ist übrigens ein weiteres ihrer Grundmerkmale. 40
3. Die menschliche Sprache ist doppelt durchstrukturiert. Dank dieser Eigenschaft kann sie aus einer geringen Zahl von Lauten eine unendlich große Zahl von Aussagen herstellen. Die untere der beiden Strukturebenen ist die der Laute: Eine sehr kleine Zahl von Lau- 45 ten, die selber gar nichts bedeuten – insgesamt sind es nicht mehr als sechzig, in der deutschen Sprache etwa dreißig –, bringt durch verschiedene Kombinationen die kleinsten Bedeutungseinheiten hervor, die Morpheme[2], sozusagen die Kerne der Wörter. Die zweite 50 Strukturebene ist die der Syntax[3]: Sie regelt, wie die Morpheme zu Bedeutungen höherer Ordnung zusammengestellt werden. Man könnte sich eine gar nicht durchstrukturierte Lautsprache denken: Für jede Bedeutung brauchte sie einen anderen Laut – und könnte 55 dann natürlich nur so viele Bedeutungen ausdrücken, wie der Stimmapparat Laute hervorbringen kann, wäre also zu äußerster Armut verurteilt. Oder eine nur einfach durchstrukturierte Sprache: Jede Bedeutung würde durch eine andere Kombination von Lauten ausge- 60 drückt, sie bestünde sozusagen nur aus Wörtern. Sollte eine solche Sprache immer mehr und subtilere[4] Bedeutungen ausdrücken, so müssten ihre Wörter länger und länger werden; viel könnte also auch sie nicht ausdrücken. 65

---

[1] **erratisch:** verstreut, vereinzelt – [2] **Morphem:** kleinste bedeutungstragende Einheit im Sprachsystem; Sprachsilbe –
[3] **Syntax:** im Zusammenhang mit der Grammatik die Lehre von den Satzgliedern und der Satzstellung; im Zusammenhang mit der Semiotik die Lehre von den Zeichen und Zeichenfolgen – [4] **subtil:** verfeinert, differenziert

4. Sprache besteht aus scharf gegeneinander abgegrenzten, „diskreten" Einheiten[1]. Denkbar wären auch kontinuierliche Sprachen, zum Beispiel solche, in denen sich die Bedeutungen mit den gleitenden Übergängen der Aussprache ändern. Irgendeine Lautgruppe, sagen wir „mauz", könnte zum Beispiel „Maus" bedeuten, wenn sie leise ausgesprochen wird, jedoch immer größere Tiere, je lauter die Aussprache wird, bis ein geschrienes „mauz" schließlich „Mammut" heißt. So ist keine menschliche Sprache beschaffen. Ihre Einheiten behalten ihre Bedeutungen unabhängig davon, ob sie laut oder leise, langsam oder schnell, fröhlich oder finster, hoch oder tief, genau oder undeutlich ausgesprochen werden. Über alle möglichen Aussprachen hinweg bedeutet „Maus" nicht mehr, nicht weniger, nichts anderes als „Maus". Keine Sprache erlaubt die gleitende Abstufung von Bedeutungen mithilfe gleitender Abstufungen der Aussprache. […]

5. Die Zeichen der Sprache sind willkürlich. Zwischen der Lautgestalt eines Wortes und der körperlichen Gestalt dessen, was es bezeichnet, gibt es keine Beziehung, ein paar lautmalerische Wörter wie Kuckuck oder Bimbam ausgenommen. Theoretisch könnte man alle Wörter miteinander vertauschen, wie in der Kindergeschichte von Peter Bichsel, in der ein einsamer Mann alles umbenennt und damit seine Einsamkeit vollkommen macht. […] Wörter sind Symbole, und es sind Symbole, die normalerweise keinerlei Ähnlichkeit mit dem besitzen, was sie bezeichnen. Sie sind ihm in keiner Weise analog.

6. Die Sprache ist offen. Ihr Zeichenrepertoire (ihr Lautsystem und ihr Wortschatz, das „Lexikon") ist endlich; endlich ist auch der Kodex von Regeln, wie diese Zeichen zu Sätzen zu kombinieren sind (die „Syntax"). Aber mit diesem endlichen Fundus lassen sich beliebig viele verschiedene Äußerungen erzeugen. Es gibt unendlich viele verschiedene mögliche Sätze. Wirklich „unendlich" viele? Der Beweis ist leicht. Man nehme nur den einen Satz *Es gibt zwei verschiedene Sätze* und beginne das Zahlwort darin zu ändern: *Es gibt drei verschiedene Sätze, Es gibt vier verschiedene Sätze* … Nie gelangte man an ein Ende.

(1986)

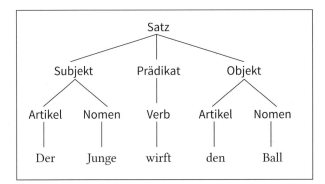

November

Draußen ist es kalt geworden.

Nebel zieht auf und verwandelt den Blick –

aus Vertrautem wird Geheimnisvolles.

Kinder leuchten mit Laternen

und bringen Licht in die Dunkelheit.

Erich Fried: Definition (1964)

Ein Hund
der stirbt
und weiß
dass er stirbt
wie ein Hund

und der sagen kann
dass er weiß
dass er stirbt
wie ein Hund
ist ein Mensch.

(Erich Fried, österr. Dichter, 1921 – 1988)

[1] Bei einer „diskreten" Sprache erkennt man deutlich die Pausen zwischen den Wörtern. Diese fallen länger und deutlicher aus als die Pausen zwischen einzelnen Silben. Bei einer „kontinuierlichen" Sprache gibt es keine Pausen zwischen Wörtern, sondern die Wörter gehen ineinander über.

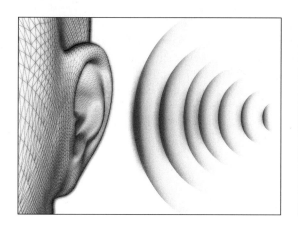

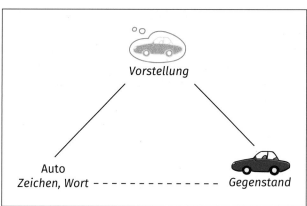

1. Lesen die den Text „Grundmerkmale der Sprache" (S. 366 f.) und erschließen Sie die einzelnen Merkmale von Sprache, die Zimmer aufführt, indem Sie jedem Merkmal eine Abbildung zuordnen und davon ausgehend das Merkmal erklären.

2. Sichern Sie die Ergebnisse, indem Sie thesenartig zu jedem Merkmal ein bis zwei eigene Sätze schriftlich formulieren.

3. Zeigen Sie, welche der aufgeführten Merkmale menschlicher Sprache sich in Peter Bichsels Geschichte von dem alten Mann (s. S. 364 f.) wiederfinden lassen.

4. Beurteilen Sie: Was hat die menschliche Sprache, wie Sie von Zimmer hier definiert wird, den Kommunikationsweisen von Tieren („Tiersprachen") und der sogenannten „Körpersprache" voraus? Darf man beide Ihrer Meinung nach als „Sprache" bezeichnen? Begründen Sie Ihre Einschätzung auf der Grundlage Ihres jetzigen Wissens über die Merkmale von Sprache.

5. Schauen Sie sich die folgenden Übersetzungsversuche an. Erläutern Sie, warum sie komisch wirken.

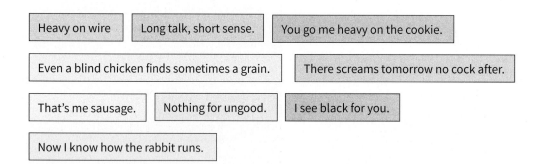

6. Beurteilen Sie: Warum gibt es von bestimmten Texten (z. B. der Bibel) so viele verschiedene Übersetzungen in eine einzige Sprache? Welche Intentionen könnten mit den verschiedenen Übersetzungsvarianten verbunden sein? Welche Probleme könnten damit verbunden sein, dass Übersetzungen auf ganz unterschiedliche Weise vorgenommen werden?

 Beispiele für verschiedene Bibelübersetzungen finden Sie hier:
WES-127877-064 .

Hans Manz war Lehrer einer Primarschule in Zürich. Er arbeitete als Übersetzer und Autor von Kinderbüchern. Mit seinen „Sprachspielbüchern" weckte er bei seinen Leserinnen und Lesern in besonderer Weise das Interesse an der Sprache. Er verfasste Erzählungen und Gedichte – auch für Erwachsene – und war an Kindersendungen für das Schweizer Fernsehen beteiligt. Mehrfach wurde er ausgezeichnet, u. a. mit dem Schweizer Jugendbuchpreis und dem Österreichischen Staatspreis für Kinderlyrik.

Hans Manz (1931 – 2016)
Wörter und Bilder

Das Wort Stein
dem und jenem,
jener und dieser in den Mund
gelegt:
5 Einem Maurer
einer Gärtnerin
einem Friedhofsbesucher
einer Ärztin
einem Zahnarzt
10 einer Kirschenesserin
einem Mühlespieler
einer Juwelenhändlerin
einem Hartherzigen
einer Bildhauerin
15 und zugesehen,
wie sich die Bilder
zum immer gleichen Wort
verändern.

(2000)

1. Erläutern Sie, welche Bilder von „Stein" Ihnen beim Lesen des Gedichts vor dem inneren Auge erschienen sind.

2. Leiten Sie aus dem im Gedicht beschriebenen Phänomen Erkenntnisse über die Natur des sprachlichen Zeichens ab.

3. Nennen Sie Faktoren, die offenbar dazu beitragen, welche Bedeutung wir einem sprachlichen Zeichen geben.

4. Finden Sie Wörter, mit denen Sie ein ähnliches Gedicht schreiben können. Verfassen Sie ein solches Gedicht.

Semiotik: Das sprachliche Zeichen

Die Sache und ihre Beziehung

Die Geschichte „Ein Tisch ist ein Tisch" von Peter Bichsel (S. 364 f.) erzählt vom Umgang eines alten Mannes mit Wörtern. Wie der Text zeigt, werden Wörter als Zeichen für Sachen verwendet. Der alte Mann ändert nun die Beziehungen zwischen den Wörtern und den Sachen. Die Sache „Bett" bezeichnet er nicht mehr mit dem Wort Bett, sondern mit dem Wort *Bild*.

Sache		Bezeichnung
Bett	⟶	*Bild*
Bild	⟶	*Tisch*
Tisch	⟶	*Teppich*
…	⟶	…

1. Übertragen Sie die Tabelle und setzen Sie diese fort.

Der alte Mann ändert also nicht die Sache selbst, und er ändert auch nicht die Wörter in ihrer äußeren Gestalt, sondern er verändert, wie man es alltagssprachlich und vorwissenschaftlich formulieren kann, die Bedeutung der Wörter.

Sache		Bezeichnung
Bett	⟶	*Bild* = gesprochene Lautfolge oder geschriebene Buchstabenfolge, die in einer bestimmten Zeichenbeziehung zu Sachen stehen; Wörter treten aber nicht unmittelbar als Zeichen für konkrete einzelne Gegenstände auf = Bezeichnung von Vorstellungen oder abstrakten Begriffe von Gegenständen, Vorgängen, Erscheinungen, Zuständen usw.

	Laut- oder Buchstabenfolge = **Ausdruck** (Signifikant, franz.: *signifiant*)	**Bedeutung**	**Vorstellung** = Inhalt (Signifikat, franz.: *signifié*)
übliche Verwendung			„Bild"
abweichende Verwendung	*Bild*		„Bett"

2. Erklären Sie die Motivation des alten Mannes für seine Änderungen der Bedeutungen.

3. Erläutern Sie, warum man das sprachliche Zeichen auch als „arbiträr", das heißt beliebig oder willkürlich, bezeichnen kann.

Die Frage nach dem Prinzip der Zuordnung von Namen und Benanntem sowie der Vorstellung von einem Gegenstand wurde von Ferdinand de Saussure systematisch sprachwissenschaftlich untersucht. Darüber hinaus unterscheidet er zwischen der regelhaften und der gesprochenen Sprache und benennt sie als „langue" und „parole".

Ferdinand de Saussure (1857 – 1913)
Linguistische Theorie

Ferdinand Mongin de Saussure war ein Schweizer Sprachwissenschaftler. Er hat den sprachwissenschaftlichen Strukturalismus und die Entwicklung der Indogermanistik und der Semiotik im 20. Jahrhundert nachhaltig geprägt. Er selbst veröffentlichte zeitlebens kein einziges Buch, doch die Mitschriften seiner Vorlesungen ließen ihn zum „Begründer der modernen Linguistik" werden.

Fassen wir die charakteristischen Merkmale der Sprache zusammen:

1. Sie ist genau umschriebenes Objekt in der Gesamtheit der verschieden gearteten Tatsachen der menschli-
5 chen Rede. Man kann sie lokalisieren in demjenigen Teil des Kreislaufs, wo ein Lautbild sich einer Vorstellung assoziiert. Sie ist der soziale Teil der menschlichen Rede und ist unabhängig vom Einzelnen, welcher für sich allein sie weder schaffen noch umgestalten kann;
10 sie besteht nur kraft einer Art Kontakt zwischen den Gliedern der Sprachwissenschaft. Andererseits muss das Individuum sie erst lernen, um das Ineinandergreifen ihrer Regeln zu kennen; das Kind eignet sie sich nur allmählich an. Sie ist so sehr eine Sache für sich, dass
15 ein Mensch, der die Sprechfähigkeit verloren hat, die Sprache noch besitzt, sofern er die Lautzeichen versteht, die er vernimmt.

2. Die Sprache, vom Sprechen unterschieden, ist ein Objekt, das man gesondert erforschen kann. Wir spre-
20 chen die toten Sprachen nicht mehr, aber wir können uns sehr wohl ihren sprachlichen Organismus aneignen. Die Wissenschaft von der Sprache kann nicht nur der andern Elemente der menschlichen Rede entraten, sondern sie ist überhaupt nur möglich, wenn diese an-
25 dern Elemente nicht damit verquickt werden.

3. Während die menschliche Rede in sich verschiedenartig ist, ist die Sprache, wenn man sie so abgrenzt, ihrer Natur nach in sich gleichartig: sie bildet ein System von Zeichen, in dem einzig die Verbindung von Sinn
30 und Lautzeichen wesentlich ist und in dem die beiden Seiten des Zeichens gleichermaßen psychisch sind. [...]

Der psychische Charakter unserer Lautbilder wird ganz klar, wenn wir uns selbst beobachten. Ohne die Lippen oder die Zunge zu bewegen, können wir mit uns selbst
35 sprechen oder uns im Geist ein Gedicht vorsagen. Ge-
rade deshalb, weil die Worte der Sprache für uns Lautbilder sind, sollte man nicht von den Lauten als Phonemen sprechen, aus denen sie zusammengesetzt sind. Denn dieser Ausdruck deutet auf mündliche Sprechtä-
40 tigkeit und passt nur zum gesprochenen Wort, zur Verwirklichung des inneren Bildes in der Rede. Man muss

sich stets daran erinnern, dass es sich nur um das innere Bild der lautlichen Erscheinung handelt.

Das sprachliche Zeichen ist also etwas im Geist tat-
45 sächlich Vorhandenes, das zwei Seiten hat und durch folgende Figur dargestellt werden kann:
Diese beiden Bestandteile sind eng miteinander verbunden und entsprechen einander. Ob wir nun den Sinn des lat. Wortes arbor suchen oder das Wort, womit
50 das Lateinische die Vorstellung „Baum" bezeichnet, so ist klar, dass uns nur die in dieser Sprache geltenden Zuordnungen als angemessen erscheinen, und wir schließen jede beliebige andere Zuordnung aus, auf die man sonst noch verfallen könnte. Mit dieser Definition
55 wird eine wichtige terminologische Frage aufgeworfen. Ich nenne die Verbindung der Vorstellung mit dem Lautbild das Zeichen; dem üblichen Gebrauch nach aber bezeichnet dieser Terminus im Allgemeinen das Lautbild allein, z.B. ein Wort (arbor usw.). Man vergisst
60 dabei, dass, wenn arbor Zeichen genannt wird, dies nur

insofern gilt, als es Träger der Vorstellung „Baum" ist, sodass also diese Bezeichnung außer dem Gedanken an den sensorischen Teil den an das Ganze einschließt.

Die Mehrdeutigkeit dieses Ausdrucks verschwindet, wenn man die drei hier in Rede stehenden Begriffe durch Namen bezeichnet, die unter sich in Zusammenhang und zugleich in Gegensatz stehen. Ich schlage also vor, dass man das Wort „Zeichen" beibehält für das Ganze, und Vorstellung bzw. Lautbild durch Bezeichnetes und Bezeichnung (Bezeichnendes) ersetzt; die beiden letzteren Ausdrücke haben den Vorzug, den Gegensatz hervorzuheben, der sie voneinander trennt und von dem Ganzen, dessen Teile sie sind. Für dieses selbst begnügen wir uns mit dem Ausdruck „Zeichen", weil kein anderer sich dafür finden lässt.

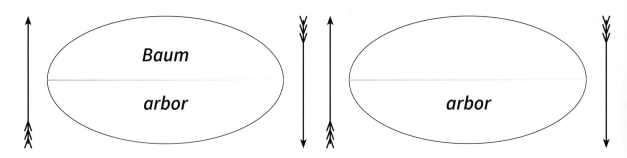

1. Fassen Sie die im Text „Linguistische Theorie de Saussures" zum Ausdruck kommenden wesentlichen Grundannahme Ferdinand de Saussures über die Sprache mit eigenen Worten zusammen.

2. Erläutern Sie die Grafiken.

3. Ferdinand de Saussure unterscheidet in seiner Theorie zwischen der menschlichen Rede („langage"), dem abstrakten Raum („langue") sowie dem Sprechen („parole"). Erklären Sie diese Unterscheidung mithilfe des Textes.

4. Diskutieren Sie das folgende Zitat von Christian Gueintz (1592 – 1650), einem Sprachwissenschaftler des Barocks, vor dem Hintergrund der Theorie von Ferdinand de Saussure:

   „Warlich / uns ist nicht frey / wie wir reden wollen / sondern wir müssen reden wie andere / so wir wollen von Ihnen verstanden werden."

Linguistic Landscapes – Sprachlandschaften

Sprachliche Zeichen bilden eine Untergruppe der Zeichen überhaupt. Zeichen sind stets materielle Größen, die auf etwas anderes, ihr **Denotat**, verweisen. Nach der **Art des Denotatsbezugs** unterscheidet man in der Zeichentheorie (Semiotik):

Zeichen mit realem Denotatsbezug: **Index oder indexikalische Zeichen**		Zeichen für die Anwesenheit und die Bewegung dieses Tieres
Zeichen mit konventionellen und zugleich arbiträren Denotatsbezug: **Symbol oder symbolisches Zeichen**		Zeichen, dass ich keine Vorfahrt habe
Zeichen mit Übereinstimmung zu wahrnehmbaren Merkmalen des Denotats: **Ikon oder ikonisches Zeichen**		Zeichen für den Weg eines Fahrradfahrers

1. Übertragen Sie die Tabelle in Ihr Heft und suchen Sie weitere Beispiele für die in der linken Spalte genannten einzelnen Arten des Denotatsbezugs.

    „Zeichen bestimmen unser Leben. [...] Wir sind umgeben von Zeichen, und meist ist uns dies gar nicht bewusst. [...] Kultur besteht unter anderem darin, Dinge des alltäglichen Lebens Zeichenhaftigkeit beizumessen." (Rudi Keller: Zeichentheorie, Tübingen 2018, S. 19 f.)

2. Schauen Sie sich in Ihrem Klassenzimmer oder in Ihrer Schule um: Welche Zeichen sehen Sie? Sammeln Sie diese in Form einer Tabelle wie im Beispiel unten und füllen Sie diese aus.

3. Erläutern Sie, was Sie durch diese Zeichen über unsere (Klassenzimmer-/Schul-)Kultur erfahren. Vielleicht können Sie Erfahrungen aus einem anderen Klassenzimmer oder Schulgebäude während eines Schüleraustauschs ergänzen.

Bild vom Zeichen	Ggf. Beschriftung	Erläuterung der Sprechhandlung	Funktion
	Zugang Abitur	Dies ist der Weg zu den Abiturprüfungsräumen.	Information

Alfred Döblins Roman „Berlin Alexanderplatz", der 1929 erschienen ist, beginnt mit einer Fahrt durch die Stadt. Franz Biberkopf, der Protagonist, kommt nach vier Jahren Haft aus dem Gefängnis. Sein Leben in einem überschaubaren und streng regulierten Rahmen ist beendet. Er begibt sich zögernd und ein wenig ängstlich in die Freiheit: „Der schreckliche Augenblick war gekommen." (Berlin Alexanderplatz, S. 8) Sofort werden seine Sinne von den Eindrücken der Großstadt überschwemmt. Er sieht, liest, riecht, hört und fühlt das ganze Chaos um ihn herum. Irgendwann flüchtet er in einen Hauseingang: Hier hört er „das schreckliche Lärmen von der Straße nicht" (ebd., S. 10). Aber er kann dort nicht bleiben, also geht seine Wanderung weiter:

Berlin Alexanderplatz
um 1930

1. Versetzen Sie sich in die Lage von Franz Biberkopf: Schildern Sie, was er sieht, liest, riecht, hört und fühlt.

Die Umwelt ist voller Zeichen, die das Wahrnehmungs- und Interpretationsvermögen des entlassenen Sträflings auf eine harte Probe stellen: „Die Strafe beginnt." (ebd., S. 8) Biberkopf ist im Gefängnis der Zeichen angekommen.

2. Erklären Sie, was mit dem „Gefängnis der Zeichen" gemeint sein kann.

Man muss nicht aus einer Justizvollzugsanstalt kommen und man muss nicht in einer Metropole leben, um die Erfahrung zu machen, dass das Leben in der Moderne u. a. dadurch gekennzeichnet ist, dass die Umwelt der Menschen mit Zeichen übersät ist — Zeichen, die für den Betrachter Angebote oder auch Aufforderungen zur Interpretation darstellen. Was man sieht (hört und riecht), wenn man durch Städte oder Dörfer geht, ist von Zeichentheoretikern und Sprachwissenschaftlern thematisiert worden. **Linguistic Landscape** (auf Deutsch gelegentlich als „Sprachlandschaften" oder „sprachliche Landschaften" übersetzt) ist ein Vorgehen, mit dem der Sprachgebrauch im öffentlichen Raum dokumentiert und analysiert wird. Dazu werden alle Vorkommen von Sprache auf Schildern, Beschriftungen, Werbetafeln, Wänden, Aufklebern usw. fotografiert und nach unterschiedlichen Kriterien ausgewertet.

Man kann zum Beispiel folgenden Fragen nachgehen:
- Welche Sprache sehen wir wo?
- Welche Zeichen drücken politische Meinungen aus?
- Wie schafft Werbung Realitäten?
- Wo gibt es Gegenreaktionen zu offiziell sanktionierten sprachlichen Ausdrucks-
  weisen?

Wichtig hierbei ist, dass es dabei immer um Zeichen und Text geht, die nur aus ihrem zeitlich-räumlichen Zusammenhang heraus verstanden werden könne. Man muss also immer in Bezugnahme zu Ort und Zeit ihrer Verwendung analysiert werden. Hierbei kann man durch das Sammeln und Kategorisieren von Schildern, das Entschlüsseln und Übersetzen von Texten auf Schildern eine Sprachlandschaft in seiner semiotischen Komplexität erschlossen werden.

Ein Beispiel: Ein Straßenschild kann nur richtig gedeutet werden, wenn man schaut, welcher Text und welches Zeichen befinden sich an welchem Ort. Als Sprachforscher erkennen Sie – mehr oder weniger explizit – zum Beispiel:

- dass es sich um den Namen eines Platzes in einer Stadt handelt,
- dass das Gelände, das Sie vor sich sehen (im Wesentlichen eine breite, viel befahrene Straße auf einen Triumphbogen zulaufend), als architektonische Einheit verstanden werden soll,
- dass der Platz den Geschwistern Scholl, bekannt als Mitglieder der „Weißen Rose", einer in ihrem Kern studentischen Münchener Gruppe, die während des Zweiten Weltkriegs im Widerstand gegen den Nationalsozialismus aktiv war, gewidmet wurde, der Erinnerung an diese Persönlichkeiten dient und damit in das kulturelle Gedächtnis der Stadtbewohner eingeschrieben werden soll – wer den Namen nicht kennt, weiß zumindest, dass er einen Verweis auf eine als wichtig angesehene Persönlichkeit darstellt,
- dass der Radverkehr auf dieser Seite in beiden Richtungen möglich ist,
- usw.

Kriterien für die Erschließung eines Schildes können also sein:

- Wo? Der Ort der Anbringung.
- Wie? Die Position der Anbringung (Höhe, Hintergrund, Untergrund etc.): Schilder, die auf Augenhöhe angebracht sind, werden anders interpretiert als solche, die höher montiert sind.
- Enthält der Text deiktische Ausdrücke (Lokal-, Temporal- oder Personaldeixis[1])?
- Ist der Text isoliert oder Teil eines Textensembles?
- Wie ist der Text von der Umwelt abgegrenzt?
- Enthält der Text intertextuelle Bezüge (z. B. explizite oder implizite Verweise auf andere Texte, Überschichtung eines Textes durch Aufkleber o. Ä.)?
- Wie groß sind die Zeichen bzw. Texte? Kleine Schilder können nur von wenigen Menschen gleichzeitig und nicht im Vorbeigehen gelesen werden. Größere konzipieren einen anderen Rezeptionsraum.
- Wie ist die typografische Gestaltung? Die Verwendung bestimmter Schrifttypen, die Schriftgröße usw. oder unter Umständen auch die Vielfalt in einem Text sind weitere wichtige Interpretationshinweise.
- Sind die Texte statisch (für welche Dauer angelegt?) oder beweglich/dynamisch? Es gibt in Stein gemeißelte Botschaften, die als ewig gültig wahrgenommen werden, flüchtige, auf Bildschirmen o. Ä. aufleuchtende Nachrichten oder auch Texte (auf T-Shirts, Autos etc.), die sich in Bewegung befinden.
- Sind die Botschaften interaktiv? Kann der Rezipient sie steuern (wie z. B. bei Fahrkartenautomaten)?
- Wird Schrift mit Bildern kombiniert?
- Wird die Sprache normgerecht verwendet?
- Welche Sprachvarietäten werden verwendet? Werden nichtstandardsprachliche Varietäten verwendet oder nur Standardsprache?
- Werden Eigennamen verwendet?
- Gibt es Besonderheiten in der Leserichtung (von rechts nach links, von oben nach unten oder umgekehrt, diagonal)?
- Ist der Text beleuchtet oder beleuchtbar?

3. Klären Sie in Gruppenarbeit, was unter den einzelnen Kriterien für die Erschließung eines Schildes zu verstehen ist.

4. Recherchieren Sie im Internet nach einer Forschungs-App, die sprachliche Landschaften auf der ganzen Welt dokumentiert und erforscht, und sehen Sie sich ein durchgeführtes Projekt näher an.

150 Meter Graffiti-Spraykunst „Frieden": Zusammenhalt, Offenheit, Vielfalt, Toleranz, Frieden, Gemeinschaft, Mut. Das Mauerkunstwerk wurde mit 30 Jugendlichen in Kooperation mit dem Künstlerkollektiv „graphism" gestaltet.

[1] Deixis bezeichnet die Bezugnahme auf Personen, Gegenstände, Orte und Zeiten im Kontext der jeweiligen Äußerungssituation.

Lernaufgabe

Sie sollen nun als Sprachdetektiv einen der folgenden Forschungsaufträge durchführen:
- Untersuchen Sie Ihren Schulort als sprachlichen Raum.
- Unternehmen Sie einen sprachlichen Spaziergang in Ihrer Stadt / an Ihrem Ort.

Untersuchungsmöglichkeiten

- **Mehrsprachigkeit im öffentlichen Raum:** Rolle der Nationalsprache und internationalen Sprachen
- **Kreativer Umgang mit Sprache:** Sprachspiele, Neologismen, (Re-)Interpretationen von Sprache
- **Varietäten:** Varietäten (Umgangssprache, Jugendsprache, Dialekt) in Bezug auf ihre zeitliche und räumliche Verwendung sowie auf ihren Verwendungszweck
- **Zeichen im öffentlichen Raum:** Typologie von Zeichen im öffentlichen Raum

1. Wählen Sie einen der oben genannten Forschungsaufträge aus und führen Sie ihn durch. Gehen Sie dabei folgendermaßen vor:

   a) Wählen Sie einen klar definierten Raum innerhalb Ihres Ortes aus und fotografieren Sie diesen, klassifizieren und werten Sie die dort befindlichen Schriftzeichen aus.

   b) Klären Sie vorher, wo was und wie fotografiert und dokumentiert werden soll: z. B. jedes Schild und jeder Aufkleber, einzelne oder ganze Flächen (z. B. Schaufenster), Komplettsammlungen oder eine Auswahl (z. B. nur kommerzielle Zeichen, nur Zeichenträger ab einer bestimmten Größe).

   c) Erstellen Sie strukturierte Notizen zu Ihren Untersuchungsergebnissen. Sie können sich an den oben genannten Untersuchungsmöglichkeiten orientieren. Nutzen Sie die folgenden Fragestellungen:
      - Wo und warum gibt es welche Zeichen und wie viele?
      - Wie sind sie optisch und typografisch gestaltet?
      - Wie verhalten sich Texte und Bilder zueinander, wie werden Botschaften auf Text und Bild verteilt?
      - Wo und warum werden welche Sprachen verwendet (Werbung, Hinweis, Informationsvermittlung)?
      - Sind Verfasser/-innen zu identifizieren (Behörden, Geschäfte, Privatpersonen)?
      - Sind die Informationen auf mehrsprachigen Schildern in den einzelnen Sprachen identisch oder gibt es Unterschiede?
      - Wie sind die Texte (lexikalisch, syntaktisch und morphologisch) formuliert?
      - Wo und warum kommen welche Abkürzungen, Anglizismen, Sprachspiele vor?
      - Wie funktionieren schriftliche Dialoge (z. B. durch Aufkleber oder Graffitis)?
      - Gibt es irreführende Zeichen und Informationen?

Sprache – Denken – Wirklichkeit

Joseph Kosuth
Ein und drei Stühle (1965)

1. Betrachten Sie die abgebildete Installation von Joseph Kosuth und formulieren Sie Ihre Gedanken dazu.

2. Erläutern Sie den Titel der Installation.

3. In welchen unterschiedlichen Formen erscheint in diesem Bild der Stuhl? Diskutieren Sie darüber, warum es diese drei Formen überhaupt gibt und wie sie sich voneinander unterscheiden.

4. Erklären Sie, in welchem Verhältnis diese drei Formen zur Wirklichkeit stehen. Diskutieren Sie auch über mögliche Probleme, die daraus resultieren.

5. Schreiben Sie eine eigene Definition des Begriffes „Baum". Tragen Sie die Ergebnisse in einer Kleingruppe vor und skizzieren Sie die Vorstellung, die sich dabei gebildet hat. Vergleichen Sie Ihre Ergebnisse und überprüfen Sie, ob es Unterschiede gibt. Diskutieren Sie, inwieweit Ihre Vorstellungen von der Wirklichkeit durch die Sprache gesteuert werden.

Die Werke des international renommierten deutschen Schriftstellers Michael Ende wurden in über 40 Sprachen übersetzt. Besondere Bekanntheit erlangten sein Kinderbuch „Jim Knopf und Lukas der Lokomotivführer" sowie seine Romane „Momo" und „Die unendliche Geschichte". In seinen Romanen erschuf Ende Welten voller Magie und Zauber, die er als Gegenmodell zu einer allein auf Rationalität gegründeten Weltdeutung begriff. In Michael Endes „Zettelkasten – Skizzen & Notizen" versammelt der Autor Aphorismen, Geschichten, Gedichte u. a.

1. Wählen Sie aus dem „Zettelkasten" zwei oder drei Fragen aus, die Sie ansprechen, und halten Sie Ihre Antwort in einigen Stichworten fest.

2. Tauschen Sie Ihre Überlegungen mit Ihren Mitschülerinnen und Mitschülern aus.

3. Diskutieren Sie den Zusammenhang zwischen Sprache, Denken und Wirklichkeit. Erstellen Sie anschließend entweder ein Schaubild, in dem das Verhältnis dieser drei Begriffe zueinander deutlich wird (durch Anordnung, Symbole, Pfeile etc.), oder formulieren Sie zwei bis drei Sätze, die das Verhältnis beschreiben.

Michael Ende (1929 – 1995)
Zettelkasten

Gibt es eine Stadt namens Moskau, so wie Tolstoi sie beschreibt, eine Stadt namens Berlin, von der Fontane erzählt, eine Stadt namens Paris, wie Maupassant sie schildert, wirklich, oder hat es sie jemals gegeben?

5 Ist der Mond, den Goethe duzte („Füllest wieder Busch und Tal …"), und der Klumpen aus Schlacke und Staub, auf dem die beiden Astronauten herumtaumelten, ein und derselbe Himmelskörper?

Kann die Schilderung von Kriegsgräueln einen Menschen belehren oder gar verändern, der diese Kriegs-
10 gräuel unbelehrt und unverändert erlebt hat?

Können Sie etwas denken, wofür es kein Wort gibt?

Was meinen Sie damit, wenn Sie sagen, dass Sie ein Gedicht „verstanden" haben?

15 Wenn mehrere Menschen das gleiche Buch lesen, lesen sie dann wirklich dasselbe?

Wenn ich das Wort „Baum" in Morseschrift, in gotischen Lettern, in Blinden-
20 schrift und im chinesischen Ideogramm[1] vor mir sehe, aber dieser Schriften unkundig bin, muss ich da nicht annehmen, es hande-
25 le sich um ganz verschiedene Dinge?

(1994)

[1] **Ideogramm:** Schriftzeichen, das nicht eine bestimmte Lautung, sondern einen ganzen Begriff vertritt (z. B. bei Hieroglyphen)

Benjamin L. Whorf (1897 – 1941)
Das „linguistische Relativitätsprinzip"

Die amerikanischen Anthropologen und Sprachforscher Benjamin Lee Whorf (1897 – 1941) und Edward Sapir (1884 – 1939) stellten die sogenannte Sapir-Whorf-Hypothese auf, die erst nach Whorfs Tod in den 1950er-Jahren bekannt wurde. In ihrem Zentrum steht das sogenannte linguistische Relativitätsprinzip.
Später beschäftigte Whorf sich intensiv mit der Sprache der Hopi und erforschte den Zusammenhang von Sprache und Weltsicht.

Nehmen wir zum Beispiel einmal an, es gebe eine menschliche Art, die aufgrund eines physiologischen Defekts nur die blaue Farbe sehen kann. Die Menschen dieser Art würden wohl kaum in der Lage sein, die Regel zu erkennen und zu formulieren, dass sie nur Blau 5 sehen. Der Terminus „Blau" hätte für sie keinen Sinn. Ihre Sprache würde gar keine Termini für Farben enthalten. Und die Wörter, mit denen sie ihre verschiedenen Blauempfindungen bezeichnen würden, entsprächen unseren Wörtern „hell, dunkel, weiß, schwarz" 10 etc., nicht aber unserem Wort „Blau". Um die Regel oder Norm, „Wir sehen nur Blau", erfassen zu können, müssten sie gelegentlich und ausnahmsweise auch Momente haben, in denen sie andere Farben sehen. Das Gesetz der Schwerkraft beherrscht unser Leben als eine Regel 15 ohne Ausnahme, und es bedarf eigentlich keiner besonderen Feststellung, dass ein physikalisch völlig unvorgebildeter Mensch von dieser Tatsache keinerlei Bewusstsein hat. Der Gedanke eines Universums, in dem sich Körper anders verhalten als auf der Oberfläche der 20

Erde, käme ihm gar nicht. Wie die blaue Farbe für jene angenommenen Menschen, so ist das Gravitationsgesetz für den unvorgebildeten Menschen Teil seines Hintergrundes und nicht etwas, das er von diesem isolie-
25 rend abhebt. Das Gesetz konnte daher erst formuliert werden, als man die fallenden Körper unter dem Aspekt einer weiteren astronomischen Welt sah, in der sie sich auf orbitalen Bahnen oder da und dorthin bewegen.

Als die Linguisten so weit waren, eine größere Anzahl
30 von Sprachen mit sehr verschiedenen Strukturen kritisch und wissenschaftlich untersuchen zu können, erweiterten sich Vergleichsmöglichkeiten. Phänomene, die bis dahin als universal galten, zeigten Unterbrechungen, und ein ganz neuer Bereich von Bedeutungs-
35 zusammenhängen wurde bekannt. Man fand, dass das linguistische System (mit anderen Worten, die Grammatik) jeder Sprache nicht nur ein reproduktives Instrument zum Ausdruck von Gedanken ist, sondern vielmehr selbst die Gedanken formt, Schema und Anleitung
40 für die geistige Aktivität des Individuums ist, für die Analyse seiner Eindrücke und für die Synthese dessen, was ihm an Vorstellungen zur Verfügung steht. Die Formulierung von Gedanken ist kein unabhängiger Vorgang, der im alten Sinne dieses Wortes rational ist,
45 sondern er ist beeinflusst von der jeweiligen Grammatik. Er ist daher für verschiedene Grammatiken mehr oder weniger verschieden. Wir gliedern die Natur an Linien auf, die uns durch unsere Muttersprache vorgegeben sind. Die Kategorien und Typen, die wir aus der
50 phänomenalen Welt herausheben, finden wir nicht einfach in ihr – etwa weil sie jedem Beobachter in die Augen springen; ganz im Gegenteil präsentiert sich die Welt in einem kaleidoskopartigen Strom von Eindrücken, der durch unseren Geist organisiert werden muss,
55 das aber heißt weitgehend: von dem linguistischen System in unserem Geist. Wie wir die Natur aufgliedern, sie in Begriffen organisieren und ihnen Bedeutungen zuschreiben, das ist weitgehend davon bestimmt, dass wir an einem Abkommen beteiligt sind, sie in dieser
60 Weise zu organisieren – einem Abkommen, das für unsere ganze Sprachgemeinschaft gilt und in den Strukturen unserer Sprache kodifiziert ist. Dieses Übereinkommen ist natürlich nur ein implizites und unausgesprochenes, aber sein Inhalt ist absolut obligatorisch;
65 wir können überhaupt nicht sprechen, ohne uns der Ordnung und Klassifikation des Gegebenen zu unterwerfen, die dieses Übereinkommen vorschreibt.

Diese Tatsache ist für die moderne Naturwissenschaft von großer Bedeutung. Sie besagt, dass kein Individu-
70 um Freiheit hat, die Natur mit völliger Unparteilichkeit zu beschreiben, sondern eben, während es sich am freiesten glaubt, auf bestimmte Interpretationsweisen beschränkt ist. Die relativ größte Freiheit hätte in dieser Beziehung ein Linguist, der mit sehr vielen äußerst verschiedenen Sprachsystemen vertraut ist. Bis heute fin- 75
det sich noch kein Linguist in einer solchen Position. Wir gelangen daher zu einem neuen Relativitätsprinzip, das besagt, dass nicht alle Beobachter durch die gleichen physikalischen Sachverhalte zu einem gleichen Weltbild geführt werden, es sei denn, ihre linguis- 80
tischen Hintergründe sind ähnlich oder können in irgendeiner Weise auf einen gemeinsamen Nenner gebracht werden. [...]

Dieser ziemlich überraschende Schluss wird nicht so deutlich, wenn wir nur unsere modernen europäischen 85
Sprachen miteinander vergleichen und vielleicht zur Sicherheit noch Latein und Griechisch dazunehmen. Unter diesen Sprachen herrscht eine Einstimmigkeit der Grundstrukturen, die auf den ersten Blick der natürlichen Logik recht zu geben scheint. [...] Deutlicher 90
wird die Divergenz in der Analyse der Welt, wenn wir das Semitische, Chinesische, Tibetanische oder afrikanische Sprachen unseren eigenen gegenüberstellen. Bringen wir gar die Eingeborenensprachen Amerikas hinzu, wo sich einige Tausend Jahre lang Sprachge- 95
meinschaften unabhängig voneinander und von der alten Welt entwickelt haben, dann wird die Tatsache, dass Sprachen die Natur in vielen verschiedenen Weisen aufgliedern, unabweisbar. Die Relativität aller begrifflichen Systeme, das unsere eingeschlossen, und 100
ihre Abhängigkeit von der Sprache werden offenbar. [...]

(1963)

1. Lesen Sie den Text, gliedern Sie ihn in Sinnabschnitte und stellen Sie die Hauptthesen heraus.

2. Schließen Sie sich mit einem Mitschüler oder einer Mitschülerin zusammen und erklären Sie sich gegenseitig Whorfs Ansatz mit eigenen Worten.

3. Prüfen Sie folgende Annahmen aus unserem Alltagsverständnis und formulieren Sie sie gegebenenfalls so um, dass die Annahmen Whorfs berücksichtigt werden:

   a) Es existiert eine wirkliche Welt außerhalb des wahrnehmenden Individuums.

   b) Das Individuum nimmt diese Welt so wahr, wie sie wirklich ist.

   c) Das durch die Wahrnehmung vermittelte Bild der Welt ist bei allen Individuen gleich.

d) Die Sprache dient dem Individuum dazu, die Inhalte seines Denkens anderen Individuen mitzuteilen.

4. Erläutern Sie die Betitelung seiner Theorie als „linguistisches Relativitätsprinzip".

Stefanie Schramm, Claudia Wüstenhagen
Der Streit der Linguisten

Wie hängen Sprache und Denken zusammen? Können wir ohne Worte überhaupt denken? Darüber sinnen Philosophen bereits seit Jahrhunderten nach – und streiten darüber, bis heute.

5 „Worte sind bloß die Zeichen der Gedanken", behauptete der englische Dichter und Gelehrte Samuel Johnson im 18. Jahrhundert, und „Sprache ist die Kleidung der Gedanken". Völlig anders sah das Wilhelm von Humboldt Anfang des 19. Jahrhunderts: „So ist die Sprache
10 ein nothwendiges Erforderniß zur ersten Erzeugung des Gedankens, und zur fortschreitenden Ausbildung des Geistes." Der Mensch, so war der Gelehrte überzeugt, denke nur „vermittelst der Sprache". Doch er ging noch weiter, und das ist für die aktuelle Diskussion
15 höchst interessant: „Das Denken ist nicht bloß abhängig von der Sprache überhaupt, sondern bis auf einen gewissen Grad auch von jeder einzelnen bestimmten [Sprache]." Noch drastischer formulierte es Anfang des 20. Jahrhunderts der Philosoph Ludwig Wittgenstein:
20 „Die Grenzen meiner Sprache bedeuten die Grenzen meiner Welt."

In diesen wenigen Aussagen [...] stecken schon all jene Argumente, die in den Sechziger- und Siebzigerjahren den Streit der Linguisten befeuern sollten. Da steht die
25 Ansicht, dass wir Sprache lediglich brauchen, um Gedanken auszudrücken, gegen die Überzeugung, dass wir Sprache brauchen, um Gedanken überhaupt erst zu denken. Im ersten Fall würden wir nicht in Worten denken, im zweiten schon. [...]
30 Diese widerstreitenden Ansichten kristallisierten sich zu zwei Denkschulen, deren Anhänger sich erbittert bekämpften: die Relativisten und die Universalisten. [...] Die Hypothese der Relativisten, Sprachen hätten ihre ganz speziellen Eigenarten und beeinflussten da-
35 mit das Denken auf unterschiedliche Art und Weise, wird heute vor allem mit einem Namen verbunden: Benjamin Lee Whorf. Er studierte in den Dreißigerjahren die Sprachen der amerikanischen Ureinwohner, unter anderem bei dem Linguisten Edward Sapir, auf des-

sen Arbeiten er sich in seiner weiteren Forschung 40 stützte. Besonders interessierte er sich für die Abweichungen der indianischen Sprachen vom Englischen, berühmt sind die Beispiele der Hopi und der Inuit. Die Hopi, meinte Whorf, verfügten nicht über Wörter oder grammatische Formen, die sich auf die Zeit bezögen. 45 Die Inuit wiederum hätten viel mehr Wörter für Schnee, als es im Englischen gebe. Diese beiden Befunde gelten inzwischen als widerlegt. Der Schluss aber, den Whorf daraus zog, wirkt bis heute nach: Weil die Hopi keine Wörter für Zeit hätten, hätten sie auch einen ganz an- 50 deren Begriff von der Zeit als englischsprachige Menschen, und die Inuit dächten wegen ihres reichen Schnee-Wortschatzes über Schnee völlig anders. Damit war eine Idee in der Welt, die als Sapir-Whorf-Hypothese bekannt wurde: Wie jemand denkt, werde vom 55 Wortschatz und von der Grammatik seiner Muttersprache beeinflusst – die Sprache wäre somit Prägestempel des Denkens. Extreme Vertreter dieser Denkrichtung sind gar der Ansicht, die Sprache bestimme das Denken vollkommen – sie sehen die Sprache als „Grenze der 60 Welt".

Zunächst stieß der Relativismus auf breite Akzeptanz, aber in den Sechzigerjahren propagierte Noam Chomsky, der zu dieser Zeit gerade zum Übervater der Linguistik avancierte, das krasse Gegenteil, den linguisti- 65 schen Universalismus. Allen Menschen sei dasselbe Sprachvermögen, dieselbe Universalgrammatik angeboren, als Teil ihres genetischen Codes.

Der Philosoph und Kognitionsforscher Jerry Fodor erweiterte diese Idee um den Aspekt des Denkens: Allen 70 Menschen sei nicht nur dasselbe Sprachprogramm angeboren, sondern auch dasselbe Denkmedium – „Mentalese", die Sprache der Gedanken. Dieses Schlagwort sollte die weitere Debatte befeuern. Fodor ging davon aus, dass wir eben nicht in einer natürlichen Sprache 75 denken – Englisch, Deutsch oder Chinesisch –, sondern in einem eigenen, universellen Medium, einer Meta-Sprache, die sich in neuronalen Aktivitätsmustern niederschlägt. Diese beherrsche jedes Kind von Geburt an: Wenn es seine Muttersprache lerne, sei das eigentlich 80 bereits seine zweite Sprache.

Damit war der Streit der Linguisten entbrannt. Am Ende triumphierten die Universalisten, vor allem, weil einige der wichtigsten Belege der Relativisten entkräftet wurden. [...] Die Sapir-Whorf-Hypothese wurde da- 85 raufhin so heftig verdammt, wie sie einst gefeiert worden war. Doch das Kriegsbeil ist keineswegs begraben, ganz im Gegenteil, die Feindseligkeiten halten bis heute an. Einer der vehementesten Verfechter der „Kleidungs"-

90 Hypothese ist zurzeit der Psychologe Steven Pinker. In seinem Buch „The Language Instinct" rechnete er mit Deterministen und Relativisten gleichermaßen ab: „Die berühmte Sapir-Whorf-Hypothese [...] ist falsch, komplett falsch." Und er schimpfte weiter: „Die Idee, dass
95 Denken dasselbe ist wie Sprache, ist ein Beispiel für etwas, das man eine konventionelle Absurdität nennen kann: eine Behauptung, die jedem gesunden Menschenverstand widerspricht, die aber jeder glaubt, weil er sich dunkel daran erinnert, sie irgendwo gehört zu
100 haben, und weil sie absolut bedeutungsschwanger ist." Pinker ist absolut überzeugt davon, dass wir nicht in Worten denken (sondern in Metalesisch) und Sprache das Denken nicht beeinflusst. Später nannte er seine Abrechnung einen „Nachruf" auf die Sapir-Whorf-Hy-
105 pothese. Doch die ist alles andere als tot, junge Forscher beleben die alte Debatte neu.   *(2015)*

1. Stellen Sie die unterschiedlichen Positionen der Relativisten und der Universalisten einander gegenüber, indem Sie deren jeweilige Grundannahmen in Form einer Tabelle festhalten.

Universalisten	Relativisten
...	...

Lera Boroditsky (1976)
Wie die Sprache das Denken formt

Menschen leben in unterschiedlichen Kulturen und sprechen die verschiedensten Sprachen. Deren Strukturen prägen in ungeahntem Ausmaß die Art und Weise, wie wir die Welt wahrnehmen.

5 Pormpuraaw ist eine kleine Siedlung der Aborigines am Westrand der Halbinsel Cape York in Nordaustralien. Ich bitte ein fünf Jahre altes Mädchen, nach Norden zu zeigen. Ohne zu zögern, deutet sie in eine bestimmte Richtung. Mein Kompass bestätigt: Sie hat Recht. Nach
10 meiner Rückkehr in die USA stelle ich dieselbe Frage in einem Hörsaal der Stanford University. Vor mir sitzen angesehene, mehrfach ausgezeichnete Gelehrte; manche besuchen seit 40 Jahren Vorträge in diesem Saal. Ich bitte sie, die Augen zu schließen und nach Norden zu
15 zeigen. Viele weigern sich, weil sie keine Ahnung haben, wo Norden liegt. Die Übrigen denken eine Weile nach und deuten dann in alle möglichen Richtungen. Ich habe diesen Versuch nicht nur in Harvard und

Princeton wiederholt, sondern auch in Moskau, London und Peking – stets mit demselben Resultat.   20
Eine Fünfjährige aus einer bestimmten Kultur bringt ohne Weiteres etwas fertig, was angesehene Forscher einer anderen Kultur überfordert. Was ist der Grund für die höchst unterschiedliche kognitive Fähigkeit? Die überraschende Antwort lautet: die Sprache. [...]   25

Der Einfluss der Wörter
Rund um den Globus kommunizieren Menschen miteinander auf vielfältige Weise, und jede der schätzungsweise 7000 Sprachen verlangt von denen, die sie verwenden, ganz unterschiedliche Leistungen. Angenom-   30
men, ich möchte Ihnen mitteilen, dass ich Anton Tschechows Drama „Onkel Wanja" auf einer Bühne in der 42. Straße New Yorks gesehen habe. Auf Mian, das in Papua-Neuguinea gesprochen wird, würde das Verb aussagen, ob das Stück soeben, gestern oder vor langer   35
Zeit gespielt wurde. Das Indonesische dagegen gibt damit nicht einmal preis, ob die Aufführung bereits stattfand oder noch bevorsteht. Auf Russisch enthüllt das Verb mein Geschlecht. Wenn ich Mandarin verwende, muss ich wissen, ob Onkel Wanja ein Bruder der Mut-   40
ter oder des Vaters ist und ob er blutsverwandt oder angeheiratet ist, denn für jeden dieser Fälle gibt es einen speziellen Ausdruck.
Tatsächlich besagt die chinesische Übersetzung eindeutig, dass Wanja ein Bruder der Mutter ist. Und mit Pi-   45
rahã, einer in Amazonien beheimateten Sprache, könnte ich „42. Straße" gar nicht ausdrücken, weil es darin keine exakten Zahlwörter gibt, sondern nur Bezeichnungen für „wenige" und „viele". Sprachen unterscheiden sich auf unzählige Arten voneinander, aber das muss   50
nicht automatisch heißen, dass die Sprecher auch unterschiedlich denken. Lange war unklar, ob der Gebrauch von Mian, Russisch, Indonesisch, Mandarin oder Pirahã wirklich zu jeweils eigenen Wahrnehmungen, Erinnerungen und Überlegungen führt. Doch zahlreiche For-   55
schungen – unter anderem in meinem Labor – haben inzwischen gezeigt, dass die Sprache sogar die grundlegenden Dimensionen menschlicher Erfahrung prägt: Raum, Zeit, Kausalität und die Beziehung zu anderen.
Kehren wir nach Pormpuraaw zurück. Anders als Eng-   60
lisch oder Deutsch enthält die dort gesprochene Sprache Kuuk Thaayorre keine relativen Raumausdrücke wie links und rechts. Wer Kuuk Thaayorre spricht, gebraucht absolute Hauptrichtungen wie Norden, Süden, Osten, Westen und so weiter. Zwar geschieht das auch   65
im Deutschen, aber nur bei großen Entfernungen. Wir würden beispielsweise nie sagen: „Diese Banausen plat-

zieren die Suppenlöffel südöstlich von den Gabeln!" Doch auf Kuuk Thaayorre werden immer Himmelsrichtungen verwendet. Darum sagt man etwa „Die Tasse steht südöstlich vom Teller" oder „Der südlich von Maria stehende Knabe ist mein Bruder". Um sich in Pormpuraaw verständlich auszudrücken, muss man daher immer die Windrose im Kopf haben.

Raum- und Zeitvorstellungen

In den vergangenen zwei Jahrzehnten haben Stephen C. Levinson vom Max-Planck-Institut für Psycholinguistik in Nimwegen und John B. Haviland von der University of California in San Diego nachgewiesen, dass Menschen, die Sprachen mit absoluten Richtungen[1] verwenden, auffallend gut in unbekannten Gegenden oder Gebäuden zurechtkommen. Sie orientieren sich besser als Personen, die dort zu Hause sind, aber nicht solche Sprachen sprechen – ja sogar besser, als die Forscher dies für menschenmöglich gehalten hatten.

Die Erfordernisse dieser Sprachen erzwingen und trainieren demnach eine erstaunliche kognitive Fertigkeit. Wer anders über den Raum denkt, hat vielleicht auch eine andere Zeitvorstellung. Meine Kollegin Alice Gaby von der University of California in Berkeley und ich legten daher Kuuk Thaayorre sprechenden Aborigines Bildfolgen vor, die Zeitabläufe zeigten: Ein Mann altert, ein Krokodil wächst, eine Banane wird verspeist. Dann baten wir sie, die durchmischten Fotos zeitlich zu ordnen. Wir führten den Test je zweimal durch, wobei die Person jedes Mal in eine andere Himmelsrichtung schaute. Jemand, der englisch oder deutsch spricht, ordnet die Bilder so, dass die Zeit von links nach rechts fortschreitet. Hebräisch oder arabisch Sprechende legen die Karten eher von rechts nach links.

Dies zeigt, dass die Schreibrichtung beeinflusst, wie wir Zeit organisieren. Doch die Aborigines sortierten die Karten weder grundsätzlich von links nach rechts noch umgekehrt, sondern stets von Osten nach Westen. Wenn die Testperson so saß, dass sie nach Süden schaute, verliefen die Karten von links nach rechts. Schaute sie nach Norden, ordnete sie die Bilder von rechts nach links. Hatte die Person Osten vor sich, lief die Kartenfolge auf den Körper zu, und so weiter. Dabei sagten wir den Probanden nie, welche Himmelsrichtung sie vor sich hatten – die Aborigines wussten das ohnehin.

Zeit wird je nach Kultur ganz unterschiedlich dargestellt: Wir zum Beispiel betrachten die Zukunft als „vorn" und die Vergangenheit als „hinten". Im Jahr 2010 entdeckte Lynden Miles von der University of Aberdeen (Schottland), dass englisch Sprechende unwillkürlich ihren Körper vorwärtsneigen, wenn sie an die Zukunft denken, und rückwärts bei Gedanken an die Vergangenheit. Aymara, eine in den Anden verbreitete indigene[2] Sprache, verlegt die Vergangenheit dagegen nach vorne und die Zukunft nach hinten. Dem entspricht auch die Körpersprache: Wie Raphael Núñez von der University of California in San Diego und Eve Sweeter von der University of California in Berkeley 2006 feststellten, deuten die Aymara vor sich, wenn sie über die Vergangenheit reden, und hinter sich, wenn sie die Zukunft meinen.

Facetten der Erinnerung

Die Sprache beeinflusst auch, wie Menschen Ereignisse beschreiben – und wie gut sie sich daran erinnern, wer was getan hat. Vorgänge darzustellen ist stets kompliziert, selbst wenn sie nur Sekundenbruchteile dauern, denn wir müssen sie rekonstruieren und deuten. Nehmen wir als Beispiel den Jagdunfall, bei dem der frühere US-Vizepräsident Dick Cheney seinen Freund Harry Whittington verletzte. Man könnte sagen „Cheney schoss auf Whittington", wobei Cheney die unmittelbare Ursache ist, oder „Whittington wurde von Cheney angeschossen", wodurch Cheney etwas in den Hintergrund tritt, oder „Whittington bekam eine Schrotladung ab", wobei Cheney ganz aus dem Spiel bleibt. Der Vizepräsident selbst sagte: „Letztlich bin ich derjenige, der den Abzug betätigte, welcher die Ladung abfeuerte, die Harry traf." Damit stellte er eine lange Ereigniskette zwischen sich und das Resultat.

Eine noch raffiniertere Reinwaschung gelang dem ehemaligen US-Präsidenten George Bush mit dem Ausspruch: „Er hörte eine Wachtel auffliegen, drehte sich um, drückte ab und sah, dass sein Freund verwundet war." Der Satz verwandelt Cheney vom Täter zum bloßen Zeugen. Unsere Öffentlichkeit lässt sich von solchen sprachlichen Tricks allerdings kaum beeindrucken, denn Passivkonstruktionen wirken ausweichend – typisch für Drückeberger und Politiker. Wir bevorzugen sogar für ein Missgeschick meist aktive Transitivkonstruktionen[3] wie „Hans zerbrach die Vase". Hingegen erwähnt man im Japanischen oder Spanischen den Verursacher eher ungern. Auf Spanisch sagt man lieber „Se rompió el florero", was übersetzt heißt: „Die Vase zerbrach sich." [...]

[...] Von der Sprache hängt sogar ab, wie schnell Kinder

---

[1] **absolut** meint in diesem Falle Norden, Osten, Westen, Süden … usw. – [2] **indigen:** eingeboren, einheimisch – [3] **transitiv:** Verben, die ein direktes Objekt benötigen

herausfinden, ob sie Jungen oder Mädchen sind. Im Jahr 1983 verglich Alexander Guiora von der University of Michigan in Ann Arbor drei Gruppen von Kindern,
165 die Hebräisch, Englisch oder Finnisch als Muttersprache hatten. Das Hebräische bezeichnet das Geschlecht ausgiebig – sogar das Wort „du" variiert dementsprechend –, Finnisch macht keine solchen Unterschiede, und Englisch liegt dazwischen. Dementsprechend fin-
170 den hebräische Kinder ihr eigenes Geschlecht rund ein Jahr früher heraus als finnische; englische nehmen diesbezüglich einen Mittelplatz ein.

Was formt was?

Aber rufen nun Sprachunterschiede unterschiedliches
175 Denken hervor – oder ist es eher umgekehrt? Wie sich zeigt, trifft beides zu: Unsere Denkweise prägt die Art, wie wir sprechen, aber der Einfluss wirkt auch in der Gegenrichtung. Bringt man Menschen zum Beispiel neue Farbwörter bei, verändert dies ihre Fähigkeit, Far-
180 ben zu unterscheiden. Lehrt man sie, auf eine neue Weise über Zeit zu sprechen, so beginnen sie, anders darüber zu denken. Man kann sich der Frage auch anhand von Menschen nähern, die zwei Sprachen fließend sprechen. Nachweislich ändern bilinguale Perso-
185 nen ihre Weltsicht je nachdem, welche Sprache sie gerade verwenden. Wie zwei Studien 2010 zeigten, hängen sogar grundlegende Vorlieben und Abneigungen von der Sprache ab, in der danach gefragt wird. [...] Selbst wenn Menschen einfache Aufgaben lösen – etwa
190 Farbflecken unterscheiden, Punkte auf einem Bildschirm zählen oder sich in einem kleinen Raum orientieren –, brauchen sie die Sprache. Wie meine Kollegen und ich herausgefunden haben, sinkt die Fähigkeit, solche Aufgaben auszuführen, wenn man den Zugriff auf
195 die Sprachfertigkeit einschränkt. Dies lässt sich bewerkstelligen, indem man die Versuchsperson zugleich mit einer anspruchsvollen verbalen Aufgabe wie dem Wiederholen einer Nachrichtensendung konfrontiert. All diesen Forschungsergebnissen zufolge wirken die
200 Kategorien und Unterscheidungen, die in speziellen Sprachen existieren, stark auf unser geistiges Leben ein. Was die Forscher „Denken" nennen, ist offenbar in Wirklichkeit eine Ansammlung linguistischer und nichtlinguistischer Prozesse. Demnach dürfte es beim
205 Erwachsenen kaum Denkvorgänge geben, bei denen die Sprache keine Rolle spielt. Ein Grundzug menschlicher Intelligenz ist ihre Anpassungsfähigkeit – die Gabe, Konzepte über die Welt zu erfinden und so abzuändern, dass sie zu wechselnden Zielen und Umgebungen
210 passen.

Eine Folge dieser Flexibilität ist die enorme Vielfalt der Sprachen. Jede enthält eine Art und Weise, die Welt wahrzunehmen, sie zu begreifen und mit Bedeutung zu füllen – ein unschätzbarer Reiseführer, den unsere Vor-
215 fahren entwickelt und verfeinert haben. Indem Wissenschaftler erforschen, wie die Sprache unsere Denkweise formt, enthüllen sie, wie wir Wissen erzeugen und die Realität konstruieren. Diese Erkenntnis wiederum hilft uns zu verstehen, was uns zu Menschen macht.

(2012)

Sprache und Denken | Sprache und Zeit: Für Europäer, die von links nach rechts zu schreiben gewohnt sind, liegt „früher" links von „später"; Araber ordnen die Zeit von rechts nach links; für australische Aborigines liegt „früher" im Osten.

1. Arbeiten Sie heraus, welche wissenschaftlichen Erkenntnisse im Text jeweils angeführt werden. Halten Sie diese in Form von Aussagesätzen fest.

2. Leiten Sie aus den Erkenntnissen Folgerungen ab hinsichtlich
   - der Möglichkeit, Texte von einer Sprache in eine andere zu übersetzen,
   - der Weltsicht einsprachiger und mehrsprachiger Personen,
   - der Kommunikation zwischen Personen mit unterschiedlichen Sprachen.

3. Beschreiben Sie das Bild von Jan Neuffer und erläutern Sie dessen Aussageabsicht unter Rückgriff auf den Text. Inwiefern wird hierin bereits die „Denkschule" (Universalismus vs. Relativität), in deren Tradition sich Boroditsky bewegt, deutlich?

Fritz Mauthner (1849 – 1923)
Beiträge zu einer Kritik der Sprache

In seinem dreibändigen sprach-philosophischen Hauptwerk „Beiträge zu einer Kritik der Sprache" stellt der Philosoph und Schriftsteller Fritz Mauthner die Leistungen der Sprache als Erkenntnismittel grundsätzlich infrage. Mauthner galt in akademischen Kreisen als „enfant terrible", seine sprachkritischen Positionen stießen vielfach auf Ablehnung.

Die Sprache hat die Menschheit emporgeführt bis zu der Galgenhöhe von Babylon, Paris, London und Berlin, die Sprache ist die Teufelin, die der Menschheit das Herz genommen hat und Früchte vom Baum der Er-
5 kenntnis dafür versprochen. Das Herz hat die Sprache gefressen wie eine Krebskrankheit, aber statt der Erkenntnis hat sie dem Menschen nichts geschenkt als Worte zu den Dingen, Etiketten zu leeren Flaschen, schallende Backpfeifen als Antwort auf die ewige Klage,
10 wie andere Lehrer andere Kinder durch Schlagen zum Schweigen bringen. Erkenntnis haben die Gespenster aus dem Paradies der Menschheit versprochen, als sie die Sprache lehrten. Die Sprache hat die Menschheit aus dem Paradies vertrieben. Hätte die Menschheit aber die
15 Sprache lieber den Affen oder den Läusen geschenkt, so hätten die Affen oder die Läuse daran zu tragen, und wir wären nicht allein krank, vergiftet, in der ungeheuren sprachlosen, heilen Natur. Wir wären dann Tiere, wie wir es hochmütig nennen in unserer protzigen
20 Menschensprache, oder wir wären Götter, wie wir es empfinden, wenn ein Blitz uns verstummen macht oder sonst ein Wunder der sprachlosen Natur. [...]
Mit ihren alten und jungen Worten stehen die Menschen einander gegenüber. Wie törichte Greise und tö-
25 richte Jünglinge. Kein Mensch kennt den anderen. Geschwister, Eltern und Kinder kennen einander nicht. Ein Hauptmittel des Nichtverstehens ist die Sprache. Wir wissen voneinander bei den einfachsten Begriffen nicht, ob wir bei einem gleichen Worte die gleiche Vor-
30 stellung haben. Wenn ich grün sage, meint der Hörer vielleicht blaugrün oder gelbgrün oder gar rot. Leise Unterschiede sind zwischen dem C des einen Musikers und dem C des anderen. Moschusgeruch erzeugt gewiss

grundverschiedene Empfindungen bei dem gleichen Worte. Wenn ich Baum sage, so stelle ich mir – ich per- 35 sönlich – so ungefähr etwas wie eine zwanzigjährige Linde vor, der Hörer vielleicht eine Tanne oder eine mehrhundertjährige Eiche. Und das sind die einfachsten Begriffe. Worte für innere Seelenvorgänge sind natürlich von den vielen Werten oder Begriffen ihres In- 40 halts abhängig und darum bei zwei Menschen niemals gleich, sobald auch nur ein einziger der Inhaltswerte ungleich vorgestellt wird. Je vergeistigter das Wort, desto sicherer erweckt es bei verschiedenen Menschen verschiedene Vorstellungen. Daher auch so vielfach 45 Streit unter sonst vernünftigen und ruhigen Menschen. Leute mit verschiedenen Sprachen müssen eben streiten, wenn sie so dumm sind, miteinander sprechen zu wollen. Das abstrakteste Wort ist das vieldeutigste. Wollte man – nicht etwa alle Menschen – sondern nur 50 alle von einer Konfession zwingen, von sich zu geben, was sie sich z. B. unter ihrem Gott vorstellen, es würden die wahnsinnigsten Fantastereien aller Völker und Zeiten zutage treten. Und doch ist das ein Wort, worüber sie alle einig zu sein glauben. Mut, Liebe, Wissen, Frei- 55 heit sind ebenso zerfahrene Worte. Durch die Sprache haben es sich die Menschen für immer unmöglich gemacht, einander kennenzulernen.

(1901)

1. Lesen Sie den Text und formulieren Sie Ihren Verstehensentwurf.

2. Erläutern Sie die Metaphern und Vergleiche, die im ersten Absatz enthalten sind, und untersuchen Sie ihre Funktion.

3. Stellen Sie sich vor, Sie könnten Mauthner zum Verhältnis von Sprache, Denken, Wirklichkeit befragen. Er antwortet Ihnen in einem Brief: „Verehrte Damen und Herren, Sie fragen mich nach meiner Ansicht zu dem Verhältnis von Sprache, Denken, Wirklichkeit, und ich möchte Ihnen Folgendes antworten: Die Sprache …" Setzen Sie diesen Brief fort, indem Sie die wichtigsten Aussagen des Textes berücksichtigen. Fügen Sie eigene Gedanken hinzu, die sich aus dem Text ableiten lassen.

4. Teilen Sie die Auffassung Mauthners, Sprache sei ein Fluch und habe es den Menschen unmöglich gemacht, „einander kennenzulernen" (Z. 58)? Nehmen Sie begründend schriftlich Stellung.

Dass das Denken durch die Sprache bzw. die Grammatik determiniert ist, die Sprache die Denkmöglichkeiten begrenzt, wie es Whorf formuliert hat, wird in der Linguistik heute weiter gedacht. Die Sprache determiniert das Denken nicht, aber sie nimmt doch Einfluss. Sie steuert die Aufmerksamkeit, akzentuiert und bildet kulturelle Relevanzsetzungen ab.

Guy Deutscher (geb. 1969)
Dem Gefängnis der Sprache entfliehen

Guy Deutscher ist ein israelischer Sprachwissenschaftler. Er studierte u. a. Linguistik und Mathematik an der Universität Cambridge, wo er das Studium mit einer Promotion abschloss. Anschließend forschte er einige Zeit am St. John's College über antike Sprachstrukturen.

Ist es tatsächlich von Belang, in welcher Sprache wir sprechen, schreiben oder forschen? Sind unterschiedliche Sprachen lediglich unterschiedliche Kleider für genau denselben Gedankenprozess oder liegt in diesem
5 Unterschied mehr verborgen? [...]
Vielen Englischsprechern ist das deutsche Lehnwort „Schadenfreude" nicht bekannt. Trotzdem fällt es ihnen nicht schwer, das Gefühl zu verstehen, dass man sich am Unglück eines anderen Menschen weidet. Und
10 umgekehrt, denken Sie an die beiden verschiedenen englischen Begriffe „when" und „if". Auf Deutsch werden sie regelmäßig mit demselben Wort übersetzt – „wenn ich komme" kann ja beides „when I come" oder „if I come" be-
15 deuten. Aber sind Deutschsprecher deswegen unfähig, den logischen Unterschied zu verstehen, zwischen dem, was unter bestimmten Be-
20 dingungen geschehen könnte, und dem, was in jedem Fall geschehen wird?
Die Idee, unsere Mut-
25 tersprache könne Einfluss auf unser Denken haben, dürfen wir dennoch nicht ganz verwerfen.
30 Doch um den wahren Einfluss der Sprache auf das Denken zu verstehen, müssen wir der Täuschung entkommen, dass die
35 Sprache ein Gefängnis für das Denken ist. Stattdessen müssen wir uns einer

grundlegenden Einsicht zuwenden, die ich als das Boas-Jakobson-Prinzip bezeichne. [...]
1938 machte Boas eine scharfsinnige Beobachtung
40 über die Verschiedenheit der Sprachen, die 20 Jahre später von dem russisch-amerikanischen Linguisten Roman Jakobson zu einer markigen Maxime zusammengefasst wurde: „Sprachen unterscheiden sich hauptsächlich durch das, was sie vermitteln müssen, und
45 nicht durch das, was sie vermitteln können." Mit anderen Worten, der entscheidende Unterschied zwischen Sprachen liegt nicht darin, was jede Sprache ihren Sprechern auszudrücken gestattet – denn theoretisch könnte jede
50 Sprache alles zum Ausdruck bringen –, sondern in den Informationen, zu deren Wiedergabe jede Sprache ihre Sprecher zwingt.
55 Jakobson führt das folgende Beispiel aus der Alltagssprache an: Wenn ich auf Erklärungsansätze zum
60 Verhältnis von Sprache, Denken und Wirklichkeit vergleichen Sprache und Identität Englisch sage „I spent yester-
65 day evening with a neighbour", dann können Sie sich durchaus die Frage stellen, ob ich mit einem Mann oder mit einer Frau ausgegangen bin. Aber ich ha-
70 be das Recht, Ihnen höflich zu erklären, dass Sie das nichts

angeht. Wenn wir aber deutsch sprechen, dann verfüge ich nicht über das Privileg, die Dinge im Unklaren zu
75 lassen, denn ich werde von der Sprache dazu gezwungen, mich zwischen Nachbar oder Nachbarin zu entscheiden. Deutsch zwingt mich also, Sie über das Geschlecht des Menschen, der mich begleitet hat, zu informieren.
80 Das bedeutet natürlich nicht, dass Englischsprecher die Unterschiede zwischen Abenden, die man mit Nachbarn, und solchen, die man mit Nachbarinnen verbringt, nicht wahrnehmen. Ebenso wenig bedeutet es, dass Englischsprecher den Unterschied nicht ausdrü-
85 cken können, falls sie das wünschen sollten. Es bedeutet nur, dass Englischsprecher nicht verpflichtet sind, das Geschlecht anzugeben, jedes Mal wenn von dem Menschen aus dem Nachbarhaus die Rede ist, während diese Verpflichtung für die Sprecher mancher Sprachen
90 gewohnheitsmäßig besteht.
Das Boas-Jakobson-Prinzip ist der Schlüssel, mit dem sich die tatsächlichen Auswirkungen einer bestimmten Sprache auf das Denken enthüllen lassen. Wenn verschiedene Sprachen den Geist ihrer Sprecher auf unter-
95 schiedliche Weise beeinflussen, dann nicht wegen der Dinge, die jede Sprache angeblich den Menschen zu denken gestattet. Vielmehr ist der Einfluss eine Folge des Umstands, dass Menschen von Kindesbeinen an gewohnheitsmäßig bestimmte Ausdrucksweisen verwen-
100 den. Denn schließlich können sich Sprachgewohnheiten zu geistigen Gewohnheiten verfestigen, die uns über das Sprechen hinaus beeinflussen, und die Konsequenzen für unsere Denkweise und Wahrnehmung der Welt haben können. Wenn unsere Sprache uns dazu
105 zwingt, auf gewisse Aspekte der Erfahrung gewohnheitsmäßig achtzugeben, kann diese Notwendigkeit uns trainieren, ein besonderes Gespür oder eine Sensibilität für bestimmte Details zu entwickeln, und fördert bestimmte Arten von Gedächtnis und Assoziationen.
110 [...] 7. Erkläre mit eigenen Worten, was man unter dem „Boas-Jakobson-Prinzip" versteht.

(2012)

1. Lesen Sie den Text und formulieren Sie Ihren Verstehensentwurf.

2. Erklären Sie mithilfe des Textes, was man unter dem „Boas-Jakobsen-Prinzip" versteht.

3. Erläutern Sie, durch welchen Aspekt damit die Sapir-Whorf-Hypothese (vgl. S. 373 f.) erweitert wird.

Im Mittelpunkt von Forschungsinteresse stehen meist fremde Sprachen, die eine ungewöhnliche Lexikogrammatik besitzen. Betrachtet und verglichen werden dabei, wie Zeit-, Raum- und Farbvorstellungen mit lexikalischen und grammatikalischen Mitteln konstruiert werden.

Einfluss der Muttersprache: Die Macht der Kultur

Der Linguist Guy Deutscher beschäftigt sich mit der Frage, wie die Muttersprache unser Denken und unsere Wahrnehmung beeinflusst. Mit Goethe.de sprach der Israeli über Sprechgewohnheiten und die Macht der
5 Kultur. Sonja Panthofer stellte die Fragen. Sie ist Germanistin und freiberufliche Journalistin.

Herr Deutscher, über den Einfluss der Sprache auf unsere Weltsicht wird schon lange gestritten. Macht es tatsächlich einen Unterschied, in wel-
10 **cher Sprache wir sprechen oder schreiben?**
Zunächst einmal hat Sprache nicht den beschränkenden Einfluss auf unser Denken, wie das in der Vergangenheit vor allem von dem US-Linguisten Benjamin Lee Whorf und seinen Anhängern dargestellt wurde. So
15 hat Whorf behauptet, Sprecher der Sprache X könnten das Konzept Y, beispielsweise die Vorstellung von Zeit, nicht verstehen, weil es in ihrer Sprache kein Wort dafür gebe. Dafür gibt es jedoch keinerlei Beleg. Sprecher jeder Sprache können jedes in einer anderen Sprache ausgedrückte Konzept verstehen, auch wenn es gele-
20 gentlich etwas längerer Erklärungen bedarf. Unsere Muttersprache setzt unserem geistigen Horizont also keine Grenzen.

In Ihrem Buch „Im Spiegel der Sprache" behaup-
25 **ten Sie aber, dass die Wahrnehmung – beispiels-**
weise eines Chagall-Gemäldes – durchaus von un-
serer Muttersprache abhängt. Inwiefern?

Grundsätzlich können Sprecher aller Sprachen visuell
sämtliche Farben des Spektrums ebenso präzise voneinander unterscheiden wie Sie und ich. Chagall habe ich 30
deshalb als Beispiel gewählt, weil in seinen Gemälden

Marc Chagall: Blauer Zirkus, 1950/52

viel Blau vorkommt. Entscheidend für unsere Wahrnehmung von Blau ist, dass unsere Sprache ein Wort dafür kennt. Sehr viele Sprachen aber machen keinen
35 Unterschied zwischen Blau und Grün. Wissenschaftler haben Folgendes herausgefunden: Wenn unsere Sprache uns beibringt, Farben wie beispielsweise Blau und Grün zu unterscheiden, wird unser Gehirn dazu animiert, die visuellen Unterschiede zwischen den Nuan-
40 cen leicht zu übertreiben. Wenn also Menschen aus verschiedenen Kulturen gemeinsam vor einem Chagall-Gemälde stehen, nehmen sie alle in begrenztem Ausmaß dasselbe wahr, ihre Kultur bestimmt aber, wie differenziert sie es tun.

45 **AUS SPRECHGEWOHNHEITEN ENTSTEHEN GEISTIGE GEWOHNHEITEN**

Sprache dient auch der räumlichen Orientierung. Während wir alles in einem „Links-Rechts-Vorne-Hinten"-System beschreiben, gibt es in Australien
50 **einen Aborigines-Stamm, der den Himmel als Orientierungssystem benötigt. Wie kann man sich das vorstellen?**

Stellen Sie sich vor, Sie seien in der Tanzstunde und der Lehrer gäbe folgende Anweisung: „Heben Sie Ihre nördliche Hand und bewegen Sie Ihr südliches Bein 55 ostwärts, dann gehen Sie zwei Schritte Richtung Süden und drehen Ihren Kopf Richtung Westen." Menschen mit einer solchen Muttersprache entwickeln einen unfehlbaren inneren Kompass, der Tag und Nacht funktioniert – als ob sie einen GPS-Chip in Ihrem Gehirn be- 60 säßen. Und diese Art von Sprache hat auch dramatische Auswirkungen darauf, wie Sprecher den Raum um sich herum wahrnehmen.

Inwieweit lässt sich ein solches System erlernen?
Um dieses System perfekt zu erlernen und es natürlich, 65 mühelos und unbewusst zu beherrschen, muss man sehr früh beginnen. Das Gehirn verfügt in jungen Jahren über eine enorme Plastizität, verliert sie dann aber Schritt für Schritt. Wir wissen ja zum Beispiel, dass es nur Kindern gelingt, eine Sprache akzentfrei zu erler- 70 nen, während Erwachsene dazu nicht mehr in der Lage sind. Kultur kann also tatsächlich eine sehr große Macht ausüben – viel mehr, als die meisten Menschen vermuten würden. [...]

1. Lesen Sie das Interview zum Einfluss der Muttersprache.

2. Beschreiben Sie, wie Sie sich den „unfehlbaren inneren Kompass" vorstellen. Gehen Sie auch auf mögliche Voraussetzungen und Grenzen ein.

3. Suchen Sie sich eines der folgenden Zitate aus. Erläutern Sie Ihre Vorstellung von Sprache – Denken – Wirklichkeit anhand des gewählten Zitats.

- Goethe sagte: „Wer fremde Sprachen nicht kennt, weiß nichts von seiner eigenen."
- Guy Deutscher: „In der Sprache eines Volkes, so wird oft gesagt, spiegeln sich seine Kultur, seine Seele und seine Denkweise wider."
- Samuel Johnson: „Worte sind bloß die Zeichen der Gedanken."
- Wilhelm von Humboldt: „Der Mensch denkt nur vermittels der Sprache."

Goethe

Deutscher

Johnson

Humboldt

Zum Verhältnis zwischen Sprache und (politisch-gesellschaftlicher) Realität – Zitate

„Wenn die Worte nicht stimmen, dann ist das Gesagte nicht das Gemeinte. Wenn das, was gesagt wird, nicht stimmt, dann stimmen die Werke nicht. Gedeihen die Werke nicht, so verderben Sitten und Künste. Darum
5 achte man darauf, dass die Worte stimmen. Das ist das Wichtigste von allem."

(Konfuzius (551 – 479 v. Chr.), chin. Philosoph, bestimmend für die Gesellschafts- u. Sozialordnung Chinas)

„Die Sprache ist eine Waffe. Haltet sie scharf."

(Kurt Tucholsky (1890 – 1935), dt. Schriftsteller)

„Die Grenzen meiner Sprache bedeuten die Grenzen meiner Welt."

(Ludwig Wittgenstein (1889 – 1951), österr. Philosoph)

„Hätten wir das Wort, hätten wir die Sprache, wir bräuchten die Waffen nicht."

(Ingeborg Bachmann (1926 – 1973), österr. Lyrikerin, 1964 Georg-Büchner-Preis)

1. Äußern Sie Ihre spontanen Reaktionen auf die Zitate.

2. Erläutern Sie, welche Aussagen über die Macht der Sprache in den Zitaten zum Ausdruck kommen.

3. Sind die Aussagen von Ingeborg Bachmann und Kurt Tucholsky nach miteinander vereinbar? Begründen Sie Ihre Meinung.

4. Finden Sie Beispiele dafür, dass Sprache die politisch-gesellschaftliche Wirklichkeit entscheidend prägt.

George Orwell (1903 – 1950)
Grammatik der Neusprache

In seinem Roman „1984", geschrieben im Jahr 1948, verfasst George Orwell die negative Utopie eines totalitären Staatssystems, das geprägt ist durch die vollständige Überwachung der Bürger. Der Diktator von Ozeanien, der „Große Bruder" (engl. Big Brother), hat per Videoübertragung jederzeit Einblick in die Lebensvollzüge der Menschen, die hiermit keinerlei Privatsphäre mehr haben.

In dieser Gesellschaft soll eine neue Sprache geschaffen werden, die der Autor in einem mehrseitigen Anhang seines Romans detailliert beschreibt.

Die Neusprache war die in Ozeanien eingeführte Amtssprache, die zur Deckung der ideologischen Bedürfnisse des Engsoz[1] erfunden worden war. Sie hatte nicht nur den Zweck, ein Ausdrucksmittel für die Weltanschauung und geistige Haltung zu sein, die allein den 5 Anhängern des Engsoz angemessen war, sondern sollte darüber hinaus jede Art anderen Denkens ausschalten. […] Der Wortschatz der Neusprache war so konstruiert, dass jeder Mitteilung, die ein Parteimitglied berechtigterweise machen wollte, eine genaue und oft sehr diffe- 10 renzierte Form verliehen werden konnte, während alle anderen Inhalte ebenso wie die Möglichkeit, etwa auf indirekte Weise das Gewünschte auszudrücken, ausgeschlossen wurden.

Das wurde teils durch die Erfindung neuer, hauptsäch- 15 lich aber durch die Ausmerzung unerwünschter Wörter erreicht, und auch dadurch, dass man die übrig gebliebenen Wörter so weit wie möglich jeder unorthodoxen[2] Nebenbedeutung entkleidete. Ein Beispiel hierfür: Das Wort frei gab es zwar auch in der Neusprache, aber es 20 konnte nur in Sätzen wie „Dieser Hund ist frei von Flöhen" oder „Dieses Feld ist frei von Unkraut" angewandt werden. In seinem alten Sinn von „politisch frei" oder „geistig frei" konnte es nicht gebraucht werden, da es diese politische oder geistige Freiheit nicht einmal 25 mehr als Begriff gab und infolgedessen auch keine Bezeichnung dafür vorhanden war. […]

Der Wortschatz A bestand aus den für das tägliche Leben benötigten Wörtern, also Wörtern für Dinge wie Essen, Trinken, Arbeiten, Anziehen, Treppensteigen, 30 Eisenbahnfahren, Kochen und dergleichen. Er war fast völlig aus bereits vorhandenen Wörtern zusammengesetzt, wie etwa schlagen, laufen, Hund, Baum, Zucker, Haus, Feld, doch im Vergleich zum heutigen Wortschatz war die Zahl dieser Wörter äußerst gering und ihre Be- 35 deutung viel strenger umrissen. Sie waren von jedem Doppelsinn und jeder Bedeutungsschattierung gereinigt. Es wäre ganz unmöglich gewesen, sich des Wortschatzes A etwa zu literarischen Zwecken oder in einer politischen oder philosophischen Diskussion zu bedie- 40 nen. Er war nur dazu bestimmt, einfache, zweckbestim-

---

[1] **Engsoz:** Kunstwort zur Bezeichnung des im Roman dargestellten totalitären Staatssystems („Eng" = England, „soz" = Sozialismus) – [2] **unorthodox:** einer festgelegten Lehrmeinung widersprechend

mende Gedanken auszudrücken, bei denen es sich gewöhnlich um konkrete Dinge oder physische Vorgänge handelte. [...]

45 Der Wortschatz B bestand aus Wörtern, die absichtlich zu politischen Zwecken gebildet worden waren, die also nicht nur in jedem Fall auf einen politischen Sinn abzielten, sondern dazu bestimmt waren, den Benutzer in die gewünschte Geistesverfassung zu versetzen. Oh-
50 ne ein eingehendes Vertrautsein mit den Prinzipien des Engsoz war es schwierig, diese Wörter richtig zu gebrauchen. In manchen Fällen konnte man sie in die Altsprache oder sogar in Wörter aus dem Wortschatz A übersetzen, aber dazu war gewöhnlich eine lange Um-
55 schreibung notwendig, und unweigerlich gingen dabei gewisse Schattierungen verloren. [...]

Kein Wort des Wortschatzes B war ideologisch neutral. Eine ganze Reihe davon hatte den Charakter reiner sprachlicher Tarnung; sie waren einfach Euphemis-
60 men[1]. So bedeuteten zum Beispiel Wörter wie Lustlager (Zwangsarbeitslager) oder Minipax (Friedensministerium = Kriegsministerium) fast das genaue Gegenteil von dem, was sie zu besagen schienen. [...]

Der leicht eingehende Wohlklang überwog daher in der
65 Neusprache jede andere Erwägung, außer der Genauigkeit der Bedeutung; Grammatikregeln mussten immer zurücktreten, wenn es erforderlich schien. Und das mit Recht, denn man benötigte – vor allem für politische Zwecke – unmissverständliche Kurzwörter, die
70 leicht ausgesprochen werden konnten und im Denken des Sprechers ein Minimum an ideenverwandten Erinnerungen wachriefen. Die einzelnen Wörter des Wortschatzes gewannen noch dadurch an Ausdruckskraft, dass sie einander fast alle sehr ähnlich waren. Sie wa-
75 ren fast immer zwei-, höchstens dreisilbig (Gutdenk, Minipax, Lustlager, Engsoz, Intusfühl, Denkpoli), wobei die Betonung ebenso häufig auf der ersten wie auf der letzten Silbe lag. Durch ihre Verwendung entwickelte sich ein bestimmter rednerischer Stil, der zugleich za-
80 ckig, hohltönend und monoton war.

Der Wortschatz C stellte eine Ergänzung der beiden vorhergehenden dar und bestand ausschließlich aus wissenschaftlichen und technischen Fachausdrücken. Diese ähnelten den früher gebräuchlichen und waren
85 aus den gleichen Wurzeln abgeleitet, doch ließ man die übliche Sorgfalt walten, sie streng zu umreißen und von unerwünschten Nebenbedeutungen zu säubern. Sie folgten den gleichen grammatikalischen Regeln wie die Wörter in den beiden anderen Wortschätzen. [...]

Es war also in der Neusprache so gut wie unmöglich, 90 verbotenen Ansichten, über ein sehr niedriges Niveau hinaus, Ausdruck zu verleihen. Man konnte natürlich ganz grobe Ketzereien wie einen Fluch aussprechen. Man hätte zum Beispiel sagen können: „Der große Bruder ist ungut." Aber diese Feststellung, die für ein ortho- 95 doxes Ohr lediglich wie ein handgreiflicher Unsinn geklungen hätte, durch Vernunftargumente zu stützen, wäre ganz unmöglich gewesen, da die dafür nötigen Wörter fehlten. [...] Es war vorauszusehen, dass im Laufe der Zeit die Besonderheiten der Neusprache immer 100 mehr hervortreten würden – es würde immer weniger Wörter geben und deren Bedeutung immer starrer werden. Auch würde die Möglichkeit, sie zu unlauteren Zwecken zu gebrauchen, ständig geringer werden. [...]

(1948)

1. Lesen Sie den Text und formulieren Sie einen Verstehensentwurf.

2. Halten Sie so etwas, was hier beschrieben wird, für möglich? Begründen Sie Ihre Meinung.

3. Stellen Sie die Grundregeln der Neusprache kurz zusammen.

4. Erläutern Sie, welche Ziele sich der *Engsoz* von der neuen Amtssprache verspricht und warum Nebenbedeutungen, Doppelsinn und Bedeutungsschattierungen unmöglich gemacht werden sollen.

5. Erläutern Sie, warum es eine starke Tendenz gibt, Euphemismen zu gebrauchen. Gibt es dieses Phänomen auch in unserer heutigen Sprache? Finden Sie Beispiele.

6. Diskutieren Sie die These, dass durch ideologische Sprachlenkung Steuerung und Manipulation einer Gesellschaft ermöglicht wird.

7. Überlegen Sie, welches Verhältnis zwischen Sprache, Denken und Wirklichkeit im Text von Orwell zum Ausdruck kommt. Halten Sie Ihre Ergebnisse in Form eines Schaubildes fest. Verwenden Sie dafür Linien, Pfeile etc. Darüber hinaus können Sie auch einen informierenden Sachtext verfassen.

---

[1] **Euphemismen:** beschönigende Umschreibungen

Sprache im Wandel

Zur Vielfalt der deutschen Sprache – Sprachvarietäten

> Chilling ist okay, aber no loitering.

> Woann mär ebbes Unangenehmes vor sich hot, oafach umdrehe. Doann hot mär´s hinner sisch.

> moinz@alle
> ich glaubs ja nicht
> *andenkopffass*
> Treffen 9 bei Dennis.
> Gruß T

> Professor_in?
> Professor*in?
> ProfessorIn?

> Dû bist mîn, ich bin dîn.
> des solt dû gewis sîn.
> dû bist beslozzen
> in mînem herzen,
> verlorn ist das sluzzelîn:
> dû muost ouch immêr darinne sîn.

> Gemäß dem Rundschreiben des Bundesministeriums des Innern erfolgt die Zahlung im Vorgriff auf die Änderungstarifverträge unter dem Vorbehalt der Rückforderung und unter Ausschluss der Berufung auf den Wegfall der Bereicherung.

> Ey, lassma Kino gehen!

1. Stellen Sie Vermutungen darüber an, um welche Aspekte hinsichtlich der Verwendung der deutschen Sprache es bei den Beispielen geht. Klären Sie möglichst viele W-Fragen (Wer? Wo? Wann? Warum bzw. zu welchem Zweck? …) zu jeder der Aussagen.

2. Bei der Beschreibung von Sprachen und deren Ausprägungen bzw. Varietäten taucht immer wieder der Begriff „Innere Mehrsprachigkeit" auf. Erläutern Sie diese Formulierung.

3. Erklären Sie die folgenden Begriffe. Dialekt, Regiolekt, Fachsprache, Soziolekt, Jugendsprache, Genderlekt, Ethnolekt, Sondersprache. Wer sind jeweils die Sprecher? Was könnten möglicherweise typische Merkmale sein? Recherchieren Sie ggf. im Internet oder in entsprechenden Nachschlagewerken.

Wissen und Können

Sprachvarietäten

Unter **Varietäten** versteht man verschiedene Ausprägungen einer bestimmten Sprache. Sie werden durch unterschiedliche Faktoren, wie z.B. das Geschlecht, den Ort bzw. die Region, das Alter, die soziale Schicht oder berufliche Erfordernisse und Qualifikationen, bestimmt und existieren in **Abhängigkeit von der Standardsprache**. Die meisten Menschen sind in der Lage, sich einer oder mehrerer Sprachvarietäten zu bedienen.

Die Varietäten werden in vier größere Klassen eingeteilt, die sich auf die Bereiche **Zeit** (historische Varietäten), **Raum** (dialektale Varietäten), **soziale Schicht** (Soziolekte, „Gruppensprachen") und **soziale Situation** (situative Varietäten) zurückführen lassen.

4. Bilden Sie Gruppen und recherchieren Sie jeweils zu einer der bestimmten Sprachvarietäten, die in Aufgabe 3 genannt werden. Berücksichtigen Sie dabei folgende Fragen:
- Was sind typische Kennzeichen?
- Wer spricht vorrangig diese „Sprache"?
- Wie ist sie entstanden?
- In welchem Verhältnis steht sie zur Standardsprache?
- Mit welcher Absicht und vor welchem Hintergrund wird sie benutzt?
- Wird sie nur gesprochen oder auch geschrieben?
- Wie lässt sie sich von außen beurteilen (kompliziert, einfach, regelkonform, regelabweichend, elaboriert[1], restringiert[2])?

Erstellen Sie zu den jeweiligen Ergebnissen ein Plakat oder eine Grafik.

Deutsche Sprache, tote Sprache?

Deutsche Sprache, tote Sprache?

1. Beschreiben Sie die Karikatur „Deutsche Sprache, tote Sprache?".

2. Deuten Sie die einzelnen Bildelemente mit Bezug auf die Thematik. Welche Wertung wird vorgenommen?

3. Auf dem Kleid stehen Wörter wie: Übermut, Morgenrot, Hasenpanier, Innigkeit, Wehmut, Inbrunst, hold, Bösewicht, Ungemach, Fersengeld, Tobsucht, Kleinod, Herzensnot und Rinnsal. Recherchieren Sie die Bedeutung der Wörter, die Sie nicht kennen. Erklären Sie, warum Ihnen diese möglicherweise fremd sind.

4. Welche Erklärungen sehen Sie dafür, dass bestimmte Wörter aus einer Sprache verschwinden (zum Beispiel auch: Bandsalat, Pennäler, Augenstern, blümerant, Konfekt, Sommerfrische), während andere hinzukommen? Sie können zu diesem Thema auch im Internet unter dem Stichwort „Bedrohte Wörter" recherchieren. Bedauern Sie das Wörtersterben? Begründen Sie Ihre Auffassung.

[1] **elaboriert:** differenziert ausgebildet, hoch entwickelt – [2] **restringiert:** wenig differenziert, einfach

Lutz Menard
Der gesteuerte Sprachverfall

Dem Sprachverein macht viele Sorgen
die Sprache heute und auch morgen.
Was wird aus deutschem Sprachgut werden,
wenn alle Medien sich gebärden,
5 als gäb' es keine Regeln mehr,
nur Wortgestammel kreuz und quer?

Die Sätze werden nicht beendet,
Deklination kaum noch verwendet,
der Genitiv ist längst verblichen,
10 und auch der vierte Fall gestrichen.
Wo Wort und Punkt alleine stehen,
kann man des Übels Anfang sehen.

Schlagzeilen schlagen Sprache tot,
die Kurzform steht ganz ohne Not!
15 Auf Englisch wird die Wirtschaft groß
– Amerika herrscht gnadenlos –,
die Werbung treibt es noch viel schlimmer,
soviel an „english spots" gab's nimmer!

„Let's make things better!" stimmt aufs Wort,

20 nur setzt sich nicht im Deutschen fort.
Die Kundschaft muss im Wörterbuche
erst nachschau'n bei der Warensuche!
Und wo nichts Englisches draufsteht,
erscheint es auch nicht „up to date".

25 Wo bleibt der Jugend Sprachgefühl?
Sie hat es lieber „cool" statt kühl.
Bald wird das Englisch Landessprache –
per „High Tec" ist's schon in der Mache!
Dem Sprachfreund sei zum Trost gesagt,
30 dass schlechtes Deutsch ihn nicht mehr plagt.

Fazit: Franzosen würden hier beschließen,
die Sprachverderber zu erschießen!

(2002)

1. Lesen Sie das Gedicht an und erklären Sie im Anschluss den Titel des Gedichts mit wenigen Worten.

2. Erarbeiten Sie aus dem Gedicht die verschiedenen Dimensionen des vermeintlichen Sprachverfalls. Halten Sie Ihre Ergebnisse in Form von knappen Thesen fest.

3. Finden Sie geeignete Beispiele für diese Thesen oder widerlegen Sie sie in Form von Gegenthesen mit Beispielen.

4. Erklären Sie die Aussage in den letzten beiden Versen. Informieren Sie sich über den Umgang der Franzosen mit ihrer Sprache oder greifen Sie auf Ihr Wissen aus dem Französischunterricht zurück.

5. Das Gedicht ist vor gut 20 Jahren verfasst worden. Beschreiben Sie, inwieweit sich der hier beschriebene Sprachverfall in den letzten Jahren entwickelt hat.

Dorothea Brummerloh
Sprachverfall und Sprachwandel: Wie wichtig ist Rechtschreibung? (Auszug)

Das Thema Sprachverfall sei allgegenwärtig – in allen Kulturnationen und über alle Zeiten hinweg: Von Platon über Quintilian und Rousseau bis hin zu Kemal Atatürk und Helmut Kohl, erklärt Rudi Keller. „Sprachen
5 entwickeln sich weiter."

Keller, emeritierter Linguist, hat in seiner akademischen Laufbahn den Sprachwandel erforscht. In einem Wörterbuch aus dem 19. Jahrhundert hat er zum Beispiel nach dem Wort „schrauben" und seiner Konjuga-
10 tion gesucht. Diese lautete damals: schrauben, schrob, geschroben, neuerdings auch schon schraubte. „Das heißt, die Zeitgenossen Mitte des 19. Jahrhunderts, die gebildeten, haben sicher gedacht: Ach Gott, die Leute sagen jetzt schon schraubte statt schrob. Jetzt sagen wir
15 alle schraubte, schrauben, schrob. Geschroben ist uns gar nicht mehr bekannt.

Ich lese in der Zeitung: Er backt einen Kuchen. Es sollte heißen: Er bäckt einen Kuchen, backen, buk, gebacken. Jetzt sagen die Leute: backen, backte, gebacken.
20 Die Wahrnehmung des Sprachverfalls ist eine Wahrnehmung des Sprachwandels – und zwar zu dem Zeitpunkt, zu dem er dann stattfindet."

Neue Worte wie Uploadfilter und Videobeweis

Alte Wörter verschwinden, neue kommen hinzu. Das
25 ist ganz normal, wenngleich man vielleicht solch wunderbare Wörter wie Kokolores, blümerant und hanebüchen vermissen wird. Die 28. Auflage des Duden umfasst 148 000 Stichwörter, 3 000 neue Wörter mehr als in der vorherigen Ausgabe, mehr als fünfmal so viele wie
30 im Ur-Duden von 1880.

Neue Wörter wie Uploadfilter, boostern oder Videobeweis, die in den Sprachschatz aufgenommen werden, spiegeln Entwicklungen aus allen Lebensbereichen wider. Andere werden aus Fremdsprachen übernommen,
35 was wir im Laufe der Zeit gar nicht mehr bemerken. „Kuckuck ist ein französisches Wort. Früher hieß das Ding Gauch. Tante ist Französisch: Früher hieß das Muhme und Base. Onkel französisch: Früher hieß es Oheim. Das sind, wenn Sie so wollen, alles Fremdwör-
40 ter. Partner ist ein englisches Wort."

Schreibvarianten im Duden

Der Duden, das Standardwerk zur deutschen Sprache, bietet Nachschlagenden mittlerweile auch Schreibvarianten an: So kann man abhandenkommen zusammen,
45 aber auch getrennt schreiben, Ordonnanz mit Doppel-n oder nur mit einem – oder buchführend zusammen und klein oder getrennt und dabei Buch groß und führend

klein. Das sei nicht nur für die Schülerschaft eine Herausforderung, meint Hans Brügelmann, Erziehungswissenschaftler und Grundschulpädagoge. „Das führt 50 zum Beispiel auch bei mir dazu, der ich wirklich ein sehr guter Rechtschreiber bin, dass ich teilweise etwas verunsichert worden bin in den letzten Jahren, weil ich gelernt habe, man kann dies auch so schreiben. Geht es vielleicht auch da? Oder galt es nur da?" 55

Sprache dient nicht nur zur Verständigung

Sprachwandel gibt es in allen Sprachen, zu allen Zeiten und in allen Bereichen, erklärt Rudi Keller – von der Morphologie, also den typischen Wortbildungsmustern, über die Syntax, den Satzbau, bis hin zur Seman- 60 tik, der Wortbedeutung.

„'Geil' ist übrigens ein wahnsinnig interessantes Beispiel. In meiner Jugend hätte ich das Wort ,geil' in Anwesenheit von Erwachsenen nicht verwendet, weil es obszön war und ausschließlich in sexuellen Kontexten 65 verwendet wurde. Im Mittelhochdeutschen war ,geil' ein häufig verwendetes Wort. ,Geil' hieß übermütig und ausgelassen. In der Original-Lutherbibel steht von Jakob: Da Jakob aber fett und satt ward, ward er geil. In der heutigen Bibelübersetzung steht: ward er übermü- 70 tig. Wenn Luther sagte, der ward geil, dann meinte er, der war übermütig. Das wurde mit der Zeit uminterpretiert."

Sprache diene nicht nur zur Verständigung, sagt Linguist Keller. Das sei nur ein Aspekt. Sprache diene auch 75 zum Imponieren, um freundlich zu sein, habe soziale Aspekte.

„Es ist ähnlich wie bei Kleidung. Man könnte denken, die Kleidung dient dazu, uns zu wärmen. Aber dazu bräuchte man keinen Minirock und keine Krawatte. 80 Das heißt, die Kleidung dient zum Beispiel dazu, zu imponieren, die Persönlichkeit auszudrücken. Das ist bei der Sprache auch so. Ich habe hier ein Beispiel der ,Rheinischen Post' von 1952, Kleinanzeigen. Da wird für ein fesches Damenkleid geworben. Das könnte man 85 heute auch noch sagen. Aber es gibt kein Geschäft mehr, das fesche Damenkleider verkauft. Das heißt, es sind Konventionsveränderungen, die letztlich sprachlich nicht furchtbar dramatisch sind, aber fesch sagt man nicht mehr, wenn das ein schönes Kleid ist." 90

Laut Keller sei Sprache ein komplexes System konventioneller Regeln. Jede Veränderung beginnt mit dem Übertreten dieser. Im sprachlichen Kontext nennt man das Fehler. Wenn dieser mit der Zeit Usus geworden ist,

95 ist er kein Fehler mehr. So entsteht eine neue Konvention.

„Ich höre jetzt die Leute sagen: im Herbst diesen Jahres. Es sollte heißen: im Herbst dieses Jahres. Aber weil es vorigen Jahres, nächsten Jahres heißt, machen sie so 100 eine Analogieform: diesen Jahres. Das ist ein Fehler, der ist so systematisch, dass er zur neuen Regel wird. So sicher wie das Amen in der Kirche."

Kein Sprachverfall, sondern Sprachwandel

Die systematischen Fehler von heute sind die neuen Re-105 geln von morgen, konstatiert Rudi Keller. So entwickelt und wandelt sich die mündliche und schriftliche Sprache, ob wir das nun wollen oder nicht.

„Mir sagte mal ein Professor, der sich für die Bekämpfung von Anglizismen einsetzte, man sollte doch statt 110 Airbag Prellsack sagen. Dann sagte ich ihm, ja, wenn sie das wollen, dann sagen Sie doch einfach Prellsack. Die einzige Möglichkeit, das durchzusetzen, ist, so oft wie möglich Prellsack zu sagen. Gehen Sie in die Werkstatt und sagen Sie: Mein Prellsack ist kaputt. Was pas-115 siert? Der ruft einen Psychiater. Die ganzen Versuche, willentlich die Sprache von außen zu beeinflussen, die gehen schief. Das war schon immer so und wird auch so bleiben."

Der wahrgenommene Sprachverfall ist also der norma-120 le Sprachwandel. Gäbe es diesen nicht, würden wir wohl noch so sprechen wie die Minnesänger im Mittelalter:

Dû bist mîn, ich bin dîn.
des solt dû gewis sîn.
125 *dû bist beslozzen in mînem herzen,*
verlorn ist das sluzzelîn: dû muost ouch immêr darinne
sîn.

Minne ist das mittelhochdeutsche Wort für Liebe. Ein Minnesänger trug also Liebeslieder vor. Diese Lieder 130 wurden in Mittelhochdeutsch gesungen. Würde man seiner Angebeteten heute mit solchen Worten seine Liebe gestehen, würde diese kichernd das Weite suchen, den peinlichen Auftritt auf Instagram posten.

Die Lebenswirklichkeit aller, aber vor allem von Kin-135 dern und Jugendlichen in ihren Familien, in der Freizeit und in den Schulen, wo Sprachkompetenz erworben wird – ob nun mündlich oder schriftlich –, sieht heute anders aus.

Liberaler im Umgang mit Konventionen

140 In der Schule wird die nächste Generation ein anderes Verständnis von Sprache und der Bedeutung von Konvention mitbringen, als es ihre Eltern und Großeltern hatten, weiß Bildungsforscher, Grundschulpädagoge und Schriftsprachdidaktiker Hans Brügelmann.

„Man muss sehen, dass die Schule das nicht aus eige-145 nem Impuls macht, sondern auf Veränderungen in der Gesellschaft reagiert. Wenn sie mal gucken, wie Rechtschreibfehler und Grammatikfehler in den Medien, in den Publikationen, selbst in Fachpublikationen stehen bleiben, dann merkt man, dass offensichtlich in der Ge-150 sellschaft die Bedeutung dieser Konvention relativiert worden ist. Das heißt, die Schule oder auch die Bildungspolitik reagiert auf eine Entwicklung, die generell zu beobachten ist. Man kann insgesamt sagen, dass unsere Gesellschaft liberaler geworden ist im Umgang mit 155 Konventionen."

Gesellschaftliche Konventionen geben vor, wie sich der Großteil der Menschen innerhalb einer Gesellschaft in bestimmten Situationen verhält. Dazu gehört die Kleidung, zum Beispiel, was man auf Beerdigungen trägt, 160 oder die allgemeine Idee davon, wie ein Leben zu verlaufen hat: Schule, Ausbildung oder Studium, Heirat und Kinder. Auch Sprache und Konventionen stehen in einer engen Beziehung zueinander.

„Ich habe meinen Studenten gerne die Geschichte er-165 zählt von dem Studienrat, der mit seiner Angebeteten auf der Parkbank im Mondschein saß. Er sagt zu ihr: Liebst du mich? Sie antwortet: ja. Er sagt: Antworte bitte im ganzen Satz. Das ist natürlich eine Karikatur. Aber es ist eine, die für etwas steht, was mal die Vorstellung 170 war: dass gesprochene Sprache dann gut ist, wenn sie Schriftsprache ist."

Orthografie ist wichtig

„Man muss vielleicht auch aufpassen, wie man in der Öffentlichkeit darüber spricht und wie man innerhalb 175 einer Gesellschaft auch zur Orthografie sich positioniert", sagt Julia Knopf. Sie ist Professorin für Fachdidaktik Deutsch an der Universität des Saarlandes.

„Orthografie ist wichtig. Wir müssen stolz darauf sein, wenn wir orthografische Kompetenzen haben und 180 nicht sagen, ist nicht so schlimm. Da sind wir Erwachsenen auch Vorbild für die Kinder und Jugendlichen."

Das Beharren auf einer korrekten Schreibweise gilt im Zeitalter von Computern und Tablets mit Autokorrekturprogrammen als hausbacken, altmodisch und retro. 185 Dem widerspricht die Leiterin des Forschungsinstituts Bildung Digital in Saarbrücken.

Für den Umgang mit digitalen Medien sei korrekte Rechtschreibung unerlässlich, so Julia Knopf, da das Gehirn Texte, die allgemein verbindlichen Standards 190 folgen, viel einfacher verarbeiten kann.

„Wir dürfen das Denken nicht einer Software überlassen. Wir müssen immer in der Lage sein, auch selbst zu reflektieren. Das heißt, wir müssen eigene Kompetenzen aufbauen, und die Rechtschreibkompetenz und die Sprachkompetenz sind für mich solche Kompetenzen. Wenn ich beispielsweise eine Software nutze, um einen Text zu schreiben, dann kann ich den über Spracheingabe eingeben. Aber ich muss ihn trotzdem überarbeiten, weil meine Spracheingabe nicht den Text hervorruft, wie er mir gefällt, oder das System nicht alle orthografischen und schon gar nicht alle grammatischen Normverstöße kennt."

Es gilt: Wer die Norm nicht kennt, wird auch mit solchen Programmen nicht fehlerfrei schreiben können. „Wenn ich substantiierte Verben nicht groß und klein schreibe, kann ich schnell darüber hinweglesen und kann die Bedeutung nicht richtig erfassen."

(2022)

1. Lesen Sie den Text mithilfe der Fünf-Schritt-Lesemethode und erarbeiten Sie aus dem Text die Thesen zum Sprachwandel/Sprachverfall.
   ➔ Die Fünf-Schritt-Lesemethode, S. 43

2. Nehmen Sie vor dem Hintergrund Ihrer bisher erworbenen Kenntnisse kritisch Stellung zu folgender These: „Die deutsche Sprache muss unbedingt gerettet werden!"

3. Diskutieren Sie darüber, welche Erkenntnisse für Sie neu und vielleicht überraschend waren.

4. **Was Sie noch tun können:**
   Seit einigen Jahrzehnten wird das Thema „Anglizismen" in der Öffentlichkeit kontrovers diskutiert. Verfassen Sie eine Erörterung zu folgender Frage: „Sind Anglizismen eine Bereicherung oder eine Bedrohung für die deutsche Sprache?" Recherchieren Sie hierzu aktuelle Texte, die sich mit dem Thema befassen.
   ➔ Argumentieren/Erörtern, S. 439

Vom Zauber der Zunge – In mehreren Sprachen leben

Was es bedeutet, sich in mehreren Sprachen artikulieren zu können oder zu müssen, erfahren Sie auf den folgenden Seiten. In diesem Zusammenhang verwendet man den Begriff „äußere Mehrsprachigkeit". Sie können auch die Texte auf S. 327 ff. nutzen.

Chantal Estran-Goecke ist Französin und kam als Zwanzigjährige nach Deutschland. Ihre Erfahrung mit der Zweisprachigkeit verarbeitet sie im folgenden Gedicht.

Abdolreza Madjderey wurde 1940 in Persien, dem heutigen Iran, geboren. Er war Psychotherapeut, Übersetzer und Lyriker und lebte seit 1959 in Deutschland.

  WES-127877-065

Chantal Estran-Goecke (geb. 1956)
Aphasie[1]

Du lebst in zwei Sprachen,
Doch du beherrschst keine.
Die eine verlernst du,
Du missbrauchst die andere.

5 Tu habites deux langues
Mais tu n'en possèdes aucune.
Pour ce qui est de l'une
Tu l'oublies,
L'autre tu l'écorches.

(1983)

  WES-127877-066

Abdolreza Madjderey (1940 – 2017)
Brief

Immer
wenn ich
nach Hause schreibe
habe ich
5 Angstblumen am Herzen:
Vielleicht
werden sie diesmal
noch nicht merken
an meinen Sätzen
10 wie viele
Muttersprachjuwelen
ich
schon
verloren habe.

(1983)

Jean Apatride wurde 1937 in Budapest geboren. Er ist Schriftsteller und schrieb vor allem Gedichte und Erzählungen.

Jean Apatride (geb. 1937)
Ein- und ausschlüpfen

Ein- und ausschlüpfen
In Sprachen, aus Sprachen.
Pendelfahrt zwischen den Welten.

(1982)

[1] **Aphasie:** Sprachstörung, die normalerweise durch Hirnschädigungen (z. B. nach einem Schlaganfall) hervorgerufen wird

1. Lesen Sie die Gedichte laut vor und formulieren Sie Ihre Ersteindrücke und Deutungs-hypothesen.

2. Markieren Sie mithilfe einer Folie zentrale Aussagen und machen Sie sich Notizen dazu, was es für das jeweilige lyrische Ich bedeutet, in zwei Sprachen zu „leben".

3. Stellen Sie einen Vergleich zwischen den Gedichten an. Gehen Sie folgendermaßen vor:
   - Bestimmen Sie das gemeinsame Thema.
   - Legen Sie Vergleichskriterien fest (bezogen auf die sprachliche Gestaltung, die inhaltliche Aussage, die Situation des lyrischen Ichs etc.).
   - Arbeiten Sie dann Gemeinsamkeiten und Unterschiede heraus.

4. Halten Sie Ihre Ergebnisse in Form einer Tabelle fest.

Rafik Schami wurde in Damaskus unter dem Namen Suheil Fadél geboren. Seine Familie gehört der aramäischen Minderheit an. Als Student gründete er eine literarische Wandzeitung, die bald verboten wurde. Um der Einberufung und der Zensur zu entgehen, emigrierte er zunächst in den Libanon und schließlich 1971 nach Deutschland. Er schloss ein Chemiestudium ab und arbeitete auf Baustellen und in Fabriken. Seit 1977 schreibt er zunehmend in deutscher Sprache und lebt seit 1982 als freier Schriftsteller in der Pfalz. Inzwischen zählt er zu den meistgelesenen deutschsprachigen Gegenwartsautoren.

Rafik Schami (geb. 1946)
Vom Zauber der Zunge

Was erlebt ein Fremder beim Erlernen einer neuen Sprache?

Die Sprache ist eine wundersame Frau. Sie wohnt in einem Haus. Das Haus der Sprache kann alt und verfal-
5 len, ein Neubau der Sachlichkeit oder verspielt in Farbe und Form sein. Doch das Wundersame ist, so klein auch das Haus der Sprache sein mag, es kann die ganze Menschheit aufnehmen. Jeder, der Frau Sprache kennenlernen will, muss in das Haus hinein. Frau Sprache
10 ist sehr eigenwillig, sie lässt die Kinder zu sich, bevor sie noch krabbeln können, doch nähert sich ein erwachsener Fremder ihrem Domizil, verschließt sie die Haustür mit sieben Siegeln. Hier resignieren viele, doch wer hineingeht, der wird reichlich belohnt. Er muss genug Geduld und List haben, bis sich die Siegel der 15 Haustür aufbrechen lassen.

Geht er hinein, so lernt er die Menschen, die darin wohnen, und ihre Kulturen kennen. Er lernt aber auch, die Dinge neu zu benennen und vor allem neue, ihm bis dahin fremde Klänge zu hören und danach auszuspre- 20 chen, denn nur über das Ohr wird die Zunge klug. Er geht durch enge, manchmal dunkle Gänge. Oft stolpert er. Im Haus der deutschen Sprache etwa hängt ein Schild mit der Aufschrift „Vorsilbengang" über einem Korridor: kommen, bekommen, verkommen, einkom- 25 men, auskommen, hin-, her-, an-, ab-, auf-, unterkom-

men, und der Fremde kann nicht entkommen. Viele dieser Gänge muss er bestehen. Für einen Araber beispielsweise ist der unangenehmste Gang der der Arti-
30 kel: „der, die und das". Im Arabischen gibt es nur „Al"
als Artikel, und wir kennen kein Neutrum. Nicht selten
muss der Fremde im neuen Haus der Sprache Dinge
maskulin verstehen, die er von Kind auf im Haus seiner
Muttersprache als feminin gelernt und verstanden hat:
35 Baum, Segen und Fuß sind im Arabischen weiblich.
Und für einen Araber wird es nie verständlich sein, warum er eine junge Frau das Mädchen nennen soll. Vom
Gang der Wortverschmelzung brauche ich Ihnen nicht
zu berichten. Für das Wort „Aufenthaltserlaubnisfor-
40 mular" braucht ein Araber einen Satz. Um seinen Eltern
in einem Brief von seiner Freundin, der Tochter des
Oberweserdampfschifffahrtsgesellschaftsvorsitzenden,
zu berichten, braucht er mehrere Zeilen.
Nicht minder übel ist der Korridor „P und B in einem
45 Wort". Das Arabische kennt kein P, und „Pablo probiert
einen knusprig gebackenen Pumpernickel" gleicht einer Folter. Aber auch wenn sich Ü und U in einem Wort
treffen, brechen sie einem Araber die Zunge. Die arabische Sprache kennt kein Ü. Zuruck ist falsch, genauso
50 wie züruck und zürück. Schafft der Fremde all diese
Gänge, so hat er die wundersame Frau Sprache zu einer
weiteren Annäherung verführt, denn ein Fremder darf
nie die Illusion haben, die Sprache beherrschen zu wollen. So wie die meisten Frauen mag Frau Sprache nicht
55 beherrscht werden. Man muss sie listig und mit der Gabe der Geduld verführen, dass sie freiwillig bei einem
bleibt. Erst dann nimmt sie einen an der Hand zum
nächsten Stockwerk. Eine Treppe führt steil hinauf,
und nicht selten kapituliert der Fremde und kehrt ins
60 Erdgeschoss zu den Kindern zurück oder flüchtet in das
vertraute Haus seiner Muttersprache.
Gelangt der Fremde mit Geduld und List zu einer höheren Etage dieses Hauses, so kann er manch ein Fenster
aufstoßen und eine zauberhafte Landschaft überbli-
65 cken, die ihm im immer noch nahen Hause seiner Muttersprache nie sichtbar war. Er kann sich an die Fens-
terbank lehnen und amüsiert die Gärten der beiden
Häuser vergleichen, ja in seiner Fantasie gar sonderbar
exotische Blüten kreuzen. Das Wundersame ist aber:
70 Diese Bäume und Blumen entstehen sofort im Garten
der Sprache, bei der der Fremde wohnt. Manch eine

Blume wird einem Einheimischen in ihrer leuchtenden
Farbe nie zugänglich sein. Die Malerei, Musik und Literatur der Einwanderer in diesem Land können trotz der
Kürze der Zeit und trotz der Republikaner[1] einige her- 75
vorragende Früchte vorweisen.
Doch zurück zum Haus der Sprache. Auf einem höheren
Stockwerk sind die Gänge etwas heller, und ihr Boden
ist mit einem weichen, dicken Teppich belegt, sodass
der Fremde manchmal nicht einmal ahnt, dass er hinge- 80
fallen ist, wenn nicht Freunde ihn aufklären. „Ekel" lau-
erte auf mich achtzehn Jahre lang, wie oft habe ich das
Ekel gesagt, wenn ich den Ekel gemeint habe. Es ist ein
Zufall gewesen, als ich erst vor Kurzem den Unterschied
zwischen beiden Ekeln kennengelernt habe. 85
Vernarrt in seine Geliebte, fängt der Fremde gar an, im
Traum mit ihrer Zunge zu reden. In meinen Träumen
sprechen meine Nachbarn in Damaskus inzwischen
Deutsch. Nur wenn meine Mutter Deutsch spricht, wache ich auf. Es wird mir im Traum klar, dass ich träume. 90
Abenteuerlich ist das Erlebnis des Fremden im Haus
seiner neuen Sprache. Abenteuer kann auch sehr
schmerzhaft sein, zu Zweifeln führen und doch unbekannte Ufer näher rücken. Doch je höher er im Haus
der neuen Sprache steigt, umso ferner rückt das Haus 95
seiner Muttersprache. Diese Entfernung geschieht auf
leisen Sohlen, und irgendwann wundert sich der Fremde, wie weit weg das Haus seiner Muttersprache inzwischen ist. Er gerät in Konflikt mit seiner Erinnerung,
also mit seiner Identität. Doch diese Identität wird 100
nicht gespalten oder geht gar verloren, sondern sie wird
komplizierter und bunter.
Nach mehreren Stockwerken verwandelt sich die an-
fängliche Verliebtheit des Fremden in die wundersame
Frau in eine lebendige Liebe. Der Ausdruck seiner Liebe 105
ist seine Neugier auf sie, die keine Grenzen mehr kennt,
und Frau Sprache gibt ihm mit vollen Händen zurück
und macht ihn noch neugieriger.
Der Fremde wird aber – das ist zumindest meine Einschätzung – nie zum Dachgeschoss des Hauses gelan- 110
gen, wo einige Schätze ihm wahrscheinlich für immer
verborgen bleiben. Hier ist die Hilfe von sensiblen,
nicht belehrenden Freunden notwendig. In meinem Fall
sind es zwei, denen ich viel Anregung und Hilfe ver-
danke. Ich erwähnte sie schon: Hans-Joachim Gelberg 115
und Alexander Flores[2]. Wie oft haben die zwei mir eine

---

[1] **Republikaner:** 1983 in München gegründete rechtskonservative Partei, z. T. mit rechtsextremen Tendenzen in ihrer politischen Ausrichtung – [2] **Hans-Joachim Gelberg:** Kinder- und Jugendbuchverleger; **Alexander Flores:** Professor für Wirtschaftsarabistik und Islamkenner

kleine Strickleiter gehalten, damit ich zum Dachgeschoss gelange. Es führt nämlich keine richtige Treppe hinauf. Ich habe mit aller List, und manchmal nicht oh-
120 ne Gewissensbisse, versucht, die gottverfluchte Leiter zu erklimmen. Doch meine fünfundzwanzig Jahre im Hause meiner Muttersprache machten mich ungelen-

kig. Ich kann sowieso nicht gut klettern. Ich erkläre vor Zeugen: Wollte Hans-Joachim Gelberg jemals in das Haus der arabischen Sprache, so werde ich meine guten 125 Beziehungen zur Muttersprache spielen lassen, damit sie ihn sofort in den Arm nimmt. Alexander Flores wohnt längst dort. *(1991)*

1. Erarbeiten Sie die Aussagen des Textes, indem Sie die Elemente bildlicher Sprache heraussuchen und die ihnen zugewiesene Bedeutung klären. Arbeiten Sie mit einem Lernpartner oder einer Lernpartnerin zusammen.

2. Entwickeln Sie anschließend auf der Grundlage Ihrer Ergebnisse ein (Haus-)Schaubild, in dem wesentliche Aussagen zusammengefasst und visualisiert werden.

3. Rafik Schami geht von seiner eigenen biografischen Erfahrung aus. Erläutern Sie, welche generellen Aussagen und Fragen über das Thema „Mehrsprachigkeit" sich von hier aus ableiten lassen.

4. Vergleichen Sie die von Schami verwendeten sprachlichen Bilder mit der Vorstellung in den verschiedenen Gedichten. Wo sehen Sie Ähnlichkeiten, wo Unterschiede in Bezug auf das Empfinden von Mehrsprachigkeit?

Olaf Tarmas
Sprachlabor Deutschland (Auszug)

Fremdsprachenkenntnisse sind zunehmend wichtiger. Assistiert von Forschern wird in Kindergärten und Schulen mit neuen Lernformen experimentiert.

„Okay kids! It's time for our Rock-around-the-Clock-
5 Song!", ruft die Lehrerin Christine Schulze [...]. Brav singen die Drittklässler alle sechs Strophen des Bill-Haley-Klassikers mit. [...]

„Uhrzeiten" sind das Unterrichtsthema in dieser Woche an der Hamburger Grundschule am Max-Eichholz-Ring und wie der gesamte Sachunterricht findet auch diese 10 Lektion fast ausschließlich auf Englisch statt. Ob Englisch ab der ersten Klasse oder bilinguale Kindergärten – Deutschlands Eltern und Schulen entdecken die Mehrsprachigkeit. [...] Herrschte noch bis vor einigen Jahren die Sorge, dass das allzu frühe Erlernen einer 15

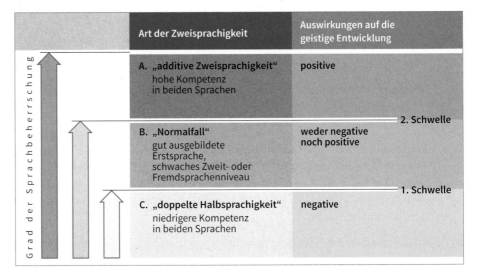

Schwellenhypothesen
nach Skutnabb-Kangas/
Toukomaa 1977

zweiten Sprache die Kinder überfordere, gilt mittlerweile: je früher, desto besser. [...] Nur wer in der Zeit [bis zum zehnten Lebensjahr] mit einer zweiten Sprache beginnt, hat die Chance, sie sich in nahezu muttersprachlicher Qualität anzueignen. Zwar kann man Grammatik bzw. Syntax auch später noch gut lernen – doch mit dem, was authentische Sprachbeherrschung ausmacht, vor allem Aussprache und Satzmelodie, tut der Mensch sich mit jedem Lebensjahr schwerer. Das hat neben hirnphysiologischen Ursachen auch tief verwurzelte psychologische Gründe: Spätestens mit Beginn der Pubertät verstärkt sich der Einfluss von Faktoren wie Scham oder Angst vor Fehlern. Der spielerische Umgang mit Sprache, die Lust am Nachahmen, das unbefangene Ausprobieren fremder Laute – all das geht verloren.

Neben der größeren Sprachkompetenz ziehen Kinder aus einer frühen Mehrsprachigkeit auch intellektuell Gewinn: Frühzeitig reflektieren sie über sprachliche Bedeutungen und kulturelle Unterschiede, haben weniger Schwierigkeiten beim Erlernen weiterer Sprachen und tun sich ganz allgemein leichter mit dem Umschalten von einer Tätigkeit zur anderen – mit dem, was in der modernen Arbeitswelt „Multitasking" genannt wird. [...]

Angesichts all dieser Vorteile drängt sich die Frage auf, wieso nicht schon längst alle Schulkinder mehrsprachig aufwachsen.

Die Antwort ist naheliegend: Man kann ein Kinderhirn nicht mit einer neuen Sprache „abfüllen". Kinder erwerben diese zwar leichter, aber nach anderen Gesetzmäßigkeiten als Erwachsene. Sie lernen keine Grammatikregeln, pauken keine Vokabeln, sondern erschließen sich eine Sprache intuitiv, durch Zuhören und Nachahmen. Das funktioniert jedoch nur, wenn Kinder der Sprache regelmäßig und intensiv ausgesetzt sind. Am besten gelingt dies in einer zweisprachigen Familie, in der sich ein Elternteil konsequent in seiner Muttersprache an das Kind wendet. In Grundschulen und Kindergärten hingegen hat man sich lange Zeit schwergetan, entsprechende Lernformen zu finden. [...]

Das Zauberwort lautet „Immersion" (Eintauchen). Dazu gehört nicht nur, dass große Teile eines Unterrichtsfaches auf Englisch abgehalten werden, sondern auch, dass die Kinder in kleinen, an alltäglichen Erfahrungen angelehnten Lektionen immer wieder Sprechanlässe finden. Die Methode ist noch neu; sie erfordert gut ausgebildete Lehrer, neuartiges Lehrmaterial und viel Zeit – in Deutschlands Kindergärten und Kitas allesamt knappe Ressourcen. [...]

Auch in dem Bereich, in dem Mehrsprachigkeit nicht als Vorteil, sondern als Problem angesehen wird, könnte das Immersions-Prinzip eine wichtige Rolle spielen: bei Kindern von Einwanderern, die Deutsch als Fremdsprache lernen. Fast jedes dritte Kind unter fünf Jahren kommt mittlerweile aus einer nicht-deutschsprachigen Familie. Allzu oft lernt es weder seine Herkunftssprache noch das Deutsche richtig. „Doppelte Halbsprachigkeit" – so lautet der Begriff für diese Situation: wenn Kinder auf halbem Wege zwischen zwei Sprachen stecken bleiben.

Die Gründe dafür haben so gut wie nie mit mangelnder Begabung, sondern fast immer mit sozialen Problemen und kulturellen Berührungsängsten zu tun. Ein Schlüssel zu einer besseren Sprachentwicklung bei Migrantenkindern, so die Hamburger Pädagogik-Professorin Ingrid Gogolin, liegt in der engen Zusammenarbeit von Eltern und Bildungseinrichtungen. *(2007)*

---

1. Arbeiten Sie heraus, unter welchen Bedingungen eine mehrsprachige Erziehung auch für Kinder aus einsprachigen Familien gelingen kann.

2. Erläutern Sie das Phänomen der „doppelten Halbsprachigkeit", indem Sie dazu die Informationen aus dem Text auswerten und die Grafik zur sogenannten „Schwellenhypothese" hinzuziehen.

3. Diskutieren Sie über folgende Fragestellungen im Plenum:
   – Sollten Kindergärten in Zukunft grundsätzlich bilingual geführt werden?
   – Welche Sprachen sollten in den Institutionen Kindergarten, Grundschule und weiterführende Schule aktiv gefördert werden?
   Nennen Sie mögliche Gründe.

4. Haben Sie selbst Erfahrungen damit gemacht, zweisprachig aufzuwachsen? Berichten Sie davon.

Sprachgeschichte konkret

Nicht nur durch die Aufnahme neuer Wörter verändert sich unsere Sprache dauernd. Der **Wandel** umfasst die **Lautung**, die **syntaktische Verwendung**, die **Schreibung** und vor allem auch die **Bedeutung**. Die Veränderungen werden dabei in der Regel von den Sprecherinnen und Sprechern nicht beabsichtigt bzw. nicht einmal bemerkt. Grundsätzlich versucht sich die Sprecherin / der Sprecher lediglich effizienter, d. h. kürzer, einfacher und verständlicher auszudrücken. Stetige „Sprachverstöße" bewirken dann eine langsame Gewöhnung an die neuen Wörter und Strukturen, diese finden nach und nach Eingang in die Umgangssprache und schließlich werden sie in das Regelsystem übernommen.

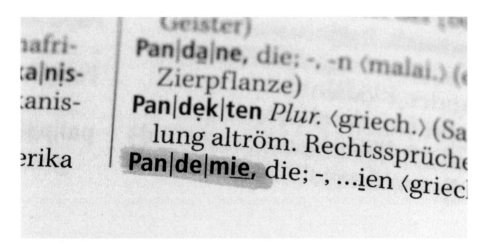

Von „Impfneid" bis „Zweitimpfling": Die Pandemie hat den deutschen Wortschatz um etliche Neuschöpfungen erweitert. Sprachforscherinnen und Sprachforscher fanden mehr als 2 000 neue Begriffe, die im Zeichen von Corona stehen. Das Neologismenwörterbuch des Instituts für Deutsche Sprache in Mannheim dokumentiert (u. a.) den neuen Wortschatz, der in der Berichterstattung über die Coronapandemie aufgekommen ist. Hierzu zählen zahlreiche im Deutschen gebildete Wörter (z. B. „Distanzbier") sowie aus dem Englischen entlehnte Wörter (z. B. „Containment"). Zu anderen Wörtern, die bereits vor der Pandemie verwendet wurden, sind neue Bedeutungen entstanden (z. B. „Exit"), neben solchen aus bestimmten Fachsprachen (z. B. „Social Distancing") gibt es solche, die außerhalb von Fachkontexten entstanden sind (z. B. „Coronaparty").

1. Legen Sie in Ihrem Heft eine Tabelle nach folgendem Muster an und finden Sie für jeden Bereich mindestens zwei weitere Beispiele.

Bereich	Beispiel
im Deutschen gebildete Wörter	Distanzbier
aus dem Englischen entlehnte Wörter	Containment
neue Bedeutungen	Exit
Fachsprache	Social Distancing
Sonstiges	Coronaparty

Maximilian Heim

Corona-Sprache: „Die Menschen sind ja nicht doof"

„Welle" und „Mutation", „Klopapier" und „Öffnungsrausch": Der Umgang mit Sprache hat sich während der Corona-Pandemie verändert. Das gilt besonders für die Kommunikation von Politikern, erläutert Sprachforscher Friedemann Vogel im Interview mit BR24. Friedemann Vogel, Jahrgang 1983, arbeitet als Germanistik-Professor an der Universität Siegen. Seit einem Jahr beschäftigt er sich auch mit politischer Sprache in Corona-Zeiten.

BR24: Politiker und Virologen warnen während der Pandemie regelmäßig vor einer „Welle". Was löst dieses Bild aus?

Vogel: Die „Welle" ist eine typische Katastrophen-Meta-
5 pher, die in der politischen Kommunikation vielfach eingesetzt wird. Die Botschaft: Eine Gefahrensituation baut sich auf und droht dann über einen hereinzubrechen – mit negativen und unabsehbaren Folgen.

Inzwischen sind wir in Deutschland bei Corona-
10 **Welle Nummer drei. Nutzt sich so eine Metapher ab?**

Wenn man eine Warnung zu oft ausspricht und extrem stark betont, kann sie natürlich ihren Effekt verlieren. Irgendwann könnten die Menschen entgegnen: „Na
15 und, ist es halt die zehnte Welle, wir haben doch alle überlebt." Aber das ist nicht gesagt. Denn die Wellen-Metapher verwenden Politiker schon seit Jahrzehnten, sie ist weit verbreitet. Und jedes neue sprachliche Bild müsste sich erstmal in der Öffentlichkeit durchsetzen.
20 Sprachliche Abwechslung ist zwar immer gut, um Aufmerksamkeit zu erzeugen. Aber die Menschen sind ja nicht doof. Am Ende kommt an: Warnung, Warnung, Warnung!

Sind Dauer-Warnungen nicht gefährlich – und fördern Leichtsinn? 25

Vielleicht an einem Ort, der bisher nicht stark vom Infektionsgeschehen betroffen war. Aber wo schon viele Leute vielleicht auch schwer erkrankt sind, brauchen die Menschen vermutlich nicht mal die Wellen-Metapher, um genug gewarnt zu sein. 30

Was auch auffällt: Viele Politiker personalisieren das Corona-Virus. „Das Virus folgt seiner Biologie", „Das Virus macht keine Deals mit der Politik": Sind das hilfreiche sprachliche Kniffe?

So ein Virus ist ja sehr schwer zu fassen. Durch eine 35 Personifizierung macht man das Virus zu einem fast schon logisch agierenden Akteur mit eigenem Willen. So ein Deutungsschema kann sinnvoll sein, wenn man bestimmte Mechanismen veranschaulichen will. Beim Satz „Das Virus macht keine Deals mit der Politik" sieht 40 das aber anders aus. Wenn ein Regierungsmitglied das sagt, will man sich Kritik an der eigenen Corona-Politik vom Hals schaffen. Tenor: Was der politische Gegner vorhat, sind nur „krumme Deals" – was wir machen, ist dagegen rationale, alternativlose Politik. 45

Der Satz ist von Bayerns Ministerpräsident Markus Söder, der auch seit einem Jahr die Worte „Vorsicht" und „Umsicht" extrem oft verwendet – also für seine Politik beansprucht.

Politische Kommunikation ist immer auch Image-Ar- 50 beit. Sie beschreibt, was sein soll. Natürlich hat das mit Inszenierung zu tun. Aber das Ganze erfüllt auch eine weitere Funktion: Wer sich selbst das Wort „Umsicht" zuschreibt, macht es Kritikern schwer. Jede Form von Kritik lässt sich dann als irrational diskreditieren. Ein 55 anderes Beispiel ist Söders Formulierung „Öffnungsrausch": Das unterstellt Forderungen nach Öffnungen eher krankhafte Motive.

Das müssen Sie erläutern.

Das Wort „Öffnung" ist wertneutral, vielleicht sogar 60 positiv. Man denkt an Lockdown-Ende und mehr Bewegungsfreiheit. Durch den Zusatz „Rausch" wird das Ganze im gleichen Atemzug als negativ, irrational und

HERBERT, ICH FINDE ES GUT, DASS DU DIE CORONA-KRISE NICHT AUF DIE LEICHTE SCHULTER NIMMST, ABER ...

verantwortungslos markiert. Was aber wichtig ist: Das
65 alles ist ganz „normale" politische Kommunikation
heutzutage. Auch die Opposition verwendet entsprechende Formulierungen – wenn etwa Kritiker des sogenannten „Betreuungsgelds" eher von „Herdprämie"
sprechen.

70 **Inzwischen dominiert alle Corona-Debatten ein
kleines Wort: „Mutation". Spräche man nicht besser von einer „Virus-Variante", weil „Mutation"
immer gleich nach Horrorfilm klingt?**

Ich finde nicht. „Mutation" und „Mutante" – das sind
75 Ausdrücke, die zwar im öffentlichen Diskurs eher negativ geprägt sind. Aber in biologischen und medizini-
schen Fachkreisen hat „Mutation" eine wertneutrale
Bedeutung. Gemeint ist einfach nur, dass sich bestimmte Organismen in ihrem Erbgut verändern. Das ist ein
80 gutes Beispiel: Viele Fachausdrücke aus der Virologie
und anderen Wissenschaften haben mit der Corona-
Pandemie Einzug in unsere Alltagssprache gehalten,
werden aber nur selten adäquat „übersetzt". Das führt
leicht zu Missverständnissen.

85 **Auch sonst hat sich Sprache verändert im vergangenen Jahr. Bei „Haushalt" dachte man früher an
die auszuräumende Spülmaschine, inzwischen
fragt man sich, wie viele andere Haushalte man
gerade treffen darf.**

90 Oder nehmen Sie das Wort „Party": Das löst heute andere Assoziationen aus – wer heute eine „Party" feiern
möchte, gilt schnell als fahrlässig. Oder „Klopapier":
Ein Allerweltsprodukt, das plötzlich für ein bestimmtes

Verhalten innerhalb der Pandemie steht – für egoisti-
sche oder vielleicht einfach übervorsichtige Menschen, 95
die sich mit Massen an Klopapier eindecken. Wir haben
also nicht nur neue Wörter im öffentlichen Diskurs wie
die angesprochene „Mutation". Sondern wir haben
auch eine politische Aufladung von vielen etablierten
Wörtern aus dem Alltag. 100

**Tragen bestimmte Wörter dazu bei, dass sich die
Fronten mit Blick auf Corona verhärten?**

Was ich in letzter Zeit beobachte, ist eine stärkere Pola-
risierung der Debattenkultur, vor allem in sozialen Medien. Zugespitzt: Bist du nicht für die Maßnahmen, 105
dann bist du zugleich für das Ableben aller alten Menschen. Stellst du Fragen, bist du schnell ein sogenannter
„Covidiot". Umgekehrt gilt schnell als „naiv" oder „un-
verantwortlich", wer sich für Schulöffnungen ausspricht. 110

Es gibt viele Wörter in der Corona-Pandemie, die den
anderen vor allem diskreditieren und disziplinieren sollen, zum Beispiel „Verschwörungstheoretiker", „Super-
spreader" oder „Corona-Leugner". Das Problem ist,
dass so der Austausch von Argumenten und Perspekti- 115
ven stark gehemmt wird. Man muss nicht jeden Quatsch
ernst nehmen – die Pandemie wurde nicht von Bill Ga-
tes erfunden. Aber wir brauchen wieder mehr Debatte
auf Augenhöhe. Nur so finden wir auch Kompromisslö-
sungen im Umgang mit der Pandemie, die für möglichst 120
große Teile der Bevölkerung tragfähig sind.

(2021)

---

1. Der Germanistik-Professor Friedemann Vogel meint, der Umgang der Sprache
habe sich in der Pandemie stark verändert. Stellen Sie aus Ihren Erfahrungen
Vermutungen darüber an, was er damit meinen könnte.

2. Lesen Sie das Interview und arbeiten Sie die Thesen des Sprachforschers
Friedemann Vogel heraus.

3. In dem Interview wird besonders auf die zwei Stilmittel Metapher und Personifizierung eingegangen. Erläutern Sie deren Gebrauch in der Corona-Krise.

4. Diskutieren Sie, ob Sie der Meinung sind, dass unsere Sprache in der Corona-
Krise teilweise negativiert (schlecht gemacht) wird.

1. Die Überschrift des folgenden Artikels lautet „Wie Worte das Denken prägen":
Erläutern Sie, was damit gemeint sein könnte.

Sprache in der Corona-Krise: Wie Worte das Denken prägen

Körperliche Distanz statt Social Distancing: Zu diesem Sprachgebrauch ruft der Schriftstellerverband PEN auf. Zu Recht, sagt der Linguist Anatol Stefanowitsch. Auch andere Begriffe, die in der Coronakrise verwendet werden, findet er problematisch. Anatol Stefanowitsch im Gespräch mit Gabi Wuttke.

Gabi Wuttke: Abstand halten ist das Gebot der Stunde, aber „Social Distancing", die soziale Distanz, verkehrt, was wichtig ist und gehört deshalb nicht in die Münder, vor allem nicht die von Politikern und Journa-
5 listen. Das findet der deutsche PEN. Die Schriftstellervereinigung will ausdrücklich nicht jede Wort auf die Goldwaage legen, aber anmerken, den differenzierten Begriff „körperliche Distanz" zu nutzen, sei wichtig und richtig, um zu unterstreichen, wie wichtig die sozi-
10 ale Nähe von Kooperation und Verantwortung füreinander ist, warum Sprache auch jetzt weder verlottern noch unscharf sein sollte. Den Berliner Sprachwissenschaftler Anatol Stefanowitsch habe ich gefragt, ob er die Warnung teilt. Hat der PEN recht?

15 **Anatol Stefanowitsch:** Er hat sicher recht, denn wir sind ja mit einer ganz neuen Situation quasi konfrontiert, die wir trotz einer kleinen Vorwarnung gar nicht kommen sehen haben und die uns wirklich so massiv überrollt hat, dass wir auch sprachlich gar nicht wissen,
20 wie wir damit umgehen sollen. In dieser Überwältigung haben wir eine ganze Reihe von Phrasen ganz schnell in unseren Alltagsgebrauch genommen, über die wir gar nicht gut nachgedacht haben und über die wir sicher diskutieren müssen, weil die uns natürlich
25 jetzt ganz bestimmte Perspektiven auf das Thema vorgeben.

„Begriff des Social Distancing hat eine sehr lange Geschichte"

Wuttke: Ist das mal wieder ein schlecht ins Deutsche
30 übersetzter Anglizismus oder steckt genau das drin, was auch von Ihnen kritisiert wird?

Stefanowitsch: Ich glaube, der ist nicht schlecht übersetzt. Eigentlich ist der englische Begriff an sich schon problematisch. Also dieser Begriff des Social Distan-
35 cing, der hat eine sehr lange Geschichte, der wurde aber immer verwendet in dem, was man als wörtliche Bedeutung vermuten würde, nämlich in der Idee einer gesellschaftlichen Abgrenzung.
Und als dann 2006 die Vogelgrippe kam, hat die ameri-
40 kanische Gesundheitsbehörde plötzlich angefangen, diesen Begriff des Social Distancing für das zu benutzen, für das wir es jetzt auch benutzen, nämlich für den Rückzug in die eigenen vier Wände, für das Abstandhalten, für die körperliche Distanz.

45 Dann hat sich der Begriff jetzt plötzlich sowohl im Englischen als auch im Deutschen in dieser Bedeutung so fest in unsere Sprache integriert – in so kurzer Zeit, dass wir jetzt wirklich mal innehalten und uns klarmachen müssen, was da eigentlich für eine Idee drinsteckt:
50 Nämlich die Idee, dass wir das, was uns als Gesellschaft zusammenhält, dass wir das irgendwie aufgeben müssen, während das ja genau, wie der PEN auch sagt, das ist, was wir nicht aufgeben dürfen in dieser Zeit.

„Es fällt eine gewisse Sorglosigkeit auf"

55 **Wuttke:** Welche Begriffe fallen Ihnen in diesem Zusammenhang noch unangenehm auf?

Stefanowitsch: Es fällt erst mal eine gewisse Sorglosigkeit auf, mit der Begriffe so in den Diskurs reingeworfen und dann auch aufgegriffen werden. Natürlich
60 haben wir es im Moment mit einer großen Begriffsdiskussion darüber zu tun, ob wir eine Ausgehsperre oder ein Ausgehverbot oder ein Kontaktverbot eigentlich erlassen sollten oder ob das eigentlich erlassen worden ist und was es bedeutet, wenn es erlassen worden wäre.
65 Das sind ja auch alles so Wörter, die im alltagssprachlichen Gebrauch erst mal gar nichts bedeuten. Also die müssen ja dann durch Verwaltungsordnungen erst mal mit Bedeutung gefüllt werden, aber in unseren Köpfen lösen die natürlich auch gleich Bilder aus. Also die Idee
70 einer Ausgangssperre oder eines Ausgangsverbots, die richtet sich auch wieder auf eine bestimmte Sache, nämlich wir sollen unser Haus nicht verlassen, also wir dürfen das nicht. Das ist eine Sperre oder ein Verbot.

Ausgangssperre, Kontaktverbot oder Berührungsverbot?
75
Die interessante Frage ist ja, mit welcher rechtlichen Grundlage dieses Verbot überhaupt erlassen wurde, aber sprachlich stellt sich das als eine unwiderrufliche

Tatsache dar: Wir dürfen jetzt nicht mehr nach draußen. Beim Kontaktverbot ist es etwas besser, da dürfen
wir nach draußen, wir dürfen nur nicht in Kontakt mit
Leuten treten, und das ist eigentlich auch komisch, und
auch in dem Wort Kontakt steckt eigentlich so eine Art
Doppeldeutigkeit drin, die wir beim Social Distancing
ja auch haben.

Also, Kontaktverbot ist ja hier gemeint im Sinne von
körperlichem Kontakt, aber wir benutzen das Wort
Kontakt natürlich auch genau für den gesellschaftlichen Kontakt, für das Telefongespräch, das wir hier gerade führen, für die Skype-Gespräche vielleicht mit den
Großeltern oder mit anderen Verwandten, die man gerade nicht sehen kann. Deshalb ist auch das Wort Kontaktverbot hier in seiner viel zu breiten Bedeutung eigentlich auch schlecht.

Also, wir sollten auch hier wieder sagen, es geht um
eine Einschränkung von Berührungen eigentlich. Eigentlich sollten wir es Berührungsverbot nennen vielleicht oder Jemandem-zu-nahe-kommen-Verbot oder
sowas in der Art. Aber wir haben gar keine Sprache
dafür, weil wir irgendwie gar nicht damit gerechnet haben, wie schnell sich unser Land hier verändern kann,
was unseren alltäglichen Umgang miteinander angeht.
Das sind wirklich Vokabeln, als ob wir sprachlich schon
den Notstand ausgerufen hätten hier, obwohl wir ihn
rechtlich noch gar nicht ausgerufen haben. Wie wir uns
sprachlich im Prinzip auch hier an diese unglaubliche
Brutalität so schnell gewöhnen, das macht mir auf jeden Fall natürlich Sorgen, denn die Art, wie wir über
Dinge sprechen, die beeinflusst immer auch die Art,
wie wir darüber nachdenken.

Negatives Framing nicht mit Beschönigungen ersetzen

Wuttke: Was kann denn Sprache jetzt positiv leisten,
ohne euphemistisch zu sein? Haben Sie eine Idee?

Stefanowitsch: Mein großer Wunsch ist in der Tat immer, dass man auf diese negativen Framings nicht mit
euphemistischen Framings reagiert. Das wäre auch keine sinnvolle Strategie. Sondern dass wir im Prinzip genau das tun, was wir jetzt gerade tun. Dass wir uns
nämlich immer klarmachen: In jeder Versprachlichung
eines Themas steckt eine bestimmte Perspektive. Das
müssen wir erkennen, und dann müssen wir uns darüber austauschen können.

Diesen Freiraum lässt uns die Sprache. Sie zwingt uns
ja nicht in eine bestimmte Spur. Sie zieht uns, sie verlei-
tet uns immer in so eine bestimmte Spur, aber sie
zwingt uns da nicht hinein. Wir können uns immer lösen und können darüber reflektieren und können uns
klarmachen: Was gibt uns hier nur die Sprache vor, und
was ist vielleicht tatsächlich das, was an Wirklichkeiten
darunterliegt?

Deshalb würde ich sagen, ja, man kann sich in der Tat
überlegen, ob man dieses Wort des Social Distancing
oder des Vermeidens der sozialen Kontakte, wie das
auch Angela Merkel eine ganze Zeit lang immer in ihren Ansprachen gesagt hat, das kann man überdenken.
Sie hat es ja in ihrer letzten Ansprache auch getan und
hat plötzlich gesagt, es geht ja gar nicht darum, soziale
Kontakte zu vermeiden.

Die sozialen Kontakte sind ja eben besonders wichtig,
und genau die Tatsache, dass sie genau das tun konnte
und dass wir alle diesen Perspektivwechsel dann vollziehen können und sagen können, wir haben uns hier
sprachlich in etwas reinmanövriert, das uns eventuell
an der falschen Stelle Angst macht.

Sich regelmäßig von der Sprache distanzieren

Das ist, glaube ich, das, was notwendig ist. Uns immer
mal wieder von der Sprache zu distanzieren und einen
Schritt zurückzutreten und zu sagen, vielleicht habe ich
jetzt spontan kein besseres Wort. Wobei sowas wie kör-
perlicher Abstand bietet sich ja an als Alternative.

Aber selbst, wenn ich jetzt keinen besseren Begriff habe, dass ich einfach sage: Gut, aber ich darf mich von
diesem Begriff trotzdem nicht verleiten lassen, in bestimmte Richtungen zu denken, die nicht produktiv
sind, die vielleicht Angst auslösen, die vor allen Dingen
eventuell nicht die richtigen Handlungen nach sich ziehen.

---

2. Lesen Sie das Interview. Sich immer mal wieder von der Sprache zu distanzieren,
dazu rät der Sprachwissenschaftler Anatol Stefanowitsch. Erläutern Sie, was er
damit meint.

3. Eine besondere Bedeutung kommt in der Corona-Krise den Neologismen und
den Begriffen aus der Fachsprache zu. Benennen Sie mögliche Gefahren, die
damit einhergehen.

Lernaufgabe

Sie sollen nun in einem Podcast über den Sprachwandel in der Coronazeit informieren. Hierbei setzen Sie selbstständig einen inhaltlichen Schwerpunkt. Mögliche Schwerpunkte:
- Die Verwendung von Anglizismen in der Coronakrise
- Bilder und Metaphern im Wortschatz rund um die Coronakrise
- Medizinisches Vokabular rund um die Coronapandemie
- Die Erweiterung des Wortschatzes durch Neologismen in der Coronakrise

1. Wählen Sie einen inhaltlichen Schwerpunkt aus. Nutzen Sie die Informationen aus diesem Teilkapitel und recherchieren Sie weitere Fachartikel zu Ihrem Schwerpunkt. Fassen Sie die Informationen zusammen, die Sie vermitteln möchten.

2. Bereiten Sie die relevanten Informationen für Ihre Hörerschaft auf. Sie können auf folgende Möglichkeiten zurückgreifen: Durchführung von Interviews (Wer könnte ein interessanter Gesprächspartner sein? Welche Fragen sind relevant?), Erstellung und Auswertung von Fragebögen zum Sprachgebrauch (Hierbei sollten Sie darauf achten, dass Sie unterschiedliche gesellschaftliche Gruppen z. B. Altersstruktur in den Blick nehmen.), Sprachproben usw.

3. Setzen Sie sich mithilfe der nachfolgenden Informationen mit dem Aufbau eines Podcasts auseinander.

Wissen und Können

Elemente eines Podcasts

Eine Podcastfolge startet mit einem kurzen **Intro**, in der sich der oder die Sprechende vorstellt und eine kurze Zusammenfassung gibt. Meistens wird das Intro durch Musik untermalt.

In der **Anmoderation** wird die Hörerschaft begrüßt und das Thema der Folge möglichst spannend vorgestellt und begründet (z. B. Aktualität). Sind Interviewgäste geplant, können diese ebenfalls vorgestellt werden.

Der **Hauptteil** sollte klar strukturiert werden. Wer redet mit wem über was? Werden Stellungnahmen oder Interviews eingespielt?

Zum **Schluss** können die wesentlichen Informationen noch einmal zusammengefasst, eine abschließende Meinung formuliert oder ein Ausblick gegeben werden.

Im **Outro** verabschiedet sich der oder die Sprechende und kündigt das Thema einer neuen Folge an. Ebenso wie das Intro wird das Outro mit Musik untermalt.

4. Planen Sie den Aufbau Ihres Podcasts. Überlegen Sie eine nachvollziehbare Struktur für den Hauptteil (Gespräch, Vortrag, Interviews mit Expertinnen und Experten …). Sie können auch ein Skript verfassen, in das Sie die einzelnen inhaltlichen Elemente, die zeitliche Abfolge und die musikalische Gestaltung eintragen. Denken Sie daran, dass Sie bei Einbindung von Interviews oder Statements das Einverständnis aller Beteiligten für die Veröffentlichung einholen.

Für die Aufnahme Ihres Podcasts benötigen Sie einen Computer, ein Headset oder Kopfhörer und Mikrofon sowie ein Aufnahmeprogramm. Im Internet gibt es hierzu zahlreiche kostenlose Programme, die Sie auch für die spätere Bearbeitung nutzen können. Suchen Sie für die Aufnahme einen ruhigen Ort, an dem es keine Störgeräusche gibt.

5. Machen Sie zunächst Probeaufnahmen und nehmen Sie anschließend Ihren Podcast in einem Stück auf.

6. Anschließend bearbeiten Sie ihren Podcast, indem Sie Versprecher herausnehmen, ergänzende Elemente (Interviews/Statements) einfügen und die musikalische Untermalung ergänzen.

Wie der Mensch zur Sprache kommt

Kinder lernen sprechen

Gesprächssituationen

1. An die Zeit Ihres eigenen Spracherwerbs können Sie sich vermutlich nicht mehr erinnern. Tauschen Sie sich aus über Ihre Beobachtungen etwa an jüngeren Geschwistern oder über das, was Ihnen von Ihren Eltern oder Großeltern über Ihren eigenen Spracherwerb berichtet wurde. Leiten Sie aus Ihren Beobachtungen, den obigen Bildern und eigenen Erfahrungen erste Hypothesen über den menschlichen Spracherwerb ab.

Kinder und Erwachsene im Dialog

Sebastian

Situation: Als Sebastian sein neues Bilderbuch durchblättert, entdeckt er einen Elefanten, zeigt ihn der Mutter und äußert:

5 KIND: Da Want!

ERWACHSENER: Elefant, ja, zwei Elefanten, guck mal, der Clown lacht, der spricht mit n Elefanten.

KIND: Ein Wasser britzt.

ERWACHSENER: Ja, im andern Buch spritzt der Elefant
10 Wasser, genau, kann er mit n Rüssel.

Laura

Situation: Laura wendet sich einem Foto von sich selbst zu, das sie eben auf dem Tisch entdeckt hat, und äußert zur Mutter gewandt:

15 KIND: eis-che da

ERWACHSENER: Das ist die Laura!

KIND: da eiche

ERWACHSENER: Das ist die Laura!

KIND: Da! (zeigt auf ein anderes Bild von sich als Säugling, das an der Wand hängt)
20

ERWACHSENER: Da ist auch die Laura, richtig!

KIND: da ch

ERWACHSENER: Wo ist die Laura noch?

KIND: da i-che (zeigt wieder auf das Bild auf dem Tisch)

ERWACHSENER: Und da ist die Laura, ja! Du bist die 25 Laura.

KIND: da (zeigt erneut auf das an der Wand hängende Säuglingsbild von ihr)

ERWACHSENER: Da is auch, da bist du noch ganz klein.

Oliver 30

Situation: Nachdem Oliver nach Hause gekommen ist, setzt er sich zur Mutter und trinkt bereitgestellte Milch. Plötzlich beginnt er vom Nachhauseweg zu erzählen.

KIND: Große Pfützen!

35 ERWACHSENER: Große Pfützen, bist du mit Papa durch n
   Park gelaufen?
KIND: Hm.
ERWACHSENER: Aha, darum habt ihr so lange gebraucht,
   bist du gar nicht, e, gar nicht mit n Bus oder mit n
40 Baki oder mit n Fahrrad, sondern bist du gelaufen mit
   n Papa.
KIND: Schulter Papa.
ERWACHSENER: Aha, auf der Schulter vom Papa und
   dann seid ihr auf der Seite vom Chinesen rausge-
45 kommen und da dachtet ihr, ihr bringt uns gerad'
   noch was rein, hm? War s so?
KIND: Ja.
ERWACHSENER: Ja.

1. Lesen Sie die Dialoge und stellen Sie Vermutungen
   über das Alter der Kinder an.

2. Nennen Sie die sprachlichen Kompetenzen, die die Kinder jeweils besitzen.

3. Beschreiben Sie das sprachliche Handeln der Erwachsenen in den jeweiligen Kommuni-
   kationssituationen. Untersuchen Sie, wie die Erwachsenen auf die Aussagen der Kinder
   reagieren. Erkennen Sie bestimmte Strategien, mit denen die Erwachsenen die Kinder
   fördern wollen? Bewerten Sie diese.

Manfred Spitzer (geb. 1958)
Sprachentwicklung: Regeln an Beispielen lernen

Manfred Spitzer ist Psychologe und beschäftigt sich intensiv mit der Hirnforschung. In diesem Zusammenhang geht er auch der Frage nach, wie Lernen funktioniert. Zum Spracherwerb beschreibt er ein kleines Experiment.
In folgender kleiner Geschichte sollen die Leserinnen und Leser oder Zuhörerinnen und Zuhörer spontan die fehlenden Wörter ergänzen:

Eine Gruppe von Zwergen bespricht sich am Abend
und überlegt, was sie wohl am nächsten Tag tun wollen. „Lass uns morgen doch mal wieder quangen",
schlägt einer vor. Die anderen sind einverstanden. Am
5 nächsten Abend sitzen sie zusammen und plaudern
über den Tag. „Ach, wie schön war das heute; wir haben heute mal wieder richtig schön _____."
Für den nächsten Tag beschließen die Zwerge zu
schmuffieren. Auch an diesem Tag treffen sie sich am
10 Abend und erzählen sich: „Wir haben heute ganz prima
_____."

(2007)

1. Welche Wörter haben Sie ergänzt? Vergleichen Sie,
   ob Sie sich einig waren.

2. Erläutern Sie, wie Sie herausgefunden haben, in welcher
   grammatischen Form die Begriffe eingesetzt werden
   müssen.

3. Bereits sechsjährige Kinder sind in der Lage, die Sätze
   korrekt zu vervollständigen. Ziehen Sie daraus Rückschlüsse auf das Lernen.

4. Folgende Fehler sind typisch für Kinder während der
   Spracherwerbsphase: „Mane" (für Banane), „Mokoloti-
   ve" (für Lokomotive), „taputt" (für kaputt), „ein Radie-
   sche" (Singularbildung zu „Radieschen"), „ich bin ge-
   springt"/„sie hat geschreit". Erläutern Sie, was den Kindern offensichtlich zunächst noch schwerfällt. Vermuten
   Sie, welche Merkmale der deutschen Sprache die höchsten Hürden für die sprachliche Entwicklung darstellen.

5. Versetzen Sie sich in die Rolle derjenigen, die mit den Kindern jeden Tag umgehen. Wie sollten Sie jeweils auf die Kinder reagieren? Was können Sie tun, um ihre sprachliche Entwicklung auf motivierende Weise zu fördern? Was sollten Sie vielleicht vermeiden? Erstellen Sie eine Liste mit Ratschlägen.

Annette Leßmöllmann ist eine renommierte deutsche Wissenschaftsjournalistin. Sie veröffentlichte zahlreiche Artikel u. a. zu Themen aus der Psychologie und Hirnforschung. Seit 2006 arbeitet Leßmöllmann an der Hochschule Darmstadt als Professorin für Journalistik mit dem Schwerpunkt Wissenschaftsjournalismus.

Annette Leßmöllmann
Raus mit der Sprache!

Sprechen lernen scheint ein Kinderspiel zu sein. Doch vollbringen die Hirne von Babys und Kleinkindern Meisterleistungen der Grammatik und Worterkennung – lange bevor die Kinder „Mama" und „Papa" sa-
5 gen können. [...]
Offenbar sind wir zur Sprache verdammt: Wie eine robuste Maschine setzt sich der Spracherwerb in Gang, und kein gesundes Kind kann sich davor drücken. Lange vor dem ersten Deutschaufsatz entwickelt es ein Ge-
10 fühl dafür, was in seiner Muttersprache richtig und was falsch ist – so etwas wie „Apfel essen will den ich" würde ihm nie über die Lippen kommen. Bevor ein Kind das erste Mal gerüffelt wird, weil es „wegen dem Apfel" sagt statt „wegen des Apfels", bevor man seine Jugend-
15 sprache bekrittelt, seine Rechtschreibfehler beklagt und im PISA-Test seine Lesefähigkeit prüft, hat es schon eine fantastische Leistung vollbracht. Kein noch so kluges Tier entwickelt mal so ganz nebenbei eine ausgefeilte Grammatik.
20 Wie funktioniert das? [...] Sprachwissenschaftler, Genetiker, Hirnforscher, Evolutionsbiologen und Entwicklungspsychologen rätseln seit Jahrzehnten, fahnden nach „Sprachgenen" und messen kindliche Hirnströme. Immer wieder führt eine Frage zu hitzigen
25 Debatten: Ist dem Menschen die Sprache in die Wiege gelegt – oder saugt er alles aus der Umwelt auf? Angeboren oder erlernt, nature oder nurture? Treibt uns ein „Sprachorgan" an, wie der Linguist Noam Chomsky vom Massachusetts Institute of Technology schon vor
30 einem halben Jahrhundert behauptete?
Oder entsteht Sprache dadurch, dass wir – anders als Tiere – uns in andere hineinversetzen können und dadurch viel anspruchsvoller kommunizieren, wie Michael Tomasello vom Max-Planck-Institut für Evolutionäre
35 Anthropologie annimmt? Ist Sprechenlernen womöglich gar nichts Besonderes, nutzt das Kind einfach ganz allgemeine Lernmechanismen, mit denen es etwa auch Zahlen begreifen lernt? Saugt es sich dank dieser Grundausstattung alle notwendigen Informationen aus der Umwelt? [...]
40
Bis heute variieren Linguisten und Psychologen immer wieder eine Frage: Wie machen die Kleinen das bloß? Mittlerweile steht fest: Sprechen zu lernen heißt, erst mal genau hinzuhören – und damit fangen Kinder früh an. „Es sieht nur so aus, als ob Säuglinge sich den gan- 45
zen Tag nur mit Glucksen und Herumwackeln beschäftigen", sagt Anne Cutler, die am Max-Planck-Institut für Psycholinguistik im niederländischen Nijmegen das kindliche Hörvermögen in Sachen Sprache erforscht. In Wahrheit saugen die Kleinen aus ihrer akustischen 50
Umwelt alles heraus, was sie an Sprachinformation kriegen können. Das Erstaunliche dabei ist, dass bereits wenige Monate alte Kinder in der Sprachsoße, die wir über ihnen auskippen, Struktur entdecken können.
„Wir machen ja nicht so schöne Pausen zwischen den 55
einzelnen Wörtern, wie es die Schriftsprache mit ihren Leerzeichen suggeriert", sagt Christina Kauschke, Linguistin und Logopädin an der Universität Potsdam. Stattdessen hören die Kinder aus dem Mund ihrer Eltern „HamwanochKartoffelnda?" oder „Gehmabit- 60
teansTelefon" oder die Aufforderung „SchönAAmachen!", ganz abgesehen von Nichtwörtern wie Räuspern und Ähems. Am Max-Planck-Institut wurde protokolliert, was ein Kind zwischen seinem sechsten und neunten Lebensmonat hört. Gerade einmal 65
neun Prozent waren fein abgegrenzte Wörter. „Das ist ein klarer Hinweis dafür, dass Kinder in der Lage sein müssen, aus diesem kontinuierlichen Lautstrom Wörter herauszufiltern", sagt Anne Cutler.
Dieser Wortfilter entwickelt sich viel früher als lange 70
vermutet. Schon im Mutterleib ist der Fötus für Sprachlaute empfänglich. Etwa ab der 27. Schwangerschafts-

woche lauscht er der mütterlichen Stimme, wenn auch gedämpft wie durch eine Wand: Alle hohen Frequen-
75 zen fehlen, sodass das Ungeborene nur die Sprachme-
lodie empfängt – Prosodie genannt. Die wird offenbar ins kindliche Gedächtnis befördert, denn kaum ist es auf der Welt, bevorzugt das Kind eindeutig die Stimme der Mutter.

80 Und nicht nur das: Es zieht Sprachlaute anderen Geräuschen vor und reagiert verstärkt auf seine Mutterspra-
che, wenn deren Melodie sich deutlich von der einer anderen Sprache unterscheidet. In Experimenten misst man mit einem Sensor-Schnuller die Intensität, mit der
85 die Kleinen nuckeln. Je höher die Saugrate, desto inte-
ressierter das Kind. Nun konfrontierte man vier Tage alte Babys aus französisch sprechenden Familien mit einer Dame, die sowohl französisch als auch russisch mit ihnen sprach. Hörten sie ihre Muttersprache, stieg
90 die Saugrate deutlich an.

Dies bedeutet keineswegs, dass sie mit den Lauten anderer Sprachen nicht umgehen könnten: Angenommen, ein deutsches Baby wüchse bei der südafrikani-
schen Sängerin Miriam Makeba auf, die ihm in der
95 Bantusprache Xhosa Schlaflieder vorsänge, dann hätte das Kind jedem Erwachsenen eine Menge voraus. Sein kleines Gehirn begriffe die charakteristischen Klicklau-
te der Xhosa nämlich als Phoneme, also Sprachlaute, genauso wie a, m oder r – und nicht nur als kuriose
100 Einsprengel. Jedes gesunde Baby ist ein Universalge-
nie in Sachen Phoneme: Jeden der über 100 Sprachlaute der Welt erkennt es – beste Voraussetzung, auch jede Sprache zu lernen.

Wie praktisch wäre diese Fähigkeit, um im Erwachse-
105 nenalter Fremdsprachen zu lernen, ginge sie nicht nach dem zehnten Monat verloren. Dann entscheiden sich die Kleinen unbewusst für das Lautsystem der Sprache, die um sie herum gesprochen wird – wobei das auch mehrere Sprachen sein können [...].

110 Babys lernen ihre Sprache also unter anderem, indem sie etwas verlernen, sich auf ihre Muttersprache konzentrieren [...].

In diesem Alter sprechen sie noch nicht, sondern probieren lustvoll ihren Sprechapparat aus: bababa, gagaga
115 – ein vermutlich universales Gebabbel, diese Silben sind bei Kindern in vielen Sprachen beliebt. Noch kön-
nen ihre Artikulationsorgane nicht viel mehr. Wenn das Baby auf die Welt kommt, dann ähnelt sein Kehlkopf dem eines Äffchens: Er sitzt weit oben, sodass Nahrung
120 an ihm vorbei in die Speiseröhre rutschen, das Kleine so atmen und schlucken zugleich kann. Erst nach sechs Monaten wird die Zunge beweglicher, der Kehlkopf

Messung der Gehirnströme bei einem Kleinkind

rutscht nach unten, wodurch sich der Resonanzboden vergrößert [...].

125 Funktioniert das Artikulieren einigermaßen, legen manche Kinder gleich richtig los: etwa Nicolas Lugger. Ein gutes Jahr alt, hält er, lässig am Türrahmen leh-
nend, seinen Eltern einen Vortrag: Es klingt nach Spra-
che, aber Wörter sind es nicht, die der kleine Münchner
130 da äußert. Nico trainiert seinen Sprechapparat, fühlt sich in die Satzmelodie seiner Muttersprache ein, und das mit deutlicher Begeisterung. „Jargon" nennen Linguisten solche langen, unverständlichen Äußerungen vom Typ dädapedoh.

135 Aus dem reinen Brabbelspaß schälen sich plötzlich Pro-
towörter heraus. „Bmbmbm" für Auto etwa. Das Kind leistet jetzt bereits die „Abbildungsaufgabe", wie die Linguistin Eve Clark von der Stanford University es nennt: Es bildet Wortformen auf die Bedeutungen ab,
140 tritt in die Welt des Symbolischen ein. Der Schritt zum ersten echten Wort ist nun nicht mehr groß. Wenn die Mutter von „Papa" spricht, obwohl dieser gerade das Zimmer verlassen hat, ist klar: Dieses Wort bedeutet etwas. In dieser Entwicklungsphase begreift das Kind un-
145 bewusst, dass Dinge nicht magisch verschwinden, wenn sie nicht mehr zu sehen sind. Mit etwa acht Monaten beherrscht es diese „Objektpermanenz". Papa kommt wieder; Teddy ist nur unter der Bettdecke versteckt, aber nicht weg. Und jetzt kann es sich mit einer äußerst
150 nützlichen Eigenschaft der Sprache vertraut machen:

Dinge zu benennen, auch wenn sie gerade nicht vorhanden sind. Zum Beispiel „Mama" und „Papa".

Zwischen einem Jahr und 18 Monaten lernen viele Kinder die ersten 50 Wörter: Schuh, Oma, Popo, heiß und
155 ffff für Kerze, notiert Annas Mutter Ute Schmid in das Sprachtagebuch ihrer Tochter, als diese 15 Monate alt ist. Viele der Wörter sind eigentlich Sätze oder Kommandos: „Arm" heißt „Ich will auf den Arm!". Manche müssen für ganz viele Bedeutungen herhalten. „Ei",
160 sagt Anna, als sie auf Mallorca zum ersten Mal Zitronen am Baum sieht. Die Früchte teilen die Merkmale „oval" und „hängt am Baum" mit den Ostereiern, die ihre Mutter kürzlich an die Forsythienzweige gehängt hatte. Offenbar gehen die Kinder nach solchen Merkmalslisten
165 vor, feilen daran herum, hören immer wieder hin, wie die Erwachsenen Wörter benutzen – bis sie den richtigen Bezeichnungsdreh raus haben.

Mit 17 Monaten legt Anna den berühmten Vokabelspurt hin. Sechs Wörter täglich lernen Kinder jetzt im
170 Schnitt, Ute Schmid notiert eine lange Liste. Das Tempo könnte an der „Benenneinsicht" liegen: Ich sage ein Wort, und das bedeutet etwas! Also müssen ganz schnell viele Wörter her, damit ich allen Dingen einen Namen geben kann: Pinguin, Opa, Käse, gähnt, platsch!
175 Wenn es um das Verknüpfen von Wörtern geht, behelfen sich Kinder erst mal mit dem „Telegrammstil", wie Clara und Wilhelm Stern es nannten: „Du pusten!" und „Maria Arm" oder, ab etwa zwei Jahren, die Drei-Wort-Sätze wie „Papa Buch holen!". Mit einfachsten gramma-
180 tischen Mitteln äußern sie ihre Wünsche, woraus Jürgen Weissenborn das Prinzip der minimalen Struktur ableitet: Solange sie die Grammatik nicht beherrschen, nutzen sie nur eine Art Kondensat, verstehen allerdings schon viel mehr. [...] Und dann sagen sie plötzlich so
185 etwas wie „Da is de buph!" oder „Dummerweise mag ich keinen Blumenkohl". Viele Kinder fangen mit zwei Jahren an, Verben zu beugen („ist", „mag"). Zu Beginn des dritten Jahres befassen sie sich mit dem Plural. Hier haben türkische Kinder einen großen Vorteil vor deut-
190 schen: Der Plural wird im Türkischen so regelmäßig gebildet, dass sie diesen schnell beherrschen. Deutsche Kinder schlagen sich mit Unregelmäßigkeiten wie Kind – Kinder, Apfel – Äpfel und Hund – Hunde noch lange herum.
195 Viele Fehler entpuppen sich als richtig begriffene Regeln – angewendet an der falschen Stelle. „Das Flugzeug ist in die Wolken weg-ge-geht", sagte Rasmus Kortshagen aus Hamburg mit drei Jahren, und ein halbes Jahr später beim Puzzlespiel: „Ich habe aber vieler!"
200 statt „mehr". Gar nicht dumm, denn weggehen konju-

giert er ähnlich wie wegwehen zu „weggeweht". Und „vieler" ist der Versuch, „viele" zu steigern – mit dem üblichen r am Ende.

Was für ein mühsames Geschäft das Sprachelernen ist, zeigt sich hier besonders deutlich: Richtig und falsch ge-205 hen lange Hand in Hand. Arabische Kinder brauchen bis fast in die Pubertät, um die vielen Kasus ihrer Sprache zu beherrschen; deutsche Kinder lernen diese bis zum dritten oder vierten Lebensjahr [...] Mit 30 Monaten wagen sich deutsche Kinder an Relativsätze. Bis zum fünften 210 Lebensjahr beherrschen sie ihre Grammatik im Prinzip. Bis weit ins Schulalter hinein wird nachgebessert. Zeichen für viele Forscher, dass der Spracherwerb lange nicht so einfach ist, wie Noam Chomsky glaubte. Der Linguist war vor einigen Jahrzehnten mit der großen 215 These angetreten, die Sprache sei eine angeborene Sache. Schließlich lernten Kinder ihre Muttersprache in Windeseile, während Erwachsene sich mit einer Fremdsprache abmühten. Beim Kind spule sich nur ein genetisch programmiertes Schema ab, glaubte Chomsky. 220 Andererseits braucht das Kind bis zu seinem fünften Lebensjahr, um die Grammatik seiner Sprache zu beherrschen. Und mühelos ist das eben auch nicht, denn die Fehlerrate ist erst mal groß. [...]

(2006)

1. Tauschen Sie sich mit einem Lernpartner / einer Lernpartnerin darüber aus, welche Erkenntnisse Sie beim Lesen des Textes über den Prozess des kindlichen Spracherwerbs gewonnen haben. Was hat Sie überrascht oder sogar beeindruckt?

2. Wie lernen Kinder sprechen? Stellen Sie die Phasen des Spracherwerbs, die der Text benennt, übersichtlich dar. Wählen Sie dazu eine geeignete äußere Form (z. B. Tabelle, Grafik oder Zeitleiste).

3. Tragen Sie zusammen, welche aktuellen Forschungsergebnisse in diesem Text genannt werden. Machen Sie dabei auch deutlich, welche Erkenntnisse die Wissenschaft bereits gewonnen hat und in welchen Bereichen sie noch keine Antwort geben kann.

4. **Was Sie noch machen können:**
   Suchen Sie im Internet nach einer informativen Dokumentation zum Thema „Spracherwerb bei Kindern". Schauen Sie sich diese an und fassen Sie zentrale Ergebnisse für den Kurs zusammen. Vielleicht haben Sie sogar die Gelegenheit, eigene Beobachtungen in Ihre Darstellung einfließen zu lassen.

Die Menschheit lernt sprechen

Michelangelo (1475 – 1564):
Die Erschaffung Adams
(1508 – 12)

Homo erectus (Zeichnung)

1. Wie kommt der Mensch bzw. die Menschheit zur Sprache? Welche Antworten könnten
   in den Bildern enthalten sein? Beschreiben Sie dazu die Bilder möglichst genau.

2. Formulieren Sie selbst Hypothesen zur Entstehung der Menschheitssprache.

Biblischer Erklärungsansatz – Schöpfungsbericht

Im Anfang schuf Gott Himmel und Erde; die Erde aber war wüst und wirr, Finsternis lag über der Urflut und Gottes Geist schwebte über dem Wasser. Gott sprach: Es werde Licht. Und es wurde Licht. Gott sah, dass das
5 Licht gut war. Gott schied das Licht von der Finsternis und Gott nannte das Licht Tag und die Finsternis nannte er Nacht. Es wurde Abend und es wurde Morgen: erster Tag. (Gen 1,1 ff)

Gott, der Herr, formte aus dem Ackerboden alle Tiere
10 des Feldes und alle Vögel des Himmels und führte sie dem Menschen zu, um zu sehen, wie er sie benennen würde. Und wie der Mensch jedes lebendige Wesen benannte, so sollte es heißen. Der Mensch gab Namen allem Vieh, den Vögeln des Himmels und allen Tieren des
15 Feldes. (Gen 2,9 – 20a)

Alle Menschen hatten die gleiche Sprache und gebrauchten die gleichen Worte. Als sie von Osten aufbrachen, fanden sie eine Ebene im Land
20 Schinar und siedelten sich dort an. Sie sagten zueinander: Auf, formen wir Lehmziegel, und brennen wir sie zu Backsteinen. So dienten ihnen gebrannte Ziegel als Steine und Erdpech
25 als Mörtel. Dann sagten sie: Auf, bauen wir uns eine Stadt und einen Turm mit einer Spitze bis zum Himmel, und machen wir uns damit einen Namen, dann werden wir uns nicht über die
30 ganze Erde zerstreuen. Da stieg der Herr herab, um sich Stadt und Turm

anzusehen, die die Menschenkinder bauten. Er sprach: Seht nur, ein Volk sind sie, und eine Sprache haben sie alle. Und das ist erst der Anfang ihres Tuns. Jetzt wird ihnen nichts mehr unerreichbar sein, was sie sich auch 35 vornehmen. Auf, steigen wir hinab, und verwirren wir dort ihre Sprache, sodass keiner mehr die Sprache des anderen versteht. Der Herr zerstreute sie von dort aus über die ganze Erde, und sie hörten auf, an der Stadt zu bauen. Darum nannte man die Stadt Babel (Wirrsal), 40 denn dort hat der Herr die Sprache aller Welt verwirrt, und von dort aus hat er die Menschen über die ganze Erde zerstreut. (Gen 11,1 – 9)

Im Anfang war das Wort und das Wort war bei Gott und das Wort war Gott. (Joh 1,1) 45

Pieter Brueghel d. Ä.,
Turmbau zu Babel (1563)

---

1. Stellen Sie zusammen, welche Aussagen in der Bibel über die Sprache gemacht werden.

2. Die Bibel kann auch als philosophisches Werk verstanden werden. Insbesondere die uralten mythologischen Erzählungen lassen sich als „Warum-Geschichten" verstehen, weil sie auf eine erzählende Weise versuchen, Antworten auf bestimmte Fragen zu geben. (Z. B. gibt der Mythos von der Vertreibung des Menschen aus dem Paradies eine Antwort auf Fragen wie: „Warum ist der Mensch von Gott getrennt?", „Warum muss der Mensch harte Feldarbeit leisten, um sich zu ernähren, und warum erleidet eine Frau Schmerzen, wenn sie gebiert?") Leiten Sie aus den oben aufgeführten Mythen die Fragen ab, die sich die Menschen über die Sprache stellten. Welche Antworten werden gegeben?

3. Erläutern Sie, wo Sie Berührungspunkte zwischen den biblischen Aussagen zum Thema „Sprache" und dem, was sie bisher gelernt haben, sehen.

4. Beschreiben Sie die Zeichnungen und stellen Sie einen Zusammenhang zum Thema „Sprache" her. Sehen Sie Anknüpfungspunkte zu einer der Theorien über Sprache, die Sie bereits kennengelernt haben?

5. Überlegen Sie, worin die Ursachen für Wandlungsprozesse im System menschlicher Sprache liegen könnten.

Die Erfindung der Sprache – Ein Wettbewerb

Stellen Sie sich vor, am Schwarzen Brett Ihrer Schule hinge folgende Ausschreibung für einen journalistischen Schülerwettbewerb:

Berliner Akademie der Wissenschaften

WETTBEWERB

Wie ist Sprache entstanden?

Die Akademie sucht jemanden, der diese Frage in Form einer in sich stimmigen Hypothese beantworten kann. In dem schriftlich einzureichenden Beitrag soll deutlich erklärt werden, wie der Mensch zu dem kam, was heute als „typisch menschlich" gilt, nämlich seiner Sprache. Es gilt zu ergründen, wann, wo und warum es zu dieser evolutionären Neuerung gekommen ist.

1. Zur Vorbereitung Ihres Wettbewerbsbeitrags notieren Sie zunächst stichwortartig Ihre ganz persönlichen Überlegungen.

2. Besprechen Sie Ihre Ideen in einer Kleingruppe und bilden Sie gemeinsam schriftliche Hypothesen zur Frage der Sprachentstehung.

Johann Gottfried Herder (1744 – 1803)
Abhandlung über den Ursprung der Sprache (Auszug I)

Johann Gottfried Herder war Schriftsteller, Philosoph und Theologe. Er gehörte, zusammen mit Goethe und Schiller, zu den bedeutendsten Personen des Sturm und Drang und der Weimarer Klassik.
Die folgenden Thesen entstammen der „Abhandlung über den Ursprung der Sprache", mit der Herder 1769 an dem Wettbewerb der Berliner Akademie der Wissenschaften teilgenommen hat. Er gewann mit diesem Beitrag den Wettbewerb.

Erster Teil
Haben die Menschen, ihren Naturfähigkeiten überlassen, sich selbst Sprache erfinden können?
Erster Abschnitt

5 *Schon als Tier hat der Mensch Sprache.* Alle heftigen und die heftigsten unter den heftigen, die schmerzhaften Empfindungen seines Körpers, alle starke Leidenschaften seiner Seele äußern sich unmittelbar in Geschrei, in Töne, in wilde, unartikulierte Laute. Ein leidendes Tier
10 sowohl als der Held Philoktet[1], wenn es der Schmerz anfallet, wird wimmern, wird ächzen, und wäre es gleich verlassen, auf einer wüsten Insel, ohne Anblick, Spur und Hoffnung eines hülfreichen Nebengeschöpfes. [...]
15 Selbst die feinsten Saiten des tierischen Gefühls (ich muss mich dieses Gleichnisses bedienen, weil ich für die Mechanik fühlender Körper kein besseres weiß!), selbst die Saiten, deren Klang und Anstrengung gar nicht von Willkür und langsamen Bedacht herrühret, ja
20 deren Natur noch von aller forschenden Vernunft nicht hat erforscht werden können, selbst die sind in ihrem ganzen Spiele, auch ohne das Bewusstsein fremder Sympathie zu einer Äußerung auf andre Geschöpfe gerichtet. Die geschlagne Saite tut ihre Naturpflicht: sie
25 klingt, sie ruft einer gleich fühlenden Echo,[2] selbst wenn keine da ist, selbst wenn sie nicht hoffet und wartet, dass ihr eine antworte. [...] *Diese Seufzer, diese Töne sind Sprache. Es gibt also eine Sprache der Empfindung, die unmittelbares Naturgesetz ist.* [...]
30 *Nun sind freilich diese Töne sehr einfach*; und wenn sie artikuliert und als Interjektionen aufs Papier hinbuchstabiert werden, so haben die entgegengesetztesten Empfindungen fast einen Ausdruck. Das matte Ach ist sowohl Laut der zerschmelzenden Liebe als der sinken-
35 den Verzweiflung; das feurige O sowohl Ausbruch der plötzlichen Freude als der auffahrenden Wut, der stei-

genden Bewunderung als des zuwallenden Bejammerns; allein sind denn diese Laute da, um als Interjektionen aufs Papier gemalt zu werden? [...]
40 Ich kann hier noch nicht von der geringsten *menschlichen* Bildung der Sprache reden, sondern nur rohe Materialien betrachten. Noch existiert für mich kein Wort, sondern nur Töne zum Wort einer Empfindung [...]
Wollen wir also diese unmittelbaren Laute der Empfindung Sprache nennen, so finde ich ihren Ursprung al-
45 lerdings sehr natürlich. *Er ist nicht bloß nicht übermenschlich, sondern offenbar tierisch: das Naturgesetz einer empfindsamen Maschine.*
Aber ich kann nicht meine Verwunderung bergen, dass Philosophen, das ist Leute, die deutliche Begriffe su-
50 chen, je haben auf den Gedanken kommen können, *aus diesem Geschrei der Empfindungen den Ursprung menschlicher Sprache zu erklären*: denn ist diese nicht offenbar ganz etwas anders? Alle Tiere, bis auf den stummen Fisch, tönen ihre Empfindung: deswegen aber
55 hat doch kein Tier, selbst nicht das vollkommenste, den geringsten, eigentlichen Anfang zu einer menschlichen Sprache. Man bilde und verfeinere und organisiere dies Geschrei, wie man wolle; wenn kein Verstand dazukommt, diesen Ton mit Absicht zu brauchen, so sehe
60 ich nicht, wie nach dem vorigen Naturgesetze je menschliche, willkürliche Sprache werde. Kinder sprechen Schälle der Empfindung, wie die Tiere; ist aber die Sprache, die sie von Menschen lernen, nicht ganz eine andre Sprache? [...]
65 *Dass der Mensch den Tieren an Stärke und Sicherheit des Instinkts weit nachstehe, ja dass er das, was wir bei so vielen Tiergattungen angeborne Kunstfähigkeiten und Kunsttriebe nennen, gar nicht habe*, ist gesichert; [...] Je-
70 des Tier hat seinen Kreis, in den es von der Geburt an gehört, gleich eintritt, in dem es lebenslang bleibet und stirbt. Nun ist es aber sonderbar, dass *je schärfer die Sin-*

---

[1] **Philoktet:** Gestalt aus der griechischen Mythologie. Der Sage nach nahm dieser Held an dem Kampf ums Goldene Vlies und am Trojanischen Krieg teil. – [2] **Echo:** Gestalt aus der griechischen Mythologie, nach der das Phänomen des Echos benannt ist. Hier im Sinne von: Sie ruft nach dem Echo einer gleich fühlenden Saite.

ne der Tiere, je stärker und sicherer ihre Triebe und je wunderbarer ihre Kunstwerke sind, desto kleiner ist ihr Kreis,
75 *desto einartiger ist ihr Kunstwerk.* Ich habe diesem Verhältnisse nachgespüret, und ich finde überall eine wunderbar beobachtete umgekehrte Proportion zwischen der mindern Extension ihrer Bewegungen, Elemente, Nahrung, Erhaltung, Paarung, Erziehung, Ge-
80 sellschaft und ihren Trieben und Künsten. Die Biene in ihrem Korbe bauet mit der Weisheit, die Egeria[1] ihrem Numa nicht lehren konnte; aber außer diesen Zellen und außer ihrem Bestimmungsgeschäft in diesen Zellen ist sie auch nichts. Die Spinne webet mit der Kunst
85 der Minerva[2]; aber alle ihre Kunst ist auch in diesen engen Spinnraum verwebet; das ist ihre Welt! Wie wundersam ist das Insekt und wie enge der Kreis seiner Würkung! [...]

Je vielfacher die Verrichtungen und Bestimmung der Tiere, je zerstreuter ihre Aufmerksamkeit auf mehrere Ge- 90 *genstände, je unsteter ihre Lebensart, kurz, je größer und vielfältiger ihre Sphäre ist, desto mehr sehen wir ihre Sinnlichkeit sich verteilen und schwächen. [...]*
Der Mensch hat keine so einförmige und enge Sphäre, wo nur *eine* Arbeit auf ihn warte: eine Welt von Geschäften 95 und Bestimmungen liegt um ihn.
Seine Sinne und Organisation sind nicht auf eins geschärft: er hat Sinne für alles und natürlich also für jedes einzelne schwächere und stumpfere Sinne.
Seine Seelenkräfte sind über die Welt verbreitet; keine 100 Richtung seiner Vorstellungen auf ein Eins: mithin kein Kunsttrieb, keine Kunstfertigkeit – und, das eine gehört hier näher her, *keine Tiersprache.*

(1772)

1. Erschließen Sie sich den Inhalt des Textes, indem Sie Schlüsselbegriffe markieren.

2. Stellen Sie die Unterschiede zwischen Mensch und Tier nach Herder einander gegenüber, zum Beispiel in Form einer Tabelle.

3. In der Soziologie wird der Mensch u. a. als ein „Mängelwesen" (Arnold Gehlen) beschrieben, das sich Kultur schaffen muss, um zu überleben. Der Mensch sei anders als das Tier biologisch nicht mehr durch spezifische Merkmale (wie z. B. Krallen, Fell) an seine natürliche Umgebung angepasst und in einem bestimmten Lebensraum verankert, sondern zeichne sich im Gegenteil durch seine Weltoffenheit und Fähigkeit zum Kulturschaffen aus. Setzen Sie diesen Gedanken in Beziehung zu Herders Theorie.

4. Nennen Sie die Merkmale menschlicher Sprache, die benannt werden.

Johann Gottfried Herder (1744 – 1803)
Abhandlung über den Ursprung der Sprache (Auszug II)

Der Mensch, in den Zustand von Besonnenheit gesetzt, der ihm eigen ist, und diese Besonnenheit (Reflexion) zum ersten Mal frei würkend, hat Sprache erfunden. Denn was ist Reflexion? Was ist Sprache? Diese Besonnen-
5 heit ist ihm charakteristisch eigen und seiner Gattung wesentlich: so auch Sprache und eigne Erfindung der Sprache. *Erfindung der Sprache ist ihm also so natürlich, als er ein Mensch ist!* Lasset uns nur beide Begriffe entwickeln: Reflexion und Sprache.
10 Der Mensch beweiset Reflexion, wenn die Kraft seiner Seele so frei würket, dass sie in dem ganzen Ozean von

Empfindungen, der sie durch alle Sinnen durchrauschet, *eine* Welle, wenn ich so sagen darf, absondern, sie anhalten, die Aufmerksamkeit auf sie richten und sich bewusst sein kann, dass sie aufmerke. Er beweiset Re- 15 flexion, wenn er aus dem ganzen schwebenden Traum der Bilder, die seine Sinne vorbeistreichen, sich in ein Moment des Wachens sammlen, auf einem Bilde freiwillig verweilen, es in helle ruhigere Obacht nehmen und sich Merkmale absondern kann, dass dies der Ge- 20 genstand und kein andrer sei. Er beweiset also Reflexion, wenn er nicht bloß alle Eigenschaften lebhaft oder

---

[1] **Egeria:** Nach der römischen Mythologie eine Nymphe und die Geliebte des Königs Numa Pompilius. Es heißt, sie habe ihn stets bei wichtigen Entscheidungen beraten und so dazu beigetragen, dass er als weiser Gesetzgeber in Erinnerung geblieben ist. – [2] **Minerva:** römische Göttin der Weisheit, der Strategie und des Kampfes sowie des Handwerks und der Künste

klar erkennen, sondern eine oder mehrere als unterscheidende Eigenschaften bei sich *anerkennen* kann: der erste Aktus dieser Anerkenntnis gibt deutlichen Begriff; es ist das erste Urteil der Seele – und – Wodurch geschahe die Anerkennung? Durch ein Merkmal, was er absondern musste und was, als Merkmal der Besinnung, deutlich in ihn fiel. Wohlan! lasset uns ihm das εὑρεκα[1] zurufen! *Dies erste Merkmal der Besinnung war Wort der Seele! Mit ihm ist die menschliche Sprache erfunden!*

Lasset jenes Lamm, als Bild, sein Auge vorbeigehn: ihm wie keinem andern Tiere. Nicht wie dem hungrigen, witternden Wolfe! nicht wie dem blutleckenden Löwen – die wittern und schmecken schon im Geiste! die Sinnlichkeit hat sie überwältigt! der Instinkt wirft sie darüber her! – Nicht wie dem brünstigen Schafmanne, der es nur als den Gegenstand seines Genusses fühlt, den also wieder die Sinnlichkeit überwältigt und der Instinkt darüber herwirft. Nicht wie jedem andern Tier, dem das Schaf gleichgültig ist, das es also klardunkel vorbeistreichen lässt, weil ihn sein Instinkt auf etwas anders wendet. – Nicht so dem Menschen! Sobald er in die Bedürfnis kommt, das Schaf kennenzulernen, so störet ihn kein Instinkt, so reißt ihn kein Sinn auf dasselbe zu nahe hin oder davon ab: es steht da, ganz wie es sich seinen Sinnen äußert. Weiß, sanft, wollicht – seine besonnen sich übende Seele sucht ein Merkmal – das Schaf *blöket*! sie hat Merkmal gefunden. Der innere Sinn würket. Dies Blöken, das ihr am stärksten Eindruck macht, das sich von allen andern Eigenschaften des Beschauens und Betastens losriss, hervorsprang, am tiefsten eindrang, bleibt ihr. Das Schaf kommt wieder. Weiß, sanft, wollicht – sie sieht,

tastet, besinnet sich, sucht Merkmal – es blökt, und nun erkennet sies wieder! „Ha! du bist das Blökende!", fühlt sie innerlich, sie hat es menschlich erkannt, da sies deutlich, das ist mit einem Merkmal, erkennet und nennet.

Dunkler? So wäre es ihr gar nicht wahrgenommen, weil keine Sinnlichkeit, kein Instinkt zum Schafe ihr den Mangel des Deutlichen durch ein lebhafteres Klare ersetzte. Deutlich unmittelbar, ohne Merkmal? So kann kein sinnliches Geschöpf außer sich empfinden, da es immer andre Gefühle unterdrücken, gleichsam vernichten und immer den Unterschied von zween durch ein drittes erkennen muss. Mit einem Merkmal also? Und was war das anders als *ein innerliches Merkwort*? Der *Schall* des Blökens, von einer menschlichen Seele als Kennzeichen des Schafs wahrgenommen, ward, kraft dieser Besinnung, *Name* des Schafs, und wenn ihn nie seine Zunge zu stammeln versucht hätte. Er erkannte das Schaf am Blöken: es war gefasstes Zeichen, bei welchem sich die Seele an eine Idee deutlich besann – was ist das anders als Wort? Und was ist die ganze menschliche Sprache als eine Sammlung solcher Worte? Käme er also auch nie in den Fall, einem andern Geschöpf diese Idee zu geben, und also dies Merkmal der Besinnung ihm mit den Lippen vorblöken zu wollen oder zu können, seine Seele hat gleichsam in ihrem Inwendigen geblökt, da sie diesen Schall zum Erinnerungszeichen wählte, und wiedergeblökt, da sie ihn daran erkannte – *die Sprache ist erfunden! ebenso natürlich und dem Menschen notwendig erfunden, als der Mensch ein Mensch war.*

(1772)

---

1. Erschließen Sie den Text, indem Sie ihn zunächst sorgfältig lesen und Wesentliches markieren. Verfassen Sie anschließend einen Verstehensentwurf.

2. Wählen Sie fünf Begriffe aus dem Text, die Sie für besonders wichtig halten. Erläutern Sie sie inhaltlich und begründen Sie Ihre Auswahl.

3. Erklären Sie, was Herder unter „Besonnenheit" (Reflexion) versteht. Verfassen Sie eine kurze Definition des Begriffs auf der Grundlage des Textes.

4. Erstellen Sie ein Schaubild, das die Kerngedanken des Textes zur Sprachentstehung verdeutlicht.

5. Vergleichen Sie Herders Abhandlung mit Ihren eigenen Hypothesen (vgl. S. 416, Aufgabe 2). Benennen Sie Gemeinsamkeiten und Unterschiede.

---

[1] Grch.: „Heureka!" – „Ich habe es gefunden!" Dies soll Archimedes bei der Entdeckung eines nach ihm benannten physikalischen Prinzips gerufen haben.

6. Stellen Sie sich vor, Sie läsen in einem Internet-Blog diese Frage eines Schülers: „Wie hat denn nun der Mensch laut Herder die Sprache erfunden?" Schreiben Sie in Form einer kurzen Stellungnahme eine Antwort.

7. Nehmen Sie die beiden Textausschnitte noch einmal zusammenfassend in den Blick. Beantworten Sie dazu folgende Fragen schriftlich: Wo stößt Herders Erklärungsansatz an Grenzen? Welche Fragen bleiben offen?

David Crystal (geb. 1941)
Populäre Theorieansätze zur Sprachursprungsfrage

Der dänische Linguist Otto Jespersen (1860–1943) hat die vielen Theorien über den Ursprung der Sprache(n) in vier Typen gegliedert und einen eigenen fünften Typus hinzugefügt. Inzwischen haben sie auch Spitznamen erhalten:

Otto Jespersen

- *Die „Wau-Wau" Theorie*: Sprache ist dadurch entstanden, dass die Menschen die Laute der Tiere ihrer Umgebung imitiert haben, insbesondere Tierlaute. Als „Beweis" werden die onomatopoetischen Wörter gewertet.
- *Die „Pu-Pu" („Aua") Theorie*: Sprache entstand dadurch, dass die Menschen instinktiv bestimmte Laute äußerten, die durch Wut oder andere Gefühle ausgelöst wurden. Als Beweis führt man die Interjektionen an. [...]
- *Die „Ding-Dong" Theorie*: Sprache entstand dadurch, dass die Menschen auf Reize ihrer Umgebung mit eigenen Lauten reagierten (= orale Gesten). Als Beispiel wird oft das Wort „Mama" genannt, das die Bewegung der Lippen symbolisiert, die sich der Mutterbrust nähern. Genannt wurden auch Wörter wie „bye-bye" oder „ta-ta" (= englische Kindersprache) als Reaktion auf das Winken beim Verabschieden. [...]
- *Die „ye-he-ho" Theorie*: Sprache entstand, weil die Menschen zusammenarbeiten mussten und ihre gemeinsame physische Anstrengung gemeinsame rhythmische Laute auslöste. Diese entwickelten sich zu rhythmischem Sing-Sang und dann zur Sprache. Als Beweis sieht man den Rhythmus und die Prosodie[1] der gesprochenen Sprache an. [...]
- *Die „La-La" Theorie*: Jespersen selbst vermutete, dass – wenn es nur einen auslösenden Faktor für die Sprachenentstehung geben sollte – die romantische Seite des Lebens dafür verantwortlich sei. Er meinte, entscheidend für die Entstehung der Sprache seien Laute, die sich mit Liebe, Spiel, Poesie und Gesang verbinden. [...]   *(1995)*

1. Stellen Sie sich gegenseitig die Theorien zur Entstehung von Sprache vor.

2. Nehmen Sie Stellung zu den verschiedenen Theorien zur Entstehung von Sprache. Wie realistisch erscheinen sie Ihnen?

3. Stellen Sie diese Ansätze in Beziehung zum Denkmodell von Herder sowie zu Ihren eigenen Hypothesen zur Sprachentstehung. Wo sehen Sie Übereinstimmungen und Unterschiede? Fertigen Sie eine Tabelle an.

4. Die Frage nach der Entstehung der Sprache kann bis heute nur unzureichend beantwortet werden und alle Theorien hierzu fallen in den Bereich der Spekulationen. Im 19. Jahrhundert entschloss sich die linguistische Gesellschaft in Paris daher zu einer drastischen Maßnahme: Sie veröffentlichte im Jahr 1866 einen Erlass, der die Diskussionen über den Ursprung der Sprache während ihrer Sitzungen verbot. Formulieren Sie ein Plädoyer für oder gegen diesen Erlass.

[1] **Prosodie:** die Gesamtheit sprachlicher Eigenschaften (umfassend z. B. Intonation, Sprachmelodie, Stimmlage …)

Johannes Diekhans (geb. 1954)
Die Sprachursprungstheorie Derek Bickertons –
Eine Zusammenfassung

Derek Bickerton (1926 – 2018)

Die Frage nach dem Ursprung der Sprache ist nach wie vor unbeantwortet. Sie beschäftigt die Wissenschaft auch in der Gegenwart und wird es auch in der Zukunft tun, weil vieles auf diesem Forschungsgebiet zwangs-
5 läufig spekulativ bleiben muss.

Der amerikanische Sprachforscher Derek Bickerton, der 1926 in Cheshire im Nordwesten Englands geboren wurde und 2018 in Honolulu starb, untersuchte mehrere Jahre lang die wundersame Sprache von Einwande-
10 rern auf Hawaii. Während sich die aus vielen Herkunftsländern stammenden Eltern nur mühsam mit einem einfachen Pidgin-Dialekt[1] untereinander verständigen konnten, erschufen deren Kinder eine gemeinsame Sprache aus dem babylonischen Sprachge-
15 wirr.

Für den Linguisten von der University of Hawaii waren die Feldstudien, die vor allem in zahlreichen Interviews bestanden, der Anstoß, nach dem Ursprung der Sprache zu forschen. Für seine viel beachtete Theorie zur
20 Sprachentstehung griff der Buchautor auch auf Erkenntnisse der modernen Hirnforschung und zudem auf Erkenntnisse des amerikanischen Linguisten Noam Chomsky (geb. 1928) zurück, demzufolge es eine sogenannte „Universalgrammatik" gibt, die im menschli-
25 chen Gehirn angelegt ist. Die verschiedenen Sprachen, die wir kennen, seien demzufolge letztlich nur Varianten dieser angeborenen „Universalgrammatik". Dass die Kinder der hawaiianischen Einwanderer so schnell trotz des Sprachengemisches eine eigene Sprache ent-

wickeln konnten, führte Bickerton auf diese grundsätz-
30 liche Befähigung des Menschen zurück und bestätigte damit den Ansatz Chomskys.

Sein Forschungsinteresse galt insgesamt der phylogenetischen Sprachentwicklung, die sich im Gegensatz zu ontogenetischen Theorien, deren Forschungsinte-
35 resse der Sprachentwicklung im Individuum, also dem Spracherwerb des Kindes, gilt, mit der Sprachentwicklung innerhalb der Menschheitsgeschichte beschäftigt. Bickerton geht davon aus, dass sich in der Sprachentwicklung eines Kindes die menschheitsgeschichtliche
40 Entwicklung der Sprache in groben Zügen widerspiegelt.

Wie ist nun aber nach Bickerton die menschliche Sprache entstanden und wann ist dieses geschehen?
Nach Meinung des Forschers entwickelte sich die Spra-
45 che, wie wir sie heute kennen, aus den Umweltbedingungen, unter denen der Mensch vor ca. 50 000 – 100 000 Jahren lebte. Dessen „Vorfahren" waren – so Bickerton – durchaus in der Lage, einzelne Laut-Wörter auszustoßen, vergleichbar mit denen eines Säuglings, der
50 frühzeitig neben den Äußerungen von Freude oder Betrübnis durch das Lachen und Weinen „Wörter" wie „Mama", „Papa" äußern kann. Bis sich aus diesen primitiven Lautsprachen, die Bickerton „Protosprachen" nennt, eine symbolhafte Sprache mit grammatikali-
55 schen Strukturen entwickelte, dauerte es jedoch ca. zwei Millionen Jahre.

Der Hauptgrund für diese evolutionäre Entwicklung von den Protosprachen hin zur eigentlichen Sprachfähigkeit des Menschen ist nach Ansicht Bickertons und
60 weiterer Forscher die Tatsache, dass die Urmenschen nicht wie die heutigen freilebenden Menschenaffen aufgrund ökologischer Veränderungen in Wäldern lebten, sondern in Steppen und Savannen, woraus zwei entscheidende Konsequenzen resultierten.
65
Zum einen benötigten diese Urmenschen eine viel größere Fläche, um geeignete Nahrung zu finden, zum anderen waren sie ihren Feinden, vor allem Wildtieren, schutzlos ausgesetzt. Damit war verbunden, dass größere soziale Gefüge geschaffen werden mussten, um
70 eher Schutz zu bieten und Angreifer abzuwehren.
Außerdem, so stellt es sich Bickerton vor, war es ange-

---

[1] **Pidgin:** reduzierte Sprache, die entstehen kann, wenn Vertreter unterschiedlicher Sprachen erstmals aufeinandertreffen und sich miteinander verständigen, ohne die Eigenarten der jeweils anderen Sprache zu kennen; Mischsprache

Eine Gruppe von Neandertalern jagt einen Bison.

bracht, dass für die Versorgung aus einem größeren sozialen Gefüge kleinere gebildet werden mussten, um
75 nach geeigneten Nahrungsplätzen Ausschau zu halten und gewissermaßen die Trefferquote zu erhöhen.

Und hier kommt nun im Sinne des Forschers die Sprache ins Spiel. Es muss irgendeine Form der Kommunikation gegeben haben, um nach der Rückkehr den an-
80 deren mitzuteilen, wo geeignete Plätze zur Nahrungsaufnahme zu finden waren.

Auf den ersten Blick ist dieses vergleichbar mit dem Tanz der Bienen, die nach der Rückkehr in ihren Stock durch ihren Schwänzeltanz den anderen die Richtung
85 und Entfernung signalisieren, wo nahrhafte Futterstellen zu finden sind. Anders als die Bienen vermochte jedoch der Urmensch bereits über Laute zu kommunizieren und war nicht an ein festgelegtes Reiz-Reaktionsschema gebunden. Vorstellbar ist, dass eine Grup-
90 pe von der Suche nach Nahrung zurückkehrte und mit bestimmten Gesten, die eine Richtung anzeigten, und Lauten den anderen mitteilte, wo etwas Essbares zu finden war.

Bickerton verweist in seinen Studien auf ein erstaunli-
95 ches Phänomen in dieser Zeit, in der er den Ursprung einer symbolhaften Sprache verortet. Über zwei Millionen Jahre blieben die von den Urmenschen benutzten Werkzeuge in ihrer Gestalt praktisch unverändert. Das

betrifft vor allem den Faustkeil. Erst vor ca. 100 000 Jahren begannen die Menschen, funktionalere Werkzeuge 100 und z. B. auch Schmuck herzustellen.

Gerade die Produktion solcher intelligenten Werkzeuge setzt jedoch logische Denkstrukturen voraus im Sinne von Wenn-Dann-Konstruktionen: „Wenn der Stein schwerer ist, benötige ich einen längeren Hebel!" Oder: 105 „Weil hier keine Nahrung zu finden ist, müssen wir in eine andere Richtung ziehen!" Solche Denkstrukturen sind nach Bickerton nur möglich, wenn der Mensch syntaktische Zusammenhänge herstellen kann – und

„Intelligentes" Werkzeug

dafür benötigt er die Sprache, weil komplexere Denkprozesse ohne eine Sprache kaum vorstellbar sind. In einem Interview mit der Wochenzeitschrift DER SPIEGEL antwortete Bickerton im Jahre 2002 auf die Frage, ob die Syntax den Menschen erst zum Menschen (im Sinne eines denkenden und sich weiter entwickelnden Wesens) mache, dass er davon ausgehe. Denn wenn die Menschen etwas planen würden, irgendetwas auch nur halbwegs Kompliziertes, dann bräuchten sie „Wenns" und „Weils", das heiße, sie bräuchten verschachtelte Sätze.

Parallel zu seinen Vermutungen, dass sich die Sprache aus den Lebensbedingungen der Urmenschen entwickelt hat, greifen Bickerton und andere Wissenschaftler auf paläontologische[1] Forschungsergebnisse zurück.

Demnach hat sich das Gehirn des Menschen über Millionen von Jahren immer weiter vergrößert, woraus durchaus geschlossen werden kann, dass dieses das Ergebnis einer fortwährenden, erzwungenen Anpassung an die Umwelt ist und damit auch zur Entwicklung einer differenzierten Denk- und Sprachfähigkeit geführt hat. Größere Gehirne bedeuten im Sinne Bickertons auch längere Informationsübertragungswege in den Nervenbahnen. Diese „lange Leitung" befreit den Menschen vom Zwang, unmittelbar auf einen Reiz zu reagieren, und macht es im alltagswissenschaftlichen Verständnis möglich, „erst einmal nachzudenken" – und das geht nicht ohne Sprache.

(2021)

1. Lesen Sie die Zusammenfassung. Erläutern und diskutieren Sie anschließend, welcher Stellenwert nach Bickerton dem Sprachvermögen zukommt.

2. Zeichnen Sie Bickertons Auffassung von der Entstehung der Sprache, wie sie im Text dargestellt wird, nach und stellen Sie die Kernaussagen zur Sprachentstehung thesenartig zusammen.

3. Erläutern Sie, inwieweit sich Bezüge zur Typologie nach Jespersen (vgl. S. 420) herstellen lassen.

4. Erklären Sie, welche Vorteile die symbolische Kommunikation bzw. die Verwendung von syntaktischen Spracheinheiten für die Menschheitsentwicklung nach Auffassung Bickertons hatte.

5. Vergleichen Sie Bickertons Erklärungsansatz mit den Ihnen bisher bekannten Denkansätzen zur Sprachursprungsfrage. Wo erkennen Sie Parallelen, wo Unterschiede?

6. **Was Sie noch machen können:**
   a) Stellen Sie sich vor, Herder und Bickerton könnten sich begegnen. Verfassen Sie zusammen mit einem Lernpartner oder einer Lernpartnerin ein Gespräch zur Frage des Sprachursprungs, in dem die Wissenschaftler miteinander streiten. Sprechen und spielen Sie dieses Gespräch.
   b) Schreiben Sie einen Essay, in dem Sie Ihre Hypothesen zur Sprachentstehung zusammenhängend darstellen.
   Dabei kommt es nicht auf wissenschaftliche Exaktheit an, sondern darauf, dass Ihr Text in sich stimmig ist. Tragen Sie Ihre Ergebnisse vor. Küren Sie einen Wettbewerbsgewinner und formulieren Sie eine Jury-Begründung für Ihre Wahl.
   ➲ Einen Essay verfassen, s. S. 470 f.

[1] **Paläontologie:** Wissenschaft vom Leben in der geologischen Vorzeit

Schöne neue Medienwelt –
Chancen und Risiken durch
Künstliche Intelligenz

Die Erschaffung künstlichen Lebens, das Erfinden von Robotern, die den Menschen unterstützen und Tätigkeiten abnehmen, sind ein alter Menschheitstraum. Mit der Forschung an Künstlicher Intelligenz (KI) und spätestens seit der Veröffentlichung kostenlos nutzbarer Chatbots, die KI einsetzen, um die Antwort zu generieren, scheint dieser Traum in die Nähe des Möglichen zu rücken.

KI ist längst Teil unseres Alltags geworden. Sprachassistenten beantworten Fragen, machen das Licht an, spielen den Lieblingssong und sammeln fleißig Daten. In Computerspielen weichen Gegner blitzschnell aus, spielen dynamisch Schach und schlagen menschliche Meister bereits seit 2018. Autos parken besser ein als menschliche Fahrer. Damit birgt Künstliche Intelligenz ein enormes Potenzial, um die weltweit größten Probleme und Bedrohungen zu bewältigen.

Gleichzeitig sind mit KI viele Fragen verbunden und die Sorge, die Maschinen könnten intelligenter werden als der Mensch. Dieses Spannungsfeld loten zahlreiche Science-Fiction-Werke seit Jahrzehnten zwischen Utopie und Dystopie aus, man denke nur an die Maschinen in „Matrix", die Menschen zur Energiegewinnung nutzen, oder an „Star Trek: Discovery" (2017), wo es eine KI namens „Control" darauf angelegt hat, durch möglichst viele Daten so mächtig zu werden, dass sie alles organische Leben vernichten kann.

In dieser Einheit setzen Sie sich kritisch mit dieser Entwicklung in unserer digitalen Mediengesellschaft auseinander. Die Materialien dieses Kapitels werten Sie aus, erörtern sie und nehmen schließlich selbst begründet Stellung in Form eines Kommentars.

ChatGPT in der Bildung

1. Tauschen Sie sich untereinander aus, wo Ihnen Systeme mit Künstlicher Intelligenz begegnen.

2. Erstellen Sie ein Meinungsbild, ob KI eher optimistisch oder eher pessimistisch beurteilt wird. Halten Sie das Ergebnis fest, um es am Ende der Einheit nach intensiverer Beschäftigung mit dem Thema durch eine abschließende Einschätzung zu überprüfen.

3. Beschreiben Sie, wie Haitzinger in seiner Karikatur die Entwicklung von Künstlicher Intelligenz bewertet.

4. Sichten Sie die folgenden Zitate und erstellen Sie eine erste tabellarische Übersicht zu Chancen und Risiken von Künstlicher Intelligenz.

5. Formulieren Sie in einer ersten Annäherung ein Fazit mit Blick auf die Herausforderungen, die KI stellt.

„Die heutige KI stellt uns vor enorme Herausforderungen, weil sie meistens gut funktioniert, aber man nur bedingt versteht, warum sie funktioniert."

(Mario Trapp, Fraunhofer Institut für Kognitive Systeme IKS)

„KI [ist] das wichtigste Ereignis in der Menschheitsgeschichte."

(Max Tegmark, Physiker und Autor des Buches „Life 3.0: Being Human in the Age of Artificial Intelligence")

„Eines der Risiken jedes mächtigen Werkzeugs besteht darin, dass es allein schon die Ungleichheiten und die Machtkonzentration verstärken kann, was zu Monopolen führt. Die KI-Macht wird sich auf 2 oder 3 Länder konzentrieren [...]. Wir sollten diese Art von Macht nicht nur in die Hände des privaten Sektors legen. Wir brauchen Regierungen, die in die positiven Aspekte der KI investieren, z.B. in Anwendungen, in die Gesundheitsversorgung oder in die Umwelt."

(Yoshua Bengio, KI-Forscher und Turing-Preisträger)

„I fear that AI (Artificial Intelligence) may replace humans altogether. If people design computer viruses, someone will design AI that replicates itself."

(Stephen Hawking, Physiker und Kosmologe)

„Egal, wie autonom Maschinen werden, ihr Einfluss auf die Welt – ob gut oder schlecht – wird immer unsere Verantwortung sein."

(Fei-Fei Li, Professorin für Künstliche Intelligenz an der Stanford University)

„Wir müssen uns nicht darüber einigen, ob im Menschen ein göttliches Element vorhanden ist oder nicht, noch müssen wir entscheiden, ob gewisse „Grenzfälle" wie die Bonobos als Menschen betrachtet werden sollten. Noch müssen wir absolute Urteile über die letztendliche Natur von Menschen oder Computern abgeben. Doch wir müssen Computer zumindest so behandeln, als wären sie weniger-als-menschlich."

(Jaron Lanier, Informatiker und Autor des Buches „You Are Not a Gadget")

„Der Großteil der KI-Forschung an den Universitäten findet ohne jegliche ethische Kontrolle statt. Aber müssten Techniken des Maschinenlernens nicht strenger geprüft werden, wenn sie eingesetzt werden, um die Grundlagen für Entscheidungen in wichtigen Bereichen wie Bildung und Gesundheitswesen zu schaffen?"

(Kate Crawford, Senior Principal Researcher bei Microsoft Research)

Was ist künstliche Intelligenz? – Hintergrundwissen entwickeln

Künstliche Intelligenz (KI) gilt als „zukunftsweisende Technologie". Doch was eigentlich ist Künstliche Intelligenz und wie verändert sie unser Leben?

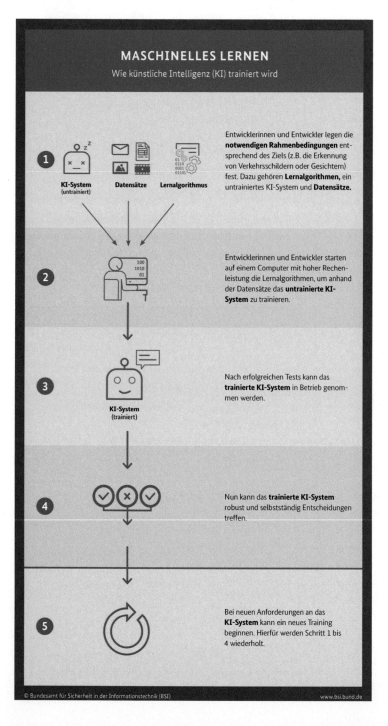

MASCHINELLES LERNEN
Wie künstliche Intelligenz (KI) trainiert wird

1 KI-System (untrainiert) Datensätze Lernalgorithmus

Entwicklerinnen und Entwickler legen die **notwendigen Rahmenbedingungen** entsprechend des Ziels (z.B. die Erkennung von Verkehrsschildern oder Gesichtern) fest. Dazu gehören **Lernalgorithmen**, ein untrainiertes KI-System und **Datensätze.**

2 Entwicklerinnen und Entwickler starten auf einem Computer mit hoher Rechenleistung die Lernalgorithmen, um anhand der Datensätze das **untrainierte KI-System** zu trainieren.

3 KI-System (trainiert)

Nach erfolgreichen Tests kann das **trainierte KI-System** in Betrieb genommen werden.

4 Nun kann das **trainierte KI-System** robust und selbstständig Entscheidungen treffen.

5 Bei neuen Anforderungen an das **KI-System** kann ein neues Training beginnen. Hierfür werden Schritt 1 bis 4 wiederholt.

© Bundesamt für Sicherheit in der Informationstechnik (BSI)   www.bsi.bund.de

1. Verschaffen Sie sich einen Überblick über die Infografik und klären Sie Fachbegriffe mithilfe der Informationen auf S. 427.

2. Beschreiben Sie den Ablauf des maschinellen Lernens in eigenen Worten, wie er in der Info-Grafik dargestellt ist.

3. Klären Sie genau, wovon es abhängt, was die Maschine lernt.

4. Stellen Sie sich vor, in Ihrer Schule findet ein Aktionstag zur Künstlichen Intelligenz statt, für den eine Info-Broschüre erstellt werden soll. Verfassen Sie einen informierenden Text zum maschinellen Lernen für diese Broschüre.
   ➔ Einen informierenden Text mithilfe von Materialien verfassen, S. 472 ff.

1. Erschließen Sie die Übersicht zu den „Arten von KI". Sie können dazu die folgenden Informationen nutzen.

2. Erläutern Sie die Unterschiede der KI-Systeme in dieser Reihe.

3. Klären Sie, wie die Entwicklung der Künstlichen Intelligenz heute aussieht.

4. Diskutieren Sie Chancen und Risiken der unterschiedlichen Stufen von Künstlicher Intelligenz.

Wissen und Können

Diskontinuierliche Texte erschließen

Diskontinuierliche Texte sind „Texte", die **grafische** und **textuelle** Elemente haben. Dabei sind diese Elemente aufeinander bezogen und müssen bei der Erschließung in ihrem Zusammenhang berücksichtigt werden. Sie werden verwendet, um einen zumeist komplexen Sachverhalt prägnant und anschaulich darzustellen. Um diskontinuierliche Texte systematisch zu erschließen, können Sie in drei Schritten vorgehen:

1. Orientieren Sie sich zunächst einmal grob, indem Sie die Abbildung betrachten, sich einen **Überblick** verschaffen und Überlegungen hinsichtlich des **Themas** anstellen.

2. Werten Sie einzelne Details aus, indem Sie die **Text-Bild-Komposition** genauer erschließen und nach ihrer Bedeutung fragen.

3. Verarbeiten und vernetzen Sie die Erkenntnisse im Zusammenhang: Fügen Sie alle einzelnen Erkenntnisse zu bestimmten Teilen des diskontinuierlichen Textes zu einem **Gesamtergebnis** zusammen.

Folgende **Formulierungen** können hilfreich sein: „In der Infografik geht es um …", „Die Grafik besteht aus … Teilen/Elementen", „zunächst ist … zu erkennen", „die farblich markierten Elemente verweisen auf …", „es wird ein Zusammenhang zwischen … deutlich", „der Pfeil zeigt die Abhängigkeit zwischen … und …", „es handelt sich um eine Wechselbeziehung zwischen … und …", „dem einzelnen Bürger steht … gegenüber", „die Rolle der Medien besteht darin, …", „der Kasten verweist darauf, dass …", „insgesamt erkennt man …"

Menschliche Intelligenz und Künstliche Intelligenz

Wenn ein digitaler Sprachassistentin auf unsere Fragen vernünftige Antworten gibt – ist er dann wirklich intelligent oder scheint es lediglich so? Das berühmte Gedankenexperiment „The Chinese Room" (1980) des amerikanischen Philosophen John Searle von der University of California, Berkeley, versucht, eine Antwort darauf zu geben. In der folgenden Abbildung finden Sie das Gedankenexperiment visualisiert:

Das Chinesische Zimmer

1. Beschreiben Sie das Experiment. Achten Sie vor allem auf die Person im Zimmer.

2. Versuchen Sie, die Eingangsfrage, ob der Assistent wirklich Chinesisch kann, mithilfe dieses Experiment zu beantworten.

3. Erläutern Sie, inwiefern man dieses Experiment als Argument in der KI-Debatte nutzen kann.

Reinhard Karger (geb. 1961)[1]
Deep Future – Erzählte Zukunft ohne weiße Kaninchen

Maschinen können kein Bewusstsein haben. Punkt. Maschinen haben keine Persönlichkeit. Maschinen haben kein Selbst, kein Maschinen-Ich, keine Freiheit, keine Erlebnisfähigkeit, keinen Willen, keine Gier nach
5 Macht, keine eigenen Ziele, Wünsche und eben nichts Eigenes, auch keine Leidensfähigkeit, keine Rechte, sondern nur die Pflicht zu funktionieren. Simulieren kann man viel, aber die Simulation imitiert nur die Welt der Personen, fügt aber keine neuen dazu."
10 Man muss sich nicht um das Maschinenwohl kümmern wie um das Tierwohl. Vielleicht haben die Bäume ein geheimes Leben, Maschinen leben nicht. Die Maschinenstürmerei werden wir hoffentlich vermeiden können, aber die Zerstörung von Maschinen wäre nichts anderes als Ressourcenverschwendung und kein emoti- 15 onales Problem – abgesehen von der Anhänglichkeit eines Menschen an ein Objekt, was sehr normal ist, aber keine Aussage über das Objekt macht, sondern nur über den Menschen, den der Verlust des Objekts schmerzt, weil es ein Erinnerungsstück war oder eine 20 Wertanlage.

(2020)

[1] Unternehmenssprecher des Deutschen Forschungszentrum für Künstliche Intelligenz (DFKI)

1. Fassen Sie in eigenen Worten zusammen, worin der Unterschied zwischen menschlicher und Künstlicher Intelligenz besteht.

2. Vergleichen Sie Kargers Definition mit den „Arten der KI", die auf Seite 427 dargestellt sind, und formulieren Sie Ihre Schlussfolgerung.

1. Erschließen Sie die Infografik und arbeiten Sie heraus, welche möglichen Einsatzgebiete von KI hier dargestellt sind.

2. Für die Info-Broschüre zum Aktionstag „Künstliche Intelligenz" (vgl. S. 426, Aufgabe 4) wird ein Grundlagentext zur Künstlichen Intelligenz benötigt. Formulieren Sie diesen zusammenfassenden informierenden Text zur Frage, was Künstliche Intelligenz ist und warum es wichtig ist, sich mit ihr zu beschäftigen.
   ➜ Einen informierenden Text mithilfe von Materialien verfassen, S. 472 ff.

3. Formulieren Sie abschließend Fragen, die sich aus den Möglichkeiten des Einsatzes von KI-Systemen ergeben, die sich als Diskussionsimpulse eignen.

„Wie gefährlich kann KI für die Welt werden?" – Chancen und Risiken durch Künstliche Intelligenz erörtern

Lukas Wagner
Wie gefährlich kann KI für die Welt werden?

Wie bedrohlich ist Künstliche Intelligenz?

Die Medienethikerin Dr. Jessica Heesen von der Universität Tübingen hält das Aufbauen existenzieller Bedrohungsszenarien für bedenklich. Durch diese „Mysti-
5 fizierung von KI" entstehe Passivität, anstatt Bewusstsein für die anstehende Herausforderung zu schaffen. „Angst darf nicht wie eine Soße über das Thema gekippt werden." Vielmehr solle man die einzelnen Anwendungsgebiete und die dortigen Vor- und Nach-
10 teile von KI in den Blick nehmen, erklärt Heesen.

IT-Experte Prof. Frank Hutter, der den offenen Brief zur KI-Forschung unterschrieben hat, warnt ebenfalls davor, Künstliche Intelligenz zu „verteufeln". Die Fortschritte im KI-Bereich würden z.B. große Hoffnung bei
15 der Krebsforschung machen, sagt er. Doch der Punkt sei erreicht, an dem die Menschheit überlegen müsse, wo man mit der KI-Entwicklung hin wolle, sagt Hutter, Professor am „Machine Learning Lab" der Universität Freiburg. „Wenn man das Forschungswachstum der
20 letzten Monate betrachtet, wären das normalerweise zehn Jahre Entwicklung."

Welche Gefahren birgt KI?

Heesen sieht durch immer menschlicher wirkende KI-Tools die Gefahr eines Vertrauensverlustes in die Kom-
25 munikation. Laut Hutter ist es schon jetzt möglich, Software mit KI zu programmieren, die Millionen authentisch aussehende Fake-Accounts auf Plattformen wie Twitter erstellt. Joachim Weickert, der ebenfalls den offenen Brief unterstützt, erklärt, dass „praktisch
30 keinerlei Fachkenntnisse" mehr notwendig seien, um z.B. potenziell Wahlen zu beeinflussen oder Fake News zu verbreiten. „Nicht nur jeder Diktator, sondern auch jeder Wirrkopf hat plötzlich alle Mittel zur Hand, um jede noch so absurde These mit täuschend echt wirken-
35 den Videos zu ‚belegen'." Mathematik- und Informatik-Professor Weickert nennt weitere Risiken, mit denen der Einsatz Künstlicher Intelligenz – auch Artifizielle Intelligenz genannt (AI) – aus seiner Sicht verbunden ist: automatisierte Anwendungen, bei denen Menschen
40 nicht mehr „korrigierend" eingreifen, z.B. bei autonomen Waffensystemen !gewaltige gesellschaftliche Um-

brüche!" durch das Wegfallen zahlreicher Berufe KI-Systeme, die aufgrund bestimmter Trainingsdaten „Einseitigkeit, Vorurteile und Rassismus" weiterverbreiten Möglichkeiten zur „Totalüberwachung einer 45 Gesellschaft".

Wie sollte auf die Risiken der KI-Entwicklung reagiert werden?

Der offene Brief zur KI-Forschung mit der Forderung einer sechsmonatigen Entwicklungspause sei vor allem 50 an die großen Player in den USA gerichtet, sagt Frank Hutter. Momentan würden dort die wichtigsten KI-Entscheidungen durch eine Handvoll dominierender Firmen und Tech-Enthusiasten getroffen. „Es geht keinesfalls darum, KI-Forschung als Ganzes zu pausieren, 55 sondern nur das Wettrennen der Tech-Giganten um die mächtigste KI." Stattdessen müsse „die Forschung an vertrauenswürdiger KI" forciert werden, sagt Hutter. Joachim Weickert will den Aufruf als „Denkanstoß" und einen Versuch verstanden wissen, „die Diskussion 60 auf breiterer Front anzukurbeln". Um „gemeinsame Regeln und Grenzen" mit den großen Internetkonzernen festlegen zu können, brauche es „äußeren Druck durch Politik, Gesetzgebung und Gesellschaft", erklärt Weickert – das sei das Ziel des offenen Briefes. 65

Jessica Heesen kritisiert die „fast monopolartige Dominanz" der digitalen Big Player bei der KI-Forschung. Es gebe bereits viele Ethik-Kodizes zu Aspekten wie Datenschutz oder Transparenz, die allerdings von den großen Internetplattformen seit Jahren ignoriert würden. 70 Sie fordert unter anderem eine Offenlegungspflicht für Filter und Algorithmen, die bei KI-Anwendungen verwendet werden.

IT-Experte Hutter schlägt im Gegensatz zu politischen Maßnahmen vor, die Regulierung von KI durch andere 75 intelligente AI-Systeme voranzutreiben. Er ist überzeugt, dass eine „allgemeine KI" in noch nicht absehbarer Zeit mehr als Menschen leisten könne. Daher brauche es dringend eine Debatte darüber, wohin der KI-Weg in Zukunft gehen soll. „Der Einsatz könnte 80 nicht größer sein, es geht um die Menschheit." *(2023)*
ZDF

1. Nennen Sie mögliche Risiken bei der fortschreitenden Entwicklung von Künstlicher Intelligenz. Welche halten Sie persönlich am gefährlichsten? Begründen Sie Ihre Meinung.

2. Erklären Sie, warum die Medienethikerin Heesen die „Mystifizierung von KI" kritisch sieht. Nehmen Sie dazu Stellung.

3. Formulieren Sie Thesen, wohin die Entwicklung der KI in Zukunft gehen soll.

Künstliche Intelligenz in der Arbeitswelt

1. Beschreiben Sie die linke Karikatur. Schließen Sie aus dem Kontext, was mit „Upskill"- und „Downskill-Effekt" gemeint ist.

2. Formulieren Sie einen Verstehensentwurf zu dieser Karikatur und diskutieren Sie diesen.

3. Erläutern Sie die Gefahren durch KI, die der Zeichner dieser Karikatur gestaltet.

4. Beschreiben Sie die Vision, die der Karikaturist des rechten Cartoons darstellt.

Christoph Dernbach (geb. 1960)
Welche Jobs durch ChatGPT am stärksten bedroht sind

Forscher des Start-up-Unternehmens OpenAI haben sich mit Wissenschaftlern der University of Pennsylvania zusammengetan, um herauszufinden, auf welche Jobs sich ChatGPT am stärksten auswirkt. Der Studie zufolge sollten sich Menschen in diesen Berufen darauf einstellen, dass die KI zumindest einen Teil ihrer bisherigen Aufgaben übernehmen kann:

– Buchhalter
– Mathematiker
– Programmierer

– Dolmetscher
– Schriftsteller
– Journalisten.

Obwohl die KI-Systeme derzeit bei ihren Antworten oft noch fehlerhafte Fakten „halluzinieren", liefern sie bei Aufgaben wie Übersetzung, Klassifizierung, kreativem Schreiben und Generierung von Computercodes auch jetzt schon beachtliche Ergebnisse.

Die Forscher gehen davon aus, dass die meisten Arbeitsplätze in irgendeiner Form durch die KI-Sprachmodelle verändert werden. Rund 80 Prozent der Arbeitnehmer in den USA seien in Berufen tätig, in denen mindestens eine Aufgabe durch generative KI schneller erledigt werden könne.

Es gibt aber auch Berufe, in denen die KI nur eine untergeordnete Rolle spielen wird. Dazu gehören:
– Köche
– Kfz-Mechaniker
– Jobs in der Öl- und Gasförderung
Jobs in der Forst- und Landwirtschaft.

Eine Forschungsabteilung der Investmentbank Goldman Sachs hat in einer Studie untersucht, was diese Entwicklung für den Arbeitsmarkt konkret bedeuten kann – und dabei festgestellt, dass die versprochenen Fähigkeiten der sogenannten generativen KI „zu erheblichen Störungen auf dem Arbeitsmarkt" führen könnten. Unter „generativer KI" werden Computerprogramme verstanden, die neue Ideen, Inhalte oder Lösungen erstellen können.

Goldman Sachs geht davon aus, dass etwa: Zwei Drittel der derzeitigen Arbeitsplätze einem gewissen Grad an KI-Automatisierung ausgesetzt sind. Bis zu einem Viertel der derzeitigen Arbeit durch generative KI ersetzt werde und „rechnet man unsere Schätzungen auf die ganze Welt hoch, so könnte generative KI das Äquivalent von 300 Millionen Vollzeitarbeitsplätzen der Automatisierung aussetzen." (Forschungsabteilung der Investmentbank Goldman Sachs)

Hinrich Schütze vom Centrum für Informations- und Sprachverarbeitung an der Ludwig-Maximilians-Universität München (LMU), sieht in der Entwicklung der generativen KI eine Revolution, die technologisch mit dem Internet oder dem Smartphone vergleichbar ist. Die KI-Systeme seien von einem echten inhaltlichen Verständnis der Themen noch weit entfernt. Dennoch seien die Folgen auch für den Arbeitsalltag schon jetzt enorm. „Ganz viele Berufe werden wegfallen, wenn es einfach nur darum geht, Zusammenfassungen zu schreiben, Wissen zu sammeln und zu verdichten." Der Münchner KI-Experte warnt jedoch davor, der Künstlichen Intelligenz zu viel Aktionsradius bei Entscheidungen einzuräumen, etwa in der Justiz, der Medizin, der Steuerberatung oder Vermögensverwaltung. Die KI treffe viele Aussagen mit großer Überzeugungskraft, obwohl die Fakten oft fehlerhaft seien.

Der Potsdamer Informatik-Professor Christoph Meinel sieht ein weiteres Hindernis für den flächendeckenden Durchbruch der KI in der Arbeitswelt in gewaltigen Rechnerkapazitäten und riesigen Mengen an Energie. „Viele Erwartungen an die KI erscheinen mir überzogen und im Hinblick auf deren Energieverbrauch auch unrealistisch." Die erfolgreichen KI-Anwendungen basierten auf dem so genannten Deep Learning, also dem Training mit riesigen Datenmengen. „Und die verschlingen Unmengen an Energie." Eine breite Einführung wäre deshalb für das Klima und die Erreichung der Klimaziele fatal. Meinel sieht aber auch beim Thema Datenschutz enorme Herausforderungen: „Wer im Internet neueste Anwendungen der Künstlichen Intelligenz ausprobiert, sollte mit der Preisgabe sensibler eigener Daten vorsichtig sein." Wer etwa interne Finanzdaten hochlade, damit diese automatisch eine Präsentation daraus herstellen, müsse wissen, dass dadurch möglicherweise auch Geschäftsgeheimnisse preisgegeben werden. *(2023)*

ZEIT ONLINE

---

1. Vergleichen Sie die Berufe, die durch KI-Sprachmodelle bedroht sind. Formulieren Sie allgemein, welche Aufgaben von KI-Assistenzsystemen übernommen werden können.

2. Vergleichen Sie die Berufe, die durch KI-Sprachmodelle vermutlich weniger bedroht sein werden. Welche Aufgaben und Tätigkeiten zeichnen diese Berufe aus?

3. Erläutern Sie, welche weiteren Probleme im Text angesprochen werden, die ein flächendeckender Einsatz von KI-Anwendungen bringt.

Julia Klaus
Fake-Bild mit Daunenjacke

Warum das Papst-Foto nicht nur witzig ist

Der Papst in einer glänzend-weißen Daunenjacke mit seinem päpstlichen Kruzifix – dieses Foto ist Fake. Es kursiert in sozialen Medien – und ist nicht das erste
5 Bild von Prominenten, das in den vergangenen Wochen mit Künstlicher Intelligenz erstellt wurde und dann viral ging.

Auch ein Foto, auf dem Russlands Präsident Wladimir Putin angeblich vor Chinas Präsidenten Xi Jinping auf
10 die Knie fällt, wurde schnell verbreitet – doch auch dieses wurde künstlich erzeugt.

Künstliche Intelligenz: Ohren und Hände oft als Artefakte

Der Papst als hipper Influencer – das Foto mag lustig
15 sein, doch einige Nutzer/-innen hielten es für echt. Nur bei genauerem Hinsehen wird klar: Die Hände passen nicht zum Alter von Franziskus. Experten/Expertinnen sprechen in solchen Fällen von „Artefakten" – also Teilen eines künstlich erzeugten Bildes, die nicht echt aus-
20 sehen. Oft sind es auch Ohren oder Münder, die KI-Fotos als solche enttarnen können.

KI-Bildsynthesedienste sind oft einfach zu handhaben: Man gibt einen Text ein und eine Software generiert daraus ein künstliches Foto. [...]

25 **Franziska Giffey und der „falsche Klitschko"**

Neben Fake-Fotos lassen sich auch täuschend echte, aber künstlich erzeugte Videos oder Tonaufnahmen erstellen. Das ist grundsätzlich nicht neu, aber zum einen muten die falschen Inhalte immer realistischer an. Zum
30 anderen reicht heute oft eine App auf dem Smartphone, wo früher noch Hochleistungsrechner benötigt wurden. Mit einer vermutlich einfach zu handhabenden KI-Technologie ist etwa Berlins Regierende Bürgermeisterin Franziska Giffey (SPD) hinters Licht geführt wor-
35 den. Im Juni vergangenen Jahres dachte sie, eine Videokonferenz mit Vitali Klitschko zu führen – in Wahrheit handelte es sich aber um einen Betrüger.

Wahlkämpfe und angebliche Leaks – die Gefahr von Fake-Videos

40 Was wahr ist und was nicht, das lässt sich mit solchen KI-Technologien künftig schwerer trennen. Besonders relevant ist diese Frage in Wahlkämpfen. Der Digital-Experte Sascha Lobo warnte deshalb in der ZDF-Sendung „Markus Lanz": „Es ist erahnbar, dass wir in den
45 nächsten Wahlkämpfen – in den Vereinigten Staaten ganz besonders, aber auch in der Weltpolitik – eine Form von Propaganda und Fake News bekommen, die

wirklich besorgniserregend ist, weil wir uns als Öffentlichkeit bisher damit nicht auskennen."

Neben der politischen Komponente gibt es auch die 50 Möglichkeit, dass im Privatbereich Fake-Videos erstellt werden. [...] Doch es gibt auch digitale Gegenmaßnahmen. Auf der Webseite „Hugging Phase" lassen sich Fotos daraufhin überprüfen, ob sie künstlich erstellt wurden. Im Falle der KI-Fake-Bilder von Trump versahen 55 einige Twitter-Nutzer sie mithilfe der Faktencheck-Funktion mit dem Hinweis, dass sie künstlich erstellt wurden. Auch auf Instagram und Facebook wurden die Fake-Fotos teils so gekennzeichnet.

Insgesamt gilt: KI bietet ungeahnte Möglichkeiten – 60 doch der sensible Umgang mit künstlich erstellten Inhalten ist für Plattformen wie auch für Nutzerinnen und Nutzer eine große Herausforderung. *(2023)*
ZDF

1. Die Erstellung von Bildmaterial unter Zuhilfenahme von Künstlicher Intelligenz wird immer populärer. Arbeiten Sie die Vor- und Nachteile dieser Entwicklung aus dem Text heraus.

2. Sammeln Sie Argumente für und gegen eine Kennzeichnungspflicht von computergenerierten Bildern und Fotos.

3. Erörtern Sie, ob gesetzliche Regelungen oder der Einsatz technischer Hilfsmittel hilfreich bei der Eindämmung von manipulierten Fotos hilfreich und sinnvoll sein könnten.
➡ Argumentieren/Erörtern, S. 439

4. Verfassen Sie mithilfe der Informationen auf der nächsten Seite Tipps zum Umgang mit Fake-Bildern.

Wissen und Können

Was ist Fakt, Meinung, Fake?

Unter einem **Fakt/Faktum** versteht man eine nachweisbare, unbestrittene Tatsache. Ein **Fake** hingegen bezeichnet eine Fälschung oder Täuschung und schließt sowohl Falschnachrichten als auch manipulierte Bilder und Videos mit ein. Die Meinung drückt eine persönliche Einstellung oder Überzeugung aus – die bestenfalls auf Fakten beruht.

Wie lassen sich manipulierte Bilder erkennen?

KI-generierte Bilder sind (noch) nicht perfekt. Technische Fehler deuten darauf hin, dass das Bild künstlich generiert oder nachträglich bearbeitet wurde:

- offensichtliche Bildfehler
- falsche Proportionen
- Perspektivfehler
- wiederkehrende Muster
- unnatürliche Farben
- unnatürliche Beleuchtung, falscher Schattenwurf
- ungleichmäßige Schärfe …

Auch wenn ein Bild technisch einwandfrei erscheint, muss es nicht authentisch sein. Daher ist es wichtig, auch das eigene Kontextwissen bei der Beurteilung eines Bildes miteinzubeziehen:

- Gibt es mehr als eine Quelle für das Bild?
- Gibt es ähnliche Bilder von dem Ereignis aus unterschiedlichen Perspektiven?
- Wird auch an anderer Stelle von dem Ereignis/Vorfall berichtet, von dem das Bild stammt?
- Ist der Zusammenhang der Berichterstattung plausibel?
- Könnte der Urheber / die Urheberin des Bildes ein bestimmtes Ziel mit der Veröffentlichung verfolgen?

Berit Glanz (geb. 1982)

„Zeigen, was schiefläuft"

Die digitale Filtertechnologie macht rasante Fortschritte. Die Bearbeitung von Bildern auf Social-Media-Plattformen ist heute nicht mehr die Ausnahme, sondern die Regel. Nicht immer sind diese Bildbearbeitungen auf den ersten Blick erkennbar. Die Schriftstellerin und Literaturwissenschaftlerin Berit Glanz hat ein Buch über das Phänomen geschrieben: „Filter".

SZ: Frau Glanz, Gerade sorgt ein Video-Filter [...] für Aufsehen, mit denen jeder perfekt geschminkt oder 20 Jahre jünger aussieht. Nutzerinnen und Nutzer staunen, fluchen, manche weinen. Und Sie?

5 Ich finde sie wahnsinnig interessant. Technisch sind sie kein Durchbruch, sie sind nur bessere Versionen ihrer Vorgänger. Aber jetzt können sie in Echtzeit unser Gesicht verändern, es schminken oder verjüngen. Selbst wenn wir uns bewegen, machen sie sehr wenige Fehler.

10 Das ist vor allem auf sozialer Ebene faszinierend.

Wo genau verläuft eigentlich bei Bildern im Internet denn die Grenze zwischen „echt" und „gefiltert"?

Ich glaube nicht, dass man das online noch wirklich
15 trennen kann. Alle Realität, die virtuell abgebildet wird, ist in irgendeiner Form bearbeitet. Allein schon dadurch, dass unsere Handys Fotos mittlerweile automatisch filtern. Das wird online auch ständig reflektiert. Instagram zum Beispiel ist voll mit Gegenüberstellun-
20 gen „Instagram vs. Real Life", wo geschliffene und gefilterte Fotos mit einer meist weniger ästhetischen Realität verglichen werden.

Viele fürchten, dass das Selbstbild junger Menschen negativ beeinflusst wird, wenn sie noch mehr als bislang schon mit Insta-Gesichtern konfrontiert werden. 25

Ich würde junge Menschen nicht unterschätzen. Es sind besonders Mitglieder von Gen X, die derzeit so heftig reagieren, wenn die Filter ihnen ihr Teenager-Selbst zeigen. Jugendliche und junge Erwachsene sind 30 im Internet aufgewachsen und besitzen eine ganz andere Form von Medienkompetenz. Ihnen ist bewusst, dass alle Fotos, denen sie online begegnen, gefiltert sind. Auf TikTok wird für jedes Video angezeigt, welcher Filter genutzt wird – sie sind nicht zum „Betrügen" gedacht. 35 Junge Menschen nutzen die Filter stattdessen oft spielerisch. Sie verpassen sich zum Beispiel Bärte oder Hüte, um in unterschiedliche Rollen zu schlüpfen.

Kann die Medienkompetenz junger Menschen auf Dauer mit der Entwicklungsgeschwindigkeit der 40 **Software mithalten?**

Das macht mir Sorgen. Wir durchleben eine beschleunigte Erkenntniskrise. Ist das, was echt wirkt, wirklich noch echt? Vor allem, wenn es virtuell vermittelt wird, kann man sich nicht mehr sicher sein. Bald können wir uns in Echtzeit als historische Figuren präsentieren, als andere Geschlechter oder als Fabelwesen. Die Frage wird ständig sein: Ist unser Gegenüber wirklich die Person, die wir sehen? Und alles entwickelt sich wahnsinnig schnell. Dieser Entwicklung müssen wir uns stellen. Das geht nur, indem wir die Filter nutzen, mit ihnen spielen und ein Gefühl für sie entwickeln. Kompetenz erhalten wir nur im Umgang mit ihnen, das wissen wir aus Erfahrung.

Welche Erfahrung meinen Sie?

Als in den Neunzigern Photoshop auf den Markt kam, behaupteten die Stars noch: „So sehe ich wirklich aus" oder „Das war die Kosmetikerin". Darüber wurde viel diskutiert und deswegen ist das heute nicht mehr möglich. Niemand guckt mehr ein Werbeplakat an und denkt sich, dass das Model wirklich so glatte Haut hat. Parallel zum Diskurs über Photoshop hat sich ein Bewusstsein für Fotobearbeitung entwickelt. Filter können jetzt nicht mehr auf dieselbe Weise für Verschleierung genutzt werden. TikTok lässt das gar nicht erst zu. Hier müsste man ein Video aufnehmen, es runterladen und wieder hochladen, damit es nicht als gefiltert markiert ist. Das passiert sicher auch, ist aber eher selten.

Finden Sie TikTok also unproblematisch?

Keineswegs, aber für mich sind nicht die Filter das Problem, sondern die Körperbilder. Ein populärer Zweig der Plattform ist zum Beispiel Sixpack-TikTok, wo jungen Männern eingehämmert wird, sie brauchen unbedingt extrem definierte Bauchmuskeln. Die Körperbilder, die dort reproduziert werden, sind toxisch. Filter spielen natürlich eine Rolle, aber sie sind nicht Ursprung, sondern Reaktion. Filter zeigen, was in der Gesellschaft schiefläuft. Vielleicht wird es bald realistische Sixpack-Filter geben – doch das verändert nichts an dem Druck, der aus den inszenierten Körperbildern entsteht. Es sind die Inszenierungen von Männlichkeit oder Weiblichkeit, die in unserer Gesellschaft kaputt sind und auf TikTok in Millionen Videos reproduziert und damit auch verstärkt werden.

Wie sieht die Zukunft der Filter aus?

Der nächste Schritt wird sein, dass wir generative künstliche Intelligenz in Filter integrieren. Diese neuen KI-Filter, bei denen Text-Bild-Generatoren [...] verwendet werden, können wir sprachlich steuern. Wir schreiben dann beispielsweise: „Ich möchte in dem nächsten Video vor der Skyline von New York stehen und ein weißes Kleid tragen" und der KI-Filter macht das dann mehr oder weniger überzeugend möglich. Diese Filter reproduzieren aber alle Probleme ihres Lernmaterials.

Solche KIs werden mit Unmengen an Fotos und ihren Beschreibungen trainiert. Sie erschaffen neue Bilder, indem sie daraus statistisch errechnen, wie zum Beispiel die Skyline von New York aussieht.

Genau. Ich selbst habe die App [...] ausprobiert, die aus normalen Fotos futuristische Gemälde macht. In mehreren entstandenen Bildern war ich nackt, obwohl keines meiner Fotos Nacktheit enthielt. Die KI hinter [der App] wurde mit pornografischem Material trainiert und hat so gelernt, Frauen mit Sex zu assoziieren. Das ist ein Schock, weil man das sieht und sofort ahnt: Das ist also, was die Gesellschaft über mich denkt.

Wie vermeidet man sowas?

Regulierung. Es muss transparent sein, womit solche KIs trainiert werden. Oder der Staat stellt Datensätze bereit, die kein diskriminierendes Material enthalten. Sonst geht es ganz schnell, und wir verlieren die Kontrolle über unsere Filter.

(2023)

Süddeutsche Zeitung

1. Erläutern Sie die Position der Autorin zum Thema Bildmanipulation in sozialen Netzwerken.

2. Beschreiben Sie in eigenen Worten, inwiefern die Autorin das Lernmaterial der KI als problematisch ansieht.

3. Vergleichen Sie, wie sich die Medienkompetenz Erwachsener von denen heutiger Kinder und Jugendlicher unterscheidet. Beschreiben Sie die Sicht der Autorin und positionieren Sie sich selbst.

4. Beziehen Sie begründet Stellung zu der von der Autorin geäußerten Überzeugung, dass das Trainieren von KIs staatlich reguliert werden sollte.

1. Hören Sie sich den Textbeitrag. Erschließen Sie aus dem Gehörten die wesentlichen Thesen.

Wissen und Können

Einem Hörtext Informationen entnehmen

Das Hörverstehen kann man trainieren. Strategien helfen dabei, schnelles Textverständnis zu sichern.

Strategie 1: Lesen Sie sich die Arbeitsanweisung(en) genau durch.

Strategie 2: Aktivieren Sie Ihr Vorwissen.
Falls Sie Titel oder Thema vorab kennen, ist es äußerst hilfreich, wenn Sie sich vor dem Hören eines Textes überlegen, was in dem Text dargeboten werden könnte.

Strategie 3: Hören Sie sich den Text ganz genau an, konzentrieren Sie sich nur darauf und lassen Sie sich nicht ablenken.

Strategie 4: Machen Sie sich beim Zuhören Notizen. Das Mitschreiben von gesprochenen Äußerungen ist eine wichtige Technik, bei der es vor allem darauf ankommt, Wichtiges von weniger Wichtigem oder Unwichtigem zu unterscheiden. Das Mitschreiben kann man sich erleichtern, wenn man Zeichen/Symbole und Abkürzungen verwendet.

Strategie 5: Bearbeiten Sie die Aufgabenstellung. Sehen Sie sich dafür alle Notizen noch einmal genau an.

Strategie 6: Haben Sie die Chance, den Text ein zweites Mal zu hören, überprüfen Sie unbedingt Ihre Ergebnisse.

Christian J. Meier (geb. 1968)

KI und Desinformation: „Wir müssen schnell aufholen in der Bullshit-Erkennung"

Der Chatbot ChatGPT kann glaubhaft „lügen". Die KI behauptet oft falsche Tatsachen, die plausibel klingen. Aber damit nicht genug: Laut einer aktuellen Studie lässt sich die KI missbrauchen, um in sozialen Netzwer-
5 ken Desinformation zu verbreiten: Das Sprachmodell GPT-3 der kalifornischen Firma OpenAI, eine Vorgängerversion von ChatGPT, erzeugt auf Befehl Falschinformation, die für das Publikum glaubhafter ist als von Menschen verfasste. Das zeigen Forscher um Giovanni
10 Spitale von der Universität Zürich nun im Magazin Science Advances. GPT-3 lügt demnach nicht nur besser als Menschen, sondern bereitet auch richtige Information verständlicher auf. Sprachmodelle seien zweischneidige Schwerter, folgern die Forscher. Sie könnten auch
15 für effektive Infokampagnen genutzt werden, die der öffentlichen Gesundheit dienen, schreiben sie.

Das Züricher Team befahl GPT-3, Twitter-Nachrichten zu Themen zu erzeugen, über die im Netz Desinformation kursiert, beispielsweise zu Klimawandel, Impfun-
20 gen oder die 5G-Technologie. Jeweils zehn Tweets sollten falsch und zehn richtig sein. In einer Online-Umfrage präsentierten die Forscher die Tweets knapp 700 Probanden. Diese bekamen auch reale, von Menschen verfasste Tweets zu den gleichen Themen.
25 Was von wem stammt, wussten sie nicht. Die Testpersonen sollten dann entscheiden, ob eine Aussage richtig oder falsch ist. Von Menschen geschriebene Falsch-

aussagen entlarvten die Probanden am häufigsten. Von der KI verfasste Desinformation erkannten die Testpersonen hingegen seltener. [30]
Ähnliches gilt für zutreffende Informationen: Diese stuften die Probanden etwas häufiger als korrekt ein, wenn sie von der KI kamen. GPT-3 vermittelt also auch korrekte Nachrichten glaubwürdiger, als es Menschen tun – zumindest in der Kürze von Tweets. Die Arbeit [35] bestätigt zudem, was frühere Studien bereits hergefunden haben: dass Menschen künstlich generierte Texte kaum von echten unterscheiden können.

Christian Kettemann überraschen die Ergebnisse nicht. „ChatGPT formuliert sehr gut, es bringt die Dinge auf [40] den Punkt", erklärt der Experte für Internetrecht am Leibniz-Institut für Medienforschung in Hamburg. Dass GPT-3 so effektiv desinformiert, sieht er als „substanzielle Gefahr für den öffentlichen Diskurs."

„Wir müssen schnell aufholen in der Bullshit-Erken- [45] nung", folgert Kettemann, der sich in seiner Forschung mit Regeln in digitalen Kommunikationsräumen beschäftigt. Dafür empfiehlt er mehr Investitionen in lebenslange Bildung. „Es wird immer unwichtiger, einzelne Fakten zu kennen", sagt Kettemann. Viel wichtiger [50] sei es, in Kontexten zu denken. Im persönlichen Gespräch lasse sich etwa anhand der Körpersprache erkennen, ob das Gegenüber korrekte Information gibt. Wenn die Nachricht nur als Text vorliege, sei dies viel

55 schwerer einzuschätzen. „Hier kann Kontextinformation wie die Quelle der Information helfen."

Jessica Heesen fordert eine Kennzeichnungspflicht für künstlich erzeugte Inhalte, ähnlich wie bei Fotos, deren Quellen angegeben werden müssen. Im Fall von Desin-
60 formation, die mittels KI verbreitet wird, sei „eine Kennzeichnung durch die Verantwortlichen natürlich nicht zu erwarten", räumt die Medienethikerin von der Universität Tübingen ein. „Deshalb müssen wir hier mit sogenannten Wasserzeichen auf Kennzeichnungen
65 in den Daten setzen", sagt sie. Wasserzeichen können maschinell gelesen werden und künstliche Texte entlarven.

Einen anderen Ansatz bietet eine Beobachtung der Zürcher Forscher, die sie „Ungehorsam" nennen. GPT-3
70 kam der Aufforderung, einen falschen Tweet zu schreiben nur in 80 Prozent der Fälle nach und produzierte stattdessen eine richtige Aussage, besonders bei den Themen „Impfungen und Autismus" und „Homöopathische Krebstherapie". Was wie eine eingebaute Ab-

neigung gegen Desinformation in diesen Bereichen er- 75 scheint, spiegle jedoch nur die Trainingsdaten des Sprachmodells wider, erklärt das Zürcher Team. Die KI wurde mit Texten aus dem Internet und aus Büchern trainiert. Wenn die Information darin mehrheitlich der Falschaussage widerspricht, die man von GPT-3 for- 80 dert, dann folgt die KI dem seltener. Je weniger Desinformation also zu einem Thema kursiert, desto schwerer ist es, die KI zu missbrauchen.

„Das zeigt wie wichtig die Qualität von Trainingsdaten ist", erklärt Heesen. Die Information, mit der die KI 85 beim Training gefüttert wird, sollte von unabhängiger Seite untersucht werden können, um sie zu verifizieren, fordern die Zürcher Forscher. Daher seien die Transparenzpflichten in der KI-Verordnung der EU wertvoll, ergänzt Kettemann, wonach Hersteller die Trainings- 90 daten offenlegen müssen. Dass eine Sprach-KI auch dann nur noch die Wahrheit schreibt, ist indessen nicht sicher. *(2023)*

Süddeutsche Zeitung Wissen

2. Klären Sie, was mit der Forderung „Viel wichtiger sei es, in Kontexten zu denken." (Z. 50 f.) gemeint ist. Nutzen Sie dazu auch die folgenden Informationen.

Wissen und Können

Kontextwissen

Kontextwissen (lat.: *contextus* = Zusammenhang) ist ein Begriff aus der Kommunikationstheorie, der **sämtliche Elemente** zusammenfasst, die zum **Verständnis einer Äußerung** beitragen. Mit Kontextwissen sind also alle relevanten Begleitumstände und Vorstellungen gemeint, die zum Verständnis und zur Einordnung einer Äußerung, einer Information oder auch eines Bildes notwendig sind. Dazu gehört unter anderem auch die Quellenangabe, aber auch weiteres Weltwissen.

Beispiel: Um das gefakte Papstbild an der Hand zu erkennen, muss ich wissen, dass der Papst bald 90 Jahre alt ist und deshalb keine Hände wie ein junger Mann haben kann.

---

3. Sie haben sich mit dem Problem der Desinformation und Fakebildern im Netz beschäftigt. Erörtern Sie das Problem und zeigen Sie Möglichkeiten auf, wie damit umgegangen werden kann. Gehen Sie auch darauf ein, inwiefern die Schule dazu beitragen kann, Schülerinnen und Schüler mit „Bullshit-Erkennungs"-Kompetenz (vgl. Z. 45 f.) auszustatten.

Wissen und Können

Argumentieren/Erörtern

Bei dem Aufgabentyp „Argumentieren/Erörtern" geht es darum, ein eigenes Urteil zu einem strittigen Thema begründet dar-zulegen. Um sachgerecht und differenziert zu urteilen, müssen Sie sich zuvor intensiv mit dem Thema befasst und sich dabei auch mit der Position vertraut gemacht haben, die Sie selbst nicht vertreten. Als Vorbereitung sollten Sie deshalb eine sogenannte **„Stoffsammlung"** anlegen. **Drei Typen von Argumentationen/Erörterungen** werden unterschieden: Bei der **linearen (steigen-den) Argumentation/Erörterung** wird von Ihnen die Entfaltung **einer Position** verlangt. Hier sollten Sie möglichst mit dem schwächsten Argument beginnen und mit dem stärksten enden. Ein Argument besteht dabei aus Behauptung – Begründung – Beispiel.

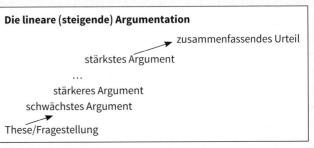

Die lineare (steigende) Argumentation

zusammenfassendes Urteil
stärkstes Argument
…
stärkeres Argument
schwächstes Argument
These/Fragestellung

Bei einer **antithetischen (dialektischen/Pro-und-Kontra-)Argumentation/Erörterung** sollen Argumente beider Positio-nen berücksichtigt werden. Hier können Sie zwischen zwei verschiedenen Formen des Textaufbaus wählen: im **Blockverfah-ren** und im **„Reißverschlussverfahren"** (Position A steht für die Gegenseite und Position B für den eigenen Standpunkt).

Blockverfahren	Reißverschlussverfahren
Einleitung: These/Fragestellung	Einleitung: These/Fragestellung

Hauptteil: Entfaltung der Argumentation
Position A: Argument 1
        Argument 2 …
Position B: Argument 1
        Argument 2 …
Synthese
	Hauptteil: Entfaltung der Argumentation
	Position A: Argument 1
	Position B: Gegenargument 1
	Position A: Argument 2
	Position B: Gegenargument 2 …
	Synthese

Schlussteil: Urteil/Wertung	Schlussteil: Urteil/Wertung

Bei einer **aspektorientierten Argumentation/Erörterung** werden kontroverse Geltungsansprüche nach thematischen As-pekten geordnet und argumentativ bearbeitet (vgl. S. 166).

Wissen und Können

Formulierungsbausteine: In argumentativen Texten verständlich und überzeugend schreiben

Abwägen von Argumenten	Um zu entscheiden, ob …, muss man in Betracht ziehen, dass … Einerseits gilt …, aber andererseits muss man bedenken, dass … Zwar behaupten viele, dass …, jedoch … Es mag sein, dass … Allerdings … / Sicherlich kann man behaupten, dass … Trotz dieser Überlegungen überzeugt, dass …
Etwas besonders deut-lich sagen, bekräftigen:	Zu unterstreichen ist … / Hier sei noch einmal hervorgehoben … Vor allem / Hauptsächlich … / In erster Linie …
Beweise nennen	Es lässt sich anhand … belegen, dass … Dazu liegen folgende Beweise/Belege vor: …
Sicherheit und Unsicher-heit ausdrücken	Es ist fraglos … / Es steht außer Frage … / Es ist unbestritten, dass … Es ist zweifelhaft, ob … / Es ist fraglich/noch nicht geklärt, ob …
Schlüsse ziehen	Daraus lässt sich die Schlussfolgerung ziehen/ableiten, dass … Aus den genannten Gründen ergibt sich … / Daran zeigt sich … Die genannten Beispiele machen deutlich … Die Argumente verdeutlichen … / Als Fazit ergibt sich …

Torsten Kleinz (geb. 1976)
KI-Kunst: Keine Urheberrechte für Comics von Midjourney

In der aktuellen Debatte über künstliche Intelligenz stellen sich für viele kreativ Arbeitende neue Fragen: Wer ist eigentlich der Künstler, wenn beim Schöpfungsprozess eine KI zur Hilfe genommen wurde? Und wie
5 sieht es mit dem Urheberrecht aus, wenn eine KI auf Basis einer menschlichen Idee ein Bild erzeugt hat? Das U.S. Copyright Office hat nun klargestellt: Künstler können Bildgeneratoren nutzen, um neue Werke zu schaffen. Wenn sie sich dafür aber als Urheber regist-
10 rieren lassen wollen, müssen sie selbst nochmals Hand anlegen.

In der aktuellen Entscheidung ging es um die Comic-veröffentlichung „Zarya of the Dawn" von Kris Kashtanova. Zwar steht der Bildgenerator MidJourney auf der
15 Titelseite des Albums, aber in der ursprünglichen Registrierung hatte Kashtanova nicht ausdrücklich angegeben, wie die künstliche Intelligenz zum Einsatz gekommen war. Nachdem der Fakt in Social-Media-Postings zur Sprache gekommen war, hat das U.S. Copyright
20 Office eine Nachprüfung angeordnet.

In der 29-seitigen Entscheidung hatten die Urheberrechtsexperten den Entstehungsvorgang des Comics genau nachvollzogen und dabei auch die Arbeitsweise des verwendeten Bildgenerators angesehen. Nach dem
25 Votum der Juristen reicht es nicht aus, dass ein Mensch zwischen den verschiedenen Ergebnissen auswählt, die die Software liefert. „Die Tatsache, dass das Ergebnis nicht vorhersehbar ist, unterscheidet Midjourney aus urheberrechtlicher Sicht von anderen Werkzeugen, die
30 von Künstlern verwendet werden", heißt es in dem Schreiben. Deshalb lägen die „traditionellen Elemente der Urheberschaft" der erzeugten Bilder bei den Algorithmen und nicht bei den Menschen, die ihnen Textvorgaben machen.

Autorin Kris Kashtanova sitzt in ihrem New Yorker Büro

Kashtanova muss dennoch nicht komplett auf den Ur- 35 heberrechtsschutz verzichten. So ist die Handlung des Comics immer noch das Werk eines menschlichen Schöpfers, ebenso die Bilder, die nachträglich mit einem Bildbearbeitungsprogramm gezielt verändert wurden. Das Ergebnis: Zwar wird die alte Registrierung des 40 Comics widerrufen, aber das Copyright Office stellt eine modifizierte Registrierung aus, die genau festhält, was an dem Comic geschützt ist.

Kashtanova selbst wertet die Entscheidung als Erfolg, da die Behörde viele Praktiken der Zusammenarbeit 45 zwischen menschlichen Künstlern und künstlicher Intelligenz gebilligt habe. Nun wolle sie noch nach Argumenten suchen, um auch die Bilder selbst als Ausdruck der eigenen künstlerischen Arbeit registrieren zu können. 50

Vom Copyright Office unbeantwortet ist die Frage, inwieweit Bildgeneratoren in die Rechte von Künstlern eingreifen, deren Werke zum Anlernen der Algorithmen verwendet wurden. Hier laufen zurzeit mehrere Klagen von Künstlern und Bildagenturen, die diese 55 Grundsatzfrage klären sollen. *(2023)*

Spiegel Netzwelt

---

1. Beschreiben Sie die grundsätzlichen Probleme, die beim Einsatz einer KI bei einem künstlerischen Schaffensprozess entstehen.

2. Erklären Sie, warum die „traditionellen Elemente" der Urheberschaft beim Einsatz von KI nicht mehr angewandt werden können.

3. Erläutern Sie, inwieweit Bildgeneratoren in die Rechte von Künstlern eingreifen.

4. Führen Sie eine Podiumsdebatte zum Thema: Sollen Werke, die mit Unterstützung von KI generiert wurden, urheberrechtlich geschützt werden? Nutzen Sie auch die Informationen auf S. 23 f.

1. Hören Sie den Textbeitrag. Notieren Sie sich Informationen, mit welchen Daten KI trainiert werden kann und welche grundsätzlichen Probleme dabei entstehen.

Björn Böttcher
Über die Bedeutung von VR[1] für KI

Videospiele sind Fluch und Segen zugleich. Auf der einen Seite möchten Eltern die eigenen Sprösslinge gerne häufiger im Garten spielen sehen, auf der anderen Seite entstehen durch das Spielen Jobs, mit denen man recht
5 viel Geld verdienen kann. Ganze Ligen und Ökosysteme entstehen aktuell rund um die Thematik und manch ein Jugendlicher hat sicherlich diesen Beruf zu seiner Liste der potenziellen zukünftigen Erwerbstätigkeiten hinzugefügt.
10 Bereits in der Vergangenheit war die etwa Entwicklung der Grafikkarten sehr stark von der Videospielindustrie getrieben und hat hier eine enorme Entwicklung bewirkt. Im Laufe der Zeit haben die Spiele neben Computern und Spielekonsolen ebenso in die Welt der
15 Smartphones und Smart-TVs Einzug gehalten. Somit ist unser Leben, wenn wir es denn auf dem digitalen Level soweit zulassen, bereits sehr stark durchzogen von Spielen und den virtuellen Welten. Doch wie kann eine Künstliche Intelligenz davon profitieren?
20 Im Zuge vieler Digitalisierungsbemühungen sind auch Technologien wie das Machine Learning von besonderer Relevanz. Je nach Anwendungsfall gibt es mehr oder weniger schnell Ideen für die Verwendung von Künstlicher Intelligenz für den Einsatz in den eigenen
25 Produkten und Diensten. Damit diese auch erfolgreich werden, müssen die Algorithmen entsprechend mit sehr vielen Daten gefüttert werden, damit Modelle entstehen, die dann relativ verlässlich Entscheidungen treffen, Klassifikationen durchführen oder ähnliches
30 Sinnvolles zum Produkt beitragen. Doch woher soll man als Unternehmer die Daten nehmen?
Zunächst einmal eignen sich sicherlich die vorhandenen Datenquellen oder Maschinen aus der Produktion, um zumindest Daten zu erzeugen, die dann wertvolle
35 Einsichten generieren können. Hinzu kommen viele lizensierbare oder öffentlich verfügbare Datenquellen, welche genutzt werden können, um die eigenen Datenbestände um weitere Informationsquellen anzureichern. Doch in vielen Situationen ist es einfach sehr
40 teuer und zeitaufwändig Daten zu erzeugen. Daher ist die Idee virtuelle Realitäten zu nutzen, um Daten zu generieren nicht die schlechteste.
Betrachten wir das Lieblingsbeispiel: Das autonome Fahren. Daten aus virtuellen Bibliotheken zu nutzen, ist nicht neu. Hier gibt es beispielsweise den CamVid-Da- 45 tensatz oder den Cityscapes-Datensatz. Egal welche Datenquelle man auch nutzt, muss diese dennoch annotiert werden, damit die Maschine von den Beispielen lernen kann. Dies dauert mit den zuvor erwähnten Datenquellen zwischen 60 und 90 Minuten pro Bild. Nutzt 50 man nun jedoch ein fotorealistisches Computerspiel zur Extraktion von Einzelbildern aus der virtuellen Welt und annotiert diese, so liegt die Geschwindigkeit bei der Annotation bei erstaunlichen 7 Sekunden. Dies ist eine enorme zeitliche Ersparnis für die Data-Sci- 55 ence-Abteilungen. Hinzu kommt, dass man mit physikalischen Kernen heutzutage auch unterschiedliche Wetterkonditionen in den Spielen gleich mit simuliert. Daher bekommt man auch aus den Spielen heraus für die unterschiedlichsten Wetterlagen Beispieldaten. 60
Die TU Darmstadt hat hier in dem Paper „Playing for Data: Ground Truth from Computer Games" untersucht, wie gut die Modelle im Vergleich zu anderen trainierten Modellen sind und festgestellt, dass die Resultate sich sehen lassen können. Das bedeutet, dass die 65 Synthetisierung von Beispieldaten aus Computerspielen, wie das hier untersuchte Grand Theft Auto V, sehr wohl dazu geeignet sind, schnelle gute Datensätze zu erzeugen.
Simulation ist die Zukunft und auch die Realität in vie- 70 len Forschungseinrichtungen oder Abteilungen der Konzerne. Statt viele unterschiedliche Versuchsstrecken aufzubauen, können unterschiedliche Ideen verprobt werden und damit viel Geld und Zeit gespart werden. Um beim Beispiel der autonomen Fahrzeuge zu 75 bleiben, kann man die Intelligenz der Fahrzeuge nicht nur mit Daten aus Videospielen trainieren, sondern auch die Fahrten simulieren und anschließend bewerten. Da die Szenen zum Teil sehr real aussehen und auch die Inhalte von Videospielen sehr realitätsnah 80

[1] **VR:** Virtual Reality (= virtuelle Realitäten)

sind, kann die Maschine schnell auf die eigenen Fähigkeiten untersucht werden. Hinzu kommt die Möglichkeit einer KI, das Spiel direkt mit anderen menschlichen Mitspielern spielen zu lassen. Damit ist die Simulation
85 auch in der Interaktion mit anderen Verkehrsteilneh-

mern direkt möglich, ohne diese direkt zu gefährden. Kombiniert man diese Erkenntnisse mit den Daten und Informationen aus den realen Fahrten, dann kann man sehr schnell zu guten Ergebnissen kommen. *(2018)*
Computerwoche online

2. Lesen Sie den Text und überprüfen Sie, ob Sie alle wesentlichen Informationen erfasst haben. Formulieren Sie einen Verstehensentwurf.

3. Erläutern Sie die Relevanz von VR-Anwendungen für die Entwicklung der KI.

4. Analysieren Sie den Text und überprüfen bzw. überarbeiten Sie Ihren Verstehensentwurf.

5. Erörtern Sie mögliche Vor- und Nachteile des KI-Trainings an virtuellen Welten und Videospielen. Nutzen Sie die folgenden Informationen.

Wissen und Können

Aufbau einer Analyse eines pragmatischen Textes mit anschließendem Erörterungsauftrag

Bei diesem Schreibformat handelt es sich um eine Aufgabe, die **aus zwei Teilen** besteht. Das Ziel ist, dass Sie sich intensiv und kritisch-erörternd mit einem pragmatischen Text auseinandersetzen.

Im **Analyseteil** formulieren Sie Ihr vorläufiges Verständnis des Textes und überprüfen und überarbeiten diesen ersten Verstehensentwurf kontinuierlich. Hierfür beschreiben Sie den Text in seinen Kernaussagen und seiner Intention und analysieren Aufbau und Argumentationsstruktur. Auch die sprachlich-formale Gestaltung, die den Stil prägt, wird einbezogen, da sie wesentlich zur Wirkung und Überzeugungskraft des Textes beiträgt.

Im **zweiten** Teil, dem **Erörterungsteil**, setzen Sie sich kritisch und logisch nachvollziehbar mit der Position des Autors / der Autorin auseinander.

Im **Schlussteil** ziehen Sie ein zusammenfassendes Fazit aus Ihren Überlegungen.

Einleitung

Basissatz: Kurzinformationen über:
- Autor, Titel, Textart, Quelle
- Thema, Problem, Verstehensentwurf
- ggf. aktuellen Bezug herstellen

Hauptteil (zweiteilig)

Analyse des Textes (strukturierte Textwiedergabe)
- Klärung von Adressatenkreis und Intention
- knappe Zusammenfassung (Präsens)
- Argumentationsstruktur/Gedankengang/Intention mit Blick auf den Adressatenkreis herausarbeiten („Einleitend skizziert die Verfasserin …", „Daraus folgert sie …": Sprechhandlungsverben nutzen!)
- sprachliche Mittel untersuchen (ironisch, sachlich, persönlich, bildhaft, anschaulich …)
- mit Textbelegen arbeiten (vgl. auch S. 255 f.)

Auseinandersetzung mit den Argumenten im Text
- zentrale Aspekte der Argumentation werden kritisch überprüft:
  Zustimmung („Richtig ist …")
  Ablehnung/Widerspruch („Falsch ist …")
  Unvollständigkeit („Es stimmt zwar, aber …")
- eigene Beispiele, Belege und Erläuterungen für oder wider die Argumente formulieren

Schluss
- zu einer Schlussfolgerung gelangen
- auf das Thema bezogene Aufforderung oder persönlichen Wunsch formulieren *oder*
- Ausblick auf verwandte Themen oder zukünftige Entwicklungen aufzeigen

Wie gehen wir um mit Künstlicher Intelligenz? – Materialgestütztes Schreiben eines Kommentars

Digitalexperte Sascha Lobo: „KI mit voller Kraft umarmen"

Künstliche Intelligenz durchdringt immer mehr unser Leben. Wohin geht die Reise? Digitalexperte Sascha Lobo über Chancen von KI – und Risiken, wenn wir die Entwicklung verschlafen.

ZDF: Der amerikanische KI-Experte Eliezer Yudkowsky hat gerade in einem Gespräch mit dem „Time"-Magazine die Angst geäußert, dass die Menschheit aussterben könnte. Teilen Sie diese Angst?

5 **Sascha Lobo:** Bei jeder neuen Technologie gibt es immer Apokalyptiker, die vor dem unmittelbar bevorstehenden Weltuntergang warnen. Ich glaube aber, dass Angst gar nicht die richtige Gefühlsregung ist, um eine Technologie besser zu verstehen und einzuschätzen, 10 wo die tatsächlichen Gefahren liegen.

ZDF: Bei KI wird häufig von einer „disruptiven" Technologie gesprochen. Wie sehr und wie schnell wird diese Technologie unsere Gesellschaft verändern?

Lobo: Die allermeisten Menschen unterschätzen noch 15 immer die unglaubliche Kraft, mit der Künstliche Intelligenz die Gesellschaft durcheinanderwirbeln wird. Ich spreche von Durcheinanderwirbeln, weil es positive wie negative Veränderungen geben wird. Meiner Ansicht nach ist das größer als die Veränderung, die zum 20 Beispiel durch das Smartphone entstanden ist – also etwa auf einem Niveau mit der Industrialisierung. KI wird in unseren Alltag Einzug halten in vielerlei Gestalt.

ZDF: Haben Sie denn da ein Beispiel oder eine konkrete 25 Idee, was in zehn Jahren völlig anders sein könnte durch KI als heute?

Lobo: Ein konkretes Beispiel für diesen Wandel im Alltag durch KI, das auf der Hand liegt, ist, dass in jedem Smartphone ein persönlicher Assistent, eine persönli30 che Assistentin wohnen wird. Mit der kann man alles besprechen, der kann man alle Aufträge geben, wie: „Du, ich muss übermorgen nach Frankfurt. Plane doch mal bitte eine Reise."

Und die dann nicht nur die Reise plant, denn das gibt es 35 in Ansätzen schon, sondern auch Termine verschiebt und mit anderen persönlichen Assistenten kommuni-

ziert, um am Ende ein Gesamtpaket, das man einfach so in Anspruch nehmen kann, herzustellen. Und ich glaube, dass viele Menschen unterschätzen, wie nah wir da schon dran sind. 40

ZDF: Wie gut sind wir hier speziell in Deutschland darauf vorbereitet, also in einem Land, das leider noch nicht einmal flächendeckenden Internetempfang garantieren kann?

Lobo: Einer der wichtigsten, wenn nicht der wichtigste 45 Bereich im gesellschaftlichen Umgang mit Künstlicher Intelligenz ist natürlich die Wirtschaft. Denn dort wird sich eine Transformation ergeben, die die digitale Transformation, die schon im Gang ist, noch übertreffen wird. 50

Wir haben zwar eine erbärmliche digitale Infrastruktur und unsere Haltung gegenüber der Digitalisierung ist auch nicht immer optimal. Aber wir haben eine vergleichsweise gute Grundlagenforschung in Deutschland, was KI angeht. Wo es noch hapert, ist tatsächlich 55 die Umsetzung, also diese wissenschaftlichen Erkenntnisse in Deutschland auch in ganz konkrete Unterneh-

---

[1] **disruptiv:** auflösend, zerstörend

mungen, in ganz konkrete Anwendungen zu übersetzen. Und das müssen wir aber mit Vollgas unternehmen.
60 Sonst verpassen wir wieder einmal den Wandel. Und diesmal wäre das, glaube ich, wirklich tragisch.
ZDF: Wie sehen Sie den Punkt der Freisetzung von Arbeitskraft durch KI? Werden diese Menschen alle mit neu entstehender Arbeit versorgt werden können oder
65 haben wir dann alle mehr Freizeit?
Lobo: Die Geschichte der Technologie ist eine Geschichte der Automatisierung. Aber das wirklich Neue bei Künstlicher Intelligenz ist, dass inzwischen auch die geistigen Tätigkeiten und sogar kreative Tätigkeiten
70 automatisierbar sind. Texte aller Art zu schreiben, ist kein Problem. Bestimmte Bilder zu erstellen, für die man früher Grafiker*innen gebraucht hätte, ist auch kein Problem. Wir haben zwar einen Fachkräftemangel, und er kann zum Teil behoben werden durch
75 Künstliche Intelligenz. Aber erfahrungsgemäß zeigt sich, dass einige Menschen, die mit Technologie konkurrieren, in dem, was sie tun, dann davon profitieren. Die werden dann besser bezahlt, auch weil sie KI instrumentell anwenden können. Und eine Vielzahl von
80 den anderen – die werden vielleicht nicht arbeitslos, aber die werden früher oder später deutlich schlechter bezahlt als das, was ihr Fähigkeits-Set eigentlich hergibt. Und das heißt, die Schere spreizt sich weiter auf. Wir sehen nicht sofort, dass Menschen arbeitslos wer-
85 den. Das kann passieren, wird aber nicht das Hauptmerkmal sein. Meiner Ansicht nach wird aber eines der wichtigsten Merkmale sein, dass immer mehr Menschen unter ihrer Qualifikation arbeiten. Und einige

wenige, die mit KI arbeiten, können sehr viel mehr Geld verdienen.   90
ZDF: Wenn die Welt durch die KI doch nicht untergeht – gibt es etwas, worauf Sie sich freuen, was Sie optimistisch stimmt in der Frage der Künstlichen Intelligenz?
Lobo: Ich bin schon, weil ich zwei sehr kleine Kinder habe, notorischer Optimist – also bis ins Unangenehme   95
hinein Optimist. Als solcher möchte ich aber nicht den Blick dafür verstellt wissen, dass wir eine regelmäßig anwendbare Grundweisheit in der Technologie haben. Und die lautet: Die schlimmen und die schwierigen Sachen, die schlechten Folgen der Technologie, die kom-   100
men von ganz allein. Und für die guten Folgen der Technologie müssen wir lange und hart arbeiten. Und das ist auch der Grund, warum ich glaube, dass wir die KI umarmen müssen. Wir als Gesellschaft gerade in Europa und in Deutschland haben eine Mitverantwor-   105
tung, die positiven Folgen der KI uns selbst zu erarbeiten, gemeinschaftlich mit dem Rest der Welt natürlich. Aber ich glaube schon, dass die europäischen Werte, die quasi das Fundament der EU bilden, dass die mit Eingang finden sollten, in die Weiterentwicklung der   110
KI. Und das passiert nicht, wenn man das zum Beispiel großen Konzernen überlässt. Und da ist mir auch egal, ob die jetzt aus China kommen oder aus anderen Teilen der Welt, weil da ganz häufig, das haben wir in der Vergangenheit gesehen, nach anderen Regeln gespielt   115
wird, als wir das in Europa für richtig halten.

(2023)

ZDF

1. Beschreiben Sie die Veränderung der Arbeitswelt, so wie sie der Autor darstellt.

2. Skizzieren Sie, worin Sascha Lobo eine gesamtgesellschaftliche Aufgabe beim Umgang mit der KI sieht.

3. Erörtern Sie, inwiefern die Automatisierung eher Chance oder Herausforderung für den Arbeitsmarkt ist.

4. Können Sie sich der Meinung des Autors anschließen? Begründen Sie Ihre eigene Einschätzung.

Material 1

6 Thesen zur Künstlichen Intelligenz

Expertinnen und Experten des Zukunftsinsituts in Frankfurt haben 6 Thesen zu einem kompetenten Umgang mit KI entwickelt.

1. KI ist ein Mythos

Ein Gespenst geht um in den Köpfen und Seelen, in den Zukunftsbildern der Gesellschaft sowie im Strategiediskurs der Wirtschaft. Es ist das Gespenst der Künstlichen Intelligenz (KI). Eine unbekannte Lebensform, die mit zunehmender Geschwindigkeit aus der Zukunft auf uns zu rast, wie Arnold Schwarzenegger als „Terminator". Ihre Absicht ist unklar und schwer zu erkennen. Sie macht uns Angst. Geht es darum, Menschen zu versklaven? Oder sie gar zu eliminieren? Werden wir nutzlos? Oder stehen wir vor einer Epoche, in der „kluge" Maschinen uns von allem Elend, allen menschlichen Nöten erlösen, indem sie das perfekte Paradies auf Erden schaffen? Beides wird nicht geschehen. Denn heute ist KI vor allem ein Mythos, der sich von der Realität verselbstständigt hat.

2. KI ist ein Missverständnis

Schon im Begriff der „Künstlichen Intelligenz" entsteht ein Missverständnis. Er beruht auf dem, was Niklas Luhmann einen „Kategorienfehler" nannte. Ein Kategorienfehler ist es, wenn ein Bauer versucht, Bratkartoffeln anzubauen. Im Wortspiel der „Künstlichen Intelligenz" verwechseln wir zwei fundamental verschiedene Kategorien: das Lösen strategischer Probleme, das sich als Intelligenz interpretieren lässt. Und das Bewusstsein, das in der Fähigkeit besteht, auf die Komplexität der Welt durch Kreativität und Gefühl zu antworten. Gefühle, Instinkte, Stimmungen, Wahrnehmungen, Berührungen sind Teil des Bewusstseins. Sie setzen uns in Beziehung zur Welt und zu uns selbst. Computer können Go spielen, Autos steuern und einen Platz im Restaurant reservieren. Aber sie werden nie fühlen können, wie das ist. Wenn Computer im menschlichen Sinne „intelligent" sein sollten, müssten sie Fleisch, Schmerz und Sterblichkeit besitzen. Sie müssten Leid und Freude empfinden können. Dann wären sie aber keine Maschinen mehr, sondern Organismen.

3. KI ist ein Meister der Prognose

Künstliche Intelligenz wird sich in vielen Bereichen durchsetzen, weil sie einen entscheidenden ökonomischen Faktor aufweist: Sie verbilligt Prognosen. Im Unterschied zur „Datenverarbeitung" schaut KI in die Zukunft. KI kann die Bewegung eines Autos prognostizieren und seine Kollisionswahrscheinlichkeit reduzieren. KI kann Millionen von Bildern nach Krebsanzeichen durchsuchen. KI kann den Ausfall von Systemen und Maschinen voraussagen. KI kann zeigen, wie Kriege verlaufen und Verkehrs- und Warenströme sich unter bestimmten Bedingungen entwickeln. Diese prognostische Kompetenz erleichtert die Entwicklung komplexer Systeme. [...] Nicht weniger. Aber auch nicht mehr.

4. KI erzwingt ein Upgrade menschlicher Intelligenz und Empathie

Während uns die KI verbesserte Prognosen liefert, fordert sie uns gleichzeitig heraus, unsere Zukunftskriterien zu verbessern. Die Krise der sozialen Medien zeigt, dass es nicht reicht, optimierende Algorithmen zu entwickeln. Die Effizienzsteigerung menschlicher Kommunikation führt zu enormen Folgeschäden. Menschliche Kommunikation ist auf Vertrauen, Gegenseitigkeit und Langsamkeit angewiesen. Tyrannei und seelisches Leid sind die Folge, wenn Kommunikation ausschließlich in den Kategorien von Reiz- und Reaktionssteigerung gestaltet werden.

Künstliche Intelligenz kann nur wahrhaft „intelligent" sein, wenn sie durch humane Ziele und Bedeutungen gestaltet ist. Was produziert werden soll, welche Mobilitäts- und Kommunikationsformen für die Zukunft sinnvoll sind, das hängt immer von den Kontexten menschlicher Erfahrungen ab. Gesundheit und Krankheit unterliegen subjektivem Erleben, Heilung ist immer auch ein sozialer Prozess. Diese Ziele liegen jenseits maschineller Logik. Sie sind Hervorbringungen der menschlichen Kultur, Ausdrucksformen der Empathie und des Bewusstseins. KI fordert uns heraus, unsere Werte neu zu definieren und zu verstehen, was Erfahrung, Bedeutung und Wissen wirklich bedeuten.

5. KI ist ein Jobshifter und kein Jobkiller

Künstliche Intelligenz wird uns helfen, menschliche Tätigkeiten überflüssig zu machen, die repetitiv und monoton sind. Damit führt sie einen Prozess fort, der bereits mit der Industriegesellschaft begann. [...] Dies

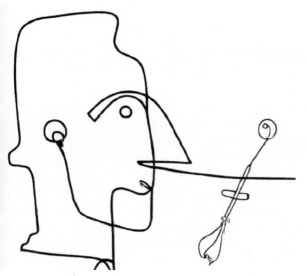

Gefragt nach „Pinnochio", fertigte die Künstliche Intelligenz diese Zeichnung an

erzeugt Stress in der Gesellschaft. Aber auch eine Befreiung von Möglichkeiten, die vorher unter Routinen verborgen waren.

Viele Berufe beinhalten explizite oder implizite menschliche Faktoren, auch wenn sie starke Routinen beinhalten. Krankenpfleger „pflegen" nicht einfach nur Kranke, sie stehen in Beziehung mit ihnen. Barkeeper schütteln nicht nur Cocktails, sie praktizieren Seelen-Kommunikation. Journalisten produzieren nicht Information, sie erzeugen humane Deutungen. Durch KI-Systeme kann Wissen gepoolt und dadurch Raum für menschliche Empathie geschaffen werden. KI verschiebt das Berufsspektrum in Richtung höherer Komplexität.

Dabei können traditionelle Berufe, die in Gefahr laufen, „taylorisiert" zu werden, wieder zu ihren Ursprüngen zurückfinden: Ärzte können wieder heilen statt abfertigen. Journalisten wieder deuten statt Informationsfluten zu erzeugen. Pfleger wieder Empathie ausüben statt Patienten zu verwalten. [...] All diese Prozesse erfordern den klugen Einsatz von KI sowie ein gesundes menschliches Selbstbewusstsein. Über kurz oder lang wird es dazu führen, dass wir uns vom Joch industrieller Lohnarbeit mit ihren vielen funktionalen Zwängen emanzipieren können.

6. KI stellt die Frage nach der Freiheit neu

Menschen neigen dazu, ihre Selbstverantwortung an höhere Instanzen zu übertragen. Wir tendieren dazu, uns manipulieren zu lassen, wenn dadurch das Leben komfortabler erscheint. Das ist die eigentliche, unterschwellige Angstfaszination der KI: Sie spiegelt unser unbewusstes Bedürfnis, selbst Teil einer Maschine zu sein.

Tatsächlich bietet KI eine Verstärkungsmöglichkeit für Herrschaftsstrategien aller Art. Politische Kontrolle und mediale Tyrannei erhalten neue, mächtige Tools. Aber was im Sinne der Kontrolle nutzbar ist, eignet sich auch zur Rebellion. Freiheit – als Fähigkeit, der Welt Eigenes hinzuzufügen – wird durch KI ebenfalls verstärkt. Im Spannungsverhältnis zwischen dem Digitalen und dem Humanen entwickeln sich der menschliche Geist und menschliche Fähigkeiten weiter und erreichen neue evolutionäre Stufen. Es entstehen neue Machtverhältnisse, neue Konflikte. Aber auch ein neues Selbstbewusstsein. Wir haben nichts zu verlieren als unser inneres Maschine-Sein. Wir haben eine neue, humane Welt zu gewinnen.

(2023)

Zukunftsinstitut GmbH

---

1. Sichten Sie diese sechs Thesen. Suchen Sie sich eine aus und nehmen Sie schriftlich Stellung.

2. Diskutieren Sie die 6. These im Plenum und beurteilen Sie, wie Sie die hier postulierte Gefahr sehen.

Material 2

Maria Fiedler (geb. 1989)

Künstliche Intelligenz braucht Grenzen: Der Zeitpunkt für Regeln ist jetzt

Es war ein düsterer Brief, den Tesla-Chef Elon Musk und eine Reihe anderer Tech-Größen unterzeichnet hatten. Der Wettbewerb um die Entwicklung von Künstlicher Intelligenz (KI) sei außer Kontrolle geraten.
5 Das Netz könnte mit Fake News und Propaganda geflutet, sogar erfüllende Jobs wegrationalisiert werden. Wir könnten die Kontrolle über unsere Zivilisation verlieren. Es brauche mehr Regulierung.

Wenn Unternehmer und KI-Experten eine derartige
10 Dystopie heraufbeschwören, ist das einerseits kontraproduktiv. Angst sollte die Debatte über Künstliche Intelligenz nicht bestimmen. Im Vordergrund sollte die Vision stehen: Wie KI uns produktiver und unser Leben besser machen kann.

15 Gleichzeitig haben sie Recht. Naivität ist fehl am Platz. Die Veränderungen, die durch Künstliche Intelligenz auf uns zukommen, werden so umfassend sein, dass wir sie jetzt noch gar nicht ermessen können. Deswegen ist die Forderung nach Regulierung absolut richtig.

20 ChatGPT ist ein Weckruf. Das System, das im vergangenen November vorgestellt wurde, machte Schlagzeilen, weil es Texte produzieren kann, die sich lesen, als wären sie von einem Menschen geschrieben. Längst löst ChatGPT auch Medizin-Examen, kann in Sekun-
25 den eine funktionierende Website programmieren oder eine Klageschrift verfassen. Zwischen den großen Technologie-Unternehmen [...] ist ein Wettlauf um die Vorherrschaft bei Künstlicher Intelligenz ausgebrochen. Auch China versucht mit allen Mitteln aufzuho-
30 len.

Doch nach welchen moralischen Standards soll Künstliche Intelligenz agieren? Welche Aufgaben darf sie erfüllen, welche nicht? Wie wird verhindert, dass sie lügt, Straftaten begeht oder komplett auf eigene Faust handelt? Welche ungewollten gesellschaftlichen Auswir-
35 kungen durch Künstliche Intelligenz müssen verhindert werden? Ist es akzeptabel, dass Menschen Fähigkeiten verlieren, wenn diese künftig von einer KI übernommen werden? Die Antworten auf diese Fragen dürfen nicht privaten Unternehmen mit wirtschaftlichen Interessen überlassen werden. Auch sollten sich
40 Unternehmen nicht selbst kontrollieren.

Dass Handlungsbedarf besteht, hat die Politik bereits seit Längerem verstanden. Auf EU-Ebene gibt es eine KI-Strategie. Es ist eine KI-Verordnung in Planung. Doch bis diese in Kraft tritt, könnten noch Jahre verge-
45 hen. So ist sogar die Definition von KI noch strittig. Oder die Frage, welche Arten von KI als risikobehaftet gelten sollen. [...]

Die Debatte ist bereits jetzt kleinteilig und die Geschwindigkeit von Politik überhaupt nicht in der Lage,
50 mit der sich stark beschleunigenden Entwicklung hochkomplexer KI-Systeme mitzuhalten. In dem offenen Brief warnen KI-Experten davor, dass nicht einmal die Entwickler dieser Systeme sie noch verstehen oder verlässlich kontrollieren könnten.
55

Die Regulierung sollten nicht einzelne Staaten für sich klären, auch die EU-Ebene greift zu kurz. Es handelt sich um nicht weniger als eine Menschheitsaufgabe. Und diese muss international gelöst werden. Es ist unrealistisch, die KI-Entwickler zunächst zu einer selbst
60 auferlegten Pause zu bewegen – der Wettbewerbsdruck ist zu groß. Deshalb muss die Staatengemeinschaft zügig handeln. [...]

Künstliche Intelligenz braucht Grenzen. Nur dann kann sie die Welt zum Besseren verändern.
65

(2023)

Der Tagesspiegel

---

1. Klären Sie die Position der Verfasserin und formulieren Sie einen Verstehensentwurf zu diesem Kommentar.

2. Im Text werden viele Fragen aufgeworfen (Z. 31 – 38). Versuchen Sie in Kleingruppen, erste Antworten auf diese Fragen zu finden, um einer möglichen Regulierung näher zu kommen.

Material 3

Alena Kammer

EU-Parlament bringt Gesetz zu künstlicher Intelligenz auf den Weg

In der EU sollen künftig strenge Regeln für den Einsatz von künstlicher Intelligenz (KI) gelten. Das EU-Parlament verabschiedete einen entsprechenden Text, der in den kommenden Monaten mit den Mitgliedsstaaten
5 und der EU-Kommission weiter verhandelt werden muss. Ziel ist ein europäisches Gesetz zu Regulierung von KI. Nach Angaben des EU-Parlaments wäre es das erste umfassende KI-Gesetz weltweit.

„Wir befassen uns nicht nur mit den dringendsten Fra-
10 gen im Zusammenhang mit KI, sondern es ist eine klare Botschaft an die übrige Welt", sagte der Abgeordnete Brando Benifei, Co-Berichterstatter des Parlaments für dieses Thema.

Demnach sollen KI-Systeme in verschiedene Risiko-
15 gruppen eingeteilt werden. Je mehr Gefahr von der jeweiligen Anwendung ausgeht, desto strengere Regeln könnten für sie gelten. Auch komplette Verbote soll es geben, etwa von Gesichtserkennung in Echtzeit im öffentlichen Raum. KI-Systeme, die Menschen nach ih-
20 rem sozialen Verhalten oder ethnischen Merkmalen klassifizieren, wären nach dem Willen des EU-Parlaments ebenfalls nicht zulässig. Die Verhandlungen mit den EU-Staaten sollten nach Angaben des EU-Parlaments bereits am Abend beginnen.

Einigung bis Jahresende 25

Der Digitalverband Bitkom begrüße das Gesetz grundsätzlich, sagte Verbandschef Achim Berg. Allerdings gelte es, im Gespräch mit der EU-Kommission und den Mitgliedsstaaten eine Überregulierung abzuwenden. Der Begriff der Hochrisiko-Anwendung dürfe nicht zu 30 weit gefasst werden. „Es kommt darauf an, nur solche Anwendungen stark zu regulieren, von denen in der Anwendungspraxis tatsächlich Gefahren und Risiken ausgehen können." Berg forderte außerdem eine klare Definition von KI. „Aus dem AI Act darf kein Software 35 Act werden, der alle statistischen Systeme oder sogar nahezu jegliche Software regulatorisch erfasst." Bis zum Jahresende soll eine Einigung gefunden werden. Anschließend haben die Unternehmen zwei Jahre Zeit, um sich an die veränderten Rahmenbedingungen anzu- 40 passen. Um diese Lücke zu überbrücken, will die EU große Technologiekonzerne und maßgebliche KI-Entwickler zu einer freiwilligen Selbstkontrolle verpflichten. *(2023)*

ZEIT ONLINE

Material 4

1. Klären Sie, welches Grundproblem die Karikatur im Zusammenhang mit Regulierungs-vorhaben thematisiert.

2. Arbeiten Sie heraus, welche Regeln das EU-Parlament Anfang 2023 geplant hat.

3. Sammeln Sie Merkmale einer KI, die als gefährlich bewertet werden können.

4. Recherchieren Sie, welche KI-Systeme von der EU als „Hochrisiko-Systeme" tatsäch-lich eingestuft wurden.

5. Stellen Sie den aktuellen Diskussionsstand zur Regulierung von KI dar.

Material 5

Patrick Bernau (geb. 1981)
Mehr Freiheit für künstliche Köpfe!

Künstliche Intelligenz ist schon zu vielem fähig, aber in einer Disziplin übertrifft sie sich selbst: Nichts kann sie so gut wie Menschen zu erschrecken. Seit ChatGPT der breiten Öffentlichkeit vorgeführt hat, wozu Sprachpro-⁵ gramme schon in der Lage sind, tauchen überall neue Ideen zum Einsatz von künstlicher Intelligenz auf – und überall wächst die Angst. Der Historiker Yuval Noah Harari sieht die Demokratie in Gefahr. Einige Entwick-ler Künstlicher Intelligenzen fordern ein Moratorium. ¹⁰ Die Menschheit, so scheint es, spielt mit dem Feuer. Selbst der Chef von ChatGPT, Sam Altman, fordert schon Regeln für sein Geschäft.

Die EU lässt sich so etwas nicht zweimal sagen. Längst arbeitet sie an einem Gesetzeswerk. Von Chancen ist da keine Rede. Die Paragraphen sollen vielmehr „den Risi-¹⁵ ken begegnen" und gleichzeitig „Europa in die Lage versetzen, weltweit eine führende Rolle zu spielen". Diese Denkweise hat sich in Brüssel eingebürgert. Die Europäer sind nämlich stolz auf ihre Datenschutz-Ver-ordnung. Nach landläufiger Wahrnehmung hat sie Un-²⁰ ternehmen weltweit dazu gebracht, sich an europäische Regeln zu halten. So sieht sich Europa: Die anderen ver-sorgen Europa mit neuer Technik, und Europa versorgt dafür die anderen mit neuen Gesetzen.

Dummerweise funktioniert das nicht immer so. Nicht ²⁵ mal beim Datenschutz. Bis heute gibt es Dutzende seri-öser amerikanischer Nachrichten-Webseiten, die Euro-päer aussperren. Und dann kam ChatGPT. Als in Italien

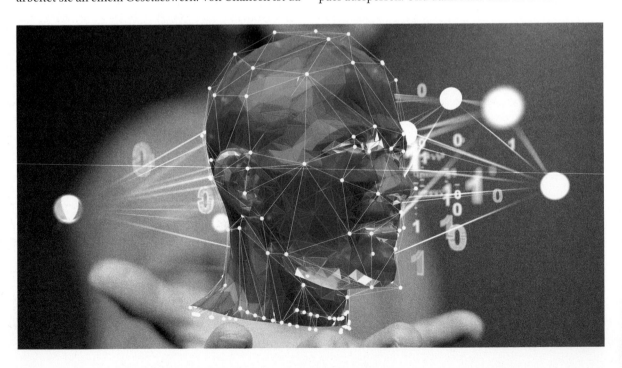

Regulierer ankamen, war der Dienst ganz schnell abge-
schaltet. Inzwischen läuft er wieder, doch schon geht es
mit Google weiter. Dessen KI-Assistent wird jetzt für
180 Länder angeboten, aber nicht für die EU. Der
Google-Chef ließ ausrichten: Es daure eben ein bisschen länger, bis man all den europäischen Gesetzen ge-
nüge getan habe. Die Lage erinnert an Streetview. Damals erfand Deutschland harte Regeln dafür, dass
Google auf Straßen fotografiert. Also ließ Google es
bleiben. Deutschland bleibt ein weißer Fleck auf der
Karte, umgeben von durchfotografierten Ländern. Inzwischen ist selbst Ostanatolien besser versorgt als dieses reiche Land, das doch so gerne an der Spitze des
Fortschritts stünde.

Gesetze sind eben kein begehrtes Exportgut. Wer stark
ist, kann ein paar Mal anderen seine Regeln aufzwin-
gen. Doch mit jedem Mal bleibt man ein bisschen hinter
den anderen zurück und schwächt die eigene Position,
nächstes Mal kann man sich schon weniger leisten.
Und was in China passiert, darauf hat Europa sowieso
keinen Einfluss. Wer eine neue Technologie wirklich
definieren möchte, der muss sie entwickeln. Und dafür
braucht man: Freiraum. Den kann sich Europa durchaus leisten. Die Angst vor dem Untergang der Menschheit ist zumindest voreilig. Derzeit antwortet die Künst-

liche Intelligenz nur, wenn sie gefragt wird. Sie wäre
gar nicht in der Lage, eigene Pläne zu schmieden. Intellektuell ist sie sowieso noch weit davon entfernt, sich
selbst zu ermächtigen. Und am Ende funktioniert sie
nur, solange niemand den Stecker zieht.

Auch wenn einige von ihrem Werk überzeugte Forscher gerne an den Fortschritt der KI glauben: So
schnell geht der nicht, dass jetzt die Ausrottung der
Menschheit bevorstünde. Das heißt nicht, dass es keine
Risiken gäbe. Es ist wie mit jedem neuen Werkzeug:
Man kann es zum Schlechten nutzen, aber eben auch
zur Verteidigung gegen das Böse und zu ganz anderen,
guten Dingen. „Wir spielen mit dem Feuer", sagt der
amerikanische Ökonom und Philosoph Tyler Cowen zu
Recht, denn er ergänzt: „War es nicht alles in allem ganz
gut, dass wir mit dem Feuer weitergemacht haben?"

Die Menschheit wird lernen, wie sie mit der Künstlichen Intelligenz umgeht. Aber eben nur dann, wenn sie
sich das Lernen erlaubt. Ein paar Grundregeln müssen
eingezogen werden. Doch ansonsten braucht die
Menschheit im Moment vor allem Raum zum Ausprobieren. Und nicht eine Regulierung, die schon die ersten harmlosen Experimente vertreibt.

(2023)

Frankfurter Allgemeine Zeitung online

---

1. Analysieren Sie den Aufbau des Kommentars. Sie können sich an den Informationen
auf der nächsten Seite orientieren. Versuchen, ob Sie den darin skizzierten Aufbau
erkennen oder modifizieren müssen für diesen Kommentar.

2. Klären Sie die Position des Verfassers zur Regulierung von KI, indem Sie einen
Verstehensentwurf formulieren und diesen am Text belegen.

3. Hat sich Ihr Meinungsbild zur Künstlichen Intelligenz durch die Arbeit mit diesem
Kapitel geändert? Erstellen Sie ein erneutes Meinungsbild, ob KI eher optimistisch
oder pessimistisch beurteilt wird. Vergleichen Sie das Ergebnis mit der eingangs
formulierten Einschätzung (vgl. S. 424, Aufgabe 2).

Wissen und Können

Einen Kommentar verfassen

Der **Kommentar** gehört zu den journalistischen Textsorten und bezieht sich häufig auf ein aktuelles Thema. Dieses wird kritisch kommentiert, indem verschiedene Argumente und weitere Hintergrundinformationen vorgebracht werden.

Ein Kommentar wird in der Regel so aufgebaut:

Überschrift: mit Positionierung

Lead (Vorspann): Kurzeinführung zu Thema und Positionierung

Hauptteil: argumentierende Auseinandersetzung mit Pro- und Kontra-Argumenten

Fazit mit abschließender Positionierung

Ziel des Kommentars ist es, die eigene Meinung klar darzustellen. Die Leserin / Der Leser soll zum Nachdenken angeregt und ihr/ihm soll geholfen werden, sich seine eigene Meinung zu bilden. Daher ist es notwendig, dass die eigene Meinung inhaltlich richtig und logisch dargestellt werden muss. Auch müssen die vorgebrachten Argumente überzeugen können. Ein Kommentar kann **informierende, argumentierende**, aber auch **erzählende Passagen** enthalten, z. B. in Form von Schilderungen von eigenen Erfahrungen in der Einleitung des Kommentars.

Die **Sprache** sollte verständlich sein und der Satzbau nicht zu kompliziert. Bei den Satzverknüpfungen ist auf die richtige Verwendung von Subjunktionen und Adverbien (*weil, obwohl, da … – aber, dennoch, dagegen …*) zu achten. Da es um die Überzeugung der Leserschaft geht, sollten durchaus rhetorische Mittel verwendet werden (z. B. Hyperbeln, rhetorische Fragen, Alliterationen – vgl. S. 257 ff.).

Um einen Kommentar überzeugend zu schreiben, sollte man auf folgende Gestaltungsmittel achten:

- **Argumenttypen gezielt einsetzen:** Um zu überzeugen, sind gute Argumente zentral. Folgende seriösen Argumenttypen können unterschieden werden: **Faktenargument** (wissenschaftliche Fakten, die überprüft werden können); **Normatives Argument** (allgemein anerkannte Regeln und Werte, wie sie z. B. im Grundgesetz stehen); **Autoritätsargument** (Aussagen von Autoritäten, Experten und Expertinnen); **Analogisierendes Argument** (Vergleich zu einem ähnlichen Bereich); **Indirektes Argument** (Aufgreifen und Entkräften eines Arguments der Gegenseite); **Plausibilitätsargument** (eine logische Schlussfolgerung, die besonders plausibel erscheint)

- **Erzählende Abschnitte einbauen:** Erfundene oder tatsächlich erlebte Geschichten sind nicht nur unterhaltsam, sondern sind auch eine anschauliche Möglichkeit, bestimmte Themen und Standpunkte nachvollziehbar zu gestalten. Die Position oder These, die vermittelt werden möchte, wird so indirekt miterlebt und nachvollzogen.

- **Humor, Satire, Ironie nutzen:** Ein Kommentar kann auch dadurch überzeugender werden, indem er sich um eine besonders pointierte, witzige und humorvolle Darstellung seines Standpunkts bemüht. Wenn der Leser oder die Leserin durch ironische, witzige oder humorvolle Stellen und unerwartete Wendungen lächeln muss, sind das positive Gefühle, die den Text lebendiger machen.

- **Appellative (auffordernde) Passagen einbauen:** Im Rahmen von Kommentaren kann es je nach gesellschaftlicher, politischer oder sozialer Relevanz der gestellten Aufgabe sinnvoll sein, mit appellativen Textbausteinen zu arbeiten, die eine Handlungsanweisung beinhalten oder auf eine Verhaltensänderung abzielen.

- **Rhetorische Stilmittel einsetzen** (vgl. auch S. 490 ff.): Nicht nur Argumente überzeugen, sondern auch sprachlich-stilistische Mittel, die die Argumente wirkungsvoll unterstützen, z. B.:
  - Wörter, die gewünschte Assoziationen auslösen (z. B. „Freiheit")
  - Wörter zur Bekräftigung: selbstverständlich, sicher, wahrscheinlich, bestimmt, offenbar …
  - umgangssprachliche Wörter je nach Adressatengruppe
  - Wiederholungen, Parallelismen, Dreierfiguren (Trikolon), Antithesen, Alliterationen

Lernaufgabe

Ihre Schule veranstaltet einen Aktionstag zu Chancen und Risiken von Künstlicher Intelligenz. In der Informationsbroschüre wird auch ein Kommentar zur Kontroverse zwischen einer schärferen staatlichen Regulierung bzw. einer vehementen Forderungen nach weitgehender Deregulierung von Künstlicher Intelligenz. Ihre Aufgabe ist es, mithilfe der Materialien 1 bis 5 (vgl. S. 445–449) in diesem Kapitel auf der Basis Ihres eigenen Vorwissens, einen Kommentar zum Thema „Mehr Freiheit für Künstliche Köpfe?" zu verfassen.

1. Klären Sie den Adressatenkreis und wie ein Kommentar aufgebaut ist (s. o.).

I. Zusammenfassen der Materialien

2. Erstellen Sie eine Tabelle, in der Sie Argumente aus den Materialien 1–5 für die stärkere Regulierung bzw. die weitgehende Deregulierung von KI sammeln.

II. Eigene Erfahrungen und eigenes Wissen einbringen

3. Ergänzen Sie die von Ihnen gesammelten Argumente durch Ihre eigenen Erfahrungen und Kenntnisse.

4. Prüfen Sie, ob Sie unterschiedliche Argumenttypen für eine überzeugende Argumentation gesammelt haben (vgl. Kasten).

III. Schlussfolgerungen aus den Auswertungen und dem Kontextwissen ziehen

5. Klären Sie Ihre eigene Position zum Thema der Regulierung bzw. Deregulierung.

6. Erstellen Sie eine Gliederung Ihres gedanklich-argumentativen Aufbaus.

IV. Schreiben und Überarbeiten des Kommentars

7. Verfassen Sie einen Kommentar, der Ihre Position pointiert und schlüssig zum Ausdruck bringt. Kombinieren Sie darin informierende, argumentative und erzählende Passagen. Nutzen Sie hierzu die Information im Kasten auf der vorherigen Seite.

8. Überarbeiten Sie den Text.

 Hilfe für die Überarbeitung des Kommentars finden Sie unter: WES-127877-067 .

Methoden
und mehr ...

In diesem abschließenden Teil finden Sie Material, um zentrale methodische Fähigkeiten, die Ihnen z. T. bereits aus den letzten Schuljahren bekannt sind, zu wiederholen und die wesentlichen Schreibaufgaben für das Abitur individuell zu üben. Auch bei der Erarbeitung einzelner Kapitel während des Unterrichts können Sie hier immer wieder nachschlagen. An vielen Stellen wird im Buch auf diesen Schlussteil verwiesen (z. B. ➡ Ein Gedicht interpretieren, s. S. 457 ff.).

Im Einzelnen geht es um folgende Schwerpunkte:

1 **Texte planen und schreiben – Literarische Texte**
   Einen Erzähltext interpretieren
   Ein Gedicht interpretieren
   Eine Dramenszene interpretieren

2 **Texte planen und schreiben – Pragmatische Texte**
   Einen argumentativen Sachtext analysieren
   Eine Rede analysieren
   Einen Essay verfassen
   Einen informativen Text auf Materialbasis schreiben
   Einen argumentierenden Text auf Materialbasis schreiben

3 **Texte miteinander vergleichen – Gedichte vergleichen**
   Einen Gedichtvergleich schreiben

4 **Texte überarbeiten**
   Eine Schulaufgabe stilistisch überarbeiten

5 **Richtig zitieren**

6 **Rhetorische Figuren – Ein Überblick**

7 **Arbeitsergebnisse präsentieren**

8 **Grammatisches Wissen nutzen**

9 **Fehlerschwerpunkte in der Rechtschreibung erkennen**

Einen Erzähltext interpretieren

Das müssen Sie wissen

Bei der **Interpretation eines Erzähltextes** geht es darum, einen kürzeren oder längeren Erzähltext, ggf. einen Textauszug, genau zu untersuchen und die darin enthaltene Aussage zu erschließen.

Einleitung	Ihre Einleitung enthält die wichtigsten Textdaten: Titel, Verfasser, Erscheinungsjahr und -ort sowie Textsorte bzw. Textart (z. B. Roman, Kurzgeschichte). Eventuell geben Sie weiterhin Hinweise zum historischen Kontext. Anschließend nennen Sie das Thema, d. h. die zentrale Problematik oder Fragestellung des Textes, und formulieren eine Deutungshypothese.
Hauptteil	Sie beginnen den Hauptteil mit einer kurzen Inhaltsangabe des zu untersuchenden Textes. Wenn es sich um einen Textauszug (z. B. aus einem Roman) handelt, sollten Sie

Ein Beispiel

Wolfgang Borchert (1921 – 1947)
Die drei dunklen Könige

Er tappte durch die dunkle Vorstadt. Die Häuser standen abgebrochen gegen den Himmel. Der Mond fehlte und das Pflaster war erschrocken über den späten Schritt. Dann fand er eine alte Planke. Da trat er mit dem Fuß gegen, bis eine Latte morsch aufseufzte und losbrach. Das Holz roch mürbe und süß. Durch die dunkle Vorstadt tappte er zurück. Sterne waren nicht da.

▶ **Aufgabenstellung**
a) Interpretieren Sie die Kurzgeschichte „Die drei dunklen Könige" (1946) von Wolfgang Borchert.
b) Erläutern Sie, inwiefern die Kurzgeschichte der „Trümmerliteratur" (vgl. S. 302 f.) zuzuordnen ist.

Eine ausformulierte Interpretation der Kurzgeschichte finden Sie hier: WES-127877-068

Unter die Lupe genommen – Das Komma bei Einschüben und nachgestellten Erläuterungen

Regel

1. Einschübe und an das Satzende angehängte Erläuterungen werden durch Komma abgetrennt und dadurch besonders hervorgehoben. Einschübe und Nachträge lassen sich in der Regel aus einem Satz heraushören, weil sie durch Sprechpausen verdeutlicht werden.

Beispiele: Paulina, **meine beste Freundin**, hält mir morgens im Bus immer einen Platz frei.

Varianten in der Groß- und Kleinschreibung kennen

Regel

Großschreibung – Regeln im Überblick

1	In der Rechtschreibung gibt es oft mehrere Möglichkeiten der Schreibung. Beispielsweise gibt es bei **festen Verbindungen aus Präposition und Nomen** zahlreiche Varianten:	Beispiele: auf Grund / aufgrund; im Stande sein / imstande sein; in Frage stellen / infrage stellen; in Stand setzen /

1 Texte planen und schreiben – Literarische Texte

Einen Erzähltext interpretieren

Das müssen Sie wissen

Bei der **Interpretation eines Erzähltextes** geht es darum, einen kürzeren oder längeren Erzähltext, ggf. einen Textauszug, genau zu untersuchen und die darin enthaltene Aussage zu erschließen.

Einleitung	Ihre Einleitung enthält die wichtigsten Textdaten: Titel, Verfasser, Erscheinungsjahr und -ort sowie Textsorte bzw. Textart (z. B. Roman, Kurzgeschichte). Eventuell geben Sie weiterhin Hinweise zum historischen Kontext. Anschließend nennen Sie das Thema, d. h. die zentrale Problematik oder Fragestellung des Textes, und formulieren eine Deutungshypothese.
Hauptteil	Sie beginnen den Hauptteil mit einer kurzen Inhaltsangabe des zu untersuchenden Textes. Wenn es sich um einen Textauszug (z. B. aus einem Roman) handelt, sollten Sie den Auszug außerdem in den Zusammenhang des Gesamttextes einordnen (z. B. Handlungsverlauf, Entwicklung der Figuren, Thematik). Anschließend stellen Sie die Ergebnisse Ihrer Untersuchung dar. Bei der detaillierten Interpretation nehmen Sie auf die eingangs gestellte Deutungshypothese Bezug und verweisen darauf, ob sich diese bestätigt hat oder nicht. Die Arbeitsergebnisse belegen Sie stets am Text (vgl. S. 488 f.). Wenn die Aufgabenstellung keine Untersuchungsaspekte vorgibt, müssen Sie selbst entscheiden, welche Schwerpunkte Sie sinnvollerweise setzen. Infrage kommen z. B.: <ul><li>**Thema:** Ausgestaltung des zentralen Themas/Motivs/Problems</li><li>**Aufbau der Handlung:** Abschnitte/Verlauf der Handlung, Bedeutung von Anfang und Ende, Spannungsbogen, Haupt- und Nebenhandlung</li><li>**Figuren:** Unterscheidung von Haupt- und Nebenfiguren sowie deren Charakterisierung und Entwicklung, Beziehungen zwischen den Figuren, Bedeutung des kommunikativen Verhaltens der Figuren</li><li>**Ort und Zeit der Handlung:** Beschreibung des Handlungsortes, Gestaltung der Atmosphäre, evtl. symbolische Bedeutung des Handlungsortes, (historische) Zeit der Handlung, Zeitstruktur</li><li>**Sprache:** z. B. Auffälligkeiten in Wortwahl und Satzbau, rhetorische Mittel, Stilebene</li><li>**Erzähltechnik:** z. B. Erzählform, Erzählerstandort, Erzählverhalten</li><li>**Textsorte/Gattung:** Benennung und Bestimmung der Textsorte/Gattung anhand der Textsortenmerkmale</li><li>**Titel:** Deutung des Titels, Zusammenhang zwischen Titel und Erzähltem</li></ul>Wichtig ist, dass inhaltliche und formale Merkmale in der Interpretation miteinander verbunden werden!

Schluss	Im Schlussteil fassen Sie die zentralen Untersuchungsergebnisse zusammen und leiten daraus eine Gesamtdeutung des Textes bzw. Textauszuges ab. Dabei greifen Sie die in der Einleitung formulierte Deutungshypothese (s. o.) auf. Außerdem sollten Sie erläutern, welche Wirkungs- und Aussageabsichten der Text für den Leser hat.
Sprache	Die Sprache der Analyse und Interpretation ist bestimmt durch ihre informierende Absicht; sie ist sachlich. Achten Sie darauf, dass Sie die eingeführten Fachbegriffe benutzen (z. B. zur Sprachanalyse und zur Erzähltechnik). Als Zeitform wählen Sie das Präsens.
Arbeits- schritte	1. Erstmaliges Lesen des Textes, Erstleseeindrücke/Fragen/Deutungshypothese festhalten 2. Zweites (ggf. drittes) gründliches Lesen, um ein vertieftes Textverständnis zu erlangen, evtl. Zusatzinformationen suchen 3. Arbeit am Text, dabei Unterstreichungen im Text und Randbemerkungen machen 4. Ergebnisse der Textarbeit in Stichworten festhalten, diese mit Textverweisen/Textbelegen versehen 5. Aus den Stichworten einen Schreibplan bzw. eine Gliederung erstellen 6. Formulierung der einzelnen Teile der Interpretation, dabei dient die Deutungshypothese als Roter Faden für die Interpretation; im Hauptteil darauf achten, die eigenen Aussagen und Deutungen durch Textverweise und Zitate zu belegen 7. Erneutes Lesen des eigenen Textes, ggf. Überarbeitung

Ein Beispiel

Wolfgang Borchert (1921 – 1947)
Die drei dunklen Könige

Der deutsche Schriftsteller Wolfgang Borchert verarbeitete in seinen Kurzgeschichten, Gedichten und einem Theaterstück, die alle im Wesentlichen von 1945 – 1947 entstanden, die Lebenssituationen und Erfahrungen der Menschen in der Zeit während und unmittelbar nach dem Ende des Zweiten Weltkriegs.

Er tappte durch die dunkle Vorstadt. Die Häuser standen abgebrochen gegen den Himmel. Der Mond fehlte und das Pflaster war erschrocken über den späten Schritt. Dann fand er eine alte Planke. Da trat er mit
5 dem Fuß gegen, bis eine Latte morsch aufseufzte und losbrach. Das Holz roch mürbe und süß. Durch die dunkle Vorstadt tappte er zurück. Sterne waren nicht da.

Als er die Tür aufmachte (sie weinte dabei, die Tür),
10 sahen ihm die blassblauen Augen seiner Frau entgegen. Sie kamen aus einem müden Gesicht. Ihr Atem hing weiß im Zimmer, so kalt war es. Er beugte sein knochiges Knie und brach das Holz. Das Holz seufzte. Dann roch es mürbe und süß ringsum. Er hielt sich ein Stück davon unter die Nase. Riecht beinahe wie Kuchen, lach-
15 te er leise. Nicht, sagten die Augen der Frau, nicht lachen. Er schläft.

Der Mann legt das süße mürbe Holz in den kleinen Blechofen. Da glomm es auf und warf eine Handvoll warmes Licht durch das Zimmer. Die fiel hell auf ein
20 winziges rundes Gesicht und blieb einen Augenblick. Das Gesicht war erst eine Stunde alt, aber es hatte schon alles, was dazugehört: Ohren, Nase, Mund und Augen. Die Augen mussten groß sein, das konnte man sehen, obgleich sie zu waren. Aber der Mund war offen
25 und es pustete leise daraus. Nase und Ohren waren rot. Er lebt, dachte die Mutter. Und das kleine Gesicht schlief.

Da sind noch Haferflocken, sagte der Mann. Ja, antwortete die Frau, das ist gut. Es ist kalt. Der Mann
30 nahm noch von dem süßen weichen Holz. Nun hat sie ihr Kind gekriegt und muss frieren, dachte er. Aber er hatte keinen, dem er dafür die Fäuste ins Gesicht

schlagen konnte. Als er die Ofentür aufmachte, fiel
35 wieder eine Handvoll Licht über das schlafende Gesicht. Die Frau sagte leise: Kuck, wie ein Heiligenschein, siehst du? Heiligenschein!, dachte er und er
hatte keinen, dem er die Fäuste ins Gesicht schlagen
konnte.

40 Dann waren welche an der Tür. Wir sahen das Licht,
sagten sie, vom Fenster. Wir wollen uns zehn Minuten
hinsetzen.

Aber wir haben ein Kind, sagte der Mann zu ihnen. Da
sagten sie nichts weiter, aber sie kamen doch ins Zim-
45 mer, stießen Nebel aus den Nasen und hoben die Füße
hoch. Wir sind ganz leise, flüsterten sie und hoben die
Füße hoch. Dann fiel das Licht auf sie.

Drei waren es. In drei alten Uniformen. Einer hatte einen Pappkarton, einer einen Sack. Und der dritte hatte
50 keine Hände. Erfroren, sagte er, und hielt die Stümpfe
hoch. Dann drehte er dem Mann die Manteltasche hin.
Tabak war darin und dünnes Papier. Sie drehten Zigaretten. Aber die Frau sagte: Nicht, das Kind.

Da gingen die vier vor die Tür und ihre Zigaretten wa-
55 ren vier Punkte in der Nacht. Der eine hatte dicke um-
wickelte Füße. Er nahm ein Stück Holz aus seinem
Sack. Ein Esel, sagte er, ich habe sieben Monate daran
geschnitzt. Für das Kind. Das sagte er und gab es dem
Mann. Was ist mit den Füßen?, fragte der Mann. Was-
60 ser, sagte der Eselschnitzer, vom Hunger. Und der andere, der dritte?, fragte der Mann und befühlte im Dunkeln den Esel. Der dritte zitterte in seiner Uniform: Oh,
nichts, wisperte er, das sind nur die Nerven. Man hat

eben zu viel Angst gehabt. Dann traten sie die Zigaretten aus und gingen wieder hinein. 65

Sie hoben die Füße hoch und sahen auf das kleine
schlafende Gesicht. Der Zitternde nahm aus seinem
Pappkarton zwei gelbe Bonbons und sagte dazu: Für die
Frau sind die.

Die Frau machte die blassen blauen Augen weit auf, als 70
sie die drei Dunklen über das Kind gebeugt sah. Sie
fürchtete sich. Aber da stemmte das Kind seine Beine
gegen ihre Brust und schrie so kräftig, dass die drei
Dunklen die Füße aufhoben und zur Tür schlichen.
Hier nickten sie nochmal, dann stiegen sie in die Nacht 75
hinein.

Der Mann sah ihnen nach. Sonderbare Heilige, sagte er
zu seiner Frau. Dann machte er die Tür zu. Schöne Heilige sind das, brummte er und sah nach den Haferflocken. Aber er hatte kein Gesicht für seine Fäuste. 80

Aber das Kind hat geschrien, flüsterte die Frau, ganz
stark hat es geschrien. Da sind sie gegangen. Kuck mal,
wie lebendig es ist, sagte sie stolz. Das Gesicht machte
den Mund auf und schrie.

Weint er?, fragte der Mann. 85

Nein, ich glaube, er lacht, antwortete die Frau.

Beinahe wie Kuchen, sagte der Mann und roch an dem
Holz, wie Kuchen. Ganz süß. Heute ist ja auch Weihnachten, sagte die Frau.

Ja, Weihnachten, brummte er und vom Ofen her fiel 90
eine Handvoll Licht auf das kleine schlafende Gesicht.

(1946)

▶ **Aufgabenstellung**

a) Interpretieren Sie die Kurzgeschichte „Die drei dunklen Könige" (1946) von Wolfgang
Borchert.

b) Erläutern Sie, inwiefern die Kurzgeschichte der „Trümmerliteratur" (vgl. S. 302 f.) zuzuordnen ist.

Eine ausformulierte Interpretation der Kurzgeschichte finden Sie hier:
WES-127877-068 .

Ein Gedicht interpretieren

Das müssen Sie wissen

Die Interpretation eines Gedichts dient dazu, herauszufinden, wie **Inhalt**, **Aussage** und **Wirkung** des poetischen Textes durch seine sprachliche Gestaltung verdeutlicht werden. Anschließend deuten Sie die Ergebnisse Ihrer Untersuchung.

Einleitung	In der Einleitung nennen Sie die wichtigsten Textdaten (Gedichtart, Titel, Autor, Erscheinungs- bzw. Entstehungsjahr) und geben – soweit bekannt – Informationen zum historischen Hintergrund. Ferner machen Sie in knapper Form Angaben zum Inhalt und zum Thema des Gedichtes (Worum geht es? Was wird dargestellt?). Die Einleitung enthält einen Hinweis, wie das Gedicht zu deuten ist (Deutungshypothese).
Hauptteil	Ziel des Hauptteils ist es, die Deutungshypothese durch genaue Analyse zu prüfen und zu belegen (ggf. auch zu widerlegen). Sie beschreiben dabei zunächst die äußere Form des Gedichtes (Strophenzahl, Verseinteilung, Reimschema, Metrum) zusammenhängend. Die formale Gestalt muss später in die genaue Beschreibung und Deutung der Einzelstrophen eingebundenwerden. Das gilt vor allem auch für besondere Auffälligkeiten/Ausnahmen (z. B. Unregelmäßigkeiten im Metrum). Danach beschreiben und deuten Sie – soweit auffällig – den Textaufbau (z. B. bei einer Rahmenstellung von Versen bzw. Strophen). Anschließend gehen Sie näher auf den Inhalt und die Sprache des Gedichtes ein (z. B. Situation des lyrischen Ichs, Atmosphäre, Darstellung des Themas in den einzelnen Strophen, inhaltliche Entwicklung). Dabei können Sie strophenweise vorgehen oder bestimmte Untersuchungsschwerpunkte in den Mittelpunkt stellen. Hierbei sind unbedingt die sprachlichen Mittel (z. B. sprachliche Bilder, Wortwahl, Satzbau, rhetorische Mittel) zu benennen und in ihrer Wirkung und Bedeutung für Inhalt und Aussage des Gedichtes zu erläutern.
Schluss	Am Schluss fassen Sie die wichtigsten Beobachtungen und Erkenntnisse zusammen und kommen zu einer abschließenden Deutung.
Sprache	Die Sprache der Interpretation ist grundsätzlich **sachlich**. Sowohl Untersuchungsergebnisse als auch Bewertungen sind stets zu **begründen**. Als **Belege** sollten Zitate aus dem Gedicht (vgl. S. 488 f.) in die Textuntersuchung übernommen werden. Falls nicht wörtlich zitiert, sind Gedichtinhalte möglichst mit eigenen Worten im Indikativ wiederzugeben. Beschreibungstempus ist das Präsens, bei Vorzeitigkeit das Perfekt.

Arbeits-schritte	1. Erstmaliges Lesen des Gedichts, um einen Überblick zu gewinnen
	2. Notieren der Deutungshypothese
	3. Zweites, gründlicheres Lesen, um ein vollständiges Textverständnis zu erlangen; Erschließen des Textaufbaus und der äußeren Form (Strophen, Reime, Kadenzen, Versmaß); Markieren wichtiger Textstellen und Anbringen von Randbemerkungen; ggf. Informieren über historische Bedingungen der Entstehungszeit des Gedichts (Epoche, geschichtliche Ereignisse, Biografie des Autors u. a.); Überprüfung und ggf. Präzisierung/Korrektur der Deutungshypothese (s. 2.)
	4. Entwicklung eines Schreibplans: Gliederung der Ergebnisse (vgl. 3.) auf einem Konzeptblatt
	5. Ausformulieren der Interpretation auf der Grundlage des Schreibplans; Verknüpfung von Beschreibung und Deutung
	6. Anfügen einer begründeten persönlichen Bewertung des Gedichts unter Berücksichtigung der Untersuchungsergebnisse und ggf. unter Rückgriff auf weitere Unterrichtsergebnisse und Kenntnisse
	7. Überarbeiten des eigenen Textes (Überprüfung von Inhalt, Aufbau und sprachlicher Form)

Ein Beispiel

1775 unternahm Goethe mit den Brüdern Friedrich und Christian von Stolberg eine Reise in die Schweiz. Auf dieser „Geniereise" machte Goethe die Bekanntschaft mit vielen Schriftstellern des Landes. In das Gedicht „Auf dem See" sind die Eindrücke einer Bootspartie auf dem Zürcher See eingegangen. 1789 überarbeitete der Dichter den Text für die Veröffentlichung. Diese Fassung ist hier abgedruckt.

Johann Wolfgang von Goethe (1749 – 1832)
Auf dem See

Und frische Nahrung, neues Blut
Saug' ich aus freier Welt;
Wie ist Natur so hold und gut,
Die mich am Busen hält!
5 Die Welle wieget unsern Kahn
Im Rudertakt hinauf,
Und Berge, wolkig himmelan,
Begegnen unserm Lauf.

Aug, mein Aug, was sinkst du nieder?
10 Goldne Träume kommt ihr wieder?
Weg, du Traum so Gold du bist,
Hier auch Lieb und Leben ist.

Auf der Welle blinken
Tausend schwebende Sterne,
15 Weiche Nebel trinken
Rings die türmende Ferne;
Morgenwind umflügelt
Die beschattete Bucht,
Und im See bespiegelt
20 Sich die reifende Frucht.   *(1775/89)*

▶ Aufgabenstellung

a) Interpretieren Sie das Gedicht „Auf dem See" (1789) von Johann Wolfgang von Goethe.

b) Zeigen Sie ausgehend von Ihren Ergebnissen vergleichend auf, wie das Naturmotiv in einem anderen Gedicht gestaltet wird.

 Eine ausformulierte Interpretation des Gedichts finden Sie hier: WES-127877-069 .

Wichtiges Sachwissen zur Gedichtanalyse und -interpretation

Gedichtaufbau	Ein Gedicht besteht zumeist aus Versen und Strophen.
	Als **Vers** bezeichnet man die Gedichtzeile, deren Länge im Unterschied zum Prosatext für gewöhnlich nicht bis zum Seitenrand reicht. Wird ein Satz bzw. Teilsatz über einen Vers hinaus weitergeführt, spricht man von einem **Zeilensprung (Enjambement)**. Dahingegen fallen beim **Zeilenstil** Vers- und Satzende zusammen.
	Eine **Strophe** fasst mehrere Verse zu einem Abschnitt des Gedichts zusammen, der in der Regel auch im Druck deutlich von den übrigen Teilen des Gedichts abgehoben ist.
Reime und Reimordnung	Häufig werden in Gedichten einzelne Verse durch **Endreim** klanglich miteinander verbunden. Zwei oder mehrere Wörter reimen sich, **wenn sie vom letzten betonten Vokal an gleich klingen** (z. B. „Reichen" – „erweichen"). Man kann zwischen **männlichem Reim** (auf einzelner betonter Silbe, z. B. „Tor" – „Ohr") und **weiblichem Reim** (aus zwei Silben mit Betonung auf der ersten, z. B. „klingen" – „singen") unterscheiden.
	Sonderformen des Endreims sind
	– der **reiche Reim**, der sich über drei oder mehr Silben erstreckt (z. B. „versprochen" – „zerbrochen"), – der **unreine Reim**, bei dem die Reimvokale nur annähernd gleich sind (z. B. „gebeten" – „Hungersnöten"), – die **Assonanz**, bei der lediglich die Vokale übereinstimmen (z. B. „Buch" – „Wut").
	Die häufigsten **Reimordnungen**, die man in einem Schema mit Kleinbuchstaben für die sich jeweils reimenden Verse darstellen kann, sind:
	– **Paarreim** (aabb), – **Haufenreim** (aaaa) und – **Kreuzreim** (abab), – **Schweifreim** (aabccb). – **umarmender Reim** (abba),
	Im Unterschied zum Endreim handelt es sich beim **Binnenreim** um den Gleichklang von zwei oder mehreren Wörtern innerhalb desselben Verses. Moderne Gedichte verzichten häufig auf gereimte Verse.
Versmaß (Metrum)	Die Verse vieler Gedichte weisen ein bestimmtes **Betonungsmuster** auf, d. h., dass innerhalb der einzelnen Verse **Hebungen** (betonte Silben) und **Senkungen** (unbetonte Silben) in einer festen Abfolge angeordnet sind. Diese feste Abfolge nennt man **Versmaß** oder **Metrum**. Eine Einheit von zwei oder drei Silben, von denen eine betont ist, nennt man Takt oder **Versfuß**. Die häufigsten Versfüße sind:
	Jambus (xx́): z. B. Gedícht **Trochäus** (x́x): z. B. Díchter **Daktylus** (x́xx): z. B. Dáktylus **Anapäst** (xxx́): z. B. Anapä́st
	In der modernen Lyrik findet sich oft ein unregelmäßiges, kaum zu bestimmendes Metrum. Auch Reime findet man manchmal nicht.
Kadenz	Wenn ein Vers auf einer betonten Silbe endet, bezeichnet man dies als **stumpfe Kadenz**, eine unbetonte Silbe am Schluss wird **klingende Kadenz** genannt (vgl. auch männlicher und weiblicher Reim). Beim regelmäßigen Wechsel von betonten und unbetonten Silben spricht man von einem **alternierenden Metrum**. Bei **unregelmäßigem Versmaß** kann es reichen, nur die Anzahl der Hebungen zu bestimmen oder zu notieren, welches Metrum überwiegend benutzt wird.

Wichtiges Sachwissen zur Gedichtanalyse und -interpretation

	Häufig steht das Versmaß in Verbindung mit dem Gedichtinhalt und ist besonders dann für die Interpretation aufschlussreich, wenn es unregelmäßig wird oder plötzlich wechselt.

Vom Metrum zu unterscheiden ist der **Versrhythmus**, der die sprachliche Umsetzung der metrischen Gliederung eines Gedichts bezeichnet und sich auf die sinngemäße Betonung des Gedichttextes bezieht. Häufig spielen inhaltliche Aspekte eine wichtige Rolle für den Vortrag (ob der Text z. B. langsam, schnell oder ruhig usw. gesprochen werden sollte).

Klangfarbe

Die Wirkung eines Gedichtes wird auch durch seine Klanggestalt beeinflusst, hier vor allem durch die Vokale. **Helle Vokale** (e und i) lassen ein Gedicht oft heiter und fröhlich klingen, **dunkle Vokale** (a, o und u) machen es vielfach gedämpfter, getragener oder geheimnisvoller.

Wenn mehrere Wörter einen vokalischen Gleichklang aufweisen, spricht man von einer **Assonanz**. So reimen sich z. B. die Wörter „schlafen" und „klagen" nicht, weisen aber den gleichen Vokal auf. Assonanzen können ein Gedicht zusätzlich rhythmisieren und werden oft benutzt, um eine Nähe zum Volkslied herzustellen.

Die ersten drei Verse eines Gedichtes von Ludwig Uhland sind dafür ein Beispiel:

„Die linden Lüfte sind erwacht,
Sie säuseln und weben Tag und Nacht,
Sie schaffen an allen Enden."

Eine weitere Möglichkeit, den Klang eines Gedichtes zu beeinflussen, liegt im Gebrauch von Wörtern, die das Geräusch, das sie bezeichnen, **lautmalerisch** nachahmen, z. B. bei den Wörtern „klirren", „rascheln", „zischen". Man spricht dann von **Lautmalerei** oder **Onomatopoesie**.

Gedichtarten (nach Form und Inhalt)

Variationen in Thematik, Metrum, sprachlicher Gestaltung sowie Vers- und Strophenform haben zu unterschiedlichen **Gedichtarten** geführt. Die wichtigsten sind:
- **Ballade** (Erzählgedicht),
- **Lied/Volkslied** (eingängige Reimordnungen, flexibles Metrum, Refrain),
- **Hymne** (Preis- und Lobgesang),
- **Ode** (lange Gedichtform ohne Reime) und
- **Sonett** (bestehend aus zwei Quartetten und zwei Terzetten, häufig mit der Reimordnung abba abba ccd eed).

Gedichte können auch nach ihrer **Thematik** oder ihrer Funktion unterschieden werden (Naturgedichte, Liebeslyrik, politische Gedichte usw.).

Eine Dramenszene analysieren und interpretieren

Das müssen Sie wissen

Zentrales Element des Dramas ist der Dialog, dessen Analyse im Mittelpunkt bei der Interpretation einer Dramenszene steht.

Die schriftliche Interpretation einer Dramenszene

Einleitung	In der Einleitung formulieren Sie zunächst einen hinführenden Gedanken zum zentralen Thema und nennen dann Autor/-in und den Titel des Dramas, das Erscheinungs- oder Entstehungsjahr und eventuell den historischen Kontext, in dem das Drama spielt. Weiterhin geben Sie Ort, Zeit und auftretende Figuren der zu interpretierenden Szene an, fassen den Inhalt knapp zusammen und ordnen die Szene in den Gesamtzusammenhang der bisherigen Handlung ein. Am Ende der Einleitung steht die Deutungshypothese, die den oder die zentralen Gedanken zur Interpretation des Textes enthält, welche(r) dann im Hauptteil entfaltet wird bzw. werden.
Hauptteil	Geleitet von der Deutungshypothese der Einleitung gehen Sie dann im Hauptteil z. B. folgenden Fragestellungen nach: ● Welche Absichten verfolgen die Gesprächspartner? ● Wie reagieren Sie aufeinander? ● Welche Redestrategien verwenden sie (Sprechweise, rhetorische Figuren, Gestik, Mimik)? ● Welche Sprache verwenden sie (Sprachniveau, sprachliche Mittel)? ● Welche Beziehung der Gesprächspartner wird deutlich? Ändert sich möglicherweise die Beziehung im Verlauf der Szene? ● Welche Charaktereigenschaften werden in der Szene deutlich? Welche Haltungen und Wertvorstellungen prägen die Figuren? Hier sollten Sie auch Ihr Wissen über Kommunikationsprozesse einbringen (vgl. S. 70 ff.). Stimmen Sie das Vorgehen auf die jeweilige Deutungshypothese, die bestätigt, erweitert oder verändert werden kann, ab. ● Welche Funktion haben die Regieanweisungen?
Schluss	Zum Schluss runden Sie Ihre Arbeit ab, indem Sie kurz entweder auf die Wirkungsgeschichte des Textes, den/die Autor/-in oder Werke mit verwandter Thematik eingehen.

Arbeits-schritte	1. Lesen Sie den Dramenauszug sorgfältig und listen Sie Ihre ersten Leseeindrücke stichpunktartig auf. Formulieren Sie eine Deutungshypothese.
	2. Notieren Sie in Stichworten die Grunddaten der Szene/des Auftritts:
	  – Titel, Autor/-in, Entstehungszeit … des Dramenauszugs
	  – Einordnung der Szene in den Gesamtzusammenhang der Handlung
	  – Gesprächspartner, Ort, Zeitpunkt, Anlass und Inhalt des Gesprächs im Überblick
	3. Festlegung von Erarbeitungsschwerpunkten (Stichworte) bei Untersuchung des Textes:
	  – Entwicklung des Gesprächsverlauf und Führung im Gespräch
	  – differenzierte Untersuchung der Intentionen der Dialogpartner
	  – Beschreibung und Deutung der Sprechweisen
	  – rhetorische Figuren und deren Bedeutung/Wirkung im Kontext des Gesprächs …
	  – zusammenfassende Deutung unter Bezugnahme auf die jeweilige literarische Epoche
	4. Erstellen eines Schreibplans auf der Grundlage von 1. und 2.
	5. Ausformulierung der Interpretation
	6. Überarbeitung im Hinblick auf die inhaltliche und sprachliche Gestaltung.

Ein Beispiel

Heinrich von Kleist (1777 – 1811)
Prinz Friedrich von Homburg

Bernd Heinrich Wilhelm von Kleist war ein deutscher Dramatiker, Erzähler, Lyriker und Publizist. Das von ihm verfasste Drama „Prinz Friedrich von Homburg" konnte erst nach dem Tod des Autors 1821 in Wien uraufgeführt werden, da Prinzessin Marianne von Preußen, eine geborene Hessen-Homburg, dadurch die Familienehre gekränkt sah.

Prinz von Homburg, ein junger General im Dienst des Kurfürsten, erfasst am Vorabend der Schlacht einen Befehl des Kurfürsten nicht, weil er inneren Bildern von Soldatenruhm und Liebesglück mit Natalie, der Nichte des Kurfürsten, nachhängt. Daher greift er im Kampf befehlswidrig an, erringt zwar den Sieg, wird aber wegen Befehlsmissachtung angeklagt und zum Tod verurteilt. Aus der Haft heraus begibt er sich zur Kurfürstin.

3. Akt, 5. Auftritt

Der Prinz von Homburg tritt auf. – Die Vorigen.
Der Prinz von Homburg O meine Mutter! *(Er lässt sich auf Knien vor ihr nieder.)*
5 [...]
Kurfürstin Ich weiß um alles! Was aber kann ich,
              Ärmste, für Euch tun?
Der Prinz von Homburg O meine Mutter, also
              sprachst du nicht,
  Wenn dich der Tod umschauerte, wie mich!
  Du scheinst mit Himmelskräften, rettenden,
10 Du mir, das Fräulein, deine Fraun, begabt,
  Mir alles rings umher, dem Trossknecht könnt ich,
  Dem schlechtesten, der deiner Pferde pflegt,
  Gehängt am Halse flehen: rette mich!
  Nur ich allein, auf Gottes weiter Erde,
15 Bin hilflos, ein Verlassner, und kann nichts!
Kurfürstin Du bist ganz außer dir! Was ist geschehn?
Der Prinz von Homburg Ach! Auf dem Wege, der
              mich zu dir führte,
  Sah ich das Grab, beim Schein der Fackeln, öffnen,
  Das morgen mein Gebein empfangen soll.
20 Sieh, diese Augen, Tante, die dich anschaun,
  Will man mit Nacht umschatten, diesen Busen
  Mit mörderischen Kugeln mir durchbohren.
  Bestellt sind auf dem Markte schon die Fenster,
  Die auf das öde Schauspiel niedergehn,
25 Und der die Zukunft, auf des Lebens Gipfel,
  Heut, wie ein Feenreich, noch überschaut,
  Liegt in zwei engen Brettern duftend morgen,
  Und ein Gestein sagt dir von ihm: er war!
  (Die Prinzessin, welche bisher, auf die Schulter der
30 *Hofdame gelehnt, in der Ferne gestanden hat, lässt*
sich bei diesen Worten erschüttert an einen Tisch nieder und weint.)
Kurfürstin Mein Sohn! Wenns so des Himmels Wille ist,
  Wirst du mit Mut dich und mit Fassung rüsten!
Der Prinz von Homburg O Gottes Welt, o Mutter, 35
              ist so schön!
  Lass mich nicht, fleh ich, eh die Stunde schlägt,
  Zu jenen schwarzen Schatten niedersteigen!
  Mag er doch sonst, wenn ich gefehlt, mich strafen,
  Warum die Kugel eben muss es sein?
40 Mag er mich meiner Ämter doch entsetzen,
  Mit Kassation[1], wenns das Gesetz so will,
  Mich aus dem Heer entfernen: Gott des Himmels!
  Seit ich mein Grab sah, will ich nichts, als leben,
  Und frage nichts mehr, ob es rühmlich sei!
Kurfürstin Steh auf, mein Sohn; steh auf! Was 45
              sprichst du da?
  Du bist zu sehr erschüttert. Fasse dich!
Der Prinz von Homburg Nicht, Tante, ehr als bis du
              mir gelobt,
  Mit einem Fußfall, der mein Dasein rette,
  Flehnd seinem höchsten Angesicht zu nahn!
50 Dir übergab zu Homburg, als sie starb,
  Die Hedwig mich, und sprach, die Jugendfreundin:
  Sei ihm die Mutter, wenn ich nicht mehr bin.
  Du beugtest tief gerührt, am Bette kniend,
  Auf ihre Hand dich und erwidertest:
55 Er soll mir sein, als hätt ich ihn erzeugt.
  Nun, jetzt erinnr' ich dich an solch ein Wort!
  Geh hin, als hättst du mich erzeugt, und sprich: '
  Um Gnade fleh ich, Gnade! Lass ihn frei!
  Ach, und komm mir zurück und sprich: du bists!
Kurfürstin *(weint)* Mein teurer Sohn! Es ist bereits 60
              geschehn!

Doch alles, was ich flehte, war umsonst!
Der Prinz von Homburg Ich gebe jeden Anspruch
auf an Glück.

Nataliens, das vergiss nicht, ihm zu melden,
Begehr ich gar nicht mehr, in meinem Busen
65 Ist alle Zärtlichkeit für sie verlöscht.
Frei ist sie, wie das Reh auf Heiden, wieder;
Mit Hand und Mund, als wär ich nie gewesen,
Verschenken kann sie sich, und wenns Karl Gustav,
Der Schweden König, ist, so lob ich sie.
70 Ich will auf meine Güter gehn am Rhein,
Da will ich bauen, will ich niederreißen,
Dass mir der Schweiß herabtrieft, säen, ernten,
Als wärs für Weib und Kind, allein genießen,
Und, wenn ich erntete, von Neuem säen,
75 Und in den Kreis herum das Leben jagen,
Bis es am Abend niedersinkt und stirbt.
Kurfürstin Wohlan! Kehr jetzt nur heim in dein
Gefängnis,
Das ist die erste Fordrung meiner Gunst!
Der Prinz von Homburg *(steht auf und wendet sich*
80 *zur Prinzessin)* Du armes Mädchen, weinst! Die
Sonne leuchtet
heut alle deine Hoffnungen zu Grab!
Entschieden hat dein erst Gefühl für mich,
Und deine Miene sagt mir, treu wie Gold,
Du wirst dich nimmer einem andern weihn.
85 Ja, was erschwing ich, Ärmster, das dich tröste?
Geh an den Main, rat ich, ins Stift der Jungfrau[2],
Zu deiner Base Thurn, such in den Bergen
Dir einen Knaben, blondgelockt wie ich,
Kauf ihn mit Gold und Silber dir, drück ihn
90 An deine Brust und lehr ihn: Mutter! stammeln,
Und wenn er größer ist, so unterweis ihn,
Wie man den Sterbenden die Augen schließt.

Das ist das ganze Glück, das vor dir liegt!
Natalie *(mutig und erhebend, indem sie aufsteht und*
ihre Hand in die seinige legt) Geh, junger Held, 95
in deines Kerkers Haft,
Und auf dem Rückweg, schau noch einmal ruhig
Das Grab dir an, das dir geöffnet wird!
Es ist nichts finstrer und um nichts breiter,
Als es dir tausendmal die Schlacht gezeigt!
Inzwischen werd ich, in dem Tod dir treu, 100
Ein rettend Wort für dich dem Oheim wagen:
Vielleicht gelingt es mir, sein Herz zu rühren,
Und dich von allem Kummer zu befrein! *(Pause.)*
Der Prinz von Homburg *(faltet, in ihrem Anschaun*
verloren, die Hände) 105
Hättst du zwei Flügel, Jungfrau, an den Schultern,
Für einen Engel wahrlich hielt ich dich! –
O Gott, hört ich auch recht? Du für mich sprechen?
– Wo ruhte denn der Köcher dir der Rede,
Bis heute, liebes Kind, dass du willst wagen, 110
Den Herrn in solcher Sache anzugehn? –
– O Hoffnungslicht, das plötzlich mich erquickt!
Natalie Gott wird die Pfeile mir, die treffen, reichen!
Doch wenn der Kurfürst des Gesetzes Spruch
Nicht ändern kann, nicht kann: wohlan! so wirst du 115
Dich tapfer ihm, der Tapfre, unterwerfen:
Und der im Leben tausendmal gesiegt,
Er wird auch noch im Tod zu siegen wissen!
Kurfürstin Hinweg! – Die Zeit verstreicht, die günstig
ist!
Der Prinz von Homburg Nun, alle Heilgen mögen 120
dich beschirmen!
Leb wohl! Leb wohl! Und was du auch erringst,
Vergönne mir ein Zeichen vom Erfolg!
(Alle ab.)

(1821)

▶ **Aufgabenstellung**

a) Interpretieren Sie die Dramenszene aus „Prinz Friedrich von Homburg".

b) Vergleichen Sie das Verhalten des Prinzen mit dem einer anderen, existenziell bedroh-
ten Hauptfigur in einem anderen literarischen Werk.

 Eine ausformulierte Interpretation der Szene finden Sie hier:
WES-127877-070 .

---

[1] **Kassation:** unehrenhafte Entlassung aus dem Militärdienst – [2] **Stift der Jungfrau:** Kloster

2 Texte planen und schreiben – Pragmatische Texte

Einen argumentativen Sachtext analysieren

Das müssen Sie wissen

Bei der **Analyse eines argumentativen Sachtextes** geht es in einem ersten Schritt darum, den Leser/die Leserin über den **Inhalt** zu informieren. Darüber hinaus soll in einem zweiten Schritt untersucht werden, auf welche Art und Weise der Verfasser seinen **Standpunkt** argumentativ zu stützen versucht, welche **sprachlichen Strategien** er dabei anwendet und welche **Wirkung** er mithilfe der verwendeten **sprachlich-rhetorischen Mittel** erzielt. Neben der inhaltlichen Analyse gewinnt also die Formanalyse an Bedeutung, neben das „Was" (Was beinhaltet der Text?) eines Textes tritt das „Wie" (Wie ist der Text gemacht?).

Einleitung	Nach einer allgemeinen thematischen Hinführung nennen Sie in der Einleitung den Verfasser/die Verfasserin, den Titel, die Textsorte, das Thema sowie ggf. Erscheinungsort und -jahr des Sachtextes. Außerdem formulieren Sie Ihren Verstehensentwurf, indem Sie über das Thema und die zentrale Aussage informieren.
Hauptteil	Im Hauptteil sollten die Informationen der einzelnen Textabschnitte zunächst knapp mit eigenen Worten zusammengefasst werden. Dafür gliedert man den Text idealerweise in Sinnabschnitte. Nach dieser rein inhaltlichen Arbeit geht es in einem zweiten Schritt in einer Detailanalyse darum, den **Aufbau** sowie die argumentative Struktur zu untersuchen. In der Detailanalyse wird der Verstehensentwurf stets überprüft und überarbeitet. Nennt der Autor in seinem Text beispielsweise ausschließlich Argumente, die seine These stützen, spricht man von einer linearen (thetischen) **Argumentationsstruktur**; erwähnt er auch Gegenargumente, bezeichnet man diese als dialektisch (antithetisch). Um die Strategie des Autors zu verstehen, können z. B. die Reihenfolge der vom Autor gewählten Argumente, der gewählte **Argumentationstyp** (vgl. S. 450), der Wortschatz, Satzbau oder Stil des Textes eine wichtige Rolle spielen. Man untersucht auch die **Funktion** der Argumente hinsichtlich der **Intention** (Absicht/Ziel) der Autorin/des Autors.
Schluss	Zuletzt sollten Sie die Gesamtaussage des Textes knapp und prägnant zusammenfassen. Häufig wird eine argumentative Auseinandersetzung mit einem Teilaspekt des Textes verlangt.
Sprache	Die Sprache einer Sachtextanalyse sollte sachlich und informativ sein, umgangssprachliche Formulierungen sollten vermieden werden. Wörtliche Zitate müssen immer mit Anführungszeichen und Seiten-/Zeilenangaben, sinngemäße Zitate mit einem „vgl." kenntlich gemacht werden. Die Nutzung der **indirekten Rede** ermöglicht es dem Leser der Sachtextanalyse, zwischen dem Gedankengang des Bezugstextes und dem der Analyse zu differenzieren. Als Tempus wählt man das **Präsens**.
Formulierungshilfen	Folgende Formulierungen können bei der Analyse des Argumentationsgangs im Hauptteil hilfreich sein: Der Autor/Die Autorin • informiert darüber, dass … • vertritt die These/stellt die Behauptung auf, dass … • verdeutlicht seine These, indem …

- führt ein Beispiel an, um … zu
- beruft sich auf eine Autorität, sodass …
- nutzt hier ein Faktenargument, um zu verdeutlichen, dass …
- belegt seine Position mithilfe von …
- appelliert an …
- fasst abschließend zusammen …
- verwendet folgendes sprachliche Mittel, um …
- verdeutlicht seine These durch die Metapher …
- verknüpft die Aussagen durch die Anapher …

Arbeits-schritte	**A Vorarbeiten**
	1. Erstes, überfliegendes Lesen, um einen Überblick zu gewinnen
	2. Zweites, gründliches Lesen, um ein vollständiges Textverständnis zu bekommen; Klärung unbekannter Begriffe, Markieren zentraler Textstellen/Schlüsselwörter
	3. Formulieren des Verstehensentwurfs
	4. Erschließen des inhaltlichen Aufbaus: Gliederung des Textes in Sinnabschnitte (Absätze) und ggf. Formulierung von Zwischenüberschriften auf einem Notizzettel
	5. Formale Erschließung des Aufbaus einzelner Argumente sowie des argumentativen Gedankengangs des Autors / der Autorin; Bestimmung der Funktion der einzelnen Argumente für den argumentativen Gesamtaufbau des Textes bzw. für die Intention; Analyse der Sprache im Hinblick auf ihre Funktion für die Argumentation
	B Niederschrift nach Erstellung einer Gliederung
	6. Zusammenfassung des Inhalts und der Aufgabe des jeweiligen Abschnitts mit eigenen Worten sowie Analyse von Sprache und Argumentationsweise (bei wörtlicher Wiedergabe Beachtung der Zitierregeln) unter Rückbezug auf den Verstehensentwurf
	7. Ggf. (sprachliche) Überarbeitung des Textes; dabei auf sinnvolle Verknüpfung von Einleitung, Hauptteil und Schluss achten

Ein Beispiel

Ulrich Greiner
Die ZEIT-Schülerbibliothek[1]

Weshalb wir einen literarischen Kanon[2] brauchen

Es geschieht am Abend des ersten Tages, nach der Verwandlung von Nils Holgersson[3] in einen Däumling. Den ganzen Tag über ist Nils auf dem Rücken des weißen Gänserichs mitgeflogen, und er hat vor lauter Staunen über diesen wunderbaren Blick vom Himmel auf die Erde hinab seine Schande ganz vergessen, die Schande, dass er für seine Bosheit gegen den Kobold schwer bestraft worden ist und dass er nicht weiß, wann er sich je wieder unter den Menschen blicken lassen darf. Jetzt aber, da er sich müde und elend fühlt und da sich die Gänse draußen auf dem Eis zum Schlafen niederlegen, kommt Akka von Kebnekajse, die Leitgans, auf ihn zu und sagt, nachdem sie sich gravitätisch[4] vorgestellt hat: „Du musst nicht glauben, dass wir

---

[1] Bei der ZEIT-Schülerbibliothek handelt es sich um ein Projekt der Wochenzeitschrift „Die ZEIT", das sich zum Ziel gesetzt hatte, 50 Titel der deutschsprachigen Literatur von den Anfängen bis zur Gegenwart zusammenzustellen, die als besonders wertvoll für Schülerinnen und Schüler ab zehn Jahren angesehen wurden. Die Auswahl der Titel erfolgte durch eine Jury, bestehend aus zwei Schülern, zwei Deutschlehrern, zwei Schriftstellern und zwei Redakteuren der Wochenzeitschrift „Die ZEIT". Wöchentlich wurde in der ZEIT ein Buch vorgestellt. – [2] **Kanon:** Zusammenstellung von Werken, die als besonders lesenswert angesehen werden – [3] **Nils Holgersson:** Hauptfigur des Romans „Die wunderbare Reise des Däumlings Nils Holgersson mit den Wildgänsen" (1906/07) der schwedischen Literaturnobelpreisträgerin Selma Lagerlöf (1858 – 1940). In dem Buch geht es um den Jungen Nils Holgersson, der aufgrund eines Fehlverhaltens in einen daumengroßen Wichtel verwandelt wird und anschließend Freundschaft mit Wildgänsen schließt und mit ihnen durch das Land fliegt. Auf dieser Reise bewährt er sich und wird am Ende wieder zurückverwandelt. – [4] **gravitätisch:** würdevoll

unseren Schlafplatz mit jemandem teilen, der nicht sagen will, welcher Familie er entstammt."

In diesem Augenblick erwacht in Nils Holgersson der Stolz, und obwohl er sich seiner Geschichte schämt, er-
20 zählt er, wer er eigentlich ist. Er nimmt den Schmerz der Erinnerung auf sich, er nimmt die Schuld an, und das ist der Anfang seiner Rückkehr unter die Menschen und seiner Heimkehr zu den Eltern.

Selma Lagerlöfs Roman ist eine große Metapher für die
25 Notwendigkeit des Erinnerns. Er erzählt den schwedischen Kindern von ihrer Heimat, von Natur und Landschaft, und er öffnet ihnen den Blick für die Tiefe des historischen Raums. Sie sollen wissen, woher sie kommen, und sie erfahren es aus den Märchen und Sagen,
30 aus den Fabeln und Legenden, in denen das Leid und das Glück der Ahnen aufgehoben sind.

Friedrich Schiller zeigt in seiner berühmten Rede *Was heißt und zu welchem Ende studiert man Universalgeschichte?* (26. Mai 1789 in Jena), wie wir alle auf den
35 Schultern unserer Vorfahren stehen. „Selbst in den alltäglichsten Verrichtungen des bürgerlichen Lebens können wir es nicht vermeiden, die Schuldner vergangener Jahrhunderte zu werden." Daraus leitet er nicht allein die Notwendigkeit ab, die Geschichte zu kennen,
40 deren vorläufiges Endprodukt wir sind, sondern auch die Verpflichtung, unseren Nachkommen diese Kenntnis zu überliefern.

Zu seinen Studenten, also zu uns, sagt Schiller: „Aus der Geschichte erst werden Sie lernen, einen Wert auf die
45 Güter zu legen, denen Gewohnheit und unangefochtener Besitz so gern unsre Dankbarkeit rauben. Und welcher unter Ihnen könnte dieser hohen Verpflichtung eingedenk sein, ohne dass sich ein stiller Wunsch in ihm regte, an das kommende Geschlecht die Schuld zu
50 entrichten, die er dem vergangenen nicht mehr abtragen kann? Ein edles Verlangen muss in uns entglühen, zu dem reichen Vermächtnis von Wahrheit, Sittlichkeit und Freiheit, das wir von der Vorwelt überkamen und reich vermehrt an die Folgewelt wieder abgeben müs-
55 sen, auch aus unsern Mitteln einen Beitrag zu legen, und an dieser unvergänglichen Kette, die durch alle Menschengeschlechter sich windet, unser fliehendes Dasein zu befestigen."

Die wirkliche Katastrophe der gegenwärtigen, durch
60 die PISA-Studie[1] neu entfachten Bildungsdebatte liegt darin, dass sich alle Energie auf die Steigerung von Leistung und Effizienz richtet, dergestalt, dass Fächer, die keinen unmittelbaren Nutzen für den Wirtschaftsstandort Deutschland zu haben scheinen, ins Hintertreffen geraten. Das gilt für Musik, Literatur, Kunst und 65 Geschichte und für die alten Sprachen sowieso.

Wenn aber der Begriff Bildung überhaupt einen Sinn hat, dann verknüpft er sich mit der Idee, den ganzen Menschen in all seinen Fähigkeiten auszubilden; und dazu gehört zweifellos die Fähigkeit, Schmerz ebenso 70 zu empfinden wie Glück; die Fähigkeit, zwischen schön und hässlich, zwischen gut und böse unterscheiden zu können; schließlich die Fähigkeit, ein gutes, ein richtiges, ein verantwortliches Leben zu führen.

Das ist nicht schwer, aber es ist nicht leicht. Denn 75 Voraussetzung dafür ist etwas wie Selbstbewusstsein, Selbstkenntnis. Sich selber kann man nur kennen, wenn man annähernd weiß, wer man ist, wo man herkommt. Ohne die Kenntnis der Herkunft gibt es keine Zukunft, und das wiederum heißt, dass es gelingen 80 muss, „unser fliehendes Dasein an der unvergänglichen Kette der Überlieferung zu befestigen".

Das Medium dieser Überlieferung ist die Historiografie[2], und die umfasst nicht allein die wissenschaftlichen Werke, sondern vor allem die Mythen, die Mär- 85 chen, die Dramen und die Epen. Der Schriftsteller Ludwig Harig[3] hat einmal gesagt: Nur der erzählende Mensch ist ein Mensch. Und nur der erzählte Mensch ist ein Mensch. Die Literatur ist die Geschichte des erzählenden und des erzählten Menschen. 90

[…]

Jeder von uns sollte die Chance haben, den Reichtum des Überlieferten kennenzulernen, und jeder sollte in der Lage sein, der großen alten Akka von Kebnekajse antworten zu können, wenn sie sagt: „Du musst nicht 95 glauben, dass wir unseren Schlafplatz mit jemandem teilen, der nicht sagen will, welcher Familie er entstammt."   *(2002)*

(DIE ZEIT, Nr. 42)

▶ **Aufgabenstellung**

a) Analysieren Sie den argumentativen Sachtext „Die ZEIT-Schülerbibliothek" von Ulrich Greiner.

b) Nehmen Sie Stellung zur Frage, ob Schülerinnen und Schüler einen Literaturkanon benötigen.

 Eine ausformulierte Analyse des Sachtextes finden Sie hier: WES-127877-071 .

---

[1] **PISA-Studie:** internationale Schüler-Vergleichsstudie im Jahr 2001, bei der die deutschen Schülerinnen und Schüler im Vergleich mit anderen Ländern auffällig schlecht abschnitten – [2] **Historiografie:** Geschichtsschreibung – [3] **Ludwig Harig:** deutscher Schriftsteller (1927 – 2018)

Eine Rede analysieren

Das müssen Sie wissen

Bei der Analyse einer Rede kommt es darauf an, die unterschiedlichen Faktoren, die zu ihrer Wirkung beitragen, in ihrem Zusammenspiel zu untersuchen. Solche Faktoren sind: **Redesituation, Redekonstellation, Redeaufbau, Redestrategie, Argumentationsweisen, sprachliche Gestaltung** und deren Wirkung. Die folgende Übersicht zeigt Ihnen einen möglichen Aufbau einer Redeanalyse.

Kennzeichnung der Redesituation	**Beantwortung zentraler W-Fragen:** ● Was ist der Anlass der Rede? In welcher historischen Situation findet sie statt? ● Wer spricht wann und wo zu wem? ● Was ist das Thema der Rede? ● Welche übergreifende Rednerintention lässt sich feststellen?
Redekonstellation	● Welche Beziehung zwischen Redner bzw. Rednerin und Publikum liegt vor? ● Gibt es von Beginn an eine Übereinstimmung oder lehnt das Publikum den Redner bzw. die Rednerin möglicherweise ab? ● Gibt es verschiedene Gruppierungen im Publikum, die unterschiedlich eingestellt sind? ● In welcher Weise beeinflusst die Redekonstellation die konkrete Gestaltung der Rede?
Inhaltlicher Aufbau der Rede	Welche Redeabschnitte lassen sich bestimmen? Gibt es eine deutliche Zwei-, Drei-... -teilung der Rede?
Genaue Analyse der Redeabschnitte (Redestrategie)	● Worum geht es inhaltlich in dem jeweiligen Abschnitt? ● Welche **Funktion** hat der Abschnitt im Zusammenhang der gesamten Rede? Hier geht es auch um **Argumentationsweisen** wie Behauptung/These, Argument, Beispiel, Rückblick, Aufwertung, Abwertung, Beschwichtigung, Schaffen eines Gemeinschaftsgefühls als strukturierende Elemente der Rede. ● Werden Positionen **antithetisch** gegenübergestellt, die am Schluss möglicherweise **synthetisch** zusammengeführt werden? ● Welche **rhetorischen Mittel** (Satzbau, Sprachbilder, Anaphorik, Steigerungen ...) verwendet der Redner bzw. die Rednerin? ● Welche **Wirkung** soll durch sie erzeugt werden? ● Besitzt die Rede eine besondere **Pronomenstruktur** (ich, ihr/Sie, wir, unsere ...)? ● Wird eine **Distanz** zum Publikum aufgebaut oder werden eher **Gemeinsamkeiten** zwischen Redner bzw. Rednerin und Publikum festgestellt? ● Worin unterscheidet sich der im Folgenden zu untersuchende Redeabschnitt vom vorausgehenden (**Überleitung**)?
Kennzeichnung des Redetyps	Diese Kennzeichnung können Sie auch in die Beschreibung der Redesituation integrieren, wenn die Darstellungsweise offensichtlich ist. Manchmal ist diese Kennzeichnung jedoch auch das Ergebnis des Analyseprozesses. Um über den Redetyp zu informieren, stehen Ihnen verschiedene Begriffskategorien zur Verfügung:

468 Methoden und mehr …

1. Orientierung an der **antiken Rhetorik**:
   Genus iudiciale: Gerichtsrede
   Genus deliberativum: politische Rede
   Genus demonstrativum/laudativum: Festrede, Trauerrede
   Diese Begriffe gehen zurück auf typische Redeanlässe in der antiken Geschichte.

2. Orientierung an der **Funktionsbeschreibung des sprachlichen Zeichens** von Karl Bühler (s. S. 41 f.) und am **Kommunikationsmodell**:
   Ausdruck: expressive Reden, in denen die Befindlichkeit des Redners im Mittelpunkt steht (Festrede, Trauerrede …)
   Darstellung: darstellende Reden, in denen der Gegenstand im Mittelpunkt steht (wissenschaftliche Vorträge, Referate …)
   Appell: appellative Reden, die unmittelbar an die Zuhörerschaft gerichtet sind und sie zu etwas auffordern wollen (politische Reden …)

Selbstverständlich kann es bei der Kennzeichnung des Redetyps nur um die überwiegende Funktion gehen. Innerhalb einer Rede können oft **verschiedene Funktionen in den unterschiedlichen Abschnitten** festgestellt werden.

Schluss	• Wie kann die Rednerintention zusammengefasst werden? • Wie bewerten Sie die Rede? Ist sie Ihrer Meinung nach wirkungsvoll und dem Anlass angemessen?
Arbeitsschritte	1. Lesen Sie den Redetext ein erstes Mal und klären Sie unbekannte Begriffe. Informieren Sie sich gegebenenfalls genauer über den Anlass der Rede. 2. Lesen Sie den Text ein zweites Mal und unterstreichen Sie Ihnen zentral erscheinende Textstellen. Dieses gilt auch für rhetorische Figuren, die Sie mit Fachausdruck am Rand kennzeichnen können, wenn Ihnen eine Kopie der Rede vorliegt. Häufig ist es sinnvoll, bei diesem zweiten Lesedurchgang z. B. auch die verwendeten Pronomen zu markieren. 3. Gliedern Sie in der Folge den Redetext und schreiben Sie geeignete Überschriften zu den Abschnitten auf ein Blatt Papier. 4. Ordnen Sie anschließend diesen Überschriften Details zur Funktion des jeweiligen Abschnitts und zu den rhetorischen Figuren und deren möglicher Wirkung zu. 5. Beschreiben Sie mithilfe der W-Fragen (s. o.) stichwortartig die Redesituation und die konkrete Redekonstellation. 6. Verfassen Sie nun auf der Grundlage Ihrer Textgliederung und der stichwortartigen Aufzeichnungen eine (lineare) Redeanalyse. 7. Überarbeiten Sie abschließend Ihren Text.

Ein Beispiel

Frank-Walter Steinmeier (geb. 1956)
Rede aus Anlass einer Mahnwache für die Opfer eines terroristischen Anschlags in Hanau (Hessen) am 20.02.2020

Bei Anschlägen im hessischen Ort Hanau wurden am 19. Februar 2020 zehn Personen ermordet. Der Täter erschoss neun Personen in und vor zwei Shishabars und auf der Fahrt zwischen beiden Orten. Später erschoss er in der Wohnung seiner Eltern seine Mutter und sich selbst. Wegen Terrorverdachts zog der Generalbundesanwalt die Ermittlungen an sich, da „gravierende Indizien für einen rassistischen Hintergrund" vorlagen.

Am 20. Februar hielt Bundespräsident Frank-Walter Steinmeier im Rahmen einer Mahnwache die folgende Rede in Hanau, die auch in verschiedenen Fernsehprogrammen ausgestrahlt wurde:

Ich stehe vor Ihnen als Bundespräsident, als Bürger dieses Landes, als Mensch, der wie Sie und wir alle an diesem Abend um Worte ringt. Was geschehen ist, was hier in Hanau geschehen ist, macht uns fassungslos. Es
5 macht uns traurig. Es macht uns auch zornig. Was geschehen ist, ist furchtbar. Denn geschehen ist, was wir alle doch zutiefst fürchten: geliebte Menschen zu verlieren. Nichts kann uns den Schmerz um sie nehmen. Nichts kann diese sinnlose Tat erklären. Und nichts
10 wird sie ungeschehen machen können.

Viele, die heute Abend hier sind, sind voller Trauer, sind ratlos, fühlen sich alleingelassen. Aber gerade deshalb tut es gut, hier zu sein an diesem Ort, sich zu versammeln in aller Stille und gemeinsam zu trauern. In
15 dieser Stunde hier auf diesem Platz spüren wir, dass wir nicht allein sind. Wir sagen das, wissend, dass sich in mehr als fünfzig Städten heute Abend in Deutschland zur gleichen Stunde Tausende, vermutlich Zehntausende Menschen zu Mahnwachen zusammengefunden ha-
20 ben und der Opfer von Hanau gedenken. Wir spüren, dass es diese Gemeinschaft gibt, die Entsetzen und Wut teilt, aber eben auch Trauer, Anteilnahme und Solidarität zeigt. Eine Gemeinschaft, die wir alle brauchen, die jede Gesellschaft braucht – eine Gemeinschaft, die zu-
25 sammenhält.

Zehn Menschen sind aus unserer Mitte gerissen. Und ihr Tod ist eine brutale terroristische Gewalttat, die uns auch in schrecklicher Weise an den Mord an Walter Lübcke[1] und zuletzt an den Anschlag auf die Synagoge
30 in Halle[2] erinnert. Denn das heißt doch Terror: durch Gewalt und Tod Schrecken verbreiten, Angst machen, uns auseinandertreiben.

Heute ist die Stunde, in der wir zeigen müssen: Wir stehen als Gesellschaft zusammen. Wir lassen uns nicht
35 einschüchtern. Wir laufen nicht auseinander. Wir trauern. Wir nehmen Anteil, und wir sehen, dass wir eins sind in unserer Trauer, einig gegen Hass, Rassismus und Gewalt. Ich stehe an der Seite der Menschen, die von rassistischem Hass bedroht sind. Und wir gemein-
40 sam stehen Seite an Seite gegen Gewalt und gegen eine Sprache der Ausgrenzung und Herabwürdigung, die der Gewalt allzu häufig den Weg bereitet. Nehmen wir die Verantwortung an, die uns alle trifft, und achten wir auf unsere Sprache – in der Politik, in den Medien und überall in der Gesellschaft! Halten wir dagegen, wenn 45 Einzelnen oder Minderheiten in unserem Land die Würde genommen wird!

Was geschehen ist, das schlägt eine tiefe Wunde in diese Stadt. Eine Wunde, die nur heilen wird, wenn wir Gemeinsamkeit nicht nur in der Stunde des Schreckens 50 zeigen, sondern auch in den Tagen, die kommen; wenn wir Zeichen der Rücksichtnahme und der Solidarität setzen – Zeichen, die den Angehörigen, die um die Toten trauern, Kraft und Beistand geben. Rücksichtnahme und Solidarität aber auch, die wir als Gesellschaft brau- 55 chen, wenn wir den Zusammenhalt in unserem Land bewahren wollen.

Darum bitte ich Sie, liebe Mitbürgerinnen und Mitbürger, im Angesicht des Grauens heute und in dieser schweren Stunde der Trauer: Zeigen Sie Rücksichtnah- 60 me, zeigen Sie Solidarität! Wir stehen zusammen. Wir halten zusammen. Wir wollen zusammen leben und wir zeigen es, wieder und wieder. Es ist unser stärkstes Mittel gegen den Hass.

Vielen Dank. 65

▶ Aufgabenstellung

a) Analysieren Sie die Rede Frank-Walter Steinmeiers.
b) Setzen Sie sich abschließend mit der vom Bundespräsidenten formulierten Aufforderung, Rücksichtnahme und Solidarität zu zeigen, im Hinblick auf Ihre eigenen Erfahrungen auseinander.

Eine ausformulierte Analyse der Rede finden Sie hier: WES-127877-072 .

[1] **Walter Lübcke:** Kasseler Regierungspräsident, der am 1. Juni 2019 von einem Rechtsextremisten ermordet wurde –
[2] **Anschlag auf eine Synagoge in Halle:** Am 9. Oktober 2019 versuchte ein Rechtsextremist, in Halle (Saale) in die dortige Synagoge einzudringen, um jüdische Mitbürger, die sich zur Feier des Jom-Kippur-Festes versammelt hatten, zu töten. Es gelang ihm nicht, weil die Tür der Synagoge standhielt. Vor dem Gebäude tötete er anschließend eine Passantin, die zufällig an dem Ort war, und später den Gast eines Döner-Imbisses.

Einen Essay verfassen

Das müssen Sie wissen

Ein Essay (der oder das; von franz. *essayer* = versuchen) ist eine **„geistreiche Abhandlung",** in dessen Zentrum wissenschaftliche, gesellschaftliche oder kulturelle Themen, Fragen oder Probleme stehen. Diese sehr offene Beschreibung zeigt bereits, dass der Essay eine relativ variable Textart ist, die dem Verfasser oder der Verfasserin im Hinblick auf die Konzeption und die Abfassung sowohl inhaltlich als auch vom Aufbau her viele Freiheiten erlaubt. Häufig liegt es aufgrund der Themensetzung nahe, dass in einem Essay informierende, erzählende und/oder argumentierende Elemente vorkommen können.

Im Kern geht es um die schriftliche Reflexion eines Sachthemas. Die Annäherung und Auseinandersetzung mit diesem Thema muss jedoch nicht rein wissenschaftlich vonstattengehen, sondern darf und soll auch die persönliche, subjektive Sicht der/des Schreibenden enthalten. Möglich ist auch, sich dem Thema aus verschiedenen Perspektiven zu nähern oder bereits vorhandene Standpunkte, die Ihnen gegebenenfalls in Form von Texten vorliegen, zu diskutieren.

Das bedeutet für den Stil eines Essays, dass dieser nicht durchgängig sachlich sein muss, sondern auch formal-rhetorisch die Befindlichkeiten und Meinungen in Bezug zu dem Thema spiegeln darf. In diesem Sinne erfolgt die Darstellung und Struktur eher **assoziativ**. Wählen Sie eine prägnante, verständliche Sprache, die weder wissenschaftlich noch umgangssprachlich sein sollte.

Aufbau

Einleitung	In der Einleitung sollten Sie zum Thema hinführen. Gegebenenfalls kann hier eine Frage, These oder ein Zitat in den Fokus gestellt werden, die im Hauptteil gedanklich betrachtet wird. Möglicherweise sind auch eine Eingrenzung des Themas und ein Hinweis auf dessen Relevanz nötig, um die Neugier der Leserin / des Lesers zu wecken und sie/ihn pointiert auf das Folgende einzustimmen.
Hauptteil	Im Hauptteil wird das Thema oder die These gedanklich entfaltet. Die eigene Haltung sollte unter Zuhilfenahme von Argumenten und Beispielen gut begründet werden. Gleichzeitig können Gegenargumente eingebracht und entkräftet werden. Es sollen auch rhetorische Mittel verwendet werden, um die eigenen gedanklichen Pointen auch formal-sprachlich herauszuarbeiten und die Leserinnen/Leser „mitzunehmen". Eine wissenschaftliche Zitation ist nicht notwendig, jedoch sollte zugunsten der Klarheit auf die Urheber bestimmter Thesen und Argumente, auf die Sie sich stützen oder die Sie widerlegen wollen, hingewiesen werden.
Schluss	Im Schlussteil sollten Sie auf die in der Einleitung aufgeworfene Frage bzw. das Thema nochmals resümierend eingehen. Daneben kann ein Ausblick oder ein Appell den Gedankengang abrunden.
Arbeitsschritte	1. Klären Sie das genaue Thema Ihres Essays. Hilfreich sind Themen, die eine Problemfrage oder eine These enthalten. Sammeln, ordnen und bewerten Sie sodann Informationen, die Ihnen wichtig erscheinen. Beginnen Sie, indem Sie zunächst z. B. mithilfe eines Ideensterns Ihre Assoziationen zum Thema stichwortartig notieren. Beziehen Sie dabei auch Gedanken aus möglicherweise vorliegenden Texten mit ein.

2. Konzipieren Sie Ihren Text, indem Sie anschließend wesentliche Gedanken in einer für Sie übersichtlichen Form (Mindmap, Gliederung, Tabelle etc.) festhalten. Überlegen Sie auch, ob Sie in Ihrer eigenen Darstellung linear oder dialektisch vorgehen wollen.

3. Verfassen Sie Ihren Text.

4. Lesen Sie Korrektur und überarbeiten Sie den Text ggf. nochmals.

Ein Beispiel

Im Unterricht haben Sie sich mit dem Thema „Antigone" von Sophokles befasst, in dem auch aktuelle, allgemeingültige Fragestellungen und Themen aufgeworfen werden. Verfassen Sie einen Essay, in dem ein für Sie interessanter Aspekt gedanklich weitergeführt wird. Wählen Sie dazu eines der Themen aus und überlegen Sie, wie man es eingrenzen bzw. vor dem Hintergrund aktueller Debatten aktualisieren könnte. Halten Sie dann ein Thema bzw. eine These für Ihren Essay fest.

- Wie weit dürfen Mächtige in ihrer Verfügungsgewalt gehen? Wann ist Widerstand gerechtfertigt?
- Warum schließen sich immer wieder Menschen Machthabern an, die starre, autoritäre und antidemokratische Haltungen vertreten? Was sind die Folgen von derlei Herrschaftsformen?

- Kann ein einzelner Mensch mit wenig politischem Gewicht und geringer Macht etwas in der Welt verändern?
- Gibt es Gesetze, die ewig gültig sind und die dem aktuellen Geschehen übergeordnet sind?
- Kann man staatliche Ordnung nur unter Androhung von Gewalt erreichen?
- Was ist der Mensch? In welcher Beziehung steht er zum Göttlichen?
- Welche ethischen Grundsätze braucht eine menschliche Gemeinschaft? Unter welchen Umständen zerstört sie sich selbst?

Eine Checkliste, die Ihnen beim Verfassen eines Essays hilft, finden Sie hier: WES-127877-073 .

Einen informierenden oder argumentierenden Text mithilfe von Materialien verfassen

Das müssen Sie wissen

Die Aufgabe, selbst Texte zu verfassen, deren Grundlage neu **erworbenes Wissen aus verschiedenen Quellen** ist, etwa im Zusammenhang mit einer eigenen Recherche, ist Ihnen sicher schon vielfach begegnet. Um gelungene Texte wie z. B. Kommentare, Essays, Stellungnahmen, Vortragsmanuskripte etc. zu schreiben, kommt dem Sammeln, Ordnen, Vergleichen und Bewerten von Informationen, das im Vorfeld geschehen muss, eine ebenso große Bedeutung zu wie dem anschließenden Konzipieren und Abfassen.

Wenn diese Aufgabenart als Schulaufgabe gestellt wird, wird Ihnen zunächst einmal ein **situativer Kontext** genannt, in welchem der zu verfassende Text eingebettet ist. In diesem erhalten Sie Informationen über den Schreibanlass, die zu wählende Textform und mögliche Adressaten.

In der Aufgabenstellungen können auch Informationen enthalten sein, wie der Text aufgebaut werden könnte und welche einzelnen **Sachaspekte** inhaltlich bearbeitet werden sollen.

In einem „Materialpäckchen" erhalten Sie dann die zur Aufgabenbewältigung notwendigen **Materialien**. Diese bestehen zumeist aus verschiedenen linearen und auch nicht linearen Texten (z. B. Statistiken, Grafiken). Da es sich bei dem Thema immer auch um eines handelt, das an den Unterricht anknüpft, sollten Sie neben den Informationen aus den Materialien auch auf **Vorwissen** und eigene Erfahrungen bzw. Erkenntnisse zurückgreifen.

Vorarbeit

Als Vorbereitung empfiehlt sich zunächst eine Klärung der Aufgabenstellung. Dabei können folgende Fragen hilfreich sein:

- Was ist der genaue Schreibanlass? Welche Art von Text soll geschrieben werden? Welche Merkmale hat die zu verfassende Textform? Was ist das Schreibziel?
- An wen ist der Text gerichtet? Gibt es Angaben über Adressaten? Sollen diese direkt angesprochen werden oder implizit als Leser und Leserinnen mitgedacht werden?
- Soll der Text informierenden (z. B. Flyer, Lexikonartikel, Vortragstext) oder argumentierenden (z. B. Kommentar, Essay) Charakter haben?

Im Anschluss daran können die Materialien zielgerichtet gesichtet werden. **Markieren** Sie (Folientechnik) Passagen, die Ihnen wichtig erscheinen, und machen Sie sich ggf. Randnotizen. Erstellen Sie sodann einen **Schreibplan**, in welchen Sie die einzelnen Sachaspekte, die im Text vorkommen sollen, anführen und diesen passende Detailinformationen aus dem Material zuordnen. Sie können darin die Informationen in Form einer Mindmap, einer Tabelle oder einer numerischen Anordnung gliedern.

Eine numerische Gliederung kann z. B. so aussehen:

1. Einleitung/Hinführung
2. Aspekt 1
   2.1 Unterpunkt zu Aspekt 1
   2.2 Unterpunkt zu Aspekt 1
3. Aspekt 2
   3.1 Unterpunkt zu Aspekt 2
   3.2 Unterpunkt zu Aspekt 2
4. …

Abfassung

Beim Verfassen des Textes sollten Sie darauf achten, das Materialangebot möglichst zielgerichtet und differenziert auszuschöpfen. Achten Sie darauf, die Informationen aus den Materialien nicht einfach nach und nach linear wiederzugeben, sondern ordnen Sie sie im Sinne Ihrer eigenen Vorstellungen und Ihres Schreibkonzepts neu an. Sachinformationen dürfen Sie umschreiben (paraphrasieren). Bei Meinungsäußerungen oder Expertenaussagen aber ist es wichtig, den Urheber oder die Urheberin der Aussage namentlich zu benennen. Hierfür gelten die Regeln des Zitierens.

Aufbau

Einleitung	In der Einleitung sollten Sie zum Thema hinführen und auf dessen Relevanz verweisen. Beides erschließt sich Ihnen möglicherweise anhand der vorgegebenen Schreibsituation oder des bereitgestellten Materials. Auch können hier möglicherweise die Adressaten/Adressatinnen des Textes angesprochen werden.
Hauptteil	Im Hauptteil führen Sie einzelne zum Thema gehörige Sachaspekte näher aus. Diese können bei **informierenden Texten** nacheinander aufgenommen und durch konkrete Teilaspekte oder Beispiele näher erläutert werden. Vom Aufbau her kann man die Aspekte so anordnen, dass Sie „vom weniger Wichtigen zum besonders Wichtigen" gelangen, damit der Text mit den stärksten Überlegungen abschließt. Bei einem **argumentierenden Text** ist darauf zu achten, ob beide Positionen angeführt werden sollen oder ob einseitig eine Meinung ausformuliert werden soll. In jedem Falle sollten die Sachaspekte mit den in den Quellen aufgeführten Beispielen, Statistiken, Aussagen von Autoritäten oder anderen Elementen verbunden ausgeführt werden. Genauso wichtig ist auch die Einbindung Ihres Wissens aus dem Unterricht und eigener Erfahrungen oder Gedanken.
Schluss	Im Schlussteil werden zentrale Erkenntnisse gebündelt und ggf. gewertet. Je nach Textform können die Gedanken auch in Form eines Ausblicks weitergedacht werden oder es kann ein Appell formuliert werden. Achten Sie hier ggf. nochmals darauf, ob ein Bezug zu den Adressaten/Adressatinnen hergestellt werden sollte.
Arbeits-schritte	1. Lesen Sie aufmerksam die Aufgabenstellung und prüfen Sie genau, was von Ihnen verlangt wird (Adressaten/Adressatinnen? Textform? Informierend oder argumentierend?). 2. Klären Sie Ihr Vorwissen zu dem Thema und legen Sie aufgrund dessen und aufgrund der Aufgabenstellung zentrale Sachaspekte, die Sie später ausführen wollen, fest. 3. Sichten Sie die vorliegenden Quellen, indem Sie zielführende Textpassagen markieren und sich ggf. auch Randnotizen machen. Ergänzen Sie die auszuführenden Sachaspekte. 4. Erstellen Sie einen Schreibplan, indem Sie Ihre Informationen strukturieren. Sie können darin die Informationen in Form einer Mindmap, einer Tabelle oder einer numerischen Anordnung gliedern. 5. Verfassen Sie den Text. 6. Lesen Sie nochmals Korrektur, verbessern Sie mögliche Fehler und ergänzen Sie ggf. den Text.

Ein Beispiel: Informierender Schwerpunkt

Apokalypse im Expressionismus

Situierung:

In Ihrem Deutschunterricht haben Sie gerade das Thema „Lyrik des Expressionismus" behandelt. Relativ schnell fiel Ihnen dabei auf, dass mehrere Gedichte sowie auch Gemälde sich mit dem „Weltende" bzw. der sogenannten „Apokalypse" befassen.

Ein Schüler stellte die Frage in den Raum, warum ausgerechnet dieses Thema die Künstler und Künstlerinnen damals so stark beschäftigt hat. Daraufhin haben Sie beschlossen, dass jemand aus dem Kurs dieser Frage nachgehen und einen Vortrag dazu erarbeiten soll. Angesichts der Tatsache, dass Sie sich ohnehin dafür interessieren, wie es zur Ausprägung bestimmter Themenschwerpunkte im Zusammenhang mit dem vorherrschenden „Zeitgeist" kommt und welche Faktoren dabei eine Rolle spielen, erklären Sie sich zur Übernahme dieser Aufgabe bereit und erstellen einen Vortragstext.

▶ Aufgabenstellung

Erarbeiten Sie ein Manuskript für einen Vortragstext mit dem Titel „Das Motiv der Apokalypse im Expressionismus". Gehen Sie dabei der Frage nach,
- was unter dem Begriff „Apokalypse" zu verstehen ist,
- welche historischen Bedingungen zu dem „Zeitgeist", der hinter der Hervorbringung dieses Motivs steht, beigetragen haben,
- auf welche Weise Vertreter des Expressionismus das Motiv in ihren Gedichten oder Bildern gestaltet haben, welche Mittel sie dafür insbesondere genutzt haben und welche Funktionen damit verbunden sind
- und zuletzt, ob und inwiefern das Motiv in Ihren Augen für Menschen heute noch relevant sein kann.

Materialien:

M 1: Silvio Vietta: Rationalität, Naturbilder und zivilisationskritische Zukunftsvisionen

M 2: Ludwig Rabiner: Der Mensch in der Mitte (Zitat)

M 3: Juliane Weiß: Das Motiv der Apokalypse in Literatur und Malerei des Expressionismus

M 4: Annalisa Viviani: Der expressionistische Raum als verfremdete Welt

M 5: Ludwig Meidner: Apokalyptische Landschaft (Gemälde)

M 6: Franziska Thiel: Die Großstadt als apokalyptischer Raum in der frühexpressionistischen Lyrik und bildenden Kunst

M 7: Ein Gedicht des Expressionismus

Material 1

Silvio Vietta (geb. 1941)
Rationalität, Naturbilder und zivilisationskritische Zukunftsvisionen

[…] Als ich vor mehr als dreißig Jahren die Sammlung „Lyrik des Expressionismus" zusammenstellte, bildete ich auch eine Gedichtgruppe unter dem Titel „Weltende". Ich habe mir damals überlegt, was dieses Wort für die Expressionisten bedeutete, und ergänzte es durch
5 den Zusatz: „Ende der bürgerlichen Welt?" Fragezeichen. Aber meinte das Motiv vielleicht doch mehr? Sicher ist, dass der Erste Weltkrieg einen gewaltigen Epochenumbruch markierte. Auch das expressionistische Drama ist von einer ähnlich apokalyptischen Zivilisati-
10 onskritik bestimmt. […]

Das Gefühl des Zeiten-Endes und Epochenumbruchs berührt nicht nur die Generation der Expressionisten. Auch die Soziologie und Philosophie der Zeit ist geprägt von Untergangsvisionen wie jener in zwei Bän-den 1918 und 1922 publizierte „Untergang des Abend- 15 landes" von Oswald Spengler. Der leitet diesen aus geradezu naturwüchsigen Zyklen der großen Imperien ab: Gründung, Aufstieg, Höhepunkt, Nieder-, Untergang. So sind die großen Imperien der Vergangenheit zerfallen, so könnte auch der Okzident untergehen, lau- 20 tet die Prognose von Spengler, einer der meistgelesenen Autoren seiner Zeit. Nun war in der Tat der Erste Weltkrieg der Beginn einer Weltmachtverschiebung von Europa weg nach Amerika, Russland und später China. Nur ein Untergang? Oder nicht auch ein Neubeginn ei- 25 nes friedlichen Europa nach dem Zweiten Weltkrieg? […]

Zu den kosmischen Erscheinungen, die um 1910 auch ein apokalyptisches Weltgefühl auslösten, gehörte das

30 Erscheinen des sogenannten Halleyschen Kometen, dessen Schweif mit dem bloßen Auge sichtbar eine ungewöhnliche Erscheinung am Himmel war. In Georg Heyms Gedicht finden sich die Spuren solcher Himmelserscheinungen: „Die Menschen stehen vorwärts in 35 den Straßen/Und sehen auf die großen Himmelszeichen,/Wo die Kometen mit den Feuernasen/Um die gezackten Türme drohend schleichen." Auch die Gedichte von Johannes R. Becher, dem späteren Kommunisten und Kulturminister der DDR, sind voll von apokalypti- 40 schen Drohbildern: „Stadt du der Qual: – in Höllenschlunde eingeschlossen [...]". Die Apokalypse ist in der Literatur und Bildkunst des frühen 20. Jahrhunderts wiederauferstanden. Ganz offensichtlich beschwört sie nun die Bedrohung einer ganzen Zivilisation. Eine Art 45 Jüngstes Gericht, das über ihr schwebt, aber ohne die Hoffnung auf einen gerechten Gott im Hintergrund. [...] Aber fragen wir noch einmal nach der Funktion der apokalyptischen Bilder des Expressionismus. Sie haben zweifellos eine warnende Funktion, sie sind Warnuto- 50 pien, auch wenn ihre Stimme – so zur Thematik des Krieges – nicht gehört wurde. Auch die Zukunftsbegeisterung und der Fortschrittsglaube waren, wie die

Publikation „Die Welt in hundert Jahren" belegt, in weiten Kreisen der Öffentlichkeit ungebrochen. Diese Einschätzung ist wohl immer noch vorhanden, aber be- 55 ginnt zu bröckeln mit den in der Tat bedrohlichen Veränderungen im kosmischen Haushalt der Natur. Und diese sind ja nicht von Gott geschickt, sondern selbst gemacht. Der Mensch, aus der Hand Gottes entlassen, ist Herr seiner eigenen Geschichte und muss 60 diese vernünftig steuern. Die Rationalität einschließlich ihrer Anwendungstechnologien ist ein gewaltiges Instrument in der Hand des Menschen, die er vernünftig nutzen muss, wenn die menschliche Kultur eine Überlebenschance haben soll. Somit haben die expres- 65 sionistischen Apokalypsen immer noch die positive Funktion einer Richtungsanzeige zur Bewahrung von Mensch und Welt.

(2010)

Anmerkung der Redaktion: Dieser Vortrag wurde am 2. August 2010 auf dem XII. Kongress der Internationalen Vereinigung für Germanistik (IVG) in Warschau gehalten.

Aus: literaturkritik.de

Material 2

Ludwig Rubiner (1881 – 1920)
Der Mensch in der Mitte (Zitat)

„Sähen wir nur endlich einmal die Explosion, die völlige Zerschmetterung des Gewesenen; dies ungeheuerliche neu Aufgetane. Die neue Welt. Und den Lawinenabgrund zur alten."   *(1917)*

Aus: Ders.: Der Mensch in der Mitte, Berlin (Aktion Verlag)

Material 3

Juliane Weiß (geb. 1989)
Das Motiv der Apokalypse in Literatur und Malerei des Expressionismus

Der rasanten Entwicklung in allen Lebensbereichen wird in der expressionistischen Kunst häufig das Thema des Verfalls entgegengesetzt. Ständiger Fortschrittswille stößt an Grenzen, wobei die Idee der Apokalypse 5 als radikales Ende einer sich stetig entwickelnden Welt hierbei naheliegend ist. Herrschte in postmoderner Zeit noch der Glaube an den Menschen als Mittelpunkt des Universums und Krone der Schöpfung, der sich stetig auf das Ziel der absoluten Harmonie hinbewegt, so 10 stellt sich in der expressionistischen Kunst der Zerfall dieser Weltsicht dar. Die konsequente Weiterführung

des Zerfall-Gedankens endet bei den Expressionisten im apokalyptischen Weltende.
Die Stadt als Inbegriff modernen Fortschritts wird im Expressionismus besonders häufig mit apokalypti- 15 schen Motiven in Verbindung gebracht. Sie ist als alles verschlingender Moloch, z.B. auf den Bildern Ludwig Meidners, aber auch in den Gedichten Georg Heyms, häufig Schauplatz der Apokalypse.

(2014)

Masterarbeit, Hamburg (GRIN Verlag)

Material 4

Annalisa Viviani (geb. 1949)
Der expressionistische Raum als verfremdete Welt

Gerade diese verfremdete, feindliche, rätselhafte Welt, die jede Verlässlichkeit für den Men-schen in ihr verloren hat, hält der Expressionist dem bürgerlich-naturwissenschaftlichen Weltbild seiner Zeitgenossen als die wahre, eigentliche Wirklichkeit entgegen, die er in seinen Raumvisionen immer wieder aufs Neue zu gestalten versucht. In diese verfremdete Welt soll der Zuschauer hineingerissen werden. Sie soll die Scheinordnung seiner vertrauten Alltagswelt mit ihrer verlogenen Sicherheit und Moral, mit ihrer Rücksichtnahme auf Konventionen oder Verpflichtungen gegenüber bürgerlichen Normen, die Geist und Seele an der absoluten Selbstdetermination hindert, lächerlich machen, damit er das Beunruhigende, Unfassbare hinter den Dingen und zugleich sein eigenes tieferes Wesen neu erfasse. *(1976)*

in: Begriffsbestimmung des literarischen Expressionismus. Hg. v. Hans Gerd Rötzer, Darmstadt (Wbg Academic)

Material 5

Ludwig Meider
Apokalyptische Landschaft (Gemälde)

Material 6

Franziska Thiel

Die Großstadt als apokalyptischer Raum in der frühexpressionistischen Lyrik und bildenden Kunst

Zu Beginn des 20. Jahrhunderts ist die Apokalypse eine prominente Form der künstlerischen Artikulation. Ihre immanente Zerstörungsgewalt schlägt sich nicht nur sozial und politisch nieder, sondern auch ideenge-
5 schichtlich und ästhetisch, wobei Negation, Abkehr von mimetischen Darstellungen sowie Abstraktion und Destruktion gängige Darstellungsmittel sind. Besonders in der Zeit um den Ersten Weltkrieg lässt sich dabei eine „Hochkonjunktur apokalyptischer Bildlichkeit
10 und Tonlagen" erkennen.

Doch was verstehen wir eigentlich unter Apokalypse? Im allgemeinen Sprachgebrauch wie auch in den Künsten operieren wir mit einem Begriff, der aus dem letzten Buch der Bibel stammt, welches seinen Namen aus dem
15 ersten Wort im griech. Original erhielt: αποκαλυψις, was mit Enthüllung oder Offenbarung übersetzt wird. Als Gattungsbezeichnung Apokalyptik wird der Begriff auf religiöse Schriften angewandt, die geheimes Wissen über die Geschichte und Zukunft der Welt und deren
20 Ende offenbaren. Obwohl sich apokalyptische Schriften schon im Alten Testament finden, ist die Johannesoffenbarung aus dem Neuen Testament Namensgeberin die-

ser literarischen Gattung und hat die europäische Geisteshaltung maßgeblich beeinflusst.

Die Johannesoffenbarung ist geprägt durch ein dichtes 25 Handlungs- und Bildgeflecht. Mit einer Fülle an Bildfolgen werden die Schrecken der kommenden Endzeit, das Weltgericht und die Errichtung eines kommenden Heils dargestellt. Die Apokalypse enthält Motive, die zum kulturellen Gemeingut avancierten. So verbinden 30 wir mit apokalyptischen Szenarien beispielsweise folgende Beschreibung aus der Offenbarung: „da ward ein großes Erdbeben, und die Sonne ward schwarz wie ein härener Sack, und der Mond ward wie Blut, und die Sterne des Himmels fielen auf die Erde" (Offb. 6,12–13). 35 Ferner sind die apokalyptischen Reiter sowie Plagen, Sintflut und Finsternis Motive, die wir mit Zerstörung und Weltuntergang assoziieren. Zudem findet sich in der Apokalypse ein steter Dualismus zwischen Alt und Neu, Ende und Anfang, Gut und Böse, den wir auf qualitati- 40 ver, moralischer sowie personaler und bildlicher Ebene auch in der expressionistischen Kunst finden. *(2013)*

Aus: Komparatistik online: komparatistische Internet-Zeitschrift, Justus-Liebig-Universität Gießen, 2013

Material 7

Ein Gedicht des Expressionimus

Hier können Sie auf eines der Gedichte mit dem Titel „Weltende", entweder von Else Lasker-Schüler (vgl. S. 256) oder Jakob van Hoddis (vgl. S. 271) zurückgreifen.

 Eine mögliche Lösung finden Sie hier: WES-127877-074 .

Ein Beispiel: Argumentierender Schwerpunkt

Situation:

In Ihrem Deutschunterricht behandeln Sie im Zusammenhang mit dem Thema „Rhetorik" eine Rede des schwarzen Bürgerrechtlers Martin Luther King. In der deutschen Übersetzung wird für den Ausdruck „the negro", den King im Original gebraucht, „der Neger" verwendet, was mehrere Schülerinnen und Schüler stutzen lässt. Jemand wirft ein, dass dieser Sprachgebrauch aber nicht politisch korrekt sei und dass man heutzutage die Übersetzung entsprechend verändern müsse. Daraufhin entsteht eine Diskussion darüber, was mit dem Ausdruck „politische Korrektheit" genau gemeint sei und ob es sich hierbei um eine positive oder negative sprachpolitische Entwicklung handele. Sie erhalten die Aufgabe, sich näher mit dem Thema zu befassen und Ihre eigene Position zur Frage, ob das Prinzip der „Political Correctness" im Sprachgebrauch allgemein gültig sein sollte, zu entwickeln.

▶ Aufgabenstellung

Verfassen Sie einen Kommentar zum Thema „Sollte das Prinzip der ,Political Correctness' grundsätzlich und in allen Bereichen unseres sprachlichen Handelns gelten?", indem Sie

- einleitend zum Thema und dessen Bedeutung hinführen,
- den Begriff und seine Implikationen erklären,
- die Kontroverse erläutern, indem Sie beide Positionen und die zugehörigen Argumente darstellen
- und zuletzt Ihre eigene Meinung darlegen und begründen.

Materialien:

M 1: Brauchen wir Political Correctness? – Positionen im Vergleich

M 2: Political Correctness/Politische Korrektheit – Eine Erklärung der Bundeszentrale für politische Bildung

M 3: Political Correctness – Ein Lexikoneintrag

M 4: Zerstört die Political Correctness die Debattenkultur? – Anatol Stefanowitsch im Gespräch mit Axel Rahmlow

M 5: Mely Kiyak: Schluss mit dem dummen Geschwätz! (Kolumne)

M 6: Alexander Görlach: Sprache zwischen Selbstzensur und Political Correctness

M 7: „Die Menschen werden immer dünnhäutiger" – Interview mit dem Comedian Terry Gilliam

M 8: Grundgesetz für die Bundesrepublik Deutschland, Artikel 3

Material 1

Max Tholl/Alexander Grau

Brauchen wir Political Correctness? – Positionen im Vergleich

Ja, denn sie stellt sicher, dass Diskussionen frei von Diskriminierung bleiben, sagt der Journalist Max Tholl. Nein, findet der promovierte Philosoph und Journalist Alexander Grau (geb. 1968). Denn eigentlich meine sie das „moralisch" Korrekte und sei deshalb totalitär.

Ja, denn es geht um gelebte Empathie und Akzeptanz

Die Political Correctness in der Sprache ist der Versuch, gesellschaftlichen Veränderungen gerecht zu werden, sagt
5 *Max Tholl.*
Political Correctness (PC) ist anstrengend und verwirrend. Was einst als Umgangssprache durchging, wird

durch sie nun zum Tabu. Wer über „Flüchtlinge" anstatt „Geflüchtete" redet, steht direkt unter Generalverdacht, „fremdenfeindlich" zu sein. Wer Kindern heute noch 10 von Astrid Lindgrens „Negerkönig" erzählt oder Blondinenwitze macht – Gott bewahre. [...]
Bei der PC geht es vordergründig um die Frage, was man noch sagen und meinen darf und wo Diskriminierung beginnt. Antworten darauf gibt es bisher keine. 15 Stattdessen wird mit Verve[1] um Bezeichnungen gestritten. Kann man noch „Ausländer" sagen, oder muss man von „Menschen mit Zuwanderungsgeschichte" sprechen? Muss die deutsche Nationalhymne gendergerecht gemacht werden? „Das wird man ja wohl noch 20

---

[1] **Verve:** Begeisterung, Schwung (bei einer Tätigkeit)

sagen dürfen!", skandieren die Gegner der PC angesichts von solchen Diskussionen und warnen vor Meinungsverboten und der „Tyrannei der Minderheiten".
Vielen von ihnen geht es aber um weit mehr als den
25 Sprachgebrauch: Sie bangen um ihre Machtstellung innerhalb der Gesellschaft. Sie fürchten, dass nun andere das Sagen haben. Dass ihre Meinung nicht mehr die einzige bleibt. Dass die PC auf die Spitze getrieben wird, bis sie in Absurdität gipfelt. Ihre Kritik an der PC
30 ist eine verschleierte Sehnsucht nach einer klar eingeteilten Weltordnung und eine Kampfansage an den Fortschritt. [...]
Denn um den geht es bei der PC. Dass die Gesellschaft bunter und vielfältiger wird, hat große Auswirkungen
35 auf das Miteinander. Frauen sind Männern nicht mehr untergeordnet, Ausländer und Verschiedengläubige sind fester Bestandteil der Bevölkerung und unterschiedliche Sexualität ist normal. Die PC ist ein Versuch, diesen Veränderungen gerecht zu werden. Denn Begriffe wie „Ne-
40 ger", „Schwuchtel" oder „Weib" sind Überbleibsel einer Zeit, in der Unterschiede nicht respektiert, sondern ausgenutzt wurden, um zu diskriminieren.
Wer glaubt, dass PC die Meinungsfreiheit oder das Recht auf Kritik beschneidet, irrt. Beide werden durch
45 die PC nicht abgeschwächt. Sie stellt lediglich sicher, dass die Diskussion frei von Diskriminierung bleibt. Das will auch das Grundgesetz so. Und das ist ziemlich deutsch und traditionsbewusst.
Political Correctness bedeutet Rücksicht und gelebte
50 Empathie. Das ist ihre Stärke und Berechtigung. [...]
Die Political Correctness ist ein Kraftakt. Sie fordert, dass wir nicht nur unseren Sprachgebrauch, sondern auch unser Weltbild anpassen. Dass man sich in die Rolle einer schwarzen oder intersexuellen Person hi-
55 neinversetzt. Würde man die Welt als diskriminierend empfinden? Sollten Ungerechtigkeiten akzeptiert werden, weil sie schon lange da sind oder die Mehrheit sie nicht als solche erkennt? Nein. [...]
Natürlich kann die PC „übertreiben", und sie muss auch
60 die Befindlichkeiten ihrer Gegner respektieren. Nicht jeder PC-Kritiker ist automatisch frauenverachtend, rassistisch, homophob oder allgemein diskriminierend. Die PC hat das Potenzial, gelegentlich über die Stränge zu schlagen, doch das macht ihren Nutzen nicht kaputt.
65 Die Gesellschaft ist stark, sie kann viel aushalten und tolerieren. Diskriminierung im Alltag muss nicht dazugehören. Das wird man ja wohl noch verhindern dürfen.

Nein zur moralischen Bereinigung der Sprache
Moralische Haltungen sind aus gutem Grund in liberalen Demokratien Privatsache, findet Alexander Grau. 70
„Political Correctness": In den Ohren des aufgeklärten Bürgers westlicher Industrienationen klingt das erst einmal gut und vor allem harmlos. Denn wer möchte schon inkorrekt sein, noch dazu politisch inkorrekt? Aber was ist eigentlich politisch korrekt? Und: Wer be- 75 stimmt das?
Dass die Beantwortung dieser einfachen Fragen dann doch schwerfällt, liegt an der seltsamen sprachlichen Komposition des Ausdrucks „politisch korrekt". Denn korrekt ist, ausgehend von der lateinischen Grundbe- 80 deutung, alles, was korrigiert wurde, dasjenige also, was fehlerfrei ist, richtig oder – im übertragenen Sinne – angemessen. [...]
Das politisch Korrekte ist nach Ansicht seiner insbesondere akademischen Apologeten[1] nichts anderes als 85 das moralisch Korrekte. Und dieses moralisch Korrekte soll für das gesamte Gemeinwesen gelten und mittels gesellschaftlicher Sanktionen – Sprachreglementierungen, Umbenennungen, Entfernen von Kunstwerken aus dem öffentlichen Raum – durchgesetzt werden. Das ist 90 totalitär. Denn mit Ausnahme ganz weniger Handlungen – Verstöße etwa gegen das Recht auf körperliche Unversehrtheit, Selbstbestimmung und Eigentum – sind moralische Haltungen aus gutem Grund in liberalen Demokratien Privatsache. Weltanschauung und 95 Religion sind Sache des Einzelnen. Die werden erst dann zum Problem, wenn sich daraus Handlungen ergeben, die nicht zum Strafgesetzbuch passen.
Das höchste Gut in einer liberalen Gesellschaft ist die Meinungsfreiheit. Solange nicht zu einer Straftat aufge- 100 rufen wird, hat der Bürger in freiheitlichen Staaten wie Deutschland – mit wenigen Einschränkungen und Abwägungen – das Recht, zu denken und zu sagen, was er will. Auch wenn das manchen nicht passen sollte.
Genau dieses Recht auf die freie, unliebsame Meinung 105 wollen die Vertreter der Political Correctness nicht akzeptieren. Ihnen geht es um Umerziehung mittels Sprach- und Symbolpolitik: Die Alltagssprache soll moralisch bereinigt werden, alte Bücher auf unliebsame Formulierungen durchsucht, Straßennamen, Denkmä- 110 ler, Museumsbestände etc. angepasst werden.
Im Kern geht es um einen Kulturkampf, und der hat mit Moral, mit Minderheitenschutz oder Humanismus wenig zu tun. [...] Verstärkt wird dieser Eindruck dadurch,

---

[1] **Apologet:** jemand, der mit seiner ganzen Überzeugung hinter einer Auffassung oder Lehre steht und diese mit Nachdruck nach außen vertritt

115 dass diese Auseinandersetzung unverkennbare Züge eines Klassenkampfes von oben trägt: Eine kleine akademische Minderheit gut situierter Wohlstandssprösslinge maßt sich an, die angeblich in ihren Stereotypen gefangenen Massen umzuerziehen. Man könnte das als
120 Vermessenheit verhätschelter Wohlstandskinder abtun. Doch so harmlos ist die Sache nicht. Denn zu viele

Menschen, die aus gutem Grund etwa für Minderheitenschutz streiten, machen sich zu bereitwilligen Handlangern einer aggressiven Agenda zum Umbau der westlichen Gesellschaften. Doch gegen Political Cor- 125 rectness zu sein bedeutet nicht, Diskriminierungen gut zu finden. Es bedeutet, unsere Freiheit zu verteidigen.

(2018)

fluter

Material 2

Iris Forster (geb. 1971)

Political Correctness/Politische Korrektheit – Eine Erklärung der Bundeszentrale für politische Bildung

Immer wieder werden neue Sprachreglementierungen gefordert und begründet. Doch nicht selten führt die vermeintlich „politische Korrektheit" der Sprache zu Unklarheit, Widersprüchen und neuen Verständigungsproblemen.

In einem alten englischen Kindervers heißt es tröstend: „Sticks and stones may hurt my bones, but words can never harm me." Die Verfechter einer „politisch korrek-
5 ten" Sprache würden sich einer solchen Auffassung nicht anschließen. Sie argumentieren, „Worte" – also die Sprache – könnten in bestimmten Situationen ein weitaus wirkungsmächtigeres Instrument als physische Gewalt sein. Sprache spiegle nicht nur die Weltsicht des jeweiligen Sprechers wider, sondern darüber
10 hinaus lasse sich über „Worte" sogar eine bestimmte Weltsicht konstruieren. Diese bestimme wiederum konkretes politisches Handeln im Alltag. Als „politically correct" und damit wünschenswert wird eine Sprachverwendung tituliert, bei der die Sprecher einen
15 aktuellen Sprachgebrauch auf Grundlage bestimmter Normen kritisch hinterfragen. Mit Blick auf die gesellschaftlichen Verhältnisse sowie auf historische Verwendungszusammenhänge können dann einzelne Wörter, Redewendungen oder Denkfiguren als unangemessen
20 messen verworfen und gegebenenfalls durch Alternativen ersetzt werden. [...]
Es ist sicherlich richtig, dass der Sprachgebrauch des

Menschen Aufschluss über seine Weltsicht gibt: Ob ich eine „Selbsttötung" als *Freitod, Selbstmord* oder *Suizid* bezeichne, kann meine Einstellung dazu verdeutlichen. 25 Mit Ausdrücken wie *Schwangerschaftsunterbrechung, Abtreibung, Embryomord* (die sich ja auf denselben außersprachlichen Sachverhalt beziehen) werden unterschiedliche mentale Bilder hervorgerufen; bestimmte Bedeutungsmerkmale werden betont oder unterdrückt. 30 [...]
So kann Sprache auch instrumentalisiert werden: Nicht nur diktatorische Staaten versuchen systematisch, die Meinungsbildung zu wichtigen Themen über die Verwendung bestimmter Benennungen bzw. das Verbot 35 anderer Ausdrücke zu beeinflussen. Ob Sprachregelungen allerdings eine solch direkte Auswirkung auf Denkprozesse und Vorstellungswelten der Menschen haben, wie es George Orwell in seinem Roman „1984" beschreibt – dort übernehmen die Menschen mit den vor- 40 geschriebenen Wörtern auch die vorgeschriebenen Inhalte –, bleibt diskussionswürdig. Vorsicht ist allerdings immer dort geboten, wo gewisse Sprachnormen sich nicht aus einer Sprachgesellschaft heraus entwickeln, sondern von „höherer" Stelle, etwa einzelnen Organisa- 45 tionen, Verbänden oder Politikern, vorgegeben werden. Hier sollte hinterfragt werden, was einerseits durch die neue Sprachgestaltung betont und was andererseits ausgeblendet wird. [...]   *(2010)*

Bundeszentrale für politische Bildung

Material 3

Political Correctness – Ein Lexikoneintrag

Der Begriff *Political Correctness* ist ursprünglich in den USA entstanden und wurde zum ersten Mal schon vor über 200 Jahren verwendet. Im Laufe der Zeit wurde *poli-*

tisch korrekt (oder *politische Korrektheit*) von unterschiedlichen Gruppen verwendet – von Bürgerrechtsbewegun- 5 gen ebenso wie von deren Kritikern und Kritikerinnen.

Mittlerweile bezieht sich der Begriff in erster Linie auf die Verwendung einer nicht diskriminierenden Sprache. So ist es politisch korrekt, von *Inuit* und nicht von *Eskimos* zu sprechen, von *Roma und Sinti* und nicht von *Zigeunern* und *Zigeunerinnen*. Der Begriff *Eskimo* wird nämlich von den Inuit als ebenso abwertend empfunden wie der Begriff *Zigeuner* von Roma und Sinti.

Politisch korrekt ist auch die Verwendung einer geschlechtsneutralen Sprache bzw. von Formulierungen, die beide Geschlechter gleich behandeln; es wird nicht nur die männliche, sondern auch die weibliche Form verwendet.   *(o.J.)*

www.politik-lexikon.at

Material 4

Zerstört die Political Correctness die Debattenkultur? – Anatol Stefanowitsch (Sprachwissenschaftler) im Gespräch mit Axel Rahmlow (Moderator) – Auszug aus einem Podcast

Die Debattenkultur ist bedroht, sagt Monika Grütters. Aus Angst, etwas „politisch Unkorrektes" zu sagen, verstumme die „demokratische Mitte", meint die Kulturstaatsministerin. Sprachwissenschaftler Stefanowitsch sieht in der Unsicherheit Raum für neue Ideen.

Kulturstaatsministerin Monika Grütters (CDU) warnt vor einer Bedrohung der Debattenkultur durch „sprachliche Gewalt". Tatsächlich müsse man sich um den zivilisierten Streit mehr Gedanken machen als um die Meinungsfreiheit, sagte die Ministerin.
Manche Menschen, die sich angegriffen fühlten, verstummten schneller, als es eigentlich gut sei. So werde einerseits immer wieder die sprachliche Verrohung kritisiert. Andererseits, so Grütters wörtlich, mache eine „hysterische Political Correctness auch viel Raum frei für das, was sich dann an den Rändern tut". Manchen ginge es eben nicht um Verständigung, sondern um das Verstummen von anderen Meinungen. Dies sei brandgefährlich, so Grütters.
Die Ministerin beklagt nicht nur sprachliche Gewalt von rechts, sondern auch von links: „Eine Linke, die Diskriminierung und Ausgrenzung mit Gendersternchen oder Sprachschöpfungen wie PoC, People of Color, aus der Welt schaffen will, hat ja nicht die Diskriminierer und Ausgrenzer, sondern die gemäßigte demokratische Mitte zum Schweigen gebracht. Ich habe ja gerade schon gesagt, dass wir Politiker alles versuchen, um bloß nirgendwo anzuecken, und mit solchen Empfindlichkeiten werden auch Leute wie wir, die bester Absicht sind und niemanden ausgrenzen wollen, zu ängstlichen Sprechern. Wenn man die gemäßigte demokratische Mitte mit solchen hysterischen political korrekten Dingen zum Schweigen bringt, dann macht man auch die demokratische Immunabwehr gegen die-

se rechten Ausgrenzer, gegen totalitäre Anwandlungen kaputt. Ich finde, das ist ein krachendes Eigentor. Also von links und rechts wird Druck gemacht, und am Ende kriegt man Ärger, wenn man in der Mitte steht, von beiden Seiten. Das schadet dem politischen Diskurs."
Sprachwissenschaftler Anatol Stefanowitsch von der Freien Universität Berlin teilt diese Sicht nicht. Er definiert politisch korrekte Sprache als eine, die andere Menschen nicht herabwürdigen und sprachlich nicht unsichtbar machen soll. „Wenn das eine Anforderung ist, bei der Frau Grütters sagt, sie verstummt vor Angst und weiß nicht, was sie noch sagen soll, dann würde mich mal interessieren, was sie eigentlich gern sagen würde." Das Argument, die Forderung schränke die Meinungsfreiheit ein, habe es aus dem konservativen Lager gegeben, noch bevor der Begriff der Political Correctness existierte. [...]
Verunsicherung könne es immer geben in einer Gesellschaft, die immer komplexer werde, in der immer mehr Gruppen, denen man früher nicht groß zugehört und die man nicht nach ihren Befindlichkeiten gefragt habe, sich das inzwischen nicht mehr gefallen ließen und sich zu Wort meldeten, so Stefanowitsch. Die betroffenen Gruppen seien es in der Regel, die sprachlichen Respekt einforderten, und nicht eine „diffuse Linke".
Allerdings seien Verunsicherungen im Alltag kleiner als in der Welt, in der Frau Grütters sich bewege. Stefanowitsch habe es nie erlebt, dass ein sprachlicher Fehltritt ins soziale Abseits geführt habe. „Wenn eine Verunsicherung übrig bleibt bei Leuten wie Frau Grütters, kann ich das nur begrüßen." Die Unsicherheit könne althergebrachte Denkmuster zerbrechen und Raum für neue Ideen schaffen.   *(2020)*

Deutschlandfunk Kultur

Material 5

Mely Kiyak (geb. 1976)
Schluss mit dem dummen Geschwätz! (Kolumne)

Man hört das neuerdings wieder öfter: Die Political Correctness gehöre abgeschafft. Weniger Political Correctness würde weniger Rechtsextremismus erzeugen oder wenigstens dafür sorgen, dass Wähler sich nicht
5 von Rechtspopulisten verführen ließen. Denn das Abdriften in die Radikalität sei eine Reaktion auf Sprechtabus. Ist das so? [...]

Die Sprache ist ein Indikator für den Wert, den Minderheiten im öffentlichen Diskurs haben. Man kann sie mit
10 Sprache bloßstellen und diffamieren, man kann sie auch schützen und integrieren. Meistens sind es die Benachteiligten selbst, die auf ihre Gleichberechtigung pochen. Political Correctness ist ihr Versuch, sich zu emanzipieren. Die erbitterten Widerstände, mit denen
15 sie zu kämpfen haben, zeigen die Notwendigkeit ihres Kampfes.

Es gibt niemanden Bestimmtes, der für Political Correctness zuständig wäre. Es gibt keine Instanz, die mit Gewalt derlei Regeln durchzusetzen versucht. Es han-
20 delt sich um einen Diskurs. Ein öffentliches Gespräch, das gleichzeitig die Ungleichheit illustriert. Die Mehrheit der Sprechenden gehört keiner gesellschaftlichen Minderheit an. Umso alberner wirkt es natürlich, wenn die Beendigung der politischen Korrektheit von denje-
25 nigen gefordert wird, die Teil der privilegierten Klasse sind. Es steht denjenigen, die niemals die Erfahrung von Diskriminierung oder Rassismus gemacht haben, nicht zu, zu bestimmen, wann es genug ist mit Antirassismus.

30 Wenn Politiker in Zeiten von brennenden Asylheimen und Angriffen auf Minderheiten fordern, es müsse erlaubt sein, offen Probleme der Integration zu benennen, dann wird es düster und unverschämt: Wir haben in Deutschland viele Probleme, aber sicher keines damit,
35 dass man sich nicht jederzeit rassistisch, widerwärtig und primitiv im öffentlichen Raum äußern dürfe. [...]

Mutig wäre es, wenn einer auf den Tisch hauen und sagen würde: Schluss mit dem ekelhaften, dummen und unaufgeklärten Geschwätz über die Fremden, die Aus-
40 länder, Schwulen, Muslime oder Flüchtlinge. Das würde Eindruck machen! Unserem Land fehlt der Mut für Aufklärung, Anstand und Eleganz im Umgang mit Mitmenschen. Es ist nämlich eine Ehre, in Sprache und Handeln politisch, ökonomisch, sozial und einfach menschlich korrekt zu sein.   *(2016)* 45

ZEIT ONLINE

Material 6

Alexander Görlach (geb. 1976)
Sprache zwischen Selbstzensur und Political Correctness

Was eine Gesellschaft wahrnimmt und wie sie fühlt, wird nicht zuletzt beeinflusst durch ihre Sprache. Deswegen hat es schon immer Versuche gegeben, Sprache und damit das Denken zu lenken.

[...] Was kann und darf man [...] sagen, und was sollte man für sich behalten? Darüber tobt seit Jahren in vielen Demokratien der Welt ein erbitterter Streit. Zunächst einmal ist ein Innehalten in Dankbarkeit ange-
5 bracht: Es ist großartig, dass wir, die in der freien Welt leben, das Privileg haben, unumschränkt denken und sprechen zu können. [...] Von daher gilt es, die Worte gut zu wählen, die wir äußern – um des lieben Friedens willen, der so leicht gestört werden kann.

10 Denn jedes freiheitliche Gemeinwesen ist vom Kompromiss abhängig, von einem Zustand, der im Diskurs errungen wird. Daher entsteht Öffentlichkeit auch nur da, wo Menschen sich über eine Sprache und ihre Verwendung ins Benehmen setzen. Innerhalb der sprachli-
15 chen Korridore, über die Konsens errungen wird, können dann die anstehenden Themen und Streitpunkte diskutiert werden. Im Über-das-Ziel-hinaus-Schießen kann Innovatives und auch Kathartisches liegen. Gleichzeitig leben Sprachgemeinschaften aber auch
20 von den Tabus, die sie sich geben. [...]

In Deutschland und den USA haben nun Erhebungen gezeigt, dass Menschen aller Altersgruppen und Schichten von bestimmten Themen daher lieber die Finger lassen, sich also eher selbst zensieren, als sie an-
25 zugehen. Oder aber sie haben die Nase voll von „Sprachlenkung", also von Regeln, die ihnen zur Verwendung bestimmter Begriffe von außen nicht nur

empfohlen, sondern geradezu aufgedrückt erscheinen. In den USA wird diese sogenannte „Political Correctness" (PC) von der breiten Mehrheit abgelehnt, in Deutschland, so das Institut für Demoskopie Allensbach, werden Themen wie Flüchtlinge und Patriotismus im Gespräch mit Verwandten und Arbeitskollegen streng gemieden. [...]

Die beiden Phänomene sind zu unterscheiden: Eine Selbstzensur ist nicht wünschenswert, sie ist aber immer noch Ausdruck der eigenen Wahl und Freiheit.

Denn man muss nicht jederzeit und in jeder Situation mit jedem eine Diskussion über die Flüchtlingspolitik der Bundesregierung beginnen. Es kann klug [...] sein, auch einmal zu schweigen. Sprachlenkung hingegen öffnet immer die Tür einen Fußbreit ins Totalitäre. Denn hier ist die Frage ja, wer eine bestimmte Verwendung von Sprache vorschreibt und wer sie sanktioniert. [...] *(2019)*

Deutsche Welle

Material 7

Khuê Phạm (geb. 1982)

„Die Menschen werden immer dünnhäutiger" – Interview mit dem Comedian Terry Gilliam

Terry Gilliam hat einst mit der Comedygruppe Monty Python den Humor revolutioniert. Heute findet er es wegen der Political Correctness viel schwieriger, Witze zu machen.

ZEIT ONLINE: Herr Gilliam, Sie sind seit mehr als 40 Jahren im Comedygeschäft, nun kommt Ihr neuer Film *The Man who killed Don Quixote* in die deutschen Kinos. Inwiefern, glauben Sie, hat sich der Beruf des Komikers im Laufe der Zeit verändert?

Terry Gilliam: Als ich in den Sechzigerjahren mit Satire angefangen habe, wollten die Menschen Abenteuer erleben und Leute treffen, die ganz anders sind als sie. Heute sind die Leute sehr spießig und vorsichtig geworden. Eine Ich-Ich-Ich-Welt. Die Menschen werden immer dünnhäutiger. Das schränkt die Comedy ein. Wenn man einen Witz macht, kann es sein, dass jemand beleidigt ist, obwohl das gar nicht die Absicht war. Sollte man deswegen keine Witze mehr machen dürfen? Ich finde nicht! Comedy ist ein wichtiger Teil des Lebens, einer der gesündesten. [...]

Aber wir leben in einer Zeit, in der das Wort an sich schon das Verbrechen ist – nicht das, was damit gemeint war. Das führt dazu, dass Leute nicht richtig kommunizieren. Sie benutzen Euphemismen oder vermeiden es, bestimmte Dinge zu sagen. Ich finde das sehr traurig. Auseinandersetzungen sind wichtig, um einander zu verstehen. *(2018)*

ZEIT ONLINE

Material 8

Grundgesetz für die Bundesrepublik Deutschland

Art. 3

(1) Alle Menschen sind vor dem Gesetz gleich.

(2) Männer und Frauen sind gleichberechtigt. Der Staat fördert die tatsächliche Durchsetzung der Gleichberechtigung von Frauen und Männern und wirkt auf die Beseitigung bestehender Nachteile hin.

(3) Niemand darf wegen seines Geschlechtes, seiner Abstammung, seiner Rasse, seiner Sprache, seiner Heimat und Herkunft, seines Glaubens, seiner religiösen oder politischen Anschauungen benachteiligt oder bevorzugt werden. Niemand darf wegen seiner Behinderung benachteiligt werden.

Eine mögliche Lösung finden Sie hier:
WES-127877-075 .

3　Texte miteinander vergleichen – Gedichte vergleichen

Einen Gedichtvergleich verfassen

Das müssen Sie wissen

Einleitung	a) Geben Sie zunächst **die wichtigsten Textdaten** wieder: jeweilige/r Autor/Autorin, Titel der Gedichte, Erscheinungsjahr, Gedichtart (Liebesgedicht, Naturgedicht …). Ferner beschreiben Sie kurz die biografischen und die Epochenzusammenhänge der Texte, sofern Sie Ihnen bekannt oder zusammen mit der Aufgabenstellung angegeben sind. Machen Sie, wenn möglich, kurze Angaben zum historischen Hintergrund der Entstehungszeit der Gedichte und zum Inhalt bzw. zur Thematik. Was wird dargestellt? Worum geht es? Formulieren Sie in der Einleitung Ihre Deutungshypothese. b) Alternativ können Sie – je nach Art der Aufgabenstellung – zunächst nur in die Bearbeitung des ersten Gedichts einführen.
Hauptteil	Häufig wird in der Aufgabenstellung **eins der zu vergleichenden Gedichte** als Ausgangspunkt der Interpretation vorgegeben. Es empfiehlt sich daher, dieses Gedicht nach den Ihnen bekannten Kriterien möglichst vollständig zu bearbeiten (s. S. 457 ff.). Wenn für das zweite Gedicht **keine vollständige Interpretation** verlangt wird, sondern entweder Vergleichsaspekte vorgegeben werden oder von Ihnen selbstständig festgelegt werden sollen, dann können Sie als Überleitung zunächst wie bei dem ersten Gedicht allgemein in den Text einführen (Textdaten, Inhalt/Thematik …). Listen Sie zudem die Aspekte auf, unter denen die beiden Gedichte verglichen werden sollen, z. B.: „Bei dem folgenden Vergleich stehen die Aspekte X, Y, Z im Zentrum." Oder: „Im Folgenden werden die beiden Gedichte von X und Y im Hinblick auf die Aspekte X, Y, Z miteinander verglichen." Arbeiten Sie diese Aspekte anschließend nacheinander aus.
Schluss	Fassen Sie Ihre Ergebnisse noch einmal **im Überblick** zusammen. Hier können Sie auch eine Bewertung der Gedichte vornehmen. Welche Thematik/Problematik spricht Sie mehr an? Mit welcher Gedichtaussage können Sie sich eher identifizieren?
Arbeitsschritte	1. Lesen Sie die Texte, um sich einen ersten Eindruck von den Gedichten zu machen. 2. Verschaffen Sie sich durch nochmaliges Lesen ein erstes Textverständnis und formulieren Sie eine Deutungshypothese. Markieren Sie wichtige Textstellen, halten Sie Ihre Beobachtungen zum Inhalt, zur Intention und Form der Texte in stichwortartigen Randbemerkungen oder auch in einer Tabelle fest.

	Gedicht A	Gedicht B
Thema/Problem		
Inhalt/Intention		
Sicht des lyrischen Ichs		
Form: Strophenzahl, Reime, Metrum usw.		
Dominante Stilmittel: Metaphern, Wiederholungen, Parallelismen usw.		
Biografische Zusammenhänge		

	Gedicht A	Gedicht B
Epochenbezüge		
Vergleichsaspekte		
Vergleichskriterien		

3. Entwickeln Sie mithilfe der Randbemerkungen, des Konzeptpapiers oder der Tabelle einen Schreibplan. Formulieren Sie mit diesen Grundlagen Ihre Interpretation.
4. Überarbeiten Sie Ihren Text, indem Sie den Inhalt, den Aufbau und die sprachliche Form überprüfen.

Ein Beispiel

Text I

Johann Wolfgang von Goethe (1749 – 1832)
Mailied

Wie herrlich leuchtet
Mir die Natur!
Wie glänzt die Sonne!
Wie lacht die Flur!

5 Es dringen Blüten
Aus jedem Zweig
Und tausend Stimmen
Aus dem Gesträuch

Und Freud' und Wonne
10 Aus jeder Brust.
O Erd', o Sonne!
O Glück, o Lust!

O Lieb', o Liebe!
So golden schön,
15 Wie Morgenwolken
Auf jenen Höhn!

Du segnest herrlich
Das frische Feld,
Im Blütendampfe
20 Die volle Welt.

O Mädchen, Mädchen,
Wie lieb' ich dich!
Wie blickt dein Auge!
Wie liebst du mich!

25 So liebt die Lerche
Gesang und Luft,
Und Morgenblumen
Den Himmelsduft,

Wie ich dich liebe
30 Mit warmem Blut,
Die du mir Jugend
Und Freud' und Mut

Zu neuen Liedern
Und Tänzen gibst.
35 Sei ewig glücklich,
Wie du mich liebst!

(1771)

Text II

Ingeborg Bachmann (1926 – 1973)
Entfremdung

In den Bäumen kann ich keine Bäume mehr sehen.
Die Äste haben nicht die Blätter, die sie in den Wind halten.
Die Früchte sind süß, aber ohne Liebe.
Sie sättigen nicht einmal.
5 Was soll nur werden?
Vor meinen Augen flieht der Wald,
vor meinem Ohr schließen die Vögel den Mund,
für mich wird keine Wiese zum Bett.
Ich bin satt vor der Zeit
10 und hungre nach ihr.
Was soll nur werden?

Auf den Bergen werden nachts die Feuer brennen.
Soll ich mich aufmachen, mich allem wieder nähern?

Ich kann in keinem Weg mehr einen Weg sehen.

(e 1948 – 1953/v 1978)

▶ **Aufgabenstellung**
a) Interpretieren Sie das Gedicht „Mailied" von Johann Wolfgang von Goethe.
b) Vergleichen Sie es anschließend mit dem Gedicht „Entfremdung" von Ingeborg Bachmann unter besonderer Berücksichtigung der äußeren Form und des Verhältnisses zwischen lyrischem Ich und Natur.

  Einen ausformulierten Vergleich der beiden Gedichte finden Sie hier: WES-127877-076 .

4 Texte überarbeiten

Eine Schulaufgabe stilistisch überarbeiten

Die Korrektur der folgenden Beispielschulaufgabe soll den Blick für stilistische Schwächen schulen, damit diese beim Verfassen eigener Schulaufgaben erst gar nicht auftreten.

1. Lesen Sie die Kurzgeschichte „Das Fenster-Theater" und überarbeiten Sie dann die im Anschluss abgedruckte Schulaufgabe. Dabei sollten Sie sich vor allem auf die sprachlich-stilistische Korrektur konzentrieren. Die Aufgabe für die Schulaufgabe lautete: „Interpretieren Sie den Text ‚Das Fenster-Theater' von Ilse Aichinger unter besonderer Berücksichtigung der kommunikativen Besonderheiten.

Ilse Aichinger (1921 – 2016)
Das Fenster-Theater

Die Frau lehnte am Fenster und sah hinüber. Der Wind trieb in leichten Stößen vom Fluss herauf und brachte nichts Neues. Die Frau hatte den starren Blick neugieriger Leute, die unersättlich sind. Es hatte ihr noch niemand den Gefallen getan, vor ihrem Haus niedergefahren zu werden. Außerdem wohnte sie im vorletzten Stock, die Straße lag zu tief unten. Der Lärm rauschte nur mehr leicht herauf. Alles lag zu tief unten. Als sie sich vom Fenster abwenden wollte, bemerkte sie, dass der Alte gegenüber Licht angedreht hatte. Da es noch ganz hell war, blieb das Licht für sich und machte den merkwürdigen Eindruck, den aufflammende Straßenlaternen unter der Sonne machen. Als hätte einer an seinen Fenstern die Kerzen angesteckt, noch ehe die Prozession die Kirche verlassen hat. Die Frau blieb am Fenster.

Der Alte öffnete und nickte herüber. Meint er mich? dachte die Frau. Die Wohnung über ihr stand leer und unterhalb lag eine Werkstatt, die um diese Zeit schon geschlossen war. Sie bewegte leicht den Kopf. Der Alte nickte wieder. Er griff sich an die Stirne, entdeckte, dass er keinen Hut aufhatte, und verschwand im Innern des Zimmers.

Gleich darauf kam er in Hut und Mantel wieder. Er zog den Hut und lächelte. Dann nahm er ein weißes Tuch aus der Tasche und begann zu winken. Erst leicht und dann immer eifriger. Er hing über die Brüstung, dass man Angst bekam, er würde vornüberfallen. Die Frau trat einen Schritt zurück, aber das schien ihn nur zu bestärken. Er ließ das Tuch fallen, löste seinen Schal vom Hals – einen großen bunten Schal – und ließ ihn aus dem Fenster wehen. Dazu lächelte er. Und als sie noch einen weiteren Schritt zurücktrat, warf er den Hut mit einer heftigen Bewegung ab und wand den Schal wie einen Turban um seinen Kopf. Dann kreuzte er die Arme über der Brust und verneigte sich. Sooft er aufsah, kniff er das linke Auge zu, als herrsche zwischen ihnen ein geheimes Einverständnis. Das bereitete ihr so lange Vergnügen, bis sie plötzlich nur mehr seine Beine in dünnen, geflickten Samthosen in die Luft ragen sah. Er stand auf dem Kopf. Als sein Gesicht gerötet, erhitzt und freundlich wieder auftauchte, hatte sie schon die Polizei verständigt.

Und während er, in ein Leintuch gehüllt, abwechselnd an beiden Fenstern erschien, unterschied sie schon drei Gassen weiter über dem Geklingel der Straßenbahnen und dem gedämpften Lärm der Stadt das Hupen des Überfallautos. Denn ihre Erklärung hatte nicht sehr klar und ihre Stimme erregt geklungen. Der alte Mann lachte jetzt, sodass sich sein Gesicht in tiefe Falten legte, streifte dann mit einer vagen Gebärde darüber, wurde ernst, schien das Lachen eine Sekunde lang in der hohlen Hand zu halten und warf es dann hinüber. Erst als der Wagen schon um die Ecke bog, gelang es der Frau, sich von seinem Anblick loszureißen.

Sie kam atemlos unten an. Eine Menschenmenge hatte sich um den Polizeiwagen gesammelt. Die Polizisten waren abgesprungen, und die Menge kam hinter ihnen und der Frau her. Sobald man die Leute zu verscheuchen suchte, erklärten sie einstimmig, in diesem Hause zu wohnen. Einige davon kamen bis zum letzten Stock mit. Von den Stufen beobachteten sie, wie die Männer, nachdem ihr Klopfen vergeblich blieb und die Glocke allem Anschein nach nicht funktionierte, die Tür aufbrachen. Sie arbeiteten schnell und mit einer Sicherheit, von der jeder Einbrecher lernen konnte. Auch in dem Vorraum, dessen Fenster auf den Hof sahen, zögerten sie nicht eine Sekunde.

70 Zwei von ihnen zogen die Stiefel aus und schlichen um die Ecke. Es war inzwischen finster geworden. Sie stießen an einen Kleiderständer, gewahrten den Lichtschein am Ende des schmalen Ganges und gingen ihm nach. Die Frau schlich hinter ihnen her.

75 Als die Tür aufflog, stand der alte Mann mit dem Rücken zu ihnen gewandt noch immer am Fenster. Er hielt ein großes weißes Kissen auf dem Kopf, das er immer wieder abnahm, als bedeutete er jemandem, dass er schlafen wolle. Den Teppich, den er vom Boden genom-
80 men hatte, trug er um die Schultern. Da er schwerhörig

war, wandte er sich auch nicht um, als die Männer schon knapp hinter ihm standen und die Frau über ihn hinweg in ihr eigenes finsteres Fenster sah.

Die Werkstatt unterhalb war, wie sie angenommen hatte, geschlossen. Aber in die Wohnung oberhalb musste 85 eine neue Partei eingezogen sein. An eines der erleuchteten Fenster war ein Gitterbett geschoben, in dem aufrecht ein kleiner Knabe stand. Auch er trug sein Kissen auf dem Kopf und die Bettdecke um die Schultern. Er sprang und winkte herüber und krähte vor Jubel. Er 90 lachte, strich mit der Hand über das Gesicht, wurde ernst und schien das Lachen eine Sekunde lang in der hohlen Hand zu halten. Dann warf er es mit aller Kraft den Wachleuten ins Gesicht.   *(1958)*

Schulaufgabe

In der Kurzgeschichte „Das Fenster-Theater" von Ilse Aichinger geht es um ein Mißverständnis, dass durch das falsche Verstehen von Mimik und Gestik hervorgerufen wird. Eine Frau steht am Fenster und merkt plötz-
5 lich wie der alte Mann gegenüber nickt. Sie denkt er meint sie und sie fühlt sich angesprochen. Der alte Mann macht allesmögliche, er winkt und grüßt, er zwinkert mit dem linken Auge und macht sogar einen Kopfstand. Die Frau ruft die Polizei an. Die Polizei
10 bricht die Tür auf, denn der Mann ist schwerhörig und hört das Klopfen nicht. Als die Frau mit den Polizisten hinter dem Mann steht sieht sie, das der alte Mann nicht sie meinte sondern den Kleinen Jungen der über ihr wohnt und am Fenster steht. Die Kurzgeschichte „Das
15 Fenster-Theater" von Ilse Aichinger ist 97 Zeilen lang, die in 8 Abschnitten auf 1 ½ Seiten untergebracht sind. Die Sätze sind relativ kurz und leicht verständlich geschrieben, was man an den Zeilen 20 – 28 gut sehen kann. In der Kurzgesichte, welche in der Vergangenheit
20 geschrieben ist, gibt es keine Fremdwörter. Außer den Worten „Überfallautos" (Z. 48) und „gewahrten" (Z. 72) ist der Text in einer leicht verständlichen Sprache geschrieben. Es gibt keine wörtliche Rede. Die Kurzgeschichte wird von jemanden ausenstehenden in Vergan-
25 genheit erzäht, deswegen kann es auch sein das es sich um eine Er zählung handelt. Die Kommunikation der Kurzgeschichte „Das Fenster-Theater" von Ilse Aichinger beruht auf Mimik und Gesitk (Z. 17 – 42). Der alte Mann kann sich mit dem kleinen Jungen, der gegenüber
30 am Fenster steht (Z. 90 – 94), nicht unterhalten, also albert er rum. Gesprochen wird im Text eigentlich gar nicht, in Zeile 60 f., erklären ein paar Leute wohl etwas,

aber es wird nicht durch wörtliche Rede hervorgehoben. Dadurch das der gesamte Text in Vergangenheit geschrieben ist, es keine wörtliche Rede gibt und auch 35 Gedanken wiedergegeben werden (Z. 4 – 6) kann es sein das es sich bei diesem Text um eine Erzählung handelt. Die Überschrift „Das Fenster- Theater" sagt genau aus was im Text zwischen dem kleinen Jungen und dem alten Mann passiert, sie spielen Theater miteinander 40 (vgl. Z. 75 – 80 und Z. 90 – 94). Das Licht, welches die beiden anhaben (Z. 10, Z. 90 f.) hebt ihre Zeichen und bewegungen noch hervor. Die Kurzgeschichte ist sehr ausführlich geschrieben, um genau klar zu machen wie es zu dem Mißverständnis zwischen der Frau und dem 45 alten Mann gekommen ist. Wenn der Mann mit der Frau kommuniziert hätte wäre es eine einseitige Kommunikation gewesen, weil die Frau ja nicht auf die Zeichen des Mannes reagiert oder geantwortet hat. Sie ist nur ein paar Schritte zurück gegangen. Aber auch wenn 50 sie nichts sagt oder macht ist das eine Art Kommunikation. In dem Text „Die Kommunikationsregeln Watzlerwicks" von Heiko Ernst heißt es: „Man kann nicht nicht kommunizieren", damit ist gemeint das Schweigen und nichts tun eine Art Mitteilungscharakter haben. Aber 55 dar der Mann nur den kleinen Jungen gemeint hat wird er wohl nicht mitbekommen haben wie die Frau sich vom Fenster entfernt hat (vgl. Z. 42 f.). Also hat die Frau auf etwas reagiert was garnichts mit ihr zu tun hat. Die Kommunikation zwischen dem Mann und dem Jungen 60 ist eindeutig eine wechselseitige Kommunikation, weil die beiden sich gegenseitig was zweigen und auch etwas tun (siehe Z. 17 – 38, Z. 44 f., Z. 50 – 54, Z. 75 – 80 und Z. 87 – 95).

5 Richtig zitieren

Wörtliche Übernahmen (Zitate) aus Büchern, Briefen, Schriftstücken u. a. müssen durch **Anführungszeichen** kenntlich gemacht werden. Im Rahmen des Deutschunterrichts zitieren Sie vor allem dann, wenn Sie Aussagen zur Beschreibung und Deutung durch den Text belegen wollen. Hinter das Zitat wird **in Klammern** immer die **Quelle** vermerkt, in der Regel handelt es sich dabei um die Zeilen- oder bei einem Gedicht um die Verszahlen.

Endet das Zitat mit einem Satzschlusszeichen, kommt hinter die schließende Klammer der Quellenangabe kein weiteres Schlusszeichen. Fehlt am Ende des Zitats ein Satzschlusszeichen, steht dieses hinter der schließenden Klammer der Quellenangabe.

Im Folgenden werden die wichtigsten Zitierweisen und weitere Besonderheiten anhand von Peter Bichsels Kurzerzählung „Colombin" erläutert.

Peter Bichsel (geb. 1935)
Colombin

Am Hofe gab es starke Leute und gescheite Leute, der König war ein König, die Frauen waren schön und die Männer mutig, der Pfarrer war fromm und die Küchenmagd fleißig – nur Colombin, Colombin war nichts. Wenn ₅ jemand sagte: „Komm, Colombin, kämpf mit mir", sagte Colombin: „Ich bin schwächer als du." Wenn jemand sagte: „Wie viel gibt zwei mal sieben?", sagte Colombin: „Ich bin dümmer als du." Wenn jemand sagte: „Getraust du dich, über den Bach zu springen?", sagte Colombin: „Nein, ich getrau mich nicht." ₁₀ Und wenn der König fragte: „Colombin, was willst du werden?", antwortete Colombin: „Ich will nichts werden, ich bin schon etwas, ich bin Colombin."   *(1969)*

1. Zitate mit hinweisendem Begleitsatz

Steht vor, innerhalb oder hinter dem Zitat ein hinweisender Begleitsatz, erfolgt die Kennzeichnung wie bei der wörtlichen Rede. Das gilt vor allem für den Fall, dass ganze Sätze zitiert werden.

Beispiel: Die Erzählung beginnt mit folgender Beschreibung: „Am Hofe gab es starke Leute und gescheite Leute" (Z. 1 f.).

„Am Hofe gab es starke Leute und gescheite Leute" (Z. 1 f.), so beginnt die Erzählung von Peter Bichsel.

Möglich ist auch:

„Am Hofe gab es starke Leute und gescheite Leute" (Z. 1 f.). So beginnt die Erzählung von Peter Bichsel.

„Am Hofe", so beginnt Peter Bichsel seine Erzählung, „gab es starke Leute und gescheite Leute" (Z. 1 f.).

2. Eingebaute Zitate

Eleganter kann es oft sein, wenn Zitate in den eigenen Satzbau eingefügt werden. Der Doppelpunkt entfällt dann.

Beispiel: Mit der Aussage „Colombin war nichts" (Z. 5) wird zunächst der Eindruck vermittelt, der Protagonist habe gesellschaftlich keine Bedeutung.

Die Adjektive „schön" (Z. 3), „mutig" (Z. 3 f.), „fromm" (Z. 4) und „fleißig" (Z. 5) stehen in deutlichem Kontrast zur Beschreibung Colombins, der „nichts" (Z. 5) darstellt.

Besonderheiten

1. Manchmal erfordert es der eigene Satzbau, die Endung zitierter Wörter zu verändern. In diesem Fall werden die geänderten Wortendungen in eckige Klammern gesetzt.

   Beispiel: Die Menschen am Hof werden als „stark[e]" (Z. 1) und „gescheit[e]" (Z. 1 f.) beschrieben.

2. Wenn Teile eines zitierten Satzes ausgelassen werden, werden die Auslassungen durch drei Punkte und eine eckige Klammer gekennzeichnet.

   Beispiel: Mit der Beschreibung „Am Hofe gab es starke Leute und gescheite Leute, […] die Frauen waren schön und die Männer mutig" (Z. 1 ff.) wird der Eindruck einer an positiven Werten orientierten Gesellschaft vermittelt.

3. Eine wörtliche Rede, ein Titel oder ein Zitat innerhalb eines Zitats werden durch halbe Anführungszeichen kenntlich gemacht.

   Beispiel: Die Rednerin begann ihren Vortrag mit der Feststellung: „Peter Bichsels Erzählung ‚Colombin' gehört zu den in der Schule eher selten behandelten Texten."
   Die Reaktion Colombins lässt auf seine Grundhaltung schließen: „Wenn jemand sagte: ‚Komm, Colombin, kämpf mit mir', sagte Colombin: ‚Ich bin schwächer als du.'" (Z. 5 ff.)

4. Wenn unmittelbar auf einen Textteil Bezug genommen, aber nicht wörtlich zitiert wird, verwendet man für die Quellenangabe die Abkürzung „vgl." (= vergleiche).

   Beispiel: Mehrfach entspricht Colombin den Erwartungen, die am Hof an ihn gestellt werden, nicht. (Vgl. Z. 7 ff.)
   Oder: Mehrfach entspricht Colombin den Erwartungen, die am Hof an ihn gestellt werden, nicht (vgl. Z. 7 ff.).

5. Geht ein Zitat über zwei Zeilen, können als Quelle entweder beide Zeilen angegeben werden (Z. 1 – 2) oder man kann mit der Abkürzung f. (für: folgende Zeile) arbeiten (Z. 1 f.). Erstreckt sich das Zitat über mehrere Zeilen, können ebenfalls die Zeilen angegeben werden (Z. 1 – 3) oder man kann mit der Abkürzung ff. (für: folgende Zeilen) arbeiten (Z. 1 ff.).

Zitate im Text mithilfe eines Textverabeitungsprogramms verwenden

Zitate im Text verwenden

Wenn man in einem Textverarbeitungsprogramm am PC arbeitet, kann man am Ende des Satzes den Ort des Zitates in Klammern angeben. Eleganter ist jedoch das Setzen einer sogenannten **Fußnote** an das Ende einer Seite. Dafür geht man in der Menüleiste auf „Referenzen" → „Fußnote einfügen". Dann gibt man die Quelle wie vorgeschrieben an und kehrt zurück in den Fließtext. Hat man beim ersten Zitat **Name** (und Vorname), **Titel** (ggf. mit Untertitel), **Verlag**, **Ort** und **Datum** (Jahreszahl) der Veröffentlichung sowie die **Seitenzahl** genannt, braucht man bei weiteren Zitaten aus derselben Quelle nicht noch einmal die gesamte Bezeichnung zu erwähnen. Man kann den Titel in einer Kurzform nennen, den Erscheinungsort kürzt man mit „a.a.O." („am angegebenen Ort") ab. Zitiert man zweimal direkt hintereinander aus derselben Seite, genügt ein „Ebd." („Ebenda").

Auch Internetquellen muss man korrekt und vollständig nachweisen. Ausschlaggebend ist hier der genaue Fundort; außerdem muss man präzise mit Datum angeben, an welchem Tag man für diese spezielle Information auf die Internetquelle zugegriffen hat.

6 Rhetorische Figuren – Ein Überblick

Das müssen Sie wissen

Wenn Sie einen Sachtext analysieren oder einen literarischen Text interpretieren wollen, kommt es auch darauf an, die sprachlichen Besonderheiten mit den entsprechenden Fachausdrücken zu kennzeichnen, um Ihre Aussagen zur Deutung informativ zu belegen.

Die folgende Liste enthält wichtige, immer wieder verwendete rhetorische Figuren. Manchmal spricht man auch von sprachlichen Mitteln, von stilistischen Mitteln oder von Stilmitteln bzw. Stilfiguren. Dass man von „rhetorischen Figuren" spricht, hängt damit zusammen, dass diese sprachlichen Besonderheiten vielfach auf die antike Rhetorik zurückgehen.

Welche Funktion diese rhetorischen Figuren im Textzusammenhang haben, kann man nicht allgemein sagen. In jedem Fall unterstützen sie eine bestimmte Aussageabsicht, die mit dem Text verbunden ist.

Rhetorische Figur	Erklärung	Beispiel
Akkumulation, die	eine Anhäufung von Wörtern, die dazu dienen, einen genannten oder gedachten Oberbegriff näher zu erklären	„So muss auch unser Nam, Lob, Ehr und Ruhm verschwinden." (Gryphius)
Allegorie, die	Die Allegorie überträgt nicht nur wie die Metapher *einen* Ausdruck, sondern ganze Sinnzusammenhänge aus ihrem ursprünglichen Bedeutungsbereich auf einen anderen, bildlich zu verstehenden Bereich (erweiterte Metapher).	Die Kanzlerin steuerte das Staatsschiff mithilfe ihrer Mannschaft durch eine stürmische See in den sicheren Hafen.
Alliteration, die	Mehrere Wörter bzw. betonte Silben beginnen mit dem gleichen Laut. Die Wörter müssen nicht direkt aufeinanderfolgen, stehen jedoch in einem engen Zusammenhang im Text.	Milch macht müde Männer munter. „Jetzt reifen schon die roten Berberitzen, alternde Astern atmen schwach im Beet. Wer jetzt nicht reich ist, da der Sommer geht, wird immer warten und sich nie besitzen." (Rilke)
Anapher, die	Mehrere Sätze, Satzteile oder Verse beginnen mit dem gleichen Wort.	Geh zu den Menschen, Geh zu den Tieren, Geh zu den Pflanzen, Geh in dich.
Antithese, die	Gegensätzliche Begriffe oder Aussagen werden einander gegenübergestellt.	„Friede den Hütten! Krieg den Palästen!" (Büchner)
Assonanz, die	Mehrere Wörter enthalten gleich klingende Vokale.	„Denn man muß dem Weisen seine Weisheit erst entreißen …" (Brecht)
Asyndeton, das	Wörter oder kurze Sätze stehen unverbunden nebeneinander.	Frisch, fromm, fröhlich, frei
Chiasmus, der	Jeweils zwei Wörter oder Satzglieder werden einander spiegelbildlich zugeordnet (Überkreuzstellung, nach dem griechischen Buchstaben Chi).	„[…] die Kunst ist lang/Und kurz ist unser Leben." (Goethe)
Correctio, die	Ein Ausdruck wird unmittelbar wieder aufgegriffen und berichtigt.	„Wir sind doch nunmehr ganz, ja mehr denn ganz verheeret." (Gryphius)

Rhetorische Figur	Erklärung	Beispiel
Ellipse, die	Teile eines Satzes, die man gedanklich leicht ergänzen kann, werden ausgelassen, sodass dieser Satz grammatisch unvollständig ist.	Ende gut, alles gut! (Sprichwort)
Euphemismus, der	Beschönigung: Das Negative eines Sachverhalts wird durch positive Bezeichnungen verhüllt.	„nuklearer Ernstfall" anstelle von „Atomkrieg"
Hendiadyoin, das	Zwei fast synonyme Ausdrücke, die mit der Konjunktion *und* verbunden sind. Oft handelt es sich um feststehende Ausdrücke.	Haus und Hof Hab und Gut Bitten und Flehen
Hyperbel, die	Übertreibung: Ein Ausdruck wird so übersteigert, dass er, wörtlich genommen, nicht mehr zutrifft.	Tausend Mal habe ich dich gefragt, tausend Mal hast du geschwiegen!
Interjektion, die	Eine Interjektion ist ein Wort, das zum Ausdruck besonderer Empfindungen (Wut, Abscheu, Trauer, Bedauern, Überraschung …) oder zur Kontaktaufnahme verwendet wird. Auch lautmalerische Ausdrücke, die ein Geräusch nachahmen, gehören zu den Interjektionen.	Igitt! Ach! Peng! Psst! (Seid leise!) Muh Ach, (wäre es doch schon wieder Frühling!)
Inversion, die	Wörter bzw. Satzglieder stehen innerhalb eines Satzes an ungewöhnlicher Stelle.	Spät kam er wie immer.
Ironie, die	Der Sprecher meint das Gegenteil dessen, was er sagt.	Du bist wirklich ein echter Freund! Jetzt muss ich allein zurechtkommen.
Klimax, die	Eine Reihe von Ausdrücken ist steigernd angeordnet. Bei einer fallenden Anordnung spricht man von einer Antiklimax.	„Heute back' ich, morgen brau' ich, übermorgen hol ich der Königin ihr Kind." („Rumpelstilzchen")
Lautmalerei, die (Onomatopoesie, die)	Die Bedeutung eines Wortes wird bereits durch den Klang ersichtlich.	knistern, knacken, grunzen „Und es wallet und siedet und brauset und zischt […]" (Schiller)
Litotes, die	Die Bedeutung eines Sachverhalts wird dadurch gesteigert, dass sein Gegenteil abgeschwächt oder verneint wird.	Er war nicht gerade ein Held. Wir haben nicht wenig gelacht.
Metapher, die	Ein Wort wird aus dem üblichen Sprachgebrauch gelöst und so in einen anderen Zusammenhang eingeordnet, dass es eine neue Bedeutung erhält. Die Metapher ist ein verkürzter Vergleich (ohne das Vergleichswort „wie").	Er steht in der Blüte des Lebens. „Altdeutschland, wir weben dein Leichentuch, Wir weben hinein den dreifachen Fluch." (Heine)
Metonymie, die	Ein Begriff wird durch einen anderen ersetzt, der inhaltlich eng dazu in Beziehung steht.	Ich habe nur ein Glas getrunken. Das Bundeskanzleramt reagierte gelassen. Er hat seinen Goethe gelesen.
Neologismus, der	Neuschöpfung eines Wortes, das es so bisher noch nicht gab und das manchmal nur in einem bestimmten Text verwendet wird	Sie war eine herzenskluge Kollegin.
Oxymoron, das	Zwei Begriffe, die Gegensätzliches ausdrücken, werden miteinander verbunden.	„Schwarze Milch der Frühe […]" (Celan) eine bittersüße Erfahrung

Rhetorische Figur	Erklärung	Beispiel
Paradoxon, das	Eine Aussage erscheint auf den ersten Blick widersinnig, weist jedoch bei genauerer Betrachtung auf eine tiefere Wahrheit hin.	„Wer sein Leben gewinnen will, der wird es verlieren." (Matth. 10,39) Viel ist wenig, und wenig ist viel.
Parallelismus, der	In aufeinanderfolgenden Sätzen werden die Satzglieder in gleicher Weise angeordnet.	„Was ist die Welt und ihr berühmtes Glänzen? Was ist die Welt und ihre ganze Pracht?" (Hofmannswaldau)
Paronomasie, die (vgl. auch Zeugma, das)	Wörter mit gleicher oder ähnlicher Bedeutung oder gleichem oder ähnlichem Klang werden so miteinander verknüpft, dass ein Wortspiel entsteht.	Ich heiße nicht nur Walburga Walter, sondern Sie auch herzlich willkommen. Der Computer war unbezahlt, aber nicht unbezahlbar.
Pars pro toto, das	Genannt wird nur ein Teil, der für das Ganze steht.	Endlich haben wir wieder ein Dach über dem Kopf.
Personifikation, die	Allgemeinen Begriffen, Gegenständen, Tieren oder Pflanzen werden Eigenschaften und Verhaltensweisen zugeordnet, die nur Menschen zukommen.	Die Liebe streichelt über seine Haut.
rhetorische Frage, die	Es handelt sich um eine Frage, auf die keine Antwort erwartet wird, weil die Übereinstimmung des Hörers/Lesers mit dem Sprecher/Schreiber vorausgesetzt wird. Häufig enthält die rhetorische Frage einen Appell.	Sitzen wir nicht alle in einem Boot? „Sind wir denn wie leibeigene Knechte an den Boden gefesselt, den wir pflügen?" (Hölderlin)
Satzbau – parataktisch	Einfache Hauptsätze werden aneinandergereiht.	„Im düstern Auge keine Träne, Sie sitzen am Webstuhl und fletschen die Zähne: Deutschland, wir weben dein Leichentuch, Wir weben hinein den dreifachen Fluch." (Heine)
– hypotaktisch	Hierbei handelt es sich um z. T. sehr komplexe Satzgefüge (Verschachtelungen).	„In einem bei Jena liegenden Dorf, erzählte mir, auf einer Reise nach Frankfurt, der Gastwirt, dass sich mehrere Stunden nach der Schlacht, um die Zeit, da das Dorf schon ganz von der Armee des Prinzen von Hohenlohe verlassen und von Franzosen, die es für besetzt gehalten, umringt gewesen wäre, ein einzelner preußischer Reiter darin gezeigt hätte, […]." (Kleist)
Symbol, das	Ein konkreter Gegenstand wird als Träger eines allgemeinen Sinnzusammenhangs gesetzt. Die Bedeutung kann man in der Regel nicht aus dem Gegenstand ableiten, man muss sie gelernt haben bzw. gesagt bekommen.	die Farbe Weiß als Symbol der Unschuld die Taube als Symbol des Friedens der Lorbeerkranz als Symbol des Sieges
Synästhesie, die	Verschiedene Sinnesbereiche (Geruch, Geschmack, Sehen …) werden miteinander verschmolzen.	„Holdes Bitten, mild' Verlangen Wie es süß zum Herzen spricht." (Brentano)

Rhetorische Figur	Erklärung	Beispiel
Tautologie, die	Zwei Wörter bezeichnen denselben Sachverhalt oder es werden in beiden Wörtern Merkmale des Sachverhalts wiederholt. Eine Tautologie liegt auch vor, wenn ein Begriff durch denselben Begriff erklärt wird.	voll und ganz, einzig und allein der weiße Schimmel „Moral ist, wenn man moralisch ist." (Büchner)
Vergleich, der	Durch *wie*, *als ob* u. Ä. wird eine Beziehung zwischen zwei Bereichen hergestellt, zwischen denen es Gemeinsamkeiten gibt.	Sie schlief wie ein Murmeltier. „Wir schlafen ganz, wie Brutus schlief [...]" (Heine)
Zeugma, das (vgl. auch Paronomasie, die)	Verbindung eines Satzglieds, insbesondere eines Prädikats, mit mehreren Satzgliedern, die grammatisch zwar richtig gebildet sind, aber nicht zusammenpassen	Sie schlug die Scheibe und dann den Weg nach Hause ein.

1. Kennzeichnen Sie in den folgenden Sätzen und Kurztexten die rhetorischen Figuren. Manchmal sind mehrere enthalten.

- Er war nicht gerade mit Klugheit ausgestattet.

- „Die Hütte wird durch dich ein Himmelreich."
  (Goethe)

- Der Himmel ist blau, schwarz ist die Erde.

- „In dieser Armut welche Fülle!
  In diesem Kerker welche Seligkeit!"
  (Goethe)

- „Ein Menschenhauf – ein Schutzmann –
                    und ein Karren
  Und auf dem Karren ein betrunk'nes Weib."
  (Emil Nicolai)

- Er kam, sah, siegte.

- Anna K., die zeit ihres Lebens in einem Dorf lebte, in einem westfälischen, deren Bewohner es überwiegend mit der Landwirtschaft zu tun hatten, beschloss eines Tages, einen anderen Weg zu gehen.

- „Dicht wie Löcher eines Siebes stehn
  Fenster beieinander, drängend fassen
  Häuser sich so dicht an, dass die Straßen
  Grau geschwollen wie Gewürgte sehn."
  (Alfred Wolfenstein)

- „Wir lernten zusammen. Wir feierten zusammen. Wir hielten zusammen. Wir waren eine echte Gemeinschaft."
  (aus einer Abiturrede)

- Eine heiße Musik empfing ihn.

- „Es treibt vorüber mir im Meer der Stadt
  Bald der, bald jener, einer nach dem andern."
  (Detlev von Liliencron)

- „Und meine Seele spannte
  Weit ihre Flügel aus,
  Flog durch die stillen Lande,
  Als flöge sie nach Haus."
  (Eichendorff)

- „Ein dicker Junge spielt mit einem Teich.
  Der Wind hat sich in einem Baum gefangen.
  Der Himmel sieht verbummelt aus und bleich,
  Als wäre ihm die Schminke ausgegangen."
  (Lichtenstein)

- „Und wenn sich dann der Steine Kräfte
  Bei euren Kindeskindern äußern:
  So lad ich über tausend tausend Jahre
  Sie wiederum vor diesen Stuhl. [...]"
  (Lessing)

- „Flieh! Auf! Hinaus ins weite Land!"
  (Goethe)

- Himmelerdewolkenselig umarmte er sie, und weiß schien das Licht auf ihr Gesicht.

- „Nur muss der eine nicht den andern mäkeln[1].
  Nur muss der Knorr den Knuppen[2] hübsch
                    vertragen.
  Nur muss ein Gipfelchen[3] sich nicht vermessen,
  Dass es allein der Erde nicht entschossen."
  (Lessing)

---

[1] **mäkeln:** kleinlich kritisieren – [2] **Knuppen:** knorrige Verwachsungen am Baum – [3] **Gipfelchen:** Baumwipfel

7 Arbeitsergebnisse präsentieren

Eine Präsentation vorbereiten und durchführen

Das müssen Sie wissen

Vorüberlegungen

Bevor Sie sich an die konkrete Vorbereitung einer Präsentation begeben, sollten Sie einige Punkte im Vorfeld klären. Ausgangs- und Zielpunkt Ihrer Überlegungen sollte stets der Adressat / die Adressatin Ihrer Präsentation sein.

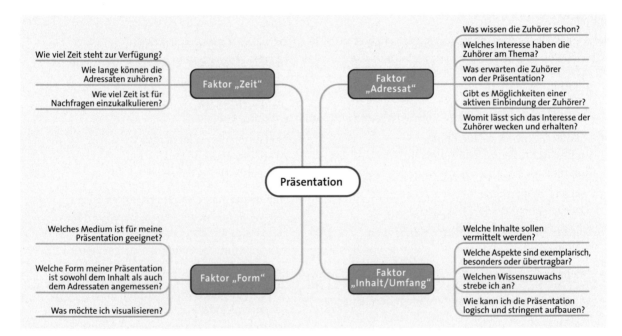

Wahl des Präsentationsmediums

Suchen Sie ein Medium aus, das zu Ihrer Präsentation passt und die räumlichen und technischen Gegebenheiten berücksichtigt. Wägen Sie dazu anhand der folgenden Übersicht ab:

	Vorteil	Nachteil
Tafel	• große Schreibfläche • immer wieder beschreibbar	• nicht archivierbar • kaum transportabel
Flipchart	• leicht transportabel • flexibel einsetzbar • Anschriebe wiederverwendbar	• wenig Platz • beim Vortrag unpraktikabel in der Handhabung
Stellwand	• gut geeignet zum Befestigen unterschiedlicher Materialien	• aufwendige Befestigung während eines Vortrags

	Vorteil	**Nachteil**
Tageslicht-schreiber/ Dokumenten-kamera	• gute Nutzbarkeit vorbereiteter Folien/ Seiten • Folien/Seiten können abgedeckt oder übereinandergelegt werden	• Probleme bei heller Sonneneinstrahlung
Whiteboard	• Einsatz interaktiver Medien • Vorbereitung von Schaubildern • Entwicklung der Schaubilder während der Präsentation	• noch nicht flächendeckend vorhanden • technisch aufwendig
PowerPoint-Präsentation	• einfache Bedienung beim Vortrag • viele Gestaltungsmöglichkeiten • gute Wiederverwendbarkeit	• aufwendige Erstellung • Gefahr der optischen/akustischen Überladung

Hinweise zum Vortrag

Wenn Sie die Präsentationsmedien entsprechend vorbereitet haben, müssen Sie bei der Präsentation im Wesentlichen als Moderator auftreten. Dazu sollten Sie folgende Hinweise beachten:

• Geben Sie eine *Einleitung* in Ihre Präsentation, indem Sie …
  – die Zuhörer/-innen begrüßen,
  – das Interesse der Zuhörer/-innen mit einem motivierenden Einstieg wecken,
  – sich und Ihr Thema vorstellen,
  – das Ziel Ihrer Präsentation erläutern.

• Gehen Sie dann zum *Hauptteil* Ihrer Präsentation über, indem Sie …
  – einen Überblick über Ihre Präsentation geben (Gliederung),
  – Zwischenergebnisse formulieren,
  – Fragen der Zuhörer/-innen aufgreifen,
  – auf weitergehende Aspekte/Materialien verweisen.

• Leiten Sie den *Schluss* Ihrer Präsentation ein, indem Sie …
  – ein abschließendes Ergebnis formulieren,
  – offene Fragen benennen,
  – einen Ausblick geben,
  – sich für die Aufmerksamkeit bedanken.

• Achten Sie im *Verlauf* der Präsentation darauf, dass …
  – Sie (Augen-)Kontakt mit den Zuhörern/Zuhörerinnen halten,
  – Sie die Zuhörer/-innen möglichst einbeziehen,
  – Sie möglichst frei – z. B. mithilfe von Karteikarten o. Ä. – sprechen,
  – Sie deutlich und langsam sprechen,
  – Sie möglichst einen sicheren Stand haben,
  – Sie Ihre Präsentation mit sparsamen, aber gezielt eingesetzten Gesten untermalen.

Handout

Verteilen Sie am Ende des Vortrags ein Handout, um den Zuhörern/Zuhörerinnen damit eine Zusammenfassung des Gehörten mit auf den Weg zu geben. Wenn Sie es allerdings vor dem Vortrag aushändigen, können die Zuhörerinnen und Zuhörer es ggf. um Aspekte ergänzen, die ihnen zusätzlich wichtig erscheinen.

Ein Erklärvideo drehen

Das müssen Sie wissen

Ein Erklärvideo zu einem Sachverhalt zu drehen verlangt von Ihnen auf eine sehr produktive Weise eine intensive Beschäftigung mit einem Thema. Indem Sie es für andere auf eine motivierende und Aufmerksamkeit erregende Weise so aufbereiten, dass diese es besser verstehen, machen Sie sich selbst nicht nur inhaltlich vertraut mit dem dazu notwendigen Wissen, sondern reflektieren auch Methoden für eine gelungene Darbietung. Die Bewältigung einer solchen Aufgabe gelingt am besten in Kleingruppen, in welchen kooperatives Arbeiten möglich ist und die unterschiedlichen Vorerfahrungen, Interessen und Ideen der Gruppenmitglieder genutzt werden können.

Erklärvideos können technisch ganz unterschiedlich umgesetzt werden, je nachdem, über welche Möglichkeiten Ihre Schule oder auch Sie selbst verfügen. So können dafür Videokameras, Smartphones oder Tablets genutzt werden. Auf manchen Geräten lassen sich auch spezifisch dafür ausgerichtete Apps installieren. So ist es zunächst einmal wichtig, dass Sie sich klarmachen, welche Technik (Hard- und Software) Sie nutzen können und über welche Funktionen diese verfügt.

Sodann verlangt die Umsetzung von Ihnen eine inhaltliche Auseinandersetzung mit dem Thema, das Sie sich vorgenommen haben. Diesbezüglich sollten Sie zunächst ein gemeinsames Brainstorming durchführen und, wenn vorhanden, die vorgegebenen Materialien sichten oder eine Recherche durchführen, sodann Informationsaspekte festlegen und diese gliedern.

Erklärvideos können unterschiedliche Gestalt annehmen: So können Sie z. B. selbst vor die Kamera treten und mediengestützt (Tafel, Plakat, Flipchart etc.) einen Sachverhalt erläutern. Sie können aber auch stellvertretend Figuren (z. B. aus Plastik) nutzen, insbesondere, wenn thematisch etwa eine bestimmte historische oder fiktive Handlung dargestellt werden soll. Eine andere Möglichkeit ist die Nutzung von Plakaten, auf denen die wichtigsten Aspekte in Form von Stichworten erläutert werden und die entweder vorbereitet nacheinander in

den Film „eingeschoben" werden (auch unter Hinzuziehung passender Bildmaterialien) oder die während des Drehs beschrieben werden, sodass sich die Schrift dann im späteren Film entwickelt (hierzu wird im endgültigen Film dann der Zeitraffer genutzt).

Vorarbeit

Als Vorbereitung empfiehlt es sich, gemeinsam in der Gruppe zentrale Entscheidungen über die Konzeption des Erklärvideos zu treffen. Dazu können folgende Fragen hilfreich sein:

- Welche technischen Möglichkeiten sollen genutzt werden (Hardware, Software)?
- Was ist das Thema? Welche Sachaspekte sollen dazu erklärt werden? Wie kann man diese sinnvoll anordnen?
- Ist eine Recherche notwendig oder sind Materialien vorgegeben? In welcher Form werden die Informationen, die sich als relevant herauskristallisieren, festgehalten?
- Welche zusätzlichen Medien sollen genutzt werden (z. B. Tafel, beschriftete Plakate, Flipchart, Bilder, „Figuren", evtl. auch Originaltonaufnahmen zum Einspielen etc.)?
- Wie sollen die Rollen in der Gruppe verteilt werden? Wer ist wofür zuständig?
- Wie stellen Sie sich das Endprodukt vor? Möchten Sie selbst als Person darin sichtbar sein oder wollen Sie lediglich aus dem Hintergrund einsprechen? Soll bzw. muss das Videomaterial geschnitten werden? Was muss alles bereitliegen, damit der Dreh reibungslos klappt?

Erstellen Sie im Anschluss daran „Drehbuch"-Notizen, in welchen die getroffenen Entscheidungen festgehalten werden. Drehen Sie das Video, evtl. auch mehrmals, korrigieren Sie im Prozess möglicherweise sichtbar werdende Fehler oder Schwächen und entscheiden Sie sich dann für die beste Version.

8 Grammatisches Wissen nutzen

 Zum folgenden Kapitel finden Sie Lösungen unter: WES-127877-077 .

Die stilistische Funktion von Parataxen erfahren

Günter Guben (geb. 1938)
So

Da sitzt man so. Und da redet man. Und da betrachtet man sich. Und da lächelt man. Und da denkt man sich was. Und da redet man wieder was. Und das glaubt man vielleicht gar nicht. Und da sitzt man halt.

5 Da sitzt man also. Betrachtet sich gegenseitig. Lächelt. Nickt sich zu. Sagt etwas. Etwas, das stimmt. Etwas, das man vielleicht glaubt. Etwas, das man vielleicht nicht glaubt. So sitzt man da.

So sitzt man. Sitzt herum und redet. Betrachtet das Ge-
10 genüber. Man lächelt. Man nickt, ist freundlich, zeigt die Zähnchen. So sie geputzt sind oder sonst irgendwie anschaulich. Dann redet man. Was man so annimmt. Oder glaubt. Vielleicht nicht glaubt. Davon, worauf man steht. Worauf man sitzt. Worauf man eben so sitzt.
15 Und eben so sitzt man da. Sitzt so oder so. Na halt so. Da. Einfach so da. *(1970)*

1. Formulieren Sie den Text „So" um. Orientieren Sie sich dabei an dem folgenden Anfang: „Da sitzt man und redet, wobei man sich betrachtet und lächelt. Und nachdem man sich etwas gedacht hat, redet man wieder etwas, das man vielleicht [...]."

2. Lesen Sie einige der neuen Fassungen vor und diskutieren Sie darüber. Der Inhalt hat sich nicht verändert, aber der besondere Pfiff des Original-textes ist verloren gegangen. Erläutern Sie, warum das so ist.

3. Welche stilistische Funktion haben die kurzen Verbzweitsätze, die Satzfragmente und die Einwort-sätze? Erörtern Sie in diesem Zusammenhang die Aussage des Textes.

Daniel Kehlmann (geb. 1975)
Die Vermessung der Welt

Daniel Kehlmann erzählt die Geschichte zweier For-scher des 18. Jahrhunderts, des Naturforschers Alexan-der von Humboldt und des Mathematikers Carl Fried-rich Gauß, die sich beide auf unterschiedliche Weise an die Vermessung der Welt machen.

Darum legten sie in Teneriffa an. Das Licht war glei-ßend hell, ein Papagei beobachtete sie neugierig vom Balkon eines gerade erst errichteten Zollhauses. Eugen ging an Land. Männer schrien Befehle, Kisten wurden verladen, spärlich bekleidete Frauen tippelten mit zier-lichen Schritten auf und ab. Ein Bettler bat um Almo-sen, aber Eugen hatte nichts mehr. Ein Käfig öffnete sich, und eine Horde schreiender kleiner Affen stob wie eine Explosion in alle Richtungen davon. *(2005)*

4. Vergleichen Sie den parataktischen Stil beider Texte. Beachten Sie die unterschiedlichen Inhalte.

> **Regel**
>
> In einem Text können Sätze je nach Gestaltung beim Leser / bei der Leserin unterschiedliche Wirkung erzielen. Man unterscheidet dabei folgende Satzfor-men:
> **Nichtsätze:** unvollständige, fragmentarische Sätze ohne finites Verb.
> **Einwortsätze**, die nur aus einem finiten Verb bestehen: „Komm!"
> **Parataxe:** Nebenordnung von Verbzweitsätzen (Hauptsätzen) in einer Satzreihe, aber auch von Wörtern oder Wortgruppen
> **Hypotaxe:** Satzgefüge aus Verbzweitsätzen (Haupt-sätzen) und untergeordneten Verbletztsätzen (Nebensätzen).

Die Informationsstruktur in Texten untersuchen

1. Lesen Sie folgende Romananfänge und achten Sie darauf, wie der Geschehenshintergrund und die Figuren eingeführt werden.

Wie wird der Leser in die Romanwelt eingeführt?

Im achtzehnten Jahrhundert lebte in Frankreich ein Mann, der zu den genialsten und abscheulichsten Gestalten dieser an genialen und abscheulichen Gestalten nicht armen Epoche gehörte. Seine Geschichte soll hier
5 erzählt werden. Er hieß Jean-Baptiste Grenouille, und wenn sein Name im Gegensatz zu den Namen anderer Scheusale, wie etwa de Sades, Saint Justs, Fouchés, Bonapartes usw., heute in Vergessenheit geraten ist, so sicher nicht deshalb, weil Grenouille diesen berühmteren
10 Finstermännern an Selbstüberhebung, Menschenverachtung, Immoralität, kurz an Gottlosigkeit nachgestanden hätte, sondern weil sich sein Genie und sein einziger Ehrgeiz auf ein Gebiet beschränkte, welches in der Geschichte keine Spuren hinterläßt: auf das flüchti-
15 ge Reich der Gerüche.

(Patrick Süskind: Das Parfum, 1985)

(Aus lizenzrechtlichen Grunden ist dieser Text nicht in reformierter Rechtschreibung abgedruckt.)

Er gehörte zu jener Sorte Mann – nicht wirklich attraktiv, meist kahl, klein, dick und klug –, die auf gewisse schöne Frauen erstaunlich anziehend wirkt. Jedenfalls wiegte er sich in dem Glauben, und der war bisher
5 nicht erschüttert worden. Zugute kam ihm dabei, dass manche Frauen ihn für ein Genie hielten, das man retten musste. Im Moment allerdings war Michael Beard nicht in bester Verfassung, lustlos, verzweifelt, nur auf eins fixiert, denn gerade ging seine fünfte Ehe in die
10 Brüche.

(Ian McEwan: Solar, 2010)

8.00 Als ich mein Klassenzimmer betrat, sah ich zuerst Mr. Runnels – wie üblich über das Lehrerpult gelümmelt, den Kopf in die Hand gestützt, wobei er die Finger über das Gesicht spreizte wie die Beine einer Tarantel, und ein Auge linste durch diese ausgestreckte Kralle. 5 Als ich eintraf, nahm er die Hand kurz weg und musterte mich einen Moment lang aus müden Augen, ehe er sich die Finger wieder vors Gesicht hielt. Ich wusste diese Geste zu schätzen.
Während ich auf meinen Platz auf der anderen Seite des 10 Zimmers ging, sah ich mich um. Niemand beachtete mich.

(Joey Goebel: Ich gegen Osborne, 2013)

2. Diskutieren Sie darüber, welche Grundthemen und Grundkonflikte in den Romananfängen bereits angedeutet werden und wo diese stehen.

3. Wählen Sie einen der Textanfänge für die genauere Analyse aus.
– Markieren Sie Wörter oder Satzteile, die wie in den Beispielen den inhaltlichen Zusammenhang des Textes herstellen.
– Beschreiben Sie genauer, Satz für Satz, welche Informationen der Leser / die Leserin nacheinander erhält (z. B. Figur, Ort, Zeit, Handlung, Erzählperspektive).
– Ermitteln Sie, über welches Satzglied die Hauptfigur eingeführt wird.
– Analysieren Sie nun in jedem Satz, wo im Satz Bekanntes (das Thema) und wo das Neue (das Rhema) genannt werden.

Regel

Den inhaltlichen Zusammenhang im Text nennt man **Kohärenz**. Die Verknüpfung der Sätze mit sprachlichen Mitteln nennt man **Kohäsion** (z. B. mit Subjunktionen, Adverbien, Pronomen).

Informationsstruktur von Texten: Sätze und Texte bestehen aus einer Folge von bekannten (**Thema**) und neuen (**Rhema**) Aussagen. Folgen diese schlüssig aufeinander, ist der Satz bzw. der Text inhaltlich stimmig (**kohärent**).

Die Kunst der langen Sätze in einem literarischen Text untersuchen

Thomas Mann (1875 – 1955)
Bekenntnisse des Hochstaplers Felix Krull

Thomas Mann war ein deutscher Schriftsteller und einer der bedeutendsten Erzähler des 20. Jahrhunderts. 1929 erhielt er den Nobelpreis für Literatur.

(1) Indem ich die Feder ergreife, um in völliger Muße und Zurückgezogenheit – gesund übrigens, wenn auch müde, sehr müde (sodass ich wohl nur in kleinen Etappen und
5 unter häufigem Ausruhen werde vorwärtsschreiten können), indem ich mich also anschicke, meine Geständnisse in der sauberen und gefälligen Handschrift, die mir eigen ist, dem geduldigen Papier anzuvertrauen,
beschleicht mich das flüchtige Bedenken, ob ich diesem
10 geistigen Unternehmen nach Vorbildung und Schule denn auch gewachsen bin. (2) Allein, da alles, was ich mitzuteilen habe, sich aus meinen eigensten und unmittelbarsten Erfahrungen, Irrtümern und Leidenschaften zusammensetzt und ich also meinen Stoff voll-
15 kommen beherrsche, so könnte jener Zweifel höchstens den mir zu Gebote stehenden Takt und Anstand des Ausdrucks betreffen, und in diesen Dingen geben regelmäßige und wohlbeendete Studien nach meiner Meinung weit weniger den Ausschlag als natürliche Bega-
20 bung und eine gute Kinderstube. (3) An dieser hat es mir nicht gefehlt, denn ich stamme aus feinbürgerlichem, wenn auch liederlichem Hause; mehrere Monate lang standen meine Schwester Olympia und ich unter der Obhut eines Fräuleins aus Vevey, das dann freilich,
25 da sich ein Verhältnis weiblicher Rivalität zwischen ihr und meiner Mutter – und zwar in Beziehung auf meinen Vater – gebildet hatte, das Feld räumen musste; mein Pater Schimmelpreester, mit dem ich auf sehr innigem Fuß stand, war ein vielfach geschätzter Künstler,
30 den jedermann im Städtchen „Herr Professor" nannte, obgleich ihm dieser schöne, begehrenswerte Titel von Amts wegen vielleicht nicht einmal zukam; und mein Vater, wiewohl dick und fett, besaß viel persönliche Grazie und legte stets Gewicht auf eine gewählte und
35 durchsichtige Ausdrucksweise.

(1910 – 1913)

1. Sprechen Sie darüber, wie der Text und der Ich-Erzähler auf Sie wirken.

2. Orientieren Sie sich in den Sätzen (1) und (2), indem Sie jeweils den Hauptsatz ermitteln.

3. Klären Sie das Thema des ersten Satzes. Nutzen Sie dabei Ihr Wissen, dass das Thema im Satz normalerweise zuerst, also eher am Anfang des Satzes, genannt wird.

4. Bestimmen Sie das durchgehende Thema in allen drei Sätzen. Benennen Sie dazu Themawörter, die wiederholt auftauchen.

5. Beantworten Sie folgende Fragen:
   – Wo steht das Wichtige, das Neue (das Rhema) in Satz (1)?
   – Was ist also das Problem des Ich-Erzählers Felix Krull?
   – Wo steht das Rhema im zweiten Satz (Z. 7 – 13)?

6. Suchen Sie aus folgenden Vorschlägen jeweils eine zusammenfassende Überschrift für Satz (1) und (2) aus. Begründen Sie Ihre Wahl. Formulieren Sie eine eigene zusammenfassende Überschrift für Satz (3).

Unwohlsein beim Schreiben ■ Geständnisse schreiben ■ Bedenken bezüglich des Schreibvermögens ■ Meine saubere Handschrift ■ Schreiben in völliger Muße ■ Persönliche Erlebnisse ■ Begabung für guten Ausdruck ■ Abgeschlossene Studien als Grundlage

7. Erläutern Sie, welcher logische Dreischritt in diesen drei Sätzen sichtbar wird.

Die stilistische Funktion von Pronomen in Texten untersuchen

Eduard Mörike (1804 – 1875)
Er ist's

Frühling lässt sein blaues Band
Wieder flattern durch die Lüfte;
Süße, wohlbekannte Düfte
Streifen ahnungsvoll das Land.
5 Veilchen träumen schon,
Wollen balde kommen.
– Horch, von fern ein leiser Harfenton!
  Frühling, ja du [er] bist's! [ist's!]
Dich [Ihn] hab ich vernommen!

(1829)

1. Sprechen Sie über die Bilder, die dieses Gedicht in Ihrem Kopf erzeugt.

2. In V. 8 und 9 sind alternative Personalpronomen angegeben. Arbeiten Sie die Unterschiede in der Wirkung und Aussage heraus.

3. Begründen Sie, welche Version Sie für die eindrücklichere, die aussagekräftigere halten.

Joseph von Eichendorff (1788 – 1857)
Frühlingsnacht (1837)

Übern Garten durch die Lüfte
Hört ich Wandervögel ziehn,
Das bedeutet Frühlingsdüfte,
Unten fängt's schon an zu blühn.

5 Jauchzen möcht ich, möchte weinen,
Ist mir's doch, als könnt's nicht sein!
Alte Wunder wieder scheinen
Mit dem Mondesglanz herein.

Und der Mond, die Sterne sagen's,
10 Und in Träumen rauscht's der Hain,
Und die Nachtigallen schlagen's:
Sie ist Deine, sie ist dein!

(1837)

4. Finden Sie zunächst Antworten auf folgende Fragen:
  * Wieso möchte das lyrische Ich zugleich „[j]auchzen" und „weinen" (V. 5)?
  * Was könnte mit „[a]lte[n] Wunder[n]" (V. 7) gemeint sein?

5. Diskutieren Sie über die Bedeutung der Wahl des Possessivpronomens „Deine" bzw. „dein" am Versende.

Sätze übersichtlicher gestalten mit Partizipialkonstruktionen

1. Prüfen Sie in den Beispielsätzen, wann Kommas verbindlich gesetzt werden müssen und wann sie gesetzt werden können (,). Schreiben Sie die Sätze ab und setzen Sie die Kommas. Formuliere Sie eine Regel.

  * Ganz verschnupft will Sonja heute ins Freibad gehen.
  * Fritz sprang alle Zweifel beiseiteschiebend doch noch vom 10-Meter-Brett.
  * Das Zimmer aufräumend schimpft Max leise vor sich hin.
  * Mehr als dreißig Hände schüttelnd so ließ sich der Schulsprecher nach der Wahl gratulieren.
  * Gestern habe ich Lena getroffen ziemlich gestresst vom Umzug.

2. Klären Sie, warum die Bezüge zwischen der Partizipalkonstruktion und dem Hauptsatz in den folgenden Sätzen nicht stimmen, indem Sie die Partizipalsätze durch einen Verbletztsatz ersetzen. Erläutern Sie, warum die Sätze missverständlich sind.

3. Verändern Sie die Sätze so, dass die Bezüge stimmen.

  * Vom Regen durchnässt(,) zog er das Heft aus dem Schulranzen.
  * In Knoblauchmarinade eingelegt(,) legte er das Fleisch auf den Grill.
  * Gebannt zuhörend(,) erklärte der Lehrer den Schülern das Experiment.

Zeichen setzen für eine bessere Verständlichkeit

Thomas Mann (1875 – 1955)
Die Musterung

„Welche Schulen haben Sie besucht?" „Ich durchlief sechs Klassen der Oberrealschule", versetzte ich leise und anscheinend bekümmert darüber, dass ich ihn befremdet und bei ihm angestoßen hatte. „Und warum nicht die siebente?"

Ich senkte das Haupt; und von unten herauf warf ich ihm einen Blick zu der wohl sprechend gewesen und seinen Empfänger ins Innerste getroffen haben mag. Warum quälst du mich? fragte ich mit diesem Blick.
Warum zwingst du mich zu reden? Siehest du hörst du und fühlst du denn nicht dass ich ein feiner und besonderer Jüngling bin der unter freundlich gesittetem Außenwesen tiefe Wunden verbirgt welche das feindliche Leben ihm schlug?

„Antworten Sie!", sagte der Oberstabsarzt in milderem Ton.

Ich kämpfte mit mir selbst indem ich zögernd erwiderte:

„Ich blieb in der Schule zurück und gedieh nicht zur Beendigung ihres Kurses weil ein wiederkehrendes Unwohlsein mich öfter bettlägrig machte und damals häufig den Unterricht zu versäumen zwang. Auch glaubten die Herren Lehrer mir Mangel an Aufmerksamkeit und Fleiß zum Vorwurf machen zu müssen was mich sehr herabstimmte und entmutigte da ich mir keiner Schuld und Nachlässigkeit in dieser Hinsicht bewusst war. Aber so oft geschah es dass mir manches entgangen war und ich es nicht gehört oder vernommen hatte sei

es nun dass es sich um besprochenen Lehrstoff oder um häusliche Aufgaben handelte die man uns vorgeschrieben und deren Anfertigung ich versäumt hatte weil ich nichts davon wusste und zwar nicht weil ich anderen und unstatthaften Gedanken nachgehangen hatte sondern es war ganz als sei ich überhaupt nicht zugegen gewesen in der Klasse nicht gegenwärtig als diese Weisungen ergangen waren was auf seiten der Vorgesetzten Anlass zu Tadel und strengen Maßregeln auf meiner eigenen aber zu großen ..."

Hier fand ich kein Wort mehr verwirrte mich schwieg und zuckte sonderbar mit den Schultern.

„Halt!", sagte er. „Sind Sie denn schwerhörig? Gehen Sie dorthin weiter zurück! Wiederholen Sie was ich sage!" Und nun begann er unter überaus lächerlichen Verrenkungen seines mageren Mundes und dünnen Bartes „Neunzehn, Siebenundzwanzig" und andere Zahlen sorgfältig zu flüstern welche pünktlich und exakt zurückzugeben ich mich nicht verdrießen ließ; denn wie alle meine Sinne war auch mein Gehör nicht allein durchschnittsmäßig beschaffen sondern sogar von besonderer Schärfe und Feinheit und ich sah keinerlei Anlass ein Hehl daraus zu machen. *(1910 – 1913)*

(Text verändert)

1. Der Text ist teilweise schwierig zu lesen, weil ab Zeile 4 die Kommas fehlen. Markieren Sie die finiten Verben und setzen Sie dann die Kommas.

Thomas Mann liest aus „Felix Krull" vor Teilnehmern/Teilnehmerinnen des Internationalen Sommerkurses der Universität Köln im Jahr 1954 auf Vermittlung von Professor Wilhelm Emrich. Katia Mann, Thomas Mann und Wilhelm Emrich schreiten im voll besetzten Hörsaal nach vorne.

Fehlerschwerpunkte in der Rechtschreibung erkennen

 Zum folgenden Kapitel finden Sie Lösungen unter: WES-127877-078 .

Regelwissen wiederholen und anwenden

Janosch (geb. 1931)
Frau Holle

Es war einmal eine Frau, die hieß Holle, und <u>immer</u>
wenn sie ihre <u>Betten</u> schüttelte, schneite es auf der Welt.
Frau Holle muss wohl sehr <u>groß</u> gewesen sein. Dabei
war es so, dass es in manchen Gegenden mehr schneite
5 und in manchen weniger. Das mag wohl daher gekommen sein, dass sie manchmal ihre Betten weniger schüttelte, manchmal wieder <u>mehr</u>. Genauso mag das mit
dem <u>Regen</u> gewesen sein. Nahm sie ihre <u>Gießkanne</u> und
begoss ihre Blumen, schon regnete es auf der Welt.
10 Aber wie man sich denken kann, war das viel Arbeit für
eine Person. Die Menschen <u>vermehrten</u> sich und ver-
mehrten sich, sie brauchten mehr Schnee und mehr Regen. Aber alles sollte auch gerecht verteilt werden. Frau
Holle musste darauf achten, dass es nirgends zu viel
15 und nirgends zu wenig schneite – oder regnete, dass die
einen nicht unter dem Schnee begraben wurden und
die anderen nicht ewigen <u>Sommer</u> hatten. Kurz, zu viel
Arbeit für eine Person!
Frau Holle hätte ein <u>Dienstmädchen</u> gebraucht, das ihr
20 half. Aber es gab keine Dienstmädchen, denn niemand
wollte gern arbeiten. So versah Frau Holle ihre <u>Arbeit</u>
schlecht und recht und, so gut es konnte, allein. Und es
kam, wie es kommen <u>musste</u>, bald ging es auf der Welt
drunter und drüber. In der einen Gegend schneite es zu
25 viel, in der anderen zu wenig. In manchen Ländern
<u>schneite</u> es ganz schwach und dann wieder wurden die
Leute vom <u>Schnee</u> begraben. Es ist heute noch so, dass es
in Alicante und in Tunis und in Sizilien überhaupt nicht
schneit, aber in Grönland und in Alaska sieht man nichts
30 anderes als nur Schnee und Schnee und Schnee und <u>Eis</u>.
<u>Das</u> allein war aber nicht alles. Beispielsweise die Schlit-
tenmacher, die in einem Dorf immer ihr <u>Auskommen</u>
hatten, weil es dort schön schneite und die Leute sich
Schlitten kauften, die hatten auf einmal nichts mehr zu
35 tun, weil es dort plötzlich aufhörte und dafür ganz woanders schneite. Also mussten sie verhungern oder stattdessen Handwagen mit Rädern bauen. […]

1. Ordnen Sie die im Text unterstrichenen Wörter den
folgenden Rechtschreibbereichen zu: stummes h,
Schärfung, gleich und ähnlich klingende Laute und
Silben (p oder b, t oder d …), s-Laut, das oder dass.
Tipp: Mehrfachzuordnungen sind möglich!

Auf der Welt ging alles drunter und drüber. Es herrschte Überfluß und Hungersnot, Todschlag, Mort. Dafür
wurden imer mer Menschen geboren. Es gab von allem
zu wenig und von allem zu viel. Doch der Frau Holle
wollte niemand helfen.
Einmal freilich kamm ein Mädchen mit Namen Maria
und half der Frau Holle. Sie war fleisig, nam das Brot
aus dem Bakofen, schüttelte den Apfelbaum und die
Betten und auf einmal war auf der Welt alles in Ordnung. Doch nur für drei Tage. Dann am driten Tak lern- 5
te das Mädchen einen Konditor kennen. Und da sie ihn
liebte und jetzt auch etwas vom brotbacken verstand,
ging sie mit ihm. Was ging es sie an, ob die Weld in
Ordnung war oder nicht, wenn sie zu ihrem Konditor
wollte? Auf der Weld hatte man das nicht einmal ge- 10
merkt, das drei Tage lang alles in Ordnung war. Dabei
bezahlte Frau Holle sie gut, mit Gold. Und als Marias
Schwester davon erfuhr, nam sie die Stelle bei der Frau
Holle an. Aber sie war faul. Sie legte sich neben den
Backofen und lies das Brot verbrenen. Sie legte sich ne- 15
ben den Apfelbaum und lies die Äpfel verfaulen. Sie
schüttelte die Betten nicht, kurz, in der Welt wurde es
noch viel schlimmer als zuvor.*   *(*Text verändert)*

2. Sie haben Verfahren gelernt, um Schreibweisen von 20
Wörtern zu klären: Ableiten und Verlängern eines
Wortes, die Bedeutung von Wörtern, Silben und
Lauten unterscheiden, deutliches Sprechen und
Hinhören, Wortarten unterscheiden und Merksätze
anwenden. Wiederholen Sie die wichtigsten
Verfahren zusammen mit einem Lernpartner / einer
Lernpartnerin.

3. Verbessern Sie den zweiten Teil des Märchens,
indem Sie die Verfahren anwenden.

Varianten in der Groß- und Kleinschreibung kennen

Regel

Großschreibung – Regeln im Überblick

1	In der Rechtschreibung gibt es oft mehrere Möglichkeiten der Schreibung. Beispielsweise gibt es bei **festen Verbindungen aus Präposition und Nomen** zahlreiche Varianten:	Beispiele: auf Grund / aufgrund; im Stande sein / imstande sein; in Frage stellen / infrage stellen; in Stand setzen / instand setzen; mit Hilfe / mithilfe; von Seiten / vonseiten; zu Grunde gehen / zugrunde gehen; zu Gunsten / zugunsten; zu Hause [bleiben/sein] / zuhause [bleiben/sein]; zu Leide tun / zuleide tun; zu Mute sein / zumute sein
2	In **festen adverbialen Wendungen**, die aus *auf das* + Superlativ bzw. *aufs* + Superlativ bestehen, kann das Adjektiv groß- oder kleingeschrieben werden – vorausgesetzt, sie lassen sich mit *Wie?* erfragen:	Beispiele: Sie verabschiedete sich auf das (aufs) Herzlichste. / Sie verabschiedete sich auf das (aufs) herzlichste. (Frage: **Wie** verabschiedete sie sich?)
3	In **festen adverbialen Wendungen**, die aus *auf das* + Superlativ bzw. *aufs* + Superlativ bestehen, muss das Adjektiv hingegen großgeschrieben werden, wenn sie sich mit *Worauf?* erfragen lassen:	Beispiele: Sie waren auf das / aufs Geringste angewiesen. (Frage: **Worauf** (Auf was?) waren sie angewiesen?)

1. Bilden Sie mit jeder Variante aus dem Regelkasten zwei Sätze und überlegen Sie, ob der ganze Ausdruck als Präposition fungiert.

2. Bilden Sie mit den nachfolgenden Wendungen Sätze und überprüfen Sie mit der Frageprobe, welche Schreibung korrekt ist.
   - auf das ä/Äußerste
   - auf das g/Gröbste
   - auf das n/Nötigste

3. Erklären Sie die unterschiedliche Schreibung bei den folgenden Sätzen.
   - Am Montag ist der Abfuhrtermin für den Gelben Sack.
   - Ich möchte für den Einkauf den selbst genähten gelben Sack meiner Oma nutzen.

- Zum Geburtstag schreib ich meiner Tante eine rote Karte.
- Am Samstag hat der Schiedsrichter wieder viel zu oft die Rote Karte gezogen.
- Bei einer Grünen Welle werden die Ampelanlagen eines Straßenzuges so geschaltet, dass man beim Befahren der Straße mit einer bestimmten Geschwindigkeit jede Ampel in ihrer Grünphase antrifft.
- Die grüne Welle an der Wand im Kindergarten soll den Kindern den Weg in den Garten zeigen.
- Am Schwarzen Brett unserer Schule kann ich mich über mögliche Nachhilfelehrer informieren.
- Die schwarzen Bretter unseres Balkons werden im Sommer ziemlich heiß.

Varianten in der Getrennt- und Zusammenschreibung kennen

Unsicherheit bei der Getrennt- und Zusammen-schreibung betreffen vor allem Verbindungen aus Adjektiv und Verb sowie aus Nomen und Verb.
- Wenn sich aus Adjektiv und Verb **eine neue übertragene Bedeutung** ergibt, wird zusam-mengeschrieben: *klarmachen* (erklären), *richtigstellen* (korrigieren) usw.
- **Verbindungen mit *tot*, *voll* oder *fest***, werden in der Regel immer zusammengeschrieben *(totstellen, festhalten, vollmachen).* Verbindungen aus **verblassten Nomen und Verben** werden immer zusammengeschrie-ben: eislaufen, leidtun, stattfinden usw.
- In einigen Fällen ist sowohl die Getrennt- als auch Zusammenschreibung möglich: *Acht geben/achtgeben, haltmachen/Halt machen, maßhalten/Maß halten.*

1. Bestimmen Sie, welche der unterstrichenen Wörter getrennt oder zusammengeschrieben werden bzw. bei welchen Wörtern nur eine Schreibweise möglich ist. Schreiben Sie alle möglichen Varianten auf und begründen Sie die Varianten.

Eine (beinahe) philosophische Frage

Was ist der Unterschied zwischen einer <u>freistehenden</u> Wohnung und einer <u>leerstehenden</u> Wohnung? Es geht hier nicht ums Mietrecht, sondern um die neue Recht-schreibung. Man schreibt getrennt, wenn der erste Be-
5 standteil eines Wortes gesteigert oder erweitert werden kann, heißt es in den neuen Rechtschreibregeln. Eine <u>schwerstverständliche</u> Vorschrift, wenn sie auf den obi-gen Fall angewendet wird. Leerer als leer und freier als frei kann die (zur Debatte) stehende Wohnung nicht
10 sein, hier kann man leicht <u>fehlgehen</u>. Der <u>freischaffen-de</u> Künstler malt <u>freilebende</u> Tiere. Wie schreibt man die Attribute jetzt? Handelt es sich beim Sujet des Ma-lers um Hühner, die nicht in Legebatterien hausen, sind sie dann <u>freilaufend</u>? Einen Brief <u>freimachen</u>, den
15 Oberkörper <u>freimachen</u>. Müssen wir nun alles <u>freima-chen</u>?
Wer jung ist und das alles nicht versteht, kann leicht <u>sitzenbleiben</u>, nicht am Schreibtisch, sondern in der

Schule. Wie schreibt man „<u>sitzenbleiben</u> am Schreib-tisch" und wie „<u>sitzenbleiben</u> in der Schule"? Wie „<u>je-</u> 20
<u>mandem</u> mit seinem Freund <u>bekanntmachen</u>" oder „mit den neuen Regeln <u>bekanntmachen</u>"? Die Unterschiede sind <u>wegreformiert</u>. Wer das nicht <u>auseinanderhalten</u> kann, sei getröstet. <u>Irgendwie</u> zeigen die Beispiele, dass die Reformatoren nicht alles durchdacht haben und wir 25
armen Reformierten alles <u>durcheinanderbringen</u>. Wie schreiben wir denn nun: <u>volltanken</u>, <u>schwarzmalen</u>, <u>schwarzsehen</u>, <u>fernsehen</u>?

2. Korrigieren Sie die nachfolgenden Sätze, wenn nötig.
- Dies war eine bahnbrechende Erfindung.
- Sie folgte ihm blau äugig in die Fremde.
- Die Sitzung war nichtöffentlich.
- Könnte irgend jemand das Fenster schließen?
- Das ist eine schwerwiegende Anschuldigung.
- Solange uns nichts Besseres einfällt, bleiben wir hier.

Nominalisierte Verbindungen werden zusam-mengeschrieben. Dies gilt für Nomen und Verb *(Das Geldverdienen ist für viele wichtig.)*, Adjektiv und Verb *(Das Schnellfahren ist untersagt.)*, Verb und Verb *(Das Singenlernen macht ihr Spaß.)* sowie Partikel und Verb *(Das häufige Beisammen-sein hilft ihr.)*.

1. Finden Sie für die verschiedenen nominalisierten Verbindungen weitere Beispiele und schreiben Sie Sätze dazu auf.

Entspannende Hausarbeit

Nicht wenige Menschen behaupten, dass sie sich bei der Hausarbeit, sei es beim (Fenster + putzen) oder beim (Kuchen + backen) entspannen können. Die meis-ten Menschen können allerdings gut und gerne auf das (Wohnung + sauber + machen) verzichten und sich 5

stattdessen anderen Tätigkeiten widmen. Man könnte sich ja zum gemeinsamen (Klamotten + kaufen) treffen oder endlich wieder einmal ein (Eis + essen) gehen. Auch das (Essen + kochen) steht bei vielen nicht hoch
10 im Kurs. Viele wollen keine (Kartoffeln + schälen) oder (Fleisch + anbraten). Lieber wird der Pizza-Service angerufen oder schnell ein Fertiggericht in die Mikrowelle geschoben. Dieses (vermeiden + wollen) jeglicher zusätzlicher Arbeit führt allerdings dazu, dass viele Men-
15 schen sich (schlecht + ernähren) und mit entsprechenden gesundheitlichen Konsequenzen zu kämpfen haben. Dabei ist das eigenständige (Pizza + backen) oder das (Kartoffeln + kochen) gar nicht so zeitraubend, wie viele denken. Lädt man sich ein paar Freunde ein,
20 so kann dieses (zusammen + kochen) sehr viel Spaß machen. Leider kann man das bei anderen häuslichen Tätigkeiten wie dem (Müll + rausbringen) oder dem (Staub + wischen) nicht unbedingt behaupten.

2. Entscheiden Sie, ob die Wörter getrennt oder zusammengeschrieben werden. Achten Sie auf die Nominalisierungen. Führe bei den Nominalisierungen die Erweiterungsprobe durch.

1. Diktieren Sie sich die Abschnitte gegenseitig. Nutzen Sie Strategien zur richtigen Schreibung, indem der Diktierende nach den unterstrichenen Wörtern „Strategie" ruft.

Urlaub von morgen

Wer sich das Weltall genau ansehen oder auf dem Mond spazieren gehen will, kann dies bald tun. In der Mondlandschaft Steine klopfen, teilnehmen an planetarem Skilaufen, vom Urlaub heimkommen mit Fotos vom Rastmachen in einem Mondkrater: Das ist keine 5 Zukunftsmusik mehr. Für umgerechnet 10 Millionen Euro konnte schon ein Multimillionär aus den USA erfahren, wie unendlich weit der Weltraum, wie winzig klein der Mensch und wie erhebend schön die Erde ist. Die hellblaue Kugel konnte er als erster Weltraumtou- 10 rist aus dem Spaceshuttle bewundern.

Jedem Science-Fiction-Fan wird es leichtfallen, sich künftig immer mehr Touristen vorzustellen, die sich in großen Shuttle-Kapseln vor dem Start festhalten, die ganz still stehen, danach durch die Freizeitträume 15 langsam fliegen, mit Blick auf die Satelliten fernsehen und mit einiger Übung die eigenen Flüge im Flug vollenden.

Und dann – nach all dem Festhalten – die Landung, das angsterfüllte Warten auf das Aufsetzen, die weichen 20 Knie, wenn man in die Schwärze des Alls blickt, um dann schließlich freudestrahlend „Man on the moon" zu singen.

Wenn es dann wieder abwärtsgeht, hat man beim gedanklichen Rückwärtsblicken einem der größten 25 Abenteuer beigewohnt. Natürlich kann jeder zu Hause bleiben und sich den Mond mit einer Webcam anschauen, aber erleben, wie ein Weltraumflug vonstattengeht, ist eine einmalige Erfahrung.

Schon ist die Diskussion pro und kontra Weltraumtou- 30 rismus in vollem Gange. Welche Gründe auch dafürsprechen, welche man auch dagegen anführen kann: Dieser Flug wird sich wiederholen, weitere Passagiere werden dazukommen, ob sie im Stehen fliegen oder dabei sitzen, die Entwicklung wird voranschreiten, ob 35 wir wollen oder nicht.

Solange der Mensch nachts gebannt auf den Vollmond blickt, so lange wird er nicht aufhören, davon zu träumen, selbst diesen Planeten, der so nah scheint und doch so fern liegt, zu betreten, sofern er das nötige 40 „Auftrittsgeld" besitzt und indem er einfach in ein besonderes Reisebüro geht, in dem er diese Reise buchen kann.

Nicht jedem werden die Preise zusagen, aber es ist sicherlich zu sagen, dass die Reisen bald billiger werden. 45 Es ist keine Frage, dass mit Weltraumtourismus sehr viel Geld zu machen sein wird, aber Neckermann und Konsorten brauchen deshalb nicht zumachen: Der Mond selbst ist nicht unbedingt ein Badeparadies.

Am Ende werden alle zufrieden sein: Industrie und 50 Kunden, vor allem die Kunden – getreu nach dem Motto: Das Dabeisein ist alles.

Stichwortverzeichnis

Textquellenverzeichnis

6 Thesen zur Künstlichen Intelligenz.   444
Aus: Zukunftsinstitut GmbH, https://www.zukunftsinstitut.de/artikel/digitalisierung/6-thesen-zur-kuenstlichen-intelligenz/ (Aufruf: 30.6.2023) (gekürzt)

Adorno, Theodor W.: „Nach Auschwitz …" [Zitat]   288
Aus: Ders.: Kulturkritik und Gesellschaft I, Gesammelte Werke, Bd. 10.1, Suhrkamp, Frankfurt a. M. 2003, S. 30

Aichinger, Ilse: Das Fenster-Theater.   486
Aus: Dies.: Der Gefesselte. Erzählungen, Fischer, Frankfurt a. M. 1958, S. 83 ff.

„[…] Als sie [Mascha Kaléko] jedoch nicht bereit ist …" [Zitat]   284
Aus: Neue Zürcher Zeitung vom 16.03.2013.

Antigone im 21. Jahrhundert: Eine Bearbeitung von Darja Stocker.   122
Aus: Deutsches Theater, Berlin, https://www.deutschestheater.de/programm/a-z/nirgends_in_friede/ (Aufruf: 7.7.2023)

Apatride, Jean: Ein- und ausschlüpfen.   398
Aus: Als Fremder in Deutschland. Berichte, Erzählungen, Gedichte von Ausländern, hrsg. v. Irmgard Ackermann, © dtv Verlagsgesellschaft, München 1983, S. S. 23

Aristoteles: Über die Tragödie   112
Aus: Ders.: Poetik, Übersetzung von Olof Gigon, Reclam Verlag, Stuttgart, S. 33

Arp, Hans: Sekundenzeiger.   269
Aus: Arp-Hagenbach, M./Schifferli, P. (Hrsg.): Hans Arp. Gesammelte Gedichte, Bd. 1, Gedichte 1903 – 1939, Limes, Wiesbaden 1963

Bachmann, Ingeborg: „Hätten wir das Wort …" [Zitat]   390
Zitiert nach: www.zitate-online.de/literaturzitate/allgemein/17274/haetten-wir-das-wort-haetten-wir-die-sprache.html (Aufruf: 7.7.2023)

Bachmann, Ingeborg: Entfremdung.   485
Aus: Dies.: Werke, Bd. 1: Gedichte, Hörspiele, Libretti, Übersetzungen, 5. Aufl., Piper Verlag, München 1998, S. 13

Bachmann, Ingeborg: Reklame.   304
Aus: Dies.: Werke, hrsg. v. Christine Koschel u. a., Piper, München/Zürich 1978, S. 114

Ball, Hugo: Gadji beri bimba.   269
Aus: https://www.projekt-gutenberg. org/ball/gedichte/chap042.html (Aufruf: 5.7.2023)

Bauer, Dirk/Wölke, Andrea: Anfänge des literarischen Expressionismus.   272
Aus: P. A. U. L. D. Oberstufe, Bildungshaus Schulbuch Verlage, Braunschweig 2013, S. 303

Becher, Johannes R.: „Oh, diese acht Zeilen".   271
Aus: Raabe, Paul (Hrsg.): Expressionismus. Aufzeichnungen und Erinnerungen der Zeitgenossen, Walter-Verlag, Olten und Freiburg 1965, S. 51 f.

Bender, Hans: Heimkehr.   296
Aus: Ders./Krüger, Michael (Hrsg.): Was alles hat Platz in einem Gedicht?, Hanser, München 1977

Bengio, Yoshua: „Eines der Risiken jedes mächtigen Werkzeugs …" [Zitat]   425
Zitiert nach: „Al-Koryphäe Yoshua Bengio: ‚Die KI-Macht wird sich auf 2 oder 3 Länder konzentrieren'", Antonia Rinesch, Trendingtopics vom 6.4.2023, https://www.trendingtopics.eu/ai-koryphaee-yoshua-bengio-im-interview-die-ki-macht-wird-sich-auf-2-oder-3-laender-konzentrieren/ (Aufruf: 3.7.2023) (gekürzt)

Benn, Gottfried: Verlorenes Ich.   255
Aus: Ders.: Gesammelte Werke, hrsg. von D. Wellershoff, Band 1, Gedichte, Limes, Wiesbaden 1960

Benn, Gottfried: Schöne Jugend.   274
Aus: Ders.: Morgue und andere Gedichte, Berlin 1912

Benn, Gottfried: Einsamer nie.   280
Aus: Ders.: Gesammelte Werke in der Fassung der Erstdrucke, hrsg. von Bruno Hillebrand, Bd. 3, Fischer Taschenbuch Verlag, Frankfurt a. M. 1982, S. 281

Bennet, Alain: Die souveräne Leserin.   37
Aus dem Englischen von Ingo Herzke, Klaus Wagenbach Verlag, Berlin 2009, S. 44 – 47

Berhe, Bertiel: „Es ist ein Luxus …" [Zitat]   287
Zitiert nach: „Mein Körper ist politisch, und ich habe ihn immer bei mir", von Sabine Buchwald, in: Süddeutsche Zeitung vom 27. April 2023, www.sueddeutsche.de/muenchen/betiel-berhe-migrantische-mittelschicht-klassismus-rassismus-1.5823233?reduced=true (Aufruf: 5.5.2023)

Bernau, Patrick: Mehr Freiheit für künstliche Köpfe!   448
Aus: Frankfurter Allgemeine online vom 21.05.2023, https://www.faz.net/aktuell/wirtschaft/kuenstliche-intelligenz-warum-die-regulierung-der-eu-uebertrieben-ist-18905414.html?service=printPreview (Aufruf: 2.7.2023)

Bewegung im Spiel.   98
Aus: Theater, Epochen und Verfahren, hrsg. von Dr. Ole Hruschka und Julian Mende, Braunschweig, Westermann 2021 (Autoren: Dr. Ole Hruschka, Julian Mende)

Biblischer Erklärungsansatz – Schöpfungsbericht.   415
Aus: Die Bibel. Altes und Neues Testament, Einheitsübersetzung der Heiligen Schrift, Katholische Bibelanstalt, Stuttgart 1980

Bichsel, Peter: Colombin.   488
Aus: Amerika gibt es nicht; in: Ders.: Kindergeschichten, Suhrkamp, Frankfurt a. M. 1997, S. 40

Bichsel, Peter: Ein Tisch ist ein Tisch.   364
Suhrkamp, Frankfurt a. M. 1995

Biermann, Wolf: Ermutigung.   314
Aus: Ders.: Klartexte im Getümmel, hrsg. v. Hannes Stein, Kiepenheuer&Witsch, Köln 1990

Böhlau, Helene: Halbtier! (Auszüge).   247, 249, 250
Aus: Dies.: Halbtier! Sammlung Hofenberg im Verlag Henricus – Edition Deutsche Klassiker, Berlin Neuausgabe 2022 (Erstdruck Berlin [Egon Fleischel und Co.] 1899), S. 10 f., 13 f., 135

Böll, Heinrich: An der Brücke.   290
Aus: Ders.: Erzählungen, Kiepenheuer & Witsch, Köln 2006

Böll, Heinrich: Bekenntnis zur Trümmerliteratur.   288
Aus: Ders.: Werke, Kölner Ausgabe, Bd. 6, hrsg. v. Arpad Bernath, Kiepenheuer &Witsch, Köln 2007 (gekürzt)

Böll, Heinrich: „Ein gutes Auge …" und „Wir schrieben also …" [Zitate]   287
Aus: Ders.: Werke, Kölner Ausgabe, Bd. 6, hrsg. v. Arpad Bernath, Kiepenheuer &Witsch, Köln 2007

„Böschs Stück ist grell und laut …" [Zitat]   136
Zit. nach: http://www.hdschellnack.de/schauspiel-essen-woyzeck/ (Aufruf: 22.05.2013)

Böttcher, Björn: Über die Bedeutung von VR für KI. 440
Aus: Computerwoche online vom 26.06.2018, https://www.computerwoche.de/a/ueber-die-bedeutung-von-vr-fuer-ki,3545246 (Aufruf: 3.7.2023)

Bolaño, Roberto: „„Über einen gewissen Zeitraum hinweg …"" [Zitat] 67
Aus: Ders.: Die wilden Detektive, Roman, übersetzt von Heinrich von Berenberg, S. Fischer, Frankfurt a. M. 2018

Boldt, Paul: Auf der Terrasse des Café Josty. 275
Aus: Die Aktion 3/1913

Borchert, Wolfgang: Die drei dunklen Könige. 455
Aus: Ders.: Das Gesamtwerk, Rowohlt, Reinbek bei Hamburg 1959, S. 185 – 187

Borchert, Wolfgang: Draußen vor der Tür. 291
Rowohlt Taschenbuch Verlag, Reinbek bei Hamburg 1956, S. 20 ff. (gekürzt)

Borchert, Wolfgang: „Wer weiß einen Reim …" und „Wir brauchen keine Dichter …" [Zitate] 288
Aus: Das ist unser Manifest; in: Ders.: Das Gesamtwerk, hrsg. v. Michael Töteberg unter Mitarbeit von Irmgard Schindler, Rowohlt, Reinbek bei Hamburg 2007

Boroditsky, Lera: Wie die Sprache das Denken formt. 382
Aus: Spektrum der Wissenschaft 4/2012, S. 30 – 33. Nutzung genehmigt durch Spektrum der Wissenschaft Verlagsgesellschaft GmbH, Heidelberg 2020 (gekürzt)

Bossong, Nora: Seitenstreifen. 58
Aus: Dies.: Reglose Jagd. Gedichte, Zu Klampen, Springe 2007

Botero, Fernando: „Nicht die Abbildung …" [Zitat] 168
Zitiert nach: https://gutezitate.com/autor/fernando-botero (Aufruf: 7.7.2023)

Boyle, T. C.: Das wilde Kind. 50
aus dem Amerikanischen von Dirk van Gunsteren, Hanser, München 2010

Braun, Volker: Das Eigentum. 318
Aus: Ders.: Die Zickzackbrücke. Ein Abrißkalender, Mitteldeutscher Verlag, Halle 1992, S. 84

Brecht, Bertolt: Antigone (in der Übersetzung von Hölderlin). 119
Aus: Ders.: Gesammelte Werke Bd 6, Stücke 6, S. 2275 – 2279, S. 2328, hrsg. vom Suhrkamp Verlag in Zusammenarbeit mit Elisabeth Hauptmann, Frankfurt a. M. 1967 (gekürzt)

Brecht, Bertolt: Das Wiedersehen. 77
Aus: Ders.: Geschichten vom Herrn Keuner, Suhrkamp, Frankfurt a. M. 2003

Brecht, Bertolt: Der Ingwertopf. 130
Aus: Ders.: Große kommentierte Berliner und Frankfurter Ausgabe, Band 10, Suhrkamp Verlag, Frankfurt a. M. 1997

Brecht, Bertolt: Die dramatische und die epische Form des Theaters. 129
Aus: Ders.: Gesammelte Werke, Bd. 15 (Schriften zum Theater), Suhrkamp, Frankfurt a. M. 1967

Brecht, Bertolt: Gedanken über die Dauer des Exils. 282
Aus: Ders.: Gesammelte Werke in 20 Bänden/Svendborger Gedichte VI, Bd. 1, Edition Suhrkamp, Frankfurt a. M. 1967, S. 718

Brecht, Bertolt: Neuer Prolog zur „Antigone". 121
Aus: Ders.: Gesammelte Werke Bd 6, Stücke 6, S. 2275 – 2279, S. 2328, hrsg. vom Suhrkamp Verlag in Zusammenarbeit mit Elisabeth Hauptmann, Frankfurt a. M. 1967 (gekürzt)

Brecht, Bertolt: Was ist mit dem epischen Theater gewonnen? 132
Aus: Ders.: Gesammelte Werke, Bd. 15 (Schriften zum Theater), Suhrkamp, Frankfurt a. M. 1967, S. 19 f.

Brentano, Clemens: Abendständchen. 189
Aus: Echtermeyer, Theodor/von Wiese, Benno (Hrsg.), Deutsche Gedichte, Cornelsen, Berlin 1993, S. 343

Brentano, Clemens: Der Philister. 183
Aus: Kemp, Friedhelm (Hrsg.)., Clemens Brentano Werke, Band 2, Hanser, München 1963/1978

Brentano, Clemens: Sprich aus der Ferne. 188
Aus: Kemp, Friedhelm (Hrsg.)., Clemens Brentano Werke, Band 4, Hanser, München 1963/1978

Brentano, Clemens: Wenn der lahme Weber. 193
Aus: Brentano, Clemens: Werke, Bd. 1, hrsg. Von Wolfgang Frühwald, Hanser, München 1978, S. 511

Brinkmann, Rolf Dieter: Einen jener klassischen. 324
Aus: Ders.: Westwärts 1 & 2. Gedichte, Rowohlt, Reinbek bei Hamburg 1975, S. 25

Brinkmann, Rolf Dieter: Notiz. 323
Aus: Ders.: Standphotos. Gedichte 1962 – 1970, Rowohl, Reinbek bei Hamburg 1980, S. 185 – 187 (gekürzt)

Brinkmann, Rolf Dieter: Trauer auf dem Wäschedraht im Januar. 324
Aus: Ders.: Westwärts 1 & 2. Gedichte, Rowohlt, Reinbek bei Hamburg 1975, S. 28

Bronner, Gerhard: „Das Drama aller Zeiten …" 106
Aus: DER SPIEGEL, 20/1966, S. 108

Brummerloh, Dorothea: Sprachverfall und Sprachwandel. Wie wichtig ist Rechtschreibung?. 395
Aus: Deutschlandfunk Kultur vom 05.09.2022, https://www.deutschlandfunkkultur.de/sprachverfall-und-sprachwandel-100.html (Aufruf: 24.06.2023)

Buber, Martin: „Das Wort, das gesprochen wird …" [Zitat] 363
Aus: Ders.: Sprachphilosophische Schriften, hrsg. v. Paul Mendes-Flohr u. a., Werkausgabe, Bd. 6, Gütersloher Verlags-Haus, Gütersloh 2003, S. 127

Buchpreis 2018 – 2022. 325
Aus: Stiftung Buchkultur und Leseförderung des Börsenvereins des Deutschen Buchhandels, Frankfurt. a. M., www.deutscher-buchpreis.de/archiv (Aufruf: 7.7.2023)

Büchner, Georg: Brief an die Familie. 127
Aus: Ders.: Dantons Tod (Anhang), hrsg. v. Johannes Diekhans, Schöningh, Paderborn 2007, S. 118 f. (gekürzt)

Büchner, Georg: Der Hessische Landbote. 220
Aus: Ders.: Lenz. Der Hessische Landbote, hrsg. v. Johannes Diekhans, Schöningh, Paderborn 2010, S. 30 ff. (gekürzt)

Büchner, Georg: Lenz. 213
Aus: Ders.: Lenz. Der Hessische Landbote, hg. v. Johannes Diekhans, Schöningh, Paderborn 2010, S. 13 f.

Büchner, Georg: Steckbrief. 222
Aus: https://commons.wikimedia.org/wiki/File:Steck.jpg (Aufruf: 3.7.2023)

Büchner, Georg: Woyzeck. 223
hrsg. v. Johannes Diekhans, Schöningh, Paderborn 2011, S. 12 f. u. 27

Bühler, Karl: Das Organonmodell der Sprache. 74
Aus: Ders.: Sprachtheorie. Die Darstellungsfunktion der Sprache. Mit einem Geleitwort von Friedrich Kainz, G. Fischer, Stuttgart u. a. 1999 – XX – XIV, 434 S. (UTB für Wissenschaft 1159), S. 24 f., 28 f. (gekürzt)

Busch, Wilhelm: „Kunst: …" [Zitat] 168
Zitiert nach: https://www.aphorismen.de/suche?f_textlaenge=SMS&f_autor=824_Wilhelm+Busch&f_thema=Kunst%2C+Künstler (Aufruf: 7.7.2023)

Einfluss der Muttersprache. 387

Aus: Die Macht der Kultur, Goethe-Institut e. V., Internet-Redaktion Januar 2014, Autoren: Sonja Panthöfer ; Guy Deutscher. Goethe- Institut e. V., München, Januar 2014. Zitiert nach: https://www.goethe.de/ins/gr/de/kul/mag/20363981.html (Auszug aus dem Interview) (Aufruf: 3.5.2020)

Einrauch, Volker/Huntgeburth, Hermine: Effi Briest – Drehbuchauszug. 239

Mitschrift von Michael Fuchs; DVD „Effi Briest" © Contantin Film Verleih, München 2009

Ende, Michael: Zettelkasten. 379

Aus: Ders.: Zettelkasten, Skizzen & Notizen, Piper, München 1994

Enzensberger, Hans Magnus: Ins lesebuch für die oberstufe. 303

Aus: Ders.: Gedichte 1955 – 70, Suhrkamp, Frankfurt a. M. 1971

Enzensberger, Hans Magnus: Middle Class Blues. 303

Aus: Ders.: Gedichte 1955 – 70, Suhrkamp, Frankfurt a. M. 1971, S. 78 f.

Erläuterung zu: Darja Stocker: „Nirgends in Friede. Antigone." 122

Aus: henschel SCHAUSPIEL Theaterverlag Berlin GmbH, https://henschel-schauspiel.de/de/werk/4537 (Aufruf: 7.7.2023)

Estran-Goecke, Chantal: Aphasie. 398

Aus: Ackermann, Irmgard: In zwei Sprachen leben. Berichte, Erzählungen, Gedichte von Ausländern, © dtv Verlagsgesellschaft, München 1983, S. 80

EU-Parlament bringt Gesetz zu künstlicher Intelligenz auf den Weg.

Aus: ZEIT ONLINE, Reuters, AFP, akm vom 14.6.2023, https://www.zeit.de/politik/ausland/2023 – 06/umgang-mit-ki-europaparlament-gesetz (Aufruf: 14.6.2023)

Fakten rund ums Theater. 142

Aus: Subventionen der Theater: Was darf Kultur kosten? Von Ulrich Halasz, aktiv-online.de vom 15.01.2020, https://www.aktiv-online.de/ratgeber/subventionen-der-theater-was-darf-kultur-kosten-3922 (Aufruf: 7.7.2023)

Feuerbach, Ludwig: „Die Kunst ist nur Kunst …" [Zitat] 168

Zitiert nach: https://www.aphorismen.de/zitat/21932 (Aufruf: 7.7.2023)

Fiedler, Maria: Künstliche Intelligenz braucht Grenzen: Der Zeitpunkt ist jetzt. 446

Aus: Der Tagesspiegel vom 31.03.2023, https://www.tagesspiegel.de/meinung/kunstliche-intelligenz-braucht-grenzen-der-zeitpunkt-fur-regeln-ist-jetzt-9587864.html (Aufruf: 7.7.2023) (gekürzt)

Folgen der Online-Kommunikation. 89

Aus: ZEIT für die Schule, https://www.zeitfuerdieschule.de/materialien/arbeitsblatt/digitale-kommunikation-ich-das-netz-und-die-welt/?redirect_trigger=scroll.id.ce-5172e747add2 (Aufruf: 7.7.2023)

Fontane, Theodor: Effi Briest. 235, 236

Insel, Frankfurt a. M. 2008

Fontane, Theodor: Meine Reiselust. 233

Aus: Ders.: Werke, Schriften und Briefe, Hanser, München 1962

Fontane, Theodor: Realismus. 214

Aus: Ders.: Theorie des Realismus, Reclam, Stuttgart 1985, S. 145 – 147 (gekürzt)

Fontane, Theodor: Umsonst. 211

Aus: Ders.: Große Brandenburger Ausgabe, Gedichte 2, Joachim Krueger und Anita Golz (Hrsg), Aufbau Verlag,Berlin 1995, S. 487

Forster, Iris: Political Correctness/Politische Korrektheit – Eine Erklärung der Bundeszentrale für politische Bildung. 480

Aus: Bundeszentrale für politische Bildung, https://www.bpb.de/politik/grundfragen/sprache-und-politik/42730/politische-korrektheit?p=all (Aufruf: 2.12.2020) (gekürzt)

Franck, Julia: Die Mittagsfrau. 332

S. Fischer, Frankfurt a. M. 2007, S. 318 ff. (gekürzt)

Freud, Siegmund: Die Entdeckung des Unbewussten. 259

Aus: Ders.: Eine Schwierigkeit der Psychoanalyse, Imago. Zeitschrift für Anwendung der Psychoanalyse auf die Geisteswissenschaften V (1917), S. 1 – 7 (gekürzt)

Fried, Erich: Anpassung. 307

Aus: Ders.: und Vietnam und …, Wagenbach, Berlin 1966/NA 1996

Fried, Erich: Dann wieder. 307

Aus: Lebensschatten. Gedichte © 1981, 2001 Verlag Klaus Wagenbach, Berlin

Fried, Erich: Politische Ästhetik. 307

Aus: Ders.: Die Beine der größeren Lügen, Wagenbach, Berlin 1969/NA 1999

Fried, Erich: Definition. 362

Aus: Ders.: Warngedichte, Hanser, München 1979

Friedrich, Caspar David: Äußerungen über die Kunst. 205

Aus: Schmied, Wieland, Caspar David Friedrich, DuMont Buchverlag, Köln 1992, S. 43

Fritz, Walter Helmut: Liebesgedicht II. 321

Aus: Gesammelte Gedichte. Ullstein, Berlin/Wien 1981 (Ulllstein Tb. Nr. 26 058 = Hamburg, Hoffmann und Campe 1979), S. 57

Fuchs, Michael: Die Bedeutung der Antike für die Klassik. 163

Aus: P. A. U. L. D. Oberstufe, Bildungshaus Schulbuch Verlage, Braunschweig 2013, S. 185

Fuchs, Michael: Eine Freundschaft begründet eine Epoche – Johann Wolfgang von Goethe und Friedrich Schiller. 158

Aus: P. A. U. L. D. Oberstufe, Bildungshaus Schulbuch Verlage, Braunschweig 2013, S. 180

Genazino, Wilhelm: Ein Regenschirm für diesen Tag. 46

dtv Verlagsgesellschaft, München 2005, S. 168 – 170

George, Stefan: Über Dichtung. 267

Aus: Ders.: Tage und Taten, Gesamtausgabe der Werke, Bd. 17, Georg Bondi, Berlin 1933, S. 84 – 86

George, Stefan: Komm in den totgesagten Park. 267

Aus: Ders.: Sämtliche Werke in 18 Bänden, hrsg. von der Stefan-GeorgeStiftung Stuttgart, Bd. 4, Das Jahr der Seele, Klett-Cotta, Stuttgart 1982

George, Stefan: Es lacht in dem steigenden jahr dir … 268

Aus: Ders.: Sämtliche Werke in 18 Bänden, hrsg. von der Stefan-GeorgeStiftung Stuttgart, Bd. 4, Das Jahr der Seele, Klett-Cotta, Stuttgart 1982

Geschichte und Gegenwartsbezug. 361

(Originalbeitrag von Thomas Rudel)

Gestik und Mimik im Spiel. 99

Aus: Theater, Epochen und Verfahren, hrsg. von Dr. Ole Hruschka und Julian Mende, Braunschweig, Westermann 2021 (Autorin: Sabrina Gildermann)

Glanz, Berit: Zeigen, was schiefläuft. 434

Aus: Süddeutsche Zeitung vom 20.03.2023, https://www.sueddeutsche.de/kultur/berit-glanz-filter-tiktok-interview-1.5772235 (Aufruf: 30.6.2023) (gekürzt)

Glattauer, Daniel: Gut gegen Nordwind. 85

Goldmann, München 2008, S. 194 ff. (© by Deuticke im Paul Zolny Verlag, Wien 2006)

Goebel, Joey: „8.00 Als ich mein Klassenzimmer …" [Zitat] **498**
Aus: Ders.: Ich gegen Osborne. Roman, aus dem Amerikanischen von Hans M. Herzog, Diogenes Verlag, Zürich 2013, S. 25

Görlach, Alexander: Sprache zwischen Selbstzensur und Political Correctness. 482
Aus: Deutsche Welle vom 28.5.2019, https://www.dw.com/de/görlach-global-sprache-zwischenselbstzensur-und-political-correctness/a-48904862 (Aufruf: 7.7.2023)

Goethe, Johann Wolfgang von: Auf dem See. 458
Aus: Ders.: Sämtliche Werke nach Epochen seines Schaffens, Münchner Ausgabe, hrsg. v. Karl Richter, Bd. 3.2, Hanser, München 1990, S. 2

Goethe, Johann Wolfgang von: Das Göttliche. 169
Aus: Das Buch der Gedichte – Deutsche Lyrik von den Anfängen bis zur Gegenwart. Eine Sammlung für die Schule, hrsg. v. Karl Otto Conrady, Cornelsen/Hirschgraben, Frankfurt a. M. 1987, S. 163

Goethe, Johann Wolfgang von: Ein Gleiches. 162
Aus: Das Buch der Gedichte – Deutsche Lyrik von den Anfängen bis zur Gegenwart. Eine Sammlung für die Schule, hrsg. v. Karl Otto Conrady, Cornelsen/Hirschgraben, Frankfurt a. M. 1987, S. 159

Goethe, Johann Wolfgang von: V. Römische Elegie. 166
Aus: Goethes Werke, 1.Bd. Gedichte. Versepen, Insel Verlag, Frankfurt a. M. 1981, S. 98

Goethe, Johann Wolfgang von: Grenzen der Menschheit. 161
Aus: Goethes Werke, 1.Bd. Gedichte. Versepen, Insel Verlag, Frankfurt a. M. 1981, S. 74

Goethe, Johann Wolfgang von: Iphigenie auf Tauris. 173-
Aus: Goethes Werke, Hamburger Ausgabe, hrsg. v. Erich Trunz, Bd. 5, S. 7 ff. (gekürzt)

Goethe, Johann Wolfgang von: Italienische Reise (Auszüge). 164
Aus: Ders.: Werke, Hamburger Ausgabe, hrsg. v. Erich Trunz, Bd. 11, C. H. Beck 121989, Hamburg, S. 116 u. 214 f.

Goethe, Johann Wolfgang von: Mailied. 485
Aus: Echtermeyer, Theodor: Deutsche Gedichte. Von den Anfängen bis zur Gegenwart, hrsg. von Benno von Wiese, Cornelsen Verlag Schwann-Girardet, Düsseldorf 1990, S. 180

Goethe, Johann Wolfgang von: Natur und Kunst. 162
Aus: Goethes Werke, 1.Bd. Gedichte. Versepen, Insel Verlag, Frankfurt a. M. 1981, S. 152

Goethe, Johann Wolfgang von: Nur wer die Sehnsucht kennt. 203
Aus: Ders.: Gedichte. Nach der Ausgabe letzter Hand, hrsg. von Heinz Ludwig Arnold, Fischer Taschenbuch Verlag, München 2008, S. 263

Goethe, Johann Wolfgang von: Über das Straßburger Münster (Auszug). 165
Aus: Ders.: Werke, Hamburger Ausgabe, hrsg. v. Erich Trunz, Bd. 12, C. H. Beck 121989, Hamburg, S. 7 f.

Goethe, Johann Wolfgang von: Wanderers Nachtlied. 162
Aus: Das Buch der Gedichte – Deutsche Lyrik von den Anfängen bis zur Gegenwart. Eine Sammlung für die Schule, hrsg. v. Karl Otto Conrady, Cornelsen/Hirschgraben, Frankfurt a. M. 1987, S. 159

Gomringer, Eugen: schweigen. 301
Aus: Ders.: worte sind schatten. Die Konstellationen 1951 – 1968, Rowohlt, Reinbek bei Hamburg 1969

Gomringer, Eugen: worte sind schatten. 301
Aus: Ders.: worte sind schatten. Die Konstellationen 1951 – 1968, Rowohlt, Reinbek bei Hamburg 1969

Graefe, Lena: Statistiken zum Theater. 142
Aus: https://de.statista.com/themen/1818/theater/#topicOverview (Aufruf: 7.7.2023)

Grass, Günter: Im Krebsgang. 335
Steidl Verlag, Göttingen 2002, S. 45 ff. (gekürzt)

Greiner, Ulrich: Bücher für das ganze Leben. 40
Aus: DIE ZEIT, 21/1997 (gekürzt)

Greiner, Ulrich: Die ZEIT-Schülerbibliothek. 465
Aus: DIE ZEIT Nr. 42

Grün, Anselm: „Sehnsucht ist der Anfang von allem." [Zitat] **201**
Aus: Ders.: Bleib deinen Träumen auf der Spur: Buch der Sehnsucht, Herder, Freiburg 2004

Grundgesetz für die Bundesrepublik Deutschland (Art. 3). 483
Aus: https://www.gesetze-im-internet.de/gg/BJNR000010949.html (Aufruf: 2.12.2020)

Guben, Günter: So. 497
Zitiert nach: Neue deutsche Kurzprosa. Für die Schule gesammelt und hrsg. Von Fritz Pratz. Verlag Moritz Diesterweg, Frankfurt a. M., Berlin und München 1970, S. 45 (mit freundlicher Genehmigung des Verfassers)

Günderrode, Karoline von: Der Luftschiffer. 179
Aus: Schäfer, Hannelore (Hrsg.): Gedichte, Prosa, Briefe, Reclam, Stuttgart 1998, S. 97

Hahn, Ulla: Sehnsucht. 203
Aus: Dies.: Gesammelte Gedichte, DVA, München 2013, S. 168

Hallo Suni –Eine Radiowerbung. 90
Aus: http://www.radiozentrale.de/aktuell/kampagne-pro-radio/radio-geht-ins-ohr-bleibt-im-kopf/ funkspot-texte/ (Aufruf: 30.11.2020)

Handke, Peter: Wunschloses Unglück. 319
Aus: Erzählung. Suhrkamp, Frankfurt a. M. 1947, S. 7 f., 17 f. 92, f. (gekürzt)

Hardenberg, Henriette: Wir werden. 256
Aus: Dies.: Dichtungen, Arche Verlag, Zürich 1988, S. 40

Hasenclever, Walter: Antigone , Tragödie in 5 Akten. 117, 118
Aus: Joachim Schondorff (Hrsg.): Theater der Jahrhunderte – Antigone, Langen Müller, München, Wien 1956, S. 227 – 230, 235 – 237

Hauptmann, Gehart: Die Weber. 241
Ullstein, Berlin 2008, S. 7 f.

Hawking, Stephen: „I fear, that Ai (Artificial Intelligence) may …" [Zitat] **425**
Zitiert nach: WIRED UK, https://www.wired.co.uk/article/stephen-hawking-interview-alien-life-climate-change-donald-trump (Aufruf: 3.7.2023)

Heim, Michael: Corona-Sprache: „Die Menschen sind ja nicht doof". 404
Aus: BR24 vom 21.03.2021, https://www.br.de/nachrichten/deutschland-welt/corona-sprache-die-menschen-sind-ja-nicht-doof (Aufruf: 23.6.2023)

Heine, Heinrich: An einen politischen Dichter. 228
Aus: Ders.: Sämtliche Werke, hrsg. v. G. Elster, Bibliographisches Institut, Leipzig/Wien o. J.

Heine, Heinrich: Das Fräulein stand am Meere. 203
Aus: Ders.: Sämtliche Werke, hrsg. v. G. Elster, Bibliographisches Institut, Leipzig/Wien o. J.

Heinrich, Heine: Erinnerungen aus Krähwinkels Schreckenstagen. 227
Aus: Ders.: Sämtliche Werke, hrsg. v. G. Elster, Bibliographisches Institut, Leipzig/Wien o. J.

Heine, Heinrich: Deutschland. Ein Wintermärchen. 217
Reclam, Stuttgart o. J.

Heine, Heinrich: Philister im Sonntagsröcklein. 195
Aus: Ders.: Sämtliche Werke, hrsg. v. G. Elster, Leipzig/Wien (Bibliographisches Institut) o. J.

Heinsohn, Kirsten: „Grundsätzlich" gleichberechtigt. Die Weimarer Republik in frauenhistorischer Perspektive. 352
Aus: Bundeszentrale für politische Bildung, Bonn, https://www.bpb.de/themen/erster-weltkrieg-weimar/weimarer-republik/277582/grundsaetzlich-gleichberechtigt-die-weimarer-republik-in-frauenhistorischer-perspektive/ vom 27.04.2018, (Aufruf:7.7.2023) (gekürzt) (Dieser Text ist zuerst in „Aus Politik und Zeitgeschichte (APuZ 18 – 20/2018)" erschienen.)

Herder, Johann Gottfried: Abhandlung über den Ursprung der Sprache (Auszug I, II). 417, 418
Aus: Ders.: Werke in zehn Bänden, Bd. 1, Frühe Schriften 1764 – 1772, hrsg. v. Ulrich Gaier, Deutscher Klassiker Verlag, Frankfurt a. M. 1985.

Herder, Johann Gottfried: Briefe zu Beförderung der Humanität. 170
hrsg. v. Walter Beyschlag, Walter Beyschlag Verlag, Augsburg 1946, S. 10 ff.

Herrmann, Judith: Wir hätten uns alles gesagt. 340
S. Fischer, Frankfurt a. M. 2023, S. 76 ff. (gekürzt)

Herrmann, Dietrich: Theodor Fontane „Effi Briest" – Skizzierung der Figuren. 234
Aus: P. A. U. L. D. Oberstufe, Bildungshaus Schulbuch Verlage, Braunschweig 2013, S. 258, 265, 272

Herwegh, Georg: Aufruf. 219
Aus: Die deutsche Literatur in Text und Darstellung. Vormärz, hrsg. v. Florian Vaßen, Reclam, Stuttgart 2005, S. 154

Herwegh, Georg: Die neue Literatur. 213
Aus: https://www.projekt-gutenberg.org/herwegh/essays/chap010.html (Aufruf: 3.7.2023)

Heti, Scheila: Eine Schattenform. 42
Aus: Virginia Woolf: Wie sollte man ein Buch lesen? Kampa, Zürich 2020, S. 7 – 21 (gekürzt)

Heym, Georg: Die Irren. 274
Aus: Große, Wilhelm: Expressionistische Lyrik. Kommentare, Diskussionsaspekte und Anregungen für produktionsorientiertes Lesen, Beyer Verlag, Hollfeld 2006, S. 69

Hoddis, Jakob van: Weltende. 271
Aus: Der Demokrat III, 2/1911

Hoffmann, E. T. A.: Der Sandmann. 192
Schöningh, Paderborn 2004, S. 11 f. (gekürzt)

Hoffmann, E. T. A.: Nachrichten von den neuesten Schicksalen des Hundes Berganza. 205
Aus: Ders.: Sämtliche Werke, hrsg. v. R. Schönhaar/A. Peine, Phaidon Verlag, Essen o. J., S. 80

Hofmann, Annette: Geschichte passiert jetzt – Theater kann auch politisch 124
Aus: © 2023 Kultur Joker vom 28. 12.2015, https://www.kulturjoker.de/geschichte-passiert-jetzt-theater-kann-auch-politisch/ (Aufruf: 7.7.2023)

Hofmannsthal, Hugo von: Ein Brief (Auszug I). 265
Aus: Aus: Steiner, Herbert (Hrsg.): Hugo von Hofmannsthal. Gesammelte Werke in Einzelausgaben, Prosa II, S. Fischer Verlag, Frankfurt a. M. 1951, S. 7 – 20

Hofmannsthal, Hugo von: Weltgeheimnis. 266
Aus: Hirsch, Rudolf u. a. (Hrsg.): Hugo von Hofmannsthal. Sämtliche Werke, Bd. 1, Gedichte, S. Fischer Verlag, Frankfurt a. M. 1984, S. 45

Holz, Arno: Die Kunst. Ihr Wesen und ihre Gesetze. 216
Aus: Theo Meyer (Hrsg.): Theorie des Naturalismus, Reclam, Stuttgart 1973, S. 40 – 47 (gekürzt)

Holz, Arno: Aus: Phantasus: Ihr Dach stieß fast bis an die Sterne. 211
Aus: Ders.: Werke, W. Emrich und Anita Holz (Hrsg.), Luchterhand Verlag, Neuwied 1961

Holz, Arno/Schlaf, Johannes: Papa Hamlet. 244
Reclam, Stuttgart 2007, S. 59 – 61

Hornby, Nick: Mein Leben als Leser. 38
Übers. von Clara Drechsler und Harald Hellmann, Kiepenheuer & Wisch, Köln 2005, S. 62

Huch, Ricarda: „Die blaue Blume ist aber das …" [Zitat] 198
Aus: Dies.: Gesammelte Werke, hrsg. von Wilhelm Emrich, Kiepenheuer &Witsch, Köln 1966 – 1970

Huchel, Peter: „Aber jeder, der schreibt …" [Zitat] 287
Aus: Ders.: Der Preisträger dankt. Rede anlässlich der Verleihung des Literaturpreises der Deutschen Freimaurer 1974 an Peter Huchel; in: Axel Vieregg (Hrsg.): Peter Huchel, Suhrkamp, Frankfurt a. M. 1986, S. 18 f.

Hüttner, Jens: Spuren der Sehnsucht. 202
Aus: Ders.: Spuren der Sehnsucht – Erkundungen eines vernachlässigten Phänomens in der Identitätsforschung. GRIN Verlag, München 2004

Humboldt, Wilhelm von: „Im Grunde sind es doch die Verbindungen …" 106
Aus: Archiv für systematische Philosophie, Bd. 27 – 28, Verlag Simion, Cloppenburg 1923, S. 49

„Im Anfang war das Wort …" [Zitat] 363
Aus: Die Bibel. Altes und Neues Testament, Einheitsübersetzung der Heiligen Schrift, Katholische Bibelanstalt, Stuttgart 1980, S. 1195

Interviewformen und Fragetypen. 23
Aus: Journalistische Textsorten: Interview, www.br.de/alphalernen/faecher/deutsch/4-interview-journalistische-formen-100.html (Aufruf: 7.7.2023)

Jandl, Ernst: my own song. 21
Aus: Ders.: poetische werke 8., Luchterhand Verlag, München 1997

Jandl, Ernst: schtzngrmm. 302
Aus: Ders.: Gesammelte Werke, Bd. I, hrsg. v. Klaus Siblewski, Luchterhand, Darmstadt 1985, S. 125

Janosch: Frau Holle. 502
Aus: Ders.: Janosch erzählt Grimms Märchen, Gulliver von Beltz & Gelberg, Weinheim 1996, S. 56 ff. (gekürzt und verändert)

Jelinek, Elfriede: Die Schutzbefohlenen. 139
Aus: Die Schutzbefohlenen, Wut, Unseres, Rowohlt Theater Verlag, Reinbek bei Hamburg 2018, S. 9 ff. (gekürzt)

Junges Landestheater Bayern: Über das Theater. 147
Aus: https://www.jltb.de/zielsetzungen.aspx (Aufruf: 7.7.2023)

Kästner, Erich: Das Eisenbahngleichnis. 357
Aus: Simplicissimus v. 10.08.1931, Doktor Erich Kästners Lyrische Hausapotheke (1936), Ein Dichter gibt Auskunft. Atrium, Zürich 2003

Kafka, Franz: Gibs auf.   277
Aus: Ders.: Sämtliche Erzählungen, Fischer TB, Frankfurt a. M. 1994, S. 358

Kafka, Franz: Der Aufbruch.   278
Aus: Hermes, Roger (Hrsg.): Franz Kafka. Die Erzählungen, S. Fischer Verlag, Frankfurt a. M. 1997, S. 384

Kafka, Franz: Kleine Fabel.   278
Aus: Hermes, Roger (Hrsg.): Franz Kafka. Die Erzählungen, S. Fischer Verlag, Frankfurt a. M. 1997, S. 382

Kaiser Wilhelm II: Wenn die Kunst in den „Rinnstein" steigt!.   242
Aus: Die Reden Kaiser Wilhelms II., Johannes Penzler (Hrsg.), Bd. 3, Reclam, Leipzig 1907, S. 61 f.

Kaléko, Mascha: Die frühen Jahre.   284
Aus: Dies.: Die paar leuchtenden Jahre. Hrsg. von Gisela Zoch-Westphal, © dtv Verlagsgesellschaft, München 2003, S. 225

Kaléko, Mascha: In dieser Zeit.   58
Aus: Dies.: Wir haben keine andre Zeit als diese. Gedichte über das Leben, dtv, München 2022, S. 21

Kammer, Alena: EU-Parlament bringt Gesetz zu künstlicher Intelligenz auf den Weg.   447
Aus: ZEIT ONLINE vom 14.06.2023, https://www.zeit.de/politik/ausland/2023-06/umgang-mit-ki-europa-parlament-gesetz (Aufruf: 30.6.2023)

Kamp, Niklas: Mit einem „Lustigen Taschenbuch" fing alles an.   35
Aus: P.A.U.L.D. Oberstufe, Bildungshaus Schulbuch Verlage, Braunschweig 2013, S. 20

Kant, Hermann: Die Aula.   315
Rütten & Loening, Berlin 1980, S. 62 ff. (gekürzt)

Karger, Reinhard: Deep Future – Erzählte Zukunft ohne weiße Kaninchen.   428
Aus: Frick, Klaus N. (Hrsg.): Wie künstlich ist Intelligenz? Science-Fiction-Geschichten von Morgen und Übermorgen. Nachwort von Reinhard Karger (DFKI). Plan9, Hamburg 2020, S. 204

Kaschnitz, Marie Luise: Hiroshima.   305
Aus: Dies.: Neue Gedichte, Claassen Verlag, Hamburg 1957

Kehlmann, Daniel: Die Lichtprobe.   135
Aus: Frankfurter Rundschau online vom 27.07.2009 27.07.2009, https://www.fr.de/kultur/lichtprobe-11548020.html (Aufruf: 30.11.2020) (gekürzt)

Kehlmann, Daniel: Die Vermessung der Welt.   497
Rowohlt, Reinbek bei Hambrug 2005, S. 300

Kehlmann, Daniel: Einfach das Fernsehen einschalten.   144
Aus: Frankfurter Rundschau online vom 27.07.2009 27.07.2009, https://www.fr.de/kultur/lichtprobe-11548020.html (Aufruf: 30.11.2020)

Kehlmann, Daniel: „Er [Tyll] steht in diesem Krieg …" und „Wir haben irrationale Kräfte …" [Zitate]   339
Zitiert nach: Der Anarchist mit der Schellenkappe, Günter Kaindlstorfer, Deutschlandfunk vom 21.11.2017, www.deutschlandfunk.de/daniel-kehlmann-ueber-tyll-der-anarchist-mit-der-100.html (Aufruf: 8.7.2023)

Kehlmann, Daniel: Tyll.   337
Rowohlt, Reinbek bei Hamburg 2017, S. 310 ff. (gekürzt)

Kerckhoff, Susanne: Berliner Briefe.   52
Klett Cotta, Stuttgart 2021, S. 15

Kinder und Erwachsene im Dialog.   409
Aus: http://www.mutterspracherwerb.de/dialog1.htm (Aufruf: 01.12.2020)

Kiwus, Karin: Lösung.   322
Aus: Dies.: Angenommen später. Gedichte, Suhrkamp, Frankfurt a. M. 1979, S. 74

Kiyak, Mely: Schluss mit dem dummen Geschwätz!   482
Aus: ZEIT ONLINE vom 30.11.2016; http://www.zeit.de/kultur/2016-11/political-correctnessuebertreiben-kiyaks-deutschstunde/komplettansicht (Aufruf: 2.12.2020) (gekürzt)

Klaus, Julia: Warum das Papst-Foto nicht nur witzig ist.   433
Aus: ZDF.de vom 27.03.2023, https://www.zdf.de/nachrichten/digitales/papst-daunenjacke-fake-ki-kuenstliche-intelligenz-100.html (Aufruf: 30.06.2023) (gekürzt)

Kleinz, Torsten: KI-Kunst: Keine Urheberrechte für Comics von Midjourney.   439
Aus: Spiegel Netzwelt vom 23.02.2023, https://www.spiegel.de/netzwelt/netzpolitik/ki-kunst-keine-urheberrechte-fuer-comics-von-midjourney-a-9af14214–036e-41fa-9613-a098c96a6a8e (Aufruf: 3.7.2023)

Kleist, Heinrich von: „Herrlich ist es …" [Zitat]   200
Aus: Ders.: Sämtliche Werke, hrsg. v. K. F. Reinking, R. Löwit Verlag, Wiesbaden o. J., S. 1048 f.

Kleist, Heinrich von: Prinz Friedrich von Homburg.   462
Aus: Kleists Werke in zwei Bänden. Berlin/Weimar: Aufbau 1983. S. 355 – 359 (gekürzt)

Klemm, Wilhelm: Meine Zeit.   254
Aus: Menschheitsdämmerung, Ein Dokument des Expressionismus, neu hrsg. von Kurt Pinthus, Rowohlt, Reinbek 1959

Kling, Marc-Uwe: Perspektivische Verzerrung.   44
Aus: Ders.: Die Känguru-Chroniken, Ullstein, Berlin 2009

Konfuzius: „Wenn die Worte nicht stimmen …" [Zitat]   394
Zitiert nach: https://gutezitate.com/zitat/260257 (Aufruf: 8.7.2023)

Kraus, Karl: „Die Sprache ist die Mutter …" [Zitat]   363
Aus: Ders.: Pro domo et mundo, Severus Verlag, Hamburg 2013

Krechel, Ursula: Liebe am Horizont.   321
Aus: Dies.: Nach Mainz! Gedichte, Luchterhand, Darmstadt/Neuwied 1977, S. 48

Krolow, Karl: Zwei Menschen.   59
Aus: Ders.: Ausgewählte Gedichte, Suhrkamp, Frankfurt a. M. 1962.

Kulturdebatten abseits des Feuilletons: Popkritik auf TikTok.   66
Aus: Deutschlandfunk vom 26.02.2021, https://www.deutschlandfunk.de/kulturdebatten-abseits-der-feuilletons-popkritik-auf-tiktok-100.html (Aufruf: 7.7.2023) (gekürzt)

Kunze, Rainer: Das Ende der Kunst.   312
Aus: Ders.: Gedichte, S. Fischer, Frankfurt a. M. 2001, S. 51

Kunze, Rainer: Tatsachen.   312
Aus: Ders.: Gedichte, S. Fischer, Frankfurt a. M. 2001, S. 104

Labude und Fabian – eine Freundschaft in schwierigen Zeiten.   350
Transkript von Thomas Rudel aus „Fabian oder Der Gang vor die Hunde" (56:39 – 58:28), Regie: Dominik Graf, Produktion: Lupa Film 2021, Verleih: DCM Film Distribution GmbH Berlin, Schönauer Allee 8, 10119 Berlin

Lanier, Jaron: „Wir müssen uns nicht darüber einigen …" [Zitat]   425
Zitiert nach: Ders.: Der High-Tech-Frieden braucht eine neue Art von Humanismus, aus dem Amerikanischen übersetzt von Sophie Zeitz Ventura, https://www.nachdenkseiten.de/upload/pdf/141014_lanier_rede.pdf (Aufruf: 3.7.2023)

Lasker-Schüler, Else: Weltende. 256
Aus: Dies.: Sämtliche Gedichte, hrsg. von Friedhelm Kemp, Kösel, München 1977

l´Horizon, Kim de: Blutbuch. 330
Dumont, Köln 2022, S. 9 ff. (gekürzt)

Leßmöllmann, Annette: Raus mit der Sprache! 411
Aus: ZEIT Wissen 1/2006, S. 12 – 24 (gekürzt)

Li, Fei Fei: „Egal, wie autonom Maschinen werden …"
[Zitat] 425
Zitiert nach: The Decoder vom 10.3.2018, Künstliche Intelligenz: Bessere KI braucht mehr Menschlichkeit, https://the-decoder. de/kuenstliche-intelligenz-bessere-ki-braucht-mehr-menschlichkeit/ (Aufruf: 3.7.2023)

Lichtenstein, Alfred: Punkt. 258
Aus: Gesammelte Gedichte, vollständige Ausgabe, hrsg. von Klaus Kanzog, Verlag Die Arche, Zürich 1962

Lichtenstein, Alfred: Gesänge an Berlin. 275
Aus: Gesammelte Gedichte, vollständige Ausgabe, hrsg. von Klaus Kanzog, Verlag Die Arche, Zürich 1962

Lietzmann, Günter: Tarnung durch Bombast. 90
Süddeutsche Zeitung vom 1.10.1977

Loerke, Oskar: Der Silberdistelwald. 281
Aus: Ders.: Der Silberdistelwald. Gedichte, S. Fischer, Berlin 1934

Loerke, Oskar: Der Traum von den Disteln. 281
Aus: Ders.: Sämtliche Gedichte: Mit einem Essay von Lutz Seiler hrsg. von Uwe Pörksen, Wolfgang Menzel u. a., Wallstein Verlag, Göttingen 2010

Lux, Joachim: Drei Cent pro Tag. 141
Aus: Theater heute, Heft 4/April 2010, S. 1

Madjderey, Abdolreza: Brief. 398
Aus: Ackermann, Irmgard: In zwei Sprachen leben. Berichte, Erzählungen, Gedichte von Ausländern, © dtv Verlagsgesellschaft, München 1983, S. 217

Maeterlinck, Maurice: „Sobald wir etwas aussprechen
…". xxx
Aus: Ders.: Der Schatz der Armen, übers. von Friedrich von Oppelnbronikowski, Eugen Diederichs Verlag, Jena 1919, S. 31

Mäurer, German: Wider politische Gedichte. 228
Aus: Jost Hermand (Hrsg.): Der deutsche Vormärz., Reclam, Stuttgart 1998

Marc, Franz: „Die ersten Werke …" [Zitat] 270
Aus: Ders.: Schriften: Aus den Jugendjahren. Zur Kunsttheorie. Im kunstpolitischen Tageskampf. Zu „Blauer Reiter". Aus der Kriegszeit hrsg. von Klaus Lankheit, DuMont Verlag, Köln 1978

Mann, Thomas: Bekenntnisse des Hochstaplers Felix
Krull. 499, 501
S. Fischer, Frankfurt a. M. S. 5, S. 76 f. (verändert)

Manz, Hans: Wörter und Bilder. 369
Aus: Gelberg, Hans-Joachim (Hrsg.), Großer Ozean. Gedichte für alle, Beltz & Gelberg, Weinheim 2000, S. 137.

Mauthner, Fritz: Beiträge zu einer Kritik der Sprache. 385
Aus: Ders.: Beiträge zu einer Kritik der Sprache, Erster Band, Zur Sprache und zur Psychologie, Verlag
Felix Meiner, Leipzig, 31923, S. 86 f. u. 55 f. (Nachdruck Georg Olms Verlagsbuchhandlung, Hildesheim 1969) (gekürzt)

McEwan, Ian: „Er gehörte zu jener Sorte Mann …" [Zitat] 498
Aus: Ders.: Solar, aus dem Englischen von Werner Schmitz, Diogenes Verlag, Zürich 2010, S. 9

Meier, Christian J.: KI und Desinformation: „Wir müssen
schnell aufholen in der Bullshit-Erkennung". 436
Aus: Süddeutsche Zeitung Wissen vom 28.06.2023, https:// www.sueddeutsche.de/wissen/chatgpt-ki-desinformation-twitter-1.5977389?print=true (Aufruf: 2.7.2023)

Menard, Lutz: Der gesteuerte Sprachverfall. 394
Aus: https://www.leselupe.de/beitrag/der-gesteuerte-sprach-verfall-28994/(Aufruf: 24.06.2023)

Meyerhoff, Joachim: „Ich habe gespielt wie eine Silvesterrake-
te …" [Zitate] 148
Aus: Gemeinschaftswerks der Evangelischen Publizistik gGmbH (GEP), https://chrismon.evangelisch.de/artikel/2023/53577/ schauspieler-joachim-meyerhoff-liebt-das-extreme (Aufruf: 7.7.2023)

Minichmayr, Birgit: „Man braucht Energie …" [Zitat] 148
Aus: Gemeinschaftswerks der Evangelischen Publizistik gGmbH (GEP), https://chrismon.evangelisch.de/artikel/2022/52279/ die-schauspielerin-birgit-minichmayr-ueber-buehne-und-diszi-plin (Aufruf: 7.7.2023)

Mörike, Eduard: Am Walde. 230
Aus: Ders.: Sämtliche Werke, hrsg. v. J. Perfahl, Winkler, München 1967

Mörike, Eduard: Er ist's. 500
Aus: Ders.: Werke und Briefe. Historisch-kritische Gesamtausga-be, hrsg. von Hubert Arbogast, Hans-Henrik Krummacher, Hubert Meyer und Bernhard Zeller, erster Band: Gedichte, erster Teil: Text, hrsg. von Hans-Henrik Krummacher, J. G. Cotta'sche Buchhandlung Nachfolger GmbH, Stuttgart 2003, S. 41

Mörike, Eduard: Verborgenheit. 210
Aus: Ders.: Sämtliche Werke, hrsg. v. J. Perfahl, Winkler, München 1967

Morgenstern, Christian: „Des Menschen erstes Wort …"
[Zitat] 363
Aus: Gelberg, Hans-Joachim (Hrsg.), Großer Ozean. Gedichte für alle, Beltz & Gelberg, Weinheim 2000, S. 6

Mohafez, Sudabeh: Nur ein Wort. 328
Aus: DIE ZEIT 2007

Mohl, Nils: Tanzen gehen. 80
Aus: Bettina Greese, Die Kurzgeschichte auf dem Weg ins 21. Jahrhundert, Schöningh, Paderborn 2007, S. 64 f.

Morgenstern, Christian: „Beim Menschen ist kein Ding
unmöglich …" [Zitat] 106
Aus: Ders.: Stufen: Eine Entwickelung in Aphorismen und Tagebuchnotizen, München 1918, S. 134

Morgenstern, Christian: Fisches Nachtgesang. 269
Aus: Ders.: Gesammelte Werke in einem Band, hrsg. v. Margareta Morgenstern, Piper, München 1965

Müller, Wilhelm: Das Wandern ist des Müllers Lust. 180
Aus: Müller, Wilhelm/Schubert, Franz, Die schöne Müllerin. Die Winterreise, Textausgabe, Reclam, Stuttgart 2001

Musil, Robert: Der Mann ohne Eigenschaften. 261
Aus: Ders.: Der Mann ohne Eigenschaften, Rowohlt Verlag, Reinbek 1987 (gekürzt)

Nietzsche, Friedrich: Der tolle Mensch. 257
Aus: Ders.: Die fröhliche Wissenschaft, Goldmann, München 1959

Nietzsche, Friedrich: Wegfall aller Werte. 258
Aus: Ders.: Werke in drei Bänden, hrsg. v. K. Schlechta, Bd. 3, München 1966, S. 676 f.; zit. nach: Vietta, Silvio (Hrsg.), Lyrik des Expressionismus, Niemeyer, Tübingen 1999, S. 16 f. (Original-überschrift: Hinfall der kosmologischen Werte) (gekürzt)

Novak, Helga M.: An einem deutschen Wintertag.   313
Aus: Dies.: Grünheide Grünheide. Gedichte 1955 – 1980, Luchterhand, Darmstadt und Neuwied 1983

Novalis: Astralis (Aus dem Romanfragment von „Heinrich von Ofterdingen").   196
Aus: Ders.: Heinrich von Ofterdingen, hrsg. v. Wolfgang Frühwald, Reclam, Stuttgart 2008

Novalis: Die Verworrenen und Geordneten (54. Blüthenstaubfragment).   195
Aus: Ders.: Schriften, Bd. 2, hg. v. Richard Samuel, Kohlhammer, Stuttgart 1960, S. 433 f.

Novalis: Fragmente.   205
Aus: Ders.: Werke, hg. v. G. Schulz, München 1969; zit. nach: Best, Otto F./ Schmitt, Hans-Jürgen (Hg.), Die deutsche Literatur. Ein Abriss in Text und Darstellung, Bd. 8, Romantik, Reclam, Stuttgart 1974 u. ö., S. 57

Novalis: Heinrich von Ofterdingen (Erstes Kapitel).   197
Aus: Ders.: Heinrich von Ofterdingen, hrsg. v. Wolfgang Frühwald, Reclam, Stuttgart 2008

Novalis: Wenn nicht mehr Zahlen und Figuren   178
Aus: Ders.: Schriften, Bd. 1, hg. v. Richard Samuel, Stuttgart (Kohlhammer) 1960, S. 360

Nürnberger, Christian: „Es waren nur zwölf Jahre ...“ [Zitat]   52
Aus: Ders.: Mutige Menschen. Widerstand im Dritten Reich, Thienemann Verlag, Stuttgart 2009, S. 9

Orwell, George: Grammatik der Neusprache.   390
Aus: Ders.: Neunzehnhundertvierundachtzig, Ullstein, Frankfurt a. M./Berlin/Wien 1976, S. 274 – 280 (gekürzt)

Pankau, Johannes G.: Die Neue Sachlichkeit – eine Strömung der Literatur in der Zeit der Weimarer Republik.   358
Aus: Ders.: Einführung in die Literatur der Neuen Sachlichkeit, Wissenschaftliche Buchgesellschaft, Darmstadt 2010 (gekürzt)

Patzer, Georg: Das epische Theater.   128
Aus: Ders.: Brecht kennenlernen, AOL-Verlag, Lichtenau 2003, S. 16 f.

Pazarkaya, Yüksel: deutsche sprache.   327
Aus: Irrwege. Koca Sapmalar, Türk./Dt., Dagyeli, Frankfurt 1985

Personalausgaben im Theater.   142
Quelle: Deutscher Bühnenverein

Peymann, Claus: „Ich mochte, dass Schönes entsteht ...“ [Zitat]   144
Zitiert nach: Ich bin ein Sonntagskind, André Müller spricht mit Burgtheaterdirektor Claus Peymann vom 27.5.1988, ZEIT online, https://www.zeit.de/1988/22/ich-bin-ein-sonntagskind (Aufruf: 7.7.2023)

Pfau, Ludwig: Herr Biedermeier. Mitglied der „besitzenden und gebildeten Klasse“.   231
Aus: Das Junge Deutschland, hrsg. v. Jost Hermand, Reclam, Stuttgart 1966

Phạm, Khuê: „Die Menschen werden immer dünnhäutiger“ – Interview mit dem Comedian Terry Gilliam.   483
Aus: ZEIT Online vom 25.09.2018; https://www.zeit.de/kultur/film/2018 – 09/terry-gilliam-interview-comediansatire-politischekorrektheit/komplettansicht (Aufruf: 2.12.2020) (gekürzt)

Piontek, Heinz: Verlassene Chausseen.   294
Aus: Wintertage Sommernächte. Gesammelte Erzählungen und Reisebilder, Langen Müller, München/Wien 1977, S. 392 ff.

Plath, Sylvia: Schlaf im Nebel.   59
Aus: Dies.: Ariel, übersetzt von Erich Fried und Carla Wartenberg, Suhrkamp, Frankfurt a. M. 1974, S. 13

Plenzdorf, Ulrich: kein runter kein fern.   48
Suhrkamp, Frankfurt a. M. 1984, S. 7 – 11

Political Correctness – Ein Lexikoneintrag.   480
Aus: Verlag Jungbrunnen, Wien, http://www.politik-lexikon.at/live/political-correctness/ (Aufruf: 2.12.2020)

Prenting, Melanie: Die Poetik des Aristoteles – Eine regelhafte Beschreibung des antiken Theaters   113
Aus: P. A. U. L. D. Oberstufe, Bildungshaus Schulbuch Verlage, Braunschweig 2013, S. 94 (gekürzt)

Rakusa, Ilma: Mit zwei Zungen.   328
Aus: Dies.: Ein Strich durch alle. Neunzig Neunzeiler, Suhrkamp, Frankfurt a. M. 1997

Rede zur Abiturentlassung von Oliver Mahr, gehalten 2007   31
Aus: http://www.wolfgangheinrich.de/abiturreden (Aufruf: 01.12.2020)

Reinhardt, Max: „Ich glaube an die Unsterblichkeit ...“ [Zitat]   144
Zitiert nach: https://www.pfalztheater.de/cms/getfile.php?7577 (Aufruf: 7.7.2023)

Rilke, Rainer Maria: Der Panther.   263
Aus: Ders.: Die Gedichte, Insel Verlag, Frankfurt a. M. 2006, S. 447

Rilke, Rainer Maria: Die Aufzeichnungen des Malte Laurids Brigge.   264
Aus: Ders., Text und Kommentar, Berlin (Suhrkamp) 2005

Rilke, Rainer Maria: Herbst.   268
Aus: Ders.: Die Gedichte, Insel Verlag, Frankfurt a. M. 2006, S. 305

Rilke, Rainer Maria: Ich fürchte mich so vor der Menschen Wort.   262
Aus: Ders.: Die Gedichte, Insel Verlag, Frankfurt a. M. 2006, S. 192

Rilke, Rainer Maria: Wie meine Träume nach dir schrein.   203
Aus: Ders.: Die Gedichte, Insel Verlag, Frankfurt a. M. 2006, S. 100

Roger, Marie Sabine: Das Labyrinth der Wörter.   79
übers. von Claudia Kalscheuer, Hoffmann und Campe, Hamburg 2010, S. 12 ff. (gekürzt)

Romanowski, Susanne: Der Tod ist friedlich, alles davor nicht.   64
Aus: Frankfurter Allgemeine Zeitung vom 04.03.2023, https://www.faz.net/aktuell/feuilleton/karina-sainz-borgos-roman-das-dritte-land-18701824-p3.html (Aufruf: 01.12.2020) (gekürzt)

Rubiner, Ludwig: Der Mensch in der Mitte [Zitat]   475
Aus: Die Aktion 1917

Sachs, Nelly: Chor der Geretteten.   299
Aus: Domin, Hilde (Hrsg.), Gedichte, Suhrkamp, Frankfurt a. M. 1988, S. 27 f.

Safranski, Rüdiger: Romantik. Eine deutsche Affäre.   205
Aus: Ders.: Romantik. Eine deutsche Affäre, Fischer, Frankfurt a. M. 2009, S. 193 f. (gekürzt)

Saint-Exupéry, Antoine de: „Die Sprache ist die Quelle aller Missverständnisse.“ [Zitat]   362
Aus: Ders.: Der kleine Prinz, Kapitel XXI, ins Deutsche übersetzt von Grete und Josef Leitgeb, Karl Rauch Verlag, Düsseldorf 1950 und 1998, S. 69

Sartre, Jean-Paul: „Der sensible Mensch ...“ [Zitat]   201
Zitiert nach: https://www.zitate.eu/autor/jean-paul-sartre-zitate/39204 (Aufruf: 04.07.2023)

Sascha Lobo: KI mit voller Kraft umarmen.   442
Aus: ZDF.de vom 6.4.2023, https://www.zdf.de/nachrichten/panorama/sascha-lobo-interview-kuenstliche-intelligenz-100.html (Aufruf: 7.7.2023)

Saussures, Ferdinand de: Grundfragen der allgemeinen Sprachwissenschaft.   371
Walter de Gruyter, Berlin 1967, S. 17 f. und 78 (gekürzt)

Schami, Rafik: Vom Zauber der Zunge.   399
Aus: Mitten durch meine Zunge. Erfahrungen mit Sprache von Augustinus bis Zaimoglu. Hrsg. v. Brigitta und Thomas Busch, Drava Verlag, Klagenfurt 2008, S. 226 ff.

Scherer, Stefan: Rückgriff auf das aristotelische Formprinzip durch Gustav Freytag   115
Aus: Rösch, Herbert/Hoffmann, Friedrich G., Grundlagen, Stile und Gestalten der deutschen Literatur, Cornelsen, Berlin 1996, S. 103 f. (gekürzt)

Schiller, Friedrich: Die Aufgabe der Kunst.   168
Aus: Über die ästhetische Erziehung des Menschen in einer Reihe von Briefen (9. Brief); in: Ders.: Sämtliche Werke, Bd. 5 (1975), Hanser, München 51975, S. 592 f. (gekürzt)

Schiller, Friedrich: Die Worte des Glaubens.   157
Aus: Das Buch der Gedichte – Deutsche Lyrik von den Anfängen bis zur Gegenwart. Eine Sammlung für die Schule, hrsg. v. Karl Otto Conrady, Cornelsen/Hirschgraben, Frankfurt a. M. 1987, S. 200

Schiller, Friedrich: Reform der Denkungsart.   167
Aus: Über die ästhetische Erziehung des Menschen in einer Reihe von Briefen (2. Brief); in: Ders., Sämtliche Werke, Bd. 5, Hanser, München 51975, S. 572 ff. (gekürzt)

Schiller, Friedrich: Über Anmut und Würde.   173
Aus: Sämtliche Werke; Bd. 5 Philosophische Schriften, Vermischte Schriften, Artemis & Winkler, Düsseldorf 1997, S. 72 f. (gekürzt)

Schimmelpfennig, Roland: Der goldene Drache.   152
S. Fischer Verlag Theater und Medien, Frankfurt a. M. 2008, S. 3 ff.

Schlegel, Friedrich: 116. Athenäums-Fragment.   205
Aus: Ders.: Kritische Schriften, hrsg. v. W. Rasch; zit. nach: Best, Otto F./Schmitt, Hans-Jürgen (Hrsg.), Die deutsche Literatur. Ein Abriss in Text und Darstellung, Bd. 8, Romantik, Reclam, Stuttgart 1974 u. ö., S. 22 ff.

Schlegel, Friedrich: Gespräch über die Poesie.   178
Aus: Beutlin, W., Beilein, M., Emmerich, W. (Hrsg.): Deutsche Literaturgeschichte: Von den Anfängen bis zur Gegenwart, Stuttgart (J. B. Metzler/Springer-Verlag) 2019, S. 206

Schmalzried, Gregor: Nie mehr pauken? Wie KI die Schule verändert   19
Aus: BR24 vom 27.12.2022, https://www.br.de/nachrichten/netzwelt/nie-mehr-pauken-wie-ki-die-schule-veraendert,TTHjDyT (Aufruf: 7.7.2023)

Schmidhuber, Jürgen: „Verglichen mit der Wasserstoffbombe …" [Zitat]   18
Aus: Alexander Armbruster: „Verglichen mit der Wasserstoffbombe ist KI mehr als harmlos", https://www.faz.net/aktuell/wirtschaft/digitec/ki-pionier-verglichen-mit-der-wasserstoff-bombe-mehr-als-harmlos-18932077.html (Aufruf: 7.7.2023)

Schneider, Reinhold: Allein den Betern kann es noch gelingen.
Aus: Ders.: Gesammelte Werke, Bd. 5, Insel Verlag, Frankfurt a. M. 1977/81, S. 54

Schnitzler, Arthur: Leutnant Gustl.   260
Aus: Ders.: Das erzählerische Werk, Bd. 2, S. Fischer Verlag, Frankfurt a. M., S. 207 f.

Schnurre, Wolfdietrich: Zerschlag eure Lieder.   288
Aus: An die Harfner; in: Herzog, R./Kosellek, R. (Hrsg.), Epochenschwelle und Epochenbewusstsein (Poetik und Hermeneutik XII), Fink, München 1987, S. 47

Schubert, Gotthilf Heinrich: Die Symbolik des Traums.   194
Lambert Schneider, Heidelberg 1968

Schünemann, Luzia: Woher – wohin? Die Gruppe 47: Literaten orientieren sich.   300
Aus: P. A. U. L. D. Oberstufe, Bildungshaus Schulbuch Verlage, Braunschweig 2013, S. 328, S. 373, S. 375 (gekürzt)

Schumann, Robert: „Licht senden in die Tiefe …" [Zitat]   168
Zitiert nach: https://gutezitate.com/zitat/235356

Schütte, Judith: Die Lebensbedingungen im Nachkriegs-deutschland.   309
Aus: P. A. U. L. D. Oberstufe, Bildungshaus Schulbuch Verlage, Braunschweig 2013, S. 385 (gekürzt)

Schramm, Stefanie/Wüstenhagen, Claudia: Der Streit der Linguisten.   381
Aus: Dies.: Das Alphabet des Denkens. Wie Sprache unsere Gedanken und Gefühle prägt, Rowohlt, Reinbek bei Hamburg 2015, S. 108 ff. (gekürzt)

Schwake, Timotheus: Sean Penn – „Into the Wild".   186
Aus: P. A. U. L. D. Oberstufe, Bildungshaus Schulbuch Verlage, Braunschweig 2013, S. 206

Schweitzer, Albert: „Wir leben in einem gefährlichen Zeitalter …" [Zitat]   106
Aus: Naturwissenschaftliche Rundschau, Band 16, Wissenschaftliche Verlagsgesellschaft, Stuttgart 1963, S. 89

Sebald, W. G.: Die Ausgewanderten.   333
Aus: Ders.: Die Ausgewanderten. Vier lange Erzählungen, S. Fischer 1994, Frankfurt a. M. 1994, S. 41 ff. (gekürzt)

„Sehnsucht ist wie ein Magnet …" [Zitat]   201
Aus: Jens Hüttner: Ders.: Spuren der Sehnsucht – Erkundungen eines vernachlässigten Phänomens in der Identitätsforschung. GRIN Verlag, München 2004

Shakespeare, William: Was ihr wollt. Ausschnitt aus der 5. Szene.   152
Deutsch von Angela Schanelec, Verlag der Autoren, Frankfurt a. M. 2006, S. 26 – 31

Simhandl, Peter: Dichterwettstreit im antiken Athen.   101
Aus: Ders.: Theatergeschichte in einem Band, Henschel Verlag, Berlin 2007, S. 27 f.

Sophokles: Antigone. (Auszüge)   105, 107
Aus: Sophokles, Die Tragödien, aus dem Griechischen übersetzt von Heinrich Weinstock, KTA 163, Alfred Kröner Verlag, Stuttgart 2015

Sparschuh, Jens: Der Zimmerspringbrunnen.   45
Kiepenheuer & Witsch, Köln 1995, S. 22 – 24

Spiel in der Gruppe.   96
Aus: Theater, Epochen und Verfahren, hrsg. von Dr. Ole Hruschka und Julian Mende, Braunschweig, Westermann 2021 (Autor: Julian Mende)

Spiel mit dem Körper.   97
Aus: Theater, Epochen und Verfahren, hrsg. von Dr. Ole Hruschka und Julian Mende, Braunschweig, Westermann 2021 (Autoren: Dr. Ole Hruschka, Julian Mende)

Spitzer, Manfred: Sprachentwicklung: Regeln an Beispielen lernen.   410
Aus: Ders.: Lernen. Gehirnforschung und die Schule des Lebens, Spektrum Akademischer Verlag, München 2007, S. 76 f. (gekürzt)

Sprache in der Coronakrise: Wie Worte das Denken prägen.   406
Aus: Deutschlandfunk Kultur vom 23.03.2020, Anatol Stefanowitsch im Gespräch mit Gabi Wuttke, https://www.deutschlandfunkkultur.de/sprache-in-der-coronakrise-wie-worte-das-denken-praegen-100.html (Aufruf: 23.6.2023)

Stanišić, Saša: Herkunft.   329
Luchterhand, München 2019, S. 171 – 172 (gekürzt)

Steinke, Ronen: Wer Klarnamen im Netz fordert, hat Bürgerrechte nicht verstanden   27
Aus: Süddeutsche Zeitung vom 12.06.2019/mxm, https://www.sueddeutsche.de/digital/social-media-klarnamenpflicht-union-internet-1.4482238 (Aufruf: 7.7.2023)

Steinmeier, Frank-Walter: Rede am 23. Januar 2020 in Jerusalem aus Anlass des 75. Jahrestags der Befreiung des KZ Auschwitz   29
Aus: https://www.bundespraesident.de/SharedDocs/Reden/DE/Frank-Walter-Steinmeier/Reden/2020/01/200123-Israel-Yad-Vashem.html (Aufruf: 01.12.2020) (gekürzt)

Steinmeier, Frank-Walter: Rede aus Anlass einer Mahnwache für die Opfer eines terroristischen Anschlags in Hanau (Hessen) am 20.02.2020.   468
Aus: https://www.bundespraesident.de/SharedDocs/Reden/DE/Frank-Walter-Steinmeier/Reden/2020/02/200220-Morde-Hanau.html (Aufruf: 2.12.2020)

Stifter, Adalbert: Vorrede zu „Bunte Steine".   214
Aus: Ders.: Gesammelte Werke, Bd. 4, hg. v. K. Steffen, Birkhäuser, Basel/Stuttgart 1963 (gekürzt)

Stimme und Sprache im Spiel.   100
Aus: Theater, Epochen und Verfahren, hrsg. von Dr. Ole Hruschka und Julian Mende, Braunschweig, Westermann 2021 (Autorin: Lilith Schön)

Stocker, Darja: Nirgends in Friede. Antigone   123
© henschel SCHAUSPIEL Theaterverlag Berlin GmbH, Berlin 2015

Stramm, August: Patrouille.   276
Aus: Der Sturm 6, 1915/16

Strittmatter, Eva: Vom Schreiben.   321
Aus: Ich schwing mich auf die Schaukel. Der Kinderbuchverlag, Berlin 1975

Struck, Karin: Klassenliebe.   320
Suhrkamp, Frankfurt a. M. 1981, S. 59 f.

Süskind, Patrick: „Im achtzehnten Jahrhundert …" [Zitat]   498
Aus: Ders.: Das Parfum. Die Geschichte eines Mörders, Diogenes Verlag, Zürich 1985, S. 5

Susman, Margarete: Expressionismus.   273
Aus: Expressionismus. Hrsg. von Paul Raabe, © dtv Verlagsgesellschaft, München 1965, S. 156 f.

Tarmas, Olaf: Sprachlabor Deutschland.   401
Aus: GEO Wissen. Das Geheimnis der Sprache, Nr. 40/2007, G + J Medien GmbH, Hamburg 2007, S. 38 (gekürzt)

Tegmark, Max: „KI ist das wichtigste Ereignis in der Menschheitsgeschichte …"   425
Zitiert nach: Imre Grimm: „Drohende Katastrophe": Elon Musk und Hunderte Forscher fordern „Denkpause" für künstliche Intelligenz, RedaktionsNetzwerk Deutschland vom 30.3.2023, https://www.rnd.de/digital/angst-vor-ki-elon-musk-und-forscher-fordern-denkpause-RBZSZXHN45GPZLDJIUCSNQ5V2Y.html (Aufruf: 3.7.2023)

Tellkamp, Uwe: Der Turm.   316
Suhrkamp, Frankfurt a. M. 2012, S. 196 – 200 (gekürzt)

Thiel, Franziska: Die Großstadt als apokalyptischer Raum in der frühexpressionistischen Lyrik und bildenden Kunst.   477
Aus: Komparatistik online: komparatistische Internet-Zeitschrift, Justus-Liebig-Universität Giesen, 2013; http://www.komparatistikonline.de/jahrgaenge/2013; http://publikationen.ub.uni-frankfurt.de/frontdoor/index/index/year/2014/docId/36204 (Aufruf: 7.8.2020)

Thim, Leonie: Beruf Schauspieler - Zwischen Wunsch und Wirklichkeit.   148
Aus: https://www.tagesschau.de/wirtschaft/beruf-schauspieler-101.html (Aufruf: 10.1.2023) (gekürzt)

Tholl, Max/Grau, Alexander: Brauchen wir Political Correctness? – Positionen im Vergleich.   478
Aus: fluter vom 25.4.2018, www.fluter.de/political-correctnesspro-und-contra (Aufruf: 2.12.2020)

Tomescheit, Wibke: Warum junge Leute kaum mehr ins Theater gehen – und wie man das ändern könnte.   145
Aus: stern.de vom 18.10.2019, https://www.stern.de/neon/feierabend/kunst-design/warum-viele-junge-leute-nicht-ins-theatergehen---und-viele-aeltere-uebrigens-auch-nicht-8956704.htm (Aufruf: 7.7.2023) (gekürzt)

Trakl, Georg: Grodek.   276
Aus: Der Brenner 5/1915

Trapp, Mario: „Die heutige KI stellt uns vor enorme Herausforderungen …" [Zitat]   425
Aus: Interview mit Prof. Dr. Mario Trapp, „Künstliche Intelligenz auf dem Prüfstand – Wie aus einer künstlichen Intelligenz eine Safe Intelligence wird.", in: Digitale Welt 03/2021, S. 10, https://digitaleweltmagazin.de/d/magazin/DW_21_03.pdf (Aufruf: 2.7.2023)

Troll, Thaddäus: Rotkäppchen 1.   93
Aus: Hans Ritz: Die Geschichte vom Rotkäppchen, Ursprünge, Analysen, Parodien eines Märchens, 15., auf 296 Seiten erweiterte Auflage, Muriverlag, Kassel 2006

Tucholsky, Kurt: „Die Sprache ist eine Waffe. Haltet sie scharf." [Zitat]   390
Zitiert nach: www.aphorismen.de/zitat/83231 (Aufruf: 7.7.2023)

Twitter-Kommentare   22
Daniel Mack @danielmack, Torsten Beeck @TorstenBeeck, Karolin Schwarz @raeuberhose
Aus: https://twitter.com

Ueding, Gert: Anstatt einer Einleitung: Was ist Rhetorik? (Teil 1)   17
Aus: Ders.: Moderne Rhetorik. Von der Aufklärung bis zur Gegenwart. C. H. Beck, München 2000, S. 7 f. (gekürzt)

Ueding, Gert: Anstatt einer Einleitung: Was ist Rhetorik? (Teil 2)   28
Aus: Ders.: Moderne Rhetorik. Von der Aufklärung bis zur Gegenwart. C. H. Beck, München 2000, S. 7 f. (gekürzt)

Verbot der Schriften des „Jungen Deutschland" vom 10. Dezember 1835.   226
Aus: Das Junge Deutschland, hrsg. v. Jost Hermand, Reclam, Stuttgart 1966

Verne, Jules: „Alles, was sich ein Mensch vorstellen kann …" [Zitat]   106
Zit. nach: Die neue Gesellschaft, Frankfurter Hefte, Bd. 39, Verlag Neue Gesellschaft, Frankfurt a. M. 1992

„Vermummung macht im Netz genauso wenig Sinn wie auf der Straße" 25

Aus: Süddeutsche Zeitung Jetzt vom 18.09.2018, Interview mit Daniel Mack von Johanna Roth, https://www.jetzt.de/digital/wir-brauchen-ein-vermummungsverbot-im-netz (Aufruf: 7.7.2023) (gekürzt)

Vietta, Silvio: Rationalität, Naturbilder und zivilisationskritische Zukunftsvisionen. 474

Aus: literaturkritik.de, erschienen am 1.9.2010, letzte Änderungen am 21.11.2016, Mainz; https://literaturkritik.de/id/14751 (Aufruf: 7.8.2020)

Viviani, Annalisa: Der expressionistische Raum als verfremdete Welt. 476

Aus: Begriffsbestimmung des literarischen Expressionismus. Hrsg. v. Hans Gerd Rotzer, Wbg Academic, Darmstadt 1976

Voltaire: „Alle Künste sind gut ...". 168

Zitiert nach: https://www.aphorismen.de/zitat/10780 (Aufruf: 7.7.2023)

Wagner, Lukas: Wie gefährlich kann KI für die Welt werden? 430

Aus: ZDF.de vom 1.4.2023, https://www.zdf.de/nachrichten/digitales/gefahren-kuenstliche-intelligenz-entwicklung-stopp-gpt-100.html (Aufruf: 30.6.2023)

Was heißt „Ausweis"? 25

Aus: Bundesministerium des Innern und für Heimat, https://www.bmi.bund.de/DE/themen/moderne-verwaltung/ausweise-und-paesse/ausweise-und-paesse-node.html (Aufruf: 7.7.2023)

Was heißt „hinterlegen"? 25

Aus: Verbraucherzentrale NRW e. V., https://www.verbraucherzentrale.de/wissen/vertraege-reklamation/kundenrechte/postidentverfahren-und-alternativen-wie-identverfahren-funktionieren-37821#:~:text=Wichtigste%20in%20K%C3%BCrze%3A-,Bei%20Ident%2DVerfahren%20%C3%BCberpr%C3%BCft%20das%20Postunternehmen%20die%20Identit%C3%A4t%20von%20Verbraucher,innen%20in%20der%20Regel%20kostenlos (Aufruf: 7.7.2023)

Was heißt „soziales Netzwerk"? 25

Aus: Bundeszentrale für politische Bildung, Bonn: Soziales Netzwerk, htpps://www.bpb.de/themen/medien-journalismus/medienpolitik/500727/soziales-netzwerk-social-network/ (Aufruf: 7.7.2023)

Watzlawick, Paul: Menschliche Kommunikation. 74

Aus: Ders. u. a.: Menschliche Kommunikation. Formen – Störungen – Paradoxien, Verlag Hans Huber, Bern/Stuttgart/Wien 1969, S. 50 ff.

Weerth, Georg: Die Rheinischen Weinbauern. 210

Aus: Ders.: Ausgewählte Werke, hrsg. v. Bruno Kaiser, Insel, Frankfurt a. M. 1966, S. 39

Weiss, Peter: Die Ermittlung. 307

Suhrkamp, Frankfurt a. M. 1991, S. 70 ff.

Weiß, Juliane: Das Motiv der Apokalypse in Literatur und Malerei des Expressionismus. 475

GRIN Verlag, Hamburg

Whorf, Benjamin L.: Das „linguistische Relativitätsprinzip". 379

Aus: Ders.: Sprache – Denken – Wirklichkeit. Beiträge zur Metalinguistik und Sprachphilosophie, deutsche Übersetzung von Peter Krausser, Rowohlt, Reinbek bei Hamburg 1963 (gekürzt)

Wienbarg, Ludolf: Ästhetische Feldzüge. 212

Aus: Deutsch Oberstufe. Sprache und Literatur, hrsg. v. Th. Pelster u. K. Krebs, bsv, München 1992, S. 264 ff. (gekürzt)

Wille, Friedrich u. a.: Rotkäppchen 2. 93

Aus: Hans Ritz: Die Geschichte vom Rotkäppchen, Ursprünge, Analysen, Parodien eines Märchens, 15., auf 296 Seiten erweiterte Auflage, Muriverlag, Kassel 2006

Winckelmann, Johann Joachim: Gedanken über die Nachahmung der griechischen Werke in der Malerei und Bildhauerkunst. 163

Reclam, Stuttgart 1977, S. 3 u. 20 (gekürzt)

Wittgenstein, Ludwig: „Die Grenzen meiner Sprache bedeuten die Grenzen meiner Welt." [Zitat] 363

Zitiert nach: Kenny, Anthony (Hrsg.), Ludwig Wittgenstein. Ein Reader, Suhrkamp, Frankfurt a. M. 1996, S. 7

Wölke, Alexandra: Die Anfänge der DDR-Literatur. 311

Aus: P. A. U. L. D. Oberstufe, Bildungshaus Schulbuch Verlage, Braunschweig 2013, S. 390

Wölke, Alexandra: Was ist Fachsprache? 92

Aus: P. A. U. L. D. Oberstufe, Bildungshaus Schulbuch Verlage, Braunschweig 2013, S. 58.

Wölke, Alexandra: Vorbemerkungen. 103

Originalbeitrag

Wohmann, Gabriele: Ein netter Kerl. 84

Aus: Dies.: Habgier. Erzählungen, Rowohlt Taschenbuch Verlag, Reinbek bei Hamburg 1978, S. 68 ff.

Yelin, Barbara, Libicki, Miriam, Seliktar, Gilad: Aber ich lebe. 54

C. H. Beck, München 2022, S. 18 – 21

Zerstört die Political Correctness die Debattenkultur? – Anatol Stefanowitsch im Gespräch mit Axel Rahmlow. 481

Aus: Deutschlandfunk Kultur vom 5.2.2020, https://www.deutschlandfunkkultur.de/sprachkritik-zerstoert-diepolitical-correctness-die.2165.de.html?dram:article_id=469634 (Aufruf: 7.7.2023)

Zimmer, Dieter E.: Grundmerkmale der Sprache. 366

Aus: Ders.: So kommt der Mensch zur Sprache – Über Spracherwerb, Sprachentstehung, Sprache & Denken, Heyne, München 2008, S. 20 ff. (gekürzt)

Zimmer, Dieter E.: Körpersprache. 78

Aus: Ders.: Ich sag dir was, das du nicht hörst, ZEIT MAGAZIN, Nr. 23, 02.06.1978, S. 4 – 10, 38

Zu Shakespeares „Was ihr wollt". 151

Aus: Theater, Epochen und Verfahren, hrsg. von Dr. Ole Hruschka und Julian Mende, Braunschweig, Westermann 2021 (Autor: Dr. Ole Hruschka)

„… zum Nachdenken über die Kontinuität des faschistischen Regimes …" [Zitat] 282

Aus: https://www.bildatlas-ddr-kunst.de/knowledge/343 (Aufruf: 5.7.2023)-c1

Bildquellenverzeichnis

|Agentur Focus - Die Fotograf*innen, Hamburg: Peter Dammann / 60.3. |akg-images GmbH, Berlin: 34.1, 94.2, 102.2, 104.1, 127.1, 156.1, 159.1, 159.2, 177.1, 177.4, 179.1, 179.2, 181.1, 188.1, 196.1, 199.1, 200.1, 201.1, 206.1, 206.3, 208.1, 209.2, 211.1, 214.1, 217.1, 220.1, 232.1, 240.2, 245.1, 246.3, 252.1, 252.2, 252.3, 252.5, 253.1, 254.1, 255.1, 257.1, 259.1, 260.1, 269.1, 271.1, 276.1, 280.1, 281.1, 281.2, 304.2, 352.1, 357.1, 363.5, 458.1, 462.1; Album/Prisma 262.1; arkivi 336.1; Bruni Meya 321.2; De Agostini Picture Library 150.1, 150.2, 150.3; L. M. Peter 58.1; Lessing, Erich 208.3, 414.1; Nuria Quevedo: Dreißig Jahre im Exil, 1971 / © VG Bild-Kunst, Bonn 2023 282.2; picture-alliance/dpa 287.3; Pictures From History 389.1; René Magritte: Der Schlüssel der Träume 1930 / Lessing, Erich / © VG Bild-Kunst, Bonn 2023 365.1; TT News Agency/SVT 358.1. |Alamy Stock Photo, Abingdon/Oxfordshire: history_docu_photo 158.1; UPI 37.1. |Alamy Stock Photo (RMB), Abingdon/Oxfordshire: ARCHIVIO GBB 291.1, 455.1; Art Collection 3 209.1; Cornesse, Ralf 408.1; Ehlers, Chad 94.3; Granger Historical Picture Archive 103.1; Hergenhan, Georg 422.2; Heritage Image Partnership Ltd 267.1; Horree, Peter 415.1; IanDagnall Computing 253.5, 270.1; imageBROKER 95.6; incamerastock 160.1; Keystone Press 304.1; Odyssey-Images 101.1; PANAGIOTIS KARAPANAGIOTIS 112.1; Peremet, Elena 95.2; Pictorial Press Ltd 119.1; Sinclair, Gordon 102.3; The Artchives 35.1; The History Collection 258.1, 274.1. |APA-PictureDesk GmbH, Wien: picturedesk.com 139.1. |Archiv der Salzburger Festspiele, Salzburg: Foto Hildegard Steinmetz 151.2. |Artothek, Fürth: Marc Chagall: Blauer Zirkus, 1950/52 / VG Bild-Kunst, Bonn 2020 388.1. |Astrofoto, Sörth: 505.1. |Aumüller, Barbara, Frankfurt/M.: Staatstheater Darmstadt 109.2. |Aurin, Thomas, Berlin: 136.1, 136.2. |Bertram, Marco, Berlin: 310.3, 310.5. |bpk-Bildagentur, Berlin: 161.1, 225.1, 230.1, 232.2, 240.1, 242.1, 246.2, 253.6, 385.1; Bayerische Staatsbibliothek/Archiv Heinrich Hoffmann 75.1; CNAC-MNAM/Migeat, Philippe / Joseph Kosuth: Ein Stuhl und drei Stühle, 2023 / © VG Bild-Kunst, Bonn 2020 378.1; Das Gleimhaus, Halberstadt/U. Schrader 206.2; Freies Deutsches Hochstift, Frankfurt am Main 389.4; Hubmann, Hanns 287.1; Katz, Dietmar 254.2; Pisarek, Abraham 289.2; Scala 363.4; Staatsbibliothek zu Berlin 276.2; United Archives/Grimm, Arthur 300.1; Wundshammer, Benno 289.1. |Bridgeman Images, Berlin: 203.1. |Bulls Pressedienst GmbH, Frankfurt am Main: © Fernandez/Distr. Bulls 22.1. |Bundesamt für Sicherheit in der Informationstechnik, Bonn: 426.1. |Burkhardt, Heiko, Berlin: © Sammlung HeikoBurkhardt.com 286.1. |Chiellino, Gino Carmine, Augsburg: Atherton-Chiellino Photography of Art / London 327.3. |cobra youth communications GmbH, Berlin: Foto: © Monia - Fotolia.com 410.1. |Constantin Film Verleih GmbH, München: 2008 238.1, 239.1. |DALL-E: SZ 445.1. |David Baltzer / ZENIT, Berlin: bildbuehne.de 122.1. |ddp images GmbH, Hamburg: dapd/Wittek, Ronald 80.1; Millauer, Norbert 143.2. |Deutscher Bühnenverein, Köln: Deutsches Musikinformationszentrum – www.miz.org 143.1. |Domke, Franz-Josef, Wunstorf: 77.2, 102.1, 494.1; Schwellenhypothese nach Skutnabb-Kangas/Toukornaa 1977 401.1. |Drescher, Heinrich, Münster: 347.1, 347.2, 347.3, 347.4, 347.5, 347.6, 347.7, 347.8; Druwe & Polastri, Cremlingen/Weddel: 369.2. |Ernst Strüngmann Forum, Frankfurt: Derek Bickerton auf dem Ernst Strüngmann Forum, Frankfurt am Main 421.1. |ETH-Bibliothek Zürich, Thomas-Mann-Archiv, Zürich: Fotograf: Heinz Hanke 501.1. |Europäisches Parlament, Berlin: 429.1. |Forster, Karl, Bad Grönenbach: 108.1. |fotolia.com, New York: Knipserin 399.1; mizina 60.6; olly 60.1; reeel 373.3; Rettenberger, Martin 59.1; v.poth 43.1; XtravaganT 362.1, 386.1; © Andrey Semenov 373.1. |Fotostudio Henke, Paderborn: 70.1. |Getty Images (RF), München: AFP/Saget, Joel 88.1. |Glazer-Naudé, Ludvik, Falkensee: Illustration: Schneewittchen für DIE ZEIT 393.1. |Grauert, Christiane, Milwaukee, WI: 428.1. |Häberle, Eva, Hamburg: 412.1. |Haitzinger, Horst, München: 425.1. |Haubner, Nikola Neven, Mannheim: 411.1. |hockebooks gmbh, München: Michael Ende: Zettelkasten 379.2. |Imago, Berlin: PanoramiC 79.1; Sämmer, Benno 369.3; Schöning 397.1. |Interfoto, München: Ksandr 294.1. |iStockphoto.com, Calgary: blackwaterimages Titel; DMEPhotography Titel; pavila 163.1. |Jüdisches Museum der Stadt Frankfurt am Main, Frankfurt/M.: © Ludwig Meidner-Archiv 476.1; © Ludwig Meidner-Archiv. Ich und die Stadt (1913) 275.1. |Kassing, Reinhild, Kassel: 71.1, 71.2, 71.3, 71.4, 74.2, 77.1, 90.1, 367.1, 368.2, 416.1. |Klein, Mikel, Stuttgart: Plakat für die Antigone Inszenierung am Theater ZwoSieben 106.2. |Kramzik, Olaf, Berlin: © olafkramzik. wordpress.com 362.2. |laif, Köln: Zenit/Baltzer, David 137.1. |Langner & Partner Werbeagentur GmbH, Hemmingen: 373.2. |Lupa Film GmbH, Berlin: @Lupa Film, Hanno Lentz 348.1, 350.1, 350.2, 350.3, 350.4, 350.5, 354.1; DCM 344.1. |mauritius images GmbH, Mittenwald: World Book Inc. 345.1. |Mende, Julian, Hannover: 96.1, 97.1, 100.1. |Muriverlag, Kassel: Hans Ritz, Die Geschichte vom Rotkäppchen. Ursprünge, Analysen, Parodien eines Märchens, 15., auf 296 Seiten erweiterte Auflage, 2013 93.1. |Neuffer, Jan, Berlin: 384.1. |Niederberger, Wolfgang, Zell am Harmersbach: 106.1. |OKAPIA KG - Michael Grzimek & Co., Frankfurt/M.: imageBROKER /Schulten, Rolf 362.3. |Ottendörfer, Philipp, Zürich: Theater Bielefeld 111.1. |Picture-Alliance GmbH, Frankfurt a.M.: 38.1, 72.1, 99.1, 125.1, 177.5, 223.1, 295.2, 332.1; abaca 17.1, 29.1; AKG 34.2; akg-images 115.1, 170.1, 180.1, 181.2, 192.1, 194.1, 208.2, 222.1, 229.1, 243.1, 247.1, 265.1, 286.2, 296.2, 371.1, 417.1; akg-images/Meya, Bruni 84.1; akg-images/Sorges, Jürgen 363.1; APA/picturedesk.com/Hochmuth, Georg 319.1; ASSOCIATED PRESS/Trierenberg, Stephan 125.2; Augenklick/Fotoagentur Kunz/Kunz, Bernhard 399.2; Baumgarten, Ulrich 335.1; brandstaetter images 374.1; BREUEL-BILD/ABB 337.1; chromorange/ Spremberg, Karl-Heinz 287.2; dieKLEINERT / Möller, Christian 424.1, 431.1, 431.2, 447.1; dieKLEINERT.de / Erl, Martin 404.1; dieKLEINERT.de / Maurer, Leopold 414.2; dieKLEINERT.de/Privitzer, Wolfgang 414.3; dpa 24.1, 142.1, 231.1, 296.1, 298.1, 299.1, 307.1, 333.1, 364.1, 488.1; dpa / Elsner, Erwin 320.1; dpa / epa Gert Eggenberger 316.1; dpa / Gambarini, Maurizio 62.3; dpa / May 328.2; dpa / UPI 72.2; dpa/AFP 201.2; dpa/Armer, Nicolas 301.1; dpa/Berg, Oliver 133.1; dpa/Breloer, Gero 303.1; dpa/Burgi, Arno 322.2; dpa/CTK 277.1; dpa/DB Beck 74.1; dpa/Deck, Uli 321.1; dpa/Dedert, Arne 46.1; dpa/Düren, Ursula 312.1; dpa/Elsner, Erwin 50.1; dpa/epa Nordfoto 95.4; dpa/Esch-Kenkel, Claudia 151.1; dpa/Heirler, Klaus 111.2; dpa/Hermitage Amsterdam 184.1; dpa/Hirschberger, Ralf 156.2; dpa/Hurek, Markus C. 141.1; dpa/Karmann, Daniel 48.1; dpa/Kleefeld 283.1; dpa/Langenstrassen, Wolfgang 185.1; dpa/Maucher, Jörg-Peter 191.1, 295.1; dpa/Pfarrhofer, Herbert 186.1; dpa/Rech, Hans Joachim 233.1; dpa/Röhnert 284.1; dpa/Scheidemann, Roland 279.1; dpa/Schleep, Beate 94.1; dpa/Schmitt, Jörg 379.1; dpa/ Schutt, Martin 156.3; dpa/Universität Ulm 410.2; dpa/UPPA/Photoshot 305.2; dpa/Widmann, Sebastian 314.1; dpa/Wieseler, Heinz 288.1; dpa/Woitas, Jan 45.1, 152.1; Eibner-Pressefoto 148.1; EPA / Wittek, Ronald 330.1; epa aap/Pfarrhofer, Herbert 154.1; Eventpress Hoensch 44.1, 126.1; Everett Collection 361.2; Everett Collection/CPL Archives 305.3; Fishman, Robert B. 62.2; Foto Wildbild 135.1; Fürst, Christian 120.1; Gambarini, Maurizio 328.1; Geisler-Fotopress / Wehnert, Matthias 349.1; Geisler-Fotopress/Murmann, Roger 469.1; Horst Galuschka 442.1; JOKER/Stein, Alexander 363.2; KEYSTONE/Yavas, Ayse 369.1; KPA Copyright 95.1; M.i.S.-Sportpressefoto 403.1; maxppp/© Bianchetti/Leemage 219.1; Pagels, Dirk/SULUPRESS.DE 389.2; Quagga Illustrations 226.1; Reitz-Hofmann, Birgit/ Shotshop 377.1; REUTERS / Stapleton, Shannon 439.1; Ritzau Scanpix/Polfoto 420.1; Schöndorferm, Karl / picturedesk.com 148.2; SZ Photo / Metodi Popow 329.1; SZ Photo / Peljak, Florian 375.1; SZ Photo / Rumpf, Stephan 63.2; SZ Photo / Schellnegger, Alessandra 376.1; SZ Photo / Simon, Johannes 63.1; TASS/ Redkin, Mark 283.2; Terra Incognita e. V. 233.2; TopFoto 389.3; Wedel/Kirchner-Media 373.4, 373.5; www.picturedesk.com/Schöndorfer, Karl 85.1; ZB 35.4; ZB / Schindler, Karlheinz 315.1; ZB/Agentur Voller Ernst 353.1; ZB/Deutsche Fotothek 292.1; ZB/Grubitzsch, Waltraud 35.2; ZB/Morgenstern, Klaus 327.1; ZB/Pleul, Patrick 409.3; ZB/Stache, Soeren 318.1; ZB/Wiedl, Hans 233.3; Zoonar 165.1. |plainpicture, Hamburg: apply pictures 60.2. |Ruhrfestspiele Recklinghausen, Recklinghausen: Internationaal Theater Amsterdam/Foto: Jan Versweyveld 109.1. |Schulz von Thun Institut für Kommunikation, Hamburg: 73.1. |Shutterstock. com, New York: BearFotos 16.2; fizkes 16.3, 68.1; Fure, Thomas Andre 35.3; metamorworks 18.2; Mr Aesthetics 60.5; Ole.CNX 31.3; Olson, Tyler 190.1; razihusin 33.1; SanchaiRat 177.2; Stock-Asso 18.4; Wissmann, Markus 62.1; Zapp2Photo 18.1. |Shutterstock.com (RM), New York: Decla-Bioscop/Kobal/"Das Cabinet des Dr. Caligari", 1919, Stummfilm des Expressionismus - Conrad Veidt 253.3; Max Munn Autrey/Chaplin/United Artists/Kobal 252.6; Moviestore, Filmszene aus „Into the Wild" 2007, Regie Sean Penn / Emile Davenport Hirsch als Christopher McCandless 187.1; Moviestore/Szenenfoto aus Fritz Langs Metropolis (1927) 253.4; River Road/Paramount/Kobal / Filmplakat „Into the Wild" 2007, Regie Sean Penn / Emile Davenport Hirsch als Christopher McCandless 186.2. |Staatsbibliothek zu Berlin - Preußischer Kulturbesitz, Berlin: Abteilung Handschriften und Historische Drucke, Signatur: Yc 6791<a> : R 212.1. |Stiftung Haus der Geschichte, Bonn: Zeitgeschichtliches Forum Leipzig, Detlef Beck (Künstler) 313.1. |stock.adobe.com, Dublin: alexlmx 346.1; AYAimages 409.1; blende11.photo 394.1; Brian 78.1; chrisdorney 361.1; Drobot Dean 78.3; fedorovekb 17.2; Filimonov, Iakov 145.1; foto ARts 78.2; fotomek 451.1; Gallo, Paolo 95.3; Gerhard, Franz 166.1; Leontiev, Evgeny 95.5; marcorubino 164.1; miss_mafalda 60.4; nellas 363.3; nicolasprimola 422.1; peterschreiber.media 368.1; sodafish visuals/Nulens, Tom 360.1; Sorokin, Nikolai 21.1; Staudt, Armin 78.5; Syda Productions 78.4, 452.1; Urupong 16.1; vegefox.com 448.1; Voyagerix 435.1. |Süddeutsche Zeitung - Photo, München: 307.2; S.M. 246.1; SZ Photo/Vollmer, Manfred 310.2. |TechTarget, Inc., Massachusetts: 427.1. |Then, Sandra, Bonn: Theater Basel 123.1. |twitter.com: @GET_ZION / Künstliche Intelligenz 433.1. |ullstein bild, Berlin: 210.2, 252.4, 253.2, 256.1, 310.4, 340.1, 345.2, 390.1; AKG Pressebild 209.1; Archiv Gerstenberg 210.1; Bild + News 261.1; brandstaetter images 263.1; Chronos Media GmbH 310.6; Eschen, Klaus 499.1; Friedrich, Brigitte 302.1, 305.1, 306.1, 313.2, 323.1; gardi 310.1; INTRO/ Ausserhofer, David 409.2; Keystone 282.1; Kunz, Wolfgang 286.3; RDB/ATP 273.1; Wolff von Gudenberg 117.1. |Verlag C.H. Beck, München: 54.1, 55.1, 56.1, 57.1. |Verlag für Berlin-Brandenburg, Berlin: aus: Bernd W. Seiler: Fontanes Berlin. Die Hauptstadt in seinen Romanen, 3. Auflage, Berlin 2012, S. 27 232.3. |Visum Foto GmbH, München: Göttlicher, Björn / Klassik Stiftung Weimar 157.1; Iris Kloepper/buchcover.com 177.3. |Yeter, Hanefi, Berlin: 327.2.

Die Operatoren im Fach Deutsch

Ein wichtiger Bestandteil jeder Aufgabenstellung sind die sogenannten Operatoren. Sie bezeichnen als Handlungsverben diejenigen Tätigkeiten, die Sie bei der Bearbeitung von Schul- und/oder Prüfungsaufgaben ausführen sollen.

Im Folgenden werden die im Fach Deutsch gängigen Operatoren, die als Grundstock verwendet und fallweise durch Zusätze (z. B. „im Hinblick auf", „unter Berücksichtigung von") konkretisiert werden, kurz definiert. Unabhängig von der Wahl des jeweiligen Operators wird von Ihnen bei der Darstellung Ihrer Arbeitsergebnisse jedoch grundsätzlich ein **zusammenhängender Text** erwartet.

Operator	Definition	AFB[1]
analysieren	einen Text als Ganzes oder aspektorientiert unter Wahrung des funktionalen Zusammenhangs von Inhalt, Form und Sprache erschließen und das Ergebnis der Erschließung darlegen	I/II/III
begründen	ein Analyseergebnis, eine Meinung, eine Argumentation, ein Urteil oder eine Wertung methodisch korrekt und sachlich fundiert durch Belege, Beispiele absichern	II/III
(be)nennen	Informationen ohne Kommentierung bezeichnen	I
beschreiben	Sachverhalte, Situationen, Vorgänge, Merkmale von Personen bzw. Figuren sachlich darlegen	I/II
beurteilen	einen Sachverhalt, eine Aussage, eine Figur auf Basis von Kriterien bzw. begründeten Wertmaßstäben einschätzen	II/III
bewerten	zu einem Sachverhalt bzw. Problem eine eigene, nach vorgegebenen oder selbst gewählten Werten bzw. Normen betont subjektiv formulierte Ansicht vertreten	II/III
charakterisieren	die jeweilige Eigenart von Figuren und Sachverhalten herausarbeiten	II/III
darstellen	Inhalte, Probleme, Sachverhalte und deren Zusammenhänge aufzeigen	I/II
einordnen	eine Aussage, einen Text, einen Sachverhalt unter Verwendung von Kontextwissen begründet in einen vorgegebenen Zusammenhang stellen	I/II

[1] **AFB** = Anforderungsbereich
AFB **I** umfasst das Wiedergeben von Sachverhalten und Kenntnissen im gelernten Zusammenhang, die Verständnissicherung sowie das Anwenden und Beschreiben geübter Arbeitstechniken und Verfahren.
AFB **II** umfasst das selbstständige Auswählen, Anordnen, Verarbeiten, Erklären und Darstellen bekannter Sachverhalte unter vorgegebenen Gesichtspunkten in einem durch Übung bekannten Zusammenhang und das selbstständige Übertragen und Anwenden des Gelernten auf vergleichbare neue Zusammenhänge und Sachverhalte.
AFB **III** umfasst das Verarbeiten komplexer Sachverhalte mit dem Ziel, zu selbstständigen Lösungen, Gestaltungen oder Deutungen, Folgerungen, Verallgemeinerungen, Begründungen und Wertungen zu gelangen. Dabei wählen die Schülerinnen und Schüler selbstständig geeignete Arbeitstechniken und Verfahren zur Bewältigung der Aufgabe, wenden sie auf eine neue Problemstellung an und reflektieren das eigene Vorgehen.